Hätte ein Historiker, egal welcher Nationalität, am Ende des Jahres 1932, unmittelbar vor der Machtübernahme der Nationalsozialisten, eine deutsche Geistesgeschichte seit der Aufklärungsepoche veröffentlicht, wäre es eine Erfolgsgeschichte gewesen. In der Zeitspanne vom Ende des Barock bis 1933 hatte sich die politisch zersplitterte »verspätete Nation« zur Maßstäbe setzenden intellektuellen Großmacht erhoben. Das deutsche Geistesleben hatte einen unangefochtenen Spitzenplatz erreicht. Doch dem deutschen Genius wurde in seiner Blütezeit nahezu der Garaus gemacht. Dass das geschah und was dafür ursächlich war, weiß alle Welt. Viel weniger bekannt ist, auf welche Weise die Deutschen ihre Vorrangstellung erreicht hatten. Peter Watson zeichnet diesen Prozess so anschaulich wie detailliert von den Anfängen im 18. Jahrhundert nach und beleuchtet die Tatsache, dass der deutsche Geist das Leben außerhalb Deutschlands weit stärker prägt, als vielen bewusst sein dürfte.

Peter Watson, geboren 1943, studierte an den Universitäten von Durham, London und Rom. Er war stellvertretender Herausgeber von *New Science* und vier Jahre lang für *The Sunday Times* tätig. Als Korrespondent in New York arbeitete er für *The Times* und schrieb für *Observer*, *New York Times*, *Punch* und *Spectator*. Bis 2007 war er Lehrbeauftragter am McDonald Institute for Archaeological Research der Universität Cambridge. Er lebt in London.

Peter Watson

DER DEUTSCHE
GENIUS

Eine Geistes- und Kulturgeschichte
von Bach bis Benedikt XVI.

*Aus dem Englischen
übertragen und bearbeitet
von Yvonne Badal*

btb

Die Originalausgabe erschien 2010 unter dem Titel
»The German Genius« bei Simon & Schuster, London.

Lektorat: Sibylle Auer, München

Sollte diese Publikation Links auf Webseiten Dritter enthalten,
so übernehmen wir für deren Inhalte keine Haftung,
da wir uns diese nicht zu eigen machen, sondern lediglich auf
deren Stand zum Zeitpunkt der Erstveröffentlichung verweisen.

Verlagsgruppe Random House FSC® N001967

2. Auflage
Genehmigte Taschenbuchausgabe Oktober 2014,
btb Verlag in der Verlagsgruppe Random House GmbH,
Neumarkter Str. 28, 81673 München
Copyright © der Originalausgabe 2010 by C. Bertelsmann, München,
in der Verlagsgruppe Random House GmbH
Umschlaggestaltung: semper smile, München
Umschlagmotive: © Shutterstock / DioGen; Shutterstock /
Fedorov Oleksiy
Druck und Einband: GGP Media GmbH, Pößneck
UB · Herstellung: sc
Printed in Germany
ISBN 978-3-442-74803-7

www.btb-verlag.de
www.facebook.com/btbverlag

Die Spaltung zwischen Deutschland und dem Westen wird notgedrungen immer ein wichtiges Thema für Historiker sein.

— HAJO HOLBORN

Das Wort »Genie« hat im Deutschen einen bestimmten Anklang, sogar einen Stich ins Dämonische, eine geheimnisvolle Kraft und Energie; ein Genie – ob Künstler oder Wissenschaftler – gilt als besonders verletzlich, labil, als jemand, dessen Leben ständigen Risiken unterliegt und oft in belastende Tumulte gerät.

— FRITZ STERN

Unter den zivilisierten Ländern ist uns Amerika geografisch am fernsten, geistig und spirituell jedoch am nächsten und ähnlichsten.

— ADOLF VON HARNACK

1898 wurde Reichskanzler Bismarck gebeten, ein prägendes Moment aus der jüngeren Geschichte zu nennen. Er erwiderte: »Nordamerika spricht Englisch.«

— NICHOLAS OSTLER

Unser geistiger Horizont wurde von deutschen Denkern noch radikaler verändert als unser physischer von deutschen Architekten.

— ALLAN BLOOM

Die Deutschen tauchen vielleicht tiefer ab – kommen dafür aber auch trüber wieder hoch.

— HENRY WICKHAM STEED

Für diejenigen [Deutschen], die während und nach dem Zweiten Weltkrieg geboren wurden, ist die Kulturgeschichte Deutschlands vor 1933 die eines entschwundenen, ihnen gänzlich unbekannten Landes.

— KEITH BULLIVANT

Für unzählige Amerikaner bleibt Deutschland die ultimative Metapher des Bösen, ein beängstigendes Gedenken an die Fragilität der Zivilisation.

– DEIDRE BERGER

Der Deutsche, in sich selbst verfallen, uneinig im Geist, zersplittert in seinem Wollen und damit ohnmächtig in der Tat, wird kraftlos in der Behauptung des eigenen Lebens. Er träumt vom Recht in den Sternen und verliert den Boden auf der Erde. [...] Am Ende blieb den deutschen Menschen dann immer nur der Weg nach innen offen.

– ADOLF HITLER

Die Nazis sind undeutsch.

– VICTOR KLEMPERER

Der Patriotismus des Franzosen besteht darin, dass sein Herz erwärmt wird, durch diese Wärme sich ausdehnt, sich erweitert, dass es nicht mehr bloß die nächsten Angehörigen, sondern die ganze Zivilisation mit seiner Liebe umfasst. Der Patriotismus des Deutschen hingegen besteht darin, dass sein Herz enger wird, dass es sich zusammenzieht wie Leder in der Kälte, dass er das Fremdländische hasst, dass er nicht mehr Weltbürger, nicht mehr Europäer, sondern nur ein enger Deutscher sein will.

– HEINRICH HEINE

Die Engländer wollen etwas zum Lesen, die Franzosen etwas zum Schmecken, die Deutschen etwas zum Nachdenken.

– KURT TUCHOLSKY

Die Deutschen sind nicht durch fremde Völker verbastardet, sie sind keine Mischlinge geworden, sie sind mehr als viele andere Völker in ihrer angeborenen Reinheit geblieben und haben sich aus dieser Reinheit ihrer Art und Natur nach den stetigen Gesetzen der Zeit langsam und still entwickeln können; die glücklichen Deutschen sind ein ursprüngliches Volk.

– ERNST MORITZ ARNDT

Es war der Franzose [Hippolyte] Taine, welcher sagte, dass alle maßgeblichen Ideen der heutigen Zeit zwischen 1780 und 1830 in Deutschland hervorgebracht wurden.

– JOHN DEWEY

Der Planet steht in Flammen. Das Wesen des Menschen ist aus den Fugen. Nur von den Deutschen kann, gesetzt, dass sie »das Deutsche« finden und wahren, die weltgeschichtliche Besinnung kommen.

– MARTIN HEIDEGGER

In Deutschland sehen wir mehr noch als anderenorts eine Arbeitsteilung zwischen Genie und Tradition am Werk; nirgendwo sonst sind die Typen des jungen Rebellen und des unermüdlichen Pedanten so geläufig und so extrem.

– GEORGE SANTAYANA

Ich kann kein Volk mir denken, daß zerrißner wäre, wie die Deutschen. Handwerker siehst du, aber keine Menschen, Denker, aber keine Menschen, Priester, aber keine Menschen, Herrn und Knechte, Jungen und gesetzte Leute, aber keine Menschen…

– FRIEDRICH HÖLDERLIN

Wer sich dazu bekannte, Wagner zu mögen, musste gleich im nächsten Satz mit sagen, dass er wisse, dass Wagners Werk im Dritten Reich missbraucht wurde. Sagte er dies nicht, durfte er nicht ohne Gewissensqualen weiter der Musik zuhören. Auch wer Caspar David Friedrich dennoch mochte, stand jahrzehntelang im Ruf, nicht kritisch genug mit der deutschen Vergangenheit umzugehen.

– FLORIAN ILLIES

Zum Nazismus gehört kein Teil der westlichen Tradition, sei er deutsch oder nicht, katholisch oder protestantisch, griechisch oder römisch…

– HANNAH ARENDT

Deutsches Leid und jüdisches Leid ist nicht gleich […], wenngleich beides real.

– STEVE CRAWSHAW

Das amerikanische Geistesleben steht dem deutschen heutzutage in mehrfacher Hinsicht näher als dem englischen.

– HENRI PEYRE

Die deutsche Sprache lässt unglücklicherweise zu, einen ziemlich trivialen Gedanken hinter einem Wolkenvorhang scheinbarer Tiefgründigkeit vorzutragen oder dass umgekehrt eine Vielzahl von Bedeutungen hinter einem einzigen Ausdruck lauert.

– ERWIN PANOFKSY

Freud ist besser auf Deutsch.
— FRANK KERMODE

Der Tod ist ein Meister aus Deutschland.
— PAUL CELAN

Wer diese [deutsche] Gesellschaft in Frage zu stellen beginnt, der stellt sich letztendlich selbst aus ihr heraus.
— RALF DAHRENDORF

Deutsche Probleme sind selten allein deutsche Probleme.
— RALF DAHRENDORF

Ich habe es stets als besonders interessant empfunden, dass so viele unter den großen, die Dinge ins rechte Licht rückenden Analytikern der modernen Kultur Deutsche oder Österreicher, nicht aber Engländer oder Franzosen waren.
— FRITZ RINGER

Wir Alliierten siegten [im Zweiten Weltkrieg], weil unsere deutschen Wissenschaftler besser waren als ihre deutschen Wissenschaftler.
— SIR IAN JACOB

Durch den Zweiten Weltkrieg wurde Deutschsein zu einem internationalen Makel, der geduldig zu ertragen war und höchstens durch besseres Verhalten vermindert werden konnte.
— KONRAD JARAUSCH

Das Kulturerbe des deutschen Judentums ist deutsch.
— BARBARA JOHN,
ehemalige Beauftragte für Migration und Integration des Senats von Berlin

Aber in welchen Verdacht gerät man, wenn man sagt, die Deutschen seien jetzt ein ganz normales Volk, eine ganz gewöhnliche Gesellschaft?
— MARTIN WALSER

Es gibt zu viel Musik in Deutschland.
— ROMAIN ROLLAND

Am deutschen Wesen mag die Welt genesen.
— EMANUEL GEIBEL

Leute, wisst ihr nicht, dass ihr in Hollywood seid? Sprecht Deutsch!
— OTTO PREMINGER ZU EINER GRUPPE UNGARISCHER EMIGRANTEN

Wir armen Deutschen! Einsam sind wir im Grunde, auch wenn wir »berühmt« sind. Niemand mag uns eigentlich [...]
— THOMAS MANN

Solange Deutsche Deutsch sprechen und ich Englisch, ist ein echter Dialog möglich zwischen uns: So richten wir das Wort nicht einfach an unsere Spiegelbilder.
— W. H. AUDEN

Hitler war »der Spiegel des Unbewussten jedes Deutschen [...], das Sprachrohr, welches das lautlose Flüstern der deutschen Seele verstärkt«.
— CARL GUSTAV JUNG

Ich hörte einen kalifornischen Studenten in Heidelberg seelenruhig sagen, dass er eher zwei Drinks als ein deutsches Adjektiv hingeben würde.
— MARK TWAIN

Bis heute nehmen wir kaum von einem Phänomen des 18. und 19. Jahrhunderts Notiz, das einen ebenso bemerkenswerten Ausbruch an Kreativität darstellte wie die Zeit, die wir als die italienische Renaissance bezeichnen. Ich spreche von der deutschen Renaissance – von der Renaissance einer vom Dreißigjährigen Krieg verstümmelten Kultur.
— NOEL ANNAN

Niemand ist ein Nazi, niemand war je Nazi [...]. Man sollte das vertonen.
— MARTHA GELLHORN

Heute ist Deutschland das wahrscheinlich erwachsenste Land der Welt.
— MARK MARDELL

Die reflektierende Auseinandersetzung mit dem Nationalsozialismus hat mit der Zahl der Jahre, die uns von ihm trennen, an Intensität nicht etwa abgenommen, sondern ganz im Gegenteil zugenommen.
— HERMANN LÜBBE

Es kennzeichnet die Deutschen, dass bei ihnen die Frage »Was ist deutsch?« niemals ausstirbt.

— FRIEDRICH NIETZSCHE

Kann man Musiker sein, ohne deutsch zu sein?

— THOMAS MANN

...und doch bin ich bis heute überzeugt, dass 1989 der strahlendste Moment in Europas dunkelstem Jahrhundert war.

— FRITZ STERN

INHALT

ANMERKUNG DES AUTORS 15

EINFÜHRUNG

Vom Licht geblendet:
Hitler, der Holocaust und die Vergangenheit,
die nicht vergehen will 17

TEIL EINS
DIE GROSSE WENDE IN DER DEUTSCHEN BIOGRAFIE

1 Aufkommendes Deutschtum 59
2 Bildung und der natürliche Drang nach Vollkommenheit 82

TEIL ZWEI
EINE DRITTE RENAISSANCE:
DIE ZEIT DES ZWEIFELS ZWISCHEN DOGMA UND DARWIN

3 Winckelmann, Wolf und Lessing: Die dritte Erweckung
Griechenlands und die Ursprünge moderner Wissenschaft 109
4 Die vornehmsten Zeugnisse aus dem »ausgehenden Zeitalter
der handschriftlichen Hinterlassenschaft« 129
5 Ein neues Licht auf der Struktur des Geistes 151
6 Die Hochrenaissance in der Musik:
Sinfonie als Philosophie 168
7 *Kosmos*, Keilschrift und Clausewitz 181
8 Die Ursprache, die innere Stimme und das Hohelied
der Romantik 204
9 Das Brandenburger Tor, das Eiserne Kreuz, der »deutsche
Raffael« und die Nazarener 222

TEIL DREI
DER AUFSTIEG DES BILDUNGSBÜRGERTUMS:
DIE MASCHINEN UND MASCHINISTEN DES MODERNEN
WOHLSTANDS

10 Humboldts Geschenk: Die Erfindung der Forschung und
    der preußisch-protestantische Bildungsbegriff   241
11 Die Evolution der Entfremdung   255
12 Der deutsche Historismus: »Ein einzigartiges Ereignis
    in der Ideengeschichte«   278
13 Das heroische Zeitalter der Biologie   289
14 Die »deutsche Misere«   307
15 »Deutschlandfieber« in Frankreich, England und den
    Vereinigten Staaten   330
16 Wagners anderer Ring: Feuerbach, Schopenhauer,
    Nietzsche   347
17 Die Physik wird Königsdisziplin: Clausius, Helmholtz,
    Boltzmann, Riemann   362
18 Der Aufstieg des Labors: Siemens, Hoffmann, Bayer,
    Zeiss   375
19 Die Herren des Metalls: Krupp, Benz, Daimler, Diesel,
    Rathenau   388
20 Die Dynamiken von Seuchen und Krankheiten: Virchow,
    Koch, Mendel, Freud   402

TEIL VIER
DIE MISERABLEN UND DIE MIRAKULÖSEN ASPEKTE
VON MODERNITÄT

21 Der Missbrauch von Geschichte   421
22 Nationalistische Pathologien des Patriotismus   437
23 Das Geld, die Gesamtheit und die Großstadt:
    Die »erste kohärente soziologische Schule«   459
24 Die Dissonanz und »der meist diskutierte europäische
    Komponist«   480
25 Funkwellen, Relativität und das Quantum   495
26 Wien: Sinn und Sinnlichkeit   509
27 Schwabing: Das deutsche Montmartre-Viertel   523
28 Berlin: Die Geschäftige   540
29 Der Krieg zwischen den Helden und Händlern   552
30 »Das schwerbestürmende eines vaterlosen Kindes«: Die Kultur
    der Besiegten   568
31 Weimar: »Beispiellose geistige Wachheit«   589

32	Weimar: Das Goldene Zeitalter der Physik, der Philosophie und der Geschichtsschreibung im 20. Jahrhundert	618
33	Weimar: Ein Problem bedarf der Lösung	634

TEIL FÜNF
LIEDER VOM REICH:
HITLER UND DIE »VERGEISTIGUNG DES KAMPFES«

34	Nationalsozialistische Ästhetik: Die braune Gleichschaltung	653
35	Wissenschaft im »Dritten Reich«: Keine Objektivität	675
36	Götterdämmerung der Theologen	702
37	Die Tragweite, das Scheitern und die Niedertracht der deutschen Kriegswissenschaft	720
38	Das Exil und der Weg in die Freiheit	732

TEIL SECHS
NACH HITLER:
DIE KONTINUITÄT DEUTSCHER TRADITIONEN
UNTER WIDRIGEN UMSTÄNDEN

39	Das »Vierte Reich«: Der Einfluss deutschen Denkens in Amerika	749
40	»Seiner Majestät loyalste feindliche Ausländer«	783
41	Der »geteilte Himmel«: Von Heidegger über Habermas zu Ratzinger	799
42	Café Deutschland: »Ein nie gesehenes Deutschland«	836

SCHLUSS

Der deutsche Genius: Die Verblendungen, Idolisierungen und Gefahren der Innerlichkeit   867

ANHANG

Fünfunddreißig vom Ausland unterschätzte deutschsprachige Denker	903
Anmerkungen	909
Personenregister	985
Sachregister	1016

ANMERKUNG DES AUTORS

Die amerikanische Historikerin Barbara Tuchman schildert in ihrer vortrefflichen Studie *The Proud Tower (Der stolze Turm)* über Europas Weg (oder Abstieg) in den Ersten Weltkrieg die folgende Szene: Philipp Ernst, der Vater des Surrealisten Max Ernst, malt ein Bild von seinem Garten und beschließt, einen Baum wegzulassen, weil er seine Komposition ruiniert. Anschließend fällt er den Baum, geplagt von Gewissensbissen, weil er derart gegen die Gesetze des Realismus verstoßen hat.

Das ist eine gute Geschichte. Wenn man denn eine Kritik anbringen möchte, dann vielleicht, dass Tuchman damit in die Klischeefalle tappte: Deutsche sind kleinliche, pedantische Prinzipienreiter, die alles wortgetreu auslegen. Das Buch, das Sie gerade in Händen halten (und die Zitate, die der Inhaltsangabe vorangestellt wurden), soll nicht zuletzt zum Abbau solcher Klischees beitragen und aufzeigen, dass die Vorurteile, die Völker *von sich selbst* entwickeln, mindestens so irreführend – und gefährlich – sind wie die Stereotype, die unter ihren Nachbarn, Rivalen und Feinden kursieren.

Natürlich ist das bei Weitem nicht alles, was dieses Buch bezweckt. Es ist eine Geschichte deutscher Ideen aus den letzten zweihundertfünfzig Jahren, also ungefähr der Zeitspanne seit Johann Sebastian Bachs Tod. Niemand kann Experte auf allen Gebieten über einen so langen Zeitraum hinweg sein, deshalb suchte ich bei meinen Recherchen um die Hilfe vieler Personen nach, die ich hier dankend erwähnen möchte. Einige haben das ganze Manuskript gelesen, andere einzelne Kapitel, und jeder hat Verbesserungsvorschläge gemacht. Ihnen allen gilt mein herzlicher Dank. Niemand außer mir ist für möglicherweise verbliebene Fehler, Unterlassungen und Irrtümer verantwortlich.

In größter Schuld stehe ich bei George Lord Weidenfeld, der mich zu diesem Projekt ermunterte und mir zahllose Türen in Deutschland öffnete, sowie bei meinem alten Freund Keith Bullivant, der heute Professor für neuzeitliche Germanistik an der University of Florida ist, in den siebziger Jahren aber mit R.H. Thomas an der Warwick University das erste Department of German Studies weit und breit gegründet hatte und damit viele Nachfolger in der englischsprachigen Welt fand. Mein Dank gilt außerdem Charles Aldington, Claudia Amthor-Croft, Rosemary Ashton, Yvonne Badal, Volker Berghahn, Tom Bower, Neville Conrad, Ralf Dahrendorf, Bernd Ebert, Hans Magnus Enzensberger, Joachim Fest, Corinne Flick, Gert-Rudolf Flick, Roland Goll, Andrew Gordon, Karin Graf, Ronald Grierson, David Henn, Johannes Jacob, Joachim Kaiser, Marion Kazemi, Wolf-Hagen Krauth, Martin Kremer, Michael Krüger, Manfred Lahnstein, Jerry Living, Robert Gerald Livingston, Günther Lottes, Constance Lowenthal, Eckhart von Maltzan, Inge Märkl, Christoph Mauch, Gisela Mettele, Richard Meyer, Peter Nitze, Andrew Nurnberg, Richard Pfennig, Werner Pfennig, Elisabeth Pyroth, Darius Rahimi, Ingeborg Reichle, Rüdiger Safranski, Anne- Marie Schleich, Angela Schneider, Jochen Schneider, Kirsten Schröder, Hagen Schulze, Bernd Schuster, Bernd Seerbach, Kurt-Victor Selge, Fritz Stern, Lucia Stock, Robin Straus, Hans Strupp, Michael Stürmer, Patricia Sutcliffe, Clare Unger, Fritz Unger und David Wilkinson.

Am Ende dieses Buches findet sich ein umfangreicher Anmerkungsapparat. Dennoch möchte ich hier ausdrücklich einige Werke vermerken, auf die ich mich besonders gestützt habe – allesamt Klassiker ihrer Art. Alphabetisch nach Autoren oder Herausgeber geordnet sind es: T.C.W. Blanning, *The Culture of Power and the Power of Culture: Old Regime Europe, 1660–1789* (2002); John Cornwell, *Hitler's Scientists: Science, War and the Devil's Pact* (2003); Steve Crawshaw, *Easier Fatherland: Germany and the Twenty-First Century* (2004; *Ein leichteres Vaterland. Deutschlands Weg zu einem neuen Selbstverständnis*, 2005); Eva Kolinsky und Wilfried van der Will (Hg.), *The Cambridge Companion to Modern German Culture* (1998); Timothy Lenoir, *The Strategy of Life: Teleology and Mechanics in Nineteenth-Century German Biology* (1982); Bryan Magee, *Wagner and Philosophy* (2000); Suzanne L. Marchand, *Down from Olympus: Archaeology and Philhellenism in Germany, 1750–1970* (1996); Peter Hanns Reill, *The German Enlightenment and the Rise of Historicism* (1975); Robert J. Richards, *The Romantic Conception of Life: Science and Philosophy in the Age of Goethe* (2002). Auch den Mitarbeitern des Londoner Goethe-Instituts sowie der Kultur- und Presseabteilung der Botschaft der Bundesrepublik Deutschland in London, der London Library, der Wiener Library und dem German Historical Institute in London und Washington gilt mein Dank.

Einige Absätze in diesem Buch überlappen sich mit Passagen aus meinen älteren Büchern, die an entsprechender Stelle ausgewiesen werden.

EINFÜHRUNG

Vom Licht geblendet:
Hitler, der Holocaust und die Vergangenheit, die nicht vergehen will

Dank einem dieser sinnigen historischen Zufälle lebten im Jahr 2004 zwei deutsche Brüder zur selben Zeit in London. Beide kamen in hoch dotierten und einflussreichen Positionen zu Erkenntnissen über ihren temporären Wohnsitz, denen sie mit ein paar ausgesprochen spitzen Bemerkungen Ausdruck verliehen, und da sie sehr unterschiedlichen Berufen nachgingen, erreichten sie damit nicht einfach nur eine doppelte Wirkung.

Thomas Matussek, der damalige deutsche Botschafter in London, beklagte in jenem Jahr öffentlich, dass sich der englische Geschichtslehrplan fast sechzig Jahre nach dem Ende des Zweiten Weltkriegs noch immer exzessiv mit der Zeit des Nationalsozialismus befasste. Wie er festgestellt habe, seien viele Briten regelrecht »besessen« vom »Dritten Reich«, während nur sehr wenige Deutschland wirklich kennen würden. Das englische Geschichtscurriculum sei »unausgewogen«, habe nichts über die Erfolge der Bundesrepublik zu sagen und ignoriere die Wiedervereinigung ebenso wie andere Aspekte der deutschen Geschichte. Dem *Guardian* gegenüber erklärte er, es habe ihn ungemein überrascht, zu erfahren, dass »die Nazis eines der drei meistgewählten Themen beim A-Level« (Abitur) seien.[1] Sein Bruder Matthias Matussek, zu dieser Zeit Londoner Korrespondent des *Spiegel*, ging noch einen Schritt weiter. Er fand es geradezu lächerlich, dass man Deutschland – das Land von Goethe, Schiller und Beethoven – auf die zwölf Jahre Naziherrschaft reduzierte. Spöttisch erklärte er, dass sich die englische Wesensart bis heute vom »Widerstand gegen Nazideutschland« nähre. Seine undiplomatische Formulierung führte zu einer vorübergehenden Eiszeit zwischen den Brüdern – dabei hatte sogar der damalige deutsche Außenminister Joschka Fischer zur nahezu gleichen Zeit englischen Lehrern vorgehalten, ein »seit drei Generationen überholtes« Bild von einem Deutschen zu verewigen, der »im Stechschritt marschiert«.

Botschafter Matussek war nicht der Erste gewesen, der solche Beschwerden vorbrachte. 1999 hatte sein Vorgänger Gebhardt von Moltke kurz vor seiner Verabschiedung als deutscher Botschafter in Großbritannien festgestellt, dass man den Eindruck habe, »als ende der Geschichtsunterricht in diesem Land mit dem Jahr 1945«. Auch die mangelnde Bereitschaft junger Engländer, die deutsche Sprache zu erlernen oder Deutschland zu besuchen, hatte er beklagt.[2]

Die Bundesregierung scheint sich tatsächlich um das Image ihres Landes zu sorgen, jedenfalls um sein Bild in England. Im Juli 2003 veranstaltete das Goethe-Institut in London eine Konferenz, auf der diskutiert werden sollte, wie man das Ansehen der Bundesrepublik aufpolieren könnte, wie man sie als ein attraktives Reiseziel und als ein Land verkaufen könnte, in dem es sich gut studieren lässt, mit dem man gut Geschäfte machen kann und dessen Sprache zu erlernen sich lohnt. Das erinnerte an die Art und Weise, in der man kurz zuvor Quebec und Australien zu erfolgreichen »Marken« gemacht hatte. Eine Studie der Programmzeitschrift *Radio Times*, die in der Woche vor dem Beginn dieser Konferenz veröffentlicht worden war, hatte ergeben, dass im Lauf von nur sechs Tagen nicht weniger als dreizehn Sendungen zu »Themen im Zusammenhang mit dem Zweiten Weltkrieg« ausgestrahlt worden waren. Und eine Umfrage unmittelbar vor der Konferenz hatte erwiesen, dass 81 Prozent der befragten jungen Deutschen den Namen einer berühmten lebenden englischen Persönlichkeit kannten, aber ganze 60 Prozent der befragten Engländer keinen einzigen lebenden Deutschen benennen konnten.[3] Im Oktober 2004 bezahlte die Bundesregierung zwanzig englischen Geschichtslehrern eine Deutschlandreise, samt Unterbringung in Spitzenhotels, um über genau solche Fragen zu diskutieren. Einer dieser Lehrer sagte: »Die Kids finden die Nazizeit eben spannend. Da passierte eine Menge. Da gab's jede Menge Gewalt.« So gesehen fand er die deutsche Nachkriegsgeschichte »etwas trocken«. Ein Kollege aus Newcastle hielt seine Schüler für »voreingenommen und desinteressiert. Es herrscht allgemein der Eindruck, dass alle Deutschen Nazis seien, die Liegestühle klauen: totale Karikaturen. Das Problem ist bloß: Wenn du ernsthaft nachhakst, dann haben sie überhaupt keine Meinung zu Deutschland«.[4]

Allen Anzeichen nach hat die Bundesregierung also durchaus Grund zur Besorgnis. Eine Studie stellte im Juli 2004 fest, dass 97 Prozent der Deutschen über Grundkenntnisse der englischen Sprache verfügen und 25 Prozent sie fließend beherrschen, wohingegen nur 22 Prozent unter den englischen Studenten irgendwelche Deutschkenntnisse besitzen und nur 1 Prozent von ihnen die deutsche Sprache fließend spricht. Während 52 Prozent der befragten jungen Deutschen bereits einmal in England gewesen waren, hatten nur 37 Prozent der jungen Briten jemals Deutschland besucht. 2003 ergab eine Untersuchung von *Travel Trends*, dass die Einwohner Großbritanniens in diesem Jahr 60 Millionen Auslandsreisen angetreten hatten, aber nur 3 Prozent nach Deutschland, was exakt den Reisen nach Belgien entsprach. Die Hälfte war in die Vereinigten Staaten gereist, ein Sechstel nach Frankreich und ein Siebtel nach Spanien. In den vier vorangegangenen Jahren war die Zahl der Deutschlandreisen unverändert geblieben, aber noch hinter die Zahl von Reisen nach Holland, Italien und Griechenland zurückgefallen.[5]

Die Lage hatte sich insgesamt verschlechtert, wenn man das überhaupt noch so sagen kann: 1986 hatten 26 Prozent der befragten Briten Deutschland als den besten europäischen Freund Englands betrachtet, 1992 war diese Zahl auf 12 Prozent gefallen. Als die Briten 1977 gefragt worden waren, ob »der Nazismus oder etwas dieser Art« in Deutschland noch einmal Auftrieb bekommen könnte, hatten 23 Prozent mit Ja geantwortet, 61 Prozent mit Nein. 1992 hatte sich das Verhältnis umgekehrt: 53 Prozent antworteten mit Ja, 31 Prozent mit Nein.[6] Ein Leitartikler des *Daily Telegraph* kam im Mai 2005 zu dem Schluss, dass Großbritannien sechzig Jahre nach dem »V-E-Day« (dem Tag des Sieges in Europa) »eine auf den Zweiten Weltkrieg fixierte Nation ist und immer mehr wird«[7].

Kurzfristig wird sich daran höchstwahrscheinlich nichts ändern lassen. Eine andere Umfrage, diesmal unter zweitausend Schülern aus privaten und staatlichen englischen Schulen, die im November 2005 veröffentlicht wurde, wies nach, dass »Tausende« von Vierzehnjährigen Deutsch als Fremdsprache zugunsten von »einfacheren Fächern« (wie Medienkunde) abgewählt hatten, seit die britische Regierung im Herbst 2004 Fremdsprachen in schulische Wahlfächer verwandelt hatte. Mehr als die Hälfte der befragten Schulen hatten den Deutschunterricht seither ganz abgeschafft. Eine 2007 publizierte Untersuchung ergab, dass die Zahl der englischen Institutionen, die Deutsch als Lehrfach anboten, seit 1998 um 25 Prozent und die Zahl der Studenten, die in London einen Bachelor in Deutsch gemacht hatten, um 58 Prozent gesunken waren.[8]

Botschafter Matussek missfielen diese Befunde natürlich, aber er glaubte nicht, dass Fremdenfeindlichkeit dafür verantwortlich war – eher Unwissen. Allerdings betonte er, dass er das für eine »potenziell gefährliche« Entwicklung hielt, da Deutschland der wichtigste Handelspartner Großbritanniens war. »Es ist riskant, Vierzehnjährigen freizustellen, ob sie eine Sprache abwählen wollen.« Außerdem fänden Teenager Spanisch immer »einfach« und Deutsch »schwer«. »Die meisten Schüler denken dabei eher an die spanischen Strände als an die Museen und Schlösser in Deutschland.«

Dass der deutsche Botschafter Grund zur Sorge über das »Ungleichgewicht« im englischen Lehrplan hatte, bestätigte sich, als die *Qualification and Curriculum Authority* (QCA) um die Weihnachtszeit 2005 in ihrem Jahresbericht zu dem Schluss kam, dass der Geschichtsunterricht an höheren Schulen »nach wie vor von Hitler dominiert wird. [...] Es ist zu einer schrittweisen Einengung und ›Hitlerisierung‹ des Geschichtsunterrichts für Schüler über 14 gekommen. [Er wird] weiterhin von Themen wie den Tudors und den Diktaturen im 20. Jahrhundert beherrscht.« Prompt gab die QCA neue Richtlinien für den Geschichtsunterricht über die Nachkriegszeit heraus und forderte die Vermittlung »eines ausgewogeneren Verständnisses von Deutschland im 20. Jahrhundert«.[9]

Botschafter Matussek hatte den Geschichtsunterricht an britischen Schulen also völlig zu Recht als »unausgewogen« bezeichnet. Aber hatte er auch recht, es auf die »Besessenheit« zurückzuführen, mit der Engländer sich an Nazi-Deutschland erinnerten? Mit Blick auf das eigene Land hatte er erklärt: »Die Menschen fahren nicht in die Ferien dorthin. Der Jugendaustausch ist eine Einbahnstraße [...]. Unsere jüngeren Generationen beginnen allmählich auseinanderzudriften und hören einander immer weniger zu. Über die Gründe dafür kann ich nur spekulieren. Aber ich spreche mit vielen Briten, und etwas höre ich immer wieder, nämlich, dass jedes Land einen Selbstfindungsprozess durchlaufen müsse. 1940 war Großbritannien mit einem letztlich übermächtigen Feind konfrontiert gewesen; nur weil es mit äußerster Anstrengung alle englischen Tugenden mobilisierte, gelang ihm schließlich die Kehrtwende. In der kollektiven Psyche spielt das eine große Rolle – zurückzublicken und zu wissen, dass man es wirklich schaffen kann. [...] Was die Eroberung des amerikanischen Westens für den amerikanischen Mythos bedeutet, trifft in Großbritannien auf den Sieg über den Nazismus zu. Dass er sich mit dem Verlust des britischen Imperiums überschnitt, machte einigen bestimmt zu schaffen, aber er führte zu einer Obsession mit Deutschland, die wahrlich nicht immer lustig ist. Wir müssen unterscheiden zwischen geradezu komischen Klischees – wie in [den Fernsehserien] *Dad's Army* oder *Fawlty Towers* – und etwas, das tiefer sitzt. Aber es ist Schluss mit lustig, wenn ich höre, dass deutsche Kinder regelmäßig von englischen Jugendlichen verprügelt und misshandelt werden, nur weil diese keine Ahnung von Deutschland haben.«

Auch diese Aussagen des Botschafters lassen sich durch unabhängige Studien belegen. 2004 wurden zehn- bis sechzehnjährige englische Schüler befragt, was sie mit Deutschland verbinden: 78 Prozent nannten den Zweiten Weltkrieg, 50 Prozent Hitler. Bei einer von der Universität Aberdeen durchgeführten Studie wurden Jugendlichen ab zwölf Jahren Fotografien von Personen gezeigt, ohne Hinweise auf deren Nationalität zu geben. Zwei Wochen später wurden ihnen dieselben Fotos noch einmal vorgelegt, doch diesmal sagte man ihnen, dass es sich um Deutsche handelte, und nun reagierten sie wesentlich negativer.

Solche Reaktionen, sagte Matussek, seien ein spezifisch britisches Problem. »In anderen Ländern ist diese Einstellung nicht so allgemein verbreitet. Viele unserer Nachbarn haben eine Menge durchgemacht, wesentlich mehr als die Engländer. Doch von jungen Russen, jungen Polen oder jungen Tschechen bekommt man so etwas nicht zu hören. Vielleicht ist ein Land mit neun Nachbarn zu ständigen Kompromissen gezwungen und geht mehr auf Tuchfühlung als ein Land, das ein Inseldasein führt.«[10]

Sein Bruder Matthias formulierte auch das drastischer: »Die Engländer tun so, als hätten sie Hitlers Horden im Alleingang geschlagen. Und sie betrachten uns immer noch als Nazis, so als müssten sie die Schlachten jeden Abend erneut schlagen [z. B. im Fernsehen]. Sie sind verhext von dieser Nazi-Dimension.« Gisela Stuart, eine in Deutschland geborene Abgeordnete aus Birmingham-Edgbaston, meinte, dass die Matusseks »völlig recht haben, wenn sie sagen, dass die Briten immer noch von der Nazizeit besessen seien«.[11]

2006 publizierte John Ramsden, Professor für neuzeitliche Geschichte an der Londoner Queen Mary University, ein ganzes Buch *(Don't Mention the War)* über die deutsch-englischen Beziehungen seit 1890. Er stellte fest, dass es im Lauf dieser Zeit zwar immer wieder zu Spannungen gekommen war – um die Jahrhundertwende, im Vorfeld des Ersten Weltkriegs und natürlich während dieses Krieges –, dass die Briten Deutschland zur Weimarer Zeit jedoch hoch geschätzt und nicht einmal während des Zweiten Weltkriegs ein solches Ausmaß an Hass bewiesen hätten wie im Ersten (da es diesmal eher ein Kampf der Ideologien als der Völker gewesen sei). Nach 1945 seien die Spannungen jedoch durch Filme und Romane am Leben erhalten worden, mit tatkräftiger Unterstützung der Thatcher-Regierung, zu deren Amtszeit England »mehr offen antideutsche Vorurteile unter den Regierenden erlebte als zu jeder anderen Zeit seit 1945«.[12] Ramsden kam zu dem Schluss, dass der Sieg über Deutschland »noch immer wesentlich für die Identität der Briten ist und definiert, wer sie sind und wie sie es wurden«.[13]

Diese Obsession zeigt auch keine Abschwächungstendenzen. Im Juli 2005 wurde der bayerische Kardinal Joseph Ratzinger Papst. Am nächsten Tag erschien das Londoner Boulevardblatt *Sun* mit der Schlagzeile »Von der Hitlerjugend zum Papa Ratzi«. Andere Regenbogenblätter reagierten ähnlich. Der *Daily Mirror* zum Beispiel zitierte in einem Artikel über das Verhalten des neuen Papstes im Nationalsozialismus die Aussage einer vierundachtzigjährigen Frau aus dessen Heimatort Marktl am Inn: Im Gegensatz zu der Behauptung seiner Heiligkeit, er habe gar keine andere Wahl gehabt, als sich der Hitlerjugend anzuschließen, sei es durchaus »möglich gewesen, Widerstand zu leisten«. Ihr eigener Bruder habe sogar den Kriegsdienst verweigert und sei wegen seiner Ansichten ins KZ Dachau geschickt worden.[14]

Der *Bild*-Kolumnist Franz Josef Wagner war außer sich. In einem offenen Brief erklärte er der englischen Boulevardpresse, wer die britischen Massenblätter lese, müsse denken, Hitler sei Papst geworden. Die englischen Schlagzeilen würden nach Schwefel stinken, nach faulen Eiern, so etwas könne eigentlich nur dem Teufel oder komplexbeladenen Engländern einfallen. Botschafter Matussek scheint in beiden Fällen recht gehabt zu haben: England *ist* besessen vom Nationalsozialismus, und der Geschichtsunterricht in englischen Schulen *ist* unausgewogen und zu sehr auf die Jahre 1933 bis 1945 fokussiert. Doch die Faszination, die das »Dritte Reich« ausübt, hat mehr bewirkt als nur ein Ungleichgewicht im britischen Curriculum oder das Besessensein von den zwölf Jahren Diktatur in Deutschland: Beides trug zur ignoranten Einstellung gegenüber den Realitäten in der heutigen Bundesrepublik bei. Gut möglich, dass der Sieg über den Nationalsozialismus mittlerweile zu einem festen Bestandteil der britischen Identität wurde, wie beide Matusseks meinten. Andererseits ist man sich in England heute viel bewusster, dass die nationalsozialistische Periode eine Hürde darstellt, einen Stolperstein, einen Reflektor. Sie hindert uns Briten daran, über die Zeit hinauszublicken, die den englischen Geist für alles Deutsche verschloss, und die Vergangenheit des außergewöhnlichen Landes zu betrachten, das Deutschland vor Hitler – diesem Produkt der Wiener Gosse – gewesen war, und welches er vom Moment seines Amtsantritts an auf so schockierende und beispiellose Weise zu zerstören begann. Russen, Polen und Tschechen mögen vielleicht nicht ganz so besessen sein wie Briten, aber Verblendung herrscht auch in anderen Ländern. Wo man hinsieht: Hitler macht nicht nur immer noch Geschichte, er entstellt sie auch nach wie vor.

Am 20. Februar 2006 wurde der auf den Zweiten Weltkrieg spezialisierte englische Historiker David Irving in Österreich wegen Holocaust-Leugnung zu drei Jahren Haft verurteilt. Er hatte sich schuldig bekannt, bei zwei Reden, die er im Jahr 1989, sechzehn Jahre vor seinem Prozess, in Österreich gehalten hatte, bestritten zu haben, dass Hitler etwas vom Holocaust und dem Mord an Millionen Juden gewusst habe. In Österreich, wo Irving im November 2005 bei einem neuerlichen Einreiseversuch an der Grenze verhaftet wurde, steht die Leugnung des Holocaust seit 1946 unter Strafe. Die rechtlichen Grenzen hatte Irving allerdings bei Weitem nicht das erste Mal überschritten. Von Kanada bis Südafrika hatten ihm bereits ein Dutzend Länder, in denen er seine Ansichten zu verbreiten versuchte, Einreiseverbote erteilt. Im Jahr 2000 wurde er in England in den Bankrott getrieben, weil er einen Verleumdungsprozess gegen die amerikanische Historikerin Deborah Lipstadt angestrengt und verloren hatte. Lipstadt hatte ihn in ihrem Buch *Denying the Holocaust* als einen der schlimmsten Übeltäter gebrandmarkt. Er wurde zur Zahlung von drei Millionen Pfund verurteilt und sah sich gezwungen, sein Haus im eleganten Londoner Bezirk Mayfair zu verkaufen.[15]

Der Prozess gegen Irving fand knapp zwei Monate nach der Rede statt, in der der iranische Präsident Mahmut Ahmedinejad den Holocaust das erste Mal als einen »Mythos« bezeichnet und die Ermordung von sechs Millionen Juden im Nationalsozialismus zur Mär erklärt hatte. Bedenkt man, wie brandgefährlich diese Aussage im Kontext der Politik Vorderasiens und des Nahen Ostens ist, so lässt sie sich streng genommen nicht mit Irvings Behauptung vergleichen – abgesehen davon pflegen wir von Politikern (bedauerlicherweise) nicht das gleiche Maß an Aufrichtigkeit zu erwarten wie von Historikern. Doch ihre fast gleichlautenden Leugnungen verdeutlichen, dass der Holocaust noch heute, über sechzig Jahre danach, in den Brennpunkt der Debatten gerät und weiterhin geraten wird. Da stellt sich die Frage: Sind wir Briten, die wir allem Anschein nach so besessen sind von Hitler, ebenso besessen vom Holocaust?

Auf den ersten Blick mag einem das als eine gewagte und völlig gefühllose Frage erscheinen. Wie könnte die Ermordung von sechs Millionen Menschen – umgebracht, nur weil sie einer bestimmten Gruppe angehörten – jemals *nicht* im Brennpunkt von Debatten stehen und *nicht* im kollektiven Gedächtnis verankert sein, ganz unabhängig davon, wie lange diese Tat zurückliegt? Doch hier geht es noch um etwas ganz anderes, nämlich um die Tatsache, dass der Holocaust nach dem Zweiten Weltkrieg so viele Jahre lang *nicht* im Brennpunkt gestanden hatte und erst in den letzten Jahrzehnten in einem Maße ins Blickfeld rückte, bei dem man zwar vielleicht noch nicht von Besessenheit sprechen kann, das aber doch – insbesondere in den Vereinigten Staaten – so »fokussiert« ist, dass es den Blick auf die Vergangenheit ebenfalls trübt. Davon wird hier noch ausgiebig die Rede sein.

Der Holocaust:
Die Pflicht des Erinnerns, das Recht auf Vergessen

Der amerikanische Historiker Peter Novick untersuchte in seiner besonnenen Studie *The Holocaust in American Life* (1999; *Nach dem Holocaust: Der Umgang mit dem Massenmord*, 2001) die Frage, warum »der Holocaust in der amerikanischen Kultur der 1990er Jahre [...] eine derartige Bedeutung erlangt hat«. Er beginnt mit der Feststellung, dass historische Ereignisse im Allgemeinen kurz nach ihrem Auftreten am heftigsten diskutiert würden, »um dann nach und nach aus dem Zentrum des Bewußtseins« und rund vierzig Jahre später »in einem dunklen Erinnerungsloch« zu verschwinden, »in dem nur noch Historiker herumstöbern«. So war es auch hinsichtlich des Vietnamkriegs gewesen, doch dem Holocaust folgte ein anderes Zeitschema: In den ersten zwanzig Jahren nach dem Zweiten Weltkrieg sprach man kaum darüber; seit den siebziger Jahren rückte er in den Vereinigten Staaten immer stärker ins Zentrum des öffentlichen Diskurses – »natürlich vor allem unter Juden, aber auch in der gesamten amerikanischen Kultur«.[16] In jüngeren Jahren sei dann »›Überlebender des Holocaust‹ ein Ehrentitel geworden, der nicht nur Mitgefühl, sondern Bewunderung und sogar Ehrfurcht erregt«. In den ersten Nachkriegsjahren konnte davon keine Rede sein. Damals gab es zwar Mitgefühl, doch ein Holocaust-Überlebender zu sein, war weder irgendetwas Besonderes noch etwas Ehrenhaftes. Novick zitiert den entlarvenden Kommentar eines leitenden Mitglieds des *American Jewish Committee*, das aus Europa einem Kollegen nach New York schrieb: »Die, die überlebt haben, sind nicht die Angepaßtesten, sondern größtenteils die niedrigsten jüdischen Elemente, die durch List und Instinkt dem furchtbaren Schicksal der kultivierteren und besseren Elemente, die untergegangen sind, entrinnen konnten.«[17] Laut Novick habe sogar David Ben Gurion »bewusst oder unbewusst« versucht, das Ausmaß der Tragödie herunterzuspielen, weil er befürchtete, dass die Vernichtung des europäischen Judentums zugleich das Ende des Zionismus bedeuten würde: Es könnte den Anschein erwecken, als gäbe es zu wenige Juden, um Israel aufzubauen. Dreimal – 1946, 1947 und 1948 – votierten die wichtigsten jüdischen Organisationen in den Vereinigten Staaten (darunter sogar die der jüdischen Kriegsveteranen) einstimmig *gegen* den Vorschlag, ein Holocaust-Denkmal in New York City zu errichten, weil sie Sorge hatten, dass ihre amerikanischen Landsleute sie dann nur noch als Opfer betrachten würden. Ein »ewiges Denkmal der Schwäche und Wehrlosigkeit des jüdischen Volkes« sei nicht im Interesse des Judentums. »Aber der Holocaust wurde in den ersten Nachkriegsjahren – weit mehr als heute – *historisiert* [Hervorhebung im Original]. Man dachte und sprach über ihn [als] einen furchtbaren Aspekt der Epoche, die mit dem Sieg über Nazideutschland zu Ende gegangen war. In den Nachkriegsjahren hatte der Holocaust noch nicht den transzendenten Status als Träger ewiger Wahrheiten oder Lehren erlangt, die durch die Beschäftigung mit ihm erkannt werden konnten. Da der Holocaust vorüber war, ging mit dem schmerzhaften Starren in den grauenhaften Abgrund kein praktischer Nutzen einher.« Nathan Glazer schrieb in seinem 1957 publizierten Buch *American Judaism* – der einzigen wissenschaftlichen Studie, die in den fünfziger Jahren über das Judentum erschien –, dass der Holocaust »bemerkenswert geringe Auswirkungen auf das Seelenleben des amerikanischen Judentums« gehabt habe.[18]

Unmittelbar nach dem Zweiten Weltkrieg gab es keine »Begegnung mit dem Holocaust im heutigen Sinne. Die damaligen Darstellungen der Berichte, Zeugnisse, Fotografien und Wochenschauen paßten genau zur im Krieg vorherrschenden Auffassung der nationalsozialistischen Greueltaten als *hauptsächlich* [meine Hervorhebung] gegen politische Gegner des Dritten Reiches gerichtete Aktionen«. Die Wörter »Jude« oder »jüdisch« waren in Edward R. Murrows (entsetztem) Radiobericht über das

KZ Buchenwald nicht vorgekommen. »General Eisenhower bezeichnete die Stätten, zu deren Besuch er die amerikanischen Politiker und Journalisten bewegen wollte, als ›deutsche Lager, in die sie politische Gefangene sperrten‹« – wieder kein Wort von Juden. In anderen Berichten war die Rede von »politischen Gefangenen, Sklavenarbeitern und Zivilisten verschiedener Nationalität« gewesen. Juden wurden »neben anderen Opfergruppen« erwähnt, selten wurde darauf hingewiesen, dass »es ihnen in den Lagern schlechter erging als den meisten anderen. In den Berichten über die Befreiung der Lager wurden die Juden jedoch durchweg als eine Gruppe nationalsozialistischer Opfer *unter anderen* behandelt. [Hervorhebung im Original] [...]. Nichts also verknüpfte sie mit dem, was heute als ›der Holocaust‹ bezeichnet wird.«[19]

Die Einstellungen, so Novick weiter, begannen sich erst im Zuge des Eichmann-Prozesses 1961/62, des Sechstagekriegs im Jahr 1967 und vor allem nach dem Yom-Kippur-Krieg im Oktober 1973 zu ändern, als es kurzfristig so ausgesehen hatte, als könnte Israel vernichtet werden. Durch den Eichmann-Prozess wurde der Begriff »Holocaust« erstmals im heutigen Sinne der amerikanischen Öffentlichkeit vorgestellt, »unabhängig von den sonstigen nationalsozialistischen Grausamkeiten. In den Vereinigten Staaten wurde das Wort ›Holocaust‹ als Resultat des Prozesses zum ersten Mal eng verbunden mit der Ermordung der europäischen Juden.«[20]

Zu diesem Zeitpunkt, schreibt Novick, wurde die Debatte über den Holocaust derart sakralisiert, dass sie fast schon über jede Kritik erhaben war. Fast, aber nicht ganz. Der israelische Schriftsteller Amos Oz stellte einmal die Frage, ob es neben der Pflicht der Erinnerung nicht auch ein Recht auf Vergessen gebe: »Müssen wir für immer unsere Toten betrauern?« 1988, ein paar Monate nach Beginn der ersten Intifada, veröffentlichte der bedeutende israelische Wissenschaftstheoretiker Yehuda Elkana, der als Kind Auschwitz überlebt hatte, in einer israelischen Zeitung einen Artikel mit der Überschrift »Ein Plädoyer für das Vergessen«. Die »Lehren« aus dem Holocaust, nämlich, dass »die ganze Welt gegen uns ist« und Juden »die ewigen Opfer sind«, ist aus Elkanas Sicht »der tragische und widersinnige Sieg Hitlers«. Diese Lehren machte er auch für das rohe Verhalten der Israelis in der Westbank und für ihre geringe Bereitschaft verantwortlich, Frieden mit den Palästinensern zu schließen.[21] Der allgemeine Umbruch im Denken kulminierte 1998, als bei einer Meinungsumfrage unter amerikanischen Juden, die bestimmte Aktivitäten nach ihrer Bedeutung für ihre jüdische Identität einordnen sollten, zum ersten Mal auch der Punkt »Gedenken an den Holocaust« angeführt wurde (eine an sich bereits vielsagende Entwicklung) und sich dann sogar als der mit Abstand wichtigste Punkt offenbarte. Er wurde sehr viel öfter angegeben als ein »Besuch der Synagoge« oder die »Einhaltung der jüdischen Feiertage«.[22]

Des Weiteren stellte Novick fest, dass der Holocaust seit den siebziger Jahren nicht mehr nur als eine jüdische, sondern auch als eine amerikanische Erinnerung präsentiert wurde. Bei einer Erhebung im Jahr 1995, die die Kenntnisse der Amerikaner über den Zweiten Weltkrieg eruieren sollte, gaben 97 Prozent der Befragten an, über den Holocaust Bescheid zu wissen. Das war ein beträchtlich höherer Prozentsatz als der Anteil befragter Amerikaner, die Pearl Harbor einordnen konnten, oder die wussten, dass die Vereinigten Staaten zwei Atombomben über Japan abgeworfen hatten, und bei Weitem höher als der Anteil von Befragten, die wussten, dass die Sowjetunion im Krieg ein Bündnispartner Amerikas gewesen war.[23] Seit 2002 wurde der Holocaust in immer mehr amerikanischen Bundesstaaten zum Bestandteil der schulischen Curricula.

Der amerikanische Politikwissenschaftler Norman G. Finkelstein war um einiges verbitterter als Novick (seine Mutter war in das KZ Majdanek und in die Arbeitslager Czestochowa und Skarszysko-Kamiena deportiert worden). In seiner 2000 (deutsch 2002) veröffentlichten Studie *Die Holocaust-Industrie*, die viel Interesse (und Kritik) in Deutschland erfuhr, in den Vereinigten Staaten aber relativ stillschweigend übergangen wurde, beschuldigte er insbesondere amerikanische Juden, den Holocaust zu ihren Zwecken – womit vorrangig zum Nutzen von Israel gemeint war – zu instrumentalisieren, die reinsten »Holocaust-Profiteure« zu sein und nicht nur die Zahl der Opfer, sondern *auch* die der Überlebenden zu übertreiben. Er schildert ein »erbärmliches Muster«, nicht zuletzt die hohen Gehälter und Gebühren, die die Verwalter der Entschädigungsforderungen für sich selbst beanspruchten und die weit höher lagen als die Forderungen selbst. Auch das Leitmotiv seines Buches bestätigt, dass das Interesse am Holocaust ein *jüngeres* Phänomen ist.[24]

Der Historikerstreit

Wie extrem oder einzigartig *war* der Holocaust? Selbst die Deutschen hatten Schwierigkeiten, sich auf diese heikle Frage einzulassen. Während der Holocaust in Amerika im Lauf der Jahre immer mehr an Bedeutung gewann (wie von Novick geschildert), gab es in Deutschland einige ebenso energische Versuche, die Debatte in die Gegenrichtung zu lenken und das Ausmaß, die Bedeutung und die Einzigartigkeit des Holocaust herunterzuspielen. Charles Maier ist nur einer von vielen amerikanischen Historikern, die sich dazu geäußert und festgestellt haben, wie stark die akademische Intelligenz Deutschlands von diesem Thema polarisiert wurde.

Der Riss trat erstmals in den achtziger Jahren zutage, und zwar im Zuge eines Phänomens, das als »Historikerstreit« in die Geschichte der Bundesrepublik einging. Folgende Elemente haben die Debatte bestimmt:

- dass der Faschismus kein totalitäres System nach Art des Stalinismus, sondern eine *Reaktion* darauf gewesen sei;
- dass Auschwitz nicht einzigartig, sondern eine Kopie des Gulag gewesen sei, und dass bereits zu einem früheren Zeitpunkt im 20. Jahrhundert anderenorts vergleichbare Genozide stattgefunden hätten;
- dass in den Todeslagern mehr Nichtjuden als Juden umgebracht worden seien;
- dass die Polen und Rumänen ebenso antisemitisch wie die Deutschen gewesen seien;
- dass die schlimmsten Exzesse des Krieges – der Einmarsch in die Sowjetunion und die Vernichtung der Juden – nur geschahen, weil ein einziger Mann, Hitler, es so gewollt habe.

Auf diese Behauptungen gibt es gute Antworten, nicht zuletzt die von Charles Maier zitierte trockene Bemerkung seines deutschen Kollegen Christian Meier: »Die Beschäftigung mit der ›Endlösung‹ dürfe nicht zu einer Aufrechnung ausarten.«[25] Doch was verbarg sich dahinter? War der Historikerstreit das Symptom einer schlummernden Seuche, die vierzig Jahre nach Kriegsende schließlich ausbrach?

Einige glaubten das jedenfalls. Der Philosoph Jürgen Habermas meinte damals, dass sich die Erinnerungen derjenigen zu akkumulieren begonnen hätten, welche seit Jahrzehnten nicht über ihr Leid hatten sprechen können, und wir daher nicht wüssten, ob man wirklich noch an die erlösende Kraft des Wortes glauben könne. Die »traumatischen Gedenkveranstaltungen Mitte der 80er Jahre [...] öffneten schließlich die Schleusen der Erinnerung und riefen der [deutschen] Öffentlichkeit ins Bewußtsein, daß die Vergangenheit nicht einfach verging«. Dem stimmte der Historiker Hermann Rudolph 1986 zu: »Die Deutschen und ihre Vergangenheit: das ist wahrhaftig kein neues Thema. Aber es scheint sich nicht abzunutzen, im Gegenteil. [...] Darf das Dritte Reich, so die Frage, die damit aufgeworfen ist, historisch so behandelt werden, daß es nicht mehr als düster-monströses Monument den Zugang zu unserer Vergangenheit versperrt...?«[26]

Ja, darf man es so behandeln? Der in Cambridge lehrende englische Historiker Richard Evans bemerkte in seinem Bericht über den Historikerstreit, dass in Deutschland nach dem Zweiten Weltkrieg »über den Nationalsozialismus [...] kaum gesprochen [wurde], und in den Schulen wurde er so gut wie gar nicht behandelt. Die Rolle der Wirtschaftsführer im ›Dritten Reich‹ wurde übergangen. Selbst in der Politik war es keine Schande, eine braune Vergangenheit zu haben, solange sie nicht zum Gegenstand peinlicher öffentlicher Auseinandersetzungen wurde.«[27] Erst der Prozess, der 1961 gegen Adolf Eichmann in Israel stattfand, und erst die Auschwitzprozesse im Jahr 1964 in Deutschland hätten, so Evans weiter,

»ein Signal für eine entschlossenere Auseinandersetzung mit der deutschen Vergangenheit« gegeben.[28] Also gab es doch eine deutliche Parallele zum wachsenden Interesse am Holocaust in den Vereinigten Staaten.

Im Kontext des vorliegenden Buches entscheidend bei diesem Historikerstreit ist jedoch, dass er nicht nur einen neuerlichen Nachweis für das obsessive Interesse an Hitler und dem Holocaust lieferte, sondern auch für ein bestimmtes Muster des Vergessens – oder besser gesagt: des Nichtvergessens. Meinungsumfragen in Deutschland ergaben, dass nur 20 Prozent der Befragten stolz darauf waren, Deutsche zu sein, wohingegen 80 Prozent der Amerikaner und 50 Prozent der Briten stolz waren, Amerikaner oder Briten zu sein. Der Historiker Michael Stürmer erklärte, dass die Deutschen erst dann wieder so etwas wie Stolz empfinden könnten, wenn sie zu ihrer Geschichte zurückfänden. Da sie jedoch derart besessen von ihrer Schuld seien und diese Obsession ihren Möglichkeiten, eine nationale Identität zu entwickeln, im Wege stehe, seien implizite politische und kulturelle Konsequenzen unumgänglich. Doch er wehrte sich »gegen die stillschweigende Folgerung, daß Deutschland immer noch gleichsam ein Patient in Behandlung sei«.[29] »War der Streit zu einem Abschluß gekommen, oder hatte sich lediglich Erschöpfung breitgemacht?«, fragt Charles Maier. Sein deutscher Kollege Christian Meier antwortete mit der Feststellung: »Dazu ist das Bewusstsein von den Untaten zu tief in die Grundlagen der Bundesrepublik eingebrannt.«[30]

Das trat auch deutlich bei der Jenninger-Affäre zutage. Im November 1988 hielt der damalige Bundestagspräsident Philipp Jenninger bei einer Gedenkstunde des Deutschen Bundestags anlässlich des fünfzigsten Jahrestags der »Reichspogromnacht« eine Rede, in der er den Holocaust als ein historisches und somit nicht notwendigerweise einzigartiges Ereignis behandelte und obendrein erklärte: »Die Bevölkerung verhielt sich weitgehend passiv [...]. Nur wenige machten bei den Ausschreitungen mit.«[31] Viele, auch viele Amerikaner, fanden diese Rede mutig. Doch die Empörung überwog, und Jenninger musste von seinem Amt zurücktreten.

Das gleiche Erinnerungsmuster zeigte sich in Bezug auf die Kunst. Erst Mitte der neunziger Jahre begann man sich endlich der Tatsache zu stellen, dass Tausende Gemälde – alte Meister wie Impressionisten –, die ihren jüdischen Besitzern von den Nazis gestohlen worden waren, frei auf dem Auktionsmarkt zirkulierten, und zwar praktisch schon seit 1945. Dabei war die Herkunft der Werke in den Auktionskatalogen seit Jahren mit der Feststellung offengelegt worden, dass sie von prominenten Nationalsozialisten – von Göring abwärts bis zu den allgemein bekannten Händlern – »erworben« worden seien. Doch sechzig Jahre lang hatte dem niemand wirklich Beachtung geschenkt. Erst nachdem zwei russische Kunsthistoriker in Moskau ein Lager mit Gemälden entdeckten, von denen man allgemein geglaubt hatte, dass sie in Berlin zerstört worden seien, und erst als sich die öffentliche Einstellung zum Holocaust zu verändern begann, wurde dieser Skandal in seinem ganzen Ausmaß aufgedeckt. Ähnliches geschah mit den »inaktiven« Schweizer Bankkonten. Auch in diesem Fall wurden erst in den späten neunziger Jahren viele Konten von ermordeten Juden »entdeckt«, so als hätte bis dahin niemand etwas von diesem Frevel geahnt. (Ein Grund, weshalb die Schweiz bis dahin jede Forderung abschlägig beschieden hatte, war, dass die Anspruchsteller keine Sterbeurkunden der einstigen Kontenbesitzer vorweisen konnten – als hätte die SS in den Konzentrationslagern Totenscheine für die Erben ausgestellt.) Im März 2006 erschien in der Schweiz ein Buch, das den Titel *Hinschauen und Nachfragen* trug und belegte, dass die Schweizer Behörden während des Zweiten Weltkriegs Tausende jüdische Flüchtlinge daran gehindert hatten, über die Grenze in die Sicherheit des neutralen Landes zu gelangen. Schweizer Nationalisten taten alles, um das Erscheinen des Buches zu verhindern. Auch in diesem Fall hätten offizielle Stellen die Information sehr viel früher zugänglich machen können.

Auch Belgien muss sich solche Taktiken vorwerfen lassen. Der Ministerpräsident entschuldigte sich zwar bei der Jüdischen Gemeinde Belgiens für die Rolle, die sein Land im Holocaust gespielt hatte – doch erst im Jahr 2002. Im Februar 2007 wurde den Parlamentariern in Brüssel ein 1116 Seiten langer Bericht des Zentrums für Kriegs- und Sozialforschung verlesen, der den Titel »Das gefügige Belgien« trug und belegte, dass sich die verantwortlichen belgischen Staatsdiener auf eine »der Demokratie unwürdige Weise« verhalten hatten. Die belgische Exilregierung in London hatte ihre Beamten im Zweiten Weltkrieg angewiesen, mit den deutschen Besatzern zu kooperieren, um einen wirtschaftlichen Zusammenbruch zu verhindern, was dem Bericht zufolge in vielen Fällen »zur Kollaboration bei der Verfolgung von Juden und zu deren Deportation in die Konzentrationslager« geführt hatte. Nach dem Krieg hatten die Militärgerichtshöfe viele Reparationsfälle dann für »zu delikat« befunden und »jede Verantwortung der belgischen Behörden an der Verfolgung und Deportation von Juden zurückgewiesen«. Auch das war ein Fall unangemessener Verzögerung.[32]

Und auch Österreich hatte ein Problem, sich seiner Rolle im Zweiten Weltkrieg zu stellen – und das nicht nur, weil Hitler selbst Österreicher gewesen war.* 40 Prozent des Personals und fast alle Kommandanten der Todeslager von Belzec, Sobibor und Treblinka waren Österreicher gewe-

---

* David Irvings Verurteilung im Jahr 2006 war nichts Außergewöhnliches. 2004 (das letzte Jahr, für das derzeit Zahlen zur Verfügung stehen) wurde 724 Personen in Österreich wegen Holocaust-Leugnung der Prozess gemacht. Aber diese Zahl lässt sich auf zweierlei Weisen interpretieren: Einerseits beweist sie, dass Österreicher gewissenhaft das Gesetz vollstrecken, andererseits zeigt sie, dass ein solches Gesetz sechzig Jahre nach dem Ende des Zweiten Weltkriegs noch immer dringend nötig ist.

sen, so wie 80 Prozent des Mitarbeiterstabs des Österreichers Adolf Eichmann. Dieser unangenehmen Statistik ungeachtet hatte der erste Nachkriegspräsident und altgediente Sozialistenführer Dr. Karl Renner 1946 jedoch erklärt, dass es »keinen Raum« mehr für »jüdische Geschäftemacher« in Österreich gebe: »Selbst wenn es Platz gäbe, glaube ich nicht, dass Österreich in seiner jetzigen Stimmung Juden noch einmal erlauben würde, diese Familienmonopole aufzubauen.« Eine amerikanische Studie aus den Jahren 1947/48 hatte festgestellt, dass fast ein Viertel aller Wiener fanden, die Juden hätten im Nationalsozialismus »bekommen, was sie verdienten«; 40 Prozent waren der Meinung, dass der »jüdische Charakter« schuld am Antisemitismus sei. Jahrzehntelang stellten sich Österreicher als die »ersten Opfer« der Nazis dar und nutzten dieses Argument dann, um jüdische Entschädigungsforderungen zurückzuweisen, die sie in vielen Fällen ohnedies »verlogen« fanden. (Dass Österreich das »erste Opfer« gewesen sei, war von den Alliierten auf der Konferenz von Ottawa im Jahr 1943 bestätigt worden. Tatsache aber ist, dass die SS nach dem »Anschluss« geradezu überschwemmt worden war von Mitgliedsanträgen österreichischer Bürger.)

Die vielleicht groteskeste – und peinlichste – Episode in diesem Zusammenhang spielte sich 1965 während der Dreharbeiten zu dem Film *Meine Lieder – Meine Träume* in Salzburg ab. Die Behörden untersagten, »dass für eine Szene auf dem Residenzplatz Hakenkreuzfahnen aufgehängt wurden. Schließlich – so lautete ihr Argument – hätten die Salzburger nie die Nazis unterstützt. Erst als die Produzenten sagten, in diesem Fall würden sie stattdessen Original-Wochenschauaufnahmen verwenden, machte die Stadt einen partiellen Rückzieher.«[33]

Zumindest drei prominente österreichische Politiker – Hans Öllinger, Friedrich Peter und Kurt Waldheim – wurden (wie so oft vom Nazijäger Simon Wiesenthal, der seiner Bemühungen wegen viele Todesdrohungen erhalten hatte) als einstige SS-Angehörige oder Wehrmachtsoffiziere entlarvt. Aber erst im Juni 1991 erklärte der damalige sozialdemokratische österreichische Bundeskanzler Franz Vranitzky öffentlich die »Mitverantwortung für das Leid, das [...] Bürger dieses Landes über andere Menschen und Völker gebracht haben«. Ziemlich spät, könnte man meinen. Die wachsende Popularität der Freiheitlichen Partei (FPÖ) unter ihrem damaligen Vorsitzenden Jörg Haider erhob jedoch die Frage, wie aufrichtig sich das Land wirklich mit seiner Vergangenheit auseinandersetzen wollte. Die Propaganda der FPÖ kam manchmal nahe an eine Holocaust-Leugnung heran, etwa wenn behauptet wurde, dass der Holocaust sich nicht vom sowjetischen Gulagsystem unterschieden habe; und auch wenn sich die Partei zur Verdeutlichung ihrer Ablehnung weiterer Einwanderung eines biologisch-rassistischen Vokabulars bediente, roch es gewaltig nach Nationalsozialismus.

Ende Oktober 1996 versteigerte das Auktionshaus Christie's im Wiener Museum für Angewandte Kunst zugunsten der Föderation österreichischer jüdischer Gemeinden den sogenannten »Mauerbach-Schatz«: rund achttausendvierhundert von den Nationalsozialisten gestohlene Kunstgegenstände aus dem Besitz österreichischer Juden, die seit 1955 in der ehemaligen Kartause Mauerbach im Wienerwald aufbewahrt worden waren. Das Ganze war eine höchst unrühmliche Angelegenheit für die österreichischen Behörden, denn die hatten zwischen 1945 und 1969 nicht den geringsten Versuch unternommen, nach überlebenden jüdischen Besitzern oder nach deren Erben zu fahnden; und mit der Veräußerung der Werke hatten sie ausgerechnet den Mann betraut, der einst selbst deren Konfiszierung überwacht hatte. In zwei anderen Fällen hatte die österreichische Regierung strenge Gesetze erlassen, die es Juden völlig unmöglich machten, ihr Eigentum zu identifizieren – während ein Großteil dieser »Holocaust-Kunst« österreichische Botschaften in aller Welt zierte. Einem Anspruchsteller, der letztendlich Erfolg hatte, wurden achttausend Dollar für die jahrelange Lagerung eines einst konfiszierten Gemäldes in Rechnung gestellt. Nur 3,2 Prozent der Werke waren an ihre rechtmäßigen Besitzer zurückgegeben worden, bevor die amerikanische Kunstzeitschrift ARTnews schließlich veröffentlichte, was in Mauerbach unter Verschluss gehalten wurde, und man endlich etwas zu unternehmen begann.[34]

Die verschlossenen Archive des Vichy-Regimes

In den Zwischenkriegsjahren hatte Frankreich zu den liberaleren Nationen gezählt und jüdischen Flüchtlingen aus Polen, Rumänien und Deutschland die Tore geöffnet. Doch mit Beginn des Zweiten Weltkriegs begann das Land gegen die eigenen Dämonen dieser schwierigen Zeit kämpfen. Die klassische und ausgesprochen defensive Aussage über Frankreichs Rolle im Holocaust traf 1992 Präsident François Mitterrand: Mit atemberaubender Unbekümmertheit erklärte er, dass das kollaborative prodeutsche Vichy-Regime, das von 1940 bis 1944 die »unbesetzte Zone« Frankreichs regiert hatte, zwar illegal und »eine Verirrung« gewesen sei, aber »nichts mit dem heutigen Frankreich zu tun« habe. »Weder das französische Volk noch die Republik waren daran beteiligt.«[35]

Implizit zeigt diese Aussage deutlich, dass auch die französische Kollaboration im Zweiten Weltkrieg ihre ganz eigenen Erinnerungsmuster erschaffen hatte. Der französische Historiker Henry Rousso gab ihnen einen Namen: Le syndrome de Vichy. Im Zuge seiner Recherchen fand er »im Großen und Ganzen« seine These bestätigt, dass die internen Streitigkeiten unter der französischen Linken tiefere Narben hinterlassen hatten als die Niederlage und Besatzung durch die Deutschen. Zwei Kapitelüberschriften in seinem Buch beinhalten das Wort »Obsession«. Anhand einer »Temperaturkurve« – er maß alljährlich die »Temperatur« der Besessenheit, mit der Vichy bei politischen Ereignissen, in neu publizierten Büchern, neu angelaufenen Filmen usw. thematisiert wurde – hatte er herausgefunden, dass von 1945 bis 1953 eine »akute Krise«, von 1954 bis 1979 eine relative »Ruhe« und seither wieder eine »akute Krise« herrschten (sein Buch erschien 1987).[36] Das französische Erinnerungsmuster in Bezug auf den Holocaust ist dem amerikanischen nicht unähnlich.

Das wahre Ausmaß der Kollaboration in Frankreich, insbesondere das der begeisterten französischen Nazianhänger, wurde schließlich vollständig von einer bahnbrechenden Studie offengelegt, die Michael R. Marrus und Robert Paxton 1981 unter dem Titel *Vichy France and the Jews* veröffentlichten und in der sie »über jeden Zweifel erhaben« feststellten, dass das Vichy-Regime bei der Judenverfolgung sogar noch über das hinausging, was die Deutschen von ihm gefordert hatten: Rund fünfundsiebzigtausend Juden wurden während des Krieges aus Frankreich deportiert; die große Mehrzahl war von der französischen Polizei aufgegriffen worden. Nur dreitausend überlebten.

Im November 1991 behauptete der französische Nazijäger Serge Klarsfeld, Vorsitzender der *Association des fils et filles des déportés juifs de France*, im Keller des »Ministère des vétérans« eine »Judenkartei« entdeckt zu haben. Die Dokumente seien nach dem Zensus im Oktober 1940 von der Pariser Polizei zusammengestellt und dann genutzt worden, um alle in Frankreich lebenden Juden zu identifizieren. Eine unabhängige Historikerkommission fand zwar später heraus, dass das echte Dossier 1948 vernichtet worden war, doch dieser Fall warf zumindest beträchtliche Fragen über den Zugang auf, der der Öffentlichkeit zu Dokumenten über das Vichy-Regime gewährt wurde. Die Zweifel über die Rechtmäßigkeit dieser Verhinderungspolitik erhärteten sich, als Sonia Combes 1994 in ihrem Buch *Archives Interdites* nicht nur den archivarischen Dienst der französischen Regierung beschuldigte, den öffentlichen Zugang zu historischen Dokumenten über das Vichy-Regime unzulässig einzuschränken, sondern auch eine Mischung aus unzureichenden Mitteln und das »besondere Bemühen, einen Skandal zu vermeiden« für den Verschluss der Dokumente aus der Kriegszeit verantwortlich machte.[37]

Keiner dieser Vorwürfe konnte durch die vier Prozesse entkräftet werden, die Ende der achtziger und Anfang der neunziger Jahre in Frankreich wegen »Verbrechen gegen die Menschlichkeit« stattfanden. Der Prozess gegen Klaus Barbie, den einstigen Chef der Gestapo in Lyon, fand 1987 statt; er wurde wegen der Deportation von mehr als achthundert Menschen, darunter vierundvierzig jüdischen Kindern, verurteilt. 1994 wurde in Versailles Paul Touvier, einer der ehemaligen Chefs der *Milice française*, unter anderem wegen der Ermordung von jüdischen Geiseln in Rieux-la-Pape bei Lyon verurteilt. 1998 wurde endlich auch Maurice Papon verurteilt, der für die Deportation von rund zweitausend Juden aus der Region von Bordeaux gesorgt und mittlerweile eine erfolgreiche öffentliche Karriere bis hin zum Ministeramt genossen hatte. Doch kein Prozess erregte mehr Aufmerksamkeit als der gegen René Bousquet, welcher beschuldigt wurde, im Juli 1942 gemeinsam mit der Gestapo die berüchtigte Razzia gegen die Pariser Juden organisiert zu haben, in deren Verlauf rund dreizehntausend von ihnen im Vel' d'Hiv' zusammengetrieben wurden, um dann in französische Übergangslager verschleppt und von dort schließlich nach Auschwitz deportiert zu werden. Ein besonders kontroverser Aspekt dieses Falles war, dass bereits 1978 über Bousquets Rolle bei dieser Razzia berichtet worden war, das französische Rechtssystem aber volle zwölf Jahre brauchte, bis es bereit war, etwas zu unternehmen. Der Prozess konnte jedoch nicht abgeschlossen werden, weil Bousquet 1993 erschossen wurde.

Und schließlich gab es noch den Skandal um Präsident François Mitterrand selbst. Pierre Péan enthüllte 1994 in seiner Präsidentenbiografie, dass Mitterrand *sowohl* Beamter des Vichy-Regimes *als auch* ein Führer der Résistance gewesen war – 1943 sogar mehrere Monate lang beides zugleich. Da Mitterrand immer bestritten hatte, irgendetwas mit dem Vichy-Regime zu tun gehabt zu haben, war das eine hochnotpeinliche Enthüllung, die seine Aussage, dass Vichy nicht das wahre Frankreich gewesen sei, als völlig scheinheilig entlarvte. Erst 1995 entschuldigte sich die französische Regierung für die Rolle, die Frankreich im Holocaust gespielt hatte – ein halbes Jahrhundert später. Damit hatte es sich wesentlich länger Zeit gelassen als Österreich und Deutschland.[38]

Vor diesem Hintergrund hatten amerikanische Gerichte Mitte der neunziger Jahre eine Reihe von Klagen gegen französische Unternehmen zu bearbeiten, die vom Elend des Judentums während des Zweiten Weltkriegs profitiert hatten (darunter die staatliche Bahn SNCF und diverse Banken). Vergleichbare Klagen wurden an amerikanischen Gerichten gegen Schweizer Banken erhoben, die Vermögen aus der Holocaust-Zeit hielten. Die Klagen gegen Frankreich wurden abgelehnt, doch im März 1997 reagierte die französische Regierung unter Alain Juppé selbst, indem sie die sogenannte Mattéoli-Kommission ins Leben rief, die den Auftrag erhielt, solchen Anschuldigungen nachzugehen. Die Kommission stellte auf Staatskosten hundertzwanzig Forscher ein und produzierte schließlich zwölf Berichte über die Lage des Judentums im Vichy-Regime. Als Folge wurde im Jahr 2000 die *Fondation pour la Mémoire de la Shoah* gegründet und mit 2,4 Milliarden Francs (damals 342 Millionen Dollar) ausgestattet, was dem geschätzten Gesamtwert der Vermögen entsprach, die nicht an ihre jüdischen Besitzer zurückgegeben worden waren. Es ist die größte wohltätige Stiftung Frankreichs.[39]

Was Europa betrifft, so sollten wir auch Polen nicht übergehen, denn dort war der Zweite Weltkrieg sogar bei den allgemeinen Wahlen von 2007 noch ein Thema, beziehungsweise wurde von den Zwillingsbrüdern Lech und Jarosław Kaczyński, damals Präsident und Ministerpräsident, dazu gemacht. Die Brüder hatten ihr Land auf einen ultranationalistischen Kurs gebracht, sowohl mit Deutschland als auch mit Russland Streit provoziert und Polens neue Mitgliedschaft in der Europäischen Union zu nutzen versucht, um, wie ein Beobachter schrieb, »ein Großreinemachen bei allen unerledigten Geschäften aus dem Zweiten Weltkrieg zu starten«. Insbesondere stützten sie sich dabei auf die Behauptung, dass die polnische Bevölkerung heute wesentlich größer wäre, hätten die Nazis nicht so viele Polen ermordet, und Deutschland daher die »moralische Pflicht« habe, hinsichtlich der geforderten Reparationen »nachzugeben«.[40] Auch die Wahrheit über das Massaker, das am 10. Juli 1941 von polnischen Mitbürgern und Nachbarn an den Juden von Jedwabne verübt worden war, wurde der Welt erst bekannt, als der amerikanische Historiker Jan Tomasz Gross seine Studie *Neighbours* (2000; *Nachbarn. Der Mord an den Juden von Jedwabne*, 2001) veröffentlichte. Auch dies das Beispiel eines typischen offiziellen Erinnerungsmusters.

Jedes dieser Ereignisse aus jüngerer Zeit bestätigt, dass im Zusammenhang mit Hitler, dem Nationalsozialismus und dem Holocaust keine übliche Regel des Vergessens von historischen Ereignissen oder der Auseinandersetzung damit gilt: Offizielle Entschuldigungen, Reparationen und Prozesse gegen nationalsozialistische Täter waren *seit* 1990 häufiger als zuvor.

Das Lied des Vollstreckers

Es könnte kein besseres Beispiel für die Verwirrungen um das Holocaust-Gedenken geben als Daniel Jonah Goldhagens 1996 auf beiden Seiten des Atlantiks publiziertes Buch *Hitler's Willing Executioners (Hitlers willige Vollstrecker. Ganz gewöhnliche Deutsche und der Holocaust)*, ein Bestseller hier wie dort. Der Autor wollte nach eigenem Bekunden eine neue Antwort auf die Frage finden, wieso es das deutsche und nicht irgendein anderes europäisches Volk war, das antisemitische Vorurteile in Massenmord verwandelte. Der englische Historiker Richard Evans fasste Goldhagens Argumente mit den folgenden Worten zusammen: Die Deutschen taten es »nicht, weil sie dazu gezwungen waren; nicht, weil es die deutschen Gehorsamstraditionen einer Handvoll von Fanatikern an der Spitze ermöglichten, zu tun, was sie wollten; nicht, weil sie einem von ihren Waffenbrüdern ausgeübten Gruppenzwang erlagen; nicht, weil sie ehrgeizige Karrieristen waren; nicht, weil sie wie Roboter oder die Zahnräder einer Maschine funktionierten; nicht, weil sie nach der Weigerung, diesen Befehl auszuführen, selbst der Tod erwartet hätte«. Nein, die Deutschen ermordeten Millionen von Juden, weil sie Gefallen daran hatten, und es gefiel ihnen, weil »ihre Gedanken und Gefühle von jenem mörderischen, alles verzehrenden Hass auf Juden zerfressen waren, der die politische Kultur in Deutschland schon seit Jahrzehnten, seit Jahrhunderten durchdrungen hatte«.[41] Goldhagen stellte fest, dass der »köchelnde Hass« gegen Juden die »kulturelle Norm« im Deutschland des 19. Jahrhunderts gewesen sei und dort »routinemäßig zum gesellschaftlichen Ausdruck kam«. Er grub neunzehn zwischen 1861 und 1895 erschienene deutschsprachige Publikationen aus, die bereits eine physische Vernichtung des Judentums gefordert hatten, und beginnt seine Studie mit einer Entwicklungsgeschichte des deutschen Antisemitismus, der schließlich in seiner modernen Form »in allen sozialen Klassen und Sektoren der deutschen Gesellschaft weit verbreitet, eingebettet in das deutsche kulturelle und politische Leben, in das öffentliche ›Gespräch‹, in die moralische und politische Struktur der Gesellschaft« war.[42]

In einem Nachwort, das Goldhagen für die 1997 erschienene amerikanische Paperbackausgabe schrieb, nimmt er zu einigen Reaktionen auf die Erstausgabe Stellung: Das Buch sei zum Gegenstand von giftigen Angriffen der Presse und der Historikerzunft geworden, die nahezu alle die Qualität von Denunziationen gehabt und die Aussagen seines Buches völlig entstellt hätten. »Die Kritiker führten keine ernsthaften Beweismittel an und legten keine Belege vor, die ihre Behauptungen hätten stützen können. [...] Sie taten es nicht, weil solche Beweismittel und Belege nicht existieren.« Die Öffentlichkeit hingegen habe das Buch voll und ganz akzeptiert. Sowohl in Österreich als auch in Deutschland sei es die Nummer eins auf den Bestsellerlisten gewesen, außerdem hätten selbst Kritiker bei mehreren Podiumsdiskussionen viele Punkte seiner These billigen müssen.[43]

Nun ist es eine Sache, das Cover eines Taschenbuchs mit Auszügen aus den besten Kritiken zu schmücken – die Gestaltung der Buchhülle soll ja den Verkauf fördern. Aber es ist eine ganz andere, bei einer ernsthaften professionellen Auseinandersetzung über wesentliche Punkte überzeugende und gewichtige Kritik einfach zu nivellieren. Es steht völlig außer Frage, dass Daniel Goldhagen und seinem Buch beträchtliche Versäumnisse und eine ernst zu nehmende Missachtung von Daten vorzuwerfen sind, die ihm ungelegen kamen.

Der erste Einwand kritischer Historiker lautet, dass Goldhagens Thesen ungeachtet seiner eigenen Behauptung ganz und gar nicht neu waren. Den Taten des Polizeibataillons 101 zum Beispiel widmete er ein eigenes Kapitel, in dem er dessen Werdegang zum »Reservebataillon 101« schildert, das aus meist älteren Männern bestand, durch Osteuropa zog und im Lauf der Zeit mindestens achtunddreißigtausend Juden bei Massenerschießungen ermordete. 1992, also nicht lange vor der Publikation von Goldhagens Buch, hatte Christopher Browning von der University of North Carolina in Chapel Hill seine Studie *Ordinary Men* veröffentlicht (*Ganz normale Männer: Das Reserve-Polizeibataillon 101 und die ›Endlösung‹ in Polen*, 1993), in der er zu ganz anderen Schlüssen über diese Einheit kam. Browning zufolge waren tatsächlich »ganz normale Männer« an den Tötungsaktionen beteiligt, aber er schildert auch, wie entsetzt und überrascht viele dieser Polizeireservisten gewesen waren, als sie zum ersten Mal den Befehl erhalten hatten, Juden zu töten. Ihr befehlshabender Major Wilhelm Trapp sei sogar so entsetzt gewesen, dass er Männern, die es vorzogen, an den Aktionen nicht teilzunehmen, die Genehmigung erteilte, sich von der Operation abziehen zu lassen. Sogar einer von Trapps eigenen Offizieren habe daraufhin eine Überstellung für sich bewirkt.[44]

Auch Goldhagens Behauptung, dass die Deutschen seit dem Mittelalter zutiefst antisemitisch gewesen seien, wurde von anderen Historikern zerpflückt. Richard Evans, der einer von Goldhagens schärfsten, sachkundigsten und unvoreingenommensten Kritikern ist, schreibt in seinem Buch *Rereading German History*: »Wenn das deutsche Volk und seine Eliten derart heftig antisemitisch waren, wie Goldhagen sagt, wie kam es dann, dass den Juden im Lauf des 19. Jahrhunderts überall in Deutschland per Gesetz die bürgerliche Gleichstellung gewährt wurde?« Fritz Stern erklärte in seinem Buch *Dreams and Delusions* (1987; *Der Traum vom Frieden und die Versuchung der Macht*, 1988), dass der Aufstieg des deutschen Judentums im 19. Jahrhundert einer der spektakulärsten gesellschaftlichen Sprünge in der europäischen Geschichte gewesen sei. Vor dem Ersten Weltkrieg waren Frankreich und Russland antisemitischer gewesen als Deutschland: Die Dreyfus-Affäre hatte in über dreißig französischen Städten zu antisemitischen Krawallen geführt, und in Russland war es zu sechshundertneunzig dokumentierten Pogromen gekommen, bei denen mehr als dreitausend Juden ermordet und Hunderttausende obdachlos gemacht wurden. Zur selben Zeit, als im zaristischen Russland Juden gezwungen waren, in »Ansiedlungsrayons« zu leben, hatten in der sozialdemokratischen Basis von Hamburg »buchstäblich keine« antisemitischen Gefühle geherrscht, wie (einer von Evans berichteten Vignette zufolge) den »Hamburger Gaststättenberichten« zu entnehmen ist. Nicht einmal bei dem Stimmenfang, auf den die Nationalsozialisten vor den Wahlen von 1930 und 1933 gingen, waren antisemitische Parolen ein wichtiger Faktor gewesen. Der amerikanische Historiker William S. Allen hatte Mitte der sechziger Jahre bei seinen ausgiebigen Recherchen über die Stadt Northeim *(Das haben wir nicht gewollt. Die nationalsozialistische Machtergreifung in einer Kleinstadt 1930–1935)* herausgefunden, dass die örtliche NSDAP im Jahr 1928 und sogar später noch die antisemitischen Aspekte der Parteiideologie *heruntergespielt* hatte, da sie bei den Wählern nicht gut ankamen. Warum hätte Himmler seine »Endlösung« geheim halten sollen, wenn die gewöhnlichen Deutschen doch so mordlustig waren, wie Goldhagen behauptet? Und warum beschwerte sich Himmler dann, dass jeder Deutsche einen Juden habe, den er schützen wolle?[45]

Goldhagen zieht als zwingenden Beweis für den Antisemitismus der Deutschen die ständig neu aufgelegten »Ritualmordbeschuldigungen« heran und zitiert dafür den folgenden Satz aus Peter Pulzers Studie *Die Entstehung des politischen Antisemitismus in Deutschland und Österreich*: »In Deutschland und dem Habsburgerreich fanden zwischen 1867 und 1914 allein zwölf Ritualmordprozesse statt.«[46] Nur hat Goldhagen hier eben nicht den vollständigen Satz zitiert. »Schauen wir uns die zitierte Seite an«, schreibt Norman Finkelstein, »stellen wir fest, daß Goldhagen die Bedeutung von Pulzers Feststellung in ihr Gegenteil verkehrt hat. Der Schluß des Satzes lautet: ›... von denen sich elf als unhaltbar erwiesen, obwohl die Verhandlungen vor dem Schwurgericht stattfanden.‹«[47] Goldhagen verweist auch auf Thomas Mann, der, obzwar schon lange ein ausgesprochener Gegner des Nationalsozialismus, »plötzlich Gemeinsamkeiten mit dem Regime« entdeckt habe, »als es darum ging, den jüdischen Einfluß in Deutschland zu beseitigen: Dies, so meinte er, ›... ist am Ende kein Unglück: auch die Entjudung der Justiz am Ende nicht‹.« Fritz Stern betonte, dass sich Mann – der bekanntlich mit Katia Pringsheim verheiratet war, einer Tochter aus prominenter jüdischer Familie – nach dem von Goldhagen zitierten Satzteil sofort der eigenen Gedanken geschämt hatte (»Geheime, bewegte, angestrengte Gedanken ...«), was von Goldhagen jedoch geflissentlich übergangen wurde.[48]

Nicht weniger schädlich für Goldhagens Ruf als Wissenschaftler waren seine fehlerhaften Übersetzungen der Originaltexte – und zwar auf bezeichnende Weise fehlerhaft. So verweist er zum Beispiel auf einen Vers, den das Mitglied eines Einsatzkommandos verfasst hatte: Der Mann sei »zur Freude aller« auf die Idee gekommen, ein Gedicht zu schreiben, in dem er die »scull-cracking blows« (siehe unten) erwähnte, die diese Männer »zweifellos mit Wonne an ihren jüdischen Opfern vollzogen hatten«. Das Gedicht war in der Tat extrem antisemitisch, nur Goldhagens Übersetzung »*scull*-cracking blows« war völlig falsch, denn es ging in dem Vers nicht um das Zerschmettern von Schädeln, sondern um das Knacken von Nussschalen.[49] Richard Evans kam nur als einer von vielen Historikern zu dem Schluss, dass Goldhagens Buch nicht nur von einem »verblüffenden Mangel an Wissenschaftlichkeit« verunstaltet und in einer »prätentiös dogmatischen Sprache« verfasst wurde, sondern auch eine »verstörende Überheblichkeit« offenbart, die »ganz und gar dem aufgebauschten Anspruch auf Neuartigkeit« entspricht, die er für seine Studie erhob.[50]

Hitlers willige Vollstrecker beweist genau das, was Peter Novick so hervorhob: Der Holocaust ist weit davon entfernt, aus unserem kollektiven (oder Goldhagens individuellem) historischen Gedächtnis zu schwinden. Die Bedeutung, die man seiner Ungeheuerlichkeit, seiner Einzigartigkeit beimisst, ist inzwischen so gestiegen, dass man nicht mehr allein Hitler oder die Elite seiner Entourage oder die SS für die Gräuel verantwortlich macht, sondern das Kollektiv aller Deutschen, inklusive der ganz gewöhnlichen Bürger. Und die Entwicklung zu diesem Umstand erklärt man sich mit der Behauptung, dass das deutsche Volk von jeher, seit urhistorischen Zeiten und in viel höheren Maßen als jedes andere Volk, antisemitisch gewesen sei. Das kommt der Konstatierung einer Unvermeidlichkeit des Holocaust sehr nahe, macht uns aber auch auf ein Phänomen aufmerksam, über das noch ausführlicher zu sprechen sein wird und für dessen Existenz die Deutschen Mitverantwortung tragen, nämlich auf das Schreiben von *Meta*geschichte. Damit meine ich den Versuch, die Vergangenheit mit Hilfe einfacher, allumfassender Theorien zu verstehen – mit Hilfe jener »schrecklichen Vereinfacher«, wie Jacob Burckhardt sie anprangerte.

Die »Goldhagen-Affäre« beweist, wie verzerrt Geschichtsschreibung sein kann. Angesichts von Goldhagens Entstellungen und Auslassungen darf man sich wohl fragen, ob er von vornherein unfähig gewesen war, über den Holocaust hinauszublicken, und muss wohl davon ausgehen, dass er ganz einfach bei seinen Schlussfolgerungen ansetzte, um dann die »Fakten« zu finden, die sich mit ihnen deckten. Goldhagens Abrechnung ist nicht so plump wie die der englischen Regenbogenpresse, aber doch von ähnlich obsessiver Art. Fritz Stern sah es so: »Das Buch bekräftigt ältere Vorurteile und lässt sie wieder auflodern: eine latent antideutsche Stimmung unter Amerikanern, insbesondere jüdischen Amerikanern, und unter den Deutschen das Gefühl, dass Juden ein besonderes Interesse daran hätten, die Erinnerung an den Holocaust zu bewahren, um Deutschland damit zum Gefangenen seiner eigenen Vergangenheit zu machen.«[51] Der Historiker Karl Dietrich Bracher sagte einmal, dass alle neuen Entwicklungen in Deutschland unweigerlich mit Ereignissen im »Dritten Reich« verknüpft seien. Das Deutschland, das es vor dieser Zeit gab, scheine für die meisten Menschen einfach nicht zu existieren.

So bestürzend das alles ist, so gibt es doch auch eine andere Perspektive, vertreten zum Beispiel von dem englischen Historiker Ian Kershaw und dem englischen Journalisten Steve Crawshaw. Vor allem im Zeitalter des Fernsehens geht es bei der Vermittlung von Geschichte fast ebenso um Wahrnehmung wie um Realität. Dass die Bundesrepublik in anderen westlichen Ländern so falsch eingeschätzt wird, beruht nicht zuletzt auf dem Unwissen, das dort über die wahren Ereignisse im Deutschland des Jahres 1968 herrscht. Der Prager Frühling, der Pariser »Mai '68«, die Sit-ins der Studenten an den amerikanischen Universitäten – sie alle gruben sich in das kollektive Gedächtnis ein. Weit weniger, wenn überhaupt, erinnert man sich an die Ereignisse, die im selben Jahr in der Bundesrepublik stattfanden. Im einundvierzigsten Kapitel dieses Buches werden wir uns im Detail damit befassen. Hier soll nur daran erinnert werden, dass das Jahr 1968 die neue deutsche Generation der »68er« hervorbrachte und dass es diese Söhne und Töchter waren, die ihre Eltern erstmals mit deren brauner Vergangenheit konfrontierten. Es war ein totaler Umbruch, ins Rollen gebracht von dem brennenden Bedürfnis und den ernsthaften Versuchen junger, das heißt in der unmittelbaren Nachkriegszeit geborener Deutscher, die Nation zu zwingen, sich ihrer Vergangenheit zu stellen. Heute glauben viele Deutsche, dass sie damals begonnen haben, nach vorn zu blicken und die Traumata hinter sich zu lassen. Aber natürlich sind nicht alle überzeugt, dass dem wirklich so war oder ist – die Gewalt der RAF währte die ganzen siebziger Jahre hindurch; der Historikerstreit brach überhaupt erst in den achtziger Jahren aus; am Beginn des 21. Jahrhunderts schreiben deutsche Romanciers noch immer über den Krieg; und ältere Deutsche behaupten nach wie vor, es sei ein Mythos, dass sich die Jugend der Vergangenheit wegen erhoben habe: Sie sei nur neidisch auf die Eltern gewesen – braune Vergangenheit hin oder her –, weil diese mit so großen Erfolgen das »Wirtschaftswunder« vollbracht hatten. Kershaw und Crawshaw glauben, dass sich damit auch das »Goldhagen-Phänomen« erklären lasse, welches seinem Buch so großen Erfolg bei deutschen Lesern bescherte, obwohl es von kenntnisreicheren Kritikern dermaßen verrissen wurde: Es habe den *Enkeln* der Nazis geholfen, mit Deutschlands Vergangenheit ins Reine zu kommen. »Die Akzeptanz jeglicher und aller Attacken auf das alte Deutschland war für moderne Deutsche der Maßstab, dass sie sich in der Tat mit der schrecklichen Vergangenheit auseinandergesetzt und so mitgeholfen hatten, die Dämonen zu vertreiben. Mit einem Schlag spielte Goldhagen in Deutschlands Debatten mit sich selbst eine entscheidende Rolle. Die Details seiner Argumente – ob unhaltbar oder nicht – waren für die Deutschen weniger wichtig als der Umstand, dass er streng mit Deutschland ins Gericht ging.«[52] Andererseits erschien 2002 ein Buch mit dem Titel *Opa war kein Nazi*, eine sozialpsychologische Studie über die Enkelgeneration und die Frage, wie diese die innerfamiliären Diskussionen über den Nationalsozialismus wahrnahm. Und diese Studie enthüllte die beunruhigende Neigung der Enkel, selbst dann jeden Nachweis für die Mitschuld der Großeltern auszublenden, wenn die Beweise klar und unanfechtbar waren.[53]

    Derweil begannen sich die Älteren immer mehr für den Krieg zu interessieren. Der Zeithistoriker Wulf Kansteiner wies in seinen Studien über die deutsche Medienlandschaft (insbesondere über das ZDF und die Fernsehdokumentationen von Guido Knopp) nach, dass die Sendezeit von Programmen, die die »Endlösung« zum Thema haben, von knapp hundert

Minuten im Jahr 1964 auf über tausendvierhundert Minuten im Jahr 1995 gestiegen und das Zuschauerinteresse daran insbesondere seit 1987 stark angewachsen war. Kansteiner zufolge fanden die Deutschen in den achtziger und neunziger Jahren ihre Geschichte wieder beziehungsweise haben sie im Zuge der »Erinnerungsrevolution« neu erschaffen. Um das Jahr 1995 sei »die nationalsozialistische Vergangenheit umverpackt« worden; und seit nach dem fünfzigsten Jahrestag der Befreiung von Auschwitz auch das »trügerische Ziel« der Normalisierung zu einer »greifbaren Realität« wurde, habe sogar eine Umorientierung bei den Holocaust-Studien stattgefunden. Damit sagte er mehr oder weniger das Gleiche wie der Geschichtsphilosoph Hermann Lübbe: »Die reflektierende Auseinandersetzung mit dem Nationalsozialismus hat mit der Zahl der Jahre, die uns von ihm trennen, an Intensität nicht etwa abgenommen, sondern ganz im Gegenteil zugenommen.« Und wieder einmal waren die entscheidenden Jahre, war der Wendepunkt in den neunziger Jahren angesiedelt.[54]

Eine Erklärung für die verspätete Auseinandersetzung der Deutschen mit der eigenen Vergangenheit bietet A. Dirk Moses (der an der Universität von Sydney Geschichte lehrt und in Freiburg gearbeitet hat) in einem 2007 publizierten »Generationenbericht«, der im einundvierzigsten Kapitel ausführlicher zur Sprache kommen wird. Moses, der bewundernswert weitreichende wissenschaftliche Referenzen vorzuweisen hat, meint, dass die Angehörigen der Generation, die man als die »45er« bezeichnen könnte (Personen, die in den späten zwanziger Jahren geboren, während des »Dritten Reiches« sozialisiert und um das Jahr 1945 erwachsen geworden waren), keine anderen sozialpolitischen Erfahrungen gesammelt hatten, nach denen sie sich richten konnten, als den Nationalsozialismus. Sie fühlten sich (dank der »Gnade der späten Geburt«) zwar nicht persönlich verantwortlich für die Gräuel, zogen sich nach dem Krieg aber *dennoch* in die Privatsphäre der Familie und in das Arbeitsleben zurück. Ihre psychologische Rivalität zu den Vätern blieb ungelöst: »Emotional verbunden« mit Hitler, stürzten sie sich in den Wiederaufbau des Landes und verloren praktisch kein Wort mehr über die Vorgänge während des Nationalsozialismus – auf dass nichts die Aufgabe des Wiederaufbaus behindern möge. Laut Moses hatte das zur Folge, dass das Volk in den sechziger Jahren weitgehend identisch geblieben war mit dem Volk, das in den letzten Jahren des Nationalsozialismus existiert hatte – dass die hierarchisch orientierte, autoritäre Geisteshaltung gewahrt blieb und die »schweigende Mehrheit« sich eher »an das erinnerte, was sie selbst erlitten hatte, als an das Leid ihrer Opfer«. Viele aus der jüngeren Generation bekamen derweil das Gefühl, dass das Bildungsbürgertum »auf besonders virulente Weise« pathologisch war. Und das deckte sich vorzüglich, sagt Moses, mit dem Bild, das die beiden Psychoanalytiker Alexander und Margarete Mitscherlich 1967 in ihrem Buch *Die Unfähigkeit zu trauern* entwarfen: Sogar nach der Zeit, die inzwischen vergangen war, waren die Deutschen in einem »psychosozialen Immobilismus« gefangen und unfähig, ihre Schuld an den Verbrechen des Nationalsozialismus einzugestehen, denn das Eingeständnis einer Scham und Schuld solchen Ausmaßes hätte bedeutet, dass das zum Weiterleben nötige Selbstwertgefühl unerreichbar geblieben wäre.

Solche psychologischen Erklärungen sind plausibel. Doch die vom Militärgeschichtlichen Forschungsamt Potsdam erstellte Studienreihe »Das Deutsche Reich und der Zweite Weltkrieg« (der letzte Band 10/2 erschien 2008) wirft in zweierlei Hinsicht ein neues Licht auf diesen Aspekt. Erstens beweist das akribische Projekt (die beiden Teile des zehnten Bandes umfassen insgesamt eintausenddreihundert Seiten) über jeden Zweifel erhaben, dass »fast jeder Deutsche« im »Dritten Reich« wusste, was mit den Juden geschah. Die Nachweise dafür sind einfach überwältigend, angefangen bei den öffentlichen Auktionen in Hamburg, wo der Besitz von dreißigtausend jüdischen Familien an hunderttausend erfolgreiche Bieter versteigert wurde; über die jüdischen KZ-Häftlinge, die in Bremen vor den Augen der Bevölkerung ihre Fron verrichteten (zum Beispiel die Beseitigung von Bombenschutt) und wegen ihrer gestreiften Häftlingskleidung von den Bremer Bürgern »Zebras« getauft wurden; über das Schiff, das in Köln auf dem Rhein vor Anker lag, damit die darauf zusammengepferchten Juden sofort nach den Luftangriffen beginnen konnten, den Schutt wegzuräumen; bis hin zur Stadt Düsseldorf, deren Bürgermeister forderte, dass man die jüdischen Häftlinge zu härterer Arbeit antreiben müsse. Wie Historiker erklärten, herrschte nach dem Krieg »kollektives Schweigen« in der Bundesrepublik: Einst aktiv an den Verbrechen beteiligte Nazis sollten geschützt werden, da bis 1945 jeder auf die eine oder andere Weise selbst vom nationalsozialistischen Regime profitiert hatte. Der englische Journalist und Historiker Max Hastings kam in seiner Besprechung der ebenfalls vom Militärgeschichtlichen Forschungsamt in Auftrag gegebenen Studie *Die deutsche Kriegsgesellschaft 1939 bis 1945* (2004) zu dem Schluss, dass hier ein »bemerkenswerter Tribut« an eine neue, meist lang nach dem Krieg geborene Generation Deutscher vorlag, die endlich bereit war, Daten für ein absolut objektives Bild vom »Dritten Reich« zusammenzustellen, und auf eine Weise, die kaum ein anderes Land vollbrachte, ein Urteil über die Elterngeneration zu fällen.

Deutschlands »falsche Weichenstellung«

Auch in einer anderen Hinsicht, die hier nicht übergangen werden sollte, hat der Holocaust die Geschichtsschreibung und somit unser Verständnis von der Vergangenheit beeinflusst. Der Nationalsozialismus als solcher, vor allem aber der Holocaust, waren so extrem und so einzigartig (ungeachtet dessen, was die Professoren Nolte, Hillgruber und Diwald sagen), dass die Tendenz entstand, jede Episode aus den vergangenen zweihundertfünfzig Jahren als eine Vorbereitung auf die Vernichtung des Judentums zu betrachten, so, als sei der Holocaust (wie Goldhagen ja nahelegt) die Kulmination allen Geschehens und aller Ideen dieser Zeit in den und aus den deutschen Ländern gewesen. Diese Tendenz hatte den Dominoeffekt, dass die moderne deutsche Geschichte wegen der Ureigenheiten des Nazismus und der Einzigartigkeit des Holocaust als eine rein *politische* betrachtet wurde, als das Ergebnis deutscher Innen- und Außenpolitik, Parteipolitik, Diplomatie und militärischer Aktivitäten also. Auch damit hat sich der Fokus durch den Holocaust verkleinert und verengt.

Das wesentliche Beispiel hierfür ist das Werk des Historikers Hans-Ulrich Wehler. In einer groß angelegten fünfbändigen Studie über die *Deutsche Gesellschaftsgeschichte* (1987–2008) vertritt er die Meinung, dass die Ursache für den Abstieg Deutschlands in die Barbarei im Jahr 1933 nicht in seiner geografischen Lage im Herzen Europas zu suchen sei, die das Land so angreifbar von allen Seiten machte, wie so oft von anderen Historikern vorgebracht wurde, sondern vielmehr in dem Sonderweg, den die deutsche Gesellschaft zwischen Mitte des 19. und Mitte des 20. Jahrhunderts einschlug, als sie sich modernisierte. (Der große Historiker Leopold von Ranke hatte bereits 1833 von einem deutschen Sonderweg gesprochen.[55]) Demnach hatte Deutschland an einem bestimmten Punkt die Weichen falsch gestellt. Nun sagen die einen, dieser Irrweg habe bereits mit dem zersplitterten Reich im Mittelalter begonnen, andere machen Luther und seine vehemente Abkehr von Rom für die fatale Wende verantwortlich, wieder andere geben die Schuld deutschen Philosophen, angefangen bei Kant, weil diese den Begriff der Freiheit auf eine viel zu eingrenzende, intellektualisierte Weise definiert hätten, so, als wäre davon nur das Reich des Geistigen betroffen, und der Politik eine viel zu geringe Rolle einräumten.

Wehlers Meinung nach lassen sich in anderen politischen Merkmalen und Ereignissen der deutschen Geschichte jedoch viel plausiblere Gründe für den deutschen Sonderweg finden. Von elementarer Bedeutung findet er zum Beispiel die Verheerungen des Dreißigjährigen Krieges, der die Infrastruktur so stark verwüstete und die Bevölkerung derart dezimierte, dass es Generationen dauerte, bis man sich davon erholte; oder dass die preußischen Städte und Provinzialstände im 17. Jahrhundert vom Großkurfürsten in Knechtschaft gehalten wurden (zu einer Zeit, als sich in England gerade die parlamentarischen Eliten gegen die Stuarts durchsetzten); oder das Jahr 1848, in dem das deutsche Bürgertum im Gegensatz zu seinen Gegenparts 1640 in England und 1789 in Frankreich an dem Versuch scheiterte, der Aristokratie die politische Macht zu entreißen. In diesem Zusammenhang hatte der britische Historiker A. J. P. Taylor sein berühmtes Diktum über den Zeitpunkt ausgesprochen, »an dem die Geschichte es versäumte, sich zu wenden«. Nur deshalb konnte der preußische Adel seine sozialpolitische Dominanz wahren und seinen Einfluss mit Hilfe der konservativen Revolution von oben konsolidieren, die zwischen 1866 und 1871 die deutsche Einigung (unter preußischer Oberhoheit) betrieb. Die Industrialisierung löste zwar soziale Veränderungen aus, die die Oberschicht unter Druck setzten, aber ihr Monopol auf wichtige Machtpositionen beim Militär, im Beamtenapparat und in der Reichsverwaltung ermöglichte es ihr, die Regierung fest im Griff zu halten. Gefördert wurden diese Manöver noch durch die »Feudalisierung« des Bürgertums, das sich zur Nachahmung der Aristokratie verleiten ließ (schlagende Verbindungen, das Gerangel um Titel und, was am entscheidendsten war, die Ablehnung von Demokratie und Parlamentarismus). Ein dritter Aspekt dieses Sonderwegs waren die Konglomerate der Großindustrie. Infolge der »Großen Depression« von 1873 bis 1896 gingen die Industriegiganten Bündnisse (Kartelle) miteinander und mit der Regierung ein, welche sich prompt mehr und mehr einzumischen begann. Und diese Strategie, so Wehler weiter, habe den liberalen Wettbewerbskapitalismus in Deutschland (wie er unter anderem in Frankreich, England und den Vereinigten Staaten herrschte) in »ein System des oligopolistischen Organisierten Kapitalismus« verwandelt.[56]

Wehlers These ist beeindruckend und kohärent. Sie war zwar umstritten, aber kontrovers im besten Sinne des Wortes, denn sie provozierte nicht nur neue Gedanken, sondern stand auch ihrerseits der Forschung offen. Und diese sollte denn auch in enormem Umfang einsetzen. Davon abgesehen erwiesen deutsche Historiker Wehler die Ehre der Leitung eines umfassenden, auf die Universität Bielefeld konzentrierten historischen Forschungsprojekts über das deutsche Bürgertum und die deutsche Gesellschaft.

Der Sonderweg ist eine Theorie, die im Ausland auf ebenso viel Interesse stieß wie in Deutschland. So war es denn auch nicht verwunderlich, dass einige ihrer ersten Kritiker Ausländer waren – Kritiker nicht zuletzt, weil Wehler die politische Entwicklung in England und Englands Weg in die Moderne genau zu der Zeit für »normal« befunden hatte, als in England selbst eine Kontroverse über die Frage tobte, weshalb das Land zum »sick man of Europe« wurde. Es war daher keine große Überraschung, dass es zwei englische Professoren für neuzeitliche Geschichte waren (beide lehren in den Vereinigten Staaten), die gemeinsam ein Buch unter dem Titel *The Peculiarities of German History* veröffentlichten: ein Frontalangriff auf die Sonderweg-These. David Blackbourne und Geoffrey Eley behaupteten darin, dass es keinen allgemeingültigen Weg in die »Modernität« gebe, da jede Nation ihre eigenen, auf einer jeweils eigenen Faktenmischung beruhenden Erfahrungen mache. Die Bestandteile dieser Mixtur seien in jedem Land die gleichen, doch ihre Anteile und ihr Verhalten zueinander seien jeweils völlig verschieden. Abgesehen davon verwiesen sie auf die vielen modernen Technologien, die von der deutschen Industrie entwickelt worden waren (siehe Kapitel 17-20), und fragten, wie diese angesichts ihrer zahlreichen Innovationen und praktischen Erfolge dann so rückständig werden konnte. Den gleichen Verlauf sahen sie im akademischen Bereich: Wie können deutsche Gelehrte so konformistisch geworden sein, wenn die akademische Welt des 19. Jahrhunderts Deutschland doch so viele neue Disziplinen zu verdanken hatte – man denke nur an Zellbiologie, Soziologie, nichteuklidische Geometrie, Quantenphysik und Kunstgeschichte?[57]

Zuerst lehnte Wehler diese Kritik ebenso ab wie jede andere. In den späteren Bänden seiner Geschichte modifizierte er seine Theorie jedoch radikal. Einer seiner Kritiker, Richard Evans, bemerkte, dass Wehlers *Theorie* nun durch eine *Liste* von zwölf Aspekten ersetzt worden sei, die »die Einzigartigkeit der Erfahrungen des Deutschen Reiches unter den westeuropäischen Staaten« hervorhoben. Zu diesen Aspekten zählten die Armee, die gesetzgebenden Versammlungen, der öffentliche Dienst, die Arbeiterbewegung, die Macht des Adels – mit anderen Worten: lauter rein politische Aspekte, auch wenn Wehler die bedeutende Rolle der katholischen Kirche und des Bildungsbürgertums einbezogen *hat*. »Somit [hat Wehler] ein zentrales Element der Sonderweg-These fallen gelassen, nämlich das Argument, dass es sowohl der Gesellschaft als auch der Politik misslungen sei, sich zu modernisieren. Nunmehr konzentriert sich die gesamte Theorie auf den politischen Bereich.«[58]

Viele Fragen, die Wehler in seinem umfangreichen Geschichtswerk aufwirft, werden noch zur Sprache kommen. Hier soll vor allem vor Augen geführt werden, dass seine Theorie, als wie erfolgreich man sie auch beurteilen mag, primär den Versuch darstellte, den Sonderweg der deutschen Geschichte als einen *politischen* Weg in die Modernität zu erklären, welcher dann zum Nazismus und in die Katastrophe des Holocaust führte. Wie wiederum Richard Evans bemerkte, betrieb Wehler hier zwar nicht gerade Geschichtsklitterung, hatte sich aber immerhin dazu verführen lassen, eine Menge wichtiges relevantes Material zu übergehen. Dieser Vorwurf ist nicht unähnlich der Kritik, die gegen Goldhagen, Nolte, Hillgruber und den Geschichtsunterricht an britischen Schulen erhoben wurde.[59]

Hitler und der Holocaust nehmen das historische Denken derart in Beschlag, dass wir uns damit meiner Meinung nach selbst der Möglichkeit berauben, uns mit anderen wichtigen Aspekten der deutschen Geschichte zu befassen. Dass wir den Holocaust nie vergessen dürfen, bedarf wohl keiner Betonung, doch gleichzeitig müssen wir lernen, über ihn hinauszublicken. Der bereits erwähnte amerikanisch-jüdische Historiker Charles Maier schrieb: »Dieser Versuch, aus der Geschichte einen Nutzen zu ziehen, hat jedoch auch seine Schattenseiten. So befürchtete etwa Nietzsche, die Geschichte könnte das Leben beeinträchtigen [...]. Kann es ein Zuviel an Erinnerung geben?«[60] Er stellte aber auch die Frage – und das keineswegs rhetorisch: »... wenn Auschwitz für die Deutschen eine Schuld bleiben muß, schlägt es damit auch gleichzeitig den Juden als Guthaben zu Buche?« Zumindest gesteht er die Möglichkeit zu, »daß Auschwitz zu einem Fetisch gemacht wird«.[61]

Deutschlands kultureller Sonderweg

Es kann keinen endgültigen Bruch mit der deutschen Vergangenheit geben, wie ja auch die Aktivitäten von Martin Walser beweisen, dem neben Heinrich Böll und Günter Grass bedeutendsten deutschen Nachkriegsautor. 1998 wetterte er in seiner Dankesrede anlässlich der Verleihung des Friedenspreises des Deutschen Buchhandels gegen die »Meinungssoldaten«, die »mit vorgehaltener Moralpistole, den Schriftsteller in den Meinungsdienst nötigen«. Und er bezeichnete Auschwitz als ein »jederzeit einsetzbares Einschüchterungsmittel oder Moralkeule«, um den Deutschen ständig die Vergangenheit vorzuhalten. Er selbst habe es zwar »nie für möglich gehalten, die Seite der Beschuldigten zu verlassen«, merke aber, »daß sich in mir etwas gegen diese Dauerpräsentation unserer Schande wehrt«, denn »mit seinem Gewissen ist jeder allein«. Wer sich mit diesen Aussagen identifizieren konnte, der muss wohl entsetzt gewesen sein, als Walsers nächster Roman *Tod eines Kritikers* als antisemitisch verurteilt wurde.

Auch andere Beispiele zeigen, dass sich die braune Vergangenheit ständig wieder aufdrängt. Selbst in den Werken von wesentlich jüngeren Romanciers, wie etwa des 2001 verstorbenen W. G. Sebald oder von Bernhard Schlink, geht es um die Frage, wie der Krieg oder die Erinnerung an ihn das Leben der Menschen nach wie vor beeinflusst (siehe Kapitel 42). 2008 veröffentlichte Volker Weidermann, Feuilletonchef der *Frankfurter Allgemeinen Sonntagszeitung*, das *Buch der Verbrannten Bücher*, in dem er den Spuren aller Autoren folgt, deren Werke am 10. Mai 1933 bei der »Aktion wider« den undeutschen Geist« auf den vielen Scheiterhaufen in deutschen Städten verbrannt wurden. Fast gleichzeitig im Jahr 2008 wurde der Plan fallen gelassen, die militärische Tapferkeitsauszeichnung des Eisernen Kreuzes wiedereinzuführen, weil es zu sehr an die Wehrmacht erinnerte. Anfang desselben Jahres wurde der Plan diskutiert, eine wissenschaftlich bearbeitete Edition von Hitlers *Mein Kampf* zu erstellen, um dem Missbrauch dieses Machwerks durch rechtsnationale Kreise vorzubeugen. Das Magazin *Focus* schrieb dazu: »Das Dilemma der Nation ist die Gratwanderung zwischen dem Recht auf Unschuld und der Pflicht zum Erinnern.«[62]

Das ist wohl wahr und wird vermutlich auch in der näheren Zukunft so bleiben. Dennoch behaupte ich, gewiss nicht zu jedermanns Freude, dass es höchste Zeit ist, über Hitler und den Holocaust (die *Shoa*) hinaus zurückzublicken. Es gibt mehr, eine Menge mehr in den deutschen Ländern der Neuzeit zu entdecken als das »Dritte Reich«, es gibt wichtige Lehren, die aus der deutschen Geschichte gezogen werden können. Von der Herrlichkeit Bachs bis zur Theologie Papst Benedikts XVI. sind wir umgeben von Ideen, die in Deutschland das Licht der Welt erblickten.

Diese Aussage sollte jedoch insofern eingeschränkt werden, als es mehrere Gründe gab (jedenfalls in Großbritannien), Deutschland und seine Leistungen herunterzuspielen und/oder herabzuwürdigen. Der Goethe-Biograf Nicholas Boyle schreibt: »Für den nichtdeutschen Leser kommt erschwerend hinzu, daß er nicht auf eine vertraute zeitgenössische Literatur zurückgreifen kann, die zu Vergleichen einladen würde; denn die Epoche der größten kulturellen Blüte Deutschlands – die Zeit etwa von 1780 bis 1806 – fiel mit einer relativ unergiebigen Periode etwa in der englischen und begreiflicherweise auch in der französischen Literatur zusammen.« Ein weiterer Faktor ist, dass die Turbulenzen des Jahrzehnts nach 1790 – die Nachwehen der Französischen Revolution – und die Zeit nach den Napoleonischen Kriegen die Aufmerksamkeit von den Errungenschaften vieler prominenter Deutscher ablenkten. Die Tatsache, dass das Ancien Régime »in Deutschland und durch deutsches Handeln« verschwand und an seine Stelle eine Gesellschaft trat, »die ebenso unverwechselbar deutsch war wie unverkennbar nachrevolutionär: die bürgerliche Welt des Biedermeier, eine Art Viktorianismus, aber (bis zur Mitte des 19. Jahrhunderts) ohne Industriekapitalismus«, schuf eine Verständniskluft, die, so werde ich hier behaupten, niemals wirklich vollständig überwunden wurde, aus der die Nationalsozialisten ihren Profit schlagen konnten und die von ihnen noch vergrößert wurde.[63]

Selbst ohne Hitler, ohne den Holocaust einzubeziehen, hat die traditionelle deutsche Historiografie im Großen und Ganzen die Geschichte einseitig dargestellt. Die Art der Geschichtsforschung, die heute betrieben wird, beruht auf einer ursprünglich deutschen Idee (siehe Kapitel 12), und alle großen deutschen Historiker, von Leopold von Ranke (1795–1886) bis zu Friedrich Meinecke (1862–1954), haben behauptet, dass die Erschaffung und Aufrechterhaltung des deutschen Nationalstaats die »große Geschichte« des »langen« 19. Jahrhunderts (1789–1914) gewesen sei. Bedenkt man die politischen Veränderungen, die während dieser Jahre in Deutschland stattfanden, so lässt sich – zumindest ansatzweise – verstehen, warum so viele Historiker diese Sicht vertraten. In einem grundlegenderen Sinne aber, und das muss laut und deutlich ausgesprochen werden, war das immer nur die halbe Wahrheit. Denn noch während sich die politische Geschichte entfaltete, begann eine nicht weniger dramatische, nicht weniger wichtige und nicht weniger beeindruckende Geschichte Gestalt anzunehmen. Thomas Nipperdey kam in seiner maßgeblichen *Deutschen Geschichte 1800–1918* zu dem Schluss, dass Musik, Universitäten und Naturwissenschaften die drei großen Errungenschaften waren, die dem Land im 19. Jahrhundert Anerkennung einbrachten. Zwischen der Veröffentlichung von Johann Joachim Winckelmanns bahnbrechendem Werk *Geschichte der Kunst des Alterthums* (1764) und der Verleihung des Nobelpreises für Physik an Erwin Schrödinger im Jahr 1933 hatte sich Deutschland in geistiger Hinsicht vom armen Verwandten der anderen Weststaaten in das dominante Familienoberhaupt verwandelt. Im Reich der Ideen war es einflussreicher geworden als Frankreich, England, Italien, Holland und sogar die Vereinigten Staaten. Diese bemerkenswerte Verwandlung ist das Thema des vorliegenden Buches.

Aber auch hier ist ein warnendes Wort angebracht, denn die Situation ist wesentlich komplizierter, als sie auf den ersten Blick wirkt, jedenfalls gewiss aus nichtdeutscher Sicht. Dieses Buch ist eine Kulturgeschichte, das heißt, es befasst sich mit den Errungenschaften Deutschlands in dem Bereich, den Briten, Franzosen, Italiener, Holländer und Amerikaner üblicherweise als »Kultur« bezeichnen. Es sei daher gleich zu Beginn gesagt, dass der deutsche Kulturbegriff von jeher ein ganz anderer war und etwas ganz anderes meinte als das, was andere Nationalitäten unter »Kultur« verstehen. Tatsächlich glauben nicht wenige Historiker, dass der deutsche »Sonderweg« letztendlich in genau diesem unterschiedlichen historischen Verständnis von »Kultur« zum Ausdruck komme. Es ist also sinnvoll, wenn wir uns erst einmal mit diesem Unterschied befassen, bevor wir zum eigentlichen Thema übergehen.

In jüngster Zeit und am ausführlichsten erforschte diesen Unterschied Wolf Lepenies, seines Zeichens emeritierter Soziologieprofessor, einstiger Rektor des Wissenschaftskollegs zu Berlin und mehrere Jahre Mitglied des Institute for Advanced Study in Princeton. Somit hatte er gewissermaßen einen Fuß in jedem Lager. Sein Buch *Kultur und Politik. Deutsche Geschichten* (2006) beginnt er mit einem Zitat von Norbert Elias, der in seinen (1989, ein Jahr vor seinem Tod veröffentlichten) *Studien über die Deutschen* geschrieben hatte, dass das Wort »Kultur« in Deutschland »im Kern eine apolitische oder vielleicht sogar antipolitische Stoßrichtung« hatte, »die symptomatisch war für das wiederkehrende Gefühl deutscher Mittelklasse-Eliten, daß Politik und Staat den Bereich ihrer Unfreiheit und Demütigung, die Kultur ihrer Freiheit und ihres Stolzes repräsentierte. Im 18. und in Teilen des 19. Jahrhunderts richtete sich diese antipolitische Spitze gegen das Regiment autokratischer Fürsten [...]. Auf einer späteren Stufe wandte sich dann die antipolitische Stoßrichtung gegen die Parlamentspolitik eines demokratischen Staates.« Lepenies fügt dem hinzu, dass sich für Elias darin »die Obsession der Deutschen [äußerte], zwischen Zivilisation und Kultur scharf zu unterscheiden: ›Hier, im deutschen Sprachgebrauch bedeutet ‚Zivilisation' wohl etwas ganz Nützliches, aber doch nur einen Wert *zweiten Ranges* [meine Hervorhebung], nämlich etwas, das nur die Außenseite des Menschen, nur die Oberfläche des menschlichen Daseins umfasst. Und das Wort, durch das man im Deutschen sich selbst interpretiert, durch das man den Stolz auf die eigene Leistung und das eigene Wesen in erster Linie zum Ausdruck bringt, heißt ‚Kultur'.‹ Während im Französischen wie im Englischen der Begriff ›Zivilisation‹ sowohl die Politik wie die Wirtschaft, die Religion wie die Technik, sowohl Moral als auch Gesellschaft meinen kann, bezieht sich der Begriff ›Kultur‹ im Kern auf ›geistige, künstlerische, religiöse Fakten, und er hat eine starke Tendenz, zwischen Fakten dieser Art auf der einen Seite, und den politischen, den wirtschaftlichen und gesellschaftlichen Fakten auf der anderen, eine starke Scheidewand zu ziehen‹.«[64]

Vor allem im 19. Jahrhundert gingen die Naturwissenschaften ein für sie letztlich natürliches Bündnis mit Technik, Handel und Industrie ein, wohingegen sie ungeachtet ihrer enormen Erfolge von Künstlern, Philosophen und Theologen geschmäht wurden. Natur- und Geisteswissenschaften werden von Engländern und Amerikanern in einem viel höheren Maße als die zwei Seiten einer Medaille betrachtet, die die geistige Elite darstellt. Deutsche sahen das im 19. Jahrhundert meist ganz anders.

Die Aufspaltung von Kultur und Zivilisation war von einer weiteren Differenzierung begleitet, nämlich von der zwischen Geist und Macht, zwischen dem Reich der geistig-spirituellen Auseinandersetzungen und dem Reich von Macht und politischer Kontrolle.

Mit anderen Worten: Deutschland litt von jeher, wenngleich in noch viel höheren Maßen als andere, unter jener Mentalität, welche der englische Physiker und Schriftsteller C. P. Snow in den fünfziger Jahren in und für England konstatierte: unter der Existenz von »zwei Kulturen«. Snow unterschied zwischen der Kultur der »literarischen Intellektuellen« einerseits und der Kultur der Naturwissenschaftler andererseits und nahm zwischen beiden »ein profundes gegenseitiges Misstrauen und Unverständnis« wahr. In England hielten die literarischen Intellektuellen die Macht der Regierung und der höheren sozialen Kreise in Schach, was bedeutete, dass sich nur Personen mit klassischer Bildung, Geschichtswissen und Literaturkenntnissen als gebildet betrachten durften. In Deutschland verlief die Trennung anders, dort wurden Sozialforscher und Politiker mit den Naturwissenschaftlern unter dem Aspekt der »Zivilisation« – nicht unter dem von »Kultur«! – in einen Topf geworfen. Doch

diese Spaltung gehörte derselben Familie an, wenngleich sie noch tiefgreifender war.
Aber das ist noch nicht alles. In Deutschland, schreibt Lepenies, gab es eine »besonders stark ausgeprägte Überhöhung der Kultur«, die »sich dann oft mit einer Distanz gegenüber der Politik« verband und auf der Überzeugung beruhte, dass die »deutsche Seele« zutiefst apolitisch sei. Das wiederum nährte seit dem späten 19. Jahrhundert das Gefühl, als eine Kulturnation dem bloß »zivilisierten« Westen überlegen zu sein. Die Folge war, dass eine »seltsame Indifferenz gegenüber der Politik« entstand, die in Deutschland stärker zutage trat als anderenorts. »In der Kultur nicht nur einen Politik-Ersatz, sondern die bessere Form der Politik zu sehen, ist eine deutsche Haltung, die von den glorreichen Zeiten der Weimarer Klassik bis zur Wiedervereinigung der beiden deutschen Staaten, wenn auch in erheblich abgeschwächter Form, wirksam bleibt.«[65] Die kulturellen Errungenschaften Deutschlands, die Vorstellung, dass es einen Sonderweg eingeschlagen habe, verleiteten das Land der Dichter und Denker dazu, »mit einem gehörigen Maß an Arroganz die Rolle des europäischen Außenseiters und Lehrmeisters zugleich zu spielen«. Jenes »innere Reich«, das von der Philosophie des deutschen Idealismus, von der Literatur der Weimarer Klassik, vom klassischen und dann auch vom romantischen Stil in der Musik erschaffen wurde, nahm »die politische Reichsgründung um mehr als einhundert Jahre vorweg«. Es verleitete »zur Distanz von der Politik und dient oft als Rechtfertigung des Rückzugs aus der Gesellschaft in den schönen Schein der Kunst und in die geschützte Lebenswelt der Privatsphäre«.[66] Kultur galt also als ein nobles Surrogat für Politik. Auch viele andere Autoren haben sich zu dieser Innenwendung, über diese seltsame Indifferenz gegenüber der Politik, geäußert, einige gingen sogar so weit, sie für die albtraumhaften Folgen des Ersten wie des Zweiten Weltkriegs verantwortlich zu machen. Die Deutschen lasen Thomas Hobbes, nicht John Locke. So gesehen *gab* es einen Sonderweg in der deutschen Geschichte, aber es war ein kultureller und kein politischer, wie Wehler behauptet. Das schrieb Karl Lamprecht bereits 1891 in seiner *Deutschen Geschichte*.[67]

Gordon A. Craig, der große amerikanische Historiker und Deutschlandkenner, stellte diese Tendenz ebenfalls fest. »Die Isolation des Künstlers im Deutschen Reich [...] war zu einem großen Teil eine selbstgewählte Isolation. Die deutschen Künstler hatten im Gegensatz zu den französischen gegenüber der wirklichen Welt, der Welt von Macht und Politik, stets eine zwiespältige Haltung eingenommen.« Vor der Politik schreckten sie dank ihrer Überzeugung zurück, »daß ein Künstler, der sich in die Politik mischt oder auch nur darüber schreibt, sich an seiner Berufung versündige, da für ihn nicht die äußere, sondern die innere Welt das eigentlich Wirkliche sei [...]. Nicht einmal die Ereignisse von

1870/71 vermochten sie aus ihrer politischen Lethargie aufzurütteln. Der Sieg über Frankreich und die Vereinigung der deutschen Staaten regten keinen Dichter, Musiker oder Maler zu einem großen Werk an.« Ein paar Seiten später kommt Craig auf die Naturalisten am Ende des 19. Jahrhunderts zu sprechen: Sie haben »ihr Augenmerk niemals den politischen Gefahren [zugewandt], die im politischen System des Reichs angelegt waren. Im Gegenteil, als diese Gefahren sich deutlicher abzeichneten [...] unter Wilhelm II. [...], schlug die große Mehrzahl der Schriftsteller und Dichter Deutschlands die Augen nieder und zog sich in jene Innerlichkeit zurück, die stets ihre Zuflucht war, wenn die wirkliche Welt zu undurchschaubar wurde.«[68]

Am 4. Oktober 1914, zwei Monate nach Ausbruch des Ersten Weltkriegs, veröffentlichten dreiundneunzig deutsche Wissenschaftler, Künstler und Schriftsteller einen Aufruf »An die Kulturwelt!«, in dem sie die Politik des Deutschen Reiches gegen Angriffe aus dem Ausland verteidigten. Die Unterzeichner, darunter der Maler Max Liebermann und Wilhelm Wundt, der Begründer der experimentellen Psychologie, stellten klar, dass es »sich nicht, wie die feindliche Propaganda verkündete, um einen Krieg gegen den deutschen Militarismus« handelte: »Gegen die deutsche Kultur wurde Krieg geführt [...]. Was man im feindlichen Ausland nicht zur Kenntnis nehmen wollte, erklärten die deutschen Mandarine, war die Tatsache, dass deutsche Kultur und deutscher Militarismus zusammengehörten [...]. Die Unterzeichner des Aufrufs schworen, den Krieg als Angehörige eines ›Kulturvolkes‹ zu führen; das Erbe Goethes, Beethovens und Kants war ihnen ebenso heilig wie jeder Fußbreit deutscher Erde.«[69] Deutschlands Einheit, hieß es unter den deutschen Intellektuellen, sei nicht von der Politik, sondern von der Kultur errungen worden. Deutsches Denken sei untrennbar mit dem europäischen Geist verbunden, ebenweil es sich so deutlich von den Werten und Idealen unterscheide, die über Jahrhunderte in Frankreich oder England vorgeherrscht hatten. Kurz gesagt: Die Deutschen bestanden auf einer unüberbrückbaren Kluft zwischen »Kultur« und »Zivilisation«. (Zu Max Webers Ansicht über die Gründe der Deutschen, in den Ersten Weltkrieg zu ziehen, siehe Kapitel 29 im vorliegenden Buch.)

Die Weimarer Republik – der erste Versuch, eine Demokratie in Deutschland zu etablieren – wurde später von vielen Deutschen als ein Verrat an den politischen deutschen Idealen betrachtet. Thomas Mann schrieb in seinen »Gedanken im Kriege« (1914), dass der demokratische Geist »eine undeutsche Sache« sei, »denn das deutsche Volk, ›dies Volk der Metaphysik, der Pädagogik und der Musik‹, war ›ein nicht politisch, sondern moralisch orientiertes Volk‹«. Das heißt, es interessierte sich weder für das Wahlrecht noch für das Prozedere in einem parlamentarischen System; und Kants *Kritik der reinen Vernunft* bezeichnete einen radikaleren Umsturz der Werte als die Erklärung der Menschen- und Bürgerrechte. Am Ende des Zweiten Weltkriegs, als Thomas Mann im Exil in den Vereinigten Staaten lebte, kehrte er noch einmal zu diesem Thema zurück. Seiner Meinung nach hatten die politischen Siege in Deutschland – Bismarcks Aufstieg, die Rolle des Kaisers, die Weimarer Republik, die nationalsozialistische Bewegung – allesamt (alle, nicht nur der Nationalsozialismus!) zu einer kulturellen Verarmung geführt. Doch unmittelbar nach Kriegsende änderte er die Tonlage. In seiner Rede, die er in der Kongressbibliothek über »Deutschland und die Deutschen« hielt, sprach er »von deutscher Weltfremdheit, Unweltlichkeit und Weltungeschick, er erinnerte seine Zuhörer daran, wie Innerlichkeit und die romantische Konterrevolution zur Trennung des Geistigen und des Sozialen führten und Deutschland der Demokratie entfremdeten«.[70]

Nichtdeutschen Ohren klingt das alles ziemlich fremd, um nicht zu sagen: unwirklich. Was »der Westen« unter »Kultur« verstand, fasste trefflich T. S. Eliot in seinen »Beiträgen zum Begriff der Kultur« (1948) zusammen, darunter in dem berühmten Satz: »...unter den Begriff der *Kultur* [fallen...] alle charakteristischen Betätigungen und Interessen eines Volkes: das Derby, die Henley Regatta, Cowes, der zwölfte August, eine Schlußrunde im Pokalwettkampf, die Hunderennen, der Groschen-Glücksautomat, das Wurfpfeilspiel, Wensleydale-Käse, Kohl, im ganzen gekocht und dann in Scheiben geschnitten, Rote Rüben in Essig, gotische Kirchen aus dem neunzehnten Jahrhundert und die Musik von Elgar.«[71] Nichts davon impliziert notwendigerweise eine besondere »Innerlichkeit« der Angehörigen dieser Kultur oder, was das betrifft, gar eine besondere Bildung. Es ist eine weit weniger hierarchische, eher ökumenische Sicht von den Dingen des Lebens, als sie der deutsche Kulturbegriff beinhaltet. Was die deutsche Elite bis mindestens zum Zweiten Weltkrieg unter »Kultur« verstand, ist das, was wir anderen Westeuropäer traditionell als »Hochkultur« bezeichnen: Literatur, Theater, Malerei, Musik und Oper, Theologie, Philosophie.

Doch – und das ist ein wichtiges »doch« – man muss das nicht als eine Kritik an Deutschland verstehen. Gut möglich, dass in diesem anderen Verständnis von der Art und Weise, wie unsere geistigen Aktivitäten organisiert sein sollten, eine entscheidende, eine lehrreiche Andersartigkeit zum Ausdruck kommt. Zumindest lassen sich aus Unterschieden immer Lehren ziehen. Man betrachte beispielsweise die folgenden Aussagen:

»Das 20. Jahrhundert sollte ein deutsches Jahrhundert gewesen sein.« Dieser Satz stammt vom kanadisch-amerikanischen Historiker Norman Cantor und fiel bei einer Rede über die vernichtenden Auswirkungen des Nationalsozialismus auf führende deutsche Historiker wie Percy Ernst Schramm und Ernst Kantorowicz. Den nächsten Satz zitiert Fritz Stern in seinem Buch *Einstein's German World*: »Es könnte ein deutsches Jahrhundert gewesen sein.« Er stammt vom französischen Philosophen Raymond Aron und fiel in einem Gespräch, das dieser 1979 mit Stern führte, als sie gemeinsam in Berlin eine Ausstellung anlässlich der hundertsten Geburtstage der Physiker Albert Einstein, Otto Hahn und Lise Meitner besuchten. Beide, Cantor wie Aron, wollten mit der Aussage, dass das 20. Jahrhundert ein deutsches hätte sein sollen/können, zum Ausdruck bringen, dass die deutschen Denker, Maler, Schriftsteller, Philosophen, Wissenschaftler und Techniker – die die besten weltweit gewesen waren – ein neu geeintes Deutschland in ungeahnte Höhen hätten erheben können, so man sie sich selbst überlassen hätte, ja, *dass sie bereits auf dem besten Wege dorthin waren*, als Hitler im Januar 1933 Reichskanzler wurde. Zu diesem Zeitpunkt war Deutschland ganz fraglos die führende geistige Kraft der Welt gewesen. Was die Wirtschaftszahlen betraf, so konnte es vielleicht nicht mit den Vereinigten Staaten gleichziehen, denn Amerika war schon damals ein viel bevölkerungsreicheres Land gewesen, doch in allen anderen Hinsichten war Deutschland führend. Hätte ein Historiker, egal welcher Nationalität, am Ende des Jahres 1932 eine Geistesgeschichte des modernen Deutschland veröffentlicht, wäre es im Wesentlichen die Geschichte eines Triumphes gewesen. Bis 1933 waren Deutschen mehr Nobelpreise zuerkannt worden als Engländern und Amerikanern zusammen. Deutschlands Art und Weise, sich geistig zu organisieren, war ausgesprochen erfolgreich.

Doch dem deutschen Genius wurde in seinen besten Jahren Einhalt geboten. *Warum* das geschah, weiß alle Welt. Viel weniger bekannt ist, wieso und auf welche Weise die Deutschen ihre Vorrangstellung erreicht hatten. Natürlich weiß man, dass Deutschland durch die Nationalsozialisten viele Talente verlor (einer Zählung zufolge gingen insgesamt sechzigtausend Schriftsteller, Maler, Musiker und Wissenschaftler ins Exil oder wurden bis 1939 in die Todeslager geschickt.) Doch sogar von den Deutschen selbst scheinen viele vergessen zu haben, dass ihr Land bis 1933 eine *derart* dominante geistige Macht gewesen war. Wie das bereits erwähnte Werk von A. Dirk Moses aufzeigt, stehen Hitler und der Holocaust jedem Erinnern im Weg. Der englische Historiker Keith Bullivant erklärte expressis verbis, dass die Kulturgeschichte Deutschlands aus der Zeit vor 1933 für alle nach dem Zweiten Weltkrieg geborenen Generationen die Geschichte eines entschwundenen, ihnen gänzlich unbekannten Landes sei.

Ich glaube nicht, dass es viele Menschen unter den Lebenden gibt, denen dieser so entscheidende Punkt über die geistige Vorherrschaft Deutschlands vor 1933 bewusst ist – ausgenommen natürlich die Deutschlandexperten unter den Historikern. Unter ihnen herrschen sogar die umgekehrten Vorzeichen: Die Ungeheuerlichkeit der nationalsozialistischen Gräuel hatte zur Folge, dass nach dem Zweiten Weltkrieg vor allem die englischsprachige Forschung über Deutschland sehr viel tiefgründiger und detaillierter wurde. Bei der Vorbereitung auf dieses Buch besuchte ich das *German Historical Institute* in Washington, DC. Diese Institution gibt es auch in London, Paris und anderen Städten, das Washingtoner Institut verfügt jedoch nicht nur über eine fantastische Bibliothek mit englischen wie deutschsprachigen Publikationen, sondern daneben auch über ein eigenes Verlagsprogramm, unter dessen Ägide zum Beispiel das umfangreiche Nachschlagewerk *German Studies in North America: A Directory of Scholars* erschien: 1165 Seiten, auf denen die Projekte von rund tausend Deutschlandforschern aufgelistet sind. Ihre Themen rangieren vom deutschen Kriegsroman über einen Atlas der deutschen Dialekte, die im amerikanischen Bundesstaat Kansas gesprochen werden, eine Studie über die deutsche Pünktlichkeit bis hin zu einem Vergleich der beiden Hauptstädte Berlin und Washington zwischen 1800 und 2000. Es herrscht also wahrlich kein Mangel an Interesse an deutschen Themen, zumindest nicht unter amerikanischen Forschern. Aber das bestätigt nur das große Unwissen, das in der internationalen Öffentlichkeit über Deutschland besteht.

Wir sind es gewöhnt, zu hören, dass das 20. Jahrhundert das amerikanische Jahrhundert gewesen sei. Doch die Wahrheit ist komplizierter und, wie ich in diesem Buch aufzeigen möchte, auch wesentlich interessanter. Ich möchte dem kollektiven Bewusstsein außerhalb *wie* innerhalb des deutschen Sprachraums die Namen und Errungenschaften von Menschen in Erinnerung bringen, die aus historischen, nicht zuletzt mit Krieg und Völkermord verbundenen Gründen im vergangenen halben Jahrhundert unbeachtet blieben oder aus dem Gedächtnis gelöscht wurden.

Somit ist dies ein Buch über den deutschen Genius, über dessen Geburtsstunde, seine Blütezeit und über die Tatsache, dass er auch das Leben von uns Ausländern stärker prägte, als wir uns bewusst sind oder als wir es wahrhaben wollen. Und es ist ein Buch über die Frage, wie dieser Genius von Hitler zerstört wurde, *aber* – noch so ein entscheidendes »aber« – weiterlebte, oft unerkannt, und zwar in beiden Teilen Deutschlands der Nachkriegszeit, die beide nie wirklich die volle Anerkennung für ihre kulturellen, wissenschaftlichen, industriellen, kommerziellen und akademischen Leistungen bekamen. Auch stellt dieses Buch die Frage, wie deutsches Denken das moderne Amerika und England und *deren* Kultur geprägt hat. In den Vereinigten Staaten und Großbritannien mag Englisch gesprochen werden, aber Amerikaner und Engländer *denken* in viel stärkeren Maßen deutsch, als sie es sich bewusst sind.

Hier noch ein kurzes Wort zu der Frage, was ich unter »deutsch« verstehe. Ich verwende diesen Begriff in dem Sinne, in dem Thomas Mann vom deutschen Einflussbereich sprach: im Sinne der kulturellen Welt, in der er sich zu Hause fühlte und zu der neben Deutschland auch die anderen deutschsprachigen Länder Österreich, die Deutschschweiz, Teile von Ungarn, der Tschechoslowakei und von Polen zählten. Es *gab* die Zeit einer deutsch sprechenden und deutsch denkenden Achse Wien-Budapest-Prag. Zu anderen Zeiten, als es die Naturwissenschaftler oder Schriftsteller in die geistigen Zentren Berlin, Wien, München oder Göttingen zog, gerieten auch Dänemark, Holland und die baltischen Staaten unter deutschsprachigen Einfluss. Sigmund Freud, Edmund Husserl und Gregor Mendel stammten aus Mähren, heute Teil der Tschechischen Republik, sprachen, dachten und schrieben aber allesamt in deutscher Sprache und führten überwiegend ein Leben nach deutschen Traditionen. Der böhmische Piarist und Gelehrte Jan Evangelista Purkyně setzte sich sehr für eine Annäherung der slawischen Stämme durch eine gemeinsame slawische Sprache ein, verfasste seine wissenschaftlichen Schriften aber dennoch fast ausschließlich in deutscher Sprache, schrieb fast nur Beiträge für deutschsprachige Fachzeitschriften und konzentrierte sich bei seinen Forschungen stark auf die Zellstruktur, das Forschungsgebiet also, auf dem deutsche Naturwissenschaftler vorherrschend waren. Auch der in Estland geborene Naturforscher Karl Ernst von Baer schrieb nur deutsch, hatte unter anderem in Wien und Würzburg studiert, leitete den ersten Anthropologenkongress in Göttingen und wird in Timothy Lenoirs Geschichte der deutschen Biologie im frühen 19. Jahrhundert als die zentrale Figur dieses Fachbereichs dargestellt. Der Mathematiker Georg Cantor wurde in St. Petersburg als Sohn eines dänischen Vaters und einer aus Russland stammenden Österreicherin geboren; als er elf Jahre alt war, übersiedelte die Familie nach Frankfurt am Main. Später studierte er in Zürich, Berlin und Göttingen und lehrte bis an sein Lebensende in Halle. Karl Mannheim, einer der Gründerväter der klassischen Soziologie, wurde in Budapest geboren, schrieb seine wichtigsten Werke aber, von Georg Simmel beeinflusst, in Deutschland (und auf Deutsch), in Heidelberg und Frankfurt. Hugo Wolf, dem nach Meinung des amerikanischen Musikkritikers Harold Schonberg das deutsche Lied seinen künstlerischen Höhepunkt verdankt, wurde im slowenischen Windischgrätz (Slovenj Gradec) geboren. Von ihm lässt sich das Gleiche sagen, was Georg Lukács über den Schweizer Romancier Gottfried Keller sagte: »Er ist ebenso ein deutscher Schriftsteller wie der Genfer Rousseau ein französischer.«[72]

Natürlich will ich ganz und gar nicht nahelegen, dass keine Bücher über den französischen, den englischen oder den amerikanischen Genius geschrieben werden könnten – natürlich könnten auch solche Titel erscheinen. Außerdem haben bekanntlich kleinere Nationen wie Neuseeland, Dänemark oder Trinidad ebenfalls ihre Genies (Ernest Rutherford, Niels Bohr, V. S. Naipaul). Mein Punkt ist hier ein anderer, nämlich, dass die Beiträge, die all diese Geistesgrößen zur Entwicklung des modernen

Denkens leisteten, allgemein bekannt und anerkannt sind. Die französische Aufklärung, die empirischen Philosophen Englands, wie Thomas Hobbes, John Locke, David Hume, Adam Smith oder John Stuart Mill, oder die amerikanischen Pragmatiker führen uns allesamt auf wichtige, wenn auch ausgetretene Pfade. Die moderne Kulturgeschichte Deutschlands ist der internationalen Leserschaft hingegen weit weniger bekannt. Ich hoffe, dass dieses Buch ein wenig dazu beitragen wird, dieses Ungleichgewicht zu korrigieren.

TEIL EINS
DIE GROSSE WENDE IN DER DEUTSCHEN BIOGRAFIE

I

Aufkommendes Deutschtum

Eines Sonntagabends im Frühjahr 1747, gerade als sich die Hofmusiker Friedrichs des Großen zum üblichen Abendkonzert einfanden, überbrachte ein Adjutant dem König in Preußen eine Liste der Neuankömmlinge in seiner Stadt. Der König überflog sie »und schrak hoch: ›Meine Herren, der alte Bach ist gekommen.‹« Anwesende berichteten später, in der Stimme des Königs habe »eine Art von Unruhe« gelegen.[1]

Der damals zweiundsechzigjährige Komponist Johann Sebastian Bach war aus dem achtzig Kilometer entfernten Leipzig angereist, um seinen Sohn Carl Philipp Emanuel zu besuchen, den ersten Cembalisten der Königlich Preußischen Kapelle. Gleich nach dessen Eintreffen in Potsdam hatte der König ihn wissen lassen, dass er den »alten Bach« gerne einmal kennenlernen würde. Doch der Sohn, dem bewusst war, von welch unterschiedlichen Temperamenten Vater und König waren, hatte nichts unternommen, um diese Begegnung zu arrangieren – offenbar aus gutem Grund, denn als das Treffen schließlich stattfand, prallten zwei sehr unterschiedliche Welten aufeinander.[2]

Bach, ein Witwer, der an den biblischen Traditionen festhielt und glaubte, dass das Musizieren eine »tief spirituelle Tätigkeit« sei, die »allein der Ehre Gottes diente«, war ein frommer lutherischer Hausvater, der mit zwei Frauen zwanzig Kinder gezeugt hatte. Friedrich, »ein bisexueller Misanthrop, der in einer kinderlosen politischen Ehe lebte«, wie der amerikanische Autor James Gaines bei seiner Schilderung dieser Begegnung schreibt, »war ein vom Glauben abgefallener Calvinist, dessen vielgerühmte religiöse Toleranz nur daher rührte, daß er alle Religionen gleichermaßen verachtete«. Bach schrieb und sprach deutsch, doch bei Hofe sprach jedermann französisch. Friedrich selbst rühmte sich, »von Jugend auf kein deutsches Buch gelesen« zu haben.[3]

Wie verschieden die beiden Männer waren, kam auch in ihrer jeweiligen Einstellung zur Musik zum Ausdruck. Bach war der brillanteste Vertreter der Kirchenmusik, vor allem aber des »kunstvollen Kontrapunkts« in Kanon und Fuge, »eine jahrhundertealte musikalische Tradition, aus der im Laufe der Zeit derart esoterische Theorien und Praktiken erwachsen waren, daß sich manche ihrer Vertreter als Hüter einer gleichsam göttlichen Kunst sahen«. Friedrich hielt so etwas für völlig überzogen, den Kontrapunkt fand er einfach nur altmodisch, und eine Musik, die »nach der Kirche schmeckte«, verabscheute er ohnedies.⁴

Ungeachtet solcher Differenzen ordnete der König an, den »alten Bach« augenblicklich ins Schloss zu geleiten, als er dessen Namen auf der Ankunftsliste entdeckte. Er ließ ihm nicht einmal Zeit, sich umzukleiden. Als Bach schließlich völlig erschöpft von der Reise eintraf, spielte ihm der König »eine sehr lange, ungeheuer komplizierte Figur« am Pianoforte vor und bat ihn (na ja, es war wohl kaum eine Bitte), eine dreistimmige Fuge daraus zu machen. Trotz der späten Stunde und trotz seiner Erschöpfung stellte sich Bach »mit einem fast unvorstellbaren Maß an Einfallsreichtum« der Aufgabe. Sogar das »aus lauter Kennern bestehende Publikum« verharrte »in Verwunderung«.⁵ Aber Friedrich war noch nicht zufrieden – vielleicht war er sogar etwas enttäuscht, dass der alte Bach die Aufgabe so gut gemeistert hatte. Also forderte er den Komponisten auf, das Thema in eine *sechsstimmige* Fuge zu verwandeln. Doch durch diesen Reifen zu springen war Bach nicht bereit, jedenfalls nicht hier und nicht jetzt. Er versprach, sich an die Arbeit zu machen und dem König die Noten dann sofort zukommen zu lassen.

Im Juli, zwei Monate nach jenem Abend in Potsdam, hatte der stolze Bach die sechsstimmige Fuge fertiggestellt und abgeschickt. Den historischen Quellen lässt sich nicht entnehmen, ob der König sie jemals spielen ließ, doch falls er es tat, muss sie ihm, dem nicht nur feinsinnigen, sondern auch scharfsinnigen Mann, gewiss als ein ziemlicher Affront erschienen sein. Denn diese Komposition war »ein vernichtender Angriff auf alles, wofür Friedrich stand«.⁶ Vordergründig hatte Bach eine tief religiöse Musik komponiert, doch in Wahrheit mangelte es der Partitur nicht an subtilem Sarkasmus: Bach hatte zwei Epigramme eingefügt, eines über »des Königs Glück« und das andere über den »Ruhm des Königs«, doch es waren nicht die zu erwartenden triumphalen Klänge, sondern höchst melancholische Melodien.⁷ Außerdem war das Stück durchsetzt mit Kontrapunkten und anderen musikalischen Elementen, die stark »nach der Kirche schmeckten« – was Musikwissenschaftler später zu dem Schluss brachte, dass sich Bach auf diese Weise bei seinem »Musikalischen Opfer« das letzte Wort vorbehalten hatte. Er hatte dem König die Stirn geboten, ihn getadelt, ja, ihn sogar mit der Mahnung verspottet: »Wisse, es gibt ein Gesetz, das über dem der Könige steht, das unwandelbar ist und nach dem auch du wie wir anderen allesamt gerichtet werden.«⁸

Diese subtile, geschickte Parade versinnbildlicht den Zusammenprall zweier sehr unterschiedlicher Welten, einen Konflikt, der sich im Jahr 1747 massiv zugespitzt hatte. Drei Jahre später starb Bach. Die letzte große Errungenschaft seines Lebens, seine Messe in h-Moll, eines der großen Meisterwerke abendländischer Musik (»gigantisch« in den Worten des Musikkritikers Harold Schonberg), hatte er in den letzten Monaten seines Lebens fertiggestellt, selbst aber nicht mehr zu Gehör bekommen. Mit dieser Messe und dem Tod dieses Komponisten hatte eine ganze künstlerische, geistig-spirituelle und kulturelle Welt ihr Ende gefunden. Das Barock war im Wesentlichen der bildnerische Stil der gegenreformatorischen Kirche gewesen; und die hatte nach den Worten eines großen katholischen Reformers, des römischen Kardinals Gabriele Paleotti, das Ziel verfolgt, »die Seelen ihrer Söhne zu entzünden«, »den Augen der Gläubigen ein üppiges Schauspiel zu bieten« und die Kirche zum »Ebenbild des Himmels auf Erden« zu machen. Bach, wiewohl Protestant, hatte mit seiner Musik mehr oder weniger das gleiche Ziel verfolgt. Und dieses Verständnis, diese Ästhetik waren mit ihm gestorben.

Das barocke Feuer war am Verlöschen, doch dafür entstanden neue Glaubensformen, neue Stimmungen und neue Denkweisen. Und einige dieser Innovationen beruhten auf mindestens ebenso profunden und revolutionären geistigen Umbrüchen wie die grundlegendsten Neuerungen in den vorangegangenen tausend oder gar zweitausend Jahren. Viele davon sollten nicht nur Europa, sondern auch Nordamerika verwandeln, und einige von ihnen waren typisch deutsch oder wurden in den deutschen Ländern zumindest besser aufgenommen als anderenorts.

Bis zur Mitte des 18. Jahrhunderts – im Jahr 1763, um genau zu sein – waren die deutschen Länder »Europas Tummelplatz« gewesen, wie der Harvard-Historiker Steven Ozment schreibt. Ihre geografische Lage im Herzen Europas hatte seit dem Mittelalter dafür gesorgt, dass sie zu Wegscheiden im internationalen Handel wurden, wovon sie deutlich profitierten. Anfang des 16. Jahrhunderts hatten sich freie Reichsstädte wie Augsburg, Ulm, Köln, Hamburg, Bremen oder Lübeck einer Bürgerkultur gerühmt, die höchstens noch von ihren italienischen und Schweizer Gegenparts übertroffen wurde. Nürnberg zum Beispiel war die Heimstatt von Albrecht Dürer, Veit Stoß, Adam Krafft, Peter Vischer und Hans Sachs. Doch im 17. Jahrhundert verwandelte diese geografische Zentralität die deutschen Länder in das Schlachtfeld der europäischen Großmächte Frankreich, Russland, Schweden, Österreich-Ungarn und England. Der erbitterte Dreißigjährige Krieg (1618–1648) zwischen Katholiken und Protestanten wurde im Wesentlichen auf deutschem Boden ausgetragen und war so grausam, dass man sich landauf, landab kaum noch etwas anderes als Gräuelgeschichten erzählte: In der Schrift *The lamentations of Germany, wherein, as in a glasse, we may behold her miserable condition, composed by Dr Vincent, Theo* (London 1638) finden sich Bildtafeln, auf denen »kinderfressende Kroaten« oder »abgeschnittene und zu Hutbändern verarbeitete Nasen und Ohren« und ähnliche künstlerisch gestaltete Leckerbissen zu bestaunen sind. Am Ende meißelte der Westfälische Friede – der nicht zuletzt aus Erschöpfung geschlossen wurde – aus den herrschenden Umständen eine neue politische Realität heraus, einen lockeren Bund von Staaten sehr ungleicher Größe und Bedeutung: Im 18. Jahrhundert gab es neun Kurfürsten (wie der förmliche Titel jener Reichsfürsten des Heiligen Römischen Reiches Deutscher Nation lautete, welche dem Kollegium angehörten, das den römisch-deutschen König und somit den traditionellen Anwärter auf den Thron des römisch-deutschen Kaisers wählte); daneben den Reichsfürstenrat aus 94 weltlichen und geistlichen Fürsten, 103 Reichsgrafen und 40 Reichsprälaten sowie den Rat der freien Reichsstädte, der über 51 Sitze verfügte. »Sie alle waren souveräne Herrscher über ihr Territorium und lehensrechtlich nur und direkt vom Kaiser abhängig. Dazu muß man rund 1000 Ritter rechnen, die bei der Herleitung ihres Machtanspruches ebenfalls auf ihre ›Reichsunmittelbarkeit‹ pochten, insgesamt aber kaum mehr als 200000 Untertanen hatten.«[9] Die entscheidende Entwicklung in diesem Durcheinander war, dass die souveränen (und mehrheitlich protestantischen) Staaten einer nach dem anderen von ihrem einstigen historischen Zentrum, dem katholischen österreichisch-ungarischen Reich der Habsburger, »wegtrudelten«. Bayern, Brandenburg-Preußen, Sachsen und Württemberg machten ihre neuen Territorialrechte geltend, die ihnen das Recht auf eine autonome Außenpolitik und eigene Bewaffnung verliehen hatten, und traten aus dem Schatten der Habsburger heraus (wenngleich nur Brandenburg-Preußen über ein Berufsheer verfügte, das dieses Namens wert war).[10] 1667 bezeichnete der Naturrechtsphilosoph und Historiograf Samuel von Pufendorf (der den Begriff des »Dreißigjährigen Krieges« geprägt hatte) die Verfassung des Heiligen Römischen Reiches als einen »irregulären und einem Monstrum ähnlichen Körper«.[11] Die Bevölkerungszahlen hatten rapide abgenommen, in Württemberg zum Beispiel von 445000 im Jahr 1622 auf 97000 im Jahr 1639, und die deutschen Staaten waren nun derart fragmentiert, dass Kähne auf dem Rhein durchschnittlich alle zehn Kilometer erneut Grenzzölle entrichten mussten.[12] Derweil hatten sich die Handelsrouten im Zuge der Entdeckungsreisen auf den Nordatlantik verlagert. Die Wirtschaft des Reiches kümmerte dahin.

Diese neue Welt konnte wohl keinen Bestand haben. Die wichtigste politische, kulturelle und gesellschaftliche Evolution im Lauf der nächsten zweihundert Jahre waren der Aufstieg des Königreichs Preußen und dessen Entwicklung zu der Keimzelle, aus der alles, was folgte, entstand. Im Jahr 1700 war das habsburgische Österreich-Ungarn von neun Millionen Menschen bevölkert und noch der bestimmende Teil des Heiligen Römischen Reiches Deutscher Nation gewesen. In Preußen lebten zu dieser Zeit kaum drei Millionen, auch hinsichtlich der Größe seines

Territoriums rangierte es nur an elfter Stelle in Europa. Bis Mitte des 18. Jahrhunderts konnte es sich dann jedoch der drittstärksten Armee Europas rühmen – und deren Atem bekam nun das Habsburgerreich im Nacken zu spüren.[13] Die Ursache für diesen Wandel war letztendlich der Westfälische Friede gewesen, denn im Zuge dieser Verhandlungen waren Brandenburg-Preußen die Gebiete von Ostpommern, Magdeburg, Minden und Schlesien zugefallen. Die Erfolge Preußens waren allerdings auch einer Reihe von Herrschern zu verdanken, denen jeweils ein sehr langes und produktives Leben beschieden war. Doch die wichtigste Entwicklung, diejenige nämlich, welche Preußen aus eigener Sicht wie auch nach dem Urteil anderer Länder seinen typischen Charakter verlieh, war eine neue Variante des christlichen Glaubens. Die Evolution des Deutschtums (wie wir es heute verstehen) gegen Ende des 17. und Anfang des 18. Jahrhunderts lässt sich kaum nachvollziehen, wenn man sich nicht zuerst mit dem Pietismus befasst.

Pietismus und Preußentum

Friedrich der Große zog aus gutem Grund so viel Aufmerksamkeit der Historiker auf sich: Er war eine kraftvolle Persönlichkeit. Und dank seines militärischen Geschicks, seines persönlichen Charismas und seiner künstlerischen wie geistigen Interessen hatte er die »deutsche Renaissance«, die das Thema der nächsten Kapitel sein wird, eindeutig begünstigt. Dass er eine bedeutende Rolle spielte, steht also außer Frage. Doch die jüngere Forschung konzentrierte sich mehr auf den Vater, Friedrich Wilhelm I., da Friedrich II. ohne dessen Errungenschaften und ohne die von ihm eingeleiteten Reformen vermutlich nie eine derart glanzvolle Karriere hätte machen können.

Als Friedrich der Große 1740 im Alter von achtundzwanzig Jahren an die Macht kam, *übernahm* er einen Staat, der sich bereits durch ein beispielloses Pflichtbewusstsein seiner Beamten auszeichnete. »Während die Monarchen in anderen europäischen Residenzstädten über Hofstäbe herrschten, die sich durch demonstrativen Luxus auszeichneten, trugen die preußischen Könige Uniform und gaben ein moralisches Beispiel an Sparsamkeit und Genügsamkeit.« Schon damals war die preußische Verwaltung unter ihren europäischen Gegenparts für die wesentlich höheren Normen bekannt gewesen, die sie sich in Bezug auf Anstand und Fleiß setzte.[14]

Um 1950 vertrat der Historiker Carl Hinrichs die These, dass sich die preußische Ideologie vom Staatsdiener am ehesten als Frucht der pietistischen Bewegung verstehen lasse. An mehreren Beispielen zeigte er die Zusammenhänge zwischen dem Pietismus und den wichtigsten politischen Initiativen Friedrich Wilhelms I. auf. Da Hinrichs' entscheidendes, posthum (1971) veröffentlichtes Werk zum Thema *Preußentum und Pietismus* allerdings nur eine Sammlung einzelner Abhandlungen war und ergo keine kohärente, voll ausgearbeitete These bot, nahm sich vor einigen Jahren der englische Historiker Richard Gawthrop all der Punkte an, an denen es Hinrichs' Werk mangelte. Meine folgende Darstellung stützt sich stark auf Gawthrops Analysen.[15]

Der Pietismus war um das Jahr 1670 aufgetaucht, und weil sein Gewicht so deutlich auf der Disziplin lag, erregte er das Interesse von Gläubigen, die fanden, dass die Lutherische Kirche mittlerweile selbst von der Korruption besudelt war, die zu bekämpfen sie einst angetreten war. Diesen ersten Pietisten war es jedoch noch einzig und allein um die Rückkehr zu Luthers »unverdorbener Schlichtheit« gegangen. Sie legten den Schwerpunkt auf »das Priestertum aller Gläubigen gegen die Hierarchie; auf das innere Licht gegen die Obrigkeit der Lehre; auf den Glauben des Herzens gegen den Glauben des Kopfes [...] und auf praktizierte Wohltätigkeit anstelle von scholastischen Disputationen«[16]. Aber natürlich wirkte der Pietismus auch aus anderen Gründen attraktiv, insbesondere für die politische Obrigkeit, da er die Betonung auf das »*innere* Licht« legte, auf die reformierten Kirchen also, die nach dem Westfälischen Frieden 1648 gegründet worden waren und ergo eine weit geringere politische Bedrohung darstellten als das Papsttum, dessen ältere, orthodoxere und besser organisierte Kirche so viel seiner weltlichen Macht verloren hatte. Der Wechsel zu einem Glauben, der mehr die »Innerlichkeit« betonte, ermöglichte es den Obrigkeiten außerdem, dessen Glaubensbekenntnis als ein Mittel zu dem Zweck einzusetzen, dem Laientum striktere moralische Disziplin aufzuerlegen. In diesem Punkt deckten sich die Ziele des Pietismus und Friedrich Wilhelms bestens.

Der Pietismus war stark vom englischen Puritanismus beeinflusst, der für seinen »interventionistischen Moralismus« bekannt war und lehrte, dass gute Taten in *diesem*, dem irdischen Leben bestimmten, was der Seele am Tage des Jüngsten Gerichts widerfahren werde. Gott, erklärten die Puritaner, *wolle*, dass der Mensch gute Taten im Hier und Jetzt vollbringe, denn durch sie offenbare sich der Herr. Friedrich Wilhelm war zwar formal kein Pietist, aber doch in einer Atmosphäre aufgewachsen, die von vergleichbaren Vorstellungen und einer ähnlichen Arbeitsethik geprägt war. So kam es denn, dass der König den Pietisten zwischen 1713 und 1740 beispiellose Möglichkeiten bot, ihre Ziele in die Tat umzusetzen, was dann wiederum ihm zur Legitimierung seines Plans diente, das administrative, militärische und wirtschaftliche Leben seines Staates grundlegend umzustrukturieren. Nach Meinung von Thomas Nipperdey sollte das allerdings einen ganz anderen Effekt haben: Da das Zentralmotiv des Protestantismus der »anthropologische Pessimismus« war und da dieser »aufs Konservative« verwies, war dieses ganze Bestreben logischerweise antimodern.[17] Und das hatte schwerwiegende Konsequenzen. Der Erste, der die Aufmerksamkeit auf diesen neuen Denkansatz lenkte, war der im Elsass geborene lutherische Theologe Philipp Jakob Spener (1635–1705), und zwar mit seiner Schrift *Pia desideria* (»Fromme Wünsche«, 1675).[18] Aber es war August Hermann Francke (1663–1727), der Hauptvertreter des hallischen Pietismus, welcher Preußen schließlich verwandeln sollte. Um 1690 hatte Spener die preußischen Machthaber überzeugt, zwei Lehrstühle an der theologischen Fakultät der erst kurz zuvor gegründeten Universität Halle mit Pietisten zu besetzen. Und dort, wie auch an der Universität Göttingen, sollten die Vorstellungen von Bildung und Gelehrsamkeit dann völlig verwandelt werden (und sich von Deutschland in den Rest der Welt verbreiten). Jedenfalls trat der Lübecker Francke, nachdem er vom Lehrbetrieb in Leipzig ausgeschlossen worden war, 1691 der Theologischen Fakultät an der Universität Halle als »Professor für Griechisch und Orientalische Sprachen« bei und übernahm dort 1698 schließlich den Lehrstuhl für Theologie, der ihm Gelegenheit bot, die Rolle des Staates im Lichte der pietistischen Ziele neu zu überdenken.[19]

Seine eigene frühe Glaubenskrise und anschließende »Wiedergeburt« hatten Francke überzeugt, dass eine christliche »Herzensbildung«, das Gebet, das Studium der Bibel, aufrichtige tätige Reue und eine tägliche Selbstprüfung die einzig wahren Grundlagen für ein glaubenstreues Leben seien – im Gegensatz zu den stetigen Versuchen, den Geist zu vervollkommnen oder über die wahre Lehre zu streiten. Auch wollte er nicht, dass ein Christ seine Frömmigkeit durch innere Einkehr zu stärken versuchte: Um das biblische Gebot der Nächstenliebe zu erfüllen, gelte es vielmehr, der Gesellschaft in Barmherzigkeit zu dienen.[20] Da war es dann nur noch ein kleiner Schritt bis zu der Ansicht, dass es die Berufung eines Pietisten sei, mit Rat und Tat dem Wohle seiner Mitbürger zu dienen.[21] Aus theologischer Sicht war Franckes Denkansatz ziemlich gewagt, denn er rechtfertigte den pietistischen Aktivismus mit dem Argument, dass die Schöpfung vervollkommnet werden könne. Und nicht nur das – er behauptete sogar, dass der tatkräftige Beitrag zu deren Vervollkommnung der tragende Pfeiler des individuellen Strebens nach Erlösung sei.[22]

Franckes Vision entwickelte sich in einer Atmosphäre, die man als den langen Sog des Dreißigjährigen Krieges bezeichnen könnte. Glaubenszweifel waren zwar noch nicht weit verbreitet, aber inzwischen doch mit Sicherheit vermehrt zu finden.[23] Das erklärt auch, weshalb das Schwergewicht von Franckes Erziehungssystem auf einer strengen – sehr strengen – Kontrolle lag. Jedem Zögling wurde eingeimpft, asketisch zu leben und Gott bedingungslos zu gehorchen. Gleichzeitig förderte Francke jedoch auch weltlichere, lebensnähere Unterrichtsfächer, denn die Zöglinge pietistischer Schulen sollten ja einmal etwas Sinnvolles für ihre Nächsten leisten können.[24] Die Oberaufsicht über seine Reformbestrebungen führte der Klerus, den Francke mittlerweile als »Lehrerstand« bezeichnete. Es dauerte nicht lange, bis sich die ersten Netzwerke ehemaliger Schüler aus Halle bildeten.[25]

Die geistige Zentralisierung und eine neue kollektive Mentalität

Das war der Stand der pietistischen Pädagogik, als Friedrich Wilhelm I. im Jahr 1713 den Thron bestieg. Er hatte 1708 selbst eine Art Wiedergeburt erlebt und eine Vision gehabt, die den spirituellen Vorstellungen Franckes nicht unähnlich war. Nach seiner Inthronisierung verlor er denn auch keine Zeit, um sich zum Patron der studierten Theologen aus Halle zu machen und die Kräfte des hallischen Pietismus vor den Karren seiner eigenen Prioritäten zu spannen.[26]

Um sein Vorhaben durchführen zu können, musste der König jedoch nicht nur die Kirchen und Schulen, sondern auch den gesamten Staatsapparat und jede Behörde Preußens mobilisieren. So also begann die Vorstellung vom »Staatspietismus« Gestalt anzunehmen.[27] 1725 wurden die beiden bedeutenden hallischen Pietisten Abraham Wolff und Georg Friedrich Rogall als Theologieprofessoren an das Collegium Fridericianum in Königsberg berufen, 1729 tat Friedrich Wilhelm noch ein Übriges und erließ ein Dekret, das alle lutherischen Pastoren zu einem mindestens zweijährigen Studium an der Universität Halle verpflichtete – ein bemerkenswerter Akt geistlich-geistiger Zentralisierung: Der pietistische Einfluss begann den Charakter der Kirche in Preußen dauerhaft zu verändern.[28]

Doch den tiefgreifendsten Einfluss übte der Pietismus auf das Militär und die Verwaltung aus. Das Militärkirchenwesen wurde 1718 umstrukturiert, bis schließlich mehr als hundert pietistische Pastoren über die Regimenter verteilt waren.[29] Sie sahen sich jedoch mit einem solchen Unwissen konfrontiert, dass sie den Soldaten und ihren Familien erst einmal Lesen und Schreiben beibrachten, was aber gewiss keine verlorene Zeit war, denn sie taten das anhand der Bibel und konnten somit zugleich die pietistischen Glaubensweisen und Werte vermitteln. Das Militärkirchenwesen sorgte außerdem für die Erziehung der Soldatenkinder – Hunderte von Regimentsschulen wurden im Lauf der zwanziger Jahre im 18. Jahrhundert erbaut. (Um die Dinge zu beschleunigen, hatte Friedrich Wilhelm die Kapläne angewiesen, niemanden zu konfirmieren, der nicht des Lesens und Schreibens mächtig war.[30]) Sogar der Ehrbegriff wandelte sich: Nun spiegelte sich in »Ehre« nicht mehr nur ein ausgezeichneter militärischer Ruf, nun gebührte Ehre auch dem Soldaten, der in einem viel allgemeineren Sinne seine Pflicht gegenüber dem Nächsten erfüllte, sei es als Quartiermeister, Ausbilder, selbst als Revisor. Nur eines war von Bedeutung, nämlich die Frage, in welchem Maße ein Soldat seinem Nächsten, und sei er untergeordnet, diente.

Auch die Bürokratie wurde von dieser neuen Kultur durchdrungen. Nach dem Dreißigjährigen Krieg hatten die mit einem Mal unabhängig gewordenen Regionalfürsten mehr Geld gebraucht, um ihr – am französischen Vorbild orientiertes – höfisches Leben finanzieren zu können. Das hatte eine relativ aufwendige Bürokratie für die effiziente Verwaltung der fürstlichen Angelegenheiten erforderlich gemacht.[31] Es war die Geburtsstunde des Beamtenstands. 1693 wurden Zulassungsprüfungen für die oberen Ränge im Rechtssystem eingeführt, 1727 wurden in Halle und Frankfurt an der Oder die ersten Lehrstühle für Kameralistik an deutschen Universitäten eingerichtet und somit erstmals Vorlesungen über die fachlichen und rechtlichen Aspekte des wirtschaftlichen, finanziellen und politischen preußischen Staatssystems angeboten. 1958 schrieb der in die USA emigrierte deutsche Historiker Hans Rosenberg in seinem Buch *The Prussian Experience*, dass die drei beherrschenden Elemente dieser Zeit Bürokratie, Aristokratie und Autokratie gewesen seien. Aber der König war auch ein vehementer Verfechter der Meritokratie. Ständig wies er seine Untertanen auf die Möglichkeiten hin, die selbst kleinsten Beamten offenstanden, um die Karriereleiter zu erklimmen und beispielsweise in das Amt eines Steuerkommissars oder Abteilungsleiters aufzusteigen.[32] In diesem Milieu wurde der Beamte zum Vertreter einer militanten Ideologie, die dazu gedacht war, mit Hilfe von Bildung und Ausbildung das Niveau der bürgerlichen Gesellschaft anzuheben. 1742 berichtete eine königliche Kommission, dass nicht weniger als 1660 Schulen neu erbaut oder renoviert worden waren.

Ebenso folgenreich war, dass die von Friedrich Wilhelm I. und von den Pietisten initiierten pädagogischen Verbesserungsmaßnahmen im Lauf der Zeit eine ganz neue kollektive Mentalität erschufen. Wie der amerikanische Historiker Walter Dorn schrieb, wurden die Preußen nun »zum disziplinierteren Volk im modernen Europa«.[33] Friedrich der Große bewies guten Menschenverstand, als er diese militärisch-bürokratisch-pädagogisch-wirtschaftliche Struktur nach seinem Amtsantritt beibehielt. Der »Staatspietismus«, der bis zu seinem Tod im Jahr 1786 zum zentralen Element der preußischen Kultur geworden war, erwies sich als stabil genug, um sogar die napoleonischen Verwüstungen zu überstehen (wie auch Stefan Zweig hundert Jahre später anerkennend bemerken sollte).

Der Aufstieg der Universität: »Der Angelpunkt für die große Wende deutschen Lebens«

Ebenso typisch wie der Beamtenstand waren Preußens Universitäten, die dem Land jene spezifische Intelligenz schenkten, deren Denken so langfristige Folgen haben sollte. Im 18. Jahrhundert unterschieden sich deutsche Universitäten in mehreren entscheidenden Aspekten von den englischen. Erstens verfügten die deutschen Länder zu Beginn des 18. Jahrhunderts über wesentlich mehr Hochschulen, nämlich rund fünfzig, wohingegen es in England nur Oxford und Cambridge gab. Viele dieser Universitäten waren sehr klein (die Rostocker zum Beispiel, an der im Gründungsjahr 1419 fünfhundert Studenten eingeschrieben gewesen waren, hatte nur noch vierundsiebzig, die Universität Paderborn sogar nur fünfundvierzig). Doch die Tatsache, dass es so viele im Land verstreute Hochschulen gab, hatte einen großen Vorteil: Es vereinfachte den Erwerb einer höheren Bildung für die begabten Söhne aus weniger wohlhabenden Familien.[34]

Um die Wende zum 18. Jahrhundert waren die Lehrmethoden noch sehr rückständig gewesen. Die Norm war die Lehre von unwandelbaren Wahrheiten, nicht von neuen Ideen. Niemand erwartete von den Professoren, neues Wissen zu generieren; und vor allem die geisteswissenschaftlichen und philosophischen Fächer (womit Geschichte, Sprachen, Mathematik usw. gemeint waren, dazu später mehr) hatten stark abgebaut. In vielen katholischen Universitäten wurden überhaupt nur noch Theologie und Philosophie angeboten. Abgesehen davon war die Universität ständig von einem Konkurrenten bedroht, nämlich der sogenannten Ritterakademie für die Söhne der Hochwohlgeborenen, die modischere Curricula anbot, mit den Schwerpunkten Rechnen, moderne Sprachen, gesellschaftliche Umgangsformen, Kampfkünste und einem oberflächlich naturwissenschaftlichen Konglomerat. Das heißt, sie offerierte eher weltmännische Breite als scholastische Tiefe. Naturwissenschaftliche Forschung, sofern überhaupt betrieben, konzentrierte sich üblicherweise auf die neuen königlichen Akademien der Wissenschaften (wie sie 1700 in Berlin, 1742 in Göttingen und 1759 in München nach französischem Vorbild gegründet worden waren). Hinzu kam, dass der Betrieb an deutschen Universitäten ganz nach dem Gusto der jeweiligen Fürsten ablief und diese sie nach Belieben für ihre weltlichen (das heißt: ausgesprochen zweckgebundenen) Ziele nutzten. Diese Universitäten waren keine Stätten für autarke Gelehrte, die sich, wie in Oxford und Cambridge, ganz dem Studium der Altphilologie oder Mathematik hingeben konnten.[35]

Obwohl die deutschen Universitäten um das Jahr 1700 von vielen Gebildeten also als irrelevant und moribund betrachtet wurden, sollten paradoxerweise Ende des 17. bis Mitte des 18. Jahrhunderts gerade auf deutschem Boden vier neue Universitäten ihre Pforten öffnen, die das geistige Klima im Land völlig veränderten: 1694 im preußischen Halle; 1702 im schlesischen Breslau; 1737 in Göttingen, im Kurfürstentum Braunschweig-Lüneburg (Kurhannover); und 1742 in Erlangen, im fränkischen Markgrafentum Brandenburg-Bayreuth. Auch Heidelberg war natürlich von Bedeutung, doch da diese Universität bereits 1386 gegründet worden war, lässt sie sich schlecht zu den damals »neuen« zählen.

Die Georg-August-Universität zu Göttingen sollte mehr Einfluss ausüben als alle anderen, ausgenommen Halle. Ihre führende Persönlichkeit war der in Berlin geborene Gerlach Adolph Freiherr von Münchhausen (1688–1770).[36] Er selbst hatte sich in Utrecht den letzten universitären Schliff geholt, bevor er eine große Rundreise durch Italien antrat. Aber die Erfahrung, dass man sich die letzten Sporen im Ausland holen musste, hatte er als so unglückselig empfunden, dass der Wunsch nach einer Universitätsreform in ihm reifte. 1728 wurde Münchhausen in das Geheime Ratskollegium von Hannover berufen und begann sich sogleich für die Gründung einer neuen Universität einzusetzen, und zwar so erfolgreich, dass er schließlich selbst zum Kurator der neuen Bildungsstätte ernannt wurde. Bald darauf führte er Neuerungen ein, die sich als ausgesprochen nachahmenswert erweisen sollten.[37]

Zuerst einmal stellte Münchhausen sicher, dass die Theologie künftig eine weniger dominante Rolle spielen würde. Die Göttinger Universität war die erste, die das traditionelle Zensurrecht der theologischen Fakultät einschränkte. Wie der amerikanische Historiker Thomas Howard in seiner Studie über die Entwicklung der deutschen Universität schreibt, lässt sich »die historische Bedeutung dieser Maßnahme schwerlich überbewerten«. Götz von Selle bezeichnete sie als »den Angelpunkt für die große Wende deutschen Lebens, das seinen Schwerpunkt von der Religion auf den Staat verlegte«.[38] Nach dieser aufgeklärten Entscheidung reifte in Göttingen eine in deutschen Ländern beispiellose Gedanken- und Publikationsfreiheit heran.

Entscheidend war demnach, dass Münchhausen die Gewichtungen der theologischen und philosophischen Fakultäten ins Gegenteil verkehrte. Traditionell war die Philosophie eine deutlich untergeordnete Disziplin gewesen. Sie hatte den Professoren wie den Studenten letztendlich nur als ein Antichambre zu der höher geachteten theologischen Fakultät gedient. Erst mit Münchhausens Insistenz, dass »philosophische« Studien – worunter Geschichte, Sprachen, Mathematik usw. verstanden wurden – mehr als nur der Förderung von schlecht vorbereiteten Studenten dienten, wurde ihnen wesentlich mehr Gewicht verliehen.[39] Schließlich bot die philosophische Fakultät in Göttingen neben den traditionellen Fächern Logik, Metaphysik und Ethik auch Vorlesungen über »empirische Psychologie«, das Naturgesetz, Naturgeschichte, Physik, die reine und angewandte Mathematik (Vermessungskunde, militärische und zivile Baukunde), Politik, Geschichte, Geografie, Kunst und moderne Sprachen an. Neben den »philosophischen« Fächern offerierte sie aber auch die europaweit beste Ausbildung in den höfischen Künsten: Tanzen, Fechten, Zeichnen, Reiten, Musizieren und die Konversation in Fremdsprachen.[40] Zeitgenossen stellten fest, dass nun immer mehr jungen Aristokraten der Sinn nach einer Universitätsbildung stand, nach »Studium und Gelehrsamkeit«, den Wegbereitern für »hohe Amtswürden«. Dass Geschichte, Philologie und Altertumskunde jetzt keine nebensächlichen, untergeordneten Lehrfächer mehr waren, sondern sich Respekt als autonome Disziplinen zu verdienen begannen, war der Universität Göttingen zu verdanken. Doch nicht nur die Geschichtswissenschaft, auch die klassische Philologie erlebte dort einen dramatischen Aufschwung: Neben ihrer Schwesterdisziplin, der Altertumswissenschaft, wurde sie bald zu *der* »deutschen« Wissenschaft par excellence.[41] Johann Matthias Gesner (1691–1761) und sein Nachfolger Christian Gottlob Heyne (1729–1812) verwandelten das Bild dieses Studienbereichs grundlegend, als sie den Schwerpunkt von der Grammatik auf die Interpretation von Texten verlagerten, weil sie diese nun als einen Ausdruck der Kreativität im Altertum verstanden. Indem sie das Gewicht des altsprachlichen Studiums ergo auf die Frage verschoben hatten, was diese über die alte Kultur, das alte Alltagsleben und den alten Glauben offenbarten, hatten sie auch Sinn und Zweck des altphilologischen Studiums verändert. »Vor allem die bis dahin völlig vernachlässigte griechische Antike rückte nun in den Fokus.«[42] Eine andere Göttinger Innovation waren die wissenschaftlichen Fachzeitschriften.[43]

In Göttingen wurde auch das Seminar weiterentwickelt. Welche Bedeutung diese Neuerung hatte, lässt sich kaum genug betonen, denn wie wir noch sehen werden, war es das Seminar, das zum modernen Forschungsverständnis, zur modernen Promotion, zu den modernen akademischen und wissenschaftlichen »Disziplinen« und zu der modernen universitären Aufteilung in »Fachbereiche« führte, die sich zu gleichen Teilen der Lehre und Forschung widmen. Solche, ursprünglich von Francke in Halle eingeführten, Seminare unterschieden sich nicht nur wesentlich von Vorlesungen, in ihnen spiegelte sich auch das grundlegende Umdenken in Bezug auf das wider, was man unter »Wissen« und »Bildung« verstand. Der Bruch verlief zwischen den spätmittelalterlichen Vorstellungen von Wissen *(sciencia)* und der nachaufklärerischen Idee von *Wissenschaft*. Die scholastisch-aristotelische Logik war davon ausgegangen, dass es nur eine einzige richtige Denkmethode gebe, die sich, sofern richtig angewandt – also mit Hilfe von syllogistischer Argumentation, Disputation, korrekter Begriffsbestimmung und einer klaren Strukturierung der Argumente – auf jede gelehrte Thematik applizieren lasse.[44] Thematisch unterschiedliche Gebiete erforderten keine unterschiedlichen Methoden, hieß es, da sie allesamt mit der »rechten Vernunft« *(recta ratio)* behandelt und dank des Studiums der Logik erfasst werden könnten. Demnach war es der eigentliche Lehrzweck einer Vorlesung, dem Studenten die Fähigkeit zum logischen Denken zu vermitteln. Im Seminar gab es hingegen weniger Studenten, wurde zu Kritik ermuntert, wurde Wissen als etwas Veränderliches, weniger Festgelegtes betrachtet und neues Wissen als etwas, das es zu entdecken galt. Das Ziel des Seminarleiters war nicht die Reproduktion von »unveränderlichem Wissen«, sondern die Förderung »des Geschmacks, Urteilsvermögens und Geistes« seiner Schützlinge.

Im Zuge ihrer Weiterentwicklung begannen Seminare also sozusagen eine intimere Form der Lehre zu verkörpern. Man schätzte den *Austausch* von Ideen und Wissen und erwartete von den Studenten, dass sie sich selbst mehr einbrachten. Schritt für Schritt wich die passive Beherrschung eines kanonisch vorgeschriebenen Wissenskorpus der bewusst geförderten, aktiven Beteiligung an der Wissensproduktion. Und immer häufiger wurde von den frühen Seminaristen nun erwartet, dass sie schriftliche Arbeiten als Grundlagen für Disputationen und Evaluationen einreichten.[45] Das förderte wiederum die Vorstellung von einer Forschung, bei der die Betonung auf Originalität lag (worüber noch zu sprechen sein wird: Die Forderung nach Originalität erreichte ihren Höhepunkt in der Romantik, als man originäre Forschung als eine Kunst für sich betrachtete). In einigen Göttinger Seminaren bildete sich die Praxis heran, Thesenpapiere eine Woche im Voraus abzuliefern, damit die anderen Studenten ihre Disputationen vorbereiten konnten.

Dementsprechend war es auch in Göttingen, wo der Begriff »Wissenschaft« im späten 18. und frühen 19. Jahrhundert seine moderne Bedeutung anzunehmen begann. Im Göttinger Sinne meinte »Wissenschaft« nicht nur Lehre, Bildung, Wissen und Gelehrsamkeit, sondern beinhaltete erstmals auch ein Forschungselement, nämlich die Idee, dass Wissen ein dynamischer Prozess sei und von jedem *selbst* entdeckt werden könne, im Gegensatz zu der Vorstellung, dass Wissen etwas sei, das bloß weitergegeben werden könne.[46] Die seminaristische Gepflogenheit, schriftliche Arbeiten einzureichen – die jeweils entsprechend den Richtlinien der neuen Disziplinen strukturiert sein mussten –, führte dann zu der Unterscheidung zwischen einer »Abhandlung« und einer »Dissertation«, mit der Möglichkeit einer Promotionsurkunde und eines Doktortitels. Bei einer Abhandlung wurde im Wesentlichen nur die Belesenheit abgefragt beziehungsweise zur Schau gestellt (ein Student wurde beispielsweise aufgefordert, sämtliche bekannten Fragmente eines unbedeutenderen Klassikers zu lokalisieren und zu kompilieren), wohingegen die Dissertation eine Forschungsarbeit darstellen sollte, die der Überprüfung einer Hypothese diente oder zu einer These führte. Seit der Doktortitel dann auch im deutschen Staatsdienst als akademischer Grad anerkannt wurde, zeichnete sich ein immer deutlicherer Trend zur Promotion ab (auch darüber werden wir noch im Detail sprechen).[47]

Die Entwicklung des Seminars und die Verwandlung des Begriffs »Doktor« gingen Hand in Hand mit der Evolution der altertumswissenschaftlichen und altsprachlichen Disziplinen, ergo auch mit der Bibelkritik, was deutlich macht, dass beides von größerer Bedeutung war, als es auf den ersten Blick scheint. Der Neuhumanismus, der von dieser Entwicklung gefördert wurde, trug dann auch zu einer Neudefinition des »gebildeten« Menschen bei: Aus der eher aufs Äußerliche bedachten Vorstellung von Bildung, die von der ersten universitären Reformbewegung (in Halle unter Francke) vertreten worden war, wurde die Vorstellung von einer »innerlichen« Bildung.[48] Im vorliegenden Buch wird häufig von Bildung die Rede sein – ein Begriff, der sich schwer in andere Sprachen übertragen lässt und der im Wesentlichen die Entwicklung der individuellen Persönlichkeit meint, oder den Selbstverwirklichungsprozess mit Hilfe von Ausbildung und Wissenserwerb. Man könnte das als ein säkulares Streben nach Vervollkommnung bezeichnen, welche dann ihrerseits für Fortschritt und weitere geistige Vervollkommnung sorgt – als ein Amalgam aus Gelehrsamkeit und Erkenntnis.

Gemeinsam trugen Halle und Göttingen also zur Gestaltung einer neuen Ausbildungsweise bei, die einer neuen Gesellschaftsschicht in Deutschland, der wir noch einige Aufmerksamkeit werden widmen müssen, den Weg bereitete. Denn diese Schicht, die laut dem englischen Historiker Tim Blanning viel zu klein war, um eine eigene Klasse darzustellen, trat nun dennoch ihre Vorherrschaft in der Staatsverwaltung, der Kirche, dem Militär, der Professorenschaft und den akademischen Berufen an und begann somit einen ausgesprochen prominenten Platz in der deutschen Gesellschaft einzunehmen. Und da das Selbstverständnis dieser neuen Schicht mehr als das jeder anderen Gesellschaftsgruppe zur Wiederbelebung deutscher Kultur beitrug, unterschied sie sich auch deutlich von der traditionellen, kommerzieller ausgerichteten Mittelschicht.[49] Die progressive, rationalisierende, leistungsbewusste und staatsorientierte Gesellschaftsvision, die diese neue Schicht in die Institutionen einbrachte, beeinflusste alle Strömungen in der Geschichte des 19. Jahrhunderts.[50] Thomas Howard zufolge wirkte sich diese Vision im ersten Teil des Jahrhunderts sogar auf die Errichtung einer besonderen Staatsform aus, »oft als Kulturstaat oder Erziehungsstaat bezeichnet, der es für seine paternalistische Pflicht hielt, das Volk zu inspirieren und zu erziehen, damit ›adäquate Bürger‹ aus ihm würden [...], welche verstünden, dass ihr eigenes Streben mit den hohen und ethisch seriösen Vorsätzen des aufstrebenden Nationalstaats kongruieren musste«. 1871, so Howard weiter, wurde dieser »Kulturprotestantismus« oder »Bildungsprotestantismus« dann zur »bürgerlich-religiösen Grundlage« des Deutschen Reiches.[51] Aus all dem lässt sich eine wichtige Beobachtung herausfiltern: Die deutsche Intelligenz unterschied sich massiv von ihren Gegenparts in anderen Ländern. In Frankreich hatte sich die Intelligenz derart vom Regime des Königs entfremdet, dass sie schließlich zum Sturm auf die traditionelle Obrigkeit blies; in Russland bestand sie fast ausschließlich aus Aristokraten; in England existierten bis zum 20. Jahrhundert weder der Begriff noch die Vorstellung von einer »Intelligenz«. Bei der deutschen Intelligenz kam außerdem hinzu, dass sie sich aus allen sozialen Schichten rekrutierte, da für ein Amt in der Staatsverwaltung zwar ein Hochschulstudium, nicht aber die Zugehörigkeit zu einer bedeutenden »Familie« erforderlich war. Auch die Tatsache, dass es im Deutschland dieser Zeit keine Metropole wie London oder Paris gab, ist in diesem Zusammenhang nicht ohne Relevanz. Jeder dieser Aspekte sorgte dafür, dass die deutsche Intelligenz weit gestreut, doch wesentlich unmittelbarer an der *praktischen* Staatsverwaltung beteiligt war als in irgendeinem anderen Land. Englische und amerikanische Soziologen pflegten als typisches Merkmal der Intelligenz ihrer Länder deren »Ferne von der Regierungs- und Verwaltungspraxis« anzuführen. Auf Deutschland bezogen lässt sich das ganz eindeutig *nicht* sagen.[52]

Die Leserevolution, ein neuer öffentlicher Raum und der aufkommende Nationalismus

Noch im Mai 1775 hatte Christian Friedrich Daniel Schubart in seiner Zeitschrift *Deutsche Chronik* von einer neapolitanischen Dame berichtet, die nach einem Treffen mit mehreren reichen und gebildeten Deutschen sagte: »Deutschland muss eine große Stadt sein.«[53] Joseph von Sonnenfels, eine herausragende Figur der österreichischen Aufklärung, erklärte in einem Brief, es wisse doch jedermann, dass sich der Franzose mit ungebührlicher Verächtlichkeit über die Traditionen, den Geist, die Gesellschaft, den Geschmack und alles andere auslasse, was unter deutscher Sonne erblühe: Die französischen Adjektive »tudesque«, »germanique« und »allemand« seien allesamt Synonyme für »grobschlächtig«, »schwerfällig« und »unkultiviert«.

Wahr *ist*, dass die meisten gebildeten Deutschen am Ende des 17. und Anfang des 18. Jahrhunderts die literarische und künstlerische Kultur Frankreichs ihrer eigenen überlegen fanden oder dass England um seine politischen Freiheiten und seinen Parlamentarismus beneidet wurde. Doch das war, bevor die von den Pietisten initiierten und von den Landesregenten eingeführten Neuerungen zu greifen begannen und die Universitäten radikalen Umstrukturierungen unterzogen wurden. Außerdem erlebte Europa zur selben Zeit eine Reihe von wirtschaftlichen, politischen, sozialen und geistigen Umbrüchen, die sich unverhältnismäßig viel stärker auf die deutschen als auf die anderen europäischen Länder auswirkten und schließlich dazu beitrugen, dass die deutschsprachige Kultur noch vor Ende des 18. Jahrhunderts mit den Errungenschaften der französischen und britischen Kulturen gleichgezogen und diese in einigen Bereichen sogar überflügelt hatte.[54]

Zuerst kam die Leserevolution. Sie war nicht zuletzt der schrittweisen Aufhebung – oder zumindest Entschärfung – der Zensur zu verdanken, die angesichts der vielen autonomen deutschen Einzelstaaten allerdings ohnedies schwieriger durchzusetzen gewesen war. Dafür gibt es anekdotische wie statistische Nachweise. In einem Artikel aus dem Jahr 1791 hieß es: »In keinem Land ist die Leseliebhaberei ausgebreiteter als in Deutschland, und nie war sie es mehr als in der gegenwärtigen Periode [...]. Man findet jetzt die Werke guter und schlechter Schriftsteller in den Cabineten der Fürsten, und hinter dem Wertstule, und um nicht roh zu erscheinen, dekorieren die Vornehmen der Nation ihre Zimmer mit Büchern statt der Tapeten.«[55]

Der amerikanische Historiker Robert Darnton wies nach, dass die Publikation von Büchern nach dem Dreißigjährigen Krieg zwar drastisch zurückgegangen war, der Leipziger Messekatalog im Jahr 1764 jedoch wieder den Vorkriegsstand von rund zwölfhundert Neuerscheinungen jährlich erreicht hatte. Im Jahr 1770 (in dem Hegel und Hölderlin geboren wurden) waren achtzehnhundert Titel, im Jahr 1800 fünftausend Titel im Katalog verzeichnet. Die steigende »Leselust« wurde aber noch von einem anderen Phänomen des 18. Jahrhunderts angeregt: Erstmals gab es Leihbibliotheken, welche die Zeit, die dem Leser für die Lektüre eines Buches zur Verfügung stand, beschränkten. Im Jahr 1800 fanden sich neun Leihbibliotheken in Leipzig, zehn in Bremen und achtzehn in Frankfurt am Main. Jürgen Habermas zufolge existierten Ende des 18. Jahrhunderts zweihundertsiebzig Lesezirkel in Deutschland, was so mancher Zeitgenosse auf eine regelrechte »Lesesucht« zurückführte.[56] Nirgendwo, ausgenommen in Neuengland, war Anfang des 19. Jahrhunderts eine Alphabetisierungsrate wie in Preußen und Sachsen zu verzeichnen.[57]

Ein anderer Faktor war die zunehmende Verwendung der Umgangssprache in schriftlichen Texten. »Im 18. Jahrhundert wurde die Übermacht des Lateinischen im Hinblick auf das gedruckte Wort endgültig gebrochen.« Der Anteil von lateinischen Titeln fiel in Deutschland von 71 Prozent im Jahr 1600 auf 38 Prozent im Jahr 1700 und auf 4 Prozent im Jahr 1800. In Frankreich wurde im 18. Jahrhundert sogar Pornografie in lateinischer Sprache publiziert.[58] Parallel dazu war auch ein deutlicher Wandel des Geschmacks deutschsprachiger Leser festzustellen: Der Anteil an theologischen Titeln fiel von 46 Prozent im Jahr 1625 auf 6 Prozent im Jahr 1800, während die Anteile von philosophischen Titeln von 19 auf 40 Prozent und von schöngeistiger Literatur von 5 auf 27 Prozent stiegen. Hinzu kam, dass Deutschland durch die kulturelle Dezentralisierung (aufgrund der vielen politischen Einzelgebilde) zum »Land der Zeitschriften par excellence« wurde. Während die Anzahl der Gazetten und Zeitschriften in Frankreich von 15 im Jahr 1745 auf 82 im Jahr 1785 stieg, lagen die entsprechenden Zahlen in Deutschland bei 260 respektive 1225 (Zeitschriften in Frankreich hatten natürlich oft höhere Auflagen als in Deutschland, dafür wurden die deutschen früher als fast alle anderen mit Holzschnitten illustriert). »Sogar in Österreich musste der Polizeichef 1806 eingestehen, dass Zeitungen ›eine echte Notwendigkeit‹ für die Gebildeten geworden waren, und nahm damit Hegels berühmte Bemerkung voraus, dass die Zeitungslektüre das Morgengebet des modernen Menschen darstelle.«[59] Die Leserevolution brachte also nicht nur eine kritischere Einstellung zu den Dingen, sondern auch immer mehr Zeitschriften mit sich.

Doch Deutschland emanzipierte sich nicht nur von der lateinischen Sprache, es begann auch seine eigene weiterzuentwickeln. Nie war der Ruf der deutschen Sprache schlechter gewesen als um 1700. Im Jahr 1697, am Höhepunkt des Einflusses des französischen Sonnenkönigs, schrieb Gottfried Wilhelm Leibniz (1646–1716) entgegen seiner bisherigen Praxis, wissenschaftliche und philosophische Schriften in lateinischer oder französischer Sprache zu verfassen, erstmals ein deutschsprachiges Pamphlet: *Ermahnung an die Teutsche, ihren verstand und sprache beßer zu üben*.[60] Damit hatte der Philosoph ein ernst zu nehmendes Beispiel gesetzt, an dem sich nun auch diverse neue Zeitschriften orientierten, darunter insbesondere die Wochenschrift *Die Discourse der Mahlern*, die um 1720 in Zürich von Johann Jakob Bodmer und Johann Jakob Breitinger (unter der Mitwirkung eines inspirierten Freundeskreises) herausgegeben wurde und sich vorrangig mit der deutschen Sprache befasste.[61] Nachdem sie ein paar Fehlstarts hingelegt hatten, wollten Bodmer und Breitinger aller Welt beweisen, dass Deutsch eine weniger schwerfällige, intimere, pläsierlichere Sprache sein konnte und nicht immer nur wie eine Predigt klingen musste. Allerdings annoncierten sie (und das war eine wichtige Beobachtung), dass dieses Deutsch wohl mehr Anklang bei Frauen finden würde.

Auf solchen Innovationen bauten andere auf. In Halle ging Christian Thomasius als erster deutscher Professor dazu über, Vorlesungen in deutscher statt lateinischer Sprache zu halten.[62] Johann Christoph Gottsched, der in der Nähe von Königsberg geboren und später nach Leipzig geflohen war, um dort zuerst als außerordentlicher Professor Poetik und dann als ordentlicher Professor Logik und Metaphysik zu lehren, gründete eine

»Deutsche Gesellschaft«, »die sich sprachlicher Integrität verschrieb. Demnach sei es die Aufgabe dieser Vereinigung, die Reinheit und Korrektheit der Sprache zu fördern [...], daß allein Hochdeutsch geschrieben werde, weder Schlesisch noch Sächsisch, weder Fränkisch noch Niedersächsisch; dadurch werde jenes Hochdeutsch eines Tages für ganz Deutschland verbindlich.«[63] Prompt wurden in anderen deutschen Städten ebenfalls »Deutsche Gesellschaften« nach diesem Vorbild ins Leben gerufen. Auch zur Entwicklung des deutschen Romans und Dramas ermunterte Gottsched nach Kräften. 1751 publizierte Christian Fürchtegott Gellert sein populäres Traktat *Briefe, nebst einer praktischen Abhandlung von dem guten Geschmacke in Briefen*, mit dem er junge Menschen und vor allem Frauen ermuntern wollte, einen natürlichen Schreibstil zu entwickeln und nicht dem verbreiteten Irrtum zu unterliegen, dass das Deutsche nicht geschmeidig und flexibel genug sei, um kultivierte Themen zu behandeln und zärtliche Gefühle auszudrücken. Kurz darauf erschienen die ersten Briefromane in deutscher Sprache.

Einen letzten Effekt schließlich übte die Leserevolution auf das Selbstbewusstsein des Lesers aus. Wenn aus Druckerzeugnissen Allerweltsprodukte werden, schreibt der amerikanische Politikwissenschaftler Benedict Anderson, dann drängt sich das Gefühl von Gleichzeitigkeit geradezu auf: Menschen aus allen Schichten begannen bei ihrer Lektüre zu realisieren, dass es Menschen gab, die die gleichen Erfahrungen machten wie sie und zur selben Zeit den gleichen Gedanken nachhingen. Man war nun an dem Punkt angelangt, »wo Gemeinschaften des ›horizontal-säkularen und historischen‹ Typs« möglich, die öffentliche Behörde konsolidiert und die Obrigkeit entpersonalisiert wurden.[64] Diese Entwicklung war einschneidender, als es auf den ersten Blick aussehen mag, denn, so Anderson weiter, die Tatsache, dass für Druckerzeugnisse nun die Landessprache verwendet wurde, war auch die Grundlage für die Entwicklung eines nationalistischen Bewusstseins. Anderson schlussfolgert: »Vor dem Hintergrund der unausweichlichen Vielfalt menschlicher Sprachen machte die Verbindung von Kapitalismus und Buchdruck eine neue Form von vorgestellter Gemeinschaft möglich, deren Grundzüge bereits die Bühne für den Auftritt der modernen Nation vorbereiteten.«[65] Goethe sagte einmal über seinen *Götz von Berlichingen mit der eisernen Hand* (ein Stück über die Freiheit, den Aufstieg und Fall eines Reichsritters), es gehe darin um »Deutschheit emergiert«. Im 19. Jahrhundert führte das alles schließlich dazu, dass Deutschland zum »Land der Schulen« wurde, wie Thomas Nipperdey schreibt.[66]

Romane, Zeitungen, Zeitschriften und private Korrespondenz, die sich im 18. Jahrhundert allesamt solcher Beliebtheit erfreuten, hatte es in der einen oder anderen Form natürlich auch zuvor schon gegeben. Vollständig neu war jedoch ein kulturell-geistiges Medium, das ebenfalls in dieser Zeit auftauchte: das öffentliche Konzert. Es »eroberte die Gesellschaft in einem so rasanten Tempo, dass es bis 1800 schon ›die Hauptstätte der Musik als solcher‹ – *per se* – geworden war«.[67] Und da Konzerte nun auch außerhalb fürstlicher und geistlicher Höfe stattfanden, waren die Komponisten von ihren einstigen Patronen befreit und konnten Musik nach eigenem Geschmack komponieren. »Das Resultat war die Eroberung der Musikwelt durch die Sinfonie, das Sinfoniekonzert und den Konzertsaal. Dieser anscheinend natürliche Fortschritt hat viele Historiker dazu veranlasst, den Aufstieg des Konzerts als das kulturelle Gegenstück zur Französischen Revolution darzustellen. ›Die Sozialgeschichte des 18. Jahrhunderts besteht im Wesentlichen darin, dass das aufstrebende Bürgertum diese Schranken und Begrenzungen einreißt, sich Zugang zu den bisher nur den feudalen Kreisen vorbehaltenen Kulturgütern schafft‹ [...].«[68] Parallel zu diesem Umbruch wurde der Verkauf von Instrumenten und Partituren angekurbelt, ergaben sich ganz neue Möglichkeiten für Musikpädagogen und entstand ein dynamischer Aufschwung, von dem vor allem Deutschland profitieren sollte.

Die Gepflogenheit, öffentlich zu musizieren, kam im ersten Viertel des 18. Jahrhunderts auf, als sich Musiker erstmals zu diesem Zweck in Gaststätten zusammenfanden. Aus solchen Zusammenkünften entwickelte sich das formellere Konzert. Laut Blanning geschah das vor allem in Frankfurt am Main, Hamburg, Lübeck und Leipzig, und eben weil dies alles Handelsstädte waren, lässt sich der Aufstieg des Konzerts auch deutlich mit dem des Bildungsbürgertums verknüpfen. In den achtziger Jahren des 17. Jahrhunderts gab es so viele Konzertveranstaltungen wie nie zuvor.

Das alles betraf natürlich nur den Musik*konsum*. Musikalische *Innovationen*, also die Weiterentwicklung von instrumenteller und insbesondere sinfonischer Musik, konzentrierten sich auf Mannheim, Eisenstadt, Salzburg, Berlin und Wien, das heißt auf *Residenz*städte, deren Bewohner meist ebenfalls adlige Staatsbeamten waren und in denen die Bourgeoisie eine viel geringere Rolle spielte. Tim Blanning zufolge machte das hohe musikalische Bildungsniveau der Wiener Aristokratie diese besonders empfänglich für musikalische Innovationen, was erklärt, weshalb Haydn, Mozart und Beethoven ihre jeweilige Musik dort so schnell weiterentwickeln konnten. Allein zwischen dem 26. Februar und dem 3. April 1784 gab Mozart zweiundzwanzig »Academien« (Benefizkonzerte) in Wien.[69] Und die Tatsache, dass diese neue Musik in solcher Häufigkeit gespielt wurde, trug dann ihrerseits zur Evolution von immer neuen musikalischen Formen bei.

Um die Wende zum 19. Jahrhundert galt die Sinfonie als ein spezifisch deutsches Musikgenre. Kant verwarf in seiner *Kritik der Urteilskraft* reine Instrumentalmusik bekanntlich mit den Worten, sie sei »freilich mehr Genuß als Kultur«, letztlich nur eine Art von Untermalung also. Doch wie im sechsten Kapitel des vorliegenden Buches zur Sprache kommen wird, brachte der Aufstieg der Sinfonie auch eine neue Art des Zuhörens mit sich, da man der Instrumentalmusik besondere philosophische Tiefe zuschrieb. Ein letzter Faktor schließlich war die musikalisch begleitete Darbietung von sakralen Texten in der Umgangssprache, eine Praxis, die sich aus Italien ins katholische Österreich ausgebreitet hatte und im protestantischen Deutschland dann an die lutherische Tradition der Vertonung von biblischen Geschichten angepasst wurde (wie insbesondere in Händels Oratorien). Das Wesentliche bei diesem Genre war, dass öffentliches Musizieren nun zu etwas *Ehrenwertem* wurde. »Das Oratorium und dessen Aufführung waren erbaulich, eigneten sich hervorragend dazu, Spenden für wohltätige Zwecke zu sammeln, und waren daher auch dazu geeignet, das frühere Vorurteil, die Assoziation vom Musikgenuss in der Öffentlichkeit mit ›Musikhallen‹ im Pub oder Tanzsälen, zu überwinden [...]. Hier erkennen wir den Beginn eines Phänomens mit einer weitreichenden, berühmt-berüchtigten Zukunft: die Heiligsprechung der Kunst.«[70]

Während sich also die hochdeutsche Sprache entwickelte, die Lektüre von Büchern immer selbstverständlicher wurde und der allgemeine Bildungsstandard stieg, trug auch die Musik das Ihrige bei, um das Bild vom kulturell rückständigen Deutschen zu revidieren. Niemandem konnte die Anhäufung von hervorragenden deutschen Komponisten entgehen: Johann Pachelbel (1653–1706), Georg Philipp Telemann (1681–1767), Johann Sebastian Bach (1685–1750), Georg Friedrich Händel (1685–1759), um nur einige zu nennen. Die Braunschweiger Zeitschrift *Der musikalische Patriot* polemisierte triumphierend: Müssten die Italiener, die einstigen Lehrer der Deutschen, das heutige Deutschland seiner geschätzten Komponisten wegen nicht beneiden und insgeheim versuchen, von diesen zu lernen? Müssten insbesondere die hochtrabenden und mächtigen Pariser, welche deutsches Talent einst als provinziell zu verhöhnen pflegten, nunmehr nicht selbst Unterricht bei Telemann in Hamburg nehmen?[71]

Der deutsche Moses

Noch ein anderer Faktor trug entscheidend zur Verwandlung Preußens in eine (politische und kulturelle) europäische Großmacht bei: der Sohn Friedrich Wilhelms I. – Friedrich der Große. Heute herrscht allgemein die Meinung, dass zwei Seelen in des Königs Brust wohnten. Einerseits war Friedrich ein monarchischer Autokrat, andererseits zeit seines Lebens ein Bewunderer von John Locke und somit zumindest theoretisch ein Verfechter der vom Liberalismus gepredigten kulturellen und politischen Freiheit. In Wahrheit spiegelte sich in diesen beiden königlichen Herzen jedoch nur die Art von politischer Kultur, die sich im 18. Jahrhundert zu entwickeln begonnen hatte. Im Vergleich zu den politischen Systemen, die zu dieser Zeit in anderen europäischen Ländern oder in Nordamerika existierten, war Friedrichs Verwaltung ausgesprochen konservativ. Vor allem kam in ihr die typisch deutsche Vorstellung zum Ausdruck, dass sich Freiheit und Gleichheit am besten in einem System erreichen ließen, in dem Ordnung herrschte. Und solche Ordnung könne nur durch eine etablierte Autorität, wie sie die Person des Königs verkörperte, aufrechterhalten werden.

Obwohl Friedrich nach europäischen Standards also ein Konservativer war, brachte er seinem Land doch große Veränderungen. Nach seiner Thronbesteigung im Jahr 1740, seinen vielen Erfolgen auf dem Schlachtfeld (die ihm möglich gewesen waren, weil es ihm gelang, die Stärke und Qualität der vom Vater geerbten Armee noch auszubauen) und den von ihm initiierten Reformmaßnahmen war Preußens große Verwandlung in den führenden deutschen Staat und eine europäische Großmacht abgeschlossen.[72]

Friedrichs Mutter Sophie Dorothea von Hannover, die Schwester des englischen Königs Georg II., hatte die patriarchalische Welt ihres pietistischen Ehemanns ganz und gar nicht goutiert und war höchst besorgt gewesen, dass ihre Kinder darin ersticken würden. Der Vater hatte Friedrichs Erziehung hugenottischen Soldaten anvertraut, die ihn in die Mathematik, die Ökonomie, das preußische Recht und die moderne Geschichte einführten, ihm aber auch alles über Befestigungsanlagen, Taktiken und andere Kriegskünste beibrachten. Derweil hatte die Mutter darauf bestanden, dass der Sohn eine eigene Bibliothek mit mehreren tausend Bänden erhielt. So kam es, dass Friedrich bereits in sehr jungen Jahren mit den führenden französischen, englischen und deutschen Schriftstellern (in mehr oder weniger dieser Reihenfolge) vertraut wurde.

Kaum hatte er den Thron bestiegen, reorganisierte Friedrich die Preußische Akademie unter dem Namen »Akademie der Wissenschaften und freien Künste« und betraute mit deren Präsidentschaft den französischen Mathematiker Pierre Louis Moreau de Maupertuis. Dieser hatte den Auftrag, die besten Köpfe nach Berlin zu locken, auf dass sich der König mit einem Kreis großer Geister umgeben könne. Das tägliche Regierungsgeschäft wurde von Schloss Charlottenburg am Rande Berlins aus geführt, während sich Friedrich in Sanssouci, seinem Sommerschloss in Potsdam, mit einer Tafelrunde kluger Köpfe traf. Hier vergnügte und stritt er sich mit so eminenten französischen Denkern wie Voltaire oder Jean le Rond d'Alembert, dem »Haupt der Enzyklopädisten«.[73] »Fünf Exemplare wurden von jedem Buch angeschafft, das er lesen wollte, da er gleiche Bibliotheken in Potsdam, Sanssouci, Charlottenburg, Berlin und Breslau besaß.«[74]

Aus unserer heutigen Sicht ist kaum nachzuvollziehen, dass der preußische König und seine Höflinge französisch parlierten (Voltaire schrieb, dass er nie ein deutsches Wort bei Hofe vernommen habe). Friedrich mied die »halbbarbarische« deutsche Sprache und fand, dass »ein Schriftsteller auch bei der schönsten Begabung außerstande« sei, »die rohe Sprache in vorzüglicher Weise zu handhaben«, wie er 1780 in seinem berüchtigten Pamphlet *Über die deutsche Literatur* schrieb. Jedenfalls wollte er deutsche Schriften nur dann lesen, wenn sie ins Französische übersetzt worden waren. Dabei sprechen wir hier von einem Mann, der selber Gedichte schrieb, daneben politische und militärische Traktate sowie philosophische Abhandlungen, und der mit Hunderten, wenn nicht Tausenden führenden Intellektuellen seiner Zeit korrespondierte (er hinterließ allein 645 Briefe an Voltaire aus 42 Jahren).[75]

Dennoch war Friedrich nie imstande gewesen, der zeitgenössischen Kultur etwas abzugewinnen. Von Mozarts Existenz wusste er nicht einmal, und Haydns Musik tat er als »ohrenbetäubenden Lärm« ab.[76] Gegenüber Voltaire klagte er 1775, ein Jahr nach der Veröffentlichung von Goethes *Leiden des jungen Werther*, die »deutsche Literatur [sei] nichts weiter als ein Brimborium aufgeblasener Phrasen«.[77] Neue literarische Formen, wie das bürgerliche Drama, verachtete er nicht weniger als alte deutsche Epen: Über das *Nibelungenlied* zum Beispiel fällte er das Urteil, »es sei keinen Schuss Pulver wert«.[78] Im Traktat *Über die deutsche Literatur* beklagte er, dass es Deutschland nach den Verwüstungen durch den Dreißigjährigen Krieg zwar materiell wieder gut gehe, die Kultur aber noch immer darunter leide und noch immer zweieinhalb Jahrhunderte hinter der französischen herhinke. Was jetzt nottue, seien Genies. Doch bis wieder einheimisches Talent auftauche, müssten sich die Deutschen eben mit »guten [französischen] Übersetzungen der Alten« und mit französischen Autoren begnügen: »Mir geht es wie Moses, ich sehe von fern das Gelobte Land, aber ich werde es nicht mehr betreten.«

Ungeachtet dieses königlichen Pessimismus waren jedoch viele deutsche Künstler und Intellektuelle überzeugt, dass Friedrich der deutschen Kultur mit seinem Ringen um einen Großmachstatus Preußens einen entscheidenden Anstoß gegeben habe. Goethe zum Beispiel hielt den starken Einfluss, den die französische Kultur dank des persönlichen Geschmacks des Königs auf Preußen ausübte, für höchst zuträglich, weil er die Deutschen zu Reaktionen anspornte. Dem pflichteten viele bei.

Hinzu kam, dass Friedrich wie kein anderer Monarch vor oder nach ihm im öffentlichen Raum präsent war. Goethe schrieb in *Dichtung und Wahrheit*: »Der erste wahre und höhere eigentliche Lebensgehalt kam durch Friedrich den Großen und die Taten des Siebenjährigen Krieges in die deutsche Poesie.« Damit war gemeint, dass der König Preußen dadurch einen kulturellen Vorteil gesichert habe.[79] Friedrich forderte aber auch andere dazu auf, mit kritischem Blick die öffentliche Bühne zu betreten. So wies er beispielsweise die Akademie an, jährliche Preise für die besten Abhandlungen auszuschreiben, darunter zu so ambitionierten Themen wie die »Ursachen des gesunknen Geschmacks bei den verschiednen Völkern, da er geblühet« (den Preis gewann Johann Gottfried Herder); andere vorgegebene Themen waren die Zweckdienlichkeit der Lüge oder die Frage, warum Französisch zur Universalsprache Europas geworden war und ob es dieses Supremat überhaupt verdiente.

Den paradoxen Errungenschaften der literarisch-geistigen Welt standen die Leistungen im militärisch-politischen Bereich in nichts nach. Dank der vielen Siege Friedrichs wurde Preußen zu einer wichtigen europäischen Macht, und diesen Status sollte es sich bis zum Ersten Weltkrieg bewahren (ausgenommen die Jahre 1806 bis 1813, wenn wir denn pingelig sein wollen). Den Siegen auf dem Schlachtfeld folgten andere staatliche Initiativen, darunter für die Einrichtung eines Amtes, das sich der strategischen Wirtschaftsentwicklung widmen sollte; für mehr Pressefreiheit; für die Verhinderung von Kapitalverbrechen und für die Kodifizierung des bürgerlichen Gesetzes.[80] Außerdem bestand der König auf der Einführung der Schulpflicht und setzte sich für (relative) religiöse Toleranz ein. Jedenfalls entwickelten sich das neue Bürgertum und die bürgerliche Gesellschaft bis zum Ende von Friedrichs Herrschaft so weit, dass deutsche Intellektuelle die Revolutionen in Amerika und Frankreich schlicht und ergreifend als die Versuche von Nachzüglern betrachteten, zu Preußen aufzuschließen.

Die sechsundvierzig Jahre während Herrschaft Friedrichs des Großen bescherte Preußen ohne Zweifel den Aufstieg zur Macht. Und auf kulturell-geistiger Ebene erlebte es zwischen 1750, dem Jahr, in dem Bach starb, und 1786, dem Jahr, in dem Friedrich starb, ganz zweifellos Umbrüche, die ihm eine eigene Renaissance bescherten, welche es mit der italienischen Renaissance im 14. bis 16. Jahrhundert aufnehmen konnte.

2

Bildung und der natürliche Drang nach Vollkommenheit

Während in Preußen die geschilderten Entwicklungen stattfanden – die christliche Umorientierung durch den Pietismus, die Veränderungen an den Universitäten, im öffentlichen Raum, beim Selbstbild der Bürger und dem Ansehen ihres Staates als einer politischen Macht –, erlebte auch das übrige Europa (und Nordamerika) eine Reihe von kaum weniger einschneidenden Wandlungen, darunter den vielleicht bedeutendsten Umbruch im Denken seit der Entstehung des Christentums: den Advent des religiösen Zweifels.[1]

Die Zeitspanne von 1687, als Isaac Newton mit seinen Erkenntnissen in den *Principia Mathematica* die früheren Beobachtungen von Nikolaus Kopernikus, Johannes Kepler und Galileo Galilei bestätigt und systematisiert hatte, bis 1859, als Charles Darwin die *Entstehung der Arten* veröffentlichte, war eine einzigartige Periode in der Geschichte des abendländischen Denkens, auch wenn sie nicht immer als solche gesehen wird. In dieser Zeitspanne wurde der allein vom Glauben diktierte Sinn des Lebens (die Erlösung im Jenseits) in Frage gestellt, *ohne bereits ein anderes Modell zu haben*, da Darwins biologischer Evolutionsentwurf noch nicht als Ersatz zur Verfügung stand. Vieles, was das Goldene Zeitalter der Deutschen prägen und mehr grundlegende Folgen für Deutschland als für jedes andere Land haben sollte, wurde in der Periode zwischen diesen beiden Kerndaten angelegt. Es war eine wahrhaft einzigartige Übergangsphase, die das deutsche Geistesleben entscheidend beeinflusste, vor allem dank der Entwicklungen des Historismus und der Fortschritte in der Biologie.

Schon Ende des 17. Jahrhunderts, also rund fünfzig Jahre vor unserem Ausgangspunkt, hatte es Europa nicht an Denkern gemangelt, die den christlichen Glauben für zutiefst diskreditiert hielten. Protestanten und Katholiken hatten sich zu Hunderttausenden, zu Millionen gegenseitig umgebracht, nur weil jede Seite Ansichten vertrat, welche niemand entkräftigen oder bestätigen konnte. Die Beobachtungen von Kepler und Galilei hatten den menschlichen Blick in den Himmel verändert, und die

Flut an Entdeckungen in der Neuen Welt hatte das Interesse an den vielfältigen Sitten und Glaubensweisen auf der anderen Seite des Atlantiks geweckt. Vielen schien nun offensichtlich, dass Gott die Vielfalt der Einförmigkeit vorzog und weder das Christentum als solches noch solche christlichen Vorstellungen wie die Seele oder der christliche Fokus auf das Jenseits von so unbedingter Wahrheit sein konnten, wenn es doch so viele Menschen gab, die ganz augenscheinlich ohne diesen Glauben und ohne diese Ideen zurechtkamen. Im 16. und 17. Jahrhundert, als der Buchdruck erwachsen geworden war und landessprachliche Übersetzungen die Bibel auch dem Laientum zugänglich machten, entdeckte man außerdem, dass es viele christliche Traditionen gab, die mit keinem Wort in der Heiligen Schrift erwähnt wurden. Und nachdem sich auch noch erwiesen hatte, dass das »Alte Testament« nicht in hebräischer, sondern in aramäischer Sprache verfasst worden war und Moses daher nicht von »Gott eingegeben« worden sein konnte (da das Hebräische als die erste Sprache, weil die des auserwählten Volkes, galt), wurde die Bibel erstmals selbst einer systematisch-kritischen Prüfung unterzogen.

Je mehr Menschen den Glauben an die Bibel verloren, desto mehr zweifelten auch an der biblischen Darstellung des Schöpfungsalters. Die neue Wissenschaft der Geologie legte nahe, dass die Erde sehr viel älter sein musste als die rund sechstausend Jahre, die sich aus dem »Alten Testament« ergaben. Auch als Robert Hooke von der Londoner *Royal Society* feststellte, dass es Fossilien (die mittlerweile als solche erkannt worden waren) von Tierarten gab, die gar nicht mehr existierten, implizierte das ein wesentlich älteres Schöpfungsalter als von der Bibel vorgegeben – denn diese Arten mussten nicht nur lange vor den Aufzeichnungen der Heiligen Schrift gelebt haben, sondern bereits lange davor ausgestorben gewesen sein. Solche Erkenntnisse mussten sich zwangsweise auf den Glauben an die biblische Schöpfungsgeschichte auswirken.

Die Folge war die Entwicklung eines Weltbilds, das sogar den Zweifel selbst (beziehungsweise besser: den Grund für Zweifel) verwandelte. Faktisch durchlebte er vier Stadien: den rationalistischen Supranaturalismus, den Deismus, den Skeptizismus und schließlich den ausgewachsenen Atheismus.

Der Deismus war das wichtigste Stadium. Entstanden war er in England, von wo er sich auf den europäischen Kontinent und nach Amerika ausbreitete. Das Wort »Deist« war vom »Reformator von Lausanne«, Pierre Viret (1511–1571), geprägt worden, welcher damit einen Christen meinte, der an Gott, nicht aber an Jesus Christus glaubte. Die anthropologischen Entdeckungen auf dem amerikanischen oder dem afrikanischen Kontinent und in anderen Regionen hatten bewiesen, dass alle Völker irgendeiner religiösen Vorstellung anhingen, aber kein einziges von ihnen jemals etwas von Jesus gehört hatte. Auch von den neuen Erkenntnissen der Physik wurde der Deismus beeinflusst, denn diese Entdeckungen führten allesamt zu dem Schluss, dass Gott nicht der willkürliche Gott des frühen Judentums sein konnte, sondern der Schöpfer der Naturgesetze sein musste, die Kopernikus, Galilei, Newton und all die anderen Naturforscher erkannt hatten. Tatsächlich bewirkten die Deisten eine so entscheidende Transformation des Gottesbegriffs, dass man dies wohl als den größten Bewusstseinswandel seit der Entwicklung des ethischen Monotheismus im 6. Jahrhundert v. d. Z. bezeichnen muss: Der Herr verlor seine »göttliche Willkür« und wurde zu einem gesetzgebenden, rechtliebenden Gott.

Atheisten, darunter vorwiegend Franzosen, waren die Verfechter des mechanischen Weltbilds (als die geistigen Erben von Newton waren sie von der Vorstellung des mechanischen Universums inspiriert). Voltaire war nur einer von vielen, die glaubten, dass das Universum, wie von der Naturlehre bewiesen, von denselben »Naturgesetzen« beherrscht werde wie jeder Mensch und ergo auch jeder Staat. Deshalb müsse jede menschliche Gemeinschaft, ob als Monarchie oder in anderer Form, diesen Gesetzen gemäß regiert werden. Voltaire war zu der Überzeugung gelangt, dass bei entsprechendem Einsatz der Denker eines Tages alle religiösen Ideen durch wissenschaftliche ersetzt würden und der Mensch sein Leben nicht mehr in ständiger Buße für die Erbsünde verbringen müsse, sondern vielmehr daran arbeiten könne, sein *irdisches* Dasein zu vervollkommnen und die Institutionen seines Staates, der Kirche und der Bildung zu reformieren. Arbeit und konkrete Planung ersetzten die asketische Resignation.

Diese auf den damals jüngsten naturphilosophischen Erkenntnissen beruhende Umorientierung und die Tatsache, dass immer mehr Menschen in der Lage waren, solche Erkenntnisse nachzu*lesen*, setzten mit einem Mal eine optimistische Fortschrittsidee in den Köpfen fest. Auch das war nicht nur eine Ursache *für den*, sondern auch eine Wirkung *von dem* religiösen Glaubenswandel. Bis zum Auftauchen solcher Denker wie Michel de Montaigne oder Voltaire hatte das Leben eines Christen einer Art geistiger Vorhölle geglichen: Er versuchte ein aufrechtes irdisches Leben zu führen, so wie es ihm von der Kirche vorgegeben wurde, glaubte ebenso inbrünstig an die Vollkommenheit der Schöpfung wie an den anschließenden Sündenfall, mit der Folge eines stetigen Abstiegs der Menschheit, und erwartete seine Erlösung erst im »Himmelreich«.

Genau darauf hatte natürlich der Pietismus reagiert, doch das war eine *religiöse* Reaktion gewesen, welche die Betonung auf den (moralisch-ethischen) Lohn legte, der die Gläubigen im *Diesseits* erwartete. Im weiteren Verlauf des Jahrhunderts begann jedoch eine ganz andere Reaktion zu reifen, nämlich die Idee, dass die menschliche Natur ebenso einfachen und verständlichen allgemeinen Gesetzen unterliegen müsse, wenn denn das ganze Universum von – relativ – einfachen Naturgesetzen regiert wurde (einfach, da sie ja immerhin von Sterblichen wie René Descartes, Isaac Newton, Gottfried Leibniz, Antoine Lavoisier oder Carl von Linné verstanden werden konnten). Mit dieser Vorstellung ging ein weiterer grundlegender Denkwandel einher, nämlich die neue Bewertung der Seele als »Geist«, wobei der Geist zunehmend als etwas verstanden wurde, das mit Bewusstsein und Sprache zu tun hatte und folglich in einem Zusammenhang mit dem natürlichen Diesseits zu sehen war, im Gegensatz zur unsterblichen Seele und ihrer herausragenden Rolle im Jenseits. Mit anderen Worten: Es wurde Theologie durch Biologie ersetzt (ein Begriff, der jedoch erst 1802 eingeführt wurde). Dass diese »Biologifizierung« der Natur – wenn so ein hässlicher Neologismus gestattet ist – vorrangig in Deutschland stattfand, wird noch zu besprechen sein.

Der Hauptverantwortliche für diesen Denkansatz war der Engländer John Locke (1632–1704), denn er hatte in seinem *Versuch über den menschlichen Verstand* (1671 konzipiert, 1690 veröffentlicht) erstmals den Begriff »Geist« anstelle von »Seele« benutzt und als Erster die Erfahrung und Beobachtung anstelle von irgendwelchen »innewohnenden« oder religiösen (offenbarenden) Ursachen als die Quellen von Ideen angeführt; und er hatte festgestellt, dass der innere Antrieb des Menschen seinem – natürlichen – Drang nach geistesbildenden Erfahrungen folge und nicht von irgendeiner transzendenten Kraft bezogen werde, die irgendwie auf die Seele einwirke. Eine beunruhigende Konsequenz solcher Aussagen war, dass sich Gott und Moralität immer ferner wurden. Moralität, sagt Locke, muss dem Menschen beigebracht werden und ist nichts Angeborenes. Aber seine gewiss wichtigste Aussage lautete, dass das Selbstbewusstsein, das »Ich«, nicht irgendeine mit der Seele verbundene mystische Entität sei, sondern vielmehr von der Erfahrung geprägt werde, die durch das Zusammenspiel von äußeren und inneren Wahrnehmungen und Leidenschaften entsteht. Das war ein Schlüsselelement für die Geburt der Psychologie, auch wenn der Begriff damals noch kaum verwendet wurde.

Hand in Hand mit dem Aufstieg der Psychologie (in Lockes Sinne) und der (sukzessiven) Ablösung des Begriffs »Seele« durch den des »Geistes« ging das genauere Studium des Gehirns. Der englische Arzt Thomas Willis hatte zahllose Hirne seziert und dabei herausgefunden, dass das Ventrikelsystem (die vom Gehirn umschlossenen vier Liquorräume) nicht mit Blut versorgt wurde und daher kaum der Sitz der Seele sein konnte, wie manche glaubten. Und Wahnsinn wurde mehr und mehr als eine »Gemütskrankheit« verstanden, die ein Körperorgan, wie in diesem Fall das Gehirn, befällt. Noch mehr Biologifizierung.

Vielleicht war es unvermeidlich, dass schließlich jemand kam, der diese neuen Denkweisen auf die Spitze trieb. 1747 publizierte der französische Arzt Julien Offray de La Mettrie sein Buch *L'homme machine (Der Mensch eine Maschine)*, in dem er feststellte, dass das Denken mit der »organisch aufgebauten Materie« so deutlich vergleichbar sei, »dass es ebenso gut eine Eigenschaft derselben zu sein scheint wie die Elektrizität«.[2] Damit verankerte er das Denken derart eindeutig im Determinismus, Materialismus und Atheismus, dass er selbst in Teufels Küche geriet. Trotzdem blieben seine Ansichten sehr einflussreich: dass »der Mensch den Tieren völlig gleicht«, dass die Natur des Menschen »in den Organen des Körpers« zu finden sei und dass die Vernunft nicht von irgendeiner »Immaterialität« abhänge. Auch La Mettrie gab dem Zweifel an der Existenz einer Seele also neue Nahrung. Materie, sagte er, sei etwas, das von natürlichen Kräften belebt und von ureigenen Kräften organisiert werde, und das lasse nun einmal keinen Raum für Gott.

La Mettries Buch war ebenso kontrovers wie extrem, deshalb wundert es nicht, dass es eine massive Gegenreaktion unter deutscher Federführung provozierte.

Der Aufstieg des Historismus

In den deutschen Ländern waren es zwei bedeutende Wissensgebiete, die sich nachhaltig auf das Geistesleben auswirkten: die Geschichtsforschung und die Biologie, wenngleich die Ästhetik und die Vorstellung vom Genius ebenfalls zum Gesamtbild beitrugen.

Richard Gawthrop ist es zu verdanken, dass eine Reihe von pietistischen Schreibern und Schriften vor dem Vergessen gerettet und neu ins Blickfeld gerückt wurden; dem deutsch-amerikanischen Historiker Peter Hanns Reill ist es zu verdanken, dass deutsche Historiker aus dem 17. und frühen 18. Jahrhundert wieder ins Blickfeld rückten. Seine Studie verdeutlicht, dass die deutsche Aufklärung schon zum Zeitpunkt des Todes von Bach, mit Sicherheit aber im Todesjahr Friedrichs des Großen so manche Errungenschaft für sich verbuchen konnte.

Die Aufklärung, schreibt Reill, erreichte Deutschland später als Frankreich, England und Schottland, deshalb seien die deutschen Aufklärer auch zu Anleihen bei ihren Nachbarn in der Lage gewesen. Sie lehnten sich zum Beispiel an Voltaire und Hume an, jedoch immer nur selektiv, immer nur, um Fragen anzusprechen, die für das deutsche Geistesleben von besonderem Interesse und ihrerseits größtenteils von der Leibniz'schen Philosophie beeinflusst waren.[3] Leibniz zufolge zeichnen sich sowohl die physikalische als auch die geistige Welt durch stete *Verwandlung* aus. Im 21. Jahrhundert klingt das wie eine Binsenwahrheit, damals aber gewiss nicht: Die christliche Weltanschauung unterstellt keine absolut statische Lage der Dinge, so wie im Weltbild der Griechen, sondern eine Art Schwebezustand der Natur, da ja alle Christen, sogar die Pietisten, Vollkommenheit erst im *Jenseits* erwarteten. Außerdem, und das ist ein Punkt, zu dem wir immer wieder zurückkehren werden, war die von Leibniz vorgestellte Wandlung teleologischer Art, das heißt, sie wurde als eine Entwicklung *hin zu einem bestimmten Ziel* verstanden; und dieses Ziel wohnte der Natur des sich jeweils wandelnden Seins bereits irgendwie inne.

Die entscheidenden Punkte waren, dass die Vorstellung eines »Wandels« per se im abendländischen und vor allem im deutschen Denken des späten 17. und frühen 18. Jahrhunderts bereits akzeptiert war, man aber erwartete, dass dieser Wandel eine *bestimmte Richtung* einschlagen würde, auch wenn niemand wusste, welche das war oder wohin sie führte, und dass die Versuche, etwas über diese Richtung zu erfahren, nun allesamt *außerhalb* des kirchlichen Einflussbereichs stattfanden.

Nachdem das Prinzip des Wandels erst einmal anerkannt war, veränderte sich auch der Geschichtsbegriff (und das Verständnis von Politik, aber dazu später mehr). Bis ungefähr Mitte des 18. Jahrhunderts hatten deutsche Historiker einen ähnlichen Standpunkt eingenommen wie der Aufklärungsphilosoph Alexander Gottlieb Baumgarten, nämlich dass der eigentliche Zweck von Geschichte darin bestehe, die menschliche Ohnmacht angesichts des göttlichen Willens zu bestätigen – mit anderen Worten: die Wahrhaftigkeit des Christentums zu beweisen.[4] Der zu dieser Zeit an der nürnbergischen Hochschule Altdorf lehrende Historiker Johann David Köhler verkündete 1726, dass die besten Chronologen das Datum des Weltenbeginns auf den 26. Oktober im Jahre 1657 vor der Sintflut, also 3947 Jahre vor Christi Geburt, ansetzten. Natürlich seien die alten Ägypter und Chaldäer ebenso wie die modernen Chinesen von einer Welt ausgegangen, die viele tausend Jahre älter war, doch die Heilige Schrift sei glaubwürdiger als irgendwelche heidnischen Legenden, die nur auf dem Ruhmesstreben der Alten beruhten.[5]

Um das Jahr 1760 machte sich jedoch ein deutliches Umdenken bemerkbar. Anstatt die Geschichtsforschung zur Bestätigung der christlichen Überlieferung heranzuziehen, versuchten die deutschen Neologisten nun zwischen Orthodoxie, Deismus und Pietismus hindurchzumanövrieren. Sie sprachen der christlichen Lehre zwar nicht ihre Bedeutung ab, akzeptierten sie aber nicht mehr als universell gültig und hielten es deshalb durchaus für möglich, sich von der christlichen Chronologie zu verabschieden, ohne gleich alle anderen christlichen Lehren hinzugeben. Das war ein Meilenstein für die Evolution des Zweifels.[6] Die Neologisten forderten nun, die Bibel als eine *Sammlung* von Schriften zu betrachten, die zu verschiedenen Zeiten und jeweils auf verschiedene Umstände reagierend geschrieben worden waren. Man könnte ihren Denkansatz als anthropologisch bezeichnen: Sie akzeptierten, dass in diesen Texten das Wort

Gottes vermittelt wurde, konzedierten aber, dass dies der menschlichen Vermittler bedurft habe, welche ihrerseits jeweils auf bestimmte Situationen reagiert hatten. Das eigentlich Bedeutende dieser Schriften, erklärte der protestantische Theologe Johann Salomo Semler, sei, dass sie allesamt ein Sittengesetz zum Ausdruck brachten, die Botschaft aber immer in der Mundart örtlicher Provenienz vermittelten. Reill kommentiert das mit den Worten, dass es ja auch höchst unangemessen gewesen wäre, »hätte Gott seine Botschaft in der Sprache Newtons vermittelt, zu einer Zeit, als diese noch völlig unverständlich war«. Aber ebenso anachronistisch wäre es für einen Denker im 18. Jahrhundert gewesen, einfach zu schlucken, dass das Universum in nur sechs Tagen erschaffen wurde, bloß weil das »die Möglichkeit eines primitiven Nomadenstammes war, die Erhabenheit Gottes zu begreifen und zum Ausdruck zu bringen«.[7]

Der Theologe und Orientalist Johann David Michaelis schloss sich dieser Sichtweise mit dem Argument an, dass die Art der alten Israeliten, ihr heiliges Wissen zu vermitteln, eine ganz andere als die von Europäern im 18. Jahrhundert gewesen sei. Chronologie sei für die Israeliten mosaischer Zeit ohne große Bedeutung gewesen; Moses habe seinem Volk eine selektive, nur jene Ereignisse umfassende Genealogie vermittelt, welche für das kollektive Gedächtnis dieses Volkes von Bedeutung war und die das Wort Gottes offenbarte. Alles andere war belanglos.[8] Und da die Bibel nunmehr als eine Sammlung von Schriften verstanden werde, die von mehreren Individuen zu unterschiedlichen Zeiten an verschiedenen Orten verfasst oder kompiliert wurden, sei es außerdem nur logisch, dass man Widersprüche in den Texten zu entdecken beginne. Mit einem kühnen Schachzug haben die Neologisten die Infragestellung der Bibel als etwas Produktives dargestellt, indem sie versicherten, dass die Widersprüche in den Texten nur eines belegten, nämlich die *Echtheit* der Heiligen Schrift.

Diese neue Sichtweise ermöglichte einfallsreichen Gelehrten nun eine Neudefinition der biblischen Chronologie. Der Historiker Johann Christoph Gatterer zum Beispiel bezog die biblischen Angaben zu den Menschenaltern auf den Zeitpunkt des Sündenfalls zurück und gliederte die Dauer biblischer Lebenszeiten in sechs chronologische Abschnitte, in denen sich das durchschnittliche Menschenalter sukzessiv verringerte – von 900 bis 969 Jahren (bis zur »Sündflut«) auf 600, dann auf 450 und auf 239 Jahre (dem Zeitpunkt der »Erbauung Babels«), auf 120 Jahre (mosaische Periode) und schließlich auf 70 bis 80 Jahre (seit der Zeit König Davids). Diese Verringerung der Lebenserwartung erklärte er mit einer hypothetischen Naturgeschichte: Es habe einige Zeit gedauert, bis die – von Gott vollkommen erschaffene – Natur nach der Erbsünde ihren derzeitigen Zustand der Unvollkommenheit erreichte. »Die Mäßigkeit und einfältige Lebensart, die Vortrefflichkeit der Früchte und ausnehmende Kraft und Güte der Kräuter und Pflanzen, die Stärke der Anlagen in den

Körpern der ersten Menschen, die vorzüglich gesunde Luft u. s. f. waren wohl zusammen genommen, aber nicht einzeln, im Stande, der menschlichen Natur eine Dauer von nicht viel weniger als 1000 Jahren zu verschaffen.« Deshalb sei die Erde vor der Sintflut von mehr Menschen bevölkert gewesen als zu jeder späteren Zeit.[9]

Auf diese Weise, schreibt Peter Hanns Reill, sei die Chronologie des christlichen Schöpfungsmythos »hermetisch abgeschottet« worden von der übrigen Geschichtsforschung. Somit konnten einerseits Christen ihren Glauben wahren, und andererseits konnte ein historisches Verständnis entwickelt werden, das sich von der biblischen Chronologie unterschied. Die Gelehrten haben zwar unterschiedliche Auffassungen vom tatsächlichen Verlauf der Geschichte seit biblischen Zeiten vertreten, doch die Vorstellung, dass seither eine Entwicklung, eine Evolution (wenn auch noch nicht im darwinischen Sinne) stattgefunden habe, die sorgfältiger historischer Forschung offenstand, *hatte* sich durchgesetzt. »Der Aufstieg des Historismus ist eine der großen geistigen Revolutionen der Neuzeit.«[10]

Eine andere geistige Revolution mit ebenso gravierenden Auswirkungen auf die Historiker war der Siegeszug des Naturgesetzes, der zum einen den astronomischen, physikalischen und mathematischen Erkenntnissen von Kopernikus, Kepler, Galilei und Newton, zum anderen den biologischen und anthropologischen Entdeckungen in der Neuen Welt, Afrika und anderen Regionen geschuldet war. Denn angesichts von beidem, den von Newton und seinen Kollegen erkannten Gesetzen wie der Tatsache, dass die »primitiven« Stämme in den neu entdeckten Erdregionen nichts vom Christentum wussten, aber dennoch an höhere Mächte glaubten und zivilgesellschaftlich geordnet lebten, kam allmählich die Idee auf, dass das menschliche Leben grundlegenden Gesetzmäßigkeiten – Naturgesetzen – unterliege, die ebenso unwiderlegbar seien wie die Schwerkraft, nur eben noch eines Newton bedürften, der sie erkannte. Das heißt, man begann das Naturgesetz als eine Kraft zu verstehen, »die die Dinge regelt«.[11]

Der Sinngehalt von Wörtern wie »Natur« und »natürlich« lag nicht immer schon klar auf der Hand. Die Weisen der Antike, die sich der Existenz von »primitiven Völkern« meist gar nicht bewusst gewesen waren, hatten unter dem »Naturzustand« das Leben in einer gesunden Zivilgesellschaft verstanden. Christen unterschieden von jeher zwischen dem Naturzustand (der seinerseits in den »paradiesischen« und den »gefallenen« unterteilt wurde) und dem Gnadenstand. Denker wie Thomas Hobbes oder Hugo Grotius versuchten die Idee von der Natur neu zu definieren, um eine neue Erklärung für den Ursprung aller Dinge zu ermöglichen. Vor allem Hobbes' Auseinandersetzungen mit dem Naturzustand *vor* der Zivilgesellschaft implizierten Verwandlung, Entwicklung und Evolution.[12]

Reill stellt in diesem Zusammenhang insbesondere drei deutsche Akademiker ins Rampenlicht. Alle lehrten in Göttingen, bauten auf Hobbes auf und befassten sich mit dem Naturgesetz, um die gesellschaftliche Evolution zu erklären. Der Theologe und Orientalist Johann David Michaelis (1717-1791) sprach von »Kolonien, die ihre Gesetzgeber gehabt haben: allein sie sind [...] in ihrem Anfang nur große Familien«.[13] Unter der Herrschaft von gewählten Richtern seien diese Kolonien noch so unschuldig gewesen, dass sie auf einfache »elterliche« Weise gelenkt werden konnten; ihre Erfahrungen hielten sie in heiligen Dichtungen fest. Der Historiker und Jurist Gottfried Achenwall (1719-1772) meinte, dass mit dem jeweiligen Ziel größtmöglichen Glücks Verträge zwischen kleineren Staaten geschlossen wurden, was dann zu immer größeren Staatsgebilden geführt habe, deren vertragliche Vereinbarungen – die »Staatsverfassung« – die jeweilige Form des Gemeinwesens bestimmten. Der Staatsrechtler Johann Stephan Pütter (1725-1807) sprach von wieder anderen Formen der gesellschaftlichen Organisation von Familie und Staat: von der »Gemeinde« (einer losen Gruppierung von Menschen) und vom »Volk« (einer Ansammlung von Familien und/oder Gemeinden). Beiden habe es jedoch an Souveränität gemangelt. Keine dieser Definitionen war zufriedenstellend, doch es *waren* erste entwicklungstheoretische Erklärungsansätze für die Bildung von zivilgesellschaftlichen Strukturen. Der Historiker und Staatsrechtler August Ludwig Schlözer (1735-1809) resümierte das neue Denken: Seit den Anfängen des Menschengeschlechts, deren Zeitpunkt wir nicht kennten und rational auch nicht nachvollziehen könnten, schälten sich sukzessive drei Grundmuster gesellschaftlicher Organisation heraus: die »häusliche«, die »bürgerliche« und die »Staatsgesellschaft«. Er hielt die Staatenbildung für den entscheidenden historischen Moment, der die Geschichte von der Vorgeschichte trennte. Auch diese Aufklärer schotteten sich also von der biblischen Schöpfungsgeschichte ab, denn indem sie davon ausgingen, dass die biblische Geschichte ausschließlich für Israeliten gedacht war oder auf diese anwendbar sei, konnten sie die These aufstellen, dass die Menschheit als solche dennoch den Grundregeln das Naturgesetzes unterliege.[14]

So kam es, dass die Geschichtsforschung allmählich eine neue Funktion übernahm: Sie sollte herausfinden, wie sich die Gesellschaft in der Vergangenheit entwickelt hatte, um so zu einem Verständnis von der kommenden Evolution gelangen zu können.[15]

Welches Wissen vermittelt die Kunst?

Wenn sich Gesellschaften im Lauf der Zeit entwickeln, welche Kraft oder Kräfte treiben sie dann zu dieser stetigen Veränderung an? Auf welcher Ebene wirkt das Naturgesetz? Die Aufklärer fühlten sich zu der Vorstellung hingezogen, dass Vollkommenheit nichts Statisches, der Natur der Dinge Innewohnendes sei, sondern vielmehr durch »die Kraft des Geistes« erreicht werde. Und den Geist (wie gesagt, selbst ein relativ neues Konzept) verstanden sie nicht mehr nur als den passiven Reflektor von Empfindungen, sondern als eine »naturgegebene schöpferische Kraft«. Ergo begannen sie auch das treibende Element der Geschichte mehr und mehr in den Aktivitäten des menschlichen Geistes zu sehen.[16]

Die »Wissenschaft« von der Beziehung zwischen Erfahrung und Schöpfung wurde »Ästhetik« genannt, ein Begriff, den Alexander Gottlieb Baumgarten im Jahr 1739 prägte. Das Bindeglied zwischen Ästhetik und Geschichte war nach Auffassung der Aufklärer, dass beide von der Möglichkeit eines Sprungs auf eine höhere Verstandesebene ausgingen. Vervollkommnung, der Genius und die Phänomenologie des Geistes waren die Hauptelemente der Ausformulierung einer neuen, umfassenderen historischen Entwicklungstheorie.[17]

Baumgarten war der »brillanteste Schüler« des Aufklärungsphilosophen Christian Wolff und forschte als Erster auf dem von ihm selbst definierten Gebiet. Welche Art von Wissen, fragte er, wird durch Kunst vermittelt? Auf der Suche nach einer Antwort kam er zu dem Schluss, dass die sinnliche Erkenntnis der Vervollkommnung ebenso offenstand wie die rationale Erkenntnis, glaubte aber nicht, dass sich der Weg zu solcher Vollkommenheit irgendwie vergleichen lasse mit der Art und Weise, wie Mathematik vervollkommnungsfähig ist. Ein Gemälde oder Gedicht sei die sinnliche Darstellung eines Bildes jener Vollkommenheit, welche im Schöpfungsakt erreicht werden könne – die Vollkommenheit eines Kunstwerks liege in dessen einzigartiger Möglichkeit, unterschiedliche Eindrücke und verschiedene sinnliche Wahrnehmungen zu einem einheitlichen Ganzen zu verschmelzen, um ein Bildnis höchster Reinheit hervorzuzaubern.[18] Der Schweizer Philologe Johann Jakob Bodmer (1698–1733) schloss sich Baumgarten mit der Feststellung an, dass Dichtung (und somit implizit auch andere Kunstgattungen) eine Form von Wahrheit darstelle, die der Naturphilosophie (das, was wir als Naturwissenschaften bezeichnen) gleichwertig, wenn nicht überlegen sei, und zwar umso mehr, als die Dichtung in einem noch engeren Zusammenhang mit Geschichte stehe. Das war eine wichtige Erkenntnis, weil sie nahelegte, dass sich das einzigartige, das charakteristische Wesen eines Volkes am ehesten in dessen dichterischen und mythischen Traditionen finden lasse.[19]

Bei Bodmer verwandelte sich der Künstler in eine prometheische Figur, in einen weisen Schöpfer, dessen Visionen seine Zeitgenossen zu neuen Denk- und Handlungsweisen zwingen. Der Künstler wurde zu einem Menschen, der seine eigene Zeit nicht nur verkörpert, sondern zugleich zu verändern und zu verbessern trachtet. Aber Bodmer führte auch ein teleologisches Element ein: Jeder geniale Schöpfungsakt führe zu einer Bewusstseinserweiterung, weise den Weg zum Verständnis einer besseren – vollkommeneren – Natur und ermögliche es somit, die Gegenwart zu transzendieren.[20] In der Tat, schreibt Reill, war die Leibniz'sche Vorstellung von Vervollkommnung in den sechziger Jahren des 18. Jahrhunderts zu einem zentralen Denkansatz der deutschen Ästhetik geworden. Moses Mendelssohn (1729–1786) zählte zu den großen Denkern, die sehr klare Vorstellungen zu diesem Thema hatten. 1755 übertrug er die Möglichkeit der Vervollkommnung auf das Kunstverständnis: »Das gesunde, das schmackhafte, das schöne, das nützliche, alle Ergötzungen laufen endlich auf den Begriff von einer Vollkommenheit hinaus...« Er unterschied zwischen der Vollkommenheit des »äußeren Menschen«, die er als mehr oder weniger abgeschlossen betrachtete, und der Vervollkommnung des menschlichen Wesens, die noch nicht erreicht worden sei. »Allein der innere Mensch ist unbebauet.« Deshalb müsse er stetig an seiner »Besserung arbeiten, unermüdet arbeiten«.[21] Mendelssohn, den man auch den »jüdischen Sokrates« nennt, sprach zudem von einer besonderen Kraft der Seele, die einzig und allein im Zusammenhang mit Schönheit zum Tragen komme. Diese Kraft ermögliche es dem Menschen, auf Schönheit zu reagieren und sie auf eine Weise zu »wissen« und zu erkennen, welche durch die Ratio niemals erreicht werden könne. So gesehen war es die Seele, die den Menschen zu einer höheren Kultur prädisponierte.

Für die Ästhetiker der Aufklärung war also jede künstlerische Schöpfung, und im weiteren Sinne somit auch jeder historische Schöpfungsprozess, das Ergebnis eines angeborenen Drangs nach Vollkommenheit, den der Deist und Philosoph Hermann Samuel Reimarus als »Leitvorstellung« bezeichnete: Die Vorstellung von der Möglichkeit einer Vervollkommnung verbinde alle individuellen Schöpfungen miteinander. Vollkommenheit wurde als der Zustand definiert, in dem innere wie äußere Harmonie erreicht waren, und genau als in solchem Zustand befindlich ließ sich ein Meisterwerk bezeichnen: Es hat die Harmonie zwischen Geist und Natur erreicht.

Die aufklärerische Vision vom schöpferischen Genius wurde noch weiterentwickelt. Während das Genie als der Zustand betrachtet wurde, in dem sich die Reiche des Individuellen und des Generellen vereint hatten, wurden dem Genie selbst immer öfter prophetische Eigenschaften zugeschrieben. Um das Jahr 1760 waren Aufklärer aus einer großen Bandbreite von Disziplinen mit dem Versuch befasst, das Wesen des Genies im Detail zu verstehen. Der Abt und Pädagoge Friedrich Gabriel Resewitz zum Beispiel behauptete in seinem 1760 veröffentlichten *Versuch über das Genie*, dass es sich durch eine »anschauende Erkenntnis« auszeichne, welche er als die Fähigkeit definierte, das Allgemeine wie das

Besondere zugleich erfassen zu können. Letztendlich sagte Resewitz damit, dass das Produkt eines Genies selbst eine Art von vollkommenem Wissen darstelle, womit er implizierte, dass der Genius eine »Kostprobe« göttlichen Wissens biete.[22]

Der Begriff »Genie« verästelte sich im Zuge seiner Entwicklung in mehrere Richtungen. Zum einen implizierte das neue Verständnis, dass sich historische Umbrüche immer aus geistigen Umbrüchen ergeben, zum anderen, dass ein Umbruch folglich niemals automatisch erwartet werden könne, da Genie ja bekanntlich etwas völlig Unvorhersehbares ist. Da nun aber letztendlich jedes Bild von Vollkommenheit per definitionem unvollständig bleiben musste (jedenfalls gewiss aus der Sicht frommer Christen), konnte zwar implizit eine Richtung vorgegeben werden, das Ziel selbst aber nur außer Reichweite bleiben. Kunst wie Geschichte gehörten dem grenzenlosen Reich künftiger (jenseitiger) Möglichkeiten an.[23]

Der Schweizer Geschichtsphilosoph Isaak Iselin bezeichnete die Menschheitsgeschichte in seinem Werk *Philosophische Muthmassungen über die Geschichte der Menschheit* (1764 anonym erschienen, 1768 in revidierter Form veröffentlicht) als den stetigen Kampf der menschlichen Seele gegen die Übermacht der Natur. Diese Vorstellung führte ihn zum Postulat von drei idealtypischen »menschlichen Vermögen«: als das desjenigen Menschen, welcher von seinen Sinnen beherrscht wird; das desjenigen, welcher von seiner Einbildungskraft beherrscht wird; und als das Vermögen desjenigen, welchen die Vernunft regiert. Daraus ergab sich für ihn eine dreigeteilte Periodisierung der Geschichte: der Zustand der Natur (Periode der Sinnlichkeit), der Zustand der Kultivierung (Periode der Einbildungskraft) und der Zustand der Reife oder Harmonie zwischen den drei »Vermögen« (Periode der Vernunft). Mit dieser Strukturierung trug Iselin auch zur deutschen Freiheitsidee bei (im Gegensatz zu beispielsweise der englischen oder amerikanischen), denn für ihn stand fest, dass Freiheit nur durch den Erwerb von Wissen erlangt werden könne. Es war die *innere* Freiheit, die ihn beschäftigte, nicht die äußere oder politische Freiheit.* Außerdem waren Iselin und andere Aufklärer überzeugt, dass jede Art von angestrebter Zukunft nur durch bewusstes Handeln erreichbar sei. Zukunft war nichts, das einfach geschah: Sie musste gestaltet, gefördert und geschmiedet werden. Und es waren primär die Genies, die sich als Boten des Fortschritts eigneten.[24] Damit waren zwei weitere Ideen in die Welt gesetzt, die mit Macht auf die deutsche Geistesgeschichte einwirken sollten.

---

* Während man im deutschen Sprachgebrauch keine unterschiedlichen Wörter für den Begriff »Freiheit« kennt, unterscheiden Angelsachsen zwischen »freedom« (politische Freiheit) und »liberty« (persönliche Freiheit).

Poesie versus Mathematik

Im Zentrum des historistischen Ansatzes steht die Überzeugung, dass zwischen den Phänomenen der Natur und den Phänomenen der Geschichte ein grundlegender Unterschied bestehe, dass Sozial- und Kulturwissenschaften prinzipiell andersgeartet seien als die Naturwissenschaften.[25] Die Aufklärer trafen nun noch eine weitere Unterscheidung, nämlich die zwischen der rationalen oder abstrakten Einsicht auf der einen und der ethischen oder »unmittelbaren« Erkenntnis auf der anderen Seite. Rationales Denken war demnach eher dazu geeignet, die Natur außerhalb des Menschen zu erforschen, die unmittelbare Erkenntnis eignete sich hingegen eher zur Erforschung der dem Menschen innewohnenden Natur. So gesehen war Mathematik eine ideale Grundlage für rationale Einsichten, Dichtung dagegen für die Offenbarung von intuitiven Erkenntnissen. Da die Geschichtsforschung nun aber beides betrachtet, die Umwelt wie die innere Welt des Geistes, muss sie auch aus beiden Welten schöpfen können. Genie erwarteten die Aufklärer weniger vom großen forschenden Philosophen als vom großen Dichter: »Die Poesie ging der Reflexion nicht nur voran, sie war ihr auch überlegen [...]. Der große Dichter bietet seinem Volk eine intuitive Darstellung der Wahrheiten seiner Zeit auf einer Ebene, die sich göttlicher Einsicht nähert.«[26] Somit wurde es zur Aufgabe des Historikers, den Nationalcharakter eines Volkes anhand dessen heiliger und schöpferischer Schriften zu ergründen, und historische Einsichten wurden als etwas betrachtet, das mit den Errungenschaften von Dichtern und Malern gleichwertig war, weil es die Menschen befähigte, »ihre eigene Menschlichkeit durch das Erfassen der Menschlichkeit anderer zu begreifen«.[27]

Der poetische Ansatz war von zentraler Bedeutung für die Romantikbewegung. Aber die Unterscheidung zwischen Kultur- und Naturwissenschaften ist bis zum heutigen Tage von großem Belang in Deutschland geblieben. Im späten 18. Jahrhundert warf der kurzlebige, aber bereits voll erblühte »Sturm und Drang« das Schlaglicht auf die Bedeutung der Poesie. Den Namen hatte sich diese Bewegung nach einem Drama eines ihrer Mitglieder gegeben, des ziemlich jungen Dichters Friedrich Maximilian Klinger – doch auch alle anderen Beteiligten, darunter Johann Georg Hamann, Johann Gottfried Herder, Johann Heinrich Merk und Jakob Michael Reinhold Lenz, zeichneten sich durch große Jugendlichkeit (Lenz war im Jahr 1770 neunzehn, Klinger achtzehn) wie im Allgemeinen auch durch eine gewisse Labilität aus. Sie lehnten überkommene Denk- und Verhaltensweisen ab, waren ruhelos, unzufrieden und unangepasst; in ihren Werken, die man im Wesentlichen als bildungsbürgerlich bezeichnen kann (die »Sturm und Drang«-Autoren hatten alle eine Universität besucht), verunglimpften sie den modernen Staat und den wirtschaftlichen Unternehmergeist; sie erfreuten sich an körperlicher Ertüchtigung und der Natur (je wilder, desto besser), attackierten die »feine« Gesellschaft, folgten ihrer Intuition und fanden das Leben ebenso tragisch wie aufregend.

Natürlich kann man den Sturm und Drang als eine ziemlich ermüdende Bewegung junger Menschen betrachten, doch dabei sollte man nicht vergessen, dass fast alle von ihnen in reiferen Jahren große Werke schufen, worüber noch zu sprechen sein wird. Im Zusammenhang mit den Nazarenern wird auch zur Sprache kommen, warum ihnen die in so jungen Jahren entwickelte Gruppenidentität ein Selbstbewusstsein verlieh, das ihnen ansonsten vielleicht gefehlt hätte.

Die letzte unverwechselbare Errungenschaft des aufklärend-historistischen Denkansatzes war die Konzeption des »Bildungsstaats« – eines Staates also, der idealerweise zur Bereicherung des menschlichen Innenlebens beitrug.[28]

Die Ursprünge der modernen Biologie

Auch das neue Bild von der Natur hatte Auswirkungen und leistete einen grundlegenden Beitrag zu dem geistigen Umbruch, der im 18. Jahrhundert in Europa stattfand. Und auch in diesem Fall waren es deutsche Denker, die entscheidend den Weg ebneten. Ob Gotthold Ephraim Lessing, Moses Mendelssohn, Johann Georg Sulzer oder Thomas Abbt, sie alle kritisierten – erbittert – die Mängel des mechanischen Weltbilds, verwiesen auf die belebte Natur und verdeutlichten, warum die Zeitlosigkeit der newtonischen Gesetze auf diese bezogen völlig unzutreffend und unangebracht war. Das Studium der belebten Natur biete die Möglichkeit einer »unmittelbaren« empirischen Erkenntnis; die Erfahrungen von Mensch, Tier und Pflanze seien, im Gegensatz zu den Verfahrensweisen der Mathematik, immer unmittelbare. Dieser Denkansatz, Resewitz' »anschauende Erkenntnis«, wurde in der zweiten Hälfte des 18. Jahrhunderts zur entscheidenden Methode des Wissenserwerbs. Ästhetiker verabschiedeten sich vom Studium der unveränderlichen Kompositionsgesetze und begannen den künstlerischen Schöpfungs*prozess* zu erforschen; Juristen kehrten sich von ihren Versuchen ab, die unveränderlichen Gesetze der Zivilgemeinschaft zu entdecken, um sich auf die Gesetzes*entwicklung* innerhalb von Gesellschaften zu konzentrieren; Naturforscher wandten sich – was vielleicht der wichtigste Trend war – dem Studium des *Reifeprozesses* und der Entwicklung zu.[29] Das verdeutlicht, *wie* bedeutend die geistige Revolution des Historismus war und wie viel er zur Erschaffung des Zeitalters der Moderne beigetragen hat.

»Das Wort ›Biologie‹ ist eine Schöpfung des 19. Jahrhunderts.« Bis zum 17. Jahrhundert bestand die Disziplin, die wir heute mit diesem Namen bezeichnen, aus zwei Gebieten: Naturgeschichte und Medizin. Im Übergang zum 18. Jahrhundert begann sich die Naturgeschichte in Zoologie und Botanik aufzuspalten, obwohl sich viele Forscher sogar zu Zeiten von Carl von Linné und Jean-Baptiste de Lamarck noch frei zwischen beiden Gebieten bewegten. Um etwa dieselbe Zeit begannen sich auch Anatomie, Physiologie, Chirurgie und klinische Medizin voneinander abzukoppeln. Anfänglich waren sowohl Anatomie als auch Botanik primär von Ärzten praktiziert worden (Ärzte sezierten nicht nur menschliche Körper, sie sammelten auch Heilpflanzen), wohingegen die Tierwelt im Wesentlichen als ein Aspekt der Naturtheologie behandelt wurde.[30] Der Grund dafür war, dass die sogenannten Wissenschaftsrevolutionen im 15., 16. und 17. Jahrhundert in Wahrheit nur auf den Gebieten der Naturlehre stattgefunden hatten, die sich mit lebloser Materie befassten und die biologischen Wissenschaften im Großen und Ganzen nicht berührten.[31]

Schon die alten Griechen waren auf die Idee gekommen, dass die Natur und all ihre Prozesse einem bestimmten Zweck dienten beziehungsweise ein vorbestimmtes Ziel ansteuerten. Im 17. und 18. Jahrhundert verschmolz dieses Ideal zur *scala naturae*, der »Stufenleiter der Natur«, auf deren oberster Sprosse der Mensch stand. Die vielgestaltige Anpassung von Organismen an ihre Umwelt, die sich überall beobachten ließ, förderte die Vorstellung von einer natürlichen »Harmonie«, die nur von Gott geplant worden sein konnte. Doch der so augenfällig zielgerichtete Entwicklungsprozess in der belebten Natur war einfach zu deutlich, um unberücksichtigt bleiben zu können. Es musste, wie Kant und andere Denker einräumten, »immanente Zweckursachen« geben.

Der Oberbegriff für dieses Konzept war »kosmische Teleologie«: Das Universum bewegt sich auf irgendein von Gott geplantes Ziel zu. Bis der Mechanismus der natürlichen Auslese erkannt wurde, waren viele Biologen (darunter Lamarck) von der Existenz einer nichtphysikalischen (sogar immateriellen) Kraft ausgegangen, von der die belebte Natur »zu immer größerer Vollkommenheit getrieben wird«.[32] Man nannte das »Orthogenese«. Leibniz, Linné, Herder sowie fast alle englischen Naturforscher teilten diese Meinung, einige von ihnen vertraten sie sogar noch Mitte des 19. Jahrhunderts.

Zwischen ungefähr 1550 und Mitte des 19. Jahrhunderts existierten also zwei Denkschulen nebeneinander: die der Naturforscher, welche glaubten, dass die göttliche Schöpfung unveränderliche Gesetze instituiert habe und diesen alle irdischen Prozesse unterlägen (was im Wesentlichen die deistische Sichtweise war), und die der inbrünstigen Naturalisten (die die Welt als naturhaftes Geschehen verstanden), welche zu dem Schluss kamen, dass die auf Mathematik gründenden Gesetze von Galilei und Newton in Bezug auf die Vielfalt an Leben und die unendlich vielen Anpassungsleistungen in der belebten Natur bedeutungslos seien.[33] Deutschland war das geistige Zentrum der Vertreter letzterer Gruppe.

Auf dem Gebiet der Biologie (um hier den modernen Begriff zu verwenden) brach mit den Arbeiten der deutschen »Väter der Pflanzenkunde« – Otto Brunfels (1488–1534), Hieronymus Bock (1498–1554) und Leonhart Fuchs (1501–1566) – die neue Ära der Beobachtung an. Das Studium der Heilpflanzen war zwar schon im späteren Mittelalter beliebt gewesen und hatte sich auch in der Veröffentlichung mehrerer Herbarien niedergeschlagen, doch erst als das Zeitalter der großen Forschungsreisen begann und die Neue Welt entdeckt wurde, hatte man begonnen, die ungemeine *Vielfalt* an pflanzlichem und tierischem Leben auf Erden zu erkennen.[34] Die deutschen Botaniker verabschiedeten sich von den überlieferten mittelalterlichen Mythen und Allegorien und begannen ihre Beschreibungen auf die Beobachtung von Pflanzen in deren natürlichen Lebensräumen zu gründen. Ihre realistischen Zeichnungen waren für die Botanik das, was Vesalius' Zeichnungen für die Anatomie gewesen waren. Hieronymus Bocks *Kreütter Buch, Darinn Underscheidt, Namen vnnd Würckung der Kreütter, Stauden, Hecken vnnd Beumen, sampt jhren Früchten, so inn Deutschen Landen wachsen* (1565) war nicht nur eine Sammlung von ebenso akribischen wie lebendigen Beobachtungen, sondern auch der Bruch mit der Systematik früherer Herbarien und der Beginn einer neuen Bestimmungsmethode: Alle Pflanzen, die miteinander verwandt waren oder sich irgendwie ähnelten, wurden gruppiert und dann innerhalb ihrer Gruppen nochmals voneinander unterschieden.[35] Es ist die Einführung solcher neuen Klassifikationsmethoden, die die deutschen Herbarien so erwähnenswert macht. Ihren Höhepunkt erreichte diese frühe Klassifikationstradition im Jahr 1623 mit der Veröffentlichung von Caspar Bauhins *Pinax theatri botanici*, einer auf zwölf Bücher und zweiundsiebzig Sektionen verteilten exakten Beschreibung und Klassifikation von sechstausend Pflanzen.[36] Verwandte Pflanzen wurden meist anhand ihrer habituellen Ähnlichkeiten gruppiert, jede Pflanze wurde einer Spezies und Gattung zugeordnet. Die Definition der Genera fehlte noch, doch Bauhin unterschied implizit bereits zwischen einkeimblättrigen und zweikeimblättrigen Pflanzen, da er Letztere in rund neun bis zehn Familien zusammengruppierte; auch entscheidende Reproduktionsmerkmale hatte er bereits erkannt.

Alle Botaniker, von Konrad Gesner über Andrea Cesalpino bis zu Carl von Linné, hatten erkannt, welche Bedeutung die Fruchtbildung für die Klassifikation hat, doch wegen der Vielzahl an unterschiedlichen Merkmalen der verschiedenen Arten von Fruktifikation blieb noch sehr viel Raum für Diskussionen.[37] Und zu solchen Debatten wurde, wenn auch nicht immer auf hilfreiche Art und Weise, vor allem deshalb angeregt, weil sich die Zahl der bekannten Pflanzen im Lauf des 16. und 17. Jahrhunderts in so erstaunlichem Tempo erhöhte. 1542 hatte Leonhart Fuchs rund fünfhundert Arten identifiziert; 1623 bezog sich Bauhin bereits auf sechstausend Spezies; 1682 listete John Ray nicht weniger als achtzehntausend auf.[38] Der Bedarf an einem Ordnungs- und Klassifikationssystem war größer denn je, aber die Fülle an neuem Material war einfach überwältigend. Zur mehr oder weniger selben Zeit, in der sich andere Gelehrte auf den Essenzialismus konzentrierten (die Wesenslehre, der zufolge jede Spezies eine unveränderliche Wesenheit – *eidos* – besitzt, die eindeutig deren Diskontinuität bezeichnet, das heißt, die sie deutlich von allen anderen Spezies unterscheidet), betonte Leibniz das genaue Gegenteil: die Kontinuität. Der deutschstämmige, einst in Harvard lehrende Evolutionsbiologe Ernst Mayr schrieb, dass Leibniz mit seinem Interesse an der *scala naturae* und an den Bindegliedern zwischen den verschiedenen Lebensformen (die sich bereits bei den frühesten Klassifikationsversuchen von Pflanzen enthüllt hatten) den Weg für Linné und schließlich für den Evolutionsgedanken geebnet habe.

Eine Schlüsselfigur in diesem Zusammenhang war Albrecht von Haller (1708–1777). Er hatte bei einer Vielzahl von Experimenten die Funktionsweisen der inneren Organe von Tieren studiert und schließlich verkündet, dass er keinerlei Nachweise für eine »Seele« gefunden habe, welche die physiologischen Funktionen steuern würde, sondern im Zuge seiner Studien vielmehr zu der Überzeugung gelangt sei, dass alle Körperorgane Eigenschaften besäßen (zum Beispiel »Irritabilität«), an denen es der unbelebten Natur mangle.[39] Für uns mag das enorm simpel klingen, doch Hallers »Irritabilität« war wichtig, da er kein Vitalist war, das heißt, weil er organische Materie von inorganischer unterschied und den Unterschied zwischen beiden, so geheimnisvoll er auch sein mochte, für *natürlich* hielt, also nicht für etwas, das von irgendetwas Übernatürlichem hervorgerufen wurde. Damit trug auch er zu dem Meinungsklima bei, das am deutlichsten für den Widerstand deutscher Gelehrter gegen das rein mechanische Weltbild der Anhänger Newtons am Ende des 18. und Anfang des 19. Jahrhunderts verantwortlich war (womit allerdings nicht die Rolle heruntergespielt werden soll, die der Franzose George de Buffon [1707–1788] oder der Frankoschweizer Charles Bonnet [1720–1793] im 18. Jahrhundert auf dem Gebiet der Biologie spielten.)[40] In diesem Zusammenhang verdienen vor allem drei Biologen eine Erwähnung – während auch die Rolle nicht zu vergessen ist, die Immanuel Kant in Königsberg spielte.

Der Wortführer dieses Widerstands war Johann Friedrich Blumenbach (1752–1840). Die Einflüsse seiner Experimente und Beobachtungen waren immens – rund die Hälfte aller bedeutenden deutschen Biologen des frühen 19. Jahrhunderts hatten bei ihm studiert oder waren von ihm inspiriert worden: Alexander von Humboldt, Carl Friedrich Kielmeyer, Gottfried Reinhold Treviranus, Heinrich Friedrich Link, Johann Friedrich Meckel d. J., Johann Illiger oder Rudolf Wagner. (Mehreren von ihnen werden wir noch begegnen.) Schelling und Kant waren sich einig, dass Blumenbach zu den tiefgründigsten biologischen Theoretikern der Neuzeit zählte.[41]

Seine Grundthesen legte er in dem kurzen Traktat *Über den Bildungstrieb und das Zeugungsgeschäfte* (1791) dar: »Was man Empfängnis nennt, ist nichts als das Erwachen des schlaftrunkken Keims durch den Reiz des auf ihn wirkenden männlichen Saamens [sic!], der sein Herzchen zum ersten Schlage antreibt.«[42] Er ging einer besonders entscheidenden Frage nach: Wie kommt es, dass sich die Nachkommenschaft immer von den Eltern unterscheidet? Mit seiner Beobachtung, dass die Kinder häufig ein *Gemisch* der elterlichen Merkmale aufweisen, näherte er sich den Ideen der Genetik und der Evolution bereits an, nur dass er die Theorie zum Teil noch völlig auf den Kopf stellte, etwa mit seiner Überzeugung, dass alle nichtweißen Völker dieser Erde eine *Degeneration* des weißen Menschenschlags darstellten.

Blumenbachs zentrale Idee, von der Kant und Schelling so stark beeinflusst wurden, lautete, dass auch in der Biologie eine Art von »constanter« newtonischer Kraft am Werke sei – das, was er den »Bildungstrieb« nannte –, von der die organische Struktur beeinflusst werde.[43] Entwickelt hatte er dieses Modell nach mehreren Versuchen mit »einer Art grüner Armpolypen«, bei der ihn am meisten fasziniert hatte, dass sie amputierte Körperteile ohne erkennbare Modifikationen regenerieren konnten. »Schon den zweyten, dritten Tag waren den verstümmelten Thieren wieder Arme, Schwänze u.s.w. angewachsen; nur bemerkten wir immer sehr deutlich, dass die neuergänzten Polypen bey allem reichlichen Futter doch weit *kleiner* als vorher waren.« Dann fand er heraus, dass sich dieser Umstand generalisieren ließ: Bei einem Mann mit einer tiefen offenen Kniewunde beobachtete er, wie sich »die Lücke im Fleisch nach und nach« wieder anfüllte, während das »benachbarte gesunde Fleisch [...] gleichsam zu schwinden« schien, »so dass endlich die Narbe in der Grube und das Fleisch am Rande derselben wieder fast gleich standen«. Das brachte ihn auf die Idee, »dass in dem vorher rohen ungebildeten Zeugungsstoff der organisirten Körper, nachdem er zu seiner Reife und an den Ort seiner Bestimmung gelangt ist, ein besonderer, dann lebenslang thätiger Trieb rege wird, ihre bestimmte Gestalt anfangs anzunehmen, dann lebenslang zu erhalten, und wenn sie ja etwas verstümmelt worden, wo möglich wieder herzustellen. Ein Trieb, der folglich zu den Lebenskräften gehört, der aber eben so deutlich von den übrigen Arten der Lebenskraft der organisirten Körper (der Contractilität, Irritabilität, Sensilität etc.) als von den allgemeinen physischen Kräften der Körper überhaupt, verschieden ist; der die erste wichtigste Kraft zu aller Zeugung, Ernährung, und Reproduction zu seyn scheint, und den man um ihn von andern Lebenskräften zu unterscheiden mit dem Namen des Bildungstriebes *(nisus formativus)* bezeichnen kann.«[44]

Diesen »Bildungstrieb« hielt Blumenbach seiner Art nach für teleologisch und von der materiellen Beschaffenheit des Organismus her für immanent. Letztendlich erklärte dieser Trieb natürlich gar nichts, es war bloß die Benennung eines geheimnisvollen Prozesses. Aber genau das machte ihn für Kant so interessant, da der Philosoph ja davon ausging, dass der Mensch nicht einmal dann, wenn sich die Natur zum Aufbau von organisierten Körpern irgendwelcher mechanischer Mittel bediente, diesen Prozess vom theoretischen Standpunkt aus verstehen würde. Das Problem aus Kants Sicht war, dass der menschliche Verstand nur wissenschaftliche Theorien von »linearer« Kausalität erdenken könne, auf dem Gebiet der organischen Biologie »die Ursache und die Wirkung ihrer Form« aber so »wechselseitig« waren – wie Timothy Lenoir in seiner Studie über die frühen deutschen Biologen schreibt –, dass es ebenso unmöglich sei, das eine wie das andere zu denken. Das war ein teleologischer Erklärungsansatz, denn er implizierte die Vorstellung von einem »Endzweck«. Kant war überzeugt, dass sich mit mechanischen Mitteln, etwa mit chemischen Verbindungen, niemals ein funktionsfähiger Organismus herstellen lasse. Beispiele von Missgeburten beeindruckten ihn, weil sie ihm machtvolle Nachweise für etwas zu sein schienen, das einer »Zweckbestimmung« im organischen Reich gleichkam, denn, so Lenoir weiter, »das Ziel der Gestaltung eines funktionsfähigen Organismus ist den Erzeugungen der organischen Natur, auch den erfolglosen Versuchen, immer anzusehen«. Für Kant lag klar auf der Hand, dass die biologischen Wissenschaften auf anderen Grundgesetzen beruhen mussten als die physikalischen Wissenschaften.[45]

Johann Christian Reil (1759–1813) studierte in den Jahren 1779/80 in Göttingen, wo er auch den jungen Blumenbach kennenlernte. Timothy Lenoir hält ihn für noch origineller als Blumenbach. 1795 erschien im ersten Band der neuen Fachzeitschrift *Archiv für die Physiologie* Reils Abhandlung *Ueber die Lebenskraft*, in der er seine Vorstellung von dieser Kraft in einen kantianischen Bezugsrahmen stellte. Auch er glaubte, dass in jedem Organismus eine »zweckmässige Form« zum Ausdruck komme: durch die »Anziehung oder Verbindung fremder, aber ihm ähnlicher Materien mit seinen eigenen«. Die »thierische Materie schießt in Gefäße, Nerven, Häute, Musklfasern u.f.w. an, wie das Kochsalz in einen würflichten Krystall«.[46] Diese noch unausgegorene Theorie war zwischen der von Blumenbach und der von Kant angesiedelt. Reil glaubte, der Keim »schlummert« in der Mutter, »ohne sich zu entwickeln, vermuthlich weil sein Organ zu wenig Reizbarkeit hat. Der Vater erhöht die thierische

Kraft des schlummernden Keims durch Zusatz seines Saamens, vielleicht durch das Flüchtige seines Saamens zur Materie des Keims.«[47]
Carl Friedrich Kielmeyer (1765–1844) wechselte nach seiner wissenschaftlichen Ausbildung an der Stuttgarter Hohen Karlsschule im Jahr 1786 an die Universität Göttingen, wo er Schüler von Blumenbach wurde. Er sollte zur Begründung der Pflanzenchemie beitragen – zu den Anfängen der organischen Chemie – und im Zuge seiner eigenen Vorlesungen über vergleichende Zoologie die »Physik des Tierreiches« entwickeln, und zwar mit dem Ziel, die Gesetze der organischen Kräfte anhand von Vergleichen der Anatomie von Vögeln, Amphibien, Fischen, Insekten und Würmern aufzudecken. Völliges Neuland betrat Kielmeyer, als er erstmals embryologische Kriterien anwandte, um die Affinitäten zwischen unterschiedlichen tierischen Lebensformen zu erforschen. Denn dabei stellte er fest, wie deutlich die Muster der embryologischen Entwicklung bestätigten, dass sich für die tierische Organisation keine lenkende Kraft *außerhalb* des einzelnen Organismus annehmen ließ, welche man für die Aufrechterhaltung des Lebens und der Ökonomie der organischen Natur verantwortlich machen könne. Ein solches System, erklärte er, bedürfe keiner übergeordneten immateriellen Organisationskraft. Wie Blumenbach war auch Kielmeyer wenig beeindruckt von der traditionellen Vorstellung einer konkreten »Stufenleiter des Lebens«. Vielmehr hatte er sich davon überzeugt, dass sich eine Spezies auf jeweils unverkennbare Weise in die andere verwandelt, so wie die Raupe in einen Schmetterling: Es handle sich um die ursprünglichsten Entwicklungsstufen von später eigenständigen Arten – bloß um die Verwandlung der einen in die andere Entwicklungsstufe also –, im Gegensatz zu den Urformen, den urtümlichen Kindern der Natur, die vermutlich alle schon ausgestorben seien. Kleinere Organismen, stellte er außerdem fest, tendierten zur Produktion von mehr Nachkommen als größere, woraus er ableitete, dass es artenspezifische »innere Kräfte« geben müsse, die zu den artentypischen Körperbauten und Verhaltensweisen führten.[48]

Die Naturforscher und Naturphilosophen im späten 18. Jahrhundert waren also zu drei Schlüssen oder Überzeugungen in Bezug auf biologische Fragestellungen gelangt.[49] Erstens, dass es die Aufgabe der neuen Forschungsgebiete Zoologie und Botanik sei, in der organischen Forschung das zu leisten, was die Physik auf dem Gebiet der anorganischen Forschung geleistet hatte, nämlich »die Erforschung der universellen Phänomene von Materie und die der spezifischen Kategorien von Phänomenen, welche sich auf keine anderen mehr zurückführen lassen«.[50] Zweitens identifizierten (oder besser: vermuteten) sie eine »Lebenskraft«, einen »Bildungstrieb« als das formgebende Prinzip jedes organisierten Körpers. Und drittens schließlich glaubten sie, wie von Kant postuliert, dass die Vernunft des Menschen nicht ausreiche, um die »natürliche

Zweckursache« oder die teleologischen Mittel zu entdecken, die in der organischen Natur wirkten.

Der Aufstieg des Evolutionismus

Der Kampf zwischen dem mechanischen und dem vitalistischen Weltbild setzte sich das ganze 18. und 19. Jahrhundert hindurch bis sogar ins erste Viertel des 20. Jahrhunderts fort. Doch wie Ernst Mayr verdeutlicht hat, war die Zeit zwischen dem Erscheinen des ersten Bandes der zehnten Auflage von Linnés *Systema Naturae* im Jahr 1758 und Darwins *Entstehung der Arten* im Jahr 1859 (deutsch 1860) eine reine Übergangsperiode gewesen. Während dieser Zeit veröffentlichte Jean-Baptiste de Lamarck seine Transformationstheorie (1809), die von einem »dem Organismus innewohnenden Drang zur Perfektion« und dessen Anpassungsfähigkeit an die Umwelt (sowie von der Vererbung erworbener Merkmale) ausging, und in dieser Zeit wurde die »Abwärtsklassifikation« durch die »Aufwärtsklassifikation« verdrängt. Bei der Abwärtsklassifikation wurden Organismen ihrer inneren Logik nach so aufgeteilt und organisiert, wie sie dem jeweiligen Theoretiker anhand der jeweils eigenen Sicht von der Natur erschienen, und das immer in dem Glauben, dass sich alle Arten vom Kern ihres Wesens her unterscheiden würden und sich in ihrem jeweiligen Sosein, *eidos*, ihr jeweiliges substanzielles Sein spiegele. Bei der Aufwärtsklassifikation begann die Beobachtung hingegen bei der Art als solcher, also bei deren nicht reduzierbaren Grundbausteinen, bevor deren Ähnlichkeiten mit anderen Organismen beobachtet und kodifiziert wurden und man sich auf diese Weise zu höheren taxonomischen Gruppen vorzuarbeiten begann.[51]

Doch dann begann sich die Vorstellung von Klassifikation und Systematik selbst zu verändern. Seit Jahrhunderten hatte die *scala naturae* als eine Stufenleiter der natürlichen Vollkommenheit und die einzig denkbare Möglichkeit gegolten, Ordnung in die Vielfalt zu bringen. Unter Botanikern war das weniger populär gewesen als unter Zoologen, da im Pflanzenreich ja kaum Tendenzen zur Vervollkommnung zu beobachten waren, ausgenommen beim Entwicklungsprozess von Algen zu Phanerogamen (Blüten- und Samenpflanzen). Also versuchte man es mit einer anderen Systematisierung: »Der Platz einer Gruppe von Organismen in der Stufenleiter der Vervollkommnung wurde von ihrer *Ähnlichkeit* (›Affinität‹) zu weniger vollkommenen und vollkommeneren Nachbarn bestimmt.«[52] Das heißt, man war überzeugt, dass den Ähnlichkeiten (welcher Art auch immer) bestimmte Kausalbeziehungen zugrunde liegen, nämlich »die echte verwandtschaftliche Ähnlichkeit und eine andere, die Schelling, Oken und ihre Nachfolger als *Analogie* bezeichneten.

Die Pinguine sind mit den Enten und Alken durch eine echte Verwandtschaftsbeziehung verbunden, mit den im Wasser lebenden Säugetieren (etwa den Walen) jedoch durch Analogie. Falken zeigen Verwandtschaft mit Papageien und Tauben, aber Analogie zu den Raubtieren unter den Säugetieren. So bizarr das Denken der Naturphilosophen teilweise auch war, ihre Aufteilung der ›Verwandtschaftsbeziehung‹ in ›Affinität‹ und Analogie erwies sich in der nachfolgenden Geschichte der Biologie als sehr bedeutsam. Auf der Grundlage dieser Unterscheidung entwickelte Richard Owen seine Begriffe Homologie und Analogie, die seitdem die vergleichende Anatomie beherrschen sollten.«[53]

Ohne diese Entwicklung bei der Klassifikation wäre es vermutlich nie zu einer Evolutionstheorie gekommen. Doch noch hatten die Denker einen ziemlich weiten Weg vor sich. Das große Problem mit der Evolution war, dass man sie im Gegensatz zu den vertrauten physikalischen Problemen, etwa dem Fallen eines Steines oder dem Kochen von Wasser, nicht direkt beobachten konnte. Man kann sich der Evolution nur rückschließend nähern; erst im Nachhinein kann man mit solchen Belegen wie Fossilien oder der Schichtenbildung argumentieren.

Uns erscheint die Zeitspanne zwischen der ersten Andeutung des Evolutionismus bei Leibniz' *Protogaea* (1694) und der ausgewachsenen Evolutionstheorie, die Lamarck 1809 veröffentlichte, ungewöhnlich lang. Lamarck war Franzose, wie auch der Naturforscher Georges-Louis Leclerc de Buffon, welcher zeit seines Lebens mit der Evolutionstheorie geflirtet hatte; und Darwin war natürlich Engländer. Dennoch war der Evolutionismus unter deutschen Gelehrten ungemein viel populärer als in irgendeinem anderen Land. Wie stark dieses Denken dort um sich gegriffen hatte, wurde von mehreren Historikern untersucht. Henry Potonie, Otto Heinrich Schindewolf und Oswei Temkin sind nur drei Autoren, die zahllose deutsche Evolutionisten vor dem Vergessen gerettet haben – denn da gab es neben Blumenbach, Reil und Kielmeyer ja auch noch »Tiedemann, Reinecke, Voight, Tauscher, Ballenstedt und andere«. Angesichts der vielen deutschen Denker, die sich mit der Frage der Evolution befassten, ist es wirklich überraschend, dass es am Ende der Engländer Charles Darwin war, der die Idee von der »natürlichen Zuchtwahl« hatte. Wir sollten also nicht vergessen, dass ihm der Weg von vielen Naturforschern bereitet worden war, darunter nicht zuletzt von dem Wiener Botaniker Franz Unger, der erstmals festgestellt hatte, dass die einfacheren Wasser- und Meerespflanzen den komplexeren Pflanzen vorausgingen – dass in der Meeresvegetation »der wahre Keim sämmtlicher in der Zeit nach und nach hervorgetretener Pflanzenformen zu suchen« sei; oder dass »man zuletzt wohl gar auf eine Urpflanze, ja noch mehr auf eine Zelle gelangt, die allem vegetabilischen Sein zum Grunde liegt«; dass man diese als den »Ursprung allen organischen Lebens bezeichnen« müsse; dass jede neue

Pflanzenart »aus der anderen hervorgeht« und dass alle »auf genetische Weise mit einander verbunden« seien.⁵⁴ Zu Ungers Schülern zählte auch Gregor Mendel.

So vereinte sich im späten 18. Jahrhundert im deutschsprachigen Raum – in der Geschichte, in der Kunst und in der Geschichte der Biologie – der Zweifel mit dem Deismus, dem Pietismus und dem Drang nach Vollkommenheit zu einem Weltbild, das den Blick zugleich nach außen, nach innen, zurück und nach vorne richtete. Es war eine Übergangsperiode, in der die Menschen herumtasteten und zaghaft versuchten, vielleicht sogar ohne sich dessen selbst bewusst zu sein, das theologische Konzept vom Menschsein durch ein biologisches zu ersetzen.

Ein einflussreicher Mann, der schon früh diese neuen Ideen aufgriff, war Wilhelm von Humboldt. Später sollte er entscheidend zur Gründung der Berliner Universität beitragen, einer Institution von so großer Bedeutung, dass sie in jeder deutschen Kulturgeschichte ein eigenes Kapitel verdient. Als Student von Blumenbach war Humboldt fasziniert gewesen von dessen Begriffen der »Bildung« und des »Bildungstriebs«. Und unter »Natur« verstand er all die Kräfte einzelner Energie- und Wirkungszentren, die ihren jeweiligen Charakter durch die sichtbaren »Phänomene jeder Aktion« offenbarten. »Aktivität« oder »Tätigkeit« – die schiere Bewegung – waren hier die Schlüsselbegriffe. In der klassischen (newtonischen) Physik war Bewegung immer das Ergebnis einer von außen einwirkenden Kraft. Viele Gelehrte waren jedoch mit der Anwendung newtonischer Gesetze auf die belebte Natur unzufrieden und bevorzugten eine, wie sie es nannten, »lebendige Ordnung der Natur«: eine, in der nichts stillsteht, in der es »selbsterzeugte Bewegung« gibt, in der jeder belebte Teil ständig in Bewegung ist, weshalb es sich auch nicht um eine »willkürliche« Bewegung handeln konnte. Dieser Sicht zufolge wohnt der Materie also ein Prinzip der Eigenbewegung inne. »Im Gegensatz zur Vorstellung von den mechanischen Kräften (Magnetismus, Elektrizität, Gravitation) glaubte man von diesen inneren Kräften, dass sie richtungsgesteuert funktionierten: dass ihnen das Ziel der Vervollkommnung innewohne.«⁵⁵

Diese überarbeitete Definition von Materie erforderte auch eine Neudefinition des Begriffs »Natur«. Dem neuen Weltbild zufolge besaß die Natur eine innere Beschaffenheit, die durch sie sprach. Das Telos der Natur, hieß es, kann nur erahnt, aber niemals wirklich transparent gemacht oder enthüllt werden. Humboldts Fußnote zu dieser Sicht, in der sich primär Blumenbachs Weltbild spiegelte, lautete, dass Materie aus allgemeinen und individuellen Kräften von jeweils eigener Natur bestehe. Die wichtigsten dieser innewohnenden Eigenschaften seien die allgemeinen Kräfte »Bildung«, »Zeugung«, »Trägheit« und »Gewohnheit«. Sie brächten die Individuen hervor, aus denen sich ein Volk zusammensetzt – das Volk als Analogon zum organisierten Körper. »Die Realität wurde als das

Streben von aktiven Kräften oder Ideen nach Selbstverwirklichung definiert, danach also, Gestalt anzunehmen.«[56]
Abgesehen vom biologischen Kontext wurzelte der Begriff »Bildung«, ein Neologismus des 18. Jahrhunderts, in dem Wort »Bild«, und zwar in jenem Sinne, in welchem Martin Luther ihn bei seiner Bibelübersetzung an zwei wesentlichen Stellen verwendet hatte:

Und Gott sprach: Laßt uns Menschen machen, ein Bild, das uns gleich sei [...]. Und Gott schuf den Menschen ihm zum Bilde, zum Bilde Gottes schuf er ihn; und schuf sie einen Mann und ein Weib

– (Genesis 1, 26–27)

Nun aber spiegelt sich in uns allen des Herrn Klarheit mit aufgedecktem Angesicht, und wir werden verklärt in dasselbe Bild von einer Klarheit zu der andern, als vom Herrn, der der Geist ist.

– (Korinther 3, 18)

Es waren natürlich die Pietisten, die diese Vorstellung von Bildung eingeführt hatten, wenngleich im rein religiösen Kontext. Während der Regentschaften von Friedrich Wilhelm I. und Friedrich dem Großen wurde der Begriff dann säkularisiert, ohne jedoch das subjektive Ideal der individuellen Vervollkommnung zu verlieren. Selbst dem Menschen, der den offenbarten Glauben und die Autorität der Bibel ablehnte, bot sich dank Bildung und Kultur nun die Möglichkeit einer säkularen Erlösung.[57] Und in einem Staat wie Preußen, wo sich der öffentliche Raum derart rapide ausdehnte, stand Bildung mehr oder weniger jedem offen.

Bildung »war die Kultur einer aufstrebenden Gruppe, die sich weniger als bürgerlich denn als kultiviert, gelehrt und vor allem *eigenverantwortlich* verstand [...]. Ein gebildeter Mann oder eine gebildete Frau waren nicht einfach nur belesen, sondern auch Menschen mit gutem Geschmack, die ihre Umwelt mit geschultem Blick betrachteten und somit zu einer ›Eigenverantwortung‹ fähig waren, die im völligen Widerspruch zu dem vorherrschenden Drang nach Konformität stand.«[58] Letztendlich war Bildung also eine säkulare Art von Pietismus: Beide beinhalteten das von Leibniz oder Christian Wolff ersonnene Konzept von Vollkommenheit.

Wilhelm von Humboldt verstand »Bildung« also einerseits als eine biologische Kraft, als einen Aspekt der Natur ähnlich der Schwerkraft andererseits als eine geistige Notwendigkeit. Und da dieser Begriff von Pietisten geprägt worden war, hatte er auch religiöse Untertöne: So, wie der Pietist die Schöpfung zu vervollkommen und durch tätige Nächstenliebe im *Diesseits* Gott näherzukommen trachtete, war Bildung ein innerer Prozess, durch den der Einzelne sein Selbstbewusstsein zu stärken und der Vollkommenheit näherzukommen trachtete. Die Vorstellung vom Genie – einem Individuum, dessen Schöpfungen einen flüchtigen Blick auf göttliches Wissen erhaschen ließen und eine Ahnung von Vollkommenheit vermittelten – brachte die Idee mit sich, dass Selbstbildung durch das Studium von genialen Schöpfungen möglich war. Und das eröffnete dem kultivierten Menschen die Aussicht, sich göttlichem Wissen im irdischen Hier und Jetzt annähern zu können.

Natürlich war das bloß ein Zwischenstopp im Reich der Ideen gewesen, der auch nur in der Übergangsphase zwischen den *Principia Mathematica* und der *Entstehung der Arten* möglich gewesen war: zur Zeit des Zweifels zwischen Dogma und Darwin. Das historisch-künstlerisch-biologische Weltbild, das im Rahmen dieses Strebens nach Vollkommenheit entstand, sollte noch viele deutsche Denker prägen, und nicht wenige von ihnen waren die Söhne von pietistischen Pastoren.[59]

Bildung war gewissermaßen das genialste Nebenprodukt der Evolution des Zweifels.

TEIL ZWEI
EINE DRITTE RENAISSANCE: DIE ZEIT DES ZWEIFELS ZWISCHEN DOGMA UND DARWIN

3
Winckelmann, Wolf und Lessing: Die dritte Erweckung Griechenlands und die Ursprünge moderner Wissenschaft

Die italienische Renaissance war eine deutsche Idee. Jacob Burckhardt (1818–1897), der Verfasser des Werkes *Die Kultur der Renaissance in Italien*, war zwar in Basel geboren, hatte jedoch in Berlin studiert und dort die Vorlesungen Leopold von Rankes gehört, des berühmtesten Historikers seiner Tage. 1843 kehrte Burckhardt nach Basel zurück, promovierte, erhielt eine außerordentliche Professur und arbeitete zusätzlich als politischer Redakteur bei den *Basler Nachrichten*. Doch vom Journalismus zusehends desillusioniert, kehrte er diesem Beruf den Rücken und begann sich ganz der historischen Forschung zu widmen. 1853 erschien sein erstes Hauptwerk *Die Zeit Constantins des Großen*, 1855 gefolgt von *Der Cicerone*, einem Führer durch die italienische Kunst von der Antike bis zu Burckhardts Gegenwart. Beide Werke wurden so begeistert aufgenommen, dass sie ihm eine ordentliche Professur für Architektur und Kunstgeschichte am Eidgenössischen Polytechnikum in Zürich einbrachten, das 1855 seine Pforten geöffnet hatte. Drei Jahre später kehrte er nach Basel zurück, um den Lehrstuhl für Geschichte und Kunstgeschichte zu übernehmen und den Rest seines Lebens dort zu verbringen. Dem Ruf, Rankes Nachfolger in Berlin zu werden, kam er nicht nach. In Basel veröffentlichte er 1860 mit der *Kultur der Renaissance in Italien* dann auch sein berühmtestes Werk.[1]

Schon vor Burckhardt hatten Schreiber und Historiker von einem Phänomen namens Renaissance gesprochen. Francesco Petrarca war der Erste gewesen, der – auf Papier zumindest – die rund tausend Jahre vor seinem 14. Jahrhundert als »finsteres Zeitalter«, als eine Periode des Niedergangs bezeichnet und die Geschichtsschreibung, Dichtkunst und Philosophie der Alten als strahlende Beispiele für eine Zivilisation dargestellt hatte, die die höchste Form von Kultur vor dem Erscheinen Christi hervorgebracht habe. Voltaire, der gelehrte italienische Jesuit Saverio Bettinelli, der französische Historiker Jules Michelet und der in Leipzig lehrende deutsche Historiker Georg Voigt (dieser in seinem 1859 publizierten Buch *Die Wiederbelebung des classischen Alterthums oder das erste Jahrhundert des Humanismus*) hatten allesamt bereits die Aufmerksamkeit auf eine Renaissance in Italien gelenkt. Burckhardts Ideen kamen also nicht aus dem Nichts. Dennoch, sein Verständnis von dieser Renaissance war sehr viel kohärenter und umfassender als das seiner Vorgänger.[2] Er verdeutlichte, dass es dabei um weit mehr als nur die Wiederentdeckung der Antike gegangen war: Während der italienischen Renaissance wurde der Begriff vom Individuum entwickelt, tauchten erstmals Grundzüge der Moderne auf und entstand, wie Burckhardt besonders hervorhob, eine Gesellschaft, die in einem Maße selbstbewusst war – und von daher *säkular* – wie noch keine vor ihr.

Der Cambridger Ideengeschichtler Peter Burke betont zwar, dass es Burckhardts *Kultur der Renaissance in Italien* nicht an Kritikern mangelte, doch nach hundertfünfzig Jahren der immer spezialisierteren Forschungen sei es »leicht, auf Übertreibungen, voreilige Generalisierungen und andere Schwächen« bei Burckhardt zu verweisen. Auch wenn dessen Bild von der Renaissance Mängel haben möge, sei es »doch nur schwer zu ersetzen«. Am vielleicht maßgeblichsten revidierte der Historiker Charles Homer Haskins, der in den ersten Jahrzehnten des 20. Jahrhunderts in Harvard lehrte, Burckhardts Argumentation. Denn er wandte ein, dass die im Wesentlichen an Platon orientierte geistige Neubelebung im 14. und 15. Jahrhundert, welche dann zur italienischen Renaissance führte, tatsächlich bereits die *zweite* Erweckung des klassischen Altertums im Abendland gewesen sei. Die erste, nicht mit der Wiederentdeckung Platons, sondern vielmehr mit der von Aristoteles verbundene »Wiedergeburt« hatte im 12. Jahrhundert stattgefunden und sich unter anderem in einer neuen Rechtslehre und einem vereinheitlichten Rechtssystem niedergeschlagen. Durch sie war die Idee von der Möglichkeit eines *Allgemein*wissens gefördert worden, das der Diskussion offenstand; sie hatte für den immer häufigeren Gebrauch der lateinischen Sprache gesorgt, für die Entwicklung von Universitäten und für das Wachstum eines wissenschaftlich organisierten Skeptizismus. In den Philosophien von Albertus Magnus und Thomas von Aquin, die beide eine säkulare Welt voraussagten, hatte sich das theologische mit dem geisteswissenschaftlichen Denken vereint, was dann zu den *summae*, den enzyklopädischen Traktaten, führte, die auf eine Synthese allen Wissens abzielten. Auch die Form der Gottesverehrung hatte sich gewandelt, was wiederum die Entwicklung von Selbstdarstellung und Individualität und schließlich auch die vielleicht wichtigste Evolution von allen nach sich zog, nämlich die wachsende Anerkennung der experimentellen Methode – die wichtigste Evolution, weil sie die Geburt jener Art von Wissenschaft einleitete, die wir heute betreiben. Aus Sicht der Historiker, wenn auch noch nicht allgemeiner Meinung nach, hatte es also bereits *zwei* Renaissancen gegeben, und die erste von beiden hatte sich letztendlich als die bedeutendere erwiesen.

Vor diesem Hintergrund betrachtet, offenbaren sich beim genaueren Lesen von Burckhardts Werk einige interessante Details.[3] Charakteristisch für die italienische Renaissance waren seiner Ansicht nach folgende Aspekte gewesen: die Wiederbelebung der Antike, die Wiederentdeckung der Texte Platons sowie die der Kulturen des alten Griechenland und Roms aus der Zeit vor dem christlichen Fundamentalismus »als Anhalt und Quelle der Kultur, als Ziel und Ideal des Daseins«.[4] Die Wiederentdeckung der Klassiker führte dann nicht nur zur Entwicklung der Textkritik, sondern auch zu genauer hinterfragenden Sprachstudien. Zur Zeit der Hochrenaissance (genauer: 1513) ließ Papst Leo X. die römische Universität La Sapienza umstrukturieren; derweil machten die »Bürger, hauptsächlich in Florenz [...] aus der Beschäftigung mit dem Altertum ein Hauptziel ihres Lebens«.[5] Parallel dazu kam es zu Fortschritten in der Naturforschung. Das Traktat wurde ebenso wiederbelebt wie die historische Abhandlung, beides jedoch als neue Formen der Literatur und Gelehrsamkeit empfunden. Auf dem Gebiet der Philosophie übten die Florentiner Platoniker starken Einfluss auf das Denken, die Literatur und insbesondere die Ästhetik aus. Auch die Dichtkunst begann sich an den Klassikern zu orientieren, doch ihre Dichter, die häufig zugleich Gelehrte waren, fühlten sich nicht bloß zur Nachahmung angeregt, sondern auch zu phantasievolleren originären Werken. In der Naturgeschichte kam es zu Fortschritten in der Botanik (es entstanden die ersten botanischen Gärten) und der Zoologie (es wurden die ersten Sammlungen fremder Tierarten angelegt). In der Kunst brach die Ära des *uomo universale* an, des »allseitigen Menschen«, verkörpert durch Männer wie Leon Battista Alberti oder Leonardo da Vinci – Giganten, die mit ihrem Glanz so viele Gebiete erhellten.

An anderen Stellen seiner Studie spricht Burckhardt von der veränderten Einstellung zum Krieg in der italienischen Renaissance. In dem Kapitel »Der Krieg als Kunstwerk« stellte er fest, dass nun »auch der Krieg den Charakter eines Kunstwerkes annahm«. Zwei Kapitel später spricht er von einem gärenden Patriotismus und Nationalismus: »Schon Dante und Petrarca proklamierten laut ein Gesamt-Italien, auf welches sich alle höchsten Bestrebungen zu beziehen hätten.«[6]

Und was die Musik anbelangt, so erklärte Burckhardt: »Höchst bezeichnend für die Renaissance und für Italien ist vor allem die reiche Spezialisierung des Orchesters, das Suchen nach neuen Instrumenten, d.h. Klangarten, und – in engem Zusammenhange damit – das Virtuosentum, d.h. das Eindringen des Individuellen im Verhältnis zu bestimmten Instrumenten.«[7] Alles in allem war diese Renaissance also eine Feier des Humanismus – der Triumphe menschlicher Fähigkeiten, ohne besondere und stetige Bezugnahme auf Gott.

Beim Militär pflegt man zu sagen, dass die Dunkelheit nirgendwo dunkler sei als im Licht. Mit dieser Behauptung will ich dieses Kapitel eröffnen: Indem Burckhardt das Licht seines Geistes und seiner historischen Imagination auf das Italien des 14. und 15. Jahrhunderts richtete, warf er zugleich einen Schatten auf die Kultur, der er selbst angehörte. Ich werde hier die Hypothese aufstellen, dass es eine *dritte* Erweckung der Antike in Europa gab: Sie begann in der Mitte des 18. Jahrhunderts und führte zu einer Blüte – zu einer Renaissance – der Geistes- und Naturwissenschaften, die sich stark auf militärische Innovationen niederschlug und zu einer beispiellosen Wiederbelebung der Philosophie animierte, welche dann ihrerseits zu einer neuen ästhetischen Theorie führte (wie bereits im vorangegangenen Kapitel angesprochen) und Dichtern wie Goethe und Schiller, die ebenfalls Gelehrte und »allseitige Menschen« waren, zu ihren Innovationen verhalf. Auch diese Renaissance war von einer Welle des Patriotismus und der Forderung nach Einheit begleitet, in diesem Fall nach der Einheit Deutschlands. Aber auch in der Musik und bei den humanistischen Bestrebungen deutscher Gelehrter lassen sich Parallelen finden. Die größten Namen der Musikgeschichte, von Mozart bis Arnold Schönberg, sind allesamt deutsche Namen. Und nichts verkörperte die deutsche Vorstellung vom Humanismus so deutlich wie die Zusammenhänge von Wissenschaft, Bildung und Innerlichkeit, die in der brandneuen Humboldt-Universität zu Berlin (gegründet 1810) zum Ausdruck gebracht wurden. Darauf kommen wir später zurück.

Zur Zeit der italienischen Renaissance hatte Papst Leo X. mit der Reorganisation von La Sapienza in Rom einen Bildungsbeitrag geleistet, zur Zeit der dritten Renaissance, die ganz fraglos eine primär deutsche war, wurde hingegen ein völlig neuer Bildungsbegriff entwickelt, der fundamentalen Einfluss auf die moderne Welt nehmen sollte. Es entstanden neue literarische Genres und neue Forschungsmethoden, wobei wieder einmal alles um die Philologie kreiste, und die Archäologie – das moderne Äquivalent der Altertumsforschung aus Liebhaberei – erlebte ihr heroisches Zeitalter.

Der Vater der klassischen Archäologie und Gründervater der Kunstgeschichte

Während die aristotelische Renaissance den arabischen Übersetzungen seiner Meisterwerke zu verdanken gewesen war, die man nach der *Reconquista* in Toledo, Lissabon, Segovia und Córdoba wiederentdeckt hatte, und während die Wiederbelebung von Platon ungemein viel solchen Gelehrten wie Giovanni Aurispa zu verdanken hatte, der am Vorabend der Eroberung Konstantinopels durch die Osmanen von einer einzigen Reise dorthin mit nicht weniger als 238 griechischen Handschriften zurückgekehrt war, gebührt der Ehrenplatz der Entdecker, die für die Wiederbelebung der Antike im 18. Jahrhundert sorgten, Karl Jakob Weber (1711–1765) und Johann Joachim Winckelmann (1717–1768). Der Archäologe Winckelmann ist natürlich der Berühmtere von beiden, erst die jüngere Forschung hielt es der ungemeinen Tüchtigkeit und Detailtreue des Schweizer Militäringenieurs Weber zugute, dass die Ausgrabungen um den Vesuv – Herculaneum, Pompeji, Stabiae und vor allem die Villa dei Papiri – auf so fachgerechte Weise durchgeführt wurden, um dann Winckelmann als Grundlage für seine bahnbrechenden Forschungen über die Kunst der Antike dienen zu können.[8]

Winckelmann war als Sohn eines Schuhmachers in Stendal in der Altmark geboren worden und in einem Haus aufgewachsen, dessen einziges Vorderzimmer sowohl der Familie als Wohnstube als auch dem Vater als Werkstatt gedient hatte. Er hatte die Eltern angefleht, ihm eine gute Erziehung angedeihen zu lassen, doch die hätte bei Weitem deren Möglichkeiten überstiegen. Also fand er schließlich selbst Mittel und Wege, am Cöllnschen Gymnasium von Berlin angenommen zu werden, dessen Rektor Christian Tobias Damm einer »der wenigen Männer im damaligen Deutschland« war, »denen Griechisch wichtiger als Latein erschien, zu einer Zeit, als das Studium der griechischen Sprache und Literatur fast völlig vernachlässigt war«.[9] Anschließend besuchte Winckelmann die Universitäten von Halle und Jena, wo er Theologie, Medizin, Philosophie und Mathematik studierte und sich durch eine Anstellung als Hauslehrer über Wasser hielt.[10] In einen alten Pelzmantel gehüllt, pflegte er bis Mitternacht in einem Sessel »seine geliebten Griechen« zu lesen, dann, ohne eigens ins Bett zu gehen, bis vier Uhr morgens darin ein Nickerchen zu machen, um anschließend sofort weiterzulesen.[11] In den Sommermonaten schlief er auf einer Bank, um den Fuß einen Holzblock gebunden, der bei der kleinsten Bewegung herunterfiel und ihn aufweckte.

Winckelmanns Interesse an antiker Kunst war in seiner Zeit als bibliothekarischer Forschungsassistent (wie wir heute sagen würden) des Reichsgrafen Heinrich von Bünau auf Schloss Nöthnitz bei Dresden geweckt worden. (Der Graf besaß eine der größten Privatbibliotheken mit vielen antiquarischen Stichwerken über antike Kunst). Doch die für ihn alles entscheidende Begegnung war sein Treffen mit dem päpstlichen Nuntius in Dresden, denn dieser bot ihm eine Möglichkeit an, in Rom zu arbeiten – vorausgesetzt, er würde zum Katholizismus konvertieren.[12]

Im November 1755 traf Winckelmann in Rom ein. Wie viele andere Kunstinteressierte seiner Zeit betrachtete auch er die in Rom beheimateten Statuen als die größten Meisterwerke der Antike.[13] Nach einiger Zeit trat er als Aufseher der Bibliothek und Antikensammlung in die Dienste von Kardinal Alessandro Albani, der sich gerade an einer Ausfallstraße eine große Villa erbauen ließ. Doch der Ruf, der Winckelmann bald vorauseilen sollte, gründete sich auf seine archäologischen Forschungsreisen nach Herculaneum und Pompeji, die gerade ins Zentrum des Interesses gerückt waren.

Herculaneum war 1738 »wiederentdeckt« worden, nachdem der spanische Militäringenieur Roque Joaquín Alcubierre mit dem Auftrag nach Portici im Süden von Neapel entsandt worden war, das Gelände für eine neue Sommerresidenz von Karl III. von Spanien (Karl IV. von Neapel und Sizilien) zu vermessen, und dabei auf antike Artefakte gestoßen war. Als Zufall lässt sich das nicht bezeichnen, denn die Bewohner des nahe gelegenen Städtchens Resina hatten ihr Wasser von jeher aus artesischen Brunnen bezogen und bei Aushubarbeiten längst festgestellt, dass sich unter der Erde alte Gemäuer verbargen. Außerdem hatte man dort schon seit der Renaissance Antikenfunde gemacht. Also wurde Alcubierre vom König beauftragt, »ein paar Gruben auszuheben und zu sehen, ob sich dabei etwas entdecken ließ«.[14]

Die Grabungsarbeiten begannen im Oktober 1738. An einigen Stellen war die vulkanische Lavaschicht fünfzehn Meter dick. Im November wurde ein marmorner Herkules gefunden, Mitte Januar ein Gebäude, das man für einen Tempel hielt, bis man eine Inschrift fand, »aus der zu ersehen war, daß ein gewisser Rufus [Lucius Annius Mammianus Rufus] das ›Theatrum Herculanense‹ aus eigenem Gelde erbaut habe«.[15] Das war die entscheidende Entdeckung, denn im Gegensatz zu einem Tempel war ein Theater immer Teil einer Stadt gewesen, und der Name dieses Theaters bewies, dass es sich bei der Stadt um Herculaneum gehandelt hatte. Mit den Grabungen bei Pompeji wurde im April 1748 begonnen.

Winckelmann reiste zweimal nach Herculaneum und Pompeji. Obgleich er dort nicht gern gesehen war (weil die Ausgräber fürchteten, er könnte ihnen die Show stehlen), gelang es ihm, sich mit den Grabungsdetails am Fuße des Vesuvs, mit den Verfahrensweisen der Archäologen, dem Umgangston unter den Grabungsleitern und mit den Details der bedeutendsten Funde aus der Villa dei Papiri vertraut zu machen.[16]

Dieses Konglomerat aus Zufällen, Rivalitäten und sensationellen Entdeckungen wurde zur Basis für Winckelmanns Publikationen, die sich als ein so wichtiges Stimulans für die dritte Erweckung Griechenlands erweisen sollten, darunter in erster Linie seine *Sendschreiben von den Herculaneischen Entdeckungen* (1762), das Hauptwerk *Geschichte der Kunst des Althertums* (1764) und schließlich die *Monumenti antichi inediti* I–II (1767, vollständige deutsche Übersetzung 1791/92). Die englische Germanistin Eliza Marian Butler schrieb: »Sein Hauptwerk stellte jedoch etwas ganz Eigenes dar, denn er revolutionierte damit das Studium der Kunst von Grund auf, indem er sie als Erster organisch behandelte, nämlich als ein Glied in der Kette der menschlichen Entwicklung.«[17]

Die *Geschichte der Kunst des Althertums* ist in zwei Teile gegliedert, in einen konzeptionelleren, in dem Winckelmann den »Ursprung« der Kunst und die Ursachen für ihre Verschiedenartigkeit am Beispiel von diversen Perioden und Völkern untersuchte, und in einen zweiten Teil, in dem er sich insbesondere mit den griechischen Kunsttraditionen von frühester Zeit bis zum Untergang des Römischen Reiches befasste. Und mit seiner wunderbaren Schilderung dieser »Laufbahn« sollte er beeindruckend viel bewirken.

Winckelmann baute seine Argumentationskette zwar auf den Werken der Bildhauerkunst auf, die am Fuße des Vesuvs ausgegraben worden waren, bemühte sich aber, diese Entdeckungen mit den Schriften des Plinius d. Ä. in Einklang zu bringen (Plinius' um das Jahr 79 n. d. Z. entstandene *Naturalis historiae/Naturgeschichte* ist ebenso eine Kunstgeschichte der Antike wie eine Geografie). Denn aus diesen Schriften wusste er, dass praktisch alle Meisterwerke der berühmtesten griechischen Künstler im 4. und 5. Jahrhundert v. d. Z. entstanden waren. Aus Plinius' Sicht hatte die klassische griechische Bildhauerei ihre Blüte Mitte des 5. Jahrhunderts v. d. Z. erreicht, als Phidias auf dem Höhepunkt seiner Schaffenskraft gewesen war, während er über die Zeit nach Alexander dem Großen das berühmte Urteil *cessavit deinde ars* fällte: Danach hörte die Kunst auf. Nachdem sich Winckelmann also mit den Funden südlich von Neapel vertraut gemacht hatte, knüpfte er bei Plinius an und unterschied die »Hoheit« des strengen frühklassischen Stils, der mit Künstlern wie Phidias in Verbindung gebracht wurde, von dem schönen, anmutigen spätklassischen Stil, der späteren Meistern wie Praxiteles und Lysippus zugeschrieben wurde. Winckelmanns Evolutionsthese – von einem Stil zum nächsten, von den »stark stilisierten« archaischen Formen über die »strenge Frühklassik« hin zur anmutigen »Spätklassik« (die, wie Henry Hatfield schrieb, erst zu allzu großer Detailtreue und dann zum Niedergang geführt habe) – stellte ein gefälliges, organisches, kohärentes System dar, dessen schiere Symmetrie viele unwiderstehlich fanden.[18]

Dabei spielte es keine Rolle, dass Winckelmann seine Schlüsse anhand von Statuen gezogen hatte, die später als schwächere römische Kopien früherer griechischer Meisterwerke erkannt wurden. Worauf es ankam, war, dass alle Altertumsforscher bis dahin nur vage über Aufstieg und Niedergang der antiken Kunst spekuliert hatten, während Winckelmann erstmals eine Sequenz von deutlich abgrenzbaren Phasen identifizierte und darüber hinaus feststellte, dass die klassische Periode der antiken Kunst mit der Periode zusammengefallen war, die Historiker als das »Goldene Zeitalter der griechischen Kultur« zu bezeichnen pflegten: die Zeit zwischen dem Ende der Perserkriege am Anfang des 5. Jahrhunderts v. d. Z. und der makedonischen Hegemonie über Griechenland gegen Ende des 4. Jahrhunderts v. d. Z. Und während Kunstwerke aus dem Altertum vor Winckelmann ausnahmslos immer nach ihrer Ikonographie, ihrem Gegenstand klassifiziert worden waren, wurden sie nun ihrem Stil nach eingeordnet, bezogen also auf ihre Herkunftszeit. Deshalb galt als wahrer Kunstkenner nun auch nur noch, wer sich Winckelmanns Klassifizierung anschloss.

Winckelmanns zweite Innovation war die Verschmelzung von Geschichte und Ästhetik, wobei er das *Wesentliche* einer Tradition jeweils in dem einen, hervorstechenden historischen Moment verortete, in dem diese vermutlich zur Vollkommenheit gereift war. Indem er also künstlerische Vollkommenheit mit einer bestimmten historischen Periode verknüpfte, verwandelte er auch die Kunstgeschichte: Er verlieh ihr Bedeutung in einem zuvor unbeachteten Sinne, nämlich hinsichtlich ihrer Relevanz für die jeweilige Zeitgeschichte. Und aus dieser Sicht betrachtet gab es zu Winckelmanns eigener Zeit kaum Aussicht auf eine wirkliche Wiederbelebung antiker Traditionen.

In einer seiner berühmten Betrachtungen über die Laokoongruppe im Vatikan schrieb Winckelmann: »Das allgemeine vorzügliche Kennzeichen der griechischen Meisterstücke ist endlich *eine edle Einfalt und eine stille Größe* [meine Hervorhebung], sowohl in der Stellung als im Ausdruck. So wie die Tiefe des Meeres allezeit ruhig bleibt, die Oberfläche mag noch so wüten, ebenso zeigt der Ausdruck in den Figuren der Griechen bei allen Leidenschaften eine große und gesetzte Seele.«[19] Zur damaligen Zeit war diese Analyse weit wirkungsvoller gewesen, als es solche Aussagen heute sein könnten, wie zutreffend sie auch sein mögen. Von besonderer Bedeutung war die Laokoongruppe – über die sich bereits Plinius d. Ä. geäußert hatte –, weil sich seit ihrer Wiederentdeckung im Jahr 1506 in Rom erstmals eine unmittelbare Verbindung in die Vergangenheit anzubieten schien. Die Gruppe, heute im Vatikan, zeigt den trojanischen Priester Laokoon und seine beiden Söhne, die von zwei riesigen Schlangen angegriffen werden. Welchen Eindruck diese Statue heute auch bei uns hinterlassen mag (viele halten die Darstellung für überladen), so waren Winckelmanns Analysen damals doch von der »Kraft einer Offenbarung«. Seine Argumentation wurde als derart originell und trefflich empfunden, dass er praktisch über Nacht zu einem Nationalhelden wurde: »Mit Ausnahme von Preußens Friedrich dem Großen war er neben Leibniz und Goethe der bekannteste Deutsche.« Und Laokoon wurde mit einem Mal zu einem Kultgegenstand, über den landauf, landab diskutiert wurde.[20]

Eine Folge von Winckelmanns Analyse, die von Herder, Goethe, den Gebrüdern Schlegel und Hegel aufgegriffen wurde, war die Vorstellung, dass es eine historische Trennlinie zwischen der antiken und der modernen Kultur gebe, wobei moderne Kultur sogar als »die *Antithese* der Ganzheitlichkeit griechischer Kultur, ihrer unbefangenen Schlichtheit und Selbstbezogenheit, ihrer unmittelbaren Beziehung zu sich und der

Natur« betrachtet wurde.²¹ Ob man dem nun zustimmt oder nicht, es war Winckelmanns Errungenschaft, dass er Schönheit ernst nahm, dass er sie in den Mittelpunkt des Lebens rückte und nicht bloß als eine Zierde betrachtete. Abgesehen davon legte er nahe, dass der Mensch, sofern er sein Leben vom griechischen Ideal beeinflussen und durchdringen lasse, darauf hoffen dürfe, auch jene Bedingungen wiederherstellen zu können, welche zur Erschaffung von großer Kunst unabdingbar sind – mit anderen Worten: um eine Art von Vollkommenheit zu erreichen.²²

Das war alles ungemein berauschend. George Santayana sollte später spotten: »Wie rein sind doch die blinden Augen der Statuen, wie keusch die weißen Falten der marmornen Tuche.«²³ Doch abgesehen von Winckelmanns unnachahmlichem Stil, abgesehen von seiner Vorstellung von der erhebenden Kraft der Schönheit, lässt sich noch etwas ganz anderes von nicht minderer Bedeutung aus seinem Werk herauskristallisieren, nämlich, dass er die andere Seite des griechischen Lebens – Tragik und Leid, den Priapismus, die orgiastischen Feste zu Ehren des Weingottes, all das, was Nietzsche als »dionysisch« bezeichnen sollte – schlicht ignorierte. Man darf wohl ziemlich sicher sein, dass Winckelmann diese Seite mied, weil der Stoizismus, den er bei den Griechen so bewunderte, etwas Puritanisches an sich hatte. Die griechische Kunst war für ihn das genaue Gegenteil von barocker Fülle – von dem »Hedonismus und der Zügellosigkeit« des Rokoko. Nicht nur für ihn, auch für das aufstrebende deutsche Bildungsbürgertum verkörperten die Einflüsse der dekadenten Aristokratie und höfischen Kultur Frankreichs auf Friedrich den Großen und die herrschenden deutschen Eliten alles, was Winckelmann so zuwider war. Und damit wurde er einer ganzen Generation von Dichtern und Denkern im Goldenen Zeitalter zum Vorbild und trug zu deren Versuchen bei, im Schatten Friedrichs des Großen deutsche Kultur und die kulturellen Institutionen Preußens zu erneuern. Die Idee, dass Griechenland, diese »machtlose und praktisch untergegangene Nation«, ein derart einflussreiches *kulturelles* Erbe hinterlassen haben sollte, fand großen Anklang beim deutschen Bildungsbürger, weil sie Parallelen zu dessen eigener misslicher Lage aufwies.²⁴

Die von Winckelmann initiierte Wiederbelebung Griechenlands veränderte, so Henry Hatfield, »den Kurs der deutschen Literatur grundlegend: Viele ihrer großen Schriftsteller, von Lessing bis zu unserer Zeit, hätten ohne seine Vorgaben und sein Vorbild anders geschrieben.« Es ist wohl nicht übertrieben, wenn man behauptet, dass Winckelmann die Geschichte des abendländischen Geschmacks beeinflusste, sogar bis hin zu den Ansichten des amerikanischen Präsidenten Thomas Jefferson. Heute gilt Winckelmann als Vater der klassischen Archäologie, aber man könnte ihn auch als einen Vater des Historismus bezeichnen, da sich sein prägender Einfluss auf Herder über diesen vermittelt auf die Geschichtsschreibung ausweitete. Der Philhellenismus wurde zu einem bestimmenden Merkmal des deutschen Bildungsbürgertums und wirkte sich auf die Universitäten ebenso aus wie auf die Staatsverwaltung. Und was Hegel betrifft, so »muss Winckelmann zu denjenigen gezählt werden, welchen es gelang, ein neues Werkzeug der Sprache zu erschaffen, das dem menschlichen Geist eine ganz neue Sichtweise auf die Dinge eröffnete«.[25] »Bis 1871«, so die amerikanische Historikerin Suzanne Marchand, »war Graecophilie zum Bestandteil des nationalen Patrimoniums geworden.«[26] Goethe betrachtete Winckelmann als einen neuen Kolumbus.

Winckelmanns grausame Ermordung (er wurde in Triest erstochen, was eine Vorlage für Thomas Manns *Tod in Venedig* gewesen sein soll) schockierte die gebildete Elite in ganz Europa. Es war das düstere Ende einer bemerkenswerten Karriere.[27]

»Deutsche im Banne Griechenlands«

Winckelmanns Reputation überdauerte seinen Tod und nahm auch keinen Schaden an der Kritik, an der es gewiss nicht mangelte, insbesondere nachdem die Kasseler »Gesellschaft der Altertumsfreunde« im Jahr 1777 als Preisaufgabe eine »Lobschrift auf Winckelmann« ausgeschrieben hatte, die Christian Gottlob Heyne gewann, obwohl er Winckelmann der »Krankheit der Zeichendeuterey und Wahrsagerkunst« angeklagt hatte. Winckelmanns Behauptung, dass die antike Kunst nach ihrer klassischen Phase im 5. und 4. Jahrhundert v. d. Z. an Bestand verloren habe, hatte Heyne bereits 1771 in seiner Schrift *Berichtigung und Ergänzung der Winkelmannischen Geschichte der Kunst des Alterthums* als durch keine verfügbaren Nachweise gestützt kritisiert. Es lässt sich jedoch leicht erkennen, wie einflussreich Winckelmanns Ideen trotz solcher Kritiken blieben: 1935, wenige Jahre vor Ausbruch des Zweiten Weltkriegs, veröffentlichte Eliza Marian Butler ihre Studie *The Tyranny of Greece over Germany* (*Deutsche im Banne Griechenlands*, 1948), in der sie den Einfluss von Winckelmann – und von Griechenland – auf Lessing, Goethe, Schiller, Hölderlin, Karl Friedrich Schinkel, Carl Gotthard Langhans, Heinrich Schliemann, Friedrich Nietzsche und Stefan George untersuchte. »Wenn ich eine Geschichte der deutschen Literatur seit 1700 zu schreiben hätte, so könnte ich es nur unter diesem Gesichtspunkt tun; denn es scheint mir, daß Winkelmanns Griechenland der entscheidende Faktor in der Entwicklung der deutschen Dichtung während der zweiten Hälfte des 18. Jahrhunderts und im ganzen 19. Jahrhundert gewesen ist [...]. Wohl hat Griechenland die Richtung der gesamten modernen Kultur grundlegend beeinflußt, indem es ihr seine Anschauungen, seine Maßstäbe, seine literarischen Formen, seine Darstellungsart, seine Visionen und seine Träume aufdrängte, wo immer es bekannt wurde. Aber Deutschland ist das Musterbeispiel seiner siegreichen geistigen Tyrannei. Die Deutschen haben die Griechen sklavischer nachgeahmt, sie waren besessener von ihnen [...]« Und solche Besessenheit hielt Butler für höchst ungesund: »Nur bei einem Volk, das so von Herzen mit sich unzufrieden ist, konnte dieser grimmige Kampf mit einem fremden Ideal so lange geführt werden.«[28] Dem konnte Henry Hatfield nicht zustimmen. In seiner Studie *Aesthetic Paganism in German Literature* (1964) kam er zu dem Schluss, dass von *Faust* bis *Zauberberg*, »von Winckelmann bis Rilke, von Goethe bis George die meisten großen deutschen Schriftsteller im einen oder anderen Maße ›Hellenisten‹ waren«.[29]

Die Rückkehr des »allseitigen Menschen«

Winckelmann war vielleicht das deutsche Äquivalent zu Petrarca gewesen, doch der Marsilio Ficino des Nordens – ein wahrer Renaissancemensch, der über alles schrieb, von der Philosophie über das Christentum, die Astronomie und Magie bis hin zur Mathematik – war Gotthold Ephraim Lessing (1729–1781). Er gilt allgemein als Vater der modernen deutschen Literatur, und auch er war zudem Gelehrter, Altertumsforscher, Philosoph, Philologe, ja sogar Theologe – jedenfalls der Erste unter den »allseitigen Menschen«, von denen die dritte, die deutsche Renaissance geprägt wurde. Vor allem symbolisierte Lessing das Neue, jenes neue Zeitalter, welches im 18. Jahrhundert in den deutschen Ländern – und in gewissen Maßen in ganz Europa – angebrochen war. In nichts kommt das deutlicher zum Ausdruck als in der Tatsache, dass Lessing der erste berühmte deutschsprachige Dichter war, der von seinen Schriften *leben* konnte.

Geboren wurde Lessing in Kamenz unweit von Dresden als zweitältester Sohn unter den zwölf Kindern des dortigen Archidiakons; fünf seiner Geschwister starben allerdings noch im Kindheitsalter (was damals jedoch keine ungewöhnliche Rate war). Für Bücher hatte Lessing schon in jungen Jahren eine Vorliebe entwickelt: Der Legende nach hatte er bereits als Fünfjähriger darauf bestanden, sich »mit einem ansehnlichen Sortiment von Büchern und Folianten« anstatt eines Vogelkäfigs porträtieren zu lassen. 1746 ging er zum Studium nach Leipzig, in das »Klein Paris« und das Zentrum von Mode wie Literatur, wo Johann Christoph Gottsched der »Deutschen Gesellschaft« vorstand und gerade seine literarischen Reformen vorantrieb.[30]

Die erste deutsche Generation von kreativen Schreibern mit einer unverkennbar eigenen Stimme war wie gesagt um das Jahr 1750 aufgetaucht. Der gefeiertste von ihnen bis Lessing war Friedrich Gottlieb Klopstock

(1724–1803) gewesen, der 1748 die ersten drei Gesänge seines *Messias: Ein Heldengedicht* veröffentlicht hatte. Der Effekt, den diese so nachhaltig kraftvollen, disziplinierten und ungemein metaphorischen Gesänge auf deutsche Leser hatten, war gewaltig. Um sie auch heute noch mit der nötigen Einfühlsamkeit lesen zu können, muss man sie vor dem Hintergrund der Genius-Theorie im 18. Jahrhundert betrachten, das heißt, man muss sich bewusst machen, dass die Erzeugnisse eines Genies den Anhauch des Göttlichen hatten.[31] In klassischen Hexametern wechseln die Gesänge vom Religiösen zum Wissenschaftlichen, zum abstrakt Philosophischen, durchsetzt mit lebendigen Episoden der realen Geschichte, getragen von einer glänzenden Sprache, und all das mit dem einen Ziel, nämlich zu beweisen, dass ein Dichter ebenso viel Begeisterung schüren und Glaubensarbeit leisten kann wie der Messias.

Auch Klopstock war ein allseitiger Mensch. Die Vision einer *deutschen Gelehrtenrepublik*, die er 1774 in seinem gleichnamigen Traktat propagierte und mit der er andere junge Dichter wie Goethe stark beeindruckte, fand ihren Niederschlag unter anderem in seiner Metapher vom »Hain«, dem deutschen Äquivalent des griechischen »Helikon«.[32] Damit bewegte er eine Gruppe von jungen Dichtern in Göttingen zur Gründung des sogenannten »Hainbunds«, mit dem sie ihrer Naturverbundenheit Ausdruck verleihen und sich gegenseitig in der Betrachtung der Gesellschaft, der literarischen Sprache und der Kunst schulen wollten.

Lessing interessierte sich für die Ideen von Gottsched und Klopstock und ließ sich bis zu einem gewissen Grad auch von ihnen inspirieren, bis ihn eine weniger bekannte Figur, sein Vetter Christlob Mylius (1722 bis 1754), auf das Drama brachte. Lessings frühe Stücke wurden noch von seinen rein journalistischen (oft brillanten) Beiträgen und seiner ambitionierten »periodischen Schrift« *Beyträge zur Historie und Aufnahme des Theaters* (später *Theatralische Bibliothek*) überschattet. Und weil ihm diese Texte schließlich den Posten des Rezensenten der *Berlinerischen Privilegierten Zeitung* einbrachten (der späteren berühmten *Vossischen Zeitung*) und er somit über ein regelmäßiges Einkommen verfügte, wandte er sich vom Drama ab, um sich ganz auf die Kritik zu konzentrieren. Derweil freundete er sich mit zwei anderen »allseitigen Menschen« an: mit Friedrich Nicolai (Verleger, Schriftsteller, Philosoph, Satiriker) und Moses Mendelssohn (Philosoph, Mathematiker und ein Kritiker, der sogar die Dichtung Friedrichs des Großen zu zerpflücken wagte). Man begann in Berlin, über die drei Männer zu reden.

Im Lauf der Jahre rief Lessing nicht weniger als fünf Zeitschriften ins Leben oder trug zu deren Gründung bei, immer in der Absicht, den Standard der deutschen Literatur zu heben und sie vor der Mittelmäßigkeit zu bewahren.[33] Er befasste sich ausgiebig mit Winckelmann (und widersprach vielen seiner Schlussfolgerungen über die griechische Kunst), machte ein paar Exkursionen in die Archäologie und erforschte die für ihn entscheidenden Unterschiede von Kunst und Dichtung.³⁴ 1765 wurde ihm eine Stelle als Dramaturg und Konsulent an einem Theater angeboten, das demnächst in Hamburg seine Tore öffnen sollte und nichts Geringeres darstellte als den Versuch, ein deutsches Nationaltheater zu gründen. Die Eröffnung fand im April 1767 statt. Noch im selben Jahr begann Lessing seine Reihe *Hamburgische Dramaturgie* herauszugeben, mit der er das allgemeine Interesse am Theater fördern wollte. Am bekanntesten wurde wohl der Beitrag, in dem er forderte, Geschichten über Menschen zu schreiben, deren Leben dem von Normalsterblichen glich, weil das den Zuschauer am ehesten bewegte, wohingegen die Anwesenheit von Königen und Fürsten auf der Bühne vielleicht Grandeur vermitteln könne, es dem Zuschauer in Ermangelung von Vertrautem aber erschwere, sich mit den Figuren zu identifizieren, und deshalb auch weniger rühre.³⁵

Doch weder das Hamburger Nationaltheater noch Lessings *Dramaturgie* waren so erfolgreich, wie er gehofft hatte. Und dieser Rückschlag war nicht der einzige: Nachdem sein Sohn binnen vierundzwanzig Stunden nach der Geburt am ersten Weihnachtsfeiertag 1777 gestorben war, starb am 10. Januar 1778 auch seine Frau Eva König, die er erst zwei Jahre zuvor in Hamburg geheiratet hatte. Der verzweifelte Lessing war gefangen in einem der großen inneren Kämpfe seines Lebens. Im Jahr zuvor hatte er in seiner Publikationsreihe *Zur Geschichte und Literatur. Aus den Schätzen der Herzoglichen Bibliothek zu Wolfenbüttel* den zweiten Teil der »Fragmente eines Ungenannten« veröffentlicht (der erste war 1774 erschienen): in Wahrheit das von Hermann Samuel Reimarus verfasste Manuskript *Apologie oder Schutzschrift für die vernünftigen Verehrer Gottes*. Reimarus (1694–1768) war ein angesehener Hamburger Gymnasialprofessor für orientalische Sprachen gewesen und hatte in dieser Handschrift behauptet, dass Jesus ein zwar wohlmeinender, aber ungestümer Aufrührer und die Auferstehung eine Erfindung seiner Jünger gewesen sei, folglich beruhe das Christentum auf einem Betrug. Das Problem mit dieser Handschrift war, dass Lessing sie unbedingt veröffentlichen wollte, obwohl Reimarus zu Lebzeiten immer betont hatte, er wolle sie erst dann publizieren, wenn mehr Toleranz garantiert sei. Und da auch Lessing bewusst war, welche Repressalien diese Veröffentlichung auslösen konnte, begann er sie eben als kommentierte »Fragmente eines Ungenannten« zu publizieren. In der Tat brach ein Sturm des Protests unter den orthodoxen Protestanten los. Doch weil Lessings Gegner bei diesem sogenannten »Fragmentenstreit« wussten, dass sie ihm auf geistigem Niveau nicht das Wasser reichen konnten, brachten sie Herzog Carl von Braunschweig dazu, Lessing ein Publikationsverbot »in Religionssachen« zu erteilen. Und da Lessing unter dem Regime des Herzogs lebte und finanziell von ihm abhängig war, war er gezwungen zu gehorchen.

Das war ein schwerer Schlag. Während des Streits hatte Lessing einen Briefwechsel mit Reimarus' Tochter Elise geführt und darin die rhetorische Frage gestellt, ob man ihn künftig »wenigstens auf seiner alten Kanzel«, dem Theater, noch ungestört predigen lassen würde. Also setzte er sich hin und schrieb das Drama *Nathan der Weise*, sein 1779 veröffentlichtes Meisterwerk.

Lessing verfasste dieses »Meisterwerk aller Meisterwerke« im Blankvers (ungereimt) – fast ein Jahrzehnt vor der Zeit, in der sich dieser bei Goethe und Schiller als der Regelvers für das klassische Drama durchsetzte.[36] Die Ringparabel hatte Lessing aus Giovanni Boccaccios *Decamerone* übernommen: Ein reicher und vornehmer Mann besaß einen kostbaren Ring, den derjenige erben sollte, welcher ihn seinem »Werte und seiner Schönheit nach zu ehren« verstünde. Dieser würde fürderhin »für seinen Erben gelten und vor allen anderen als der vornehmste geehrt werden«. Nun hatte der Mann jedoch drei Söhne, die er gleichermaßen liebte, und brachte es nicht über sich, einen von ihnen zu bevorzugen. Also ließ er von einem Goldschmied zwei weitere vollkommen gleich aussehende Ringe anfertigen und vererbte jedem Sohn einen davon. Nach seinem Tod waren die Söhne nicht in der Lage, herauszufinden, wer von ihnen den echten Ring besaß, und traten deshalb vor den Richter, dessen weises Urteil schließlich lautete, dass sich erst durch die Lebensführung der Brüder erweisen werde, wer im Besitz des echten Ringes sei.

Nathan der Weise spielt zur Zeit des Dritten Kreuzzugs in Jerusalem und scheint auf den ersten Blick ein Stück über einen Mann und eine Frau zu sein, die sich verlieben, ohne zu wissen, dass sie Bruder und Schwester sind.[37] Die Blutsverwandtschaft wird zwar rechtzeitig offenbar, um sie zu hindern, die Ehe einzugehen; doch damit erfahren sie auch, dass ihr Vater der Bruder von Sultan Saladin ist (jener Muslim Saladin, welcher in Boccaccios Fabel als einer der drei Söhne dargestellt wird). Die beiden anderen Hauptfiguren neben diesem sind der Jude Nathan und der christliche Tempelherr. Saladin stellt Nathan die Frage, welche der drei großen Religionen die wahre sei, woraufhin dieser die Geschichte von den drei Ringen erzählt. Nathan offenbart sich im Lauf des Geschehens als eine weise Seele, tolerant und verständnisvoll, und der stolze, aber edelmütige Saladin erkennt dessen Größe. Es sind die Christen, die sich vor allem den Juden gegenüber als verächtlich und intolerant erweisen. Das wechselnde Geschick der Figuren mildert zwar schließlich die Intoleranz des Tempelherrn, doch der Patriarch ändert sich kein Jota. Und das ist der Punkt in diesem Stück: Lessing führt uns vor Augen, dass es ethisch gesehen drei Arten von Menschen gibt – solche, die über kein moralisches Urteilsvermögen verfügen, solche, die den rechten Weg erkennen, aber untätig bleiben, und solche, die erkennen, was richtig ist, *und* entsprechend handeln. Der zweiten Gruppe gehörte Lessings ganze Verachtung.

Heute gilt Lessing als die oberste Instanz der deutschen Literatur vor Goethe. Mit seinen Stücken trug er dazu bei, dem chronischen Provinzialismus dieser Literatur ein Ende zu setzen, und mit seinen Kritiken hatte er den Einfluss der französischen Vorbilder auf die deutsche Literatur abgemildert – hatte beendet, was er als die sklavische Unterwerfung Gottscheds unter Racine, Corneille und Voltaire empfand. Ein wesentlich besseres Vorbild sah er in Shakespeare: »Nach dem *Ödipus* des Sophokles muß in der Welt kein Stück mehr Gewalt über unsere Leidenschaften haben, als *Othello*, als *König Lear*, als *Hamlet* etc.« Außerdem fand er, dass »unsre alten Stücke wirklich sehr viel Englisches gehabt haben [...]. Doctor Faust hat eine Menge Szenen, die nur ein Shakespearesches Genie zu denken vermögend gewesen [...]. Einer von meinen Freunden verwahret einen alten Entwurf dieses Trauerspiels, und er hat mir einen Auftritt daraus mitgeteilet, in welchem gewiß ungemein viel großes liegt.«[38] Das, schreibt Henry B. Garland, »bot die Grundlage, auf welcher der Weimarer Klassizismus Goethes und Schillers in den letzten Jahrzehnten des Jahrhunderts aufbauen konnte.« (Goethes erster *Faust*-Entwurf, der in den Jahren 1772 bis 1775 entstandene *Urfaust*, wurde erst als Abschrift im 19. Jahrhundert entdeckt und war daher nie aufgeführt worden; es ist *Faust, Der Tragödie erster Teil*, der bis heute weithin als das entscheidende Moment für den innovativen Wandel auf deutschen Bühnen gilt.)[39]

Zu guter Letzt setzte sich Lessing akribisch mit den Evangelisten auseinander und schrieb die erste unvoreingenommene, wissenschaftliche Studie über den Ursprung der Evangelien, die der Forschung einen gewaltigen Schub gab. Den Worten eines Kritikers zufolge war Lessing »die bewundernswerteste Gestalt in der Geschichte des geistigen und literarischen deutschen Lebens zwischen Luther und Nietzsche«.[40]

Die Ursprünge moderner Forschung

Wenden wir uns nun den beiden Deutschen zu, die die innovativen Theorien Winckelmanns institutionalisierten.

Die Entwicklung der Altertumswissenschaft zu der Disziplin, die wir heute kennen, hat eine Menge dem Werk und der kompromisslosen Vision von Friedrich August Wolf (1759–1824) zu verdanken. Altertumsforschung – die Eroberung der Alten Welt durch Gelehrte, wie der bedeutende Altphilologe Ulrich von Wilamowitz-Moellendorff im 19. Jahrhundert schrieb – begann erst wirklich mit Wolf. Er hatte von jeher bestritten, dass für das Sprachstudium eine theologische Ausbildung nötig sei, und sich entschieden für die Befreiung der Altertumsforschung von jeder klerikalen Kontrolle eingesetzt. Zwar war er nicht der erste moderne Philologe gewesen, doch es waren seine rigorosen Methoden der Quellenkritik, die der Philologie eine ganz neue Gestalt verliehen, sie zur neuen Königin der Disziplinen krönten. Sein 1795 entstandenes Hauptwerk *Prolegomena ad Homerum* bezeichnet der amerikanische Historiker Anthony Grafton als »die Charta der Altertumswissenschaft als eigenständiger Disziplin«.[41]

Wolf wurde als Sohn eines Schulmeisters in Hainrode geboren und hatte bereits im Alter von sechs Jahren neben etwas Griechisch auch Latein und Französisch lesen können. In Göttingen besuchte er die Vorlesungen des berühmten Altphilologen Christian Gottlieb Heyne, hielt ansonsten aber Distanz zu ihm, obwohl er sein Studium mit ebenso viel Hingabe betrieb wie sein Lehrer: Wie einst dieser schlief auch er sechs Monate lang bloß zwei Nächte pro Woche, um sich schnellstmöglich mit seinen geliebten Klassikern vertraut zu machen. Damit er nicht einnickte, blieb er auf einem harten Stuhl sitzen und stellte die Füße in einen Eimer mit kaltem Wasser; und damit seine Augen diesen Kraftakt überstanden, gewöhnte er sich an, abwechselnd eines mit einer Bandage abzudecken und nur mit dem anderen zu lesen. Diese absolute Hingabe erinnert auch stark an Winckelmann, der sich einen Holzpflock um den Fuß zu binden pflegte.

Aber solche Aufopferung zahlte sich aus. 1783, im Alter von vierundzwanzig, erhielt Wolf einen Ruf als Ordinarius für Philosophie und Pädagogik an die Universität Halle.[42] Dort, in der Stadt, in der das Seminar erfunden worden war, veranstaltete er dann mit so großem Erfolg sein »Seminarium philologicum« für die Ausbildung von professionellen Altertumsforschern, dass diese Lehrweise schließlich allen neuen deutschen Universitäten im 19. Jahrhundert zum Vorbild wurde. Wolf, schreibt Suzanne Marchand, war voller Stolz überzeugt, dass er mit seiner Art des altphilologischen Studiums »Selbstbeherrschung, Idealismus und einen noblen Charakter anerziehen« könne. Und genau diese Überzeugung sollte sich im weiteren Verlauf des 19. Jahrhunderts nicht nur unter Akademikern, sondern auch unter den Staatsdienern verbreiten.

Seine bekanntesten Werke, die *Prolegomena ad Homerum, sive de operum Homericorum prisca et genuina forma variisque mutationibus et probabili ratione emendandi,* wie sie mit vollständigem Titel lauten, und seine *Darstellung der Alterthums-Wissenschaft nach Begriff, Umfang, Zweck und Werth* (1807 im ersten Band des *Museum der Alterthums-Wissenschaft* veröffentlicht), waren zwar nicht besonders originell, doch mit seinen akribischen Textinterpretationen in Verbindung mit seinen nüchtern präsentierten klugen Gedanken über Homer und dessen Zeit stellte Wolf philologisches Fachwissen erstmals über philosophisches. Er bewies als Erster, »dass sich ein Zugang zum griechischen Denken nur durch die strikte Beachtung linguistischer, grammatikalischer und orthografischer Details bot«.[43]

Zur Bekräftigung seiner These, dass die homerischen Dichtungen erst

Mitte des 6. Jahrhunderts v. d. Z. geschrieben worden waren, zur Zeit der Tyrannis des Peisistratos also, analysierte Wolf die variierenden alten Sprachformen und konnte so den Nachweis erbringen, dass die homerischen Gedichte »nicht das Werk eines einzelnen Dichtergenies und nicht von Anfang an aufgeschrieben waren« und die vortragenden Rhapsoden den Text im Lauf der Zeit nicht nur verändert, sondern auch neue Passagen eingefügt hatten. Auch dass er erforschte, was nicht vorhanden war *(Argumentum ex silentio*: Beweis aus dem Schweigen), ermöglichte ihm viele Rückschlüsse, beispielsweise auf die Ordner *(Diaskeuasten)* der homerischen Dichtung. Dabei legte Wolf immer seine Methoden offen, gab immer deutlich den Unterschied zu erkennen zwischen dem, was er wusste, und dem, was er mutmaßte, und benannte die Autoritäten, denen er vertraute und denen er misstraute.[44]

In seiner *Darstellung der Alterthums-Wissenschaft* unterschied er zwischen Griechen und Römern auf der einen und Ägyptern, Hebräern und Persern auf der anderen Seite. Dabei brachte er unmissverständlich zum Ausdruck, dass nur die Griechen und Römer über eine »*höhere eigentliche Geistescultur*« [Hervorhebungen im Original] verfügt hätten, wohingegen »sämmtliche Orientalen«, wie er die anderen Völker nannte, »gar nicht oder nur wenige Stufen sich über die Art von Bildung erhoben, welche man *bürgerliche Policirung* oder *Civilisation* […] nennen sollte«. Kulturen bedürften der »Sicherheit, Ordnung und Bequemlichkeit«, um zu »edleren Erfindungen und Kenntnissen« gelangen zu können, die es im Altertum jedoch nirgendwo außerhalb von Griechenland und Rom gegeben habe. Vor allem die »Litteratur« betrachtete er als lebensnotwendig für eine Kultur, »d. i. einen Vorrath von Schriften, worin nicht eine einzelne Kaste […], sondern jeder aus der Nation, welcher besseren Einsichten vertraut, Beiträge zur Aufklärung der Zeitgenossen darlegt«. Und daraus ergab sich für ihn der Schluss: »Es wird erlaubt seyn, im Geiste der Alten, die auf die *Barbari* [den ganzen Rest] als auf unedlere Menschengattungen mit stolz [sie!] herabsahen, sogar den Namen *Alterthum* in ausnehmendem Sinne auf die beiden durch Geistescultur, Gelehrsamkeit und Kunst verfeinerten Völker [Griechen und Römer] einzuschränken.«[45] Wolfs Denkschema zufolge bestand die Altertumswissenschaft aus nicht weniger als vierundzwanzig Disziplinen, von der Grammatik über die Epigraphik und Numismatik bis hin zur Geografie, die er samt und sonders für unerlässlich hielt, wenn man sich wirklich einen unbeschränkten Zugang zu den Texten verschaffen wollte.

Als Wissenschaftler genoss Wolf einen überragenden Ruf. Auch Goethe besuchte seine Vorlesungen. 1796 wurde ihm ein Lehrstuhl an der Universität von Leiden angeboten, damals das Mekka der Altertumsforschung, den er jedoch ablehnte, um in Halle zu bleiben, bis die französische Besatzung 1806 allem ein Ende setzte. Die Schließung der Universität Halle hätte katastrophale Folgen für ihn haben können, doch dann wurde er 1810 zum ersten Ordinarius für Altertumswissenschaft an die neue Universität zu Berlin berufen.

Suzanne Marchand behauptet, dass Wolfs Streben nach philologischer Kompetenz sehr »zur Innenorientierung der universitären Gemeinschaft nach 1800« – einem für die Forschung bedeutenden Ereignis – beigetragen habe. »Das stolze Beharren Wolfs auf ›Uneigennützigkeit‹ und wissenschaftliche Autonomie inspirierte die Altphilologie und Altertumsforschung zu einer gewissen Distanz gegenüber der Gesellschaft, die selten unter den Gelehrten des 18. Jahrhunderts gewesen war, da so viele abhängig waren von aristokratischen Mäzenen oder von Einkommen aus einer anderen, nichtuniversitären Tätigkeit und weil Professoren im 18. Jahrhundert generell mehr ihres Vortragsgeschicks als ihrer unabhängigen Forschungen wegen geschätzt wurden.«[46]

Winckelmann war es eher um einen Vergleich der alten Griechen mit modernen Denkern als um einen Vergleich von Griechen und Deutschen gegangen. Aber auch das sollten die Kriege gegen Frankreich ändern, denn inmitten all der Niederlagen wurden die Parallelen zwischen der misslichen Lage der deutschen Staaten und dem antiken Athen – politisch fragmentiert, mit Waffengewalt unterjocht, doch mit einer (Rom) überlegenen Kultur und durch eine einheitliche Sprache geeint – immer deutlicher wahrgenommen. »Im Schatten der Niederlage Preußens bei der Schlacht von Jena im Jahr 1806 durchlebte der deutsche Philhellenismus einen grundlegenden Wandel; seine antiaristokratischen Aspekte verwandelten sich in pronationale Gefühle, und eine neue, auf dem Begriff der Bildung beruhende Pädagogik schloss ihren Frieden mit dem Staat und dem Status quo.«[47] An die Stelle des angeborenen Ranges oder der erworbenen gesellschaftlichen Position trat der Neuhumanismus – die Grundeinstellung des neuen Bildungsbürgertums –, der das Individuum erstmals nach seinen Fähigkeiten, die Kultur zu bereichern, beurteilte.

Ein enger Freund von Wolf war Wilhelm von Humboldt. Er teilte Wolfs Ansicht von der großen Bedeutung der Altertumsforschung, denn aus seiner Sicht eröffnete sich mit dem Studium klassischer Texte nicht nur eine Möglichkeit, den beeindruckenderen, weil autodidaktisch gebildeten Menschen des Altertums zu begegnen, sondern auch die Chance, an deren Vorbild den eigenen Geist zu schärfen. Wolf und Schiller, dem Humboldt ebenfalls nahestand, hatten ihn überzeugt, dass das Wissen des alten Griechenland einen ausgleichenden Einfluss auf die gesellschaftlichen Spaltungen im späten 18. und frühen 19. Jahrhundert ausüben konnte. 1802 wurde Humboldt zum Gesandten Preußens am Heiligen Stuhl ernannt, was ihm reichlich Möglichkeiten bot, die Altertümer in Rom zu erkunden. Von praktischer Relevanz wurden diese Erfahrungen im Jahr 1808, zur Zeit der Nachwehen des napoleonischen Sieges über Preußen, als unter der Ägide zweier entschlossener Aristokraten – Karl August Freiherr von Hardenberg und Karl Freiherr vom Stein zum Altenstein – begonnen wurde, eine ganze Reihe von Staats- und Verwaltungsreformplänen in Preußen umzusetzen. Zu den wichtigsten Reformmaßnahmen zählten die Bauernbefreiung, das Emanzipationsedikt (welches Juden – noch eingeschränkte – Bürgerrechte garantierte), einige Wirtschaftsreformen und die Umstrukturierung der Staatsverwaltung. Was Humboldt aufs Tapet brachte, war die neu erschaffene »Sektion für Kultus und öffentlichen Unterricht im Preußischen Innenministerium«, deren Leitung er nun übernahm. Bis dahin waren Erziehungsanstalten in Deutschland (insbesondere Grund- und Realschulen) von der Kirche verwaltet worden; Hardenberg und Stein, mit denen Humboldt befreundet war, hatten jedoch ein neues Schulsystem unter staatlicher Ägide für nötig befunden. Zu Humboldts Aufgabenbereich zählte die Supervision von Schulen, Universitäten, der Akademien der Künste und der Wissenschaften, von Kulturvereinen und dem Königlichen Theater – alles Bereiche, die ihm ohnedies am Herzen lagen. Somit wurde er zum Mäzen und Wächter des Erziehungsideals, das ihn selbst geprägt hatte.

Die entscheidenden der von ihm umgesetzten Maßnahmen waren die Zentralisierung der Finanzen, die Einführung einer einheitlichen Reifeprüfung für Studienanwärter (Abitur) – wobei das Schwergewicht auf der Übersetzung von griechischen und lateinischen Texten lag – und die Vergabe des Rechts auf die Abnahme des Abiturs ausschließlich an Gymnasien. Aber der Höhepunkt der Humboldt'schen Reformen war die Gründung der Universität zu Berlin, die nach seinen Plänen strukturiert wurde und 1810 ihre Tore öffnete. Das heißt, Humboldt konsolidierte in Berlin den Trend, den Gerlach Adolph Freiherr von Münchhausen in Göttingen begonnen hatte: Er förderte die philosophische Fakultät (Philologie, Philosophie und Naturwissenschaften) bei Weitem mehr als die »praktischeren« Disziplinen der Medizin, des Rechts und der Theologie, tat aber ein Übriges, indem er die Naturwissenschaften innerhalb der philosophischen Fakultät den Geisteswissenschaften unterordnete, »weil er fürchtete, Erstere würden sonst in einen geistlosen Empirismus abdriften«. Und da er den Professoren ein sehr gutes Salär offerierte (wobei er sich erneut ein Beispiel an Münchhausen genommen hatte), konnte er auch eine Schar von brillanten jungen Gelehrten aus vielen Disziplinen nach Berlin locken. »Bald stand Berlin im Ruf, eine ›Arbeitsuniversität‹, eine Institution für arbeitsame, mündige und am gesellschaftlichen Leben wenig interessierte Gelehrte des Typs zu sein, den Wolf und Humboldt selbst repräsentierten.«[48]

Doch Humboldt blieb dem Ministerium nicht lange erhalten – er verließ es bereits im Juni 1810. Zu diesem Zeitpunkt hatte er mit der Universität zu Berlin und all den Reformen im Bildungsbereich allerdings bereits dafür gesorgt, dass die neuhumanistische Bildung zur Kulturphilosophie des preußischen Staates geworden war. Humboldt hatte eine klare Vorstellung davon, was »Bildung« beinhalten sollte: Der wichtigste, fortschrittlichste Aspekt war für ihn die Anerziehung einer sozialen Ethik, weil damit die Bereitschaft des Individuums gefordert war, sich einem Umwandlungsprozess zu unterziehen, der vom Naturzustand des Unwissens und der Unreife zur Bürgerfähigkeit führte, zur Einvernehmlichkeit einer harmonischen Gemeinschaft, die sich zur Loyalität gegenüber dem Staat verpflichtet fühlte. Geistige Emanzipation durch geisteswissenschaftliche Ausbildung war für ihn der einzig wahre Weg zu innerer Freiheit und zu einer freiwilligen Bürgerschaft. Aber diese Vision war nicht nur egalitär, sondern auch elitär; und dieses Paradoxon sollte noch weitreichende Folgen haben.[49]

Teils unter dem Einfluss von Wolf, teils unter dem von Herder war Humboldt zu dem Schluss gekommen, dass das Hauptaugenmerk bei der Erziehung auf Sprache liegen müsse. Er war überzeugt, dass sich in der Gestalt und Struktur einer Sprache der Charakter eines Volkes offenbare, deshalb war die Bildung, die ihm vorschwebte, auch nur über ein Studium des griechischen Altertums in Verbindung mit der Fähigkeit erreichbar, dessen Sprache zu verstehen. Um Bildung – wahre (innere) Freiheit – zu erwerben, war dreierlei nötig: »Zwecklosigkeit«, »Innerlichkeit« und »Wissenschaftlichkeit«. Alle (männlichen) Gymnasiasten sollten nach dieser historisch-philologischen Art von Bildung streben.[50]

Diese Vorstellung erwies sich dann als ebenso erfolgreich wie erfolglos. Bis zu Humboldts Tod im Jahr 1824 hatte sich Wolfs Vision durchgesetzt: Die Altphilologie war zur allgemein anerkannten Grundlage einer professionalisierten geisteswissenschaftlichen Ausbildung geworden.[51] Später im 19. Jahrhundert, als die Deutschen von aller Welt um ihre Gelehrten beneidet wurden, schienen die meisten Disziplinen kaum noch etwas mit dem griechischen Altertum zu tun zu haben. Doch die *Methodologie*, auf der ihre Erfolge beruhen, ging auf Humboldt, Wolf und letztendlich Winckelmann zurück.

4
Die vornehmsten Zeugnisse aus dem
»ausgehenden Zeitalter der handschriftlichen
Hinterlassenschaft«

Auf dem Höhepunkt der italienischen Renaissance im 15. Jahrhundert hatte es zwanzig Minuten gedauert, um sich zu Fuß einen Weg durch die Menschenmenge in Florenz zu bahnen und vom Ponte Vecchio zur Piazza di San Marco zu gelangen. Fünfundneunzigtausend Menschen lebten dicht gedrängt in dieser Stadt.[1] Nach heutigen Normen war das Florenz dieser Zeit natürlich keine Großstadt gewesen, dennoch ließ es Weimar winzig erscheinen, immerhin die Stadt, die für die deutsche Renaissance eine letztendlich vergleichbare Rolle spielte wie Florenz für die italienische.

Näherte sich der Reisende im 18. Jahrhundert Weimar, so erblickte er schon von ferne das herzogliche Schloss und sah die Türme mehrerer Kirchen hinter der Stadtmauer hervorragen, umgeben von sechs- bis siebenhundert Häusern (Florenz hatte im 15. Jahrhundert eine Kathedrale und hundertzehn Kirchen vorzuweisen).[2] Es gab zwei Gasthäuser, den »Erbprinzen« und den »Elephant«, drei Geschäfte, die dieses Namens würdig waren, und Straßen, die von fünfhundert Laternen gesäumt wurden, deren Unterhalt allerdings so teuer war, dass sie nur selten angezündet wurden.[3] Im Jahr 1786 bestanden »weit mehr als ein Viertel seiner 6000 Einwohner« aus dem Hofstab, der fürstlichen Familie, den Hofbediensteten und Pensionären. Es gab keinen nennenswerten Handel, keine »Touristen« und natürlich auch keine Industrie. Kein Wunder, dass Madame de Staël Weimar »nur für ein großes Schloß« hielt.[4]

Diese kleine und äußerlich so unscheinbare Stadt (mit einem ausgesprochen primitiven Abwassersystem) war also eine Residenzstadt. Der eigentliche Star dieses Hofes (seine »Muse«, wie Goethe sagte) war Anna Amalia von Braunschweig-Wolfenbüttel, die 1756 als junges Mädchen mit dem damals selbst erst achtzehnjährigen Ernst August II. Constantin von Sachsen-Weimar-Eisenach verheiratet worden war. Dessen kleines Herzogtum war ausgesprochen durchschnittlich, nur eines »von fast dreißig Duodezfürstentümern, eine Pufferzone zwischen Kursachsen im Osten und Hessen-Kassel im Westen, Brandenburg-Preußen im Norden und Bayern im Süden«. 1741 war Sachsen-Weimar mit den Herzogtümern Jena und Eisenach vereinigt worden, außerdem zählte noch der große Be-

sitz des Amtes Ilmenau dazu.[5] Nur die Steuersysteme der vier Besitztümer waren separiert.
Zwei Jahre nach der Eheschließung starb Ernst August. Anna Amalia hatte ihm bereits einen Sohn geschenkt, Karl August, ein zweites Kind war gerade unterwegs. Also übernahm sie für die Dauer der Unmündigkeit des Sohnes die Regentschaft, und in genau diesen neunzehn Jahren bis zu seiner Thronbesteigung sollte sie den Hof so verwandeln, dass die kommenden Entwicklungen überhaupt erst möglich wurden. Anna Amalias Mutter, eine Schwester Friedrichs des Großen, hatte die Vorlieben des Königs für Kunst, Literatur und Theater von jeher geteilt.[6] Schiller stellte nach der ersten Begegnung mit Anna Amalia zwar fest: »ihr Geist ist äußerst borniert«[7], doch allein ihrem Bestreben, mit anderen Höfen Schritt zu halten, war es zu verdanken, dass Theatertruppen nach Weimar kamen, Musiker und schließlich auch »Literaten«. Vier Männer von Weltrang konnten mit Hilfe von Anna Amalia nach Weimar geholt werden, als Erster Christoph Martin Wieland (1733–1813).

Als Wieland 1772 zum Erzieher des mittlerweile fünfzehnjährigen Karl August und zum herzoglichen Hofrat bestellt wurde, war er bereits einer der führenden deutschen Dichter gewesen. Er stammte aus gutbürgerlichem Hause (sein Vater war ein lutherischer Pastor), und diese Verbindung zwischen Aristokratie und Bürgertum sollte nun ganz ungeplant einen Prozess in Gang setzen, der zwei kulturelle Gruppen zumindest partiell zu dem verschmolz, was man später die »Weimarer Klassik« nennen sollte. In Paris oder London war es auch Dichtern geringeren Standes gut möglich gewesen, ihren Lebensunterhalt zu bestreiten, doch in den deutschen Ländern herrschte nach wie vor eine ziemlich rigide Gesellschaftshierarchie, weshalb die sozialen Veränderungen, die in Weimar zuwege gebracht wurden, nicht minder bedeutsam waren als all die anderen dort initiierten Innovationen.

Wielands frühes Werk hatte ihm schon einen Ruf unter Aristokraten beschert, deren Wort Gewicht hatte. Er war Senator seiner Vaterstadt Biberach und Professor für Philosophie an der Universität Erfurt gewesen und hatte in seinem Roman *Der goldene Spiegel* bereits seine politische Philosophie vorgestellt. Nach Art von Montesquieus *Persischen Briefen* hatte er sie – wie für Frankreich typisch – in eine phantasievolle orientalische Szenerie gekleidet, um ungestraft Zeitgenössisches kritisieren und mehr Bildung, vor allem bessere Geschichtskenntnisse selbst unter den Fürsten, propagieren zu können. Bekannt geworden war Wieland auch schon durch seinen Roman *Die Geschichte des Agathon* (1766/67), eines athenischen Jünglings, der im Lauf seines Lebens aus persönlicher Erfahrung lernt, dass die Schwärmereien seiner Jugend reine Torheit gewesen waren. Es war auf seine Art der erste »Bildungsroman« und dabei Wielands Verdienst gewesen, dass er als einer der Ersten dieses Konzept erfasst hatte. Der Glaubensverlust, den so viele Denker aus den Kreisen der Aufklärer erlebten, scheint in Deutschland nicht nur früher eingesetzt zu haben als in Frankreich oder England, sondern dort auch intensiver gewesen zu sein. In Anlehnung an den englischen Politiker und Philosophen Anthony Ashley Cooper, 3. Earl of Shaftesbury (der starken Einfluss auf Deutschland ausübte), hatte Wieland verstanden, dass es dem Menschen möglich war, selbst im Zeitalter des Zweifels nach Wissen und geisteswissenschaftlicher Reflexion – einer Bereicherung des Geistes – zu streben und *dennoch* seine traditionellen Pflichten zu erfüllen.[8]

Seine Stellung in Weimar trat Wieland im September 1772 an, wo er dann jedoch nicht nur seiner Hauptaufgabe nachkam, Karl August zu unterrichten, sondern stante pede die Idee verwirklichte, eine eigene literarische Zeitschrift herauszugeben, der er den Titel *Der teutsche Merkur* gab. Die erste Ausgabe erschien 1773 und war ein durchschlagender Erfolg. Sie sollte fast vierzig Jahre lang erscheinen und Mitteldeutschland mit der literarischen Kultur versorgen, der es das kleine Weimar zu verdanken hatte, dass es schließlich zur Kulturhauptstadt aufstieg. Wielands Ansichten überlappten sich mit denen des noch lebenden Königs Friedrich II. Auch er fand, dass die Deutschen chronisch unsicher in Geschmacksfragen seien, ganz im Gegenteil zu anderen Völkern wie zum Beispiel den Engländern, die zumindest ihre »Klassiker« hatten, wie wir heute sagen würden. Um deutschen Lesern aufzuzeigen, wie ein »Klassiker« aus der nachklassischen Welt »aussah«, publizierte Wieland mehrere eigene Shakespeare-Übersetzungen.[9]

Auch von der kulturellen Bedeutung des Theaters war Wieland von jeher überzeugt gewesen. Er erklärte – so der britische Literaturwissenschaftler Walter Horace Bruford –, dass die Bühne, die im alten Griechenland eine rein politische Institution gewesen sei, sogar in den aufgeklärten nichtabsolutistischen Regionen Europas zu einer moralischen Institution wurde, »die in der Lage ist, heilsamen Einfluss auf das Denken und die Manieren eines ganzen Volkes auszuüben«.[10] Man bedenke, dass Wieland zu einer Zeit schrieb, in der das Theater noch gegen die Opposition der Kirche zu kämpfen hatte. Andere mochten das vielleicht nicht erkannt haben, Wieland aber wusste, dass die Bühne ein Schauplatz war, an dem Menschen *gemeinsam* das Erlebnis haben konnten, ganz neue Ideen zu hören. (Das war einer der Gründe, weshalb die Kirche – und andere Obrigkeiten – so Sturm liefen gegen Theater, die vom Volk besucht werden konnten.) Die Bühne trug dazu bei, die »imaginäre Gemeinschaft«, wie der amerikanische Politologe Benedict Anderson es nannte, in eine Realität zu verwandeln, die dem Bildungsbürgertum Selbstbewusstsein und Selbstvertrauen einflößte.

Wie viele andere Denker betrachtete auch Wieland die Deutschen nicht als eine Nation, sondern als eine Ansammlung vieler Völker, ähnlich dem antiken Griechenland.¹¹ Trotzdem glaubte er, dass diese Völker in der Neuzeit einen typischen gemeinsamen Charakter entwickelt hätten, und weil er das für förderungswürdig hielt, veröffentlichte er in seiner Literaturzeitschrift auch wohlwollende Artikel über die ersten Sturm-und-Drang-Dichter. Über Goethes *Götz von Berlichingen* schrieb er in einer Rezension: »Möchten wir wieder solche Ungeheuer haben! [...] Wollte Gott, Götzens Verfasser gäb' uns ein ganzes Jahrhundert in einer tragikomischen Farce, die im Geiste seines Götzens geschrieben wäre [...].«¹² Hier endlich war die neue Stimme, die Wieland so dringend erforderlich fand.

Die erste große Romantragödie

Johann Wolfgang Goethes Ankunft im »großen Schloß« von Weimar war die Folge eines mehr oder weniger zufälligen Zusammentreffens mit Karl August, dem Sohn von Ernst August und Anna Amalia, in Frankfurt gewesen. Dieser hatte sich kurz vor seinem achtzehnten Geburtstag auf Brautschau begeben und sich für Louise von Hessen-Darmstadt entschieden. En route nach Karlsruhe, wo diese gerade bei ihrer Schwester weilte, legte Karl August einen Zwischenaufenthalt in Frankfurt ein, um sich Goethe vorstellen zu lassen, der sich mit seinem *Götz von Berlichingen* und den *Leiden des jungen Werther* bereits einen Namen gemacht hatte. Überraschenderweise verstand sich dieses ungleiche Paar glänzend. Monate später trafen sie sich wieder, diesmal in Karlsruhe, wo der Prinz auf dem Rückweg von einer Bildungsreise nach Paris übernachtete und Goethe auf dem Weg in die Schweiz haltmachte. Paris hatte Karl August verführt: Sein Geschmack und seine Ambitionen waren anspruchsvoller und kosmopolitischer geworden, und also lud er Goethe bei dieser Begegnung nach Weimar ein.¹³

Der Unterschied zwischen Frankfurt und Weimar war größer, als Goethe erwartet hatte. In der Handelsmetropole Frankfurt wurde der gesellschaftliche Rang vorrangig von finanziellen Kriterien bestimmt, wohingegen die soziale Trennlinie in Weimar zwischen den »Hoffähigen« und dem ganzen Rest verlief. Um bei Hofe zugelassen zu sein, war ein Titel erforderlich, was ein immer gleiches Muster in Gang gesetzt hatte: Auch Goethe wurde geadelt, ebenso wie später Schiller und Herder.

Zuerst betrachtete sich Goethe in Weimar nur als Besucher, aber als solchen scheinen auch andere ihn gesehen zu haben. Goethe-Porträts aus dieser Zeit zeigen einen Mann mit großen Augen, einem kleinen Höcker auf der ausgeprägten Nase und sinnlichen Lippen. Bei seiner Ankunft in Weimar war er sechsundzwanzig und der Prinz achtzehn gewesen – was in diesem Alter ein großer Unterschied ist, aber nicht der einzige zwischen den beiden Männern war. Karl August mag ein regierender Herzog gewesen sein, aber Goethe war bereits um ein Vielfaches berühmter. Im vorangegangenen Jahr hatte er *Die Leiden des jungen Werther* abgeschlossen und, wie man wohl ohne Übertreibung sagen darf, Europa damit im Sturm genommen. Dieser Briefroman gilt allgemein als das erste Beispiel für eine »Bekenntnisliteratur« und ist umso interessanter, als er autobiografische Elemente enthält. Der Handlungsstrang hat mehr mit Goethes Leben zu tun, als man es von den meisten anderen Autoren und ihren Werken sagen kann.

Mit Anfang zwanzig hatte Goethe als Praktikant am Reichskammergericht in Wetzlar gearbeitet, sich aber nicht allzu sehr um das Recht bemüht und seine Zeit lieber mit Lesen und Gedichteschreiben verbracht. Dort verliebte er sich auch in die junge, bereits verlobte Charlotte Buff. Es dauerte eine Weile, bis Goethe begriff, dass er sie nie für sich würde gewinnen können. So zog er weiter, nach Thal gegenüber von Koblenz, wo er, wie es seine Art war, gleich ein Auge auf ein anderes Mädchen warf. Wieder zu Hause angekommen, entwickelte sich ein herzlicher Briefwechsel zwischen ihm, Lotte und deren Verlobtem Johann Christian Kestner. Durch sie erfuhr Goethe auch die Einzelheiten des Selbstmords eines gemeinsamen Freundes, Karl Wilhelm Jerusalem. Aus hoffnungsloser Liebe zu der Frau eines Freundes hatte sich der junge Mann unter einem Vorwand ausgerechnet Kestners Pistole geliehen und sich damit erschossen. Da kann es nicht überraschen, wie der englische Goethe-Übersetzer Michael Hulse schreibt, dass die *Leiden des jungen Werther* seit der Erstveröffentlichung (anlässlich der Leipziger Buchmesse im Jahr 1774) als ebenso autobiografisch wie biografisch gelten.[14] Goethe, der kaum vier Wochen zur Niederschrift dieses Romans gebraucht hatte, bezeichnete ihn später selbst oft als »Bekenntnis«.

Die Geschichte ist simpel, konnte nach Meinung von Nicholas Boyle jedoch nur dank Goethes Glaubensemanzipation geschrieben werden.[15] Werther verliebt sich in Charlotte (Lotte), die bereits einem anderen Mann versprochen ist. Lotte erwidert die Liebe, aber es darf nicht sein. Die Teilnahmslosigkeit aller anderen und ihrer beider Leid bringen Werther derart zur Verzweiflung, dass er keinen anderen Ausweg sieht, als sich mit der Pistole von Lottes mittlerweile Angetrautem zu erschießen. Ein fiktiver »Herausgeber« sammelt die Briefe, die Werther an seinen besten Freund geschrieben hatte, und veröffentlicht sie mit einem Vorwort und gelegentlichen Kommentaren.

Werther wurde fast augenblicklich in alle wichtigen europäischen Sprachen übersetzt, prompt brach allerorten das »Werther-Fieber« aus. In Wien wurde ein Werther-Feuerwerk veranstaltet, in London konnte man Werther-Tapeten erstehen; die Meißener Porzellanmanufaktur brachte ein Werther-Porzellan mit Szenen aus dem Buch heraus; Pariser Parfümerien verkauften ein Eau de Werther; in Italien wurde eine Werther-Oper gespielt. Napoleon nahm die französische Übersetzung 1798 auf seine abenteuerliche Exkursion nach Ägypten mit und »berichtete dem Dichter, als er ihm 1808 begegnete, dass er das Buch siebenmal gelesen habe« (sparte aber auch nicht mit Kritik).[16] Doch nicht jeder wurde von diesem Fieber ergriffen. Einige fürchteten, dass der Roman eine regelrechte Selbstmordepidemie auslösen könnte, doch am Ende scheint man sich übertriebene Sorgen wegen einer anstehenden Welle von »Liebestoden« gemacht zu haben. Trotzdem wurde das Buch in Leipzig verboten, ebenso in Dänemark. Anderenorts verhöhnte man es, so wie ein Kritiker, der sarkastisch bemerkte, dass allein der Duft eines Pfannkuchens ein wesentlich überzeugenderer Grund für den Verbleib in dieser Welt sei als all die pathetischen Gründe, die den jungen Werther dazu veranlassten, sie zu verlassen. Heute, da sich die Aufregung gelegt hat, wird *Werther* als »die erste große Romantragödie« betrachtet, als »ein Werk von beschwingendem Stil und Tiefgang«.[17]

Ungeachtet Goethes größeren Ruhms, ungeachtet auch der Turbulenzen, die sein Roman in ganz Europa ausgelöst hatte, blieb die Freundschaft mit Karl August aufrichtig und stabil. Gerne schloss sich der Dichter den Aktivitäten an, die der Jüngere bei Hofe bevorzugte, darunter vor allem den Ausritten, dem Tontaubenschießen und den Tanzvergnügen. Und peu à peu begann allein schon Goethes Anwesenheit bei Hofe die eine oder andere Neuerung nach sich zu ziehen, etwa die, dass der Dichter »vor exklusivem Publikum aus unveröffentlichten Werken« vorzulesen begann.[18] (Er pflegte fast alles, was er schrieb, zuerst Freunden vorzulesen, auch und besonders den *Urfaust*.)

Die Zeit verging. Als nach rund einem Jahr klar geworden war, dass Goethes Anwesenheit nicht mehr einfach nur ein »Besuch« war, verstand es Karl August, seinen Freund noch stärker an sich zu binden und ihn zu überzeugen, sich einem weiteren populären höfischen Amüsement zu widmen: der Liebhaberbühne.[19] Goethe wurde zum inoffiziellen Maître de plaisir des Herzogs, und dieses »Amt« prägte dann nicht nur seine unmittelbare Zukunft, sondern, je mehr Aufgaben er übernahm – die nicht nur verantwortungsvoll, sondern ihm oft eher lästig waren –, auch die Zukunft Weimars. Mehrere Historiker stellten fest, dass Karl Augusts Zuneigung zu Goethe mehr dessen persönlichen Eigenschaften als seinem Ruhm und seinen Fähigkeiten als Dichter zu verdanken gewesen sei. (Und Jürgen Habermas erinnerte uns außerdem daran, welcher Sonderfall Weimar war, da die meisten Hommes de lettres zu diesem Zeitpunkt an anderen Höfen noch kaum besser behandelt wurden als Dienstboten.) Goethes Aufstieg bei Hofe war zwar nicht allen willkommen (bei einigen stand er im »fragwürdigen Ruf eines verrückten voltaireschen Alleswissers«), aber der Herzog war ein absoluter Monarch im Zeitalter des Absolutismus – und damit hatte es sich.[20]

Zu der aus Goethes Sicht größten Veränderung kam es im Juni 1776, als er von Karl August in das Geheime Consilium berufen wurde, das dreiköpfige herzogliche Beratergremium, und sich mit dem Treueid das Recht erwarb, die Amtstracht des Ratsherrn zu tragen.[21] Wieder einmal erweiterte sich sein Aufgabenbereich: Zuerst übernahm er die Leitung der Bergwerkskommission, dann die der Kriegs- und Wegebaukommission, schließlich sogar zeitweilig die des Finanzministeriums, wo er zur Entwicklung eines neuen Steuersystems beitrug. Allen Berichten zufolge leistete Goethe gute Arbeit. Und weil er sich immer bewusst blieb, was machbar war und was nicht, gewann er auch Ansehen ganz anderer Art. Ihm ist letztendlich die typisch deutsche Meinung zu verdanken, dass ein Geistesarbeiter nicht immer nur den Kopf in den Wolken haben oder im Elfenbeinturm hausen muss.[22]

Auch Goethe selbst zog großen Gewinn aus seiner Zeit in Weimar. Wenn er schon gezwungen war, sich um die »Bergwercks Sachen« zu kümmern, dann, so fand er, sollte er sich auch für Chemie, Botanik und Mineralogie interessieren und Kenntnisse auf diesen Gebieten aneignen. Das brachte ihm die Naturforschung insgesamt näher. Bald begann er Pflanzen zu sammeln, Linnés *Philosophia botanica* zu lesen und mit dem schwedischen Naturforscher zu korrespondieren. Er bat Karl August sogar, seinen Sekretär in der Bergwerkskommission, Johann Carl Wilhelm Voigt, zur Ausbildung bei dem berühmten Mineralogen Abraham Gottlob Werner an die sächsische Bergakademie nach Freiberg zu schicken. (Werner, der Goethe im September 1789 einen Besuch abstattete, wird im siebten Kapitel zur Sprache kommen.) Etwas später wandte sich Goethe der Anatomie zu, beobachtete den Jenaer Medizinprofessor Justus Christian Loder beim Sezieren von Tierkadavern und gab das neu erworbene Wissen sogleich bei seinen Kursen in anatomischem Zeichnen an der Weimarer Zeichenakademie weiter.[23]

Neben solchen facettenreichen Aktivitäten fand Goethe noch die Zeit, achtzehnhundert Briefe an Charlotte von Stein zu schreiben (nachzulesen in der ergänzten Weimarer Ausgabe, die aus insgesamt hundertsechsundfünfzig Bänden besteht). Charlotte hat sie alle sorgfältig aufbewahrt, offenbar wohl wissend, dass sie ein einzigartiges Zeugnis vom Innenleben eines außergewöhnlichen Mannes ablegen. Auf ihre Beziehung spielte Goethe in den beiden »Charlotte-Stücken« *Iphigenie* und *Tasso* an, wo er sie als das Nonplusultra deutscher Weiblichkeit darstellt, als eine »deutsche Beatrice«, die deutlich zur Entwicklung des unreifen Dichters beiträgt und ihn in die Freuden und Pflichten des Menschseins einweiht.

Ein Interesse sollte Goethe nie wieder verlieren: das Streben nach Bildung (er verwendete diesen Begriff häufig), dem er in seiner »Charlotte-Periode« nachging. Die Suche nach innerer Vollkommenheit findet sich nirgends so unmittelbar zum Ausdruck gebracht wie in seinen Briefen, und dass ein jeder selbst die Verantwortung für die eigene geistige Entwicklung tragen muss, blieb Goethe immer ein Anliegen.[24]

1781, nach sechs Jahren in Weimar, gestand Goethe seiner Charlotte: »Ich kann nicht mehr *Sie* schreiben, wie ich eine ganze Zeit nicht *du* sagen konnte.«[25] Damit veränderte sich alles. Wie Walter Horace Bruford schrieb, der nach dem Zweiten Weltkrieg als Professor für deutsche Literatur in Cambridge lehrte, wurden Goethes Briefe von da an zu »Prosagedichten über eine glückliche Liebe, wie sie kaum ihresgleichen in der Literatur fanden«.[26] Doch als der Zeitpunkt für eine Festigung der Beziehung gekommen war, geschah nichts. Die Folgen waren katastrophal. Soviel wir wissen, hatte Charlotte zur Zeit dieser »merkwürdigen *ménage*« nie irgendwelche Anstalten gemacht, ihren Ehemann zu verlassen.[27] Als sie Goethe dann endlich ihre Liebe gestand, reagierte dieser mit der Flucht nach Italien, ohne sie von seiner Abreise in Kenntnis zu setzen. Und als er schließlich aus dem warmen Süden (Verona, Venedig, Ferrara, Florenz, Arezzo, Rom, Neapel) zurückkehrte, hatten sich die Gemüter abgekühlt.[28] Während er die Zeit genossen hatte (»Diese Reise ist würklich wie ein reifer Apfel, der vom Baum fällt...«), hatten sich seine Ansichten von der Liebe zu wandeln begonnen (vom Romantischen zum »Heidnischen«, wie es später hieß).[29] Eine Skizze, die sein Freund, der Maler Johann Heinrich Wilhelm Tischbein, in Rom angefertigt hatte, zeigt Goethe, wie er verdrossen »das verfluchte zweite Küssen« auf seinem Bett wegschiebt – welches Charlottes Kissen hätte sein können.[30] Charlotte fiel es sehr schwer, sich mit der Tatsache abzufinden, dass Goethe eine Affäre mit Christiane Vulpius begonnen hatte (»Nur vom Tücht'gen will ich wissen,/Heißem Äuglen, derben Küssen«)[31], und unternahm in ihrem Stück *Dido* einen ebenso lahmen wie erfolglosen Versuch, Goethe an den Pranger zu stellen.[32] Ihre einst so schöne Beziehung war vergällt, und auch wenn sie sie schließlich flicken konnten, sollte sie doch nie wieder so werden wie einst.

Goethe widmete sich derweil dem Schreiben. Ihm, dieser Mischung aus Realist und Romantiker, lagen abstrakte Spekulationen nicht besonders. Er glaubte, dass Gott Einfluss auf irdisches Geschehen nur über herausragende Erwählte vermittelt ausübe, und fühlte, dass er es in sich hatte, ein solch herausragender Mensch zu sein, eine »große Seele«, als die er auch Iphigenie bezeichnet hatte. Stark beeindruckt war er außerdem von seiner (dank Herder) gemachten Entdeckung der griechischen Idee, dass jeder Mensch unbewusst den Drang zu einer Kreativität in sich trage, die von anderen Menschen als genial betrachtet werde, jedoch – sogar von den Genies – erst einmal selbst erkannt und umgesetzt werden müsse. Und das erfordere Geschick, Beharrlichkeit und Mühen. Die Idee, dass das Leben eine *Aufgabe* stelle, war natürlich pietistischen Ursprungs, doch es scheint der griechische Einfluss gewesen zu sein, der Goethe dazu bewogen hat, sich »mit Geschick« an die Aufgabe seines nächsten Meisterwerks *Wilhelm Meisters Lehrjahre* zu machen. Und das gelang ihm derart erfolgreich, dass selbst ein so sarkastischer Skeptiker wie James Joyce ihn auf eine Stufe mit Shakespeare und Dante stellen musste (Joyces Dreigestirn in *Finnegans Wake* besteht aus »Daunty« [Dante], »Shopkeeper« [Shakespeare] und »Gouty« [Goethe]).

1798 schrieb Friedrich Schlegel in einem seiner berühmten Athenäumsfragmente: »Die Französische Revolution, Fichtes Wissenschaftslehre und Goethes Meister sind die größten Tendenzen des Zeitalters.«[33] Schlegel wollte bewusst provozieren, doch selbst rückblickend muss man dabei etwas schlucken. Schlegel werden wir gleich wieder begegnen (wenn wir die Frage stellen, was genau er mit dieser Auswahl meinte; auch mit Fichte und der Bedeutung seiner Wissenschaftslehre werden wir uns noch befassen). Eines steht jedenfalls fest: Was immer Schlegel zum Ausdruck bringen wollte, als er *Wilhelm Meister* in diese erhabene Gesellschaft aufnahm, so hat er uns damit gewissermaßen einen Gefallen getan, denn es steht außer Frage, dass dieser Roman nicht nur ein Meisterwerk ist, sondern auch das erste Beispiel für ein vorrangig deutsches Genre, das in die Literaturgeschichte einging: für den Bildungsroman.

Bei einem Bildungsroman geht es typischerweise um Ideen. W. H. Bruford widmete dem deutschen Bildungsroman ein ganzes Buch, in dem er aufzeigt, dass viele Dichter Goethes Vorbild folgten. Hier Brufords Definition dieses spezifischen Genres: »Wir bekommen die Entwicklung eines intelligenten und aufgeschlossenen jungen Mannes in einer komplexen modernen Gesellschaft ohne allgemein anerkannte Werte vorgeführt [...]. Wir erleben, wie er sich eine bestimmte Sicht der Dinge, eine Weltanschauung aneignet, eine Ersatzreligion oder allgemeine Lebensphilosophie [...]. In einem Bildungsroman stehen nicht der Charakter des Helden im Vordergrund oder ein Abenteuer oder irgendwelche Errungenschaften, sondern die sichtbaren Zusammenhänge zwischen den sukzessiven Erfahrungen und der Gewahrwerdung von würdigen Vorbildern einerseits und dem graduellen Erwerb einer vollständig abgerundeten Persönlichkeit und wohlerprobten Lebensphilosophie andererseits.«[34] Es ist eine Reise, die gleichermaßen nach innen wie vorwärts führt.

Goethes Wilhelm stammt aus gutbürgerlichem Haus und beginnt im Lauf seiner Abenteuer zu verstehen, dass die Grenzen seines Daseins die typischen des sorgfältig erzogenen Bürgersohns sind. Eine Zeit lang mischt er sich unters Theatervolk und ist ganz gefangen von dessen Charme und Spontaneität; dann wird er in die unbedeutenderen, beim Edelmann gefragten Künste eingeführt, die er im Wesentlichen als negativ empfindet, da der Edelmann keine Gefühle zeigt, immer tiefstapelt und niemals in Eile ist; schließlich wird er von Räubern überfallen und verwundet. Während all dieser Erlebnisse begegnet er einer Schar von Frauen – älteren Frauen, kapriziösen Frauen, Frauen, die gesellschaftlich über ihm stehen – und beobachtet, welche Art von Mann Erfolg beim anderen Geschlecht hat und was dessen Geheimnis ist.[35] Er taucht in die Werke von Shakespeare ein und entdeckt eine Welt, eine Fülle, von deren Existenz er bisher nichts geahnt hat. Schließlich heiratet er eine Frau aus einer großen Familie und beginnt – ein entscheidender Punkt dieser Geschichte – ein gewisses Maß an Kontrolle über sich und an Verständnis für das eigene Leben zu gewinnen.

Goethe verfolgte ein ernsthaftes Ziel. Im Sommer 1788 hatte er Caroline Herder anvertraut, dass er jeden Glauben an die göttliche Macht verloren habe.[36] Der Sinn des Lebens, wenn es denn keinen Gott gibt, kann nur im *Werden* liegen, darin also, mehr aus sich zu machen. »Letztendlich«, schreibt Bruford im Hinblick auf Goethe, »bedeutet unsere Humanität, dass wir jenes höhere menschliche Wesen in uns entwickeln, welches immer dann zum Vorschein kommt, wenn wir stetig unsere wahren menschlichen Kräfte stärken und das Unmenschliche bezwingen.«[37] So manchem Ausländer wurde das einfach alles zu viel. Der englische Philosoph Henry Sidgwick, der Ende des 19. Jahrhunderts in Cambridge lehrte, soll einmal einen deutschen Besucher, der geklagt hatte, dass es kein englisches Äquivalent für den Begriff »gelehrt« gebe, abgekanzelt haben: »Oh doch, den gibt es, wir nennen so jemanden einen Schnösel [*prig*].«

Goethes berühmtestes Meisterwerk aus deutscher wie ausländischer Sicht ist der *Faust*. Die Arbeit an diesem »typischsten Produkt seines Genies« erstreckte sich auf vier, über sechs Jahrzehnte verteilte Intervalle von explosionsartiger Schaffenskraft.[38] Die Geschichte des Faust war keineswegs neu, vielmehr eine bekannte mittelalterliche Legende, die bereits Christopher Marlowe zu einem Schauspiel verarbeitet hatte. Allerdings lernte Goethe Marlowes Werk erst kennen, als er schon über die Hälfte seiner eigenen Fassung geschrieben hatte.[39]

Gut möglich, dass die Faust-Legende auf einer realen Begebenheit beruht. Um die Wende zum 16. Jahrhundert hatte ein Mann gelebt, der vermutlich Georg Faust hieß, durch Mitteleuropa gewandert war und behauptet hatte, über ein Geheimwissen zu verfügen, das ihm besondere Heilkräfte verlieh. Später, nach seinem Tod, wurden ihm ein anderer Vorname und sogar ein Titel zugeschrieben: Doctor Johannes Faustus, Gelehrter aus Wittenberg. Bei seinen Vorlesungen hatte er angeblich beliebig Gestalten aus dem antiken Griechenland herbeigezaubert, außerdem war er berühmt-berüchtigt dafür gewesen, Papst wie Kaiser Streiche zu spielen. Aber es hieß auch, dass er einen Preis für seine Zauberkräfte zahlen musste, weil er sich für die »Frist« von vierundzwanzig Jahren dem Teufel verschrieben hatte; nach Ablauf dieser Frist sollte sein Körper von Dämonen in Stücke gerissen werden. Die Legende vom Faust wurde von vielen Puppenspielern aufgegriffen – vielleicht hatte auch Goethe sie als Kind auf diese Weise kennengelernt.[40]

Als Fausts Enttäuschung über sein Leben und die Einsichten, die ihm seine diversen Geheimwissenschaften gewährt hatten, immer schwerer auf ihm zu lasten begannen, schloss der Teufel aus der Legende, Mephistopheles, mit Gott die Wette ab, dass es ihm gelingen werde, Faust in seine Welt zu locken. Also stellte Mephistopheles sicher, dass Faust ihn bei seinen Ausflügen in die Magie und Alchemie herbeizaubern würde, um ihm dann seinen berühmten Vorschlag zu unterbreiten: Er wolle ihn in sämtliche Freuden einführen, die diese Welt zu bieten habe, unter der Bedingung, dass seine Seele ihm gehören würde und sein Leben beendet sei, sobald Faust den Wunsch verspüre, eine Lustbarkeit länger auszukosten, als sie gerade zu haben war. Gelangweilt nahm der unerfüllte Faust das Angebot an.

Der wesentliche Handlungsstrang von Goethes Tragödie erster Teil besteht aus Fausts Verführung des schönen und dann im Stich gelassenen Gretchen, dem er auf der Straße begegnet war. Im zweiten Teil – Jahrzehnte später verfasst – erwacht Faust aus langem Schlaf, in dem er Gretchen vergessen hat, in einer »anmutigen Gegend« und verliebt sich in die trojanische Helena (immerhin sind wir hier ja in einer Zauberwelt).[41]

Keine Zusammenfassung könnte den Reizen von *Faust* gerecht werden – weder der Sprache noch dem Esprit, den prägnanten Einsichten in die menschliche Natur, ganz zu schweigen von dem Zynismus, den Mephistopheles, diese »originelle und höchst effektive, um nicht zu sagen sympathische Vorstellung von einem Teufel«, an den Tag legt. *Faust* und Mephistopheles wurden sogar schon mit dem Buch Hiob verglichen, im Sinne einer Meditation über die Natur des Bösen (auch bei Hiob gibt es ein Abkommen zwischen Gott und Teufel). Von Shakespeare hatte sich Goethe ebenfalls eine Scheibe abgeschnitten, denn wie in den Stücken des Barden wird auch im *Faust* der Christianisierung widerstanden. Gott ist hier nicht der kleinliche, eifersüchtig wachende Gott der Israeliten, sondern eine großzügigere, ja regelrecht geistsprühende Gottheit.

Goethe begann das Drama Anfang der siebziger Jahre im 18. Jahrhundert zu schreiben. Später vernichtete er das Manuskript – beziehungsweise glaubte es vernichtet zu haben. Dass es diese erste Handschrift, den *Urfaust*, überhaupt gab, wurde erst 1887 bekannt, fünfundsechzig Jahre nach Goethes Tod, als man eine Abschrift davon entdeckte, angefertigt offenbar von einer Weimarer Hofdame. Goethes Erklärung, »alles, was daher von mir bekannt geworden, sind nur Bruchstücke einer großen Konfession«, trifft vor allem auf *Faust* zu.[42] In seiner »Abkündigung« schrieb er:

Des Menschen Leben ist ein ähnliches Gedicht: es hat wohl einen Anfang, hat ein Ende, allein ein Ganzes ist es nicht.

Wollte er damit sagen, dass man das Leben von vornherein auf diese Weise betrachten sollte, ganz nach Schillers Motto: »Ergreift den Augenblick!«, und gar nicht erst versuchen sollte, ihm Ganzheitlichkeit aufzuzwingen? Für Faust spielt das Streben nach Ganzheitlichkeit keine große Rolle, für ihn ist die Bewegung, der Schaffensprozess, das *Tun* von Belang, und zwar von weit größerem Belang als jedes reine Vergnügen. Bloße Betrachtungen des Schönen sind hohl. In diesem Sinne war Goethe ein deutlicher Vorromantiker.

Nicholas Boyle stellt in seiner Goethe-Biografie fest: »Wahrscheinlich wissen wir über Goethe mehr als über irgendeinen anderen Menschen [...]. Es haben sich fast 3000 Zeichnungen von ihm erhalten, dazu das ›Römische Haus‹, das er gebaut, das Schloß, an dessen Wiederaufbau er tatkräftig mitgewirkt, der Park, den er gestaltet hat. Er hat eine beachtliche Sammlung von Gesteinsproben, von geschnittenen Steinen, von Drucken und Zeichnungen zusammengetragen [...]. Für die Zeit seit der Übersiedlung nach Weimar ist die Chronik von den täglichen Geschäften Goethes, die Robert Steiger jetzt zum erstenmal in sieben dicken Bänden [...] vorgelegt hat, praktisch lückenlos, zumal Goethe 1796 begann, regelmäßig Tagebuch zu führen. Die verschiedenen Gespräche mit Goethe – ohne die berühmte Eckermannsche Sammlung – belaufen sich auf rund 4000 Druckseiten; erhalten sind ferner über 12 000 Briefe von ihm und etwa 20 000 Briefe an ihn.« Was seine Werke anbelangt, so kommt Boyle zu dem Schluss: »Im ausgehenden Zeitalter der handschriftlichen Hinterlassenschaft erscheint Goethe als dessen vornehmster Zeuge.«[43]

Die Neudefinition von »Nation« und »Kultur«

Johann Gottfried Herder (1744–1803) war fünf Jahre älter als Goethe und stammte wie Winckelmann, Heyne und Fichte aus bescheidenen Verhältnissen. Mit reiner Willenskraft und dank des zufälligen Zusammentreffens mit einem russischen Regimentschirurgen gelang es ihm, sich von seiner Herkunft zu emanzipieren. Der Chirurg war nach dem Siebenjährigen Krieg von 1761 bis 1762 in Herders preußischer Heimatstadt Mohrungen stationiert und bereitete sich auf die Rückkehr nach Königsberg vor. Da er den jungen Herder mochte, schlug er ihm vor, mitzukommen und dort Medizin zu studieren. Im Gegenzug sollte er eine medizinische Abhandlung ins Lateinische übersetzen. Herder nahm die Einladung an, doch in Königsberg stellte er schnell fest, dass ihm die Medizin nicht lag, und wechselte zur Theologie.

Das war der nächste Wink des Schicksals gewesen, denn so kam Herder zu einem Studium bei Kant, und der machte ihn mit den Schriften von Rousseau und David Hume bekannt, die schließlich so großen Einfluss auf sein Denken ausüben sollten. 1767 wurde Herder zum Prediger ordiniert, anschließend fand er seinen Weg nach Frankreich und machte in Paris Bekanntschaft mit Denis Diderot, Jean-Baptiste Le Rond d'Alembert und den anderen führenden Enzyklopädisten. Da er jedoch unter chronischem Geldmangel litt, nahm er das Angebot an, den Erbprinzen von Holstein-Gottorp als Reiseprediger zu begleiten. Das war die dritte glückliche Fügung, denn auf dem Weg zu dieser Stellung machte er in Hamburg halt, wo er unter anderem Lessing kennenlernte; bald darauf reiste er mit dem Prinzen nach Straßburg, wo er Goethe begegnete (es war im September 1770). Nachdem Herder jedoch auch in seiner nächsten Stellung als Hofprediger in Bückeburg nicht glücklich war, überzeugte Goethe Herzog Karl August in Weimar, seinen Freund als Generalsuperintendenten und ersten Prediger an die Stadtkirche St. Peter und Paul zu berufen. In dieser Stellung scheint Herder dann bis ans Lebensende zufrieden gewesen zu sein. (Seine Kinder durften in Goethes Garten Ostereier suchen.[44])

Herder ist in anderen Ländern nicht annähernd so berühmt wie Goethe, übte jedoch mit seinen Ideen in vielerlei Hinsicht einen unmittelbareren und noch viel breiter gestreuten Einfluss aus.[45] »Wie Max Weber über ein Jahrhundert später, befasste sich auch Herder intensiv mit der Frage von den gesellschaftlichen Beziehungen in einer Welt, die ihn an eine riesige Maschine erinnerte, deren Zahnräder die ›Zusammengezwungenen‹ waren, jene Menschen, welche in den erbarmungslosen Mühlen der Staatsmaschinerie aufgerieben wurden.«[46] Diese Mühlen behandelte er in zwei Werken, seinen *Ideen zur Philosophie der Geschichte der Menschheit* (vier Teile 1784–1791) und in dem Traktat *Auch eine Philosophie der Geschichte zur Bildung der Menschheit* (1774). Sein Hauptanliegen dabei war, die Gesetzmäßigkeiten und Ordnungen zu erkennen, die sich auf die Bildung der Humanität konzentrierten. Von welcher unsichtbaren Hand werden spontane Gesellschaftsbündnisse gelenkt?

Abgesehen von David Hume und Kant war es Leibniz, der den stärksten Einfluss auf Herder ausübte – er war für Herder »der größte Mann den Deutschland in den neuern Zeiten gehabt«. Sich selbst sah er in der Tradition von Leibniz, Christian Thomasius und Lessing. Sie hatten die Ideen vom stetigen Werden, von einem »Übergang« und vom Universum als einer »organischen« Kraft entwickelt. Leibniz' Verständnis von der Geschichte als einem stetigen, vom menschlichen Streben bewegten Entwicklungsprozess wirkte sich ganz grundlegend auf Herders Geschichtsverständnis aus. Für Lessing war das moralische Streben, die moralische »Wirkung« im Zentrum jeder Erziehung und Kultivierung gestanden. Der Mensch könne erst wirklich er selbst sein, wenn er seinen »individualischen Vollkommenheiten gemäß« handle. Diesen Gedanken entwickelte Herder eloquent weiter. Aus seiner Sicht war die Humanität kein angeborener Zustand, sondern vielmehr eine *Aufgabe*, die sich nur durch bewusste Entfaltung erfüllen ließ. Die Vorstellung von Bildung als einer *Aufgabe* sollte von da an die Philosophie der meisten deutschen Denker beherrschen, von Goethe bis Humboldt und Fichte.[47] Henry Sidgwick dreht sich da vermutlich entnervt im Grabe um, aber es lässt sich tatsächlich eine gewisse Einheit im deutschen Denken erkennen: Die Vorstellung von Bildung im Sinne einer Aufgabe war nicht nur ein deutlich pietistisches Erbe und die Vorwegnahme von Webers Begriff der protestantischen Arbeitsmoral, sie war auch subversiv, da sie das Schwergewicht auf den immanenten Wert des individuellen Urteils legte und dementsprechend eine übergeordnete (externe) Macht als entscheidende Instanz für religiöse und moralische Fragen ablehnte.

Herder fand, dass Rousseau das Pferd beim Schwanz aufgezäumt hatte. »Gesellschaftsvertrag« war ein Unwort für ihn, denn »der Naturzustand des Menschen *ist* der Stand der Gesellschaft; denn in dieser wird er geboren ...«, ob es ihm gefällt oder nicht. Doch der Mensch ist nicht nur ein geselliges, er ist auch ein politisches Wesen, weil das Leben in einer Gesellschaft der Ordnung und Organisation bedarf.[48] In diesem Punkt verbündete sich Herder mit Bodmer, Gottsched, Wolf und Humboldt: Die Basis einer solchen Organisation, »Ausdruck und Organ des Verstandes«, ist *Sprache*. Wie bereits Locke, so lehnte auch Herder den göttlichen Ursprung von Sprache ab. Es habe weder ein bestimmtes Stadium noch irgendeine Epoche in der Vorzeit gegeben, in dem oder der Sprache erfunden worden sei, noch habe sich Sprache aus Tierlauten entwickelt. Da der Mensch ohne Worte nicht denken könne, müsse sich Sprache vielmehr im Zuge der Bewusstseinsentwicklung herangebildet haben.[49] Somit ergab sich für Herder, dass sich in einer Sprache immer auch die Geschichte und die Psychologie eines bestimmten gesellschaftlichen Erbes spiegeln, und das war bei Weitem sein einflussreichstes Argument – Sprache gibt ein Volk, eine Nation zu erkennen, und *das*, dieses historisch-psychologische Gebilde der gemeinsamen Sprache, empfand Herder als das natürlichste und organischste Fundament einer politischen Struktur: »[...] ein Volk, das ohne poetische Sprache große Dichter, ohne biegsame Sprache glückliche Prosaisten, und ohne Sprache große Weise gehabt hätte, [ist] ein Unding.« Denn weder durch Blut und Boden noch »von Ungeheuern der Eroberungen« oder von politischen Erlässen könne jenes einzigartige Bewusstsein hervorgerufen werden, welches die Existenz und den Fortbestand einer Gemeinschaft aufrechterhält.[50] Sprache *eint* eine Gemeinschaft nicht nur, in ihr äußert sich auch deren Bewusstsein von der eigenen *Verschiedenheit* von anderen Sprachgemeinschaften. Dieser Theorie zufolge ist jedes Volk natürlicher Bestandteil der Humanität, nur ausgestattet mit einer eigenen Sprache, die es denn auch als sein unverwechselbarstes und heiligstes Gut bewahren muss. Damit wurde der Sprache ein ganz neues Potenzial zugeschrieben.

Genau dieser enge Bezug zwischen Sprache und Selbstbewusstheit sollte dann zum drastischen Umdenken hinsichtlich des Wesens einer Nation führen. »Die Nation wurde nun nicht einfach mehr als eine unter einem gemeinsamen politischen Souverän geeinte Gemeinschaft verstanden«, nun galt sie als eine eigenständige *natürliche* Einheit, deren Anspruch auf politische Anerkennung »auf dem Besitz einer gemeinsamen Sprache beruht«.[51]

Herder ging aber noch weiter. Aus seiner Sicht bestand jede Volksgemeinschaft aus zwei Elementen, dem »Volk der Bürger« und dem »Volk der Gelehrsamkeit«. Das Volk der Bürger – das nicht nur zahlenmäßig stärker, sondern auch nützlicher war (das »Salz der Erde«) – trennte Herder scharf vom »Pöbel«, der letztendlich eine dritte Gruppe bildete. Was das Volk der Bürger von dem der Gelehrsamkeit unterschied und von Herder als der wesentliche Grund für dessen (noch herrschende) soziale Unterlegenheit und politische Ohnmacht bezeichnet wurde, war mangelnde Bildung. Dass dem so war, könne jedoch keineswegs auf mangelnde angeborene Fähigkeiten zurückgeführt werden. »Es war vielmehr der Erfolg von einer anhaltenden und vorsätzlichen Vernachlässigung«, schreibt Frederick M. Barnard. Und genau diesen Umstand griff Herder frontal an, indem er die »Tyrannei der Aristokraten« für die unhaltbare Lage verantwortlich machte. »Dass es selbst noch Ungeborenen bestimmt sein sollte, allein vermöge des Rechtes der Geburt über noch Ungeborene zu herrschen«, erschien ihm als »eine der dunkelsten Formeln«.[52]

Herder erwartete nicht, dass Menschen an der Spitze der Gesellschaft jemals selbst etwas *tun* würden, das ihre eigene Position gefährden konnte. Deshalb veröffentlichte er seine Argumente in der Hoffnung, Menschen mit ihnen animieren zu können, »Volksführer« zu werden, die seine Botschaft von der notwendigen Bildung verbreiten würden. Als die Aufgabe des Staates betrachtete er hingegen, jedem zu helfen, seinen eigenen Neigungen nachgehen und sein eigenes Glück finden zu können. Des Menschen göttliche und edle Gaben nicht zu nutzen, es ihnen zu gestatten, einzurosten, und damit bloß Verbitterung und Enttäuschung hervorzurufen, sei nicht nur Hochverrat an der Humanität, sondern auch der größte Schaden, den der Staat sich selbst zufügen könne. Diese Aussage beweist, wie modern Herders Verständnis von Wirtschaft, Politik und Erziehung (oder genauer: Bildung) und deren Zusammenhängen war. Er war sich ebenso gewiss wie Humboldt, dass die Persönlichkeitsentwicklung, die Humanisierung des Ich, Menschen nicht nur zu besseren Individuen machen würde, sondern auch zu besseren – und willigeren – Mitgliedern der Gemeinschaft. Reziprozität, das war der Punkt, um den es für Herder im menschlichen Zusammenleben ging.[53]

Das deckte sich mit Herders allgemeinem Ziel, dem Begriff der Kultur – und dem der Nation – neue Bedeutung zu verleihen. Mit dem ihm eigenen Geschichtsbewusstsein, seinem Verständnis von Humanität und dem von Leibniz übernommenen Denken – Wandel ist unerlässlich – kam Herder zu dem Schluss, dass das kollektive Bewusstsein eines Volkes zu jeder gegebenen Zeit dessen Kultur *darstelle*.[54] Dieser Gedanke stand im grundlegenden Widerspruch zu der vorherrschenden Aufklärungstradition, Kultur auf eine Stufe mit Zivilisation zu stellen, also als das Spiegelbild von geistiger Reife zu verstehen. So war es denn Herder, dem wir unsere modernen Definitionen von »politischer Kultur«, »bäuerlicher Kultur« und so weiter verdanken. Im Grunde ging Herder davon aus, dass Kultur nicht einfach nur das Ergebnis von Erfahrung sei, sondern auch eine gewisse genetische Komponente enthalte (wiewohl das heutige Verständnis von Genetik damals natürlich noch nicht existierte).[55] Erst die Kombination aus Genetik und Erfahrung bringt also die großen Ideen hervor, die die Geschichte prägen und den jeweiligen Zeitgeist hervorrufen (ein Begriff, der im heutigen Sinne erstmals von Herder verwendet wurde).[56]

Herders Weltanschauung war im Wesentlichen eine aktualisierte und säkularisierte Version von August Hermann Franckes pietistischer Theologie: Die Schöpfung lässt sich vervollkommnen, weiterentwickeln, lässt mehr aus sich machen, und zwar mit Hilfe eines Bildungsprozesses, der das Wissen zum höchsten Gut und zur wichtigsten Grundlage der menschlichen Gemeinschaft erhebt. Der Glaube an die Möglichkeit, den Menschen vervollkommnen zu können, war für Herder eine Conditio sine qua non, sofern man dem menschlichen Willen eine Rolle bei der Gestaltung der Geschichte zuzuschreiben bereit war.[57] Und die Anerkennung des angeborenen Drangs zur Vervollkommnung war für ihn ebenso untrennbar mit dem Selbstbewusstsein verbunden, das der Mensch in einer von Zweifeln geplagten vordarwinischen Welt entwickelte, wie mit dessen Evolution.

Wie schon Aristoteles – und Leibniz – vor ihm, versuchte auch Herder, die innere Entwicklung des Menschen mit den sozialen Arrangements seiner Umwelt in Einklang zu bringen.[58] Zu seinen Lebzeiten war die industrielle Revolution noch nicht so weit fortgeschritten gewesen, um Einfluss auf die deutschen Länder (oder, was das betrifft, irgendeinen anderen Staat) ausüben zu können. Erst im 19. Jahrhundert sollte die »Entfremdung« der Innenwelt von der sozialen Außenwelt die geistigen Auseinandersetzungen ganz wesentlich beherrschen und sich jeder Denker, von Hegel über Marx bis Freud, mit diesem Begriff befassen. Aber Herder war der Erste gewesen, der die Zeichen der Entfremdung in einer uns vertrauten Sprache beschrieb.

Eine neue Art von Aristokratie

Johann Christoph Friedrich Schiller (1759–1805) wurde in Marbach am Neckar als Sohn eines Militärwundarztes geboren. Nach einer soliden Schulausbildung begann er an der Militärakademie Karlsschule Medizin zu studieren (die vom Schloss Solitude nach Stuttgart verlegt und dort zur Universität erhoben wurde). An dieser exzellenten Hochschule erwies sich Schiller als ein ebenso exzellenter Student. Die erste Dissertation über die »Philosophie der Physiologie« reichte er 1779 ein, aber erst seine dritte im Jahr 1780 zum Thema »Versuch über den Zusammenhang der thierischen Natur des Menschen mit seiner geistigen« wurde angenommen – und mit dieser Schrift hatte sich Schiller der Welt nicht nur als Wissenschaftler präsentiert, sondern ihr auch ganz neue Wege aufgezeigt, denn er vertrat darin die Ansicht, dass der Geist den Körper ebenso steuere wie der Körper den Geist und eine Harmonie zwischen beiden nichts Vorgegebenes sei (wie der heutigen »Default-Theorie« zufolge). Vielmehr sei die körperliche Materie im »ewigen Wechsel« begriffen und »reibt sich selbst auf«. Das empfindliche Gleichgewicht von Körper und Geist bedürfe der ständigen Hege und Pflege. Dieser Sicht implizit ist, dass nicht nur die Beziehung des Menschen zu Gott, sondern auch die Art seiner persönlichen Beziehungen, seine Ernährung und der Umgang mit dem eigenen Körper Einfluss auf den gesunden Geist haben.

Die Medizin war wichtig für Schiller, aber nicht seine große Liebe. In der Karlsschule war er mit den Schriften Kants bekannt gemacht worden, insbesondere mit dessen Texten zur Ästhetik, und hatte auch Shakespeare gelesen. Später sollte man ihn selbst den »deutschen Shakespeare« nennen und seine Werke neben denen von Goethe zum wesentlichen Bestandteil des »Kanons« erklären, den man als die »Weimarer Klassik« bezeichnet.[59]

Wie der junge Herder führte auch Schiller in jungen Jahren ein unstetes Leben und zog von Ort zu Ort: mit diversen Zwischenstationen von Mannheim nach Leipzig und Dresden. Sein erstes, 1781 vollendetes Drama *Die Räuber*, das er auf eigene Kosten drucken ließ, wurde Anfang des folgenden Jahres am Nationaltheater Mannheim uraufgeführt. Die Hauptfigur ist der Anführer einer Räuberbande, das eigentliche Thema aber dessen Ablehnung der väterlichen Werte. Letztendlich geht es in diesem Stück um das Wesen von Freiheit – in welchem Maße bedeutet Freiheit die innere, in welchem die äußere, die gesellschaftlich-politische? Eine solche Auseinandersetzung war etwas ganz Neues und auch ziemlich Gewagtes (zumindest in den vielen absolutistischen deutschen Staaten).[60]

Unter allen Stücken Schillers war das »bürgerliche Trauerspiel« *Ka-*

bale und Liebe (1784) schon immer das populärste gewesen (von Schiller ursprünglich *Luise Millerin* genannt, von Verdi unter dem Titel »Luisa Miller« vertont). Das Drama ist ein frontaler Angriff auf die Grausamkeit des unterdrückerischen Absolutismus. Die beiden Hauptfiguren, der adelige Ferdinand und die bürgerliche Luise, versuchen dem Gefängnis der Konventionen ihrer jeweiligen Gesellschaftsschicht zu entfliehen, aber es gelingt ihnen nicht: Ferdinand ist bereit, jedes Risiko dafür auf sich zu nehmen, nicht aber Luise, weil sie (zu Recht) Vergeltungsmaßnahmen gegen ihre Eltern befürchtet. Schiller machte deutlich, dass der Mensch in einer absolutistischen Welt niemals eigenverantwortlich handeln kann.[61]

Als Nächstes folgte Schillers überragendes Meisterwerk *Don Carlos* (1787), das von der Kritik als eines der bedeutendsten Stücke der Weltliteratur gefeiert wurde. Hier greift er das Thema des Vater-Sohn-Konflikts wieder auf. Das Drama spielt im 16. Jahrhundert, im Spanien von König Philipp II. Der Thronfolger, Don Carlos, ist noch immer in seine Jugendfreundin und ehemalige Verlobte Elisabeth von Valois verliebt, obwohl sie mittlerweile als Frau seines Vaters zu seiner Stiefmutter wurde. Carlos ist entschlossen, seiner Leidenschaft für Elisabeth ein Ende zu setzen, und versichert sich dafür der Hilfe des Marquis von Posa, der ein Treffen mit der Königin arrangieren soll. Posa, der für die Sache des unterdrückten Volkes von Flandern eintritt, sieht dies jedoch nur als die Gelegenheit für Carlos, einen ausgewachsenen Aufstand gegen das tyrannische Regime des Vaters anzufachen, unter dem nicht nur die Untertanen leiden, sondern auch die eigene Familie. Aber es ging Schiller um mehr als das, denn auf einer tieferen Ebene zeigte er, dass Schwäche mindestens so sehr in die Tyrannei führen kann wie Stärke. Philipp mag zwar die rohe politische Macht besitzen, aber er ist einsam, eifersüchtig und fühlt sich erbärmlich.

1787, im Jahr der Uraufführung von *Don Carlos*, reiste Schiller nach Weimar, in der Hoffnung auf ein Treffen mit Goethe. Aber der war gerade in Italien, dafür begegnete Schiller dort Herder und Wieland und verbrachte einige Zeit in der Gesellschaft der Herzogin Anna Amalia. Zwei Jahre später wurde ihm auf Goethes Anregung hin eine Professur an der Universität von Jena angeboten.

Obwohl Goethe für Schillers Aufenthalte in Jena – und Weimar – verantwortlich war, hatten die beiden Dichter, wie wir heute wissen, anfänglich ein durchaus distanziertes Verhältnis. Vermutlich spielte dabei eine gewisse Rivalität, vielleicht auch Respekt voreinander eine Rolle, wenngleich Schiller mit Sicherheit Goethe für einen Wichtigtuer gehalten hat. Doch als er sich Anfang 1794 dann nach Beiträgern für seine Monatszeitschrift *Die Horen** (1795–1797) umsah, lag es nahe, dass er auch

---

* Die drei Horen waren die Göttinnen der (drei) griechischen Jahreszeiten und schützten die Wege zum Olymp.

bei Goethe anfragte. Ihr lebenslanges Gespräch begann, als sie gemeinsam eine Sitzung der Jenaer »Naturforschenden Gesellschaft« verließen und Schiller – höflich und respektvoll – Goethes Vorstellung von der Urpflanze kritisierte, aus der dessen Meinung nach alle Pflanzen entstanden waren. Ihre unterschiedlichen Ansatzpunkte thematisierte Schiller auch in einem Brief, in dem er die eigene, kritisch-analytisch »spekulative« Denkweise (oder »naiv«, wie er später schreiben sollte) dem organischeren, »intuitiven« (und implizit über jede Kritik erhabenen) Glauben Goethes (den er später als »sentimentalische« bezeichnete) und der linearen Simplizität und Genialität der Natur gegenüberstellte.[62] Schillers Argumentation folgte teils seiner medizinischen Ausbildung, teils Kant, teils den deutschen Geistestraditionen, die im zweiten Kapitel erwähnt wurden. Damit sicherte er sich Goethes Respekt, und von da an waren sie Freunde, die sich, wiewohl so verschieden, wie nicht zuletzt aus ihrem Briefwechsel hervorgeht, in ihren Werken zu beeinflussen begannen, vor allem, was den *Faust* und *Wallenstein* betraf.

Schiller war vermutlich mehr noch als Goethe von der Revolution und der anschließenden Schreckensherrschaft in Frankreich (1793-1794) betroffen. Die Hinrichtung von weit über hundert Angehörigen des Ancien Régime bereitete ihm wie vielen Deutschen Übelkeit, doch im Gegensatz zu so vielen anderen deutschen Intellektuellen reagierte er nicht mit einer angewiderten Abkehr in die Innenwelt. Schiller tendierte nicht zu pietistischer Innerlichkeit oder, was das betrifft, zum politischen Nihilismus.[63] Seiner Meinung nach herrschte immer noch die Gefahr der Barbarei, die die Menschheit seit der Antike in Atem gehalten habe. Solche Reflexionen führten dann zu einer seiner wichtigsten theoretischen Schriften: *Über die ästhetische Erziehung des Menschen*, in der er eine Alternative zu der misslichen Lage bot, die er um sich herum wahrnahm. Bildung, schrieb er, sei der beste, nein, der einzige Weg zum Fortschritt, doch sie musste von bestimmter Art sein: Nur eine *ästhetische* Bildung könne eine wirklich gesunde Beziehung zwischen Vernunft und Gefühl herstellen. Kunst und Literatur, Bild und Wort böten die besten Möglichkeiten, um aufzeigen zu können, wie Vorstellungskraft und Erkenntnis einander ergänzen und zusammenwirken, wie das eine das andere eingrenzen und uns somit helfen kann, die Extreme zu meiden, die Schiller für das Hauptproblem hielt, weil sie direkt in die Barbarei führten. Für ihn adelte jede Bildung, die dem Menschen ästhetische Kultur vermittelte, den Charakter.[64]

Schiller war zwar offenkundig kein Pietist, doch wie Herder teilte auch er Franckes Meinung, dass sich die Schöpfung vervollkommnen lasse. Scheinbar glaubte Schiller, dass der menschliche Geist zwiegespalten sei: in ein Instrument der »Vernunft« und in eines der »Imagination«. Sinn und Zweck der Vorstellungs- oder Schöpfungskraft sei es, nicht nur die

Erkenntnis, sondern auch die Selbsterkenntnis zu erweitern. Von diesem Gedanken ausgehend, teilte er die menschliche Entwicklung dann in drei sukzessive Stufen ein: »Der Mensch in seinem *physischen* Zustand erleidet bloß die Macht der Natur; er entledigt sich dieser Macht in dem *ästhetischen* Zustand, und er beherrscht sie in dem *moralischen*.« In der ersten Epoche herrscht der »Zustand roher Natur«; in der zweiten wird der Mensch vom »Sklaven« zum »Gesetzgeber« der Natur; und in der dritten gewinnt er »die Freude am *Schein*, die Neigung zum *Putz* und zum *Spiele*« – das heißt also, er wählt selbst die Rolle, die er spielt.[65] Aber nur in einer ästhetischen Gesellschaft bringt Schönheit den Menschen dazu, seine Potenziale voll auszuschöpfen.

Schon das klingt unglaublich idealistisch, doch in seiner Schrift *Über die naive und sentimentalische Dichtung* führte Schiller seine Argumentation dann noch einen Schritt weiter. Die Theorie, die er darin erläuterte, betrachten zumindest einige Literaturwissenschaftler als »ein Gründungsdokument der literarischen Moderne«. Hier geht Schiller von der Prämisse aus, dass sich der naive Dichter mit der Natur, der »sentimentalische« Dichter hingegen mit der Kunst befasse, bei letzterem Prozess aber etwas verloren gehe.[66] Aus seiner Sicht hatten die Menschen der Antike der »schönen Natur« noch nähergestanden und waren deshalb auch noch menschlicher gewesen als »wir Neuere«, denn »bei diesen artete die Kultur nicht so weit aus« (hier sehen wir einen Ursprung für die typisch deutsche Unterscheidung zwischen Kultur und Zivilisation). »Der Grieche« war noch »einig mit sich selbst und glücklich im Gefühl seiner Menschheit«.[67] Dichtung »veredelt« den Menschen also nur dann, wenn sie ihn an seine wahre Natur heranführt. Das bildungsbürgerliche Streben nach Seelenadel, nach der eigenen Vervollkommnung, nach Bildung, war für Schiller (wie auch für englische Denker im 18. Jahrhundert, namentlich Edward Gibbon, David Hume und Adam Smith) »das wichtigste Element in der modernen Geschichte«.[68]

Nachdem sich Schiller nun also bereits als Medizinforscher, Dramatiker, Dichtungstheoretiker und Ästhetiker hervorgetan hatte, wandelte er sich 1792 zum Historiker und publizierte seine *Geschichte des Dreißigjährigen Krieges*, in der er unvergessliche Porträts der beiden Hauptprotagonisten Gustav Adolf und Wallenstein zeichnete. Die Arbeit daran scheint ihn aber auch mit Ideen für neue Dramen versorgt zu haben, denn vier Jahre darauf begann er mit seinen drei großen Spätwerken, die sich dem Kanon der Weimarer Klassik zugesellten: *Wallenstein*, *Maria Stuart* und *Wilhelm Tell*.

Die *Wallenstein*-Trilogie, die Schiller 1799 im Alter von vierzig Jahren vollendete, beweist, welche Kraft er inzwischen als Tragöde gewonnen hatte. Lessing hatte sich in seiner *Hamburgischen Dramaturgie* für das bürgerliche Trauerspiel eingesetzt, mit der Begründung, dass der Staat

»ein viel zu abstrakter Begriff für unsere Empfindungen« sei. Ganz im Gegensatz dazu nahm sich Schiller ein Beispiel an den Griechen: Da die Bühne ein im Wesentlichen öffentlicher ästhetischer Raum ist, sei sie auch der vermutlich einzige, an dem wir die Entfremdung zwischen Staat und Individuum überwinden könnten.

Wallenstein – Albrecht Wenzel Eusebius Graf von Waldstein –, ein zum katholischen Glauben übergetretener böhmischer Protestant, war der berühmteste Oberbefehlshaber, der im Dreißigjährigen Krieg aufseiten von Kaiser Ferdinand und der Katholischen Liga gegen die protestantischen Mächte kämpfte. Er war nicht minder grausam als all die anderen, die so viele Gräueltaten in diesem Krieg begingen, doch er war es, der 1643 eine Möglichkeit sah, mit den protestantischen Schweden Frieden zu schließen, ungeachtet der Tatsache, dass das gegen den Willen des Kaisers war. Sein Streben war zwar nicht gerade von edlen Motiven geprägt, natürlich, denn er war ja nicht weniger korrupt als all die anderen – aber immerhin. Doch die geheimen Friedensverhandlungen scheiterten. Wallenstein wurde des Hochverrats angeklagt, vom Kaiser für abgesetzt erklärt und schließlich von kaisertreuen Offizieren ermordet. Schiller stellte nun aber die Frage, ob Motive unbedingt rein sein *müssen*, wenn sie denn dem Frieden dienen, und deutete damit an, dass selbst ein Friede aus unlauteren Motiven noch ein edles Streben sei, wenn er einen Krieg beendet.

> ... *Jede Hand ist wider*
> *Die andre! Alles ist Partei und nirgends*
> *Kein Richter! Sagt, wo soll das enden? Wer*
> *Den Knäul entwirren, der sich endlos selbst*
> *Vermehrend wächst...*

Wallenstein nutzt den Moment, doch der Moment wendet sich gegen ihn. Die Erfahrung mit Revolutionen lehrt uns, so Schiller, dass jeder Versuch, den Staat auf der Grundlage reiner Vernunft zu zerstören (das heißt, unter Missachtung der politischen Realitäten, herrschenden Machtstrukturen und der Gefühle, die diese hervorrufen), nur in der Katastrophe und im Chaos enden kann.[69] Der Handlungsstrang, selbst die Figuren im *Wallenstein* sind Schillers eigener Zeit wesentlich ähnlicher als der Zeit des Dreißigjährigen Krieges, die den dramatischen Rahmen bildet. Wallenstein gleicht wesentlich mehr Napoleon als irgendeiner Person aus dem vergangenen Kriegsgeschehen, und das hatte das zeitgenössische Publikum wohl auch erkannt. *Wallensteins* Bedeutung liegt nicht zuletzt in der Funktion, die dieses Drama als frühe Vorlage für die (vorherrschend deutsche) Weltanschauung hatte, dass Vernunft nicht das A und O all der Kräfte sei, die die Conditio humana bestimmen. Es war der Beginn einer Tradition, die Karl Marx, Arthur Schopenhauer und Richard Wagner verzehren und in Friedrich Nietzsche, Sigmund Freud und Martin Heidegger kulminieren sollte.

Schiller verdanken wir auch einige der grandiosesten weiblichen Bühnenfiguren. Die Scharmützel zwischen Luise und der gesellschaftlich viel höher stehenden Lady Milford in *Kabale und Liebe* sind bemerkenswerte rhetorische Duelle; die Rivalität zwischen Elisabeth und Maria in *Maria Stuart* wird auf einer sogar noch höheren Gefechtsebene ausgetragen. Die Handlung beginnt drei Tage vor Marias Hinrichtung und konzentriert sich auf ein arrangiertes Treffen der englischen Königin Elisabeth I. mit Maria Stuart, der Königin von Schottland, während deren Internierung im Schloss Fotheringhay. In Wirklichkeit sind sich Elisabeth und Maria nie begegnet, das dramatisierte Treffen ist reine Phantasie, auch, dass die beiden Königinnen von Schiller zuerst als »Schwestern« und nicht von Anfang an als die Todfeindinnen porträtiert wurden, die sie waren. Im Lauf der Handlung wird Elisabeths Verhalten zunehmend von Räson und den herrschenden Realitäten diktiert, wohingegen Maria auf die spirituell-geistige Ebene abdriftet. Obwohl beide Frauen gleichermaßen respekteinflößend sind, gleichermaßen edel und gleichermaßen einsam, ist es Marias Erhabenheit, die die schließlich unüberbrückbare Kluft zwischen ihnen stetig vergrößert. Schillers Elisabeth bleibt ungeachtet ihrer politischen Überlegenheit im Grunde genommen die Gefangene ihres Amtes, das verhindert, dass sie wirklich sie selbst sein kann. Maria, wiewohl politisch auf verlorenem Posten und körperlich in Ketten, bleibt hingegen immer moralisch frei. Äußerlich gesehen sind die beiden Königinnen einander in vielen Dingen ähnlich, doch vom Wesen her sind sie grundverschieden – und das gibt den Ausschlag für alles.[70] Wird Elisabeth einzig und allein von den politischen Erfordernissen zu ihrem Handeln gegenüber Maria bewogen, oder sind ihre Motive persönlicherer Art; und wenn ja, in welcher Hinsicht? Wird Elisabeth das überhaupt jemals selbst wissen? Können *wir* das je *von uns* wissen? Ist solche Selbsterkenntnis überhaupt möglich?

Viele halten die Figuren und Zwangslagen, die uns Schiller in *Don Carlos*, *Wallenstein* und *Maria Stuart* vor Augen führt, für noch überwältigender als die menschlichen Irrungen und Wirrungen in Goethes *Faust* und *Werther*. Verdi ließ sich von Schiller zu vier Opern anregen (*Luisa Miller*, *Giovanna d'Arco*, *I Masnadieri* und *Don Carlos*); Beethoven vertonte in der 9. Sinfonie Schillers Ode »An die Freude«; Schillers Gedichte inspirierten Johannes Brahms, Franz Liszt, Felix Mendelssohn Bartholdy, Franz Schubert, Robert Schumann, Richard Strauss und Pjotr Iljitsch Tschaikowski. Von Schiller wurde mehr vertont als von Shakespeare.

5
Ein neues Licht auf der Struktur des Geistes

Eines schönen Tages schloss der Philosoph Immanuel Kant in Königsberg Freundschaft mit dem englischen Kaufmann Joseph Green (es lebten viele Ausländer in dieser Hafenstadt). Reinhold Jachmann, auch er ein Freund des Philosophen und zudem einer seiner ersten Biografen, berichtete, dass Kant nahezu jeden Nachmittag Green besuchte. Er fand ihn »in einem Lehnstuhle schlafen, setzte sich neben ihn, hing seinen Gedanken nach und schlief auch ein. Dann kam gewöhnlich Bankdirektor Ruffmann und tat ein Gleiches, bis endlich Motherby [Greens Geschäftspartner] zu einer bestimmten Zeit ins Zimmer trat und die Gesellschaft weckte, die sich dann bis sieben Uhr mit den interessantesten Gesprächen unterhielt. Diese Gesellschaft ging so pünktlich um sieben Uhr auseinander, dass die Bewohner der Strasse etwa sagten, es könne noch nicht sieben sein, weil der Professor Kant noch nicht vorbeigegangen wäre«.[1]

Kants moderne Biografen haben diese Geschichte, wie so viele andere über ihn, als romantischen Nonsens bezeichnet. Müssen wir auch am Wahrheitsgehalt all der anderen farbenfrohen Details zweifeln, die im Lauf der Jahre aus seinem Leben berichtet wurden? War er wirklich ein Meister im Karten- und Billardspiel gewesen und hatte Letzteres aufgegeben, weil er wusste, dass ihm niemand das Wasser reichen konnte? War er wirklich umgezogen, weil ihn das Krähen eines Hahnes im Nachbarhof gestört hatte? Und fühlte er sich dann in dem neu bezogenen kleinen Haus im Grünen ebenso belästigt vom Chorgesang der Häftlinge im nahe gelegenen Gefängnis? Aber es besteht doch wohl hoffentlich kein Zweifel daran, dass er »in der Wahl der Farben zu Kleid und Weste sich genau nach den Blumen« richtete, wie Jachmann der Nachwelt ebenfalls überliefert hat! Wie auch immer – dass Kant ein in jeder Hinsicht originelles Genie war, steht außer Frage. Ernst Cassirer erklärte Winckelmann, Herder und Kant zu den größten Gelehrten Preußens im 18. Jahrhundert. Alle Gemälde und Büsten (denen wir ja doch vermutlich trauen *können*) stellen Kant mit einem Ausdruck dar, als würde er jeden Moment in Heiterkeit ausbrechen. Er war der erste große Philosoph, der auch an einer Universität lehrte, und das hatte seine Folgen – für die Philosophie wie für das akademische Leben.

Kant (1724–1804) wird von vielen als der bedeutendste Philosoph seit Platon und Aristoteles bezeichnet. Ein wesentlicher Grund dafür ist, dass er – wie all die anderen, die in der ersten Hälfte dieses Buches zur Sprache kommen – in genau der Zeit lebte, in der die alten Gewissheiten des christlichen Glaubens weggeschwemmt wurden, Darwins Buch *Über die Entstehung der Arten durch natürliche Zuchtwahl* aber noch nicht erschienen war – das so neue biologische Erkenntnisse über den Menschen brachte und ein Maß an intellektueller Kongruenz bot, welches es zu Kants Lebzeiten schlicht noch nicht gegeben hatte. Mit einem Mal war die Theologie nicht mehr die Königsdisziplin.

Dieser Kontext macht das Auftreten des deutschen Idealismus im späten 18. Jahrhundert leichter erklärlich. Das heißt, sofern solche Entwicklungen überhaupt erklärbar sind, lässt sich sagen, dass der Idealismus vermutlich nur deshalb in Deutschland und keinem anderen Land auftauchte, weil man dort am leidenschaftlichsten protestantisch war und sich auf der Suche nach Wahrheit traditionell nach innen wandte – konzentriert und kompromisslos eine halbmystische Form der Selbstbetrachtung betreibend.[2] In Königsberg war man sich der Ideen aus der englischen und schottischen Aufklärung außerdem mehr gewahr als anderenorts. Das hatte natürlich nicht zuletzt damit zu tun, dass sich so viele Briten in der Hafenstadt niedergelassen hatten, weil die britische Navy eine bestimmte Art von Holz – hart und gleichzeitig biegsam – für ihre Schiffsmasten brauchte und das Holz aus dem Baltikum, mit dem in Königsberg gehandelt wurde, genau das richtige war. Wie so oft folgten die Ideen dem Handel.

Wie schon erwähnt, zählte zu den neuen Wissenschaften, die an der umstrukturierten philosophischen Fakultät der Universität Göttingen gelehrt wurden, auch die Disziplin, die wir heute als »empirische Psychologie« bezeichnen (damals existierte dieser Begriff natürlich noch nicht). Die Verlagerung auf die Psychologie sollte in den deutschen Ländern – und in ganz Europa – ihren Höhepunkt zwar mit Kant erreichen, war aber von drei anderen deutschen Denkern vorbereitet worden: Christian Thomasius (1655–1728), Christian Wolff (1679–1754) und Moses Mendelssohn (1729–1786).[3]

Thomasius, einer der Gründerväter der hallischen Universität, der seine Vorlesungen mutig in deutscher statt in lateinischer Sprache hielt, hatte behauptet, dass das Naturrecht unabhängig von Gottes Willen existiere und die Sittenlehre einer »Pneumatik« entspringe, die er physikalisch, also als eine empirische Lehre von der menschlichen Natur, verstand. Daneben entwickelte er eine Methode zur Berechnung der »passiones«, mit deren Hilfe er rationale Beurteilungen von Verhaltensweisen ermöglichen wollte. Dabei ging er sogar so weit, die verschiedenen »passiones« auf einer Skala von fünfzig bis sechzig numerisch zu klassifizieren. Uns erscheint es absurd, mit einem solchen System präzise Aussagen machen zu wollen, und doch war es wichtig, weil Thomasius die menschliche Natur somit als eine psychologische und nicht als eine theologische Entität betrachtete.

Christian Wolff, der in Breslau geborene Sohn eines Gerbers, gilt seines Beharrens auf der deutschen Sprache wegen als der erste wirklich »deutsche« Lehrer. 1723 wurde er schmählich aus Halle vertrieben, weil er unklugerweise behauptet hatte, dass es eine Ethik gebe, die selbst dann von Gültigkeit sei, »wenn auch gleich kein Gott wäre«, und dass sittliches Verhalten keines Glaubens, sondern allein der Vernunft bedürfe. Besonders faszinierte ihn die Mathematik, weil sie ein logisch *zusammenhängendes* Wissen bot. Der Psychologie versuchte er sich mit ähnlicher Argumentation zu nähern: Weil er glaubte, dass sich die Natur der Seele empirisch erklären lasse, wissenschaftlich also, ersetzte er das theologische Verständnis durch das psychologische.

Moses Mendelssohn wurde in Dessau geboren und ging 1743 nach Berlin, wo er Lessing begegnete, der schließlich seine erste philosophische Schrift, die *Philosophischen Gespräche*, drucken ließ. Mendelssohn hatte darin die These aufgestellt, dass der Genius erschaffe, was die Natur nicht zuwege bringe, und dass erst dieser Prozess zur Vervollkommnung führe. An anderer Stelle erklärte er, dass Schönheit nicht nur zur Vervollkommnung unseres körperlichen Zustands beitrage, sondern sich außerdem auf die Seele auswirke. Auch Mendelssohn ersetzte die universelle Theologie durch die individuelle Psychologie.

Das waren wichtige und aus dem Blickwinkel der damaligen Zeit radikale Umdenkprozesse. In der Rückschau wirken sie zwar wie aus einem Guss, doch neben Kants Denken schlicht und einfach konfus.

Die Grenzen der Vernunft

Welcher geistigen Anstrengungen es bedurfte, in Abwesenheit eines traditionellen Schöpfers oder eines klaren biologischen Verständnisses herauszufinden, was der Mensch ist und was aus ihm wird, oder welches Dilemma dieser historische Denkwandel verursachte, können wir uns zweihundert Jahre später kaum noch vorstellen. *Wie* schwierig es war, kommt jedenfalls sehr deutlich in den Werken von (beispielsweise) Kant, Fichte, Schelling und Hegel zum Ausdruck. Viele Aspekte ihres Denkens sind schwer verständlich, was aber nur zum Teil daran liegt, dass sie zugegebenermaßen kaum zu den elegantesten Schreibern gezählt werden können. Was sie zu entdecken und zu beschreiben versuchten, *war* schwierig, denn sie wollten ja Phänomene eingrenzen, auf die sie selbst bloß einen flüchtigen Blick in Momenten äußerster geistiger Klarheit erhaschten. Dennoch, »die Periode des deutschen Idealismus stellt ein kulturelles Phänomen dar, dessen Format und Einfluss schon oft mit nichts Geringerem als dem Goldenen Zeitalter Athens verglichen wurde«. Das schreibt der berühmte amerikanische Kantianer Karl Ameriks im *Cambridge Companion to German Idealism*.[4] Er meint damit den geistigen Umbruch, der in den Jahrzehnten zwischen 1770 und 1840 von den Idealismus-Philosophen ausgelöst worden war, nicht aber irgendeinen spezifischen Stil. »Die Schriften des deutschen Idealismus üben noch immer einen enormen Einfluss auf andere Gebiete wie die Religionswissenschaft, die Literaturtheorie, Politik, Kunst oder die allgemeine Methodologie der Geisteswissenschaften aus.«[5]

Der Idealismus wurde in Königsberg, Berlin, Weimar und Jena entwickelt. Nur Berlin ließ sich bereits als eine Stadt bezeichnen – es hatte damals rund hundertdreißigtausend Einwohner. Herder und Fichte hatten beide bei Kant studiert, später zog es beide in die Nähe von Goethe, der Kants Denkansätzen immer wohlwollend gegenüberstand. Als ein exzellenter Vermittler von Kants Ideen erwies sich Karl Leonhard Reinhold an der Universität von Jena, gefolgt von Fichte, Schelling und schließlich Hegel. Sie alle entwickelten ihre jeweils eigene Art von Idealismus und schmiedeten jeweils eigene Bündnisse mit den literarischen Giganten ihrer Zeit – Schiller, Hölderlin, Novalis (Friedrich von Hardenberg) und Friedrich Schlegel –, unterstützt von einer neuen Generation talentierter Individualisten: Friedrich Heinrich Jacobi, Friedrich Schleiermacher, Ludwig Tieck, Jean Paul (Johann Paul Friedrich Richter), August Wilhelm Schlegel, Friedrich Schlegel, Dorothea Schlegel (geborene Mendelssohn, geschiedene Veit), Caroline Schelling (geborene Michaelis, verwitwete Böhmer, geschiedene Schlegel) und Wilhelm sowie Alexander von Humboldt – eine »unermüdlich kreative Gruppe«.[6] Die meisten von ihnen ließen sich in Berlin nieder, nachdem dort die neue Universität ihre Pforten geöffnet hatte (siehe zehntes Kapitel). Nach dem niederschmetternden Sieg Napoleons im Jahr 1806 war es der deutsche Idealismus, der zur Erholung Preußens und vor allem zum Aufstieg des deutschen Nationalismus und Konservativismus beitrug.

»Der deutsche Idealismus verdient wahrlich die Aufmerksamkeit, die ihm geschenkt wurde. Er schließt die unübersehbare Lücke zwischen den traditionellen Erwartungen der Philosophie und den Problemen, die sich aus dem Aufstieg einer modernen Wissenschaft von unbestrittener Kompetenz ergaben.« Der Idealismus trat mit höchsten Zielen an: Er strebte nach einer synoptischen Auffassung unserer grundlegendsten Interessen und ging davon aus, dass die Philosophie ein in sich grundlegend einiges und autonomes Unterfangen sei und keine Aneinanderreihung von fachspezifischen Ad-hoc-Lösungen für abstrakte Rätsel. Letztendlich betrachtete der Idealismus »Kultur« und »Nation« als etwas moralisch

»Höherstehendes«, weil darin die Überwindung des Individualismus zum Ausdruck komme – sozusagen eine verträglichere Form des christlichen Pflichtbewusstseins.[7] Der Idealismus ging über Religion hinaus, indem er die Politik einbezog.

Auf den kleinsten Nenner gebracht, behauptete der Idealismus, dass es sich bei den Körperorganen, die dem Menschen ein Verständnis vom Aufbau der Natur ermöglichten, um Phänomene handle, die der Natur von jeher »innewohnten«, woraus folge, dass der Vernunft Grenzen gesetzt seien und demnach alles, was wir wissen, und alles, was wir wissen *können*, beschränkt sei. Im Idealismus klingt deutlich die platonische Vorstellung vom »Ideal« an, nämlich jene andere Ebene von Realität, die sich dem gesunden Menschenverstand entzieht, mit dem wir das Leben üblicherweise wahrnehmen. Für den Idealisten existiert die Welt nicht so, wie wir es glauben, er sieht vielmehr »eine Reihe von Merkmalen oder Entitäten, die von einer höheren, einer ›idealeren‹ Art sind«.[8]

»In seinen ersten Schriften beschäftigt sich Kant mehr mit der Naturwissenschaft als mit der Philosophie«, stellte Bertrand Russell in seiner *Philosophie des Abendlandes* fest.[9] Nach dem Erdbeben, das Lissabon im Jahr 1755 heimgesucht hatte, entwickelte Kant im Zuge von drei Traktaten eine Erdbebentheorie. Er entwarf auch eine »Theorie des Himmels«, mit der er die Nebularhypothese von Pierre-Simon Laplace vorwegnahm – dem zufolge das Sonnensystem durch eine in der Schwerkraft kondensierende Gaswolke entstanden war. Doch es ist wohl der Philosoph Kant, den man am besten kennt. Er identifizierte drei philosophische Kernfragen, die zu beantworten er dann selbst antrat, da es ihm die drei wichtigsten Fragen der Menschheit schienen. Erstens, *das Wahre*: Gibt es wahre Erkenntnis, und wo sind ihre Grenzen? Zweitens, *das Gute*: Welche Grundsätze sind für das sittliche Handeln maßgebend, und welches sind die Richtlinien für das menschliche Handeln? Drittens, *das Schöne*: Gibt es Gesetzmäßigkeiten des ästhetischen Verhaltens, gibt es Bedingungen, denen die Natur und die Kunst gehorchen müssen, um schön zu sein?[10]

Das erste Problem sprach Kant in seiner (1781 in Riga publizierten) *Kritik der reinen Vernunft* an, die allgemein als sein Hauptwerk gilt. Zehn Jahre des Grübelns und der Betrachtungen hatte es ihn gekostet – eine Zeit, die seinen Schreibstil allerdings nicht verbesserte, wie viele Kritiker monierten. Offenbar hielt es Kant nur selten für erforderlich, abstrakte Punkte zu veranschaulichen, jedenfalls hatte er ganz eindeutig nicht das Gefühl, seine Argumentationen leichter begreiflich machen zu müssen. Sein Ansatzpunkt war der aus seiner Sicht entscheidende Unterschied zwischen zwei Beurteilungsweisen: »Wenn jemand sagt: In diesem Zimmer ist es warm, so sollte er besser sagen, mich dünkt es in diesem Zimmer warm, ein anderer könnte es nämlich kühl finden.« Dem gegenüber stehen die allgemeingültigen Aussagen von Mathematik und Physik: »Die Behauptung, daß die Summe der Winkel im Dreieck gleich zwei Rechten oder 180° ist [...], wird ohne auf die Erfahrung abzustellen allgemein und ›von vornherein‹ (a priori) als richtig anerkannt.«[11]

Wie kommt es zu diesem Unterschied? Kants Antwort darauf lautete, dass geometrische Figuren »ideale Konstruktionen unseres eigenen Anschauungsvermögens, unseres Geistes« seien. »In der Geometrie befasst sich der menschliche Geist mit Werken, die er selbst ideal geschaffen hat, und die in Wirklichkeit vorliegenden Figuren und Zeichnungen sind nur unvollkommene Symbole davon.« Das war Kants Meinung nach eine außerordentlich wichtige Einsicht, denn die »Erkenntnis der Welt kann also, wie schon die Geometrie beweist, nicht nur durch die Erfahrung, durch die blosse Tätigkeit unserer Sinne zustande kommen.« Erfahrungen sind das Rohmaterial, doch erst »durch aktive, produktive Tätigkeit des Geistes werden diese blinden Anschauungen zu wirklichen Erkenntnissen, indem durch das Denken *Begriffe* geschaffen werden«.[12]

Der »naive« Mensch »stellt sich vor, dass die Dinge der Welt so sind, wie er sie sieht«. Kant aber hat aufgezeigt, »daß wir gar nicht wissen, wie der Gegenstand, das ›Ding an sich‹ ist, sondern nur wie er uns auf Grund unserer geistigen Konstruktionsgesetze, die a priori, d. h. von vornherein da sind, und zu denen dann eben Erfahrungen a posteriori kommen, erscheint«.[13]

Kant identifizierte diverse A-priori-Aspekte unseres Verstandes: Als die beiden wichtigsten bezeichnete er Raum und Zeit. Dem Menschen sei ein innerer Sinn für Raum und Zeit angeboren, er könne diese verstehen, ohne sie zu erfahren, das heißt, bevor er sie real wahrnehme. Raum und Zeit seien »nicht etwas, was an den Gegenständen selbst haftet, sondern sie sind bloss subjektive Vorstellungen in uns«. Das beweise sich allein schon mit unserer Vorstellung, »dass der Raum ›unendlich‹ ist«, was jedoch »niemand erfahren oder beweisen kann«. Wir können uns »wohl alle Dinge im Raum wegdenken, nicht aber den Raum selbst«.[14] Das trifft auch auf Zeit zu: Analog zum Raum kann man sich zwar vorstellen, dass eine Weile nichts geschieht, aber die Zeit selbst können wir uns nicht wegdenken. Wie der Raum, so hat auch die Zeit unserem Verständnis nach keinen Anfang und kein Ende: Sie ist unendlich. »[...] wie sollte diese Vorstellung da aus der Erfahrung stammen können?«[15]

Kants Grundidee lautete, »dass unser Geist ein lebendiger, aktiv wirkender Organismus ist, der zwar das Material für seine Tätigkeit von aussen, durch die Sinne, durch die Erfahrung erhält, diesem Stoff aber selbständig nach eigenen Gesetzen die Form erteilt und damit seine Erkenntnis selbst gestaltet«. Dabei machte er nicht bei Raum und Zeit halt, sondern benannte insgesamt zwölf Kategorien des Denkens oder »Grundformen der denkenden Verarbeitung des Erkenntnismaterials«: darunter die »Einheit«, »Vielheit«, »Kausalität« und »Möglichkeit«. »Die Dinge an sich haben weder Einheit noch Vielheit [...]; wir selbst, unser denkender Verstand fasst gewisse Eindrücke a priori zur Einheit oder Vielheit zusammen (Stamm, Äste, Zweige, Blätter zum Begriff Baum).« Kant behauptete nicht, dass wir uns »in einer Welt des Scheins« bewegten, *ohne* jeden Zusammenhang zwischen Außenwelt und Innenwelt. Zum Beispiel könnten replizierbare naturwissenschaftliche Experimente beweisen, dass es doch enge Zusammenhänge gibt: »Es muss also ein gemeinschaftliches Gebiet zwischen Sinnenwelt und Verstand bestehen.«[16]

Dieser Denkansatz warf eine Reihe von faszinierenden Fragen auf für die Intelligenzen aus der Welt des Zweifels zwischen Dogma und Darwin. Wo zum Beispiel blieb dabei die Frage nach Gott? Bescheinigten Kants Aussagen eine metaphysische Welt jenseits der Realität, jenseits dessen also, was unsere Sinne wahrnehmen und unser Verstand begreifen kann? Viele Menschen können sich eine Welt ohne Gott ebenso wenig vorstellen wie eine Welt ohne Raum: War Gott somit eine ebenso reale A-priori-Vorstellung wie Raum und Zeit? Für Kant ergab sich aus dem Zusammenhang der äußeren Erscheinungen der vernünftige Schluss, dass auch die äußeren Dinge ein geschlossenes Ganzes bilden und eine *letzte Ursache* haben müssen. Diese Überlegung brachte ihn auf die Idee des *Weltganzen*. Die Vorstellung, dass die inneren Strukturen – oder Gesetze – unseres Verstandes ein geschlossenes Ganzes bilden, eine verbundene, ineinandergreifende Einheit des Verstehens, führte dann weiter zu der Idee, dass es einen »Träger dieses einheitlichen Innenlebens« geben müsse – die Seele. Von da war es dann kein großer Schritt mehr bis zu der Annahme, dass die Innenwelt und die Außenwelt, die Seele und die Natur, auf einen »gemeinsamen Grund« weisen, »der sie beide umfasst. Das führt die Vernunft auf die Idee Gottes, der alles hält und verbindet«.[17]

Aber ganz so einfach ist es dann doch nicht. Wenn es auch »durchaus ein Bedürfnis der Vernunft ist, ein Weltganzes anzunehmen, so kann man doch nicht darüber urteilen, weil uns das Weltganze nicht als Objekt, sondern *nur durch die Vernunft erschlossen* [meine Hervorhebung] gegeben ist«. Daraus ergeben sich wieder neue Probleme. Beispielsweise lässt sich aus der Vorstellung eines einheitlichen Weltganzen ableiten, dass es eine Grenze zum davon Jenseitigen geben müsse. Doch wenn dem so ist, was wäre dann jenseits dieser Grenze? Und wie kann das Weltganze dann unendlich sein? Mit anderen Worten: Das Weltganze »entspricht lediglich einem Bedürfnis der Vernunft, es ist eine widerspruchsvolle und darum unmögliche Vorstellung«. So verhält es sich auch mit der Frage: »Hat die Welt einen Anfang in der Zeit? Wir können keinen Zeitpunkt der Vergangenheit annehmen, ohne sofort zu denken, dass es auch schon vordem etwas gegeben haben muss. Die Unendlichkeit der Zeit ist aber unvorstellbar. Raum und Zeit sind eben nur Formen unseres Denkens.«[18]

Auch für die Existenz Gottes, so stellte Kant fest, könne der Verstand niemals Beweise erbringen. Gott ist eine Vorstellung, *unsere* Vorstellung, analog zu Raum und Zeit. »*Gott ist nicht ein Wesen ausser mir, sondern bloss ein Gedanke in mir.*« Kant ließ allerdings genug Umsicht walten, um das Dasein Gottes nicht zu verneinen – er verneinte nur »unsere Erkenntnis desselben« (und wurde bereits dafür vom König zurechtgewiesen). Gott, schrieb er, könne nur »als Grund der moralischen Weltordnung« aufgefasst werden; der Mensch fühle sich nicht »genötigt«, an Gott (und die Unsterblichkeit) zu glauben, weil ihn irgendeine wissenschaftliche Theorie oder Erkenntnis dazu dränge, sondern vielmehr, weil ihn die Vernunft zwinge, »so zu handeln *als ob* es einen Gott und eine Unsterblichkeit gäbe«.[19]

Die moralische Entwicklung des Menschen

Die Kritik der reinen Vernunft ist Kants grundlegendstes Werk; in seiner *Kritik der praktischen Vernunft* (1788) ging er dem »Begehrungsvermögen« auf den Grund, befasste sich also mit der Sittenlehre. Hier war sein Ausgangspunkt die Feststellung, dass sich sittliches Handeln nach zwei Gesichtspunkten beurteilen lasse. Einerseits könne man eine Handlung als gut bezeichnen, wenn ihre *Folgen* gut seien, andererseits aber auch dann, wenn sie von guten *Motiven* geleitet werde. Schwierigkeiten ergäben sich, weil es immer einfacher sei, die Folgen einer Handlung zu sehen, als deren Motive zu erkennen. Und noch komplizierter werde es, weil es einerseits gute Absichten gebe, die verhängnisvolle Folgen hätten, und andererseits böse Absichten, die sich zum Guten wenden könnten.[20]

Im ersten Schritt löschte Kant nicht nur »jede religiöse Einmischung« aus der Gleichung, sondern im Großen und Ganzen auch alle menschlichen Gefühle. Gutheit oder sittliches Verhalten sind ihre Namen nicht wert, wenn sie bestimmt werden von der Erwartung eines persönlichen Nutzens oder »zukünftiger Seligkeit«, denn in diesem Fall ist das Verhalten egoistisch und, da es keinem sittlichen Zweck dient, nicht gut (auch dann nicht, wenn Gutes daraus hervorgeht). Diese Überlegung führte Kant zu dem Grundsatz: »*Es ist überall nichts in der Welt, was ohne Einschränkung für gut gehalten werden könnte, als ein guter Wille.*« Woran aber, fragt er sogleich, erkennt man den guten Willen? Seine Antwort lautet: wenn er aus *Pflicht* gewollt ist. Was er damit meinte, war: Folge deinem Gewissen, tue nur das, was der *kategorische* (absolut gültige) *Imperativ* (Befehl) dir gebietet. Dieser kategorische Imperativ oder »innere Befehl« ist die Stimme des Gewissens. Und das Gewissen, sagt Kant, »ist das Bewusstsein eines inneren Gerichtshofes im Menschen«. Dieser innere Richter ist dem Wesen einverleibt, und dieses Sittengesetz stammt nicht aus der Erfahrung, sondern ist ursprünglich, »a priori« in der Vernunft selbst begründet.²¹ Entscheidend sind zwei Aspekte: Der Mensch muss sein Verhalten aus sich selbst heraus bestimmen; und die ethische Grundlage dafür ähnelt biblischen Sinnsprüchen: Trotze den Launen deiner Seele; was du nicht willst, das man dir tu, das füg auch keinem andren zu; handle so, wie du es von anderen in vergleichbaren Situationen erwartest.

Auch das war radikaler, als es uns heute erscheint. Gutheit wird durch das Recht verkörpert, »und Recht ist die Einschränkung der Freiheit eines jeden auf die Bedingung ihrer Zusammenstimmung mit der Freiheit von jedermann, insofern diese nach einem allgemeinen Gesetze möglich ist«.²² Mehr Gerechtigkeit entsteht dort, wo mehr Selbsterkenntnis herrscht, und das ist der Punkt, an dem für Kant die Erziehung ins Spiel kommt, deren Notwendigkeit sich für ihn aus dem Gegensatz von Mensch und Tier ergab: Der Mensch habe »das Vermögen, sich selbst Zwecke, Ziele zu setzen und die rohen Anlagen seiner Natur zu kultivieren [...]. Hinter der Edukation steckt das grosse Geheimnis der Vollkommenheit der menschlichen Natur.«²³

Obenan unter den wichtigsten Belangen des Menschen – vielleicht als wichtigster überhaupt – stand für Kant die »moralische Entwicklung« zu einer »sich aus der Vernunft selbst bestimmenden Persönlichkeit«, zu einem ethischen Wesen, das sich von den Gesetzen des Guten lenken lässt.²⁴ Entsprechend betrachtete er die Erziehung zum *Gehorsam*, zur *Wahrhaftigkeit* und zur *Geselligkeit* als die Grundlagen der Charakterbildung. Zuerst müsse man auf »absoluten Gehorsam dringen, später aber auf freien, der aus der eigenen Überlegung hervorgehe«. Die Erziehung zum *Gehorsam* war für Kant entscheidend, »denn wer nicht gelernt habe, anderen zu gehorchen, könne später auch nicht sich selbst, seinen eigenen Überlegungen gehorchen«, erklärt Willibald Klinke. *Wahrhaftigkeit* sei »für die geschlossene Einheit der Persönlichkeit« wichtig, denn »durch Widersprüche in sich selbst wird wahre Charakterbildung verunmöglicht«. Aber auch das dritte Element, die *Geselligkeit* oder Freundschaft, dürfe nicht auf der Strecke bleiben, denn »das fröhliche Herz allein ist fähig, Wohlgefallen am Guten zu empfinden«.²⁵

Kunst als ein Produkt des Genies

Die dritte große kritische Schrift Kants war die *Kritik der Urteilskraft* (1790). Mit diesem Werk, schrieb Ernst Cassirer, griff Kant »mehr als mit jedem anderen in das Ganze der geistigen Bildung seiner Zeit« ein.²⁶ Hier war Kants Ausgangspunkt der Begriff der Zweckmäßigkeit. Vor dem Hintergrund der Aufklärung, der naturwissenschaftlichen Revolution und all der anderen Entwicklungen, über die wir im zweiten Kapitel sprachen, konzentrierte Kant sich auf die Logik – oder eher: auf den Mangel an Logik – in der Beziehung zwischen dem Ganzen und seinen Teilen. Was war zuerst da? Ergibt diese Frage überhaupt einen Sinn? Ein Organismus wie der eines Tieres existiert als ein Ganzes, besteht aber aus Teilen. Das Ganze kann ohne die Teile ebenso wenig überleben wie die Teile ohne das Ganze. Was bedeutet es, Teil zu sein? Verschiedene Tier- oder Pflanzenarten »gehören« höheren Taxa an. Was heißt das? Existieren diese Gruppen (die Kategorien von Gattungen oder Familien hatten damals noch nicht ihre moderne Bedeutung) in irgendeinem realen Sinne außerhalb unserer Vorstellung, oder spielt sich a priori ein Prozess in uns ab, welcher bestimmt, wie wir die Teile und das Ganze und deren Beziehungen zueinander verstehen? Ist es so, dass wir »von den Dingen nur das a priori erkennen, was wir selbst in sie legen«?[27]

Vor Kant war man davon ausgegangen, dass sich in der Stufenleiter des Lebens wahrheitsgetreu Gottes Absichten für die Natur spiegelten. Für Kant war jedoch jede Zweckbestimmung, ja selbst dieses Konzept an sich, *unserer* Natur eingeschrieben, was bedeutet, dass wir niemals in Erfahrung bringen können, ob es außerhalb von uns überhaupt irgendeine »Bestimmung« gibt. Unsere instinktive Vorstellung davon wird immer die Art und Weise unseres Verständnisses von der Natur bestimmen; es gibt kein Naturgesetz »da draußen«, *wir* nötigen der Natur Gesetze auf.

Diese Überlegungen führten Kant dann zu seinen Reflexionen über die Kunst. Wenn sich in der gedachten Übereinstimmung der Natur, wie sie in der Mannigfaltigkeit ihrer besonderen Gesetze zum Ausdruck kommt, nur unsere angeborene Fähigkeit spiegelt, der Natur eine Einheit aufzunötigen, dann ergibt sich das aus der Tatsache, dass »die *Erreichung* jeder Absicht« immer »mit dem Gefühle der Lust verbunden« und »das Gefühl der Lust auch durch einen Grund *a priori* [meine Hervorhebungen] und für jedermann gültig bestimmt« ist.[28]

Die Aussage »für jedermann gültig« ist hier der entscheidende Punkt. Das Kunstwerk war für Kant »ein Einzelnes und Abgelöstes, das auf sich selbst beruht und seinen Zweck rein in sich selbst besitzt. Und doch stellt sich uns in ihm zugleich ein neues ›Ganzes‹, ein neues Gesamtbild der Wirklichkeit und des geistigen Kosmos selbst dar.« Die Wissenschaft stellt eine »Beziehung der kausalen Über- und Unterordnungen her um die Herstellung eines durchgehenden Bedingungszusammenhangs, der als Analogon eines Zusammenhangs von Begriffen und Schlüssen gefaßt werden kann«. Bei der ästhetischen »Auffassung eines Ganzen und seiner einzelnen Teilmomente« werde hingegen »die Erscheinung nicht in ihre Bedingungen aufgelöst, sondern hier wird sie, so wie sie sich unmittelbar gibt, festgehalten: Hier versenken wir uns nicht in ihre begrifflichen Gründe oder Folgen, sondern bleiben bei ihr selbst stehen [...].« Aus Kants

Sicht muss man in Sachen des Geschmacks »interesseloses Wohlgefallen« beweisen. Die Tatsache, dass viele Menschen dieselben Dinge schön finden, dass Schönheit ein Wert für alle Menschen ist, brachte Kant auf die Vorstellung von der »subjektiven Allgemeinheit«. Dass »man die Gültigkeit desselben für jedermann daran voraussetzen kann«, sei eine entscheidende Erfahrung insofern, »als eine solche *allgemeine Stimme*, in Ansehung des Wohlgefallens ohne Vermittelung der Begriffe« die »Möglichkeit eines ästhetischen Urteils« biete, »das als für jedermann gültig betrachtet werden« könne.[29] Das Kunstwerk vermittelt Ideen auf eine unmittelbarer erfahrbare Weise.

Diese wichtige Unterscheidung führte Kant, auf Lessing aufbauend, zur Betrachtung des Genies: »Genie ist das Talent (Naturgabe), welches der Kunst die Regel giebt [...]. Da nun gleichwohl ohne vorhergehende Regel ein Product niemals Kunst heißen kann, so muß die Natur im Subjecte (und durch die Stimmung der Vermögen desselben) der Kunst die Regel geben, d.i. die schöne Kunst ist nur als Product des Genies möglich.« Das Vorhandensein von Genie trennt die künstlerische von der wissenschaftlichen Produktivität. Die Natur schreibt »durch das Genie nicht der Wissenschaft, sondern der Kunst die Regel« vor. Der große Unterschied liegt darin, dass selbst der »größte Erfinder vom mühseligsten Nachahmer und Lehrlinge nur dem Grade nach, dagegen von dem, welchen die Natur für die schöne Kunst begabt hat, specifisch unterschieden« ist. Daran könne auch die individuelle Persönlichkeit nichts ändern, denn das Genie »kann nur reichen Stoff zu Producten der schönen Kunst hergeben«, deren *Form* Talent erfordere, um »vor der Urtheilskraft bestehen« zu können.[30]

Kants Genie-Theorie wurde zum Tummelplatz der Romantikbewegung und von deren Vorstellung, dass Ästhetik die Mutter der Natur sei. Auf diese Bewegung werden wir im achten Kapitel näher eingehen. Hier geht es um die philosophische Andersartigkeit der kantischen Sichtweise, denn sie widersprach dem von der Aufklärung entwickelten Konzept der »Vernunft«. Kant glaubte etwas noch Tiefgründigeres erkannt zu haben, nämlich die Spontaneität des Bewusstseins, die sich in der Kunst spiegle und über jede Vernunft hinausgehe, aber ebenso real sei. Diese neue Determinante des Bewusstseins betrachtete er als einen wichtigen – vielleicht den wichtigsten – Aspekt von Freiheit. »Erst die künstlerische Ansicht weist uns hier einen neuen Weg [...]. Hier, im freien Spiel der Gemütskräfte, erscheint uns die Natur so, als ob sie ein Werk der Freiheit sei, als ob sie sich gemäß einer ihr innewohnenden Zweckmäßigkeit gestalte und von innen heraus forme [...].«[31]

Dieser Unterschied zwischen Kunst und Wissenschaft, zwischen dem Genie und dem Wissenschaftler, offerierte Kant einen flüchtigen Einblick in den Sinn des Lebens. Denn daraus ergab sich für ihn die Idee von der Zweckbestimmung. Die Einheit, die wir, von unserer inneren Natur getrieben, der Kunst auferlegen, und die herrschende »subjektive Allgemeinheit« erlauben es uns, Zweck *aufzuerlegen*. Indem wir das tun, erhöhen wir uns selbst und ermöglichen es uns, diese Erhöhung mit anderen zu teilen. *Das* bedeutete Freiheit für Kant: eine innere Erhöhung; und diese Idee sollte ungemein starken Einfluss auf die deutschsprachige Welt haben.

Wie weit Kants Bandbreite und seine Ambitionen reichten, bewies sein – aus unserer Sicht – ausgesprochen ehrgeiziges Projekt, den Begriff des ewigen Friedens zu erforschen (1795). Für uns, die wir jenseits der Katastrophen des 20. Jahrhunderts leben, grenzt diese Idee geradezu an Größenwahn, doch so viel anders kann sie zu Kants Zeiten letztlich auch nicht gewirkt haben. Noch immer leistete Europa seinen Beitrag zum Gedeihen von absolutistischen Staaten; und das Blut, das während der Französischen Revolution und in ihrer unmittelbaren Folgezeit vergossen wurde, war noch nicht getrocknet. Erst kurz zuvor (1793/94) hatte Kant seine Idee vom »ethischen Gemeinwesen«, von der »unsichtbaren Kirche« entwickelt, mit deren Hilfe der Mensch die »Autonomie des Willens« erreichen würde. In seinem »Präliminarartikel« und »Definitivartikel« zum ewigen Frieden unter den Staaten postulierte er mehrere Grundbedingungen, zum Beispiel: »Stehende Heere *(miles perpetuus)* sollen mit der Zeit ganz aufhören«, oder: »Das Weltbürgerrecht soll auf Bedingungen der allgemeinen Hospitalität eingeschränkt sein.« Uns erscheint das (wie zweifelsohne auch seinen Kollegen) letztendlich unglaublich idealistisch. Doch eine Bedingung stellte er, die nicht bloß idealistisch war, denn wie sich herausstellen sollte, wurde sie im Lauf der Zeit zumindest partiell realisiert: »Die bürgerliche Verfassung in jedem Staate soll republikanisch sein.« Kant hielt das für die unabdingbare Grundlage von jeder bürgerlichen Verfassung, und dieser Gedanke war zu seiner Zeit wirklich radikal. Doch bekanntlich hat sich die Idee durchgesetzt und blieb nicht nur in der Gestalt von Demokratien oder Republiken lebendig, sondern auch in der Vorstellung (die so modern klingt, aber auf Kant zurückreicht), dass Demokratien einander nur widerstrebend den Krieg erklären.

Der Aufstieg von Jena

Jena ähnelte Weimar und war doch ganz anders. Es war immer eine Kleinstadt wie zahllose andere gewesen, hauptsächlich von Handwerkern bewohnt und Sitz einer zweitklassigen Universität. Nichts an diesem Ort war außergewöhnlich. Doch gegen Ende des 18. Jahrhunderts begann das Städtchen mit einem Mal aufzublühen und sich zum Zentrum einer neuen Revolution im deutschen Geistesleben zu entwickeln.[32]

Zum Teil trug Goethe dafür die Verantwortung. Durch seine Position, seinen Charakter, ja, allein schon durch seine Anwesenheit hatte er Weimar wie Jena zu neuer Geltung verholfen. Die Universität von Jena wurde zum Muster einer reformierten, zeitweilig sogar als »kantisch« bezeichneten Hochschule. Noch herrschte das Zeitalter, in dem die meisten Universitäten für irrelevant befunden und als Horte der Zuchtlosigkeit betrachtet wurden. Jena begann sich nun jedoch an den erfolgreicheren Vorbildern Halle und Göttingen zu orientieren und führte nicht nur die Einheit von Forschung und Lehre ein, sondern konfrontierte die Studenten auch mit den führenden Denkern und neuesten Ideen der Zeit. Ebenso am Göttinger Modell angelehnt war, dass statt der theologischen die philosophische Fakultät in den Fokus des Geschehens gerückt wurde. Auch eine neue Zeitschrift, die *Allgemeine Literatur-Zeitung*, wurde gegründet und sollte bald zum meistgelesenen intellektuellen deutschen Journal werden.[33] Der amerikanische Philosophieprofessor Terry Pinkard schreibt in seiner Studie über das Erbe des Idealismus, dass die Öffentlichkeit, die Zeitschriften wie die *Allgemeine Literatur-Zeitung* abonnierte, Kant »mit derselben Inbrunst las wie Romane und Unterhaltungsliteratur«.

Einer der Ersten, der Kants kritischen Denkansatz gegen den Meister selbst anwandte, war Friedrich Heinrich Jacobi (1743–1819). Er entwickelte (und veröffentlichte 1785) die Idee, dass die obersten Grundsätze der Vernunft vom Herzen, nicht aber vom Kopf vorgegeben würden und dass *alles* Wissen, ganz im Gegensatz zu Kants Postulat, vom Glauben ausgehe. Was er damit meinte, war, dass jeder Gedanke, welcher Art auch immer, einem obersten Grundsatz entstammen müsse, dass er von etwas herrühren müsse, das sich nicht mit der Bezugnahme auf etwas anderes beweisen lässt, sondern darstellt, was er die »unmittelbare Gewissheit« nannte.[34] Beispielsweise hätten wir eine unmittelbare Gewissheit von unserem eigenen Körper. Wieso, wenn dem so sei, sollten wir dann nicht auch der unmittelbaren Gewissheit trauen, die wir von Gott hätten? Dem Idealismus warf Jacobi »Nihilismus« vor (dieser Begriff wurde von ihm geprägt).[35]

Karl Leonhard Reinhold (1757–1823) verfasste für den *Teutschen Merkur* ab 1786 »Briefe über die Kantische Philosophie«, die 1790 als Buch erschienen und in denen er Kants Ansichten mit solcher Verve verteidigte, dass man ihn kurzzeitig – aber wirklich nur für kurze Zeit – für einen sogar noch helleren Stern am philosophischen Firmament hielt als Kant selbst. Nachdem Reinhold in Wien aus dem Jesuiten- in den Barnabitenorden gewechselt war, trat er in Weimar zum Protestantismus über und erhielt 1787 eine außerordentliche Professur für Philosophie an der Universität von Jena, wo er es sich unter anderem zur Aufgabe machte, die kritische Philosophie Kants zu einer formalen Wissenschaft auszubauen.[36] Vielleicht rührte daher der Hang unter den damaligen deutschen Denkern, ausgeklügelte ineinandergreifende Systeme zu konstruieren und zu versuchen, so viel wie möglich auf eine in sich konsistente Weise aus obersten Grundsätzen abzuleiten – ein Ansatz, der seinen Höhepunkt im Denken von Fichte, Hegel und Marx finden sollte. Reinhold fügte dem noch die Vorstellung an, dass auch das Bewusstsein die Eigenschaften unmittelbarer Gewissheit aufweise, und rückte es damit als eine Entität, die weit über Kants Betonung der Erfahrung und Intuition hinaus einer Erklärung bedurfte, ins Zentrum der Aufmerksamkeit.[37]

Die Ablösung Gottes durch das Ich

Das alles hatte noch eine andere Seite. Wie gesagt pflegte Königsberg gute Beziehungen zum Königreich Großbritannien, und vielen Denkern gefiel die bodenständige schottische Schule des Common Sense, wohingegen der »transzendentale Idealismus« mit all seinem Drum und Dran ziemlich weit hergeholt schien. Es gab keinen Mangel an Kritikern und Skeptikern, was ihn betraf.[38] Ergiebiger war da vielleicht die Generation, die zwar nicht alles akzeptieren wollte, was Kant zu sagen hatte, aber seiner Philosophie genug abgewinnen konnte, um sie weiter auszubauen. Die interessantesten Vertreter dieser Generation waren Fichte, Schelling und Hegel. Auf Schelling werden wir im Teil über die Romantik zu sprechen kommen, auf Hegel im Kapitel über die Entfremdung. Fichte ist eine andere Sache.

Bertrand Russell schrieb einmal, Fichte »trieb den Subjektivismus in einer Art auf die Spitze, die schon an Wahnsinn grenzt«.[39] Sicher ist, dass Fichte vor allem der Prototyp des spekulativen Philosophen war, der ein ganzes System auf einer einzigen zentralen Idee oder einem einzigen Konstrukt aufzubauen versuchte. Aber er steht auch für ein wichtiges Stadium auf dem Weg zur Entwicklung der Disziplin, die wir heute als Psychologie bezeichnen.[40]

Johann Gottlieb Fichte (1762–1814) war der Sohn eines armen Bandwebers aus Sachsen und erhielt, wie Herder, die unerwartete Möglichkeit, zur Schule zu gehen, nachdem er als Achtjähriger einem Gutsherrn, der die sonntägliche Predigt verpasst hatte, den gesamten Sermon wortwörtlich wiederholt hatte. Der entzückte Freiherr entschied prompt, ihm eine Ausbildung an der Fürstenschule Schulpforta zu finanzieren. Sie sollte zwar kein voller Erfolg werden, aber doch viel dazu beitragen, dass Fichte schließlich den Weg nach Königsberg zu Kant fand. Zuerst war der Meister nicht besonders beeindruckt von ihm, deshalb versuchte Fichte sein Ansehen zu verbessern und schrieb ein kurzes Traktat mit dem Titel *Versuch einer Kritik aller Offenbarung*. Kant gefiel die Schrift, also half er, einen Verleger zu finden. Der aber unterließ es dann – absichtlich oder unabsichtlich –, den Text mit einem Autorennamen zu versehen; und da er so große Einsicht in die kantische Theorie bewies, ging jedermann davon aus, dass der Meister selbst ihn verfasst habe. Kaum war der Irrtum aufgeklärt, war Fichte ein berühmter Mann. Und als Reinhold 1794 in Jena ein Angebot aus Kiel mit besserem Salär erhielt, wurde Fichte als sein logischer Nachfolger auf den Lehrstuhl für Philosophie berufen. Es war ein kometenhafter Aufstieg aus dem Nichts. Fichte war zweiunddreißig Jahre alt.

In Jena stürzte er sich sofort ins Getümmel und knöpfte sich ein Traktat vor, das bereits einigen Aufruhr verursacht hatte: die anonym erschienene Schrift *Aenesidemus* von Gottlob Ernst Schulze, seines Zeichens Professor der Philosophie an der Universität Helmstedt, welcher Reinhold und somit auch Kant mit dem Argument angefochten hatte, dass man nichts mit Gewissheit von dem uns unbekannten Ding an sich wissen könne; das Einzige, dessen wir uns gewiss sein könnten, sei unser eigener Geisteszustand. Fichte hielt dagegen und konstruierte ein komplettes Gedankengebäude aus ineinandergreifenden Teilen – oder versuchte es zumindest.[41] Die daraus hervorgegangene Studie *Grundlage der gesammten Wissenschaftslehre* zählte Schelling neben Goethes Werken und der Französischen Revolution zu den »größten Tendenzen des Zeitalters« (dazu später mehr).[42]

Fichtes Schlüsselerkenntnis, mit der er den Kantianismus zu vertiefen hoffte, war, dass unsere Unterscheidung zwischen Subjekt und Objekt nichts Vorgegebenes sein könne, da sie ihrerseits *subjektiv* getroffen werde.[43] Fichte erkannte nicht nur Jacobis Idee von der unmittelbaren Gewissheit an, sondern auch Reinholds unmittelbare Gewissheit des Bewusstseins und Kants subjektive Allgemeinheit, fügte jedoch das aus seiner Sicht wichtigste Element hinzu, nämlich die unmittelbare Gewissheit des *Selbstbewusstseins*, das er als einen entscheidenden Bestandteil des Bewusstseins betrachtete. Erst als ein gemeinsames Ganzes bildeten sie jene unteilbaren Elemente, mit deren Hilfe wir die Realität erfassen können. Das »Ich« ist keine statische Einheit – es entwickelt sich im Lauf der Zeit, während dessen eigene Bewustheit von sich selbst durch die Begegnungen mit dem »Nicht-Ich« (den anderen Ichs und den Objekten »da draußen«) wächst und sich wandelt. Die Vernunft sei faktisch ein Nebenprodukt des Bewusstseins und Selbstbewusstseins: Wir ziehen unsere Schlüsse über die Welt, deren Zusammenhänge und Abhängigkeiten.[44]

Auf einer Ebene erscheinen uns diese Argumente von Fichte als eine reichlich konfuse und allzu ausgetüftelte Art und Weise, das Offensichtliche zu konstatieren. In so mancher Hinsicht wirken sie außerdem wie ein Aufguss von Lockes viel früheren Postulaten. Das empfinden nicht wenige Denker und halten deshalb Hegel für den bei Weitem wichtigeren Postkantianer. Doch wenn wir uns einmal in das späte 18. Jahrhundert zurückversetzen und uns die damals vorherrschenden Weltanschauungen bewusst machen, stellen wir fest, dass sich uns die zweifache Bedeutung der Theorien, die Fichte in seinen Vorlesungen und seinen Schriften vertrat, nicht auf Anhieb erschließen. Erstens betrieb er die ultimative »Psychologisierung« der menschlichen Natur (um zu diesem anachronistischen Begriff zurückzukehren). Seine Betonung auf dem »Ich« und »Nicht-Ich«, ohne dabei irgendeinen Bezug zur Religion im Allgemeinen oder dem Christentum im Besonderen herzustellen, war eine wichtige Stufe bei der Überprüfung unseres Weltbilds, da sie vom Theologischen zum Psychologischen führte, welches dann seinerseits zu gegebener Zeit in die freudianische und dann postfreudianische Welt weiterführte. Abgesehen davon wirkte sich seine Erkenntnis von der zentralen Bedeutung des Ich und von dessen eigenem Verständnis von – und Interaktionen mit – dem Nicht-Ich entscheidend auf unsere Freiheitsidee aus. Von deutschen Denkern und insbesondere unter Kantianern wurde Freiheit wie gesagt als ein »inneres« Phänomen betrachtet, als die Freiheit der Psyche, zu der man durch Bildung, Erziehung und Reisen in die Innenwelten vorstoßen konnte. Fichte hatte erkannt, dass Freiheit immer von der Beziehung zwischen dem Ich und dem Nicht-Ich abhängt (das war eine ganz andere Vorstellung von Freiheit) und dass das Ich immer nur in dem Maße frei sein kann, in dem sich dessen eigene Freiheit nicht auf die Freiheit anderer Ichs auswirkt oder diese beschneidet. In einem Land, das aus kleinen absolutistischen Staaten bestand, war das eine sehr viel umstrittenere und wesentlich revolutionärere Vorstellung, als es uns heute erscheint.

Außerdem warfen Fichtes Theorien ein ganz neues Licht auf den Staat und dessen Pflichten. »Der Staat«, schreibt Terry Pinkard, »fungiert als der ›objektive‹ Standpunkt, welcher das Kondensat all der unterschiedlichen, einander bewertenden subjektiven Standpunkte der Bürgerschaft ist.«[45] Da klingt Jeremy Benthams »Glückskalkül« an: Die Güte des Staates wird daran bemessen, ob er das größtmögliche Glück für die größtmögliche Zahl zulässt. Wenn ein Ich als gleichwertig mit dem anderen verstanden wird, hat das auch Anklänge an eine demokratische, ja republikanische Weltanschauung.

Fichte war ein charismatischer Lehrer. Seine Vorlesungen waren oft so überfüllt, dass sich die Studenten auf Leitern vor die Fenstern stellten, um etwas hören zu können. Doch seiner Laufbahn in Jena war ein plötzliches Ende beschieden, als er selbstherrlich auf eine Kritik reagierend mit seinem Abschied drohte und die Universität das prompt als Kündigung auffasste.[46] Er ging als Privatgelehrter nach Berlin und erhielt nach Zwischenaufenthalten in Erlangen und Königsberg 1810 den Ruf an den Lehrstuhl für Philosophie der neu gegründeten Berliner Universität (siehe zehntes Kapitel).

Es ist einen Hinweis wert, dass Fichtes *Wissenschaftslehre* mehrfach überarbeitet sechzehn Auflagen erlebte. Das hatte gewiss etwas mit dem Charisma dieses Denkers zu tun, aber wohl auch damit, dass beim Thema der Conditio humana ein Umdenken eingesetzt hatte und man den Menschen aus einem neuen, psychologischen Blickwinkel zu betrachten begann. Locke, Francke und der Pietismus hatten jeweils ihren Teil zu dieser Entwicklung beigetragen, aber auch Kant hatte eine Neuerung eingeführt, die hier nicht übergangen werden sollte. Der Idealismus wird zwar gelegentlich als eine Form der spekulativen Philosophie bezeichnet, doch das ist nicht ganz fair. Kants Innovation war eine völlig neue Art der Beobachtung, nämlich das Beobachten *unser selbst*. Manchmal uferte das zwar aus – wie letztendlich bei Fichte –, doch diese Selbstbeobachtung, diese Konzentration auf die subjektive Allgemeinheit, auf das Bewusstsein und das Selbstbewusstsein, war der Beginn der modernen Psychologie, jedenfalls mit Sicherheit *ein* Beginn. Das Problem bei diesem neuen Denkansatz war nur, dass er vor dem darwinischen Denken entwickelt wurde, was noch gewaltige Folgen für die Psychologie haben sollte. Denn da sie von jeher als eine Art von Philosophie und kaum von jemandem als eine Untergruppe der Biologie betrachtet wurde, entstanden die Ideen vom Unbewussten und der Möglichkeit, es zu therapieren, auch vorrangig im deutschsprachigen Raum.

6
Die Hochrenaissance in der Musik: Sinfonie als Philosophie

In den deutschen Ländern wie auch anderenorts in Europa war die Vokalmusik bis weit ins 16. Jahrhundert populärer gewesen als die Instrumentalmusik (Martin Luther hatte eine kräftige Gesangsstimme gehabt).[1] Doch dann entwickelte sich in Italien die erste große Schule der Orgelmusik. Maler wie Dürer waren bereits nach Venedig gereist, um von den dortigen Meistern zu lernen, nun zog La Serenissima auch die Musiker an, darunter viele Deutsche, die dort das Orgelspiel studieren und die neue Technik der polyphonen Komposition erlernen wollten. Aus dieser Schule gingen zum Beispiel Heinrich Schütz (1585-1672, einer der vielen, die bei Giovanni Gabrieli studierten), Johann Jakob Froberger (1616 bis 1697), Johann Pachelbel (1653-1706) und Dietrich Buxtehude (1637-1707) hervor. Wie Georg Philipp Telemann (1681-1767) war auch Buxtehude zu seinen Lebzeiten wesentlich berühmter gewesen als Bach (der einen vierhundert Kilometer langen Fußmarsch von Arnstadt nach Lübeck auf sich genommen hatte, nur um ihn zu hören). Doch ihr Ruhm hat nicht im gleichen Maße überdauert wie der Bachs. Der erste wirkliche Höhepunkt deutscher Musik ist dem Werk dieses Leipziger Meisters und dem eines anderen Komponisten zu verdanken, mit dessen Name er untrennbar verbunden ist: Georg Friedrich Händel.

Beide wurden 1685 in nur knapp hundertdreißig Kilometer voneinander entfernten Städten geboren, sollten sich aber nie persönlich begegnen. Beide erreichten den Gipfel technischer Vollkommenheit – nach dem bereits ihre Vorgänger gestrebt hatten, ohne ihn je erklimmen zu können. Doch davon einmal abgesehen, hätten sie unterschiedlicher nicht sein können: Händel war der weltgewandte Kosmopolit, der seinen Erfolg entspannt zu genießen verstand; Bach stand »in der Furcht des Herrn« und war ein »biederer Stadtbürger«.[2]

Händel gilt als einer der größten Plagiatoren der Musikgeschichte. Er stahl wie eine Elster, vornehmlich von italienischen Komponisten: »So borgte er sich anderswo musikalisches Material, verbesserte es bei der Übernahme und gab es als sein eigenes aus.«[3] Bei seinem Oratorium *Israel in Egypt* stützen sich (in einigen Fällen überaus deutlich) nicht weniger als sechzehn von neununddreißig Melodien auf die Themen anderer Komponisten, denen es allerdings ausnahmslos an der Anmut und geschliffenen Schlichtheit von Händels Musik gemangelt hatte. Für viele Musikliebhaber, insbesondere aber für Berufsmusiker, ist Johann Sebastian Bach (1685-1750) der größte Komponist aller Zeiten. Im Gegensatz zu Händel hat er Deutschland nie verlassen und blieb viele Jahre lang Kantor der Leipziger Thomaskirche. Zu seinen Lebzeiten wurde kaum eine Partitur von ihm veröffentlicht, weshalb er auch weniger den Ruf eines Komponisten als den eines Organisten und Improvisationstalents an den Tasten genossen hatte. Und da Bach seine Instrumente stetig seinen Wünschen anpassen ließ, trug er selbst eine Menge zur Entwicklung der Orgel bei. Da war es ein Glück, dass er im Zeitalter der großen Barockorgelbauer wie Arp Schnitger (1648-1718) oder der berühmten Silbermann-Dynastie lebte. Andreas Silbermann (1678-1734), der Gründer des Unternehmens, entwarf und baute die Orgel für das Straßburger Münster (1714/16), sein Bruder Gottfried die für den Dom zu Freiberg in Sachsen (1714). Gottfried war es auch, der das vom Florentiner Bartolomeo Cristofori erfundene »Forte Piano« nach Deutschland brachte.[4]

Bachs kunstvolles Jonglieren mit Themen, die Ausführung von These und Antithese, das Verfolgen einer Melodie in verschiedene Richtungen, um dann fast unmerklich zum Hauptthema zurückzukehren, stellt eine Form von musikalischer Webkunst dar, die ihresgleichen unter den menschlichen Errungenschaften sucht, nicht nur, was die technischen Schwierigkeitsgrade anbelangt (die über alles hinausgingen – hinausgehen –, was man je zuvor zu leisten vermocht hatte), auch, weil er damit eine Fülle an Gefühlen auszulösen und zu erfüllen verstand. Auch Bachs andere Innovationen sollten nicht vergessen werden: Unter seiner Anleitung wurde zum Beispiel das Cembalo von einem Begleitinstrument in ein meisterhaftes Soloinstrument verwandelt.

Johann Sebastian war nach allen Regeln der Kunst ein Genie, doch Mitte und Ende des 18. Jahrhunderts meinten die meisten Menschen einen anderen Bach, wenn sie diesen Namen aussprachen, nämlich Carl Philipp Emanuel (1714-1788), einen der vier komponierenden Söhne (neben dem ältesten, dem »Dresdner oder halleschen Bach« Wilhelm Friedemann (1710-1784), dem »Bückeburger Bach« Johann Christoph Friedrich (1732-1795) und dem »Mailänder oder Londoner Bach« Johann Christian (1735-1782).

Jeder weiß irgendetwas über die Bachs, doch zur mehr oder weniger gleichen Zeit gab es noch eine andere Gruppe von Komponisten, nämlich die aus dem talentierten Musikerkreis um die Mannheimer Hofkapelle des pfälzischen Kurfürsten Karl Theodor (1743-1799, ab 1777 auch Karl II. von Bayern), der mit seiner Mannheimer Schule den Weg zu einer neuen Orchesterkultur wies. Dort wurden erstmals Gesamtpartituren geschrieben und Einzelpartituren nur noch zu individuellen Übungszwecken exzerpiert, und diese Neuerung wird als die Geburt der modernen Orchestermusik betrachtet.

Die Entstehung der Großen Oper

Bis Mitte des 18. Jahrhunderts dominierte in Deutschland, England und Frankreich die italienische Oper. Die Libretti waren grundsätzlich in italienischer Sprache gehalten, und die Sänger, Könner wie Dilettanten, ob es sich um Italiener handelte oder nicht, wurden allesamt importiert, um ihre Rollen dann mit stereotyper italienischer Gestik zu singen. Gegen Ende des 18. Jahrhunderts begann sich das jedoch zu ändern. Die Komische Oper (das Singspiel) wurde immer beliebter, denn eines ihrer Merkmale waren gesprochene Dialoge mit eingestreuten Gesängen in der jeweiligen Landessprache (in deutschen Ländern also Deutsch). Ihren musikalischen Gipfel erreichte dieser Usus mit Mozarts *Entführung aus dem Serail* (1782), doch die Entwicklung des Singspiels war letztendlich mehr den Ideen von Christoph Willibald Gluck (1714–1798) zu verdanken.

Gluck hatte praktisch im Alleingang die erste große Opernreform in Angriff genommen und eine Reihe von kraftvollen Werken komponiert, mit denen er seine Vision zum Ausdruck brachte. Erstmals vorgestellt hatte er seine neue Methode bei der Uraufführung seiner Reformoper *Orfeo ed Euridice* (*Orpheus und Eurydike*) 1762 in Wien, doch seine Absichten skizzierte er erst im Vorwort zu *Alceste*, einer weiteren »italienischen« Oper über ein klassisches Thema: Er habe vor, »die Musik auf ihre wahre Aufgabe zu beschränken«.[5] Die Sänger sollten »statt ihrer übel beratenen Eitelkeit« sich aufs Singen beschränken, der Schauspieler sich nicht »im Feuer des Dialogs aufhalten«, um dann »in einem langen Lauf mit der Beweglichkeit seiner schönen Stimme prunken« zu können. Außerdem habe er sich »vorgestellt, daß die Ouvertüre die Zuhörer auf die Handlung, die vorzuführen ist, vorbereiten und sozusagen deren Inhalt andeuten soll«. Kurz gesagt: Eine Ouvertüre sollte nicht mehr nur als Pausenfüller für die Zeit verstanden werden, in der das Publikum seine Plätze suchte. Vor allem aber sollte die Musik den Ansprüchen des Textes Genüge leisten und dessen dramatische Intensität verstärken. Auch das ist wieder einmal eine der vielen Ideen, die uns heute so normal vorkommen, damals aber höchst umstritten waren. Durchsetzen konnte Gluck seine Vorstellungen nur, weil seine eigenen Opern von einer derart dramatischen Intensität waren, dass jedem offenbar wurde, wie richtig sie waren. Wie der amerikanische Musikkritiker Harold Schonberg schrieb, darf man wohl behaupten, dass die Tradition der Großen Oper auf der modernen Bühne mit Gluck ihren Anfang nahm.[6]

Vier Giganten

Die Periode der italienischen Hochrenaissance umfasst die Jahre 1497 bis 1527, in der die drei Künstler Raffael, Michelangelo und Leonardo da Vinci auf dem Höhepunkt ihrer Schaffenskraft waren. In der deutschen Renaissance gab es eine ähnliche Periode, nämlich jene rund fünfundzwanzig Jahre im 18. Jahrhundert, in welchen vier strahlende musikalische Giganten – Genies – aufgetaucht waren, die dem anschließenden großen Jahrhundert der deutschen Musik dank ihrer unstrittigen Überlegenheit den Weg bereiteten. Die folgenden hundert Jahre darf man wohl als das größte Jahrhundert in der gesamten Kompositionsgeschichte betrachten.

Joseph Haydn (1732–1809) wurde als Sohn eines einfachen Wagners im niederösterreichischen Rohrau geboren. Bis zum Stimmbruch war er Chorknabe im Wiener Stephansdom, dann schlug er sich erst einmal als Musiklehrer durch. Der Wendepunkt in seinem Leben kam 1761, in dem Jahr, in dem er als Vizekapellmeister in die Dienste des Fürsten Paul Anton Esterházy trat. Die drei Jahrzehnte bis 1790, die er als Kapellmeister der Familie Esterházy verbrachte, waren musikalisch fraglos seine goldenen Jahre.[7] Die Esterházys zählten zu den aufgeklärtesten Patronen ihrer Zeit. Für sie komponierte Haydn die brillanten Sinfonien und Kammermusiken, die seinen internationalen Ruf begründeten. 1791 traf er in London ein, wo er im Verlauf des Jahrzehnts zwölf seiner schönsten Sinfonien schrieb. Doch so wohlgefällig das Auge der Öffentlichkeit auch auf ihm ruhte, er kehrte doch lieber nach Wien zurück, nahm kirchenmusikalische Auftragsarbeiten von Fürst Nikolaus II. Esterházy an und komponierte schließlich seine beiden großen Streichquartette op. 76 und op. 77 sowie die beiden Oratorien *Die Schöpfung* und *Die Jahreszeiten*.[8] Haydns Werkverzeichnis enthält über hundert Sinfonien, rund fünfzig Konzerte, vierundachtzig Streichquartette, zweiundfünfzig Klaviersonaten und eine Vielzahl von anderen Stücken: Messen, Opern, Divertimenti und dergleichen mehr neben diversen Kompositionen für Soloinstrumente. Seine so vertraute Brillanz ist ganz und gar ungekünstelt, was vielleicht damit zu tun hat, dass er so viele Vorlagen in der Volksmusik gesucht hatte, insbesondere in der kroatischen, die seinen Werken etwas Einfaches, Unmittelbares verleihen und sie sehr zugänglich machen. Er selbst sagte einmal über sein Talent: »Ich war von der Welt abgesondert, niemand in meiner Nähe konnte mich an mir selbst irre machen und quälen, und so mußte ich original werden.«[9]

Ungeachtet seiner Brillanz als Orchesterkomponist hoffte Haydn jedoch eine Große Oper zu schreiben. Es sollte nie dazu kommen, aber es gibt Momente in seiner *Schöpfung*, die anklingen lassen, welche Möglichkeiten sich ihm mit diesem Genre eröffnet hätten. Stattdessen war es Mozart, der in diesem Metier glänzte. Haydn und Mozart waren sich in Mozarts letztem Lebensjahrzehnt mehrmals begegnet. Vergleicht man ihre Werke, so wird deutlich, dass jeder den anderen beeinflusste, so stark sogar, dass, wie der englische Literaturwissenschaftler Malcolm Pasley erklärte, der »Allerwelts-Haydn kaum vom Allerwelts-Mozart zu unterscheiden ist«.[10] Doch in ihren strahlendsten Momenten ist die jeweils eigene Handschrift der beiden Komponisten unverkennbar.

Das kurze Leben des Wolfgang Amadeus Mozart (1756–1791) unterschied sich sehr von Haydns Leben. Mozart stammte aus einer kultivierten Familie, sein Vater Leopold (dessen Werke auch heute noch gespielt werden) war Hofkomponist und Vizekapellmeister des Salzburger Fürstbischofs gewesen, und Wolfgang war bekanntlich schon als Knabe ein »Wunder der Natur«. Das Cembalo beherrschte er mit drei Jahren, zwei kurze Stücke für Klavier komponierte er mit fünf, und noch bevor er sieben war, hatte er sich das Geigenspiel beigebracht.[11] Er begleitete seine Schwester Nannerl so schön, dass der Vater mit den beiden zu einer ausgedehnten Konzertreise durch Europas Städte aufbrach (Wolfgang war knapp acht, als die Reise begann, und elf, als sie zurückkehrten). Mit zwölf schrieb Mozart seine erste Oper, *La finta semplice*.[12] Er wurde Hofmusiker in Salzburg und Wien. Wie Haydn war auch er fast immer in seiner Laufbahn von einem Patron abhängig und komponierte viele Werke für besondere höfische Anlässe (wie die drei großen Streichquartette KV 575, 589 und 590). Mozart war vor allem eines: pragmatisch. Wo herausragende Musiker Bedarf an neuer Musik hatten, war er zur Stelle, wie im Falle des Klarinettenkonzerts, das er für den Virtuosen Anton Stadler schrieb, den führenden Interpreten dieses neuen Instruments.[13]

Aus Sicht der Musikwissenschaftler war die Entwicklung der Solostimme der unverkennbarste Beitrag Mozarts zur Musikgeschichte. Beim traditionellen Konzert des 18. Jahrhunderts wurde das musikalische Argument ständig zwischen Solist und Orchester hin- und hergereicht, ein Prinzip, das sich aus dem Concerto grosso ableitete: Eine kleinere Gruppe von Solisten spielt im Wechsel mit dem größeren Orchester. Dass die Unabhängigkeit des Soloinstruments Mozart zu verdanken ist, liegt vor allem an der Virtuosität, die er von dem Musiker forderte, der seine schönen Themen spielen sollte. Auch die drei Sätze des Concerto, die im Lauf des 19. Jahrhunderts zur Norm wurden, hatte Mozart entwickelt: ein erster Satz, im Allgemeinen ein Allegro, gefolgt von einem zweiten, langsamen Satz und beendet von einem Rondo.

Ungeachtet der Popularität seiner klassischen Konzerte sind es Mozarts Klavierkonzerte (dreiundzwanzig eigenständige) und seine letzten drei großen Sinfonien (Nr. 39 in es-Dur, KV 543, Nr. 40 in g-Moll, KV 550, und die Jupiter-Sinfonie Nr. 41 in c-Dur), die allgemein als die schönste

Musik gelten, welche die Welt im Angebot hat. Doch für viele Musikliebhaber verblassen selbst sie neben seinen Opern. Nach Meinung vieler gibt es keinen Komponisten, der auf diesem Gebiet an Mozart heranreicht.

Gluck mag zwar originelle Gedanken über die neue Oper zu Papier gebracht haben, doch es war Mozart, der dieses neue Ideal besser – unvergleichlich viel besser – als jeder andere umsetzte.[14] Die musikalische Umsetzung der Charakterzüge seiner Figuren ist nicht nur ungemein lebendig, sondern reflektiert den Text auch ebenso sehr, wie sie ihn verstärkt, und verleiht den Figuren damit eine psychologische Tiefe, die bei früheren Komponisten schlicht nicht vorhanden war. Aus dieser Tiefe »drängt« das Drama so »unmittelbar hervor«, dass die Musik selbst zu dem Vehikel wird, das die Motive vermittelt. Die größte seiner deutschen Opern, die *Zauberflöte*, die Mozart in seinem letzten Lebensjahr komponierte und zur Aufführung brachte, ist wohl auch sein überragendstes Werk. Haydn konnte Mozart vielleicht mit seiner instrumentellen Virtuosität Paroli bieten und Beethoven mit seinem emotionalen Tiefgang (worüber noch zu sprechen sein wird), doch die Koloraturarien der Königin der Nacht haben etwas, das kein anderer Komponist je erreichte.[15]

Haydn, Mozart und Beethoven werden oft unter dem Begriff »Erste Wiener Schule« zusammengefasst. Gewiss, alle drei sind in Wien gestorben, aber man kann doch in keinem genuinen Sinne davon sprechen, dass sie eine gemeinsame Schule gebildet hätten, geprägt von gemeinsamen künstlerischen Zielen oder auch nur gleichen Methoden.

Der in Bonn geborene Ludwig van Beethoven (1770–1827) stammte wie Mozart aus einer Musikerfamilie. Sein Vater und Großvater waren kurkölnische Hofmusiker gewesen. Mit zweiundzwanzig wurde er Meisterschüler von Haydn in Wien, anschließend unterrichtete er die Sprösslinge der Wiener Aristokratie. Doch er wollte nie etwas anderes als komponieren, und als Komponist sollte er sich denn auch bald seine ersten Sporen verdienen.

Beethoven führte kein glückliches Privatleben, und vielleicht ist es das, was in seiner Musik zum Ausdruck kommt und seine Kompositionen so deutlich von denen Bachs oder Mozarts unterscheidet. Die Meisterschaft, das Mysterium, die Vollkommenheit von Bach und Mozart sind geschliffene Edelsteine von kühler, klassischer Schönheit; ihre Musik ist eine göttliche. Beethovens Musik ist eine menschliche: Sie zeugt von seinem Leid, seiner Ungeduld, seinen Hochgefühlen; sie bietet der Welt die Stirn und bejaht sie zugleich; ihr Vorwärtsdrang reflektiert den Übergang zu menschlicher Größe. Sie ist unangefochten ein Monument der Leistungsfähigkeit des menschlichen Geistes.

Beethovens Schaffen lässt sich in drei Perioden aufgliedern. Vor dem Jahr 1800 weisen seine Werke Einflüsse von Haydn auf; im Jahr 1800 wurden das 1. Klavierkonzert (op. 15) und die 1. Sinfonie (op. 21) uraufgeführt – sie stehen für den Beethoven, der dem Durchschnittspublikum am vertrautesten ist. Beethovens Innovation bei der 1. Sinfonie – dass er dem dritten Satz zwar den Titel »Menuett« gab, aber ein viel lebendigeres, von einem Allegro abgeschlossenes Scherzo daraus machte –, erhöhte die Spannung des Werkes ungemein und etablierte Beethovens unverkennbare Stimme als spannungsgeladene, von rastloser Leidenschaft getriebene Bewegung. Von genau dieser Rastlosigkeit waren auch seine mittleren Lebensjahre geprägt: die ersten acht Sinfonien, die fünf Klavierkonzerte, das Violinkonzert, die Oper *Fidelio*, die Klaviersonaten, darunter die Appassionata und die Waldstein-Sonate. Beethoven war in erster Linie ein Instrumentalkomponist. Er höre seine Musik immer nur von Instrumenten gespielt, sagte er einmal, niemals von Stimmen gesungen.[16]

Schon das alles war überwältigend, doch seine grandioseste Musik, die nach allgemeiner Meinung zu den größten aller Zeiten zählt, erschuf Beethoven erst in seinem letzten Lebensabschnitt. »Jede Musik führt zu Beethoven, und jede Musik geht von ihm aus«, schrieb der amerikanische Schriftsteller und Literaturkritiker Howard Mumford Jones. Wir sprechen von der Zeit, in der er die 9. Sinfonie (»Chorsinfonie«), die Missa Solemnis, die drei letzten Klaviersonaten, die Diabelli-Variationen und die letzten fünf Streichquartette komponierte.[17] Nach einem turbulenten, bewegten und konfliktreichen Leben, das bekanntlich in tragischer Taubheit endete, spricht aus der späten Musik Beethovens eine Gelassenheit und Gelöstheit, die der Komponist in anderen Lebensbereichen nie erreichte.

Haydn beherrschte die sinfonische Form, Mozart die Oper und Beethoven die Instrumentalmusik. Schubert, der letzte der vier großen Wiener Meister, beherrschte das Lied.

Franz Schubert (1797–1828), der in Wien geboren wurde und sein ganzes Leben dort verbrachte, war ein noch kürzeres Leben beschieden als Mozart. Doch obwohl er bereits mit einunddreißig starb, war er einer der produktivsten Komponisten aller Zeiten. Dabei hatte er nie von einem adeligen Patron profitiert und sein ganzes Leben als freischaffender Künstler verbracht. Musikalisch ebenso frühreif wie Mozart, begann er bereits in sehr jungen Jahren zu komponieren. Doch er zog nicht die gleiche Aufmerksamkeit wie Mozart auf sich. Erst als eine Gruppe von Freunden im Jahr 1821 (Schubert war vierundzwanzig) auf eigene Kosten zwanzig seiner Lieder veröffentlichte, begann man Notiz von ihm zu nehmen. Zu diesem Zeitpunkt hatte er bereits sieben seiner neun Sinfonien, das Streichtrio, das Forellenquintett sowie mehrere Opern und Messen komponiert. Viele seiner Werke wurden erst posthum aufgeführt.[18]

Doch man kennt Schubert vor allem seiner Lieder wegen. Auch auf diesem Gebiet war er ungemein produktiv – sechshundert hat er geschrieben, darunter einundsiebzig Vertonungen von Goethe- und zweiundvierzig von Schiller-Gedichten. Abgesehen von der Hinwendung zu diesen beiden Dichtern war er zwar nicht besonders hellsichtig bei der Wahl von Lyrik gewesen, doch seine Musik zeugt in jedem Fall von einer beispiellosen Fähigkeit, Melodien zu erschaffen, die weit über reine »Vertonungen« hinausgehen: Sie sind ihrerseits musikalische Äquivalente von Dichtung. Dabei erhob er die Klavierbegleitung auf ein nie zuvor erreichtes Niveau, »auf eine Ebene, für die der Begriff ›Begleitung‹ nicht mehr angemessen ist«.[19]

Die letzten Neuerungen bei der Musik*produktion* (im Gegensatz zum *Hören* von Musik, worauf wir gleich zu sprechen kommen werden) führte Carl Maria von Weber (1786–1826) ein. Weber, der mit einem Hüftleiden geboren wurde und deshalb zeitlebens hinkte, war ein Gitarrenvirtuose und ausgezeichneter Sänger, bis er sich die Stimme verdarb, weil er versehentlich ein Glas Salpetersäure getrunken hatte. 1816 wurde er nach Dresden berufen, um die Deutsche Oper auszubauen. Dort begann er den Dirigenten (sich selbst) zur obersten Instanz zu machen und den Kult um ihn ins Leben zu rufen, den wir bis heute kennen. Und auch er gab alles, um die hemmungslose Begeisterung für italienische Opern und vor allem für Rossinis Werke zu bremsen: Ihm war es zu verdanken, dass eine eigene deutsche Operntradition entstand, die mit Wagner ihren Gipfel erreichen sollte.[20] Webers 1821 uraufgeführte Oper *Der Freischütz* (unter den Premierengästen befand sich auch Heinrich Heine) eröffnete eine neue Welt: Dem Orchester kam nun eine weit wichtigere Aufgabe zu, als nur Stimmen zu untermalen; Streicher und Bläser wurden ergänzt, sodass ihre jeweiligen Eigenarten wirklich zum Tragen kommen und nicht bloß die Stimmungen, sondern auch die Farben verstärken konnten. Und diese Schritte gaben zugleich dem Dirigenten mehr Gestaltungsspielraum und führten zu einem ganz neuen Opernerlebnis. Die Oper hatte mehr oder weniger ihre heutige Form erreicht.

Musik als Philosophie

Das »Rückgrat« der klassischen Musik bilden heute standardmäßig Bach, Händel, Haydn, Mozart, Beethoven, Schubert und Brahms – allesamt deutschsprachige Komponisten. Errichtet wurde diese tragende Säule um die Wende zum 19. Jahrhundert in den deutschen Ländern, und sie blieb während dieses Jahrhunderts auch unangefochten stehen. Hector Berlioz, Frédéric Chopin, Pjotr Iljitsch Tschaikowski und Giuseppe Verdi waren die einzigen Nichtdeutschen, die damals zu den großen Komponisten gezählt wurden.

Doch die *Produktion* von Musik ist nur eine Seite der Medaille. So, wie die Blüte der Malerei in der italienischen Renaissance heute vor dem Hintergrund der kommerziellen und religiösen Tendenzen der damaligen Zeit bewertet wird, werden auch das Hören, der Konsum und das Verständnis von Musik im Deutschland des späten 18. und frühen 19. Jahrhunderts heute vor dem Hintergrund der damals einflussreichen Idealismusphilosophie betrachtet. Das ist weit entfernt von der Art und Weise, wie wir unsere Musikerfahrungen heute bewerten.

Gegen Ende des 18. Jahrhunderts entwickelte sich im deutschsprachigen Raum eine ganz neue Auffassung von den Künsten und vor allem von Musik. »Zuhören« wurde, wie der amerikanische Musikwissenschaftler Mark Evan Bonds aufzeigt, zu einer ernst zu nehmenden Beschäftigung, vor allem, wenn es um Instrumentalmusik ging.[21]

Zur damaligen Zeit war die Sinfonie vergleichsweise neu gewesen. Aufgetaucht war sie erst um 1720, im Rahmen der Entwicklung von Opernouvertüren, die damals oft als »Symphonien« bezeichnet wurden, ein Usus, der erst in den neunziger Jahren des 18. Jahrhunderts ausstarb.[22] Bis etwa um das Jahr 1800 war die Sinfonie wesentlich unwichtiger gewesen als die Oper, selbst Kant fällte in seiner *Kritik der Urteilskraft* bekanntlich das berüchtigte Urteil, dass »die *Tonkunst* [...] freilich mehr Genuß als Kultur« sei, welcher »wie jeder Genuß, öftern Wechsel« verlange. Von den Möglichkeiten der Musik, »das Gemüt« zu bewegen, war er zwar beeindruckt, doch da Instrumentalmusik keine Ideen enthalte (weil sie »durch lauter Empfindungen ohne Begriffe spricht«), hielt er ihre Wirkung für »vorübergehend«, und so etwas stumpfe auf Dauer den Geist ab.[23] Diese Meinung teilten viele, doch um die Jahrhundertwende veränderte sich das Ansehen der Sinfonie schlagartig.

Eine Ursache dafür war der sukzessive Übergang von privaten zu öffentlichen Aufführungen, über den wir bereits sprachen. Und dieses größere Publikum hatte nun auch einen breiter gefächerten Geschmack, außerdem bestand es aus Angehörigen des aufstrebenden Bildungsbürgertums, das eifrig darauf bedacht war, sich weiterzubilden und zu vervollkommnen. Doch ebenso bedeutend – wenn auf längere Sicht gesehen nicht noch wesentlich entscheidender – war das Umdenken bezüglich des Wesens von Kunst, vor allem der Zusammenhang, den man zwischen Musik und Philosophie herzustellen begann. Damit veränderte sich auch der Akt des Zuhörens.[24]

Die neue Ästhetik, die den Wert von Instrumentalmusik zu schätzen begann, leitete sich direkt vom Idealismus ab, der die These vertrat, dass der Nutzen, welcher sich aus Kunst ziehen lasse, nicht in der »passiven Aufnahme« liege, sondern vielmehr im *Handeln*. In jedem Kunstwerk, jedem Produkt eines Genies spiegle sich »das Reich« eines höheren Ideals, das sich der Zuhörer jedoch erarbeiten müsse, indem er das Seinige dazu beitrage. Die Verzückung, in die Musik den Zuhörer geraten lässt, das Maß, in dem sie ihn während einer Aufführung »entrückt« und »selbstvergessen« macht, begannen viele als die erste Station auf der Reise in dieses andere, höhere Reich zu betrachten. Beethoven selbst hatte geglaubt, Musik könne als eine Brücke zwischen dem Irdischen und dem Göttlichen dienen.[25]

Im letzten Jahrzehnt des 18. Jahrhunderts wurde diese Sichtweise weiter ausgebaut. Schelling wies den Weg mit seiner Feststellung, dass Kunst und Philosophie dieselbe grundlegende Frage ansprächen, nämlich die über den Zusammenhang zwischen dem Reich der Phänomene und dem der Ideen. Klang treffe auf Hörsinn, den »innenliegendsten« der fünf Sinne, und ebendieser Zustand des Inneliegens mache ihn in seiner Essenz zu einem idealeren Sinn als die anderen Sinne. August Wilhelm Schlegel teilte diese Ansicht.[26]

Damit wird auch die Verbindung zwischen Idealismus und Instrumentalmusik deutlich. Dieser Denkansatz gipfelte in einem Text, den Bonds als »die bedeutendste und einflussreichste Musikkritik« bezeichnet, »die jemals geschrieben wurde«.[27] Er meint die Rezension, die E. T. A. Hoffmann (1776–1822) im Jahr 1810 in der *Allgemeinen Musikalischen Zeitung* unter dem Titel »Beethovens Instrumentalmusik« veröffentlichte. Hoffmann stellte die Musik hier als ein eigenes Reich jenseits des Phänomenalen dar und schrieb ihr somit die Möglichkeit zu, den Hörer einen flüchtigen Blick auf das Unendliche erhaschen zu lassen. »Die Musik«, so Hoffmann, »schließt dem Menschen ein unbekanntes Reich auf, eine Welt, die nichts gemein hat mit der äußeren Sinnenwelt, die ihn umgibt und in der er alle bestimmten Gefühle zurücklässt, um sich einer unaussprechlichen Sehnsucht hinzugeben.« Mit anderen Worten: Musik ist ein potenzieller Katalysator der Offenbarung, welche alle erfahren, die sich aktiv am Werk beteiligen, indem sie ihm mit schöpferischer Vorstellungskraft lauschen.[28] Daraus folgt, dass die »Bürde der Verstehbarkeit« nun nicht mehr nur auf dem Komponisten, sondern auch auf dem Zuhörer lastete. Bonds schreibt: »Das neue Bezugssystem fürs Zuhören war faktisch ein philosophisches, beruhend auf der Prämisse, dass der Zuhörer danach streben muss, den Gedanken des Komponisten zu verstehen und zu verinnerlichen, dem Argument der Musik zu folgen und sie als ein Ganzes zu begreifen.«[29]

In seiner Rezension von Beethovens »Fünfter« bezog Hoffmann diesen philosophischen Denkansatz erstmals auf eine Komposition. Er sah hier eine teleologische Entwicklung vor sich, von der kindlichen Unschuld Haydns über den übermenschlichen Mozart bis hin zum göttlichen Beethoven. Lausche man Beethoven, so werde man dunkel einer höheren Form von Wirklichkeit gewahr, die ansonsten nicht fassbar sei für uns. Die Musik sei nun nicht bloß mehr ein Mittel, das der Unterhaltung diene, sondern sie sei zu einem Medium der Wahrheit geworden. Kunst als solche beginne dort, wo Philosophie ende.[30]

Allein schon die Vorstellung, dass sich ein Instrumentalwerk tiefschürfend erklären ließ, war völlig neu und nicht zuletzt durch die allgemeine Idee von »Bildung« entstanden. Doch die Tatsache, dass man einen Zusammenhang zwischen Bildung und dem Vermögen herstellte, zuhören zu können, hatte auch etwas mit dem gewandelten Verständnis vom Akt des Zuhörens selbst zu tun. Die Sinfonie zum Beispiel wurde mit Kants Begriff des »Erhabenen« erklärt: mit ihrer unermesslichen Reichweite und »ozeanischen« Fähigkeit zur »Sinnesüberwältigung«. Viele Philosophen und Künstler hingen nun der These an, dass eine Betrachtung des Unendlichen über den Weg des Erhabenen Einsichten bieten könne, die das rein Schöne nicht ermögliche. Die »geballten Kräfte« der Sinfonie förderten diese Vorstellung noch.[31]

Indem Hoffmann eine musikalische Entfaltung von Haydn über Mozart zu Beethoven darstellte, ergriff er auch Partei für den Historismus, ja sogar für eine Art von Hegelianismus, da er damit faktisch die Existenz eines »Weltgeistes« anerkannte, die Entwicklung eines immer höheren menschlichen Bewusstseins. Beethovens Sinfonien stellten für ihn die musikalische Krönung dar, einen »Moment historischer Zeitlosigkeit«, in dem der Komponist zu vollständiger »Besonnenheit« gelangt war – was weniger als eine Beschreibung des im künstlerischen Schaffensprozess Erreichbaren als etwas nahezu Göttliches zu verstehen ist, als eine Beschreibung dessen, was schon immer im Künstler angelegt war und nur darauf wartete, befreit oder verwirklicht zu werden.[32]

Die Sinfonie als Soziologie

Ein weiteres Element der (wortlosen) Sinfonie, vor allem während der turbulenten Nachwehen der Französischen Revolution, war der *Gemeinschafts*charakter. Er wird vor allem dann deutlich, wenn man die Sinfonie dem Konzert gegenüberstellt. Eine Sinfonie galt als etwas Kommunales und Tiefschürfendes, das Konzert hingegen als etwas Protziges und Leeres. Genau das war es, was die Sinfonie zumindest zeitweilig zu einer so typisch deutschen Angelegenheit machte, denn so gesehen entstand Kultur aus dem Beziehungsgeflecht zwischen Individuum, Staat und Bildung. Die Sinfonie galt als Parallele zu dem Prozess, der es Individuen ermöglicht, ihre jeweils eigene schöpferische Rolle in einem harmonischen Staat zu finden. Nicht zuletzt deshalb wurde die Mitwirkung in einem Chor von vielen (unter anderem von Goethe) als eine angemessene Schulung zum Staatsbürger betrachtet.[33] Analog zur Harmonie in einem Orchester könne gesellschaftliche Harmonie nur unter einer Gruppe von

Individuen entstehen, die so eifrig an sich arbeiteten, dass sie wenigstens ein Minimum an Selbstverwirklichung erreichten.

Das war ein wesentlicher Punkt, denn die Vorstellungen von einem »Deutschland« hatten sich zu Beethovens Lebzeiten entschieden verändert. Als 1824 seine 9. Sinfonie in Wien uraufgeführt wurde, war »Deutschland« zwar noch eine Abstraktion, aber die Idee von einem gesamtdeutschen Staat wurde nicht mehr als so absurd empfunden, und im beginnenden 19. Jahrhundert realisierte man zum ersten Mal, dass auch Musik eine Rolle bei der Entwicklung einer nationaldeutschen Identität spielen konnte.[34] 1799 hatte Friedrich Rochlitz, der Gründer und langjährige Redakteur der *Allgemeinen Musikalischen Zeitung*, in einem Leitartikel seiner Hoffnung (respektive Erwartung) Ausdruck verliehen, dass man Musik zum Wohle der Bildung der Nation einsetzen würde. 1805 schrieb ein anonymer Autor im selben Blatt, dass sich der Deutsche wohl nicht gleich nationalistischer Überheblichkeit schuldig mache, wenn er im Reich der Komposition Anspruch auf den ersten Platz unter den Völkern erhebe.[35] Musik war sowohl einer der Erzeuger als auch ein Erzeugnis des Nationalismus. Das belegt nicht zuletzt die wachsende Beliebtheit der Musikfeste, die von größerer Bedeutung waren, als es heute vielleicht den Anschein hat. Denn da das Versammlungsrecht in deutschen Ländern zu dieser Zeit stark eingeschränkt war, zogen solche Feste, die üblicherweise zwei oder drei Tage dauerten und der Sinfonie oder dem Oratorium gewidmet waren, Horden von »Musikliebhabern« an. Diese Leute kamen zwar primär einer bestimmten Ästhetik wegen, fühlten sich aber auch zu dem Mikrokosmos hingezogen, der dort zu finden war und der erahnen ließ, wie das imaginierte deutsche Reich einmal aussehen könnte: Wie der Staat en miniature, den diese Gemeinde aus Musikliebhabern bildete, stellten sie sich eher eine Kultur- als eine Territorialmacht vor. Das heißt, auch sie betrachteten die Sinfonie als Analogie zu einer organischen Gemeinschaft und einer idealen Gesellschaftsstruktur.[36]

Dass die Sinfonie das deutsche Genre par excellence war, hatte aber noch einen anderen Grund: Abgesehen davon, dass sie »ernsthaft« war und auf einer soliden philosophischen Grundlage beruhte, bot sie auch ein Gegengewicht zur Oper, die so lange von Italienern und Franzosen dominiert worden war. Dieser Gedanke sollte noch lange nachhallen und zu einem wichtigen Vermächtnis werden. Wagner zum Beispiel legte »meinem Freund« Beethoven den Satz in den Mund: Er »war nicht Feldherr – er war Musiker, und so sah er in seinem Reiche das Gebiet vor sich, in dem er dasselbe verrichten konnte, was Bonaparte in den Gefilden Italiens vollbracht hatte«.[37] Wagner sah Beethovens Sinfonien als ein Stadium auf dem Weg zur progressiven Synthese der Künste. Und da er Beethovens sinfonische Errungenschaften nicht schmälern konnte, spielte er einfach geschickt eine Trumpfkarte aus: Beethoven habe höchstselbst verkündet, dass er den Gipfel dieses Genres mit seiner 9. Sinfonie erreicht hatte. Und dem fügte Wagner hinzu: Indem der Meister dem traditionell Wortlosen Worte einhauchte, habe er implizit selbst konzediert, dass die Zeit der Instrumentalmusik abgelaufen sei. Daher sei es nun an ihm, Wagner, den Faden dort aufzugreifen, wo Beethoven ihn fallen gelassen habe.[38]

7

Kosmos, Keilschrift und Clausewitz

Abraham Gottlob Werner (1749–1817) war allen Berichten zufolge ein ungemein exzentrischer Mann. Im Hörsaal der Bergakademie im sächsischen Freiberg, an der er lehrte, ließ er grundsätzlich den Kamin befeuern, »egal zu welcher Jahreszeit«. Er trug stets »ein Fell um den Bauch« und machte endloses Tamtam um die Sitzordnung bei seinen vielen Abendeinladungen oder um die Reihenfolge, in der die Bücher in seiner Bibliothek sortiert waren. Vor allem aber war er eines: »[...] verrückt nach Steinen.« Nach Aussage eines seiner Studenten hatte er eine Sammlung von hunderttausend Steinen zusammengetragen, ein jeder aus einem anderen Mineral. Einmal, als der Ablagekasten mit einigen Musterstücken im Hörsaal herumgereicht wurde und ein Student ihn fast hätte fallen lassen, »wurde Werner blass und brachte kein Wort mehr heraus [...]. Es dauerte sieben oder acht Minuten, bis er seine Stimme wiederfand.«[1]

Dieser Kauz war also der Gründervater der modernen Geologie. Am Ende des 18. Jahrhunderts hatte die Geologie (nicht, dass diese Bezeichnung schon verbreitet gewesen wäre) noch keine wissenschaftliche Grundlagenforschung betrieben, sondern sich darum gekümmert, die biblische Schöpfungsgeschichte vom Ursprung der Welt mit den vorgefundenen Gesteinsarten in Einklang zu bringen.[2] Und dank der Bergbauhistorie ihres Landes bildeten Deutsche die Speerspitze dieses Versuchs.[3] Damals, die Geldwirtschaft löste gerade die alte Bedarfsdeckungswirtschaft ab, war die Geldversorgung Europas wesentlich von Silber abhängig gewesen. Das explosive Wachstum des Silberbergbaus in deutschen Ländern – vor allem in Sachsen – hatte im späten 15. und frühen 16. Jahrhundert die Gründung ganzer Städte nach sich gezogen, darunter Freiberg, Joachimsthal und Chemnitz. Mitte des 16. Jahrhunderts sorgte die Entdeckung von Silber in der Neuen Welt für eine Flaute in Europa, dafür brachte das reiche Vorkommen anderer Mineralien auf deutschem Boden (darunter Kaolin, der Rohstoff für die Porzellanindustrie, die rapide wuchs, seit man im 16. Jahrhundert begonnen hatte, hochwertiges chinesisches Porzellan nach Europa zu importieren) eine gesunde Nachfrage nach Mineralogen mit sich. Die Region um Freiberg war die geschäftigste und spielte auch eine führende Rolle bei der Entwicklung von Mineralogie und Geologie. Nicht nur des Silbers wegen: Das hochwertige chinesische Porzellan hatte in Europa einen regelrechten Wettlauf um die Enthüllung seines Herstellungsverfahrens ausgelöst, und diese Bemühungen erwiesen sich als Segen für Mineralogen. Franzosen hatten Ende des 17. Jahrhunderts die ersten entsprechenden Werkstätten (in Saint-Cloud) eingerichtet, waren nach Gründung der Manufakturen in Wien, Höchst und Nymphenburg, ganz zu schweigen von Berlin und Meißen, jedoch schnell ins Hintertreffen geraten. Bald hatte man begriffen, dass die »Porzellanerde« Kaolin der entscheidende Bestandteil war, also begann eine fieberhafte Suche nach Vorkommen dieses kostbaren Materials. 1710 ordnete August der Starke an, in der Albrechtsburg zu Meißen eine Porzellanmanufaktur unter der Leitung des Alchemisten Johann Friedrich Böttger (1682–1719) einzurichten, welcher entdeckt hatte, dass Kaolin unter Beimischung von Quarz und Feldspat und mit Alabaster als Flussmittel schmelzbar wurde. Das Verfahren blieb ein streng gehütetes Geheimnis, obwohl nicht weniger als dreißigtausend Experimente damit gemacht wurden.[4] So kam es also, dass Bergbau und Chemie ein enges Bündnis eingingen und zu gleichen Teilen die Vorherrschaft deutscher Mineralogen begründeten.

Die deutschen Universitäten mit ihrem Schwergewicht auf Geisteswissenschaften galten nicht gerade als die besten Orte zur Förderung von ausgesprochen technischen Studien. Deshalb begann den deutschen Fürsten im Lauf des 18. Jahrhunderts bewusst zu werden, dass eigene technische Lehrstätten vonnöten waren. 1765 wurde die Bergakademie in Freiberg gegründet, zehn Jahre später erhielt Werner einen Ruf dorthin.

Werner blieb vor allem wegen seines Eintretens für die erdgeschichtliche Theorie der »Neptunisten« in Erinnerung. Sie waren die Konkurrenten der »Vulkanisten« (oder »Plutonisten«), obwohl beide eng mit christlichen Vorstellungen verbunden waren. Den Neptunisten zufolge bestand die Erdoberfläche aus Sedimentgestein, das sich einst am Grunde eines riesigen, die Erde vollständig bedeckenden Urmeers befunden habe. Doch mit dieser Theorie gab es ein paar ernsthafte Probleme: Sie konnte nicht einmal ansatzweise erklären, weshalb Gesteinsarten, welche Werner zufolge *jünger* waren als andere, *unterhalb* solcher älteren Schichten lagerten. Noch problematischer waren die unglaublichen Wassermengen, die notwendig gewesen wären, um alles Land der Erde in einer wässrigen Lösung halten zu können, denn dabei hätte es sich um eine viele Kilometer hohe Überschwemmung handeln müssen. Diese Überlegung warf eine sogar noch problematischere Frage auf: Was war mit all dem Wasser geschehen, nachdem es sich zurückgezogen hatte?[5]

Werners Hauptrivale war der schottische Aufklärer James Hutton, der die anfänglich bei Weitem nicht so erfolgreiche Theorie vom Feuergott Vulkan (»Vulkanismus«) vertrat. Hutton hatte sich in seiner Gegend umgesehen und dabei festgestellt, dass es nach wie vor Verwitterungsprozesse und Erosionen gab, die feinen Sand, Kalkschlick, Lehmbruchstücke und Kieselsteine an Flussmündungen ablagerten. Er fragte sich, was solche Schwemmstoffe zu dem Felsgestein geformt haben könnte, das überall zu sehen war. Seine Antwort darauf lautete: Nur Hitze war dazu in der Lage. Aber woher kam die Hitze? Huttons Meinung nach konnte sie nur aus dem Erdinneren stammen und durch vulkanische Aktivität an die Oberfläche gelangt sein.[6]

Zweifellos deckte sich Huttons Vulkanismus besser mit den Fakten als Werners Neptunismus. Trotzdem hatte er eine Menge Gegner, eben weil der Vulkanismus auf eine lange geologische Vergangenheit hindeutete, die weit über das hinausging, was man sich vorstellen konnte.[7]

Die jüngere Forschung schrieb Werner noch eine zweite und wichtigere Idee zu, von der die moderne Geologie auch grundlegend geprägt wurde, weil sie im Gegensatz zu seinem Neptunismus Bestand hatte: Er verknüpfte die Gesteinsschichtenbildung erstmals mit der verstrichenen erdgeschichtlichen Zeit. Die anfänglich einflussreichste Sicht hatte der Naturforscher Peter Simon Pallas (1741–1811) vertreten. Nachdem er eine primäre, sekundäre und tertiäre geologische Sequenz bestimmt hatte, stellte er die Theorie auf, dass jedes Gebirge auf die gleiche Weise entstanden sein müsse: Den Kern bildete demnach bis hoch hinauf zu den Gipfeln ein kristallines Gestein (Granit); dieses wurde ummantelt von Sedimentgestein (Kalkstein, Sandstein, Schiefer) und auf der Außenseite, weiter unten, von losen Ablagerungen, die organische Materie enthielten. Auf dieser Vorstellung baute dann Georg Christian Füchsel (1722–1773) auf: Er bestimmte einzelne Schichtenbildungen von jeweils typischer fossiler Zusammensetzung, woraus sich die Idee der »Formation« ableitete, einer voraussagbaren Abfolge von Bänken gleicher Gesteine, die unter vergleichbaren Umweltverhältnissen und örtlichen Gegebenheiten unmittelbar nacheinander entstanden waren.[8]

Nach Meinung moderner Geologen wie Alexander Ospovat von der Oklahoma State University hatte jedoch erst Werner zu Zeiten des einsetzenden Historismus und Evolutionismus in Deutschland verstanden, dass der entscheidende Unterschied zwischen den Gesteinsarten nicht in der Mineralogie oder Chemie zu suchen war, sondern »im Modus und in der Zeit der Formation« – dass der grundlegende geologische Prozess also die Gesteins*formation* war.[9] Werner hatte begriffen, dass sich das in der Mineralogie herrschende Chaos auf begrenzbare und überschaubare Proportionen reduzieren ließ, weil es nur zwanzig bis dreißig solcher allgemeinen Formationen gab. Damit wuchs auch die Bedeutung der fossilen Bestandteile von Gestein, weil sie einen wesentlich genaueren Indikator für dessen Alter und Abfolge boten. Wie andere Forscher hatte Werner außerdem erkannt, dass diese Fossilien auf späteren (höheren) geologischen

Ebenen immer vielfältiger und komplexer wurden.[10] 1799 erklärte er die Paläontologie zur Disziplin der Zukunft und begann, entsprechende Seminare zu veranstalten.

Dieses fortschrittlichere Bild von der Bedeutung der Stratigrafie war Werners nachhaltigster Beitrag zur Geologie. An der Universität von Hawaii spürte die Historikerin Rachel Laudan jüngst einer »Werner-Ausstrahlung« nach: Werner habe zu einer »Bewegung« unter den Geologen angeregt, die sich in zwei Zweige aufteilte. Auf der einen Seite gab es den »kohärenten« Zweig, der Werners Ideen von den Gesteinsformationen akzeptierte, weiterentwickelte, modifizierte und dessen Fossilienerklärung für den klarsten und ausbaufähigsten Weg zum Verständnis der Erdgeschichte hielt. Auf der anderen Seite gab es den Zweig, den man als die Schule des Kausalzusammenhangs bezeichnen könnte: Seine Vertreter wahrten das Interesse an der Mineralogie, allerdings nur, weil diese auf eine Kausalkette hinwies, und schrieben der Hitze eine immer wichtigere Rolle bei der Ökonomie der Erde zu. Diese Denkschule verschmolz Werners Theorien schließlich mit denen von Hutton.[11]

Laudan folgte den Spuren der »Werner-Ausstrahlung«, die sich mit Hilfe seiner einstigen Studenten allmählich von Freiberg aus nach England, Irland, Skandinavien, Frankreich, in die Vereinigten Staaten bis nach Mexiko ausbreitete. Lehrbücher von Werner sowie Werner-Gesellschaften entdeckte sie in Frankreich, Schottland und Cornwall; Werner-Fachzeitschriften und einstige Werner-Schüler, inzwischen selbst Professoren, fand sie an der École des Mines in Frankreich und an der Bergakademie von Mexiko, und Seminare im Stil von Werner in Oxford und Edinburgh. Es gab sogar eine »Werner-Ausstrahlung« jenseits der Geologie. Goethe zum Beispiel hing bis an sein Lebensende Werners Theorie an, so wie auch viele Romantiker, von denen einige sogar selbst Werners Vorlesungen besucht hatten (darunter Novalis).[12]

Die ersten Mathematiker Europas

Jeder kennt den Namen Isaac Newton, aber für einen zweiten Platz, egal bei welchem Wettbewerb, wird in der modernen Welt kaum je ein Preis verliehen. Der größte Mathematiker der Neuzeit neben Newton war Carl Friedrich Gauß, schreibt John Theodore Merz in seiner Geschichte des europäischen Denkens im 19. Jahrhundert. Ein anderer deutschsprachiger Denker, der Schweizer Leonhard Euler, kam dem Platz dieser beiden sehr nahe. Pierre-Simon Laplace hatte Gauß als den ersten Mathematiker Europas bezeichnet, und tatsächlich sind bis heute viele Fachleute der Meinung, dass die moderne Mathematik nicht mit Newton, sondern mit Gauß begonnen habe. Gauß war stark von Kant beeinflusst, weil dieser davon ausgegangen war, dass die Mathematik der *Phantasie* und somit einer Form von Freiheit bedürfe.

Carl Friedrich Gauß (1777–1855) wurde in eine Arbeiterfamilie in Braunschweig hineingeboren und war ebenso frühreif gewesen wie Mozart. Einfache Rechenaufgaben löste er schon, bevor er sprechen konnte; mit drei korrigierte er die Abrechnungen seines Vaters, mit neunzehn gelang ihm die geometrische Konstruktion eines regelmäßigen Siebzehnecks. Die alten Griechen hatten aufgezeigt, wie man mit Hilfe eines Zirkels und eines Lineals ein perfektes Fünfeck erstellen konnte, doch bis zu diesem Jahr 1796 war es niemandem gelungen, mit solch einfachen Hilfsmitteln andere regelmäßige Polygone mit Kantenzahlen zu konstruieren, die einer Primzahl entsprechen. Gauß war von seiner Konstruktion des Siebzehnecks selbst derart begeistert, dass er auf der Stelle beschloss, sein Leben der Mathematik zu widmen, und sofort ein mathematisches Tagebuch zu schreiben begann, das er achtzehn Jahre lang führen sollte. Ein ganzes Jahrhundert, bis 1898, blieb dieses Tagebuch im Familienbesitz unter Verschluss, obwohl es eines der wichtigsten Dokumente der Mathematikgeschichte darstellt und unter anderem bestätigt, dass Gauß bereits vieles bewiesen – und meist bloß nicht veröffentlicht – hatte, was andere Mathematiker erst zu späterer Zeit entdecken sollten.[13]

Gauß verkörperte vielleicht mehr als jeder andere Mathematiker mathematische *Phantasie*. Das Verhalten von Zahlen begreifen zu können, ist eine ebenso ästhetische wie nützliche Angelegenheit. Zahlenmuster *müssen* einem natürlich nicht nützlich erscheinen: Wir Normalsterblichen verstehen oft nicht, *warum* justament Primzahlen so faszinierend sein sollen oder *warum* es so wichtig sein soll, ihr Verhalten zu begreifen. Das ist vermutlich mit ein Grund, weshalb es Mathematikern bestimmt ist, in ihrer eigenen einsiedlerischen Welt zu leben. Jedenfalls traf das gewiss auf Gauß zu. Er arbeitete nur selten mit jemandem zusammen und zerbrach sich den Kopf die längste Zeit seines Lebens allein. Auch die Beziehungen zu seiner Frau und seinen Söhnen waren alles andere als ideal. Den Söhnen soll er von eigenen Karrieren in der Mathematik abgeraten haben, nur weil er verhindern wollte, dass der Name Gauß einmal mit minderwertiger Arbeit in Zusammenhang gebracht würde. Seine Frau starb kurz nach der Geburt des dritten Kindes, das ebenfalls nicht überlebte, und Gauß verbrachte den Großteil seiner restlichen privaten Zeit in dumpfer Verzweiflung und Einsamkeit. Er hatte also kein leichtes Leben, aber sein Eintrag im *Dictionary of Scientific Biography* lässt keinen Zweifel daran, dass sich seine Ideen auf dreizehn verschiedene Gebiete auswirkten.[14]

Berühmt wurde Gauß zum einen für seine Methode der kleinsten Quadrate, die ihm auch mathematische Schlüsse über die Bewegung von Himmelskörpern erlaubte; des Weiteren für seine Ideen über das Muster von Primzahlen (teilbar nur durch 1 und sich selbst), in dem sich ihm eine versteckte Ordnung und ein Zusammenhang mit Logarithmen offenbarte, die allen anderen vollständig entgangen waren. Berühmt wurde er auch für seinen »Uhrenrechner«, der sich schließlich als so wichtig für die Sicherheit im Internet erweisen sollte, und für seine neue Darstellung der imaginären Zahlen (mit Hilfe von »komplexen Zahlen« auf der »Gauß'schen Zahlenebene«), die das mathematische Verständnis verwandelte und selbst aus der viel späteren Quantenphysik nicht wegzudenken ist.[15] Doch es sind seine Konzepte von der nichteuklidischen Geometrie, der nichtkommutativen Algebra und des Spiegelgalvanometers, welches zum ersten praktisch einsetzbaren elektrischen Telegrafen führte, die wirklich beweisen, wie weit er mit seiner Phantasie der Zeit voraus war.

Wie seinem mathematischen Tagebuch zu entnehmen ist, war Gauß noch ziemlich jung gewesen, als er die Möglichkeit in Betracht zu ziehen begann, dass sich die alten Griechen, insbesondere Euklid, bei einigen geometrischen Grundsätzen tatsächlich vertan haben könnten. Vor allem an der Existenz von parallelen Geraden waren ihm Zweifel gekommen. Euklid hatte das klassische Paradigma dafür aufgestellt und auch die klassische Lösung dafür gefunden: Wenn man eine gerade Linie und einen Punkt *außerhalb* dieser Linie zeichnet, wie viele Linien gibt es dann, die parallel zu der ursprünglichen Linie verlaufen *und* durch diesen Punkt gehen? Die Antwort lautete: Es kann nur *eine* Linie geben, die parallel zur ursprünglichen und durch den Punkt verläuft. Schon mit sechzehn hatte Gauß – ausgesprochen gewagt – spekuliert, dass es noch andere Geometrien geben könne, die im Widerspruch zur euklidischen stehen. Aber er veröffentlichte jahrelang kein Wort darüber, weil er fürchtete, sich der Lächerlichkeit preiszugeben – denn wenn er recht hatte, dann würde das noch ganz andere Folgen nach sich ziehen, etwa die, dass die Summe der Winkel in einem Dreieck nicht grundsätzlich 180 Grad sein muss. Doch Gauß gingen diese subversiven Gedanken nicht mehr aus dem Kopf, er kletterte sogar auf drei Berge, um mit Lichtstrahlen von den Gipfeln zu testen, ob der Winkel 180 Grad ergab. Es scheint also, als habe Gauß einen gekrümmten Lichtstrahl im Raum bereits für möglich gehalten und Einstein damit gewissermaßen um fast ein Jahrhundert vorweggenommen. Jedenfalls war Gauß auf die Idee gekommen, dass der dreidimensionale Raum ebenso gekrümmt sein könnte wie die zweidimensionale Oberfläche der Erdkugel. Er hatte dabei an »Großkreise« wie die Längengrade gedacht, entlang deren die kürzeste Verbindung zwischen zwei Punkten auf der Erdoberfläche gemessen wird und die sich alle an den Polen treffen: Sie erschienen nur parallel, waren es aber nicht. Noch niemals zuvor war jemand auf die Idee gekommen, dass auch der dreidimensionale Raum gekrümmt sein könnte.[16]

Dass diese Gauß'sche Annahme ebenso richtig war wie Einsteins

Theorie, erwies sich durch Arthur Eddingtons Bestätigung der Lichtkrümmung im Jahr 1919. Doch Gauß hatte seine Gedanken darüber wieder einmal nicht veröffentlicht, und die Freunde, mit denen dieser geplagte Geist sie geteilt hatte, hatte er zur Verschwiegenheit verpflichtet.[17]

Die nichtkommutative Algebra, die mathematische Beschreibung der nichtkommutativen Geometrie, war im 19. Jahrhundert auf dem Gebiet der Physik und Chemie aufgetaucht. Auf den einfachsten Nenner gebracht bezieht sie sich auf die mathematische Möglichkeit, dass xy, so unverständlich das einem auch erscheinen mag, nicht immer gleich yx ist. Wir werden diesem Phänomen noch einmal bei den Isomeren in der Chemie und im Fall des Benzolrings begegnen, wo die Links- oder Rechtsdrehung die chemischen Eigenschaften bestimmt. Das, plus der Zweite Hauptsatz der Thermodynamik, mit dem wir uns im siebzehnten Kapitel befassen werden und der besagt, dass *Zeit* ein grundlegender Aspekt des Raumes ist, bewiesen, dass ein rein *mechanisches* (also newtonisches) Weltbild nur unvollständig sein kann. Gauß' nichtkommutative Algebra war ein früher Versuch gewesen, dieses Problem in den Griff zu bekommen. Und wieder einmal war er seiner Zeit weit voraus gewesen.

Auch wenn Gauß den längsten Teil seiner Karriere in der höchst abstrakten Welt der Zahlen verbrachte, war diese doch von zwei ausgesprochen praktischen Erfindungen flankiert. Die erste, seine Berechnung der Umlaufbahnen von bewegten Himmelskörpern, wurde bereits angesprochen; die zweite Entdeckung machte er, als er um die fünfzig war und es bereits viele abstrakte, phantasievolle Erkenntnisse gab, die seinen Namen trugen. Zu den nichtmathematischen Phänomenen, die ihn faszinierten (obwohl ihn natürlich vor allem deren mathematische Aspekte interessierten), zählten der Erdmagnetismus, insbesondere dessen unterschiedliche Verteilung über den Globus, und die Existenz von magnetischen Stürmen.[18] 1831 ließ sich Gauß von Michael Faradays Entdeckung des Induktionsstroms anregen und kooperierte (ausnahmsweise einmal) mit dem brillanten Experimentalphysiker Wilhelm Weber (einem der »Göttinger 7«, einer Professorengruppe, die 1837 gegen die Aufhebung der Verfassung im Königreich Hannover protestiert hatte und deshalb entlassen wurde), um eine Reihe von elektrischen Phänomenen zu untersuchen. Es gelangen ihnen mehrere Entdeckungen im Zusammenhang mit der statischen Aufladung und der Reibungs- und Thermoelektrizität, die sie aber vorerst zurückhielten, da ihr Hauptinteresse dem Erdmagnetismus galt. Diese Studien brachten sie schließlich auf die Idee, dass ein Magnetometer auch als Galvanometer dienen und dieses wiederum als ein Impulsgeber verwendet werden könnte, um eine Botschaft zu verschicken. Weber verlegte zwei Kupferdrähte zwischen seinem physikalischen Institut und Gauß' Observatorium in rund anderthalb Kilometern Entfernung, die unzählige Male brachen, als er sie über die Dächer und zwei Türme hinweg zu spannen versuchte.[19] Doch 1833 wurden die ersten Wörter und schließlich ganze Sätze übertragen. Gauß erwähnte diesen ersten funktionsfähigen »elektrischen Telegraphen« am 9. August 1834 kurz in den *Göttingischen Gelehrten Anzeigen*. Er hatte sehr wohl den militärischen und wirtschaftlichen Nutzen dieser Erfindung begriffen und auch schon erfolglos versucht, die Regierung dafür zu interessieren, aber erst nachdem 1837 Carl August von Steinheil, Professor für Mathematik und Physik an der Münchner Universität, und 1838 Samuel Morse in den USA nutzerfreundlichere Techniken entwickelt hatten, begann sich der elektrische Telegraf durchzusetzen. Es war Gauß' Berufsrisiko, dass er seiner Zeit immer voraus war.

Nichtsdestotrotz wurde Gauß von seinen Zeitgenossen zum »Princeps Mathematicorum« erklärt. Heute nennt man ihn allgemein in einem Atemzug mit Archimedes und Newton. Er inspirierte eine ganze Nachfolgegeneration von Mathematikern: August Ferdinand Möbius, Peter Gustav Lejeune Dirichlet, Bernhard Riemann, Richard Dedekind, Georg Cantor und andere. Der englische Mathematiker Marcus du Sautoy schreibt: »Die schnelle Verbreitung des Telegraphen sowie die spätere Verwendung der ›Uhrenrechnung‹ von Gauß in Dingen der Computersicherheit machten Gauß und Weber zu den Großvätern des elektronischen Handels und des Internets. An ihre Zusammenarbeit erinnert noch heute ein Denkmal der beiden im Göttingen.«[20]

Der Aufbruch in der Humanmedizin

Christian Friedrich Samuel Hahnemann wurde hingegen nicht nur mit Denkmälern in Washington, Paris, Leipzig, Dessau und Köthen geehrt, sondern auch noch mit Gedenkstätten ganz anderer Art: Um die Wende zum 20. Jahrhundert gab es in Nordamerika zweiundzwanzig Colleges für Homöopathie. Jeder fünfte Arzt verschrieb damals homöopathische Heilmittel. 1945 existierten, abgesehen von den USA, homöopathische Lehrstätten in Ungarn und Indien. Heute gibt es in der englischsprachigen Welt noch das College für Homöopathie in Kanada, das National Homeopathic Center vor den Toren von Washington, DC, eine Homeopathic Society in Indien, ein College of Classical Homeopathy in Oxford sowie eine eigene Fachzeitschrift, *Homeopathy*, die im englischen Luton ediert und von einem der führenden internationalen Wissenschaftsverlage, dem in Amsterdam heimischen Elsevier-Verlag, herausgegeben wird. Die Homöopathie wird von Zahnärzten genutzt, bei Geburten angewandt und zur Heilung von Haustieren wie Nutzvieh eingesetzt.[21]

Daneben gibt es aber auch eine Organisation namens »Homeowatch« mit einer eigenen Website, die sich allein der Aufgabe verschrieben hat, die Homöopathie als »Quacksalberei« zu entlarven und zu beweisen, dass die Wissenschaft, auf der sie beruht, nicht nur fehlgeleitet, sondern schlicht und einfach Betrug und keines der vielen Produkte, die in ihrem Namen vertrieben werden, von irgendeinem medizinischen Nutzen sei. Der deutsch-amerikanische Mediziner Martin Gumpert stellte in seiner Biografie von Samuel Hahnemann die Frage: »Lebt die Homöopathie, oder ist sie tot? Ist sie nur ein Exzeß der Wissenschaft, oder ist ihr Kern – auch wenn man die Schale nicht mag – brauchbar und echt?«[22] Hahnemanns Name zieht den Zorn und Hohn fast aller Schulmediziner auf sich, will aber einfach nicht in Vergessenheit geraten. Angeblich war die englische Königsfamilie einmal geschlossen der homöopathischen Medizin hörig gewesen.

Hahnemann (1755–1843) war der Sohn eines Porzellanmalers aus der Meißener Porzellan-Manufaktur und wie so manch anderer Zeitgenosse ein sehr frühreifes Kind gewesen. Schon in jungen Jahren beherrschte er Latein und Griechisch, konnte alte Münzen klassifizieren und Bücher katalogisieren. Doch seine Liebe gehörte der Medizin. 1779 machte er an der Erlanger Friedrichs-Universität seinen Abschluss; seine erste Station als praktischer Arzt war Hettstedt, ein Bergarbeiterstädtchen, dem es an jeglicher medizinischen Versorgung mangelte. Dort stieß er auf eine »rätselhafte Kupferkrankheit«, die oft zum Tod führte. Und während er solche Patienten behandelte, kamen ihm erste Zweifel am Aderlass, den jeder Arzt seiner Zeit praktizierte. »Mit Bürste, Stößel, Besen und Rute wird das Schlauchwerk des Körpers durchfahren. Ob einer rot oder blaß, fett oder mager, schwind- oder wassersüchtig ist, ob er an Durchfall oder Verstopfung leidet: immer hat er Stasen, immer hat er Schoppungen, immer muß er schwitzen und laxieren, schnäuzen und vomieren, bluten und salvieren.«[23]

Über einige Umwege landete Hahnemann in Gommern bei Magdeburg, wo er auf ein neuerliches Problem stieß. Eines Tages wurde er zu einem Schreiner gerufen, der einen Tobsuchtsanfall hatte, einen psychischen Zusammenbruch (wie wir heute sagen würden). Er brachte ihn ins »Narrenhaus«, wo der Patient auf einen Stuhl geschnallt wurde, der an starken Seilen von einem Gerüst herabhing. »Man konnte den Kranken sechzigmal in der Minute um seine eigene Achse schleudern, sein Blut wurde durch die Schwungkraft ins Gesicht getrieben; Übelkeit, Schwindel, Erbrechen, Harn- und Kotabgang, Blutergüsse unter die Bindehäute des Auges traten auf. Nach wenigen Minuten war der Tobsüchtigste fromm wie ein Lamm.« Dieses Erlebnis veranlasste Hahnemann schließlich zu seiner Schrift *Freund der Gesundheit*, verfasst 1792, nachdem er sich in Leipzig niedergelassen hatte. Darin setzte er sich als einer der ersten Mediziner überhaupt für eine öffentliche Hygienepolitik ein. In Leipzig übersetzte er auch die *Treatise on the Materia Medica*, eine *Abhandlung über die Materia Medika* des Edinburgher Medizinprofessors William Cullen. Und genau während dieser Übersetzungsarbeit war ihm die Idee gekommen, deretwegen ihn die Welt heute kennt.[24]

Cullen hatte über die Eigenschaften der Chinarinde geschrieben (aus der Chinin gewonnen wurde und der er fiebersenkende Eigenschaften attestiert hatte) und festgestellt, »daß die Rinde in diesem Falle mittelst ihrer auf den Magen ausgeübten stärkenden Kraft wirkt«. Hahnemann war perplex. Er wusste, dass Chinarinde *seinen* Magen noch nie gekräftigt, sondern, ganz im Gegenteil, immer regelrecht »verdorben« hatte. Also beschloss er einen Selbstversuch. »Ich nahm des Versuchs halber etliche Tage zweimahl täglich vier Quentchen gute China ein; die Füse, die Fingerspitzen, u.s.w., wurden mir erst kalt, dann fing mir das Herz an zu klopfen, mein Puls ward hart und geschwind, eine unleidliche Aengstlichkeit, ein Zittern (aber ohne Schauder), eine Abgeschlagenheit durch alle Glieder; dann ein Klopfen im Kopfe, Röthe der Wangen, Durst, kurz alle mir sonst beim Wechselfieber gewöhnlichen Symptome erschienen nacheinander [...].« Bereits auf der Seite zuvor hatte er jene Anmerkung notiert, welche alles ändern sollte: »Substanzen, welche eine Art von Fieber erregen, löschen die Typen des Wechselfiebers aus.«[25]

Fieber heilt Fieber! So lautete Hahnemanns neue Lehre. Wir sollten aber nicht vergessen, dass seine Ideen aus einer Zeit stammen, in der es die Theorie von den krankheitserregenden Keimen noch nicht gab, und auch noch keine Theorie von der Zellularpathologie, aber vor allem, dass seine Methode die erste Alternative zu »den damals üblichen brutalen Mitteln der Entleerung ›böser Säfte‹« war.[26] 1796 schrieb Hahnemann für das neue *Journal der practischen Arzneykunde und Wundarzneykunst* den Artikel »Versuch über ein neues Prinzip zur Auffindung der Heilkräfte der Arzneisubstanzen, nebst einigen Blicken auf die bisherigen«. Darin legte er seine zentrale Idee mit klaren Worten dar: »*Man ahme der Natur nach [...] und wende in der zu heilenden* (vorzüglich chronischen) *Krankheit dasjenige Arzneimittel an, welches eine andre, möglichst ähnliche, künstliche Krankheit zu erregen im Stande ist,* [Hervorhebungen im Original] und jene wird geheilet werden; Similia similibus.«[27] Das ist die Essenz der Homöopathie.

Ausführlich präsentierte Hahnemann seine Theorien dann im *Organon der rationellen Heilkunde* (1810; ab der 2. Auflage unter dem Titel *Organon der Heilkunst* erschienen) und später in seiner Schrift *Die chronischen Krankheiten, ihre eigentümliche Natur und homöopathische Heilung* (1828). Darin erläuterte er, dass es nicht auf die richtige Menge, sondern vielmehr auf »den angemessenen Grad von Kleinheit« bei der Gabe eines Heilmittels ankomme, denn dadurch werde eine »Art kleinerer Verschlimmerung« hervorgerufen, die »so viel Ähnlichkeit mit der ursprünglichen Krankheit hat, daß sie dem Kranken eine Verschlimmerung seiner eigenen Krankheit zu seyn scheint«. Er hatte aber auch wirrere Ideen, die sich zum Beispiel in seiner Vorstellung offenbarten, dass sich durch »Verschüttelung« oder Verreibung von Arzneien deren Wirksamkeit steigern lasse. Später sprach er von »Potenzen« und »Dynamisationen«, womit er die Freisetzung einer »geistartigen« Energie meinte. Am Ende glaubte er schließlich, dass Kranke solche »dynamisierten« Arzneien gar nicht mehr zu schlucken brauchten, sondern dass es bereits genügte, wenn sie daran rochen.[28]

Die meisten Schulmediziner lehnen die Homöopathie ab mit der Begründung, dass Arzneien, deren aktiv wirksame Bestandteile oft um das Zehntausendfache verdünnt wurden, auf einem Wirkungsniveau angelangt seien, auf dem kein pharmazeutischer Effekt mehr nachgewiesen werden könne.

Hahnemann sollte die Homöopathie bis zu seinem Tod 1843 in Paris praktizieren (1835, als Achtzigjähriger, war er eine zweite Ehe mit einer französischen Patientin eingegangen). Patienten aus aller Welt suchten ihn auf. 1848 öffnete das Homeopathic Medical College in Philadelphia seine Pforten; im Jahr 1900 gab es hundertelf homöopathische Krankenhäuser in den USA, neben den erwähnten zweiundzwanzig homöopathischen Lehrstätten und den tausend homöopathischen Apotheken. Dann begann die Mode, sich in homöopathisch heilende Hände zu begeben, abzuflauen und tauchte erst in den sechziger Jahren des zwanzigsten Jahrhunderts wieder auf. Heute ist die Homöopathie besonders in Indien, Lateinamerika und Europa beliebt. In England zum Beispiel gibt es fünf homöopathische Kliniken, und homöopathische Behandlungen werden – trotz der heftigen Kontroversen um ihre Wirksamkeit – von den Krankenkassen übernommen.

Die wissenschaftliche Entdeckung der Neuen Welt

»Alexander von Humboldt ist der wahre Entdecker Südamerikas! Ihm hat die Neue Welt mehr zu verdanken als allen Konquistadoren zusammen!« Das schrieb General Simón Bolívar, der in Venezuela, Kolumbien, Ecuador, Peru, Panama und Bolivien als Befreiungsheld gefeiert wird. Ralph Waldo Emerson nannte Alexander von Humboldt »eines jener Weltwunder, wie Aristoteles, wie Iulius Caesar [...], welche von Zeit zu Zeit auftauchen, so, als wollten sie uns die Möglichkeiten des menschlichen Geistes vor Augen führen«.[29] In einer neuen Humboldt-Biografie heißt es unverblümt: »Gut möglich, dass kein anderer Europäer einen derart großen Einfluss auf die geistige Kultur Amerikas im 19. Jahrhundert ausübte.«[30] Zu seiner Zeit war Alexander von Humboldt so berühmt wie Napoleon. Er war befreundet mit Goethe (der sein Interesse an Pflanzen und am Bergbau teilte), Schiller und Gauß; sein Bruder Wilhelm war der Gründer der Berliner Universität. Der Paläontologe Stephen Jay Gold nannte Alexander den »berühmtesten und einflussreichsten Intellektuellen der Welt«. An anderer Stelle wurde beklagt, dass man sich dieser größten Persönlichkeit der Wissenschaftsgeschichte am wenigsten von allen erinnere. Auch das ist wahr.[31]

Friedrich Wilhelm Heinrich Alexander von Humboldt (1769–1859) wurde in Berlin geboren. Sein Vater, streng genommen ein Aristokrat, aber erst jüngst in den Adelsstand erhoben, ließ ihn gemeinsam mit dem älteren Bruder Wilhelm von Hauslehrern unterrichten. Alexander sollte zeitlebens ein ruheloser Geist sein. Er war ein guter Zeichner, seine Selbstporträts zeigen einen attraktiven Mann, auch wenn der Bruder fand, dass er ein egozentrischer Wichtigtuer sei, und fürchtete, dass ihm das von weniger Zugeneigten einmal als Eitelkeit ausgelegt werden könnte.

Nach einigen Umwegen immatrikulierte sich Alexander als Zwanzigjähriger an der juristischen Fakultät der Universität Göttingen, wo er den Schwiegersohn eines Professors kennenlernte, Johann Georg Forster, welcher seinen Vater auf der zweiten Weltumsegelung von James Cook begleitet hatte und dank seiner Berichte über dieses Abenteuer bereits als ein »klassischer Schriftsteller von seltener Wissensfülle« galt. Mit diesem jungen Mann tat sich Alexander nun also zusammen, um eine Reise durch die Niederlande, England und Frankreich anzutreten, was seiner Rastlosigkeit sehr entgegenkam, man könnte auch sagen: was sie noch verstärkte.[32]

Zu den wichtigsten Lehrern in Alexanders jungen Jahren zählte Abraham Gottlob Werner, dem er begegnet war, nachdem er Göttingen verlassen und an die Freiberger Bergakademie gewechselt hatte. Gleich nach dem Abschluss dieses Studiums trat er als »Assessor cum voto« in das preußische Bergwerks- und Hüttenwesen ein, was der erste Schritt zu einer glanzvollen Laufbahn im Staatsdienst sein sollte. Dabei legte er keineswegs die Hände in den Beamtenschoß, sondern erfand – unter vielem anderen – »eine für matte Wetter bestimmte Sicherheitslampe und eine Respirations-[Atmungs-]Maschine« zum Einsatz unter Tage, die er an Ort und Stelle selbst erprobte, was durchaus nicht ungefährlich war.[33] Er war ein Empiriker durch und durch – Fakten, Zahlen, Maße, das waren für ihn die Bausteine der Wissenschaft, nicht philosophische Spekulationen.

Doch am deutlichsten unterschied ihn seine Wanderlust von anderen. Nachdem er mehrere Reisen auf dem europäischen Kontinent unternommen hatte – am liebsten zu Vulkanen –, brach er endlich zur ersten seiner beiden großen Expeditionen auf.

Die erste und folgenreichste führte ihn nach Südamerika. Am 20. Oktober 1798 machte er sich gemeinsam mit dem französischen Arzt und

Botaniker Aimé Bonpland in Paris auf den Weg. Bonpland sollte während der nächsten sechs Jahre sein Reisegefährte sein (Humboldt sprach fließend Französisch und verfasste auch die meisten Schriften in dieser Sprache). Sie fuhren nach Marseille und Ende Dezember weiter nach Madrid, wo Humboldt Zugang zum Hof fand und schließlich vom spanischen Rat für Westindien die Erlaubnis zum Betreten der spanischen Besitzungen in Amerika erhielt. Das war ein außerordentliches Zugeständnis, denn erstens waren bis dahin lediglich sechs Forschungsreisen in die spanischen Kolonien unternommen worden (die letztlich nur auf das Gold und das Silber in der Neuen Welt abgezielt hatten), und nun hielten Humboldt und Bonplan im März 1799 sogar »Sonderpässe mit unbeschränkten Vollmachten« für ihren Aufenthalt dort in Händen. Und zweitens war Humboldt Protestant. Sie brachen vom Hafen La Coruña auf, erreichten das offene Meer, ohne von den britischen Bewachern entdeckt worden zu sein, und betraten am 16. Juli 1799 in Cumaná (heute Venezuela) amerikanischen Boden.[34] Und damit begann die »wissenschaftliche Entdeckung der Neuen Welt«.

Die beiden Männer hatten große Probleme zu überwinden und setzten sich beträchtlichen Gefahren aus, als sie zu Fuß, mit Packpferden oder in einheimischen Kanus durch Venezuela, Kuba, Kolumbien (wo Bonpland Malaria bekam und sie deshalb zwei Monate festsaßen), Peru, Ecuador und Mexiko oder auf seetüchtigen Schiffen die Küsten entlangreisten. Dabei »erfassten, zeichneten, beschrieben, vermassen, verglichen und sammelten« sie rund sechzigtausend Pflanzen, sechstausenddreihundert davon waren in Europa völlig unbekannt. Doch Humboldt interessierte sich nicht nur für Geografie, Geologie und Botanik, er studierte auch uralte indianische Monumente und erfasste Populationszahlen, soziale Strukturen und ökonomische Bedingungen. Von der Sklaverei war er so entsetzt, dass er sich von nun an vehement gegen sie einsetzte. Er navigierte durch den Orinoko und den Rio Magdalena (west-östlich durch Venezuela in Richtung Trinidad, süd-nördlich durch Kolumbien in Richtung Karibikküste) und lieferte mit seiner Entdeckung, dass der Rio Casiquiare tatsächlich den Amazonas und den Orinoko verbindet, einen Beweis für die umstrittene Gabelteilung des Orinoko. Auch einen neuen Bergsteigerrekord stellte er auf, als er im Juni 1802 den 6267 Meter hohen Chimborazo in Ecuador bestieg (in Quechua »Urcorazo«, »Schneeberg«, genannt). Er musste zwar auf fünftausendachthundert Meter kehrtmachen und erreichte nie den Gipfel, aber schon das war ein Rekord, den fast dreißig Jahre lang niemand brechen sollte.[35]

Sie reisten mit zweiundvierzig Instrumenten im Gepäck – Thermometer, Barometer, Quadranten, Mikroskope, Regenmesser, Eudiometer (zur Prüfung des Sauerstoffgehalts der Luft), jedes in einer mit Samt ausgeschlagenen Schatulle verwahrt. Mehr als einmal gingen sie ihnen fast verloren, als sie durch die vielen furchterregenden Stromschnellen des Orinoko preschten. Dort, entlang dieses Flusses und seiner vielen Nebenflüsse, entdeckte Humboldt eine Art Gummi (»Dapicho« und »Zapis«) und erfuhr, dass die »Eingeborenen« Flüsse am Geschmack des Wassers unterscheiden konnten.

1804 kehrte er nach Europa zurück – über die Vereinigten Staaten, wo er Philadelphia und Washington, DC, besuchte, von Präsident Thomas Jefferson ins Weiße Haus und auf das Landgut Monticello eingeladen und zum Mitglied der American Philosophical Society gewählt wurde.[36] Bei seiner Rückkehr hatte er Chinin, das Nervengift Curare und besagtes »Dapicho« im Gepäck und schilderte erstmals die Pracht und Herrlichkeit der Inka- und Aztekenkulturen. In Paris traf er Simón Bolívar, mit dem er bis zu dessen Tod im Jahr 1830 korrespondieren sollte. Beide hatten erkannt, wie dringend Wissenschaftler für die Entwicklung Boliviens gebraucht wurden, und Humboldt tat, was er konnte, um zu helfen.

Die Journale, die Alexander von Humboldt während und nach seinen Forschungsreisen schrieb, wurden in mehreren Bänden veröffentlicht, im Deutschen zuletzt als zehnbändige *Studienausgabe*. Zu ihren Attraktionen zählten nicht zuletzt rund zwölftausend Kupferstiche über die südamerikanische Flora, Fauna und Topografie. Daneben hatte Humboldt viele formalwissenschaftliche Abhandlungen verfasst, etwa über die Klimatologie, die er damit zu einer Wissenschaft erhob, oder über die Pflanzengeografie und die Orografie (die den Verlauf und die Anordnung von Gebirgen erforscht), womit ebenfalls er es war, der den Anstoß zu ihrer disziplinären Entwicklung gab. Mit vielen Ideen, beispielsweise auch mit seinen Ausführungen über die Isotherme oder das Temperaturmittel, gab er Denkanstöße, die zur Entwicklung heutiger Disziplinen führten.

1829 wurde Alexander von Humboldt von der russischen Regierung als Gast des Zaren zu einer Expedition nach Sibirien eingeladen. Die Reiseroute verlief über rund 14 500 Kilometer: wolgaabwärts nach Kasan, in die Senke zwischen mittlerem und südlichem Ural, bis hin zum nördlichsten Punkt Tobolsk, dann weiter nach Südosten, zum Gebirgsstock des Altai, bis zum östlichsten Punkt an die Grenze der chinesischen Dsungarei.[37] Im Ural wähnte er ein großes Vorkommen von Diamanten, und auch damit sollte er recht behalten.

1845 veröffentlichte der mittlerweile Sechsundsiebzigjährige den ersten Band seines Werkes *Kosmos: Entwurf einer physischen Weltbeschreibung*, zwei Jahre darauf folgte der zweite Band.[38] Es war ein triumphaler Erfolg, ein populärwissenschaftliches Werk im besten Sinn des Wortes. »Die gesamte materielle Welt, von den Galaxien bis hin zur Geografie unterschiedlicher Moose, wird hier ›in gefälliger Sprache‹ präsentiert.«[39] Alles in allem wurden es fünf Bände (der letzte erschien 1862), deren Einzigartigkeit allein schon daran kenntlich wird, dass sie trotz ihrer über neuntausend Anmerkungen zu einem solchen Verkaufsschlager wurden.

Charles Darwin schrieb in seiner Autobiografie: »Während meines letzten Jahres in Cambridge las ich mit Sorgfalt und tiefem Interesse Humboldts *Personal Narrative* [*Reise in die Äquinoktialgegenden*]. Dieses Werk, und Sir J. Herschels *Introduction to the Study of Natural Philosophy*, entfachten in mir den brennenden Wunsch, selbst einen Beitrag, und sei es der bescheidenste, zu dem erhabenen Gefüge der Naturwissenschaften zu leisten.« Anlässlich von Alexander von Humboldts hundertstem Geburtstag im Jahr 1869 widmete die *New York Times* dem Forscher ihre *gesamte* Titelseite (unter dem Verzicht auf Bilder oder Anzeigen).[40]

Alexander von Humboldt half den Karrieren von vielen jungen Forschern auf die Sprünge, aber der vielleicht dauerhafteste Beweis für seine Bedeutung sind die Städte, Landschaften und Naturphänomene, die nach ihm benannt wurden – mehr als nach irgendjemandem sonst, insgesamt fünfunddreißig: eine Stadt in Mexiko, eine in Kanada, zehn Städte in den Vereinigten Staaten, drei Counties in den Vereinigten Staaten, neun Gewässer und Ströme (darunter der Humboldt-Strom im Pazifik), sieben Berge und Gletscher (wie der Alexander-von-Humboldt-Berg in China und die Humboldt-Berge in Neuseeland), vier Parks oder Waldgebiete (darunter der Humboldt-Nationalpark in Kuba), und schließlich auch das Mare Humboldtianum auf dem Mond.[41]

Ein Riss in der Großen Mauer der Sprachen

»Erst 1771 wurde die Welt wirklich rund, nun war nicht mehr die halbe geistige Landkarte leer«, schrieb der französische Orientalist Raymond Schwab in *La Renaissance Orientale*. Was er damit meinte, war, dass die Entzifferung der »Großen Mauer asiatischer Sprachen« (Sanskrit und Hindi, neben den Entzifferungen der Hieroglyphen und der Keilschrift) einer der »größten Vorgänge im menschlichen Geist« war. C.W. Ceram konnte ihm da nur beipflichten: Er bezeichnete die Entzifferung der Keilschrift als »eine der Meisterleistungen des menschlichen Gehirns und den größten wissenschaftlichen und technischen Konstruktionen des Menschengeistes gleichwertig beizuordnen«.[42] Sie geschah inmitten des Goldenen Zeitalters der Übersetzung, als viele Schriften aus dem alten Orient oder Indien ihre Geheimnisse preisgaben. Auf die allgemeinen Auswirkungen dieser Übersetzungen auf das abendländische und insbesondere das deutsche Denken werden wir im nächsten Kapitel genauer eingehen.

Von ihrer eigentlichen Bedeutung einmal abgesehen, weckte die Entzifferung der Keilschrift noch aus zwei ganz anderen – ziemlich schillernden – Gründen das Interesse der Altertumsforscher: Zum einen war der erste Entzifferungsversuch die Folge einer Wette gewesen, zum anderen waren die Arbeitsgänge, die zur Entzifferung geführt hatten, geradezu verblüffend nachvollziehbar und einfach gewesen. *Wie* pfiffig dabei vorgegangen wurde, erschließt sich auch dem Laien sofort. Der Mann, der diese Wette eingegangen war, hieß Georg Friedrich Grotefend (1775 bis 1853). Der geborene Mündener hatte in Göttingen Philologie studiert und sich mit Christian Gottlob Heyne angefreundet. 1797 wurde Grotefend auf Heynes Empfehlung hin »Kollaborator« am Göttinger Gymnasium und anschließend Prorektor am Städtischen Gymnasium von Frankfurt am Main.

Zuerst hatte sein Interesse der lateinischen Sprache gegolten, doch er war Mitte zwanzig, als ihn die Keilschriften zu faszinieren begannen, die im 17. Jahrhundert entdeckt, aber noch nicht entziffert worden waren. Die Idee, zu wetten, dass er eine Schrift entziffern könne, von der er nicht einmal wusste, welcher Sprache sie angehörte, kam Grotefend bei einem Umtrunk mit Kollegen. Keiner von ihnen glaubte, dass er das schaffen würde, vor allem, da ihm dafür nichts weiter als ein paar schlechte Kopien der Zeichen zur Verfügung standen, die auf den Tafeln in den Ruinen von Persepolis entdeckt worden waren. Also schlugen sie ein. Aber Grotefend ließ sich nicht beirren und rückte unbekümmert einem Problem zu Leibe, das die besten Gelehrten seiner Zeit für unlösbar erklärt hatten.[43]

Wahrscheinlich wäre ihm nie der Durchbruch gelungen, hätte er nicht die traditionelle deutsche Schulbildung auf einem altsprachlichen Gymnasium genossen. Grotefend stellte also fest, dass einige Tafeln aus Persepolis drei verschiedene Schriften enthielten, die in drei getrennten Kolumnen nebeneinanderstanden. Über die Geschichte der alten Perser wusste er dank seines Studiums der griechischen Klassiker recht gut Bescheid, war sich demnach bewusst, dass Kyros gegen 540 v. d. Z. die Babylonier vernichtend geschlagen und anschließend das erste großpersische Reich gegründet hatte. Da lag der Schluss nahe, dass zumindest eine der Inschriften auf diesen Tafeln in der Sprache der Eroberer geschrieben worden sein musste, und er ging einfach davon aus, dass es sich dabei um die mittlere Kolumne handelte, »aus dem allgemeinen Empfinden, welches das Wichtigste stets in der Mitte sieht«.[44]

Das war sein Ausgangspunkt gewesen. Als Nächstes bemerkte er das völlige Fehlen von Rundungen bei dieser Schrift, was ihn auf den Gedanken brachte, dass die Zeichen gar nicht »geschrieben«, sondern vielmehr in die noch weichen Tontafeln eingedrückt worden waren. Heute wissen wir, dass die Keilschrift ursprünglich eine Bilderschrift gewesen war, die allmählich immer mehr stilisiert wurde – weil es das Schreiben erleichterte und beschleunigte – und sich in der spätpersischen Zeit schließlich in ein fast schon alphabetisches System verwandelte, indem die ursprünglich sechshundert Zeichen auf rund sechsunddreißig reduziert worden waren. Wie Grotefend feststellte, verliefen die Keile meist so, »daß die Hauptrichtung immer von oben nach unten oder von links nach rechts läuft« und die Winkelhaken »ihre Öffnungen stets nach rechts« kehrten. Da lag für ihn klar auf der Hand: Die Keilschrift wurde in horizontaler Richtung geschrieben und von links nach rechts gelesen, »was nur dem Abendländer selbstverständlich dünkt«.[45]

Der eigentliche Akt der Entzifferung begann, nachdem er außerdem festgestellt hatte, dass es eine Gruppe von Keilen sowie einen einzelnen Keil gab, die sich in dem Text ständig wiederholten. Er überlegte, dass die Gruppe für das Wort »König« stehen und der Einzelkeil – ein einfacher, von links unten nach rechts oben schräg gestellter – schlicht und einfach ein Wortteiler sein könnte, sozusagen die altpersische Leertaste. Sein nächster – und vielleicht genialster – Rückschluss war, dass sich in diesen Inschriften spezifische Gewohnheiten finden lassen müssten, die über Generationen hinweg beibehalten wurden, so wie zum Beispiel in seiner eigenen Kultur die Phrase »Ruhe sanft« seit Generationen in immer gleicher Manier auf Grabsteine gemeißelt wurde. »Warum sollten sich nicht die konstanten Anfangsworte der ihm bekannten neupersischen Denkmäler auch auf den altpersischen finden«, warum die persepolitanischen Inschriften nicht auch mit einer »stereotypen Aufzählung der Geschlechterfolge« beginnen, wie sie in den bekannten Sprachen gebräuchlich war?

»*X, Großkönig, König der Könige, König von A und B, Sohn von Y, Großkönig, König der Könige...*«

Gab es diese Syntax, so musste das erste Wort der Name des Königs sein; diesem musste ein Wortteiler folgen; dann wiederum zwei Wörter, von denen das eine »König« heißen musste, und dieses Wort musste sich leicht identifizieren lassen, weil es sich in den Inschriften häufig wiederholt finden würde.[46] Grotefend betrachtete sie sich daraufhin unter diesem Aspekt und bemerkte, dass es nur zwei verschiedene Varianten *derselben* Keilgruppen gab, »dieselben beiden Anfangsworte, die nach seiner Theorie den Namen eines Königs darstellen sollten. Und er fand Inschriften, die beide Namen zugleich enthielten!«

»*X-König, Sohn des Z*
Y-König, Sohn des X-König«

Sollte er recht behalten und diese Tafeln »von nur zwei Königen inspiriert« worden sein, so musste das bedeuten, dass die Aufstellung eine Generationenfolge bezeichnete, bei der *Vater und Sohn, nicht aber auch schon der Großvater Könige gewesen waren*. Also begann er die Linie der persischen Könige zu durchforsten, um herauszufinden, welche Generationenfolge in dieses Bild passen würde. »Kyros und Kambyses konnten es nicht sein«, schrieb Grotefend, »weil die beiden Namen der Inschriften keinen gleichen Anfangsbuchstaben hatten, es konnte überhaupt weder ein Kyros noch ein Artaxerxes sein, weil der erste Name im Verhältnis zu den Charakteren zu kurz und der zweite zu lang war. Es blieben mir also nur die Namen des Darius und Xerxes übrig, und sie fügten sich in die Charaktere so leicht, daß ich in die richtige Wahl derselben keinen Zweifel setzen konnte.« Dass Grotefend damit ins Schwarze getroffen hatte, wurde insofern bekräftigt, als Xerxes und sein Vater Darius Könige waren, Darius' Vater Hystapes jedoch nicht. Genau eine solche Generationenfolge ging aus der Inschrift hervor.[47]

Die Veröffentlichung von Grotefends Entzifferung wurde hinausgezögert, weil man ihn für viel zu jung befand, um ihm eine derart bahnbrechende Entdeckung zuschreiben zu können, außerdem war er nur Schullehrer und kein profilierter Professor. Doch es sollten dann mehr als dreißig Jahre vergehen, bis schließlich jemand des Weges kam, der in der Lage war, Grotefends Erkenntnissen neue hinzuzufügen. Die nächsten Schritte bei der Entzifferung der Keilschrift unternahmen der Franzose Émile Burnouf und der Norweger Christian Lassen.

Die Verwandlung des Krieges

Vom Kriege, das lange und nicht immer widerspruchsfreie Werk eines ansonsten unauffälligen preußischen Generals aus napoleonischer Zeit namens Carl Philipp Gottlieb von Clausewitz (1780–1831), beeinflusste die westlichen Vorstellungen von der Kriegführung ungemein. Manche tun ihn als einen engstirnigen Pedanten ab, als knallharten Militaristen, der besessen war von dem Gedanken, dass Krieg »eine bloße Fortsetzung der Politik unter Einbeziehung anderer Mittel« sei. Andere werfen ihm vor, den Krieg als etwas Rationales verstanden zu haben.[48] Bernard Brodie, ein amerikanischer Militärstratege aus dem Atomzeitalter, hält *Vom Kriege* hingegen nicht nur für »das bedeutendste Buch über den Krieg, sondern für das einzig wirklich große Buch, das jemals zu diesem Thema geschrieben wurde«. Der Einfluss von Clausewitz' Werk wurde mit dem von Adam Smiths *Wohlstand der Nationen* oder Darwins *Entstehung der Arten* verglichen.[49]

Zweifellos wurde diese Studie zu einem Klassiker, doch das dauerte eine Weile. *Vom Kriege* ist ein Produkt seiner Zeit, und man darf wohl sagen, dass es Napoleon beinahe ebenso viel zu verdanken hat wie seinem deutschen Autor. Wir sollten nicht vergessen, dass Preußens Überleben als unabhängiger Staat gerade zu der Zeit sehr bedroht war, als die entscheidenden Ideen dieses Buches ausgearbeitet wurden. Napoleon hatte das Gleichgewicht der europäischen Mächte gewaltig durcheinandergebracht; überall sahen sich alte Regime von den revolutionären Ideen insbesondere über die Menschenrechte bedroht, die sich aus Frankreich verbreiteten.[50] Des Kaisers Vormarsch hatte zwar Schriftsteller wie Friedrich von Gentz zu scharfzüngigen Essays herausgefordert, doch solche »Satiren« konnten wenig gegen die neue Realität ausrichten, dass sich Napoleon, soweit es den Krieg betraf, der Unterstützung seines gesamten Volkes hatte versichern können und damit in der Lage gewesen war, eine ganz neue Art von Armee, eine Armee der Massen, auf die Beine zu stellen. Clausewitz hatte erkannt, dass sich Preußen und sein Militär reformieren mussten, wenn sie diesen neuen Bedingungen Paroli bieten wollten. Wie Wilhelm von Humboldt (siehe zehntes Kapitel) war auch ihm bewusst geworden, dass groß angelegte Reformen unabdingbar waren, weil das Zeitalter des Absolutismus ein für alle Mal vorüber war und nun Reformen gefragt waren, die sich auch auf das Volk auswirken würden.

Clausewitz' frühe Karriere war vom modernen Standpunkt aus betrachtet erstaunlich gewesen. Sein Vater, ein Steuereinnehmer, der als Leutnant im Siebenjährigen Krieg gekämpft hatte, schickte den Sohn bereits als Zwölfjährigen zum preußischen Offizierskorps; und Soldat sollte er denn auch sein Leben lang bleiben. Noch vor seinem dreizehnten Geburtstag war er mit seinem Regiment erstmals in den Kampf gezogen; als Fünfunddreißigjähriger hatte er fünf Feldzüge gegen Frankreich hinter sich.[51]

Seine Neigung, den Dingen auf den Grund zu gehen, blieb nicht unbemerkt, deshalb nahm ihn General Gerhard von Scharnhorst (1755–1813) unter seine Fittiche. Clausewitz wurde in die von Scharnhorst gegründete Militärische Gesellschaft in Berlin aufgenommen, wo man über die Kriegskunst debattierte und der auch Prinz August von Preußen angehörte, der Neffe Friedrich Wilhelms III. 1806 bewies Clausewitz seinen Kampfgeist in der Schlacht von Jena und wurde gefangen genommen. Nach seiner Freilassung begehrte er auf und begann sich in anonymen Veröffentlichungen für militärische Reformen einzusetzen.

Nach diesen fünf Feldzügen, und obwohl er in die zaristische Armee übergewechselt war, als sich der preußische König mit den verhassten Franzosen gegen die Russen verbündet hatte, wurde es Clausewitz schließlich wieder erlaubt, nach Preußen zurückzukehren, wo er dann zum Oberst aufstieg und Leiter der *Allgemeinen Kriegsschule* in Berlin wurde.[52] Derweil begann er eine langatmige Studie auszuarbeiten, über die er bereits seit 1816 nachgedacht hatte. Bis 1827, schreibt Hugh Smith in seiner Clausewitz-Biografie, lag ein Entwurf der ersten sechs Bücher *Vom Kriege* vor – rund tausend Manuskriptseiten. Doch Clausewitz konnte ihn nicht vollenden: 1831 starb er an der Cholera, die er sich im Vorjahr während des Polnischen Insurrektionskriegs geholt hatte. Die Mammutaufgabe, die hinterlassenen Manuskripte zur Veröffentlichung vorzubereiten, blieb seiner Witwe Marie überlassen.

Eine noch schonungslosere neue Armee

Wenn man Vom Kriege liest, sollte man sich bewusst machen, welchen einschneidenden Veränderungen die Kriegführung zu Clausewitz' Lebzeiten unterzogen worden war.[53] Als er 1793 mit gerade einmal zwölf Jahren zum ersten Mal in den Krieg gezogen war, hatte man noch nach den Strategien des 18. Jahrhunderts gekämpft, das heißt, man hatte den Heeresgruppen überschaubare Ziele gesetzt und taktische Gefechte großen Schlachten vorgezogen. Ergo ging häufig keine Seite siegreich aus ihnen hervor. Bis zu Clausewitz' zweiter Aufstellung in der Schlacht von Jena und Auerstedt im Jahr 1806 waren die Kampf- und Einsatzregeln von Napoleon bereits komplett verändert worden.[54]

Die Schlachten der napoleonischen Zeit forderten verhältnismäßig mehr Opfer als die des 18. Jahrhunderts, weil sich das Heereswesen völlig verändert hatte. Im 18. Jahrhundert waren Armeen faktisch königlicher Besitz gewesen und die Offiziere aus der Aristokratie, die dem Monarchen die persönliche Treuepflicht schuldete, rekrutiert worden. Die meisten Feldzüge bezogen daher kaum das Volk ein, das heißt, die Truppen setzten sich mehrheitlich aus Berufssoldaten, Söldnern und Ausländern zusammen (Fahnenflucht war gang und gäbe).

Aber dann kamen die Französische Revolution und Napoleon. Seit 1789 war Krieg für Frankreich »zu einem Geschäft des Volkes« geworden – »eines Volkes aus dreißig Millionen, von denen sich jeder Einzelne als Bürger betrachtete«. Und weil sich nun jeder Franzose mit seiner Nation identifizierte, ließ es das Volk auch zu, dass man es in weit größerer Zahl als jemals zuvor zu den Waffen rief. »Vor 1789 hatte eine Feldarmee selten aus mehr als fünfzigtausend Mann bestanden. Binnen rund eines Jahrzehnts konnten – dank der Wehrpflicht und des Bürgerwehrsystems – Truppen von über hunderttausend Mann aufgestellt werden; 1812 war Frankreich schließlich in der Lage, sechshunderttausend Mann für sein russisches Abenteuer zusammenzutrommeln.«[55] Angesichts eines solchen Truppenaufgebots konnte man nun auch eher das Wagnis großer Schlachten eingehen. »Zwischen 1790 und 1820 erlebte Europa siebenhundertdreizehn Schlachten, durchschnittlich dreiundzwanzig jährlich, verglichen mit acht oder neun pro Jahr in den vorangegangenen drei Jahrhunderten.«[56]

Dementsprechend, aber auch eingedenk des erniedrigenden Friedensschlusses am Ende des Siebenjährigen Krieges, begann die französische Armee ihre Struktur völlig zu verändern. Traditionell war die militärische Basis das aus rund tausend Mann bestehende Bataillon oder Regiment gewesen; nun wurde eine deutlich größere Aufstellung ersonnen, nämlich die Division, die sich aus zehn- bis zwölftausend Mann unter einem jeweils eigenständigen Kommando zusammensetzte, eine Infanterie, Kavallerie und Artillerie umfasste und sich der Schützenhilfe von Pionieren, Sanitätern und Kurieren bedienen konnte. Daneben stellte Napoleon Divisionen auf, die er zu »Heerhaufen« von bis zu dreißigtausend Mann formierte, welche er dann ihrerseits wieder zu Armeen zusammenfasste. Wie entscheidend schiere Größe war, wird deutlich, wenn man bedenkt, dass eine Heeresabteilung aus zwanzig- bis dreißigtausend Mann schlicht »nicht an einem Nachmittag aufgerieben werden konnte und in der Lage war, so lange Widerstand zu leisten, bis Entsatz eintraf«.[57] Schiere Größe bedeutete aber auch, dass die Befehlshaber dem Gegner leichter nachsetzen und ihn wiederholt zum Kampf zwingen konnten. Auch der Marsch war nun sicherer, weil sich viele Soldaten über mehrere Marschrouten verteilen konnten und sich damit weniger angreifbar machten. Obendrein hatte Napoleon herausgefunden, dass er den eigentlichen Sieg beträchtlich aufbauschen konnte, wenn er seiner Kavallerie die Zügel freigab und sie den bereits geschlagenen Truppen nachsetzen ließ. Trotz dieser offensichtlichen Vorteile sollte sich Preußen erst am Vorabend des Krieges von 1806 zur Aufstellung von eigenen stehenden Divisionen entschließen.

So kam es also, dass der Krieg zu der Zeit, in der Clausewitz militärisch erwachsen geworden war, ein noch brutaleres Gesicht angenommen hatte. Und dieser Fakt nahm so starken Einfluss auf seine Studie *Vom Kriege*, dass viele Schriften von früheren Militärtheoretikern – ob die von Adam Heinrich Dietrich von Bülow, von Georg Heinrich von Berenhorst, Antoine-Henri Jomini oder sogar die von Scharnhorst selbst – völlig überholt wirkten (auch wenn es Scharnhorst gewesen war, der erstmals zur Einführung von Divisionen in der preußischen Armee aufgerufen hatte).[58] Alle waren sich einig gewesen, dass der Zufall ein ebenso entscheidender Faktor im Krieg sei wie die Moral, doch darüber hinaus herrschte kaum Einvernehmen über irgendwas. Wenn es denn jemanden gab, der Clausewitz wirklich beeinflusst hatte, dann vermutlich Niccolò Machiavelli, denn es waren dessen Sichtweisen von der Unwandelbarkeit der menschlichen Natur und von der Politik als einem permanenten Konflikt, die er zweifelsohne teilte.

Vom Kriege ist ein gewaltiges, stellenweise »widersprüchliches, undeutliches und undurchsichtiges« Werk. Dennoch hat es bis heute nicht an Einfluss verloren, »weil es erhellt, indem es komplexe Themen vereinfacht und das menschliche Element des Krieges dramatisiert«. Clausewitz befasste sich »leidenschaftlich engagiert mit seinem Thema, bleibt aber zugleich unbeteiligt und objektiv«.[59] Als seine deutlichsten Schlüsselelemente lassen sich einerseits die beiden unterschiedlichen Arten von Krieg herauskristallisieren – bei der einen will man den Feind besiegen, bei der anderen begrenzte Ziele verwirklichen –, andererseits das Argument, dass Krieg nicht als eine eigenständige Variable, sondern als eine Funktion der Politik verstanden werden müsse. Wenn Clausewitz denn eine Botschaft vermittelt, dann die, dass »nur ein großer Waffengang unter der Beteiligung aller Kräfte zum großen Erfolg führt [...]. Vom Kriege bleibt nie ganz vom Geist des totalen Krieges verschont, der das Schwergewicht auf die große, die alles entscheidende eine Schlacht legt«.[60] Diese Einschätzung erscheint uns heute wie eine Binsenweisheit, war damals jedoch ziemlich ungewöhnlich, denn im 18. Jahrhundert war es ja noch völlig unüblich gewesen, zu glauben, man könne einen ganzen Krieg mit einer einzigen Schlacht entscheiden. Scheinbar wurden Napoleons Lehren am besten von dem Volk verstanden, das er so erniedrigt hatte. (Auch das zählt zu Clausewitz' Argumenten – dass der Besiegte die Schmach der Niederlage viel intensiver empfindet als der Sieger den Stolz über den Sieg: eine Beobachtung, deren Echo durch das ganze 19. Jahrhundert bis hin zum Jahr 1939 erschallen sollte.)

Von Clausewitz stammt auch der Begriff des militärischen »Schwerpunkts«. Er wollte mit diesem Bild bestätigen, schreibt Hugh Smith, dass Strategien »irgendeines Zusammenhangs zwischen militärischem Handeln und politischen Zielen« bedürften. Auf einen einfachen Nenner gebracht, lassen sich bei Clausewitz vier Schwerpunkte identifizieren: das Territorium, das Kapital eines Landes, dessen Streitkräfte und dessen Bündnisse.[61] Der entscheidende Schwerpunkt liegt auf der nationalen Armee, denn sie ist es, die es zu vernichten gilt, will man einen entscheidenden Sieg erringen.

Clausewitz machte gewissermaßen reinen Tisch, und das lässt sich wohl als seine eigentliche Leistung bezeichnen. Ihm war bewusst geworden, dass mit dem Wechsel vom Gefecht zwischen Bataillonen und Regimentern zu dem zwischen Divisionen und Heeresabteilungen oder Armeen das ganze Konzept Krieg noch schrecklicher geworden war und dass eine allgemeine Wehrpflicht eingeführt werden musste, damit man eine Massenarmee aufbauen und sich die Heerführer den neuen Realitäten stellen konnten.

Seit Clausewitz Vom Kriege (1832/34) veröffentlicht hatte, war er zu einer Schlüsselfigur für das Verständnis von Kriegsstrategien geworden.[62] Anfänglich wurde er heftig kritisiert, nicht zuletzt von dem Schweizer Militärtheoretiker Antoine-Henri Jomini, dessen Ruf das Ansehen von Clausewitz fast das ganze 19. Jahrhundert über in den Schatten gestellt hatte. Doch allmählich fand auch Clausewitz Anhänger unter den Männern, denen klar geworden war, worauf er wirklich hinauswollte. Mitte des 19. Jahrhunderts wurde Karl Marx von Friedrich Engels die Lektüre von Clausewitz empfohlen; Marx machte sich mit dessen Ideen dann vertraut, ohne *Vom Kriege* selbst zu lesen. Damals waren noch nicht einmal alle fünfzehnhundert Exemplare der ersten Auflage verkauft worden, ergo darf man wohl behaupten, dass Clausewitz in »respektvolle Vergessenheit« geraten war. Dessen ungeachtet brachte Ferdinand Dümmler 1853 in Berlin eine zweite Auflage heraus, die dann besser aufgenommen wurde. Um 1860 herum befassten sich erstmals führende preußische Generale ernsthaft mit dieser Studie, insbesondere Helmuth Graf von Moltke, der beeindruckt war von Clausewitz' Eintreten für die »napoleonische« Kriegführung (wie er sie verstanden hatte) und der Betonung, die er auf Größe, Moral, Vaterlandsliebe und Führerschaft legte. Mit den eigenen Siegen über Österreich 1866 und über Frankreich 1870/71 sollte Moltke dann selbst zu der Sicht beitragen, dass Krieg ein zweckmäßiges, angemessenes und ruhmreiches Mittel der Politik sei.[63] Moltke führte Clausewitz' Idee sogar noch weiter, indem er vorschlug, Politiker in Kriegszeiten durch Soldaten zu ersetzen.

In französischer Übersetzung erschien *Vom Kriege* 1849/50, eine englische kam 1873 heraus. Militärakademien auf beiden Seiten des Atlantiks nahmen das Werk als Pflichtlektüre in den Lehrplan auf. Die britische Armee begann sich nach ihren Problemen im Burenkrieg (1899–1902) für Clausewitz zu interessieren, die britische Generalität filterte die für sie wichtigste Botschaft heraus: die Notwendigkeit einer Volksmilitarisierung, deren Bedeutung auch den Planern auf dem europäischen Kontinent bewusst wurde. Zu Beginn des 20. Jahrhunderts bauten alle Staaten mächtige Armeen und Flotten auf: Clausewitz gilt als einer der Hauptverantwortlichen für diese Entwicklung. Colonel F. N. Maude schrieb 1808 in seiner Einführung zur englischen Übersetzung *On War*: »Der gegenwärtige Stand einer mehr oder minder ständigen Bereitschaft zum Kriege ist in allen europäischen Armeen der Verbreitung von Clausewitz' Ideen geschuldet.«[64]

8
Die Ursprache, die innere Stimme und das Hohelied der Romantik

In den achtziger Jahren des 17. Jahrhunderts plante Ludwig XIV. von Frankreich eine Expedition nach Siam. Sechs junge Jesuiten – allesamt Wissenschaftler und Geistliche – erhielten den Befehl, sich der Mission anzuschließen, und wurden dann im Süden Indiens an Land gesetzt. Es war die erste von vielen französischen (im Gegensatz zu den portugiesischen) »Indienmissionen«, die dann so berühmt wurden wegen der detaillierten Erlebnisberichte der Jesuiten, den *Lettres édifiantes et curieuses*.

Der königliche Bibliothekar Abbé Jean-Paul Bignon hatte die Missionare außerdem gebeten, Ausschau nach »indischen« Handschriften zu halten, die er unbedingt als Grundstock für eine asiatische Bibliothek erwerben wollte. Im Jahr 1733 verkündeten die Jesuiten in den *Lettres édifiantes* endlich, dass sie bei ihrer Jagd ein »Großwild« erlegt hätten – sie hatten eine vollständige Schrift aus den seit Langem verloren geglaubten Veden entdeckt. (Tatsächlich handelte es sich um einen kompletten *Rig Veda* in Grantha-Schrift.) Von da an begann ein ganzer Strom von indischen Handschriften nach Europa zu fließen. 1841 bezeichnete der antiklerikale französische Historiker Edgar Quinet das Auftauchen dieser Schriften im Westen (neben der fast zur selben Zeit geglückten Entzifferung der ägyptischen Hieroglyphen und der Keilschrift) als ein Ereignis, das »mehr oder weniger vergleichbar« gewesen sei mit der Wiederentdeckung der alten griechischen und lateinischen Handschriften (von denen viele nur dank ihrer arabischen Übersetzungen überlebt hatten), die das europäische Geistesleben im 11. und 12. Jahrhundert so stark beeinflusst hatten. Raymond Schwab erklärte in seinem Werk *La Renaissance Orientale* die Entdeckung des Sanskrit und seiner Literatur zu einem der größten geistesgeschichtlichen Ereignisse überhaupt.[1]

Die fernöstliche Renaissance

Der eigentliche Beginn der asiatischen beziehungsweise fernöstlichen Renaissance fiel mit der Ankunft des englischen Dichters, Linguisten (er sprach dreizehn Sprachen) und Richters William Jones in Kalkutta und der Gründung der *Bengal Asiatic Society* im Januar 1784 zusammen. Die Gesellschaft wurde von einer Gruppe talentierter englischer Beamter ins Leben gerufen, die bei der englischen Ostindiengesellschaft angestellt waren, neben ihren täglichen Verwaltungspflichten auf dem indischen Subkontinent aber noch eigenen Interessen nachgingen, darunter ihren Sprachstudien, der Suche nach und den Übersetzungen von indischen Klassikern sowie diversen astronomischen und naturwissenschaftlichen Projekten.

Jones war der Präsident der *Bengal Asiatic Society*. Am dritten Jahrestag ihrer Gründung, am 2. Februar 1786, hielt er eine Ansprache »Über die Inder«, in der er eine große Entdeckung mit nachhaltigen wissenschaftlichen Folgen bekannt gab, nämlich, dass es zwischen Sanskrit, Griechisch und Latein deutliche Querverbindungen gab: »Das Sanskrit, so alt es auch sein mag, besitzt eine wunderbare Struktur, perfekter als Griechisch, von größerer Fülle als Latein, mit wesentlich exquisiteren Nuancen als beide und doch mit einer Affinität zu beiden, einer viel zu starken Affinität sowohl hinsichtlich der Wurzeln von Verben als auch der grammatikalischen Formen, um aus reinem Zufall entstanden sein zu können – so stark sogar, dass kein Philologe alle drei Sprachen untersuchen könnte, ohne zu dem Schluss zu gelangen, dass sie einer gemeinsamen Quelle entsprungen sein müssen, die vielleicht gar nicht mehr existiert.«[2]

Jones hatte also das Sanskrit mit dem Griechischen und Lateinischen gekoppelt und dann auch noch behauptet, dass die östliche Sprache nicht nur älter, sondern den beiden westlichen Sprachen sogar überlegen sei – ein Paukenschlag, der nicht nur sämtliche Grundlagen der abendländischen Kultur, sondern auch deren Prämisse erschütterte, allen anderen Kulturen weit überlegen zu sein. Endlich war die Geschichte des Ostens auf Augenhöhe mit der des Westens und ihr weder untergeordnet noch unumgänglicherweise bloß *ein Teil* von ihr.

Auch wenn es ein Engländer gewesen war, der diese so bedeutsamen Querverbindungen zwischen Sanskrit, Griechisch und Latein entdeckt hatte, und auch wenn es die Franzosen waren, die die ersten Übersetzungen von indischen Schriften und Klassikern vornahmen, fand diese fernöstliche Renaissance doch ihren vollsten Ausdruck in den deutschen Ländern.[3]

Die Dimensionen dieser Renaissance sind wirklich eine Betonung wert. 1832 hatte August Wilhelm Schlegel kundgetan, dass allein sein

Jahrhundert mehr Kenntnisse über Indien gebracht habe als die einundzwanzig Jahrhunderte seit Alexander dem Großen. (Wie Jones war auch Schlegel ein Sprachwunder; Arabisch und Hebräisch hatte er bereits als Fünfzehnjähriger beherrscht.) Die deutschen Übersetzungen der *Bhagavad Gita* und *Gita Govinda*, die im ersten Jahrzehnt des 19. Jahrhunderts erschienen waren, übten nicht nur auf ihn, sondern auch auf Friedrich Schleiermacher, Friedrich Wilhelm Schelling, Friedrich Schiller, Novalis, Goethe und schließlich auf Arthur Schopenhauer gewaltigen Einfluss aus.

Die Poesie der *Bhagavad Gita*, ihre Weisheit, ihre schiere Komplexität und ihr sprachlicher Reichtum veränderten die Einstellungen zu Indien, dem Fernen Osten und dessen Fähigkeiten grundlegend. Friedrich Schlegel stellte die metaphysischen Traditionen Indiens in seiner Abhandlung *Über die Sprache und Weisheit der Indier* auf eine Stufe mit den griechischen und römischen Ideen. Damals war das ein viel schwerer wiegendes Urteil, als es einem heute erscheinen mag, denn vor dem Hintergrund von Deismus und Zweifel wurde den Indern – Bewohnern des so weit entfernten Fernen Ostens – damit zugebilligt, ein ebenso tiefes Wissen um den einzig wahren Gott zu haben und eines ebenso tiefen Glaubens fähig zu sein wie Europäer. Das stand im ziemlich krassen Gegensatz zur Kirchenlehre. Allein schon der Reichtum des Sanskrit widersprach der aufklärerischen Vorstellung, dass sich alle Sprachen allmählich aus einstmals armseligen Lauten zu kunstvolleren Gebilden entwickelt hätten. Und diese neue Erkenntnis trug nun – zuerst in Deutschland, dann auch anderenorts – zum Werden des großen Zeitalters der Philologie bei. Viele gläubige Christen waren damals noch fest davon überzeugt gewesen, dass es sich bei der frühesten (und vollkommensten) Sprache um Hebräisch oder eine ihm sehr ähnliche Sprachform gehandelt haben müsse, da es die Sprache des auserwählten Volkes war. Der Sprachwissenschaftler Franz Bopp (1791–1867), der in Paris und London Sanskrithandschriften studiert hatte, machte jedoch Schluss mit diesem Vorurteil, indem er nachwies, wie komplex das Sanskrit sogar vor Tausenden von Jahren schon gewesen war. Damit stellte er zugleich die Idee in Frage, dass Hebräisch die Ursprache gewesen sein könnte. Friedrich Schelling führte die Gedanken von Jones sogar noch einen Schritt weiter. In seinen Vorlesungen über die *Philosophie der Mythologie* erklärte er 1799, dass es zu Zeiten, als noch alle Völker auf Erden gleich waren, nicht nur eine »Ursprache« gegeben haben müsse, sondern auch eine allen Menschen auf Erden gemeinsame Mythologie.

Ein letzter grundlegender Aspekt bei den tiefgreifenden Denkanstößen, die Jones mit seinen Entdeckungen gab, war die Vorstellung von einem »Werden«: Wenn sich Religionen in unterschiedlichen Entwicklungsstadien befinden und dennoch auf geheimnisvolle Weise (von der man bestenfalls einen ersten Blick erhascht hatte) alle irgendwie miteinander verbunden waren, dann konnte es ja vielleicht auch sein, dass Gott gar kein primäres Sein war, sondern vielmehr ebenfalls als ein »Werden« verstanden werden musste, als eine Seinsheit, die ebenfalls einer Art Bildungsprozess unterlag. Man begann Gott also nicht mehr in einem anthropomorphen Sinne, sondern als eine abstrakte metaphysische Einheit zu betrachten.

Eine Alternative zur Klassik und die Vorstellung von einer paradiesischen Ursprache

Diese fernöstliche Renaissance spielte eine entscheidende Rolle bei der Entwicklung der Romantikbewegung. Eine der fruchtbarsten Querverbindungen bestand zwischen der Indologie und der deutschen Romantik. Dass der Indologie in Deutschland so viel Erfolg beschieden war, hatte auch etwas mit dem wachsenden Nationalbewusstsein zu tun. Deutsche Gelehrte glaubten damals, dass die arisch-indisch-persische Tradition nur im Kontext mit dem ersten Einfall der Barbaren aus dem Osten ins Römische Reich beurteilt werden könne und neben den skandinavischen Mythen eine alternative (nordische) Tradition gegenüber der mediterranen griechischen Antike und der lateinischen Klassik bot, die das europäische Leben und Denken in den vergangenen zweitausendfünfhundert Jahren geprägt hatten. Außerdem schienen die jüngst entdeckten Ähnlichkeiten zwischen Buddhismus und Christentum sowie die hinduistischen Ideen von der Weltseele den Deutschen eine ursprünglichere Offenbarung, vielleicht sogar die Urform zu sein, aus der das Judentum wie das Christentum hervorgegangen waren. Dieser Gedanke bedeutete jedoch zugleich, dass sich der wahre Plan Gottes irgendwo in den Glaubensweisen des Ostens verbergen musste, und das legte wiederum nahe, dass die gesamte Menschheit ein und denselben Gott verehrte und es eine Weltmythologie gab, die zu ergründen von fundamentaler Bedeutung sein würde. Herder bezeichnete diese Urmythologie als den »Kindheitstraum« der Menschheit.

Beeinflusst wurde die Romantik aber auch von der Tatsache, dass die indischen Schriften als Dichtungen abgefasst waren. Denn damit begann die Idee Fuß zu fassen, dass es sich bei der »Ursprache« um reine Poesie gehandelt haben müsse und das göttliche Wissen dem Menschen einst lyrisch vermittelt wurde. (»Denn der Mensch, als Tiergattung, ist ein singendes Geschöpf [...]«[4]) Die paradiesische Ursprache, so glaubte man nun also, war reine Poesie.[5]

Diese Weltanschauung griff zwar auch auf die Dichter, Schriftsteller und Philosophen jenseits des Atlantiks über, hatte aber in Deutschland besonders viele Anhänger. Goethe lernte Persisch und schrieb im *Westöstlichen Divan*: »Dort im Reinen und im Rechten/Will ich menschlichen Geschlechten/In des Ursprungs Tiefe dringen,/Wo sie noch von Gott empfingen/Himmelslehr' in Erdesprachen/Und sich nicht den Kopf zerbrachen.« Aus Heinrich Heines Feder (der bei Schlegel in Bonn und bei Bopp in Berlin Sanskrit studiert hatte) stammt: »Auf Flügeln des Gesanges,/Herzliebchen, trag ich dich fort,/Fort nach den Fluren des Ganges,/Dort weiß ich den schönsten Ort.« Sowohl Schlegel als auch der Orientalist Ferdinand Eckstein waren zudem überzeugt, dass die indischen, persischen und griechischen Epen auf denselben Sagen beruhten wie das große mittelalterliche Racheepos des Nibelungenlieds, nach dem Wagner seinen »Ring« komponieren sollte. Und Schleiermacher glaubte – wie der ganze Kreis um Novalis –, dass der Ursprung allen Glaubens im Unbewussten oder im Osten zu finden sei, dort, wo alle Religionen entstanden, wie Ricarda Huch schrieb.[6]

Die gewandelte Bedeutung von Individualität

In der Geschichte des westlichen politischen Denkens, schrieb der Oxforder Ideengeschichtler Isaiah Berlin, fanden drei große Wendepunkte statt. Der erste in der kurzen Periode zwischen dem Tod von Aristoteles (322 v. d. Z.) und dem Aufstieg des Stoizismus am Ende des 4. Jahrhunderts v. d. Z., als die philosophischen Schulen Athens aufhörten, »das Individuum allein im Kontext seiner gesellschaftlichen Existenz zu verstehen [...]. Sie sahen den Menschen mit einemmal von innerer Erfahrung und persönlichem Heil bestimmt.« Der zweite wurde von Machiavelli (1469–1527) eingeleitet, ausgehend von seiner Idee, dass politische Wertvorstellungen »nicht nur verschieden von denen der christlichen Ethik, sondern mit diesen am Ende vielleicht sogar unvereinbar« seien. Damit entstand eine utilitaristische Vorstellung von Religion, die jede Art von theologischer Rechtfertigung und jede politische Vereinbarung diskreditierte.[7]

Der dritte große – und aus Sicht von Isaiah Berlin bedeutendste – Wendepunkt ereignete sich gegen Ende des 18. Jahrhunderts. Diesmal war Deutschland der Vorreiter, und der Grund dafür war, auf den einfachsten Nenner gebracht, »daß das achtzehnte Jahrhundert im Hinblick auf Ethik und Politik eine Zerstörung der Vorstellung von Wahrheit und Verbindlichkeit erlebte: nicht nur von objektiver und absoluter Wahrheit, sondern auch von subjektiver und relativer Wahrheit – von Wahrheit und Verbindlichkeit insgesamt«. Das, schreibt Berlin, hatte unabsehbare und unermessliche Folgen. Bis dahin war vorausgesetzt worden, dass sich moralische und politische Fragen, wie zum Beispiel »Welches ist das beste Leben für den Menschen?« oder »Was ist Freiheit?«, prinzipiell auf die gleiche Weise beantworten ließen wie die Fragen »Woraus besteht Wasser?« oder »Wann starb Julius Caesar?« Man ging davon aus, dass sich Antworten auf solche Fragen finden ließen, weil die Menschen trotz aller religiöser Differenzen, die sich im Lauf der Zeit herausgebildet hatten, von einer grundlegenden Idee geeint seien, von »drei Zweige[n] ein und derselben Prämisse. Erstens: es gibt so etwas wie eine menschliche Natur, ob irdischer oder übernatürlicher Art, die von den entsprechenden Fachleuten verstanden werden kann. Zweitens: eine bestimmte Natur zu haben bedeutet, bestimmte Zwecke zu verfolgen, die einem von Gott oder einer unpersönlichen Natur der Dinge auferlegt oder eingegeben worden sind [...]. Drittens: diese Ziele und die damit korrespondierenden Interessen und Wertvorstellungen (die zu entdecken und zu formulieren Aufgabe von Theologen, Philosophen oder Naturwissenschaftlern ist) dürfen einander nicht widersprechen – tatsächlich müssen sie ein harmonisches Ganzes bilden.«[8]

Es war dieser Grundgedanke, der dann zur Idee von einem Naturrecht und zu der Suche nach Harmonie führte. Die von Kant herrührende konkurrierende Prämisse der Romantiker lautete, dass es fragwürdig sei, ob Wertefragen oder Antworten auf Fragen, die einer Handlungsentscheidung bedürfen, *überhaupt* beantwortet werden können. Das war ein entscheidender Gedanke in der europäischen Geistesgeschichte. Das Argument der Romantiker lautete, dass es ganz einfach Fragen gebe, auf die es keine Antworten gibt. Nicht weniger originell war ihr Einwand, dass es im Prinzip auch keine Garantie für die Konfliktfreiheit von Werten geben könne. Schließlich aber stellten die Romantiker selbst eine Reihe von neuen Werten auf, respektive kündeten sie von einem neuen Blick auf Werte, der sich radikal von der alten Perspektive unterschied.[9]

Kants großer Beitrag dazu bestand wie gesagt aus dem Gedanken, dass der Geist das Wissen bestimme, dass es *tatsächlich* so etwas wie einen intuitiven, einen instinktiven Vorgang gebe und dass das Phänomen, dessen wir uns am sichersten sein können, der Unterschied zwischen dem »Ich« und dem »Nicht-Ich« sei.[10] Vernunft, verstanden als das Licht, welches die Geheimnisse der Natur erhellt, war für ihn eine inadäquate und deplatzierte Erklärung. Die bessere Metapher fand er im Prozess der Geburt, da dieser das *Erschaffen* von Wissen mit Hilfe der menschlichen Vernunft impliziert. Um herauszufinden, was ich in einer bestimmten Situation tun soll, bräuchte ich nur auf meine »innere Stimme« zu lauschen. Den Wissenschaften zufolge war das Wesen von Vernunft eine auf die ganze Natur anwendbare Logik. Die innere Stimme fügte sich diesem Szenario jedoch nicht, denn weder müssen ihre Befehle faktische Äußerungen sein, noch sind sie notwendigerweise richtig oder falsch. Nicht selten strebt die innere Stimme ein bestimmtes Ziel an, oder sie will einen bestimmten Wert vorgeben, aber beides hat nicht das Geringste mit

Wissenschaft zu tun, weil es allein vom Individuum erschaffen wurde. Diese Vorstellung brach grundlegend mit dem alten Verständnis von Individualität. Zum einen wurde (erstmals) realisiert, dass Wertvorstellungen durch einen schöpferischen Prozess entstehen; zum anderen wurde damit, was nicht weniger bedeutend war, die Betonung auf den Schöpfungsakt gelegt und folglich der Künstler dem Wissenschaftler gleichgestellt. Es ist der Künstler, welcher schöpft, sich ausdrückt, Werte schafft. Ein Künstler entdeckt nicht, kalkuliert nicht und deduziert nicht, wie der Wissenschaftler (oder der Philosoph). Er erfindet sein Ziel, um dann seinen eigenen Weg dorthin zu finden. »Wo«, fragte Alexander Herzen, »ist das Lied, bevor es der Komponist ersinnt?« So gesehen ist der Schöpfungsakt die einzige wirklich selbstbestimmte Handlung des Menschen und deshalb anderen Aktivitäten überlegen. Mit einem Schlag wurde die Kunst verwandelt und erhöht. Nun ging es nicht mehr um reine Nachahmung oder Abbildung, nun ging es um *Ausdruck*, um einen wesentlich bedeutenderen und ambitionierteren Akt also. Der Mensch ist am wahrhaftigsten dann, wenn er schöpferisch tätig ist. »Dies, und nicht die Befähigung zum logischen Denken, ist der göttliche Funke, der in meinem Inneren glimmt; in genau diesem Sinne bin ich Gott zum Bilde geschaffen.«[11]

Die Nachwehen dieser Revolution spüren wir bis heute, denn sie war es, die die Disharmonie der konkurrierenden Weltanschauungen gebar – einerseits das kühle, unparteiische Licht der wissenschaftlichen Vernunft, andererseits der heißblütige, leidenschaftliche Schöpfungsakt des Künstlers. Manchmal erscheinen beide als gleichermaßen wahr, und doch sind sie ganz grundlegend unvereinbar. Isaiah Berlin schrieb, dass wir ruhelos vom einen Fuß auf den anderen treten, seit uns diese Unvereinbarkeit bewusst wurde.

Als Erstes und am deutlichsten zeigte sich diese Dichotomie in Deutschland.[12] Die Wende zum 19. Jahrhundert brachte die großen napoleonischen Siege über Österreich, Preußen und die linksrheinische Region, und diese Niederlagen schürten unter den Verlierern den Wunsch nach Erneuerung, trieben viele Menschen in die Innerlichkeit, in die Besinnung auf den Geist und auf künstlerische Ideen, als Möglichkeiten, dem Volk Inspiration für seine Einigkeit zu sein. Die Romantik wurzelte in Seelenqual und inneren Nöten; am Ende des 18. Jahrhunderts fühlten sich die deutschsprachigen Länder als die Gepeinigten Europas.

Der Weg von Kant zu den Romantikern verlief nicht in gerader Linie, ist aber deutlich nachzuverfolgen. Aus Herders Sicht gab es so deutlich unterschiedliche Kulturen auf Erden nur, weil die Ausdruckskraft der menschlichen Natur durch lokal variierende Gegebenheiten geprägt wurde. Johann Gottlieb Fichte bezeichnete das Ich als »Tat, Anstrengung, Selbstbestimmtheit«: »Es ordnet sich die Welt unter, verändert und zerlegt sie, gedanklich und zugleich auch in der Tat, in Übereinstimmung mit seinen eigenen Absichten und Kategorien [...] ich glaube es, weil ich will.« Der Mensch bewohne zwei Welten,»die des Materiellen, wo Ursache und Wirkung herrschen, und die des Geistigen, wo ich ›durch mich selbst vollendet und [...] durchaus mein eigenes Geschöpf [bin]‹«. Die wahre Natur des Menschen liege nicht in »nachdenklicher Betrachtung«, dem Ideal des Mittelalters, sondern in »rühriger Betriebsamkeit«; Mensch zu sein »heißt nicht, zu begreifen oder vernünftig zu urteilen, sondern zu handeln. Zu handeln, zu machen, zu erschaffen und frei zu sein sind ein und dasselbe.«[13]

Das, schrieb Berlin, war eine provokante Idee, weil sie mit tätiger Hilfe von Fichte schließlich auch auf die Nation bezogen wurde: Völker können nur durch Schaffen, Handeln und *Tun* zu Nationen werden. So wurde also Nationalismus, der handelnde Nationalismus, zur selbstverständlichen Geisteshaltung; und so »endete Fichte als ein fanatischer deutscher Patriot und Nationalist, der glaubte, dass Deutschland im Gegensatz zu den romanischen Völkern nicht korrumpiert worden sei«. In diese Haltung steigerte er sich vor allem in seinen berühmten »Reden an die deutsche Nation« hinein, die er nach der Eroberung Preußens durch Napoleon schrieb. Die Reden selbst bewirkten wenig, doch seit man sie später genauer nachzulesen begonnen hatte, trugen sie eine Menge zum Aufwallen nationalistischer Gefühle bei. Sie wurden »von Deutschen während des ganzen 19. Jahrhunderts gelesen und nach 1918 zu ihrer Bibel«.[14]

»Alle, die entweder selbst, schöpferisch und hervorbringend das Neue leben, oder die, falls ihnen dies nicht zu Theil geworden wäre, das Nichtige wenigstens entschieden fallen lassen und aufmerkend dastehen, ob irgendwo der Fluss ursprünglichen Lebens sie ergreifen werde, oder die, falls sie auch nicht so weit wären, die Freiheit wenigstens ahnen, und sie nicht hassen, oder vor ihr erschrecken, sondern sie lieben: alle diese sind ursprüngliche Menschen, sie sind, wenn sie als ein Volk betrachtet werden, ein Urvolk, das Volk schlechtweg, Deutsche. Alle, die sich darein ergeben ein zweites zu seyn und Abgestammtes [...], sie sind, als Volk betrachtet, ausserhalb des Urvolks, und für dasselbe Fremde und Ausländer. In der Nation, die bis auf diesen Tag sich das Volk schlechtweg oder Deutsche nennt, ist in der neuen Zeit wenigstens bis jetzt Ursprüngliches an den Tag hervorgebrochen, und Schöpferkraft des Neuen hat sich gezeigt [...]. Was an Stillstand, Rückgang und Cirkeltanz glaubt, oder gar eine todte Natur an das Ruder der Weltregierung setzt, dieses, wo auch es geboren sey und welche Sprache es rede, ist undeutsch und fremd für uns, und es ist zu wünschen, dass es je eher je lieber sich gänzlich von uns abtrenne.«[15]

Der Aufstieg des Unbewussten

Friedrich Wilhelm Joseph Schelling (1775–1854) übernahm 1841 Hegels Lehrstuhl an der Berliner Universität. Seine Sicht von der seelisch-geistigen Selbstentfaltung war organischer, weniger aggressiv als Fichtes Vorstellung. Für ihn bestand die Dynamik der Natur aus unterschiedlichen Graden der Selbstbewusstheit, vom vollständig Unbewussten über graduelle Bewusstheitsabstufungen bis hin zum vollkommenen Selbstbewusstsein. Das rohe Gestein im Fundament der Erde stellt den »Willen« im Zustand absoluter Unbewusstheit dar. Allmählich dringt jedoch Leben ein, und die ersten biologischen Arten entstehen. Es folgen die Pflanzen und die Tiere, die Selbstbewusstheit wächst, alles drängt zur Verwirklichung eines bestimmten Zieles. Die Natur repräsentiert die progressiven Stadien des Willens und strebt zu etwas hin, ohne sich dessen, was sie erstrebt, bewusst zu sein.[16] Erst der strebende Mensch *wird* sich bewusst, wohin er strebt. Dieses Ereignis wirkt sich auf das gesamte Universum aus, das Schellings Darstellung zufolge auf diesem Weg selbst zu einem höheren Bewusstsein gelangt. Und dieses Universum ist Gott, eine sich selbst entfaltende Bewusstheit, ein progressives Phänomen im Entwicklungszustand.

Solche Gedanken hinterließen großen Eindruck in Deutschland, denn in diesem Weltbild kam der Rolle des Künstlers nunmehr noch die Aufgabe zu, tief in all die unbewusst in ihm wirkenden Kräfte abzutauchen und diese ins Bewusstsein zu heben, wie schwer dieser Kampf auch sein mochte. Schelling zufolge muss Kunst, so sie denn von Wert sein soll, auf den Pulsschlag eines Lebens lauschen, das sich seiner selbst nicht vollständig bewusst ist, damit sie kein reines Abbild produziert und kein fragmentarisches Wissen bleibt, das, wie naturwissenschaftliches Wissen, bloß auf umsichtiger Beobachtung beruht. Beide Lehren, Fichtes Verständnis vom Willen und Schellings Einsichten in das Unbewusste, bildeten das Rückgrat der romantischen Ästhetik. Die Wahrheit der Kunst, schrieb Thomas Nipperdey einmal, geriet zur großen Frage des 19. Jahrhunderts.

Friedrich Schlegel vertrat ein wiederum anderes Weltbild.[17] Aus seiner Sicht war die Romantik von drei Aspekten geprägt. Fichtes Wissenschaftstheorie war einer davon, dem fügte Schlegel noch die Französische Revolution und Goethes *Wilhelm Meister* hinzu. Die Französische Revolution hatte infolge der Napoleonischen Kriege vor allem wegen des verletzten deutschen und besonders preußischen Nationalstolzes Einfluss auf die Deutschen ausgeübt. Und die revolutionäre Schreckensherrschaft in Frankreich hatte sich entscheidend auf das Denken der deutschen Romantiker ausgewirkt, weil sie das unvorhersehbare Auf und Ab der Ereignisse in Frankreich zu der Überzeugung brachte, dass man bei Weitem noch nicht genug über die Bandbreite menschlichen Verhaltens wisse und dass das, was man wisse, nur die Spitze eines riesigen Eisbergs, einer unbekannten, unkontrollierbaren und womöglich nie ergründbaren unpersönlichen Kraft sei, die durch nichts ihrer Macht beraubt werden könne. Das dritte von Schlegel angeführte Element, *Wilhelm Meister*, wurde hingegen bewundert, weil Goethe darin bewiesen habe, dass der Mensch aus freien Stücken mit unbändigem edlem Willen in der Lage sei, an sich selbst zu arbeiten, sich selbst zu vervollkommnen und sein Selbstbewusstsein zu stärken.*

Die gewandelte Bedeutung von Arbeit

Die Auswirkung dieser Ideen war folgenschwer. Zuerst einmal bekräftigte die Romantikrevolution die protestantische Auffassung von »Arbeit«: Sie galt nun nicht mehr als notwendiges Übel, sondern war zur »heiligen Pflicht des Menschen« geworden, »denn nur durch Arbeit kann er der toten Materie, die die Natur darstellt, seine einzigartige, schöpferische Persönlichkeit aufprägen«. Dabei entfernte man sich immer weiter vom monastischen Ideal des Mittelalters, weil man nun nicht mehr glaubte, dass sich die wahre Natur des Menschen durch Kontemplation verwirklichen ließ, sondern nur durch *Handeln*. Was nun eine Rolle spielte, war die individuelle Suche nach Freiheit, jenes Ziel also, welches »einzig und allein die Bedürfnisse seiner [des Menschen] sittlichen, ästhetischen, philosophischen oder politischen Natur zu erfüllen vermag«. Für den Künstler zählte nur noch die *Absicht*: »Integrität, Aufrichtigkeit, Prinzipientreue, Reinheit des Herzens, Natürlichkeit – und nicht Glück, Kraft, Weisheit und Erfolg.« Das traditionelle Vorbild des Weisen oder Allwissenden, der Glück, Tugendhaftigkeit und Weisheit erwirbt, indem er zu verstehen lernt, wurde durch den tragischen Helden ersetzt, der sich unter allen Umständen und allen Widrigkeiten zum Trotz selbst zu verwirklichen sucht. Der irdische Erfolg ist immateriell.[18]

Die Bedeutung dieses Wertewandels kann gar nicht genug betont werden. Wenn der Mensch seine Werte nicht entdeckt, sondern selbst erschafft, dann gibt es auch keine Möglichkeit, diese Werte objektiv zu beschreiben oder sie jemals zu systematisieren, denn so gesehen sind es ja »keine Tatsachen, keine in der Welt vorkommenden Größen«. Sie befinden sich schlicht außerhalb der Reichweite von Wissenschaft, Moral oder Politik. Es gibt keine Garantie für Harmonie, nicht einmal für eine indi-

---

* Goethe selbst konnte dem nicht zustimmen. Zu Eckermann sagte er später (am 2. April 1829): »Das Klassische nenne ich das Gesunde und das Romantische das Kranke.«

viduelle innere Eintracht, da sich auch die Wertvorstellungen des Individuums im Lauf der Zeit verändern können.[19] Der Künstler oder der Held als Außenseiter war geboren.

Das zweite Ich

Es gibt eine Idee und ein Ideal, die direkt zu einer Literatur, Malerei und (höchst lebendigen) Musik führten, welche sich ihnen sofort zuordnen lassen – der heldenhafte Märtyrer oder tragische Held, der geniale Außenseiter, der gequälte Rebell, der sich gegen eine gezähmte, spießbürgerliche Gesellschaft auflehnt. Zu Recht schrieb der Kunstkritiker Arnold Hauser, dass es in der modernen Kunst keinen Aspekt gebe, der nicht irgendetwas von Bedeutung der Romantik verdanke. Die Überschwänglichkeit, diese Anarchie und Heftigkeit der modernen Kunst, ihr ganzer ungezügelter, schonungsloser Exhibitionismus, hätten sich aus ihr erhoben.[20]

Im Zusammenhang damit entstand die Vorstellung von einem »zweiten Ich« oder »anderen Selbst«, der Glaube, dass es in den dunkelsten und verstecktesten Winkeln der Seele eines jeden Romantikers ein völlig anderes Wesen gebe und dass erst der Zugang zu diesem Sein eine alternative – tiefgründigere – Wirklichkeit enthüllen könne. Tatsächlich war das die Entdeckung des Unbewussten, nur dass man es eben noch als ein geheimnisvolles, ekstatisches Etwas verstand, das sein groteskes, gespenstisches und oft makabres Wesen wie ein nachtaktives Tier vor dem Licht verbirgt. (Goethes Diktum über die Romantik wurde bereits erwähnt; Novalis betrachtete das Leben als einen Wahn.) Das zweite Ich, das Unbewusste, wurde also als eine Möglichkeit der spirituellen Erweiterung betrachtet. Das frühe 19. Jahrhundert war genau der Moment, in dem die Vorstellung von einer »Avantgarde« entstehen konnte: von einem Künstler, der seiner Zeit voraus ist und sich nicht mit der Bourgeoisie gemein macht. Und mit dem Begriff des »Genies« wurde der intuitive Funke hochgespielt, welcher im Gegensatz zum allgemein üblichen mühsamen Lernprozesses im Lauf eines lebenslangen Strebens wie aus dem Nichts neues Talent hervorbringt.

Die Paarung von Dichtung und Biologie: Romantische Wissenschaft

Die romantische Mentalität, die sich im späten 18. und frühen 19. Jahrhundert in Deutschland herausbildete, entstand in erster Linie durch die engen Freundschaften und geteilten heftigen Leidenschaften einer Gruppe von Männern, die als Frühromantiker in die deutsche Geschichte eingingen. Es waren Dichter und Maler, Philosophen und Historiker, Theologen und Naturforscher, allesamt jung, und alle verachteten sie konventionelles Denken, ganz nach Art aller jungen Revolutionäre früherer oder späterer Zeiten.[21] Ihre Bewegung wurde weithin als Widerstand oder Auflehnung gegen die Aufklärung betrachtet, und zwar mit der Absicht, den Primat der »Poesie des Herzens« gegen das prosaische Wesen der modernen Welt und insbesondere gegen den Terror durchzusetzen, der 1793 in Paris herrschte, und um aufzuzeigen, wie illusorisch der Optimismus – den Kant so eloquent in seinem »philosophischen Entwurf« *Zum ewigen Frieden* (1795) zum Ausdruck gebracht hatte – just dieser Aufklärung gewesen war.

Der »geistige Architekt« dieser Bewegung, wie ihn der amerikanische Wissenschaftshistoriker Robert J. Richards nennt, war Friedrich Schlegel (1772–1829). Von ihm, dem Dichter, Literaturkritiker und Historiker, stammt die erste deutsche Definition des Begriffs »romantisch«. Das französische Wort *roman* hatte gegen Ende des 17. Jahrhunderts Eingang in die deutsche Sprache gefunden, und zwar im Sinne von romanhaft, abenteuerlich, phantastisch. In den späten neunziger Jahren des 18. Jahrhunderts erklärte Schlegel jedoch, dass sich die romantische Literatur, wie Richards schreibt, durch das »ständige Streben nach der vollkommenen Verwirklichung von Schönheit« auszeichnete und ein immer höheres Stadium des Menschseins zu erreichen versuchte, auch wenn sich niemand sicher sein konnte, welches Stadium das sein würde.[22]

Die Verkörperung dieser geistigen Geschlossenheit und dieser um sich selbst kreisenden Auseinandersetzungen der Frühromantiker sind die Brüder Schlegel. Friedrich verliebte sich in Caroline Böhmer, eine »feurige, schöne und vieltalentierte Frau«, die die Tochter des Orientalisten Johann David Michaelis und offenbar die Liebhaberin von beinahe jedem aus dem Romantikerkreis war. Sie war dreimal verheiratet, darunter mit Friedrichs Bruder August Wilhelm und mit Schelling (der – ein weiterer Hinweis auf die Geschlossenheit dieses Kreises – mit Hölderlin und Hegel im Tübinger Stift wohnte).[23]

Ein anderer aus dieser Gruppe war der Theologe Friedrich Daniel Schleiermacher (1768–1834). Während die meisten versuchten, die Kunst mit den Naturwissenschaften in Einklang zu bringen, befasste er sich mit der Frage, welche Rolle Dichter und andere Künstler für die Religion spielten: Wem Gott »schöpferische Sinnlichkeit« schenke, der sei ein »wahrer Priester des Höchsten, indem er ihn denjenigen näherbringt, die nur das Endliche und Geringe zu fassen gewohnt sind; er stellt ihnen das Himmlische und Ewige dar als einen Gegenstand des Genußes und der Vereinigung, als die einzige unerschöpfliche Quelle desjenigen, worauf ihr ganzes Dichten gerichtet ist. So strebt er den schlafenden Keim der besseren Menschheit zu weken, die Liebe zum Höchsten zu entzünden, das gemeine Leben in ein höheres zu verwandeln [...]. Dies ist das höhere Priesterthum, welches das innere aller geistigen Geheimniße verkündigt, und aus dem Reiche Gottes herabspricht.«[24] Novalis (1772–1801) betonte die dunkle Seite der menschlichen Natur, das Leben an der Grenze von Tag und Nacht, von Tod und Leben. Auch Heinrich von Kleist (1777–1811) beschäftigte sich mit der Zerbrechlichkeit menschlichen Seins, mit dem Zweifel, der Verzweiflung und damit, dass der Mensch nicht Herr seines eigenen Schicksals ist, wie er im *Prinzen von Homburg* aufzuzeigen versuchte. Diese Motive wurden später von Joseph von Eichendorff, E. T. A. Hoffmann, Richard Wagner und Thomas Mann aufgegriffen, der die deutsche Romantik 1932 in seiner »Rede vor Arbeitern in Wien« zur höchsten deutschen Kunstform erhob (die dann regelmäßig mit sozialrealistischen Werken alternierte, wie noch zur Sprache kommen wird).

Einige Romantiker interessierten sich sehr für die Naturforschung, wobei die paradigmatische Disziplin die Biologie war. Der wesentliche, von Kant stammende, aber von Schelling und Goethe geteilte Gedanke dabei war, dass die belebte Natur in Grundtypen (»Archetypen«, »Urtypen«, »Haupttypen«, »Urbilden« usw.) eingeteilt sei. Diesem Verständnis nach bestand die Organisation der Fauna aus vier großen, voneinander unabhängigen Hauptformen: »Strahlthiere« *(Radiata)*, wie zum Beispiel Seesterne und Seegurken, »Gliedertiere« *(Articulata)*, darunter die Insekten und Krebse, »Weichthiere« *(Mollusca)*, wie Muscheln und Oktopoden, und »Wirbelthiere« *(Vertebrata)*, wie die Fische und die Menschen.[25] Kants These zufolge spiegelte sich in dem archetypischen Aufbau von Organismen ebendas Ideal, das diese verkörperten und welches nur von einem göttlichen Geist ersonnen worden sein konnte.

Die Naturphilosophen in der Nachfolge von Kant glaubten, dass für die »Hervorbringung« solcher Archetypen wie für deren progressive Variationen bestimmte Kausalfaktoren verantwortlich seien, die man als Umsetzungen spezifischer physischer Kräfte verstand, zum Beispiel der »animalischen Elektrizität«, die man im 18. Jahrhundert entdeckt hatte. Man gab diesen Kräften Namen wie »Lebenskraft« oder »Bildungstrieb« und verstand Materie und Geist (der die »Seele« mit einschloss) als zwei Aspekte ein und desselben »Urstoffes«. Der Natur lag eine Einheit zugrunde, die es zu entdecken galt, und diese Entdeckungsreise führte dann zu mehreren Theorien über die natürlichen Muster, die sich bei höheren Lebensstufen erkennen ließen. Ausgehend von Kants Vorstellung der »Ideal-Realität«, erklärten sich diese Naturphilosophen die Variationen von Organismen als Ergebnisse von sukzessiven Entwicklungen – einer Evolution –, die unermüdlich progressive Variationen von Idealformen hervorbrächten. Das war keine darwinische Evolution, das war eher eine »dynamische Evolution«, wie Schelling sie nannte.[26]

Die Naturphilosophen gingen auch davon aus, dass die Natur teleologisch strukturiert sei. Angefangen bei Herder, Goethe und Schelling, lehnten alle von ihnen das von Descartes und Newton entwickelte mechanische Ideal ab. Sie glaubten, dass sich die Natur stetig von einem einfacheren, weniger organisierten früheren Zustand in einen höheren weiterentwickle, und akzeptierten die These, die Kant in seiner *Kritik der Urteilskraft* von der Wesensverwandtschaft teleologischer und ästhetischer Beurteilungen aufgestellt hatte. Die entscheidende Folge war, dass die Romantiker diese beiden Beurteilungsweisen gleichsetzten, was bedeutete, dass »die Grundformen der Natur somit nicht nur im Entwurf des Malers und in der Metapher des Dichters wahrgenommen und dargestellt werden konnten, sondern auch durch das Experiment und die Beobachtung des Naturforschers«.[27] Die Biologen der Romantik glaubten aber, dass das ästhetische Verständnis vom ganzen Organismus vor der wissenschaftlichen Analyse seiner jeweiligen Teile anzusiedeln sei.

Friedrich Schelling war ein großer Verfechter der Paarung von Biologie und Dichtung, und damit war auch Friedrich Schlegel einverstanden. In seinem Traktat *Von der Weltseele* (1798) erkundete Schelling die neuesten Erkenntnisse der Naturforscher und kam zu dem Schluss, dass allen lebenden Geschöpfen eine teleologische Struktur gemein sei.[28] Er hielt die Natur für unendlich produktiv und glaubte (von Genetik hatte er natürlich noch keine Ahnung), dass sie ihre bekannten Formen annahm, weil sie ständig von Gegenkräften gehemmt oder eingegrenzt werde. Diese Kräfte – Magnetismus, Elektrizität, chemische Prozesse zum Beispiel – verursachten (im Zuge des »Bildungstriebes«) empfindliche Veränderungen der natürlichen Organisationsprozesse. »Schelling verstand die endlose Produktivität der Natur als eine unendliche Evolution, deren Ergebnisse ein momentanes Innehalten verkörperten, während dessen sich der weitere Evolutionsprozess verlangsamt, aber nicht einstellt.«[29] In gewisser Weise war das eine vordarwinische Idee von Anpassung.

Generell ließe sich also sagen, dass die vordarwinische Idee von der Evolution eine signifikante Errungenschaft der Naturforschung zur Zeit der deutschen Romantik war, neben der vorfreudianischen Idee vom »Wahnsinn«. Johann Christian Reil (1759–1813) war einer der berühmtesten Medizintheoretiker seiner Tage. Der in Ostfriesland geborene Enkel eines lutherischen Pastors hatte mehrere Untersuchungen an Geisteskranken vorgenommen, bevor er 1803 sein bahnbrechendes Werk *Rhapsodieen über die Anwendung der psychischen Curmethode auf Geisteszerrüttungen* publizierte.[30] Diese Studie übte den vielleicht größten Einfluss auf die Entwicklung der Psychiatrie vor Freud aus. Reil vertrat darin die Ansicht, dass Wahnsinn aus der Spaltung des Ich zu einer unvollständigen oder missgebildeten Persönlichkeit entstand und dass sich Geisteszerrüttung aus der Unfähigkeit des Ich ergab, auf kohärente Weise eine Welt des Nicht-Ich aufzubauen – was aus seiner Sicht insgesamt das Resultat einer Störung des Selbstbewusstseins war, das grundlegend für die schöpferische Fähigkeit des Geistes verantwortlich sei. Ein markantes Element in Reils Denksystem war die dunkle Seite, die er der Zivilisation zuschrieb. Die »Einrichtung, die das mannichfaltige Körperliche zu einem Individuum erhebt, scheint der Ursache des Selbstbewußtseyns verwandt zu seyn, das den geistigen Menschen, mit seinen verschiednen Qualitäten, zur Einheit einer Person zusammenfasst«.[31] Das war eindeutig sehr modern gedacht.

Auch Reil verfolgte einen evolutionären Ansatz. Er war überzeugt, dass immer wieder neue Arten auftauchten und sich alle höheren, weiterentwickelten Lebensformen aus weniger entwickelten herausbildeten. Die Kraft hinter diesem Prozess hielt er (wie der Naturforscher Carl Friedrich Kielmeyer) für dieselbe, die den Fötus zur Entwicklung treibt. Auch glaubte er, dass im Lauf der Zeit vollständiger entwickelte Individuen auftauchen würden, in denen das Potenzial der jeweiligen Art vollendeter zum Ausdruck komme. Da gab es also keine vorbestimmte Zukunft mehr, der alle Arten, von einer Kraft im Hintergrund gesteuert, zustrebten: Sie entwickelten sich aus sich selbst heraus und näherten sich der Verwirklichung des Ideals eines vollendeten Organismus auf diese Weise immer mehr an.[32] Das war eine Art von biologischem Idealismus.

Goethes Urphänomene

Von Goethes frühem Interesse an der Naturforschung zeugt, dass er nach seiner Immatrikulation an der Universität Straßburg im Jahr 1770 nicht nur Rechtswissenschaft, Staatswissenschaft und Geschichte hörte, sondern sich auch in Anatomie, Chirurgie und Chemie weiterbildete. Doch erst nachdem er von seiner ausgiebigen Italienreise (1786–1788) zurückkehrte, begannen seine wissenschaftlichen Interessen zu reifen. In den folgenden beiden Jahrzehnten verbrachte er viel Zeit mit dem Studium der Wissenschaftsgeschichte und ging seinem Interesse an der Morphologie der Pflanzen und der Farbenlehre nach, obwohl er in dieser Phase auch einige seiner besten Dichtungen schrieb. Als er am 22. März 1832 starb, hinterließ er neben seinen Briefen, Schriften und gut fünftausend Büchern ein wahres Museum von wissenschaftlichen Instrumenten, Vitrinen und Schränken voller Muster aus Flora und Fauna, daneben zahlreiche Mineralien, um die ihn Abraham Gottlob Werner beneidet hätte – alles in allem rund fünfzigtausend Artefakte. Der erste Band der Leopoldina-Ausgabe seiner naturwissenschaftlichen Schriften erschien 1947.

Goethes Beitrag zu den Naturwissenschaften lässt sich in fünf Hauptkategorien aufteilen: Geologie, Anatomie, Botanik, Optik und das Experiment. Der Goethe-Forscher Karl J. Fink unterstreicht, wie modern Goethes Einstellung zur Wissenschaft war. So sei er sich beispielsweise bewusst gewesen, dass wissenschaftliche »Fakten« oft nichts anderes als Interpretationen sind, die ebenso viel über den Wissenschaftler aussagen wie über das, was »da draußen« ist. Goethe war dem Experiment nie so hörig gewesen wie andere, das heißt, er betrachtete es weniger als die Möglichkeit eines »Beweises« denn als die Art und Weise der Wissenschaft, sich selbst darzustellen. Seine eigenen Forschungen betrieb Goethe nach Art des typischen Bewohners der Welt des Zweifels zwischen Dogma und Darwin. Er glaubte, dass man einen Blick auf die Wahrheit allen Seins am ehesten an den Grenzen von Erscheinungen erhaschen könne und sich die Natur in ihrem *Wandel* enthülle. Bekanntlich ging er von »Urphänomenen« aus, also den ursprünglichsten Einheiten einer Vielzahl natürlicher Einzelphänomene, aus denen sich dann jeweils die späteren Formen herausbildeten. Granit zum Beispiel betrachtete er als das »Urgestein«, als das »Höchste und das Tiefste, die Grundfeste unserer Erde«, und Basalt (von dem wir heute wissen, dass er vulkanischen Ursprungs ist) hielt er für eine Zwischenform des Granits, so wie er den Wal für eine Zwischenform von Fisch und Säugetier und den Polypen für eine Zwischenform von Tier und Pflanze hielt.[33]

Goethe betrachtete die Trennung der Gesteinsmassen (durch einen Prozess der Kristallisierung) als die erste Individualisierung der Natur, als den ersten Schritt weg vom »Urstoff«. Diese Umwandlung zu einer zweiten Ebene habe dann zu solch einfachen organischen Gebilden wie Korallen und Farnen geführt. Karl Fink schreibt, dies sei ein auf die Natur angewandtes »Werden« gewesen.

Geradezu besessen befasste sich Goethe mit den Knochen des Oberkiefers, weil er hoffte, dass sie vielleicht den Übergang vom Schädel der einen zur anderen Spezies enthüllen könnten. Zu diesem Zweck hatte er sich mit Galen (ca. 460–370 v. d. Z.) beschäftigt, dann aber festgestellt, dass dieser »seine Beschreibung bloß nach einem Tiere gemacht hatte«. Schließlich glaubte Goethe selbst, die vorherrschende Meinung, dass der Mensch über keinen Zwischenkieferknochen verfüge, widerlegen zu können. Es gebe ihn, er befinde sich »inwärts von dem ersten Schneidezahn« und schiebe sich »zwischen die beiden Hauptknochen der oberen Kinnlade hinein«. Herausgefunden hatte er das zu seiner großen Zufriedenheit bei der Untersuchung menschlicher Schädel und der Schädelknochen von heimischen wie exotischen Tieren (u. a. Walross, Ochse und Affe). Doch alles entscheidend war, dass Goethe sich gegen die Behauptung wehrte, das Vorhandensein oder Nichtvorhandensein dieses Knochens sei ein »Unterscheidungszeichen zwischen dem Affen und Menschen«: »Man hat ihn jenem Geschlechte zugeschrieben, diesem abgeleugnet, und wenn in natürlichen Dingen nicht der Augenschein überwiege, so würde ich schüchtern sein aufzutreten und zu sagen, daß sich diese Knochenabteilung gleichfalls bei dem Menschen finde.«[34] Auch das war eine wesentlich radikalere Idee, als es heute den Anschein hat, denn diesem Verständnis nach durchliefen Tiere das gleiche Kontinuum wie der Mensch, und das war eindeutig eine vordarwinische Vorstellung, die deutlich den Lehren der Bibel widersprach. Goethe war überzeugt, »ungescheut behaupten zu dürfen: daß alle vollkommneren organischen Naturen, worunter wir Fische, Amphibien, Vögel, Säugetiere und an der Spitze der letzteren den Menschen sehen, alle nach *einem* Urbilde geformt seien, das nur in seinen sehr beständigen Teilen mehr oder weniger hin und her weicht und sich noch täglich durch Fortpflanzung aus- und umbildet«. Abgesehen davon ging er auch von entscheidenden Unterschieden zwischen der organischen und der anorganischen Materie aus, nämlich von der »Gleichgültigkeit« Letzterer und einer inhärenten »Neigung« und »Ordnung« Ersterer. Auch hier ist zu erkennen, wie Goethe um ein vordarwinisches, nichtbiblisches Naturverständnis kämpfte.

Goethes Forschungen über die Optik und die Farbenlehre widmeten sich einer anderen Art von Grenze, nämlich der Stelle, an der Licht und Schatten aufeinandertreffen.[35] Das führte ihn zu der Vorstellung, dass es dreierlei Farbwahrnehmungen geben müsse: die der physiologischen Farben, die »dem Auge angehören«, also der menschlichen Physiologie, die der physischen Farben, die »durch Mittel sichtbar« sind, also gleich außerhalb des Auges durch optische Medien erfahrbar werden, und die der chemischen Farben, die nicht flüchtig sind und dem jeweils beobachteten Gegenstand innewohnen. Alle drei entsprangen nach Goethes Analyse einem Urphänomen, nämlich der Polarität von Licht und Schatten, die er als ein Äquivalent zur Anziehungs- und Abstoßungskraft des Magnetismus sah, zur elektrischen Plus- und Minusladung, ja sogar zur Dur- oder Molltonart. Das war nun aber eine mächtig gewagte Analogisierung – ein perfektes Beispiel für die Naturforschung zur Zeit der deutschen Romantik, die bereits überholt war, als sie veröffentlicht wurde.[36]

Und schließlich gab es noch Goethes Verständnis von der wissenschaftlichen Methode, dem experimentellen Ansatz. Er schloss sich der grundlegenden Idee an, dass die Natur nicht systematisch sei, aus einem unbekannten Zentrum hervorgehe und sich zu einer nicht erfahrbaren Grenze hin entwickle, weshalb vom menschlichen Geist erdachte Abstraktionen nur in die Irre führen könnten: Wir können die Natur zu nichts zwingen, wir können nur versuchen, ihr ihre Geheimnisse »abzulauschen«.[37]

Goethe erkannte, dass Sprache vermutlich niemals in der Lage sein werde, mehr zu tun, als die Natur »im Widerscheine« auszudrücken. Sprache lasse sich nicht »festhalten«, deshalb suche man ihr gleichnisweise durch »alle Arten von Formeln« beizukommen. Kurz gesagt: Durch Sprache können wir weder den Gegenstand noch uns selbst vollständig zum Ausdruck bringen. Die Sprache der Poesie betrachtete er als das engste Bindeglied zwischen Sprache als solcher und der Natur, wohingegen der »Versuch« (das Experiment) die Natur auf zugleich lebendigere wie weniger lebendige Weise als Sprache vorführte.[38] Man könne vom Naturforscher »erwarten, daß er so viel philosophische Bildung habe, um sich gründlich von der Welt zu unterscheiden und mit ihr wieder im höhern Sinne zusammenzutreten. Er soll sich eine Methode bilden, die dem Anschauen gemäß ist; er soll sich hüten, das Anschauen in Begriffe, den Begriff in Worte zu verwandeln und mit diesen Worten, als wären's Gegenstände, umzugehen und zu verfahren«.[39] Was Goethe hier Kant schuldete, liegt auf der Hand. Und wieder scheint uns das sehr modern gewesen zu sein.

In gewisser Weise war Goethes größte Leistung jedoch seine Erkenntnis, dass sich die Suche nach den seriellen Beziehungen, erfahrbaren Grenzpunkten und wahren Verbindungsstellen der Natur am ehesten durch Einsichten in deren Wandlungsprozesse, Entwicklungen und Organisationsprinzipien enthüllen. Deshalb waren Menschen gefragt, die nicht nur Dichter, sondern auch Naturforscher und daher fähig waren, Phantasie, Beobachtung und Denken mit Sprache zu vereinen.

9

Das Brandenburger Tor, das Eiserne Kreuz, der »deutsche Raffael« und die Nazarener

In diesem Kapitel werden wir ein seltsames Phänomen beleuchten, nämlich die Tatsache, dass es eine ganze Schar von Künstlern gibt, die zu ihrer Zeit ungemein in Mode waren, im 20. Jahrhundert aber in Ungnade fielen. Das wechselnde Geschick dieser tatsächlich sogar berühmtesten Maler, Bildhauer und Architekten ihrer Periode lässt sich an keinem Beispiel deutlicher darstellen als an dem des Malers Anton Raphael Mengs (1728–1779).[1]

In der allerersten Biografie, die über ihn erschien, Giovanni Lodovico Bianconis *Elogio storico del Cavaliere Antonio Raffaelle Mengs* (1780), wurde er als der »bemerkenswerteste Maler des Jahrhunderts« bezeichnet, als »kunstgeschichtlich von vergleichbarer Statur und Bedeutung wie Raffael und Apelles«.[2] Aber die größte Lobeshymne auf Mengs sang Johann Joachim Winckelmann. Er widmete ihm sogar seine *Geschichte der Kunst des Alterthums* und schrieb dort unter »Ergänzende Hinweise«: »Der Inbegriff aller beschriebenen Schönheiten in den Figuren der Alten findet sich in den unsterblichen Werken Herrn Anton Raphael Mengs [...]. Er ist also ein Phönix gleichsam aus der Asche des ersten Raffael erweckt worden, um der Welt in der Kunst die Schönheit zu lehren und den höchsten Flug menschlicher Kräfte in derselben zu erreichen.«

Mengs' Vater, der sächsische Hofmaler Ismael Mengs, hatte den Sohn nach Correggio (Antonio Allegri) und Raffael benannt. Er unterzog ihn einer strengen künstlerischen Ausbildung: Mit sechs ließ er ihn einfache gerade Linien zeichnen und zu Kreisen und anderen geometrischen Formen übergehen, als er die Linien beherrschte.[3] 1741, mit dreizehn, wurde Anton Raphael vom Vater nach Rom mitgenommen, damit er sich ganz auf Raffael konzentrieren konnte – jedoch erst, nachdem er Michelangelos Skulpturen »gemeistert« hatte. (Am Ende eines jeden Tages musste er dem Vater berichten, was er gelernt zu haben glaubte.) Nach drei Jahren kehrten Vater und Sohn nach Dresden zurück, wo das (fünfzehnjährige) Wunderkind dann »entdeckt« wurde. 1745, mit knapp siebzehn, wurde er zum Kabinettmaler ernannt. Kurfürst Friedrich August II. hielt viel von ihm und erwarb siebzehn seiner Werke. Dresden ist die einzige Stadt in Deutschland, in der Mengs' Arbeiten noch ausgestellt werden.

Trotz dieses frühen Erfolges meinte Ismael, dass sein talentierter Sohn eines weiteren Italienaufenthalts bedurfte, denn reine Porträtmalerei fand er bei Weitem nicht so bedeutend wie Historienmalerei. Diesmal reiste die Familie mit offizieller Genehmigung des Dresdner Hofes zuerst nach Venedig, wo man die Gemälde Tizians studierte, dann nach Bologna, um die Carraccis zu betrachten, nach Parma wegen der Correggios und schließlich nach Rom. Nach der Rückkehr von diesem zweiten Aufenthalt in Rom wurde Mengs zum sächsischen Oberhofmaler ernannt. Doch anstatt sich damit zu begnügen, scheint diese Beförderung seinen Ehrgeiz erst richtig geweckt zu haben. 1752 verließ er die Stadt, um ein drittes Mal nach Rom zu reisen. Diesmal blieb er neun Jahre. Er sollte weder Dresden noch seinen königlichen Patron jemals wiedersehen.

Seine Vorrangstellung hatte Rom vor allem Winckelmann, aber nicht nur ihm zu verdanken. Die Französische Akademie in Rom war bereits 1666 gegründet worden, um die besten jungen Maler, Bildhauer und Architekten weiterzubilden, die für gewöhnlich ein paar Jahre am Tiber verbrachten, bevor sie nach Frankreich zurückkehrten (die übliche Studienzeit betrug sechs Jahre, es gab aber auch einen Maler, der fast zwei Jahrzehnte dort verbrachte).

Mengs schloss Freundschaft mit wichtigen Männern, darunter mit Monsignore (seit 1756 Kardinal) Alberigo Archinto, der Winckelmann überzeugt hatte, zum Katholizismus überzutreten, oder mit Kardinal Alessandro Albani, einem Neffen von Papst Clemens XI. Diese Kontakte führten 1757 zu Mengs' erstem wirklich bedeutenden Auftrag in Rom: die Deckenfresken für Sant' Eusebio, eine der ältesten Kirchen der Stadt (sie geht auf das 5. Jahrhundert zurück).[4] Als die Fresken enthüllt wurden, war das Urteil einhellig: Sie waren »wie von Zauberhand erschaffen«.[5]

Mengs und Winckelmann wurden wie selbstverständlich zu Gefährten. Es zog sie zueinander hin, sie planten sogar eine gemeinsame Abhandlung über den Geschmack der Griechen. Tatsächlich wirkte sich diese Beziehung nicht nur auf Mengs' Geschmack und Malerei aus, er begann sich auch mehr und mehr für die Kunst des Altertums zu interessieren. Während einer Reise nach Neapel im Jahr 1758/59 hatte er begonnen, »etruskische« Vasen zusammenzutragen, und damit eine Sammlung begründet, die, als er sie der Vatikanischen Bibliothek vermachte, aus dreihundert Artefakten bestand. Auch eine Sammlung von Gipsabgüssen berühmter antiker Statuen begann er aufzubauen; sie vermachte er dem König von Spanien in der Hoffnung, den seiner Meinung nach beklagenswerten Geschmack der Spanier zu verbessern. Eine andere Sammlung wurde nach Mengs' Tod vom sächsischen Hof erworben und sollte im letzten Viertel des 18. Jahrhunderts starken Einfluss auf die sächsischen Porzellan-Manufakturen in Dresden und Meißen nehmen.⁶

Mengs' erstes Gemälde mit klassisch-historischem Sujet ist verschwunden (viele seiner Werke gingen verloren). Das früheste noch erhaltene klassizistische Historienbild von ihm ist *Das Urteil des Paris*: Der sitzende Paris betrachtet die drei nackten Göttinnen, ganz so, wie Ovid es beschrieben hatte und es in einem erhaltenen Gemälde von Raffael zu sehen gewesen war. Noch deutlicher ist Mengs' klassizistische Entwicklung in dem kleinen Tondo *Joseph von Ägypten im Gefängnis* zu erkennen, heute in Madrid: Angesichts des ebenen Quadermauerwerks wirkt es wie eine Vorschau auf Jacques-Louis David.⁷ Inzwischen hatte Mengs in Rom auch die Gemälde von Nicolas Poussin entdeckt.

Solche Kompositionen machten Mengs zum idealen Kandidaten für Patrone, die sich auf Grand Tour begeben hatten. Doch um sich als ernsthafter Vertreter des Frühklassizismus zu etablieren, brauchte er ein Projekt größeren Stils. Und das ergab sich mit dem Auftrag für ein Deckengemälde in der Villa Albani, den der Kunsthistoriker Thomas Pelzel als den bedeutendsten in Mengs' Laufbahn bezeichnete. Die große Antikensammlung in dieser prächtigen Villa nahe der Porta Saleria – die der Kardinal erst kurz zuvor eigens hatte errichten lassen – war so bedeutend, dass ihr Besuch zu einem Muss für jeden gebildeten Rombesucher wurde.⁸ Für die Deckenbemalung brauchte Mengs rund neun Monate. Im Zentrum seiner Komposition des »Parnass« steht der lorbeergekrönte Apoll, einen Lorbeerzweig in der Rechten und eine Lyra in der Linken, umgeben von den neun Musen und deren Mutter Mnemosyne – eine Verbeugung vor Kardinal Albani, dem Patron und Schutzherrn der Künste. Man weiß, dass diese Musen allesamt Porträts von atemberaubenden römischen Schönheiten waren, die zu Albanis Favoritinnen zählten. Jedenfalls wurde die Villa Albani unter ihren betörenden Blicken zum Zentrum der klassizistischen Welt.⁹

Mengs war überzeugt, schreibt Pelzel weiter, dass ihm mit dieser Komposition mehr gelungen war als Raffael jemals selbst, da dieser noch nicht viel von der wahren Schönheit der Griechen gewusst habe, wohingegen er von den neuesten Entdeckungen in Herculaneum profitiert habe.¹⁰ So habe er mit dem Deckengemälde in der Villa Albani den Stil Raffaels »im Lichte seiner eigenen überlegenen Kenntnisse von der griechischen Kunst« denn auch zu verbessern getrachtet. Nach der Enthüllung des Freskos im Jahr 1761 erklärte Winckelmann prompt, er könne sich nicht erinnern, jemals etwas Gleichwertiges von Raffael gesehen zu haben, und erhob Mengs zum »deutschen Raffael«.¹¹

Mengs' Ruhm wuchs. 1772 wurde er zum Präsidenten der *Accademia di San Luca* gewählt, bald darauf erhielt er einen großen Auftrag von Papst Clemens XIV. für die vatikanische Camera dei Papiri.¹² Er entschied sich für eine »Allegorie der Geschichte«. Die Antike sollte bis zu seinem Lebensende sein Thema bleiben. Als er bereits so krank war, dass er nur noch im Bett malen konnte, wurde ihm die größte Ehre seiner Laufbahn zuteil, nämlich der Auftrag für ein großes Altarbild im Petersdom. Doch die »Schlüsselübergabe an Petrus« sollte nie über das Stadium der Skizze hinausgehen: Im Juni 1779 starb Mengs.

Winckelmanns Verdikt, Mengs sei der einzige moderne Maler, in dessen Werken sich die Schönheiten der »Figuren der Alten« wiederfänden, deckte sich mit dem Urteil der Fachwelt, die sich etwas später mit der frühklassizistischen Bewegung befasste. In Winckelmanns Briefen finden sich weitschweifige Hinweise auf das gesellige Leben in Mengs' römischer Villa. Mehrere seiner Schüler hielten mittlerweile akademische Posten in Deutschland, darunter auch Johann Heinrich Wilhelm Tischbein, der Mengs als den vollendetsten deutschen Maler seit Dürer bezeichnete.[13] Einem Bericht zufolge hatten zu Mengs' Zeiten rund fünfhundert deutsche Künstler einen Studienaufenthalt in Rom absolviert.

Seinen dauerhaftesten Einfluss übte Mengs jedoch nicht auf die künstlerische Entwicklung in der eigenen Heimat, sondern auf die Entstehungsgeschichte des französischen Klassizismus aus. Dem französischen Historiker Jean Locquin zufolge suchte im späten 18. Jahrhundert jeder Franzose, der einen Hang zur Antike oder zur Archäologie verspürte, die Inspiration »de la bouche du Maître [Mengs], qui répond si parfaitement aux aspirations de l'époque« (»aus dem Munde des Meisters, der so vollkommen dem Streben dieser Epoche entsprach«).[14] Alle, ob Joseph-Marie Vien, Jean-Baptiste Greuze oder vor allem Jacques-Louis David, waren von der Atmosphäre um Mengs und Winckelmann gefangen genommen. Doch Mengs war natürlich bei Weitem nicht der einzige Einfluss auf David gewesen – Mitte des 18. Jahrhunderts besann man sich allgemein auf Poussin zurück, bloß war es eben Mengs, der gerade »auf der Höhe seines Ruhmes war, als David nach Rom kam und Malkurse ›nel museo del cavaliere Mengs‹ besuchte«.[15]

Der Begriff »klassizistisch« kam erst in den achtziger Jahren des 19. Jahrhunderts auf, zu einer Zeit also, in der diese Malerei bereits in Ungnade gefallen war.[16] Ende des 18. Jahrhunderts hatte man sie hingegen für das einzig »wahre« oder »angemessene« Wiedererblühen *(risorgimento)* gehalten. Ihr Ziel war die Rückkehr zu den Anfängen – zur Klassik. Und diese Aufgabe versuchte man mit Hilfe von Aufenthalten in Rom zu meistern, durch das Studium von Raffael und Poussin und durch die Lektüre von Winckelmanns Studien wie der griechischen und römischen Klassiker selbst. Man glaubte, dass allen Künsten ein klassisches Element gemein sei, hatte aber keine genauen Vorstellungen davon. Deshalb bezogen so unterschiedliche Künstler wie Jean-Antoine Houdon, Hubert Robert, Jean-Baptiste Greuze, George Stubbs, Joshua Reynolds oder Francisco de Goya ihre Inspirationen durchweg aus denselben Quellen und befassten sich alle mit der Frage, wie die Natur »veredelt und geadelt« werden könne.[17] Winckelmann schrieb, dass im griechischen Werk die Linie vor der Farbe gekommen und Zurückhaltung mehr geschätzt worden sei als Leidenschaft. Die größten Meisterwerke des Klassizismus entstanden zwischen 1780 und 1795 und gipfelten in der Historienmalerei des »Eissterns«[18] Jacques-Louis David.

Interessant ist der Klassizismus vor allem wegen dieses kurzen Moments der stilistischen Einheit nicht nur in der Malerei, sondern auch in der Architektur. »Über die längste Zeit des Jahrhunderts sprach die Architektur von Rom bis Kopenhagen, von Paris bis Sankt Petersburg dieselbe Sprache.«[19] Säulen und Portiken wurden zu den Hauptmerkmalen von öffentlichen Gebäuden aller Länder, ob es sich nun um Banken oder Theater, Kirchen oder Rathäuser handelte.

Die Erschaffung des Berliner Stadtbilds

Trotz der Rolle, die Mengs und Winckelmann bei der Genesis des Klassizismus spielten, hielt er erst spät in den deutschen Ländern Einzug – rund eine Generation nach Frankreich und England – und erlebte dort seinen Höhepunkt um 1800.[20] Führend in dieser Hinsicht waren Berlin und München, doch auch Karlsruhe, Hannover, Braunschweig und Weimar rühmten sich klassizistischer Bauten. Seit Friedrich Wilhelm II. (der Friedrich dem Großen 1786 auf den Thron gefolgt war) die Architekten Friedrich Wilhelm von Erdmannsdorff, Carl Gotthard Langhans und David Gilly nach Berlin geholt hatte, wo bereits Johann Gottfried Schadow arbeitete, begannen klassizistische Bauten das Stadtbild zu beherrschen.

Langhans' Brandenburger Tor (1788–1791) ebnete den Weg. Carl Gotthard Langhans (1732–1808) war zum Direktor des Oberhofbauamtes berufen worden, hatte sein Wissen über die griechische Architektur aber nicht aus eigener Anschauung, sondern aus Büchern erworben. Und das kann man an den vielen nichtgriechischen Merkmalen des Brandenburger Tores deutlich erkennen. Trotzdem galt es weithin als der Ausdruck des neuen Stils nach dem Vorbild der Propyläen in Athen. Im Lauf der Jahre sollte das Tor immer wieder einmal Schaden erleiden, am denkwürdigsten durch Napoleon, der die von Schadow entworfene bronzene Quadriga mitsamt der geflügelten Friedensgöttin Eirene 1806 als Beutestück nach Paris bringen ließ (1814 wurde sie zurückgeholt).

Neben Langhans gab es die Gillys: Vater David Gilly (1748–1808) war in Schwedt geboren worden und 1792 zum Vizedirektor des Oberhofbauamts ernannt worden; sein Sohn Friedrich (1772–1800) wurde bei Stettin geboren und 1799 zum Oberhofbauinspektor ernannt. Im Jahr 1793 gründete David Gilly die private »Lehranstalt zum Unterricht junger Leute in der Baukunst«, die 1799 in der Berliner Bauakademie aufging, wo die jüngere Architektengeneration, darunter auch Karl Friedrich Schinkel und Leo von Klenze, ihre Ausbildung bei Lehrern wie Heinrich Gentz erhielt.[21]

Der Hauptvertreter des deutschen Frühklassizismus aber war David Gillys Sohn Friedrich, der bereits im tragisch jungen Alter von nur achtundzwanzig starb und der mit seinem Wettbewerbsentwurf für ein Denkmal Friedrichs des Großen auf dem Oktogon (dem späteren Leipziger Platz) 1796 dem griechischen Ideal aber bereits nähergekommen war als alle anderen.[22] Seine Zeichnungen zeigen einen dorischen Tempel als Solitär auf einem gewaltigen Sockelbau, dem man sich durch einen Triumphbogen mit anschließenden dorischen Kolonnaden nähern sollte. Der Entwurf stand ganz im Gegensatz zum Brandenburger Tor, wurde von nun an aber zur »Norm« im deutschen Klassizismus.

Den stärksten Einfluss übte Friedrich Gilly auf Karl Friedrich Schinkel aus, »dank dem der preußische Klassizismus europaweite Bedeutung gewann«.[23] Schinkel, den Adolf Loos den »letzten großen Architekten« nannte, wurde nahezu jede Ehre zuteil, die ein Architekt nur erfahren kann. Er verkehrte mit vielen Geistesgrößen seiner Zeit: mit Clemens Brentano, Fichte, den Humboldts, dem Rechtsgelehrten Friedrich Carl von Savigny und dem Kunsthistoriker Gustav Friedrich Waagen. Auch von modernen Architekten wie Philip Johnson, James Stirling oder Ieoh Ming Pei wird er bewundert.

Schinkel (1781–1841), der Sohn, Enkel und Urenkel von lutherischen Pastoren, wurde im brandenburgischen Neuruppin geboren und war sechs, als sein Vater 1787 nach einem verheerenden Brand in dem Ort an einer Rauchvergiftung starb. 1794 beschloss die Mutter, den Wohnsitz der Familie nach Berlin zu verlegen. Und seit der sechzehnjährige Schinkel dort fasziniert eine Ausstellung von Architekturzeichnungen des jungen Friedrich Gilly gesehen hatte, stand für ihn fest, dass er Baumeister werden wollte. Im März 1798 nahm er das Studium bei David Gilly auf, dessen Sohn sich gerade auf Reisen befand, aber kaum war Friedrich zurückgekehrt, schlossen die beiden so enge Freundschaft, dass Schinkel 1799 sogar bei den Gillys einzog. Es war das Jahr, in dem die Bauakademie im ersten Stock der von Gentz erbauten Königlichen Münze am Werderschen Markt ihre Pforten öffnete. Schinkel zählte zu den ersten fünfundneunzig Studenten, die dort unter anderen von Carl Gotthard Langhans unterrichtet wurden.[24]

Als Schinkel 1794 nach Berlin übersiedelte, lebten dort 156 000 Menschen, zum Zeitpunkt seines Todes im Jahr 1841 waren es 332 000. Die Stadt war auf sumpfigem Gelände erbaut worden und deshalb von Dämmen und Kanälen durchzogen, über die marode Holzbrücken führten, und bot damit gewiss nicht den Anblick einer kultivierten, aufstrebenden Kapitale. Es gab jedoch bereits ein paar herausragende Bauten: das alte Stadtschloss auf der Spreeinsel, das von Berlins erstem großem Architekten Andreas Schlüter (1659-1714) umgebaut worden war. Nördlich davon befand sich der Lustgarten, der von Johann Boumanns Dom (Bauzeit 1747-1750) beherrscht wurde. Daneben gab es noch eine Bibliothek und ein Opernhaus mit palladianischen Motiven, aber sonst kaum etwas, das der Rede wert war, da Friedrich II. Potsdam den Vorzug gegeben hatte. Die beiden prominentesten unter den wenigen Neubauten zu Beginn des 19. Jahrhunderts waren das Brandenburger Tor und die Königliche Münze.[25]

Wegen der vielen Unsicherheiten nach den Napoleonischen Kriegen verbrachte Schinkel die ersten Jahre seiner Laufbahn als Bühnenbildner und Maler von romantischen Landschaften. 1809 erregte ein von ihm gemaltes Panorama von Palermo die Aufmerksamkeit eines Höflings. Prompt erhielt Schinkel den Auftrag, das Schlafgemach von Königin Luise im Neuen Flügel des Charlottenburger Schlosses auszugestalten. Als die Königin noch im selben Jahr starb, reichte Schinkel Pläne für ein Mausoleum ein, doch es war Gentz, der diesen Auftrag dann erhielt. Mehr Glück hatte Schinkel mit einem Siegerdenkmal zu Ehren der Befreiungskriege, das auf dem Tempelhofer Berg (seither Kreuzberg genannt) errichtet werden sollte. Es wurde eines der ersten Denkmäler, für die man Gusseisen als Material verwendete. Eisen genoss gerade hohes Ansehen, da Friedrich Wilhelm III. zu Beginn der Befreiungskriege 1813 ein Eisernes Kreuz als Preußens höchste Kriegsauszeichnung entworfen und die endgültige Ausführung von Schinkel hatte vornehmen lassen. In diesem Fall war Eisen allerdings nicht wegen seiner Symbolkraft für eine neue Industrie verwendet worden (Berlin verfügte über exzellente Gießereien), sondern weil man bei einem Orden für die dem Vaterland geleisteten Opfer bewusst auf Edelmetall verzichten wollte. Die Krone hatte an wohlhabende Familien appelliert, mit der Abgabe von Juwelen zur Kostendeckung der Kriege beizutragen, und im Gegenzug Eisenschmuck für die Spender fertigen lassen, oft mit einem kleinen Kreuz, den Initialen des Königs und der Gravur »Gold gab ich für Eisen« versehen. Man schätzt, dass zwischen 1813 und 1815 mehr als elftausend Eisenschmuckstücke hergestellt wurden, darunter fünftausend Eiserne Kreuze.[26]

Als das Kreuzberger Nationaldenkmal 1821 eingeweiht wurde, waren die Napoleonischen Kriege längst vorbei. Wohlstand begann wieder in Preußen Einzug zu halten, und Schinkel, dem immer mehr administrative Verantwortung übertragen wurde, widmete sich voll und ganz den zahlreichen Renovierungen und Neubauten in und um Berlin. Obwohl er sich zu einem der besten, wenn nicht *dem* besten klassizistischen Architekten gemausert hatte, interessierte er sich nicht nur für die griechische Antike. Während seiner ersten Italienreise 1803 bis 1805 hatte er den mittelalterlichen Bauten dort mindestens ebenso viel Aufmerksamkeit geschenkt.[27] Seine Genialität zeigt sich nicht zuletzt in den unterschiedlichen Stilen, in denen er sich auszudrücken vermochte. Zu seinen Aufträgen zählten die Neue Wache (1816–1818), das Schauspielhaus (1819–1821), das ein abgebranntes älteres Theater ersetzte, und das Alte Museum (1825–1828 reine Bauzeit). Jedem dieser Meisterwerke ist anzusehen, wie sehr sich Schinkel in der Klassik zu Hause fühlte, so sehr, dass er deren Richtlinien zur Grundlage für einen ganz neuen architektonischen Stil erhob. Hinter den ionischen Säulen des Alten Museums zum Beispiel – dem schönsten klassizistischen Bau weit und breit, selbst dem Britischen Museum oder der von Chalgrin entworfenen Pariser Börse ist es weit überlegen – finden sich schlichte, rationelle Linien; die Fassade und das Hauptgebäude ergänzen einander perfekt. Schinkels spätere Entwicklung brachte ihn jedoch von den Griechen ab und führte ihn zur italienischen Renaissance *und* dem englischen Industriebau, womit er bewies, dass er viel zu gut war, um auf eine einzige ererbte Idee reduziert werden zu können.

1824 begab sich Schinkel erneut auf Italienreise, diesmal in Begleitung des Kunsthistorikers Gustav Friedrich Waagen, um mit diesem die Kunstsammlungen dort zu begutachten. Zwei Jahre später reiste er nach England, um sich das neue Britische Museum anzusehen: Die ausgestellten Kunstwerke beeindruckten ihn wesentlich mehr als die Gebäude, in denen sie untergebracht waren; auch ansonsten hielt er von der englischen Architektur weit weniger als von der Ingenieursleistung, die in den von Isambard Kingdom Brunel und Thomas Telford gebauten Tunnels und Brücken (wiederum aus Eisen) zum Ausdruck kam. Es war die Zeit, da die einst im Fokus der Architektur stehenden Kirchen den Museen, Theatern und sogar Fabriken weichen mussten.[28] Nach seiner Rückkehr begann Schinkel, vielen seiner neuen Gebäude Eisentreppen einzubauen.[29]

Später fasste Schinkel eine »höhere Baukunst« ins Auge, die weniger zweckgebunden sein sollte. Doch verwirklicht hat er diese ideale, ja beinahe schon kantische Form von Architektur nie. Nach seinem Tod geriet er aus der Mode. Erst rund ein Jahrhundert später sollte er von der Generation um Adolf Loos, Peter Behrens und Ludwig Mies van der Rohe wiederentdeckt werden.[30]

Die Begeisterung, die in Berlin und anderen deutschen Städten (wie München) für die griechische Baukunst herrschte, erreichte bemerkenswerte Dimensionen. 1834 entsandte König Ludwig I. von Bayern Leo von Klenze nach Athen, wo es diesem gelang, ein Gesetz zum Schutz der Akropolis und anderer antiker Stätten durchzusetzen; für Ludwigs Sohn

Otto I., der 1832 zum König von Griechenland gewählt worden war, entwarf er einen Stadtentwicklungsplan für ein neues Athen.³¹ Die Klassizisten waren endlich in der Stadt ihrer Inspiration angekommen.

Die erste Sezession in der Kunst

Die Welt der Romantiker war klein, aber das könnte man auch von der klassizistischen Welt sagen, sogar von Preußen/Deutschland selbst, jedenfalls was die Kunst betraf. Letztendlich kannten sich alle Koryphäen untereinander, und alle malten, skulptierten oder übersetzten sich gegenseitig. Georg Friedrich Kersting, Mengs und Tischbein malten Goethe; Heinrich Keller und Martin Gottlieb Klauer fertigten Büsten von ihm an. Joseph Anton Koch malte ein Landschaftsporträt für Alexander von Humboldt; Christian Gottlieb Schick malte die Familie Humboldt; Martin Gottlieb Klauer fertigte ein Relief von Wilhelm von Humboldt; Christian Daniel Rauch porträtierte Wilhelm von Humboldts Tochter in Marmor; Christian Friedrich Tieck stellte eine Büste von Alexander von Humboldt her; Johann Heinrich Füßli übersetzte Winckelmanns Schriften ins Englische und malte Johann Jakob Bodmer; Mengs porträtierte Winckelmann; Johann Gottfried Schadow meißelte Friedrich Gottlieb Klopstock und Friedrich Gilly; Tieck fertigte Porträtbüsten von Gotthold Ephraim Lessing, Ludwig Wilhelm Wichmann eine Gipsbüste von Hegel; Albert Wolff entwarf das Grabmal von Johann Gottfried von Schadow. Es war eine Welt, die sich ihrer selbst und ihrer Talente ebenso bewusst war wie einst die italienische Renaissance.

Die neben Mengs und Winckelmann beachtenswertesten deutschsprachigen Gäste in Rom waren die Maler einer Gruppe, die man verschiedentlich als »Lukasbund« oder »Lukasbruderschaft« bezeichnete, sie selbst hingegen nannten sich »Düreristen« oder »Nazarener«.³² Ins Leben gerufen wurde die von ihnen repräsentierte Kunstrichtung von Studenten der k. u. k. Akademie der Bildenden Künste in Wien, geleitet von Heinrich Friedrich Füger. Füger war ein guter Direktor – Jacques-Louis David bewunderte ihn sehr. Doch Franz Pforr, Friedrich Overbeck und einige andere Studenten wurden immer unzufriedener mit dem strengen Lehrplan der Akademie. Ihnen missfiel aber nicht nur die Hochschulroutine, ihnen missfielen vor allem die Wiener selbst, weil sie ihnen nicht gläubig genug waren. Abgesehen davon zogen sie die alten italienischen Meister – Perugino, Raffael, Michelangelo – den späteren Malern Correggio und Tizian ebenso vor wie der gerade so populären Bologneser Schule. Ihre besondere Vorliebe galt den sogenannten »Primitiven« aus dem Spätmittelalter respektive der Frührenaissance. Die Wiederbelebung der Gotik fand also zur selben Zeit statt wie anderenorts die Romantisierung.³³

1796 erschien das anonym veröffentlichte Büchlein *Herzensergießungen eines kunstliebenden Klosterbruders*, dessen Popularität im umgekehrten Verhältnis zu seinem Umfang stand.[34] Es stammte aus der Feder des Juristen und Schriftstellers Wilhelm Heinrich Wackenroder, der kurze Zeit später im Alter von nur fünfundzwanzig Jahren starb, und wurde von dessen Dichterfreund Ludwig Tieck kollationiert. Das Ganze war weniger eine Kunstgeschichte als ein Konglomerat von Geschichten über die Kunst, von lebendigen Vignetten aus dem Leben großer Maler neben intimen Details über die Lebensweise früherer Künstler. Wackenroder und Tieck, die die Kunst ganz nach romantischer Art als eine göttliche Inspiration verstanden, hatten sich dabei im Wesentlichen an Joachim von Sandrarts Dürer-Biografie orientiert.

Vor diesem Hintergrund schlossen sich 1808 vier weitere angehende Maler Overbeck und Pforr an der Wiener Akademie an: die Schweizer Ludwig Vogel und Johann Konrad Hottinger, der Schwabe Joseph Wintergerst und der Österreicher Joseph Sutter. Diese sechs trafen sich nun regelmäßig, um gegenseitig ihre Werke zu begutachten, und schlossen sich bald darauf zu einem Bund gegen die Politik der Akademie zusammen. Angeregt von Wackenroders Büchlein, bezeichneten sie sich selbst als eine »Bruderschaft«. Dass sie sich dabei für den Namen des Evangelisten Lukas, des Schutzpatrons der Maler, entschieden hatten, war naheliegend gewesen. Das Ideal ihrer religiös-mönchischen Ziele war der Malermönch Fra Angelico. Der Künstler, schrieb Overbeck in einem Brief, müsse die Natur nutzen, um in eine idealere Welt zu führen.[35]

Wegen ihres ständigen Konflikts mit der Akademie planten diese Kunststudenten, irgendwann in Richtung Süden zu ziehen, in die »Stadt Raffaels«. Als die Wiener Akademie im Mai 1809 dann wegen der französischen Besatzung ihre Tore schließen musste und als sich die Rebellen nach deren Wiedereröffnung (in Form einer viel kleineren Lehrstätte) nicht unter den wenigen Auserwählten fanden, die wieder aufgenommen wurden, packten sie die Gelegenheit beim Schopf und setzten ihren Plan in die Tat um: Im Mai 1810 erblickte die erste Sezession moderner Maler das Licht der Welt.

In Rom quartierten sie sich in dem leer stehenden Franziskanerkloster Sant' Isidoro ein, das im 16. Jahrhundert von irischen Mönchen als Kolleg gegründet worden war. Jeder Maler bekam eine eigene Zelle, in der er wohnen und arbeiten konnte; abends versammelte man sich zum gemeinsamen Mahl, zum Lesen und Zeichnen im Refektorium. Das Zeichnen wurde zu einem Ritual wie das Gebet. Wenn sie den Vatikan besuchten, verweilten sie glückselig bei den Fresken von Pinturicchio und Raffael. Wackenroders »kunstliebender Klosterbruder« war Wirklichkeit geworden.

Overbeck übernahm die Führung, doch mehr als alles andere war es die Freundschaft zwischen ihm und Pforr, die »den Grundstein für die Wiedergeburt der deutschen Kunst legte«.[36] Sie malten füreinander und in einem sehr ähnlichen Stil, wie man bei einem Vergleich von Pforrs *Allegorie der Freundschaft* und Overbecks *Italia und Germania* schnell erkennt. Doch noch bevor dieses Zusammensein weitere Früchte tragen konnte, starb Pforr 1812 mit vierundzwanzig an Schwindsucht. Schon während seines Siechtums hatten sich einige aus der Gruppe im Haus von Abbate Pietro Ostini zu treffen begonnen, eines Theologieprofessors am Collegium Romanum; und nach Pforrs Tod war es prompt vorbei mit der klösterlichen Isolation der »Fratelli di Sant' Isidoro«. Die Unterkunft wurde aufgegeben. Die Brüder nannten sich nun »Düreristen«, doch wegen ihres strengen Katholizismus, ihres klösterlichen Lebenswandels, ganz zu schweigen von den wehenden Mänteln und den langen Haaren, die sie zur Schau trugen, gaben ihnen die Römer bald den Spitznamen »Nazarener«. Und wie so viele andere spöttische Beinamen in der Geschichte sollte auch dieser haften bleiben.[37]

Ungeachtet ihrer wechselhaften Geschicke wurden die Werke der Bruderschaft allmählich auch jenseits der Alpen bekannt. Junge Maler begannen sich zu ihr auf den Weg zu machen, darunter Friedrich Wilhelm von Schadow (1845 geadelt) und Karl Zeno Rudolf Schadow, die Söhne des berühmten Berliner Bildhauers Johann Gottfried Schadow, oder Johann und Philipp Veit, die Enkel von Moses Mendelssohn und Stiefsöhne von Friedrich Schlegel, der in zweiter Ehe mit Mendelssohns Tochter Dorothea verheiratet war. Doch das am meisten ernst zu nehmende junge Talent war Peter von Cornelius.[38]

Cornelius war ein eigensinniger, zielstrebiger Geist, der stark von Goethes *Faust* beeinflusst worden war und ohne Rücksprache mit dem Dichter eine Illustrationsfolge zu *Faust I* publiziert hatte. Goethe gefielen die Zeichnungen zwar, doch er legte Cornelius sehr ans Herz, seine italienischen Zeitgenossen zu studieren. Nach seiner Ankunft in Rom schloss Cornelius sich Overbeck an und nahm schließlich Pforrs Platz ein. Tatsächlich begannen sich die Nazarener nach seiner Ankunft in eine ganz neue Richtung zu entwickeln. Weder empfand Cornelius besondere Ehrfurcht vor Raffael, noch glaubte er, dass die Gruppe immer nur für ihren eigenen kleinen Kreis malen sollte. Er hatte instinktiv begriffen, dass für eine wahrhaft nationale Erneuerung der Kunst, für eine Malerei, die ihnen die Kirchen, Klöster und großen öffentlichen Gebäude öffnen würde, eine neue Monumentalkunst gefragt war. Also überzeugte er sich und die anderen davon, dass nur die Freskenmalerei all die für eine Monumentalmalerei erforderlichen und der Staffeleimalerei mangelnden Eigenschaften besaß. Mit dieser Aussage beeindruckte er offenbar auch Salomon Bartholdy, den preußischen Generalkonsul in Rom, denn der erteilte nun vier Nazarenern den Auftrag, einen Saal in seiner Residenz – dem Palazzo

Zuccari (heute die Bibliotheca Hertziana) – mit Fresken auszuschmücken. Als Thema wählten sie Szenen aus »Joseph in Ägypten«.[39] Die Deckengemälde waren ein großer Erfolg (1867 wurden sie nach Berlin verfrachtet). Alle vier Künstler – Overbeck, Cornelius, Veit und Schadow – hatten ihr Bestes zum Entstehen dieses lyrischen Gemäldes beigetragen, hatten ihren Gestalten mit intensivem Gespür für Atmosphäre große Kraft und ihren Kompositionen Rhythmik verliehen. »Es war ein kollektiver Bruch mit allem Vorangegangenen – weg von Mengs, dem Barock, dem Klassizismus; die Lebendigkeit, faszinierende Klarheit und Harmonie der Farben war eine Offenbarung.«[40] Künstlerkollegen aus aller Herren Länder strömten nach Rom, um sich die neuen Fresken anzuschauen: Antonio Canova und Berthel Thorvaldsen sparten nicht mit Lob. Die Nazarener waren zum Gravitationszentrum der römischen Kunstszene geworden. Unter den besagten fünfhundert deutschen Künstlern, die Rom besuchten oder in der Stadt lebten, befand sich auch Karl Friedrich von Rumohr (1785–1843), der zum ersten Kunsthistoriker im modernen Sinn des Wortes werden sollte. Er wollte vor allem herausfinden, wie sich die Ideen der Nazarener entwickelt hatten, und durchforstete dafür als einer der Ersten nicht nur die Archive, sondern sah sich die frühen Meister sozusagen »in Fleisch und Blut« an (man bedenke, es war das Zeitalter der Stiche, von Fotografien war noch keine Rede). Es ist in hohem Maße Rumohr zu verdanken, dass die Kunstgeschichte zu einer akademischen Disziplin wurde. Im Titel seiner dreibändigen quellenkritischen Textsammlung *Italienische Forschungen* (1827/31), in der er das Ergebnis seiner Untersuchungen systematisch darlegte, verwendete er erstmals den Begriff »Forschung« für seine Studien.[41]

In den zwanziger Jahren des 19. Jahrhunderts begann sich die Bruderschaft aufzulösen.[42] Cornelius, Overbeck und Julius Schnorr von Carolsfeld wurden vom bayerischen König Ludwig I., der sich als einer der anachronistischsten Kunstförderer der Geschichte erwies, nach München gelockt, weil er glaubte, eine nationale künstlerische Renaissance initiieren zu können, indem er Aufträge vergab, die der Glorifizierung alter Zeiten dienten. Zu diesem Zweck ließ er griechische Tempel, byzantinische und romanische Kirchen und gotische Häuser bauen und außerdem die Techniken der Antike – zum Beispiel die Mosaikkunst oder die enkaustische Malerei – wiederaufleben.

Anfänglich fand Cornelius Vergnügen daran. Sein erster Auftrag lautete, jeden einzelnen Raum der Glyptothek, die die Antikensammlung des Königs beherbergen sollte, mit themenbezogenen Deckengemälden auszugestalten.[43] Doch Cornelius vertrat die »postkantische«, allzu intellektuelle Ansicht, dass sich Fresken aus monumentalbildlichen Einzelanordnungen zusammensetzen sollten, da der Betrachter erst einmal jeden Teil einzeln verstehen müsse, bevor er den Sinn und Zweck des Ganzen erfassen könne. Diese (strapaziöse) Vorliebe für Didaktik trat bei seinem nächsten Auftrag noch deutlicher zutage. Für die neue Ludwigskirche in München griff er eine weitere grandios-christliche Epik auf. Sein ehrgeiziger Plan war, den gesamten Bau mit Bibelgeschichten auszumalen. Das war selbst dem König zu viel: Er beschränkte den Auftrag auf das immer noch gewaltige Chorfresko vom Jüngsten Gericht.

Aber damit war es nicht getan. Inzwischen stand der König stark unter dem Einfluss seiner Architekten Leo von Klenze und Friedrich von Gärtner, und die hassten Cornelius' Arbeiten (sie fanden, er lege seine Gemälde von vornherein so an, dass sie den Bau, den sie bloß schmücken sollten, in den Schatten stellten). Prompt kam es zum Eklat zwischen Cornelius und dem König. 1840 bot er einem anderen Monarchen seine Dienste an, König Friedrich Wilhelm IV., der den Künstler denn auch sofort nach Berlin einlud. Und dort machte sich Cornelius sogleich an die krönende Aufgabe seiner Karriere, mit der er die restlichen fünfundzwanzig Jahre seines Lebens beschäftigt sein sollte. Friedrich Wilhelm hatte sein Herz an den Bau eines prunkvolleren neuen Doms gehängt und übertrug Cornelius die Leitung des Projekts. Das Ausmaß dieses Bauvorhabens kam Cornelius' Ehrgeiz sehr entgegen, doch kaum waren die Grundmauern errichtet, machten die politischen Turbulenzen des Jahres 1848 den ganzen Plan zunichte. Cornelius fertigte dennoch verbissen einen Entwurf nach dem anderen an – riesige Kartons für die Umsetzung eines Plans, von dem er gewusst haben musste, dass er nie ausgeführt werden würde: für einen Freskenzyklus zum Thema »Die göttliche Gnade im Angesicht der Sünde und die Erlösung«. Als Lady Eastlake, die Frau des Direktors der Britischen Nationalgalerie, eine große Reiseschriftstellerin und Kunstkritikerin, die Entwürfe in Cornelius' Atelier sah, war sie entsetzt über die »Morgen« an Fläche, die sie einnahmen, und kam zu dem Schluss, dass Cornelius keineswegs »die große Kanone«, sondern bestenfalls »das Kindergewehr« der deutschen Kunst war. Dennoch wurde er von vielen seiner ausländischen Künstlerkollegen zumindest seiner Intentionen wegen bewundert – von Ingres, Gérard und Delacroix zum Beispiel. Delacroix lobte »seinen Mut, sogar große Fehler zu begehen, wenn es die Ausdruckskraft erfordert«.[44]

Julius Schnorr gegenüber hatte sich König Ludwig I. sehr ähnlich verhalten, seit dieser 1827 in München eingetroffen war, um sich Cornelius anzuschließen. Sein erster Auftrag war ein Freskenzyklus nach der *Odyssee*, doch Ludwig wurde dieses Themas bald müde und beschloss, Schnorr lieber fünf Säle im Königsbau der Residenz (deren Architektur am Vorbild des Palazzo Pitti angelehnt war) mit Szenen aus dem Nibelungenlied ausmalen zu lassen. Es sollte fast vierzig Jahre dauern, bis dieser Bilderzyklus vollendet war, und das im Wesentlichen nur, weil Schnorr sich für nichtreligiöse Themen einfach nicht begeistern konnte. Doch auch andere Planungen zogen sich ewig hin. Als Cornelius dann nach Berlin übersiedelt war, wurde prompt Schnorr zur Zielscheibe der Kritiker seines Freundes. So kam es, dass auch er nicht lange überlegte, als man ihm während eines Besuchs in Dresden die Leitung der Gemäldegalerie anbot. Er übernahm sie 1846. Ludwig hatte keinerlei Anstalten gemacht, ihn zu halten.

In Dresden produzierte Schnorr seine sehr erfolgreiche *Bibel in Bildern*.[45] Hätten die Nazarener denn ein Testament, eine Begründung hinterlassen wollen für das, worum es ihnen ging, dann hätte es nichts Trefflicheres geben können als diese bebilderte Bibel, selbst wenn sie kein Werk war, das ihrer Gemeinschaft entsprungen war, sondern das eines Mannes, der ihrem unmittelbaren Kreis gar nicht angehört hatte. Die Nazarener haben sich nicht auf Dauer durchgesetzt. Vielleicht waren sie einfach zu theoretisch.

Ein neues Vokabular für die Malerei

Viele Ideen und Themen, von denen im ersten Teil dieses Buches die Rede war, vereinten sich in dem Werk des Malers Caspar David Friedrich (1774–1840), der 1798 nach Dresden kam. Sein Symbolismus, sein Nationalismus, seine Auseinandersetzungen mit dem Erhabenen, seine Romantik, sein innerer Kampf um den christlichen Glauben – all das spiegelt sich in seiner unverwechselbaren künstlerischen Handschrift. Er malte Mysterien und blieb selbst ein Geheimnis.

Geboren wurde Friedrich in Greifswald als Sohn eines Lichtgießers und Seifensieders. Nach seinem Studium an der Kunstakademie von Kopenhagen übersiedelte er nach Preußen, wo er ausgedehnte Wanderungen in der schönen Natur machte und schließlich beschloss, sich in Dresden niederzulassen. Dort sollte er bis zu seinem Tod bleiben. Sein ungemein typischer Stil lässt sich vielleicht auch mit seinen persönlichen Lebensumständen erklären: Als die Mutter starb, war er erst sieben gewesen, und der Bruder, dem er am nächsten stand, war bei dem Versuch ums Leben gekommen, Caspar David zu retten, nachdem er beim Schlittschuhlaufen ins Eis eingebrochen war. Er sollte deshalb lebenslang unter Schuldgefühlen leiden.

Seine Lehrer in Kopenhagen waren Vertreter des dänischen Klassizismus gewesen. Es scheint ihre Sicht auf die Natur gewesen zu sein, die im Zusammenspiel mit Friedrichs früh erwachter Reiselust seine Begeisterung für Landschaften prägte. Wenn es denn Figuren in seinen Landschaftsbildern gibt, dann nur kleine und isolierte, umgeben von gewaltigen Felsen oder heroischen Ruinen. Im Lauf der Zeit entwickelte Friedrich ein ganz eigenes Bildvokabular. »Er malte Bilder des Nordens von apokalyptischen Dimensionen, selten zeigen sich seine Landschaften im Tageslicht oder in der Sonne, meist im Morgengrauen, der Abenddämmerung, im Nebel oder Dunst.«[46] Seine Zeitgenossen glaubten, dass dies seine Art gewesen sei, die »Stimmung« in Deutschland (politisch schwach, aber geistig stark) nach dem Einmarsch der Franzosen zum Ausdruck zu bringen. Wie auch immer, Friedrich war jedenfalls überzeugt, dass die Betrachtung der Natur zu einem tieferen Verständnis des Wesens aller Dinge führte. Seine reine Technik, die geheimnisvollen Szenerien und Lichteffekte (in diesem Punkt war er ein Vorläufer vor allem von Salvador Dalí gewesen) machten ihn schnell berühmt. Die Zahl seiner Mäzene stieg ebenso wie die Höhe seine Preise. Bald war er mit allen wichtigen Vertretern der deutschen Romantik befreundet.

Eines seiner typischsten – und umstrittensten – Werke ist *Kreuz im Gebirge* (1808), auch als *Tetschener Altar* bekannt: Christus am Kreuze, aus seitlichem Blickwinkel gemalt, auf dem Gipfel eines Berges allein inmitten der Natur. Hinsichtlich der Größenverhältnisse in dieser Komposition – die beherrscht wird von den Strahlen der untergehenden Sonne, einem Symbol, wie Friedrich erklärte, für die vorchristliche Welt – hebt sich das Kreuz nicht besonders ab.[47] Der Berg stellt den unerschütterlichen Glauben dar, die umgebenden Fichten sind eine Allegorie für ewige Hoffnung. Zum ersten Mal hatte ein Maler das Motiv einer Landschaft für ein Altarbild gewählt, und das gefiel gewiss nicht jedem. Aber Friedrich sollte auch weiterhin Kreuze in Landschaften malen. Und ob diese Landschaften nun überladen von christlicher Symbolik sind oder nicht – fest steht, dass es allesamt in erster Linie spirituelle, »von mystischer Atmosphäre durchdrungene« Kompositionen sind. Friedrichs Freundschaften mit romantischen Schriftstellern hatten ihn der eigenen Aussage nach davon überzeugt, dass der Quell jeder Kunst im inneren Sein des Menschen zu finden sei, jedoch immer von dessen moralischreligiösen Wertvorstellungen abhänge.[48]

Ein anderes berühmtes Gemälde von Friedrich ist *Der Wanderer über dem Nebelmeer*: Eine seiner typischen »Rückenfiguren« steht auf dem Gipfel eines Berges und blickt auf die in Nebelschwaden gehüllten Bergspitzen unter sich und in der Ferne. Es soll dieses so geheimnisvolle und technisch makellose Bild gewesen sein, welches Schinkel derart beeindruckte, dass er die Malerei aufgab und sich der Architektur zuwandte.

Auch die politischen Ereignisse der Zeit beeinflussten Friedrichs Stil. Nach den Napoleonischen Kriegen entwickelte er tiefe Verachtung für Frankreich und zugleich intensive Leidenschaft für Deutschland. Dass er Sympathie für deutsche Befreiungsbewegungen hatte, brachte er auch bildlich zum Ausdruck, mit Szenen, in denen französische Soldaten verloren in einer unwirtlichen deutschen Bergwelt stehen. Doch generell ging es ihm eher darum, die Erfahrung des Göttlichen in einer gottlosen Welt darzustellen, so wie in seinen melancholischen Huldigungen an die

Ruinen gotischer Kirchen oder in seinen dramatischen Waldlandschaften. In seinem Werk ist der Mensch fast immer hilflos den Kräften einer überwältigenden Natur ausgeliefert – Kants Idee vom Erhabenen.

Den Höhepunkt seines Ruhms erlebte Friedrich, als die künftige Zarin Alexandra Fjodorowna (Prinzessin Charlotte von Preußen) im Jahr 1820 mehrere Gemälde bei ihm in Auftrag gab. Im Kielwasser der preußischen Restauration ließen ihn seine politischen Ansichten dann mehr und mehr ins Abseits geraten. Seine Kunst wurde von offizieller Seite abgelehnt und er selbst schließlich, wie Cornelius, zu einem Anachronismus. Als er 1837 starb, war er außer bei einer Handvoll von Verehrern in Vergessenheit geraten.

Anfang des 20. Jahrhunderts sollte man seinen emotionalen Malstil jedoch wiederentdecken. Deutsche Expressionisten sowie Max Ernst und andere Surrealisten hielten Friedrich für einen Visionär. Auch in Amerika wurden viele Maler von ihm beeinflusst, darunter die Künstler der Hudson River School, der Rocky Mountain School und die neuenglischen Luministen. Neben anderen romantischen Malern wie William Turner oder John Constable war es Caspar David Friedrich, dem zu verdanken ist, dass die Landschaftsmalerei zu einem so wichtigen Genre der abendländischen Kunst wurde.

TEIL DREI
DER AUFSTIEG DES BILDUNGSBÜRGERTUMS: DIE MASCHINEN UND MASCHINISTEN DES MODERNEN WOHLSTANDS

10

Humboldts Geschenk:
Die Erfindung der Forschung und der preußisch-protestantische Bildungsbegriff

Die fünf Jahrzehnte zwischen 1790 und 1840 waren eine entscheidende, nachhaltig prägende Periode in der Evolution moderner Forschung. Bis 1840 wurden die Wissenschaften von der unbelebten und der belebten Natur, die Geschichtswissenschaft und die Sprachforschung zu jeweils eigenen Disziplinen geschmiedet und begannen all die zentralen Fragen zu stellen, die den akademischen Wissenserwerb bis ins 20. Jahrhundert beherrschen sollten. Das schrieb der amerikanische Wissenschaftshistoriker R. Steven Turner 1972 in seiner Princeton-Dissertation *The Prussian Universities and the Research Imperative, 1806 to 1848.* »Zu diesem heroischen Zeitalter der organisierten Bildung trugen Gelehrte aus fast allen europäischen Staaten bei, doch die beherrschende Rolle spielten deutsche Wissenschaftler.«[1]

In der ersten Hälfte des 19. Jahrhunderts fand ein ideologischer Wandel statt, der bis 1850 nahezu alle deutschen Universitäten in Forschungsinstitutionen verwandeln sollte, »ausgerichtet auf die Erweiterung der Bildung in vielen esoterischen Bereichen«.[2] Dieser »Forschungsimperativ«, wie Turner ihn nennt, beinhaltete vier Neuerungen: (1) Die Veröffentlichung von neuen, auf originärer Forschung beruhenden Erkenntnissen wurde allgemein zur Pflicht des Professors und zum Sine qua non für dessen Berufung selbst auf einen unbedeutenderen Lehrstuhl; (2) alle Universitäten begannen eine der Forschung dienende Infrastruktur aufzubauen – Bibliotheken, Seminare und Labore; (3) die Lehre wurde so ausgerichtet, dass Studenten in die neuen Forschungsmethoden eingeführt werden konnten; (4) mit der Glorifizierung der neuen Ideologie von der originären Forschung wandelte sich auch der Charakter der preußischen Professur. An den deutschen Universitäten des frühen 19. Jahrhunderts wurde erstmals »die Entdeckung institutionalisiert« und mit der Lehre gepaart.[3] Um das Jahr 1860 erreichte diese Ideologie auch England und die Vereinigten Staaten.

Eigentlich waren Universitäten die letzten Orte, an denen man so etwas erwartet hätte. Andere Institutionen, zum Beispiel die Akademien der Wissenschaften, reagierten üblicherweise (wie in England) schneller auf neue Geistestrends. Die Universitäten des 18. Jahrhunderts hatten es als ihre Aufgabe betrachtet, Bildung zu »wahren und vermitteln«. Im 19. Jahrhundert begann die Professorenschaft jedoch zu spüren, dass es ihrer Lehrverpflichtung an einer kreativen Dimension mangelte. Diesen neuen Denkansatz umrissen Fichte, Schelling und Schleiermacher in einer Reihe von Abhandlungen, die allesamt im Zuge der Reformen von Wilhelm von Humboldt veröffentlicht wurden. Der Pädagoge und Philosoph Friedrich Paulsen schrieb, man müsse von jedem, der eine wissenschaftliche Laufbahn anstrebe, erwarten können, dass er nicht einfach nur vorhandenes Wissen erlerne, sondern auch in der Lage sei, neues Wissen aus eigenen, unabhängigen Forschungen zu generieren.[4]

Der moderne Professor gehört zwei Gemeinschaften an: der jener Institution, in welcher er lehrt, und der des Kollegenkreises seiner Disziplin. Die erste Wissenschaftsgemeinde war laut Turner parallel zum ersten mathematischen Fachjournal entstanden, das von den Professoren Johann Friedrich Pfaff (Universität Helmstedt) und Carl Friedrich Hindenburg (Universität Leipzig) unter dem Titel *Archiv der reinen und angewandten Mathematik* ins Leben gerufen worden war. Und Karl Hufbauer identifizierte in seiner Studie *The Formation of the German Chemical Community* (1982) das *Chemische Journal für die Freunde der Naturlehre, Arzneygelahrtheit, Haushaltungskunst und Manufacturen* (1778), welches Lorenz Crell in Helmstedt gegründet hatte, als das erste Zentrum der sich gerade entwickelnden Chemikergemeinde. Auf diesen Wissensgebieten begannen sich – wie unter den Altphilologen, die im ersten Kapitel zur Sprache kamen – also erstmals so etwas wie innere Kreise herauszubilden.[5]

Der entscheidende Punkt bei diesen selbstbewussten neuen Gemeinden war, dass man allmählich begann, ihre *Kompetenz* anzuerkennen. Im 18. Jahrhundert war die Autorität der einzelnen Fachbereiche noch sehr eingeschränkt gewesen, da ja der Staat das Monopol über die Bildung hatte und einstellen oder entlassen konnte, wen er wollte, ohne die Fakultät oder Universität zu konsultieren.[6] (Göttingen war die Ausnahme gewesen, was denn wohl auch zur vorherrschenden Rolle dieser Universität beitrug.) Es wurden zwar Versuche unternommen, Lehrstuhlinhaber zu Veröffentlichungen zu bewegen, doch dabei ging es nicht um originäre Forschungsarbeiten: Lehrbücher, nicht fachbezogene Monografien, waren gefragt.

Dass unsere moderne Vorstellung von Forschung noch auf sich warten ließ, wird auch am Beispiel der akademischen Sprache vor 1790 deutlich: Da ging es um »Entdeckungen« oder »Verbesserungen« auf irgendeinem Gebiet, aber das Wort »Forschung« wurde nie verwendet. Man erwartete, dass sich Entdeckungen allein kraft einiger Geistesgrößen ergäben, die in der Lage wären, einen bisher nicht erkannten Bezug zu finden, oder die über ein so ungewöhnliches Wissen verfügten, dass sie zu höheren Verallgemeinerungen in der Lage wären. Kurzum: »Entdeckung« war das Privileg des Genies. Nicht wenige Wissensgebiete hielt man ohnedies für prinzipiell statisch. Der Orientalist Johann David Michaelis war nur einer von vielen gewesen, die nicht erwarteten, dass sich aus bestimmten Gebieten – der Philosophie, dem Recht, der Theologie und einem Großteil der Geschichtsforschung – überhaupt jemals Wahrheiten extrahieren ließen.[7]

Ohne Napoleon und die vernichtenden Niederlagen, die er Preußen zufügte, wäre vermutlich gar nichts davon geschehen. (Thomas Nipperdey eröffnete seine bahnbrechende *Deutsche Geschichte 1800–1866* mit dem Satz: »Am Anfang war Napoleon.«) Doch nun wurden die Reformer nach oben geschwemmt, überzeugt, dass der Zusammenbruch ihres Landes nur dem verrotteten Kern des friderizianischen Garnisonsstaats und dessen Verlangen nach mechanischem Gehorsam und eiserner Disziplin zu verdanken sei. Es war eine moralische Erneuerung gefragt, und die war nicht möglich ohne die Erneuerung des Erziehungssystems.

Umgesetzt wurde diese Erneuerung dann an drei Fronten: an der organisatorischen, der administrativen und der ideologischen.[8] Ältere, schwächere Institutionen wurden abgeschafft, andere wurden zusammengelegt, und neue Universitäten, was gewiss am aufregendsten war, wurden in Berlin und Bonn gegründet.

Begonnen wurde mit den Reformmaßnahmen in Königsberg, da Friedrich Wilhelm III. so beeindruckt vom Patriotismus der dortigen Fakultät gewesen war, als er sich während Napoleons Invasion mit seinem Hofstaat in dieser Stadt verschanzt hatte. Entscheidend dafür war, dass der König eine Delegation von hallensischen Professoren – die ihn dazu bewegen wollte, die gesamte Universität nach Berlin zu transferieren – unverrichteter Dinge fortgeschickt und stattdessen zugestimmt hatte, eine neue Universität in Berlin zu gründen. Inzwischen waren sowohl Fichte als auch Schleiermacher und Friedrich August Wolf nach Berlin übersiedelt, wo seit diesem königlichen Beschluss heftigste theoretische Debatten über die »wahre« Universität geführt wurden. Den entscheidenden Schritt unternahm schließlich der reformorientierte Staatskanzler Karl August von Hardenberg, indem er Wilhelm von Humboldt aus Rom zurückholte und ihm die Leitung der »Sektion des Kultus und des öffentlichen Unterrichts« anbot. Und da Humboldt selbst Schriften zur Sprachlehre verfasst hatte und ihm Wolf deshalb näherstand als irgendjemand sonst, machten sich die beiden gemeinsam daran, Gelehrte für die neue Berliner Universität zu rekrutieren, die im Wintersemester 1810 ihren Betrieb aufnahm. 1811 wurde Johann Gottlieb Fichte zu ihrem ersten Rektor gewählt. Und damit begann, was Nipperdey die deutsche »Bildungsreligion« im 19. Jahrhundert nannte.[9]

Es gelang ihnen, eine Reihe von hervorragenden Denkern zu gewinnen – beispielsweise den Rechtsgelehrten Friedrich Carl von Savigny oder den Anatomen, Botaniker und Zoologen Karl Asmund Rudolphi; Friedrich Schleiermacher wurde Professor der Theologie, Wolf wurde natürlich Professor der Philologie, Johann Christian Reil lehrte Anatomie, und Johann Gottlob Bernstein wurde für die medizinische Fakultät angeworben. Der Königlich Preußischen Akademie der Wissenschaften zu Berlin warb Humboldt eine ganze Schar von Gelehrten ab. In der Anfangszeit waren Philologie und Rechtswissenschaften die stärksten Disziplinen der neuen Universität, und zwar so deutlich, dass sie bald die Göttinger in den Schatten stellten. In den Naturwissenschaften dauerte es noch bis zu den späten zwanziger Jahren des 19. Jahrhunderts, bis auch deren neues Institut zu brillieren begann. Inzwischen war eine weitere neue Universität in Bonn gegründet worden. Humboldt hatte sich derweil auf sein Schloss Tegel zurückgezogen.

Nicht minder bedeutend als die organisatorischen und institutionellen Universitätsreformen waren die theoretischen Innovationen – jene geistigen und philosophischen Verjüngungskuren, wie R. Steven Turner sie nennt, deren »gemeinsame Grundsätze man unter einem Begriff zusammenfassen kann: Wissenschaftsideologie. Dieses neue Konzept sollte in den ersten Jahren nach der Gründung der Berliner Universität beispiellose Erfolge feiern. Es wurde zur offiziellen Ideologie deutscher Universitäten im 19. Jahrhundert, die ein ehrfurchtgebietendes, beinahe schon religiöses Ansehen genoss, zu der Ideologie, die die ›Idee‹ von der deutschen Universität, deren Schwerpunkt auf der Einheit von Forschung und Lehre liegt, definierte.«[10]

Neben Humboldt haben fünf weitere Denker die Grundlagen dieser »Wissenschaftsideologie« ausgearbeitet. Der bekannteste von ihnen war Fichte. Er hatte bereits 1794 in Jena *Einige Vorlesungen über die Bestimmung des Gelehrten* gehalten, 1804 gefolgt von seinen *Drei Vorlesungen über die Wissenschaftslehre* in Berlin. Auch Schelling, der Naturforscher und Philosoph Heinrich (Henrik) Steffens sowie Schleiermacher und Wolf trugen ihre Gedanken zu diesem Thema bei. Mit ihrer Hilfe begannen sich in der Wissenschaftsideologie schließlich zwei geistige Traditionen zu vereinen.[11] Zum einen schuldete die neue Ideologie viel dem Idealismus, der sich auf Jena konzentriert hatte; nach Lorenz Oken und Schelling wurde nun Steffens zum wichtigsten Vertreter der Naturphilosophie, welche man als den wissenschaftlichen Zweig des Idealismus betrachtete. Zum anderen wurzelte die Wissenschaftsideologie in der Tradition des akademischen Neuhumanismus, der mit der Universität Göttingen verbunden war. Wolf und Humboldt hatten beide bei Heyne studiert, und Schleiermacher hatte sich mit seiner Übersetzung der Werke Platons und den Einleitungen zu den Dialogen einen Namen gemacht. »Die Glorien

Griechenlands und Roms, behaupteten sie [die Neuhumanisten], eigneten sich am besten zur Förderung der moralischen und ästhetischen Empfindsamkeit deutscher Studenten. Deshalb sollte das Studium [dieser Glorien] dem fachbezogenen Unterricht vorausgehen, zuerst am Gymnasium, dann auch an der Universität. Ein tieferes Eintauchen in die Lektüre der Klassiker würde, so glaubten die Neuhumanisten, nicht nur eine Menge dazu beitragen, den krassen Utilitarismus der Universitäten des 18. Jahrhunderts zu beheben, sondern auch der Verderbtheit des studentischen Lebens Abhilfe schaffen.«[12]

Die Verfechter dieser Wissenschaftsideologie trafen zudem einen entscheidenden Unterschied zwischen Schule und Universität: Dem Schüler wuchsen Informationen zu, der Student lernte, unabhängig zu urteilen. Insbesondere Schleiermacher setzte sich für eine Universität »in deutschem Sinne« ein: »Die Universität hat es also vorzüglich mit der Einleitung eines Prozesses, mit der Aufsicht über seine ersten Entwicklungen zu tun. Aber nichts Geringeres ist dies als ein ganz neuer geistiger Lebensprozeß. Die Idee der Wissenschaft in den edleren, mit Kenntnissen mancher Art schon ausgerüsteten Jünglingen zu erwecken [...] so daß es ihnen zur Natur werde, alles aus dem Gesichtspunkt der Wissenschaft zu betrachten.«[13] Wie viele andere sah auch Schleiermacher in den Universitäten also mehr als nur Hochschulen; und diese Sicht gebar schließlich auch den Begriff des »Brotstudiums« – eines Studiums, das ausreicht, um genügend Kenntnisse für einen Lohnberuf zu erwerben, aber nicht zur Mehrung von wissenschaftlichem Wissen beiträgt.

Parallel zur Wissenschaftsideologie entwickelte sich das neue Verständnis von Bildung. Die kantischen und postkantischen philosophischen Systeme identifizieren zwei Seinsformen: das Reale und das Ideale. Schelling schrieb, die »erste Voraussetzung aller Wissenschaft, jene wesentliche Einheit des unbedingt Idealen und des unbedingt Realen ist nur dadurch möglich, daß *dasselbe*, welches das eine ist, auch das andere ist«.[14] Die Fähigkeit zum wissenschaftlichen Denken ist allen Menschen angeboren, ist aber etwas Werdendes, sich dynamisch Entwickelndes. Deshalb wurde es ebenfalls mit dem aus dem Idealismus bezogenen Begriff der »Bildung« bezeichnet – ein Prozess des Werdens im edukativen Sinne. Und in diesem System bedurfte die Entdeckung – Forschung – des moralischen Handelns.

Von dort war es nicht mehr weit bis zu Fichtes Argument, dass der Gelehrte, der Professor, naturgegeben ein »Lehrer der Menschheit« sei. Deshalb müsse er auch danach trachten, in *moralischer* Hinsicht der *Beste* seiner Zeit zu sein, er müsse in seiner eigenen Person den höchstmöglichen Grad an Moralität zum Ausdruck bringen.[15] Natürlich *gab* es Zweifler oder solche, die den Neuhumanismus für eine subversive Ästhetik, den Gelehrten kurioserweise aber zugleich für die Personifizierung des

Romantikers hielten. Jedenfalls hatte Berlin bis 1817 Jena als das Zentrum der neuen Universitätsideologie abgelöst.

Neue Universitäten entstanden zur Zeit des wiederauflebenden Patriotismus nicht nur in Preußen, sondern in allen deutschen Ländern. Und dank ihrer Beiträge zum Befreiungskrieg spielten Studenten nicht nur eine Rolle bei diesem Gesinnungswandel, sondern verhalfen den Universitäten auch zu mehr Popularität denn je.[16]

Zwischen 1818 – als Preußen (wie das übrige Europa) wieder ein gewisses Maß an politischer Stabilität genoss – und dem Revolutionsjahr 1848 wurde das Streben nach wissenschaftlicher Forschung und Gelehrtheit zum prägenden Merkmal deutscher Universitäten. »Die Wissenschaftsideologie glorifizierte Entdeckung und Kreativität an den Universitäten [...]. Sie ging davon aus, dass sich akademisches Wissen durch die rigorose Anwendung von klar definierten Untersuchungsmethoden gewinnen lasse, was zugleich bedeutete, dass die zur Entdeckung nötigen Mittel einer großen Zahl von Studenten zur Verfügung gestellt werden konnten.«[17] Das war die neue Idee von Bildung in Preußen.

Es ist wichtig, hier beides zu vermitteln: das, was die Wissenschaftsrevolution war, und das, was sie nicht war. In den deutschen Ländern hatte sie mit den kantischen Kritiken eingesetzt, aber mindestens ebenso viel der Altphilologie, der Geschichtswissenschaft und der Entdeckung der indoeuropäischen Sprachen zu verdanken. In geistiger Hinsicht war sie ebenso innovativ wie die naturwissenschaftlichen Entdeckungen, die Lavoisier, Laplace und Cuvier zur selben Zeit in Frankreich gelangen, doch in Deutschland spielten die Naturwissenschaften diese Rolle noch nicht: Auf ihren Gebieten setzte die Kreativität erst nach 1830 ein.[18]

Neben der spekulativen Philosophie war es die Altphilologie gewesen, die seit den Zeiten von Heyne und Wolf deutsche Wissenschaft verkörperte. Und nun waren es die neuen Techniken dieser Disziplin und der Wert, den sie der Sorgfalt beimaßen, die sich die Rechts- und Geschichtswissenschaften und andere Disziplinen zum Vorbild nahmen. Außerdem regten die Strenge, mit der Heyne und Wolf in der Altphilologie exaktes Denken betont hatten, und die Leistungen, die dank dieses Ansatzes gelungen waren, auch zu neuen Fachbereichen wie dem an, der sich nun mit germanischer Kultur zu befassen begann. Romantiker wie der Germanist Friedrich von der Hagen oder wie die Schriftsteller Achim von Arnim und Clemens Brentano hatten eine Menge alter germanischer Literatur aus der Vergessenheit geholt. Und auch wenn sich der Ruhm der Brüder Jacob und Wilhelm Grimm auf deren gemeinsame Märchensammlung gründete, sollte Jacob Grimms vierbändige *Deutsche Grammatik* (1819–1837) doch nicht weniger bekannt werden. Mit ihr und dem von beiden Brüdern erstellten *Deutschen Wörterbuch* (genannt »der Grimm«,

von dem sie selbst ab 1838 nur vier Bände veröffentlichten und das erst 1961 mit dem zweiunddreißigsten Band abgeschlossen wurde) war eine solide Grundlage für die Germanistik geschaffen worden.[19]
Die von den Altphilologen begründete kritische Tradition wurde nun vom Althistoriker Barthold Georg Niebuhr (1776–1831) auch für die Geschichtsschreibung übernommen. Der geborene Kopenhagener hatte im dänischen und preußischen Staatsdienst gearbeitet, bevor er zwischen 1810 und 1815 an der neuen Universität Berlin seine berühmten Geschichtsvorlesungen hielt, die er zu seiner dreibändigen, nicht weniger beeindruckenden *Römischen Geschichte* (1811–1832) verarbeitete. Hier wandte er erstmals die kritische Quellenanalyse auf die Geschichte Roms an, um aus all den Mythen und Überlieferungen des Altertums das Material herauszufiltern, das als historisch fundiert gelten konnte. Diese *Römische Geschichte* sollte zwar später von den Schriften Theodor Mommsens in den Schatten gestellt und verbessert werden, dennoch war sie eine Sensation und wurde weithin als eine neue Form von Geschichtsschreibung begriffen, die sich dann auch Leopold von Ranke zum Vorbild nahm.[20] Bedeutsamerweise waren beide Disziplinen, die Sprach- und die Geschichtswissenschaften, in der philosophischen Fakultät angesiedelt, denn das sollte wiederum zur immer gewichtigeren Rolle dieser Fakultät beitragen – zu einer Verlagerung der Prioritäten, die im 18. Jahrhundert in Halle und Göttingen gesetzt worden waren.

»Die hohe Bedeutung der Prolegomena für die Geschichte der Philologie«

»Ihre gemeinsamen Wurzeln in der Romantik verliehen den verschiedenen Zweigen der neuen Wissenschaft in Deutschland eine verblüffende thematische und perspektivische Einheit«, schreibt der amerikanische Historiker und Deutschlandkenner William Clark.[21] Daneben fand auch ein Umdenken hinsichtlich der kritischen Methode statt.

Neben den Begriffen »Wissenschaft« und »Bildung« tauchte als Grundkategorie des wissenschaftlichen Ansatzes nun auch das Wort »Kritik« auf. Zuerst war man ihm natürlich als einem mehr oder weniger technischen Begriff in der kantischen Philosophie der achtziger Jahre im 18. Jahrhundert begegnet, wo es beispielhaft für die Abkehr von vorhandenem Wissen und für die Hinwendung zu einer kritischen Beurteilung der Wissens*quellen* und der *Validität* des vorhandenen Wissens stand. Bis die Universität Berlin in den zwanziger Jahren des 19. Jahrhunderts dann vollständig etabliert war, pflegten die Gelehrten den Begriff »Kritik« noch immer nur in diesem einen Sinne zu verwenden (beziehungsweise nach dieser einen »quellenkritischen« Methode vorzugehen). Im neuen Sinne implizierte »Kritik« nun jedoch, dass eine konstante skeptische Evaluation des Quellenmaterials immer den konstruktiveren Aspekten gelehrter Auseinandersetzungen voranzugehen habe. Im technischeren Sinne war mit »Kritik« die »peinliche Genauigkeit« gemeint, mit der nun alle Quellen – Archive, Handschriften – auszuwerten waren.[22]

Die Verkörperung des neuen Ansatzes war die »Rezension«. Bei diesem Prozess verglichen Gelehrte unterschiedliche Versionen eines Quellentextes, wobei jede Fassung exakt datiert und jeder Widerspruch erkannt worden sein mussten. Der berühmteste Fall einer solchen Rezension sind Friedrich August Wolfs *Prolegomena ad Homerum* (1795): Er kam zu dem Schluss, dass es in Wahrheit gar keinen Homer, also keine Person dieses Namens, gegeben habe. Tatsächlich sollten viele seiner Argumente dann von seinen eigenen Studenten als fehlerhaft entlarvt werden – und das sogar ziemlich schnell. Doch darum ging es letztlich gar nicht. Der Punkt war hier vielmehr, dass Wolf mit dieser Abhandlung auf einen Schlag bewiesen hatte, über welche Macht die kritische Methode verfügte, wenn es darum ging, wahres historisches Wissen auszugraben. Er löste damit zwar eine heftige Debatte aus, zu der auch er seinen Teil beitrug, doch im Lauf der nächsten beiden Jahrzehnte sollten es dann genau seine Methoden sein, die man auf andere Wissensgebiete zu übertragen begann, beispielsweise auf das Studium der deutschen Epik und auf die Bibelkritik. »Die hohe Bedeutung der Prolegomena für die Geschichte der Philologie beruht noch mehr auf der von Wolf angewandten Methode der Forschung als auf den dadurch gewonnenen Resultaten: sie gaben das erste, mustergültige Beispiel einer mit richterlichen Strenge und Schärfe durch Abhörung aller Zeugen geführten Untersuchung [...].«[23]

Die neue preußische Bildung war eine höchst selbstbewusste, aber, so Nipperdey, auch ziemlich einsame Angelegenheit. Turner schreibt, den Korrespondenzen und Abhandlungen der Gelehrten im frühen 19. Jahrhundert seien die Aufregung und das Gefühl anzumerken, dass man sich im Sog eines immer schnelleren geistigen Fortschritts bewegte. Der Philologe August Boeckh schrieb wiederholt von einer »neuen Bildung«; Wolf bezeichnete die Altertumswissenschaft als eine neue Wissenschaft zur Stunde ihrer Geburt; und Leopold von Ranke hoffte, noch ganz ergriffen von dem Fund mehrerer Folianten venezianischer Relationen in Berliner Archiven, eine bislang unbekannte Geschichte Europas zu entdecken.[24]

Hand in Hand mit diesen Veränderungen tauchte die »disziplinäre Gemeinde« auf, und mit ihr die zugehörige Ausstattung – Bibliotheken und Handschriftensammlungen, renommierte Fachzeitschriften mitsamt ihren Chefredaktionen, Rezensionen und Kritiken, die nun zu wichtigen Bestandteilen gelehrter Arbeit wurden, nicht zuletzt, weil sie dazu beitrugen, die strengen methodischen Kriterien und Normen zu wahren.

Aber nicht jeder war diesem neuen Ansatz zugeneigt oder nahm sich die nötige Zeit dafür, ergo dauerte es auch nicht lange, bis Philologen in ihren Fachzeitschriften letztlich nur noch füreinander schrieben: Die ersten Beispiele für eine reine *Fach*literatur waren geboren. Und diese Entwicklung entging der lesenden Öffentlichkeit nicht. Philologen waren bald als egoistisch und überheblich verschrien, einige von ihnen, wie etwa Karl Konrad Lachmann, erwarben sich wegen ihrer ätzenden Kritiken sogar einen besonders schlechten Ruf.[25]

Doch solche Arroganz beiseite: Die kritischen Methoden *trugen* zum Umdenken in Bezug auf gelehrte Kreativität und Entdeckungsprozesse bei. Reine Belesenheit oder Gelehrsamkeit, wie sie im 18. Jahrhundert so geschätzt wurde, empfand man nicht mehr als ausreichend; die Betonung wurde zunehmend auf *Originalität* gelegt als dem Kriterium für den Wert eines gelehrten Unterfangens. Ein Dominoeffekt davon war, dass die Vorstellung aus dem 18. Jahrhundert, Entdeckungen seien allein »Genies« vorbehalten, der Vorstellung weichen musste, dass auch »weniger begabte« Menschen etwas von Wert erreichen könnten. Das wiederum weckte das Gefühl, dass alles stetig im Fluss sei, und förderte die Erwartung, dass die Möglichkeiten des Fortschritts unbegrenzt seien. Und damit war einer der großen Übergänge vom Wissenschaftsverständnis des 18. zu dem des 19. Jahrhunderts eingeläutet worden[26], begleitet von der Idealisierung geistiger Schöpfungskraft und der Ideologie von der originären Forschung.

»Die Wissenschaft ist selbst ein Zweig der menschlichen Bildung«, schrieb Fichte. Wilhelm von Humboldt stimmte dem zu: »Der Begriff der höheren wissenschaftlichen Anstalten, als des Gipfels, in dem alles zusammenkommt, was unmittelbar für die moralische Cultur der Nation geschieht, beruht darauf, dass diese bestimmt sind, die Wissenschaft im tiefsten und weitesten Sinne des Wortes zu bearbeiten und als einen nicht absichtlich, aber von selbst zweckmäßig vorbereiteten Stoff der geistigen und sittlichen Bildung zu seiner Benutzung hinzugeben.«[27]

Auch die Aufteilung des gelehrten Wissens in ungleiche, nicht miteinander verbundene Spezialfächer begann erst wirklich in den dreißiger Jahren des 19. Jahrhunderts. Wissenschaft wurde nun als ein Akkumulationsprozess betrachtet: Stein auf Stein. »Die Möglichkeit, das gesamte Denkgebäude zu verstehen, blieb ein Ideal, jedoch nur aus einer gewissen metaphysischen Distanz betrachtet.«[28] Das entspricht mehr oder weniger der Haltung, die wir noch heute einnehmen.

Die Etablierung des wissenschaftlichen Seminars

Die zweite große Veränderung fand zwischen 1840 und 1848 statt, während der Periode des Vormärz also, in der die Philosophie – die im frühen 18. Jahrhundert noch als die arme Verwandte gegolten hatte – an den preußischen Universitäten ihren Vormarsch sicherte und sich schließlich ihre Führungsposition eroberte. Zwischen 1800 und 1845 war die Zahl der Philosophiestudenten von 2,4 auf 21,3 Prozent angewachsen; beim Lehrkörper war ein vergleichbarer Anstieg zu verzeichnen. Philosophie, Altphilologie und Geschichte waren nun »die drei Disziplinen, um die herum sich nicht nur die deutsche Wissenschaft, sondern das gesamte geistige Leben Deutschlands rapide erneuerte« – sie alle hatten sich als »geringere« Studien (solche also, die weder der Theologie noch der Jurisprudenz oder der Medizin angehörten) unter den »höheren« eingerichtet.[29]

Der Aufstieg der Philosophie zu einer eigenen Disziplin war nicht zuletzt der Tatsache zu verdanken, dass die Lehrer der im Zuge der Humboldt'schen Reformen gegründeten neuen Gymnasien philosophisch geschult waren, wohingegen die meisten früheren Lehrer an theologischen Fakultäten studiert hatten, da die Schulen ja von den Kirchen betrieben wurden. Erst auf Humboldts Initiative hin wurden Schulen der kirchlichen Kontrolle entzogen und verpflichtet, ein Abschlussexamen (Abitur) abzunehmen, das jeder Schüler bestehen musste, wenn er eine Hochschule besuchen wollte. Und in Übereinstimmung mit den neuhumanistischen Prinzipien lag der Schwerpunkt beim Abitur auf Griechisch, Latein und Mathematik. Diese Reformen begannen nun also eine Schicht von professionellen Lehrern in Preußen hervorzubringen, die ihrerseits zur Gründung von immer mehr Gymnasien führte (1818 waren es 91 gewesen; 1864 gab es 144).[30] Gleichzeitig begannen immer mehr Studenten, Naturwissenschaften zu belegen, was wiederum die Studentenzahlen an den philosophischen Fakultäten in die Höhe trieb. Das Angebot an naturwissenschaftlichen Fächern erweiterten sich rapide, insbesondere nach 1840, allerdings studierten damals die meisten Studenten für das Lehramt, denn selbst 1860 verfügte Preußen noch nicht über genügend Industrieanlagen, um mehr als einen Bruchteil der Hochschulabsolventen aufnehmen zu können. Und dieser Trend ging wiederum deutlich zulasten von angewandten Studien wie »Landwissenschaft« und »Kameralistik«.[31]

Mittlerweile hatte sich auch das wissenschaftliche Seminar etabliert. Der wesentliche Unterschied gegenüber der Vorlesung war wie gesagt die geringere Teilnehmerzahl und deshalb intimere Atmosphäre, außerdem kam es im Seminar weniger auf Rhetorik an, weil es als ein Fortgeschrittenenkurs für Studenten verstanden wurde, die das rein fachliche Wissen vertiefen wollten. Üblicherweise lief ein Seminar folgendermaßen ab: Jede zweite Woche wurde von einem Seminaristen ein Referat gehalten und der allgemeinen Kritik unterzogen. Die besten Referate wurden auf Kosten des Unterrichtsministeriums veröffentlicht und mit einem Preisgeld von fünfhundert Talern ausgezeichnet. Die Zulassung zu einem Seminar versprach also die Aussicht auf beträchtlichen Lohn. Prompt begannen andere Disziplinen wie die Geschichtswissenschaft und die Theologie diesem Beispiel zu folgen. Schließlich richteten alle Disziplinen an allen deutschen Universitäten Seminare ein: Man empfand sie als bestens geeignet, um die neuen kritischen Methoden zu vermitteln, und so wurden sie allmählich zur »Innenbahn« für die intelligentesten Studenten im Studienwettkampf.

Die dreißiger Jahre im 19. Jahrhundert waren also eine entscheidende Zeit für die Wissenschaft gewesen, da die einzelnen Disziplinen nun eigene Fachzeitschriften herausgaben und neue fachspezifische Infrastrukturen entwickelten. Zu dieser Zeit begannen sich auch die Naturwissenschaften den Vorstellungen der Sprach- und Geschichtswissenschaften anzunähern.[32] Bis dahin hatten sie keinen Anteil an der akademischen Revolution in den deutschen Ländern gehabt, selbst der naturwissenschaftliche Betrieb an den Hochschulen war noch ausgesprochen rudimentär gewesen: Der Schwerpunkt in der Chemie lag auf »Rezepturen«, und die Biowissenschaften widmeten sich letztlich nur der Klassifikation. Dank dieser so offensichtlich utilitaristischen Ausrichtung verkörperten sie also genau jenes »Brotstudium«, welches die Wissenschaftsideologie als die größte Hürde für eine spirituelle und geistige Verjüngung oder für den Erwerb von Bildung hielt. Neuhumanisten empfanden die Besessenheit, mit der diese Klassifikationen betrieben wurden, als besonders abstumpfend.[33]

Letztendlich sollten Naturwissenschaftler von den Angriffen der Neuhumanisten nur profitieren. Denn eben weil diese Attacken im Namen der Wissenschaftsideologie geritten wurden und eben weil dabei der Standpunkt vertreten wurde, dass Wissenschaft ein unbegrenztes, organisch sich entfaltendes »Kulturgut« sei, begannen jüngere Naturforscher das Gegenargument vorzubringen, dass die Naturwissenschaften den Geist nicht weniger schulten als die Geisteswissenschaften und ebenso wie diese die individuelle Bildung erweitern konnten. Ein wichtiger Nebeneffekt dieser Behauptung war, dass die »reine« Wissenschaft den angewandten Wissenschaften, die zum reinen »Brotstudium« degradiert worden waren, nun als deutlich überlegen angesehen wurde.[34]

Seit 1830 waren Naturwissenschaftler überzeugt, dass Forschung nicht nur die Summe des Wissens mehre, sondern auch zur moralischen Entwicklung des einzelnen Forschers beitrage. Die Folge war, dass der Zulauf zu den rein technischen naturwissenschaftlichen und mathematischen Kursen deutlich zurückging, nicht zuletzt in Berlin und Halle, und rein technische Ausbildungen schließlich an andere Institutionen relegiert wurden, darunter insbesondere an die Vorgänger der späteren Technischen Hochschulen. Die Universitäten begannen derweil Naturwissenschaften in ihren »reineren« Formen zu lehren; Chemie wie Biowissenschaften wurden zum integralen Bestandteil der philosophischen Fakultäten. Dieses Umdenken fand seinen ersten institutionellen Ausdruck an der Universität Bonn, wo 1825 das erste »Seminarum für die gesammten Naturwissenschaften« eingerichtet wurde. Bonns bescheidenes Seminar, schrieb Luise Neumann, die Tochter des Physikers Franz Ernst Neumann, dürfe man wohl mit Fug und Recht als den ersten Schritt Preußens hin zu jenem Netzwerk großer Forschungsinstitute betrachten, das die deutsche Organisationsweise der Naturwissenschaften bis 1880 so weltberühmt machen sollte.[35]

Die Expansion zu einem Netzwerk begann um das Jahr 1830. Die anschließenden beiden Jahrzehnte erlebten eine ungemeine Blüte der deutschen Naturwissenschaften – man denke an die Arbeiten des Physiologen Johannes Peter Müller, des Chemikers Eilhard Mitscherlich, des Mathematikers Johann Peter Gustav Lejeune Dirichlet, des Physiologen und Pathologen Jan Evangelista Purkyně (Purkinje), des Physikers Franz Ernst Neumann, des Mathematikers und Physikers Julius Plücker oder des Mathematikers Carl Gustav Jacob Jacobi. Außerdem studierten in diesen Jahren an preußischen Universitäten die Physiker Hermann von Helmholtz und Rudolf Clausius sowie die Physiologen Emil Heinrich Du Bois-Reymond und Ernst Wilhelm von Brücke. Es war gewissermaßen der Beginn einer zweiten Wissenschaftsrevolution, bei der die preußischen Naturwissenschaften schließlich in die Vorrangstellung aufrückten, die die deutschen Linguisten und Historiker bereits seit geraumer Zeit in Europa genossen hatten.[36]

Eine entscheidende Rolle dabei spielte Carl Gustav Jacob Jacobi (1804 bis 1851), dessen Laufbahn das allgemeine Umdenken prototypisch zum Ausdruck bringt. Nach dem Besuch des Gymnasiums in Potsdam hatte er 1821 zunächst bei August Boeckh an der Berliner Universität Philologie studiert, sich dann aber umentschieden und zur Mathematik gewechselt. Nach seiner Habilitation erhielt er eine Professur in Königsberg, wo er Vorlesungen über sein Forschungsgebiet – die elliptische Funktion – hielt und 1835 mit Franz Neumann ein mathematisch-physikalisches Seminar nach dem Vorbild von Boeckhs Berliner Seminar gründete. Auch er erwartete originäre Arbeit von seinen Studenten und sorgte dafür, dass sie für jedes eingereichte Papier ein Stipendium von zwanzig Talern und für jedes veröffentlichte Referat dreißig Taler bekamen. Das Seminar trug außerdem die Kosten für alle Gerätschaften, die die Studenten benötigten. So kam es, dass Jacobis Königsberger Seminar zum Fokus der deutschen mathematischen Physik und bald schon weithin nachgeahmt wurde (1839 in Halle, 1850 in Göttingen, 1864 in Berlin usw.). Diese wissenschaftlichen Seminare waren der Schritt zu den großen Laboren, die in den siebziger Jahren des 19. Jahrhunderts gegründet werden sollten.[37]

Die Idee von der Universität und der Kulturstaat

Diese Entwicklung hatte aber noch einen anderen Aspekt, nämlich, dass auch der Staat die neue Ideologie übernahm. Seit den dreißiger Jahren wurden immer mehr Professoren allein des Ansehens wegen berufen, das sie im Kollegenkreis genossen, und nicht mehr bloß ihrer Lehrkünste wegen. Tatsächlich gab es nun einen ganz neuen Gesellschaftsvertrag zwischen den akademischen Intellektuellen und dem preußischen Staat. Er beruhte auf der Theorie vom »Kulturstaat«, wonach die Gesellschaft allein dem Zweck der kulturellen Evolution diene. Und da Kultur ihren bewusstesten Ausdruck an den Universitäten finde, wo sie entwickelt und erhalten werde, müsse der Staat seinen Hochschulen und Kulturstätten dienen, sie fördern und ihnen die akademische Freiheit garantieren, die den Erhalt und die Entwicklung von Kultur überhaupt erst ermögliche. Die Universitäten einer Nation seien Symbole ihrer geistigen Größe. Solange der Staat für sie in diesem Sinne Sorge trage, schuldeten ihm die Universitäten Respekt, ihre Loyalität und ihre Dienste. Auf der Grundlage dieser Theorie vom Kulturstaat flossen nun gewaltige Summen an die Universitäten; und sie bildete auch die Basis für die bemerkenswerte politische Symbiose, die preußische Intellektuelle jetzt mit dem Staat eingingen und die trotz vieler Belastungen das gesamte 19. Jahrhundert überdauern sollte.[38]

Preußen hatte das Glück, dass seine leitenden Staatsbeamten im Großen und Ganzen einer Meinung mit den führenden Geistesgrößen ihrer Zeit waren. 1817 hatte Staatskanzler Hardenberg seinem Mitstreiter Karl Freiherr vom Stein zum Altenstein die Leitung des neuen »Ministeriums der geistlichen, Unterrichts- und Medizinalangelegenheiten« angetragen. Stein war Jurist, aber ein Romantiker, der sich gerne eingehend mit der Pflanzenwelt beschäftigte und ein glühender Anhänger von Fichte und Humboldt war. Ihm war zu verdanken, dass die Universitäten frei von kirchlichen wie staatlichen Einmischungen arbeiten und die neue Wissenschaftsideologie mit allem Drum und Dran blühen und gedeihen konnten. 1818 wurde Johannes Schulze als Geheimer Oberregierungsrat ins Ministerium berufen, wo er für die Gymnasien, das Universitätswesen, die Akademien, Bibliotheken und öffentlichen Sammlungen zuständig war. Er hatte in Halle bei Wolf und Schleiermacher Theologie und Philologie studiert und auf Goethes Anregung hin Winckelmanns Werk (gemeinsam mit Heinrich Meyer) neu herausgegeben. Im Ministerium trat er nun voll und ganz für die Wissenschaftsideologie ein, weil sie seiner Ansicht nach die ideale Bildungsgrundlage war, und machte Griechisch zum Pflichtfach an allen Gymnasien. Schulze war es auch, der die Entscheidung traf, dass nur Gymnasiasten mit Abitur an einer Universität studieren konnten.

Die Zahlen, die von den Amerikanern R. Steven Turner, Charles McClelland und William Clark jeweils zusammengetragen wurden, unterstreichen dieses Bild: 1805 hatten preußische Universitäten 100000 Taler Bewilligungen vom Staat erhalten, 1853 war die Summe auf 580000 Taler gestiegen. Der Lehrkörper hatte sich im selben Zeitraum um 157 Prozent erweitert. Zwischen 1820 und 1840 war die Zahl der Professoren sogar um einen höheren Prozentsatz gestiegen als die der Studenten (187 versus 50 Prozent in der Philosophie, 113 versus 22 Prozent in der Medizin). In Berlin wurden die Beihilfen für wissenschaftliche Institutionen von 15,5 Prozent im Jahr 1820 auf 34 Prozent im Jahr 1850 aufgestockt. Die Bedeutung dieses Geisteslebens, erklärt der Historiker Max Lenz, könne gar nicht hoch genug eingeschätzt werden: Es sei zur Grundlage von allem geworden, worauf die Stärke des Staates langfristig beruhte.[39]

Letztendlich aber zwang das Ministerium dem neuen Bildungssystem nicht selten seine eigenen Geisteshaltungen auf, wie im bekanntesten Fall des Hegelianismus, der vor 1830 buchstäblich zur kulturpolitischen preußischen Staatsphilosophie wurde. Das Ministerium stellte dessen Vorherrschaft sicher, indem es philosophische Lehrstühle praktisch für Hegelianer monopolisierte. Steins Nachfolger Friedrich von Eichhorn sorgte gemeinsam mit Schulze dafür, dass niemand eine Professur erhielt, der noch kein »solides« hegelianisches Buch veröffentlicht hatte.[40] Das duale Wesen des Professorats – Forschung und Lehre – war mittlerweile zum Fakt im akademischen Betrieb geworden. Jüngere Wissenschaftler, die Blut geleckt hatten, als der »Forschungsimperativ« aufgetaucht war, betrachteten fachbezogene Forschung bereits als den einzig möglichen Weg zu einer Professur. Und genau diese neuen Werte wurden nun zur Grundlage für die großen neuen Forschungsinstitute und Labore, die sich als die Kleinodien der Bismarck'schen Ära erweisen sollten.[41]

11

Die Evolution der Entfremdung

Intellektuelle Vorlieben und Zeitgeist sind ein seltsames Paar. Gerade als im Jahr 1808 Beethovens 5. und 6. Sinfonie uraufgeführt wurden, vollendete Caspar David Friedrich sein *Kreuz im Gebirge*. 1839, als Peter von Cornelius sein Fresko vom *Jüngsten Gericht* in der Münchner Ludwigskirche fertigstellte, dirigierte Felix Mendelssohn Bartholdy die Uraufführung von Franz Schuberts Großer Sinfonie in c-Dur. Deutsche Musik ist heute so populär wie eh und je, doch die deutsche Malerei aus dem Jahrhundert von 1750 bis 1850 (und sogar aus noch späterer Zeit) wird, so sie nicht völlig in Vergessenheit geraten ist, doch zumindest stark vernachlässigt. Von einem ähnlichen Paradox ist die deutsche spekulative Philosophie betroffen. Auch sie wurde einst als strahlender Stern am Firmament betrachtet – die Namen Schelling, Feuerbach und vor allem Hegel waren in den ersten Jahrzehnten des 19. Jahrhunderts jedem Gebildeten vertraut, und nicht nur jedem deutschen. Unter dem kalten Licht des 21. Jahrhunderts erscheinen diese Namen jedoch ebenso weit entrückt wie der Akt des philosophischen Spekulierens selbst.

Dass der spekulativen Philosophie just zu dieser Zeit ein so besonderer Rang zukam, hatte ebenfalls damit zu tun, dass sich Europäer gerade in der geistigen Landschaft des Zweifels zwischen Dogma und Darwin bewegten. Der religiöse Glaube, insbesondere die christliche Religion, befanden sich auf dem Rückzug, und damit auch die Idee von der Offenbarung. Diese geistige Lücke füllte wie selbstverständlich die Philosophie, welche insofern spekulativ war, als die Philosophen, egal aus welcher Ecke, über keine kirchliche Autorität verfügten und allein durch die Kraft der Vernunft und mit der inneren Kohärenz ihrer Gedanken und Einsichten überzeugen mussten. Dennoch (und das ist das Paradox) führte gerade die spekulative Philosophie, insbesondere die von Hegel, zu einer der mächtigsten und einflussreichsten – vielleicht *der* einflussreichsten – Philosophie, die die Welt jemals sah: zum Marxismus. Die politische Überzeugungskraft des Marxismus schwindet zwar dahin, doch in vielen Kreisen wird er nach wie vor als eine sinnvolle analytische Erkenntnisweise betrachtet; und in seinem Begriff der »Entfremdung« finden wir nach wie vor eine der mächtigsten Ideen, von denen das Phänomen des Modernismus geprägt wurde: Sie hat die Malerei, den Roman, das Theater und den Film beeinflusst, ganz zu schweigen von der Psychologie.

Wir beginnen aber nicht bei Hegel oder Marx, sondern bei Friedrich Wilhelm Josef Schelling (1775–1854), der dem geschlossenen kleinen Kreis deutscher Romantiker angehörte. Zu seinen engsten Freunden zählten Novalis, Ludwig Tieck und die Brüder August Wilhelm und Friedrich Schlegel; er selbst befasste sich hauptsächlich mit den »Verwandtschaften« zwischen Mensch und Natur. Für ihn und seine Gesinnungsgenossen war Natur – »Organisation und Leben aus Naturprinzipien« – die »Weltseele«. Um von der Einheit dieses sich selbst organisierenden Prinzips zur Vielheit zu gelangen, teilte man es, jedoch ohne dabei seine Einheit hinzugeben. So ließ sich »Einheit« letztendlich auf teleologische Weise verstehen: Vereinfacht ausgedrückt findet ein unentwegter Schöpfungsprozess statt, dessen verschiedene Stufen auf eine zweckorientierte Weise miteinander verbunden sind.[1] Diese Schöpfungsstufen ließen sich zwar von diversen akademischen Disziplinen – der Physik beispielsweise, oder der Biologie – erforschen, aber derart isoliert betrachtet nicht verstehen: Für eine ganzheitliche Perspektive bedurfte es eines übergreifenden Systems. Aus Schellings Sicht war es naheliegend, dabei von drei grundlegenden Ebenen auszugehen: von der anorganischen Ebene, die von den mechanisch-physikalischen Gesetzen beherrscht wird, der organischen Ebene, die von den biologischen Gesetzen beherrscht wird, und der Bewusstseinsebene, die er nur beim Menschen vorhanden sah. Die Entwicklung des Bewusstseins betrachtete er als die Kulmination und das Ziel des gesamten Prozesses.[2] Somit sprach also auch er von einer zyklischen Bewegung in der Geschichte: Der Geist verdinglicht sich in der Natur oder in der phänomenalen Welt, kehrt aus dem Anders-Sein aber zu sich zurück. Und damit wurde die Erforschung der Natur des Geistes zur primären Aufgabe philosophischer Reflexionen, und das Begreifen des Geistes seiner selbst zum finalen Auftrag an die Menschheit.

Bei seiner Ausformulierung dieses Denkansatzes maß Schelling besonders großen Wert der künstlerischen Kreativität bei. Die kumulative Wirkung künstlerischer Schaffenskraft führt zu einem immer besseren Verständnis dessen, was Schelling verschiedentlich als »absolute Identität«, »reine Identität« oder »absolute Vernunft« bezeichnete. Für unsere Ohren klingt das auf gewisse Weise fast schon absurd, doch man bedenke, dass es auch hier wieder einmal um die Vorstellung von einer letzten Wahrheit ging, die auf keinerlei religiösen Fundamenten mehr beruhte, aber auch noch von keinem biologischen Verständnis profitieren konnte. Im Rückblick könnte man sagen, dass Schelling ansatzweise bereits die Vorstellung von einer »emergenten Evolution« vertrat, doch letztendlich stellte sein Gedankenkonstrukt eine Zwischenstufe dar, die in eine Sackgasse führte.

Oder vielleicht doch nicht ganz. Denn Schelling war wohl der relevanteste Vorgänger von Hegels Vorstellungen gewesen, insbesondere von dessen Idee des »absoluten Geistes«.

Georg Friedrich Wilhelm Hegel (1770–1831) wurde in Stuttgart geboren und studierte von 1788 bis 1793 Theologie in Tübingen, wo nicht nur Schelling zu seinen Kommilitonen zählte, sondern auch der kommende große romantische Dichter Friedrich Hölderlin. Nach seinem Abschluss nahm Hegel Stellungen als Hauslehrer in Bern und Frankfurt an und scheint sich auf eine Laufbahn als Reformpädagoge eingestellt zu haben. Doch dann geriet er, möglicherweise durch seine Kontakte zu Schelling und Hölderlin, unter den Einfluss von Kant und schließlich von Fichte. Er übersiedelte nach Jena, um dort eine Universitätslaufbahn einzuschlagen und enger mit Schelling zusammenarbeiten zu können, mit dem er dann das *Kritische Journal der Philosophie* herausgab; und er veröffentlichte seinen Aufsatz über den *Unterschied der Philosophischen Systeme Fichtes und Schellings* (1801). Nach und nach begann er sich jedoch von Schelling zu entfernen. Seine eigene Weltanschauung brachte er erstmals in seiner 1806 publizierten *Phänomenologie des Geistes* zum Ausdruck[3], und weil Schelling einige Passagen darin als Angriffe auf sich wertete, beendete er ihre Freundschaft. Nachdem die Universität Jena von den französischen Besatzern geschlossen wurde und Hegel gezwungen war zu gehen, wurde er Chefredakteur der *Bamberger Zeitung*, dann Rektor des Egidiengymnasiums zu Nürnberg, wo er unter anderem Philosophie unterrichtete und eine Familie gründete. 1816 wurde er als Professor der Philosophie an die Universität Heidelberg berufen, 1818 folgte er dem Ruf an den philosophischen Lehrstuhl der Berliner Universität.

Wie so viele deutsche Denker seiner Zeit war auch Hegel seit frühesten Tagen von den Unterschieden fasziniert, die er zwischen modernen Gesellschaften und dem klassischen Griechenland sah, und pflegte die Spannungen und Antagonismen in der modernen Gesellschaft gerne mit der angeblichen Harmonie unter den Alten zu kontrastieren. Er war bekümmert über die »in ihre Extreme verlorene Sittlichkeit« und den Individualismus im zeitgenössischen Europa und fand, dass die meisten Menschen das Gefühl für ein gemeinsames Ziel ebenso verloren hätten wie ihre Würde und nicht mehr in der Lage seien, sich mit den traditionellen Sitten zu identifizieren, die sie einst so erstrebenswert gefunden hatten, oder mit den Institutionen, von denen sie sich einst die Erfüllung ihrer Hoffnungen erwartet hatten. Auch die Religion, das Christentum – das einstmals vielleicht Balsam für die Seele gewesen sein mochte –, habe versagt. Wo das Auge auch hinblicke, überall herrsche Entfremdung.

Noch wurde dieses »Sich-selbst-fremd-Sein« natürlich nicht »Entfremdung« genannt, aber der Zustand als solcher spielte bereits eine tragende Rolle in Hegels Denken. Er war es, der ihn zu der gewaltigen synoptischen Vision führte, die jedem einzelnen Aspekt des Daseins und jeder Wissensdisziplin einen eigenen Platz zuwies und für jede eine eigene Erklärung oder logische Grundlage bot. Im Rahmen dieses großen »Systemprogramms« tauchten neu gewandet und in viel eindrucksvollerer Gestalt auch zwei ganz gegensätzliche Ideen wieder auf.[4]

Wie Schelling verstand Hegel die »lebendige Substanz« oder »das Sein« im Entwicklungszustand als ein »Werden seiner selbst«. Doch entgegen der offensichtlichen Überzeugung Schellings glaubte Hegel nicht an so etwas wie eine »reine«, undifferenzierte Identität – sprich Geist –, die ihrer Logik nach älter sein musste als die phänomenale Realität. Aus Hegels Sicht konnte der Geist nur in der Vielzahl von Formen existieren, in der er sich offenbarte – in seinem System gab es kein Anders-Sein. In seinen Schriften klang vielmehr so etwas wie eine »innere« Realität an, die sozusagen im Hintergrund der gewöhnlich erfahrbaren Natur existiert, eine Logik, »welche in sich Totalität ist und die *reine Idee der Wahrheit selbst* enthält«. Und dieser logische Bezug enthüllte sich durch reines Denken, nicht etwa durch ein anderes Sein, weshalb Hegel es auch als die angemessene Aufgabe der Philosophie betrachtete, sich des Themas anzunehmen und diesen logischen Bezug zu erklären.[5]

Hegel versuchte die für ihn entscheidendste Frage aufzuzeigen, nämlich, ob dem subjektiven Geist und dem objektiv Seienden grundsätzlich eine irreduzible Dualität innewohne. Die Aufgabe der Philosophie sei es, über diese Vorstellung hinaus zu dem Punkt zu gelangen, an dem sich unsere vertrauten Begriffssysteme auflösen. Wie Schelling, nur noch weit mehr als dieser, verstand Hegel den Geist als etwas, das sich zielgerichtet bis hin zu dem Punkt entwickelt, an dem sich sagen lässt, dass er sich die Bestätigung seines eigenen Seins erarbeitet hat.[6] Auf das Alltägliche übertragen bedeutete dies, dass die Weltgeschichte als ein teleologischer Prozess verstanden werden muss, bei dem sich der Geist sukzessive in einer Form offenbart, die seine finalen Möglichkeiten immer besser erahnen lässt. Dieser Prozess ereignet sich Hegel zufolge auf zwei verschiedenen Ebenen. Auf der einen manifestiert sich der Geist unbewusst, indem er natürliche Phänomene generiert, nicht nur einzelne Dinge, sondern ganze Gesellschaften und Zivilisationen – Entitäten also, die jeweils einen konkreten Ausdruck der jeweiligen Evolutionsstufen darstellen, bis hin zu einem progressiv vollkommeneren Bewusstsein und Selbstverständnis. Auf der zweiten Ebene lässt sich Entwicklung als etwas Historisches verstehen, als die sukzessiven Muster von Natur und Kultur, die ihrerseits sukzessive Verkörperungen des Geistes sind. Hegels grundlegende Idee lautet also, dass der Geist parallel zu jenen gedanklichen Fortschritten, welche immer neue Methoden für die Interpretation von Erfahrung zur Verfügung stellen, nach und nach zu einem immer tieferen Verständnis seiner eigenen Natur gelangt. Der Endpunkt war das, was Hegel das »absolute Wissen« nannte: ein Zustand der philosophischen Einsicht, in dem der Geist infolge seiner philosophischen Reflexionen und seines sukzessiven Begreifens zu einem Produkt wie zu der Artikulation seiner selbst wurde und zu sich selbst zurückkehrt. Auf diese Weise wird die objektive Natur »da draußen« mit der subjektiven inneren Welt vereint und der Urzustand des Sich-selbst-fremd-Seins oder der Selbstentfremdung überwunden.[7]

Hier finden sich ziemlich offensichtliche Parallelen zu den traditionellen christlichen Lehren vom Sündenfall, der Buße und der Erlösung. Hegel konzedierte das selbst, gestand sogar eine gewisse Ähnlichkeit der Gottesidee mit seiner Vorstellung vom absoluten Geist zu. Man könnte sagen, er kämpfte mit einem nachchristlichen, aber noch vordarwinischen Verständnis. Doch fairerweise muss auch gesagt werden, dass Hegel das absolute Wissen, respektive den vollkommenen Geist, nicht als eine transzendente Wesenheit betrachtete, die über dem Universum oder unabhängig von diesem existiert.[8] In diesem entscheidenden Sinne war sein philosophisches System *nicht* religiös.

Die Details seines Systems legte Hegel in zwei grundlegenden Schriften dar: in seinem ersten großen (und ziemlich abstrakten) Hauptwerk *System der Wissenschaft. Erster Teil, die Phänomenologie des Geistes* und in den posthum veröffentlichten (und deutlicher historisch ausgerichteten) *Vorlesungen über die Geschichte der Philosophie*. Den entscheidenden Aspekt der Conditio humana sah er in den ständigen Schwingungen zwischen der selbst erschaffenen sozialen Welt des Menschen und dessen veränderlichen Einstellungen zu ihr. Es gibt eine kontinuierliche »Dialektik« zwischen den schöpferischen und den kritischen Perioden in diesem Prozess. Im Zuge der Entwicklung von sozialen und politischen Umständen offenbart sich der Geist in seinem eigenen tieferen Verständnis vom Kern des menschlichen Wesens, durch einen Prozess also, in dem für Hegel die Entwicklung von Freiheit zum Ausdruck kam. Die Geschichte manifestiert sich in der Abfolge von Zivilisationen, in deren gesteigertem Selbstbewusstsein und wachsender Freiheit, während das Individuum im Zuge dessen seine eigenen Bedürfnisse ebenfalls immer besser versteht und immer grundlegender erkennt, in welchen Beziehungen es zu anderen Individuen steht.[9] »Herr-Knecht«-Gesellschaften weichen individualistischen Gesellschaften, die dann ihrerseits von einer Sozialordnung verdrängt werden, welche dafür sorgt, dass gegenseitiger Respekt die alten Feindseligkeiten und das Misstrauen ersetzt. Wahre Freiheit ist dann erreicht, wenn das jeweilige innere Potenzial eines Menschen in einer Umwelt verwirklicht wird, die er selbst erschaffen hat und in der er sich heimisch fühlt.[10]

Hegels Philosophie war sehr umfassend, und genau so wollte er das auch (Nipperdey nannte sie einmal die Tyrannei der Abstraktion). Dennoch sollten seine Gesellschafts- und Geschichtstheorien den größten Einfluss ausüben – wenngleich das wohl eher daher rührte, dass einige radikale Denker so manche seiner Ideen auf den Kopf stellten und *negativ* auf sie reagierten.

Hegelianische Nachspiele

Zuerst empfand man Hegels Schriften als beruhigend: Seine Geschichtsdarstellungen machten glauben, dass alle vorangegangenen Entwicklungen zum Besten des Menschen gewesen seien, das heißt, er schien die bestehenden gesellschaftlichen Institutionen bestätigt und nicht den Versuch unternommen zu haben, sie zugunsten von etwas Besserem verändern zu wollen.

Hegel starb 1831, Beethoven und Schubert waren nicht lange zuvor gestorben, Goethe starb im Jahr darauf. Die Welt hatte sich verändert. Ende der dreißiger, Anfang der vierziger Jahre im 19. Jahrhundert tauchte dann eine Gruppe von jungen Intellektuellen auf, die als »Junghegelianer« in die deutsche Geschichte eingehen sollten. Und die vertraten nun eine wesentlich aggressivere Weltanschauung, fanden, dass die wahre Bedeutung von Hegels Lehren entweder übersehen oder bewusst falsch ausgelegt worden sei, weil deren Implikationen sehr viel radikaler seien, als es sich die meisten überhaupt vorstellen mochten.

Es ist nicht einfach, uns in die Denkweisen jener Tage zurückzuversetzen. Tatsache jedenfalls ist, dass Hegels Philosophie in den zwanziger Jahren des 19. Jahrhunderts die uneingeschränkte Herrschaft in Deutschland angetreten hatte. Seit Karl vom Stein zum Altenstein 1817 das Kultusministerium übernommen hatte, war er wie gesagt zu einem vehementen Verfechter dieser Philosophie geworden. 1827 wurde zu deren Förderung die »Societät für wissenschaftliche Kritik zu Berlin« gegründet, die die *Jahrbücher für Wissenschaftliche Kritik* herausgab. 1832, ein Jahr nach Hegels Tod, riefen seine engsten Freunde und Schüler in Berlin einen »Verein von Freunden des Verewigten« ins Leben, welcher zum geistigen Rückgrat der hegelianischen Denkschule wurde und eine vollständige Ausgabe von Hegels Werken vorbereitete, einschließlich der Vorlesungsmanuskripte. Hegels philosophisches System war so ungemein einflussreich geworden, dass es mittlerweile viele für das einzig Wahre hielten: für die Kulmination allen philosophischen Denkens. Sie glaubten, dass nun kaum noch etwas anderes zu tun blieb, als die Details auszuarbeiten, für deren Darstellung Hegel keine Zeit mehr geblieben war. Da war es wohl unvermeidlich, dass bald schon Streit unter den Junghegelianern ausbrach.[11]

Ein paar dieser jungen Radikalen postulierten dann erstmals jene

Ideen, welche Karl Marx (1818–1883) in seiner allumfassenden Theorie verdichten sollte. 1835 publizierte beispielsweise David Friedrich Strauß (1808–1874) *Das Leben Jesu, kritisch bearbeitet*. Strauß hatte in Tübingen bei dem Dogmenhistoriker Ferdinand Christian Baur studiert und war anschließend nach Berlin gegangen, wo er kurz vor dessen Tod noch Hegel hörte. Hegel selbst scheint sich nie besonders für die Frage der Historizität der Evangelienberichte interessiert zu haben, Strauß hielt diesen Kern des christlichen Glaubens für einen Mythos, in dem sich die »innigsten Wünsche« der Menschen spiegelten, für eine Sammlung von konstruierten »Fakten«, hervorgegangen aus dem kollektiven Bewusstsein einer Gesellschaft, die sich auf einer bestimmten (hegelianischen) Entwicklungsstufe befunden habe.[12] Das implizierte nun aber auch, dass die Ideen von der Offenbarung und von der Menschwerdung selbst bloß ein Zwischenstadium auf dem Weg zu etwas Höherem, Besserem, Freierem waren. Strauß' Buch war eine Sensation – ein Kritiker erklärte seine Analyse zum »Ischariotismus unserer Tage«.[13] Auf Marx übte diese Bibelkritik eine zweifache Wirkung aus: Erstens war sie ihm eine Bestätigung für seinen Glaubensabfall, zweitens gab sie ihm angesichts der damals so stark zensierten Gesellschaft – als jede politische Diskussion gefährlich war – das Gefühl, seine philosophisch-soziologischen Gedanken in relativer Sicherheit entwickeln zu können.

Zu den anderen Junghegelianern, deren spezifischere Ideen Marx übernehmen sollte, zählten der polnische Geschichtsphilosoph Graf August Cieszkowski, der als Erster verkündet hatte, dass es nicht ausreiche, die Gesetze vergangener Geschichte zu entdecken, sondern dass der Mensch dieses Wissen auch nutzen müsse, um seine Welt zu verändern, sowie der Nationalökonom Lorenz von Stein, der als Erster festgestellt hatte, dass die Industrialisierung den Niedergang der Löhne für das Proletariat mit sich bringe, weshalb der Proletarier niemals in den Genuss von Privateigentum kommen werde; und der Schriftsteller Arnold Ruge, der darauf hingewiesen hatte, dass der Mensch durch seine Sozialbeziehungen definiert *werde*, sich *selbst* hingegen durch seine Arbeit definiere. Viele solcher Ansichten hatten sich seit 1837 bei den Diskussionen im sogenannten »Doktorclub« in Berlin herangebildet; dort war auch die Orthodoxie entwickelt worden, dass Hegels wahre Gedanken zu seinen Lebzeiten verborgen geblieben seien und seine einstmals so beruhigend empfundene Philosophie in Wahrheit tendenziell revolutionär sei. Doch diese Denker sollten dann allesamt von drei noch viel bedeutenderen Männern in den Schatten gestellt werden: von Ludwig Feuerbach, Moses Hess und Friedrich Engels.

Die Bedeutung von Ludwig Feuerbach

Ludwig Feuerbach (1804-1872) publizierte sein weithin gelesenes und hochgelobtes Hauptwerk *Das Wesen des Christentums* im Jahr 1841 und setzte damit den von Strauß und anderen begonnenen Prozess des kritischen Bibelstudiums fort.[14] Er gab sich allerdings nicht damit zufrieden, Hegel sozusagen auf den neuesten Stand zu bringen oder aufzupolieren, er unterzog ihn nach neuem deutschem Usus vielmehr einer gründlichen kritischen Analyse. Und dabei kam er zu dem Schluss, dass Hegel mit der Behauptung, das Sein komme *vor* dem Denken, einen entscheidenden Fehler begangen habe. Gedanken, so Feuerbach, seien natürlicherweise abhängig von den sinnlichen Wahrnehmungen der Natur und der Ereignisse. Der Mensch sei Teil der Welt, weshalb auch nur durch die Bezugnahme auf sie Bedeutung und Gehalt entstehen könnten. Die Philosophie könne gewissermaßen nicht am anderen Ende ansetzen, nicht reine Begrifflichkeiten zu ihren Ausgangspunkten machen.[15]

Im *Wesen des Christentums* versuchte Feuerbach aufzuzeigen, wie dieser Prozess im religiösen Rahmen funktioniert. Religion, erklärte er (und das lange vor Freud), bedürfe der Projektion des essenziellen Wesens wie der Kräfte des Menschen auf eine transzendente Ebene, damit sie in göttlicher Gestalt auf ihn zurückgeworfen werden könne: »Der Mensch verlegt sein Wesen zuerst *außer sich*, ehe er es in sich findet [...]. *Das göttliche Wesen ist nichts andres als das* menschliche Wesen oder besser: *das Wesen des Menschen*, abgesondert von den Schranken des individuellen, d. h. wirklichen, leiblichen Menschen, vergegenständlicht, d. h. *angeschaut* und *verehrt als ein andres, von ihm unterschiednes, eignes Wesen.*«[16] Indem der Mensch Gott verehrt, verehrt er sich selbst. Das fand Feuerbach jedoch nicht notwendigerweise etwas Schlechtes oder eine Sackgasse. Historisch betrachtet habe der Gottglaube dem Menschen zu einem besseren Verständnis seiner selbst und seiner Entwicklungsmöglichkeiten verholfen. Der einzig negative Aspekt sei, dass dieses idealisierte Gottesbild unweigerlich zu einer Herabminderung des eigenen, menschlichen Stellenwerts führe: »Um Gott zu bereichern, muss der Mensch arm werden.«[17] Die Darstellung einer Kluft zwischen dem Möglichen und dem Faktischen war eine Beschreibung unserer Entfremdung. Doch unser Schicksal war nicht als die Rückkehr des Absoluten mit Hilfe der Selbsterkenntnis zu sich selbst zu verstehen, sondern als die Rückkehr des Menschen zu sich selbst mit Hilfe der Erkenntnis und der Verwirklichung seiner eigenen Kräfte und Möglichkeiten.[18] Das war hegelianisierter Kant.

In jungen Jahren wurde Karl Marx (1818-1883) stark von Feuerbach beeinflusst (tatsächlich war Feuerbach eine Zeit lang bedeutender als Marx gewesen). Vor allem interessierte sich Marx für Feuerbachs Aussage, dass Anthropologie und Physiologie die beiden grundlegendsten Wissenschaften seien. Diese Verlagerung des Schwerpunkts trug zu Marx' zentraler Vorstellung bei, dass es der Philosophie obliege, eine »Humanisierung der Natur« und die »Naturalisierung des Menschen« zu erreichen. Feuerbach war es, der Marx zu der Vorstellung vom Menschen als einem Wesen bewegte, das durch seine Kontakte mit der Natur und seinen Mitmenschen in der Gesellschaft verändert werden könne.[19] So begann Marx also – Feuerbach folgend –, Hegels Vorstellung von der Entfremdung als einen zentralen Punkt zu betrachten. Doch während sich Feuerbach auf die Entfremdung als einen für die religiöse Erfahrung entscheidenden Vorgang konzentriert hatte, war der Vorgang des Sich-selbst-fremd-Werdens bei Marx untrennbar mit der konkreten sozialen Situation des Menschen verbunden.

Ein anderer geistiger Wegbereiter für Marx war Moses Hess (1812–1875), auch er ein Junghegelianer. Seine *Heilige Geschichte der Menschheit* (1837) war die erste Bekundung eines kohärenten sozialistischen Denkens in Deutschland. Angesichts der gestörten »Einheit oder Harmonie seines Bewußtseins« könne der Mensch seinen Seelenfrieden nicht wiederfinden, »wenn nicht diesem Gifte durch die Gnade Gottes [...] ein Gegengift geschaffen wäre«.[20] Auch das war ein Versuch, Hegel umzuinterpretieren. In einer anderen Studie mit dem Titel *Die europäische Triarchie* (1841) stellte Hess dann fest, dass die Abschaffung von Privateigentum für eine neue Sozialordnung unerlässlich sei, da die »Entfremdung des Geistes« erst dann überwunden werden könne, wenn die Geknechteten von der wirtschaftlichen Ausbeutung befreit würden. Wie viele andere glaubte auch er, dass die Revolution als Erstes (oder Nächstes) in England zu erwarten sei, weil dort die Spaltung zwischen Arm und Reich am deutlichsten zutage trat. Hess und Marx begegneten sich erstmals 1841 in Bonn. Anschließend schrieb Hess in einem Brief: »Denke Dir Rousseau, Voltaire, Holbach, Lessing, Heine und Hegel in einer Person vereinigt, ich sage *vereinigt*, nicht zusammengeschmissen – so hast Du Dr. Marx.«[21] Geld, schrieb Hess, sei der Wert des Menschen in Zahlen ausgedrückt, die Punze unserer Sklaverei; Geld, schrieb Marx, »ist der eifrige Gott Israels, vor welchem kein andrer Gott bestehen darf«.[22] Nachdem Marx 1842 von Bonn nach Köln übersiedelt war, besuchten er und Hess gemeinsam eine Vorlesung des Philosophen Bruno Bauer. Hess teilte Marx' Ansicht, dass Deutschland im Gegensatz zu anderen Ländern eher der Theorie nach eine Nation war und auch das eine Form von Entfremdung darstelle. Für kurze Zeit gab Hess das Tempo vor.

»Die vielleicht bedeutendste geistige Zusammenarbeit aller Zeiten«

Marx, sagt der amerikanische Historiker Bruce Mazlish, war ein »Essener« des frühen Sozialismus.[23] Damit wollte er auf Marx' religiöse und asketische Potenziale hinweisen, doch letztendlich entzieht sich Marx jeder Art von Verallgemeinerung. Bisweilen betrachtete er sich selbst als Naturforscher und berief sich auf Darwin, in Analogie zu der Rolle, die ihm selbst als dem Entdecker von Gesetzen zukam – wenn auch nicht von Naturgesetzen –, denen der Mensch unterliegt. In den späten dreißiger Jahren des 19. Jahrhunderts, ganz am Ende der Romantikperiode, schrieb Marx Gedichte und schmiedete Freundschaften mit den Dichtern Heinrich Heine, Ferdinand Freiligrath und Georg Herwegh (ihnen werden wir uns im vierzehnten Kapitel widmen). Doch das Maß, in dem sich der Marxismus dann ausbreitete, findet Mazlish nur mit der Ausbreitung des Christentums und des Islam vergleichbar.[24] »Einige halten Marx für den Erben der Tradition großer jüdischer Propheten, die wie Donnerhall über die Menschheit hereinbrachen [...]. Marx übernahm diese Tradition jedoch in ihrer lutherischen Form, da er ja als gläubiger Christ erzogen worden war. Natürlich blieb Marx kein gläubiger Christ, ebenso wenig wie Luther ein Vorläufer des Kommunismus war [...]. Gemein ist ihnen etwas ganz anderes [...], nämlich eine rhetorische Struktur, jene typische Artikulation der apokalyptischen Tradition, die sukzessive fortschreitet [...], vom Urzustand der Beherrschung und Unterdrückung bis hin zur Kulmination vollkommener Kommunität.« Marx wurde zwar ein militanter Atheist, »ein Spötter der ›Einheit mit Christus‹«, doch die Rolle der Religion, ihr Stellenwert in der menschlichen Psyche, blieb auch für ihn von zentraler Bedeutung. Nicht zuletzt deshalb fand er so großen Gefallen an Hegel und Feuerbach. Doch Marx glaubte auch, was Hegel expressis verbis nie geäußert hat, nämlich, dass er – dass die ganze Menschheit – von der Religion zum Narren gehalten werde. Als er in *Der achtzehnte Brumaire des Louis Bonaparte* (1852) schrieb, die Menschen »machen ihre eigene Geschichte, aber sie machen sie nicht aus freien Stücken, nicht unter selbstgewählten, sondern unter unmittelbar vorgefundenen, gegebenen und überlieferten Umständen«, da war er überzeugt gewesen, Hegel nahegekommen zu sein.[25]

Beeinflusst vom Vater, einem erfolgreichen Anwalt, hatte Marx zuerst Jura studiert. Von seinem Gymnasium in Trier wurden ihm gute Kenntnisse im christlichen Glauben attestiert, in den alten Sprachen ein sehr befriedigender, in Mathematik und Französisch hingegen nur geringer Fleiß bestätigt (letztendlich sollte Marx neben Deutsch aber auch fließend Französisch und Englisch beherrschen).[26]

Binnen rund eines Jahres hatte er jedoch von Bonn an die Berliner Universität gewechselt und sein Interesse auf Philosophie und Geschichte verlagert. Die Briefe an seinen Vater bezeugen, wie stark er von Hegel beeinflusst wurde und wie dialektisch er sein eigenes Leben betrachtete. Er hatte einige innere Kämpfe zu bestehen, fand aber, dass das nur logisch für einen Mann seiner Herkunft und seines gesellschaftlichen Standes sei. Inmitten dieser Auseinandersetzungen mit sich selbst lernte er andere Anhänger Hegels kennen und schloss sich schließlich dem Doktorclub der Junghegelianer an.[27] Dort begegnete er auch Bruno Bauer, der seine eigenen radikalen Ideen vertrat.

Manchmal stieß Marx' Radikalismus jedoch an seine Grenzen. Als er Jenny von Westphalen heiratete, war das sein erster wirklicher Erfolg im Leben gewesen. Sie war in jeder Hinsicht ein guter Fang. In einem Brief aus Trier, wo er sich gerade anlässlich der Beerdigung seiner Mutter aufhielt, schrieb Marx 1862, dass er täglich nach dem Wohlergehen des schönsten Mädchens und der einstigen Ballkönigin von Trier gefragt werde; es sei schon recht angenehm für einen Ehemann, wenn er feststelle, dass seine Frau von einer ganzen Stadt als entzückende Prinzessin in Erinnerung behalten werde.[28] Auf Jennys Visitenkarte war Marx' Wunsch entsprechend expressiv verbis vermerkt worden, dass sie eine geborene von Westphalen war.

Die Ehe hatte Bestand. Jenny war ihm in vielen Dingen eine große Hilfe. Doch seit 1850 ihr erstes Kind gestorben war, neigte sie zu Depressionen, vor denen Marx ins Britische Museum floh, um dort in Ruhe zu arbeiten, bevor er abends bei Jennys Haushälterin Helene Demuth Trost suchte. Im Jahr darauf gebar Helene einen Sohn, gab den Namen des Vaters jedoch nie preis. Er sollte erst viel später bekannt werden: Friedrich Engels hatte seinem Freund die Gefälligkeit erwiesen und sich selbst als der Vater ausgegeben, der Marx sein Leben lang zu sein bestritt. Erst auf seinem Sterbebett erzählte Engels Marx' Tochter Eleanor die ganze Wahrheit.[29]

Marx' Beziehung zu Bruno Bauer und anderen Linkshegelianern beraubten ihn jeder Aussicht auf eine Universitätslaufbahn. Doch er erwies sich schnell als fähiger Journalist und wurde Redakteur der Kölner *Rheinischen Zeitung*, die ihre Auflage unter seiner Ägide verdoppelte. In den vierziger Jahren des 19. Jahrhunderts begann sich die Industrialisierung in Deutschland bemerkbar zu machen. Soziale und wirtschaftliche Fragen gewannen nicht nur an Bedeutung, sie wurden auch immer komplexer, so wie im vorangegangenen Jahrhundert bereits in England. Engels und Marx wurde das schnell bewusst. Allenthalben spukten in den Köpfen fortschrittlicherer Denker sozialistische und kommunistische Lösungen (was damals noch mehr oder weniger das Gleiche war). Doch bis dahin hatte sich Marx nicht auf diese Theorien eingelassen. 1842 verteidigte er – aus mehr oder weniger rein rechtlichen Gründen – in einem berühmten Artikel das traditionelle Recht der Besitzlosen, »Raffholz« in den Wäldern sammeln zu dürfen, gegen das neue »Holzdiebstahlgesetz«, das erlassen worden war, weil die Industrie einen so hohen Holzbedarf hatte. Das Thema »Privateigentum« war noch nicht ins Zentrum seines Interesses gerückt.[30]

Allmählich – manchmal auch weniger gemach – reagierte Marx jedoch immer entnervter auf die staatliche Zensur der *Rheinischen Zeitung*, bis er im März 1843 schließlich kündigte. Aber da wurde die Zeitung ohnedies gerade verboten. Seine Karriere als hauptberuflicher Journalist hatte kaum ein Jahr gewährt. Nun begann sein Leben als hauptberuflicher Revolutionär im Exil.

Zuerst ging er nach Paris, wo er hoffte, als Journalist weiterarbeiten zu können, und mit Arnold Ruge übereinkam, gemeinsam eine neue Zeitschrift herauszugeben, die *Deutsch-Französischen Jahrbücher*, denen sie ein internationales Flair verpassen wollten. Doch dann erschien nur eine einzige Doppelausgabe, ohne den Beitrag eines einzigen französischen Autors – es waren also weder *Jahrbücher* daraus geworden, noch war das Ganze international. Aber allein schon diese eine Doppelausgabe enthielt drei bahnbrechende Artikel, zwei von Marx (»Zur Judenfrage« und »Zur Kritik der Hegel'schen Rechtsphilosophie«) und einen von Friedrich Engels (»Umrisse zu einer Kritik der Nationalökonomie«). Marx war sehr beeindruckt von Engels gewesen, als dieser auf der Durchreise in Paris gewesen war und sie zehn Tage in ununterbrochener Gesellschaft des anderen verbracht hatten. »Damals«, schreibt Bruce Mazlish, »wurde der Grundstock für die vielleicht erfolgreichste und bedeutendste geistige Zusammenarbeit aller Zeiten gelegt.«[31] Den Franzosen hatten sie das gewiss nicht zu verdanken, denn ungeachtet deren eigener revolutionärer Referenzen sollten sie Marx und Ruge im Januar 1845 des Landes verweisen.

Doch Marx und Engels ließen sich nicht beirren. 1846 gründeten sie in Brüssel das »Kommunistische Korrespondenz-Komitee«, mit dem Ziel, Kommunisten aller Länder den Kontakt zueinander zu ermöglichen (es war ein Vorläufer der Kommunistischen Internationalen). 1847 folgte die Gründung des »Deutschen Arbeiter-Bildungsvereins« und der »Association démocratique«, die Kontakt zur »League of the Just« (dem »Bund der Gerechten«) aufnahm, einer radikalen Geheimgesellschaft in London. Marx begann mehr und mehr zu agitieren. Schließlich unterstützte er die Bewaffnung der revolutionären Brüsseler Arbeiter mit Geld aus dem väterlichen Erbe. Nach der Februarrevolution 1848 wurde er verhaftet und ausgewiesen. Mit einem kurzen Umweg über Paris kehrte er nach Köln zurück, wo er die *Neue Rheinische Zeitung* herausgab, noch ein Organ, das sich der Revolution verschrieben hatte.

Die Revolution, die von einigen Kreisen schon während der gesamten (»hungrigen«) vierziger Jahre erwartet worden war, brach 1848 schließlich in mehreren Städten aus, geriet ab Jahresmitte aber zunehmend in die Defensive. Als sich die Niederlage immer deutlicher abzeichnete und die Konservativen wieder die Oberhand gewannen, musste Marx zweimal vor Gericht erscheinen (im November 1848 wegen Pressevergehens und im Februar 1849 wegen Aufforderung zum bewaffneten Widerstand), wurde nach seinen brillanten Einlassungen aber beide Male von den Geschworenen freigesprochen. Im Mai 1849 geriet er erneut in Schwierigkeiten, und diesmal wurde er aus Preußen ausgewiesen. Noch einmal versuchte er sein Glück in Paris, wurde aber auch aus Frankreich wieder ausgewiesen und überquerte im Sommer 1849, »sich des Fehlschlags ›der Sache‹ bewusst«, schließlich den Kanal nach England.[32] Dort blieb er für den Rest seines Lebens, immer nach Revolution hungernd.

Marx' neue Psychologie

Marx selbst hielt sich für einen Demokraten. Der Schweizer Historiker Jacob Burckhardt nannte ihn einen der großen »schrecklichen Vereinfacher« der Geschichte. In gewissen Maßen hatte Burckhardt damit durchaus recht. So kümmerte sich Marx in seinen Schriften praktisch nie um den Schutz der Persönlichkeitsrechte, weil er schlicht davon ausging, dass es in einer kommunistischen Gesellschaft eines solchen Schutzes nicht bedürfe. Er bewegte sich bestimmt nicht in der Tradition eines John Locke, eines James Madison oder eines John Stuart Mill, die sich Sorgen wegen der menschlichen Machtgier gemacht und deshalb ein System gegenseitiger Kontrolle gefordert hatten. Außerdem war deren Definition von »Freiheit« weit entfernt von Marx' Freiheitsverständnis.[33]

Marx war also zu einem Heimatlosen geworden, aber doch eindeutig ein deutscher Autor geblieben. Stark von Hegel und dessen Gedanken über die Entfremdung des Gläubigen von der Religion beeindruckt, wählte er die deutsche wissenschaftlich-kritische Methode, um Entfremdung in *diesem* Leben zu erforschen. Dabei konzentrierte er sich im Wesentlichen auf die deutschen Länder (die er in Alltagsdingen für rückständig, im Denken jedoch anderen für voraus hielt) und auf die von ihm erhoffte Revolution dort. Die gescheiterten Revolutionen von 1848 hatten deutlichen Anteil an seinen Gedankengängen: Von der Bourgeoisie sei keine Revolution zu erwarten; sie sei ihrer historischen Rolle schlicht nicht gewachsen, deshalb müsse ein neuer Spieler – der Held – gefunden werden. Und dieser neue Spieler war das Proletariat. Es müsse eine Klasse gebildet werden »mit *radikalen Ketten*, eine Klasse der bürgerlichen Gesellschaft, welche keine Klasse der bürgerlichen Gesellschaft ist«. Dabei war sich Marx nur allzu bewusst: »Das Proletariat beginnt erst durch die hereinbrechende *industrielle* Bewegung für Deutschland zu werden.« Nur wenn die Bourgeoisie die ihr zugewiesene Rolle spielen und sich als echter Schurke verhalten würde, könne sich die neue Heldenklasse entwickeln. »Damit *ein* Stand *par excellence* der Stand der Befreiung, dazu muß umgekehrt ein anderer Stand der offenbare Stand der Unterjochung sein.«[34] Gedanken wie diese sind entscheidend, wenn man Marx verstehen will.

Im Jahr 1844, während seiner Zeit in Paris, nahm er schließlich die klassische englische Wirtschaftstheorie in Angriff und schuf sich eine materielle Grundlage für seine Hegel-Kritik. Doch wir sollten nicht vergessen, dass es Engels war, der 1844 über *Die Lage der arbeitenden Klasse in England* schrieb (1845 veröffentlicht) und die trostlose Realität des Fabrikwesens von Manchester bloßstellte. Und während Engels durch diese rußige Industriestadt gestapft war, verbrachte Marx seine Zeit mit der Analyse von Adam Smith, um in einer Schlüsselpassage dann zu erklären, warum der wachsende Wohlstand der Gesellschaft unweigerlich Armut und Entwürdigung für das Individuum bedeuten. (Smith war nicht blind gegenüber dieser Bedrohung gewesen, hatte unter dem Strich aber geglaubt, dass die Vorteile die Nachteile bei Weitem überwiegen würden.) Marx war der Meinung, dass sich das selbstsüchtige Streben der Lohnherren immer durchsetzen und den Markt immer verzerren würde.[35]

Marx war ebenso Philosoph wie Ökonom. Sein grundlegendes Argument lautete: »Der Arbeiter wird um so ärmer, je mehr Reichtum er produziert.« Angesichts der steigenden Entfremdung werde er sogar »eine um so wohlfeilere Ware, je mehr Waren er schafft«; und mit »der *Verwertung* der Sachenwelt nimmt die *Entwertung* der Menschenwelt in direktem Verhältnis zu«. So entwickelte Marx also sein Konzept der Entfremdung durch Arbeit, das er in vier wesentliche Gesichtspunkte aufteilte: (1) »Der Gegenstand, den die Arbeit produziert, ihr Produkt, tritt ihm [dem Arbeiter] als ein *fremdes Wesen*« gegenüber, die Äußerlichkeit der Arbeit »erscheint für den Arbeiter darin, daß sie nicht sein eigen, sondern eines andern ist«, sie »gehört einem andren, sie ist der Verlust seiner selbst«. (2) »Die Verwirklichung der Arbeit erscheint in dem nationalökonomischen Zustand als *Entwirklichung* des Arbeiters«, »freitätig« fühlt er sich »in seinen menschlichen Funktionen nur mehr als Tier«. (3) »Eine unmittelbare Konsequenz davon, daß der Mensch dem Produkt seiner Arbeit, seiner Lebenstätigkeit, seinem Gattungswesen entfremdet ist, ist die *Entfremdung des Menschen* von dem *Menschen*« und (4) von »der Natur«.[36] Marx war überzeugt, dass diese Entfremdungskräfte schließlich zu einer neuen psychischen Verfassung des Menschen führen würden.

1845 lebten Karl und Jenny (die gerade mit Laura schwanger war) in Brüssel. Nachdem Engels in die Nachbarschaft gezogen war, reisten beide

Männer für sechs Wochen nach England, wo sie einen Großteil ihrer Zeit in Manchester verbrachten, die Dinge beobachteten und viel lasen. Zurück in Brüssel, begannen sie ihre gemeinsame Schrift *Die deutsche Ideologie* zu konzipieren, für die sich zu ihren Lebzeiten jedoch kein Verlag fand und die sie 1846 schließlich ad acta legten (erstmals veröffentlicht wurde sie 1932 in Moskau). Marx war zwar enttäuscht darüber, fand aber später, dass diese Schrift dennoch ihrem Zweck gedient habe, indem sie ihnen half, gewisse Klarheit in ihre Gedanken zu bringen. »Da war er zu bescheiden«, schreibt Bruce Mazlish, »denn die Thesen der *deutschen Ideologie* sollten an den Fundamenten des Kapitalismus nagen«.[37]

Marx begann nun zu schreiben, als hätte er eine neue Wissenschaft entdeckt – eine, welche eine ganz neue Entwicklungsstufe der Menschheit offenbarte, eine neue Ebene des hegelianischen Selbstbewusstseins. Um Geschichte machen zu können, so Marx, müsse der Mensch erst einmal leben, und das bedeute, dass er seine Bedürfnisse befriedigen müsse. Im Stadium der Industrialisierung seien gewisse Kooperationsweisen zwar vonnöten, bestimmte gesellschaftliche Vereinbarungen, doch würde das nicht ohne Folgen bleiben. Den Franzosen und Engländern zollte er Anerkennung, weil sie als Erste begriffen hatten, dass die Wirtschaftsgeschichte von zentraler Bedeutung und Geschichte bloß die Abfolge einzelner Generationen sei, die jeweils erneut das ererbte Kapital und die Produktionskräfte ausbeuteten. Die politische Geschichte blendete er aus, weil es aus seiner Sicht keinen Gesellschaftsvertrag à la Rousseau geben konnte und es immer nur die wirtschaftlichen Beziehungen seien, die den Menschen an den Menschen bänden. »Eine solche Ansicht bedeutete«, wie Bruce Mazlish schreibt, »einen profunden Umbruch im politisch-wissenschaftlichen Denken.«[38]

Marx behauptete auch, dass sich kein Staat ohne finanzielle Arbeitsteilung entwickeln könne: Der Staat biete immer nur die Illusion eines Gemeinschaftslebens.[39] Zugehörigkeiten zu Familien und Klassen würden zwar ein gewisses Maß an Identität ermöglichen, doch »alle Kämpfe innerhalb des Staats, der Kampf zwischen Demokratie, Aristokratie und Monarchie, der Kampf um das Wahlrecht etc. etc., [sind] nichts als die illusorischen Formen [...], in denen die wirklichen Kämpfe der verschiednen Klassen untereinander geführt werden«. Das politische Leben verschleiere bloß den wahren Kampf, welcher auf der Teilung von Arbeit und der Existenz von Privateigentum beruhe und eine weitere Ursache der Entfremdung sei. Das führte schließlich zu der berühmten Passage über die herrschenden *Ideen* einer Gesellschaft: »Die Gedanken der herrschenden Klasse sind in jeder Epoche die herrschenden Gedanken, d. h. die Klasse, welche die herrschende *materielle* Macht der Gesellschaft ist, ist zugleich ihre herrschende *geistige* Macht.« Deshalb könne »eine massenhafte Veränderung der Menschen« nur »in einer praktischen Bewegung, in einer Revolution vor sich gehen [...], weil die stürzende Klasse nur in einer Revolution dahin kommen kann, sich den ganzen alten Dreck vom Halse zu schaffen und zu einer neuen Begründung der Gesellschaft befähigt zu werden«.[40] Arbeitsteilung, Privatbesitz, das geistige Selbstverständnis des Staates – alles wird in einem großen Bogen zu einer Synthese zusammengefasst.

Der *Deutschen Ideologie* folgte 1848 das *Manifest der Kommunistischen Partei*, in dem die bevorstehende Revolution noch aggressiver vorausgesagt wurde. 1836 war von radikalen deutschen Arbeitern in Paris der »Bund der Gerechten« gegründet worden, ein kleiner Geheimbund, der sich der Revolution in Deutschland verschrieben hatte. Nach einem misslungenen Aufstand wurde die Zentrale des Bundes 1839 nach London verlegt, wo er 1847 dann in »Bund der Kommunisten« umbenannt wurde. Der zweite Kongress des Bundes beauftragte die beiden Neuzugänge Marx und Engels, ein Manifest zu verfassen.

Den größten Teil des Entwurfs schrieb Engels, doch bald wurde Marx klar, dass dieses Manifest ein perfektes Vehikel war, um ihre Ansichten auch in anderen Kreisen zu verbreiten. Indem er Engels' Entwurf dann seine Vision überstülpte, verwandelte er das *Manifest* in ein klassisches »Glaubensbekenntnis«.

Es beginnt mit den berühmten Worten: »Ein Gespenst geht um in Europa – das Gespenst des Kommunismus.« Zu dieser Zeit gab es Bruce Mazlish zufolge vielleicht zwanzig, höchstens hundert Kommunisten in London, die Marx jedoch behandelte, als wären sie die einzige Alternative zum Status quo. Nach diesem mitreißend propagandistischen Eröffnungssatz fegt Marx durch die Geschichte und informiert den Leser mit der Gewissheit des Wissenschaftlers, wie die Bourgeoisie auf Kosten der Feudalgesellschaft aufgestiegen war, dabei die Instrumente und Finanzierung der Produktion verändert, den Markt erweitert und verwandelt und eine ganz andere, auf internationalem Handel und Tausch basierende Zivilisation begründet hatte. Die Fertigkeiten der traditionellen »kleinen Mittelstände« gerieten dabei ins Abseits. Die Bourgeoisie erschuf sich die Bedingungen ihres eigenen Untergangs, während ihr Bedarf die moderne Arbeiterklasse – das Proletariat – erschuf. »Die Bourgeoisie vereinfachte den Klassenkampf, welcher laut Marx ›die Geschichte aller bisherigen Gesellschaft‹ war, zu einem manichäischen Endkampf von nur noch zwei Klassen: den Besitzenden und den Habenichtsen, den Kapitalisten und den Proletariern.«[41] Der Konflikt ist von geradezu biblischer Schlichtheit.

Angesichts all der Gräuel, die in Marx' Namen begangen (oder ihm zugeschrieben) wurden, ist es wohl nur fair, darauf hinzuweisen, wie wenig radikal Marx' praktischer Maßnahmenkatalog (von der Abschaffung privaten Landbesitzes und des Erbrechts einmal abgesehen) heutzutage wirkt: eine progressive oder gestaffelte Einkommenssteuer, die Zentralisierung des Kreditwesens in den Händen des Staates, die Verstaatlichung des Kommunikations- und Transportwesens, der Zusammenschluss von Landwirtschaft und verarbeitender Industrie, ein unentgeltliches öffentliches Schulsystem ... Vielleicht liegt es an Marx' aufrührerischer Sprache, dass so leicht übersehen wird, wie viele seiner Forderungen tatsächlich verwirklicht wurden. Vielleicht liegt es auch an der Explosivkraft des Dramas, das er überall sich entfalten sah, oder an seinem Schlussakkord: »Mögen die herrschenden Klassen vor einer kommunistischen Revolution zittern. Die Proletarier haben nichts in ihr zu verlieren als ihre Ketten. Sie haben eine Welt zu gewinnen. *Proletarier aller Länder, vereinigt euch!*«[42]

Und dann natürlich: *Das Kapital*. Es steht ganz außer Frage, meint Bruce Mazlish, dass dieses Buchs Marx' größte Errungenschaft war und ein großes Werk ist. »Die Frage ist nur: In welchem Sinne ist es ein großes Werk?«[43]

Die zentralen Ideen darin sind (1) die Arbeitswerttheorie, (2) die Mehrwerttheorie, (3) die Akkumulation des Kapitals und ihre Folgen und (4) das Gesetz einer »der Akkumulation von Kapital entsprechenden Akkumulation von Elend«. Die Idee von der Arbeitswerttheorie stammte ursprünglich nicht von Marx, sondern von Adam Smith und war Anfang des 19. Jahrhunderts bereits so verbreitet, dass Marx hier einfach nur auf der Höhe seiner Zeit war. Doch kaum war *Das Kapital* veröffentlicht, wurde die Ökonomie von einer anderen Revolution überrascht: von der sogenannten Grenznutzentheorie, einem mathematischen Ansatz, der die Arbeitswerttheorie unterminierte und einer der Gründe ist, weshalb moderne Ökonomen Marx' ökonomischen Theorien so wenig Aufmerksamkeit schenken.

Marx behauptete, dass jeder Wert vom Arbeiter geschaffen werde, der selbst jedoch nicht den vollen Wert seiner Arbeit behalten dürfe, sondern vielmehr eines Teils davon – des Löwenanteils – beraubt werde und deshalb zu einem elenden, entwürdigenden Leben verdammt sei.[44] Das entscheidende Problem war für Marx der Profit. Mazlish stellt die Frage: »Wenn der Kapitalist das Kapital zurückerhält, mit dem er angefangen hat, und wenn der rechtmäßige Wert der Arbeit des Arbeiters in die Ware einfließt, wie kommt es dann, dass ›Profit‹ aus dem Produktionsprozess geschlagen werden kann?« Nur dann, wenn der Kapitalist dem Arbeiter sehr viel weniger bezahlt, als er wert ist, kann er sich einen Profit sichern. Und das war für Marx natürlich die schiere Ausbeutung. Sogar »Arbeiter, die das *Kapital* nie gelesen hatten, konnten nun darauf bauen, dass ihr Gefühl, ausgebeutet zu werden, wissenschaftlich untermauert worden war«.[45]

Marx' Argumente weisen viele Unzulänglichkeiten auf. Ein Beispiel: Wenn der Mehrwert davon herrührt, dass Kapitalisten den Wert der Arbeit zu gering schätzen, wie kommt es dann, dass Industrien, die eine Menge Maschinen und nur sehr wenig Arbeitskraft nutzen, häufig *profitabler* sind als beschäftigungsintensive Industrien? Darauf konnte Marx nie eine zufriedenstellende Antwort geben.

Einen Gutteil seiner lebendigsten Prosa hob Marx sich für seinen Bericht über die – oder seine Kritik an der – Akkumulation des Kapitals auf. Wie kam solche Akkumulation zustande? Eben nicht durch die harte Arbeit und Rücklagen des Kapitalisten, sondern »von Kopf bis Zeh, aus allen Poren, blut- und schmutztriefend«, durch brutale Enteignung, Sklaverei und Raubwirtschaft. »Die Expropriation der unmittelbaren Produzenten wird mit schonungslosestem Vandalismus und unter dem Trieb der infamsten, schmutzigsten, kleinlichst gehässigsten Leidenschaften vollbracht.«[46] Es gab keinen Ausweg: Das Kapital werde sich immer mehr auf immer weniger Hände konzentrieren. Dazu käme dann im Zuge des wachsenden Wettbewerbs noch der langfristige Rückgang des Profits. Das Endergebnis, jedenfalls eines der Ergebnisse, werde sein, dass sich die Akkumulation von Elend immer deutlicher bemerkbar mache. Max nannte das ein »Gesetz«, Fakt aber ist, dass sich die Bedingungen der meisten Arbeiter in den meisten kapitalistischen Ländern verbessert haben.[47]

Soll man das *Kapital* als eine Art trockenes Lehrbuch verstehen? Nicht wirklich. Bruce Mazlish ist der Meinung, es sei »ein leidenschaftliches Drama, ein Epos, das uns in die innersten Kreise des Kapitalismus hinabführt, durch dessen Fegefeuer hindurch, damit wir einen Blick auf seinen Verfall erhaschen und am Ende mit dem Versprechen auf künftige Erlösung wieder auftauchen. Es ist Marx' Bildsprache [...], die uns in die Knochen fährt.«[48]

Die anderen Mängel von Marx' Theorien sind heute allseits bekannt. Den entscheidendsten Fehler machte er mit seinen Annahmen, dass alle politische Macht unter Ausschluss des Arbeiters in der Hand des Kapitalisten liege und die bürgerliche Demokratie ein Schwindel sei. Allein schon die parlamentarischen Untersuchungen, die in England über die Arbeitsbedingungen durchgeführt und von Marx selbst genutzt worden waren, um den Kapitalismus zu verdammen, hatten zu wesentlichen Verbesserungen geführt (wenngleich, das stimmt, zu nur sehr mählichen). Und 1867, als der erste Band des *Kapitals* erschien, war genau das Jahr gewesen, in dem die urbane Arbeiterschaft Englands das Wahlrecht bekam. Langsam, aber stetig bildete sich in den bürgerlichen Demokratien Europas der »Wohlfahrtsstaat« heran. Heute sind wir weit genug vom *Kapital* entfernt, um generalisieren und feststellen zu können, dass die Arbeiter nirgendwo, wo sie eine politische Stimme hatten, für den Sturz des kapitalistischen Industriesystems stimmten, sondern vielmehr für einen höheren Anteil an dessen »Mehrwert«. Doch nicht einmal darin kommt der eigentliche Sinn und Zweck des *Kapitals* zum Ausdruck, denn der war, wie Engels feststellte, es in die Bibel der Arbeiter zu verwandeln und zum Bestandteil des Feldzugs zu machen, der die Revolution entfachen sollte. Doch neben diesen Mängeln gibt es auch noch Marx' Schlüsselerkenntnis, dass die sich entwickelnden Produktivkräfte einer Gesellschaft neue soziale Beziehungen erschaffen, welche die Ökonomie mit der Soziologie verknüpfen würden.[49] Angesichts seines hegelianischen Hintergrunds bot er doch eine evolutionäre Perspektive.

Marx der Mensch war ein großer Kämpfer, der sich unbeirrt für eine bessere Welt einsetzte. Vergessen wir einmal den Marxismus: Der Mensch Marx betonte – wie schon Francke, Herder und Hegel vor ihm –, dass das Ethos und die Werte einer Gesellschaft von ihren Mitgliedern *selbst* erschaffen werden. Auch das ist eine deutsche Ideologie, der wir noch heute anhängen, trotz allem, was seit ihrer Formulierung geschah.

Der gebildetste Mann Europas

Im Jahr 1890, als Engels siebzig war, brachte Marx' Tochter Eleanor dessen Charakter auf den Punkt: Abgesehen von seiner jugendlichen Frische und Güte sei nichts so bemerkenswert an ihm wie seine Vielseitigkeit. Nichts sei ihm fremd, ob Naturgeschichte, Chemie, Botanik, Physik, Philologie, politische Ökonomie und, nicht zu vergessen, Militärtaktik.[50] Auch Theodor Friedrich Cuno – der Gründer einer Sektion der Internationalen in Mailand und später Mitglied der amerikanischen Arbeiterorganisation *Knights of Labor*, dem Engels 1872 das Leben gerettet hatte, als Cuno zum ersten Mal im Meer geschwommen war und dabei fast ertrunken wäre – hatte über seinen Retter gesagt: »Sein Kopf war eine Schatzkammer an gelehrtem Wissen.« Und auch Marx war »stolz auf Engels«, hielt ihn gar für den gebildetsten Mann Europas.[51]

Friedrich Engels (1820–1895) wurde in Barmen als Sohn eines standhaften Pietisten geboren. Engels selbst sollte stärker von der einsetzenden Industrialisierung beeindruckt sein, und was den Pietismus betraf, so machte ihn vor allem betroffen, dass in dem pietistischen Umfeld an der Wupper kein »frisches fröhliches Volkstreiben« wie anderenorts in Deutschland herrschte und statt der alten deutschen Volkslieder nur noch religiöse Gesänge zu hören seien. Auf Wunsch des Vaters, eines Textilfabrikanten, verließ er das Gymnasium vor dem Abschluss, um als Handelsgehilfe im väterlichen Betrieb zu arbeiten. Die Lehre setzte er dann in einer Bremer Leinenhandlung fort, ansonsten genoss er das Leben – er ritt, lief Schlittschuh, focht, trat einem Chor bei und versuchte sich sogar als Komponist.[52] Als Lektüre bevorzugte er Schleiermacher und Fichte. Strauß' Buch *Das Leben Jesu* war es zu verdanken, dass er schließlich seinen Glauben verlor. Doch dann stieß er auf Hegel, und das war für ihn wie eine religiöse Offenbarung. Er knüpfte Kontakte zum Kreis der Junghegelianer, dem auch Marx angehörte, und veröffentlichte 1842 die Broschüre *Schelling und die Offenbarung*, die sogar im weit entfernten Russland Aufmerksamkeit erregte. Er begann regelmäßiger für Zeitungen zu schreiben, bis sein Vater beschloss, ihn nach Manchester zu schicken, damit seinen unternehmerischen Fähigkeiten in der dortigen Baumwollspinnerei, die er mit seinem Partner Ermen betrieb, der letzte Schliff gegeben würde.[53]

In England fand Engels das Leben zwar weniger reizvoll als auf dem Kontinent, dafür lernte er dort seine spätere langjährige Lebensgefährtin, die Irin Mary Burns, kennen, höchstwahrscheinlich eine Magd, die ihn in die proletarischen Kreise von Manchester einführte. Diese Kontakte bildeten dann den Hintergrund für sein Buch über *Die Lage der arbeitenden Klasse in England*.[54] Vor seiner Rückkehr nach Deutschland machte er 1844 in Paris halt, wo er Marx begegnete; aber kaum zu Hause angekommen, begann er mit der Arbeit an dem Buch über die englische Arbeiterklasse, das der britische Marxismusforscher David McLellan als »eine Pionierarbeit auf den relativ neuen Gebieten der urbanen Geografie und Soziologie« bezeichnete. Heute wissen wir, dass Engels darin ein einseitiges Bild von der englischen Arbeiterklasse zeichnete und nicht nur deren Wohlstand vor der Industrialisierung, sondern auch den Einfluss des Maschinenzeitalters auf sie propagandistisch übertrieb. Dennoch war es ein höchst lebendiger Bericht. »Kein anderes Buch, ausgenommen vielleicht Elizabeth Gaskells *Mary Barton*, bietet derart plastische Schilderungen der wahren Übel, unter denen die englische Arbeiterklasse zu dieser Zeit litt.«[55]

Bis zum Revolutionsjahr 1848 hatten Engels und Marx gemeinsam *Die heilige Familie*, *Die deutsche Ideologie* und das *Manifest der Kommunistischen Partei* geschrieben. Aber während Marx 1849 nach Paris ging, trat Engels als Frontkämpfer in ein badisch-pfälzisches Freiwilligenkorps ein, um am »letzten Gefecht« der demokratischen Revolutionäre Badens gegen Preußen teilzunehmen, dem ein leichter Sieg sicher war. Engels kämpfte in vier Schlachten und fand dabei heraus, dass er mutiger war, als er zu hoffen gewagt hatte. Schließlich aber zogen er und die Familie Marx nach England, wo Engels ab 1850 wieder bei Ermen & Engels in Manchester arbeitete und von dieser Stellung dann nicht nur sich selbst ernährte, sondern auch Marx' mageres Einkommen aufbesserte. Später, als Engels gut verdiente, wurde die finanzielle Unterstützung für Marx ziemlich beträchtlich. Neben seiner Zusammenarbeit mit ihm begann der einstige Soldat nun auch über militärische Dinge zu schreiben.

Zu dieser Zeit führte Engels ungeachtet seiner Erlebnisse auf den Barrikaden ein Leben, das alles andere als das eines Revolutionärs war. Er ging mit der Meute auf die Jagd, wurde Mitglied im Albert Club (benannt nach Queen Victorias deutschem Prinzgemahl und mit einer halb englischen, halb deutschen Mitgliederliste) und strich seit 1860 den gesamten Engel'schen Anteil der Profite von Ermen & Engels ein, »was noch das Seine zu der Ironie beitrug, dass Marx' Haupteinkommensquelle zumindest zu dieser Zeit eine kapitalistische war«.[56]

1870 zog Engels nach London und mietete ein Haus, nur ein paar Schritte von Karl und Jenny entfernt. Endlich fand er Zeit und Muße, eigene Bücher zu schreiben – denen seine Belesenheit sehr zugute kam –, darunter *Der Ursprung der Familie, des Privateigentums und des Staats* (die Grundlage dafür war Lewis Morgans bekannte Schrift *Ancient Society* und deren Grundthese, dass die Produktion der Schlüssel zur Entwicklung vom Zustand der Wildheit in den der Zivilisation gewesen sei).[57] Das letzte seiner bedeutenden eigenen Werke wurde 1886 veröffentlicht: *Ludwig Feuerbach und der Ausgang der klassischen deutschen Philosophie*. Er klärte darin die Bezüge zu Hegel und Feuerbach in seinem und Marx' Denken, wiederholte Hegels Argument, dass die Wahrheit »in dem Prozeß des Erkennens selbst [liegt], in der langen geschichtlichen Entwicklung der Wissenschaft, die von niedern zu immer höhern Stufen der Erkenntnis aufsteigt, ohne aber jemals durch Ausfindung einer sogenannten absoluten Wahrheit zu dem Punkt zu gelangen«. Und er wiederholte darin Feuerbachs Idee: »Die Natur existiert unabhängig von aller Philosophie; sie ist die Grundlage, auf der wir Menschen, selbst Naturprodukte, erwachsen sind; außer der Natur und den Menschen existiert nichts, und die höhern Wesen, die unsere religiöse Phantasie erschuf, sind nur die phantastische Rückspiegelung unsers eignen Wesens.«[58]

Heute wird Engels' Belesenheit meist nicht mehr in gebührendem Maße gewürdigt. Seine Interessen waren viel breiter gestreut als die von Marx; auch er sprach fließend Französisch, Englisch und Deutsch, lernte aber im Gegensatz zu Marx auch noch Griechisch, Latein, etwas Italienisch, Spanisch und Portugiesisch (und angeblich sogar mehrere irische Dialekte). Er selbst machte kein Aufhebens um seine Belesenheit, aber Fakt ist, dass sie ihm sehr zugute kam, beispielsweise indem sie ihn zu der Voraussage befähigte, dass sich Wilhelm II. als eine Katastrophe für Deutschland erweisen würde. Auch war er nicht blind gegenüber der Tatsache, dass die englische Arbeiterklasse dank des britischen Imperienbaus immer mehr Wohlstand genoss, wenn natürlich auch ungleich verteilt, was er dann als Erklärung für den Umstand heranzog, dass der Sozialismus seit dem Owenismus kaum Fuß in England hatte fassen können. Er glaubte auch, dass die englische Arbeiterklasse im Zuge des Niedergangs des Empires, der Abschaffung des englischen Monopols und der wachsenden kommerziellen Erfolge Amerikas ihre Privilegien wieder verlieren und sich deshalb dem Sozialismus zuwenden würde. Wie mit so vielem sollte er auch damit recht behalten.[59]

Engels war ganz gewiss nicht weniger interessant als Marx, und die

Debatte, wer von beiden zuerst die wichtigsten Ideen gehabt habe, die sie dann gemeinsam ausformulierten, wird wohl nie enden. Nachdem Engels seinen Freund Marx um mehr als ein Jahrzehnt überlebt und deshalb den zweiten und dritten Band des *Kapitals* nach dessen Tod allein ediert hatte, ist es nicht verwunderlich, dass der amerikanische Engels-Biograf J.D. Hunley in seiner jüngsten Kritik starke Argumente für die Behauptung liefern konnte, dass es letztendlich kaum Unterschiede zwischen Marx' und Engels' materialistischem Verständnis von Geschichte, Ökonomie und Politik gegeben habe und dass sich Engels' *Grundsätze des Kommunismus* kaum vom gemeinsam verfassten *Manifest der Kommunistischen Partei* unterschieden habe wenngleich Letzteres auch etwas radikaler gewesen sei.[60] Engels, schreibt Hunley, verfolgte die revolutionäre Sache vielleicht mit etwas weniger Enthusiasmus als Marx, was aber auch einfach der Tatsache geschuldet sein könnte, dass er länger gelebt und deshalb noch miterlebt hatte, wie die Sozialdemokratie in Deutschland immer stärker wurde. Im Vorwort zur englischen Übersetzung des ersten Bandes vom *Kapital* äußerten Engels und Marx die Ansicht, dass sich revolutionäre Veränderungen in England mit friedlichen und legalen Mitteln erreichen lassen könnten, was beide für wünschenswert hielten. Dennoch war Engels nicht weniger davon überzeugt als Marx, dass sich der Einsatz von Gewalt in einigen Ländern als notwendig erweisen würde.[61]

Sowohl Engels als auch Marx wahrten bis zuletzt eine Art von Hegelianismus, glaubten, dass die Geschichte das Ergebnis von unpersönlichen Kräften sei, jedoch von Menschen gestaltet werde. Doch nur Engels hielt fest, wie lachhaft er es fand, alles in der Geschichte mit ökonomischen Faktoren erklären zu wollen, denn »alles, was in den Köpfen der Menschen vernünftig ist, ist bestimmt, wirklich zu werden, mag es auch noch so sehr der bestehenden scheinbaren Wirklichkeit widersprechen«.[62]

Zu Darwins *Entstehung der Arten* schrieb Marx den aufschlussreichen Kommentar, es sei »das Buch, das die naturhistorische Grundlage für unsere Ansicht enthält«.[63] Man beachte das Wort »unsere«. Es gibt tatsächlich wenige Indizien für die Behauptung, dass Engels' Beitrag, jedenfalls zumindest der zum ersten Band des *Kapitals*, eher finanzieller und kritischer als substanzieller Art gewesen sei. Was den zweiten und dritten Band betrifft, so lässt sich angesichts von Marx' chaotischen Manuskripten keine klare Aussage treffen. Wir wissen nicht, was von Engels hinzugefügt wurde, doch zumindest sind sich die Historiker einig, dass es keinerlei Hinweise auf irgendeinen Fälschungsversuch gibt. Tristram Hunt schreibt in seiner 2009 veröffentlichten Biografie, »Marx' Bulldogge« Engels habe versucht, diesem eine wissenschaftliche Hülle überzustülpen, weil er von den wissenschaftlichen Fortschritten im 19. Jahrhundert so fasziniert gewesen sei, dass er ihre gemeinsame Sozialismusvision auf ein wissenschaftliches Fundament stellen wollte. Vielleicht stimmt das, doch die Zusammenarbeit von Marx und Engels war immer von gegenseitigem Respekt gekennzeichnet, und das war entscheidend, damit sich ihre Gemeinschaftsproduktion in die »bedeutendste geistige Partnerschaft aller Zeiten« verwandeln konnte.[64]

12
Der deutsche Historismus:
»Ein einzigartiges Ereignis in der Ideengeschichte«

Dank Johann Gottfried Herder wurde die Historie zur Grundlage aller Kultur, rückten Entwicklung und Evolution ins Zentrum des Interesses. In seinen *Ideen zur Philosophie der Geschichte der Menschheit* schrieb er: »Wir sahen, daß der Zweck unsres jetzigen Daseins auf Bildung der Humanität gerichtet sei, der alle niedrigen Bedürfnisse der Erde nur dienen und selbst zu ihr führen sollen. Unsre Vernunftfähigkeit soll zur Vernunft, unsre feinern Sinne zur Kunst [...] gebildet werden. [...] Der Mensch soll sich nämlich diesen Grad des Lichts und der Sicherheit durch Übung selbst erwerben.« Fichte, Schelling und Hegel sprachen sich allesamt für die historische Einzigartigkeit des Individuums und jeder Nation aus. Nach ihrer wie nach Wilhelm vom Humboldts Meinung war der Daseinszweck des Menschen ausdrücklich nicht das Streben nach Glück, sondern die Verwirklichung seiner Potenziale.[1]

Der entscheidende Aspekt beim Wechsel vom aufgeklärten zum historistischen Weltbild war die Kette der politischen Katastrophen und Regenerationen, die sich zwischen 1792 und 1815 auch auf das deutsche Geistesleben auswirkte. Zuerst hatte das deutsche Bürgertum die Französische Revolution im Großen und Ganzen begrüßt, nach der Pariser Schreckensherrschaft machte sich jedoch tiefes Unbehagen breit, das zu weitverbreiteten Zweifeln an der Lehre vom Naturgesetz führte. Die napoleonische Besatzung intensivierte diese Gefühle, förderte nationalistisches Denken und führte dazu, dass man die Werte der Aufklärung mit der verabscheuten französischen Kultur gleichsetzte. Die Reformen, zu denen das anregte, veränderten die deutschen Einstellungen zur Geschichte in dreierlei Hinsicht.[2]

Zuerst wurde der aufgeklärte Glaube an die Existenz von universellen politischen Werten erschüttert. Nun herrschte die Meinung, dass alle Werte historisch und national gewachsen seien und fremdländische Institutionen oder Ideen deshalb nicht so ohne Weiteres auf deutschen Boden verpflanzt werden könnten. Geschichte, nicht eine abstrakte (französische) Rationalität, war der Schlüssel. Dann verwandelte sich der Nationenbegriff. Herder hatte die vernünftige kosmopolitische Vorstellung vertreten, dass die Unterschiedlichkeiten von Nationen das Leben bereicherten. 1808, als Fichte seine (1807 gehaltenen) *Reden an die deutsche Nation* publizierte, wurde das deutsche Volk jedoch bereits als einzigartig und insofern ursprünglich dargestellt, als es im Gegensatz zu den Franzosen den Bezug zu seinem originären Genius noch nicht verloren habe. Die Franzosen wurden nun als oberflächlich und als ein Volk hingestellt, dem es am »Streben nach dem Göttlichen« mangelte, wie Wilhelm von Humboldt schrieb. Drittens wurde die Rolle des Staates neu definiert. Herder betrachtete Staaten als künstlich erschaffene Körperschaften, die der Zufriedenheit des Menschen abträglich waren. Seither hatte man den Staat jedoch mehr und mehr aus machtpolitischer Sicht zu betrachten begonnen. Fichte argumentierte 1807 in seinem Essay »Über Machiavelli«: Im Verhältnis des Fürsten »zu andern Staaten gibt es weder Gesetz noch Recht, außer dem Rechte der Stärkeren«. Leopold von Ranke folgte Fichtes Sicht, dass Macht immer vor Recht gehe.[3]*

Diese neue Einstellung wurde nirgends deutlicher als bei Wilhelm von Humboldt, welcher erklärte, dass die Weltgeschichte ein bestimmtes Ziel verfolge und es daher keinen abstrakten Daseinszweck geben könne. Man müsse der Schöpfungskraft ihren freien Lauf lassen. Es gebe keinen höheren Sinn und Zweck, keine übergeordnete Struktur. Auch das ist eine der Aussagen, die heute niemand mehr ungewöhnlich findet, die aber in der Welt des Zweifels zwischen Dogma und Darwin radikal wirkte und vielen sogar gefährlich schien.[4]

Für Wilhelm von Humboldt war Bildung – die Entwicklung der Individualität und die Möglichkeit eines jeden, seine Einzigartigkeit zur Geltung zu bringen – das höchste ethische Gut.[5] Diese Ansicht sollte weitreichende Folgen haben, denn so gesehen unterschieden sich politische, kulturelle und historische Erkenntnisse ziemlich deutlich von dem Verständnis der materiellen Natur: Die unbelebte Natur lässt sich demnach mit Hilfe von Abstraktion und den mathematischen Gesetzmäßigkeiten ihres Verhaltens verstehen, wohingegen sich die Kräfte der belebten Natur nur durch die Energien erfahren lassen, die diese zum Ausdruck bringt und in denen sich ihre innere Natur spiegelt. Zweifellos gibt es *einige* Gleichförmigkeiten in der menschlichen Natur – »ohne sie wäre keine Statistik möglich« –, doch das Vorhandensein von freier Kreativität macht historische Voraussagen unmöglich. Die Bedeutung der Forschung ergibt sich aus der Tatsache, dass sie kreativ ist. Und da die Geschichte nichts anderes ist als eine Anhäufung einzelner Willen, muss die Geschichtsforschung eine »exakte, unvoreingenommene, kritische Untersuchung von Ereignissen« sein, wie der amerikanische Historiker George G. Iggers schreibt.[6]

---

* Das deckt sich mit der Äußerung des Mephistopheles in *Faust II*: »Man hat Gewalt, so hat man Recht. Man fragt ums Was, und nicht ums Wie.«

Das Ergebnis solcher Gedanken war, so Iggers weiter, dass moderne deutsche Historiker ein besonderes Geschichtsverständnis entwickelten. »Mit wesentlich mehr Berechtigung als auf Frankreich, Großbritannien oder die Vereinigten Staaten bezogen, kann man bei Deutschland von einer historiografischen Hauptströmung sprechen.« Sie konzentrierte sich auf das Wesen von politischer Macht und auf den Konflikt zwischen Großmächten, mit deutlicher Betonung auf diplomatischen Dokumenten, was nicht nur eine Vernachlässigung der gesellschaftlichen und ökonomischen Geschichte, sondern auch der soziologischen Methoden und der Statistik nach sich zog.

Deutsche Historiker wie Friedrich Meinecke, Ernst Troeltsch und Kollegen erkannten, dass sich der Historismus von der zweitausendjährigen Vorherrschaft der Theorie vom Naturgesetz gelöst hat oder, so Iggers weiter, von den »immerwährenden, absoluten Wahrheiten, die mit der im gesamten Universum vorherrschenden rationalen Ordnung korrespondieren«.[7] Ersetzt wurde diese Methode durch ein Konzept, das der Fülle und Vielfalt menschlicher Erfahrung in der Geschichte Rechnung tragen sollte. Meineckes Ansicht nach war das nicht nur der bedeutendste deutsche Beitrag zum abendländischen Denken seit der Reformation gewesen, sondern stellte auch »die höchste bisher erreichte Stufe in dem Verständnis menschlicher Dinge« dar.[8] Abgesehen davon waren Meinecke und Troeltsch Iggers' Interpretation zufolge davon überzeugt, dass das historische Denken in Europa (außerhalb Deutschlands) noch während des ganzen 19. Jahrhunderts und bis ins 20. Jahrhundert hinein auf das Naturgesetz fixiert geblieben sei. Nicht zuletzt dieser Unterschied habe die Grundlage für die großen Divergenzen in den kulturellen und politischen Entwicklungen Deutschlands und »Westeuropas« erschaffen, die seit der Französischen Revolution zu beobachten gewesen waren. Auch das war ein Sonderweg.

»Eine neue Geistesgeschichte Europas«

Deutsche Historiker regten aber auch zu pragmatischeren Veränderungen an. Betrachten wir zunächst einmal etwas, das wir heute für selbstverständlich halten, nämlich den Zugang zu Archiven und das Recht, alles veröffentlichen zu können, was man dort ausgegraben hat. Der britische Historiker und Politiker George Peabody Gooch erinnerte Anfang des 20. Jahrhunderts daran, dass das keineswegs immer so gewesen war. Die »erste überragende Gestalt auf dem Gebiet der modernen Historiografie, der Mann, der die Geschichtsforschung vom Nebenfach zur Würde einer unabhängigen Wissenschaft erhob, die vornehme Persönlichkeit, in der die größten Historiker der folgenden Generationen ihr begeisterndes

Vorbild fanden«, war Barthold Georg Niebuhr (1776-1831), der leicht gefühlsselige Sohn des großen Forschungsreisenden Carsten Niebuhr, der ihn in die großen Klassiker fremder Kulturen eingeführt hatte. Er studierte in Kiel Philosophie, Jurisprudenz und Geschichte und schrieb bereits »mit neunzehn Jahren, sollte sein Name ihn überdauern, so würde man sich seiner als eines Historikers, Schriftstellers, Altertumsforschers und Philologen erinnern«.[9] Nachdem er eine Weile dem dänischen Staat gedient hatte, wechselte er nach Berlin in den preußischen Staatsdienst, bis ihm 1810 ein Lehrauftrag an der Berliner Universität angeboten wurde und er mit den Vorlesungen begann, aus denen sein historisches Mammutwerk hervorgehen sollte: Kurz vor den Befreiungskriegen (1813-1815) veröffentlichte er die beiden Bände seiner *Römischen Geschichte* (1811/12), die heute als die erste systematische Erforschung Roms überhaupt anerkannt ist. Niebuhr hatte immer behauptet, dass ihn seine Zeit im öffentlichen Dienst mit einem Geschichtsverständnis ausgestattet habe, über das kein früherer Historiker verfügte, da ihm erst aus dieser Perspektive deutlich geworden sei, dass Geschichtsschreibung mehr ein Bericht über Institutionen als über Ereignisse sein müsse, mehr über Gruppen als über Individuen, mehr über Gebräuche als über Gesetzgeber. Das war eine entscheidende, aber nicht die einzige Verlagerung des Schwerpunkts, bedenkt man, dass Niebuhrs nächste große Leistung »die kritische Untersuchung der Glaubwürdigkeit von Quellen der frühen römischen Geschichte« war. Niebuhr hatte sich die kritischen Methoden zu eigen gemacht, die Wolf bei seinen *Prolegomena zu Homer* angewandt hatte. Denn hauptsächlich aus dessen Stellungnahmen hatte er »seine Überzeugung abgeleitet, daß die Geschichte der römischen Frühzeit in Dichtungen übermittelt worden sei«. Goethe war mindestens so beeindruckt wie Thomas Babington Macaulay in England, der über Niebuhrs *Römische Geschichte* zu sagen wusste, dass sie »eine neue Geistesgeschichte Europas begründet« habe.[10]

Gesetze: Eine zivilisatorische Errungenschaft

Ein wesentlicher Aspekt des neu entstehenden Geschichtsbewusstseins in den deutschen Ländern war das Recht. Zwei Berliner Professoren trugen hier entscheidend zu einem Umdenken bei, indem sie erklärten, dass Gesetze nichts »Gottgegebenes« seien, wie so viele Menschen glaubten, sondern sich entwickelt hätten. Einer von ihnen war Karl Friedrich Eichhorn (1781-1854). Er hatte in Göttingen Rechtswissenschaft, Staatsrecht und Geschichte studiert, ursprünglich mit der Absicht, sich als praktizierender Jurist niederzulassen. Doch dann wurde ihm ein Lehrstuhl in Frankfurt an der Oder angeboten, und er wandte sich der Forschung und dem Schreiben zu. Der erste Band seiner vierbändigen *Deutschen Staats- und Rechtsgeschichte* erschien 1808, in seinem siebenundzwanzigsten Lebensjahr, und brachte ihm prompt eine Berufung an die Universität Berlin ein. Eichhorn wollte aufzeigen, dass Staats- wie Öffentliches Recht »ein Produkt sämtlicher Faktoren [sind], die das Leben eines Volkes beeinflussen [...]. Er erkannte das Gemeinsame des Rechtsprinzips und seiner Institutionen in den verschiedenen Epochen und wies die Kontinuität seiner Entwicklung nach«. Damit trug er zwar stark zum Erwachen nationalistischer Gefühle bei, doch in Berlin wurde er eher der Sicht wegen geachtet, dass das Recht eine ebenso große und prägende Errungenschaften einer großen Kultur sei wie die Kunst oder die Philosophie.[11]

Friedrich Carl von Savigny (1779–1861) war lebenslang mit Eichhorn befreundet und hatte ebenfalls ein Semester in Göttingen studiert. 1803 veröffentlichte er ein Buch über das römische *Recht des Besitzes*. Im Jahr darauf begab er sich zur Materialsuche auf eine Studienreise zu den Bibliotheken Europas, bei der er nicht nur einzigartige Erfahrungen sammelte, sondern auch genügend Selbstvertrauen gewann, um sich klipp und klar der Forderung nach einem deutschlandweit gültigen Gesetzbuch französischen Stils entgegenzustellen, die im Kielwasser der napoleonischen Siege laut geworden war. Savigny, der mittlerweile Professor für Römisches Recht an der Berliner Universität geworden war, trat entschieden für die These ein, dass das Recht durch Sitte und Usus wachsen müsse; ein Kodex, der dem Volk aufgezwungen werde, könne nur künstlich sein und werde deshalb mehr Schaden anrichten als Gutes bewirken. Diese Ansicht untermauerte er mit seiner *Geschichte des Römischen Rechts im Mittelalter*, deren erster Band 1815 erschien. Nachdem er der Frage nachgegangen war, inwieweit das römische Recht in den Städtesatzungen und örtlichen Bräuchen überdauert hatte, konnte er nachweisen, dass mehrere Elemente davon überlebt hatten, sogar in den Urkunden und den Urteilssprüchen der Gerichtshöfe der Germanen. Savigny ging es aber nicht nur um den Nachweis, dass das Römische Recht älter war als die germanischen Gesetze, sondern auch um die Verdeutlichung, dass es im Zuge seiner Anwendung und Interpretation durch erfahrene Juristen gewachsen war.

Im selben Jahrzehnt, in dem die ersten Werke von Niebuhr, Savigny und Eichhorn erschienen, begründete Jacob Grimm (1785–1863) die Wissenschaft der deutschen Philologie und Germanistik.[12] Grimm war in Hanau geboren und hatte Jurisprudenz in Marburg studiert, aber durch Savignys Vorlesungen begonnen, sich für Geschichte zu interessieren. Und in dessen Bibliothek stieß er dann erstmals auf altdeutsche Autoren, die ihm »eine neue, noch völlig unerschlossene Welt« vor Augen führten. Als Grimm 1805 Savigny nach Paris begleitete, »um ihm bei der Samm-

lung von Material für die Geschichte des römischen Rechts zu helfen, benutzte er die Gelegenheit auch zu eigenen Forschungen, da sein Bruder Wilhelm ihm geschrieben hatte, er möge zwischen den Manuskripten nach altdeutschen Dichtern suchen«.[13]
Der erste Band der von den Brüdern gesammelten *Grimm'schen Kinder- und Hausmärchen* erschien 1812. Sie wurden mehr als jedes andere Produkt der Romantik zu einem untrennbaren Bestandteil deutschen Alltagslebens. Die Grimms hielten Märchen für die früheste, aber von der Forschung vernachlässigte Geschichtsschreibung eines jeden Volkes, »weil sie keine Tatsachen enthielten«. Jacob Grimm teilte aber auch die »paradoxe Überzeugung, daß in den Erzählungen der Dichter mehr Wahrheit enthalten sei als in den Chroniken«. In der mittelalterlichen Literatur »sah er, ähnlich wie in den Kathedralen, eine Selbstdarstellung der Volksseele«. Für seine *Deutsche Mythologie* hatte er denn auch entsprechend viele mündliche Überlieferungen gesammelt, um »die alte Zeit in leuchtenden Farben und phantastischen Gestalten« wiederauferstehen zu lassen: »Es wimmelte von Göttern, Schwanenjungfrauen, Nixen, Kobolden, Elfen, Riesen und Zwergen«, die sich allesamt zurückgezogen hatten, als sich das Christentum im Abendland verbreitete.[14]

Der nachhaltigste Aspekt dieses wissenschaftlichen Nationalismus entwickelte sich, als sich mehrere deutsche Historiker zusammentaten, um mit kritischen Quellenprüfungen und der Konsultation von Archiven das Studium der Geschichte zu systematisieren. 1819 wurde unter der Federführung von Heinrich Friedrich Karl Freiherr vom und zum Stein sowie mehreren Berliner Professoren in Frankfurt die »Gesellschaft für Deutschlands ältere Geschichtskunde« gegründet, welcher Stein den Namen *Monumenta Germaniae Historica* gab; 1820 wurde die Fachzeitschrift *Archiv* ins Leben gerufen. Als deren wissenschaftlicher Leiter »nach einem halben Jahrhundert als Herausgeber zurücktrat, konnte er auf 25 stattliche Foliobände blicken«. Auch das wieder eine dieser bahnbrechenden Errungenschaften, die für uns so selbstverständlich sind. Unter dem Einfluss dieser Gesellschaft und dieser Zeitschrift entstanden dann Geschichtswerke, in denen sich der aufkommende deutsche Nationalismus spiegelte, da sie alle zu »vaterländischem« Denken animierten: Heinrich Ludens *Geschichte des deutschen Volkes* (zwölf Bände zwischen 1825 und 1837), Johannes Voigts *Geschichte Preußens von den ältesten Zeiten bis zum Untergang der Herrschaft des Deutschen Ordens 1525* (neun Bände zwischen 1827 und 1839) und Achim von Arnims *Fontes Rerum Germanicarum* (1843).[15] Und dann kam Ranke.

»Der größte Geschichtsschreiber der Neuzeit«

Über Leopold von Ranke (1795-1886) urteilte G. P. Gooch: »Er war der größte Geschichtsschreiber der Neuzeit, nicht nur weil er die Quellenkritik begründete und ein ungewöhnliches, von niemandem erreichtes Gerechtigkeitsgefühl besaß, sondern auch, weil seine Arbeitskraft und Langlebigkeit es ihm ermöglichten, eine größere Anzahl erstklassiger Werke zu schaffen als irgendein anderer Historiker. Er war der Goethe der Geschichtsschreibung, ihm verdankte die deutsche Geschichtswissenschaft ihre führende Rolle im 19. Jahrhundert, und er bleibt unser aller Meister.«[16]

Ranke hatte Theologie und Klassische Philologie an der Universität Leipzig studiert und pflegte statt des »Alten Testaments« die Hebräische Bibel im Original zu lesen. Dass er nicht als Erster die kritische Methode angewandt hat, ging aus den letzten Kapiteln des vorliegenden Buches hervor, aber er hat sie, wie Gooch betont, mehr als jeder andere populär gemacht und aufgezeigt, was damit geleistet werden kann. Einen Namen hatte er sich bereits 1824 gemacht, als er im Alter von neunundzwanzig Jahren sein Erstlingswerk *Geschichten der romanischen und germanischen Völker 1494-1514* veröffentlichte; doch es war der Anhang, den er *Zur Kritik neuerer Geschichtsschreiber* verfasste, mit dem er sich durchsetzte und der schließlich für bedeutender gehalten wurde als der Haupttext. Denn in »dieser berühmt gewordenen Analyse seiner Quellen wandte er zum ersten Male die Grundsätze Niebuhrs auf die Neuzeit an«.[17]

Berühmt wurde Ranke aber auch, weil er die Archive »entdeckte«. Natürlich ist das eine haltlose Übertreibung, denn wie wir wissen, hatten andere Forscher zu dieser Zeit und schon vor ihm Archive durchforstet. Doch in seinem Fall war es die Art und Weise, *wie* er das archivarische Material nutzte, die die Aufmerksamkeit auf sich zog. In Berlin fand er siebenundvierzig Bände mit den Depeschen venezianischer Gesandter aus dem 16. und 17. Jahrhundert – aus der Zeit also, in der Venedig den Zenit seiner Macht erreicht hatte. Und dank dieses Fundes machte er die entscheidende Entdeckung, dass solche Berichte eine ganz andere Geschichte erzählen als zeitgenössische Erinnerungen führender Akteure oder diverser Beobachter, die allesamt ihr eigenes Süppchen kochten und deshalb immer nur eine parteiische Sicht der Dinge vermittelt haben.

Diese »objektiven« Depeschen übten eine ungemeine Wirkung auf Ranke und die Geschichtsschreibung aus, die er von nun an praktizierte: Die Frage, um *welche* Quellen es sich handelte, wurde nun alles entscheidend; und von nun an betrachtete Ranke es als seine Aufgabe, eine groß angelegte, umfassende historische Darstellung anzubieten. Mit Wilhelm von Humboldt stimmte er überein, dass der Historiker »wie ein Dichter«

vorzugehen habe, der das Material, sobald er es verinnerlicht hat, aus eigenen Kräften schöpfend neu erschafft.[18] Das ist noch immer ein moderner Ansatz.

Im ersten Band seines Werkes über die *Fürsten und Völker von Süd-Europa im sechzehnten und siebzehnten Jahrhundert*, den er unter dem Titel *Die Osmanen und die spanische Monarchie* veröffentlichte, setzte er diesen historisch-methodischen Ansatz zum ersten Mal um. Auch er malte darin »eine Reihe von Porträts von Herrschern und Staatsmännern«, wollte das Verhalten der großen Akteure jedoch vor dem historischen Hintergrund erklärbar machen, vor der zeitgenössischen Diplomatie, dem Handel, den Finanzen und den herrschenden Verwaltungsstrukturen. Auch diese Vorgehensweise erscheint uns heute so selbstverständlich, dass wir uns gar nicht mehr bewusst machen, mit wem sie begann. Es folgten andere Werke, mit denen Ranke diesen Ansatz untermauerte. Als Protestant blieben ihm die vatikanischen Archive zwar verschlossen, doch in den Archiven einiger großer päpstlicher Familien (vor allem der Barberini) fand er ausreichend Material, um schließlich das Werk schreiben zu können, »das ihn in die Reihe der größten Historiker erhob«: *Die römischen Päpste, ihre Kirche und ihr Staat im 16. und 17. Jahrhundert* (der erste Band erschien 1834). Die Funde in diesen Archiven hatten es ihm ermöglicht, das Papsttum wie jede andere Institution in der europäischen Entwicklungsgeschichte zu behandeln; doch der Dreh- und Angelpunkt dabei war seine maßgebliche Darstellung der päpstlichen Gegenreformation. Auf wahrhaft brillante Weise lässt er das geistliche Leben und die Gründung der großen Orden vor unseren Augen wiedererstehen. Ein anderer Coup war seine *Deutsche Geschichte im Zeitalter der Reformation* (1839–1847). Nach seinem Werk über die Päpste fand es Ranke geboten, »ein Bild der Geschichte des Protestantismus neben das der katholischen Kirche zu stellen«. Auch zu diesem Zweck durchforstete er die Archive und entdeckte eine Menge relevantes Material, darunter eine Vielzahl von Briefen Karls V.[19]

Das vielleicht typischste seiner Projekte waren die *Neun Bücher Preußischer Geschichte* (1847/48), eine auf seinen Funden in Berliner Archiven beruhende Studie über Friedrich den Großen. Im Wesentlichen erforschte er hier den Aufstieg einer Großmacht und stellte Friedrich als den Gründervater der preußischen Verwaltungsmaschinerie dar. Dabei hatte er die gleiche Methode wie bei seiner Geschichte der Päpste angewandt: Um die Motive des Königs besser begreifen zu können, achtete er streng darauf, dass sein Urteil ungetrübt blieb von irgendwelchen Voreingenommenheiten. So ließ er zum Beispiel keinerlei Feindseligkeit gegenüber Österreich erkennen. Das war Ranke, der Vater der »wertfreien Geschichte«: Er gab sein Bestes, um zu berichten, »wie es eigentlich gewesen«, und um zu vermeiden, historischen Personen moderne

Denkweisen überzustülpen. Diesem Ansatz folgend schrieb er auch seine anschließenden Werke über Machiavelli und über die Geschichten Frankreichs und Englands. Er betrachtete die Dinge als »Europäer« (seine Frau war Engländerin) und vertrat den Standpunkt, dass es bei der Geschichte Europas im Wesentlichen um den Aufstieg und die Rivalität der Großmächte ging – um das, was man später »Realpolitik« nennen sollte.

Schon die schiere Anzahl seiner Meisterwerke hebt Ranke von anderen Historikern ab. (Sein umfassendes historisches Wissen war vielleicht wirklich einzigartig.) Seine Werke befassten sich zwar mit den großen Trends des jeweils dargestellten Zeitalters, doch dabei verlor er nie die Bedeutung des einzelnen Akteurs aus den Augen: Allgemeine Trends sind nicht allein entscheidend, es bedarf immer großer Persönlichkeiten, um sie wirksam umzusetzen.[20] Ranke ging davon aus, dass über allem die »göttliche Ordnung der Dinge« schwebe, »welche zwar nicht geradezu nachzuweisen, aber doch zu ahnen ist«. Und in dieser Ordnung, »welche identisch ist mit der Aufeinanderfolge der Zeiten, haben die bedeutenden Individuen ihre Stelle«.[21] Zu den großen Leistungen Rankes zählt, dass er uns lehrte, »das Studium der Vergangenheit soweit als möglich von den Leidenschaften der Gegenwart zu trennen«. Vor ihm hatten die Historiker Memoiren und Chroniken für die besten Quellen gehalten, seit ihm weiß jeder, dass die Akten und Briefe der Hauptakteure oder von Personen, die in unmittelbarem Zusammenhang mit den Ereignissen gestanden hatten, die einzigen gültigen Quellen und die Conditio sine qua non der Forschung sind.[22]

In seiner kritischen Beurteilung Rankes schrieb George Iggers, dass der Historiker zwar immer an der Geschichte von Macht interessiert gewesen sei, dabei aber nie die Rolle des historisch Bösen berücksichtigt habe. Dank seiner Überzeugung, dass Staaten göttliche Ideen verkörperten und einen Endzweck darstellten, habe er die Perspektive von Regierungen eingenommen, was ihn und seine Anhänger dazu verführt habe, ökonomische Faktoren ebenso zu unterschätzen wie die aufkommenden soziologischen Faktoren. Außerdem habe dieser Ansatz den Nebeneffekt einer gewaltigen Förderung des wachsenden Nationalismus gehabt.[23] Dank Ranke wurden Historiker zwar zu besseren Wissenschaftlern, begannen sich aber vor allem in deutschen Ländern nun auch aktiv und direkt in die Politik einzumischen.

Die deutsche Vorstellung von Freiheit

Im Rückblick können wir die Folgen von Rankes historischem Ansatz deutlich erkennen, vor allem drei Ideen, die laut Iggers nicht nur die deutsche Geschichte prägten, sondern sich auch auf das größere Bild auswirkten.

1. *Der Staat als Selbstzweck und das Konzept vom Machtstaat*
Die deutsche Vorstellung vom Staat hatte immer eine Tendenz zum Aristokratischen und Bürokratischen und betrachtete die gebildete, besitzende Mittelschicht als das Rückgrat des Landes. Deutsche Historiker pflegten eine wesentlich schärfere Trennlinie zwischen Regierung und Regierten zu ziehen, als es in Frankreich oder England üblich war. Der Staat wurde als ein »Individuum« und Endzweck betrachtet.

2. *Die Ablehnung des normativen Denkens*
Aus der Sicht Rankes bestand die Hauptaufgabe des (preußischen) Staates darin, sich ein Höchstmaß an Unabhängigkeit und Stärke unter den Staaten zu wahren, um in der Lage zu sein, die eigenen Neigungen voll und ganz zur Geltung zu bringen. Diesem Ziel sind alle innenpolitischen Angelegenheiten untergeordnet, woraus folgt: Der Staat kann nicht sündigen, wenn er seine eigenen höheren Interessen verfolgt. Schiere Macht wird zur Tugend.

3. *Antibegrifflichkeit, die Ablehnung des konzeptionellen Denkens*
Generalisierungen und allumfassende Theorien sind in der Geschichts- und Kulturwissenschaft von begrenztem Wert. Geschichte, »das Gebiet gewollter menschlicher Handlungen«, bedarf der Einsicht, die jedoch nicht durch abstraktes Denken erlangt wird, sondern vielmehr durch die »direkte Konfrontation« mit dem Untertan und die Anerkennung von dessen Individualität. Daraus folgt, dass jede historische Einsicht ein intuitives Element erfordert. Den irrationalen Aspekten des Lebens muss Rechnung getragen werden.[24]

Diese Vorstellungen hatten zur Folge, dass sich deutsche Historiker in ihrer ganz eigenen Welt bewegten und deshalb von den großen Umwälzungen in der Periode von 1848 bis 1914 mehr oder weniger unberührt blieben, insbesondere von den großen gesellschaftlichen und wirtschaftlichen Umbrüchen, die im Zuge der Industrialisierung stattfanden. Für sie bestand Geschichte nach wie vor primär aus dem Wechselspiel der Großmächte, und die beste Lösung für soziale und wirtschaftliche Binnenprobleme, das beste Mittel zur Stärkung der Nation, blieb aus ihrer Sicht eine expansive Außenpolitik.

In genau diesem Sinne hält Iggers den deutschen Historismus für einzigartig in der Ideengeschichte. Abgesehen von seinen beträchtlichen wissenschaftlichen Errungenschaften übte er einen bemerkenswerten Effekt auf die Politik und das Selbstverständnis der Deutschen aus. Nicht einmal die Leistungen, die die Naturwissenschaften im Lauf des 19. Jahrhunderts erbrachten, konnten daran etwas ändern. Erst die Katastrophen im 20. Jahrhundert führten zu einem Umdenken.[25]

Eine weitere Folge von Rankes Denkansatz war dessen Einwirkung auf die Vorstellungen von Freiheit. Freiheit, insistierte der Historiker, könne nur innerhalb und durch den Staat erlangt werden. Diese Überzeugung war wiederum eng verbunden mit dem politischen und gesellschaftlichen Weltbild einer einzigen Schicht: des Bildungsbürgertums. Der Historismus bot der traditionellen politischen und gesellschaftlichen Struktur, die im 19. Jahrhundert in Preußen und anderen deutschen Ländern herrschte, somit eine theoretische Grundlage. Und das war eine deutliche kulturelle Abweichung vom »Westen«. Aus der Sicht deutscher Historiker stellte die reformierte preußische Monarchie den »Höhepunkt« in der Freiheitsgeschichte dar, weil sie fanden, dass das Individuum in dieser Gesellschaft vollständig frei sein konnte und *dennoch in das soziale Ganze eingebunden* war. Diese Grundidee, diese »deutsche Vorstellung von Freiheit«, der zumindest Humboldts bildungsverliebtes Bildungsbürgertum anhing, stand in einem schmeichelhaften Gegensatz zu den »atomistischen Ideen von 1789«.[26]

13
Das heroische Zeitalter der Biologie

Am Abend des 11. März 1890 versammelten sich Hunderte Männer im Frack zu einem Galabankett im von Palmen gesäumten großen Saal des Berliner Rathauses, der festlich im Licht der Lüster erstrahlte. Jedermann von Rang und Namen war anwesend, auch die Crème de la Crème der deutschen Salondamen, die an separaten Tischen im Säulengang platziert waren. Ein Teilnehmer berichtete, dass die Feierlichkeit in ihrer Pracht wohl ihresgleichen in der Geschichte der Naturwissenschaften suchte. Der Gelegenheit angemessen wurden zehn Reden gehalten.[1]

Mit jeder Rede bei dieser Feier, die als das »Benzolfest« in die Fachgeschichte einging, wurde ein Mann geehrt, der selbst als Letzter das Wort ergriff. Anlass war der fünfundzwanzigste Jahrestag einer Entdeckung, die nach nur einem halben Jahrhundert akribischster Forschung gelungen war und die Krönung eines der großen geistigen Abenteuer des 19. Jahrhunderts darstellte. Der Mann hieß August Kekulé. Seine Entdeckung des Benzolrings war mit der zögerlichen Erkenntnis verbunden gewesen, dass es so etwas wie ein Molekül – das kleinste existierende Teilchen einer chemischen Verbindung – tatsächlich *gibt*, dass dieses eine Struktur besitzt beziehungsweise über eine Gestalt, eine Größe und über spezifische, jeweils von seiner Struktur abhängige Eigenschaften verfügt und dass es der Grundbaustein der organischen Chemie ist: der Chemie des Lebens, der Chemie, welche die Biologie regiert.[2]

Die organische Chemie war siebzig Jahre zuvor erfunden – beziehungsweise entdeckt – worden. Sie war einer der drei großen Durchbrüche gewesen, die die mittleren Jahre des 19. Jahrhunderts zum heroischen Zeitalter der Biologie erhoben. Der zweite Durchbruch war die Entwicklung des Düngemittels, das die Landwirtschaft vollständig veränderte – zu einer Zeit, in der so viele Menschen in ganz Europa das Land flohen, um Arbeit in den neuen Metropolen zu finden, und die Nachfrage nach Lebensmitteln ein nie gekanntes Niveau erreichte. Der dritte Durchbruch waren die Identifizierung der Zelle und die Erkenntnis gewesen, dass diese der Grundbaustein von *sowohl* Pflanze *als auch* Tier ist und es deren unterschiedliche Formen sind, die für die Verschiedenheit der Organe von Lebewesen sorgen. Diese drei Erkenntnisse verwandelten nicht nur die Medizin, sondern auch die Vorstellungen von Krankheit und Gesundheit; sie ließen neue Industrien entstehen (Farbstoffe, Düngemittel, Kosmetik, Arzneien) und spielten, da sie ja Lebensprozesse erklärten und inerte Stoffe konzeptionell mit lebenden Organismen verbanden, auch eine große philosophische und religiöse Rolle bei dem Umdenkprozess, der im Hinblick auf die menschliche Natur eingesetzt hatte, seit die traditionellen religiösen Glaubensweisen so stark unter Druck geraten waren.

Die lebenswichtige Rolle, die der Kohlenstoff in der Wissenschaft von den Naturerzeugnissen – der organischen Chemie – spielt, war bereits ziemlich früh erkannt worden. Was die Forscher vielmehr verwirrt hatte, war die Frage, wieso nur ein einziges unter den Dutzenden bereits bekannten Elementen für diese komplizierte Vielfalt an natürlichen Stoffen verantwortlich sein konnte. Nicht zuletzt diese Unsicherheit erklärt, warum so viele Naturforscher im frühen 19. Jahrhunderts glaubten, dass die Chemie nicht ausreiche, um solche Diversität zu erklären, und hier noch irgendeine Art von »Lebenskraft« am Werk sein müsse.[3]

Der Begriff »organische Körper« für die später sogenannte organische Chemie hatte sich um 1777 im Sprachgebrauch der Naturforscher eingebürgert, als noch ein sehr rudimentäres Verständnis geherrscht und die Lehrbücher noch kaum mehr als die Auflistung von Stoffen enthalten hatten – Harz, Speichel, Urin, Albumin, Gelatine, Blut –, die als organisch und von vielen auch als »unglaublich komplex« betrachtet wurden.[4]

Einen systematischen Sinn brachte erst der Franzose Antoine Lavoisier in dieses Gebiet hinein, als er nachwies, dass es mehrere Naturprodukte gab, wie Alkohol, Zucker und Essigsäure, die nur aus den drei Elementen Kohlenstoff, Wasserstoff und Sauerstoff bestanden. Die beiden Deutschen, die auf dieser Erkenntnis aufbauend schließlich die organische Chemie personifizieren sollten, waren Justus von Liebig (1803–1873) und Friedrich Wöhler (1800–1882). Seit ungefähr 1824 beackerten Liebig und Wöhler für die Dauer von rund drei Jahrzehnten beinahe jedes Feld dieser neuen Wissenschaft, publizierten Hunderte von Forschungsberichten und unterrichteten Tausende von Studenten (allein achttausend in Wöhlers Fall). Wöhler war ein stiller, bescheidener, hochgewachsener Mann, der zeitlebens jünger aussah, als er war (als ihn Michael Faraday während dessen Besuch in England kennenlernte, glaubte er, Wöhlers Sohn vor sich zu haben); Liebig war hingegen ein jähzorniger, nur allzu fehlbarer Mann, dessen Laufbahn, schreibt John Buckingham in seiner Geschichte der frühen Biologie, von überdurchschnittlich vielen Misserfolgen, Fehlern und erbittertem Gezänk verunstaltet wurde (einmal weigerte sich sein englischer Verleger, ein Buch von ihm zu drucken, weil es voller Verleumdungen war). Dennoch, Liebigs Leistungen läuteten eine neue Ära bei der Erforschung von organischen Molekülen ein.[5]

Liebig wurde in Darmstadt geboren und hatte 1819 bei Karl Wilhelm Gottlob Kastner in Bonn ein Chemiestudium begonnen, das er bei Joseph-Louis Gay-Lussac an der Pariser Sorbonne fortsetzte, wo man damals sehr viel strengere Kriterien an die analytischen Methoden anlegte. Sein Durchbruch kam, nachdem er auf Empfehlung von Alexander von Humboldt vom hessischen Großherzog als außerordentlicher Professor für Chemie und Pharmazie an die Universität Gießen berufen wurde. Denn kurz darauf eröffnete er dort mit Kollegen das private »Institut für Pharmazie und technisches Gewerbe«. Die zwanzig Ausbildungsplätze waren schnell belegt, und mit diesem neuen Chemielabor in Gießen begann auch die Abwanderung der Chemie aus Frankreich über den Rhein. Mit der Hilfe neuer, von Liebig selbst entworfener Gerätschaften, die eine viel schnellere und genauere Analyse zuließen, sollten er und seine Studenten viele geheimnisvolle natürliche Stoffe erforschen, darunter Chinin, Morphin und Strychnin, und dabei entdecken, dass deren Moleküle eine relativ hohe Anzahl von Atomen in keinem definitiven Verhältnis enthielten.

Als Liebig in Gießen die Salze der Knallsäure studierte, während Wöhler in Stockholm mit dem berühmten schwedischen Chemiker Jöns Jacob Berzelius (1779–1848) die Cyansäure erforschte, entdeckte er das wichtige Phänomen der Isomerie.[6] Obwohl diese beiden Säuren völlig unterschiedliche Eigenschaften haben (Cyansäure ist nicht explosiv), kam Wöhler bei seiner Analyse des Silbercyanats zum gleichen Ergebnis wie Liebig beim Knallsilber. Wie konnte das sein? Die beiden Männer trafen sich in Frankfurt, um ihre Analysen zu vergleichen, und entschieden zu jedermanns Überraschung, dass *beide* richtig seien – was bedeutete, dass zwei Stoffe von unterschiedlichen Strukturen und Eigenschaften die *gleiche* Elementarzusammensetzung haben konnten. Im Fall von Silbercyanat und Knallsilber waren es Kohlenstoff, Stickstoff, Sauerstoff und Wasserstoff in exakt den gleichen Anteilen. Es war Berzelius, der diesem Phänomen dann den Namen »Isomerie« gab. Im Lauf der nächsten Jahre sollten mehr und mehr solcher Beispiele entdeckt werden.[7]

Aber es dauerte, bis man auch eine Erklärung für dieses Phänomen fand, denn im 18. und 19. Jahrhundert wurde die organische Chemie – ganz zu schweigen von der Physiologie – noch stark vom Glauben an die Existenz einer besonderen »Lebenskraft« *(vis vitalis)* getrübt. Das heißt, man ging davon aus, dass sich lebende Organismen nicht allein mit physikalischen Gesetzen erklären ließen, sondern noch irgendeinem »besonderen Einfluss« unterliegen müssten. Diese Vorstellung wurde gestützt von der Existenz so unglaublich vieler verschiedenartiger organischer Stoffe, dass man glaubte, nur eine höhere Macht habe sich eine solche Vielfalt vorstellen können. Und je mehr Analysen gemacht und Substanzen aus ausschließlich Kohlenstoff, Stickstoff und Wasserstoff entdeckt wurden, desto unergründlicher schien das Geheimnis.[8]

In diesem geistig-religiösen Klima machte Wöhler dann das Experiment, das ihn in die Geschichte eingehen ließ. Indem er Silbercyanat mit Ammoniumchlorid behandelte, hoffte er, das Ammoniumcyanat von dessen Cyansäure derivieren zu können. Doch nachdem er das (unlösliche) Silberchlorid herausgefiltert und die Restlösung eingedampft hatte, fand er »farblose, klare, oft mehr als zolllange Krystalle«, die »schmale rechtwinklige, vierseitige Säulen, ohne bestimmte Zuspitzung, bildeten«. Zu seiner Überraschung erinnerte ihn das an den Harnstoff, und diese Ähnlichkeit veranlasste ihn dann zu Vergleichsexperimenten mit völlig reinem, aus Urin isoliertem Harnstoff. Dabei stellte er fest, dass der Harnstoff und die zuvor gewonnene kristalline Substanz aus Ammoniumcyanat »absolut identische Verbindungen« waren. Tatsächlich waren sie nicht identisch – es handelte sich vielmehr um Isomere. Nichtsdestotrotz sollte Wöhlers Experiment allenthalben gefeiert werden: Er hatte aus anorganischem Material eine Substanz *hergestellt*, die bis dahin nur als das Produkt von lebenden Organismen bekannt gewesen war, und das war ihm *ohne jede Mitwirkung irgendeiner »Lebenskraft«* gelungen. Liebig und seine Nachfolger hielten dieses Experiment für den wahren Beginn der wissenschaftlichen organischen Chemie.[9]

Die »Lebenskraft« verschwand zwar nicht über Nacht, geriet nun aber unter Dauerbeschuss, nicht zuletzt durch Liebig, der sich einer Flut von Experimenten über die Ernährung und Körperwärmeproduktion bei Tieren widmete und über jeden Zweifel erhaben nachwies, dass die für einen lebenden Organismus typische Energie das Ergebnis der Verbrennung von Nahrung im Gewebe ist und es dazu keiner geheimnisvollen Quellen wie einer »Elektrizität« oder »Nervenenergie« oder »Lebenskraft« bedurfte.[10]

Benzol: Eine neue Ära der Chemie

Die physiologische Chemie war ein Zweig der biologischen Forschung. Ein anderer Zweig erwuchs, so unwahrscheinlich das auch klingt, aus der Gasbeleuchtung. 1816 waren in London rund vierzig Kilometer Metallrohre verlegt worden, um die Fabriken und Straßenlaternen an die Leuchtgasversorgung anzuschließen.* Anfänglich war die Gasversorgung noch nicht von Steinkohlenteer anhängig gewesen, sondern mit Walfisch- oder Robbentran gewährleistet worden, also einem Stoff, der sich deutlich als organisch einordnen ließ. Doch bei der Verbrennung schied Tran eine Menge flüssiger Rückstände ab, die sich dann entweder schon in den Fabriken oder später in den Rohren absetzten. Und dieser Flüssigabfall, das sogenannte »Gasöl«, wurde in derart großen Mengen produziert,

---

* Gewöhnliche Haushalte wurden erst im späteren 19. Jahrhundert damit versorgt.

dass die Besitzer der Londoner Gaswerke 1825 schließlich eine Probe davon an den Naturforscher Michael Faraday schickten und ihn baten, herauszufinden, worum es sich dabei handelte und ob es sich für irgendetwas verwenden ließ. Faraday experimentierte rund zehn Tage lang mit der Substanz und stellte schließlich fest, dass es sich um einen Kohlenwasserstoff handelte, um einen Stoff also, der gar nichts außer Kohlenstoff und Wasserstoff enthielt.[11] Zuerst nannte Faraday dieses Abfallprodukt *Bicarburet of hydrogen*, später wurde es unter dem Namen Benzol* bekannt. Zu diesem Zeitpunkt hatte man noch nicht die geringste Ahnung, dass Benzol das stabile Rückgrat, die Stammverbindung all der vielen Stoffe ist, die man schließlich unter dem Begriff »aromatische Verbindungen« (Aromaten) zusammenfassen sollte.[12]

1832, sieben Jahre nachdem Faraday das Benzol identifiziert hatte, begannen Liebig und Wöhler ihre nächste folgenschwere Kooperation, diesmal im Zusammenhang mit den aromatischen Verbindungen. In der ersten Phase isolierten sie aus dem Bittermandelöl eine Substanz, die sie »Hydrobenzoyl« nannten (heute Benzaldehyd genannt) und die, wie sie herausfanden, ausschließlich aus Kohlenstoff, Wasserstoff und Sauerstoff bestand. Aber erst ihr nächster Schritt war der wirklich entscheidende: Sie führten eine Reihe von chemischen Reaktionen herbei und entdeckten, dass Benzaldehyd mit Chlor Benzylchlorid ergab, eine Substanz, die sich ihrerseits mit Kaliumiodid zu Benzyliodid umwandeln ließ. Es war der erste Nachweis für einen systematischen chemischen Umwandlungsprozess von verwandten organischen Substanzen. Im Zuge dessen hatten Liebig und Wöhler erstmals erkannt, dass die molekulare Struktur über ein ansehnliches *unveränderliches* Rückgrat verfügt. Das Reaktionsschema drückten sie mit der Formel $C_{14}H_{10}O_2$ aus (so damals geschrieben); und als Bezeichnung für dieses Rückgrat, das sie ein »Radikal« nannten, schlugen sie »Benzoyl« vor. »Radikal« stand in diesem Zusammenhang für eine Ansammlung von Elementen, die sich wie ein einzelnes Element verhielten. Schon Lavoisier hatte diese Idee in Betracht gezogen, wenn auch in wesentlich einfacherer Form, da er sie nur mit anorganischen Beispielen in Verbindung gebracht hatte. Damit begann eine neue Ära auf dem Gebiet der Chemie. Bestätigt wurde diese Erkenntnis vom Berliner Chemiker Eilhard Mitscherlich, als er 1834 eine Umwandlung vornahm, deren Möglichkeit Liebig und Wöhler entgangen war: Durch das Erhitzen von Benzoesäure mit Kalk erhielt er den »Faraday'schen Kohlenwasserstoff« Benzol (C_6H_6). Und genau diese Substanz sollte dann im Lauf der Jahre als der wahre, der unteilbare Kern oder das »Radikal« der aromatischen Verbindungen vergöttert werden.[13]

---

* Der Name ist eine Verballhornung des arabischen Begriffs *Lubān Jāwī*, »Weihrauch aus Java«. Portugiesische Händler hatten daraus *benjawi (Benjamin)* gemacht, italienische es als *benzoe* bezeichnet. Isoliert wurde es bereits 1557 und fand dann als Weihrauch in Kirchen Verwendung.

Je mehr Wissen sich über die Eigenschaften der vielen organischen Verbindungen anhäufte, desto deutlicher wurde, wie einzigartig Benzol ist. Alle Substanzen mit einem niedrigen Verhältnis von Wasserstoff zu Kohlenstoff waren instabil. Benzol beinhaltete beide Elemente im selben Verhältnis (1:1), so wie das hochexplosive Gas Acetylen, doch der Benzolkern konnte, wie Liebig und Wöhler wiederholt demonstrierten, »ohne sich zu verändern eine ganze Reihe von Substitutionsreaktionen durchlaufen, die, sofern entsprechend gehandhabt, wieder zum Benzol selbst zurückführen konnten«. Und das war ein Verhalten, welches das Benzol »ziemlich« deutlich von anorganischen Verbindungen unterschied. »Die letztendliche Antwort auf die Frage von der Natur des Benzols war eine der großen Leistungen des menschlichen Geistes.«[14]

Jöns Jacob Berzelius und die anderen Chemiker der älteren Generation waren mit den organischen Substitutionsreaktionen nie wirklich klargekommen. Die nächsten Schritte wurden im Wesentlichen von den französischen, elsässischen und deutschen Chemikern unternommen, die es zu Liebigs Labor nach Gießen gezogen hatte. In diesem Umfeld wurden die Strukturen und Eigenschaften der aromatischen Verbindungen so lange sukzessive isoliert, bis man das Grundprinzip schließlich verstanden hatte: Die organische Chemie ist weitgehend die Chemie von »Funktionsgruppen« (ein Begriff, der damals natürlich noch nicht erfunden war), welche an das relativ inerte (chemisch träge) Kohlenwasserstoffskelett gebunden sind. Der Elsässer Charles Frédéric Gerhardt, der bei Liebig in Gießen studiert hatte, war der Erste, der verstanden hatte, wie Struktur und Funktion zusammenhingen.[15] Hier ein Beispiel:

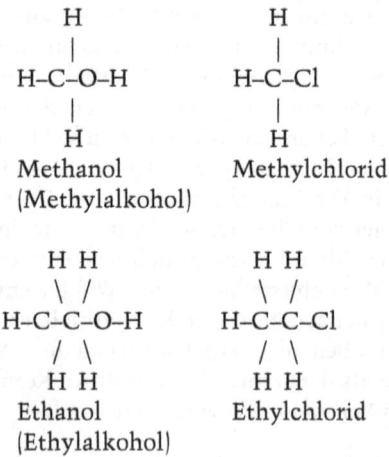

Doch so brillant diese Erkenntnis auch war, so verbarg dieses Bild doch eine noch komplexere – und grundlegendere – Wahrheit, die erst in den sechziger Jahren des 19. Jahrhunderts entdeckt werden sollte: die sogenannte Valenz.[16] In die Alltagssprache übersetzt ist Valenz die Kraft des Atoms, die es befähigt, sich mit einem anderen Atom zu verbinden – es geht also sozusagen um die Frage, wie viele »Haken« einem Atom zur Verfügung stehen, um an wie vielen seiner Nachbarn andocken zu können. In den fünfziger Jahren war Wasser als H_2O identifiziert worden (Wasserstoff ist monovalent, Sauerstoff bivalent), doch das Verhalten des Kohlenstoffs noch immer rätselhaft geblieben, da Methan die Summenformel CH_4 hat, Ethan C_2H_6, Ethen (Ethylen) C_2H_4 und Ethin (Acetylen) C_2H_2. Ist die Valenz von Kohlenstoff nun also 4, 3, 2 oder 1? Am Ende stellte sich heraus, dass die Antwort »4« lautet. Die Schwierigkeit, mit der sich die Chemiker im 19. Jahrhundert herumgeschlagen hatten, war, dass Kohlenstoffatome Ringe und Ketten *miteinander* bilden.

```
      H H                    H   H
       \ /                    \ /
      H–C–C–H                 C = C
       / \                    / \
      H H                    H   H
     Ethan C₂H₆             Ethen C₂H₄
```

Erst nachdem dieses Phänomen erkannt worden war, gab die organische Chemie weitere Geheimnisse über ihre Struktur preis. Hier ein paar moderne Strukturformeln (»R« steht für die »Radikalen«, deren einfachste Formen Methyl-Radikale sind):

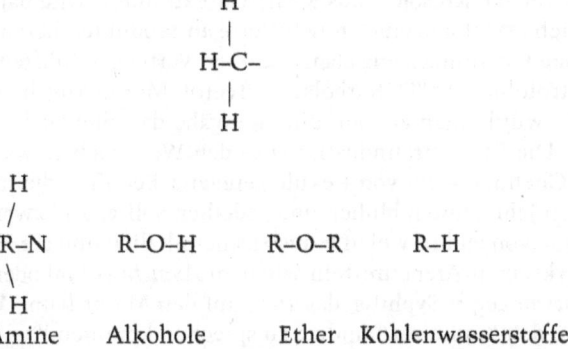

Der Mann, der mehr als jeder andere zur Erklärung der Wirkungsprinzipien in der organischen Chemie beitrug, war Friedrich August Kekulé von Stradonitz. (Der Akzent auf dem Namen Kekulé klingt französisch, tatsächlich aber war die Familie alter böhmischer Adel.[17]) Die Umstände, unter denen er nach eigenen Angaben seine diversen »Entdeckungen« gemacht hatte, waren allerdings umstritten und spalten die Gemeinde der Wissenschaftshistoriker bis heute. Kekulé (1829–1896) war – wie Justus Liebig eine Generation zuvor – in Darmstadt geboren worden. Er studierte Architektur an der Universität Gießen, wo er jedoch der Faszination von Liebigs Chemie erlag und das Fach wechselte. Später meinte er, dass ihm sein Architekturstudium (soweit man davon sprechen kann) geholfen habe, in Bildern zu denken – und diese Fähigkeit spielte wohl eine wichtige Rolle, als es darum ging, die Struktur der Kohlenstoffverbindungen zu identifizieren.

1854 besuchte Kekulé London, wo er dann eines schönen Sommerabends erstmals einen seiner kontroversen Träume gehabt haben wollte. Träume wecken natürlich das Misstrauen von Naturwissenschaftlern, da sie sich ja jeder Überprüfung entziehen. Prompt vermutete man, dass Kekulé sie nur erfunden habe, um irgendwie seinen verschiedentlich erhobenen Anspruch auf den Rang des Entdeckers von organischen Strukturen erklären zu können. Um eine Vorstellung von der Heftigkeit der von ihm ausgelösten Kontroversen zu vermitteln, hier nur ein Beispiel: Archibald Scott Couper hatte *seine* erste Abhandlung über die organische Bindung 1858 geschrieben; Kekulé behauptete, ihm sei dieses Phänomen bereits 1854 im Traum erschienen, nur habe er eben bis 1890 *mit der Bekanntgabe gewartet*.

Die organische Chemie war eine schwierige Geburt, doch als die Beschaffenheit des Benzolrings erst einmal verstanden worden war, wurden bald schon viele Verwandte des Benzols – Naphthalen, Toluol, Phenol (Karbolsäure), die Kresole – aus Kohleteer extrahiert. Und damit war es nun möglich geworden, eine große Palette an Produkten herzustellen, die zur Bildung von mindestens ebenso großen Vermögen führten: Anilinfarben, Trinitrotoluol (TNT), Karbolseife, Teeröl, Mottenkugeln aus Naphthalin usw. – würde man alle aufführen, ergäbe das eine beeindruckend lange Liste. Die Farbmittelindustrie wies den Weg, doch es war die »aromatische Chemie« – ein von Kekulé geprägter Begriff –, die in den anschließenden Jahrzehnten blühen und gedeihen sollte, und zwar dank der Produktion von endlos vielen Industriechemikalien und der Herstellung von so wirksamen Arzneimitteln wie dem *Aspirin* (1899) oder Paul Ehrlichs *Salvarsan* gegen Syphilis, das 1909 auf den Markt kam. (Wir werden darauf in den Kapiteln 18 und 20 zu sprechen kommen.)[18]

In Zentrum all dieser Aktivitäten stand das Benzol. Seine Summenformel, die schließlich als C_6H_6 erkannt wurde, galt als so stabil, dass es sich durch Substitutionsreaktionen in viele Derivate umwandeln ließ, ohne sich dabei zu zersetzen. Wieder einmal behauptete Kekulé, dass ihm auch die Benzolstruktur im Traum eingegeben worden sei, in diesem Fall im Winter 1861/62 in Gent: Er sei ihm eine Schlange erschienen, die sich in den eigenen Schwanz beißt, was 1865 schließlich zur Veröffentlichung seiner Theorie von der Ringstruktur geführt habe. (Arthur Koestler bemerkte einmal trocken, dass das dann wohl der bedeutendste Traum der Geschichte seit dem von Joseph gedeuteten Traum des Pharaos von den sieben fetten und den sieben mageren Kühen war.)

Der englische Chemiker John Buckingham schrieb: »Die in den sechziger Jahren [des 19. Jahrhunderts] entdeckte Benzolstruktur ist von beträchtlicher Schönheit und intellektuell sehr befriedigend [...]. Wie die DNA-Struktur fast ein Jahrhundert später *musste* sie einfach stimmen.«[19] Der Schlüssel dabei ist der Ring, das heißt: Nirgendwo hängen reaktionsfähige lose Enden herum. Jedes Kohlenstoffatom verfügt über insgesamt vier Valenzelektronen: Zwei verbinden das Atom mit den benachbarten Atomen, ein dritter »Haken« bildet die Verbindung mit einem Wasserstoffatom; damit bleibt ein viertes Elektron übrig, um das Atom mit irgendetwas anderem zu verbinden. Vollständig erklären ließ sich die Benzolvalenz erst nach dem Auftauchen der Quantentheorie (siehe Kapitel 32), doch Mitte des 19. Jahrhunderts hatten die Chemiker zumindest schon zu vermuten begonnen, dass bei den chemischen Reaktionen eine dreidimensionale Geometrie eine Rolle spielen könnte. Und da diese Erkenntnis dann zur Entwicklung der Teilchenphysik am Ende des 19. Jahrhunderts beigetragen hat, meinte Thomas Nipperdey völlig zu Recht, dass die Revolution in den Naturwissenschaften des 19. Jahrhunderts viel weiter reichende Auswirkungen hatte als die Revolution, die von Kepler, Galilei und Newton ausgelöst worden war.

Dieses neue theoretische Wissen hatte aber auch ausgesprochen praktische Folgen. Ihm waren die heroischen Entwicklungen zu verdanken, welche die kommerzielle Chemie seit den sechziger Jahren des 19. Jahrhunderts genommen hatte und die Deutschland dazu verhalfen, eine Weltwirtschaftsmacht und schließlich auch eine militärische Macht zu werden. 1862 hatte sich Wöhler in einem Brief an Liebig besorgt wegen der gewaltigen Menge an Chemikern geäußert, die von den deutschen Universitäten produziert wurde, und sich gefragt, welches Schicksal diesen Massen wohl beschieden sein würde.[20] Nur drei Jahre später bat Hermann Kolbe, der gerade erst den Ruf an den Lehrstuhl für Chemie der Universität Leipzig angenommen hatte, dort ein Labor für hundertzweiunddreißig Studenten aufbauen zu dürfen. Er erhielt die Genehmigung. Liebig fand das völlig irrwitzig, doch als das Labor 1868 seine Pforten öffnete, wurde es von Anwärtern geradezu überrannt.[21]

Das Zeitalter der Düngemittel

Justus von Liebig war wie gesagt ein unsteter Charakter und von aufbrausendem Temperament. So gesehen war sein plötzlicher Sinneswandel um das Jahr 1840 nicht überraschend gewesen: Er beschloss, die theoretische organische Chemie hinter sich zu lassen und sich ganz den wesentlich praktischeren Interessen der Landwirtschaft zu widmen.[22] Doch letztendlich war auch dieser Wechsel seinem Interesse am Kohlenstoff zu verdanken. Bei einer Analyse von Erdbeeren und Früchten hatte er herausgefunden, dass auf jedem Boden, ob es sich um bestellte Felder oder unberührtes Waldgebiet handelte, von der Gesamtmenge der jeweiligen Pflanzen die gleiche jährliche Menge an Kohlenstoff produziert wurde. Das war der Ausgangspunkt für einen erbitterten Streit um die Frage, ob Kohlenstoff aus der Atmosphäre oder aus dem Humus bezogen wurde. Begonnen hatte diese Auseinandersetzung, weil Liebig sich schon lange für die Quelle von Stickstoff interessiert hatte. In jeder von ihm untersuchten Pflanze hatte er Ammoniak nachgewiesen, aber nicht geglaubt, dass die Pflanzen den Stickstoff unmittelbar aufnahmen. Weil sich nachweislich immer eine gewisse Menge von gelöstem Ammoniak im Regenwasser fand, vermutete er vielmehr, dass die Pflanzen auf diesem Weg mit der Substanz versorgt würden. Je mehr Pflanzen er untersuchte, desto mehr Gleichförmigkeit entdeckte er. Und das konnte seiner Meinung nach kein Zufall sein. Also kam er zu dem kontroversen Schluss, dass die Nährstoffe im Boden und in der Luft *anorganischer*, nicht organischer Art waren.[23]

Er bündelte seine Erkenntnisse schließlich »zu dem umfassendsten Bild, das jemals über die Frage der Ernährung von Pflanzen dargestellt wurde«, wie im *New Dictionary of Scientific Biography* nachzulesen ist. In seinem Werk *Die organische Chemie in ihrer Anwendung auf Agrikultur und Physiologie* (1840) setzte er bei der Rolle des Kohlenstoffs in der Pflanzenernährung an und griff die damals weithin vertretene Sicht an, dass Humus – zersetzte Pflanzenstoffe – die Hauptnahrungsquelle von Pflanzen sei. Darauf folgte seine These, dass Luft die Quelle des von den Pflanzen aufgenommenen Kohlendioxids und es deren Funktion sei, zuerst den Kohlenstoff vom Sauerstoff der Kohlensäure zu trennen, dann den Sauerstoff freizusetzen und den Kohlenstoff in Verbindungen wie Zucker, Stärke und Harz umzusetzen.[24]

Dieses chemische Verständnis von den inneren Vorgängen bei Pflanzen (noch eine Idee, die die »Lebenskraft« diskreditierte) war jedoch nicht das, was Liebigs Studie so sensationell erscheinen ließ. Noch wesentlich mehr Aufmerksamkeit erregte er mit der Ansicht, dass bestimmte externe Nährstoffe für das Pflanzenwachstum entscheidend seien, denn wenn sich diese Schlussfolgerung bewahrheitete, würde sich das direkt auf die herrschenden Agrarpraktiken auswirken. Dem Boden zugefügte Düngemittel, so Liebig, dürften keinen Humus enthalten, sondern nur die Nährstoffe, mit denen Pflanzen nicht aus der Atmosphäre versorgt wurden, also Basen wie Kalk, Pottasche, Magnesium und Phosphorsäure, die man am besten aus gemahlenen Tierknochen gewinne.

Das Buch stieß auf höchstes Interesse unter den Landwirten, vor allem in England und Amerika. Als Liebigs Düngemittel dann aber in der englischen Versuchsfarm Rothamsted an Weizen getestet wurde und man feststellte, dass es keinerlei erkennbare Auswirkungen auf das Wachstum hatte, wohingegen dem Boden zugefügte Ammoniumsalze Jahr für Jahr höhere Ernteerträge brachten, war das ein schwerer Schlag für Liebigs »Mineraltheorie« – jedenfalls glaubte man das. Seine Ideen wurden verworfen, aber Liebig gab nicht auf. Es dauerte noch ein Jahrzehnt, bis er das Problem gelöst hatte, weil er zu besorgt gewesen war, dass lösliche Salze vom Regen einfach weggeschwemmt würden, und nicht auf die Idee kam, dass sie dadurch viel besser vom Mutterboden aufgenommen werden konnten. Ungeachtet aller ersten Zweifel sollte Liebigs Studie die Einstellungen zur Agrarwissenschaft aber schließlich grundlegend verändern: Vor 1840 hatte die gängige Meinung gelautet, dass Pflanzen wie Tiere organische Stoffe – also einst lebende Substanzen – bräuchten, um überleben zu können; mit Liebig begann sich allmählich die Erkenntnis durchzusetzen, dass der Nährstoff von Pflanzen anorganischer Art ist. Und das führte zum grundlegenden Umdenken in der Landwirtschaft, weg von der Überzeugung, dass den Möglichkeiten der Nahrungsmittelproduktion schlicht Grenzen gesetzt seien, und hin zu dem konträren Denken, dass die Möglichkeiten der Nahrungsmittelproduktion grenzenlos seien.

Die Entdeckung der Zelle

Fast zeitgleich mit der Entdeckung des Benzolrings und der Erkenntnis von der richtigen Zusammensetzung des Düngers befassten sich deutsche Biologen mit der Zelle. Die Idee, dass alle Lebensformen aus den »unabhängigen, aber kooperativen« Einheiten bestehen, die wir heute »Zellen« nennen, zählt zu den bahnbrechendsten Erkenntnissen der Biologie.[25] Der erste Mensch, der Zellen unter dem Mikroskop beobachtet hatte, war Robert Hooke (1635–1703), Kurator der physikalischen Abteilung der Royal Society in London, dessen Werk *Micrographia* 1665 erschien. In späteren Jahrhunderten profitierten viele Forscher von den stetig verbesserten Mikroskopen, unter denen sie wechselweise »Kügelchen« (Globuli) oder »Bläschen« (Vesikel) unterschiedlichster Größe und Gestalt sowohl in tierischem als auch in pflanzlichem Gewebe beobachteten. Aus einem Brief, den der Holländer Antoni van Leeuwenhoek im März 1682 an Robert Hooke schrieb, wissen wir, dass dieser bereits den dunkleren Körper in Zellen beobachtet hatte, den man später als »Kern« bezeichnen sollte.[26] Bis Ende des 18. Jahrhunderts hatten dann die meisten Botaniker akzeptiert, dass *Pflanzen* größtenteils aus Zellen bestehen. Caspar Friedrich Wolff (1734–1794) vertrat als einer der Ersten die Ansicht, dass die allen Geweben – tierischen wie pflanzlichen – zugrunde liegende Einheit ein Keimgewebe mit »Bläschen« sei, die er wie schon andere vor ihm in einigen Schriften bereits als »Zellen« bezeichnete. Doch noch niemand hatte nahegelegt – jedenfalls nicht in schriftlicher Form –, dass pflanzliche und tierische Zellen homolog seien, und niemand wusste, wie sich Zellen teilen oder neue Zellen bilden. 1805 unterbreitete der Mediziner und Naturforscher Lorenz Oken (1779–1851) die Idee, dass »jede organische Grundmasse aus Infusorien« bestehe (»schleimigen Urbläschen«), den »einfachsten lebenden Wesen, von deren Dasein uns nicht das freie Auge, sondern nur das Mikroskop spricht« – also aus den damals bekannten einfachsten Lebensformen wie Bakterien oder Protozoen.[27]

Der Erste, der das biologische Denken auf den richtigen Weg zum modernen Verständnis lenkte, war der Physiologe Johannes Evangelista Purkinje (Jan E. Purkyně). Genau genommen war er kein Deutscher, sondern Tscheche; doch seit der Niederlage der böhmischen Stände bei der Schlacht am Weißen Berg im Jahr 1620 waren die Bewohner Böhmens von Germanisierungswellen überrollt worden, die die tschechische Sprache verdrängten, bis sie schließlich nur noch unter Bauern und Handwerkern üblich war. An der Karlsuniversität, die 1348 von Karl IV. gegründet worden war und allen Reichsbewohnern offenstand, war Deutsch zur einzig zulässigen Unterrichtssprache erklärt worden (kurz vor Mozarts gefeierter Reise nach Prag im Jahr 1787).[28]

Purkinje (1787–1869) wurde am Piaristengymnasium im mährischen Nikolsburg erzogen, sang im Chor der dortigen Kirche und durchlief schließlich die Ausbildung zum Ordenslehrer. Kurz vor dem Gelöbnis verließ er den Orden jedoch, um in Prag Philosophie und Medizin zu studieren und 1819 zu promovieren. Kurz darauf wurde er als ordentlicher Professor der Physiologie und Pathologie ins damals politisch wie kulturell deutsche Breslau berufen. Die Breslauer Universität war 1811, ein Jahr nach der Berliner Universität, gegründet worden, weshalb große Rivalität zwischen den beiden Institutionen herrschte. Und diesem Konkurrenzverhalten war es zu verdanken, dass Purkinje dort die Einrichtung des ersten »Physiologischen Instituts« Preußens genehmigt wurde.

Seit frühester Zeit hatte er die Vorstellung gehegt, dass es grundlegende Parallelen zwischen pflanzlichen und tierischen Zellen geben müsse. In den dreißiger Jahren des 19. Jahrhunderts gelangen ihm im Zuge mehrerer

Experimente, die er zur Klärung der Struktur von tierischen Geweben wie Haut und Knochen durchführte, neue Erkenntnisse. In seinen Abhandlungen verwendete er Begriffe wie »Körnchen«, »Körperchen« und »Zellen«; und die Idee, dass es eine »Homologie« zwischen *einigen* pflanzlichen und *einigen* tierischen Zellen geben könnte, gewann nun immer mehr Anhänger.[29] Der österreichische Maler und vorzügliche botanische Illustrator Franz Andreas (später: Francis) Bauer hatte den Zellkern bereits 1802 dargestellt, die Zeichnungen jedoch erst in den dreißiger Jahren veröffentlicht, als er seiner Aussage mehr Gewicht verleihen wollte, dass der Kern natürlicher Bestandteil jeder Zelle sei.[30] Die englische Bezeichnung »nucleus« führte Robert Brown ein, Kustode der botanischen Sammlungen des Britischen Museums (und der Mann, der die »Brown'sche Bewegung«, die Wärmebewegung von Teilchen, identifizierte). Doch die meisten Erkenntnisse über den Kern wurden dann in Deutschland gewonnen. Das Kernkörperchen (Nukleolus) im Inneren des Kerns wurde erstmals 1835 von Rudolf Wagner beobachtet, allerdings bezeichnete er es noch als »Keimfleck« *(macula germinativa)*.[31]

Purkinjes neue Erkenntnisse waren aber nicht einfach nur der verbesserten Mikroskopie zu verdanken, er hatte auch die neuen Farbstoffe genutzt, um die Technik der Anfärbung zu verbessern. Nachdem er und seine Kollegen schon mehrfach schriftlich auf die Gleichartigkeit von tierischen und pflanzlichen Zellen angespielt hatten, gab Purkinje im September 1837 in einer Rede vor der Versammlung deutscher Naturforscher und Ärzte in Prag schließlich eine Tour d'Horizon über tierische Gewebe, in denen er solche »Körnchen« mit einem »Centralkern« beobachtet hatte: bei Speicheldrüsen, Bauchspeicheldrüsen, den Schmalzdrüsen im Ohr, bei Nieren und Hoden. Der tierische Organismus, erklärte er, lasse sich fast vollständig auf drei grundlegende und einfache Komponenten reduzieren: Flüssigkeiten, Zellen und Gewebe. Auch beim Zellgewebe dränge sich ein Vergleich zu den Pflanzen auf, die bekanntlich ganz aus Körnchen oder Zellen zusammengesetzt seien.[32] Ein weiterer Beitrag zu dieser Forschung war seine Verwendung des Begriffs »Protoplasma« zur Beschreibung des »Grundstoffs« von Zellen.

Im November 1832 starb Karl Asmund Rudolphi, Professor der Anatomie und Physiologie, in Berlin. Im Jahr darauf wurde sein Lehrstuhl von Johannes Müller (1801–1858) übernommen, einem der berühmteren Biologen des 19. Jahrhunderts.[33] 1834 veröffentlichte dieser den ersten Band seiner *Vergleichenden Anatomie der Myxinoiden* (Rundmäuler oder Schleimaale), in dem er die Gleichförmigkeit der Zellen der Chorda dorsalis (auch »Notochord« genannt, oder »Achsenstab«, weil parallel zum zentralen Nervenstrang der Wirbelsäule verlaufend) und der Pflanzenzellen beschreibt. Das war eine entscheidende Beobachtung, umso mehr, als Theodor Schwann dann Müllers Assistent wurde und schließlich Kapital aus dessen Erkenntnis schlagen konnte, allerdings erst, nachdem er seine alles entscheidende Begegnung mit dem Botaniker Matthias Jacob Schleiden (1804–1881) gehabt hatte.

Schleidens Karriere hatte nach vertrautem Muster begonnen: Zunächst hatte er Rechtswissenschaften an der Universität Heidelberg studiert und dort 1826 promoviert. Doch mit dem Kanzleileben in Hamburg war er so unzufrieden gewesen, dass er beschloss, etwas Neues zu lernen. 1833 trat er in Göttingen ein Medizinstudium an und begann sich zunehmend für die Naturforschung zu interessieren, weshalb er schließlich nach Berlin ging, um dort seine naturwissenschaftliche Ausbildung fortzusetzen. In Berlin stieß er zum Müller'schen Labor und begegnete Theodor Schwann.

Schleiden war also erst spät zur Biologie konvertiert, dann aber so von der Arbeit am Mikroskop angetan, dass er schließlich selbst wesentlich zu dessen wachsender Rolle in der biologischen Forschung beitragen sollte. (Es heißt, er habe seine Hände auch bei der Gründung von Zeiss im Spiel gehabt.[34]) 1838 veröffentlichte er im von Müller herausgegebenen *Archiv für Anatomie, Physiologie und wissenschaftliche Medicin* (eine der angesehensten Fachzeitschriften ihrer Zeit) seine »Beiträge zur Phytogenesis«. In diesem sofort ins Englische und Französische übersetzten Artikel wurde erstmals die Zellbildungslehre vorgestellt, so, wie sie der Überlieferung nach aus einem Gespräch zwischen Schleiden und Schwann über die Phytogenese hervorgegangen war. Zum Ausgangspunkt hatte er sich Robert Brown und dessen Definition des Zellkerns (1832) genommen, die ihn sehr beeindruckte: Wenn der von ihm so genannte »Cytoblastus« (Kern) seine abschließende Größe erreicht habe, bilde sich ein feines durchsichtiges Bläschen darum: die neue Zelle. »Der Lebensprozeß der einzelnen Zelle« sei »sowohl für die Pflanzenphysiologie, als auch für die vergleichende Physiologie im Allgemeinen die allererste ganz unerläßliche Grundlage«.[35] Mit diesem Artikel wurde zwar eindeutig der Advent der pflanzlichen Zellbiologie eingeläutet, doch in einigen Punkten irrte Schleiden, etwa mit der Annahme, dass sich die Zellkerne aus einer »homogenen lebendigen Grundsubstanz *kristallieren* [meine Hervorhebung]«. Der zweite Band seines Lehrbuchs *Grundzüge der wissenschaftlichen Botanik nebst einer methodologischen Einleitung als Anleitung zum Studium der Pflanze* (Leipzig 1842/43) war dann allein der pflanzlichen Zellbiologie gewidmet; und mit den Beschreibungen, die er darin bot, veränderte er nicht nur die Lehre von der Botanik, sondern begeisterte auch viele für das Studium dieser als so neu empfundenen Wissenschaft.[36] Schleiden selbst sollte die wahre Bedeutung seines »Cytoblastus« nie wirklich bewusst werden, doch dieses Manko machten seine Kollegen aus Müllers Labor mehr als wett.

Schleidens Freund und Kollege Theodor Schwann (1810–1882) forschte fünfzig Jahre lang als Biologe, widmete aber nur fünf davon (1834 bis

1839) dem Gebiet, das ihn berühmt machen sollte. Seine bekannteste Monografie wurde 1839 veröffentlicht, ein Jahr nach Schleidens »Beiträgen zur Phytogenesis«. Der erste Abschnitt behandelt »die Struktur und das Wachsthum der Chorda dorsalis und der Knorpel«. Schwann hatte sich eigenen Angaben zufolge so entschieden, weil er »eine neue Erweiterung der Aehnlichkeit mit dem Vegetationsprocesse thierischer Zellen mit Pflanzenzellen« als gegeben sah und in Zellen des tierischen Körpers einen Kern vorgefunden hatte, »in seiner Lage zur Zelle, seiner Form und ihren Modifikationen übereinstimmend mit dem Cytoblastem der Pflanzenzellen«. In der Überschrift des zweiten Abschnitts »Über die Zellen als Grundlage aller Gewebe des thierischen Körpers« spiegelte sich nicht nur seine Argumentation, sie wies auch den Weg.[37] Natürlich hatten schon Purkinje und andere Forscher Zellen aus vielen Gewebetypen beschrieben und bereits *vermutet*, dass es sich dabei um Grundbausteine handelte, doch Schwann war der Erste gewesen, der kategorisch erklärte, dass Zellen *die* Grundbausteine schlechthin seien.[38]

In diesem Werk bot Schwann eine nach damaligen Maßstäben ungeheure Vielfalt an histologischen Nachweisen zur Bekräftigung seiner These: die Klasse der »isolirten selbstständigen Zellen« (Lymphkörperchen, Blutkörperchen, Schleimkörperchen, Eiterkörperchen); die »selbstständigen, zu zusammenhängenden Geweben vereinigten Zellen« (Epithelium; das schwarze Pigment; Nägel; Klauen; Federn; Krystalllinse); die »Gewebe, in denen die Zellwände untereinander oder mit der Interzellularsubstanz verschmolzen sind« (Knorpel und Knochen, Zähne); die »Faserzellen, oder Gewebe, die aus Zellen entstehen, welche sich in Faserbündel theilen« (Zellgewebe, Sehnengewebe, elastisches Gewebe); und die »Gewebe, die aus Zellen entstehen, deren Wände und deren Höhlen miteinander verschmelzen« (Muskeln, Nerven, Kapillargefäße). Nicht alles, was Schwann hier vorbrachte, war richtig; doch es sollte wohl auch eher der polemische Versuch sein, einen *allgemeinen Grundsatz* für die gesamte Zellentwicklung bei Pflanzen wie Tieren aufzustellen. In seiner »Vorrede« schrieb er selbst: »Die vorliegende Abhandlung hat zur Aufgabe, den innigsten Zusammenhang beider Reiche der organischen Natur aus der Gleichheit der Entwicklungsgesetze der Elementartheile der Thiere und Pflanzen nachzuweisen. Das Hauptresultat der Untersuchung ist, daß ein gemeinsames Entwicklungsprinzip allen einzelnen Elementartheilen aller Organismen zum Grunde liegt, ungefähr so wie alle Krystalle trotz der Verschiedenheit ihrer Form sich doch nach denselben Gesetzen bilden.«[39] Sein Bezug auf Kristalle entsprach natürlich ziemlich genau dem, was Schleiden gesagt hatte, und entsprang folglich ebenfalls einer falschen Vorstellung. Nach Ansicht vieler seiner späteren Kollegen hatte ihm dieser – entscheidende – Fehler nur unterlaufen können, weil er sich in seinen Abhandlungen höchst selten auf die Arbeiten anderer

Forscher bezog, die dasselbe Feld beackerten wie er. Purkinje rezensierte Schwanns Werk und focht dessen Anspruch auf eine Vorreiterrolle sofort an.

Doch wer auch immer der Erste gewesen sein mag, es war jedenfalls Schwanns Buch, das zu weiteren Forschungen anregte. Eine vielversprechende Richtung schlug zum Beispiel Franz Unger (1800-1870) ein, der in Wien als Professor für Pflanzenphysiologie lehrte (und Gregor Mendel zu seinen Studenten zählte). Unger kooperierte mit dem Wiener Mathematiker und Physiker Andreas von Ettinghausen (1796-1878), der ein vorzügliches Mikroskop von Plössl besaß, unter dem sie das Verhalten von Zellen (»Molecularbewegungen«) beobachteten und dank dessen sie schließlich auch die Bedeutung der Zellteilung erkannten.[40] Mit diesem Thema befasste sich vorrangig der Schweizer Botaniker Carl Wilhelm von Nägeli (1817-1891) an der Universität Zürich. Er glaubte bereits in seinen frühen Publikationen über die Zellteilung aus den Jahren 1844 und 1846 aufgezeigt zu haben, dass sich die Zellvermehrung im Pflanzenreich auf zwei verschiedenen Wegen vollzog, nämlich durch die »freie Zellbildung« und durch die Teilung bereits vorhandener Zellen. Zwei Jahre später änderte er seine Meinung jedoch grundlegend, denn nun unterschied er zwischen »Reproductionszellen«, die durch »freie Zellbildung« entstanden, und einer »vegetativen Zellbildung«, bei der »Zelltheilung« die Norm war.

1845 wandte sich Nägeli dem Studium des »Zellenwachsthums bei den Pflanzen« zu. Der Höhepunkt dieser Forschung kam in den späten fünfziger Jahren, als er die Abstammung von Zellen auf eine einzelne Apikal- oder Scheitelzelle zurückführte. Es war Nägeli, der nachwies, auf welche reguläre Weise sich Tochterzellen von den Ausgangszellen teilen – zu einer, zwei oder drei Reihen –, und der somit eine Gesetzmäßigkeit erkannt hatte, die sich mathematisch ausdrücken ließ. Bei späteren Studien konzipierte Nägeli noch den bedeutenden Unterschied zwischen »Bildungsgewebe« und nicht mehr teilungsfähigem »Dauergewebe«. Er beobachtete, dass es in den Stängeln und Wurzeln von Pflanzen einen bestimmten Zelltyp gab, der von der Differenzierung unbeeinflusst blieb und dessen Ursprung sich bis zur »Urzelle« zurückverfolgen ließ. Diese Unterscheidung zwischen Bildungs- und Dauergewebe war ein erster Ansatz zu der Idee von der Erbmasse.

Nägeli hielt bis an sein Lebensende an der Vorstellung von einer spontanen Zellerzeugung fest. So kam es, dass er Gregor Mendels Abhandlung *Versuche über Pflanzen-Hybriden*, die dieser ihm 1866 zugesandt hatte, zwar ernst genug nahm, um daraus zu zitieren, sich dafür unglücklicherweise jedoch ausgerechnet das Habichtskraut *(Hieracium)* herauspickte, das sich ungeschlechtlich fortpflanzt. Prompt hielt er Mendels Hybridisierungs- und Reversionsraten für mathematisch interessant, aber irrelevant bei genuinen Arten. Nägeli hatte Mendels Genie nicht erkannt. Sein Schüler Carl Correns (1864–1933) war weniger blind: Er sollte einer der drei Wissenschaftler sein, die die Mendel'schen Gesetze schließlich wiederentdeckten.[41]

Beobachtungen über die Embryonalentwicklung im befruchteten Hühnerei waren schon vor mehr als zweitausend Jahren gemacht worden, noch vor Aristoteles. Doch der Kausalzusammenhang von Zelle und Embryo wurde erst 1827 hergestellt, als Karl Ernst von Baer in einem (lateinisch verfassten) Brief aus Leipzig seine Erkenntnisse über das Ovum vom Säugetier darlegte. Aus naheliegenden Gründen war die Beobachtung eines einzelnen Säugetiereies, geschweige denn eines einzelnen menschlichen Eies, unmöglich gewesen. Die erste Beschreibung einer Zellteilung gelang 1824 den Franzosen Jean-Louis Prévost und Jean Baptiste Dumas: Sie erkannten, dass die Furchen, deren stetige Vertiefung sie am sich entwickelnden Ei beobachtet hatten, erste Anzeichen für dessen Teilung waren und dass sich dieser Prozess wiederholte, bis das Gebilde schließlich »wie eine Himbeere« aussah.[42] Für uns mag das kaum nachvollziehbar sein, doch es kam ihnen tatsächlich nie in den Sinn, dass sie damit die Zellvermehrung beschrieben hatten.

Eine ausführlichere Beschreibung der Zellteilung publizierte Baer erst im Jahr 1834. Nachdem er seinen Lehrstuhl in Königsberg gerade gegen eine Professur in St. Petersburg eingetauscht hatte, zog er den entscheidenden Rückschluss, dass er mit seinen Beobachtungen bereits selbst die Vorstellung von einer »Präformation« des Embryos zunichte gemacht hatte (das heißt die Vorstellung, dass der Embryo ein vollständig vorgeformter »Humunculus« sei, der sich nur noch entfalten müsse).[43] Unter deutschen Wissenschaftlern galt Baers Abhandlung als eine Sensation, und es dauerte nicht lange, da war die biologische Bedeutung der Furchenbildung und der anschließenden Teilung allgemein akzeptiert. Diesem Fortschritt folgten bald die physiologischen Erkenntnisse des Engländers Martin Barry (1802–1855) und des Deutschen Carl Bergmann (1814–1865), damals noch Assistent bei Rudolf Wagner in Göttingen, später selbst Anatomieprofessor in Rostock. Anhand von Experimenten mit Fröschen und Molchen wiesen beide nach, dass nach Furchenbildung und Teilung jene Zellen entstehen, welche schließlich den Embryo bilden. Nicht minder bedeutend war die Entdeckung des Arztes Harald Bagge (1817–1895) in Erlangen: Er hatte beobachtet, dass die Teilung des embryonalen Zellkerns immer *vor* der Teilung der »Furchungskugeln« stattfindet. Die Erkenntnis von der Kontinuität des Zellkerns und der Beweis, dass das Ei selbst eine Zelle ist und durch binäre Spaltung Tochterzellen »erzeugt«, waren entscheidende Schritte hin zur späteren Wissenschaft der Genetik.[44] Die Erforschung dieser Phänomene kulminierte in der Arbeit des Berliner Mediziners Robert Remak (1815–1865), der im Jahr

1842 – gestützt auf die Keimblätterlehre von Baer – erstmals Ektoderm, Mesoderm und Endoderm des Embryos beschrieb und in seinen *Untersuchungen über die Entwicklung der Wirbelthiere* (1850–1855) feststellte, dass das tierische Ei »stets eine einfache Zelle« sei. Kurz darauf, im Jahr 1859, veröffentliche Darwin seine *Entstehung der Arten*.

14
Die »deutsche Misere«

Der Westfälische Friede hatte 1648 den Weg zur Erschaffung mehrerer europäischer Staaten geebnet; der Wiener Kongress, der 1815 einberufen worden war, um Europa nach dem Sturz Napoleons neu zu gestalten, erschuf eine Reihe von weiteren Staaten. Primär sollte der Kongress verhindern, dass jemals wieder eine Revolution in Europa ausbrechen würde, also machten sich die versammelten Diplomaten und Politiker daran, mehr oder weniger genau die politische Landschaft wiederherzustellen, die unmittelbar nach 1648 existiert hatte. Doch dieses umsichtig ausbalancierte europäische System hing, wie Hagen Schulze erklärte, ganz davon ab, dass »die europäische Mitte zersplittert blieb, diffus und ohne Macht«. Viele europäische Teilnehmer am Wiener Kongress waren irritiert von den »Germanophilen«, die Deutschland zu einem Nationalstaat vereinen wollten: »›Sie trachten eine Ordnung umzustürzen, die ihren Stolz empört, und alle Regierungen dieses Landes durch eine einzige zu ersetzen‹, schrieb der französische Außenminister Talleyrand aus Wien an Ludwig XVIII. [...]. ›Die Einheit des deutschen Vaterlandes ist ihr Geschrei, ihr Glaube, ihre bis zum Fanatismus erhitzte Religion [...]. Wer kann die Folgen berechnen, wenn eine Masse wie die deutsche, zu einem einzigen Ganzen gemischt, aggressiv würde?‹«[1]

»So wurde«, fährt Hagen Schulze fort, »das nationale Prinzip nur dort akzeptiert, wo es sich mit legitimer Fürstenmacht verband: in Großbritannien, Frankreich, Spanien, Portugal, den Niederlanden und Schweden, also in West- und Nordeuropa.« Die deutschsprachigen Länder und Italien blieben außen vor, was erklärt, weshalb der Nationalismus, der *Kultur*nationalismus, eine ursprünglich deutsche Idee war. Die politische Zersplitterung der mitteleuropäischen Region war letztlich das logische Ergebnis der europäischen Staatenordnung. Man braucht nur einen Blick auf die Landkarte zu werfen, um festzustellen, warum dem so war: »Mitteleuropa, von der Ostsee bis zur Adria und zum Tyrrhenischen Meer, hielt die großen Mächte auseinander, sorgte für die Distanz zwischen ihnen und verhinderte unmittelbare Kollisionen.« Niemand wollte eine unkontrollierbare Anballung von Macht in der Mitte Europas, denn wer immer dieses Gebiet beherrschen würde, konnte zur »Herrin Europas« werden.[2]

Die Periode zwischen 1815 und 1848, zwischen dem Wiener Kongress und dem Jahr der Revolutionen, bietet einen nützlichen Zeitrahmen für politische Erklärungen. Doch sie war auch in geistiger und kultureller Hinsicht von Bedeutung, jedenfalls gewiss auf die deutschen Länder bezogen. Während dieser Zeit – sogar über sie hinaus, bis nach der Niederschlagung der bürgerlichen Revolutionen von 1848/49 in Berlin, Dresden, Prag und Wien – spalteten sich die Literaten in zwei Lager. Da gab es auf der einen Seite Schriftsteller, die (später als in England oder Frankreich) alle sozialen Veränderungen in Deutschland ignorierten, dem urbanen und bürgerlichen Leben den Rücken kehrten, ihre Geschichten auf dem Land, in Dörfern oder Kleinstädten ansiedelten und sich selbst in eine zeitlose, fast schon feudale Welt zurückzogen; zu diesen Schriftstellern zählten zum Beispiel Heinrich von Kleist, Franz Grillparzer, Adalbert Stifter und Joseph von Eichendorff, Letzterer insbesondere angesichts seines *Tagebuch eines Taugenichts*. Auf der anderen Seite gab es die Schriftsteller, die auf die neuen Umstände reagierten, darunter insbesondere Heinrich Heine und Georg Büchner oder die »agitatorischen« Dichter Ferdinand Freiligrath und Georg Herwegh. Doch die daraus folgende Zweiteilung der Literatur und das »kulturelle Hinterherhinken« Deutschlands, also die Tatsache, dass Industrialisierung und Urbanisierung dort später auftraten als anderenorts, sowie der Umstand, dass diese Schriftsteller allesamt im Schatten von Goethe und Schiller wirkten, hatten zur Folge, dass international keiner von ihnen zu einem vergleichbaren Begriff wurde (auch wenn ihre Genialität, allerdings erst spät, schließlich auch im Ausland erkannt werden sollte) wie beispielsweise ihre Zeitgenossen Victor Hugo und Honoré de Balzac, Edgar Allan Poe und Ralph Waldo Emerson, William Makepeace Thackeray und Lord Byron, Percy Bysshe Shelley und Charles Dickens. Diese Schriftsteller sind klassische Beispiele für jene deutsche Kultur, welche uns Nichtdeutschen endlich sehr viel nähergebracht werden sollte.[3]

Die Überlegenheit der Dichtung

Johann Christian Friedrich Hölderlin (1770–1843) wurde in Lauffen am Neckar geboren, durchlief im Tübinger Stift die Ausbildung zum protestantischen Pastor und schloss dort Freundschaft mit Georg Friedrich Wilhelm Hegel und Friedrich Wilhelm Joseph Schelling. Alle drei übten starken Einfluss aufeinander aus. Viele Literaturwissenschaftler glauben, dass Hölderlin es war, der Hegel auf das Denken Heraklits aufmerksam gemacht hat, dessen Theorie über die »Einheit der Gegensätze« ein so großes Echo im Hegel'schen Dialektik-Begriff finden sollte. Als einer der größten deutschen Dichter wurde Hölderlin schon zu Beginn des 20. Jahrhunderts eingeordnet, doch als Philosoph sollte er erst in jüngerer Zeit entdeckt werden – vielleicht, weil er selbst geglaubt hatte, dass Dichtung den besten Zugang zur Wahrheit biete (noch eine Ansicht, die im Zeitalter des Zweifels zwischen Dogma und Darwin vorherrschte).[4]

Hölderlins Leben wurde völlig durcheinandergebracht, zum einen von seiner hoffnungslosen Liebe zu Susette, der Frau des Frankfurter Bankiers Jakob Gontart, deren Kinder er als Hauslehrer unterrichtete, zum anderen wegen seiner »Hypochondrie«. Susette wurde zur Heldin seines Briefromans *Hyperion*, in dem er den exzentrischen Lebensweg eines Mannes schildert und seine eigene Sicht reflektiert, dass zu viel Selbstbewusstsein (à la Hegel) potenziell gefährlich sei und der Mensch mit seiner Neigung, die Möglichkeiten des Lebens intellektuell zu erkunden, Gefahr laufe, die ihm eigene Einheit mit der Natur zu verlieren, in die er hineingeboren wurde und welche zu beschreiben Aufgabe der Dichtung sei. Kants Welt des Noumenon oder »Ding an sich« war (nach Kants eigenen Worten) eine unkenntliche, unbeschreibbare Realität; Hölderlin hingegen glaubte, es sei eine vorrangige Aufgabe der Dichtung, zu versuchen, wenigstens hie und da einen flüchtigen Blick auf diese Welt zu erhaschen. Die zentrale Idee beim *Hyperion* ist, dass Schönheit weniger etwas ist, das erschaffen werden kann, als etwas, das *enthüllt* werden muss. Schönheit ist immer da, überall in der Natur, und es ist die Aufgabe des Dichters, sie zu offenbaren. Diese Sicht sollte ihr Echo bei Martin Heidegger und Hans-Georg Gadamer finden.[5]

Anfang 1802 fand Hölderlin eine neue Anstellung als Hauslehrer der Kinder des Hamburger Konsuls in Bordeaux. Er bewältigte die Reise von Nürtingen aus *zu Fuß*. Und die Nachwelt verdankt der Zeit, die ihm dabei für Betrachtungen blieb, eines seiner schönsten Gedichte – »Andenken«:

> *Der Nordost wehet,*
> *Der liebste unter den Winden*
> *Mir, weil er feurigen Geist*
> *Und gute Fahrt verheißet den Schiffern [...].*
>
> *Noch denket das mir wohl und wie*
> *Die breiten Gipfel neiget*
> *Der Ulmwald, über die Mühl',*
> *Im Hofe aber wächset ein Feigenbaum [...].*

Schon wenige Monate später kehrte Hölderlin jedoch in offensichtlich völlig verwirrtem Zustand nach Württemberg zurück. Sein Zustand verschlimmerte sich noch, als er erfuhr, dass Susette gestorben war. Glücklicherweise wurde er gerettet. Denn 1807 nahm ihn die Familie des literaturbegeisterten Tübinger Tischlers Ernst Zimmer, der ein Bewunderer des *Hyperion* war, in die Pflege. Und dort, in einer Turmstube mit Blick über den Neckar, sollte er, von dieser Familie umsorgt, bis zu seinem Tod 1843 wohnen und arbeiten.

Hölderlins Gedichte hatten bereits zu seinen Lebzeiten genügend Bewunderer gefunden und seinen Freundeskreis bewogen, gemeinsam sein Werk zu veröffentlichen. Nach seinem Tod geriet Hölderlin jedoch in Vergessenheit, was nicht zuletzt daran lag, dass man sein Werk für das eines geistig Umnachteten hielt, aber auch daran, dass er als melancholischer Imitator Schillers abgetan wurde. Erst Anfang des 20. Jahrhunderts sollte er vom Kreis um Stefan George und von dem Philosophen Martin Heidegger wiederentdeckt werden.[6] Heute gilt Hölderlins Werk als ein Höhepunkt der deutschen Literatur. Selbst in seinem späten Wahn hatte er noch Gedichte von kindlicher Schönheit geschrieben und mit Phantasienamen wie »Scardanelli« gezeichnet:

> *Weh mir, wo nehm ich, wenn*
> *Es Winter ist, die Blumen, und wo*
> *Den Sonnenschein,*
> *Und Schatten der Erde?*
> *Die Mauern stehn*
> *Sprachlos und kalt, im Winde*
> *Klirren die Fahnen*

Hölderlin beeinflusste eine ganze Reihe von hauptsächlich deutschsprachigen Dichtern und Denkern, von Rainer Maria Rilke über Hermann Hesse bis Theodor Adorno. Komponisten wie Johannes Brahms, Richard Strauss, Max Reger, Paul Hindemith und Benjamin Britten vertonten Werke von ihm.

Weder Gott noch Tier

Wenn Hölderlin denn ein melancholischer Schiller war, dann war Heinrich Wilhelm von Kleist (1777–1811) dessen Nachfolger als das Vorbild aller Dramatiker. Der in Frankfurt an der Oder geborene Kleist war ein ruheloser Wanderer und hatte unter anderem in Paris, der Schweiz und in Prag gelebt, bevor er sich 1810 schließlich als Herausgeber der neuen *Berliner Abendblätter* in Berlin niederließ. Dort ging er eine kurze, tragische Beziehung zu Henriette Vogel ein, einer labilen Frau, die sich gerne in Künstlerkreisen bewegte und Kleist zu einem grotesken Selbstmordpakt überredete: Sie wanderten gemeinsam zum Kleinen Wannsee, wo er dann zuerst sie und anschließend sich selbst erschoss. Er wurde nur vierunddreißig Jahre alt.[7] Trotzdem gilt Kleist heute als der bedeutendste preußische Erzähler und Dramatiker der deutschen Romantik. Als seine besten Werke gelten das Schauspiel *Prinz von Homburg* und die Novelle *Michael Kohlhaas*, die in der Lutherzeit angesiedelte Geschichte eines Rosshändlers.[8] Kleists Stücke sind vor allem Psychodramen, wobei die Auflösung oft weniger wichtig ist als die Genauigkeit der Sprache, mit der Kleist so detailliert die Psychologie seiner Figuren erforscht, dass dem Zuschauer weder Schmerz noch Pein noch Scham erspart werden. Heute ist Kleist populärer denn je. Die einen Literaturwissenschaftler betrachten ihn als einen postmodernen Autor, die anderen eher als einen Vorgänger von Ibsen, und in einigen Kreisen wird er seines ungezügelten Nationalismus wegen sogar als der archetypische Nationalsozialist bezeichnet. Ein gutes Beispiel dafür ist sein Stück *Die Hermannsschlacht*, in dem Kleist das Interesse des Protagonisten dem des Volkes unterordnet. Berühmter aber ist *Der zerbrochene Krug*, in dem der Dorfrichter Adam selbst als Täter in einem Fall entlarvt wird, den er gerade verhandelt. (Die Weimarer Aufführung des Stücks unter der Regie von Goethe geriet zum Desaster.) Kleist war sehr modern, etwa wenn er Themen wie das Kolonialverhältnis zwischen schwarzen Sklaven und weißen Herren in Angriff nahm. Heute sind Kleists Dramen jedoch vor allem wegen ihrer Darstellungen des unerfüllbaren Verlangens, der Grausamkeit der Junker und insbesondere der »deutschen Misere« bekannt. Auch als ein Vorgänger Wagners wird Kleist immer wieder einmal angeführt.

Wie Kleist war auch Franz Grillparzer (1791–1872) ein Wanderer zwischen zwei Welten, zwischen der Welt der Geschichten aus dem »Innenleben« und der Welt politischer Dramen. Das war nicht unproblematisch, denn nach der Veröffentlichung von zwei historischen Tragödien, die beide den Monarchen in keinem guten Licht erscheinen ließen, geriet er prompt mit der Zensur aneinander: Beide Dramen konzentrieren sich auf das Dilemma, vor dem ein Fürst steht, wenn seine Pflichten in Konflikt mit seiner Selbstsucht geraten.[9] Grillparzer war in Wien als Sohn eines Rechtsanwalts geboren worden und hatte sich einen ersten Namen mit seinem Drama *Die Ahnfrau* (1817) gemacht, einer Tragödie über einen unwissentlichen Geschwisterinzest und einen Vatermord. 1818 folgte das Trauerspiel *Sappho*, in dem er von der enttäuschten Liebe der Dichterin zu dem Jüngling Phaon erzählt, die damit endet, dass sie ihr Schicksal den Göttern übergibt und sich ins Meer stürzt: Sie verzichtet auf irdisches Glück zum Wohle eines höheren Ziels.[10]

Auch Grillparzer erlebte Rückschläge in Liebesdingen. 1821 lernte er Katharina Fröhlich kennen und lieben, und da sie seine Gefühle aus tiefstem Herzen erwiderte, verlobten sie sich. Doch wegen seiner komplizierten Psyche konnte er es nie über sich bringen, die Ehe mit ihr einzugehen, und diese Zwickmühle stürzte ihn in große Verzweiflung. »Aber eigentlich zu zweien zu sein, verbot mir das Einsame meines Wesens«, schrieb er in seiner Selbstbiografie, ansonsten hielt er sich mit Äußerungen über sein Gefühlsleben sehr zurück.[11] Derweil komponierte er seinen beeindruckenden Gedichtzyklus *Tristia ex ponto* (1835) sowie zwei seiner größten Dramen, *Des Meeres und der Liebe Wellen* (1831) und *Der Traum ein Leben* (1834). Letzteres ist Grillparzer »at his best«: Der Jäger Rustan, »dem nicht mehr das geruhsame Leben bei Massud und dessen Tochter Mirza genügt«, wird »vom Negersklaven Zanga zur Vita activa angestachelt«. Doch dann hat er einen schrecklichen Traum, der dieses Leben vorwegnimmt (und einen Großteil des Stückes einnimmt). Am Morgen will Rustan »nur noch an der Seite der Geliebten in friedlicher Hütte sein Glück finden«.[12]

> *Und die Größe ist gefährlich,*
> *Und der Ruhm ein leeres Spiel.*
> *Was er gibt, sind nichtge Schatten,*
> *Was er nimmt, es ist so viel.*

Gegen Ende seines Lebens wurde Grillparzer mit Ehren überhäuft. Sein achtzigster Geburtstag »war für ganz Wien ein großer Tag«. (Angesichts all der Ehrungen und »Grillparzer-Feiern« sagte er: »Früher zu wenig, jetzt zu viel. Es sind Gnadenstöße, die mir versetzt werden.«)[13] Nach seinem Tod fand man drei komplette Dramen in seinem Nachlass, darunter auch *Die Jüdin von Toledo*, eine Adaption aus dem Spanischen, die heute zu den deutschsprachigen Klassikern zählt. Aber auch Grillparzer geriet in Vergessenheit; erst anlässlich der Feiern zu seinem hundertsten Geburtstag sollte die deutschsprachige Welt sein Genie erkennen.[14] Seine Geschichten aus dem »Innenleben« haben sich besser gehalten als seine politischen Dramen.

Das »sanfte Gesetz« und die Meidung moderner Technik

Adalbert Stifter (1805–1868) war nicht nur Schriftsteller und Dichter, sondern auch Pädagoge, ein guter Maler (jedenfalls verkauften sich seine Werke gut) und hatte zudem in Wien Rechtswissenschaften studiert. Derweil führte er ein sehr unglückliches Privatleben. Da seine Eltern eine Ehe mit der Frau, die er liebte, zu verhindern gewusst hatten, war er den Bund mit einer Putzmacherin eingegangen, die ihm nicht das Wasser reichen und ihm auch keine Kinder schenken konnte. Tief depressiv und an

Leberzirrhose leidend, durchschnitt er sich auf dem Krankenbett mit einem Rasiermesser die Halsschlagader.

Stifter schrieb viele lange Erzählungen und kurze Novellen, aber sein großartigstes Werk war wohl der dreibändige Roman *Der Nachsommer* (1857), der heute zu den bedeutendsten Bildungsromanen im deutschsprachigen Kanon gezählt wird. Er schildert die Selbstbildung des Kaufmannssohns Heinrich Drendorf – wie dieser Schritt für Schritt all die Eigenschaften erwirbt, die nötig sind, um sich selbst achten und ein Leben in Anstand und Würde führen zu können. Stifter hatte 1848 die Gewalt und das Chaos der fehlgeschlagenen Revolution in Wien erlebt und sich anschließend zu einem wesentlich ruhigeren Leben in Linz niedergelassen. Hier erzählt er nun, wie Drendorf mit Hilfe von natur- und geisteswissenschaftlichen, künstlerischen, geschichtlichen und pädagogischen Bemühungen nach *seinem* persönlichen Glück strebt, sich dabei aber immer weiter von den großen Fragen seiner Zeit entfernt. Wie der Autor selbst meidet auch seine Figur das von moderner Technik (Lokomotiven, Fabriken) geprägte Leben. Drendorf ist zwar der Sohn eines Kaufmanns, aber auffällig desinteressiert an der pragmatischen Welt des Handels und Gewerbes. Eines Tages geht er im Hochgebirge auf Wanderschaft und sucht, als er ein Gewitter aufziehen sieht, Schutz in einem Haus, dem Asperhof, der »eher dem Landhause eines Städters glich«. Es empfängt ihn ein »Mann mit schneeweißen Haaren« (der, wie Drendorf später erfährt, »einmal in hohen Staatsämtern gestanden war«; es handle sich, erklärt man ihm, womöglich um den »Freiherrn von Risach«, wahrscheinlich aber den »Herrn Morgan«). Drendorf bemerkt, dass der von vielen Büchern, Kupferstichen und Kunstgegenständen umgebene alte Mann im Haus ebenso pedantisch auf Ordnung bedacht ist (Bücher müssen »nach dem Gebrauche wieder auf das Gestelle gelegt werden, damit das Zimmer die ihm zugehörige Gestalt behalte«) wie in seinem üppig angelegten Garten. Er ist nur einer von mehreren Charakteren in diesem Buch, die ein Leben in solcher Idylle führen und ihre Leidenschaften eher *kontrollieren*, als ihnen nachzugeben.[15] Nietzsche nannte Stifters *Nachsommer* ein »Buch voll Rosenduft« und zählte es zu der deutschen Prosaliteratur, die »es verdiente, wieder und wieder gelesen zu werden«, so wie zum Beispiel auch Gottfried Kellers *Leute von Seldwyla* – »und damit wird es einstweilen am Ende sein«.[16]

Stifter will, dass wir »das sanfte Gesetz zu erblicken suchen«, jene Kräfte, welche »den Bestand des Einen und dadurch den aller« sichern, auch wenn die wohltätigen Auswirkungen dieses »menschenerhaltenden« Gesetzes ebenso mählich und leise auftreten wie die »welterhaltenden« Gesetze der Natur. Friedrich Hebbel kritisierte den *Nachsommer* mit den Worten: »Wir glauben Nichts zu riskieren, wenn wir Demjenigen, der beweisen kann, daß er sie [diese Bände] ausgelesen hat, ohne als

Kunstrichter dazu verpflichtet zu sein, die Krone von Polen versprechen«; W. H. Auden, Marianne Moore und Winfried Georg Sebald betonten hingegen, wie viel sie Stifter schuldeten; und Thomas Mann befand: »Stifter ist einer der merkwürdigsten, hintergründigsten, heimlich kühnsten und wunderlich packendsten Erzähler der Weltliteratur.«[17]

Der alternative Bourgeois

Wie Stifter war auch Gottfried Keller (1819–1890) ein leidenschaftlicher Maler. Zwei Jahre verbrachte er in München, um im Kreis anderer Künstler seine Malerei zu verbessern, entschied dann aber, dass er nie gut genug sein würde, und wandte sich dem Schreiben zu. Einige Kritiker halten den *Grünen Heinrich* für den bedeutendsten Schweizer Roman aller Zeiten. 1994 wurde er vom amerikanischen Literaturkritiker Harold Bloom in seinen *Western Canon* aufgenommen. Nietzsche schrieb, das Werk sei für seinen »im Grunde pathetischen Zustand ein wenig zu miniaturhaft und bunt: aber es ist ein Ausbund von Poesie und Schelmerei, vielleicht sogar von Ernst«, und Keller selbst bezeichnete er als den »Schweizer Dichter, den ich für den einzigen lebenden deutschen Dichter halte«.[18]

Der Vater des in Zürich geborenen Keller, ein Drechslermeister, starb bereits, als Gottfried fünf war. Bis zu seinem fünfzehnten Lebensjahr besuchte der Junge diverse Schulen, darunter auch eine neu gegründete Industrieschule. Dann aber wurde er wegen seiner Teilnahme an einem politischen Aufmarsch der Schule verwiesen. In Zürich machte er eine kurze Lehre beim Vedutenmaler Peter Steiger und nahm anschließend bezahlten Privatunterricht beim Aquarellisten Rudolf Meyer. Dann beschloss er, sich in München künstlerisch weiterzubilden. Doch zwei Jahre später kehrte er ernüchtert nach Zürich zurück und wandte sich dem Schreiben zu. Nach ersten Veröffentlichungen erhielt er 1848, sechs Jahre nach seiner Rückkehr, von der Stadt Zürich ein Stipendium für einen Studienaufenthalt in Heidelberg, wo er die philosophischen Vorlesungen von Ludwig Feuerbach hörte, die ihn stark beeinflussten. Keller beschäftigten die kulturellen Widersprüche des Kapitalismus, wie Daniel Bell mehr als hundert Jahre später schrieb, und vor allem die Frage, wie das Individuum ein erfülltes Leben in einer Gesellschaft führen kann, die der Kapitalismus zu einem so ausgeprägten Individualismus zwingt.

In gewisser Weise war Keller eine Übergangsfigur, anzusiedeln zwischen den Dichtern, die der neuen bürgerlichen Welt den Rücken kehrten, und den Schriftstellern, die wir als Nächstes betrachten werden, weil sie erkannt hatten, dass es genau diese Welt war, auf die sie ihr Augenmerk richten mussten. Keller zog den legalen Weg zu Veränderungen jeder Revolution vor (war dabei allerdings nicht ganz so »sanft« gesinnt wie

Stifter), doch in seinem Werk gelang es ihm nicht wirklich, diese Veränderungen einzufangen, jedenfalls gewiss nicht die nach 1848. Er gehörte zu den Dichtern, denen die typisch deutsche Erzählform des 19. Jahrhunderts zu verdanken ist: die kurze und äußerst sinnbildliche Novelle, die das gesellschaftliche Leben auf ein einziges ungewöhnliches Ereignis verdichtet darstellt.

Der Grüne Heinrich gilt üblicherweise als ein Bildungsroman nach Goethe'schem Vorbild, erinnert aber auch an Balzacs *Le chef-d'œuvre inconnu (Das unbekannte Meisterwerk)*.[19] Die Geschichte hat stark autobiografische Elemente. Als »grün« wird der Protagonist Heinrich Lee bezeichnet, weil er seine gesamte Kindheit hindurch Kleidungsstücke tragen musste, die aus den grünen Uniformen seines früh verstorbenen Vaters geschneidert waren. Wegen eines Schülerstreichs wird Heinrich der Schule verwiesen, woraufhin er sich bei zwei Malern ausbilden lässt und dann nach München geht, um dort als Maler sein Glück zu suchen. Das zweite Element in Heinrichs Leben ist seine Liebe zu zwei Frauen, zu der engelhaften Anna und der verführerischen Judith, einer Witwe, die irdischere Gefühle in ihm weckt. Der Plot spitzt sich zu, als Heinrich erkennt, dass er als Maler höchstens bescheidene Erfolge haben wird, und sich dann auf höchst reale Weise damit auseinandersetzen muss, dass seine Mutter völlig verarmt starb, weil er ihr in seiner Selbstbesessenheit so viele Opfer abverlangt hatte. Von Scham überwältigt, stirbt auch Heinrich.

Aber dann gefiel Keller diese Geschichte nicht mehr, jedenfalls nicht ihr Ende. Jahre später schrieb er eine zweite Fassung. Diesmal gewährt er Heinrich die Vergebung der Mutter und lässt ihn nicht sterben, dafür aber ein deprimierend anspruchsloses Beamtenleben führen. Und damit scheint er irgendeine Saite berührt zu haben, denn während die erste Fassung keinen großen Anklang gefunden hatte, wurde die zweite ein Renner.[20]

Dieses neue Ende hatte ebenfalls biografische Züge, denn 1855 kehrte auch Keller nach Zürich zurück, wo er ein paar Jahre später erster Staatsschreiber des Kantons wurde. Und aus diesem neuen Blickwinkel wurde sich Keller der wachsenden Kluft zwischen dem kapitalistischen und dem künstlerischen Individualismus noch bewusster, jenes Grabens, den Marx als Entfremdung bezeichnete und den Keller mindestens so abscheulich fand. Diesem Thema widmete sich Keller in seinem Novellenzyklus *Die Leute von Seldwyla* (fünf Novellen 1856, weitere fünf 1873/74), einem seltsamen, aber keineswegs unsympathischen Ort »mitten in den grünen Bergen«. Die Bewohner sind nicht mehr oder weniger wagemutig oder unternehmungslustig als die Menschen anderenorts, doch je welterfahrener sie werden, desto deutlicher verändern sie sich. Sie werden zu schrulligen Spießbürgern, die sich in die Sicherheit der eigenen Stadt flüchten, sich weigern, Arbeit als ein Mittel zum Zweck des sozialen Aufstiegs zu betrachten, Schnelllebigkeit ablehnen und ihre Freuden in belanglosen Alltäglichkeiten finden, nicht aber in dem, was landläufig für »wichtig« gehalten wird. Faktisch tun sie also nichts anderes, als alternative Werte zum bourgeoisen Leben zu suchen.

Ruß und Singvögel

Heinrich Heine (1797–1856) gilt heute als einer der größten deutschen Schriftsteller. Doch wie in den Fällen von Grillparzer oder Hölderlin verzögerte sich auch seine Anerkennung um Jahrzehnte. In Heines Fall kam als Sonderfaktor hinzu, dass er Jude war und die deutschen Antisemiten des frühen 19. Jahrhunderts meinten, man könne schlicht nicht jüdisch *und* deutsch sein. Abgesehen davon hatte es auch nicht gerade zu Heines Popularität beigetragen, dass er von 1831 bis zu seinem Tod in Frankreich lebte und die französische Kultur liebte (in seinen Memoiren erzählt er von zwei Leidenschaften: schöne Frauen und die Französische Revolution). Die Nationalsozialisten versuchten die Erinnerung an ihn komplett auszulöschen.

Als Heine 1821 den ersten Lyrikband unter eigenem Namen veröffentlichte, war die Weimarer Klassik längst vorüber und die Romantik bereits am Verklingen. Er selbst schrieb: »Das tausendjährige Reich der Romantik hat ein Ende, und ich war sein letzter und abgedankter Fabelkönig.«[21] Die Romantik war aus seiner Sicht ohnedies bloß der verzweifelte Rückzug aus einer unbefriedigenden Welt gewesen. Heine studierte in Berlin bei Hegel, der gerade auf dem Höhepunkt seines Ruhms und Einflusses angelangt war. Mit ihm stimmte Heine insofern überein, als auch er den von ihm beschriebenen Fortschritt in der Kunst feststellte, angefangen bei den »stofflichsten« Formen (wie zum Beispiel den ägyptischen Pyramiden), über die griechische Bildhauerei und die Malerei der Renaissance bis hin zu den unstofflichsten Formen Dichtung und Musik. Es habe den Anschein, schrieb Heine, »als ob in den Annalen der Kunst unsre heutige Gegenwart vorzugsweise als das Zeitalter der Musik eingezeichnet werden dürfte«.[22]

Er selbst teilte sein Schreiben in Prosa – Journalismus (Georg Lukács bezeichnete ihn als einen bedeutenden revolutionären Journalisten), Reiseschriften, Kritiken – und in Dichtung auf. Seine frühen Gedichte erschienen 1827 in dem Lyrikband *Buch der Lieder*, zu dessen Ruhm nicht zuletzt Franz Schubert, Robert Schumann und Felix Mendelssohn Bartholdy beitrugen. In seiner Prosa aus diesen frühen Jahren, man denke vor allem an *Briefe aus Berlin* und *Die Harzreise*, erwies er sich als ein sensibler Beobachter der Unterschiede, die damals in den deutschen Ländern herrschten, insbesondere zwischen dem althergebrachten Leben auf dem Land und dem Alltag in den immer temporeicheren und sich stetig wandelnden Städten der Industrialisierung. Seit den Exzessen der Napoleonischen Kriege war Heine klar gewesen, dass »Emanzipation« das große Thema der Zukunft sein würde – die Emanzipation von unterdrückten Gruppen, sozialen Klassen und unterprivilegierten Völkern: »Die Idee der Menschengleichheit durchschwärmt unsere Zeit [...].«[23] In seinen journalistischen Schriften gab Heine alles, um dem sozialen Wandel in deutschen Landen ideologisch den Boden zu bereiten.[24]

Die lose Form des Deutschen Bundes, die der Wiener Kongress statt des erhofften Nationalstaats beschlossen hatte, gefiel Heine zwar nicht, aber ein Nationalist war er ganz gewiss nicht, auch deshalb nicht, weil Nationalisten für ein »christliches Deutschland« eintraten, in dem es für Juden wie ihn keinen Platz gab. In seinen Blättern *Die romantische Schule*, ursprünglich in französischer Sprache abgefasst und nur an Franzosen gerichtet, lenkte er die Aufmerksamkeit auf den »Kosmopolitismus« der großen deutschen Dichter des 18. Jahrhunderts, um diesem dann die romantische Schule gegenüberzustellen: Ihr sei es allein darum gegangen, aus »der Gegenwart in die Vergangenheit zurückzuflüchten und die Restauration des Mittelalters zu befördern«.[25] Die romantische Dichtung, sagte er klipp und klar, sei mit dem modernen Leben unvereinbar. Die Eisenbahn rüttele und schüttele den Geist, kein Lied mehr weit und breit: der Ruß lasse die Singvögel verstummen.

Die vierziger Jahre im 19. Jahrhundert waren eine politisch schwierige Zeit. Nahrungsknappheit in mehreren europäischen Ländern (die »hungrigen Vierziger«) förderte die Umtriebe der Radikalen. In Preußen hatte die Thronbesteigung von Friedrich Wilhelm IV. im Jahr 1840 nach der langen (dreiundvierzigjährigen) reaktionären Herrschaft seines Vaters Hoffnungen auf eine Liberalisierung geweckt und die Schleusen geöffnet für eine Flut von politischer Lyrik aus den Federn sogenannter Tendenzdichter wie Ferdinand Freiligrath (der später ins Londoner Exil ging), oder wie der Germanist und Dichter August Heinrich Hoffmann von Fallersleben, der wegen seiner *Unpolitischen Lieder* (darunter »Das Lied der Deutschen«) 1842 seine Professorenstelle verlor. Heine fand solche Tendenzdichtung banal – der wahre Dichter konnte weder einer Partei angehören noch sich irgendeiner Linie unterordnen:

> *Zwecklos ist mein Lied. Ja, zwecklos*
> *Wie die Liebe, wie das Leben,*
> *Wie der Schöpfer samt der Schöpfung!*[26]

Ein unpolitischer Mensch war Heine deshalb aber gewiss nicht: Er verachtete den Kapitalismus und wünschte dem wackren Volk, dass es vor

»Helden und Heldentaten« bewahrt bleibe. Vom wahren Dichter erwartete er, dass er sich auf die Suche nach den tiefgründigeren Kräften begab, die weit über alle radikalen Ziele hinaus wirkten. Wie Jacob Grimm glaubte auch er, dass die alten Märchen und Volkssagen – die tiefgründigere Dichtung – einen Blick auf altdeutsche Glaubensweisen erhaschen ließen.[27] Das Christentum habe den Menschen von der irdischen (und erdigen) Wirklichkeit fortgelockt, die in den Volkssagen offenbar werde, hin zu einem ätherischen, entkörperlichten, spirituellen Reich. Mit der Suche nach den alten Volksweisen und mit deren Veröffentlichung werde auch die verloren gegangene Begeisterungsfähigkeit wiederbelebt werden können (und das »geistige Opium«, das die Kirche dem Volk verabreichte, seine Wirkung allmählich verlieren).

Der Aufruhr in den »hungrigen Vierzigern« bot einen Vorgeschmack auf den schlesischen Weberaufstand im Jahr 1844. Mit ihrer traditionellen Heimarbeit waren die Weber nach der Aufhebung der Kontinentalsperre und der Einführung des mechanischen Webstuhls in England einfach nicht mehr in der Lage gewesen, mit den billigeren Produkten zu konkurrieren, die ihr Land nun überschwemmten. Der Aufstand dieser armseligen, hungernden Menschen, der so schnell niedergeschlagen wurde, inspirierte Heine noch im selben Jahr zu seinem berühmten verbitterten Proletariergedicht »Die schlesischen Weber«, dessen Echo noch im ganzen restlichen Jahrhundert durch Deutschland hallen sollte:

> *Das Schiffchen fliegt, der Webstuhl kracht,*
> *Wir weben emsig Tag und Nacht –*
> *Altdeutschland, wir weben dein Leichentuch,*
> *Wir weben hinein den dreifachen Fluch –*
> *Wir weben, wir weben!*

Abgesehen von Heines eigener großer Sorge um den Anachronismus namens Deutschland war es ein französisches Lied gewesen, das ihn auf die Idee zu diesem Gedicht gebracht hatte, der »Chant des Canuts«, den die Seidenweber bei ihrem Aufstand 1831 in Lyon gesungen hatten: »Nous tisserons le linceul du vieux monde« (»Wir werden das Leichentuch der alten Welt weben«).

Wie viele deutsche Juden vor und nach ihm wäre auch er gerne Deutscher gewesen, hätte man ihn nur gelassen. 1824 schrieb er einem Freund: »Ich weiß, daß ich eine der deutschesten Bestien bin [...]. Meine Brust ist ein Archiv deutschen Gefühls [...].«[28] Dem gegenüber stehen jedoch zum Beispiel sein *Rabbi von Bacharach* und die liebevollen Schilderungen der »symbolischen Speisen« und der »jährlichen Feier des Pascha, eines uralten, wunderbaren Festes«.

Das hatte Heine 1825 jedoch nicht daran hindern können, sich protestantisch taufen zu lassen. Es war eine seltsame Aktion: So berühmt sie werden sollte, so heimlich wurde sie vollzogen. Heine gehörte nicht zu den Juden, denen der preußische Staat anlässlich ihrer Taufe ein Patengeschenk von zehn Dukaten machte, sofern der König die Patenschaft übernommen hatte, obwohl er von jeher ambivalente Gefühle seinem Judentum gegenüber gehabt hatte und nur von seinen »jüdischen Voreltern« zu sprechen pflegte. Créscence Eugénie Mirat (»Mathilde«), die Heine 1834 kennenlernte und 1841 heiratete, hatte keinen blassen Schimmer davon, dass er Jude war. Heine glaubte unbeirrt, dass die deutschen Juden einmal die vollständige bürgerliche Gleichstellung erlangen würden; und den Antisemitismus seiner Zeit erklärte er sich mit ökonomischen, nicht aber religiösen Gründen. Was diese betrifft, hielt er schon seine eigene Zeit für ziemlich tolerant.[29]

Im Revolutionsjahr 1848 begann sich Heines Gesundheit dramatisch zu verschlechtern. Die letzten acht Jahre seines Lebens verbrachte er ans Bett gefesselt beziehungsweise an mehrere übereinandergestapelte Matratzen auf dem Boden, auf denen er sich wie in einer »Matratzengruft« fühlte. Er hatte Mühe zu sprechen, doch sein Geist war so agil wie eh und je. Außerdem brachte ihn die Krankheit wieder zum Gott seiner Väter zurück. Beißend erklärte er, dass Gesunde und Kranke unterschiedlicher Religionen bedürften: »In der Krankheit«, sagte er zu einem Freund, »hat man den lieben Gott nötig, in der Gesundheit vergisst man ihn.«[30] Der englische Germanist Ritchie Robertson findet die Gedichte aus der Zeit von Heines Bettlägerigkeit unvergleichlich weise und heiter, ganz anders als all die kanonischen letzten Dichtungen anderer Autoren, ausgenommen vielleicht der späten Werke von William Butler Yeats. In einem zum Beispiel, »Matratzengruft«, vermachte Heine auf unvergessliche Weise seinen Widersachern eines seiner Leiden nach dem anderen, in einem anderen, »Zum Lazarus«, forderte er Gott direkt heraus:

> Lass die heilgen Parabolen,
> lass die frommen Hypothesen –
> Suche die verdammten Fragen
> Ohne Umschweif uns zu lösen
> Warum schleppt sich blutend, elend,
> Unter Kreuzlast der Gerechte,
> Während glücklich als ein Sieger
> Trabt auf hohem Ross der Schlechte? [...]

Aus seiner Matratzengruft ermahnt uns Heine, dass Dichtung keine Hilfe in dieser trostlosen Welt sein kann – es war, stimmte er Hegel zu, der »prosaische Weltzustand« angebrochen.[31]

Modernität und ein Mord

Viele und vor allem deutsche Leser glauben, dass Karl Georg Büchner (1813–1837) die Höhen von Goethe und Schiller erklommen hätte, wäre ihm denn ein längeres Leben beschieden gewesen. Sicher ist, dass sein Dramenfragment *Woyzeck* ein fesselndes Meisterwerk ist. Büchner kam als Sohn eines Arztes in Goddelau bei Darmstadt zur Welt; sein Bruder war der Philosoph Ludwig Büchner. 1831 ging er zum Medizinstudium nach Straßburg, wo er seine Dissertation über das Nervensystem der Flussbarbe begann, dann aber an das aufstrebende neue Forschungszentrum, die Universität Gießen, wechselte. Und da er sich von jeher auch für Politik interessiert hatte, gründete er, von den Verhältnissen in Hessen entsetzt, mit Gleichgesinnten dort die geheime »Gesellschaft für Menschenrechte«, die sich einem Umsturz verschrieb. Er war sich natürlich bewusst gewesen, dass die Proletarier seiner Zeit noch keine »Klasse« bildeten, sehnte sich aber nach einem selbstbewussteren Auftreten der Unterdrückten. In einem Brief schrieb er: »Die politischen Verhältnisse könnten mich rasend machen.«[32] Nachdem er wegen seiner Flugschrift *Friede den Hütten! Krieg den Palästen!* steckbrieflich gesucht wurde, floh er nach Straßburg, wo er seine Dissertation beendete, und anschließend nach Zürich, wo ihm die Doktorwürde verliehen wurde und er als Privatdozent einen Kurs über die Anatomie von Fischen und Amphibien abhielt. Kurze Zeit später erkrankte er an Typhus und starb. Er wurde dreiundzwanzig Jahre alt.

Sein erstes Stück – *Dantons Tod*, in dem es um das Scheitern der Französischen Revolution geht – hatte Büchner 1835 in Gießen vollendet, gefolgt von *Lenz*, einer Novelle über das Leben des Sturm-und-Drang-Dichters Jakob Michael Reinhold Lenz.[33] Sein zweites Drama, *Leonce und Lena*, war eine Satire über die Aristokratie. Dann kam *Woyzeck*, ein Fragment, das posthum erschien und das erste literarische Werk deutscher Sprache war, dessen Hauptfiguren nicht die Aristokratie oder die Bourgeoisie, sondern die Arbeiterklasse darstellten (der Titel des Stücks wurde vom Herausgeber gewählt). Büchner hatte vier Entwurfsfassungen hinterlassen, vermutlich alle 1836 geschrieben, die eine gute Rekonstruktion ermöglichten. Die Bearbeitung des Herausgebers erschien 1879, doch uraufgeführt wurde das Stück erst 1913. International wurde das Werk vermutlich erst über den Umweg von Alban Bergs Oper *Wozzeck* bekannt, die erstmals in voller Länge 1925 aufgeführt wurde.

Büchners *Woyzeck* erzählt die auf einer wahren Begebenheit beruhende Geschichte eines einfachen Soldaten, der von der gnadenlosen militärischen Disziplin und strengen gesellschaftlichen Hierarchie in den Wahnsinn – und in den Selbstmord – getrieben wird. An einem Punkt sagt er: »Jeder Mensch ist ein Abgrund; es schwindelt einem, wenn man hinabsieht.« Die Vorlage für das Stück hatte Büchner in einer langwierigen Debatte über »die Zurechnungsfähigkeit des Mörders J.C. Woyzeck« gefunden, die im Fachblatt *Henkes Zeitschrift für die Staatsarzneikunde* geführt worden war. Der gelernte Perückenmacher und Soldat Woyzeck hatte 1821 aus Eifersucht eine Frau erstochen. Nachdem er harte Zeiten durchlebt hatte, war er in die Arbeitslosigkeit geschliddert, hatte zu halluzinieren begonnen und schließlich deutliche Anzeichen einer Paranoia entwickelt. Doch ungeachtet der zahlreichen Hinweise auf eine Krankheit, die der medizinische Gutachter nach zweimaligen mehrtägigen »Unterredungen« selbst attestiert hatte, erklärte dieser den Angeklagten dann für zurechnungsfähig. Den – kantischen – Moralvorstellungen des Gutachters zufolge war Woyzeck von der gesellschaftlichen Norm abgewichen und musste zur Abschreckung anderer deshalb bestraft werden. 1824 wurde er auf Marktplatz von Leipzig öffentlich hingerichtet, während Büchners Drama mit dem vermutlichen Selbstmord Woyzecks am Teich endet.[34]

Das Stück ist eine wütende Anklage gegen die gesellschaftlichen Zustände im damaligen Preußen: gegen die neue, von der Industrialisierung verursachte Armut, gegen die »Atomisierung« einer Gesellschaft, in der die Individualität gepriesen wurde und jeder gegen jeden kämpfte, und gegen die Abgestumpftheit, mit der die meisten Menschen auf den psychischen Druck reagierten, der allein schon deshalb entstand, weil man irgendwie den Tag meistern musste. Weder den Mörder noch sein Opfer trifft eine Schuld – genauso wenig wie all diejenigen, die ihn quälen, da sie selbst Gequälte sind. In einem Brief an seine Familie schrieb Büchner 1834: »Ich verachte Niemanden, am wenigsten wegen seines Verstandes oder seiner Bildung, weil es in Niemands Gewalt liegt, kein Dummkopf oder kein Verbrecher zu werden [...].«[35] Die Schroffheit der einzelnen Szenen, die Art und Weise, wie sie zugleich aneinander anschließen und einander nicht folgen, die dialogische Verwendung von Arbeitersprache und Dialekt: Das war alles völlig neu auf der Bühne und verhalf dem Stück letztendlich zu seinem enormen Einfluss – auf den Expressionismus zum Beispiel, und auf viele moderne und sogar noch postmoderne Autoren.

Büchner war erschüttert und erschlagen vom Fatalismus der Armen. Einer von ihnen sagt im *Woyzeck*: »Ich glaub', wenn wir in Himmel kämen, so müßten wir donnern helfen.«[36]

Das Ende der Goethezeit

Heinrich Heine hatte seit 1829 wiederholt »das Ende der Kunstperiode« beschworen, »die bei der Wiege Goethes anfing und bei seinem Sarge aufhören wird«.[37] Ungeachtet der aufrichtigen Bewunderung, die Heine für

Goethe empfand, beklagte er doch den »Quietismus«, von dem er die meisten Schriften der Zeit gezeichnet sah, insbesondere seit der Jahrhundertwende. Keine der großen Kunstperioden der Vergangenheit sei so abgehoben gewesen von den großen Fragen ihrer Zeit, erklärte Heine, und berief sich zum Beweis für diese künstlerische Prämisse exemplarisch auf die Werke von Phidias und Michelangelo. Tatsächlich sollte Goethes Tod im Jahr 1832 einen Wendepunkt in der deutschen Literatur des 19. Jahrhunderts darstellen. Innerlichkeit, die Abkehr von der Welt des industriellen Wandels und das Festhalten an den Werten des Goethe'schen Vermächtnisses kennzeichneten nicht nur die Schriften von Franz Grillparzer, Adalbert Stifter und Gottfried Keller (die bezeichnenderweise allesamt keine eigentlich deutschen Schriftsteller waren), sondern auch die Novellen der Biedermeierzeit um die Mitte des 19. Jahrhunderts.

Eine ganze Reihe von deutschsprachigen Schriftstellern blickte zu Heine auf, ungeachtet der Tatsache, dass er schon die längste Zeit seines Erwachsenenlebens im Pariser Exil verbracht hatte. Die sogenannten Jungdeutschen – darunter als wesentliche Namen Christian Dietrich Grabbe, Karl Gutzkow, Heinrich Laube, Theodor Mundt, Ludolf Wienberg und Ludwig Börne – waren am aktivsten in den dreißiger Jahren, in denen sie in ihren Novellen und Dramen soziale Fragen behandelten. Gemeinsam war ihnen, dass sie zu einer Zeit schrieben, in der eine strikte Zensur jeden literarischen Versuch unterdrückte, öffentlichen Dissens herauszufordern. Eben weil Friedrich Wilhelm IV. nach seiner Thronbesteigung im Jahr 1840 sofort seine Absicht kundgetan hatte, die Restriktionen zu lockern, denen Schriftsteller unterlagen, wurde sein Amtsantritt als ein so entscheidender Wendepunkt betrachtet. Zwar sah sich der König schon bald gezwungen zurückzurudern, doch allein diese kurze Periode der Liberalisierung hatte zu einem veritablen Strom von politischen – manchmal ausgesprochen nationalistischen, manchmal mehr oder weniger marxistischen – Schriften angeregt, die bezeichnend waren für den Vormärz. In dieser Phase tauchten zum Beispiel die ungemein populären sozialkritischen Novellen von Ernst Willkomm auf, der seinerseits stark beeinflusst war von Eugène Sue und Charles Dickens, sowie eine Vielzahl von Novellen anderer Autoren, die sich Dickens' *Pickwickier* zum Vorbild genommen hatten. Auch Georg Weerth spielte eine Rolle, da er – wie Friedrich Engels – die persönlichen Erfahrungen in seine Werke einfließen ließ, die er als Korrespondent eines Unternehmens in Yorkshire mit der englischen Arbeiterklasse gemacht hatte.

Doch die bemerkenswertesten Texte dieser Zeit waren zweifellos die politischen Dichtungen, die fast alle von Heine beeinflusst waren, obwohl er aus dem Ausland einwirkte (und über dieses Genre zu spotten pflegte): Georg Herwegh, Ferdinand Freiligrath und Hoffmann von Fallersleben verfassten sozialkritische Lyrik, die häufig auf Flugblättern verteilt wurde und nicht selten bewusst so gehalten war, dass sie sich leicht zu den Melodien der Lieder singen ließ, die vor allem in den Arbeitervereinen beliebt waren, welche gerade wie Pilze aus dem Boden schossen. Das Scheitern der Revolution von 1848 setzte diesem Genre allerdings schnell ein Ende. Die meisten Dichter, die es vertraten, flohen ins Ausland, nach London oder in die Vereinigten Staaten, wo zu dieser Zeit ein gewaltiger Zustrom an einflussreichen deutschen Immigranten zu verzeichnen war (siehe das folgende Kapitel).

Das Biedermeierphänomen

Eine unmittelbare Folge des Wiener Kongresses war, dass die wiederhergestellten Monarchien Europas seit 1815 ihre Untertanen wesentlich fester an die Kandare nahmen, um eine Wiederholung der Französischen Revolution zu verhindern. Es gab nicht nur strikte Zensur, sondern auch verstärkte geheimdienstliche Aktivitäten, um die Subversion gleich an der Wurzel ausrotten zu können. In Österreich waren die Restriktionsmaßnahmen nicht weniger streng als anderenorts – Fürst Metternichs Aktionen konnten es durchaus mit denen von Napoleon aufnehmen: Logen, Vereine und Gesellschaften wurden verboten, ihre unbequemen Mitglieder verhaftet. Die mittelfristige Reaktion war, dass die Menschen aus den Kaffeehäusern und Versammlungssälen verschwanden und sich in die Abgeschiedenheit ihrer Wohnungen zurückzogen. Der amerikanische Kulturhistoriker Raimond Erickson berichtet in seinem Buch über das Wien zur Zeit von Schubert: »Die Umwelt war politisch so gefährlich, dass das Privatleben, die eigenen vier Wände und der gesellschaftliche Umgang auf einen Kreis von wirklich verlässlichen Freunden beschränkt blieben.«[38]

Das war der Hintergrund, vor dem sich die Kultur entwickelte, die als »Biedermeier« in die Geschichte einging und eine entscheidende Abkehr von oder sogar Reaktion auf die Hochromantik war (Thomas Nipperdey bezeichnete sie als die Stille vor dem Sturm des Modernismus). Bei der Romantikbewegung war das individuelle Erleben im Mittelpunkt gestanden, im Biedermeier verlagerte sich der Schwerpunkt auf die individuellen Beziehungen. Die Welt der persönlichen Freundschaften nahm eine nie gekannte Bedeutung an, und diese intimere Atmosphäre spiegelte sich auch in der zeitgenössischen Kunst. In der Literatur währte die Biedermeierkultur länger als in den anderen Künsten – das heißt, sie dauerte auch nach 1848 noch an. Aber sogar auf die Architektur schlug sie sich nieder, beispielsweise, indem Häuser nun von der Straße zurücksetzt gebaut wurden. Und natürlich kam sie auch in der Dichtung zum Ausdruck, man denke nur an Annette von Droste-Hülshoff, Adelbert von

Chamisso, Eduard Mörike oder Wilhelm Müller – die Gedichte der beiden Letzten auch in der Vertonung von Hugo Wolff und Franz Schubert. Die wachsende Urbanisierung und Industrialisierung hatte auch ein ganz neues Kunstpublikum entstehen lassen: Die frühen Lieder von Schubert konnten ohne langwierige musikalische Ausbildung am Klavier gespielt werden und führten somit ein sehr viel privateres Dasein als jede andere Musik zuvor, was wiederum dafür sorgte, dass Möbelstücke zu einem wesentlichen Ausdruck der Biedermeierkultur wurden, zu Objekten, die der Ausschmückung des trauten Heims dienten.[39]

Das Biedermeiermöbel ist weniger aggressiv als das Empiremöbel. Es hat eine einfachere, weniger ambitionierte Linienführung und besteht aus preiswerteren heimischen Hölzern wie Kirsch- oder Nussbaumholz anstelle des teureren importierten Mahagonis. Es ist »verlässlich«, »bodenständig«, ja sogar »langweilig«, wie ein Kenner meinte. Schon in dem Begriff »Biedermeier« kommt ja ein gewisser Spott zum Ausdruck. Der Zeichner und Dichter Josef Victor von Scheffel veröffentlichte 1848 in dem Münchner Satiremagazin *Fliegende Blätter* zwei Gedichte, »Biedermanns Abendgemütlichkeit« und »Bummelmaiers Klage«, die den Schriftsteller Ludwig Eichrodt und den Arzt Adolf Kussmaul zu der wiederum satirisch-fiktiven Figur des schwäbischen Dorflehrers *Gottlieb Biedermaier* inspirierten, unter dessen Namen sie dann Gedichte in den *Fliegenden Blättern* veröffentlichten.

Solche satirischen Kanonaden waren zumindest gegenüber dem bedeutendsten Möbeldesigner des Biedermeier etwas unfair, dem Maler Josef Dannhauser, dessen Entwürfe ausgesprochen extravagant sein konnten. Auf ihrem Höhepunkt beschäftigte seine Wiener Möbelfabrik rund dreihundertfünfzig Mitarbeiter, die nicht nur Möbel, sondern auch Skulpturen und andere Innendekorationen herstellten. Als die Firma 1838 schloss, reisten viele ihrer einstigen Facharbeiter durch ganz Europa – Stockholm, Budapest, sogar bis nach St. Petersburg –, um die große Nachfrage nach ihren Fähigkeiten zu befriedigen. Und damit verbreiteten sich auch die Ideen des Biedermeier.[40]

Das alles verdeutlicht, dass die Biedermeierkultur im Wesentlichen ein bildungsbürgerliches Phänomen war, vor allem eines des *deutschsprachigen* Bildungsbürgertums. Im Gegensatz zu Frankreich haben Aristokratie und Beamtentum beziehungsweise Bürgertum im deutschsprachigen Raum nur selten, wenn überhaupt, miteinander verkehrt. Deshalb konnte die neureiche Bourgeoisie zeitgleich mit dem neuen Möbelstil auch das Gefühl entwickeln, ihre eigene Welt zu verwirklichen. Und die unterschied sich ziemlich deutlich von der eines Büchner, Keller oder Heine.

Die Industrierevolution, die mit einiger Verspätung in den dreißiger Jahren des 19. Jahrhunderts auch in den deutschen Ländern Einzug hielt, in den vierziger Jahren dort aber immer mehr an Tempo aufnahm, verwandelte diese Zeit in eine Periode der technischen Innovationen. Ob Dampfschiff, Dampfbahn, Nähmaschine, Gaslicht oder die Massenproduktion von mehr und mehr Gegenständen: Der Einsatz von Industrietechnik wurde immer gebräuchlicher. Und das hatte den vielleicht vorhersagbaren Effekt, dass sich der »Biedermeiermensch« nun mit seinem künstlerischen Geschmack brüstete und alles handwerklich Gefertigte den maschinell hergestellten Produkten vorzog. Geschirr und Glas wurden mit detailgetreuen Miniaturen verziert, von Hand ornamentiertes Porzellan war ein ebensolches Muss wie maßgeschneiderte Mode. In der Malerei wurde das aufwendig genaue Kopieren der Natur populär, auch beim Porträt wurde ein Realismus bevorzugt, der die individuelle Psyche bis ins intime Detail einfing. Gemälde mit Szenen aus dem Familienleben waren besonders beliebt. Der bourgeoise Salon wurde zu einem Refugium, das Schutz vor der Wirklichkeit einer von Handel und Industrie beherrschten Welt bot.

Andererseits sollte man diesen Rückzug nicht überbewerten. Die Wiener zum Beispiel *gingen* aus, das Theater *wurde* zum reinsten Spektakel (es war üblich, vorab in den Zeitungen zu annoncieren, wie viele Schüsse in einer Schlachtszene abgefeuert würden), und auch die Lieder von Schubert *wurden* noch populärer, seit seine Freunde begonnen hatten, die berühmten Schubertiaden auch als aushäusige Konzerte zu veranstalten.[41]

Schubert hatte mehrere Sinfonien geschrieben, doch es war seine letzte, die 9. Sinfonie in c-Dur, »Die Große«, die von einem anderen bedeutenden Komponisten der Zeit, Robert Schumann, wiederentdeckt werden sollte. Er hatte von ihrer Existenz gewusst und zehn Jahre nach Schuberts Tod dessen Bruder Ferdinand besucht, der ihm dann eine Menge Kompositionen aus dem Nachlass zeigte. Schumann erkannte darunter eine vollständige Sinfonie und erhielt die Erlaubnis, die Noten an sich zu nehmen. Ein knappes Jahr später fand unter Felix Mendelssohn Bartholdy im Leipziger Gewandhaus die Uraufführung statt. Schumann hörte sie und erklärte, dass sie eine stärkere Wirkung auf ihn ausgeübt habe als alles, was seit Beethoven veröffentlicht worden sei.

Robert Schumann (1810–1856) war der vielleicht vollendetste Romantiker. Angesichts von Wahn und Selbstmord in der Familie fürchtete er sein Leben lang, dass auch er dem einen verfallen oder dem Wunsch nach dem anderen nachgeben könnte. Als Sohn eines Verlagsbuchhändlers war er umgeben von den Werken großer Dichter aufgewachsen – Goethe, Shakespeare, Byron, Novalis –, die allesamt großen Einfluss auf ihn ausübten (als er erstmals Byrons dramatisches Gedicht *Manfred* las, das er später vertonte, brach er in Tränen aus). Aber Byron versuchte er nicht nur mit eigenen Gedichten, sondern auch mit seinen unzähligen Liebschaften nachzuahmen. Anfang der fünfziger Jahre litt er eine Woche lang unter nächtlichen akustischen Halluzinationen: Er hörte Melodien, die »ihm die Engel vorsangen«, doch bei Tagesanbruch verwandelten sich die himmlischen Töne in das Gekreisch von Dämonen, die sich auf ihn stürzten. Er sprang von einer Brücke, aber der Selbstmordversuch misslang. Auf eigenen Wunsch ließ er sich in eine »Irrenanstalt« einweisen. Sein bestes, vielleicht auch beliebtestes Werk ist *Carnaval*, in dem er neben seiner Frau Clara Wieck unter anderen Chopin, Paganini und Mendelssohn porträtierte (und das großen Einfluss auf Brahms ausüben sollte).[42] Doch zu seinen Lebzeiten hatte man Schumanns Werken so wenig abgewinnen können, dass er gezwungen war, seinen Lebensunterhalt als Kritiker zu verdienen. Und er war ein guter: Schon in einer seiner ersten Rezensionen stellte er dem deutschsprachigen Publikum Chopin vor (»Hut ab, Ihr Herren, ein Genie!«); in einer seiner letzten machte er die Leser mit Brahms bekannt. Schumann hätte ein großer Pianist sein können, doch weil er seine Hände derart überstreckt hatte bei dem Versuch, seine Fingertechnik zu verbessern, hatte er sich für immer einen Finger ruiniert.

Zum Zeitpunkt seines Todes nach einer langen, schwierigen Zeit begann Schumanns Musik 1856 endlich internationale Aufmerksamkeit zu erregen und den Ruf des Komponisten in vornehmlich zweierlei Hinsicht zu etablieren. Erstens wird seine *Fantasie* für Klavier heute jener Dreifaltigkeit zugeordnet, auf der die gesamte romantische Klaviermusik beruht (die beiden anderen sind Chopins Klaviersonate Nr. 2 b-Moll und Liszts Klaviersonate in h-Moll).[43] Zweitens gilt als eine seiner großen Leistungen das Lied, zu dem er über die Klaviermusik gelangt war. Einige seiner Lieder, zum Beispiel *Dichterliebe*, werden heute mit Schuberts *Winterreise* auf eine Stufe gestellt. Schumann hatte in einem sehr realen Sinne dort den Faden aufgriffen, wo Schubert ihn niedergelegt hatte, das heißt, er erweiterte – im formalen, technischen wie emotionalen Sinne – die Rolle des Klaviers, indem er den Kompositionen Präludien und Postludien anfügte. Und mit den ungemein melodischen Duetten unter seinen zweihundertfünfzig Liedern erweiterte er auch das stimmliche Repertoire.

Die Erfindung des modernen Musikrepertoires

Schumann verehrte Felix Mendelssohn Bartholdy (1809–1847), weil dieser wahrscheinlich der Musiker mit den umfassendsten Begabungen nach Mozart war. Mendelssohn war nicht nur ein glänzender Pianist, er war auch der größte Dirigent und größte Organist seiner Zeit, ein ausgezeichneter Geiger, und ebenso belesen in der Dichtung wie in der Philosophie. Der in Hamburg geborene Musiker stammte aus einer wohlhabenden jüdischen Bankiersfamilie, war der Enkel des Philosophen Moses Mendelssohn und ein glühender deutscher Patriot, zumindest insofern, als er überzeugt war von der künstlerischen Überlegenheit seiner Landsleute. Wenn es denn so etwas wie eine *Über*bildung gibt, dann traf das auf ihn gewiss zu. Als Junge ließ man ihn täglich um fünf Uhr morgens wecken, damit er seine Musik-, Geschichts-, Griechisch- und Lateinaufgaben machen und sich in Naturwissenschaften und vergleichender Literaturwissenschaft üben konnte.[44]

Wie so viele romantische Musiker war auch er ein Wunderkind gewesen. Er war jedoch in doppelter Hinsicht begünstigt, da seine Eltern es sich leisten konnten, eigens ein Orchester zu engagieren, damit er seine Kompositionen einstudieren und sich im Dirigieren üben konnte. 1831 ging er nach Paris und begegnete dort unter anderen Liszt, Chopin und Berlioz. Mit siebzehn schrieb er sein erstes, von Shakespeare inspiriertes Werk, die *Sommernachtstraum*-Ouvertüre – ein Zauberland, und deshalb das perfekte Thema für einen Romantiker (allerdings war bei Mendelssohn nie viel von irgendwelchen inneren Dämonen zu spüren). Nach seinem Aufenthalt in Paris wurde er Kapellmeister des Gewandhausorchesters Leipzig und machte die Stadt in kürzester Zeit zur musikalischen Metropole Deutschlands. Mit seinem Dirigentenstab, den er als einer der Ersten verwendete, verwandelte er das Orchester zum bedeutendsten musikalischen Instrument seiner Tage – präzise, sparsam und mit einer Vorliebe für Temporeichtum.[45] Zu diesem Zweck hatte er es auch vergrößert und das Repertoire überarbeitet. Vermutlich war Mendelssohn nicht nur der erste Dirigent, der sich all die diktatorischen Eigenheiten zulegte, die heute so populär scheinen, er hatte auch als Erster das Grundrepertoire des modernen Orchesters zusammengestellt: Mozart und Beethoven bildeten das Rückgrat, gefolgt von Haydn, Bach (dessen »Matthäuspassion« er aus ihrem hundertjährigen Schlaf erweckte), Händel und schließlich von Rossini, Liszt, Chopin, Schubert und Schumann. Er war es auch, der die bis heute übliche Reihenfolge bei Konzerten einführte: als Eröffnung eine Ouvertüre, gefolgt von einem großen Werk, zum Beispiel einer Sinfonie, dann von einem Concerto. (Bis dahin galten die meisten Sinfonien als zu lang, um sie in einem Rutsch spielen zu können, deshalb pflegte man sie nach zwei Sätzen für ein paar kürzere, weniger anspruchsvolle Stücke zu unterbrechen).[46]

Mendelssohn durfte bereits zu seinen Lebzeiten, um die Mitte des 19. Jahrhunderts, erfahren, wie populär seine Musik war; dafür ist sein Ruf heute umstritten. Die einen halten ihn für Mozarts Äquivalent im 19. Jahrhundert, die anderen finden, dass er den Erwartungen, die in ihn gesetzt wurden, nie wirklich gerecht werden konnte.

Die Germanistik und das zentrale Drama der Modernität

Von der Biedermeierkultur geprägt und mit ihr verbunden, begann sich im 19. Jahrhundert noch eine andere Vorstellung in deutschen Ländern zu entwickeln: die Idee von einer »Volkskultur«, verknüpft mit der Vorstellung von einer Massenkultur. Im Lauf dieses Jahrhunderts entwickelte sich aus den Ideen und Aktivitäten von Herder und den Brüdern Grimm die Volkskunst, Volksmusik, Volksliteratur, das Volkstheater, die Volksdichtung, das Volkstum und die Volkskunde (gefördert vom Volksbuch).[47]

Dahinter stand die Vorstellung, dass es so etwas wie einen kollektiven deutschen Genius gebe, welcher der Nation eine organische Einheit – einen »Volksgeist« – verleihe. Genau das vermittelte Deutschen das Gefühl, ihre Kultur und Geschichte sei eine stolze Alternative zur klassischen romanischen Kultur Frankreichs, Italiens, Spaniens und des Heiligen Römischen Reiches, die das europäische Denken jahrhundertelang beherrscht hatte. Aus dieser Warte betrachtet wurden Hochkultur und Volkskultur zu den beiden Seiten ein und derselben Medaille, zu unterschiedlichen Ausdrucksformen einer gemeinsamen Wurzel, zu einem im Wesentlichen unverfälschten kollektiven Genius. Das Fachgebiet, das sich daraus erhob, nannte man bald »Germanistik«. Schriftsteller wie Ernst Moritz Arndt und Friedrich Ludwig Jahn teilten sich – mit immer durchdringenderer Stimme – den Glauben, dass es einen völkischen Geist gebe, dessen Stimme bewahrt werden müsse, indem man die mündlichen Überlieferungen, Volkssagen, Volkserzählungen, Volksmärchen und Volkslieder schriftlich dokumentierte.

In den Jahren vor 1848 war der Begriff »Volk« mehr und mehr mit dem der »Masse« austauschbar geworden. Im Englischen hatte der Begriff *mass* damals noch eine etwas andere Bedeutung als heute: Es war damit eine Bevölkerungsschicht gemeint, die über keine politische Vertretung verfügte, was bedeutete, dass der »Massenkultur« auch das ihr zustehende Ansehen verweigert wurde. Die Schlacht um den Geist der Masse hatte als ein zentrales Drama der Moderne begonnen und entwickelte sich mit besonderer Heftigkeit in Deutschland.[48]

Die in kultureller Hinsicht entscheidende Frage war, wie man in den neuen und zunehmend industrialisierten Ballungszentren – lebende Gebilde bislang nie gekannter Art – eine gemeinsame Identität der Massen herstellen konnte. Deutschen mangelte es noch weit mehr als anderen europäischen Völkern an einheitsstiftenden Symbolen, weshalb ihre Industriegebiete auch noch disparater und heterogener waren als die anderer Länder. Das Resultat war die Aufspaltung in eine Mehrheit, die Kultur als etwas betrachtete, das dem größeren Ruhm der Nation dient, und

in eine Minderheit, die Unabhängigkeit im säkularen wie sakralen Sinne schätzte.
Im Lauf der Zeit sollte diese Spaltung eine große Rolle spielen. Die Volkskultur nahm ein geradezu mystisches Eigenleben an, von dem sich die Masse nährte und bereichert fühlte. Für Herder und die Brüder Grimm war Kultur etwas, das die deutschen Staaten definierte und einte (und den Deutschen half, sich selbst zu definieren). »Volkskultur« wurde derweil als die Alternative zur klassischen romanischen Kultur betrachtet und im Lauf des 19. Jahrhunderts, als sich die Bedeutung von »Volk« und »Masse« zunehmend anglich, mit immer triumphalistischeren Untertönen gepflegt. In der zweiten Hälfte des Jahrhunderts erbte die deutsche Industrie mit ihren Errungenschaften – welche ohne die Masse nicht möglich gewesen wären – dieses Verständnis und diese Grundeinstellung (worüber noch zu sprechen sein wird). Die Deutschen hielten sich sowohl im hochkulturellen als auch im massenkulturellen Sinne – jeweils als Ausdruck der Volkskultur – für wegweisend. Und dieses Selbstverständnis war erstmals in der Biedermeierzeit aufgetaucht.

15
»Deutschlandfieber« in Frankreich, England und den Vereinigten Staaten

»Die Windsbraut«

Die Flut der Veränderungen in Deutschland, die bisher unser Thema waren, blieb im Rest der Welt weder unbemerkt noch unkommentiert. Die bedeutendste und in vielerlei Hinsicht noch immer bemerkenswerteste Beobachterin der damaligen Vorgänge war die Schriftstellerin Germaine de Staël (1766–1817), Tochter des aus der Schweiz stammenden französischen Bankiers und Politikers Jacques Necker und die berühmteste Frau ihrer Zeit. Madame de Staël war reich und unabhängig, hatte aber das Pech, nicht besonders schön zu sein, was in Paris eine unverzeihliche Sünde war. Und da sie auch noch einen brillanten Geist hatte, ungeschminkt das auszusprechen pflegte, was sie dachte, und wild entschlossen war, sich aktiv in die Belange ihrer Zeit einzumischen, geriet sie immer wieder in Konflikt mit Napoleon.[1] Außerdem war sie Protestantin und von daher ohnedies eine Art Außenseiterin. Ihr Buch De L'Allemagne (Über Deutschland), das 1810 nur mit großen Schwierigkeiten in Druck gehen konnte, ist eine beeindruckende Tour d'Horizon durch die deutsche Kultur und brachte Frankreich (und dem Rest Europas) erstmals die neue Literatur und Philosophie der deutschen Romantik zur Kenntnis.[2]

Begeistert setzte Madame de Staël sich für die Ziele der Revolution ein, wenngleich nicht auch für all deren Methoden. Während der Schreckensherrschaft floh sie aus Paris, kehrte aber im April 1795 zurück, eröffnete wieder ihren berühmten Salon und begann ihr »Duell« mit Napoleon. In ihren Romanen verteidigte sie vehement die gesellschaftliche Rolle der Frau, was dem Ersten Konsul/Kaiser überhaupt nicht gefiel. Als sie verurteilt wurde, Paris nicht näher als vierzig *lieues* (hundertsechzig Kilometer) zu kommen, beschloss sie, nach Deutschland zu reisen.

Bevor sie Paris verließ, nahm sie Deutschunterricht bei Wilhelm von Humboldt, der sich vorübergehend mit seiner Familie in der Stadt aufhielt. Er war es auch, der sie vom Wiedererwachen deutscher Kultur überzeugte. Kurz darauf reiste Madame nach Weimar. Die Stadt, die selbst so viel zu bieten hatte, erbebte bei der Nachricht von ihrer bevorstehenden

Ankunft. Erinnern wir uns, dass die Weimarer Gesellschaft die französische Kultur ebenso imitierte wie verachtete. Ergo konnte die Ankunft Germaine de Staëls nur ein Ereignis erster Güte sein. Zur Überraschung aller verstanden sich der Herzog und die Herzogin prächtig mit ihrer exotischen Besucherin, dieser »Windsbraut«, von deren fremdartiger Kleidung, all den Turbanen und Roben, die mehr enthüllten als verdeckten und den Hauch des Pariser Chic in Weimar verbreiteten, sie abwechselnd bezaubert und fasziniert waren. Goethe verhielt sich zunächst ein wenig spröde. Aus der sicheren Distanz war er freundlich genug gewesen, sich für eine deutsche Übersetzung der Bücher von Madame de Staël einzusetzen, doch nun meinte er, wenn sie ihn sehen wolle, dann müsse sie schon zu ihm kommen – nach Jena. Der Herzog aber genoss ihre Anwesenheit so sehr, dass er Goethe befahl, sich auf den Weg nach Weimar zu machen. Zuerst war sich Madame nicht ganz sicher, ob Goethe überhaupt den ganzen Aufwand wert war: Dieser fette Mann, so völlig bar jeglichen Vorzugs, auf dem der Blick ruhen könne, welcher sich jeder Wahrheit spottend für einen Mann von Welt halte, könne ihre Idealvorstellung vom Werther nur zunichte machen. Es sollte ihr auch nie so recht gelingen, sich von dem Urteil zu befreien, dass Weimar trotz all seiner Bedeutung tiefste Provinz war, wo nicht einmal Wieland oder Schiller oder Goethe je eine Zeitung lasen.

Dennoch, allmählich wuchs ihr die Stadt ans Herz. Und je besser ihr Deutsch wurde, desto umfangreicher wurde auch ihre Lektüre. Goethe, Schiller und Wieland, so schrieb sie ihrem Cousin, seien einfallsreicher und verfügten über tiefere literarische und philosophische Kenntnisse als jeder andere, dem sie begegnet sei. Bei Gesprächen mit ihnen sprühten die Ideen nur so, außerdem versuchten Schiller wie auch Goethe alle möglichen Neuerungen im Schauspiel einzuführen.[3]

Verglichen mit Weimar war Berlin eine Enttäuschung. Madame wurde zwar bei Hofe eingeführt und der gesamten Aristokratie vorgestellt, doch so richtig wohl fühlte sie sich dort nicht. Sie fand, dass die Stadt ihren literarischen Interessen nicht gerecht werden könne und das gesellschaftliche Leben dem Pariser Niveau weit unterlegen sei. Erst nach mehreren Wochen begegnete sie endlich einem Mann, der, wie sie ihrem Vater schrieb, »in der Literatur mehr Interesse und Geist besitzt, als fast alle mir bekannten Personen, nämlich Schlegel«. August Wilhelm Schlegel spreche »Französisch und Englisch wie ein Franzose und wie ein Engländer« und habe alles gelesen, »was es auf der Welt gibt«.[4] Unter anderem begegnete sie auch Fichte, dem sie geradeheraus erklärte, dass sie über seine Philosophie »vollständig im Dunkeln« geblieben sei und er ihr doch »etwa in einer Viertelstunde« erklären möge, was er unter seinem »Ich« verstünde. Galant gab Fichte sein Bestes, doch schon nach zehn Minuten unterbrach sie ihn: »Oh, es ist genug, Herr Fichte, ganz genug. Ich verstehe Sie vollkommen. Ihr System ist durch eine der Reisegeschichten des Barons von Münchhausen aufs Trefflichste illustriert.« Damit spielte sie auf die Geschichte an, der zufolge Münchhausen sich einmal am eigenen Ärmel über einen mächtigen Fluss gezogen habe: Genau das habe auch Fichte mit seinem Ich – »votre moi« – getan. Fichte war wütend über diese Trivialisierung seines so bedeutenden Weltbilds.

De l'Allemagne war eine schwere Geburt. In dem Versuch, sich bei Napoleon zu rehabilitieren, hatte Madame de Staël dem Kaiser 1810 einen Probedruck zukommen lassen. Doch Majestät kam zu dem Schluss, dass es sich um ein antifranzösisches Machwerk handelte, und instruierte den neuen Polizeiminister General Savary, es zu beschlagnahmen und die Autorin des Landes zu verweisen. Zehntausend Exemplare wurden eingestampft. Eines gelangte jedoch über Umwege nach Wien, wodurch 1813 schließlich die Veröffentlichung des Textes möglich wurde (in englischer Übersetzung in London). Das Buch wurde mit großem Beifall aufgenommen.

Wie *Corinne* und die anderen Bücher von Germaine de Staël untergrub auch *De l'Allemagne* alles, wofür Napoleon stand. Abgesehen von den detaillierten Erörterungen deutscher Dichtung, Prosa und des deutschen Dramas oder der kantischen und anderer Philosophien ging es darin im Wesentlichen um das Thema Freiheit – um innere wie politische. Madame erklärte, dass man die Menschen vielleicht politisch, nicht aber auch geistig unterjochen könne, und empfahl die Lektüre von Kant als Ausgangspunkt für den Widerstand gegen die Unterdrücker. In dem Buch führte sie überdies den Begriff *romantisme* als Bezeichnung für die neue deutsche Dichtung in die französische Sprache ein: für eine Dichtung, die den individuellen menschlichen Geist feierte.[5] Ihre »Entdeckung« und ihre Übersetzungen der »großen« deutschen Dichter sollten sich unmittelbar auf das Denken ihrer französischen und anderer europäischer Zeitgenossen (wie der Briten) auswirken, die bis dahin kaum etwas über die deutsche Kultur gewusst hatten. Franzosen hatten deutsche Kultur als vulgär abgetan, erst Madame de Staël erklärte ihnen, dass originäres Denken (wie es von Deutschen betrieben wurde) wesentlich mehr zählte als bloßer guter Geschmack – selbst dann, wenn der Vorwurf der Vulgarität rechtens wäre. Sie hoffte, mit ihren Berichten über Deutschland auch zu einer Wiederbelebung der französischen Literatur beizutragen, die in ihren Augen unter der napoleonischen Zensur so moribund geworden war.

Aber sie war nicht blind gegenüber den Mängeln. So klagte sie zum Beispiel, dass die Luft überall auf das Unangenehmste von Öfen, Bier und Tabak verpestet würde, die Aristokratie ausgesprochen langweilig sei, die Menschen im Allgemeinen fremdenfeindlich eingestellt seien und über mehr Phantasie als Esprit verfügten. Überrascht war sie von dem Kontrast zwischen dem geistigen Wagemut der Deutschen und der Unterwürfigkeit, die sie gegenüber der Obrigkeit an den Tag legten.[6]

»Horae Germanicae«

Ein anderer Besucher Deutschlands, dem auch Madame de Staël begegnete, war der Engländer Henry Crabb Robinson. Der ausgebildete Anwalt, Mitglied der *Society of Antiquaries*, gehörte dem Norwicher Kreis von Intellektuellen und »Dissentern« an, zu dem auch William Wordsworth, Samuel Taylor Coleridge und Robert Southey zählten. In den Jahren 1802 und 1803 verbrachte er viel Zeit in Deutschland, insbesondere um die kantische Philosophie zu studieren und dem *Monthly Register* regelmäßig Artikel über deutsche Belange zu senden.[7] Doch er war keineswegs der einzige Brite, der Interesse an Deutschland bekundete. William Taylor aus Norwich, der ebenfalls diesem Kreis angehörte, pflegte sich sogar als »erster Anglogermanist« zu bezeichnen. Er wurde nach seiner Übersetzung von Lessings *Nathan der Weise* bekannt und veröffentlichte zwischen 1790 und 1820 eine Reihe von Essays über deutsche Schriftsteller, darunter vor allem über Herder und Lessing. Noch einflussreicher als Madame de Staëls Bericht sollten in England John Blacks Übersetzungen von Schlegels Vorlesungen *Über dramatische Kunst und Litteratur* werden, wo dieser unter anderem den unübertroffenen Menschenkenner Shakespeare im Vergleich zur Ästhetik von Kant und Schiller beurteilt hatte. Nicht nur Wordsworth, auch William Hazlitt fand Schlegels »shakespearesche Einsichten« lehrreich. Seit 1819 erschien das *Blackwood's Magazine* mit einer regelmäßigen Kolumne unter der Überschrift »Horae Germanicae«, die dem geneigten Leser »neue Werke aus Deutschland sachkundig zur Kenntnis bringen« sollte.

Doch keiner der oben Genannten hatte auch nur annähernd so viel Einfluss wie die vier britischen Schriftsteller, denen es gelang, das Wissen um die zeitgenössischen Entwicklungen in Deutschland unter Engländern und in gewissen Maßen auch unter Amerikanern zu verbreiten: Samuel Taylor Coleridge, Thomas Carlyle, George Henry Lewes und George Eliot (Mary Ann Evans).[8] Es ist wohl nicht übertrieben, wenn man Rosemary Ashton beipflichtet: In ihrer Studie über den Einfluss des deutschen Denkens im 19. Jahrhundert auf England hatte sie behauptet, es sei allein Coleridge zu verdanken gewesen, dass sich seine viktorianischen Kollegen – George Eliot, G. H. Lewes, John Stuart Mill, Thomas Arnold, Richard Holt Hutton und der Philosoph James Hutchison Stirling – zwischen 1800 und 1820 allesamt mit den neuen Entwicklungen und Ideen aus Deutschland befassten. Obwohl auch Frankreich und vor allem die Ideen von Henri de Saint-Simon und Auguste Comte einen tiefgreifenden

Einfluss auf die viktorianischen Denkmuster ausübten, hinterließen die deutsche Philosophie, die deutsche Geschichte und die deutsche Ästhetik doch den nachhaltigsten Eindruck im englischen Denken. Coleridges englische Zeitgenossen hatten noch Erstaunen geäußert über dessen scheinbare Besessenheit in Bezug auf alles, was aus Deutschland kam, und pflegten ihn deshalb sogar aufzuziehen; spätere Generationen sahen das ganz anders. 1866 wurde Coleridge vom Essayisten und Kritiker Walter Pater gepriesen, weil er zu der Erkenntnis beigetragen habe, dass die philosophische und literarische Bewegung in Deutschland eine »unwiderstehliche [...] metaphysische Synthese« darstellte.[9]

Coleridge war besonders von Schillers Drama *Die Räuber* fasziniert, also lernte er Deutsch und überquerte 1797 den Kanal. Kaum in Deutschland angekommen, entdeckte er Kants Schriften. 1812 bekannte er gegenüber Crabb Robinson, dass Kant mehr zu bieten habe »als jeder andere Philosoph«. Besonders gebannt war er von Kants dritter Kritik, die die ästhetische Urteilskraft erstmals wissenschaftlich begründet hatte, was Coleridge zu den Ideen der Romantiker führte, vor allem zu den Vorstellungen der Schlegels und Schellings. Somit hatte Coleridge also mehr auf die Rezeption der deutschen Philosophie als auf die der deutschen Literatur in England eingewirkt.[10]

Hinsichtlich der deutschen Literatur war es Carlyle, der den wesentlich größeren Einfluss ausübte. Er wurde allenthalben – was aber nicht immer wohlwollend gemeint war – als die »Vox Germanica« Londons bezeichnet. Seine Gründlichkeit und sein Interesse für Geschichte wurden selbst als durch und durch deutsch empfunden. Vierzehn Jahre brachte er mit der Niederschrift seiner Biografie Friedrichs des Großen zu. Zunächst hatte er sich, wie Coleridge, zur deutschen Philosophie hingezogen gefühlt, gerade so, als suchte er nach einem Gegengewicht zum englischen Skeptizismus und Materialismus. Erst mit seinem begeisterten Eintreten für die Ideen von Kant und Fichte in einer Artikelreihe der *Edinburgh Review* riss er schließlich seine ganze Generation mit. Kurze Zeit später wurden diese Essays auch in Amerika veröffentlicht, wo sich dann Ralph Waldo Emerson, Margaret Fuller und andere Denker von der neuen »deutschen Philosophie«, die sich in Neuengland schließlich als »Transzendentalismus« etablieren sollte, fesseln ließen. Somit waren Carlyle und Coleridge die beiden wichtigsten Vermittler deutscher Ideen in England und Amerika.[11]

Carlyles Rolle ist sehr viel einfacher zu bestimmen, da es viele Leser gab, die seinem »so ungemein deutschen« Roman *Sartor Resartus* (1833/34) attestierten, er habe großen Einfluss auf sie ausgeübt. Kaum ein junger Mensch überstand die dreißiger Jahre, ohne von *Sartor* beeindruckt und durch dieses Buch dazu angeregt worden zu sein, *Wilhelm Meister* zu lesen – wenngleich in Carlyles englischer Übersetzung. Carlyle wurde nie müde, seine Leser vom Wert deutscher Literatur zu überzeugen, insbesondere vom Wert der Werke Goethes. Und das sollte ihm denn auch in einem solchen Maße gelingen, dass er 1838 schließlich befriedigt feststellen konnte, »die Leserschaft des Deutschen [hat sich] ums Hundertfache gesteigert«. Angeregt durch Carlyle, erlernte auch der englische Philosoph und Literaturkritiker George Henry Lewes die deutsche Sprache und reiste 1838 in dem Bewusstsein nach Deutschland, dass ein Verständnis für deutsche Literatur für einen angehenden Autor und Kritiker schlicht obligatorisch sei. Nachdem er dort die systematische Ästhetik Hegels entdeckt hatte, kehrte er, von dessen Philosophie erfüllt, nach England zurück, wo er die Aufmerksamkeit dann aber auch auf Goethes Schriften über die Botanik und die Optik lenkte, die bis dahin überhaupt noch kein Engländer wahrgenommen hatte. (Lewes sollte mit *The Life of Goethe* die erste abgeschlossene Goethe-Biografie überhaupt vorlegen.)[12]

Mehr als einmal bereiste Lewes Deutschland gemeinsam mit George Eliot, die nicht weniger von dem Land fasziniert war. Sie konzentrierte sich dort allerdings vor allem auf die hohe Kunst der Bibelkritik, die in Deutschland mindestens so umstritten war wie in England, aber dennoch für viele englische Vorurteile über die Deutschen verantwortlich war – wobei die Namen, die unter Angelsachsen besonderen Abscheu hervorriefen, die von David Friedrich Strauß und Ludwig Feuerbach waren. Doch George Eliot war ein »Freigeist«, deshalb offen für neue Ideen und dann auch noch wagemutig genug, um Strauß' *Leben Jesu* 1846 ins Englische zu übersetzen. Auch sie fand, dass es sich England nicht leisten könne, die Entwicklungen in Deutschland einfach zu ignorieren. Andererseits war sie genauso wenig blind gegenüber deutschen Defiziten wie Madame de Staël – die Gelehrten von Weimar zum Beispiel fand sie schlicht »naiv und aufgeblasen«. Und doch veröffentlichte sie 1865 einen Artikel unter der Überschrift »Ein Wort für die Deutschen«, in dem sie zwar konzedierte, dass deutsche Autoren manchmal einen schwerfälligen, sperrigen Stil pflegten, aber zugleich klarstellte: »Wenn [der Deutsche] ein Experimentator ist, führt er seine Experimente sorgfältig durch; wenn er ein Wissenschaftler ist, betreibt er seine Forschungen sorgfältig. Folglich kann in diesen Tagen niemand irgendein Thema wirklich studieren, ohne bei deutschen Büchern Zuflucht zu suchen.«[13] Kein Mensch, so schloss sie, könne sich einen Experten auf irgendeinem Gebiet heißen, bis er gelesen habe, was die Deutschen darüber zu sagen hätten.[14]

Auf dem Gebiet der Pädagogik hatte Deutschland schon geraume Zeit eine Vorrangstellung eingenommen. Schon im 18. Jahrhundert hatte August Hermann Francke mit seinen Franckeschen Stiftungen zu Halle das Interesse anderer Länder geweckt. In England wurden schon bald darauf Schulanstalten nach seinen Prinzipien gegründet.[15] Schon 1705 war von Dr. Josiah Woodward die *Pietas Hallensis*, eine auch in Amerika viel gelesene Darstellung des hallischen Systems, veröffentlicht worden; und Anthony Boehm, der seinen Schulabschluss selbst in Halle gemacht hatte, eröffnete bereits 1701 in England eine Schule nach dem Vorbild der Franckeschen Anstalten.

Je stärker das Interesse am deutschen Denken wurde, desto mehr Jungen wurden zum Erlernen der Sprache nach Deutschland geschickt. Die Nachfrage war so groß, das Leopold Heinrich Pfeil, der einstige Diener von Vater Goethe, in Frankfurt eine Pension mit angeschlossener Sprachschule gründete. Im Jahr 1800 wurde eine englische Zeitschrift ins Leben gerufen, die dieses Interesse an Deutschland bediente: *The German Museum or Monthly Repository of the Literature of Germany, the North and the Continent in General*. Sie überlebte zwar gerade einmal drei Jahre, doch *Blackwood's Magazine* übernahm dann zumindest einen Teil dieses Leserangebots.[16]

Von langfristig größerer Bedeutung war die Idee des schottischen Dichters Thomas Campbell, in London eine Universität nach den Richtlinien der Universitäten von Berlin und Bonn und nicht nach denen von Oxford oder Cambridge ins Leben zu rufen. Bereits zum Zeitpunkt ihrer Gründung richtete diese University of London einen Lehrstuhl für »Germanic Studies« ein, auf den kein anderer als Friedrich Schleiermachers Schwager Ludwig von Mühlenfels berufen wurde. Deutsche Altphilologen besetzten dort auch die Lehrstühle für orientalische Sprachen und für die hebräische Sprache. Isaac Lyon Goldsmid, der zu einem großen finanziellen Förderer der Londoner Universität wurde und später zum ersten jüdischen Baronet ernannt werden sollte, reiste eigens nach Bonn und Berlin, um zu erkunden, inwieweit sich seine Vorstellungen vom Universitätswesen mit der Realität dort deckten.[17] Doch noch bevor die für Oxford und Cambridge zuständige königliche Kommission ihren Bericht für das Jahr 1850 schreiben konnte, hatte man auch in Oxford den Versuch unternommen, »deutscher« zu werden, indem man außerordentliche Professoren zuließ und ein praxisnäheres Prüfungssystem einführte.

Thomas Arnold, der berühmte Rektor der Rugby School, hatte als Erster jenseits des Kanals die Bedeutung des schulischen Sprachunterrichts erkannt und ging, nachdem er sich mit den Fortschritten in Preußen vertraut gemacht hatte, sogar so weit, »seine« Jungs Deutsch statt Französisch zu lehren. Nach der Einstellung von *The German Museum* wurde mit *The Philological Museum* 1831 gleich die nächste Fachzeitschrift ins Leben gerufen, der es dann auch besser ergehen sollte, weil sie sozusagen zum »Gemeindeblatt« aller Germanisten wurde.[18] Kaum weniger einflussreich als Arnold war sein Großneffe Adolphus William Ward, der in Leipzig studiert hatte und dort vom »Deutschlandfieber«, wie er es nannte, angesteckt worden war. 1866 wurde er auf den Lehrstuhl für Geschichte, englische Sprache und Literatur am Owen College in Manchester (der künftigen Universität von Manchester) berufen und machte sich sogleich daran, dieses College in eine forschungsorientierte Universität nach deutschem Vorbild zu verwandeln. Der berühmteste englische Akademiker dieser Zeit war jedoch John Emerich Edward Dalberg (der spätere 1. Baron Acton). Hauptsächlich seiner deutschen Mutter war es zu verdanken, dass er acht Jahre bei dem katholischen Kirchenhistoriker Johann Joseph Ignaz von Döllinger in München studiert hatte. Seine Studien über die »German Schools of History« veröffentlichte er dann in der *English Historical Review*. Mindestens so inspiriert von Deutschland war auch Florence Nightingale. Sie war vor allem von der Kaiserwerther Diakonie angetan, wo evangelische Frauen zu Diakonissen für die Krankenpflege, zu Gemeindeschwestern, Erzieherinnen und Lehrerinnen ausgebildet wurden. Nach ihrem Besuch dieser Einrichtung im Jahr 1850 war sie überzeugt, dass die Pflege ein wahrhaft vollwertiger Beruf und nicht einfach nur eine untergeordnete Tätigkeit sei; im anschließenden Jahr kehrte sie zurück, um sich selbst dort ausbilden zu lassen.[19]

Das Interesse am deutschen und vor allem preußischen Erziehungssystem nahm in England stetig zu (»look at Germany« war das ständig wiederholte Mantra). 1861 wurde Mark Pattison, ein Dozent in Oxford, der bereits als Korrespondent der *Times* in Berlin gewesen war, in eine Kommission berufen, die einen Bericht über Schulen in Preußen erstellen sollte. Seine Stellungnahme in dem veröffentlichten Dokument lautete dann, dass das wahre Fundament der Erfolgsgeschichte des deutschen Erziehungssystems – das es in dieser Form seit mittlerweile einem halben Jahrhundert gab – die Schulpflicht sei: eine »kostbare Tradition«. Auch Thomas Arnold war von dieser *Taunton Commission on Endowed Schools* befragt worden und hatte ihr die Übernahme von deutschen (und französischen) Lehrmethoden empfohlen. Seine Argumente erwiesen sich dann als so überzeugend, dass sein Bericht 1822 sogar als eigenständige Publikation unter dem Titel *Higher Schools and Universities in Germany* veröffentlicht wurde. Darin trat er unter anderem für ein wesentlich deutlicheres Gewicht auf naturwissenschaftlichen Fächern ein, ganz nach preußischem Vorbild.[20] Doch im Mittelpunkt stand noch immer die Altphilologie der Art, wie sie in Deutschland gelehrt wurde. Der deutsche Sprachforscher und Universalgelehrte Friedrich Max Müller, der Sanskrit so perfekt beherrschte, dass er von der Englischen Ostindien-Kompanie mit der Übersetzung des *Rig Veda* beauftragt wurde, erhielt den ersten Lehrstuhl für vergleichende Philologie in Oxford. Doch trotz all dieser Bemühungen gab es in Deutschland 1860 noch immer sechsmal mehr Studenten als in England.[21]

Die deutsche Gegenkraft in Großbritannien

Nach dem Besuch, den der deutsche Biologe Justus von Liebig England auf Einladung der *British Association for the Advancement of Science* abstattete, wurden in Großbritannien zwei Gießener »Außenposten« gegründet: 1843 die »Rothamsted Experimental Station« und 1845 das »Royal College of Chemistry«. Man bat Liebig um Rat, wem die Präsidentschaft des Royal College angetragen werden sollte, und er empfahl den deutschen Chemiker August Wilhelm von Hofmann. Also reiste Queen Victorias Prinzgemahl Albert nach Brühl am Rhein, um Hofmann in Augenschein zu nehmen und dann Fürsprache beim König von Preußen für dessen zweijährige Beurlaubung von der Universität Bonn einzulegen. Doch Hofmann sollte über ein Jahrzehnt in England bleiben (die diversen Aspekte seiner facettenreichen Karriere werden wir später betrachten).[22]

Prinz Albert war von 1840 bis 1859 die aktivste deutsche Gegenkraft in Großbritannien. Die Geschichte meint es gut mit ihm. Sein wichtigster Beitrag, so die englische Historikerin Hermione Hobhouse, war, dass er »die britische Monarchie von der bislang gemeinhin akzeptierten parteilichen Loyalität befreite und den Weg für ein konstitutionelles Modell ebnete, in dem es ebenso viel Raum gab für den Widerspruch Ihrer Majestät wie für den der Regierung Ihrer Majestät«.[23] Alberts sichtbarste Hinterlassenschaften sind die königlichen Paläste, Schlösser und all die anderen Gebäude, die, was so leicht vergessen wird, allesamt zu seinen Lebzeiten errichtet wurden: Buckingham Palace, Balmoral Castle, Osborne House auf der Isle of Wight und die Farmgebäude von Windsor Castle.

Franz August Carl Albert Emmanuel von Sachsen-Coburg und Gotha, Herzog zu Sachsen (1819–1861), war auf Schloss Rosenau bei Coburg als zweitältester Sohn des Herzogs Ernst von Sachsen-Coburg geboren worden und in einer Welt aufgewachsen, die ihre engen verwandtschaftlichen Beziehungen zum englischen Königshaus hegte und pflegte. Queen Victoria war Alberts Cousine, da ihre Mutter, die Herzogin von Kent, eine geborene Victoria von Sachsen-Coburg-Saalfeld war. Albert war ein intelligenter und vor allem *interessierter* Prinzgemahl, der eine Menge tat, um das allgemeine Interesse an den Wissenschaften und Künsten in England zu fördern. Er pflegte Maler in ihren Ateliers zu besuchen, überzeugte die Königin, sich mehr mit philanthropischen Fragen zu befassen, saß 1859 höchstselbst dem Jahrestreffen der *British Association* in Aberdeen vor und präsidierte 1860 über die Internationale Statistikkonferenz in London (die ihm sehr am Herzen lag, nachdem er von Adolphe Quetelet, einem Begründer der Statistik in Frankreich, in die Geheimnisse dieses Faches eingeweiht worden war). Prinz Albert war es auch, der 1855 vorschlug, den traditionell durch Vetternwirtschaft begünstigten Eintritt in den diplomatischen Dienst künftig von einem bestandenen Examen abhängig zu machen.[24]

Albert war in den vierziger und fünfziger Jahren selbst der wichtigste britische Sammler gewesen und bereicherte mit seinem Geschmack nicht nur die königlichen Sammlungen, sondern auch die National Gallery. Mit dem tätigen Rat von Ludwig Gruner, dem Direktor des Dresdner Königlichen Kupferstich-Kabinetts, erwarb er unter anderem Duccio di Buoninsegnas *Kreuzigung Christi*, den *Heiligen Petrus Martyr* von Fra Angelico sowie *Apollo und Diana in waldiger Landschaft* und *Madonna mit Kind* von Lucas Cranach d. Ä. Er initiierte auch mehrere große Studien über seinen Lieblingsmaler Raffael, mit der Absicht, ein Werkverzeichnis des Künstlers zu erstellen. Schließlich waren rund tausendfünfhundert Fotografien, Drucke und Stiche gesammelt und für wissenschaftliche Studien im Britischen Museum gelagert worden. Die ganze Zeit über waren Albert zwei deutsche Kunsthistoriker zur Seite gestanden.[25]

Als der kluge Mann, der er war, nahm Albert die Veränderungen im Land schnell zum Anlass, um sich für eine Kooperation des Bildungssystems mit der Industrie einzusetzen. Schon kurz nach seinem Eintreffen in England war er Mitglied der *Society of Arts* geworden (1754 gegründet »for the encouragement of Arts, Manufacturers and Commerce«), deren Präsident er 1843 wurde. Es waren Vertreter dieser Gesellschaft, welche 1844 die Idee von einer jährlichen Gewerbeausstellung wiederaufleben ließen, die dann zur Londoner Weltausstellung des Jahres 1851 führen sollte. Die Rolle, die Albert als Vorsitzender der Royal Commission im Rahmen dieser Ausstellung spielte, und seine detaillierten Planungsbeiträge zu ihrer Verwirklichung waren vielleicht seine wichtigsten Leistungen.

Die umfangreichen Präsentationen der deutschen Staaten bei dieser Weltausstellung konnten den Exponaten der Vereinigten Staaten problemlos das Wasser reichen und es auch leicht mit den Ausstellungsstücken Frankreichs aufnehmen.[26] Es wurden die besten Erzeugnisse aus den preußischen Eisen- und Zinkgießereien gezeigt, neben Meißner Porzellan, Musikinstrumenten und Uhren aus Sachsen und den Telegrafen von Siemens und Halske, die den fortgeschrittenen Stand der Kommunikationstechnik in Preußen bewiesen. Auch vielfarbig eingefärbte Textilien wurden zur Schau gestellt, oder optische Linsen, Maschinen zur Herstellung von Typen für den Zeitungsdruck und Plastiken der Berliner wie der Münchner Schule. Erstmals konnte man einen Blick auf die kommende Industriemacht Deutschland werfen.

Alles in allem war die Weltausstellung ein großer Erfolg, nicht zuletzt in finanzieller Hinsicht: Der Reingewinn betrug hundertachtzigtausend Pfund, was damals eine enorme Summe war. Ursprünglich hatte Prinz Albert geplant, den Gewinn aus der Ausstellung (zu dem die Regierung die gleiche Summe beizusteuern versprochen hatte) für die Gründung von Schulen für Naturwissenschaften und Industriewesen in South Kensington zu verwenden. Zu diesem Zweck wollte er alle naturwissenschaftlichen Gesellschaften mit dem ziviltechnischen Institut zusammenlegen, um eine nationale technische Hochschule nach napoleonischem Muster aufzubauen. Daraus sollte nichts werden, doch »Albertopolis« wurde zumindest so weit realisiert, als South Kensington, »dieser so unenglische Komplex aus Museen, naturwissenschaftlichen Institutionen, Musik- und Kunsthochschulen, teils Universität, teils Polytechnikum«, sukzessive aufgebaut werden konnte und zum geistigen wie künstlerischen Herz Londons wurde. Das Albert Memorial steht am Rande dieses Geländes, mit Blick über die grandiose Schöpfung des Prinzgemahls.[27]

Während all der Jahre in England hatte sich Prinz Albert das Interesse am Land seiner Geburt bewahrt. Schon in seiner Bonner Studentenzeit war er von der Begeisterung für die deutsche Einheit angesteckt worden.[28] Nun schöpfte er aus seinen Erfahrungen in England und versuchte den preußischen König von einer konstitutionellen Monarchie und einer parlamentarischen Regierung nach britischem Vorbild zu überzeugen, von einem Modell also, dem er aus vollstem Herzen zustimmte. Möglich, dass es sein Rat war, der Friedrich Wilhelm IV. 1847 dazu bewog, ein königliches Patent, »die ständischen Einrichtungen betreffend«, für den ersten Vereinigten Landtag Preußens zu erlassen. Allmählich missfiel Albert zwar der autoritäre Trend, der ein so wesentliches Element des Bismarck'schen politischen Ansatzes war, aber mit dem preußischen Kronprinzen, dem späteren König und Kaiser Wilhelm I., knüpfte er eine dauerhafte Freundschaft. Nachdem der Preußenprinz nach den Aufständen im März 1848 aus Berlin fliehen musste (weil er für die Erschießung von Demonstranten verantwortlich war, hatte er den Beinamen »Kartätschenprinz« erhalten), nutzte Albert dessen Anwesenheit in London für seine unermüdlichen Versuche, ihn für den Konstitutionalismus zu gewinnen. Er machte ihm klar, dass eine Konföderation nach 1848 nicht mehr angemessen und dringend ein geeinter Staat erforderlich sei.[29] Abgesehen davon stand Albert einem übermäßigen Einfluss Preußens auf die Zukunft Deutschlands ausgesprochen kritisch gegenüber.

Aber wir sollten hier nicht die politischen Differenzen übergehen, die Prinz Albert und sein Sohn Edward Prince of Wales hatten, weil dieser so deutlich negativ auf die »Überschätzung« reagierte, mit welcher der Vater aus Sicht des Sohnes auf Preußen blickte. Dass Edward dann Alexandra, die Tochter des künftigen Königs von Dänemark, heiratete, verankerte ihn nach dem Schleswig-Holsteinischen Krieg von 1864 (da war Albert bereits tot) endgültig im deutschfeindlichen Lager. Seither gehörten seine Sympathien Frankreich. Eine vergleichbare Entwicklung nahm Wilhelm II., als er sich gegen seinen Vater, Kaiser Friedrich III., und seine Mutter, Prinzessin Victoria von Großbritannien und Irland, wandte. In dem mittlerweile herrschenden Klima konnten Dynastien nicht mehr als Bindeglieder zwischen den Völkern dienen, wie auch Heinrich von Treitschke in seiner *Deutschen Geschichte im neunzehnten Jahrhundert* klarstellte, als er die »übernationalen« Ideale der Coburg-Dynastie attackierte.[30]

Doch letztendlich wird man hier immer im Trüben nach unklaren Botschaften fischen. Die wahre und wahrhaft beträchtliche Hinterlassenschaft Alberts ist der sehr konkrete Einfluss, den er auf die Weiterentwicklung von Wissenschaft, Kunst, dem Erziehungssystem und auf die konstitutionelle Monarchie in England nahm.

Der Doktortitel überquert den Atlantik

Die Beziehungen zwischen Deutschland und den Vereinigten Staaten waren ganz anderer und in vielerlei Hinsicht wesentlich direkterer Art. Es war der deutsche Kartograf Martin Waldseemüller (ca. 1470–1522) gewesen, der 1507 in der »Introductio« seiner *Cosmographia* vorgeschlagen hatte, den neuen »vierten Teil der Welt... das Land des Americus oder America« zu nennen. Auch die Ähnlichkeiten zwischen dem Glauben von William Penns englischen Quäkern und dem der deutschen Pietisten wirkten sich stark auf Amerika aus. Die englische Regierung stand tief in der Schuld von Williams Vater Admiral Penn, nicht nur wegen dessen militärischer Erfolge, sondern auch im wortwörtlichen Sinne, da er seine Männer aus eigener Tasche entlohnt hatte. Diese Schuld belief sich auf ein hübsches Sümmchen: sechzehntausend Pfund. Statt klingender Münze akzeptierte William die Überschreibung eines großen Landgebiets nördlich von Washington, das den Namen Pennsylvania erhielt. Als sich Penn 1677 in Deutschland zu Gesprächen mit den Pietisten aufhielt, handelten ihm diese dann rund sechstausend Hektar von diesem Land ab, die schließlich auf zehntausend Hektar aufgestockt wurden. Dort errichteten sie Germantown.[31]

Es wurden auch diverse Versuche unternommen, Missouri, Texas und Wisconsin in rein deutsche Staaten zu verwandeln. Bekanntlich setzten sich diese Pläne nicht durch, aber tatsächlich lebten in diesen Staaten im Schnitt immer mehr deutschstämmige Bürger als in anderen amerikanischen Staaten. 1835 hielten deutsche Einwanderer es sogar für nötig, eigens die Gesellschaft »Germania« zu gründen, damit ihre Bräuche, Traditionen und Sprache nicht verloren gingen unter den vielen »zersetzenden Fremdeinflüssen«. Vor allem Wisconsin zog Deutsche an. Das Klima und der Boden dort waren denen in Norddeutschland vergleichbar, Land war billig zu erwerben, und den Neuankömmlingen stand schon nach nur einem Jahr Aufenthalt das Wahlrecht zu. Der Staat hatte eigens einen Einwanderungsbeauftragten nach New York entsandt, der dann so erfolgreich seines Amtes waltete, dass an einem Punkt zwei Drittel aller Einwanderer in Wisconsin Deutsche waren. Das *Wisconsin Bureau of Immigration* wurde in ganz Europa bekannt, die *Wisconsin Central Railroad* hatte sogar eigens einen Vertreter in die Schweiz entsandt, der dann rund fünftausend hauptsächlich deutschsprachige Schweizer zur Auswanderung bewegen konnte, indem er ihnen Grund und Boden entlang der Schienenstrecke versprach, die sie selbst bauen sollten.[32] Im Kielwasser der Revolutionen von 1848 in Europa war der Strom deutscher Einwanderer besonders groß – was zugleich bedeutete, dass es sich dabei mehrheitlich um politisch radikal Gesinnte handelte, die im amerikanischen Bürgerkrieg dann überwiegend zum Kampf für die Sache des Nordens bereit waren.[33]

»Das früheste Beispiel für einen gehaltvollen geistigen Austausch zwischen Deutschland und Neuengland war, soweit wir Kenntnis davon haben, die Korrespondenz zwischen Cotton Mather und August Hermann Francke. 1709 sandte der Bostoner Theologe eine Sammlung von hundertsechzig Büchern und Traktaten über den Pietismus nach Halle, sowie mehrere Geldbeträge zur Unterstützung von Franckes philanthropischer Arbeit. Francke antwortete mit einem sechsundneunzigseitigen Brief in lateinischer Sprache, in dem er das Werk der hallischen Institutionen erläuterte«, schrieb der amerikanische Germanist Albert B. Faust.[34] Die Söhne beider Männer führten die Korrespondenz weiter; während dieser Zeit wurden auch die ersten Waisenhäuser nach dem hallischen Vorbild in Amerika eröffnet.

Der Jurist und Schriftsteller Franz Daniel Pastorius war, soweit überliefert, der erste Deutschlehrer an der englischen Quäkerschule von Philadelphia gewesen. Er war mit William Penn befreundet, wurde zum Gründervater von Germantown und baute dort im Jahr 1702 die erste deutsche Schule auf. Dabei führte er gleich zwei Neuerungen von grundlegender Bedeutung ein: Erstens wurden in seiner Schule Jungen wie Mädchen unterrichtet, zweitens gab es Abendklassen für jedermann, der tagsüber arbeitete und deshalb nicht am Unterricht teilnehmen konnte. Benjamin Franklin ist der erste aktenkundige Amerikaner, der einer deutschen Universität einen Besuch abgestattet hat: Im Juli 1766 besuchte er die Universität Göttingen (als Mitglied der »Göttinger Gelehrten Gesellschaft« hatte er die Aufgabe übernommen, Kontakte zwischen naturwissenschaftlichen Gesellschaften in den Vereinigten Staaten und Deutschland zu knüpfen). Die ersten regulären amerikanischen Studenten an der Universität Göttingen waren der Literaturkritiker und spätere Harvard-Romanistikprofessor George Ticknor und der Politiker und spätere Harvard-Präsident Edward Everett (in den Semestern 1815 bis 1817). Nach allem, was man hört, war Ticknor stark von Madame de Staëls Deutschlandbuch beeinflusst worden, in dem zum Beispiel nachzulesen war: »Ganz

Norddeutschland ist mit den gelehrtesten Universitäten Europas übersät. In keinem Lande, selbst in England nicht, gibt es so viele Mittel zum Unterricht und zur Vervollkommnung seiner Geistesfähigkeiten.«[35]

Ticknor und Everett waren die ersten Mitglieder einer Bewegung, die im Lauf des 19. Jahrhunderts immer stärker wurde und grundlegend zur Gestaltung des amerikanischen Erziehungssystems beitragen sollte. Es gab zwei Flutwellen amerikanischer Studenten in diesem Jahrhundert: die erste nach Göttingen, Berlin und Halle, bis ungefähr 1850, mit der auch Ralph Waldo Emerson und Henry Wadsworth Longfellow kamen; die nächste schwappte eher über Leipzig, Bonn und Heidelberg. Everett gab in seiner Studienzeit alles Geld für Bücher aus, und genau die sollten schließlich den Grundstock für die deutschsprachige Bibliothek von Harvard bilden. Es war, so Albert B. Faust, der Beginn einer Massenmigration von deutschen Büchern nach Amerika. Er nannte das die »Bücherwanderung«.[36]

Carl Diehl schätzt in seiner Studie über amerikanische Wissenschaftler im 18. und 19. Jahrhundert, dass zwischen 1815 und 1914 neun- bis zehntausend Amerikaner in Deutschland studiert haben, darunter neunzehn künftige College- und Universitätspräsidenten. Seine Zahlen ergeben jedoch ein etwas anderes Bild, nämlich dass vor allem vier Universitäten populär unter den damaligen Studenten gewesen seien – Göttingen, Berlin, Halle und Leipzig –, wohingegen der Zulauf nach Heidelberg erst später eingesetzt habe. Die meisten studierten Geistes- oder Naturwissenschaften, während in der theologischen Ausbildung seit 1850 ein starker Rückgang zu verzeichnen war. Angeführt wurde dieser Zustrom von Amerikanern in den Anfangsjahren von Studenten aus nur zwei amerikanischen Institutionen: Harvard und Yale. 55 Prozent aller amerikanischen Studenten in Deutschland hatten zuvor an einer dieser beiden Universitäten studiert.[37]

Im weiteren Verlauf des 19. Jahrhunderts, als sich in den Vereinigten Staaten ein besonderes Interesse an der Geschichtsforschung und den Naturwissenschaften herausbildete und daneben eine eigene amerikanische Literatur zu entstehen begann, während immer mehr Hochschulabgänger – einige von ihnen sogar promoviert – aus Deutschland zurückkehrten, wuchs das Ansehen deutscher Universitäten in den Augen der Amerikaner noch mehr, vor allem dank der Verknüpfung von Forschung und Lehre dort.* Diese spätere Studentengeneration, die also seit den vierziger Jahren des 19. Jahrhunderts aus Amerika in Deutschland eintraf, war die erste, die das Ideal deutscher Gelehrtheit – universitär-wissenschaftliche Forschung als Berufung wie als anerkannter Beruf – in die USA im-

---

* Es sollte aber auch bedacht werden, dass die Entwicklung der eisernen Dampfer die Fahrt über den Atlantik inzwischen schneller, billiger und sicherer gemacht hatte.

portierte. Und mit ihrer Rückkehr verliehen sie den Geisteswissenschaften in den Vereinigten Staaten dann ihre moderne Gestalt. Diehl führt hier Männer wie Francis Child und George Lane an, die zum Rückgrat des deutsch ausgebildeten Lehrkörpers in Harvard wurden, oder wie Basil Gildersleeve, der zum ersten Philologen an der Johns Hopkins University wurde, und wie William Dwight Whitney, den berühmten Sanskritforscher von Yale. Sie alle hatten in Deutschland studiert. Diesen Namen lässt sich dann noch das »umwerfende Aufgebot an künftigen College- und Universitätspräsidenten zurechnen, von welchen viele maßgeblich an der Entwicklung der modernen Universität in Amerika beteiligt waren«. Die Lehrplanreform, die Charles Eliot in den siebziger Jahren des 19. Jahrhunderts in Harvard vornahm, und sein Eintreten für die Einrichtung eines Aufbaustudiums werden generell als erste Schritte hin zum modernen Universitätssystem der Vereinigten Staaten gewertet. Doch wie Diehl ebenfalls betont, hatte es bereits zu dieser Zeit »unter dem dreiundzwanzigköpfigen Lehrkörper von Harvard mindestens neun geisteswissenschaftliche Professoren gegeben, die in Deutschland ein Doktorandenstudium absolviert hatten«.[38] Nur dank ihres Einflusses war Eliot, der in Deutschland Chemie studiert hatte, 1869 überhaupt zum Präsidenten von Harvard gewählt worden. Auch Yale verfügte im Jahr 1870 über ein halbes Dutzend in Deutschland ausgebildeter Professoren in den Geisteswissenschaften, darunter sowohl Theodore Dwight Woolsey, der gerade scheidende Präsident, als auch der neue Präsident Noah Porter. Gewissermaßen, schreibt Diehl, waren die Universitäten in Deutschland zu Graduiertenschulen für die Absolventen amerikanischer Hochschulen geworden. Seit 1850 taten viele amerikanische Universitäten öffentlich kund, dass sie Antragsteller mit einer deutschen Ausbildung bevorzugten.[39]

Zwischen Mitte der vierziger und Mitte der fünfziger Jahre des 19. Jahrhunderts trafen rund 750 000 deutsche Einwanderer (die »Achtundvierziger«) in den Vereinigten Staaten ein. Unter den deutschstämmigen Amerikanern gilt ein Vorfahre aus der Gruppe dieser »Achtundvierziger« mindestens so viel wie unter angelsächsischen Amerikanern ein Ahne auf der *Mayflower*.[40] 1854 wanderten 215 000 Deutsche in Amerika ein, ein Rekord, der nur einmal, im Jahr 1882, eingestellt wurde, als 250 000 Deutsche den Atlantik überquerten.

Auch zur amerikanischen Kunst und zur geisteswissenschaftlichen Literatur trugen Deutschamerikaner ihren Teil bei. Da gab es Maler wie Emanuel Leutze *(Washington überquert den Delaware)* oder Albert Bierstadt *(Sierra Nevada)*, Autoren wie Friedrich List *(Outline of a New System of Political Economy)* und, nicht zu vergessen, die großen Unternehmer und Philanthropen: John Jacob Astor (1763 in Walldorf bei Heidelberg

geboren), Francis Martin Drexel (1792 in Dornbirn, Vorarlberg, geboren), der einige Jahre in Südamerika als Maler verbracht hatte, bevor er in den Norden reiste und 1837 die Bank Drexel & Co. in Philadelphia gründete (die New Yorker Niederlassung Drexel, Morgan & Co wurde 1850 gegründet), oder John D. Rockefeller, der von dem 1723 nach Ringoes, New Jersey, ausgewanderten Johann Peter Roggenfeller aus Altwied abstammte.[41]
Abgesehen von den Universitäten machte sich der deutsche Einfluss auf das Leben im Amerika des frühen 19. Jahrhunderts jedoch am deutlichsten in den Bereichen Musik und Journalismus bemerkbar. Die großen deutsch-protestantischen Kirchen förderten sowohl Vokal- als auch Instrumentalmusik. Die bei Weitem berühmtesten Chöre Neuenglands waren die der Händel- und der Haydn-Gesellschaften. Gegründet wurden sie 1815 von Gottlieb Graupner, dem Besitzer einer Musikalienhandlung, der auch das erste bekannte Orchester Amerikas aufstellte und dirigierte. Der einzige Konkurrent dieses Orchesters war eine in Philadelphia ansässige Musikantengruppe aus Hamburg. Ungefähr zur Mitte des 19. Jahrhunderts übernahm New York die Rolle des Zentrums amerikanischer Musikproduktionen, was nicht zuletzt dem Eintreffen der Musiker des »German Orchestra« zu verdanken war: mehr als genügend junge Künstler für ein großes Orchester, viele davon »Achtundvierziger«.[42] Bald darauf wurden deutsche Gesangsvereine in Buffalo, Pittsburgh, Cleveland, Louisville, Cincinnati und Charleston gegründet (der »Teutonenbund«), die bei jährlichen Sängerfesten gegeneinander antraten und sich in einigen Fällen dann zu Musikvereinen weiterentwickelten. Milwaukee war die erste Stadt, in der ein solcher Gesangsverein nicht nur einen eigenen Chor stellte, sondern auch selbst neue Opern und Oratorien in Auftrag gab.

Die erste deutsch-amerikanische Zeitschrift wurde 1739 von Christoph Sauer in Germantown gegründet, genannt *Der hochdeutsch-Pennsylvanische Geschichtsschreiber oder: Sammlung wichtiger Nachrichten aus dem Natur- und Kirchenreich*, später (nachdem sie von einer halbjährlichen zu einer vierteljährlichen, dann einer monatlichen und ab 1775 schließlich zu einen Wochenzeitschrift geworden war) dankenswerterweise zu *Germantown Zeitung* verkürzt. Am Ende des 18. Jahrhunderts gab es fünf deutsche Zeitungen in Pennsylvania, eine davon zweispaltig englisch-deutsch gedruckt. In den ersten Jahren des 19. Jahrhunderts erlebten deutsche Zeitungen gewaltige Auflagensteigerungen und wachsenden Einfluss. *Die New Yorker Staats-Zeitung* wurde 1834 gegründet, *Der Anzeiger des Westens* in St. Louis 1835 und das *Cincinnati Volksblatt* 1836.[43]

Im Jahr 1813 löste der Anatom Caspar Wistar, Enkel eines gleichnamigen aus Deutschland eingewanderten Glasmachers, Benjamin Rush als Präsident der »Gesellschaft für die Abschaffung der Sklaverei« ab; zwei

Jahre darauf übernahm er Thomas Jeffersons Amt als Präsident der Amerikanischen Philosophischen Gesellschaft.[44] So kam es, dass auch deutschen Denkern wie Hegel und dem Gedankengut der Junghegelianer oder Schleiermachers immer mehr Aufmerksamkeit geschenkt wurde.

Bei alledem sollte nicht vergessen werden, dass dies eine Zeit des intensiven Kulturaustausches war und auch in Deutschland großes Interesse an England und Amerika herrschte. Zu dieser Zeit publizierte der preußische Jurist und Politiker Rudolf von Gneist zum Beispiel seine vielbändigen Schriften über das englische Verfassungsrecht, Steuersystem, Parlament und so weiter, die auch jenseits des Kanals aufmerksam gelesen wurden. Man kann zwar noch nicht von einer Globalisierung im heutigen Sinn sprechen, aber nicht jeder Deutsche war im 19. Jahrhundert so nationalistisch gewesen, wie es oft den Anschein erweckt.

16
Wagners anderer Ring:
Feuerbach, Schopenhauer, Nietzsche

Thomas Mann schrieb einmal, dass Richard Wagners »Bedürftigkeit« nie mehr eine »so wundervolle Befriedigung« erfahren habe wie durch Schopenhauer. Im Herbst 1854 hatte Wagner erstmals *Die Welt als Wille und Vorstellung* gelesen, rund fünfzehnhundert Seiten, die er sich binnen eines Jahres viermal zu Gemüte führte. Kaum ein anderer großer Komponist hat sich je derart ernsthaft, wenn überhaupt, mit Philosophie befasst wie er. Bryan Magee, selbst Philosoph, ist überzeugt, dass weder *Tristan und Isolde* noch *Parsifal* ihre schlussendliche Form angenommen hätten, hätte Wagner nicht derart aus Schopenhauers Ideen geschöpft. Das Gleiche lasse sich von einigen Teilen seines *Ring des Nibelungen* sagen.[1]

Wagners Andersartigkeit als Komponist lässt sich auch auf politische Zusammenhänge zurückführen, vor allem auf die Enttäuschung, die er nach den fehlgeschlagenen Revolutionen von 1848 empfunden hatte: Sie brachte ihn vom Aktivismus ab, führte ihn in die Innerlichkeit und weckte die Bereitschaft, sich auch anderen Einflüssen zu öffnen, unter denen sich die Philosophie dann als entscheidend erwies. Von Wagner, dem in jungen Jahren so leidenschaftlichen und engagierten Linksrevolutionär, wird oft behauptet, dass er sich im mittleren Alter auf die konservative Seite geschlagen habe. Aber richtiger scheint doch, dass er schlicht und einfach fertig war mit der Politik und nicht mehr daran glaubte, dass die drängendsten Probleme der Menschheit politischen Lösungen offenstanden.[2]

Geboren wurde Wagner 1813 (im selben Jahr wie Giuseppe Verdi), gestorben ist er 1883 mit knapp siebzig (im selben Jahr wie Karl Marx). Er wusste schon früh, dass er Opern komponieren wollte, und hatte tatsächlich bereits als Halbwüchsiger damit begonnen. Zu dieser Zeit waren drei Arten von Opern populär gewesen: die romantische deutsche Oper à la Carl Maria von Weber, der romantische italienische Realismus à la Vincenzo Bellini, Gioacchino Rossini oder Gaetano Donizetti und die französische Oper, wie sie von den Spektakeln eines Giacomo Meyerbeer oder Jacques Fromental Halévy verkörpert wurde. Wagner versuchte sich an allen drei Genres, entschied dann aber, dass aus der deutschen Form das meiste für ihn herauszuholen sei, aus dem Genre also, der seine drei bekanntesten frühen Opern angehören: *Der fliegende Holländer* (1841), *Tannhäuser* (1845) und *Lohengrin* (1848). Joachim Köhler schreibt in seiner Wagner-Biografie, dass *Der fliegende Holländer* Wagners »Französische Revolution« gewesen sei, »und keiner hat es bemerkt«.[3] Dann folgte eine Phase, die sich zwar noch nicht als eine Krise bezeichnen lässt, aber doch eine Zeit intensiver Reflexion war. Mittlerweile hatte Wagner zum zweiten Mal geheiratet. Seine erste Frau, die schöne Schauspielerin Minna Planer, hatte offenbar keine Ahnung gehabt, welches Genie an ihrer Seite lebte, und deshalb auch nicht erwartet, dass ihr Mann je mehr als einen Achtungserfolg haben würde. Die zweite Ehe war beträchtlich glücklicher. Cosima, die uneheliche Tochter von Franz Liszt und der Gräfin Marie d'Agoult, war zwar bei Weitem nicht so schön, widmete Wagner aber dafür ihr ganzes Leben.

Wagners politischer Aktivismus hatte ihm die Freundschaft des russischen Anarchisten Mikhail Bakunin eingebracht und ihn 1849 zur Mitwirkung am Dresdner Maiaufstand bewogen. 1843, nach den Uraufführungen von *Rienzi* und dem *Fliegenden Holländer*, die beide mit Wohlwollen aufgenommen worden waren, war Wagner zum Königlich-Sächsischen Kapellmeister an der Dresdner Hofoper ernannt worden, in der Stadt also, in der sich Bakunin damals aufhielt. Dem erst neunundzwanzigjährigen Komponisten gegenüber erwies sich der Revolutionär, wie Wagner in seiner Autobiografie schreibt, »als wirklich liebenswürdiger, zartfühlender Mensch«.[4] Bakunin, der ziemlich antisemitisch sein konnte und natürlich Marx persönlich kannte, zählte zu den Anführern des Aufstands, dem Wagner sich nun anschloss (während der Architekt Gottfried Semper eine Barrikade entwarf). Als die Revolution niedergeschlagen worden war und Wagner steckbrieflich gesucht wurde, floh er ins Schweizer Exil.

In seinen ersten Schweizer Jahren komponierte Wagner kaum etwas. Er konzentrierte sich auf die Schriften, die seinen Namen bekannter machen sollten, darunter zwei, die bis heute weithin gelesen werden: *Das Kunstwerk der Zukunft* (1849) und *Oper und Drama* (1850/51), beides bedeutende theoretische Werke. Erst nachdem er seine Theorie vom »festumschlungenen« Kunstwerk ausgearbeitet hatte, begann er sie auch umzusetzen, und das sollte zu einer Musik führen, die gänzlich anders war als alles, was man bis dahin gehört hatte.[5]

Zuerst schrieb er die Libretti für die vier Opern, die den *Ring des Nibelungen* bilden: *Das Rheingold*, *Die Walküre*, *Siegfried* und *Götterdämmerung*, und parallel dazu die Musik für die beiden ersten. Dann folgte eine lange Pause. Nach dem zweiten Akt von *Siegfried* stellte er die Arbeit am *Ring* ein und nahm sie erst zwölf Jahre später wieder auf. Aber unproduktiv war er in dieser Zeit nicht: Er komponierte *Tristan und Isolde* und

Die Meistersinger. Erst dann widmete er sich wieder dem *Ring*, vollendete *Siegfried* und schrieb die Musik zur *Götterdämmerung*. Nach dem *Ring* folgte nur noch eine Oper: *Parsifal*, uraufgeführt 1882, ein Jahr vor Wagners Tod.

Derweil war seine persönliche Lage wesentlich dramatischer gewesen, als es diese Aufzählung erscheinen lässt. Als er *Rheingold*, *Walküre* und *Tristan und Isolde* komponierte, war er bereits um die fünfzig und sah wenig Chancen, die Werke jemals zur Aufführung bringen zu können. Abgesehen davon hatte er auch Wien, wohin er mittlerweile übersiedelt war, fluchtartig verlassen müssen, um einer Schuldhaft zu entgehen. Er befand sich also zum zweiten Mal in seinem Leben im Exil.[6] An diesem Punkt erreicht die Geschichte von Wagners Leben wenigstens eine märchenhafte Mitte, wenn man ihr schon kein märchenhaftes Ende geben kann: Bei dem achtzehnjährigen König Ludwig II. von Bayern, einer Seele voller Leidenschaften, löste seine Musik mindestens so starke Gefühle aus wie beim Komponisten selbst, und so bot er Wagner aus heiterem Himmel an, ihm alles zu geben, was er brauchte, um seine Werke aufführen zu können. Mit Geldern aus dieser Quelle sollte Wagner schließlich auch sein Festspielhaus errichten.

Bevor Wagner Schopenhauer entdeckte, hatte Ludwig Feuerbachs Denken den größten Einfluss auf ihn ausgeübt. In seiner Autobiografie schreibt Wagner, dass ihn ein politischer Agitator in Dresden auf den »rechten und einzigen Philosophen der Neuzeit« aufmerksam gemacht habe. Wie der Dichter Georg Herwegh als Erster bemerkt hatte, beeindruckte Wagner vor allem Feuerbachs *Wesen des Christentums*, das Werk, in dem der Philosoph erklärt hatte, dass die Natur die Grundlage des Menschen – selbst Naturprodukt – sei, dass außer Natur und Mensch nichts existiere und dass all die vom Menschen erschaffenen »höheren Wesen« nur »phantastische Rückspiegelungen« seines eigenen Wesens seien. (Sein *Kunstwerk der Zukunft* hatte Wagner »in dankbarer Verehrung« Feuerbach gewidmet.[7]) Ein Aspekt von Feuerbachs Denken sprach Wagner besonders an, nämlich die Idee, dass religiöser Glaube deshalb nahezu universell sei, weil er grundlegende menschliche Bedürfnisse erfülle und sich weder für so etwas wie Biologie noch für so etwas wie Physik interessiere.[8] Religion sei nicht als etwas zu betrachten, das uns den Himmel oder eine grundlegende Wahrheit offenbare, sondern als das, was uns etwas *über uns selbst* enthülle.[9] All diese Ideen fanden Eingang in die Libretti des *Rings*, in dem Wagner viele seiner Figuren als Götter in einem frühen Stadium der irdischen Entwicklung darstellt.[10] Sie sind in einem Feuerbach'schen Sinne Projektionen universeller menschlicher Eigenschaften und Sehnsüchte und gewiss nicht als überirdische Wesen zu verstehen.

So weit, so gut. Doch es gab noch andere Elemente, die bei Wagners

Vorstellungen vom Musikdrama eine große Rolle spielten und jeweils das Ihre zu dessen Komplexität beitrugen. Da wäre an erster Stelle einmal sein Nationalismus zu nennen. Allerdings müssen wir uns bewusst machen, dass die Sache des Nationalismus zu Wagners Zeit links von der Mitte betrieben wurde und Nationalisten ihre Kraft aus ihrer Einschätzung des Konservatismus bezogen: Den Konservativen gehe es nur darum, die alten kleinstaatlichen Regime mit ihren jeweils eigenen Eliten und mehrheitlich ausgesprochen archaischen feudalistischen Institutionen zu wahren. Im Einklang mit dieser Vorstellung hatte auch Wagners Musik nationalistische Elemente. Für besonders absurd aber hielt er den Umstand, dass es nach Mozart und Beethoven immer noch Deutsche gab, die der französischen Oper einen so hohen Stellenwert einräumten, während die deutsche Tradition seit Bach und Haydn doch die wesentlich stärkere sei. *Die Meistersinger* waren seine Antwort darauf.[11]

Ein anderer Faktor, der zur Komplexität von Wagner beitrug, war seine »metaphysische Wandlung«. Seiner Autobiografie zufolge war der von den bonapartistischen Vereinen gestützte Staatsstreich Louis Napoleons im Jahr 1851 ein großer Wendepunkt für ihn gewesen. Denn aus diesen Vorgängen hatte er den Schluss gezogen, dass die Welt, die er sich wünschte, niemals durch politische Aktion herbeigeführt werden könne, und dass die Conditio humana im Wesentlichen unveränderlich sei. Also wandte er sich vom Politischen ab und begann mehr in sein Innerstes als auf die Welt um sich herum zu blicken.[12] Ein letzter Faktor, der zu Wagners psychischer Struktur beitrug, war schließlich das Bild, das er sich vom antiken Griechenland zurechtlegte: Seit sich die Kultur des alten Hellas aufgelöst habe, hätten weder die vom Wesen her so menschlichen Götter noch das, was am bedeutendsten war, nämlich der Mythos, der Kunst noch zur Verfügung gestanden.[13]

Das »große Ereignis«

Schopenhauer war zu vielen ähnlichen Erkenntnissen gelangt wie Wagner, wenngleich auf ganz anderen Wegen. Doch Wagner hatte seit der ersten Begegnung mit Schopenhauers Schriften nicht nur erkannt, um wie vieles fortgeschrittener die Gedanken des Philosophen waren, sondern auch, dass dessen deutsche Prosa ein »Kunstwerk« für sich war. In der zweiten Hälfte des Jahres 1854 – Wagner arbeitete gerade am ersten Akt der *Walküre* – lernte er Schopenhauers *Welt als Wille und Vorstellung* kennen. Zu diesem Zeitpunkt war er in schlechter gesundheitlicher Verfassung gewesen (unter anderem quälte ihn ein Furunkel am Bein), legte das Buch aber nicht mehr aus der Hand und sollte es sich von da an immer wieder vornehmen.[14]

Die Welt als Wille und Vorstellung war bereits 1819 erschienen, hatte aber den Rhein nicht gerade in Flammen gesetzt. Im Jahr 1844 erschien die zweibändige zweite Auflage; im April 1853 wurde in der radikalen *Westminster Review* (deren stellvertretende Herausgeberin die germanophile George Eliot war) unter der Überschrift »Iconoclasm in German Philosophy« ein Artikel des Dramatikers John Oxenford veröffentlicht. Er bot eine lobenswert klare Zusammenfassung von Schopenhauers Philosophie, so klar sogar, dass er sofort ins Deutsche übersetzt in der *Vossischen Zeitung* nachgedruckt wurde. Und das bedeutete, dass die Übersetzung von einem viel breiteren Publikum gelesen wurde als das Original. Schopenhauer fand Anklang: Plötzlich, nachdem er ein Leben lang an den Rand gedrängt worden war, wurde der mittlerweilige Mittsechziger berühmt.[15]

Dieses plötzlich erwachende Interesse an Schopenhauer machte Wagner auf ihn aufmerksam. Zu Weihnachten 1854 schickte Wagner dem Philosophen »aus Verehrung und Dankbarkeit« die Textfassung des *Rings*. Unglücklicherweise nahm Schopenhauer es ihm übel, dass kein Begleitbrief dabei war. Er sollte weder damals noch später in direkten Kontakt mit Wagner treten. Dazu noch einmal Bryan Magee: »Es ist etwas fast unerträglich Schmerzliches an der Tatsache, dass Schopenhauer zu Grabe getragen wurde, ohne zu wissen, dass eines der größten Kunstwerke aller Zeiten unter dem Einfluss seiner Philosophie zustande gekommen war.«[16]

Musik als Metaphysik

Schopenhauer hielt Kant für den bedeutendsten Philosophen aller Zeiten, mit Sicherheit jedenfalls seit den Griechen, und sah sich selbst in der kantischen Tradition. Dabei ragte für ihn eine kantische Idee besonders heraus: dass die Wirklichkeit aus einem Teil bestehe, der erfahrbar sei, und einem, der es nicht sei – Kants berühmte Aufteilung zwischen dem Phänomenon (der »Erscheinung«) und dem Noumenon (dem »Ding an sich«). Darauf baute Schopenhauer nun eine Philosophie auf, die auf vier ineinandergreifenden Entitäten beruhte. Zuerst einmal hielt er Kants Behauptung für falsch, dass es außerhalb der empirischen Welt *Dinge* an sich gebe, da diese, um voneinander verschieden sein zu können, Raum und Zeit umfassen müssten; doch Raum und Zeit seien Aspekte der Erfahrung und könnten von daher nur in der empirischen Welt existieren. Selbst so etwas wie Zahlen, Abstraktionen, die scheinbar jenseits von Raum und Zeit existierten, könnten in unserem Geist nur entstehen, weil wir zur geistigen Vorstellung von Abfolgen fähig seien, die ohne die Vorstellungen von Raum und Zeit jedoch nicht verstehbar wären.[17] Daraus zog Schopenhauer den Schluss, dass jenseits von Raum und Zeit alles eins und unterschiedslos sein müsse, oder anders gesagt: dass sich die Wirklichkeit aus zwei Aspekten zusammensetzt – aus Phänomena der materiellen Welt, mit einer spezifischen Verortung aller Dinge in Raum und Zeit, und aus der Welt der Noumena, die ein einziges undifferenziertes Etwas ist, raumlos, zeitlos, immateriell und jeder Kausalität entzogen, eine der Wahrnehmung und dem Wissen unzugängliche Welt.

Schopenhauer sagte aber auch, dass diese beiden Welten unterschiedliche Aspekte ein und derselben, nur auf unterschiedliche Weise begriffenen Realität seien. Für ihn war das Gedachte (Noumenon) die *innere Bedeutung* dessen, was wir in der phänomenalen Welt erfassen. Er war zwar alles andere als religiös (vielmehr ein erklärter Atheist und einer der Ersten, die das auch öffentlich zugaben), verdeutlichte aber, dass er hier keine andere Unterscheidung traf als der Christ, der die Seele als etwas Signifikantes, in uns Verborgenes verstehe. Im tiefsten Inneren, sagte Schopenhauer, seien wir alle das gleiche Etwas, das wir jedoch niemals vollständig erfassen könnten. Die höchste Einheit der Menschheit sah er dann als gegeben, wenn diese sich die Welt bewusst teilte; und er glaubte – was entscheidend war –, dass wir erst im Zustand dieser Einheit mitfühlend sein könnten, weil wir nur dann realisierten, dass ein Mensch, der einen anderen verletzt, sich gewissermaßen selbst verletzt. Für unseren heutigen Geschmack ist das mehr als nur ein bisschen zu mystisch, außerdem widerspricht es Kants Behauptung, dass Moral etwas Rationales sei.[18]

Der zweite Aspekt von Schopenhauers Denkgebäude ist der wesentlich verständlichere Gedanke, dass das menschliche Leben zwangsläufig tragisch sei. Unser Dasein sei ewiges Hoffen, Trachten und Sehnen; von Kindesbeinen an versuchten wir ständig, etwas zu erreichen. Doch dieses Sehnen sei von Natur aus unerfüllbar, denn sobald wir das Ersehnte erreichten, wollten wir etwas anderes. Das sei unser Dilemma.[19] Und dieses werde noch betrüblicher, weil wir, wie der dritte Aspekt seines Denkens besagt, fast ständig selbstsüchtig, grausam, aggressiv und herzlos miteinander umgingen. Wenn es denn so sei, dass die noumenale Welt und die phänomenale Welt ein und dieselbe, nur eben anders erfasste Wirklichkeit darstellten, dann könne das nur bedeuten, dass das Noumenale per se amoralisch und schrecklich sei. Hier schlug Schopenhauers berühmt-berüchtigter Pessimismus durch. Er war sich nicht ganz im Klaren, wie er diese schreckliche, blinde, sinnlose noumenale Welt benennen sollte; und obwohl er sich schließlich für den Begriff »Wille« entschied, war er doch nie ganz glücklich damit. Er hatte dieses Wort und die Formulierung »Wille zum Leben« nur gewählt, weil ihm darin der ultimative menschliche »Impuls« zum Ausdruck zu kommen schien.[20] Aus seiner Sicht müssen wir die vielfältigen Manifestationen des Willens zum Leben aber nicht nur erkennen, sondern auch überwinden, wenn wir abseits von allem Weltlichen Zufriedenheit finden wollen.

Religionen haben Schopenhauer zufolge nicht zuletzt deshalb ihre bekannten Formen angenommen, weil kaum ein Mensch in der Lage sei, profunde metaphysische oder ethische Wahrheiten zu ertragen, wenn sie unverblümt bekundet werden. Man könne sie nur unter dem Zuckerguss von Parabeln, Mythen und Legenden servieren. Religionen verkörperten aber nicht nur die grundlegendsten Wahrheiten, sondern hätten auch eine Menge mit schöpferischer Kunst gemein.[21] Dieser Gedanke führte ihn zu seinem vierten Hauptargument, nämlich dass die geschlechtliche Liebe und die Kunst, insbesondere die Musik, den bestmöglichen Weg zu einem – wenn auch nur momentanen – Blick ins Herz der Dinge böten. Dieser Fokus auf den »Geschlechtstrieb«, der aus Schopenhauers Sicht weitreichende Auswirkungen auf das menschliche Verhalten hat, war überraschend. So schrieb er zum Beispiel: »Wenn man mich frägt, wo denn die intimste Erkenntnis jenes inneren Wesens der Welt, jenes Dinges an sich, das ich den Willen zum Leben genannt habe, zu erlangen sei, oder wo jenes Wesen am deutlichsten ins Bewusstsein tritt, oder wo es die reinste Offenbarung seines Selbst erlangt, so muss ich hinweisen auf die Wollust im Akt der Kopulation. Das ist es. Das ist das wahre Wesen und der Kern aller Dinge. Das Ziel und der Zweck alles Daseins.« (Dem fügte er dann noch hinzu: »Wozu der Lärm? Wozu das Drängen, Toben, die Angst und die Not?«)[22]

Ähnlich war es mit der Kunst: Welche Art von Kunstwerk es auch sei – wenn wir es in uns aufnähmen, vergäßen wir uns. Dabei betrachtete Schopenhauer jede Kunst als gegenständlich – ausgenommen die Musik, da sie der Ausdruck von etwas sei, das gar nicht vergegenständlicht werden könne: des Noumenon. Musik ist eine metaphysische Stimme: »Der Komponist offenbart das innerste Wesen der Welt und spricht die tiefste Weisheit aus, in einer Sprache, die seine Vernunft nicht versteht.« Sie ist eine Möglichkeit, uns vom Lebenskampf zu entfernen.[23]

Der Beginn moderner Musik

Die Ernsthaftigkeit, mit der Wagner sich mit Schopenhauer und Kant befasste, offenbart auch einiges über seine Musik. Desillusioniert von der Politik, oder vielmehr eher von den politischen Prozessen als von irgendwelchen konkreten politischen Ansichten, fühlte sich Wagner von Schopenhauers Aussage angezogen, dass Kunst eine Zuflucht vor der Welt bieten könne und die einzige Möglichkeit sei, mit der noumenalen Welt in Berührung zu kommen, so kurz und unzufriedenstellend diese Begegnung auch sein mochte. Jedenfalls war Wagner entschlossen, etwas zu erschaffen – oder sichtbar zu machen –, das außerhalb von Raum und Zeit und jenseits der Frage von einer Erlösung der Menschheit angesiedelt war.

Dieses Etwas zurückzubringen, von seiner Entfremdung zu befreien, bedeutete für Wagner die Krönung alles Erfahrbaren.[24]
Er komponierte gerade die Musik für die *Walküre*. Als er Schopenhauer erstmals gelesen hatte, waren zum *Siegfried* und der *Götterdämmerung* bereits die Texte, aber noch nicht die Musik geschrieben. Somit wurden also nur *Tristan und Isolde*, *Die Meistersinger* und *Parsifal* nach der Lektüre von Schopenhauers Werk erschaffen.[25] Und deshalb lassen sich die Einflüsse des Philosophen auf den Komponisten am Beispiel dieser Opern auch am besten nachvollziehen. Wagner selbst empfand *Parsifal* als die Krone seiner Schöpfung, deshalb wollte er sich nun auch von der Oper verabschieden und ganz der Sinfonie zuwenden. Tatsächlich aber hatte sich seine Klangwelt bereits mit *Siegfried* zu verändern begonnen, denn auch zu dieser Oper hatte er die Musik zwei Jahre nach der ersten Lektüre von Schopenhauer geschrieben, und auch sie unterschied sich bereits stark von den früheren Werken *Rheingold* und *Walküre*. Das entscheidend Neue dabei war die andere Art der Beziehung des Orchesters zu den Figuren, wie Bryan Magee feststellte. In den älteren Opern stand und fiel die Musik mit den Worten, war Musik also *Begleitung*; bei *Siegfried* konnte der Zuhörer erstmals nicht mehr jedem Wort folgen, weil das schiere Gewicht der *Orchesterklänge*, dieser massive Wall aus Musik, seine volle Aufmerksamkeit erforderte.

Schopenhauers Glaube, dass der Musik ein besonderer Rang unter den Künsten zukomme, hatte ihn zu einer Reihe von spezifischen Kommentaren zur Musik und Akustik als den Wegbereiterinnen der Metaphysik veranlasst. Dabei hatte er sich auch auf den »Vorhalt« bezogen, eine Technik aus der Harmonielehre.[26] Und dieser Bezug scheint bei Wagner sofort auf offene Ohren gestoßen zu sein, so sehr sogar, dass er augenblicklich beschloss, eine ganze Oper auf der Funktion des Vorhalts aufzubauen.* Die Idee war, eine Musik zu erschaffen, die sich, wie Magee schreibt, »derart von Dissonanz zu Dissonanz bewegt, dass das Ohr ständig auf die Folter gespannt wird und auf eine Erlösung wartet, die jedoch nie kommt«. Und das war letztendlich der reine, auf Musik übertragene Schopenhauer: »Das ungestillte Verlangen, Schmachten und Sehnen, aus dem unser Leben besteht und das in uns wohnt« wird erst beim Schlussakkord erlöst, welcher zugleich den Tod der Titelfigur untermalt. In seinem Bayreuther Festspielhaus ließ Wagner sogar einen Schalldeckel über dem Orchestergraben einbauen, um diesen Effekt zu verstärken.[27]

Das alles macht *Tristan und Isolde* zu einer revolutionären Komposition. Die Musik setzt sich fast ausschließlich aus Dissonanzen zusammen, klingt anders als fast alles Vorangegangene, bricht alle Regeln und

---

* Ein Vorhaltsakkord war allerdings bereits beim Gesang der Sirenen im *Tannhäuser* zu hören gewesen.

wurde praktisch vom Moment ihrer Uraufführung an als der Beginn von »moderner Musik« betrachtet. Tonalität war das oberste Ziel – und die Errungenschaft – der traditionellen Musik gewesen, folglich wurde auch mit Tonschlüsseln gearbeitet. *Tristan* war so anders, dass die Oper noch fünf Jahre nach Veröffentlichung der Partitur nicht aufgeführt worden war (unter anderem, weil es den Sängern unmöglich schien, die abenteuerlichen Notenfolgen zu singen oder sich auch nur an sie zu erinnern).[28]

Es war gewiss eine aufregende Sache. Wagner selbst hob nun auch genau das hervor, was in seinen Opern deutlich zu werden begann: Es gibt keine Gleichheit von Musik und Wort. Die Oper sei und bleibe ein primär musikalisches Erlebnis: »Diese hier jedem Gefühle sich aufdrängende Wahrnehmung kann uns aber zur vollkommen klaren Erkenntniß werden, wenn wir auf die philosophische Erklärung der Musik selbst zurückgehen. Wie das Drama die menschlichen Charaktere nicht schildert, sondern diese unmittelbar sich selbst darstellen läßt, so giebt uns eine Musik in ihren Motiven den Charakter aller Erscheinungen der Welt nach ihrem innersten An-sich. [...] Wie wir die Welt der Erscheinungen uns durch die Anwendung der Gesetze des Raumes und der Zeit konstruiren, welche in unserem Gehirne aprioristisch vorgebildet sind, so würde diese wiederum bewußte Darstellung der Idee der Welt im Drama durch jene inneren Gesetze der Musik vorgebildet sein, welche im Dramatiker ebenso unbewußt sich geltend machten, wie jene ebenfalls unbewußt in Anwendung gebrachten Gesetze der Causalität für die Apperzeption der Welt der Erscheinungen.«[29] Somit wurde, schreibt Bryan Magee, der Musik eine philosophische Bedeutung zugeschrieben, die sie niemals zuvor hatte und auch später nie wieder erhalten sollte.[30]

Nietzsche contra Wagner

Im selben Maße, wie Wagner zu Schopenhauer aufblickte, blickte Friedrich Nietzsche zu Wagner auf. Nietzsche war vierundzwanzig und noch Student, während Wagner bereits auf dem Höhepunkt seines Ruhms angelangt war, als sich die beiden im November 1868 zum ersten Mal begegneten. In diesem Jahr waren *Die Meistersinger* uraufgeführt und mit größerer Begeisterung aufgenommen worden als jedes vorangegangene Werk Wagners.

Nietzsche, der wie Wagner Sachse war, stammte aus einer Familie, die viele protestantische Geistliche vorzuweisen hatte.[31] Nachdem er mit einem Begabtenstipendium das Internat Schulpforta durchlaufen hatte, begann er in Bonn zu studieren, aber nicht etwa Philosophie, sondern Altphilologie und protestantische Theologie, anschließend folgte ein weiteres Philologiestudium in Leipzig. Dass er über einen scharfen Geist verfügte, war so offensichtlich gewesen, dass er bereits als Fünfundzwanzigjähriger, noch vor seiner Promotion (die Universität Leipzig verlieh ihm den Titel ohne Doktorarbeit ehrenhalber) zum außerordentlichen Professor für Klassische Philologie an die Universität Basel berufen und im Jahr darauf gleich zum ordentlichen Professor ernannt wurde.

Wagner und Nietzsche blieben von 1868 bis zum Bruch im Jahr 1876 gute Freunde. 1879 gab der Jüngere aus Gesundheitsgründen seine akademische Laufbahn in Basel auf, um sich ganz der Philosophie zu widmen (sein Gesuch, innerhalb der Universität zu wechseln, war abgelehnt worden). Nach dem Bruch mit Wagner (auf den wir noch zu sprechen kommen werden) begann Nietzsche sein eigenwilliges Wanderleben. Im Lauf von rund zwölf Jahren, zwischen seinem zweiunddreißigsten und vierundvierzigsten Lebensjahr, »schüttete« er all die Schriften aus, die ihn berühmt machen sollten.[32] Die Freundschaft mit Wagner war zu spät entstanden, um noch Einfluss auf den Komponisten nehmen zu können, dafür wirkte Nietzsche auf andere Musiker ein: Gustav Mahler, Frederick Delius, Arnold Schönberg und Richard Strauss, dessen sinfonische Dichtung *Also sprach Zarathustra* auf Nietzsches bekanntestem dichterisch-philosophischem Werk beruht. Wie Schopenhauer hatte auch Nietzsche großes Interesse an Musik – seine größten Vergnügen waren, Schumann zu hören, Schopenhauer zu lesen und einsame Spaziergänge zu machen. Und wie bei Wagner läutete die Lektüre von Schopenhauers Werk auch in seinem Leben eine geistige Wende ein.

Seit ihrer ersten Begegnung hatte die Freundschaft zu reifen begonnen. Nietzsche war ein häufiger Gast bei den Wagners in Tribschen am Vierwaldstättersee. Er verbrachte Weihnachten dort, half Wagner, einen Drucker für seine Autobiografie zu finden, las die Druckfahnen und machte eine Abschrift vom *Siegfried*-Urtext (1848). Wenn Wagner das Haus verließ, um spazieren zu gehen, durfte Nietzsche auf seinem Flügel spielen.[33] Sein erstes Buch, *Die Geburt der Tragödie aus dem Geiste der Musik* (1872), widmete Nietzsche Wagner, »an den es sich wie zu einem Zwiegespräch wendete«.[34]

Nietzsche glaubte, dass man die alten Griechen gründlich missverstanden habe. Bei genauerem Lesen griechischer Tragödien und vor allem der Werke von Aischylos (bei Nietzsche: Äschylus) und Sophokles enthülle sich, dass ihr Anliegen immer das Irrationale gewesen sei – entsprechend also dem Freud'schen »ozeanischen Gefühl« –, das durch das menschliche Leben wirbelt: Leidenschaft, Ekstase, Aggression und Rausch, all das Orgiastische, das Nietzsche als »dionysisch« bezeichnete. Und diese dionysische Welt des Triebhaften lasse sich mit Hilfe von mythischen Geschichten verwandeln, in das reflexive »Apollinische« kanalisieren, das sich für die lineare und somit im Wesentlichen rationale Form des Theaters eigne.[35] Nun war die griechische Tragödie eine Sache, das reale Leben aber eine ganz andere. In der realen Geschichte sei das Dionysische der Griechen von der sich entwickelnden kritischen und selbstkritischen Intelligenz zerstört worden, von jenem unermüdlichen Streben, das mit Sokrates – »der erste und oberste Sophist« – seinen Höhepunkt gefunden habe. Geistige Einsichten und kritisches Selbstbewusstsein führten zu jener vorherrschenden Methodik, dank welcher der »edle und begabte Mensch [...] hier zu seinem Schrecken sieht, wie die Logik sich an diesen Grenzen um sich selbst ringelt und endlich sich in den Schwanz beißt«. Selbst der Moral haftete aus Nietzsches Sicht ein »Sokratismus« an; auch sie sei eine Funktion des Wissens, da sie das menschliche Dasein als solches der begrifflichen Intelligenz zugänglich mache.[36] Diese Betrachtungsweise der menschlichen Erfahrung kulminierte in den Tragödien des Euripides, der die wesentlichen Aussagen, die Aischylos und Sophokles über das Irrationale getroffen hatten – das zu Nietzsches Zeiten bereits das »Unbewusste« genannt wurde – dem Gespött preisgaben. Nietzsche fand Euripides seicht, fand, dass dessen Werke »die Masse« nicht bewegen konnten und für den Niedergang und Verfall der griechischen Kunst verantwortlich gewesen seien. Erst Wagners Musik, mit ihrer Betonung des Mitgefühls als sittlicher Basis, und mit ihrem Gewicht auf dem Irrationalen, sei zu Aischylos und Sophokles zurückgekehrt und habe die griechische Tragödie in ihrer einstigen Vollkommenheit als Kunstform wiederhergestellt.[37] Wagner liebte *Die Geburt der Tragödie* und fühlte sich Nietzsche enger verbunden als irgendwem sonst, ausgenommen seiner Frau.

Aber diese Verbundenheit sollte nicht von Dauer sein. Um das Jahr 1874 scheint der gerade dreißigjährige Nietzsche den Drang verspürt zu haben, seiner eigenen Wege zu gehen. Oder war es vielleicht so, dass Wagner, der sich ansonsten so gerne mit Genies umgab – Heine, Schumann, Mendelssohn –, Nietzsches Genialität nicht anerkennen *wollte*? Cosima Wagner notierte in ihrem Tagebuch: »Pr. Nietzsche [ist] sicher der begabteste unsrer jungen Freunde, doch in vielem recht unerfreulich durch eine nicht ganz natürliche Zurückhaltung seines Benehmens. Es ist gleichsam, als ob er sich gegen den überwältigenden Eindruck von Wagner's Persönlichkeit wehrte.«[38]

Ein entscheidendes Moment für den Bruch gab es nicht. Bei den Bayreuther Festspielen im Jahr 1883 vertraute Wagner Nietzsches Schwester an: »Sagen Sie es Ihrem Bruder, seit er von mir gegangen ist, bin ich allein.« Auch Nietzsche hat Wagner nicht gleich den Rücken gekehrt. In zwei seiner Bücher setzte er sich noch mit dem Komponisten auseinander, *Der Fall Wagner* und *Nietzsche contra Wagner* (1888); der Titel eines dritten, *Götzen-Dämmerung oder Wie man mit dem Hammer philosophirt* (1889) war eine deutliche Replik auf Wagners *Götterdämmerung*.[39]

Der schlechte Gesundheitszustand Nietzsches verkomplizierte die

Dinge. Er hatte chronische Probleme mit den Augen, hämmernde Migräneanfälle und einen schrecklich empfindlichen Magen, der ihm die Peinlichkeit bereitete, in den ungelegensten Momenten erbrechen zu müssen. Da er bereits mit vierundvierzig der tertiären Syphilis erliegen sollte, waren diese Symptome offenbar erste Anzeichen für den Ausbruch der Krankheit gewesen. Auch seine unstete Lebensweise könnte symptomatisch gewesen sein: Er lebte allein, zog von einer Pension in die nächste, ob in der Schweiz, in Italien oder Frankreich, verbrachte sechs bis zehn Stunden täglich mit Spaziergängen in der freien Natur und kehrte nur in sein Zimmer zurück, um zu schreiben, zu essen oder zu schlafen. Die Werke, die er unter diesen Umständen in seinem eigenwilligen Stil vollendete, zählen heute zu den philosophischen Klassikern. Nietzsche ging es nicht um eine allumfassende Argumentation nach der Art von beispielsweise Fichte oder Hegel; er betrachtete es vielmehr als seine Aufgabe, erstaunlich knappe, prägnante Erkenntnisse in einer Prosa zu formulieren, die zu den besten (»erhellendsten«) der deutschen Sprache gezählt wird.[40]

»Unkraut, Schuttwerk und Gewürm«

Den deutlichsten Bruch vollzog Nietzsche mit Schopenhauer. Aus seiner Sicht gab es keine »andere Welt«. Für ihn gab es am Ende nur eine Wirklichkeit, nämlich die, welche wir in dieser Welt erfahren. (Man sollte im Gedächtnis behalten, dass in der modernen deutschen Geschichte manchmal eine allzu scharfe Trennlinie zwischen Irrationalität und Rationalität gezogen wurde.) Die sichtbare Welt sei die einzig wirkliche, und nur in dieser Welt gebe es eine »Bildung«, die zugleich »Befreiung ist [...], Wegräumung alles Unkrauts, Schuttwerks, Gewürms«.[41]

Nietzsches berühmteste Aussage lautet: »Gott ist tot.« Daraus ergeben sich zwei entscheidende Dinge, nämlich erstens, dass es kein Himmelreich gibt, und zweitens, dass uns unsere Ethik und Werte nicht aus einem überirdischen Reich vorgegeben wurden. Und da es kein Anderswo gibt, muss die Moral ergo in dieser Welt wurzeln. Die Menschen haben ihre Werte und Tugenden, ob gesellschaftliche oder andere, im Lauf *ihrer* Geschichte immer *selbst* erschaffen, »Ideale« sind Hirngespinste. Mit Schopenhauer stimmte Nietzsche überein, dass alles Leben egoistisch ist und immer nach dem greift, wonach es ihn gerade verlangt, um diesen Besitz dann bis aufs Blut zu verteidigen. Er nennt das die »Ökonomie der Arterhaltung«, den »Trieb, welcher in den höchsten und gemeinsten Menschen gleichmäßig waltet« und der zur Folge hatte, dass Krieg »jeder gegen jeden« zum Naturzustand wurde. Aus diesem Zustand erhoben sich die Kulturen; im Lauf der Jahrtausende löschte der Starke den Schwachen, der Gesunde den Kranken, der Schlaue den Dummen, der Tüchtige den Untüchtigen aus. Jede Grundidee entwickelte sich aus diesem Kampf, bis vor zwei- oder dreitausend Jahren eine entscheidende Veränderung eintrat und in allen Regionen der Welt eine Generation einflussreich wurde, welche die Moralität erfand und lehrte, dass die Mächtigen sich nicht einfach nehmen dürften, was sie wollten, und dass auch sie sich dem Gesetz beugen müssten.[42]

Nietzsche bezog sich vor allem auf Sokrates und Jesus, weil diese zur Umstoßung des Prozesses angeregt hätten, der den Menschen vom Tier unterschied und Kultur überhaupt erst möglich gemacht hatte. Ihre einflussreichen – aus seiner Sicht aber pervertierten – Lehren hätten sich nur durchgesetzt, weil sie den Interessen einer mehrheitlich unbegabten Masse entgegengekommen seien. Sokrates und Jesus hätten ihr Bestes gegeben, um die natürlichen Prozesse des zivilisatorischen Fortschritts aufzuhalten, und seien deshalb beide für Verfall und Niedergang verantwortlich.[43]

Von dieser Vorstellung ausgehend, lancierte Nietzsche eine massive Kritik an der zeitgenössischen Kultur. Für ihn lag auf der Hand, dass sich die Institutionen der Menschheit, unsere Künste und Wissenschaften, unsere Philosophie und unsere Politik – so, wie sie seit Sokrates und Jesus gewachsen waren – auf einer falschen Wertegrundlage entwickelt hätten. Deshalb sei es nun auch unsere Aufgabe (wobei er bei sich selbst ansetzte), die Welt zu rekonstruieren. Es werde der größte Bruch und die entscheidendste Wende in der gesamten Geschichte sein; künftig werde man den Zeitenlauf in Perioden vor und nach diesem Ereignis einteilen.

Nietzsches Ziel war es, den Menschen – per se eine disharmonische, keine harmonische Natur – als ein gänzlich impulsives Wesen zu verwirklichen, ihn so frei und unbefangen zu machen wie ein Tier. Jede Art von Leben, das nicht unterdrückt werde und das sich ungehindert entfalten könne, sei erstrebenswerter als das bisherige. Für den Bewohner dieser schönen neuen Welt erfand er gleich einen Namen: den »Übermenschen«. Erst dieser Übermensch werde die Freiheit haben, seinen Nutzen aus den Tatsachen zu ziehen, dass es keine Seele, keinen Gott, kein Himmelreich, *keine andere Welt als diese hier* gibt. Es gibt keinen anderen Lohn als die Freude am Sein. Der Sinn des Lebens *ist* das Leben. »Dein wahres Wesen liegt nicht tief verborgen in dir, sondern unermeßlich hoch über dir, oder wenigstens über dem, was du gewöhnlich als dein Ich nimmst«.[44] Dem Übermenschen, welcher höchste Aktivität ist, bleibt die Aufgabe, den Weg »von der Art hinüber zur Über-Art« zu bereiten.[45] Den Willen zum Leben, zur Sicherstellung der eigenen Präsenz in dieser Welt, zur Beseitigung aller Hindernisse bezeichnet Nietzsche als den »Willen zur Macht«, was nicht nur deutlich erkennen lässt, wie er Schopenhauer auf den Kopf stellte, sondern auch, wie radikal er den Begriff der »Bildung« verwandelte. Da die noumenale Welt nicht existiert, kann es auch unsere »Einheit« mit ihr nicht geben, und deshalb auch nicht das Mitgefühl, das aus dieser Einheit heraus möglich wird und die Grundlage unserer Moralität bildet. Unsere Moral entspringt dem Eigennutz, und der lässt absolut keinen Raum für Mitgefühl.

Als Nietzsche sich gegen Schopenhauer zu wenden begann, entfernte er sich natürlich auch von Wagner. Diese Verschiebung kam auf spektakuläre Weise in seinem Angriff auf den *Parsifal* zum Ausdruck, den er als »eine Apostasie und Umkehr zu christlich-krankhaften und obskurantistischen Idealen« bezeichnete.[46]

Anfang 1889 brach Nietzsche unheilbar geistesgestört auf einer Straße in Turin zusammen. Die nächsten Jahre wurde er von seiner Mutter, dann von seiner Schwester Elisabeth Förster-Nietzsche gepflegt, die in seinen Manuskripten herumpfuschte und damit schließlich eine große Kontroverse auslöste. Bis zu seinem Zusammenbruch war sich Nietzsche seiner Einstellung zum einstigen Freund Wagner nie wirklich klar geworden. Noch kurz zuvor hatte er am Klavier dessen Musik still vor sich hin gespielt. Aber er war doch sehr verbittert.

Nur neun Tage nach Wagners Tod im Jahr 1883 vertraute Nietzsche einem Freund an: »… Wagner war bei weitem der vollste Mensch, den ich kennenlernte, und in diesem Sinne habe ich seit sechs Jahren eine große Entbehrung gelitten. Aber es gibt etwas zwischen uns beiden wie eine tödliche Beleidigung; und es hätte furchtbar kommen können, wenn er noch länger gelebt haben würde.«[47]

Die Details dieser »tödlichen Beleidigung« kamen erst 1956 ans Licht, als der Briefwechsel zwischen Wagner und Nietzsches Arzt Otto Eiser veröffentlicht wurde. Begonnen hatte alles mit einer Untersuchung, die Nietzsche 1877 in der Schweiz hatte vornehmen lassen. Nicht nur Eiser, ein leidenschaftlicher Wagnerianer, auch andere Ärzte hatten »zwei entzündliche Prozesse« festgestellt und Nietzsche »die Blindheit als unvermeidlich in Aussicht gestellt«. Nietzsche und Wagner waren damals noch befreundet gewesen, also hatte er ihm getreulich von der Diagnose berichtet (dem Schreiben hatte er auf Bitte des Arztes ein Manuskript beigelegt, das dieser zu Wagners *Ring der Nibelungen* verfasst hatte). Obwohl Wagner also hinreichend von Nietzsche über die Krankheit aufgeklärt worden war, »ließ er bei Eiser anfragen, wie es um dessen Gesundheit bestellt sei«. Es entstand ein Briefwechsel zwischen Wagner und dem Arzt, in dessen Verlauf Wagner erklärte, dass ihm zwischen Nietzsche und gewissen »perversen« Männern Parallelen aufgefallen seien: Er habe diese Männer »an ähnlichen Symptomen zu Grunde gehen« sehen und dabei »nur zu bestimmt« erfahren, »daß Folgen der Onanie vorlagen«. Skandalöserweise gab der Arzt auch weiterhin »die Details seiner Diagnose ohne Wissen des Patienten« weiter, und auch Wagner ließ sich zu weiteren »Andeutungen« hinreißen, wie etwa der Vermutung, dass hier »Päderasterie« im Spiel sein könnte.[48]

Selbst wenn man es nach so langer Zeit nachliest, ist man von diesem Verhalten schockiert – um wie vieles schlimmer muss Nietzsche es erst empfunden haben. Wir wissen heute, dass sich die Wagners auch bei den Bayreuther Festspielen im Jahr 1882 wenig diskret in dieser Sache verhalten hatten und dieser Umstand Nietzsche noch im selben Jahr zu Ohren gekommen war. In einem Brief an Ida Overbeck hatte Nietzsche zumindest »einen Teil seines Geheimnisses« um den Bruch mit Wagner gelüftet: Ihm seien »einige Proben einer abgründlichen Perfidie der Rache (seitens jenes jüngst gestorbenen großen Musikers R. W.) zu Ohren gekommen«. Nicht wenige Historiker zogen da den Schluss, dass diese Episode einen guten Teil dazu beitragen haben könnte, Nietzsche aus der Bahn zu werfen.[49]

In jedem Fall war diese Geschichte gewiss dieser beiden großen Männer unwürdig.

17
Die Physik wird Königsdisziplin: Clausius, Helmholtz, Boltzmann, Riemann

Im Februar 1840 hatte Julius Robert von Mayer (1814–1878) für ein Jahr als Arzt auf einem Handelsschiff der Niederländischen Ostindienkompanie angeheuert.[1] Der Apothekersohn aus Heilbronn hatte 1838 an der Universität Tübingen in Medizin promoviert und ein Jahr in Paris verbracht, bevor er an Bord ging, um nach Ostindien zu reisen.[2] Während seines Aufenthalts in Batavia (Jakarta) im Sommer des Jahres 1840 beobachtete er etwas, das ihn berühmt machen sollte. Wie damals üblich, ließ er mehrere europäische Seeleute zur Ader, die sich in Java aufgehalten hatten, und stellte dabei überrascht fest, dass ihr Blut ungewöhnlich rot war. Er schlussfolgerte, dass diese kräftigere Färbung auf die hohen Temperaturen in Indonesien zurückzuführen war, was aber zugleich bedeutete, dass die Stoffwechselrate bei diesen Seeleuten nicht hoch zu sein brauchte, um die Körperwärme zu halten: Ihre Körper hatten weniger Sauerstoff aus dem arteriellen Blut aufgenommen, deshalb wirkte das zurückfließende venöse Blut röter als üblich.

Mayer war von dieser Beobachtung fasziniert, denn sie schien ganz offensichtlich Justus von Liebigs Theorie zu bestätigen, dass Köperwärme bei Tieren durch die Verbrennung – Oxidation – von chemischen Stoffen entsteht, die der Körper mit der Nahrung aufnimmt. Faktisch hatte Mayer also beobachtet, dass die in der Nahrung verborgene chemische »Kraft« (wie es damals genannt wurde) in (Körper-)Wärme umgewandelt wurde. Wenn nun aber die einzige »Kraft«, die dem tierischen Körper zugeführt wurde, Nahrung – Brennstoff – war und die einzigen Kräfte, die der Körper selbst zum Ausdruck brachte, Bewegung und Wärme waren, dann mussten diese unterschiedlichen Kräfte per Definition immer im Gleichgewicht sein.

Zuerst versuchte Mayer, seine Arbeit in den von Johann Christian Poggendorff herausgegebenen renommierten *Annalen der Physik und Chemie* zu publizieren, bekam aber eine Abfuhr.[3] Deshalb erschien die Abhandlung »Bemerkungen über die Kräfte der unbelebten Natur«, in der er seine Theorie von den Wechselwirkungen zwischen der »lebendigen Kraft« (Bewegungsenergie) und Wärme darlegte, 1842 in den *Annalen der*

Chemie und Pharmacie. Bewegung und Wärme, erklärte er, seien nur verschiedene, »ineinander umwandelbare« Manifestationen ein und derselben Kraft. Aber damals war Mayers Ideen nicht viel Einfluss beschieden, auch wenn sie der Herausgeber der *Annalen der Chemie und Pharmacie* – kein anderer als Justus von Liebig selbst – eines Abdrucks für würdig befunden hatte.[4]

Julius von Mayers Geschichte lässt sich spannend erzählen, der amerikanische Wissenschaftshistoriker Thomas Kuhn wies jedoch darauf hin, dass zwischen 1842 und 1854 nicht weniger als zwölf andere Forscher bei irgendeiner Version der Idee angelangt waren, die unter dem Begriff »Energieerhaltung« in die Fachgeschichte eingehen sollte: Mitte des 19. Jahrhunderts hatte das Wort »Energie« noch eine ganz neue Vorstellung bezeichnet, um die Wende zum 20. Jahrhundert sollte sich dann die gesamte Physik um diesen Begriff drehen.[5] Kuhn verdeutlichte auch, dass fünf von diesen zwölf Pionieren aus Deutschland stammten, neben einem aus dem Elsass und einem aus Dänemark, also aus deutsch beeinflussten Regionen. Er schrieb dieses deutsche Übergewicht unter den Forschern, als »viele Entdecker der Energieerhaltung zutiefst überzeugt erwarteten, dass man eine einzige unzerstörbare Kraft im Kern aller natürlichen Phänomene finden werde«, dem Umstand zu, dass sich die Grundidee dafür bereits in der deutschen naturphilosophischen Literatur finden ließ. »Schelling zum Beispiel (vor allem er) behauptete, dass sich magnetische, elektrische, chemische und schließlich sogar organische Phänomene zu einem großen Band verflechten lassen würden.«[6] Liebig hatte zwei Jahre lang bei Schelling studiert.

Der Beginn der Physik, wie wir sie kennen

Was die Physik betraf, fanden in der ersten Hälfte des 19. Jahrhunderts entscheidende Denkumbrüche statt. Sogar im Vokabular spiegelten sich die Entwicklungen auf diesem Gebiet. Im späten 18. Jahrhundert war »Physik« der Oberbegriff für die gesamte Naturforschung gewesen; im frühen 19. Jahrhundert wurde das Wort zur disziplinären Bezeichnung für Bewegungslehre, Elektrizitätslehre und Optik, die sich alle einer mathematischen und/oder experimentellen Methodologie bedienten.[7] Mitte des 19. Jahrhunderts tauchte erstmals »eine unverwechselbare physikalische Wissenschaft auf, die sich generell die Quantifizierung und die Suche nach mathematischen Gesetzen zum Ziel setzte«. 1824 schlug der Präsident der Universität Heidelberg vor, ein »mathematisches Seminar« nach dem Vorbild der immer erfolgreicheren philologischen Seminare einzurichten, denen die Fortschritte auf dem Gebiet der altsprachlichen Ausbildung zu verdanken waren. Andere Universitäten folgten dem Beispiel.

Auch Moritz Stern, zu dieser Zeit Extraordinarius an der Universität Göttingen, forderte die Einrichtung eines mehr oder weniger an diesem Muster orientierten Seminars. 1845 wurde die Physikalische Gesellschaft zu Berlin gegründet.[8] Es war die Zeit, in der die Naturforschung generell an Prestige gewann, da stellte die Physik keine Ausnahme dar. Die *Annalen der Physik* räumten deutschen Forschungen immer mehr Platz ein und druckten immer seltener übersetzte Beiträge aus ausländischen Fachzeitschriften ab. Das 1790 gegründete Fachjournal war selbst symptomatisch für den sich gerade abzeichnenden Wandel: Bis 1840 war es zur wichtigsten deutschsprachigen Publikation für Physiker geworden, obwohl gerade in diesem Jahrzehnt neue Fachzeitschriften wie Pilze aus dem Boden schossen (oder ein neues medizinisches Instrument nach dem anderen eingeführt wurde). Von 1824 bis zu seinem Tod im Jahr 1877 war Johann Christian Poggendorff Herausgeber der *Annalen* gewesen und hatte als solcher Karrieren gefördert oder verhindert.[9] Zum Zeitpunkt seines Todes war die Vorrangstellung seines Journals so gesichert, dass die Physikalische Gesellschaft zu Berlin beschloss, es stärker an sich zu binden, indem sie eines ihrer Mitglieder, Gustav Heinrich Wiedemann, als neuen Herausgeber lancierte und obendrein dafür sorgte, dass ein anderes Mitglied, Hermann von Helmholtz, zum Redakteur und Berater in theoretischen Fragen bestellt wurde. Mittlerweile hatte sich in der Physik auch eine klare Arbeitsteilung zwischen dem Experimentator und dem Theoretiker herauszubilden begonnen. Um die sechziger oder siebziger Jahre im 19. Jahrhundert betrachtete man die physikalische Forschung, inklusive der theoretischen Physik, bereits als ein eigenes Mittel zum Zweck und nicht mehr bloß als ein Anhängsel der Lehre. In den siebziger Jahren wurden an mehreren deutschen Universitäten Lehrstühle für theoretische Physik eingerichtet. Die amerikanische Wissenschaftshistorikerin Mary Joe Nye ist der Geschichte vieler Institutionen nachgegangen, darunter insbesondere den Wegen der Physikalisch-Technischen Reichsanstalt (PTR) in Berlin-Charlottenburg. Ihren Berechnungen zufolge gab es im 19. Jahrhundert achthundert englische und nordamerikanische Physiker und Chemiker, die in Deutschland promoviert hatten, und neununddreißig bedeutende englische Naturwissenschaftler, die von deutschem Denken beeinflusst worden waren.[10] Auch die neuen Wissenschaftslabore, die nun in ganz Europa eingerichtet wurden und sich von ihren Vorgängern nicht nur der Art, sondern auch ihrer Zahl nach unterschieden, waren nun keine reinen Beiträger zur Lehre mehr, sondern eigenständige Forschungszentren. »Das Experiment wurde zunehmend als der Schlüssel betrachtet, mit dem sich der Natur ihre Geheimnisse entlocken ließen.«[11]

Und genau in diesen Labors suchten nun immer mehr Experimentalphysiker nach Mitteln und Wegen, eine Kraft in eine andere zu verwandeln. Kuhn schrieb, dass es geradezu eine »Wucherung« an Versuchen sichtbarer Umwandlungen von einer Kraft in eine andere gab und dass diese Möglichkeit vor allem den romantischen Naturphilosophen zu bestätigen schien, dass in der Natur Einheit herrschte – diese Kräfte waren gegenseitig konvertierbar, weil sie verschiedene Manifestationen ein und derselben zugrunde liegenden Kraft waren. Parallel dazu begannen Pragmatiker auch neue ökonomische Möglichkeiten in solchen Umwandlungsprozessen zu erkennen; und dank der neuen fotografischen Technik ließen sich mit dem Einsatz von Licht zudem chemische Reaktionen herbeiführen: Mit der »Voltaschen Säule« (Batterie) schienen sich chemische Kräfte in Elektrizität umwandeln zu lassen, was für eine Gesellschaft zur Zeit der Industrialisierung und Urbanisierung natürlich von höchstem Interesse war. Und vor allem gab es mit der Dampfmaschine nun auch ein Gerät, das Wärme in mechanische Kraft umsetzen konnte.[12]

Die Entdeckung oder Erfindung der Energie

Im 18. Jahrhundert hatte man »Wärmestoff« und Elektrizität mit der Annahme erklärt, dass es unwahrnehmbare »imponderable [gewichtslose] Fluida« und einen »Äther« gebe, die mit den Atomen gewöhnlicher Materie interagierten. 1812 kündigte die Akademie der Wissenschaften in Paris an, dass sie den *Grand Prix des Sciences Mathématiques* in diesem Jahr demjenigen verleihen werde, dem es gelinge, die Geheimnisse der Bewegung von Wärme durch Materie zu entschlüsseln.[13] 1822 brachte Jean-Baptiste Joseph Fouriers Wärmetheorie *(Théorie analytique de la chaleur)* erstmals Wärme und Mathematik unter einen Hut; 1843 führte James Prescott Joule Versuche durch, mit denen es ihm gelang, die Äquivalenz von mechanischer Arbeitsleitung und Wärme (»mechanisches Wärmeäquivalent«) nachzuweisen. Zwei Jahre später veröffentlichte Julius Robert von Mayer seine kurze Schrift über *Die organische Bewegung im Zusammenhang mit dem Stoffwechsel*, in der er den Zahlenwert des Wärmeäquivalents präzisierte.

Im Rückblick lässt sich erkennen, dass alles auf das Energieerhaltungsgesetz zusteuerte, doch noch bedurfte es eines Forschers, der diese Ideen auch unmissverständlich formulieren konnte. Das übernahm Hermann von Helmholtz (1821–1894) mit seiner bahnbrechenden physikalischen Abhandlung *Über die Erhaltung der Kraft* (1847). Denn darin stellte er den erforderlichen mathematischen Ansatz dar, mit dem sich die Phänomene Wärme, Licht, Elektrizität und Magnetismus als verschiedene Manifestationen einer »lebendigen Kraft« (Energie) verbinden ließen.[14]

Helmholtz wurde als Sohn eines Potsdamer Gymnasialrektors geboren und hatte Medizin am Berliner Friedrich-Wilhelm-Institut studiert. Da ihm das Studium mit einem preußischen Armeestipendium ermöglicht worden war, musste er sich zum anschließenden achtjährigen Militärdienst verpflichten. 1849 erhielt er einen Ruf als Professor der Physiologie und Pathologie nach Königsberg. Seine Abhandlung aus dem Jahr 1847 hatte er als Privatdruck in Umlauf bringen müssen, denn wie schon bei Mayer hatte sich Poggendorff auch in seinem Fall geweigert, das Manuskript in den *Annalen der Physik* abzudrucken. Mit seinen vorangegangenen Publikationen hatte Helmholtz aufzeigen wollen, dass Körperwärme und die Bewegungen der Muskulatur auf den Oxidationsprozess von Nahrung zurückzuführen seien – ergo, dass die Maschine Mensch gar nicht so anders konstruiert war als die Dampfmaschine. Er glaubte also nicht, dass Lebewesen über nur ihnen eigene Kräfte verfügten, sondern ging vielmehr davon aus, dass organisches Leben das Ergebnis von Kräften sei, welche ihrerseits Modifizierungen der Kräfte waren, die in der anorganischen Welt wirkten.[15] In dem rein mechanischen Universum, das Helmholtz darstellte, gab es also eine offensichtliche Verbindung zwischen menschlicher und maschineller Arbeit.[16]

Während Mayer und Helmholtz als Ärzte über die Physiologie zur Physik gekommen waren, näherte sich Rudolf Clausius dem Phänomen nach Art seiner englischen und französischen Zeitgenossen auf dem Weg über die allgegenwärtige Dampfmaschine. Und im Gegensatz zu Mayer und Helmholtz sollte es ihm 1850 gelingen, seine erste wichtige Abhandlung *Ueber die bewegende Kraft der Wärme und die Gesetze, welche sich daraus für die Wärme selbst ableiten lassen* in den *Annalen* unterzubringen.[17] Clausius (1822–1888) war als Sohn eines Schulrats und Pastors in Köslin, Hinterpommern, geboren worden und hatte 1840 an der Universität von Berlin bei Leopold von Ranke Geschichte studiert, bevor er zur Mathematik und Physik überwechselte. 1846 begann er sich in Halle mit der Frage zu beschäftigen, warum der Himmel blau ist; 1847 promovierte er über optische Effekte in der Erdatmosphäre. Dank der Bedeutung seiner Abhandlung aus dem Jahr 1850 erhielt er noch im selben Jahr eine Anstellung als Physiklehrer an der Artillerie- und Ingenieurschule in Berlin, fünf Jahre später folgte er dem Ruf an das Eidgenössische Polytechnikum in Zürich.

In besagter Abhandlung über die Kraft der Wärme hatte Clausius erklärt, dass die Arbeitsleistung eines Körpers nicht nur von einer veränderten Wärme*verteilung* abhänge, wie der französische Physiker und Armeeingenieur Sadi Carnot behauptet hatte, sondern auch vom Wärme*verbrauch*. Es könne, schrieb Clausius, »bei der Erzeugung von Arbeit sehr wohl beides gleichzeitig stattfinden, daß eine gewisse Wärmemenge verbraucht und eine andere von einem warmen zu einem kalten Körper übergeführt wird, und beide Wärmemengen können zu der erzeugten Arbeit in bestimmter Beziehung stehen«.[18] In diesem Zusammenhang benannte er zwei Grundprinzipien, die als der Erste und der Zweite Hauptsatz der Thermodynamik in die Wissenschaftsgeschichte eingingen.

Betrachten wir einmal den Ersten Hauptsatz so, wie er Max Planck beigebracht wurde, dem Wissenschaftler, der um die Wende zum 20. Jahrhundert selbst auf dem Werk von Rudolf Clausius aufbauen sollte. Stellen wir uns einen Bauarbeiter vor, der einen schweren Stein auf das Dach eines Hauses hievt. Der Stein wird noch lange, nachdem er dort abgelegt wurde, mitsamt seiner gespeicherten Energie in dieser Position verharren, bis er irgendwann wieder auf die Erde zurückfällt. Energie, sagt der Erste Hauptsatz, kann weder geschaffen noch zerstört werden. Clausius bewies nun aber mit seinem Zweiten Hauptsatz, dass der Erste Hauptsatz nicht das ganze Problem gelöst hatte. Bei unserem Beispiel vom Bauarbeiter wird Energie verbraucht, um den Stein an seinen Platz zu hieven, und bei dieser Anstrengung in Wärme umgewandelt, die unter anderem den Arbeiter ins Schwitzen bringt. Diese Zerstreuung von Energie, welche Clausius als »Entropie« bezeichnete, war für ihn deshalb von so enormer Bedeutung, weil Energie, wie er erklärte, zwar nicht aus dem Universum verschwinde, aber niemals wieder in ihre ursprüngliche Form zurückverwandelt werden könne. Clausius schlussfolgerte daher, dass die Natur (Universum inklusive) ständig zu mehr Zerstreuung tendiert und permanent mehr Entropie bewirkt.[19]

Während Clausius seine Wärmetheorien also stetig verfeinerte, begann er sich zunehmend auch für die kinetische Gastheorie zu interessieren, insbesondere für die Vorstellung, dass die großräumigen Eigenschaften von Gasen eine Funktion der kleinräumigen Bewegung jener Teilchen oder Moleküle seien, aus welchen das Gas besteht. Wärme, überlegte er, war eine Funktion der Bewegung solcher Teilchen – heiße Gase bestanden demnach aus sich schnell bewegenden und kältere Gase aus sich langsamer bewegenden Teilchen, und die Erzeugung von Arbeit verstand er als eine Abwandlung der molekularen Anordnung eines Körpers.[20] Die Idee, dass Wärme eine Art von Bewegung sei, war nicht neu. Der Amerikaner Benjamin Thompson hatte beobachtet, dass beim Bohren von Kanonenrohren Wärme entsteht; und der Brite Sir Humphrey Davy hatte herausgefunden, dass Eis durch Reibung zum Schmelzen gebracht werden konnte. Was Clausius' Interesse weckte, war jedoch die Frage, durch welche Art von Bewegung Wärme entsteht: durch eine Vibration der inwendigen Teilchen, durch deren »translatorische« Bewegung, wenn sie von einer Position zur anderen wechselten, oder weil sie sich um ihre eigenen Achsen drehten?[21]

Seine zweite bahnbrechende Arbeit veröffentlichte Clausius 1857 unter dem Titel *Über die Art der Bewegung, welche wir Wärme nennen* in den *Annalen*. Darin behauptete er, dass die Wärme von Gas durch alle drei dieser Bewegungsformen zustande komme und daher proportional zur Summe dieser Bewegungen sein müsse. Dabei ging er davon aus, dass das von den Teilchen selbst eingenommene Volumen verschwindend klein sei und diese sich alle mit derselben Durchschnittsgeschwindigkeit bewegten, nämlich seinen Berechnungen zufolge mit Hunderten, wenn nicht Tausenden Metern pro Sekunde. Das stieß jedoch auf den Widerstand anderer Forscher, die einwandten, dass diese Annahmen und Berechnungen nicht stimmen könnten, da sich Gase dann weit schneller ausbreiten müssten, als es zu beobachten war. Also ließ Clausius von diesem Ansatz ab und führte stattdessen den Begriff der »mittleren freien Weglänge« eines Gasmoleküls ein: die Strecke, die ein Teilchen im Mittel auf gerader Linie zurücklegen kann, bevor es mit einem anderen zusammenstößt.[22]

Aber es gab auch Forscher, die Clausius' Erkenntnisse höchst interessant fanden, insbesondere James Clerk Maxwell in England. 1860 veröffentlichte dieser im *Philosophical Magazine* seine Abhandlung »Illustrations of the Dynamical Theory of Gases«, bei der er sich Clausius' Idee von der »mittleren freien Weglänge« bedient hatte. Doch während Clausius davon ausgegangen war, dass sich jedes Gasteilchen mit derselben Durchschnittsgeschwindigkeit bewegt, hatte sich Maxwell auf die neue Wissenschaft der Statistik verlassen, um die *Zufallsverteilung* der Teilchengeschwindigkeit zu berechnen, und war dabei zu dem Schluss gekommen, dass der fortlaufende Zusammenstoß der Gasteilchen zu einer rein zufälligen Bewegungsrichtung führte und sich dabei nicht alle Teilchen mit gleicher Geschwindigkeit, sondern vielmehr statistisch verteilt mit unterschiedlichen Geschwindigkeiten bewegten. (Was diese Teilchen selbst waren, hatte noch keiner gewusst; Maxwell fand, dass allein schon ihr Vorhandensein ein »Beweis für die Existenz eines göttlichen Handwerkers« sei.)[23]

Das Element der statistischen Wahrscheinlichkeit, das auf diese Weise in die Physik eingeführt wurde, war ein sehr umstrittener, aber ganz grundlegender Fortschritt. In seiner Abhandlung aus dem Jahr 1850 hatte Clausius bei der Darstellung des Zweiten Satzes der Thermodynamik die Aufmerksamkeit auf einen unumkehrbaren Energiefluss gelenkt, der immer nur in eine Richtung stattfand: Wärme geht von einem warmen zu einem kalten Körper über. Zuerst hatte er sich über die Implikationen dieser Unumkehrbarkeit, oder wie immer man diesen Prozess auch nennen sollte, keine weiteren Gedanken gemacht; 1854 behauptete er dann jedoch, dass die Umwandlung von Wärme in Arbeitsleistung und die Umwandlung von Wärme einer höheren Temperatur in die Wärme einer niedrigeren Temperatur faktisch gleichwertig und unter bestimmten Bedingungen sogar reversibel seien – nämlich durch die Umwandlung von Arbeitsleistung in Wärme, wenn Wärme von einem kälteren auf einen wärmeren Körper übertragen wird. Das war für Clausius eine weitere Bestätigung für die

Existenz eines Unterschieds zwischen reversiblen (menschengemachten) und irreversiblen (natürlichen) Prozessen: Ein verfallenes Haus baut sich niemals von selbst wieder auf, eine zerbrochene Flasche setzt sich niemals spontan wieder zusammen.

Erst später, im Jahr 1865, führte Clausius den Begriff der »Entropie« für diesen irreversiblen Prozess ein (abgeleitet vom griechischen »trope«: Umwandlung), wobei er die Tendenz von Wärme, von einem wärmeren auf einen kühleren Körper überzugehen, auch als Beispiel für die Zunahme von Entropie anführte. Somit postulierte er nun, dass Energieumwandlungsprozesse nicht in beliebiger Richtung stattfinden, und benannte die beiden Hauptsätze der Thermodynamik dann wie folgt: »Die Energie der Welt ist konstant« und: »Die Entropie der Welt strebt einem Maximum zu.« Auf geheimnisvolle Weise war Zeit zu einer Eigenschaft von Materie geworden.[24]

Für so manchen Forscher war der Zweite Hauptsatz der Thermodynamik von noch größerer Bedeutung, als sogar Clausius erwartet hatte. Der irische Physiker William Thomson (Lord Kelvin) glaubte, dass die Unumkehrbarkeit, die ein so bedeutendes Merkmal des Zweiten Hauptsatzes war – die Zerstreuung von Energie –, auch eine »progressive Kosmogonie« nahelegte, welche die biblische Sicht von der transitorischen Natur des Universums stützte. Thomson schlussfolgerte aus dem Zweiten Hauptsatz, dass das Universum, von dem man inzwischen wusste, dass es sich abkühlt, in einer »endlichen Zeit« erschöpft und unbewohnbar sein würde. Auch Helmholtz hatte diese Implikation des Zweiten Hauptsatzes bemerkt, doch 1867 sollte es dann Clausius selbst sein – mittlerweile war er von Zürich nach Würzburg übersiedelt –, der den »Wärmetod« des Universums erkannte.[25]

Der Auftritt von »Strangeness« in der Physik

Die statistischen Begriffe von Clausius und Maxwell zogen die Aufmerksamkeit des österreichischen Physikers Ludwig Boltzmann (1844–1906) auf sich.[26] Der Sohn eines Wiener Steuerbeamten war in der Nacht von Faschingsdienstag auf Aschermittwoch geboren worden – ein Zufall, der wohl, wie er mit einem lachenden und einem weinenden Auge zu klagen pflegte, für seine häufigen Stimmungswechsel zwischen himmelhoch jauchzend und zu Tode betrübt verantwortlich sei. 1869 wurde er im Alter von nur fünfundzwanzig Jahren auf den Lehrstuhl für Theoretische Physik an die Universität Graz berufen. 1870/71 ließ er sich beurlauben, um bei dem Chemiker Robert Wilhelm Bunsen in Heidelberg und dem Physiker Hermann von Helmholtz in Berlin zu arbeiten. 1873 wechselte er als Professor für Mathematik an die Universität von Wien, kehrte drei Jahre später als Professor für Experimentalphysik nach Graz zurück, lehrte von 1899 bis 1902 in München und Leipzig und ließ sich dann endgültig in Wien nieder, wo er sich während einer seiner depressiven Phasen schließlich das Leben nahm.

Zu den bedeutendsten Leistungen Boltzmanns zählen seine beiden berühmten Abhandlungen, in denen er die Geschwindigkeit, räumliche Verteilung und Kollisionswahrscheinlichkeit von Molekülen in einem Gas – allesamt bestimmend für seine Temperatur – mathematisch darstellte. Mit Hilfe der statistischen Wahrscheinlichkeitsrechnung wies er nach, dass Maxwells Geschwindigkeitsverteilungsgesetz tatsächlich den Gleichgewichtszustand des Gases beschrieb, und zwar unabhängig von dessen Urzustand, und lieferte damit auch noch eine Erklärung für den Entropiesatz.[27]

Entscheidend bei den Arbeiten von Mayer, Helmholtz und insbesondere Clausius und Boltzmann war, ganz unabhängig davon, ob man ihrer Mathematik folgen konnte oder nicht, dass sie die Wahrscheinlichkeit in die Physik einführten.[28] Aber wieso denn Wahrscheinlichkeit?, mag man sich fragen. Materie existiert doch definitiv, und Umwandlungsprozesse (beispielsweise, wenn Wasser zu Eis gefriert) gehorchen doch definitiv unveränderlichen Gesetzen – was also hat *Wahrscheinlichkeit* damit zu tun? Hier haben wir es mit dem ersten Auftritt von »Strangeness« in der Physik zu tun, mit einem der vielen physikalischen Merkwürdigkeiten, die heute international so bezeichnet werden. Diese Wahrscheinlichkeit war ein Vorbote für die immer seltsamere Quantenwelt des 20. Jahrhunderts, und es waren diese frühen Physiker, die »Teilchen« (Atome, Moleküle oder irgendwas anderes, das noch nicht wirklich verstanden wurde) zum integralen Bestandteil des Verhaltens von Materie machten.

Das Verständnis der Thermodynamik war nicht nur der Höhepunkt der Physik, sondern auch der Paarung von Physik und Mathematik im 19. Jahrhundert gewesen. Es signalisierte das Ende des strikt mechanischen Weltbilds von Newton und sollte sich als entscheidender Schritt auf dem Weg zu einer spektakulären neuen Energieform erweisen: der Atomkraft. Letztendlich rührte das alles von der Vorstellung her, die man sich von der Energieerhaltung gemacht hatte.

Das Goldene Zeitalter der Mathematik

Der amerikanische Wissenschaftshistoriker Carl Boyer schrieb in seiner Mathematikgeschichte, dem 19. Jahrhundert gebühre mehr als jedem vorangegangenen der Titel des Goldenen Zeitalters der Mathematik, denn »die Ergänzungen, die das Fachgebiet während dieser hundert Jahre erfuhr, übertreffen bei Weitem die vereinte Gesamtproduktivität aller vorangegangenen Zeitalter«. Die Einführung solcher Ideen wie der nichteuklidischen Geometrie, der n-dimensionalen Räume, der nichtkommutativen Algebra, der unendlichen Prozesse und der nichtquantitativen Modelle »trug insgesamt zu einem radikalen Umdenken bei, das nicht nur das Erscheinungsbild, sondern auch die Definition von Mathematik verändert hat«.[29] Während die Franzosen unbeirrt blieben, und während mehrere Länder angesichts solcher Techniken wie Vermessung und Navigation die angewandte Mathematik förderten, war die reine mathematische Forschung – Mathematik um ihrer selbst willen – mehr die Ausnahme als die Regel gewesen und wurde eher in Deutschland als anderenorts praktiziert.[30]

Die Stärke der deutschen Mathematik beruhte nicht zuletzt auf der Tatsache, dass wie zuvor der Physik nun auch diesem Fach eine wichtige eigene Zeitschrift gewidmet wurde. Bis zum 19. Jahrhundert waren die besten mathematischen Fachzeitschriften von der Pariser École Polytechnique herausgegeben worden; dann aber, im August 1826, startete August Leopold Crelle (1780–1855) sein *Journal für die reine und angewandte Mathematik*, oft auch nur »Crelles Journal« genannt.[31]

Das von Carl Friedrich Gauß initiierte Goldene Zeitalter wurde vor allem von Georg Friedrich Bernhard Riemann (1826–1866) und Felix Klein (1849–1925) fortgesetzt. Riemann, ein scheuer, zerbrechlicher Mann – und noch ein Naturforscher, der der Sohn eines Pastors war –, hatte in Göttingen studiert und in Berlin Vorlesungen von Peter Gustav Lejeune Dirichlet und Carl Gustav Jacob Jacobi gehört, bevor er schließlich in Göttingen promovierte und Assistent des Physikers Wilhelm Weber wurde. (Seine anschließende Laufbahn sollte er zwischen Mathematik und Physik aufteilen.)[32]

1854 wurde der Privatdozent Riemann, wie es Usus war, aufgefordert, seine Habilitationsschrift zu verteidigen. »Das Ergebnis in Riemanns Fall«, schreibt Boyer, »war die gefeiertste Probevorlesung in der Geschichte der Mathematik.«[33] Sie trug den Titel »Über die Hypothesen, welche der Geometrie zugrunde liegen«, und drängte zu einer völlig neuen Sicht der Geometrie, nämlich als einer Wissenschaft von jeder Anzahl von Dimensionen in jeder Art von Raum. Später bezeichnete man sie als »Riemann'sche Geometrie«. Riemann erläuterte, was er selbst als »Mannigfaltigkeiten« bezeichnete: Flächen (später »Riemann'sche Flächen« genannt), die besondere nichteuklidischen Räume bilden, das heißt also, auf die die Gesetze der euklidischen Geometrie nicht mehr anwendbar sind. Die bekannteste, weil am leichtesten verständliche Idee dabei ist die vom gekrümmten Raum, in dem eine »Ebene« in Wahrheit die gekrümmte Fläche einer Kugel ist, und die »gerade Linie«, die in Wahrheit ein Großkreis auf der Kugel ist. Riemanns Erkenntnisse auf diesem Gebiet waren von so immenser Bedeutung, dass Bertrand Russell ihn als den

»logischen unmittelbaren Vorgänger von Einstein« bezeichnete.[34] Ohne die Riemann'sche Geometrie hätte die Allgemeine Relativitätstheorie nie formuliert werden können.

Als Johann Peter Gustav Lejeune Dirichlet (1805–1859) starb – ein weiterer großer Mathematiker aus der Mitte des 19. Jahrhunderts –, wurde Riemann zu seinem Nachfolger auf den Lehrstuhl von Gauß berufen, wo er sich dann weiter mit dessen Zahlentheorie befasste. Im siebten Kapitel sprachen wir von der Faszination, die die Primzahlen auf Mathematiker ausübten, und von Gauß, der den Zusammenhang zwischen Primzahlen und Logarithmen entdeckt und die komplexen Zahlen erfunden hatte. Der Bezug zwischen Primzahlen und dem logarithmischen Integral hatte Gauß eine gute, aber noch immer nur *ungefähre* Voraussage über die Anzahl von Primzahlen zwischen 1 und einer beliebigen Zahl n ermöglicht. Riemanns Leistung war nun die *definitive* Voraussage der Anzahl von Primzahlen unter Zuhilfenahme von Gauß' imaginären Zahlen.

Riemann arbeitete mit etwas, das man als »Zeta-Funktion« bezeichnet. Sie hatte das Interesse der Mathematiker schon im einen oder anderen Zusammenhang seit Pythagoras geweckt, der als Erster die grundlegende Beziehung zwischen Mathematik und Musik entdeckt hatte. So hatte er beispielsweise herausgefunden, dass man unterschiedliche Töne erzeugen konnte, wenn man eine Urne mit unterschiedlichen Mengen Wasser füllte und jeweils mit einem Hammer dagegenschlug. Als Pythagoras die Hälfte des Wassers entfernte und dann erneut gegen die Urne schlug, war der Ton um eine Oktave höher. Und wenn er sukzessive so viel Wasser entfernte, bis die Urne jeweils exakt zur Hälfte, dann zu einem Drittel und schließlich zu einem Viertel gefüllt war, erklangen die erzeugten Töne harmonisch. Entfernte er hingegen eine ungenaue, zwischen diesen Integern liegende Wassermenge, waren die Töne dissonant. Angesichts der Harmonie, die bei den Zahlen 1, $1/2$, $1/3$, $1/4$ entstand, kam Pythagoras zu dem Schluss, dass Zahlen und ergo auch Musik das gesamte Universum beherrschen, was ihn dann zu seiner berühmten Bezeichnung »Sphärenmusik« veranlasste.[35]

Es war diese Idee, die die Mathematiker angeregt hatte, das Verhalten von reziproken Zahlen zu untersuchen (der Kehrwert von 2 ist $1/2$, der von 3 ist $1/3$). Und diese Forschung führte schließlich zu besagter »Zeta-Funktion«, die mit dem griechischen Buchstaben ζ bezeichnet wird. Die folgende Formel drückt die Vorschrift aus, nach der Dirichlet den Wert der Zeta-Funktion für eine Zahl x berechnete:

$$\zeta(x) = 1 + \frac{1}{1^x} + \frac{1}{2^x} + \frac{1}{3^x} + \cdots + \frac{1}{n^x} + \cdots$$

Diese Funktion führte zu ein paar interessanten Ergebnissen, darunter die berühmte Entdeckung des Schweizer Mathematikers Leonhard Euler, dass die Summe nicht gegen unendlich strebt, wenn die Zahl $x = 2$ lautet:

$$\frac{1}{1^2} + \frac{1}{2^2} + \frac{1}{3^2} + \frac{1}{4^2} + \cdots = 1 + \frac{1}{4} + \frac{1}{9} + \frac{1}{16} + \cdots$$

Und das lässt sich schließlich wie folgt darstellen:

$$1 + \frac{1}{4} + \frac{1}{9} + \frac{1}{16} + \cdots = \frac{1\pi^2}{6}$$

Diese Entdeckung nahm die mathematische Wissenschaftlergemeinde im Sturm, denn, wie Sautoy erklärt: »Die Dezimalfolge von $1/6\pi^2$ ist ebenso wie die von π selbst vollkommen chaotisch und unvorhersagbar«. (Man erinnere sich: Hier geht es um Zahlentheorie, und Mathematiker sind vom schieren Verhalten der Zahlen fasziniert, ob man damit nun konkret etwas anfangen kann oder nicht!) [36]

Als die Preußische Akademie der Wissenschaften in Berlin Riemann im August 1859 zum korrespondierenden Mitglied wählte, schrieb er, dem Ereignis angemessen, eine zehnseitige Abhandlung, die die Akademie im November des Jahres in ihren *Monatsberichten* publizierte. Sie erwies sich als mindestens so radikal wie seine »Probevorlesung«. Unter anderem verdeutlichte er darin: Wenn man die Gauß'sche Erfindung der komplexen Zahlen in die Zeta-Funktion einbezieht, erhält man ein völlig unerwartetes Muster, dessen auffallendstes Kennzeichen (sobald die Ergebnisse der Gleichungen in einem »komplexen Graph« dargestellt werden) eine Reihe von Wellen sind, mit denen sich die Gauß'schen Berechnungen der Primzahlen korrigieren und exakte, fehlerfreie Vorhersagen über die Anzahl von Primzahlen in jeder Sequenz machen lassen. Damit hatte er aufgezeigt, dass die angebliche Zufälligkeit von Primzahlen in Wirklichkeit einer Ordnung unterliegt – keiner simplen Ordnung, das ist wahr, aber doch einer Ordnung. Und Ordnung, so komplex sie auch sein mag, ist für Mathematiker Schönheit.

Felix Christian Klein wurde am 25. April 1849 als Sohn eines preußischen Regierungssekretärs in Düsseldorf geboren und pflegte vergnügt zu erklären, dass sein Geburtsdatum aus einer Reihe von Primzahlen im Quadrat bestand: 5^2, 2^2, 7^2. Er leistete seinen bedeutendsten Beitrag zur Mathematik mit der Gruppentheorie, einem weiteren neuen Gebiet. Als er einem Ruf an die Universität Erlangen folgte, war er erst dreiundzwanzig, noch jünger als Boltzmann bei seiner Berufung. 1875 wechselte er an die Technische Hochschule München, wo ihn unter anderem auch Max Planck hörte; im selben Jahr heiratete Klein die Enkelin von Georg Friedrich Wilhelm Hegel, Anna Hegel. Weil seine Gesundheit jedoch stark zu wünschen übrig ließ, nahm er 1886 einen Ruf als Professor der Mathematik im beschaulicheren Göttingen an. Und damit war das Ansehen dieser Universität als weltweit führende mathematische Forschungsstätte endgültig besiegelt.[37]

Um besser erklären zu können, worauf Klein bei der Gruppentheorie hinauswollte, stelle man sich zwei Experimente vor. Zuerst ein rechteckiges Blatt Papier, dessen Seiten A und B Zentimeter messen. Man drehe das Blatt um 45 Grad und fotografiere es: Die Fotografie wird kein Rechteck zeigen, und die Seiten werden nicht A und B Zentimeter lang sein, obwohl sich das Papier selbst kein bisschen verändert hat. Wie lässt sich diese perspektivische Verkürzung des Originals auf der Fotografie mathematisch berechnen? Man stelle sich nun die Satellitenaufnahme von einem Land vor, zum Beispiel von Italien, die aus fünfzig Kilometern Höhe geschossen wurde. Dann stelle man sich dasselbe Land als Luftbildaufnahme aus einer Höhe von fünf Kilometern vor. Die Konturen Italiens sind dieselben geblieben, doch nun sind viele Details im Landesinneren und vor der Küste sichtbar, die aus der größeren Höhe nicht hatten erkannt werden können: abgezirkelte Ländereien, kleine Buchten, winzige Inselchen. Auch hier die Frage: Welcher Umstand hat für diese Änderungen gesorgt, was hat sich geändert und was blieb gleich, und wie können sowohl die Veränderungen als auch das gleich Gebliebene mathematisch dargestellt werden? Solche Beispiele hatten in Ermangelung von Satelliten- und Luftbildaufnahmen zu Kleins Zeiten natürlich noch nicht zur Verfügung gestanden, doch das mathematische Problem, das wir heute unter der Bezeichnung »fraktale Geometrie« kennen, beweist, wie weit Klein seiner Zeit voraus gewesen war. Er hatte die Chaostheorie vorweggenommen.

Unter Kleins Ägide wurde die mathematische Fakultät von Göttingen zu einem Mekka für Studenten aus vieler Herren Länder, vor allem aus Amerika.[38] Die Franzosen hatten um die Wende zum 19. Jahrhundert mit den Arbeiten von Joseph-Louis Lagrange, Gaspard Monge und Jean-Victor Poncelet an der École Polytechnique den Weg gewiesen; die Forschungen und Anregungen von Gauß, Riemann und Klein stellten sicher, dass die Führung auf Deutschland überging. Und diese Spitzenposition sollte das Land zumindest in der theoretischen Mathematik bis zum Aufstieg von Adolf Hitler beibehalten.[39]

18

Der Aufstieg des Labors:
Siemens, Hoffmann, Bayer, Zeiss

Niemand personifiziert die Veränderungen, die sich im Deutschland des 19. Jahrhunderts abzeichneten, besser als Werner von Siemens (1816 bis 1892). Dass er 1888 in den Adelsstand erhoben wurde, ist nur ein Indikator dafür. Geboren wurde er als das vierte von elf Kindern eines Gutspächters in Lenthe bei Hannover. Wegen der schwierigen wirtschaftlichen Lage der Familie musste er 1834 vorzeitig das Gymnasium verlassen, im Jahr darauf wurde er von der preußischen Artillerie als Offizieranwärter an die Berliner Artillerie- und Ingenieurschule abkommandiert. In weiser Voraussicht hatte er schon auf dem Gymnasium beschlossen, das »griechische Studium« fallen zu lassen und stattdessen »Privatstunden in Mathematik und Feldmessen« zu nehmen. In seinen *Lebenserinnerungen* schrieb er, dass die drei Jahre auf dieser Berliner Schule zu den glücklichsten seines Lebens zählten. Unter seinen »tüchtigen Lehrern« befand sich auch der Mathematiker Martin Ohm, Bruder des Physikers Georg Simon Ohm.[1] Die ersten eigenen Laborversuche, für die Siemens so großes Geschick beweisen sollte, machte er in der Zitadelle von Magdeburg, wo er eine Haftstrafe absitzen musste, weil er bei einem Duell sekundiert hatte: Er erfand die galvanische Vergoldung und Versilberung und verkaufte einem Magdeburger Juwelier »das Recht der Anwendung meines Verfahrens«.[2] Im Lauf der Zeit begann er sich besonders für das »Prinzip von der Erhaltung der Kraft« zu interessieren (mit dem er sich durch die Lektüre von Mayers und Helmholtz' Arbeiten vertraut gemacht hatte), was dann wiederum sein Interesse an »einer vorteilhaften Umgestaltung der ganzen Maschinentechnik« (einige seiner ersten Ideen dazu veröffentlichte er in Poggendorffs *Annalen*) und schließlich an der Telegrafie weckte, »deren große Bedeutung ich klar erkannte«.[3] Die Zeit bei der Armee hatte ihm unter vielem anderem beigebracht, wie wichtig schnelle und zuverlässige Kommunikationsmöglichkeiten waren. Also entwickelte er einen Zeigertelegrafen mit Selbstunterbrechung, der seit seiner Einführung im Jahr 1847 für seine Verlässlichkeit gerühmt und zum Grundstein für die Siemens & Halske Telegraphen Bau-Anstalt wurde, die er im selben Jahr mit dem Mechaniker Johann Georg Halske in Berlin gründete.[4]

Nachdem er nun einen verlässlichen Telegrafen hatte, erkannte er auch schnell dessen vielfältige Einsatzmöglichkeiten. Er ließ die erste unterirdische Leitung von Berlin nach Großbeeren verlegen (rund zwanzig Kilometer im Südwesten der Stadt); und da sich die mit Guttapercha ummantelten Kupferdrähte aus Großbritannien so bewährt hatten, »schien die Frage der Isolation unterirdischer Leitungen« gelöst: Nun würde man Telegrafenleitungen quer durch die ganze Welt verlegen können, sogar bis nach Amerika, wenn der Bürgerkrieg dort erst einmal vorüber war. Als Nächstes folgte eine Leitung von Berlin nach Frankfurt am Main, wo die Nationalversammlung tagte. »Man hatte beschlossen, die Linie ganz unterirdisch anzulegen, da man befürchtete, daß oberirdische Leitungen in jener politisch so hoch erregten Zeit zerstört werden würden.«[5]

Im Jahr 1851 kündigte Siemens seine größte Erfindung an – die dynamoelektrische Maschine.[6] Er hatte das atemberaubende Wachstum der Starkstromtechnik klar vorausgesehen, denn immer wieder waren es Siemens & Halske, die nun entsprechende neue Anwendungen auf den Markt brachten: 1879 stellten sie auf der Berliner Gewerbeausstellung die erste elektrische Eisenbahn mit Fremdstromversorgung vor und installierten die erste elektrische Straßenbeleuchtung in der Berliner Kaisergalerie; 1880 bauten sie in Mannheim den ersten elektrischen Aufzug; 1881 ließen sie in Berlin-Lichterfelde die erste elektrische Straßenbahn fahren; 1886 fuhren auf dem Kurfürstendamm die ersten Oberleitungsomnibusse; 1887 ging das Kraftwerk in der Berliner Mauerstraße ans Netz; 1891 wurden die ersten elektrischen Stoßbohrmaschinen produziert; und 1892 wurde der erste Stromzähler installiert – ein Hinweis darauf, wie breit die Akzeptanz von Elektrogeräten inzwischen geworden war. Der Name Siemens wurde zum Synonym für Elektrotechnik, ein Wort, das Siemens selbst geprägt hatte.[7]

1879 wurde auf Werner von Siemens' Initiative hin der Elektrotechnische Verein gegründet. Eines seiner Ziele war die Einrichtung eines elektrotechnischen Labors an der Technischen Hochschule Berlin. Da war Siemens bereits zum Mitglied der Preußischen Akademie der Wissenschaften gewählt worden (1874) – eine seltene, wenn nicht gar einzigartige Ehre für einen Mann ohne Hochschulabschluss.

Die Farbenrevolution

Im Jahr 1862 beehrte Queen Victoria die Londoner Weltausstellung in South Kensington mit ihrem Besuch. Sie trug ein leuchtend violettes Seidenkleid, eine Wahl, die, wie der englische Journalist Diarmuid Jeffreys schreibt, bedeutender war, als es den Anschein erweckt, denn eine Hauptattraktion dieser Ausstellung war ein riesiger Stapel Purpur, neben dem »sein Erfinder/Entdecker William Perkin« saß.[8]

Wie Siemens hatte sich auch Perkin von jeher für Technik und Chemie interessiert. Er hatte am Royal College of Chemistry studiert, das gegründet worden war, als man in England nicht mehr glaubte, in naturwissenschaftlichen Dingen mit den Konkurrenten auf dem Kontinent und vor allem in Deutschland mithalten zu können. Zu den Stiftern des College zählte auch Prinzgemahl Albert, der wie gesagt den (damals erst achtundzwanzigjährigen) gefeierten deutschen Wissenschaftler August Wilhelm von Hofmann überzeugt hatte, den ersten Lehrstuhl am Royal College anzunehmen. Perkin wurde einer von Hofmanns Studenten und 1856 von diesem als sein persönlicher Laborassistent ausgewählt.[9]

Ihre Zusammenarbeit begann, als Hofmann ihn zu dem Versuch aufforderte, Chinin zu synthetisieren. Das hatte schon seit Jahren buchstäblich jeder professionelle Chemiker versucht, denn jeder wollte ein synthetisches Mittel gegen Malaria finden (das im Zeitalter der kolonialen Expansion überlebenswichtig war). Wie allen anderen gelang das auch Perkin nicht. Doch dann spielte er mit einer Substanz namens Allyltoluidin herum, und es war wohl einer dieser wissenschaftlichen Glückstreffer, dass das von ihm verwendete Anilin zufälligerweise verunreinigt gewesen war: Völlig unerwartet stellte Perkin fest, dass sich die nach der Oxidation verbliebene schwarzviolette Masse nach dem Auswaschen mit Wasser in ein leuchtendes Violett verwandelte.

Seit grauer Vorzeit hatten Menschen keine große Wahl bei der Farbe ihrer Kleidung gehabt. Ob nun aus tierischen, pflanzlichen oder mineralischen Stoffen gewonnen – immer kamen »Erdfarben« aus Rot-, Braun- und Gelbtönen heraus, und die trug fast jeder, weil sie am billigsten waren.[10] Umso begehrter waren die selteneren Farben wie vor allem Blau und Purpur. Erst als im Zuge der Industrierevolution mechanisierte Textilfabriken errichtet wurden, wie zum Beispiel in Lancashire, die Millionen Meter von Baumwolltuchen produzierten, begannen sich neue Möglichkeiten für den Absatz von nicht nur billigeren, sondern auch schöneren Farben zu eröffnen.[11] Perkin ließ sich sein »Mauvein« also patentieren und richtete in London eine eigene Fabrik ein. Schnell wurde der neue Farbstoff populär, vor allem, da Kaiserin Eugénie, die Gemahlin von Napoleon III., Gewänder in dieser Farbe zu tragen liebte, weil sie so gut zu ihren Augen passte. Mit fünfunddreißig war Perkin ein reicher Mann.

Da Deutschland dank Hofmann einen Anteil an Perkins Ausbildung gehabt hatte, sahen die Deutschen nun eine Chance, ihre Dividenden einzufordern. Angesichts des reichen Kohlevorkommens an der Ruhr, und da es in den deutschen Ländern mehr Chemiker gab als irgendwo sonst, schossen Anilinwerke (Anilin wurde aus Steinkohlenteer gewonnen) plötzlich wie Pilze aus dem Boden. Schnell entdeckte man eine Fülle von weiteren Farbstoffen, und im Nu wurden die deutschen Farbenfabriken zu Weltmarktführern.[12] Die aus Kohlenteer gewonnenen Farbstoffe verbreiteten sich derart rapide, dass sie binnen weniger Jahrzehnte, bis Ende des 19. Jahrhunderts, die Naturfarben vom Markt verdrängt hatten. Und nachdem diese Farben erst einmal genormt worden waren (was mit Naturprodukten nicht so einfach geht), erreichte der Markt auch eine nie gekannte Stabilität.

Die neue Farbenindustrie verdankte ihre Existenz aber auch der parallelen Entwicklung von zwei anderen industriell-wissenschaftlichen Innovationen: zum einen der groß angelegten Produktion von Leuchtgas, bei der als Nebenprodukt Teer abfiel, zum anderen der mittlerweile in eigenen Laboren systematisch betriebenen organischen Chemie. Alles hatte im Jahr 1843 begonnen, als Justus von Liebig einen seiner Assistenten beauftragte, eine Probe leichten Steinkohlenteeröls zu analysieren, die ihm sein früherer Schüler Ernst Sell übersandt hatte.[13] Der Assistent, den Liebig für diese Aufgabe ausgewählt hatte, war Hofmann gewesen, der gerade erst in Gießen promoviert hatte. Seine Untersuchungen ergaben, dass Steinkohlenteeröl Anilin und Benzol enthielt, zwei Stoffe, die noch große industrielle und kommerzielle Bedeutung gewinnen sollten. Doch Hofmann, der sich eigentlich mehr für Forschung und Lehre interessierte, konnte sich nur sehr mählich für Farbstoffe begeistern, und da er sich mehr für die Theorie als für die Praxis interessierte, kümmerte er sich vor allem um deren Zusammensetzung. Seine Analyse des in Frankreich produzierten Fuchsin – das nach der Fuchsie benannt worden war, weil deren blaurote Blüten einen ähnlichen Farbton aufwiesen – war denn auch systematischer als die jedes anderen Forschers. Er gab der Substanz den wissenschaftlichen Namen Rosanilin und war bald schon in der Lage, ihre strukturelle Beziehung zu den jüngst entdeckten Farbstoffen Anilingelb, Anilinblau und Kaiserpurpur aufzuzeigen.[14] Dank dieser Ergebnisse wurde es möglich, die basische Struktur von Rosanilin systematisch zu manipulieren und neue Funktionsgruppen hinzuzufügen, die den produzierten Farbton veränderten. Hofmann selbst stellte Triethyl- und Trimethylrosanilin her, zwei aufsehenerregende Farbstoffe, die dann unter dem Namen »Hofmanns Violett« vermarktet wurden.[15]

Wie John Joseph Beer in seiner hochgelobten Studie über die deutsche Farbenindustrie schrieb, waren diese fünf Farbstoffe – Mauvein, Fuchsin, Anilinblau, Anilingelb und Kaiserpurpur – »die wichtigsten Kohlenteerfarben, die die junge Anilinfarbenindustrie produzierte [...]. Es waren erst fünf Jahre seit der Gründung dieser Industrie vergangen, und schon ging es den neunundzwanzig westeuropäischen Farbenunternehmen gut genug, um ihren Ruf im internationalen Wettbewerb zu riskieren.« Beer zeigt auch auf, wieso es der deutschen Industrie im Lauf des anschließenden Jahrzehnts immer besser ging, während die französischen und britischen Konkurrenten regelrecht dahinschwanden: »Die französische Industrie war ein Fehlschlag aufgrund des Mangels an ausgebildeten Fachleuten und dem übertrieben theoretischen Ansatz der École Polytechnique; die britische Industrie fiel seit 1873 zurück, teils wegen der dortigen Rückständigkeit der organischen Chemie (die Hofmann wettzumachen versuchte), teils wegen der mangelnden Bereitschaft der englischen Kapitalisten, die Forschung zu fördern, und teils auch, weil der Berufsstand des Chemikers oder Technikers nicht nur in intellektuellen Kreisen, sondern auch in der Gesellschaft als solcher wenig Ansehen genoss.«[16]

Ganz im Gegensatz dazu konnten die deutschen und Schweizer Farbenindustrien – die vom Bessemerstahl bis hin zum wasserunlöslichen Papier alle möglichen französischen und britischen Verfahren kopierten – blühen und gedeihen. Scharen von Deutschen hatten ihr Geschäft in England erlernt und waren dann in ihre Heimat zurückgekehrt, was zur Folge hatte, dass die Produktion von Wollbekleidung zwischen 1842 und 1864 dort um das Fünffache, die von Baumwollbekleidung zwischen 1836 und 1861 um das Vierfache anstieg.[17]

Es gab aber noch zwei weitere Faktoren, die zum Erfolg Deutschlands und der Schweiz beitrugen: die Einrichtung von polytechnischen Hochschulen und von Forschungslabors, die direkt in den Produktionsstätten angesiedelt waren und den ständig steigenden Bedarf der Industrie an gut ausgebildeten hauseigenen Wissenschaftlern und Technikern deckten.[18]

Das Eidgenössische Polytechnikum Zürich (die spätere »Eidgenössische Technische Hochschule«) war 1854 nach dem Muster der École Polytechnique aufgebaut worden, die Napoleon 1794 in Paris zur Ausbildung von Maschinenbauern und zivilen wie militärischen Ingenieuren gegründet hatte. Polytechnische Schulen hatte es im deutschsprachigen Raum zwar schon länger gegeben, doch bis die deutschen Hochschulen nachzogen und schließlich aufholten, hatte es eine ziemliche Weile gedauert. Erst in den sechziger und siebziger Jahren des 19. Jahrhunderts wurden die technischen Hochschulen in einer Art von konzertierter Aktion den traditionellen Universitäten gleichgestellt. Dazu beigetragen hatte natürlich, dass im Zuge des fortschrittlicheren Verständnisses von der Elektrizität, vom Magnetismus und von der Energieerhaltung sowie durch die neuen Transportmöglichkeiten (insbesondere Eisenbahn und Schiffsverkehr) und die Entwicklungen in der höheren Mathematik, Physik und Chemie der Bedarf an Technikern so immens gestiegen war. Schritt für Schritt wurden die Immatrikulationsvoraussetzungen an den Polytechnika angehoben, bis sie schließlich mit den Zulassungsbedingungen der Universitäten gleichgezogen hatten – beziehungsweise so identisch geworden waren, dass der Abschluss als Diplomingenieur bis zur Wende zum 20. Jahrhundert dem der Promotion als gleichwertig betrachtet und von der Industrie generell sogar vorgezogen wurde.[19] Schließlich durften auch technische Hochschulen den akademischen Grad und Titel eines

Doktors verleihen, was das Stigma, das dem »Ingenieur« bis dahin angehaftet hatte, endgültig beseitigte.

Die historische Bedeutung der Einrichtung von Fabriklabors war, dass sie »in der technischen und naturwissenschaftlichen Forschung einen Wandel nach sich zogen – Veränderungen, die die Kontrolle des Menschen über die Natur in einem solchen Maße beschleunigten, dass jede einzelne Institution von Bedeutung davon betroffen war«. Aber nicht nur das – auch die interdisziplinäre Kooperation garantierte schnellere Ergebnisse, als es jeder Einzelforschung möglich gewesen wäre: »Und so begann der Aufstieg des Forschungsteams unter der Leitung eines Forschungsdirektors [...]. Nun konnte man Stellen für Leute schaffen, die auf praktischem Gebiet unbegabt, aber theoretisch talentiert waren, oder für solche, die nur an technischen Spielereien interessiert, aber geschickte Experimentatoren waren, oder für schlechte Beobachter, die dafür in der Lage waren, die Zusammenhänge zwischen neu entdeckten und alten Fakten herzustellen.« Die deutsche Farbenindustrie erreichte ihre Vormachtstellung, »indem sie der Natur im Sturmangriff Tausende von kleinen Fakten entriss«.[20]

Die vielleicht größte Errungenschaft des Labors war jedoch die Verwandlung der Anilinfarbenindustrie in eine Pharmaindustrie.[21] Zwischen 1880 und 1900 wurden Pharmazeutika deren rechtmäßige Erben. Ein Grund dafür war, dass der inzwischen allgemein gebräuchliche Einsatz von Anästhetika die Herstellung von Chloroform und Äther profitabel für die Farbenhersteller machte, ein anderer, dass mit der Theorie von den krankheitserregenden Keimen (siehe Kapitel 20) auch die Nachfrage nach Antiseptika wuchs und es sich bei diesen fast ausschließlich um Phenole handelte, die die Farbenhersteller seit Jahren ihren Farbstoffen als Komponenten beigefügt hatten.[22]

Fiebersenkende Mittel (Antipyretika) und schmerzstillende Mittel (Analgetika) wurden auf ähnliche Weise entdeckt wie das Mauvein, nämlich letztlich durch puren Zufall, auf der Suche nach etwas ganz anderem. 1883 versuchte der Chemiker Ludwig Knorr in Erlangen aus Phenylhydrazin und Acetessigsäure einen Chininersatz herzustellen und stellte fest, dass er stattdessen eine Pyrazolverbindung mit schmerzstillenden und fiebersenkenden Eigenschaften erhalten hatte. Noch im selben Jahr verkaufte er das Patent an die »Farbwerke Hoechst vorm. Meister Lucius & Brüning AG« (die spätere I.G. Farben). In schneller Reihenfolge folgten die Entdeckungen ähnlich wirksamer Substanzen, darunter des berühmten Antifebrins (1885), des reinen Acetanilids, des Phenacetins oder p-Ethoxyacetanilids (1888), des Dimethylaminoantipyrins, das von Hoechst unter dem Namen Pyramidon vertrieben wurde (1893), und schließlich des Aspirins (Bayer AG, 1898). Die Beruhigungsmittel (Sedativa) Sulfonal und Trional (Bayer) sowie Hypnal und Valyl (Hoechst) kamen in den neunziger Jahren auf den Markt. Außerdem kurbelten die immunologischen Arbeiten von Robert Koch und Louis Pasteur (siehe Kapitel 20) bei Hoechst auch die Großproduktion von Seren und Impfstoffen gegen so gefürchtete Krankheiten wie Diphtherie, Typhus, Cholera und Tetanus an.

Angesichts der Beispiele, die von den Pharmaherstellern Hoechst und Bayer gegeben wurden, stieg das Interesse an der Arzneimittelproduktion explosionsartig an. Mehrere Betriebe stellten nun eigene Bakteriologen, Veterinäre und andere Fachwissenschaftler ein.[23] Zur Forschung auf dem neuen Gebiet der Insektizide wurden Laborgewächshäuser errichtet, wo Botaniker und Entomologen die tödliche Wirksamkeit von Pestiziden testen konnten. Ein anderer, sich neu spezialisierender Laborzweig befasste sich mit dem fotografischen Film, dem Fotopapier und den zur Filmentwicklung nötigen Chemikalien. Doch die beiden bedeutsamsten Prozesse, die zu dieser Zeit entdeckt oder erfunden wurden, waren die Stickstofffixierung, die in Ludwigshafen betrieben wurde, und das Kunstgummi, das die Bayer AG entwickelte.[24]

Die erste Stickstofffixierung gelang im Jahr 1902 zwei Norwegern mit einem einfachen Verfahren: Mit Hilfe eines Lichtbogens hatten der Physiker Kristian Birkeland und der Ingenieur Sam Eyde Luft auf sehr hohe Temperaturen erhitzt und nachgewiesen, dass der Luftstickstoff mit dem Luftsauerstoff dabei zu Stickstoffmonoxid und dieses mit dem noch vorhandenen Sauerstoff weiter zu Stickstoffdioxid reagiert. In ihrem Land, wo Wasserkraft so reichlich vorhanden und so preiswert war, war diese Entdeckung schnell kommerziell nutzbar. Doch es gab nur wenige andere Regionen mit solchen Voraussetzungen, deshalb machte sich Fritz Haber in der Badischen Anilin- und Sodafabrik (BASF) bei Mannheim auf die Suche nach einer wirtschaftlicheren Methode der Stockstofffixierung. Er fand sie im Jahr 1909, als ihm bei hohem Druck und hohen Temperaturen die synthetische Herstellung von Ammoniak aus den Elementen Stickstoff und Wasserstoff gelang. Carl Bosch verbesserte das Verfahren dann so weit, dass die BASF 1911 ein Ammoniaksynthesewerk (Oppauer Stickstoffwerk) errichten und damit ihre Vorherrschaft in der Düngemittel- und Munitionsproduktion etablieren konnte.

Von Bedeutung war die Chemie- und/oder Farbenindustrie aber auch wegen ihrer eigenen Handelsorganisation. 1876, fünf Jahre nach der deutschen Reichsgründung, riefen die Farbenproduzenten den »Verein zur Wahrung der Interessen der chemischen Industrie Deutschlands« ins Leben, der oft nur »Chemieverein« genannt wurde und entscheidend zur Kartellisierung und Entwicklung der I.G. Farben beitragen sollte.[25]

In den achtziger Jahren schossen Kartelle wie Pilze aus dem Boden. 1905 zählte das Innenministerium dann 385 im Deutschen Reich, darunter allein 46 Kartelle der Chemieindustrie. 1908 war der Bayer-Konzern Mitglied in 25 Kartellen.

Die Bildung von Kartellen war eine Reaktion auf die veränderten Arbeitsbedingungen, die nicht zuletzt auf die wissenschaftlichen Entwicklungen zurückzuführen waren. Der kommerzielle Wettbewerb wurde immer schärfer, und die Profite gingen so stark zurück, dass sich Kapitalanlagen und langfristige Investitionen *plus* Forschung nicht mehr rechtfertigen ließen. Folglich sorgte das Kartell für feste Preise und Marktanteile. Einer der ersten davon betroffenen Fälle war das Alizarin (Krapprot): 1881 wurde eine Preisbindung eingeführt und jedem Hersteller ein bestimmter Marktanteil zugesprochen. (Zwischen 1869 und der Gründung des Kartells war der Preis für Alizarin von 270 Mark pro Kilogramm auf 17,50 Mark gesunken.) Aber dieses Kartell war nicht von Dauer, weil die einstigen Rivalen, wie John Beer schreibt, nicht in der Lage gewesen waren, über Nacht das Kriegsbeil zu begraben, und weil die Schweizer Farbenproduzenten nicht in die Vereinbarungen eingebunden worden waren. Spätere Kartelle funktionierten hauptsächlich deshalb, weil die Unternehmen entdeckt hatten, dass es effektiver war, ihre Patente zu bündeln und ihre Profite zu festgelegten Anteilen zu teilen, als defensiv zu handeln. Je größer der Kuchen wurde, den sie unter sich aufteilten, desto kooperativer wurden die einstigen Rivalen.[26]

Das Kartell der Farbenindustrie, die »Interessen-Gemeinschaft Farbenindustrie AG« oder kurz I. G. Farben, sollte nach den Weltkriegen bekanntlich sehr in Verruf geraten.[27]

Von den Farbstoffen zu den Pharmaka

Werner von Siemens ist das beste Beispiel für die Verbindung, die die theoretische deutsche Forschung mit der angewandten Wissenschaft im 19. Jahrhundert eingegangen war; Friedrich Bayer (1825–1880) und Johann Friedrich Weskott (1821–1875) sind hingegen die besten Beispiele für den entscheidenden Schritt, der von den Farbstoffen zu den Pharmaka führte. Bayer wurde als einziger Sohn – neben fünf Töchtern – eines Seidenwirkers in Barmen geboren; Weskott war der Sohn eines Naturgarnfärbers aus Langerfeld und hatte sich mit einer eigenen Färberei in Barmen – wo man vom Wasser der Wupper profitieren konnte – selbstständig gemacht. 1863 beschlossen sie, ein gemeinsames Unternehmen zu gründen, genannt »Friedr. Bayer et comp.«.

Das Geschäft war erfolgreich, doch erst in den achtziger Jahren, nach dem Tod der beiden Gründerväter, begann das Unternehmen unter seinem Vorstandsvorsitzenden, Bayers Schwiegersohn Carl Rumpff, eine neue Richtung einzuschlagen. Unter ihm wurde die Aktiengesellschaft gegründet, und er war es auch, der mit dem angesparten Kapital eine Reihe von jungen promovierten Chemikern rekrutierte, darunter Carl

Duisberg, der den Auftrag erhielt, nach neuen Möglichkeiten für die Expansion des Unternehmens Ausschau zu halten.[28] 1886 kam unter dem Markennamen »Antifebrin« schließlich ein neuer Wirkstoff auf den deutschen Markt, der Duisberg eine völlig neue Welt eröffnete.

In diesem Jahr hatten zwei Straßburger Ärzte namens Arnold Cahn und Paul Hepp einen Patienten behandelt, der unter Darmwürmern litt. Sie orderten in einer nahe gelegenen Apotheke das für diese Behandlung übliche Naphthalin. Der Apotheker »verwechselte« jedoch etwas, und die beiden Ärzte erhielten, ohne es zu wissen, ein ganz anderes Präparat aus der Substanz Acetanilid. Es handelte sich um ein Anilinderivat, das ebenfalls als Nebenprodukt bei der Gewinnung von Steinkohlenteer abfiel und in der Farbstoffindustrie wohl bekannt war, aber definitiv *keine* Medizin und auch noch nie zuvor einem Menschen verabreicht worden war. Erst als Cahn und Hepp feststellten, dass diese »Medizin« keinerlei Auswirkungen auf die Würmer hatte, bemerkten sie, das irgendetwas falsch war. Doch dann beobachteten sie plötzlich, dass das Fieber des Patienten deutlich sank.[29]

Wie es sich begab, war Paul Hepps Bruder Chemiker im Chemiebetrieb Kalle & Co, der zufälligerweise Acetanilid für die Farbstoffindustrie herstellte. Also wandten sich die beiden Ärzte an das Unternehmen und fragten an, ob es interessiert sei, Acetanilid als Antipyretikum auf den Markt zu bringen. Den Firmenleitern gefiel die Idee, problematisch fanden sie nur, dass die Formel für Acetanilid so bekannt war: Wenn ihr Medikament ein Erfolg würde, könnten es die profitgierigen Konkurrenten sofort nachbauen. Das war der Moment, in dem jemand bei Kalle die geniale Idee hatte, einen einfachen und leicht zu merkenden *Markennamen* für das Medikament zu suchen. Bis dahin waren Pharmazeutika samt und sonders unter ihren komplizierten chemischen Bezeichnungen vertrieben worden, obwohl sich nicht einmal alle Hausärzte mit den involvierten chemischen Stoffen auskannten. Man entschied sich, die Substanz Acetanilid unter dem Markennamen »Antifebrin« als Medikament zu vertreiben. Aber das eigentlich Clevere dabei war: Weil nach deutschem Recht ein ärztliches Rezept vom Apotheker *exakt* zubereitet werden musste, das heißt ausschließlich die jeweils verordneten Substanzen verwendet werden durften, durfte es auch kein anderes Mittel als »Antifebrin« sein, wenn der Arzt »Antifebrin« verschrieben hatte.

Duisberg hatte das Ganze verfolgt und sich gedacht, wenn das einmal gelang, dann würde es auch ein zweites Mal gelingen. Dabei schielte er sofort auf eine Substanz namens Para-Nitrophenol, die, wie Acetanilid, als Abfallprodukt bei der Farbstoffherstellung anfiel und von dem die Bayer AG rund dreißigtausend Kilogramm lagern musste, weil man keine Abnehmer fand. Vielleicht könnte man damit etwas anfangen? Er beauftragte einen seiner Chemiker, Oskar Hinsberg, sich der Sache anzunehmen – und da war es nur eine Frage von Wochen, bis Hinsberg einen Stoff namens Acetophenatidin isoliert hatte, der sich als ein noch stärkeres Antipyretikum mit geringeren Nebenwirkungen erwies als Acetanilid. Duisberg brachte es unter dem Namen »Phenacetin« auf den Markt. Wie Diarmuid Jeffreys erklärt, lässt sich das gesamte globale Pharmageschäft »auf diesen einen Moment zurückführen«.[30]

Es folgten weitere, ebenso erfolgreiche Medikamente. 1889 starb Carl Rumpff. Carl Duisberg, damals Prokurist und Leiter der wissenschaftlichen Versuche bei Bayer, führte in dem von ihm errichteten Laborgebäude die Pharmaforschung weiter, teilte dieses Labor nun aber klugerweise in zwei Abteilungen auf – in eine pharmazeutisch-wissenschaftliche, die mit der Erfindung neuer chemisch wirksamer Substanzen betraut wurde, und in eine pharmakologische, die den medizinischen Wert dieser synthetischen Substanzen testen sollte: eine sinnvolle und oft kopierte Art von Qualitätskontrolle.[31] Und in diesem Umfeld sollte dann das erfolgreichste Medikament gefunden werden, das die Welt je gesehen hat.

Das erfolgreichste Medikament der Welt

Konzipiert hatten dieses Medikament drei Chemiker: Heinrich Dreser (1860–1924), Arthur Eichengrün (1867–1949) und Felix Hoffmann (1868 bis 1946). Aber es war Hoffmann, der die entscheidenden Experimente durchführte.

Wie Hoffmann die Geschichte später selbst erzählte, hatte er in der Fachliteratur mehrfach Hinweise auf die Synthese von Acetylsalicylsäure (ASS) gefunden, mit der sich angeblich die unangenehmen Nebenwirkungen der Salicylsäure, des traditionellen Mittels gegen rheumatisches Fieber und Arthritis, auf den Magen reduzieren ließen. Hoffmann begann einige der beschriebenen Experimente mit unterschiedlichen Substanzen zu wiederholen. Einem Eintrag in seinem Laborjournal zufolge entdeckte er am 10. August 1897 zufällig, dass sich durch die Acetylierung der Salicylsäure mit Essigsäure ASS in chemisch reiner und stabiler Form gewinnen ließ und damit effektiv alle gastrischen Nebeneffekte behoben werden konnten.[32] Wie inzwischen üblich, testete die pharmakologische Abteilung die Substanz, und Eichengrün stellte fest, dass sie wirksam war. Doch Dreser hatte Einwände, weil er glaubte, dass Salicylsäure »das Herz schwächt«, und lehnte ASS ab.

Verkompliziert wurde das Ganze, weil Hoffmann nur zwei Wochen nach seiner Entdeckung des ASS noch eine weitere Substanz gefunden hatte, deren Potenzial Dreser für wesentlich größer hielt: Heroin. Diacetylmorphin, wie die vollständige chemische Bezeichnung des Heroins lautet, war an sich nichts Neues gewesen. Entdeckt hatte es 1874 der

Engländer C. R. Alder Wright bei seinen Untersuchungen von Opiumderivaten im Londoner St Mary's Hospital. Dreser, der in der Fachliteratur auf einen Bericht von Alder Wright gestoßen war, beauftragte Hoffmann mit weiteren Experimenten, da Morphin traditionell als Schmerzmittel und bei der Behandlung von Atemwegserkrankungen wie Tuberkulose eingesetzt wurde und weil ein anderes Opiumderivat namens Codein als Hustenmittel im Gebrauch war. Zwei Wochen nachdem er die Formel ASS erarbeitet hatte, synthetisierte Hoffmann erfolgreich Diacetylmorphin und erwarb sich dadurch den denkwürdigen Ruf, binnen vierzehn Tagen nicht nur eine der nutzbringendsten Substanzen »entdeckt« zu haben, die der Medizin bekannt sind, sondern auch eine der tödlichsten.[33]

Dreser begann die neue Substanz an allem zu testen, was greifbar war, von Fröschen bis zu Kaninchen, dann auch an sich selbst und an anderen Freiwilligen. Und weil diese freiwilligen Testpersonen feststellten, dass ihnen das Mittel ein geradezu »heroisches« Gefühl gab, lag der Markenname schnell auf der Hand. Nach weiteren klinischen Tests annoncierte Dreser 1898 auf einem Kongress deutscher Ärzte und Naturwissenschaftler, dass Heroin als Hustenmittel zehnmal wirksamer sei als Codein und dabei nur ein Zehntel von dessen toxischen Nebenwirkungen habe. Sicherheitshalber fügte er noch an, dass es sich um ein Mittel für die ganze Familie handle, dessen Eigenschaften ganz und gar nicht süchtig machten. Vielmehr sei es als Einziges in der Lage, Morphinsüchtige zu heilen.[34] Er plante sogar, die Droge als ein wirksames Mittel gegen Säuglingskoliken und Grippe zu propagieren.

Was nun das ASS betrifft, so war Eichengrün mittlerweile hinter Dresers Rücken aktiv geworden. Zuerst hatte er es an sich selbst getestet. Nachdem er festgestellt hatte, dass es nicht den geringsten negativen Effekt auf sein Herz hatte, schickte er Chargen davon an Bayers Vertreter in Berlin, der gute Kontakte zu vielen Hausärzten hatte, und forderte ihn auf, diskrete Versuche starten zu lassen. Binnen Wochen meldeten sich die Ärzte »begeistert« zurück. Ihre Erfahrungen waren weit besser, als es irgendjemand bei Bayer zu träumen gewagt hatte: ASS hatte zwar ein paar unangenehme Nebenwirkungen, davon abgesehen hatte es sich aber als gutes Schmerzmittel erwiesen. Die Produktion begann.[35] Das bedeutete, dass man nun auch schnellstens einen Namen finden musste, und weil Salicylsäure aus den Blütenknospen des Mädesüß gewonnen wurde und dieses zur Gattung *Spiraea* zählte, wurde diese Bezeichnung vorgeschlagen. Doch jemand wandte ein, dass eingedenk der Acetylierung ein »A« davorgesetzt werden müsse. Und da die Namen vieler Arzneimittel damals mit »in« endeten, einfach weil sich das gut aussprechen ließ, entschied man sich für »Aspirin«.[36]

Der Aufstieg des Mikroskops

Der Aufstieg des Labors wäre ohne den parallelen Aufstieg eines der denkbar nützlichsten Laborinstrumente gar nicht möglich gewesen. Neue Entwicklungen in der Optik waren im 19. Jahrhundert in Frankreich, Holland, England und den Vereinigten Staaten vorangetrieben worden, doch drei der führenden Forscher auf diesem Gebiet waren Deutsche: Carl Zeiss (1816–1888), Ernst Abbe (1840–1905) und Ernst Leitz (1843–1920).

Der in Weimar geborene Carl Friedrich Zeiss hatte nach einer Mechanikerlehre als Gasthörer Chemie-, Mathematik-, Optik- und Mineralogievorlesungen an der Universität Jena besucht und 1846 eine Werkstatt für feinmechanische und optische Fertigungen in der Stadt gegründet. Es war Matthias Schleiden, der Begründer der Zellenlehre, der ihn dann dazu anregte, Mikroskope kommerziell zu produzieren. Das Geschäft lief so gut, dass Zeiss stetig expandieren konnte. Während der ersten zwanzig Jahre hatte er tausend Instrumente hergestellt. 1866 begann seine Zusammenarbeit mit dem wesentlich jüngeren Physiker Ernst Abbe, der zu dieser Zeit Privatdozent für Physik und Mathematik an der Universität Jena war. Zeiss war klar geworden, dass er wesentlich wissenschaftlicher und systematischer vorgehen musste, wenn sein Unternehmen wirklich erfolgreich sein sollte. Also ging er eine Partnerschaft mit Abbe ein und machte ihn zum Forschungsleiter seiner Firma. Und Abbe sollte dann die mathematisch-physikalischen Grundlagen für die Optikrechnung erarbeiten, die so viele neue Geräte ermöglichte. Das Erste war 1869 der »Abbesche Kondensor«, ein Beleuchtungsapparat für Mikroskope. Drei Jahre später, 1872, formulierte Abbe (der auch ein großer Sozialreformer am Arbeitsplatz war) seine »Wellentheorie der Mikroskopabbildung« und definierte die nach ihm benannte »Sinusbedingung«, eine mathematische Theorie, die eine Vielzahl von Objektiven für die Mikroskopie ermöglichte.[37]

1884 gesellte sich der wesentlich jüngere, in Witten geborene Otto Schott (1851–1935) zu Zeiss und Abbe. Er gilt heute als Vater der modernen Glaswissenschaft. In dem gemeinsam gegründeten »Glastechnischen Laboratorium« entwickelte er über hundert neue Glassorten, darunter als wichtigste im Jahr 1886 die erste »apochromatische« Linse. Weil diese Farbfehler weit besser korrigieren konnte als die achromatische, war sie besonders für die Astronomie geeignet.

Wegweisend war Zeiss auch beim Binokularteleskop und Prismenfernglas, die jeweils die Tiefenschärfe stark verbesserten.[38] Die Erfindung des Automobils (siehe nächstes Kapitel) sollte ihm wegen des Bedarfs an immer besseren Scheinwerfern dann nochmals ein ganz neues Gebiet eröffnen.

Nicht weniger berühmt sind die Entwicklungen des Sulzburgers Ernst Leitz. Als der dreiundzwanzigjährige Mechaniker und Autodidakt Carl Kellner (1826–1855) in Wetzlar das Optische Institut gründete, das einmal Leitz' Namen tragen sollte, war dieser erst sechs Jahre alt gewesen. Dort begann Kellner Linsensysteme für Mikroskope und Teleskope herzustellen, darunter das »orthoskopische Ocular«, eine von ihm selbst entwickelte Linsenkombination, die ein verzerrungsfreies, perspektivisch richtiges Bild erzeugt. Zu seinen Kunden zählten Rudolf Virchow und Justus von Liebig.

Nach Kellners frühem Tod mit nur neunundzwanzig Jahren übernahm seine Witwe die Leitung des Unternehmens, übertrug sie nach ihrer Eheschließung mit dem Gehilfen Friedrich Belthle jedoch ihrem Mann. Er war es dann, der zehn Jahre später Carl Leitz als Teilhaber in die Firma holte. Nach Belthles Tod im Jahr 1869 wurde Leitz Alleininhaber. Inzwischen hatte das Unternehmen bereits das Schwergewicht auf Mikroskope gelegt und produzierte nur noch wenige Teleskope. 1889 expandierte es und stellte neben Ferngläsern auch Filmprojektoren her. Kurz vor dem Ersten Weltkrieg traten der Feinmechaniker Oskar Barnack und der Mineraloge Max Berek in das Unternehmen ein und begannen, es in Richtung Kameraentwicklung auszubauen. Es war Berek, der die Dimensionen des ersten Kameraobjektivs berechnete, welches den Namen des Unternehmens trug und dann in die von Barnack entwickelte Kleinbildkamera eingebaut wurde, die in den zwanziger Jahren so berühmt werden sollte – die Leica.[39]

Mehr als alles andere steht das Mikroskop sinnbildlich für das Labor. Sein Aufstieg symbolisiert aber auch noch einen anderen Umbruch, der um die Wende zum 20. Jahrhundert stattfand. Mitte des 19. Jahrhunderts hatten Chemie und Maschinenbau den Weg gewiesen – mit der Erfindung von elektrischen Maschinen, Farbstoffen und Pharmazeutika. Diese Industrien und ihre wissenschaftlichen Labors entwickelten sich weiter, doch erst das Mikroskop ermöglichte Fortschritte in den Biowissenschaften und vor allem bei der Forschung über die Mikroorganismen, die so viele Krankheiten verursachen.[40]

19
Die Herren des Metalls:
Krupp, Benz, Daimler, Diesel, Rathenau

Alfred Krupp, der »Kanonenkönig« (1812–1887), war nur ein Jahr älter als die Essener Gussstahlfabrik, die seinen Namen trug. Sein Vater Friedrich war kein wirklich erfolgreicher Geschäftsmann gewesen. Als er starb (Alfred war vierzehn), stand der Betrieb kurz vor dem Bankrott, und Alfred musste aus finanziellen Gründen aus der Schule genommen werden. Sein ganzes Leben lang sollte er bedauern, dass er bloß eine Ausbildung »am Amboss« erhalten hatte.[1] Doch der Sohn kam nicht nach dem Vater. Friedrich war ein Romantiker und schwacher Mensch gewesen, Alfred ein resoluter, ganz und gar unsentimentaler Typ. Und genau diese Eigenschaften waren erforderlich, damit es ihm binnen zweier Jahrzehnte oder eines halben Arbeitslebens gelingen konnte, den Betrieb völlig umzukrempeln.[2]

Doch selbst dabei spielte der Zufall eine Rolle. Nach der Niederlage Napoleons waren die Preußen aus dem Weichselraum im Osten vertrieben worden und hatten durch die Beschlüsse des Wiener Kongresses dafür die Provinzen Rheinland und Westfalen erhalten. Damals war das Agrarland im Osten noch wesentlich wertvoller gewesen als vor dem einsetzenden industriellen Wachstum im 19. Jahrhundert, mit dessen entsprechend gestiegenem Bedarf an Kohle sich die Lage umzukehren begann. Dieser Wandel veranlasste Preußen nun, gen Westen zu blicken und sich zum Schutz seiner Interessen enger mit den deutschen Staaten zu verbünden, die es von Frankreich trennten; daraus ergaben sich ökonomische Faktoren, die politische Konsequenzen nach sich zogen; und diese Kette an Ereignissen trug letztendlich nicht nur zur Reichsgründung bei, sondern wirkte sich auch auf Krupp aus. Die immer engeren Wirtschaftsbeziehungen zwischen den deutschen Staaten, die 1834 schließlich in die Gründung des Deutschen Zollvereins mündeten, vereinfachten nicht nur das Reisen, sondern auch die Geschäftsbeziehungen zwischen diesen Staaten erheblich.[3]

Krupp ergriff die Chancen, die sich ihm mit den neuen Bedingungen boten, und bereiste die wichtigsten Wirtschaftszentren Deutschlands, um sich Aufträge für eine Vielzahl von Metallprodukten zu sichern, von

Münzstempeln bis hin zu Bestecken. Aber auch die Ereignisse des Jahres 1848 spielten ihm in die Hand. Alfred befahl seinen Arbeitern, sich fernzuhalten von den Aufständen im ganzen Land; und als die Revolution zusammenbrach, war die Rolle Preußens unter den deutschen Ländern gestärkt, da es im Wesentlichen preußische Soldaten gewesen waren, die von den deutschen Fürsten zu Hilfe gerufen worden waren, um wieder Recht und Ordnung in ihren Staaten herzustellen. Peter Batty schreibt in seinem Buch über das Unternehmen Krupp: »Im Großen und Ganzen ist die Geschichte von Preußen und wie es dazu kam, dass es Deutschland zwischen 1848 und 1871 schluckte, auch die Geschichte von Alfred Krupp und wie es dazu kam, dass er die deutsche Industrie beherrschte.«[4] 1843 begann sein Betrieb mit der Waffenproduktion, wenngleich noch in bescheidenem Rahmen. Sein Bruder hatte ihn auf die Unzuverlässigkeit der schweren eisernen Vorderlader aufmerksam gemacht, die damals noch *die* Gewehre der Fußtruppen waren, also beschloss er, als Erster ein Gewehr mit gussstählernem Flintenlauf zu produzieren. Damit begann das deutsche Stahlzeitalter. Aber noch hatte Krupp die Vorurteile der Generäle zu überwinden, die an ihre Gewehre mit den bronzenen oder eisernen Läufen gewöhnt waren.[5] Schon 1850 stellte Krupp ein Geschütz aus gussstählernem Kernrohr mit gusseiserner Ummantelung her, doch die preußische Regierung sollte sich erst 1859 dazu durchringen, die ersten dreihundertzwölf Feldgeschütze bei ihm zu ordern.

Obwohl Krupp wegen seiner Rüstungsgüter in die Geschichte einging, kam seine wahre Genialität, wie Batty weiter schreibt, eigentlich in seinem Gespür für die Bedeutung der Eisenbahn zum Ausdruck. Die erste Eisenbahn Deutschlands war 1835 von Fürth nach Nürnberg gefahren; 1850 gab es bereits ein Streckennetz von rund achttausend Kilometern, dessen Umfang sich bis zur Jahrhundertwende verzehnfachen sollte. Alfred Krupp hatte als einer der Ersten die Möglichkeiten erkannt, die sich hier für einen Stahlproduzenten boten.[6] 1849 ergatterte er seinen ersten Auftrag für fünfhundert Gussstahlachsen und -federn. Damit setzte eine Reihe von Experimenten ein, die schließlich zu den nahtlos geschweißten Stahlradreifen führten – einer brillanten Erfindung, die Krupp mit ziemlicher Sicherheit mehr Geld einbrachte als all seine Kanonen zusammen. Ein Schwachpunkt der bis dahin verwendeten Radkränze für Eisenbahnen war die Stelle gewesen, an der die Lauffläche an den Wulst geschweißt war, der die Lokomotive mitsamt Waggons auf der Spur halten sollte. Je schneller und schwerer die Züge wurden, desto entscheidender wurde diese Schwachstelle an der Schweißnaht. Um des Problems Herr zu werden, übernahm Krupp schlicht und einfach die Technik, die das Unternehmen bereits für die Löffelwalze zur Herstellung von Bestecken entwickelt hatte: Er ließ die Stahlreifen auf den Radkranz aufrollen, solange sie noch heiß waren, und erhielt auf diese Weise ein komplett *nahtloses* Rad. Anstatt aus zwei zusammengeschweißten Teilen bestanden die Räder nun also aus einem einzigen Metallstück. Die Fabrik, in der die Eisenbahnräder produziert wurden, ließ Alfred so weit entfernt von allem bauen, dass seine Arbeiter sie »Sibirien« nannten; aber die nahtlosen Radreifen katapultierten Krupp in die erste Reihe der Industriellengarde.

Billiger Stahl und der erste Rüstungswettlauf

Was die Waffenproduktion betraf, so hatte Krupp bald begriffen, dass seine Zukunft eher beim Militär – bei den Generälen – als bei den Politikern lag.[7] Peter Batty schrieb, dass es in Berlin nur wenige Beamte gegeben habe, die Alfred leiden konnten, und ihn seine Selbstherrlichkeit und Überheblichkeit auch zum Paria unter den Industriellen gemacht hätten. Jedenfalls begann Krupp nun die Offiziere im Umkreis des Kronprinzen zu hofieren und damit das engmaschige Netz zwischen Essen und Berlin zu spinnen, das so typisch für die Krupp-Saga ist. Das Antichambrieren zahlte sich aus. Im Oktober 1861 besuchte Prinzregent Wilhelm die Krupp-Werke, um »Fritz«, den mächtigsten Schmiedehammer der Welt, mit eigenen Augen zu sehen. Ein paar Monate später wurde Krupp vom nunmehrigen König von Preußen zum Geheimrat ernannt, kurz darauf wurde ihm der Rote Adlerorden mit Eichenlaub verliehen, eine ungewöhnlich hohe Ehre. Das alles geschah parallel zum Ausbau des Krupp'schen Kanonengeschäfts. Inzwischen verkaufte Alfred massenweise Kanonen an Belgien, Holland, Spanien, Ägypten, die Türkei, Schweden, die Schweiz, Argentinien, Österreich, Russland und sogar England. Der erste große Rüstungswettlauf hatte begonnen, und im Zuge dieses Prozesses begann die deutsche Presse Krupp als »Kanonenkönig« zu bezeichnen – ein Titel, den er mehr schätzte als alle anderen.[8] Otto von Bismarck fing den Geist dieser Ära 1862 mit dem Satz ein: »Nicht durch Reden oder Majoritätsbeschlüsse werden die großen Fragen der Zeit entschieden [...], sondern durch Eisen und Blut.«[9]

Bismarck, der 1862 preußischer Ministerpräsident und Minister des Auswärtigen wurde, 1867 dann Kanzler des Norddeutschen Bundes und 1871 erster Reichskanzler (bis 1890), war drei Jahre jünger als Alfred Krupp. Der »eiserne Kanzler« und der »Kanonenkönig« waren sich in vielerlei Hinsicht ähnlich. Beide waren misanthropische Tyrannen, unfähig zum vertrauensvollen Umgang mit irgendjemandem, und beide pflegten Zuflucht in der Natur zu suchen – Bismarck bei Hunden und Bäumen, Krupp bei Pferden und der Jagd. Über Bismarck sagte einmal jemand, er sei noch nie einem Menschen begegnet, der so wenige Freuden kenne. Das Gleiche hätte man von Krupp sagen können. Wohl kaum jemand prägte (zumindest in England) das Bild vom aggressiven, kriegslüsternen und destruktiven Preußen so sehr wie diese beiden Männer.[10] Bismarck, das sollten wir nicht vergessen, war ein Junker, gehörte also der Schicht jener »militaristischen, rücksichtslosen Großgrundbesitzer« an, welche sich ihre Besitztümer im Osten mit Gewalt erobert hatten und deshalb unbeirrbar an den Einsatz von Gewalt glaubten. Um diese Gesellschaftsschicht zu bewahren, was Bismarcks dauerhaftes Ziel blieb, musste er Preußen bewahren; und das bedeutete nicht nur die Herabwürdigung von Österreich und Frankreich, sondern auch die Zerstörung des deutschen Liberalismus und die Verdrängung des primär kulturellen deutschen Nationalismus durch einen politischen preußischen Nationalismus. Während Bismarck diese Ziele verfolgte, wurde er zum »verhasstesten Mann Europas«, dicht gefolgt von Krupp.[11]

Den ersten Besuch stattete Bismarck Krupp in Essen im Oktober 1864 ab, en route von Paris nach Berlin. Nachdem er festgestellt hatte, dass Krupp seine Leidenschaft für Pferde und Bäume teilte, zog er ihn ins Vertrauen und enthüllte ihm im Verlauf ihrer Gespräche offenbar einige seiner Pläne für Preußen. Bismarck hatte sehr wohl verstanden, dass Alfreds Kanonen eine Rolle bei diesen Plänen spielen konnten, wohingegen Krupp das große Geschäft witterte, das sich ihm – nicht zuletzt dank des Kanzlers Absicht, die Kriegsmarine auszubauen – nun eröffnete.

Die erste große Schlacht unter Verwendung von Krupp-Kanonen (wohlgemerkt auf beiden Seiten) fand bei Königgrätz statt, wo am 3. Juli 1866 die Truppen Preußens auf die Armeen Österreichs und Sachsens stießen. Obwohl sich die Kanonen bei Weitem nicht als perfekt erwiesen hatten, konnte Krupp binnen vier Monaten Aufträge für weitere siebenhundert Stück an Land ziehen. Und obwohl dieser sogenannte Deutsche Krieg von 1866 einer der kürzesten gewesen war, hatte er doch weitreichende Folgen. Preußen griff sich Schleswig und Holstein und annektierte alle Staaten, die sich vor Königgrätz nicht auf seine Seite geschlagen hatten: das Königreich Hannover, das Herzogtum Nassau, das Kurfürstentum Hessen und die Freie Stadt Frankfurt. Und nachdem Österreich dieser entscheidende Schlag versetzt worden war, setzte Bismarck seinen Plan in Gang, Preußen in eine Weltmacht zu verwandeln.[12]

Zwei Jahre später verkündete Preußen die Absicht, seine Flotte auszubauen. Zuerst hatte die Admiralität für den Kauf von englischen Kanonen votiert, doch dann setzte sich mit dem Rückhalt des preußischen Königs Alfreds Argument durch, dass eine deutsche Flotte auch deutsche Kanonen benutzen sollte. Im September 1868 orderte die Marine einundvierzig schwere Geschütze für ihre drei neuen Panzerschiffe – bei Krupp. Allein das sollte die deutsche Flottenpolitik über Jahrzehnte hinweg prägen.[13]

Nachdem Bismarck also schon vier Jahre zuvor die Österreicher überlistet hatte, versuchte er 1870 das gleiche Manöver auch gegenüber Frankreich, indem er Napoleon III. dazu verleitete, Preußen den Krieg zu erklären, um für Frankreich die Landesteile zurückzuerobern, die Napoleon I. verloren hatte. Am Tag der preußischen Mobilmachung bot Krupp den Heereskräften als Beitrag zum preußischen Sieg eine Waffenlieferung an. Das Geschenk wurde abgelehnt, stattdessen erhöhte die Armee ihre Rüstungsaufträge an Krupp derart, dass Preußen zum ersten Mal mehr Waffen bei ihm als bei irgendeinem anderen Produzenten erwarb.[14]

Die Truppen von Napoleon III. mit ihren altmodischen bronzenen Vorderladerkanonen konnten den Preußen kein Paroli bieten. »Die neuen Hinterlader und Sturmmörser aus Krupp-Stahl«, schreibt Batty, »pulverisierten die Festungen von Metz und Sedan in Null Komma nichts, dann sprengten sie eine Schneise durch die Peripherie von Paris.« Dieses Ereignis sagt eine Menge über Krupp und Bismarck aus. Die meisten preußischen Generäle waren dagegen gewesen, das von Georges-Eugène Haussmann gerade neu errichtete Paris unter Beschuss zu nehmen. (Die wunderschöne Stadt, die wir kennen, war damals brandneu gewesen.) Doch sowohl Krupp als auch Bismarck waren Feuer und Flamme für einen Angriff, Alfred derart sogar, dass er der Armee schnell noch die Entwicklung eines Zweitausend-Pfund-Geschosses versprach und ein riesiges Belagerungsgeschütz zu entwerfen begann, das in der Lage sein sollte, seine Ladungen aus großer Entfernung direkt ins Herz von Paris zu katapultieren. Nichts davon konnte rechtzeitig fertiggestellt werden, aber pünktlich zum Ersten Weltkrieg waren diese Waffen da und »versetzten die Welt in Angst und Schrecken«. Die Folge war, dass Krupp nun mit Bismarck und Kaiser Wilhelm die Dreifaltigkeit der in Frankreich meistgehassten Männer bildete. Sein Name stand »schlicht und ergreifend für eine Vernichtungsmaschinerie. 1871 war Krupp von nur einer Nation gehasst worden, im Verlauf der nächsten vierundsiebzig Jahre sollte [das Unternehmen] zu einem Hassobjekt internationalen Maßstabs werden, wie vermutlich kein anderes jemals zuvor und danach.«[15]

Für Alfred Krupp war der Sieg Preußens über Frankreich, ungeachtet der Gründe, die dazu geführt hatten, eine perfekte Werbung gewesen. Die Aufträge strömten nur so herein. Einen Adelstitel lehnte er ab. Er wollte »lieber der erste Industrielle als der letzte Ritter« sein.[16]

Aus dem Sieg von 1871 erhob sich das Deutsche Reich. Der preußische König Wilhelm wurde zum deutschen Kaiser, der preußische Ministerpräsident Bismarck zum deutschen Kanzler. Preußen übernahm die Führungsrolle im Deutschen Reich und bekam zudem die an Kohle und Eisenerz so reichen elsässischen und lothringischen Provinzen Frankreichs. Auch wenn es noch drei weitere deutsche Königreiche gab (Bayern, Sachsen, Württemberg), war das Königreich Preußen nun der mächtigste Staat des Kontinents. Und dass das Deutsche Reich nun einen Nachbarn hatte, der erst jüngst so gedemütigt worden war, kam Bismarck wie Krupp höchst gelegen, denn nun konnten sich beide die Angst der Deutschen zunutze machen, dass Frankreich der Sinn nach Rache stehen würde. Die preußischen Sieger forderten von den Franzosen Reparationen in Höhe von fünf Milliarden Francs.* Dieser Betrag und das Tempo, in dem er abgezahlt wurde (binnen nur dreißig Monaten), verhalfen dem Deutschen Reich zu einem außerordentlichen Boom und seiner sogenannten Gründerzeit. Die neue Reichsregierung gab das Geld vor allem für zwei Zwecke aus: für Rüstung und für die Rückzahlung der Schulden, die man in Form von Kriegsanleihen bei den Bürgern gemacht hatte, um den Waffengang bezahlen zu können. Das heißt, dass die privaten Kreditgeber plötzlich in Geld schwammen und es deshalb schnell reinvestieren konnten. In den zwei Jahrzehnten vor dem Krieg waren durchschnittlich zwanzig neue Firmen pro Jahr registriert worden; allein im Jahr 1871 gab es über zweihundert Neueinträge, 1872 sogar mehr als fünfhundert.[17] Krupp profitierte von diesem Boom ebenso wie alle anderen deutschen Fabrikanten. In den ersten drei Jahren nach 1871 wurden so viele Hüttenwerke, Hochöfen und Maschinenfabriken gebaut wie in den vorangegangenen siebzig Jahren insgesamt.

Doch wie so viele andere Unternehmen der Gründerzeit hatte sich auch Krupp übernommen. Allein im Jahr 1872 hatte er mehr als dreihundert Eisenerzgruben, Kohlegruben sowie zwei komplette Hüttenwerke gekauft und zudem vier Transportschiffe in Betrieb genommen, um das Eisenerz aus den in Spanien neu erworbenen Deponien nach Deutschland zu bringen. Als es 1873 dann zum Börsencrash, dem sogenannten »Gründerkrach«, kam, gingen Hunderte Unternehmen bankrott. Krupp hatte Verbindlichkeiten von über dreißig Millionen Goldmark (296 Millionen Euro). Er musste die Gussstahlfabrik an ein Bankenkonsortium verpfänden, das den Berliner Krupp-Vertreter Carl Meyer als Vertrauensmann an die Spitze des Unternehmens setzte. Bis Krupp die letzte Mark Schulden beglichen hatte, vergingen fünfzehn Jahre. Es war das Jahr, in dem Alfred Krupp starb.[18]

Alfred Krupps persönlicher Lebensstil war dadurch allerdings in keiner Weise beeinträchtigt worden (nicht zuletzt, weil er seit Langem mit Meyer befreundet gewesen war). Vor allem die Tests seiner Kanonen waren nach wie vor große gesellschaftliche Ereignisse. Außerdem war es noch die Zeit des intensiven Streckennetzausbaus der amerikanischen Eisenbahn, weshalb die amerikanischen Eisenbahngesellschaften auch nach wie vor gewaltige Mengen Stahlschienen bei Krupp kauften. Dennoch, seine letzten Lebensjahre waren freudlos. Seit er von den Banken ausgegrenzt worden war, wanderte er griesgrämig und verloren durch seine

---

* Rund zweiunddreißig Milliarden Euro nach heutigem Wechselkurs. Historisch hinkt ein solcher Vergleich natürlich, da sich Kaufkraft wie Liquidität seither ja völlig verändert haben.

Villa Hügel, dieser Monstrosität von einem Haus. Er hatte zwar einen Pianisten angeheuert, der seine Malzeiten musikalisch begleiten musste, doch niemand im Haus wagte es, Domino oder Karten mit Krupp zu spielen, weil er so ein gefürchtet schlechter Verlierer war.[19] Als er am 14. Juli 1887 im Alter von fünfundsiebzig starb, war nur sein Diener zugegen. Ein Jahr vor seinem Tod war seine erste Enkeltochter geboren worden, nach der die »dicke Bertha« benannt werden sollte, die 1914 die belgischen Festungen dem Erdboden gleichmachte. Krupps schlechter Ruf sollte mit Alfred nicht sterben.

Keiner der anderen deutschen Stahlgiganten, weder August Borsig (1804–1854: Dampflokomotiven) noch Hugo Stinnes (1870–1924: Handel, Elektrizität, Bergwerke und Hütten) oder August Thyssen (1842–1926: Eisen-, Walz- und Stahlwerke) konnte es mit Krupps notorischem Ruf aufnehmen, wenn auch durchaus mit seinem Reichtum. Der Thyssen-Konzern (der bereits 1926 zu Teilen in den Vereinigten Stahlwerken aufgegangen war) verschmolz 1999 mit Krupp-Hoesch zur ThyssenKrupp AG.

Das Zeitalter des Automobils

Bereits in den sechziger Jahren des 19. Jahrhunderts waren in der Schweiz, in Frankreich und in England die ersten pferdelosen Fuhrwerke gebaut worden. Allerdings wurde kein einziges davon jemals in Gang gesetzt. Erst 1885 konstruierte Karl Benz (später änderte er die Schreibweise seines Vornamens in Carl) in Mannheim eine Maschine, die das Zeitalter des Automobils einläuten sollte.

Carl Benz (1844–1929) war der in Karlsruhe geborene Sohn eines Lokomotivführers und Enkel eines Hufschmieds. Die Technik lag ihm im Blut.[20] Im Alter von dreißig Jahren besaß er eine eigene kleine Werkstatt, in der er einen Gasmotor entwickelte. 1880 gründete er die Motorenwerke Mannheim AG, aus denen er jedoch drei Jahre später wegen Differenzen mit seinem Partner Emil Bühler ausschied, weil dieser nicht bereit gewesen war, Geld für die Entwicklung eines »Wagens ohne Pferde« zu verschwenden. Noch im selben Jahr gründete Benz mit dem Kaufmann Max Kaspar Rose und dem Techniker Friedrich Wilhelm Esslinger die »Benz & Cie. Rheinische Gasmotorenfabrik« in Mannheim. Auch Rose war skeptisch, gab jedoch einen gewissen Betrag des Kapitals für »Versuche« frei. Mit diesem Grundstock gelang Benz bis 1885 die Entwicklung eines »Tricycles« mit Verbrennungsmotor, Kurbelwelle und elektrischer Zündung – das erste Benzinauto und der Grundstock für die gesamte Automobilentwicklung. Benz war klar gewesen, dass das Gewicht des Motors entscheidend war und der Antrieb sehr viel leichter sein musste als die zuvor entwickelten Gasmotoren. Bis dahin hatten seine stationären

Motoren rund hundertzwanzig Umdrehungen pro Minute geschafft. Benz wusste, dass er diesen Wert mehr als verdoppeln musste. Ebenso früh hatte er die entscheidende Wahl getroffen, einen Einzylinder-Viertaktmotor anstelle des Zweitakters zu bauen, weil ihm klar geworden war, dass ein Straßenfahrzeug in der Lage sein musste, laufend die Geschwindigkeit zu ändern. Das große Schwungrad baute Benz liegend in das Fahrgestell ein, damit die Kreiselwirkung die Lenkung und Standfestigkeit des Fahrzeugs in engen Kurven nicht beeinträchtigen konnte. Benz hatte sich für einen Hinterradantrieb entschieden; das Vorderrad hing in einer ungefederten Gabel und wurde durch eine mit einer Kurbel verbundene Zahnstange gelenkt, wie es beim damals gebräuchlichen Tricycle üblich war. Angetrieben wurde der Wagen mit je einer Kette links und rechts der Vorgelegewelle über die Hinterräder. Als Kraftstoff wurde ein Benzin-Luft-Gemisch verwendet, der Gemischaufbereitung diente ein Oberflächenvergaser, den sich Benz am 29. Januar 1886 hatte patentieren lassen. Gekühlt wurde der Motor durch ein einfaches Wasserverdampfersystem.

St. John Nixon schreibt in seiner Automobilgeschichte, es stehe »außer Zweifel, dass dieser Wagen im Frühjahr 1885 zum Test bereitgestanden hatte. Gefahren wurde er von Benz auf einem Schotterweg, der über das Werksgelände führte. Seine Frau und Kinder waren bei diesem Ereignis anwesend.«[21] Auf öffentlichen Straßen wurde er vermutlich erstmals im Oktober 1885 getestet, zumindest behauptete das ein ehemaliger Angestellter im Jahr 1933. Bis Jahresende hatte Benz ganze tausend Meter mit einer Durchschnittsgeschwindigkeit von zwölf Stundenkilometern zurückgelegt: Jedesmal, wenn das Gefährt aus der Werkstatt gefahren worden war, hatten sich Probleme mit der Mechanik oder der Elektrik ergeben.

Benz wollte das Fahrzeug unbedingt zweimal nonstop über die Ringstraße um Mannheim fahren. Aber das konnte er nur in der Dunkelheit, sonst hätte sein verrücktes Gerät Massen von Schaulustigen angezogen, außerdem hatte er Sorge, dass ihm die Polizei die Nutzung öffentlicher Straßen verbieten würde. Also setzte er Nacht für Nacht jemanden auf den Beifahrersitz, warf den Motor an, fuhr weiter und weiter, bis wieder irgendein Problem auftauchte. Dann aber geschah, was St. John Nixon mit George Stephensons erster Eisenbahnfahrt vergleicht: Benz schaffte es endlich zweimal nonstop um Mannheim herum. Die *Neue Badische Landeszeitung* berichtete von dem Ereignis am 3. Juli 1886. Dennoch, dieser Teil der Geschichte hatte kein glückliches Ende. Zuerst war Benz' Erfindung ein durchschlagender Erfolg: Bis 1900 baute er über sechshundert Fahrzeuge pro Jahr. Doch dann entwickelte er sein Geschenk an die Welt nicht weiter: Die Verbesserungen, die er an seinen Automobilen vornahm, waren kaum mehr als Flickwerk. Und so kam es, dass er von anderen Erfindern wie Gottlieb Daimler überholt wurde.[22]

Gottlieb Wilhelm Daimler (1834–1900) wurde in Schorndorf geboren und zum Büchsenmacher ausgebildet, bevor er am Stuttgarter Polytechnikum Maschinenbau studierte. 1872, im Alter von achtunddreißig, wurde ihm von Nikolaus Otto die Leitung der Werkstätten der Gasmotorenfabrik Deutz AG in Köln übertragen (vormals N. A. Otto & Cie, gegründet von Eugen Langen und Nikolaus Otto). In den knapp zehn Jahren, die er dort arbeitete, trug er zur Entwicklung des Verbrennungsmotors bei, den man als »Ottomotor« bezeichnet. 1882 zerstritt er sich mit seinen Kollegen über die Frage, in welche Richtung die Forschung gehen sollte, und gründete in Cannstatt eine eigene Versuchswerkstatt. Seinen alten Kollegen Wilhelm Maybach (1846–1929) nahm er mit.

Daimler war von der strahlenden Zukunft des Verbrennungsmotors überzeugt, jedoch nur, wenn er zuerst zwei Probleme gelöst haben würde. Erstens liefen die bis dahin gebauten Motoren viel zu langsam, zweitens musste man, um dieses Problems Herr zu werden, einen anderen Zündmechanismus erfinden. Das bislang am häufigsten verwendete Zündsystem bedurfte eines Absperrschiebers, der das explosive Gemisch im Zylinder bei seiner Öffnung momentan einer Flamme aussetzte. Daimler sagte sich jedoch, dass sich niemals ein Absperrsystem herstellen lassen würde, das bei höheren Geschwindigkeiten schnell genug schloss, um die ganze Wirkung der Explosion konservieren zu können. 1879 hatte Leo Funk ein System patentieren lassen, bei dem ein fremdgeheiztes, dauernd glühendes Röhrchen im Zylinderkopf das Kraftstoffgemisch entzündete, und Daimler wurde klar, dass das der richtige Weg war.[23]

Am 16. Dezember 1883 erhielt Daimler das Patent (Nr. 28022) für die »ungesteuerte Daimler'sche Glührohrzündung« des ersten schnell laufenden Motors. Seltsamerweise hatte Daimler gar nicht vorgehabt, seinen Motor anders als bloß stationär einzusetzen. Doch als er und Maybach dann feststellten, dass dieser Motor bis auf 600 (später 900) Umdrehungen pro Minute kam, begannen sie über einen »Reitwagen« nachzudenken – das erste Motorrad mit Benzinmotor. Es wurde im August 1885 patentiert, konnte zwei Geschwindigkeiten fahren, wurde von einem Ventilator gekühlt und hatte mit Metall beschlagene Räder. Der 0,5-PS-Motor befand sich schräg unterhalb des Sattels. Zum Anlassen des Motors entzündete ein dauerglühendes Röhrchen im Zylinderkopf das Kraftstoffgemisch. Die Kraftübertragung erfolgte über einen Riemen auf das Hinterrad. Im Winter 1885/86 wurde Daimlers Reitwagen auf einem gefrorenen See bei Cannstatt mit einer Kufe unter dem Vorderrad getestet. Auch Daimler machte seine ersten Straßentests bei Nacht, in seinem Fall aber eher, um die Kinderkrankheiten seiner Erfindung still und leise beheben zu können. Im November 1885 fuhr sein ältester Sohn Paul mit dem Vehikel vom Haus der Familie ins drei Kilometer entfernte Untertürkheim und schaffte es wieder zurück.

Seinen ersten »Daimler« (eine vierrädrige Kutsche mit schnell laufendem Motor) brachte der Erfinder im Herbst 1886 zwischen Esslingen und Cannstatt auf die Straße. Im Archiv der Daimler AG lagert ein Bericht von Wilhelm Maybach und Paul Daimler über diese frühmorgendlichen Testfahrten.[24] Demnach fuhr das Automobil »ganz gut« und erreichte Geschwindigkeiten von bis zu achtzehn Stundenkilometern. Daimler baute den »Ottomotor« auch in ein Boot und sogar in eine »Ausstellungsbahn« (Straßenbahn) ein. 1889 ging man einen entscheidenden Schritt weiter und baute den ersten vierrädrigen Daimler-»Stahlradwagen«, dessen Rohrrahmen zugleich als Leitungssystem für das Kühlwasser diente. Bis 1896 wurden Heckmotoren gebaut, dann begann man die Motoren vorne einzubauen. (Daimler war begeistert von den Entwürfen des französischen Pioniers Emile Levassor.)

Natürlich lief nicht immer alles glatt, doch Daimler erging es besser als Benz. Paul Daimler tat sich mit Wilhelm Maybach und Emil Jellinek zusammen, einem reichen Wiener und begeisterten Daimler-Fahrer. Gemeinsam arbeiteten sie an einem Modell, das alle Rivalen in den Schatten stellen sollte, da es nicht nur elegant und schnittig war, sondern auch viele technische Neuerungen aufweisen konnte, darunter nicht zuletzt einen relativ leisen Motor. 1901 wurde es in seiner endgültigen Form in Nizza vorgestellt, und weil sich der Name »Paul-Daimler-Wagen« wegen der antideutschen Gefühle in Frankreich seit dem Deutsch-Französischen Krieg nicht hatte durchsetzen können, wurde er nach Jellineks Tochter Mercedes benannt.

Benz, Daimler und Mercedes sind zwar die bekanntesten Namen der Automobilgeschichte, doch Rudolf Diesels Beitrag war kaum weniger bedeutend. Rudolf Diesel (1858–1913) war der in Paris geborene Sohn eines Lederwarenfabrikanten, der mit seiner Frau aus Bayern eingewandert war. Sein Studium begann er an der Technischen Hochschule München, begleitet von einem Praktikum im Maschinenlabor von Carl von Linde. Bei einer von dessen Vorlesungen über die Thermodynamik erfuhr Diesel, dass die damals so populären Dampfmaschinen nur rund zehn Prozent ihres Kraftstoffs sinnvoll nutzten. Dieses Missverhältnis sollte Diesel nicht mehr aus dem Kopf gehen.[25] 1880 machte er das Abschlussexamen an der Münchner TU, und zwar mit der besten Leistung seit Bestehen der Anstalt. Linde war so beeindruckt, dass er ihm einen Vertrag mit der kurz zuvor gegründeten französischen Niederlassung von Lindes Eismaschinen AG in Paris anbot.

Besessen von Maschinen jeder Art, fand Diesel schnell ein Verfahren zur Herstellung von Klareis in Flaschen und in Paris auch einen Markt dafür.[26] Doch sein eigentlicher Durchbruch kam im Dezember 1892. Er war knapp fünfunddreißig, als er das Patent auf die »Verbrennungskraftmaschine« erhielt, die wir unter der Bezeichnung »Dieselmotor« kennen.

Der Unterschied zwischen einem Dieselmotor und einem Ottomotor ist einfach, aber grundlegend: Beim Ottomotor wird ein Benzin-Luft-Gemisch in den Zylinder gesaugt, wo es durch einen von der Zündkerze erzeugten Funken entzündet wird; beim Diesel wird nur Luft angesaugt, und der Kraftstoff, der im richtigen Moment direkt eingespritzt wird, entzündet sich von selbst, da die Luft durch die Komprimierung sehr heiß wird.

Es ist das einfachere Prinzip, doch in diesen Anfangstagen waren die Temperaturen, unter denen ein Motor arbeitet, schlicht zu hoch für die damals zur Verfügung stehenden Materialien, deshalb war der Antrieb unzuverlässig. Am 1. Januar 1898 gründete Diesel seine »Dieselmotorenfabrik Augsburg«. Da er zwar Erfolg, aber wenig wirtschaftliches Talent hatte, verlor er allerdings bald fast alles. Schon im April 1899 musste die Fabrik ihren Betrieb wieder einstellen. Im Jahr 1900 wurde in London die »Diesel Engine Company« gegründet; 1913 ging Diesel in Antwerpen an Bord eines Postdampfers, um jenseits des Kanals an der Generalversammlung der »Consolidated Diesel Manufacturing Ltd.« in London und an der Einweihung eines neuen Werks für Dieselmotoren in Ipswich teilzunehmen. Er zog sich in seine Kabine zurück und ward nie wieder gesehen. Zehn Tage später fand man seine Leiche in der Nordsee.

In einigen Regionen der Welt beträgt der Marktanteil von Dieselmotoren heute über fünfzig Prozent, auch für U-Boote, im Tagebau und auf Ölfeldern werden sie bevorzugt eingesetzt.

Die Automobile von Daimler waren die Frucht der Zusammenarbeit von Vater und Sohn gewesen; auch die Allgemeine Elektricitäts-Gesellschaft (AEG), das zweite bedeutende Elektrounternehmen neben Siemens, war von einem Vater-Sohn-Gespann entwickelt worden: Emil und Walther Rathenau. Rathenau und Siemens beziehungsweise AEG und Siemens, die zeitweilig Partner gewesen waren, stehen sozusagen als Parenthese in diesem Teil des Buches, denn an diesen Unternehmen lässt sich ermessen, wie eng die deutsche Wissenschaft, das deutsche Unternehmertum und die deutsche Politik zwischen Mitte des 19. Jahrhunderts und dem Ersten Weltkrieg miteinander verflochten waren.[27]

Emil Rathenau (1838–1915) wurde als Sohn eines reichen jüdischen Kaufmanns in Berlin geboren und erwarb 1865, zwei Jahre vor der Geburt seines Sohnes Walther, gemeinsam mit einem Partner eine Maschinenfabrik im Berliner Norden, die schnell expandierte. Als er 1881 auf der Internationalen Elektrizitäts-Ausstellung in Paris Thomas Edisons verbesserte Glühbirne kennenlernte, war er schon ein reicher Mann. 1882 erwarb er die Rechte zur wirtschaftlichen Nutzung von Edisons Patenten in Deutschland und gründete im Jahr darauf die »Deutschen Edison-Gesellschaft für angewandte Elektrizität« (DEG). Eine clevere Entscheidung war, dass er 1887, nach der Abspaltung von der amerikanischen Edison-Gesellschaft und der Umbenennung seines Unternehmens in »Allgemeine Elektricitäts-Gesellschaft«, seinen stärksten potenziellen Rivalen Siemens ins Boot holte. Tatsächlich war Rathenaus DEG mit ständigen technischen und rechtlichen Problemen (meist wegen Patentfragen) konfrontiert gewesen. 1894 wurde die Kooperationsvereinbarung mit Siemens wieder aufgelöst, und Rathenau begann seine AEG in den größten Elektrokonzern Deutschlands zu verwandeln.

Die Rathenaus waren typisch für das wohlhabende assimilierte Judentum. Emils Frau Mathilde, die Tochter des Frankfurter Bankiers Nachmann, achtete sehr darauf, dass die drei Kinder (zwei Jungen und ein Mädchen) neben der üblichen Erziehung auch in Musik und Malerei, Dichtung und klassischer Literatur unterwiesen wurden. Für sie war das Geschäft ganz deutlich nicht alles.[28] Auch Walther Rathenau sollte dann zeitlebens eine Taufe ablehnen, kündigte 1895 allerdings einmal den (nie vollzogenen) Austritt aus seiner Jüdischen Gemeinde in Berlin-Charlottenburg an. Er reagierte sein Leben lang empfindlich auf den nachgeordneten Rang, der Juden in Deutschland zugestanden wurde, und hoffte immer, dass sie einmal gleichgestellt sein würden. Vielleicht vertrat er gerade deshalb die Notwendigkeit der Assimilation, denn wie so viele andere deutsche Juden betrachtete auch er sich in erster Linie als Deutscher.

Rathenau (der in Straßburg promoviert hatte) hielt sich immer auf dem Laufenden, was wissenschaftliche Entwicklungen betraf, sei es auf dem Gebiet der Metallurgie, der Elektrolyse oder der hydroelektrischen Energie. Doch letztendlich interessierte er sich mehr für die industrielle Organisation, für Unternehmens*strategien* und deren politische Implikationen als für das Tagesgeschäft der Leitung eines Unternehmens wie der AEG. Das machte ihn zu einem idealen Vorstand, aber seine eigentliche Bedeutung beruhte doch eher auf einem anderen Umstand: Als Angehöriger der Industriellengeneration von Krupp, Stinnes und Thyssen zählte auch er zu den neuen gesellschaftlichen Konkurrenten der Offiziere, Diplomaten und Professoren am oberen Ende der hierarchischen Skala. Allerdings stieß das steigende Ansehen solcher Industrieller durchaus auf antikapitalistische Opposition und antiindustrielle Gefühle, da man die Macht der Industrie in einigen Kreisen für den wahren Grund der Misere so vieler Deutscher hielt.

Es realisierten zwar viele Gegner, dass der Industriestaat gerade dabei war, den Agrarstaat abzulösen, dennoch sahen sich die Industriellen vor große politische Hürden gestellt, was vor allem Rathenau ausgesprochen frustrierend fand. Doch im letzten Jahrzehnt des 19. Jahrhunderts begann sich das Deutsche Reich von Grund auf zu verändern: Die Industrie löste die Land-, Forst- und Fischereiwirtschaft als Säule des Bruttoinlandsprodukts ab und beschäftigte mehr Arbeiter als die Landwirtschaft, was zugleich bedeutete, dass in den Großstädten nun mehr Menschen lebten als in den Kleinstädten und auf dem Land.

Im Gegensatz zu seinen Kritikern war Rathenau überzeugt, dass Industrialisierung und Kapitalismus die einzigen sicheren Grundlagen für einen mächtigen modernen Staat seien. Auch glaubte er, dass das Deutsche Reich Großbritannien langfristig überlegen sein würde, weil es trotz allem einen immer noch starken landwirtschaftlichen Sektor hatte und weil sich die britische Industrie als Folge der gewerkschaftlichen Aktivitäten, der schlechten technischen Ausbildungsmöglichkeiten und des schwachen Betriebsführungssystems ohnedies auf dem absteigenden Ast befinde.[29] Allerdings hing er nicht der Vorstellung an, dass mit dem Industriestaat bereits das Endziel erreicht sei: »Er betrachtete die Dominanz der Industrie als eine Übergangsphase hin zu einer stärker ›vergeistigten‹ Periode in der Menschheitsgeschichte.«[30] Diese Einstellung begünstigte Rathenaus relativ unausgegorenen Sozialdarwinismus, dem auch einige Rassentheorien von Arthur de Gobineau nicht fremd waren. Er war überzeugt, dass das mitteleuropäische Bildungsbürgertum – Menschen wie er – die Welt einmal beherrschen würde.[31] Gebildete Unternehmer hielt er für die neue Aristokratie, und die wisse schon, wie sie die Bürger lenken müsse, um eine höhere, postmaterielle geistige Ebene zu erreichen.

Doch zugleich sah er, dass die fortschreitende Industrialisierung von einem grundlegend ethischen Verhalten begleitet sein musste, und sprach sich für eine hohe Besteuerung der Reichen aus, nicht nur für eine Besteuerung ihrer Habe zu Lebzeiten, sondern auch nach dem Tod: Er forderte eine kompromisslose Erbschaftssteuer und ging sogar so weit, eine staatliche Reglementierung des Luxus zu fordern. Die Umverteilung von Besitz war für ihn keine »Privatsache«, sondern vielmehr, wie der Konsum, eine »Sache der Gemeinschaft«. Übermäßiger Reichtum sollte durch Wohlstand ersetzt werden, der nicht nur auf individueller Kreativität, sondern auch auf dem individuellen Verantwortungsgefühl im Rahmen der eigenen Arbeit und für die eigene Gesellschaft beruhen sollte. Arbeiter und Angestellte sollten ein Mitspracherecht in Fragen der Betriebsleitung haben. Doch wie der Oxforder Historiker Hartmut Pogge von Strandmann hervorhob, gibt es letztendlich keinen Beweis, dass Rathenau gegenüber den eigenen Arbeitern und Angestellten in der AEG eine deutlich andere Linie verfolgt hatte als andere Industrielle gegenüber den ihren. Sein Denken galt durchaus der Produktivitätssteigerung durch bessere Arbeitsbedingungen.[32]

Von bleibender Bedeutung ist die Klarheit, mit der Walther Rathenau das Geschehen im Deutschen Reich betrachtete und beschrieb: wie die Dynamik des modernen Wohlstands von Wissenschaft und Industrie geprägt wurde und wie es der traditionellen Elite des Landes misslang, sich dieser neuen Situation anzupassen. Seine Haltung mag von einem Hauch Scheinheiligkeit umgeben gewesen sein, aber auch das sagt viel über ihn aus: Er war besser in der Lage, Probleme zu identifizieren, als Lösungen für sie zu finden.[33]

20

Die Dynamiken von Seuchen und Krankheiten: Virchow, Koch, Mendel, Freud

Rudolf Virchow (1821-1902) war der erfolgreichste deutsche Mediziner des 19. Jahrhunderts. Neben seinen klinischen und theoretischen Errungenschaften verschafften ihm seine Leistungen auf dem Gebiet der Sozialmedizin einen Einfluss, der weit über das Medizinische hinausging. Seine lange Karriere versinnbildlicht den Aufstieg der deutschen Medizin ab 1840: die vollständige Verwandlung einer bis dahin im Wesentlichen noch rein klinischen und vorwissenschaftlichen Disziplin.

Virchow wurde in der pommerschen Kreisstadt Schivelbein geboren und von Privatlehrern mit altsprachlichem Unterricht auf den Besuch des Gymnasiums vorbereitet, wo er sich dann jedoch von Anfang an mehr für die naturwissenschaftlichen Fächer interessierte. Dank seiner guten Noten erhielt er 1839 ein Stipendium der Berliner Militärärztlichen Akademie für eine Ausbildung am »Medicinisch-chirurgischen Friedrich-Wilhelms-Institut«, der ehemaligen Pépinière, das ausschließlich der Aus- und Weiterbildung von Militärärzten diente. Wer dort angenommen worden war, der musste sich für eine bestimmte Zeit nach der Ausbildung zum Militärdienst verpflichten. Virchow studierte bei Johannes Müller und Johann Lukas Schönlein, die ihn mit der Arbeit im experimentellen Labor, mit moderner Diagnostik und Epidemiologie vertraut machten – damals alles noch relativ neue Gebiete. 1843 promovierte Virchow und trat als Unterarzt seinen ersten »Feldeinsatz« in der militärärztlichen Ausbildungsklinik Charité an, wo er dann mikroskopische Untersuchungen über Gefäßentzündungen machte und die Krankheitsbilder von Thrombose und Embolie erforschte.

Auf seine typisch direkte Art machte Virchow 1845 bei einer Festrede am Friedrich-Wilhelms-Institut vor einem einflussreichen Auditorium kurzen Prozess mit dem Glauben an die metaphysischen Einflüsse auf die Medizin. Unter anderem stellte er fest, »daß die Forschung über Krankheit und Heilung absolut einen dreifachen Weg gehen muß. Der erste ist der der Klinik: die Untersuchung des Kranken mit allen Hilfsmitteln der Physik und Chemie unter oberster Leitung der Physiologie. Der zweite ist der des Experiments: die Erzeugung der Krankheit und die

Erforschung der Wirkung eines Arzneimittels am Tier. Der dritte endlich ist der der Nekroskopie: das Studium des Leichnams und seiner einzelnen Teile mit dem Skalpell, dem Mikroskop und dem Reagens.« Dem hatte er noch die Bemerkung vorangestellt: »Die medizinische Wissenschaft [...] hat nachgewiesen, daß Leben nur ein Ausdruck für eine Summe von Erscheinungen ist, deren jede einzelne nach den gewöhnlichen physikalischen und chemischen (d. h. mechanischen) Gesetzen vonstatten geht.«[1] Virchow war sechsundzwanzig, als er sich 1847 habilitierte und Privatdozent wurde.

Aber er war nie bloß Mediziner gewesen. 1848 reiste er auf Geheiß der Regierung mit einem Ärzteteam in die preußische Provinz Oberschlesien, wo seit dem Vorjahr eine Hungertyphus-Epidemie grassierte, um die medizinische Lage zu begutachten. Dort erlebte er aus erster Hand die verzweifelte Lage der schlesischen Minderheit, die unter schrecklichen Umständen dahinvegetierte. Anstatt also mit rein medizinischen Ratschlägen im Gepäck zurückzukehren, verfasste Virchow einen Bericht, in dem er die Politik vieler Fehler bezichtigte und weitreichende sozialpolitische und wirtschaftliche Maßnahmen von der Regierung forderte. Das war gewiss nicht, womit diese gerechnet hatte.

Als noch im selben Jahr die Revolution in Berlin ausbrach, fühlte sich Virchow seiner politischen Überzeugungen wegen verpflichtet, ebenfalls auf die Barrikaden zu gehen. Im Oktober nahm er am Demokratischen Kongress in Berlin teil, anschließend gründete er mit Gleichgesinnten die medizinalpolitische Wochenschrift *Die Medicinische Reform*. Das war ein ziemlich verwegener Schritt, und dieses politische Engagement sollte ihn denn auch prompt seine Stelle an der Charité kosten. 1849 folgte er dem Ruf auf den 1845 geschaffenen ersten deutschen Lehrstuhl für pathologische Anatomie an der Universität Würzburg, der ihm jedoch nur unter der Voraussetzung angeboten worden war, dass er bereit war, auf jede öffentliche Bekundung seiner politischen Überzeugungen zu verzichten.[1] Und hier nun, wo er sich ganz auf die Forschung konzentrierte, leistete er seine bedeutendsten Beiträge zur Wissenschaft, insbesondere mit der Entwicklung seiner Theorie der »Zellularpathologie«. 1856 kehrte Virchow als Professor für Pathologische Anatomie an der Universität und als Leiter des ersten Pathologischen Instituts auf dem Gelände der Charité nach Berlin zurück.

Die Grundsteinlegung für die Bioethik

Doch nun, da Virchow wieder in Berlin war, erwachten auch seine politischen Instinkte zu neuem Leben. 1861 wurde er Mitglied der Berliner Stadtverordnetenversammlung, wo er sich mit dem öffentlichen Gesundheitswesen befasste und entscheidend zur Verbesserung der Abwasserbeseitigung und Wasserversorgung der Stadt beitrug. 1862 wurde er als Abgeordneter der von ihm mitbegründeten Deutschen Fortschrittspartei ins Preußische Abgeordnetenhaus gewählt. Die Fortschrittlichen opponierten vor allem gegen Bismarcks Aufrüstungs- und Zwangsvereinigungspolitik, was diesen derart empörte, dass er Virchow sogar zum Duell herausforderte. Aber Virchow war vernünftig genug, diesen Köder nicht zu schlucken; abgesehen davon sollte er sich im Deutsch-Französischen Krieg 1870/71 – in dem er half, Lazarette und Sanitätszüge für die Verwundeten zu organisieren – selbst als ziemlicher Nationalist erweisen.

Zur Epidemiologie hatte Virchow eine sehr moderne Einstellung. So unterschied er zwischen natürlichen und »künstlichen« Seuchen, die er als ein soziales Problem betrachtete, weil er erkannt hatte, dass politische und sozioökonomische Faktoren entscheidende ätiologische Elemente waren. Er stellte sogar fest: »Epidemien gleichen grossen Warnungstafeln, an denen der Staatsmann von grossem Styl lesen kann, daß in dem Entwicklungsgange seines Volkes eine Störung eingetreten ist«, die sich nur durch soziale Veränderungen beheben lasse. Nicht weniger umstritten war seine Aussage: Eine »vernünftige Staatsverfassung muss das Recht des Einzelnen auf eine gesundheitsgemässe Existenz unzweifelhaft feststellen«.[2] Genau diese Art von medizinischer Bildung wurde zur Grundlage für die Bioethik.

In manchen Dingen irrte Virchow. Der Bakteriologie zum Beispiel stand er skeptisch gegenüber. Er war überzeugt, dass Bakterien nicht die einzigen Überträger von ansteckenden Krankheiten seien und dass für die Typhus- und Choleraepidemien zwischen 1847 und 1849 eindeutig umweltbedingte und soziale Faktoren verantwortlich gewesen seien.

Um das Jahr 1870 begann sich Virchow einer anderen Wissenschaft zuzuwenden: der Anthropologie. 1869 hatte er die »Berliner Anthropologische Gesellschaft« mitbegründet und begonnen, Schädelformen zu studieren. Dann führte er eine landesweite Rassenstudie über die Haar-, Haut- und Augenfarben bei Kindern durch, die ihn zu dem höchst kontroversen Schluss brachte, dass es nur »Mischformen« und keine »rein« germanische Rasse gebe. Die Anthropologie brachte ihn auf die Archäologie. 1870 begann er mit eigenen Ausgrabungen in Pommern; 1879 beteiligte er sich an Heinrich Schliemanns Grabungen in Hissarlik, wo dieser Troja vermutete (siehe Kapitel 21), und trug anschließend viel dazu bei, dass die berühmten Altertümer, deren sich die Stadt später so rühmen sollte, ihren Weg nach Berlin fanden.[3]

Sein achtzigster Geburtstag wurde 1901 weltweit gefeiert, sogar in St. Petersburg und Tokio; in Berlin wurde ein Fackelzug veranstaltet. Aber nicht nur Virchows Vorliebe für öffentliche Debatten, auch sein Dogmatismus hatten ein paar unglückselige Nebenwirkungen, darunter vor allem, dass er die Erkenntnis von Ignaz Semmelweis – durch Händewaschen zwischen den Untersuchungen könne der Arzt Patientinnen vor Kindbettfieber schützen – schlicht für Unfug hielt. Dennoch, im Lauf eines knappen halben Jahrhunderts war Deutschland von spekulativen und metaphysischen Heilweisen zu wissenschaftlichen vorangeschritten und zu einem Weltzentrum der modernen, wissenschaftlich begründbaren Medizin geworden. Und an dieser Verwandlung hatte Virchow wahrscheinlich mehr Anteil als jeder andere Mediziner.

Neue Erkenntnisse über Infektionen

Ebenso bedeutend wie Virchow, wenn nicht gar noch bedeutender, war Robert Koch (1843–1910), der Mann, der so viele Grundlagen und Forschungstechniken der modernen Bakteriologie entdeckte.[4] Er war es, der die Erreger des Milzbrands, der Tuberkulose und der Cholera identifizierte und im Zuge dieser Forschungen auf seinen vielen Reisen auch die Behörden anderer Länder überzeugte, Gesetze für das öffentliche Gesundheitswesen einzuführen, die auf den neuesten mikrobiologischen Erkenntnissen über Infektionen beruhten.

Heinrich Hermann Robert Koch war als drittes der insgesamt dreizehn Kinder (zwei starben als Säuglinge) eines Bergmanns in Clausthal geboren worden. Schon als Junge hatte er sich nicht nur für die Pflanzen- und Tierwelt, sondern auch für die neue Kunst der Fotografie interessiert; Lesen und Schreiben hatte er sich bereits vor seiner Einschulung selbst beigebracht. Als es ans Studieren in Göttingen ging, hatte er vorübergehend die Philologie ins Auge gefasst (und kurz überlegt, nach Amerika auszuwandern), sich dann aber doch in Naturwissenschaften eingeschrieben und war bald darauf zur Medizin übergewechselt.

Bakteriologie wurde in Göttingen zwar noch nicht gelehrt, doch der Anatom Jakob Henle hatte bereits in Betracht gezogen, dass auch lebende Organismen zu den Übertragern von Krankheiten zählen könnten.[5] Nach der Promotion hielt sich Koch vorübergehend in Berlin auf, um »zu hospitieren« und »einen praktischen Kurs bei Virchow« an der Charité zu belegen.[6] In so mancher Hinsicht ähnelten sich die Karrieren der beiden Männer. Auch Koch hatte sich freiwillig als Feldarzt im Deutsch-Französischen Krieg gemeldet; und auch er begann sich schließlich für Archäologie und Anthropologie zu interessieren. Doch seine Erfolge waren – mehr noch als in Virchows Fall – vor allem den akribischen Forschungen am Mikroskop zu verdanken. In seiner Mietwohnung in Wollstein hatte er sich ein Labor eingerichtet, wo er zwischen mehreren mikrofotografischen Geräten und einer eigens eingerichteten Dunkelkammer an einem vorzüglichen Mikroskop aus Edmund Harnacks Werkstatt in Potsdam saß. Als Erstes begann er den Milzbrand zu studieren.

Es war schon eine Weile bekannt gewesen, dass Milzbrand durch stäbchenförmige Mikroorganismen verursacht wurde, die man im Blut von infizierten Schafen entdeckt hatte.[7] Kochs erste Leistung war die Erfindung der isolierten Züchtung von Bakterien auf einem Nährboden. Er züchtete solche Stäbchen in Proben der Augenkammerflüssigkeit von Rindern an, um sie dann unter seinem Mikroskop zu studieren; er verfolgte ihre Lebenszyklen, erkannte die Sporenbildung und Verschmelzung und entdeckte schließlich etwas Entscheidendes, nämlich, dass die Bazillen selbst relativ kurzlebig waren, die Sporen aber über Jahre hinaus infektiös blieben. Schließlich wies er nach, dass Mäuse nur dann Milzbrand entwickelten, wenn das Inokulum lebensfähige Stäbchen oder Sporen des *Bacillus anthracis* enthielt. 1876 veröffentlichte er seine Erkenntnisse unter dem Titel *Die Ätiologie der Milzbrandkrankheit, begründet auf die Entwicklung des Bacillus Anthracis*; 1877 publizierte er zudem eine detaillierte Beschreibung seiner Methoden: Er strich einen dünnen Film von Bakterien auf einen gläsernen Objektträger und färbte ihn mit Anilinfarben ein, was es ihm ermöglichte, deren Strukturen zum besseren Studium fotografisch festzuhalten. Somit war die Medizin der unmittelbare Nutznießer von drei neuen Entwicklungen aus drei Bereichen gewesen: der Farbstoffe, der mikroskopischen Technik und der Mikrofotografie.

Als Nächstes beleuchtete Koch sein Mikroskop mit dem neuen »Abbeschen Kondenser« und stattete es mit einem hochauflösenden Ölimmersionsobjektiv von Zeiss aus, unter dem er Organismen aufspüren konnte, die noch wesentlich kleiner waren als Anthraxbazillen.[8] Er identifizierte (bei Mäusen und Kaninchen als Versuchstieren) sechs übertragbare, pathologisch und bakteriologisch unverwechselbare Infektionen und schloss daraus, dass auch auf den Menschen Krankheiten durch solche pathogenen Bakterien übertragen wurden.

Aufgrund dieser Arbeiten wurde Koch 1880 als Regierungsrat an das Kaiserliche Gesundheitsamt nach Berlin berufen, wo ihm erstmals Mitarbeiter in seinem anfänglich noch sehr kleinen Labor zur Seite standen, darunter der Assistenzarzt Friedrich Löffler und der Stabsarzt Georg Gaffky, beide von der Armee ans Gesundheitsamt abkommandiert. Ihre Aufgabe war ein »Ausbau der bakteriologischen Methodik«, wobei es vor allem um einheitliche Verfahrensweisen bei der Durchführung von Experimenten mit pathogenen Bakterien und ganz allgemein um die Einführung von wissenschaftlich begründbaren Verbesserungen im Bereich der öffentlichen Hygiene und Gesundheit ging. (Deutsche Ärzte hatten erst zwischen 1850 und 1860 zu begreifen begonnen, dass Hospitäler Orte waren, in denen sich wissenschaftliche Studien durchführen ließen.) Koch trug wesentlich zur Entwicklung von Sterilisierungstechniken bei, isolierte neue Desinfektionsstoffe und verglich die Zerstörungskraft, mit der diese Substanzen unterschiedliche Bakterienarten vernichten konnten.[9] Dabei stellte er fest, dass Karbolsäure (Phenol) weniger wirksam war als Quecksilberchlorid – was das phenolhaltige Desinfektions- und Wundspray des englischen Mediziners Joseph Lister (Lister'sches Carbol-Spray) schnell »entthronte« –, und fand heraus, dass sich »Frischdampf« wesentlich besser zur Sterilisation eignete als heiße Luft. Damit revolutionierte er auch die Praktiken im Operationssaal.

1881 wandte sich Koch der Tuberkuloseforschung zu. Im Lauf von nur sechs Monaten – in denen er alleine gearbeitet hatte, ohne seinen Kollegen auch nur einen Hinweis zu geben, woran er forschte – bestätigte er die Übertragbarkeit der Krankheit (was nicht von jedermann akzeptiert wurde) und isolierte den Bazillus mit Hilfe der Bakterieneinfärbung bei einer Reihe von tuberkulösen Proben menschlicher wie tierischer Herkunft. Dann spritzte er verschiedenen Tieren Reinkulturen dieses Bakteriums und infizierte sie so mit TB. Am 24. März 1882 hielt er vor der Physiologischen Gesellschaft zu Berlin einen Vortrag über »die Ätiologie der Tuberkulose«. Paul Ehrlich schrieb später, dass ihm »jener Abend stets als mein größtes wissenschaftliches Erlebnis in Erinnerung geblieben« sei.[10] Bald darauf wurde der Nachweis des Tuberkelbazillus im Sputum als das gültige Diagnoseverfahren anerkannt.

Ein Jahr später brach im Nildelta die Cholera aus. Louis Pasteur hatte sofort die französische Regierung alarmiert, dass die Epidemie Europa erreichen könnte, und erklärt, dass ihre Ursache »vermutlich mikrobiologischer Art« sei. Also entsandten die Franzosen ein Team von vier Forschern nach Alexandria. Robert Koch traf rund eine Woche später als Leiter einer deutschen Untersuchungskommission ein. Nach nur wenigen Tagen hatte er ganze Kolonien von winzigen Stäbchen aus den Dünndarmwänden von zehn Erkrankten isoliert, die im Europäischen Krankenhaus an der Cholera gestorben waren. Die gleichen Organismen fand er in rund zwanzig noch lebenden Cholerapatienten. Doch als er dann vielversprechende Tests durchführte, indem er Affen und andere Tiere mit dem Organismus infizierte, brach keine Cholera unter ihnen aus. Kurz darauf sollten sich seine Beobachtungen aus Ägypten jedoch bestätigen: Ende 1883 machte sich die deutsche Kommission von Ägypten aus auf den Weg nach Indien, wo die Cholera endemisch war. Bis Frühjahr 1884 hatte Koch das Wasser als Quelle für die Choleraendemie in Bengalen identifiziert, insbesondere das Brunnenwasser, das in den Dörfern nicht nur zu Haushaltszwecken, sondern eben auch als Trinkwasser verwendet wurde. In einem dieser Brunnen hatte er Cholerabazillen gefunden.[11]

Obwohl es Robert Koch und seine Forschung waren, die nun alle Blicke auf sich zogen (und denen nach wie vor das Interesse gilt), wurden die Erreger des Schweinerotlaufs, des Lungenrotzes (einer ansteckenden Pferdekrankheit) und der Diphtherie von Friedrich Löffler entdeckt und der Typhuserreger in Reinkultur erstmals von Georg Gaffky gezüchtet.[12] Jetzt folgte eine Erkenntnis der anderen, und zwar in solchem Tempo, dass ständig weitere Gesundheitsämter in Preußen eingerichtet werden mussten. Koch wurde 1885 zum Direktor des neuen Instituts für Hygiene in Berlin ernannt und als Professor für Hygiene auf einen eigens für ihn eingerichteten Lehrstuhl an der Berliner Universität berufen. Einen Schönheitsfehler gab es allerdings: Koch hatte angekündigt, dass er eine Substanz gefunden habe, die das Wachstum des Tuberkelbazillus verhindern würde; aber dann fand man heraus, dass dieser Stoff nicht immer anschlug und manchmal sogar toxische Nebenwirkungen hatte.[13] Doch auch das war eine wichtige Erfahrung gewesen, denn auf diese Weise begann man zu verstehen, von welch grundlegender Bedeutung die verabreichte Dosis war. Diese Episode hatte für heftige Spannungen zwischen Rudolf Virchow und Robert Koch gesorgt, doch trotz aller Einwände Virchows wurde 1891 an der Charité das eigens für Koch eingerichtete »Königlich Preußische Institut für Infektionskrankheiten« mit einer experimentellen und einer klinischen Abteilung eröffnet. Mittlerweile hatte sich um Koch ein noch beeindruckenderer Kreis von Männern versammelt als um Virchow, darunter Paul Ehrlich und August von Wassermann. Im Jahr 1900 wurde dank Kochs Forschungen das Reichsseuchengesetz verabschiedet; im selben Jahr wurde der berühmteste medizinische Gebäudekomplex der Welt eröffnet: das »Institut für Infektionskrankheiten« bezog einen eigenen Neubau neben der neuen Klinischen Abteilung des Rudolph-Virchow-Krankenhauses in Berlin-Wedding.

Koch wurde zu einer Berühmtheit wie vermutlich kein zweiter Mediziner. Gegen Ende seines Lebens erreichten ihn Hilferufe aus aller Welt – aus Südafrika, wo er die Rinderpest erforschte; aus Bombay, wo er herausfand, dass die Menschenpest durch Ratten verursacht wird (aber übersah, dass die Überträger Rattenflöhe sind); aus St. Petersburg (Typhus) und aus Dar Es Salaam (Malaria und Schwarzwasserfieber). Schließlich isolierte er noch vier Malariastämme.[14]

1905 wurde Robert Koch mit den höchstmöglichen Ehren ausgezeichnet: dem Nobelpreis für Physiologie oder Medizin. Am 9. April 1910 starb er an Angina pectoris. Der »schachsüchtige« Forscher und große Bewunderer Goethes brachte der Menschheit – den Ärmsten wie den Wohlhabenderen – mehr Nutzen als irgendein anderer Mediziner seiner und vielleicht sogar noch der heutigen Zeit.

Die Entdeckung der Antibiotika und der menschlichen Immunreaktion

Trotz der aufsehenerregenden Errungenschaften von Virchow und Koch wurden deren Auswirkungen noch immer nicht voll und ganz verstanden. Nach wie vor litten die Bewohner der Ersten Welt am Beginn des 20. Jahrhunderts unter der »grausamen Dreifaltigkeit« Tuberkulose, Alkoholismus und Syphilis. TB war der Stoff, aus dem Dramen und Romane sind. Sie befiel Jung und Alt, Reich und Arm und brachte dem Erkrankten fast immer ein langsames Dahinsiechen bis zum Tode. Welche Auszehrungen sie verursacht, führt uns nicht zuletzt die Kunst vor Augen, sei es in *La Bohème*, *La Traviata*, dem *Tod in Venedig* oder dem *Zauberberg*, und auch Künstler starben an dieser Seuche, sei es Anton Tschechow, Katherine Mansfield oder Franz Kafka.[15]

Die Ängste vor der Syphilis und der Abscheu vor allen Menschen, die unter dieser Krankheit litten, waren so groß, dass ungeachtet ihrer massiven Verbreitung kaum je darüber gesprochen wurde. Doch dann begründete Alfred Fournier 1899 in Brüssel das medizinische Fachgebiet der »Syphilidologie« und bewies mit epidemiologischen und statistischen Techniken, dass die Krankheit nicht nur die Demimonde, sondern alle Gesellschaftsschichten befiel, dass sich bei Frauen früher erste Symptome zeigten als bei Männern und dass sie in überwältigend hohem Maße bei jungen Frauen auftrat, die sich durch Armut zur Prostitution gezwungen sahen. Diese Erkenntnisse bereiteten den Weg für die ersten klinischen Forschungen. Im März 1905 entdeckte der aus Ostpreußen stammende Berliner Zoologe Fritz Schaudinn unter dem Mikroskop eine sehr kleine, bewegliche und schwer zu beobachtende Spirochäte in der Blutprobe eines Syphilitikers. Eine Woche später beobachteten er und der aus Pommern stammende Bakteriologe Erich Achille Hoffmann Spirochäten auch in Blutproben, die unterschiedlichen Körperteilen eines Patienten entnommen worden waren, der bereits Resolea entwickelt hatte – jene roten Ausschläge, die die Haut eines Syphilitikers ab einem bestimmten Krankheitsstadium verunstalten. So schwierig diese Spirochäte wegen ihrer Winzigkeit auch zu beobachten war, so war sie doch eindeutig als Syphilismikrobe zu identifizieren. Sie erhielt den Namen *Treponema* (wegen ihrer Ähnlichkeit mit einem gedrehten Faden) *pallidum* (wegen ihrer blassen Farbe). Dass sie überhaupt entdeckt werden konnte, war wesentlich dem Ultramikroskop zu verdanken, das der österreichische Chemiker Richard Zsigmondy bei den Glaswerken Schott in Jena erfunden hatte, wo das Spezialglas für Zeiss hergestellt wurde. Damit konnte man nun problemloser mit der Spirochäte experimentieren, als Schaudinn es je für möglich gehalten hatte. Noch vor Jahresende hatte August Wassermann einen Färbetest für die Diagnostik entwickelt, was bedeutete, dass man Syphilis nun frühzeitig identifizieren und ihre weitere Ausbreitung verhindern konnte. Aber es fehlte noch ein wirksames Heilmittel.[16]

Der Mann, der dieses dann entdeckte, war Paul Ehrlich (1854-1915), ein Oberschlesier, der bereits selbst einmal unter einer Infektionskrankheit gelitten hatte: Als junger Arzt hatte er sich bei seiner Tuberkuloseforschung angesteckt und bis nach Ägypten reisen müssen, um sich in dem trockenen Wüstenklima auszukurieren. Während nun ein Bazillus nach dem anderen entdeckt und mit unterschiedlichen Krankheiten in Verbindung gebracht wurde, hatte er die entscheidende Beobachtung gemacht, dass infizierte Zellen bei der Einfärbung jeweils anders auf Farbstoffe reagierten. Offensichtlich wurde die Biochemie dieser Zellen dabei je nach Bazillus unterschiedlich verändert. Dieser Rückschluss brachte ihn auf die Idee, dass es ein natürliches Antitoxin geben müsse – »Zauberkugeln«, wie er es nannte –, eine spezifische körpereigene Substanz, die gegen Eindringlinge abgesondert wird.

Bis 1907 hatte Ehrlich nicht weniger als sechshundertsechs verschiedene Substanzen oder »Zauberkugeln« gegen eine Vielzahl von unterschiedlichen Krankheiten entwickelt. Die meisten davon hatten allerdings absolut keine Zauberkräfte besessen. Doch dann stellte sein japanischer Assistent Sachahiro Hara fest, dass das vom Labor bereits abgeschriebene »Präparat 606« in Wirklichkeit sehr effektiv wirkte. Ehrlich gab dieser Zauberkugel mit der chemischen Bezeichnung Asphenamin den Namen »Salvarsan«. Und damit hatte er nicht nur das Prinzip der Antibiotika, sondern auch das des menschlichen Immunsystems erkannt. Er begann wie besessen nach weiteren Antitoxinen zu suchen, diese herzustellen und Patienten als Serum zu injizieren. Neben der Syphilis erforschte er Tuberkulose und Diphtherie. 1908 erhielt er für seine gesamten Forschungen auf dem Gebiet der Immunologie den Nobelpreis.[17]

Drei Fußnoten: Die Entdeckung und die Wiederentdeckung des Gens

Selbst nach all der Zeit, die inzwischen vergangen ist, liest sich der Zufall, der zur Wiederentdeckung der botanischen Arbeiten des Benediktinermönchs Gregor Mendel geführt hatte, immer noch spannend und bewegend. Zwischen Oktober 1899 und März 1900 veröffentlichten drei Botaniker – der Deutsche Paul Correns, der Österreicher Erich Tschermak und der Holländer Hugo de Vries – jeweils eine Abhandlung über die Pflanzenbiologie. Jeder von ihnen nahm in diversen Fußnoten Bezug auf Mendel und erkannte somit dessen Vorrang bei der Grundlagenforschung auf dem Gebiet an, das wir heute als Genetik bezeichnen. Dank ihrer Gewissenhaftigkeit ist der einst vergessene Name Mendel heute ein weltweiter Begriff.[18]

Johann Gregor Mendel (1822–1884) wurde im mährischen Heinzendorf geboren (Hynčice, damals Donaumonarchie, heute Tschechien). Sein Vater war ein Kleinbauer (er hatte in den Napoleonischen Kriegen gekämpft), und seine Mutter stammte aus einer Gärtnerfamilie. Der ganze Familienalltag wurde also von Pflanzen bestimmt: Anbaupflanzen, Obstbäume, Waldpflanzen. 1843 sah sich Mendel offenbar nicht aus religiösen, sondern aus rein wirtschaftlichen Gründen gezwungen, in das Augustinerkloster St. Martin in Brünn einzutreten, wo er dann jedoch genug Muße fand, um sich seinen Pflanzen zu widmen. Der Abt war sehr an einer Verbesserung der Landwirtschaftsprodukte interessiert und hatte im Kloster deshalb einen eigenen Versuchsgarten anlegen lassen, für den Mendels Mitbruder František Matouš Klácel zuständig war, der sich seinerseits sehr für Variationen und für die Anzucht und Entwicklungsstadien von Pflanzen interessierte. Doch er übergab den Versuchsgarten bald Mendel, um sich ganz der Philosophie zu widmen. Klácel favorisierte die hegelianische Idee von der graduellen Entwicklung, was der christlichen Orthodoxie widersprach. Er verließ das Kloster und wanderte schließlich in die Vereinigten Staaten aus.

Mendel eignete sich nicht für die Seelsorge (als empfindsame Seele bedrückte ihn das Leid der Armen zu sehr). Also wurde er an die Universität Wien geschickt, um seinen geistigen Horizont zu erweitern.[19] Er hörte »Demonstrative Experimental-Physik« bei Christian Doppler (dem Entdecker des Doppler-Effekts) und höhere Mathematik und Physik bei dem Statistiker Andreas von Ettingshausen, was sich als ausgesprochen wichtig für seine Ideen über die Pflanzenzucht erweisen sollte. Auch die Vorlesungen des Pflanzenphysiologen Franz Unger besuchte er. Unger hatte sich mit seinen Ansichten über die Evolution einen Namen gemacht und lehrte, dass geschlechtliche Fortpflanzung die Grundlage für die große Vielfalt unter den Kulturpflanzen sei und neue Pflanzenarten sich durch das Zusammenwirken verschiedener Elemente in der Zelle entwickelten, das er sich allerdings noch nicht genau erklären konnte.[20]

1868 wurde Mendel zum Abt der Abtei Altbrünn gewählt und nutzte dieses Amt, um sich für die Landwirtschaft einzusetzen. 1877 trug er beispielsweise zu einem Wettervorhersagesystem für die mährischen Bauern bei, dem ersten, das in Mitteleuropa eingerichtet wurde.[21] Entscheidender aber waren seine bereits begonnenen Versuche mit Erbsenpflanzen. Die Erkenntnisse, derentwegen wir uns an ihn erinnern, waren die Frucht von zehn Jahren mühsamer Kleinarbeit: Er experimentierte mit der Anzucht und Kreuzung von Pflanzen, sammelte Samen, etikettierte alles ganz genau, sortierte aus und zählte, zählte, zählte: Fast dreißigtausend Pflanzen hatte er für seine Experimente gezüchtet. Das *Dictionary of Scientific Biography* schreibt: »Es ist kaum vorstellbar, dass all das ohne einen konzisen Plan und ohne jede Vorstellung von den zu erwartenden Ergebnissen hatte gelingen können.« Mit anderen Worten: Mendels Experimente waren zur Erprobung einer konkreten Hypothese gedacht.

Zwischen 1856 und 1863 dokumentierte Mendel Versuche mit Pflanzen am Beispiel von sieben Merkmalen, die »deutlich und entschieden hervortreten« mussten. Dabei mutmaßte er, dass die Merkmale oder Eigenschaften der Eltern als »unveränderliche Einheiten« an die nächste Generation weitergegeben werden und sich nicht »vermischen«, wie viele glaubten. Er beobachtete also, dass diese sieben Merkmale (wie zum Beispiel die runde Form eines reifen Samens) in der ersten Generation bei allen Hybriden gleich blieben, ebenso wie alle elterlichen Merkmale unverändert vorhanden blieben. Diese Merkmale waren demnach dominant. Es gab aber auch rezessive oder verborgene Merkmale (wie zum Beispiel einen »kantigen« Samen), die nicht unmittelbar, sondern erst in der nächsten Generation ausgeprägt wurden. »Diese Entwicklung erfolgt nach einem constanten Gesetze, welches in der materiellen Beschaffenheit und Anordnung der Elemente begründet ist, die in der Zelle zur lebensfähigen Vereinigung gelangten«, *ohne einander zu beeinflussen*.[22] Bei der hybriden Nachkommenschaft erscheinen wieder beide elterlichen Formen, was, wie Mendel bewusst wurde, auch mathematisch respektive statistisch dargestellt werden konnte. Wenn A für die dominante runde Form des Samens und a für die rezessive kantige Form steht, und wenn beide zufällig zusammenkommen, dann ergibt sich die folgende Kombination:

$$\tfrac{1}{4}AA + \tfrac{1}{4}Aa + \tfrac{1}{4}aA + \tfrac{1}{4}aa$$

Ab 1900 kannte man diese Formel unter dem Namen »Mendel'sches Spaltungsgesetz« (auch »Spaltungsregel« genannt). Die Entwicklungsreihe für die Nachkommen von Hybriden lässt sich mathematisch vereinfacht ausdrücken als

$$A + 2Aa + a$$

Mendel stellte fest, dass »alle constanten Verbindungen, welche bei Pisum [Erbse] durch Combinirung der angeführten 7 characteristischen Merkmale möglich sind«, tatsächlich »durch wiederholte Kreuzung« erhalten blieben. »Ihre Zahl ist durch $2^7 = 128$ gegeben.« So kam er zu dem Schluss, dass bei der Kreuzung von Individuen einer bestimmten Art, die sich in mehreren Merkmalen reinerbig unterscheiden, die einzelnen Merkmale unabhängig voneinander vererbt werden. Dieses Prinzip wurde später als das »Mendel'sche Unabhängigkeitsgesetz« bezeichnet (heute auch »Gesetz von der freien Kombinierbarkeit der Gene« genannt).[23] Das Studium am Beispiel großer Pflanzenpopulationen, wie Mendel es betrieb, war etwas ganz Neues. Erst das ermöglichte es ihm, »Gesetze« aus zufällig wirkendem Verhalten abzuleiten – die Statistik auf dem Gebiet der Biologie war den Kinderschuhen entwachsen.[24] Die Bedeutung seiner Forschungen fasste Mendel in seiner Abhandlung *Versuche über Pflanzenhybriden* zusammen (1865/1866). Es war sein Opus magnum, eine der bedeutendsten Abhandlungen in der Geschichte der Biologie und der Grundstein für die Genetik. Aber er erfuhr nie wirklich Anerkennung dafür, nicht zuletzt, weil er große Schwierigkeiten hatte, an seine Forschung mit den Erbsen anzuknüpfen. Seine Versuche mit fünfzig Bienenvölkern scheiterten an den komplexen Problemen, vor die der Versuch einer kontrollierten Befruchtung von Bienenköniginnen stellte. Und obwohl er noch nachweisen konnte, dass sich die Hybriden von Levkojen, Maispflanzen und der Wunderblume exakt so wie die von Erbsen verhielten, blieben Kollegen wie Carl Nägeli, mit dem er im intensiven Briefwechsel stand, doch skeptisch.[25]

Mendel *hatte* Darwins *Entstehung der Arten* gelesen. Ein Exemplar mit Mendels Randbemerkungen wird im Brünner Mendelianum verwahrt. Und diese Bemerkungen beweisen, wie bereitwillig er die Theorie von der natürlichen Zuchtwahl akzeptiert hatte. Darwin hingegen scheint nie verstanden zu haben, dass die Hybridisierung eine grundlegende Erklärung für die Entwicklung von Variationen bot. So kam es, dass Mendel einsam als verkanntes Genie starb.

Die Erfindung des Unbewussten

So wie seit dem späten 18. Jahrhundert irgendeine Vorstellung von »Evolution« als Idee in den Köpfen vieler Biologen und Philosophen herumgespukt hatte, war auch schon seit Langem die Idee von der Existenz eines Unbewussten aufgekeimt. Zeremonien, um den »Geist freizulassen«, waren in Kleinasien bereits um 1000 v. d. Z. üblich gewesen.[26]

Zu den allgemeinen Hintergrundfaktoren, die der kanadische Psychiater und Medizinhistoriker Henri Ellenberger 1970 in seinem maßgeblichen Werk *The Discovery of the Unconscious (Die Entdeckung des Unbewussten*, 1973) als Wegbereiter für den Aufstieg des »Unbewussten« angab, zählte auch die Romantik. Denn zu den Grundvorstellungen der romantischen Philosophie gehörten die »Urphänomene« und all die Metamorphosen, die aus ihnen hervorgegangen waren, darunter zum Beispiel die Idee von einer »Urpflanze« als Vorgängerin aller Pflanzen, oder der mit der Vorstellung vom Unbewussten eng verwandte »All-Sinn«.

413

Johann Christian August Heinroth (1773–1843), der von Ellenberger zu den »Medizinern der Romantik« gezählt wird, siedelte den Ursprung des Gewissens in einem »Über-Uns« an, einem weiteren Urphänomen. Mehrere Philosophen nahmen Freud'sche Begriffe vorweg. Arthur Schopenhauer bezeichnete den Willen in seinem Hauptwerk *Die Welt als Wille und Vorstellung* als »den dynamischen Charakter blinder Antriebskräfte«: Der Mensch ist ein irrationales Wesen, gelenkt von inneren Kräften, die er nicht kennt und von denen er kaum etwas weiß. Eduard von Hartmann benannte ein in drei Schichten gelagertes »Unbewußtes«: »1. Das absolute Unbewußte, das die Substanz des Universums darstellt und die Quelle der anderen Formen des Unbewußten ist. 2. Das physiologische Unbewußte, das [...] bei der Entstehung, Entwicklung und Evolution der Lebewesen, einschließlich des Menschen, wirksam ist. 3. Das relative oder psychische Unbewußte, das am Ursprung unseres bewußten geistigen Lebens liegt.«[27]

Auch Nietzsche nahm mit seiner Vorstellung von einem gerissenen, im Verborgenen agierenden und von den Trieben gesteuerten Unbewussten, das häufig traumatisiert ist, sich auf surreale Weise tarnt und am Ende pathologisch werden kann, viele Freud'sche Gedanken vorweg. Ernest Jones, der erste (und offizielle) Biograf Freuds, lenkte die Aufmerksamkeit auch auf die polnische Psychologin Luise von Karpinska, die erstmals Ähnlichkeiten zwischen den Kerngedanken von Freud und dem Denken von Johann Friedrich Herbart aufgedeckt hatte (welcher sie siebzig Jahre vor Freud zu Papier gebracht hatte). Herbart hatte den Geist als etwas Dualistisches dargestellt, das sich im ständigen Konflikt mit bewussten und unbewussten Prozessen befindet. Gedanken, denen es nicht gelingt, in das Bewusstsein einzudringen, weil sie sich gegen widersprechende Gedanken nicht durchsetzen können, nannte er »verdrängt«. Gustav Theodor Fechner (1801–1887), der Mitbegründer der Psychophysik, eines Teilgebiets der experimentellen Psychologie (und noch ein Pastorensohn), hatte seinerseits auf Herbart aufgebaut, insbesondere mit seinem Gedankengang, das Bewusstsein mit einem Eisberg zu vergleichen, der zu neun Zehnteln unter Wasser liegt.

Der französische Neurologe Pierre Janet dokumentierte, dass er mit Hilfe der Hypnose angeblich »zwei sehr verschiedene Arten psychischer Erscheinungen« hervorrufen konnte: Einerseits begannen die Versuchspersonen »Rollen« zu spielen, um dem Hypnotiseur zu gefallen, andererseits trat »die unbekannte Persönlichkeit auf, die sich spontan manifestieren kann, besonders als eine Rückkehr zur Kindheit«. (Beispielsweise bestanden Patienten plötzlich darauf, mit den Kosenamen aus ihrer Kindheit angesprochen zu werden.) Als Janet nach Paris übersiedelte, begann er die Technik seiner »psychologischen Analyse« zu entwickeln und machte dabei die Feststellung, dass der Geist seiner Patientinnen nach den Krisen, die er durch Hypnose und »automatisches Schreiben« bei ihnen ausgelöst hatte, wesentlich klarer wurde, während die Krisen selbst umso schwerer waren, je früher im Leben die Patientinnen eine fixe Idee ursprünglich entwickelt hatten.[28]

Das 19. Jahrhundert hatte sich erstmals auch mit dem Thema der kindlichen Sexualität konfrontiert gesehen. Anfangs war sie von Medizinern als eine seltene Anomalie betrachtet worden, doch 1846 wies der Arzt und Moraltheologe Pater Pierre J. C. Debreyne in einer Abhandlung auf die Masturbation bei Kindern hin, auf die häufigen Sexualspiele von Kleinkindern und auf die Verführung sehr kleiner Kinder durch Ammen und Dienstboten. Am berühmtesten aber wurden die Warnungen, die Jules Michelet in seinem Buch *Nos fils* (1869) hinsichtlich der allgemeinen Folgen infantiler Sexualität und insbesondere des Phänomens, das später als »Ödipuskomplex« bezeichnet wurde, an Eltern gerichtet hatte.[29]

Die Menschen im 19. Jahrhundert waren fasziniert von der möglichen Koexistenz zweier »Persönlichkeiten«, für die schließlich der Begriff »Doppel-Ich« beziehungsweise »Dipsychismus« erfunden wurde. Die Theorie vom Dipsychismus wurde von Max Dessoir (1867–1947) in seinem einst gefeierten Buch *Das Doppel-Ich* (1890) entwickelt, in dem er die menschliche Seele in zwei Ich-Formen aufteilte, die er das »Oberbewußtsein« und das »Unterbewußtsein« nannte. Letzteres, erklärte er, enthülle sich gelegentlich in Träumen.[30]

Sigmund Freud legte seine Ansichten erstmals in den *Studien über Hysterie* dar, die er 1895 mit Josef Breuer veröffentlichte und anschließend vollständiger ausgearbeitet in seiner Schrift *Die Traumdeutung* darlegte, als deren Erscheinungsdatum das Jahr 1900 angegeben wurde, obwohl sie bereits im November des Vorjahres in Leipzig und Wien publiziert worden war (die erste Rezension erschien im Januar 1900 in Wien). Da war der jüdische Arzt aus Freiberg in Mähren bereits vierundvierzig Jahre alt gewesen.

In der *Traumdeutung* finden die vier Fundamente von Freuds psychoanalytischer Theorie erstmals zusammen: das Unbewusste, die Verdrängung, die frühkindliche Sexualität (die Freud dann zum Ödipuskomplex führte) und die Dreiteilung des Geistes in das Ich, also das Bewusstsein von sich selbst; das Über-Ich, welches verallgemeinernd ausgedrückt das Gewissen darstellt; und das Es, der primäre biologische Ausdruck des Unbewussten. Freud fühlte sich in der von Darwin begründeten biologischen Tradition beheimatet. Nachdem er seine Zulassung als Arzt erhalten hatte, bekam er ein Stipendium bei Jean-Martin Charcot, der zu dieser Zeit in seinem Pariser Asyl Studien an nervenkranken Frauen durchführte und dabei nachgewiesen hatte, dass mit hypnotischer Suggestion systematisch Hysterie ausgelöst werden konnte. Nach einigen

Monaten kehrte Freud nach Wien zurück und begann seine Kooperation mit Josef Breuer (1842–1925), einem weiteren brillanten Wiener Arzt und ebenfalls Jude, der bereits zwei bedeutende Entdeckungen gemacht hatte: über die Rolle, die der Vagus (der 19. Gehirnnerv) bei der Atmungsregulierung spielt, und über die Funktion der Bogengänge des Innenohrs in Bezug auf das physische Gleichgewicht. Wichtig für Freud und die Psychoanalyse waren jedoch die Erkenntnisse, die Breuer 1881 bei der von ihm erfundenen »Redecur« gewann.

Seit Dezember 1880 hatte Breuer eine junge Wiener Jüdin namens Bertha Pappenheim (1859–1936) wegen »Hysterie« behandelt (in seiner berühmten Fallstudie nannte er sie »Anna O.«). Ihr Leiden äußerte sich in wechselnden Symptomen, etwa in Form von Schlafwandeln, Lähmungen, Halluzinationen, einer Persönlichkeitsspaltung bis hin zu Sprachregressionen und sogar einer Scheinschwangerschaft. Im Verlauf der Behandlung entdeckte Breuer, dass Berthas Symptome zeitweilig verschwanden, sobald er ihr gestattete, im Zustand einer Art von Autohypnose detailliert von sich zu erzählen. (Tatsächlich war sie es gewesen, die Breuers Methode »Redecur« getauft oder auch als »Kaminfegen« bezeichnet hatte.) Nach dem Tod ihres Vaters begann sich ihr Zustand massiv zu verschlechtern – es kam zu immer neuen Halluzinationen und schweren Angstzuständen. Wieder stellte Breuer fest, dass sich Bertha an die Gefühle zu erinnern schien, die sie am Krankenlager des Vaters verdrängt hatte, und diese »verlorenen« Gefühle nach ihrer Wiederentdeckung nun einfach »wegerzählen« konnte. Der nächste Fortschritt ergab sich eher zufällig: Einmal berichtete »Anna« von einem bestimmten Symptom (Schluckbeschwerden), danach war es prompt verschwunden. Breuer entdeckte schließlich, dass er sie nur zu überzeugen brauchte, sich chronologisch rückwärts bis zum ersten Auftreten eines Symptoms zu erinnern – die Geschichte bis zum Anfangspunkt zurückzuerzählen –, damit das Symptom in den meisten Fällen verschwunden war. Im Juni 1882 konnte Fräulein Pappenheim ihre Behandlung abschließen, »seither erfreute sie sich vollständiger Gesundheit«.[31]

Der Fall von »Anna O.« beeindruckte Freud. Eine Weile versuchte auch er nun »Hysterikerinnen« nicht nur mit Elektrotherapien, Massagen und Hydrotherapien, sondern auch mit Hypnose zu behandeln, ließ von diesem therapeutischen Ansatz aber wieder ab und wandte sich der »freien Assoziation« zu, einer Technik, die es den Patientinnen erlaubte, über alles zu reden, was ihnen in den Sinn kam. Dabei kam er zu dem Ergebnis, dass viele Menschen unter den richtigen Umständen in der Lage seien, sich an längst vergessene Ereignisse aus der Kindheit zu erinnern, und daraus wiederum schloss er, dass frühe Erlebnisse das Verhalten einer Person selbst dann noch stark prägen konnten, wenn diese selbst vollständig in Vergessenheit geraten waren. Sein Konzept des »Unbewussten«, mitsamt dem Begriff der »Verdrängung«, war geboren. Nun postulierte Freud auch, dass viele frühe Erinnerungen, die durch freie Assoziation – wenn auch unter Schwierigkeiten – an die Oberfläche drängten, sexueller Natur seien. Als er dann jedoch feststellen musste, dass solche »erinnerten« Begebenheiten in Wirklichkeit oft gar nicht stattgefunden hatten, begann er an seiner Ödipustheorie zu arbeiten. Mit anderen Worten: Er betrachtete die von seinen Patientinnen erfundenen sexuellen Traumata und Verwirrungen als eine Art Code für das, was sie sich insgeheim *gewünscht* hatten. Damit schien ihm bestätigt, dass schon das Kleinkind durch eine sehr frühe Phase des sexuellen Erlebens ging, die es mit sich brachte, dass sich ein Sohn zur Mutter hingezogen fühlte und den Vater als Rivalen erlebte (Ödipuskomplex), eine Tochter hingegen das Gleiche mit umgekehrten Vorzeichen erlebte (Elektrakomplex). Diese Grundmuster blieben, so glaubte Freud, ein Leben lang erhalten und trügen deutlich zur individuellen Charakterbildung bei.[32]

Der Anstoß zu Freuds Selbstanalyse kam durch den Tod seines Vaters Jakob im Oktober 1896. Obwohl sich Vater und Sohn während vieler Jahre nicht sehr nahe gewesen waren, stellte Freud zu seiner Überraschung fest, dass ihn der Tod des Vaters unerklärlich stark bewegte und lange vergrabene Erinnerungen spontan an die Oberfläche schwemmte. Auch seine Träume veränderten sich. Plötzlich entdeckte er darin eine unbewusste und bisher verdrängte Feindseligkeit dem Vater gegenüber, die ihn schließlich zu der Überzeugung brachte, dass Träume der Königsweg zum Unbewussten seien. Der zentrale Gedanke seiner *Traumdeutung* war, dass sich das Ich im Schlaf wie ein Wachposten verhält, der eingenickt ist: Die übliche Wachsamkeit gegenüber den Trieben des Es lässt nach. Deshalb seien Träume das Vehikel für das Es, sich zu zeigen, wenn auch in verschleierter Form.[33]

In jüngerer Zeit wurde Freud einer nicht nachlassenden Kritik und Revision unterzogen. Heute ist er diskreditiert.[34] Zu Freuds Lebzeiten, vor allem am Ende des 19. und Anfang des 20. Jahrhunderts, wurde sein »Unbewusstes« jedoch ungemein ernst genommen und spielte insofern eine wegweisende Rolle, als es einen Wandel beförderte, der sich grundlegend auf das Denken und vor allem auf die Kunst auswirken sollte: auf jenes Phänomen, welches man als »Modernismus« bezeichnet.

TEIL VIER
DIE MISERABLEN UND DIE MIRAKULÖSEN ASPEKTE VON MODERNITÄT

21

Der Missbrauch von Geschichte

Wäre dieses Buch eine Bühneninszenierung, so würde man jetzt die Beleuchtung herunterfahren und die Bühne verdunkeln. »Die Deutschen waren herrlich rational in ihren Labors und bei ihren industriellen Organisationen. Doch ihre Vorstellung von Politik und Gesellschaft war von üblen Hirngespinsten umwölkt.« Das schrieb Fritz Stern 1972 in der Einführung zu seiner Essaysammlung *The Failure of Illiberalism*.[1] Genau zu der Zeit, in der Helmholtz, Clausius, Siemens, Virchow, Koch, Benz und Mendel ihre großen Entdeckungen oder Erfindungen machten, kam eine geistige Strömung auf, die ihrem Ton, ihrem Stil, ihrer Ausrichtung und ihrem Inhalt nach so komplett anders war, dass nicht wenige Historiker von der Existenz zweier verschiedener Deutschland im Vorfeld des Ersten Weltkriegs sprachen. Und mit diesem anderen Deutschland wollen wir uns nun befassen.

Da es in diesem Buch mehr um die deutsche Kultur als um die deutsche Politik geht, werden wir uns hier auch auf die Bereiche konzentrieren, in denen dieses »andere Deutschland« erwachte, und auf die Ideen, die es vertrat: Es tauchte unter den Historikern des Landes auf; es vertrat einen aggressiven Nationalismus, Militarismus und Darwinismus; es propagierte den Mythos vom Arier; es war antikatholisch; und es brachte eine Vielzahl von soziologischen Theorien hervor, die von mehr oder weniger seriösen Sozialforschern erdacht worden waren. All diese geistigen Strömungen begannen dem Selbstbild der Deutschen am Ende des 19. Jahrhunderts, zu der Zeit also, als sich das Land geistig, kulturell und sogar moralisch von seinen unmittelbaren Nachbarn und Rivalen abzugrenzen begann, immer schärfere Konturen zu verleihen.

Der Aufschwung von »Hochkultur« und Innerlichkeit

Auch wenn sich die folgende Darstellung im Wesentlichen auf einen bestimmten Aspekt der deutschen Kultur konzentriert, die Geistesgeschichte, kann die Politik natürlich nicht vollständig ignoriert werden, insbesondere nicht der Anteil jener beiden Männer, die dieses andere Deutschland verkörperten oder gestaltet haben und die selbst sowohl dessen Symptome als auch dessen Ursachen waren: Otto von Bismarck und Kaiser Wilhelm II.

Um es noch einmal kurz zusammenzufassen: 1848 war der deutsche Versuch einer bürgerlichen Revolution fehlgeschlagen. In den sechziger Jahren des 19. Jahrhunderts wurden zwar einige parlamentarische Verfahrensweisen eingeführt, doch auch das Streben des deutschen Bildungsbürgertums nach politischer und sozialer Gleichheit und Emanzipation blieb erfolglos. Die gesellschaftspolitischen Fortschritte, die in England, Holland, Frankreich und Nordamerika zum Teil bereits Generationen zuvor erzielt worden waren, blieben in Deutschland aus. Der deutsche Liberalismus, beziehungsweise die verhinderte Liberalität Deutschlands, beruhte auf den Forderungen der Mittelschicht nach einem freien Handelssystem und einem konstitutionellen Rahmen, der ihren wirtschaftlichen und gesellschaftlichen Spielraum schützen sollte. Als dieser Versuch einer verfassungsrechtlichen Evolution fehlgeschlagen und 1871 unter preußischer Ägide das Deutsche Reich gegründet worden war, ergaben sich einige ungewöhnliche neue Sachlagen. Wie Gordon Craig betonte, hatte das deutsche Volk nicht den geringsten Anteil an der Erschaffung seines eigenen Reiches gehabt, es »sollte im Gegenteil von Anbeginn klar sein, daß das Reich ihnen [den Deutschen] zum Geschenk gemacht worden war und ihnen, wenn sie es nicht geziemend zu würdigen wussten, unter Umständen auch wieder weggenommen werden konnte«.[2] Nicht das Volk hatte sich seine Verfassung verdient, sie war vielmehr durch einen Bundesvertrag der Fürsten von fünfundzwanzig deutschen Staaten zustande gekommen, die ihre Kronen noch bis 1918 tragen sollten. Aus heutiger Perspektive betrachtet, hatte das einige höchst ungewöhnliche Folgen, darunter die, dass das Parlament über keine wirklichen Vollmachten verfügte, dass die politischen Parteien keine wirkliche Regierungsverantwortung übernehmen konnten und dass Wahlen abgehalten wurden, deren Ergebnisse die Zusammensetzung der Regierung nicht wirklich bestimmten. Das war ein völlig anderes – und wesentlich rückständigeres – System als alles, was die westlichen Konkurrenten des Deutschen Reiches vorzuweisen hatten. Nach wie vor entschied die großgrundbesitzende Aristokratie staatspolitische Fragen, obwohl Deutschland inzwischen zu einer Industriemacht herangereift war. Und je mehr Deutsche an den industriellen, wissenschaftlichen und intellektuellen Erfolgen ihres Landes teilhatten, desto deutlicher hatte eine geschlossene kleine Gesellschaft von Traditionalisten das Sagen – Adel, Großgrundbesitzer, militärische Führung und an der Spitze der Kaiser. Genau diese Realitätsverschiebung war es, die das »Deutschtum« im Vorfeld des Ersten Weltkriegs entscheidend prägte und sich zu einem der größten Anachronismen der Geschichte auswachsen sollte.

Uns interessieren hier vor allem zwei Folgen. Erstens begann sich der Mittelstand, der von der Politik ausgeschlossen, aber dennoch um ein gewisses Maß an Gleichheit bemüht war, auf seine Erziehung und Ausbildung zu besinnen und »Kultur« als den Schlüsselbereich zu betrachten, in dem für ihn Erfolge zu erzielen waren – um auf Augenhöhe mit der Aristokratie des eigenen Landes zu kommen und dem Ausland im nationalistischen Wettbewerb überlegen sein zu können. »Hochkultur« war im Deutschen Reich somit immer von größerer Bedeutung als anderenorts, und das war auch ein Grund (worauf wir noch zurückkommen werden), weshalb es zwischen 1871 und 1933 zu einer solchen kulturellen Blüte kam. Andererseits erhielt die Vorstellung von Kultur damit eine sehr spezifische Färbung, denn nun tendierte man dazu, Freiheit, Gleichheit und Individualität im persönlichen Allerheiligsten der Innenwelt zu suchen und die Gesellschaft als eine willkürliche, oft auch feindselige Außenwelt zu betrachten.³ Die zweite – und sich mit der ersten überlappende – Folge war der Rückzug in den Nationalismus, jedoch in einen klassenspezifischen, der sich nicht nur gegen die neu erschaffene industrielle Arbeiterklasse (und den aufwieglerischen Sozialismus) wandte, sondern auch gegen Juden und alle anderen »undeutschen« Minderheiten. Es war ein Nationalismus, der als moralischer Fortschritt mit utopischen Möglichkeiten verstanden wurde. Vor dem Hintergrund der sich entwickelnden Massengesellschaft betrachtete das Bildungsbürgertum »Kultur« als eine Ansammlung von stabilen Werten, die es abgrenzen konnten vom »Gesindel« (ein Wort, das auch Freud benutzte) und die, das vor allem, seine nationalistische Orientierung aufwerteten. Die Vorstellung vom »Volk« – ein halbmythisches, nostalgisches Ideal vom einstigen deutschen Wesen und von einer mit sich zufriedenen, begabten, unpolitischen, »reinen« Gemeinschaft – wurde zum populären Stereotyp.

All diese Faktoren vereinigten sich in der deutschen Kultur zu einem Begriff, der sich kaum in andere Sprachen übertragen lässt, aber vermutlich als ein wirklich prägendes Element deutschen Denkens im Wechsel vom 19. zum 20. Jahrhundert verstanden werden muss. Es geht um den Begriff der *Innerlichkeit*. Gemeint war damit die bewusste Entscheidung, sich fernzuhalten von der Macht, sich aus jeder Politik herauszuhalten und dem eigenen Inneren zuzuwenden, getragen von dem Gedanken, dass jede Einmischung oder auch nur Kommentierung einem Verrat an der Berufung des Künstlers gleichkam, dass die Realität für einen Künstler immer nur die innere, nie aber die äußere Welt sein konnte. »Nicht einmal die Ereignisse von 1870/71 vermochten sie aus ihrer politischen Lethargie aufzurütteln«, stellte Gordon Craig fest. »Der Sieg über Frankreich und die Vereinigung der deutschen Staaten regten keinen Dichter, Musiker oder Maler zu einem großen Werk an.« Im Vergleich zur Literatur anderer europäischer Länder wandten deutsche Schriftsteller ihre Aufmerksamkeit nie den politischen Gefahren zu, die dem imperialen System innewohnten. »Im Gegenteil, als diese Gefahren sich deutlicher abzeichneten, als unter Wilhelm II. ein frenetischer Imperialismus, begleitet von einem aggressiven Waffenprogramm, einsetzte, schlug die Mehrzahl der Schriftsteller und Dichter Deutschlands die Augen nieder und zog sich in jene Innerlichkeit zurück, die stets ihre Zuflucht war, wenn die wirkliche Welt zu undurchschaubar wurde.« Es gab keine deutschen Gegenparts zu Émile Zola, George Bernard Shaw, Joseph Conrad, André Gide, Maxim Gorki oder auch nur Henry James (mit der möglichen Ausnahme von Gerhart Hauptmann, jedenfalls in seinem späteren Werk, doch das wäre auch die einzige gewesen).[4]

Der Aufstieg nationalistischer Geschichtsschreibung

Für diesen Aspekt unserer Geschichte wollen wir zu den deutschen Historikern zurückkehren. Sie selbst hatten zwar kein besonderes Faible für »Innerlichkeit«, ganz im Gegenteil, andererseits profitierten sie von genau dem deutschen Nationalismus, der wegen dieser Innerlichkeit einen solchen Aufschwung in der zweiten Hälfte des 19. Jahrhunderts erlebt hatte. Betrachten wir uns zuerst einmal Theodor Mommsen (1817–1903), geboren in Garding (Schleswig), ein weiterer Pastorensohn. Er hatte Rechtswissenschaften an der Universität Kiel studiert und 1844 ein dänisches Reichsstipendium erhalten, das ihm Reisen nach Frankreich und Italien zum Studium von römischen Inschriften ermöglichte. Nachdem er mehrere rechtswissenschaftliche Professuren innegehabt hatte, wurde er 1858 schließlich auf eine Forschungsprofessur an die Preußische Akademie der Wissenschaften in Berlin berufen, trat 1859 in die Zentraldirektion des Deutschen Archäologischen Instituts ein und erhielt 1861 einen Lehrstuhl für römische Altertumskunde an der Berliner Universität. Er veröffentlichte über fünfzehnhundert Abhandlungen, war ein Pionier auf dem Gebiet der Epigrafie und konzipierte den am Ende sechzehnbändigen *Corpus Inscriptionum Latinarum*, von dem er selbst fünf Bände verfasst hatte. Er stand jeden Morgen um fünf Uhr auf, sogar bei seinen Spaziergängen sah man ihn oft lesen, und setzte sechzehn Kinder in die Welt (zwei seiner Urenkel, Hans und Wolfgang Mommsen, wurden ebenfalls renommierte Historiker). 1902 erhielt der Fünfundachtzigjährige als einer der wenigen, die keine Belletristik schrieben, den Nobelpreis für Literatur.

Aber auch politisch war Mommsen aktiv. Von 1863 bis 1866 und von 1873 bis 1879 saß er als Abgeordneter im preußischen Landtag, von 1881 bis 1884 repräsentierte er im Reichstag zuerst die liberale Fortschrittspartei, dann die Nationalliberalen und schließlich die Sezessionisten. Mit

Bismarck hatte er ebenso heftige Auseinandersetzungen wie mit seinem Kollegen Heinrich von Treitschke, obwohl er gewiss ein ebenso glühender Nationalist war. Mommsen war ein widersprüchlicher Mann, jedenfalls aus heutiger Warte betrachtet, verkörperte aber die Welt, in welcher der Nationalismus noch nicht zur Sache von Rechtsradikalen geworden war.

Sein berühmtestes Werk ist die *Römische Geschichte*, die 1854 bis 1856 in drei Bänden erschien, aber unvollendet blieb und ihn nach Meinung vieler zum bedeutendsten Althistoriker des 19. Jahrhunderts machte. Zum Zeitpunkt ihres Erscheinens galt sie als ein ebenso einflussreiches Werk wie Goethes *Faust* und Schopenhauers *Welt als Wille und Vorstellung*. Mommsen hatte es verstanden, seinem Thema eine gewisse zeitgenössische Relevanz zu verleihen, indem er Caesar nicht nur als Genie darstellte, sondern auch konstatierte, dass seine Herrschaft wesentlich gerechter und »demokratischer« gewesen sei – oder gewesen wäre, hätte man ihn nicht ermordet – als die des korrupten, eigennützigen Senats.[5] Für ihn als glühendem Nationalisten stand fest, dass der »Cäsarismus« – die auf öffentlicher Unterstützung beruhende Herrschaft eines charismatischen und starken, aber gerechten Genies – ein System darstellte, das weniger verdorben sei und Demokratie besser garantieren könne als jedes andere.[6]

Das Werk enthält auch eine erste Version der später sogenannten Völkerpsychologie, die der Verherrlichung des Heimatlands diente.[7] Hochmütig stellte Mommsen fest, dass die Deutschen nicht weniger begabt seien als seinerzeit die Griechen, und behauptete sogar, dass die künstlerischen Begabungen beider Völker die der alten Römer in den Schatten stellten: »Nur die Griechen und die Deutschen besitzen den freiwillig hervorsprudelnden Liederquell; aus der goldenen Schale der Musen sind auf Italiens grünen Boden eben nur wenige Tropfen gefallen.«[8] Für uns ist Mommsens politische Einstellung schwer nachzuvollziehen: Ein Liberaler, der ebenso Monarchist wie ein peinlich genauer Wissenschaftler ist, vertritt einen Nationalismus, der an Rassismus grenzt. Beispielsweise war er ein fanatischer Frankreichhasser, der den Deutsch-Französischen Krieg 1870 als einen Befreiungskrieg begrüßt hatte, weil er sein Volk endlich von der dümmlichen Nachahmung der Franzosen abbringen würde.[9]

Heinrich von Sybel (1817–1895) wurde zwei Tage nach Mommsen geboren, in Düsseldorf, wo der Vater, ein Jurist, der 1831 in den preußischen Adelsstand erhoben wurde, dem Staat als Regierungsrat diente. Im Elternhaus gingen die Künstler ein und aus, auch Felix Mendelssohn Bartholdy war ein regelmäßiger Gast.[10] Sybel studierte in Berlin bei Leopold von Ranke und Friedrich Carl von Savigny, wo er sich nach Ansicht vieler zu deren bestem Studenten mauserte. Nach Habilitation und einer Dozentur an der Universität Bonn begann er schließlich selbst Einfluss zu nehmen, insbesondere mit seiner *Geschichte des ersten Kreuzzuges,* weil er darin mit dem idealisierten Bild aufräumte, das die Romantiker vom Mittelalter hatten, indem er nachwies, wer in Wahrheit die Urheber und Anführer der Kreuzzüge gewesen waren. Diese Historie brachte ihm 1844 eine außerordentliche Professur an seiner Universität ein. Da war er siebenundzwanzig und begann sich gerade als prominenter Opponent der »Ultramontanen« hervorzutun (Katholiken, die sich ausschließlich an der päpstlichen Kurie »jenseits der Berge« – *ultra montes* – orientierten). Der Konflikt entstand, als 1844 sieben Wochen lang der »Heilige Rock« von Trier ausgestellt worden war und Tausende von Pilgern angelockt hatte: Sybel verfasste mit Johannes Gildemeister die Schrift *Der Heilige Rock zu Trier und die zwanzig anderen Heiligen Ungenähten Röcke,* in der sie diesen als eine Fälschung bezeichneten und eine Untersuchung seiner Echtheit forderten. Von da an interessierte sich Sybel für Politik mindestens ebenso sehr wie für Geschichte. 1845 folgte er einem Ruf als Geschichtsprofessor an die kleine Universität Marburg, wo ihm dann genug Zeit blieb, um auch noch einen Sitz im Frankfurter Vorparlament und in der Kasseler Ständeversammlung einzunehmen (1848/49). Im März und April 1850 nahm er als Abgeordneter der »Gothaer« an der Parlamentarierversammlung teil, die unter dem Namen »Erfurter Unionsparlament« tagte und nach dem Scheitern der Frankfurter Nationalversammlung eine Verfassung für ein kleindeutsches Reich unter preußischer Führung erreichen wollte. In Bezug auf Österreich stellte Sybel fest, dass das Haus Habsburg vom Geist der Jesuiten durchdrungen sei und dieses Land ohnedies nichts Deutsches an sich habe.[11]

Sybel war politisch also ebenso aktiv wie Mommsen; und wie dieser fand auch er neben all seinen politischen Aktivitäten noch genügend Zeit, um drei große Werke zu publizieren, derentwegen man sich bis heute an ihn erinnert, an erster Stelle die *Geschichte der Revolutionszeit von 1789–1800* (5 Bände, 1853–1879). Er war hier zwar stark von Edmund Burke und dessen Werk *Reflections on the War in France* beeinflusst, leistete aber dennoch einen originären Beitrag, da er mit diesem Werk die deutsche Version der höheren Kritik in die Geschichtsschreibung über die Französische Revolution einführte. So wies er zum Beispiel nach, dass viele Briefe, die Marie Antoinette zugeschrieben wurden, gar nicht aus ihrer Feder stammen konnten – was auch in Frankreich großes Interesse erregte und zu einer neuen, weniger romantischen Sicht der Revolution beitrug, als sie vor allem von den linkslastigen französischen Historikern verbreitet wurde. Sybels Wissenschaftlichkeit war makellos. Prompt sollten sich ihm viele Archive in Paris und anderenorts in Frankreich öffnen. Doch seine Schlussfolgerungen deckten sich dann ganz mit seinen Vorurteilen. Er war zutiefst davon überzeugt, dass nur große Männer Geschichte schrieben und die Massen rein gar nichts dazu beitrügen, ergo zog er die wirklichen Lehren der Französischen Revolution auch nur aus Napoleons Aktivitäten.¹²

1856 wurde Sybel auf Rankes Empfehlung hin zum Professor für Geschichte an der Universität München berufen. Dort gründete er nicht nur das Historische Seminar, sondern auch die bis heute existierende *Historische Zeitschrift*, seine zweite große Errungenschaft und das Vorbild fast aller historischer Fachzeitschriften. Doch wirklich wohl fühlte er sich in der erzkatholischen bayerischen Hauptstadt nie. Nachdem er sich 1859 in die politischen Debatten um den Streit zwischen Österreich und Frankreich und um den italienischen Einheitskampf eingemischt und damit sein Verhältnis zu König Max getrübt hatte, entschloss er sich 1861, einem Ruf an die Universität Bonn zu folgen.¹³

Kaum war er dort eingetroffen, nahm er seine politischen Aktivitäten wieder auf. 1862 wurde er Mitglied des preußischen Abgeordnetenhauses und mischte kräftig bei den Attacken gegen Bismarck mit. Damals, als die deutsche Presse noch nicht so unabhängig war wie zum Beispiel die französische oder englische, nahm man es als gegeben, dass Hochschullehrer zugleich Politik betrieben (auch wenn Bismarck gerne über sie spottete).¹⁴ Eine Zeit lang zog sich Sybel wegen Problemen mit seinen Augen aus der aktiven Politik zurück, doch 1867 war er wieder da. Er gewann einen Sitz als Nationalliberaler im verfassungsgebenden Reichstag, wo er dann vehement gegen die Einführung des allgemeinen Wahlrechts polemisierte. Nicht zuletzt deshalb gelang die entscheidende Versöhnung mit Bismarck. Zu festigen begann sich ihre Beziehung, nachdem Sybel 1874 erneut ins preußische Abgeordnetenhaus gewählt worden war und die Regierung in ihrem Kampf gegen die Kleriker und später auch gegen die Sozialisten unterstützte.¹⁵

Vor allem dank dieser Unterstützung übertrug man ihm 1875 die Leitung der Preußischen Staatsarchive, womit sich ihm großartige Möglichkeiten eröffneten. Unter anderem bekam er nun Einblick in die politische Korrespondenz Friedrichs des Großen, woraufhin er viel zu deren Aufbereitung für eine Veröffentlichung unter dem Dach der Preußischen Akademie der Wissenschaften (deren Mitglied er 1875 geworden war) beitrug. Doch sein bei Weitem bedeutendstes, bis heute ebenso beeindruckendes wie nützliches Werk war *Die Begründung des Deutschen Reiches durch Wilhelm I. vornehmlich nach den preußischen Staatsacten* (7 Bände, 1889–1894). Als Leiter der Preußischen Staatsarchive hatte Sybel auch Zugang zu den bis dahin geheimen preußischen Staatspapieren, was ihm sehr ausführliche Berichte über viele bereits abgeschlossene Episoden und Ereignisse ermöglichte – über die Kriege gegen Österreich und Schleswig-Holstein und die Schlacht bei Sadowa (Königgrätz) zum Beispiel. Andererseits wurde durch seine eigene Nähe zu einigen dieser Ereignisse beziehungsweise durch seine persönliche Bekanntschaft mit den Autoren einiger dieser Papiere oder mit so manchem Teilnehmer an den Ereignissen unvermeidlich eingeschränkt, was er sagen konnte und wie er es sagte. Sein Geschichtswerk ist im Wesentlichen ein Bericht über Preußens Aufstieg zur Vorherrschaft, den er nicht nur unvermeidlich, sondern auch berechtigt fand: Preußen war ein junger, dynamischer Staat; Österreich war alt und verbraucht. Seine Heldengestalt ist Bismarck; die Schurken sind die Österreicher, die Franzosen und die Dänen (wegen Schleswig-Holstein).

Nach Bismarcks Sturz im Jahr 1890 wurde Sybel kein Zugang mehr zu den Geheimpapieren gewährt, deshalb sind die späteren Bände (für die Jahre 1866 bis 1870) auch nicht von gleicher Bedeutung wie die ersten. Aber letztendlich war das vielleicht gut so, denn tatsächlich war Sybels *Begründung des Deutschen Reiches* Mommsens *Römischer Geschichte* im Katalog der tendenziösen Geschichtsschreibung noch einen guten Schritt voraus.

Doch selbst der tendenziöse Charakter von Sybels Darstellungen verblasst neben der Voreingenommenheit, die aus den Schriften Heinrich von Treitschkes spricht, diesem »begabten Phrasendrescher von für uns erschreckenden Sätzen«.[16] Treitschke (1834-1896) wurde in Dresden als Sohn eines sächsischen Oberstleutnants geboren, der 1821 von König Friedrich August, mit welchem er auf gutem Fuße stand, in der Adelsstand erhoben worden war und später zum General und Gouverneur von Dresden aufstieg. Kurz nach seiner Einschulung erkrankte Heinrich an Masern und einer Drüsenentzündung, die sein Gehör so stark schädigte, dass ihm eine Laufbahn im gehobenen Staatsdienst oder als Offizier verschlossen blieb. Dieser Erkrankungen wegen hatte er auch zeitlebens eine »gequetschte« Stimme, ähnlich der eines von Geburt an gehörlosen Menschen. Also entschied er sich für eine akademische Karriere. Er studierte an den Universitäten von Bonn, Leipzig, Tübingen und Göttingen. In Bonn faszinierten ihn besonders die Vorlesungen von Friedrich Christoph Dahlmann, einem glühenden deutschen Patrioten, der leidenschaftlich für das preußische Ideal eintrat und an einen starken Staat glaubte. Es waren Dahlmanns Ansichten, die Treitschke übernahm und auf denen er aufbauen sollte.

Zum Wintersemester 1862/63 wurde er außerordentlicher Professor für Staatswissenschaften an der Universität Freiburg, doch als drei Jahre später der Deutsche Krieg ausbrach, fühlte er sich so stark zu Preußen hingezogen, dass er sofort nach Berlin eilte. Dort erhielt er das preußische Indigenatsrecht und übernahm für ein Vierteljahr die Redaktion der *Preußischen Jahrbücher*, um mit – ziemlich zornigen – Artikeln die gewaltsame Annexion der Königreiche Hannover und Sachsen zu fordern. Damit konnte er sich kaum lieb Kind beim Vater machen, der nach wie vor in Dresden lebte und dem König nahestand. Doch der Karriere des Sohnes tat das keinen Abbruch: Nach Berufungen an die Universitäten Kiel und Heidelberg folgte er 1873 dem Ruf an den einstigen Lehrstuhl Leopold von Rankes an der Berliner Universität und begann im Sommer 1874 dort zu lehren.

Da hatte er bereits seit drei Jahren als nationalliberaler Abgeordneter dem Reichstag angehört und diese Position sehr zu seinem Vorteil zu nutzen verstanden. Er wurde zu einer der bekanntesten Figuren Berlins. In der *Historischen Zeitschrift* (die er nach Sybels Tod 1895 kurzfristig noch selbst herausgeben sollte) warb er immer lauter um die Unterstützung der Hohenzollern; und schon seit den späten siebziger Jahren hatte er sich außerdem immer antisemitischer geäußert, was ihm schließlich den Konflikt mit Theodor Mommsen einbrachte.[17]

In einer Hinsicht lässt sich Treitschke als Nachfolger Rankes bezeichnen: Auch für ihn ging es bei Geschichtsschreibung hauptsächlich um Politik. Er verstieg sich deshalb sogar dazu, solche wissenschaftlichen Errungenschaften wie die Elektrizität oder die Archäologie in ihrer Bedeutung zu schmälern und den Machtzuwachs Preußens als *das* Thema der Zeit darzustellen. Gleichzeitig sollte dieser Denkansatz jedoch zu seiner größten Leistung als Historiker führen: zu seiner fünfbändigen *Deutschen Geschichte im neunzehnten Jahrhundert*. Der erste Band erschien 1879, doch bis zu seinem Tod siebzehn Jahre später war er nur bis zum Revolutionsjahr 1848 gekommen. Das Werk, das in der großen Tradition vielbändiger historischer Studien stand, fand sich eine Weile in jedem gutbürgerlichen deutschen Haus. Einige von Treitschkes Studenten wurden später selbst berühmt, darunter W. E. Burghardt Dubois, Otto Hintze, Friedrich Meinecke sowie der Soziologe Georg Simmel. Neben seinem militärhistorischen Kollegen Friedrich von Bernhardi, der in seinem Buch *Deutschland und der nächste Krieg* eine Verständigung mit England als trügerisch bezeichnet hatte, trug auch Treitschke viel dazu bei, dass sich die Stimmung in Deutschland gegen England zu wenden begann. Den Engländern, sagte Treitschke einmal, seien durch ihre Geldgier jedes Ehrgefühl und jedes Gespür für Recht und Unrecht abhanden gekommen.[18]

Treitschke war berühmt für seine drastischen Formulierungen. Seine berüchtigtste war bekanntlich: »Die Juden sind unser Unglück.« Aber auch die katholische »Priesterbande« hatte er im Visier, außerdem behauptete er stur, dass keine Kultur ohne Diener gedeihen könne. Entscheidender aber war sein Ruf als ein Mann, der selbst die größtmögliche Kehrtwende vollzogen hatte: von einem Liberalen – der gegen die vielen kleingeistigen Restriktionen des Semiabsolutismus seiner Jugendjahre zu Felde gezogen war – zu einem Konservativen in Bismarcks graduell geeinigtem Deutschen Reich, der behauptete, dass alles, vom Gesetz bis hin zur Ökonomie, ausschließlich als ein Aspekt der Politik zu verstehen sei. Es fehlte Treitschke nicht viel zum Demagogen. Im Ausland wurde er oft als das »offizielle Sprachrohr« der Art von Politik betrachtet, die davon ausging, dass sich die edelsten Mannestugenden erst im Krieg wirklich entwickeln könnten.[19] Deutschland, erklärte Treitschke, müsse sich frei verwirklichen können und seinen gerechten Platz unter den Völkern beanspruchen. Wie Sybel wurde auch ihm Zugang zu den preußischen Staatsarchiven gewährt, aber es gab wohl kaum einen Zweiten, der sich so wenig von den dort gewonnenen Erkenntnissen zu distanzieren wusste. Lord Acton hatte nicht zuletzt Treitschke im Sinn, als er schrieb: »Sie brachten die Geschichtsschreibung auf Tuchfühlung mit dem völkischen Leben und verliehen ihr einen Einfluss, den sie außerhalb Frankreichs nie besessen hatte – und eroberten sich das Terrain der Bildung von Meinungen, die mächtiger waren als das Gesetz.«[20] Treitschke gilt als einer der Männer, die vehement zur wachsenden Angriffslust des Deutschen Reiches im Vorfeld des Ersten Weltkriegs beitrugen, aber man muss bedenken, dass auch er ein typisches Produkt dieser Zeit war, überzeugt, dass die »reinsten deutschen Tugenden« das Verdienst von König und Adel waren und nur mit tätiger Unterstützung von Verwaltung und Armee verbreitet werden konnten. Das ist der rote Faden, der sich durch seine *Deutsche Geschichte* zieht.[21]

Am 9. Oktober 1909 wurde im Ehrenhof der Berliner Universität ein Treitschke-Denkmal errichtet – drei Wochen bevor das Denkmal für Theodor Mommsen enthüllt wurde, welche dann beide das 1899 errichtete Helmholtz-Denkmal flankierten. In den zwanziger Jahren sank Treitschkes Ansehen, in den dreißiger Jahren stieg es wieder gewaltig. 1935 versetzten die Nationalsozialisten alle drei Denkmäler in die Universitätsstraße, 1951 wurde Treitschkes Denkmal eingeschmolzen.

Heute stehen Mommsen und Helmholtz wieder an ihren angestammten Plätzen, nunmehr aber flankieren sie Max Planck.

Noch mehr Väter der Archäologie

Mommsen, Sybel und Treitschke hatten zwar ihre Differenzen, fallen aber allesamt in die Kategorie der politisch aktiven Historiker. In späteren Kapiteln wird noch zu besprechen sein, welchen Widerhall ihre Ideen und Denkansätze in der deutschen Gesellschaft und auf der Weltbühne fanden. Die Tendenz, die sie und Kollegen wie Friedrich Dahlmann oder Gustav Droysen lancierten, ist zwar eindeutig identifizierbar, aber nicht die einzige gewesen, die in dieser Zeit zu beobachten war. Andere deutsche oder deutschsprachige Historiker legten das Schwergewicht derweil auf Kulturgeschichte. Jacob Burckhardt (der einen wichtigen Einfluss auf Nietzsche ausgeübt hatte, als beide an der Basler Universität lehrten) wurde bereits angesprochen; die Vorherrschaft der klassischen deutschen Archäologie im späten 19. und frühen 20. Jahrhundert beruhte hingegen auf Ernst Curtius, Heinrich Schliemann und Wilhelm Dörpfeld. Seit 1832 hatten im gerade unabhängig gewordenen Königreich Griechenland der Wittelsbacher Otto I. und anschließend Georg I., der Sohn des Königs von Dänemark und somit eines Landes geherrscht, das natürlich seit Langem von deutscher Kultur beeinflusst worden war. Viele Deutsche lebten damals in Athen, darunter auch Ludwig Ross, der unter Otto I. zum königlichen Aufseher über die antiken Denkmäler ernannt worden war und gleich mit der Restaurierung des Parthenon begonnen hatte.

Von langfristig größerer Bedeutung waren jedoch die Entdeckungen, die dem Berliner Archäologieprofessor Ernst Curtius (1814–1896) in Olympia gelangen.[22] Den Griechen bedeutete diese Stadt ungemein viel. In der Antike hatten die Olympiaden – die seit 776 v.d.Z. alle vier Jahre stattgefunden hatten – sogar als Zeitmaß gedient. Es hatte bereits mehrere Versuche gegeben, Ausgrabungen zu organisieren, doch bis 1874 war nichts geschehen. Dann aber wurde dank Curtius' maßgeblicher Überzeugungsarbeit auf Beschluss des Deutschen Reichstags in Berlin die »Abteilung Athen« des Deutschen Archäologischen Instituts eröffnet, die von nun an alle vierzehn Tage ihre Sitzungen abhalten sollte (die erste am 9. Dezember, dem Geburtstag von Johann Joachim Winckelmann).[23] Curtius war es auch, der gemeinsam mit dem deutschen Botschafter den griechischen Außenminister und den griechischen Nachfolger von Ludwig Ross als Aufseher über die antiken Denkmäler überzeugte, den »Vertrag wegen Ausführung von archäologischen Ausgrabungen auf dem Boden des alten Olympia« zu unterzeichnen, der zum Prototyp aller derartigen Vereinbarungen werden sollte. Unter anderem wurde darin festgeschrieben, dass die griechische Regierung »die Polizei auf den Ausgrabungsstätten ausüben« werde, es ferner übernehme, »auf ihre Kosten diejenigen Personen zu entschädigen, welche leere Grundstücke [...] als Eigenthümer oder als Besitzer auf Grund irgend eines Rechtstitels inne haben«; Deutschland »behält sich das Recht vor, in der Ebene von Olympia diejenigen Grundstücke zu bezeichnen, welche zu Ausgrabungen geeignet sind«; »Griechenland erwirbt das Eigenthumsrecht an allen Erzeugnissen der alten Kunst, und allen anderen Gegenständen, welche die Ausgrabungen zu Tage fördern werden. Es wird von seiner eigenen Entschließung abhängen, ob es zur Erinnerung an die gemeinschaftlich unternommenen Arbeiten und in Würdigung der Opfer, welche das Deutsche Reich dem Unternehmen bringt, diesem die Duplikate oder Wiederholungen von Kunstgegenständen abtreten will, welche bei den Ausgrabungen gefunden werden.« Aber allein dem Deutschen Reich stand das Recht zu, »Kopien und Abformungen aller Gegenstände zu nehmen, welche bei den

Ausgrabungen entdeckt werden«, wohingegen sich beide Staaten gleichermaßen »das ausschließliche Recht vor[behielten], die wissenschaftlichen und künstlerischen Resultate der auf deutsche Kosten angestellten Ausgrabungen zu veröffentlichen«.[24]

Nur knapp drei Monate nach dem ersten Spatenstich im Oktober 1875 war der Zeustempel freigelegt; als Nächstes wurde die Nike des Paionios entdeckt. Bis zum Ende der vierten Grabungsperiode waren zweiundvierzig Statuenfunde gemacht und über vierhundert Inschriftenblöcke ausgegraben worden. Doch den größten Applaus erhielten die Archäologen für die Entdeckung der Hermesgruppe, eine der berühmtesten Skulpturen der Antike, die laut Pausanias ein Werk des berühmten Bildhauers Praxiteles war (und auf 364 v. d. Z. datiert wird).[25] Die Grabungen in Olympia waren die ersten, die nach modernen wissenschaftlichen Standards durchgeführt wurden. Durch sie wurde das Deutsche Reich weltweit führend auf dem Gebiet, das der Welt aufzeigen sollte, wie der Stil des klassischen Altertums (den Winckelmann schon lange zuvor ins Rampenlicht gerückt hatte) wirklich ausgesehen hatte. Alles, vom Heraion und dem Kronion bis hin zum Zeustempel mit seinen den Göttern und Siegern gewidmeten Giebelgruppen, ja sogar die Überreste der Werkstatt des Phidias (inklusive der Ruinen der byzantinischen Basilika, zu der diese später umgebaut worden war) wurden freigelegt, und das auf so vorzügliche Weise, dass sich Pierre de Coubertin veranlasst sah, für eine Wiederbelebung der Olympischen Spiele einzutreten: 1896 fanden die ersten Olympischen Spiele der Neuzeit in Athen statt.

In dem Jahr, in dem Curtius seine Arbeit in Olympia aufnahm, war gerade ein anderer Deutscher in Griechenland mit einem Projekt befasst, das am Ende sogar noch mehr Aufmerksamkeit auf sich ziehen sollte als Olympia. Und das hieß zugleich, dass der professionelle Archäologe Curtius permanent von einem Mann in den Hintergrund gedrängt wurde, der seiner Meinung nach oft mehr Schaden anrichtete, als Gutes zu bewirken. Dieser Mann hieß Heinrich Schliemann, und der Ort, den er auszugraben gedachte, hieß Troja.

Schliemann (1822–1890) führte ein schillerndes Leben, allerdings darf man nahezu sicher davon ausgehen, dass es längst nicht so schillernd war, wie er es uns glauben machen wollte.[26] Er war zweifellos ein Romantiker, aber erwiesenermaßen auch ein Aufschneider, vielleicht sogar ein Lügner epischen Ausmaßes. Geboren wurde er in Neubukow, damals Mecklenburg-Schwerin (auch er wieder als Sohn eines Pastors). Bevor er sich der Archäologie zuwandte, hatte er bereits eine bunte Karriere hinter sich: Handelsgehilfe bei einem Krämer in Fürstenberg, Kontorbote in Amsterdam (wo er Holländisch, Spanisch, Italienisch und Portugiesisch lernte), Besitzer eines Handelshauses in St. Petersburg (wo er Russisch und Griechisch lernte und reich wurde), Gründer einer Bank im kalifornischen Sacramento (wo er Englisch lernte und binnen eines halben Jahres ein Vermögen mit dem An- und Verkauf von Goldstaub machte), bevor er sich schließlich nach Russland begab und die Kaufmannstochter Jekaterina Petrowna Lyschina heiratete. Sie hatte ihren Mann jedoch für reicher gehalten, als er war, und ihm, als sie die Wahrheit herausfand, schlicht seine ehelichen Rechte verweigert. Das hatte den gewünschten Effekt. Prompt kaufte Schliemann den Indigomarkt auf und wurde zum Marktführer, woraufhin Jekaterina ihm bereitwillig drei Kinder schenkte. Während des Krimkriegs 1853 bis 1856 wurde er auch zum Marktführer des Handels mit den Munitionsrohstoffen Blei, Schwefel und Salpeter und erwarb mit seinen Großlieferungen an die zaristische Armee ein weiteres Vermögen. Erst Mitte der sechziger Jahre wandte sich Schliemann der Archäologie zu.

Schliemann tauchte vollständig ab in die griechische Welt. Er ging sogar so weit, sich in Amerika von Jekaterina scheiden zu lassen (die Vorgeschichte war voller Hinterlist und Tücke), um gleich anschließend in der Athener Presse eine Annonce für eine geeignete griechische Ehefrau aufzugeben und sie anhand der eingesandten Fotos auszuwählen.

Im 19. Jahrhundert war alles andere als gesichert gewesen, wo das einstige Troja zu suchen war (im 18. Jahrhundert waren Forscher wegen dieser Frage zu lebenslangen Feinden geworden). Heute bezweifeln viele Wissenschaftler, dass Troja überhaupt jemals existierte oder der Trojanische Krieg überhaupt stattgefunden hat; ergo halten sie auch die homerischen Werke für pure Fiktion. Dennoch haben im Lauf der Jahrhunderte drei Stätten um diese Ehre gewetteifert. Bis zum Aufkommen des Christentums bezweifelten wohl nur wenige, dass Troja identisch war mit dem »Dorfe der Ilier« auf dem Hügel Hisarlik (»kleine Burg«) unweit des Flusses Simois. Der Geograf Strabon hatte für Kallikolone optiert, »zehn Stadien oberhalb des Dorfes der Ilier«, da dort nicht nur der Simois floss, sondern nahebei auch der Thymbrios, was sich besser mit Homers Beschreibung (Ilias 20,50–53) deckte als Hisarlik.[27] Spätere Reisende favorisierten wiederum die antike Stadt Alexandria Troas, heute eine beeindruckende Ruinenstätte an der türkischen Ägäisküste, südlich von Schliemanns Stätte.

Schliemann war weder ein wissenschaftlich ausgebildeter Historiker noch ein Archäologe, was Curtius mächtig wurmte. Aber er war der Erste, der eine Grabung zum Zweck der Überprüfung einer Hypothese vornahm, und eben weil er dabei die »experimentelle Methode« anwandte, gebührt ihm nach Ansicht vieler auch der Titel des Vaters der Archäologie.[28]

Nachdem er 1868 erstmals das Gelände sondiert hatte, begann er 1871 mit seiner ersten Grabungskampagne in Hisarlik. Ein Teil des Landes, auf dem der große Hügel stand, gehörte dem umstrittenen ortsansässigen amerikanischen Kaufmann und Konsul Frank Calvert. Also gingen die beiden Männer eine Partnerschaft ein, die noch einigen Belastungen standhalten musste.[29] Im Lauf der Jahre entdeckten Schliemann und andere Archäologen mehrere Schichten unter der Grabungsstätte: sieben oder sogar acht Städte, eine über der anderen. Aber es gab zwei Probleme, die noch sehr an Schliemanns Ruf kratzen sollten. Da war zum einen der gewaltige Graben, den er ausheben ließ, um schnell alle Schichten inspizieren zu können: Damit hatte er vermutlich selbst alle entscheidenden Nachweise zerstört, die sehr wahrscheinlich – bedenkt man das spätere Geschehen, oder besser: das, was nun nicht mehr geschehen konnte – alle Fragen so oder so hätten klären können. Denn ziemlich weit oben in der Schichtenabfolge fanden sich Scherben, die offensichtlich wesentlich älter waren als die Periode, in der der Trojanische Krieg stattgefunden hatte. Das zweite Problem war der Depotfund des von Schliemann so genannten Schatzes des Priamos im Mai 1873. Denn die Schicht, in der er vergraben gewesen war, ließ sich zeitlich überhaupt nicht dem Troja des Priamos zuordnen. So kursierte denn auch schnell das Gerücht, Schliemann habe die einzelnen Teile auf dem Schwarzmarkt erworben und anschließend zu dem angeblichen Schatz zusammengefügt. Die Eintragungen in seinen Tagebüchern bestätigen weder das eine noch das andere.

Aber natürlich war der Fund dieses Schatzes der Stoff, aus dem romantische Geschichte sind. Schliemann kam endlich zu dem Ruhm, den er zweifellos erstrebt hatte. Doch die Kontroversen um diesen Schatz sollten kein Ende nehmen. Im Juni 1945 wurde er von den Russen als Beutekunst von Berlin nach Moskau verschleppt. Seit 1996 zählt er zu den ständigen Exponaten im Moskauer Puschkin-Museum.

Auch Schliemanns spätere Grabungen in Mykene waren umstritten. Zwar waren seine Leistungen dort gewichtiger, da zu dieser Zeit nur sehr wenig über die mykenische Kultur bekannt gewesen war und Schliemann eine Reihe von Schachtgräbern mit wunderbaren goldenen Grabbeigaben entdeckt hatte, die heute der ganze Stolz des Archäologischen Nationalmuseums in Athen sind.[30] Doch auch hier wurden Zweifel angemeldet. An der berühmten »Goldmaske des Agamemnon«, die er im fünften Schachtgrab entdeckt haben wollte, wurde zum Beispiel kritisiert, dass sie einen Schnurrbart aufweise, der typisch für das 19. Jahrhundert war.

Schliemann grub auch anderenorts, zum Beispiel im antiken Orchomenos (1880/81) und in Tiryns (1885/86). Doch 1879 kehrte er zur fünften und sechsten Grabungsperiode nach Hisarlik zurück. Inzwischen war er vernünftig genug, um sich die Mitarbeit eines professionellen Archäologen zu sichern: Wilhelm Dörpfeld (»Schliemanns größter Fund«), der mit Curtius in Olympia gegraben hatte und dort das »mögliche Troja« gefunden zu haben glaubte.[31] Im Frühjahr 1893, etwas mehr als zwei Jahre nach Schliemanns Tod am zweiten Weihnachtsfeiertag 1890 in Neapel, stieß

Dörpfeld im Süden von Hisarlik auf Mauern, die viel gewaltiger waren als alle, die Schliemann je entdeckt hatte, außerdem verjüngten sie sich tatsächlich. Daneben grub er einen Wachturm aus (eine »türmende Feste«), genau so, wie Homer es im sechzehnten Gesang der *Ilias* beschrieben hatte, als er von der Mauer berichtete, die Patroklos zu ersteigen versuchte. Und er stieß, was entscheidend war, auch noch auf zwei Tore. Innerhalb der Anlage fanden sich Überreste von großen, konzentrisch angeordneten Adelshäusern im Megarongrundriss. Nicht weniger bedeutend war, dass Dörpfeld überall keramische Erzeugnisse entdeckte, die exakt den von Schliemann in Mykene ausgegrabenen Artefakten glichen, und außerdem Nachweise für eine Feuersbrunst fand, welche einst die nach der sechsten Siedlungsschicht von den Archäologen als »Troja VI« bezeichnete Stätte zerstört hatte.

Nicht jeder stimmt mit der Analyse überein, dass es sich bei Troja VI um die von Homer beschriebene Stadt handelt. Der amerikanische Archäologe Carl Blegen zum Beispiel sollte später für Troja VIIa optieren. Vielleicht wird diese Frage nie gelöst werden. Aber es wird vermutlich auch nie wieder einen derart schillernden und umstrittenen Archäologen wie Heinrich Schliemann geben.

Schliemann vereinbarte mit Bismarck schließlich, seine Funde im neuen Berliner Museum für Völkerkunde auszustellen (fünf »Schliemann-Säle«), und sollte diese Sammlung stetig ergänzen. Nicht bloß in Deutschland fand das wachsende Nationalbewusstsein im 19. Jahrhundert seinen Ausdruck sowohl in militärischen als auch in kulturellen Dingen, etwa dem Berliner Museum für Völkerkunde. Seit es 1886 ein eigenes Gebäude in der Königgrätzer Straße bezogen hatte, stellte es immer mehr Artefakte zur Schau, um nicht nur die allgemeine Öffentlichkeit, sondern vor allem auch Künstler und Wissenschaftler (in dieser Reihenfolge[32]) zu erbauen. Auch an der Geschichte der Berliner Museumsinsel lässt sich ablesen, welcher Wert Museen nun zugesprochen wurde. Dort war 1830 als erstes Schinkels Kunsttempel eröffnet worden, jener klassizistische, mit achtzehn ionischen Säulen versehene Bau des Alten Museums, wo nur Originale und keine Gipsabgüsse ausgestellt werden durften, und als letztes 1930 das Pergamonmuseum, das eigens für den weltberühmten, teilrekonstruierten Altar des Zeus-Tempels aus Pergamon erbaut wurde.

Pergamon war natürlich eine der grandiosesten griechischen Städte gewesen, deren Bedeutung nach dem Tod Alexanders des Großen noch gestiegen war. Die Stadt beherbergte eine der berühmtesten Bibliotheken der antiken griechischen Welt – es sollen dort zweihunderttausend Buchrollen aufbewahrt worden sein – neben vielen Tempeln, darunter dem glorreichsten, der dem Zeus gewidmet war und auf dem Burgberg thronte. Schon in der Antike war er seiner wunderschönen Skulpturen und insgesamt hundertzwanzig Meter langen Friese wegen berühmt gewesen. Der Römer Lucius Ampelius notierte im 2. Jahrhundert in seinem *liber memorialis* (»Merkbüchlein«): »In Pergamon gibt es einen großen marmornen Altar, 40 Fuß hoch, mit sehr großen Skulpturen. Er enthält auch eine Gigantomachie« (die Darstellung des Kampfes der griechischen Götter mit den Giganten, unterstützt vom sterblichen Zeussohn Herakles).[33]

1869, als der Essener Ingenieur Carl Humann, der ebenso fasziniert war von der Archäologie wie Schliemann, auf dem Burgberg von Pergamon mit Ausgrabungen begann, war die Stadt völlig heruntergekommen. Viele antike Quader waren von türkischen Bauherren geraubt worden. Nachdem Humanns Bruder Franz vom Großwesir diverse Eisenbahn- und Handelskonzessionen erhalten hatte, tat er sich mit Carl zusammen. Die Brüder sicherten sich eine Grabungserlaubnis. 1871 machte Carl in Konstantinopel die Bekanntschaft von Ernst Curtius und bot diesem an, ihn nach Pergamon zu führen. Es waren vor allem die marmornen Friesplatten, die Curtius' Interesse weckten. Er ließ sie umgehend nach Berlin verfrachten, wo Alexander Conze, der neue Direktor des Berliner Skulpturenmuseums, schließlich bei Ampelius auf eine Bezugnahme stieß, die ihm bewusst machte, dass Humann die Gigantomachie selbst ausgegraben hatte – beziehungsweise *noch immer* ausgrub. Alles in allem legte er in dieser Grabungsperiode neununddreißig Platten, zehn freistehende Statuen und jede Menge Inschriftensteine frei. Im Jahr darauf folgten fünfundzwanzig weitere Platten, darunter die Zeus-Platte aus dem Gigantenfries, und siebenunddreißig Statuen.

Da das Osmanische Reich damals sehr arm war, ließ der Großwesir gegen eine »Spende« schließlich zu, dass alle Funde nach Deutschland transportiert wurden. Neben dem Schatz des Priamos hatte Berlin in den achtziger Jahren des 19. Jahrhunderts somit die ersten großen archäologischen Funde ergattert (einige Reliefplatten des Gigantenfrieses wurden öffentlich erstmals 1901 im Alten Museum ausgestellt). Doch inzwischen hatten auch die Franzosen, Briten und Amerikaner eigene archäologische Institute in Griechenland und Italien eingerichtet. Nicht nur Mommsen, Sybel und Treitschke waren den nationalistischen Lockrufen gefolgt.

22

Nationalistische Pathologien des Patriotismus

Der Militarismus, wie wir ihn kennen, der moderne Militarismus also, war vermutlich im 18. Jahrhundert aufgekommen, als die absolutistische Macht der Fürsten durch immer mehr militärische Großstrukturen gesichert wurde.[1] Doch da sich die Heere im Wesentlichen aus Fußsoldaten zusammensetzten, war der Umfang dieser Armeen noch beschränkt. Das änderte sich erst, als Napoleon die Bürgerarmee einführte und die kämpfenden Einheiten sehr viel größer wurden, ergo sehr viel mehr Männer Erfahrungen im *Inneren* der militärischen Strukturen sammelten. Nachdem Napoleon das besiegte preußische Heer auf zweiundvierzigtausend Mann beschränkt hatte, entschied der König, alle preußischen Soldaten nach zwölf Monaten Dienst zu entlassen und durch jeweils zweiundvierzigtausend neue Rekruten zu ersetzen. Im Jahr darauf wiederholte er dieses Prozedere. Derweil sorgten die industrielle Revolution, die Entwicklung der Massenproduktionstechniken und die Fortschritte, die dank der Dampfmaschine in der Metallurgie gemacht werden konnten, für nicht nur wesentlich mehr, sondern auch wesentlich schrecklichere Waffen. Auch die Entwicklung der Eisenbahn, die das Geschäft des Kriegführens mobiler machte, zog radikale Veränderungen nach sich. Eine weitere Wende läuteten schließlich im späteren 19. Jahrhundert die kolonialexpansionistischen Ambitionen des aufstrebenden Imperialismus ein, dem die Feldzüge und vor allem Siege in fernen Ländern zur Verherrlichung militärischer Werte dienten.

Solche Faktoren wirkten sich zwar auf alle Nationen aus, aber einige waren doch typisch für Deutschland und führten dazu, dass der »preußische Militarismus« als etwas Besonderes betrachtet wurde. Da wäre zum Beispiel die »militärische Revolution« Preußens in den sechziger Jahren des 19. Jahrhunderts zu nennen, darunter der beispiellos kurze Militärdienst, den Wilhelm I. gegen die liberale Opposition durchgesetzt hatte: »Diese Wehrpflicht umfasste drei Jahre Dienst in der regulären Armee und dann weitere vier Jahre in der Reserve, wonach jeder Soldat in die Landwehr kam. Das hieß«, wie der britische Historiker Paul Kennedy schreibt, »dass sich die voll mobilisierte preußische Armee aus sieben

Jahrgängen zusammensetzte.« Und damit verfügte Preußen über eine wesentlich größere Frontarmee im Vergleich zu seiner Bevölkerung als jede andere europäische Macht.² Ein anderes Element war der preußische Generalstab, der laut Kennedy »in den frühen 1860er Jahren aus dem Dunkel der Geschichte auftauchte und dank des Genies des älteren Moltke ›zum Gehirn der Armee‹ wurde«. Bis dahin hatte es zu Friedenszeiten nur Kampfeinheiten und Versorgungsverbände gegeben, während die Stäbe immer erst im Kriegsfall hastig zusammengestellt worden waren. Nun holte sich Helmuth von Moltke die besten Abgänger der Kriegsakademie und lehrte sie, mögliche künftige Konflikte zu planen, Operationspläne durchzuspielen und je nach historischer Faktenlage stetig zu revidieren.»Eine besondere Abteilung wurde geschaffen, um das preußische Eisenbahnnetz zu überwachen und sicherzustellen, daß die Truppen und der Nachschub schnell an ihre Bestimmungsorte gebracht werden konnten.«³ Vor allen Dingen aber wurde den Offizieren Clausewitz' Lehre eingeimpft – getrennt marschieren, aber immer bereit, sich für die entscheidende Schlacht zu vereinen und auf eigene Initiative zu handeln, falls die Kommunikation unterbrochen wurde. Die Kombination aus all diesen Faktoren war es, die Preußen 1866 und 1870 zu seinen entscheidenden – und relativ schnellen – Siegen verhalf: Im letzteren Fall waren binnen vierzehn Tagen nach Kriegserklärung drei Armeen (rund dreihunderttausend Mann) in das Saarland und das Elsass geschickt worden.

Das System dieses »neuen Militarismus«, schreibt der englische Historiker Nicholas Stargardt, beherrschte Europa unter Bismarcks Führung und verlagerte das europäische Machtzentrum nach Berlin. Allerdings wurde diese Entwicklung von einem Umstand gefördert, der nicht übersehen werden sollte: Seit den sechziger Jahren, nämlich just als die preußische Heeresreform zu greifen begann, hatte sich der Industrialisierungstrend zu verstärken begonnen.⁴ Wie schnell sich das Gleichgewicht unter den Großmächten verlagerte, kann am anschaulichsten durch eine Statistik verdeutlicht werden:

Gesamtbevölkerung der Großmächte in Millionen

	1890	1913	Anstieg in %
Russland	116,8	175,1	149,9
USA	62,6	97,3	155,4
Großbritannien	37,4	44,4	118,7
Frankreich	38,3	39,7	103,6
Deutschland	**49,2**	**66,9**	**135,9**
Habsburgerreich	42,6	52,1	122,3

Industrialisierungsniveau pro Kopf

	1880	1913	Anstieg in %
Russland	10	20	200
USA	38	126	332
Großbritannien	87	115	132
Frankreich	28	59	340
Deutschland	25	85	340
Habsburgerreich	15	32	213

Relative Anteile an der Welt-Industrieproduktion

	1890	1913	Veränderung in %
Russland	7,6	8,2	+ 8,0
USA	14,7	32,0	+ 18
Großbritannien	22,9	13,6	− 41
Frankreich	7,8	6,1	− 28
Deutschland	8,5	14,8	+ 74
Habsburgerreich	4,4	4,4	0,0[5]

Per se sind diese Zahlen natürlich noch kein Nachweis für Militarismus, doch als Ganzes betrachtet unterstreichen sie, daß der materielle Fortschritt in den deutschen Ländern nicht nur eine Wirkung des generellen Anwachsens von nationalistischen Gefühlen war, sondern auch eine Ursache dafür. Sicher ist jedenfalls, daß sich solche Gefühle parallel zu den militärischen Möglichkeiten verstärkt haben.

Truppen- und Flottenstärke der Großmächte

	1880	1914	Anstieg in %
Russland	791 000	1 352 000	171
USA	34 000	164 000	482
Großbritannien	367 000	532 000	145
Frankreich	543 000	910 000	168
Deutschland	426 000	891 000	209
Habsburgerreich	216 000	444 000	206

Kriegsschifftonnage

	1880	1914	Anstieg in %
Russland	200 000	679 000	340
USA	169 000	985 000	583
Großbritannien	650 000	2 714 000	418
Frankreich	271 000	900 000	332
Deutschland	88 000	1 305 000	1483
Habsburgerreich	60 000	372 000	620

Das Deutsche Reich lag im geografischen Herzen Europas, deshalb war allein schon die Geschwindigkeit seiner Verwandlung ein Thema. Seit 1890 sollte die »deutsche Frage« für mehr als ein halbes Jahrhundert im Epizentrum eines Großteils der Weltpolitik stehen. Wie qualifiziert das deutsche Militärpersonal war, verdeutlichte eine Studie, die auf dramatische Weise nachwies, wie viele Rekruten in Europa weder lesen noch schreiben konnten: in Italien dreihundertdreißig von tausend, in Österreich-Ungarn zweihundertzwanzig von tausend, in Frankreich achtundsechzig von tausend, aber in Deutschland nur einer von tausend.[6]

Der »Alldeutsche Verband« und der Flottenverein trugen nur allzu gern zu diesem Militarisierungstrend bei. Der Alldeutsche Verband war ins Leben gerufen worden, nachdem Wilhelm II. 1890 Sansibar im Tausch gegen Helgoland an die Briten abgetreten hatte. Dieser strategische Rückzug kam in bestimmten Kreisen der deutschen Öffentlichkeit nicht gut an, vor allem, da er so kurz nach Bismarcks Sturz stattgefunden hatte. Als Alfred Hugenberg, der spätere Generaldirektor von Krupp, einen Aufruf zur Gründung eines »Nationalvereins« veröffentlicht hatte, fand er sofort offene Ohren: Im September 1890 wurde der »Allgemeine Deutsche Verband« gegründet (1894 in »Alldeutscher Verband« umbenannt); und dank seiner expansionistischen Ziele unterstützten ihn bald Tausende, wenn nicht Zehntausende Deutsche. Einige seiner Mitglieder, wie Ernst Haeckel, Max Weber oder Gustav Stresemann, hatten einen herausragenden Ruf in ihren jeweiligen Metiers, andere, wie der in England geborene Houston Stewart Chamberlain, waren kaum mehr als tollwütige Rassisten. Seit Heinrich Claß im Jahr 1908 zum Verbandspräsidenten gewählt worden war, wurde die Bewegung immer extremer. Nun machte sie sich auch für einen unbarmherzigen Kampf gegen die Sozialdemokratie stark und setzte sich für den Ausschluss aller Juden aus der deutschen Volksgemeinschaft sowie für eine »Eroberung des Ostens« ein. Die Ansichten des Verbands überlappten sich mit Treitschkes Meinungen, aber auch viele andere aus der herrschenden deutschen Elite ließen sich nun überzeugen, dass eine Erweiterung des Staatsgebiets nötig sei, sobald »die Zeit reif dafür« wäre. Insbesondere Admiral Alfred von Tirpitz trat dafür ein, überzeugt, dass die Industrialisierung Deutschlands und deutsche Eroberungen in Übersee so »ehern« seien wie das Naturgesetz. Nicht, dass Deutschland in dieser Hinsicht eine Ausnahme gebildet hätte – imperiale Kriegs- und Eroberungsgelüste gab es zu dieser Zeit bekanntlich auch in Großbritannien, Frankreich und Japan.

Kein Zweifel aber besteht daran, dass die militärische Aufrüstung des Deutschen Reiches beeindruckender war als die irgendeines anderen Landes, wobei der wohl furchteinflößendste Aspekt ab 1898 die rapide Expansion der Kriegsmarine war: Unter Tirpitz verwandelte sie sich von der sechstgrößten zur zweitgrößten der Welt, nach Großbritanniens Royal Navy.[7] Ein letzter Faktor, der den deutschen Militarismus von dem anderer Länder unterschied, war die geografische Lage des Landes. Da es in der Mitte des Kontinents angesiedelt war, neigten Deutsche von jeher dazu, sich als »eingekreist« zu betrachten, bedroht von Frankreich, England, Russland und Österreich-Ungarn. Eine Folge war, dass Deutsche auch weit mehr als andere Völker glaubten, ihr Schicksal hänge von einer Führung ab, die der wahren Staatskunst mächtig war. Und dieses entscheidende Element fehlte seit Bismarcks Sturz.[8]

Die Vorstellungen der Antikatholiken

Am 19. Juli 1870 hatte Frankreich dem Norddeutschen Bund den Krieg erklärt, nur vierundzwanzig Stunden zuvor hatte das Erste Vatikanische Konzil die päpstliche Unfehlbarkeit verkündet. Dieses zeitliche Zusammentreffen war vielen Deutschen schlicht und einfach zu viel. Als umso süßer empfanden sie den schnellen deutschen Sieg. Paris wurde eingenommen; die deutschen Staaten vereinten sich zu einem Reich unter der Ägide des preußischen Königs und nunmehrigen Kaisers. Heinrich von Sybel sprach für viele, als er am 27. Januar 1871 in einem Brief an Hermann Baumgarten schrieb: »Wodurch hat man die Gnade Gottes verdient, so große und mächtige Dinge erleben zu dürfen? Und wie wird man nachher leben? Was zwanzig Jahre der Inhalt alles Wünschens und Strebens gewesen, das ist nun in so unendlich herrlicher Weise erfüllt!«[9]

Wie der amerikanische Historiker Michael B. Gross feststellte, sollten Sybel und Kollegen schnell eine Antwort auf die Frage über das »nacher leben« finden: »Sie stürzten sich in einen Kampf gegen die römisch-katholische Kirche und damit auf die Konsolidierung der modernen Gesellschaft, Kultur und Moral in Deutschland.« Die päpstliche Unfehlbarkeit war eine Provokation, weil sie die deutschen Katholiken zur Treue gegenüber Rom anstatt zur Loyalität gegenüber dem neuen deutschen Kaiser zu verpflichten schien.[10] Paul Hinschius, der protestantische Kirchenrechtler und Reichstagsabgeordne für die Freisinnige Volkspartei, erklärte die Verkündung des Vatikan sogar zum »Todesurteil« für das frisch vereinigte Deutsche Reich. Damit ging er gewiss zu weit, doch seine Worte fielen auf fruchtbaren Boden, denn dieser »Kulturkampf«, wie man ihn später nennen sollte, hatte sich schon seit geraumer Zeit abgezeichnet. Im Land von Luther, der Reformation, des Protestantismus und Pietismus galt der Katholizismus als Feind des Liberalismus und natürlich des Reformglaubens, vor allem aber als ein Gegner der bürgerlichen Gesellschaft, die den menschlichen Geist und die menschliche Seele mit Bildung zu kultivieren trachtete.

Nach den fehlgeschlagenen Revolutionen von 1848 folgten die reaktionären fünfziger Jahre, in denen der Liberalismus unter Dauerbeschuss geriet, während sich die katholische Kirche mit ihrem ganzen Gewicht dem Staat aufdrängte und Salz in die Wunden der Liberalen streute. 1848 hatte ein Strom von Missionaren begonnen, durch Tausende von Städten und Dörfern zwischen Rheinland und Ostsee zu ziehen, um den Menschen dann mehr als zwanzig Jahre lang ihre gegenrevolutionären, antiliberalen und gegenaufklärerischen Ideen einzutrichtern. Dabei pflegten sich diese Missionen – üblicherweise drei Jesuiten, Franziskaner oder Redemptoristen, manchmal aber auch bis zu acht – meist auf kleinere Orte zu konzentrieren. Einem Bericht zufolge haben sie zwischen 1848 und 1872 mindestens viertausendmal interveniert.[11] Und das unglaublich erfolgreich. Jede Mission dauerte rund zwei Wochen; während dieser Zeit pflegte sich die Bevölkerung des jeweiligen Ortes angesichts des Pilgerzustroms zu verdoppeln oder gar zu verdreifachen. Die Pilger wurden bei Ortsansässigen untergebracht oder schliefen in Kirchen und sogar auf Friedhöfen; die Feldarbeit wurde unterbrochen, Läden, Vergnügungsstätten und Schulen wurden geschlossen; die Kirchengemeinden standen ab vier oder fünf Uhr morgens zur Verfügung. In Köln, wo 1850 eine Mission eintraf, drängten sich rund sechzehntausend Menschen im Dom.[12]

Zwei Wochen lang lasen die Missionare dann im Eiltempo Messen, nahmen Beichten ab und führten Teufelsaustreibungen durch. Doch die eigentliche Attraktion waren immer und überall ihre Predigten: dreimal täglich – bei Tagesanbruch, mittags und abends – jeweils volle zwei Stunden. Dabei scheinen zwei Themen vorherrschend gewesen zu sein: die Anbetung der Jungfrau Maria und die Unbefleckte Empfängnis, die 1854 zum Dogma proklamiert worden war. Während die Missionare also Maria als das Vorbild darstellten, wetterten sie gegen alle weltlichen Sünden: gegen den Alkoholgenuss in den Schenken, gegen Tanzveranstaltungen, Karten- und Glücksspiele, sexuelle Freizügigkeit und gegen das Lesen von politischen Schriften. Einige Predigten wurden ungemein populär, zum Beispiel in Düsseldorf, wo sie der Bezirkshauptmann 1851 zum Wohle der Ordnung in der Stadt sogar drucken und als Pamphlete verteilen ließ. Das andere – noch populärere – Thema war das Höllenfeuer. Vor allem die Jesuiten hatten sich auf grauenerregende Höllen-Sermone spezialisiert.[13] In Aachen waren die Gläubigen so eifrig bedacht, ihre Sünden zu beichten, dass regelrechte Kämpfe um einen Platz vor dem Beichtstuhl ausbrachen. Die Theater wurden ihrer Förderer beraubt, die Schenken blieben leer. In einem Fall berichtete ein Priester seinem Bischof, dass die Jungfrauen nun sogar bescheidenere Hüte »ohne Bänder und Blumen« trugen.[14] Obwohl diese Missionen eine Menge Lärm machten, gibt es laut Michael Gross keine Anhaltspunkte für einen Rückgang »sündigen« Verhaltens (wie zum Beispiel Alkoholgenuss) oder für uneheliche Geburten. Andererseits war ein dramatischer Zulauf zu den Klosterorden und Kirchenbruderschaften zu verzeichnen. In Köln hatte es im Jahr 1850 genau 272 Mönche und Nonnen gegeben, 1872 war diese Zahl auf 3131 angewachsen; vor 1848 waren vier Klöster erbaut worden, in den beiden anschließenden Jahrzehnten waren es siebenunddreißig. Mehr oder weniger die gleichen Zahlen gab es in Paderborn: fünf vor 1848, einundzwanzig zwischen diesem und dem Jahr 1872.[15]

Die Behörden waren zwar durchaus besorgt, dass diese Missionen Unruhen in der Bevölkerung schüren könnten, hießen sie im großen Ganzen aber willkommen, weil solche konservativ antiradikalen Ziele der Obrigkeit sehr gelegen kamen und die Missionare in ihren Predigten üblicherweise von unverhohlenen politischen Kommentaren Abstand nahmen. Im Mai 1852 formierten sich zweiundsechzig Mitglieder des preußischen Abgeordnetenhauses zur »Katholischen Fraktion«. Es war der erste Schritt zu einer katholischen Zentrumspartei, die bei der Wahl zum ersten Deutschen Reichstag 1871 zur zweitstärksten Fraktion werden sollte). Aber es wurden erstmals auch Sorgen angesichts all der besagten jesuitischen Aktivitäten laut. So fand man zum Beispiel, dass der Jesuitenorden zu einem skrupellosen »Staat im Staate« geworden sei, der den »Ultramontanismus« vorantrieb und den Einfluss Österreichs verstärken wolle.[16] Gegen Ende der fünfziger Jahre mehrten sich solche Befürchtungen. Protestantische Pastoren mussten feststellen, dass es immer schwieriger wurde, ihren Herden die Unterschiede zwischen Protestantismus und Katholizismus nahezubringen. Dennoch sollte es als indirekte und unbeabsichtigte Folge der katholischen Missionen Ende der fünfziger und im Lauf der sechziger Jahre zu einer Neubelebung des Protestantismus kommen. Priester und Pastoren führten nun offen Krieg gegeneinander. Die Pastoren behaupteten, dass der katholische Feldzug nur vorgeblich die Moral heben sollte und in Wahrheit das reinste Täuschungsmanöver sei, sozusagen ein Trojanisches Pferd: Den Katholiken gehe es mindestens so sehr darum, die Aufklärungstugenden zu diffamieren, wie die »Bildung und Mitmenschlichkeit unserer Zeit« zu diskreditieren.[17] Andere erklärten den Katholizismus für völlig rückständig, den Protestantismus hingegen für fortschrittlich und, ja, liberal. Nachdem Pius IX. 1864 den *Syllabus errorum* bekannt gegeben hatte, eine Sammlung von achtzig geächteten »Zeitirrtümern«, erklärte Treitschke, welches Glück es doch sei, Protestant zu sein, da nur der Protestantismus die Möglichkeit zu ständiger Fortbildung garantiere.[18]

Und nicht nur gegen Mönche, auch gegen Nonnen richtete sich der Zorn, denn überlagert wurde dieser Kulturkampf von einem regelrechten Geschlechterkampf. Rudolf Virchow, der gerade für die von ihm mitbegründete Deutsche Fortschrittspartei im preußischen Abgeordnetenhaus saß und den Begriff des »Kulturkampfes« geprägt hatte, wetterte gegen die aufstrebende Frauenbewegung und wurde dabei nach Kräften von Sybel unterstützt. Besonders wurde das Umsichgreifen von Nonnenkonventen angeprangert, weil sie Frauen dem Heiratsmarkt entzogen.[19] In den Klosterschulen mussten die Mädchen schwören, niemals Goethe oder Schiller zu lesen.

Wenn es denn einen Wendepunkt gab, dann am Anfang der sechziger Jahre im 19. Jahrhundert. In den späten fünfziger Jahren hatte ein deutscher Staat nach dem anderen politische Richtlinien entwickelt, die es ihm erlaubten, dem Deutschen Zollverein beizutreten. Preußens entscheidender Sieg über Österreich im Jahr 1866 hatte dann jeder Idee von einer großdeutschen Lösung der nationalen deutschen Frage – einem unter den Habsburgern geeinten deutschen Reich – ein Ende gesetzt. Hinzu kam, dass sich die Katholiken – die die Mehrheit im 1815 gegründeten Deutschen Bund gebildet hatten – im Norddeutschen Bund in der Minderheit befanden: Nun standen acht Millionen Katholiken zwanzig Millionen Protestanten gegenüber. Und diese hielten den Sieg ganz klar für einen Beweis ihrer eigenen Kraft und Stärke. Johann Gustav Droysen bezeichnete ihn als den schlussendlichen »Triumph des rechten deutschen Geistes über den falschen«.[20] Das »Problem« des Katholizismus wurde aber nicht zuletzt deshalb zu einem so wesentlichen Streitpunkt, weil der Papst mit dem *Syllabus* so deutlich zum Ausdruck gebracht hatte, dass Liberalismus und Katholizismus unvereinbar seien. Der Tenor der antikatholischen Schriften und die ganz allgemein feindseligen Gefühle gegenüber Katholiken sollten bald schon hysterische Formen annehmen.[21]

Anfang der siebziger Jahre verbündeten sich mehrere Gruppen und Faktoren zu einem »Metafeind«, wie Gross es nannte – militant fundamentalistische Katholiken (die nun politisch besser organisiert waren), Frauenrechtlerinnen und aufstrebende Sozialisten mit der Forderung nach Demokratisierung und der seit den Siegen von 1870/71 herrschenden Furcht vor einem französischen Revanchismus.[22] Es schien, als hätten sich all diese Faktoren gegen das immerhin *neue* Reich verschworen. Nachdem Papst Pius IX. 1873 in einem Brief an Kaiser Wilhelm I. dann auch noch erklärt hatte, »jeder, welcher die Taufe empfangen hat, gehört auf irgendeine Weise dem Papste an«, sahen die Liberalen ihre Befürchtungen endgültig bestätigt. Ein Feldzug gegen die Katholiken wurde immer dringlicher. Der katholische *Badische Beobachter* behauptete, dass Liberale, die Frieden mit Frankreich geschlossen hatten, niemals Frieden mit Rom schließen würden: Krieg sei im Anzug.[23] Und der Feldzug begann – im Namen der deutschen Einheit, im Namen des modernen Staates, im Namen der Wissenschaft, des Fortschritts, der Bildung und der Freiheit. Dennoch sahen viele darin einen Abgesang der Liberalen auf die Prinzipien der Liberalität.

Im Dezember 1871 wurde der berühmte »Kanzelparagraph« verabschiedet, welcher politische Äußerungen von Geistlichen »in einer den öffentlichen Frieden gefährdenden Weise« unter Strafe stellte. 1873 wurde das erste der sogenannten Maigesetze erlassen: Es verlangte von Geistlichen eine Universitätsausbildung mit staatlicher Prüfung und verlieh den Oberpräsidenten das Recht, gegen die kirchliche Amtseinsetzung eines Geistlichen Einspruch zu erheben.[24] Das zweite Gesetz vom Mai 1874 untersagte jede unbefugte Ausübung von Kirchenämtern und ermöglichte es, renitente Priester des Landes zu verweisen; das dritte, im Mai 1875 erlassene Gesetz verbot alle Orden oder ordensähnlichen Kongregationen auf deutschem Boden. Bereits 1874 hatte ein eigens geschaffener »Königlicher Gerichtshof für kirchliche Angelegenheiten« den Papst der Jurisdiktion über die katholische Kirche in Preußen enthoben; im Jahr darauf verfügte das »Brotkorbgesetz« die Einstellung sämtlicher staatlicher Zuwendungen an katholische Bistümer und Geistliche, es sei denn, es lag eine schriftliche Zusage des jeweiligen Bischofs vor, sämtliche »Kulturkampf«-Gesetze zu befolgen. Alles in allem wurden hundertneunundachtzig Klöster geschlossen und Tausende Geistliche verbannt. Zwanzig Zeitschriften wurden eingestellt, hundertsechsunddreißig Chefredakteure verhaftet und zwölf Diözesen ihrer Bischöfe beraubt. Im Jahr 1876 gab es tausendvierhundert katholische Gemeinden in Preußen ohne einen Priester.[25] Die Juden betrachteten das Geschehen mit Sorge.

Gebildete Liberale glaubten in diesem Aufstieg des Katholizismus die Wiederkehr eines Zeitalters zu erkennen, das von Unwissenheit und Rückständigkeit geprägt gewesen war. Nun triumphierten »Gleichgültigkeit und Feindseligkeit« über die Art von Bildung und Chancen, die ihr Land seit Mitte des 18. Jahrhunderts in das von Liebig, Clausius, Helmholtz, Siemens, Heine, Hoch, Zeiss und Virchow verwandelt hatten. Doch während sie den Kampf gegen die Katholiken gewannen, verloren sie die Schlacht gegen Bismarck. Und diese Niederlage war weit folgenschwerer als der Sieg.[26]

Der Darwinismus und der Missbrauch darwinischer Ideen

Erst mit der im späten 19. Jahrhundert einsetzenden Massenalphabetisierung begann Wissenschaft auch auf das Alltagsleben einzuwirken. Niemals zuvor oder danach waren das Prestige der Naturwissenschaften und das Interesse, das Laien an ihnen zeigten, so groß gewesen.[27] In Deutschland wirbelte vor allem der Darwinismus eine Menge Staub auf. Der amerikanische Historiker Alfred Kelly schreibt, dass er dort »mehr als in jedem anderen Land, mehr noch als sogar in England« zu einer Art »Volksphilosophie« geworden sei. In der deutschen Wissenschaftsgemeinde setzte sich der Darwinismus jedenfalls rapide durch, so deutlich, dass Deutschland und nicht etwa England im späten 19. Jahrhundert zum Zentrum der biologischen Forschungen wurde. »Deutschland«, so Kelly weiter, »war nicht nur das Land unter den europäischen Großmächten, in dem die Alphabetisierung am weitesten fortgeschritten war, es bot dem Darwinismus auch das ergiebigste Umfeld, weit über die Grenzen von Wissenschaft hinaus.« Der politische Liberalismus war 1848 ausgebremst worden, »nun wurde der Darwinismus zu einer pseudopolitisch-ideologischen Waffe für die progressiven Segmente des Bürgertums«.[28] Die Deutschen waren sich bewusst, dass Naturphilosophen die Idee von der Evolution bereits in mehrfacher Hinsicht vorweggenommen hatten, selbst wenn sie noch keine Vorstellung von einer »natürlichen Zuchtwahl« gehabt hatten.

In dieser Atmosphäre tauchten mehrere Autoren auf, die die Naturwissenschaften populär machten, darunter die heute bekanntesten Namen Ernst Haeckel, Carl Vogt, Ludwig Büchner, Carus Sterne, Edward Aveling und Wilhelm Bölsche. Hunderte von Büchern wurden über Darwins Lehre geschrieben, aber der deutschsprachige Sachbuchautor mit den bei Weitem höchsten Verkaufszahlen sollte bis 1933 Bölsche bleiben. Während sich Menschen aller Couleur auf die Autorität Darwins zu berufen begannen, verwandelte sich der Darwinismus. Doch auch wenn er korrumpiert wurde, strebten deutsche Darwinisten im Allgemeinen doch eher danach, die Tradition der Aufklärung fortzuführen, dem Aberglauben den Garaus zu machen, Wissen zu vermitteln und im Zuge dessen den radikalen Geist von 1848 wieder freizusetzen.

Obwohl die Alphabetisierungsrate in Deutschland wesentlich höher war als in anderen europäischen Ländern, begannen die Massen doch frühestens in den siebziger Jahren des 19. Jahrhunderts Geschmack am Lesen zu finden, parallel zur Einführung der neuen und effizienteren Druckmaschinen, die den Preis für Bücher und Zeitungen drastisch senkten. Und frühestens in den sechziger Jahren hatten auch die in den Kapiteln

17 bis 20 besprochenen Entwicklungen auf naturwissenschaftlichem und technischem Gebiet in das öffentliche Bewusstsein einzudringen begonnen.

Nur Wochen nachdem Darwins *On the Origin of Species* 1859 in England erschienen war, wurde eine deutsche Übersetzung in Angriff genommen, die 1860 unter dem Titel *Über die Entstehung der Arten* publiziert wurde; seine *Gesammelten Werke* erschienen 1874 bis 1888 in deutscher Sprache. Wie Kelly feststellte, preschte der Darwinismus in der deutschen Wissenschaftsgemeinde regelrecht vor und hinterließ dort tiefen Eindruck. Von Anfang an wurde er weitgehend als eine progressive Sichtweise verstanden. (Nipperdey schreibt, dass die Reaktion auf Darwin in Deutschland »überwältigend« gewesen sei.) Schon im März 1861 hatte Darwin dem deutschen Physiologen und Psychologen Wilhelm Thierry Preyer geschrieben: »Die Unterstützung, die ich aus Deutschland erhalte, ist der eigentliche Grund für meine Hoffnung, dass sich unsere Ansichten letztendlich durchsetzen werden.« Zum Jahresende 1899 stellte die *Berliner Illustrierte Zeitung* ihren Lesern die Frage, wer ihrer Meinung nach die größten Denker des 19. Jahrhunderts waren: Darwin stand an dritter Stelle, nach Helmuth von Moltke und Immanuel Kant, doch die *Entstehung der Arten* war zum einflussreichsten Buch des Jahrhunderts gewählt worden.[29]

Die meisten Geschichtsbücher führen Haeckel als *den* Mann an, dem zu verdanken ist, dass die Naturwissenschaften so populär wurden. Doch zu seiner Zeit war der naturwissenschaftliche Volksschriftsteller Wilhelm Bölsche ein wesentlich bekannterer, ja sogar geläufiger Name in Millionen von Haushalten gewesen. Der Gesamtverkauf seiner Bücher bis zum Jahr 1914 wurde mit 1,4 Millionen beziffert: Alfred Kelly bezeichnet ihn als eines der »größten kulturellen Phänomene«. Bölsche war mit Alexander von Humboldt, Karl Vogt und dem niederländischen Physiologen Jakob Moleschott befreundet. Heute mag sein dreibändiges Hauptwerk *Das Liebesleben in der Natur. Eine Entwicklungsgeschichte der Liebe* (1898–1901) eigenartig anmuten, da es letztendlich nur dem Zweck diente, Darwin und die Bibel unter einen Hut zu bringen, und weil es die Evolutionsgeschichte ausschließlich aus der Perspektive der geschlechtlichen Liebe erzählt. Aber damals war es ein Sensationserfolg.[30] Die geschlechtliche Liebe betrachtete Bölsche als ein Ideal, da sie wenigstens den Hauch einer Ahnung von der Ewigkeit erhaschen lasse und nur sie jene Harmonie zustande bringe, welche das Ziel der Evolution sei.

Der Aufstieg des Darwinismus fand zeitgleich mit dem anfangs erwähnten Kulturkampf statt, und da er sich mit den Kräften des Fortschritts verbündet hatte, wurde natürlich auch er von den Reaktionären verteufelt, die keine derartige Einmischung in die Belange der protestantischen Kirche dulden wollten. Der Hauptschauplatz dieser Schlacht waren die Schulen, aus denen der Darwinismus zumeist verbannt war. Da an deutschen Schulen jedoch ohnedies vielerorts kaum ein naturwissenschaftliches Fach unterrichtet wurde (in einigen Ländern, wie zum Beispiel Bayern, stand überhaupt keines auf dem Lehrplan), brauchte man sich nicht einmal eigens mit dem Darwinismus befassen. Der Zoologe Ernst Haeckel fand jedoch, dass Darwins Lehre zu einem wesentlichen Teil des Curriculum werden müsse – prompt wurden erbitterte Gefechte über dieses Thema ausgetragen, ob im Reichstag, in der Presse oder in Büchern.

Nach der ersten begeisterten Aufnahme entwickelte sich der Darwinismus in Deutschland auf zwei Arten weiter: Zum einen tauchten verschiedene Sozialdarwinismen auf (über einige Beispiele werden wir in diesem Kapitel noch sprechen), zum anderen verbündete er sich mit dem Marxismus. Die deutsche Arbeitergeneration unmittelbar vor dem Ersten Weltkrieg war extrem sozialistisch gewesen. Da die Grundlehren Darwins, wie Kelly schreibt, jedoch sehr viel einfacher zu verstehen waren als die marxistische Theorie, begann man diese sukzessive mit darwinischen Terminologien zu durchsetzen, bis die meisten Arbeiter ihre Zukunft schließlich als etwas eher Evolutionäres denn Revolutionäres vor Augen hatten. Sogar der ausgewiesene Liberale Rudolf Virchow fürchtete, dass Darwinismus zum Sozialismus führen könne.[31] 1899 schaltete der Pastor August H. T. Pfannkuche in der *Neuen Zeit* eine Anzeige, in der er die Bibliothekare von Arbeiterbibliotheken bat, ihm die beliebtesten Bücher aufzulisten. Seine Erkenntnisse veröffentlichte er dann unter dem Titel *Was liest der deutsche Arbeiter? Auf Grund einer Enquete beantwortet* (1900): Unter den zehn Spitzenreitern befanden sich vier Bücher über den Darwinismus. Dass dieses Thema damals so anziehend war, hatte nicht nur mit dem Prestige zu tun, das die Naturwissenschaften zu der Zeit genossen, sondern vor allem auch mit Darwins Botschaft von der Unvermeidlichkeit stetigen Wandels.

Andere Historiker, darunter Hans-Günter Zmarzlik, Roger Chickering und Richard Evans, haben dem noch die entscheidende Beobachtung angefügt, dass der deutsche Sozialdarwinismus seit den neunziger Jahren des 19. Jahrhunderts, das heißt also parallel zum Aufstieg der Alldeutschen Bewegung und zum Umsichgreifen der »rassenhygienischen« Vorstellungen, die Richtung zu wechseln begonnen habe: Zuvor hatte sich im Wesentlichen die Linke mit diesem Thema befasst, nun war es die Rechte.[32]

Die Angst vor »Entartung«

In den neunziger Jahren begann der Sozialdarwinismus ein paar unheilvolle Veränderungen durchzumachen.[33] Am Anfang des Jahrzehnts war man sich zunehmend einig geworden – nicht zuletzt unter Medizinern –, dass die Geschwindigkeit, mit der die Industrielandschaften in Europa alles Gewesene verdrängten, eine Vielzahl neuer Befindlichkeitsstörungen nach sich ziehen würde, die dann ihrerseits neue Formen der Armut, von Kriminalität und Alkoholismus, den Niedergang der Moral und neue Gewalt mit sich brächten.[34] Die Vorstellung von einer »Entartung«, verbunden mit der Idee, dass die Bevölkerungen Europas physisch nicht mehr in der Lage wären, den Zustand der Zivilisation aufrechtzuerhalten, begann mit dem italienischen Arzt Cesare Lombroso. Er hatte im 19. Jahrhundert die Theorie vertreten, dass die Anlage zum Verbrecher an körperlichen Merkmalen abzulesen sei: Der »atavistische« Typ stellte zum Beispiel den Rückschritt zu einem primitiveren »Gehirntyp« dar, den er als »Kriminaloiden« bezeichnete.[35] Doch der Mann, der sich dieses Konzepts am ausgiebigsten bediente, war der Arzt und Journalist Max Nordau (1849–1923), ein gebürtiger Ungar. Nordau war Zionist, ein vehementer Verfechter des Egalitarismus und Autor des zweibändigen Romans *Die Krankheit des Jahrhunderts* (1889), in dem er die Themen, die er in seiner späteren Schrift *Entartung* (1892) auf ihre Psychopathologie hin untersuchen sollte, bereits aufgegriffen hatte.[36] Auch die Franzosen hatten nach ihrer demütigenden Niederlage im Deutsch-Französischen Krieg, die die geistige Elite Frankreichs in einen wahren Schockzustand versetzt hatte, ihre eigenen Ideen über »Entartungen« entwickelt. Doch es war dann Nordaus Buch über dieses Thema, das trotz seiner Länge von mehr als achthundert Seiten sofort in Dutzende Sprachen übersetzt und zu einem internationalen Bestseller werden sollte. Nordau sah nicht nur die Menschen in Europa »mitten in einer schweren geistigen Volkskrankheit, in einer Art schwarzer Pest von Entartung und Hysterien« gefangen, sondern gleich die ganze abendländische Kultur. Und nicht nur Verbrecher, Prostituierte und Verrückte betrachtete er als entartet. Insbesondere impressionistische Maler waren für ihn das logische Ergebnis einer physischen Degeneration – des Augenlidkrampfes (Nystagmus), dem allein ihre typisch verschwommene Malerei zu verdanken sei. »Entartet« fand er auch solche »Ich-Süchtigen« und »Sexual-Psychopathen« wie die Schriftsteller Charles Baudelaire, Oscar Wilde, Henrik Ibsen, Leo Tolstoi und Émile Zola.[37]

Aus Nordaus Sicht war die europäische Aristokratie rettungslos verloren und die einzige Hoffnung die Arbeiterklasse, deren Selbstbewusstsein und Vitalität sich durch körperliche Ertüchtigung und emsige sportliche

Betätigung an der frischen Luft erhalten lasse. Solche Theorien lösten um die Wende zum 20. Jahrhundert eine regelrecht manische Begeisterung für Turn- und Sportvereine, Wandervogelbewegungen und Radrennen in Deutschland aus. Auch in der Jugendbewegung, die der charismatische Karl Fischer 1897 in Berlin-Steglitz ins Leben rief, fanden sie ihren Ausdruck. 1901 gründete er den »Wandervogel-Ausschuß für Schülerfahrten«, welcher Wanderungen für Jugendliche durch schwierige Terrains organisierte und sich bald auch durch eine uniformierte Kleidung zu erkennen gab. Nicht nur die gemeinsame körperliche Anstrengung, auch das bevorzugte Liedgut trug zu einem besonderen Gemeinschaftsgefühl bei. Offiziell waren diese Jugendbünde nie genehmigt worden, aber das hinderte sie an gar nichts. Fischer zum Beispiel wurde von den Jungen als »Führer« angesprochen, und gegrüßt wurde mit einem schmissigen »Heil«.

Der Ariermythos

Die deutsche Geschichtsschreibung unterscheidet sich auch insofern von der anderer Länder, als deutsche Lehrbücher fast immer bei »der Ausbreitung der Germanen« ansetzen, das heißt mit Geschehnissen beginnen, die sich in Italien, Frankreich und Spanien zugetragen haben, anstatt mit der Historie, die sich auf heimatlichem Boden zutrug. Dieser »Internationalismus sui generis [...] spiegelt sich heute noch in der Vielfalt der Bezeichnungen für die Deutschen in den verschiedenen Sprachen wieder«. Die Finnen nennen Deutsche bis heute *saksatar* (Sachsen), Russen und Polen bezeichnen sie als *niemka* (Sprachlose), Letztere manchmal auch als »Schwaben«, die Briten sprechen von *Germans* (Germanen), die Franzosen von *allemands* (Alemannen) und die Italiener von *tedeschi*.[38] Aus dieser Wurzel (dem gotischen »theodisk« oder »thiutisk«) leiten auch die Deutschen selbst ihren Namen ab. Ist es die wechselvolle Geschichte der Germanen, derentwegen Deutsche sich solche Sorge um »rassische« Reinheit machten und die für all die sagenumwobenen Helden sorgte, die dieser Reinerhaltung dienten? Alle Völker halten sich für einzigartig, doch in Deutschland war dieses Gefühl besonders ausgeprägt. Friedrich Schlegel war »der wichtigste Baumeister des arischen Mythos« im 19. Jahrhundert gewesen und hatte damit den Boden für all diejenigen bereitet, die einen klaren Trennstrich zwischen der »alten lateinischen« und der »jungen germanischen« Rasse ziehen wollten.[39] Theodor Mommsen sah sich hingegen veranlasst, vor den nationalistischen Irren zu warnen, die den universellen Adam durch einen germanischen Adam ersetzen wollten, um diesem dann die Urglorie allen menschlichen Geistes zuzuschreiben.

Der Begründer der neuzeitlichen politischen Rassenlehre war der Göttinger Philosoph und Historiker Christoph Meiners (1747–1810). Er vertrat die These, dass mehr als die Hälfte der Erde von »rohen Halb-Menschen« bewohnt werde, und unterschied zwischen einem kaukasischen und einem mongolischen »Hauptstamm«, wobei Letzterer »viel übel gearteter und tugendleerer« war. Juden stufte er zwar über den »Orang-Utans«, »Negern«, »Finnen« und »Mongolen« ein, aber unter den »Weißen«.[40] Doch dann kamen die Romantiker, und die waren überzeugt, wie Friedrich Schlegel schrieb: »[...] alles, alles stammt aus Indien ohne Ausnahme.« Deutschland war »der eigentliche Orient von Europa«.[41] Schopenhauer reagierte darauf mit Wohlwollen. Zu dieser Zeit begann man auch den Begriff »Arier« zu verwenden: In der Neuzeit war er erstmals von dem französischen Orientalisten Abraham Hyacinthe Anquetil-Duperron bei Herodot entlehnt worden, der die Perser und Meder so bezeichnet hatte. Doch während auch andere Länder (wie zum Beispiel Frankreich) den arischen Mythos pflegten, aber viele Merkmale der europäischen Kultur (wie ihre Sprachen) auf indo*europäische* Wurzeln zurückführten, sprachen die Deutschen von indo*germanischen* Traditionen, um zu verdeutlichen, wie stark sie ihre Verbindungen zu diesen Traditionen empfanden, und um sich von den romanisch geprägten abzugrenzen. Im Lauf des 19. Jahrhunderts wurden diese »germanischen« Wurzeln dann zur Quintessenz der »weißen Rasse«, der edelsten und einzigen, die zu »höherer Vergeistigung« in der Lage war. (Lorenz Oken ging sogar so weit zu behaupten, dass Schwarze nicht zum Ausdruck von Gefühlen in der Lage seien, da sie nicht erröten könnten.)[42]

Bis etwa 1860 war es in weiten Kreisen Europas ganz normal geworden, zwischen Ariern und Semiten zu unterscheiden. Darwin hatte den Begriff »Arier« ebenso verwendet wie Nietzsche oder wie Gustav Freytag in seinen Romanen und wie die *Anthropological Society of London* in ihren Protokollen. Der Kult um den blonden, blauäugigen Heldentypen, der so populär werden sollte, entstand jedoch erst 1870/71, nachdem der französische Anthropologe Armand de Quatrefages de Bréau die von ihm erlebte Brutalität des Überfalls Preußens auf Frankreich mit dem »asiatischen« Charakter der »preußischen Rasse« begründet hatte, die er zu einer primitiven Mischung aus »germanischen«, »finnischen« und »mongolischen« Elementen erklärte. Denn das setzte prompt eine deutsche Gegenreaktion in Gang, zu der auch Virchows berühmte anthropologische Studie zählte. Den theoretischen Hintergrund dafür lieferte die Vorstellung, dass der fast immer blonde arische *Dolichozephalus* (»Langschädel«) nach Europa eingewandert sei und sich dort mit dem dunkelhaarigen *Brachyzephalus* (»Breitschädel«) vermischt habe. Virchow ließ für diese Studie die Haarfarbe, Hautfarbe und Augenfarbe von knapp sieben Millionen Schulkindern im ganzen Deutschen Reich erfassen. Nach rund zehn Jahren hatte er unter anderem nachgewiesen, dass die Bevölkerung im preußischen Nordosten überwiegend dem »blonden Typus« der Finnen angehörte, im Südwesten des Reiches hingegen dem »brünetten Typus«, da dort eine Vermischung mit den Burgundern, Franken und Goten stattgefunden habe. Sowohl die Habsburger als auch die Hohenzollern zählten zu dem nordöstlichen Typus – die deutsche Ehre war gerettet. Im Allgemeinen überwog nun Ernest Renans Meinung: »Die Ungleichheit der Rassen steht fest.«[43]

Kaum war Darwins Lehre auf der Bildfläche erschienen, wurde sie missbraucht und zur (fadenscheinigen) Grundlage für viele solcher Theorien, gestützt und forciert von Herbert Spencers Versuch, die Energieerhaltungstheorie mit der Evolutionstheorie zu amalgamieren. Spencer war es, der die tödlichen Formulierungen »Daseinskampf« und »Überleben der Stärksten« erfunden und es mit einem Schlag möglich gemacht hatte, den Militarismus mit dem Nationalismus zu jedem beliebigen kulturhistorischen Gedankengift zu vermischen. Der Anthropologe Ludwig Woltmann (1871–1907) und der Mediziner Alfred Ploetz (1860–1940) waren nur zwei der (überwiegend, aber nicht ausschließlich deutschen) Wissenschaftler, die sich solchen Ansichten verschrieben. Sie gründeten schließlich sogar einen Geheimbund namens »Nordischer Ring« zur Rettung der nordischen Rasse und fungierten als Jurymitglieder für den Krupp-Preis, der im Jahr 1900 für die beste Antwort auf die Frage »Was lernen wir aus den Prinzipien der Descendenztheorie in Beziehung auf die innerpolitische Entwicklung und Gesetzgebung der Staaten?« ausgelobt (und mit fünfzigtausend Mark dotiert) wurde.

Die Kulmination des »arischen Zeitalters«, wie der französische Historiker Leon Poliakov es nannte, war vielleicht das Jahr 1889. Damals stellte Max Nordau fest, dass Darwin auf bestem Wege gewesen sei, zur obersten Instanz aller europäischen Militaristen zu werden. Denn seine Evolutionstheorie eignete sich als Deckmantel für die »Rohheit«, die aller Natur innewohne, da sie es ermöglichte, solche tief sitzenden menschlichen Instinkte als das letzte Wort der Wissenschaft darzustellen. Indirekt bestätigte das sehr viel später der israelische Journalist und Schriftsteller Amos Elon: Diese deutsche Kombination aus materieller Stärke und kulturellem Wohlstand habe am Ende des 19. Jahrhunderts ihresgleichen auf dem europäischen Kontinent gesucht; und trotz der überwältigenden Überzahl von Juden in einigen kulturellen Bereichen sei den Gedankengängen von beispielsweise Albert Einstein, Sigmund Freud, Gustav Mahler, Stefan Zweig, Franz Werfel, Edmund Husserl, Hugo von Hofmannsthal oder Paul Ehrlich praktisch kein jüdisch-religiöser Gehalt abzulesen.[44]

Darwin selbst war ganz und gar kein »schrecklicher Vereinfacher« gewesen – es war sein Werk, das auf so simplifizierende Weise missbraucht wurde. Bewusst oder unbewusst legte man seine zentrale Lehre vom selben Ursprung der ganzen Menschheit falsch aus, während der Ariermythos dazu benutzt wurde, um völlig aus der Luft gegriffen zu behaupten, dass das Erbe des deutschen Volkes ganz anderen Ursprungs sei als das aller anderen europäischen Völker, ja als das der gesamten übrigen Menschheit.

Der Hass auf die Moderne

In genau dieser Atmosphäre veröffentlichte der Kulturkritiker Julius Langbehn (1851-1907) im Jahr 1890 sein Buch *Rembrandt als Erzieher*, in dem er Rationalität und Wissenschaftlichkeit brandmarkte. Langbehn wurde als Sohn eines Lehrers in Hadersleben geboren (auch er hatte viele Pastoren unter seinen Vorfahren, einer davon hatte sogar bei Luther selbst studiert). Und er behauptete nun, dass allein die Kunst, also weder Wissenschaft noch Religion, das höchste Göttliche in sich trage und der wahre Quell von Wissen und Tugend sei. Die Wissenschaft versuche bloß, die großen altdeutschen Tugenden wie Einfachheit, Subjektivität und Individualität zu nivellieren. Unter den Künstlern war Rembrandt für ihn der »vollkommene Deutsche«, unvergleichlich in seiner Kunst. Ihn stilisierte er zur Antithese moderner Kultur und zum Vorbild für eine »dritte Reformation« in Deutschland, für eine neuerliche Besinnung auf das Eigene (nach den von Luther und Lessing ausgelösten Revolutionen). Ein Thema zog sich wie ein roter Faden durch das Buch: Wissenschaftlichkeit und Rationalität zerstörten die deutsche Kultur; das Deutschtum könne nur durch eine künstlerische Erweckung wiederbelebt werden, in der sich die inneren Werte eines großen Volkes spiegelten und die den Aufstieg von »Geistesheroen« und künstlerisch begabten Menschen zum Zweck einer erneuerten Volksgemeinschaft ermögliche. Seit 1871 habe Deutschland nicht nur sein künstlerisches Potenzial, sondern auch seine großen Persönlichkeiten verloren. Vor allem Berlin war für Langbehn das Symbol allen Übels der herrschenden deutschen Kultur. Das Gift von Kommerz und Materialismus (auch »Manchesterismus« und manchmal sogar schon »Amerikanisierung« genannt) zersetzte den alten Geist der preußischen Garnisonsstadt. Die Kunst müsse das deutsche Volk adeln und dafür sorgen, dass jedem zum Gräuel werde, was Naturalismus, Realismus, ein Émile Zola oder einer der Brüder Mann bewirkten.

Langbehns Buch sollte zur neuen Bibel des neu reformierten Deutschland werden.[45] Das beherrschende Thema war der Hass auf die Naturwissenschaften, und Hass ist denn auch das Thema, das die letzten paar Seiten dieses Kapitels miteinander verbindet. Das Buch war zeitgleich mit einigen weit gehaltvolleren Kritiken an der Industriegesellschaft erschienen (Friedrich Nietzsche, William James, Henri Bergson, Wilhelm Dilthey, Sigmund Freud), was vielleicht erklärt, weshalb es so gut ankam. Sein Hass richtete sich auf Männer wie Theodor Mommsen, auf Professoren, die ihre Seele dem Geist opferten. Professoren seien eine deutsche Volkskrankheit, denn die eigentliche Bedrohung, die dem deutschen Volk drohe, da war sich Langbehn sicher, sei die »Über-Bildung«.[46]

Dass Langbehn die Politik völlig ignorierte, war Teil seiner Anziehungskraft, denn unter den Deutschen, denen seine Aussagen gefielen, galt solche Ignoranz als edle Gesinnung. Mit Hilfe einer »Flucht in die Kunst« ließen sich Nationalismus, Glaube, Intuition und Philosophie bestens in Übereinstimmung bringen.[47] Die Kunst, sagte Langbehn auch, eigne sich vor allem für protestantische Völker, da diese die »Verinnerlichtesten« seien.

Rembrandt als Erzieher war eine Sensation. Buchhändler priesen es als das bedeutendste Werk des Jahrhunderts; Georg Simmel, Ludwig von Pastor und Wilhelm von Bode (der überragendste Rembrandt-Kenner nicht nur in Deutschland, sondern weltweit) schrieben Kritiken, in denen sie das Werk ungeachtet seines unverhohlenen Antisemitismus den Lesern wärmstens ans Herz legten. »Das Jahr 1890 bezeichnet einen Wendepunkt im kulturellen Leben Deutschlands«, schrieb Fritz Stern. »Die folgenden zehn Jahre gaben dem Denken und Hoffen neuen Auftrieb; ein neues Interesse für die innere Freiheit des Menschen erwachte, und besorgt fragte man sich, wie diese Freiheit im modernen Deutschland Wirklichkeit werden könne [...]. Kulturpessimismus und Antimodernität wurden in den neunziger Jahren zum zwiefachen Ressentiment der unzufriedenen, konservativen Elemente des kaiserlichen Deutschland [...].«[48] Nietzsche erkannte, wohin Ressentiments führen, wenn sie zu einer politischen Kraft werden.

Solche Geisteshaltungen waren jedoch keineswegs auf Deutschland beschränkt, auch wenn sie dort eine Zeit lang ihren extremsten Ausdruck fanden. Ebenso wenig auf Deutschland beschränkt war die mit solchen Überzeugungen verbundene Idee von der Eugenik, die bekanntlich auch begeisterte Anhänger in England und Frankreich fand, und zwar fast ebenso oft unter politisch links wie politisch rechts stehenden Personen. Die eigentliche Trennlinie verlief hier zwischen England und den Vereinigten Staaten auf der einen Seite, wo man eine »weichere« Eugenik vorzog und »nur« zur »Zuchtwahl« ermunterte, und dem europäischen Kontinent auf der anderen Seite, wo man die »harte« Eugenik präferierte, einschließlich Zwangsabtreibungen, Sterilisierungen und Euthanasie.[49]

Einer der tollwütigsten Eugeniker und/oder Rassenhygieniker war der in Breslau aufgewachsene Mediziner Alfred Ploetz (1860–1940), dessen Machwerk *Die Tüchtigkeit unserer Rasse und der Schutz der Schwachen* auch Hitler als junger Mann vor dem Ersten Weltkrieg in Wien gelesen hatte. Der folgende Auszug gibt eine Kostprobe von Ploetz' Argumentation: »Gegen die Kriege wird der Rassenhygieniker weniger etwas haben, da sie eines der Mittel zum Kampf ums Dasein der Völker bilden [...]. Während des Feldzugs wäre es dann gut, die besonders zusammengereihten, schlechten Varianten an die Stellen zu bringen, wo man hauptsächlich Kanonenfutter braucht und wo es auf die individuelle Tüchtigkeit nicht so ankommt.«[50] Ploetz war kein ausgesprochener Antisemit: Im »Rassencharakter« von Ariern und Juden erkannte er aufgrund der »hohen Befähigung« Letzterer keine wesentlichen Unterschiede.

Nach 1880, insbesondere seit dem Prozess gegen Alfred Dreyfus 1893 in Frankreich, wurden Juden in Europa zunehmend als das Volk diffamiert, das am deutlichsten »entartet« sei, was vor allem den antisemitischen politischen Parteien großen Zulauf bescherte, die nun nicht nur in Deutschland und Österreich gegründet wurden (und im Wiener Bürgermeister Karl Lueger ein besonders giftspeiendes Exemplar vorzuweisen hatten). 1907 gab es über hundert Zweigstellen der »Gesellschaft für Rassenhygiene« im Deutschen Reich; mittlerweile hatten Anthropologen und andere Akademiker auch den besagten »Nordischen Ring« zur Rettung der nordischen Rasse gegründet. Der Theosoph Max Sebaldt von Werth erklärte in seinem fünfbändigen Machwerk *Genesis* (1898–1903) das Gleiche wie der österreichische Zisterzienser Adolf Joseph Lanz (der sich Jörg Lanz von Liebenfels nannte) in seiner *Theozoologie* (1905): Bei dem »auserwählten Volk« der Bibel habe es sich in Wirklichkeit um »arische Germanen« gehandelt.[51]

Die Vorstellungen des französischen Diplomaten Joseph Arthur de Gobineau über »die Ungleichheit der Menschenrassen« drangen über Richard Wagner in das deutsche Gedankengut ein. Wagner hatte sich 1876 für dessen Werk zu interessieren begonnen (und ihn kurz darauf persönlich kennengelernt), als er gerade die ersten Festspiele in Bayreuth vorbereitete. Der Komponist war von den Theorien des selbst ernannten französischen »Grafen« fasziniert, so sehr sogar, dass er seiner Frau Cosima erklärte, nur Gobineau lasse er »als einzigen contemporain gelten«.[52] Sofort begann er dessen Ideen in seinem Kreis zu propagieren, wo sie dann vor allem von zwei Männern begierig aufgegriffen wurden: Ludwig Schemann (1852–1938) und Houston Stewart Chamberlain (1855–1927).

Schemann fiel schnell auf, wie ähnlich Gobineaus Vorstellungen den Ideen waren, die Paul Anton Bötticher (1827–1891) vertrat, eine Schlüsselfigur der ultranationalistischen völkischen Bewegung. Unter dem Namen Paul de Lagarde sollte er rund fünfzig Abhandlungen veröffentlichen. Nicht viel anders als Langbehn glaubte auch er, dass Völker eine kollektive Seele hätten, insbesondere die germanische Heldenrasse, die sich durch ihren einzigartigen Willen auszeichnete. Doch diese Seele werde vom Materialismus, der Industrialisierung und der Gier des Bürgertums zerstört. Das wahre Deutschland, das Land des ländlichen Brauchtums und der völkischen Traditionen, werde davon schlicht überwältigt; diese Art von Fortschritt berge wie ein Trojanisches Pferd nur Ungutes in sich: eine seelenlose Zukunft, die nichts außer weiteren Mechanisierungen, libertinärem Individualismus, Sozialismus und vor allem Banausentum parat habe.[53]

Lagarde war auf das Grimmigste antimodern. In all den großen, brillanten Neuerungen um sich herum konnte er nur weiteren Verfall erkennen. Der Orientalist und Bibelforscher (eines der Gebiete, auf denen die deutsche Wissenschaft führend in der Welt war) hasste die Moderne mindestens so sehr, wie er das Vergangene liebte.[54] Auch er zählte zu den Männern, die nach einer ganz neuen Religion riefen, und dieser Ruf sollte dann nicht zuletzt von Alfred Rosenberg, Hermann Göring und Heinrich Himmler gehört werden. Den Protestantismus verhöhnte Lagarde, weil er Rituale und Mysterien ablehnte und er ihn geradezu säkular fand. Die neue Religion, die er ins Auge fasste, war eine Verschmelzung der alten Lehren des Evangeliums mit dem deutschen »Volkscharakter«.[55] Anfangs hatte er noch von einer inneren Emigration gesprochen, das heißt, er wollte, dass ein jedes Volksmitglied die Erlösung in sich selbst finde; doch dann forderte er das deutsche Volk auf, sich alle nichtdeutschen Völker des Habsburgerreichs untertan zu machen, da die germanische Rasse all den anderen Rassen, insbesondere natürlich der so minderwertigen jüdischen Rasse, deutlich überlegen sei.

Der zentrale Aspekt allen Deutschtums war für Lagarde das »arische« Erbe – eine Identität, die bis auf die »Sümpfe und Wälder« Nordeuropas zurückreichte und eine ebenso ehrenwerte wie unverwechselbare Alternative zur mediterranen Kultur der griechischen Antike darstellte, welche so großen Einfluss auf Italien, Spanien und Frankreich ausgeübt hatte. Diese »arische« Identität und Tradition, sagte Ludwig Schemann in Anlehnung an Lagarde, habe in der völkischen deutschen Kultur überlebt und jene alldeutschen Gefühle geweckt, welche das einzige Bollwerk gegen die kulturelle, soziale und rassische »Auflösung« Europas seien. Wagners Opern wurden als Wiederauferstehungen der wahren arischen Mythen gefeiert. Bayreuth wurde zu der jährlichen Feier, bei der deutsche Arier an ihren »urzeitlichen Mysterien« teilhaben, die Wurzeln ihrer Kultur wiederfinden und ihrer geistigen Genesung zugeführt werden konnten.[56] Lagardes Enttäuschung über das real existierende Deutsche Reich vertiefte sich noch, nachdem er England besucht und dort ein geeintes Volk, eine Volksmonarchie und einen verantwortungsvollen Adel zu erleben geglaubt hatte – all das, woran es Deutschland mangelte.

Lagardes einst so großer Ruhm ist geschwunden. Thomas Mann »bezeichnete ihn als einen *praeceptor Germaniae* [auch Treitschke war so genannt worden], und dies war Lagarde tatsächlich für all jene Deutschen, die mit ihrem langweiligen Dasein in einer bürgerlichen Welt unzufrieden waren [...], während des zweiten Weltkriegs wurden Feldpostausgaben seiner Schriften verteilt«.⁵⁷

Die Anziehungskraft von Ludwig Schemanns Schriften war begrenzt, nicht jedoch die der Abhandlungen von Houston Stewart Chamberlain, der, wie unschwer am Namen zu erkennen, ein geborener Engländer war. Allerdings war er schon seit seiner Kindheit germanophil gewesen. Er heiratete Wagners Tochter Eva, wurde allmählich deutscher als die Deutschen und zu einem einflussreichen Mitglied des Bayreuther Kreises. 1899, lange nach Wagners Tod, veröffentlichte er sein Buch *Grundlagen des 19. Jahrhunderts*, eine weitschweifige Studie zur europäischen Geschichte, die auf zwei Hauptargumenten fußt: Erstens, dass die Errungenschaften Europas allein der arischen Rasse zu verdanken seien, welche allen Widrigkeiten zum Trotz ihre Identität wahren konnte, in den Germanen überlebt habe und mit großartiger körperlicher Gesundheit und Kraft, großer Intelligenz, einer üppigen Vorstellungsgabe und einem unermüdlichen Schaffenstrieb gesegnet sei.⁵⁸ Zweitens, dass es immer und grundsätzlich den Juden zu verdanken sei, wenn die germanische Vitalität bedroht werde. Die »jüdische Rasse« sei das entartete Ergebnis der stetigen Kreuzung von Beduinen, Hethitern, Syrern und Amoritern im fruchtbaren Halbmond; das »verdorbene und entartete Volk« der Juden trachte bewusst, die Welt zu sabotieren und zu verpesten, welche von der arisch-germanischen Herrenrasse aufgebaut worden sei.⁵⁹

Das Buch wurde zur Pflichtlektüre an deutschen Schulen. Und wie wir wissen, wurde Hitler von Alfred Rosenberg und Dietrich Eckart in Chamberlains Lehren eingeführt.⁶⁰ Hitler und Chamberlain begegneten sich 1923. Goebbels, der im Raum war, berichtete später von einer »erschütternden Szene«: Der an den Rollstuhl gefesselte alte Chamberlain habe Hitlers Hand ergriffen, welcher ihn seinerseits als seinen »geistigen Vater« titulierte. Einige Tage später schrieb Chamberlain an Hitler: »Sie haben den Zustand meiner Seele mit einem Schlage umgewandelt. Daß Deutschland in der Stunde seiner höchsten Not sich einen Hitler gebiert, das bezeugt sein Lebendigsein [...]. Ich durfte billig einschlafen und hätte auch nicht nötig gehabt, wieder zu erwachen. Gottes Schutz sei bei Ihnen!«⁶¹

Chamberlain starb, bevor Hitler an die Macht kam, aber Ludwig Schemann lebte lange genug, um an seinem fünfundachtzigsten Geburtstag von Reichskanzler Adolf Hitler mit der Goethe-Medaille für Kunst und Wissenschaft ausgezeichnet zu werden.⁶²

Wie Fritz Stern schrieb, erhellte »eine Rhapsodie der Irrationalität« die »Schattenseiten deutscher Kultur«. Was immer der individuelle Ansatzpunkt gewesen sein mag, die Sehnsucht gipfelte jedenfalls stets »in der

Vision einer neuen deutschen Sendung, eines Deutschlands, das, sauber und zuchtvoll im Inneren, als größte Macht der Welt endlich auch die *Germania irredenta* zusammenfassen könnte«.[63] Vor allem aber griffen diese Männer die Moderne an: Das *Ressentiment* per se wurde zur alles beherrschenden geistigen Kraft.

Von solchem Gedankengut wurden der deutsche Durchschnittsbürger und insbesondere das deutsche Bildungsbürgertum stärker beeinflusst als die Bürger anderer Staaten, denn deren Idealismus repräsentierte eine bestimmte Lebenseinstellung, eine bestimmte Ansammlung von Gefühlen und Werten, für welche Wissenschaft und Forschung – wie wissenschaftlich oder tendenziös auch immer – eine bedeutende Rolle spielten, da sie Gefühl mit argumentativer Munition versorgten. Dieser Idealismus mit seiner Betonung auf Innerlichkeit forderte auch zu keinem politischen Engagement auf, ein Zustand, der sich unter Bismarcks »halbautoritärem« politischen Regiment noch verfestigte. Norbert Elias lenkte die Aufmerksamkeit auf die Kluft, die sich im späten 19. Jahrhundert zwischen der deutschen »satisfaktionsfähigen Gesellschaft« – die sich an einen bestimmten Ehrenkodex hielt, symbolisiert durch das Duell, die stolze Forderung nach und Gewährung von »Genugtuung«, und derweil immer mehr verrohte – und dem Bildungsbürgertum aufgetan hatte.[64]

Nationalismus, Kultur und Idealismus verschmolzen zu einem Kulturnationalismus, der den deutschen Genius über den aller anderen Völker stellte, und das mit einer Begeisterung, ja mit einer Aggressivität, die ihresgleichen suchte. Elias zeigte auf, dass der Nationalismus den Moralkodex des Ungleichheitsprinzips verkörperte, der im völligen Widerspruch zu den Vorstellungen der aufstrebenden Gesellschaftsschichten stand. Verbreiten konnte er sich vor allem deshalb, weil die gebildeten Schichten – Akademiker, Beamte – so rapide von den neuen Industriellen überrollt wurden und dabei in der Hackordnung der Einflussreichen abglitten. Einst nur eine Stufe unter der alten Aristokratie angesiedelt, fanden sie sich mit einem Mal nur eine Stufe über dem Proletariat wieder. Fritz Stern schreibt: »Mit einer Plötzlichkeit ohnegleichen veränderte die industrielle Revolution Antlitz und Charakter der deutschen Gesellschaft.«[65] Einer aufschlussreichen Statistik zufolge gab es im Jahr 1910 fast ebenso viele Großstädte im Deutschen Reich wie im gesamten übrigen Europa. Dieser Aspekt des Wandels zur Moderne war in Deutschland umfassender und schneller vollzogen als in jedem anderen europäischen Land.

23

Das Geld, die Gesamtheit und die Großstadt:
Die »erste kohärente soziologische Schule«

Im letzten Kapitel besprachen wir einige Autoren und Machwerke, die sehr ähnliche Ideen propagierten und oft einen üblen Geruch verbreiteten. Kollektiv betrachtet mangelte es den Verfassern nicht nur an Selbsterkenntnis oder der Fähigkeit, sich der eigenen Motive bewusst zu werden, sondern auch an der Bereitschaft, sich den eigenen tendenziösen Aussagen zu stellen. Gleichzeitig gab es jedoch eine Schar von deutschen Denkern, die sich auf ernst zu nehmende Weise mit einer entsprechenden Bandbreite von Themen auseinandersetzten, vorrangig mit Fragen, die von der Industrialisierung, dem rasanten Wachstum der Städte und den ständigen technischen Neuerungen aufgeworfen wurden.

Zu diesen Denkern zählten auch Schriftsteller. Wie gesagt hatte sich nach der fehlgeschlagenen bürgerlichen Revolution von 1848 so mancher Autor von den modernen Entwicklungen abgewandt und Zuflucht in einer idyllischen, vom allgemeinen Geschehen abgeschotteten Umwelt gesucht. Und der Umstand, dass sie den harten (hauptsächlich urbanen und industriellen) Realitäten des Lebens den Rücken gekehrt und sich lieber mit den Belangen des Innenlebens beschäftigt hatten (Stifter, Keller und so weiter), brachte dann ein typisch deutsches literarisches Genre hervor. Doch in der zweiten Hälfte des 19. Jahrhunderts begannen sich deutsche Schriftsteller allmählich wieder mit wenigstens *einigen* zeitgenössischen Fragen auseinanderzusetzen. Zu den ersten Büchern dieser Art zählten *Soll und Haben* (1855) von Gustav Freytag (1816–1895) sowie *Hammer und Amboß* (1869) von Friedrich Spielhagen (1829–1911). Schon die suggestiven Titel dieser Werke lassen erahnen, dass es sich hier (parallel zum Bildungsroman) um Entwicklungsromane handelt, um Geschichten, die mit einer glücklichen Fügung des Schicksals ihrer bürgerlichen Protagonisten enden: Anstatt ihr Innerstes außerhalb der Gesellschaft zu erforschen, finden die Helden aus Freytags und Spielhagens Büchern ihre Nischen *innerhalb* der geschäftigen Welt.

. Zu ihren bedeutendsten Nachfolgern unter den großen realistischen Schriftstellern des späten 19. Jahrhunderts zählten Wilhelm Raabe (1831 bis 1910) und Theodor Fontane (1819–1898). Beide fokussierten den Blick auf die Gesellschaft – und die Moral –, die der Kapitalismus hervorbrachte. Raabe, der den Zielen der Französischen Revolution sehr wohlwollend gegenüberstand, lehnte sein Werk stark an Dickens an und versuchte auch etwas vom Humor des englischen Schriftstellers einzufangen, vergaß dabei aber nie, dass er den Kapitalismus im Visier hatte. In seinen Büchern *Abu Telfan oder die Heimkehr vom Mondgebirge* (1867), *Der Schüdderump* (1870) oder *Pfisters Mühle* (1884: in diesem Buch geht es um die Umweltverschmutzung durch die Industrie) erkundete er die Auswüchse des Kapitalismus und die Frage, mit welchen Mitteln sich die Menschheit in einer kapitalistischen Welt am Leben erhalten kann.

Theodor Fontane war zweifellos der bessere Schriftsteller. Als er sich relativ spät in seinem Leben endgültig dem Roman zuwandte, hatte er bereits eine Laufbahn als Apotheker, Journalist (darunter als Kriegsberichterstatter und als Korrespondent in London), Theaterkritiker und Barrikadenkämpfer der Revolution von 1848 hinter sich. Seine Romane zeugen von einer besonderen Aufmerksamkeit für die Tatsache, dass die individuellen Existenzgrundlagen in Deutschland so stark von der jeweiligen Klassenzugehörigkeit abhängig waren; dank ihm wurde die deutsche Novelle von ihrem Sonderweg zurückgeholt und in die Populärliteratur eingegliedert. Im Gegensatz zu vielen anderen Schriftstellern stand Fontane generell aufseiten des Kapitalismus, wenngleich nicht ohne Sympathie für die Junker, verlor dabei aber nie das Ziel aus den Augen, von der Rücksichtslosigkeit zu berichten, mit der ungemein konventionelle Gesellschaften das Leben des Einzelnen zu bestimmen pflegten. So war es zu Zeiten des absolutistischen Staates gewesen, so war es aus seiner Sicht *auch zu seiner Zeit* noch. Selbst der moralische Griff, in dem die Gesellschaft ihre Bürger hielt, hatte sich wenig oder praktisch gar nicht gelockert. In diesem Zusammenhang ist *Effi Briest* (1895) sein berühmtestes Werk. Es wird, da es die Ehe im 19. Jahrhundert aus der Perspektive der Frau schildert, oft mit Tolstois *Anna Karenina* (1878) und Flauberts *Madame Bovary* (1857) zu einer Trilogie gruppiert. Effi, die Tochter eines Edelmanns, wird mit einem doppelt so alten Baron und einstigen Verehrer ihrer Mutter verheiratet. Von ihrem Ehemann ignoriert und von der örtlichen Aristokratie missachtet, beginnt sie schließlich ein Verhältnis mit einem verheirateten Schürzenjäger. Als der Baron das Jahre später herausfindet, tötet er ihren einstigen Liebhaber im Duell, erwirkt das Sorgerecht für die Tochter und verstößt seine Frau. Am Ende lebt Effi bis zu ihrem frühen Tod bei den Eltern, die sie jedoch erst wieder aufgenommen hatten, als sie erfuhren, dass Effi an Schwindsucht sterben werde. Jeder ist in seinem Unglück gefangen. Fontanes eigentliches Thema war der Schatten der Moral, der sich auf Bismarcks Reich gelegt hatte, und dessen ebenso destruktive wie unkreative Selbstgerechtigkeit und Leere.

Fontane und Raabe waren zwar Realisten in einem bis dahin ungekannten Maße (jedenfalls was die Zeit von Stifter und Keller betrifft), doch es sollte nicht vergessen werden, dass gleichzeitig ganze Legionen aus einer völlig anderen Disziplin einen Blick auf die moderne Gesellschaft warfen, der nicht nur origineller war, sondern sich auch als nachhaltiger erwies. Die Analysen und Warnungen aus den Federn dieser Männer vereinten sich zur ersten kohärenten soziologischen Schule.[1]

Die deutsche Soziologie wurzelt – vielleicht typischerweise – in der Philosophie und geht auf das Werk eines Mannes zurück, der es verdient hat, als ihr Urvater zu gelten, auch wenn sein Name heute weniger bekannt ist als die Namen einiger seiner Zeitgenossen. Denn selbst wenn man seine Schriften aus heutiger Sicht betrachtet, selbst nach allem, was zwischenzeitlich vorgefallen ist, wirkt die luzide Genauigkeit dieses ungemein klaren und vernünftigen Beobachters wie eine frische Brise.

»Das Denken kann nicht hinter das Leben zurückgehen«: Die Geburt der »Wissenschaften vom Menschen«

Wilhelm Dilthey (1833–1911) hatte Glück mit seiner Familie. Auch er wurde als Sohn eines Pastors geboren, dem es jedoch besser erging als den meisten, da er Hofprediger beim Herzog von Nassau war. Die Mutter war die Tochter eines Dirigenten, was wohl Wilhelms großes Interesse an der Musik erklärt, abgesehen davon hatte er eine deutliche Abneigung gegen die Unterschicht geerbt, in die er – ähnlich wie Marx – wenig Vertrauen setzte.[2]

Zuerst studierte Dilthey Theologie in Heidelberg, wechselte dann aber vor allem des kultivierteren Musikangebots wegen nach Berlin. Er gründete einen Lesekreis, wo man sich mit Shakespeare, Platon, Aristoteles und Augustinus befasste, und promovierte schließlich über die Ethik von Schleiermacher. Nach Lehrämtern in Basel (wo er sich mit Jakob Burckhardt anfreundete) und Kiel publizierte er mit der Biografie *Das Leben Schleiermachers* den ersten Band seiner Porträts *Zur Geistesgeschichte des 19. Jahrhunderts*. Dann wurde ihm der Hegel'sche Lehrstuhl für Philosophie in Berlin angeboten, den er für den Rest seines Berufslebens behalten sollte.[3]

Dilthey blickte nach Art der alten Griechen um sich und beobachtete, was er das unauflösbare »Rätsel des Lebens« nannte. Der Mensch, so Dilthey, sieht sich unvermeidlicherweise Umständen ausgesetzt, die er nicht versteht, deshalb glaubt er überall irrationale Kräfte oder den blinden Zufall am Werk. Unter diesen Bedingungen müsse er es einerseits irgendwie fertigbringen, ein schlüssiges Bild von seinen Lebensumständen herzustellen, brauche andererseits jedoch Ideale, nach denen er streben, und Richtlinien, an denen er sein Verhalten orientieren könne. Jedem

Menschen wohne ein »metaphysischer Trieb« inne – ihm seien nicht nur Kunst und Religion, sondern auch die Politik zu verdanken. Doch erst wenn eine Reaktion auf einem nachhaltig kritischen Gedanken beruhe, werde sie zur Philosophie. Und Philosophie unterscheide sich insofern von anderen Gedanken, als sie abstrakter und logischer aufgebaut sei – oder sein sollte – als andere Geistesaktivitäten. Die Geschichte der Philosophie sah Dilthey als eine Abfolge von Ideen, die in keinem einzigen Fall einen endgültigen Sieg erringen konnten; und genau von dieser Tatsache – von dem Wissen um diese Misserfolge – sollten wir uns lenken lassen: Weltanschauungen oder Denkgebäude, die die Zeiten überdauern konnten, müssten zwar irgendeinen wahren Kern enthalten, hätten aber ihre Grenzen, da der menschliche Geist beschränkt sei und immer von den herrschenden Umständen konditioniert werde. Sobald Weltanschauungen oder philosophische Systeme einen Absolutheitsanspruch erhöben, leide ihre Glaubwürdigkeit.[4]

Dieser Gedankengang führte Dilthey zur Ablehnung von jeglicher Metaphysik: Die Mannigfaltigkeit der realen Natur lasse sich niemals mit einem einzigen konzeptionellen Ansatz einfangen. Außerdem war er überzeugt, dass es hinter allen Erfahrungen, die wir als Ganzes genommen »Leben« nennen, nichts weiter zu entdecken gab: »Das Denken kann nicht hinter das Leben, in welchem es auftritt und in dessen Zusammenhang es besteht, zurückgehen.« Eine politische Entscheidungsfindung zum Beispiel lasse sich nie mit solchen formalpsychologischen Elementarprozessen wie einer Reflexhandlung erklären. Wir können immer nur das Produkt politischen Denkens analysieren. »Unverstümmelte Erfahrung« war für ihn die einzig mögliche Grundlage für die Erforschung des Menschen.[5]

Dilthey pochte zwar darauf, dass der Mensch in einer entwickelten Welt an seine ethischen Werte gebunden sei, fand es aber wichtig, zum Ausdruck zu bringen, dass die menschliche Natur nichts Statisches sei und sich im Lauf der Geschichte entwickle, folglich seien auch die moralischen Grundsätze des Menschen wandelbar und nicht festlegbar. Das war ebenfalls ein neuer Aspekt bei der Erforschung der menschlichen Natur: eine disziplinäre Neuausrichtung, die zu den unverwechselbarsten Errungenschaften Diltheys gezählt werden muss.[6]

Im Zusammenhang damit stellte Dilthey die Frage, welche Auswirkungen es auf die Natur hat, dass der Mensch über einen Geist verfügt, und kam zu dem Ergebnis, dass es eine Reihe von Phänomenen gebe, für die in der Natur außerhalb des Menschen keine Äquivalente zu finden seien. Als ein solches Phänomen benannte er zum Beispiel die »Zweckmäßigkeit«: Der Mensch kämpfe gegen diese Vorstellung an, um sich von dem religiösen Mantra zu befreien, dass alles in der Natur zweckbestimmt sei. Seit Galileo Galilei, und kulminierend in Baruch Spinoza, war dieses Vorhaben zwar größtenteils erfolgreich gewesen, aber Dilthey war sich nicht sicher, dass der Mensch deshalb irgendwie glücklicher geworden sei oder das Universum besser zu verstehen gelernt habe. Ein anderes Phänomen ist der »Wert«: Der Mensch teile sich mit anderen Geschöpfen die Fähigkeit, auf seine Umwelt zu reagieren, doch nur er fälle in abstrakten Begriffen ein Urteil darüber, was gut und was nicht gut ist. Abgesehen davon gebe es Normen, Regeln und Grundsätze zu allem im menschlichen Leben, von hochmoralischen Prinzipien bis hin zur Regelung des Straßenverkehrs, die sich auf entscheidende Weise von naturwissenschaftlichen Gesetzen unterschieden, da vom Menschen gemachte Gesetze Konventionen und somit wandelbar seien. Schließlich hob er noch hervor, dass sich menschliches Leben seiner selbst als etwas Historisches bewusst, die Natur an sich aber ohne Verstand sei: Planeten kühlen ab, Gletscher schmelzen, Meeresspiegel steigen und fallen und rufen damit Effekte hervor, die sich auf den Menschen auswirken. Nur dank eines Bewusstseins und eines Erinnerungsvermögens lasse sich die *kumulative* Wirkung von sukzessiven Ereignissen in ihrer Bedeutung erkennen.[7]

All diese Überlegungen brachten Dilthey geradewegs zu dem einfachen Schluss, dass die Welt des Geistes nicht unmittelbar beobachtet werden könne. Zweckmäßigkeit, Werte und Normen seien nicht sichtbar, ebenso wenig wie die Geschichte, da es sie nur in der Vergangenheitsform gebe. Daraus folgt, dass unser Wissen über den Geist nur aus zwei Quellen gewonnen werden kann: erstens aus dem inneren Erleben, das uns etwas über Zweck, Werte und Normen enthüllt und uns mit Hilfe des Erinnerungsvermögens zum Nachdenken über die Vergangenheit verhilft, zweitens durch Kommunikation, ohne die das Wissen des Einzelnen minimal wäre. Erst dank dieser Phänomene, dank dieser zusätzlichen Elemente entstehen Sinn und Bedeutung. Doch diese lassen sich niemals beobachten.

Nichts davon war radikales Denken. Doch um es noch einmal zu sagen: Diltheys Klarheit hatte etwas Erfrischendes, Reinigendes, und ließ den von ihm geprägten Begriff der »Wissenschaften vom Menschen« als etwas völlig Logisches erscheinen. Er teilte diese Wissenschaften auf in eine historische und eine systematische Disziplin. Zur historischen zählen die politische Geschichte, die Wirtschaftsgeschichte, die Geistesgeschichte und die Wissenschaftsgeschichte; mit der »systematischen Disziplin« meinte er hingegen all diejenigen geistigen Aktivitäten – ökonomische, soziologische, psychologische –, welche Phänomene mit Hilfe von allgemeinen Gesetzen zu erklären versuchen.[8]

Dilthey führte auch den Begriff des »Verstehens« wieder ein. Dabei folgte er insofern Kant, als er dem Gedanken zustimmte, dass wir uns entwickeln, um die Welt zu verstehen. Doch für Dilthey gab es einen fundamentalen Unterschied zwischen reinen Fakten und echtem Verstehen: Die Möglichkeit des Verstehens bezeichnete er als eine spezifische Fähigkeit des menschlichen Geistes, weshalb man sie auch nur als solche bewerten dürfe.[9] Das lässt sich am Beispiel der Mängel oder Misserfolge bestimmter Systeme wie zum Beispiel des Behaviorismus erkennen: Systeme dieser Art können uns vielleicht *irgendetwas* über das menschliche Verhalten oder über die menschliche Erfahrung sagen, aber diese Erkenntnis wird *unvermeidlicherweise* immer begrenzt bleiben und niemals an ein vollständiges Verstehen heranreichen. Da könnten noch so viele Meinungsumfragen gehalten werden: Sie würden nie ausreichen, um alles zu verstehen. »Was der Mensch sei, das erfährt er ja doch nicht durch Grübelei über sich, auch nicht durch psychologische Experimente, sondern durch die Geschichte.« Diese historische Dimension – wie auch die Bildung, auf der das Verstehen von ihr beruht – unterstreicht die Notwendigkeit von Interpretation; das und der damit verbundene Verständnisbegriff waren weitere entscheidende Einsichten von Dilthey.[10] Da die Aktivität des Geistes das entscheidende Phänomen der Menschenwelt sei, ähnelte das Verstehen dieser Welt auch eher der Interpretation von Literatur oder Gesetzen als den Grundsätzen von Physik oder Chemie. Mit dieser Aussage forderte Dilthey die Behauptung der modernen Naturwissenschaften, das Paradigma allen Wissens zu sein, frontal heraus.

Somit entwickelte Dilthey fünf wichtige Regeln, von denen sich die Wissenschaften vom Menschen leiten lassen müssen. Erstens: Individuelle Fälle sind per se interessant, Verallgemeinerungen von solchen Fällen aber irrelevant, da das, was sie unterscheidet, von mindestens ebensolcher Bedeutung ist wie das, worin sie sich gleichen, und weil solche Unterschiede grundsätzlich historisch begründet sind. Allgemeine Gesetze, wie sie in den Naturwissenschaften anwendbar sind, haben in den Wissenschaften vom Menschen nichts zu suchen. Zweitens: Die Beziehung der Teile zum Ganzen ist auf den Menschen bezogen eine ganz andere. Der Sinn, in dem Menschen Teil einer Gemeinschaft sind, ist nicht zu vergleichen mit dem Sinn, in dem Kolben Teile einer Maschine sind. Drittens: Jede Forschung muss auf der Komplexitätsebene beginnen, die wir in der Natur finden. Man kann nichts gewinnen, wenn man die Phantasie eines Dichters mit Hilfe der einfachen Prozesse zu verstehen versucht, die sich bei Tieren oder Kleinkindern beobachten lassen. Viertens: Es steht uns frei, zwischen den Disziplinen zu wechseln, wann immer es hilfreich erscheint. Fünftens: Der Mensch ist *sowohl* Subjekt *als auch* Objekt. Die Umstände haben ihn gemacht – er ist ein Objekt; aber er weiß um sich selbst und kann seine Handlungen kontrollieren.[11]

So bleibt uns also eine wichtige Schlussfolgerung: Da hier Annahmen und Interpretationen beteiligt sind, kann das Wissen um die Menschenwelt niemals eine Art fotografisches Abbild der Wirklichkeit sein. Es bleibt immer ein Konstrukt, das der ständigen Revision bedarf.[12]

Das Geistesleben in der Großstadt

Ungeachtet des großen Einflusses von Dilthey war der formal erste deutsche Soziologe von Rang Wilhelm Heinrich Riehl (1823–1897). Seine volkskundlichen Studien interessierten vor allem Ausländer, in deren Staaten die bäuerliche Kultur wegen der industriellen Revolution bereits fünfzig Jahre zuvor auszusterben begonnen hatte. Die Bauernpolitik der Regierung, welche allein »das in Überfeinerung verschobene Gleichgewicht« wiederherstellen könne, fand Riehl ausgesprochen dürftig; zudem stellte er einen wesentlichen Unterschied zwischen Süd-, Mittel- und Norddeutschland fest (in Mitteldeutschland sei man individualistischer als in den beiden anderen Regionen) und prägte den Begriff des »sociale Philisters« für die Angehörigen des »modernen Bürgerstands«, in dem »Stumpfsinn gegen jegliches sociale Interesse, die gewissenlose Gleichgültigkeit gegen alles öffentliche Leben überhaupt« herrsche. Hier wurde nicht von der »Innerlichkeit« des Bildungsbürgertums gesprochen, sondern vielmehr von der Haltung der »bürgerlichen Gesellschaft«, die sich zu einem viel größeren Problem auswuchs.[13]

Heute wird Riehl von weit größeren Denkern in den Schatten gestellt, aus deren Schriften wir noch heute unseren Nutzen ziehen. An erster Stelle steht hier Georg Simmel (1858–1918), der in Berlin geboren wurde und ein moderner, urbaner Mensch im wahrsten Sinne war. Ferdinand Tönnies schrieb einem Freund nach der Lektüre von Simmels erstem Buch, dass er dieses Werk zwar pfiffig finde, es aber doch deutlich nach dem Geschmack des Großstädters sei. Ein anderer meinte, dass Simmel an Modernismus leide.[14]

Simmel war das jüngste von sieben Kindern. Sein Vater, ein erfolgreicher jüdischer Fabrikant, der zum Katholizismus konvertiert war, starb, als Georg noch ein Junge war; ein Freund der Familie, der Musikverleger Julius Friedländer, wurde zu seinem Vormund bestellt. Simmel studierte an der Berliner Universität Geschichte und Philosophie bei einer Reihe von Größen – Mommsen, Treitschke, Sybel, Droysen –, hörte Physikvorlesungen bei Hermann von Helmholtz und Völkerpsychologie bei Moritz Lazarus (bei dem auch Dilthey und Wilhelm Wundt studiert hatten).[15] 1885 wurde er Privatdozent an der Berliner Universität und begann mit seinen Vorlesungen über Ethik, Soziologie, Kant, Schopenhauer, die philosophischen Folgen des Darwinismus und über Nietzsche. Er war ein vorzüglicher Rhetoriker, weshalb seine Vorlesungen schon bald gesellschaftliche und intellektuelle Ereignisse erster Güte waren, die nicht nur Studenten, sondern auch die kulturelle Elite der Stadt anzogen.

Doch ungeachtet dieses Erfolgs, ungeachtet der Tatsache, dass seine Bücher begeistert aufgenommen wurden und ihn nicht nur in Europa bis hin nach Russland, sondern auch in Amerika berühmt machten (wo er Mitherausgeber des *American Journal of Sociology* wurde), ungeachtet dessen, dass er auf die Freundschaft und Unterstützung solch führender Namen im akademischen Betrieb wie Max Weber, Edmund Husserl und Adolf von Harnack zählen konnte, ungeachtet seiner engen Freundschaften zu Männern wie Rainer Maria Rilke und Stefan George, und auch ungeachtet dessen, dass er mit Tönnies und Weber die »Deutsche Gesellschaft für Soziologie« gegründet hatte, wurde Georg Simmel ständig übergangen, wenn wieder einmal ein Lehrstuhl zu besetzen war. Als er schließlich eine Professur an der Universität von Straßburg erhielt, schrieb man bereits das Jahr 1914, und es dauerte nicht mehr lange, bis die Universität geschlossen und zu einem Militärhospital umfunktioniert wurde. Doch er ließ sich von solchen offensichtlich antisemitischen Entscheidungen nicht beirren, und da ihm sein Vormund ein beträchtliches Vermögen hinterlassen hatte, geriet er deshalb auch nie in eine finanzielle Zwangslage. Statt verbittert zu sein, begann er seine rhetorischen Fähigkeiten zu perfektionieren – »er durchstieß die Luft mit dolchartig schnellen Gesten und hielt dann in dramatischer Pose inne, um einen Strom an umwerfenden Ideen herauszusprudeln«. Sein amerikanischer Bewunderer David Frisby nannte das: »Simmel simmelfiziert.«[16]

Der Kapitalismus und »das Wesen der Prostitution«

Der amerikanische Soziologe Lester Ward hatte für die Pariser Weltausstellung im Jahr 1900 einen Bericht über den Stand der Sozialwissenschaften auf beiden Seiten des Atlantiks geschrieben. Er schilderte, dass es an deutschen Universitäten keinen einzigen Lehrstuhl für Sozialwissenschaften gab (ein Mangel, der erst nach dem Ersten Weltkrieg behoben wurde), verwies aber darauf, dass Georg Simmel faktisch als Einziger während der zurückliegenden sechs Jahre soziologische Seminare angeboten hatte. Demnach war Simmel, dessen Aufstieg mit dem Abstieg der Philosophie zusammenfiel, der erste akademische Soziologe in Deutschland.

Das »neue Etikett: Soziologie« hatte Simmel, wie er selbst schrieb, bereits in den achtziger Jahren erfunden. Darwinismus wie Sozialdarwinismus hatten sich im Aufwind befunden, aber für die permanenten Interaktionen der Gesellschaft ließ sich kein einziges Element als das entscheidende herauskristallisieren, wie Simmel in seinen Vorlesungen feststellte. Simmels Ausgangspunkt war, dass Gesellschaft dort »existiert, wo mehrere Individuen in Wechselwirkung treten«. Die entscheidende und aus seiner Sicht höchst unzureichend wahrgenommene Divergenz trat dort auf, wo sich etwas »*innerhalb* der ›Gesellschaft‹ findet, was durch sie und in ihrem Rahmen realisiert wird«, aber »nicht Gesellschaft selbst« ist, »sondern nur ein Inhalt, der sich diese Form oder den sich diese Form der Koexistenz anbindet und der freilich erst *mit ihr zusammen* [meine Hervorhebung] das reale Gebilde, das ›Gesellschaft‹ im weiteren und üblichen Sinne heisst, zustande bringt«.[17] Und dieses reale Gebilde war es, womit sich Soziologen befassen sollten.

Vor allem interessierte sich Simmel für die Art und Weise, wie sich Menschen unter den neuen sozialen Gegebenheiten der postindustriellen Revolution organisierten. Schon in seiner Abhandlung *Über soziale Differenzierung* (1890) hatte er auf das »Korrelationsverhältnis« hingewiesen, »das sich an den Umfang der sozialen Kreise knüpft und die Freiheit der Gruppe mit der Gebundenheit des Individuums zu verbinden pflegt« – je größer die soziale Gruppe, der ein Individuum angehört (wie etwa in einer Großstadt), desto größer ist auch seine »sittliche Autonomie« oder Freiheit. Simmel kam zu dem Schluss, dass »die rein quantitative Erweiterung der Gruppe nur der deutlichste Fall der moralischen Entlastung der Individuen« sei, bemerkte allerdings auch, dass diese Freiheit in vielerlei Hinsicht eine Illusion sei, da jede Entscheidung unter einem nicht nachlassenden Druck getroffen werde und die Fähigkeit, unter solchen Umständen eine Wahl zu treffen, zugleich das Anzeichen für eine Entwurzelung sei.[18]

Auch zur Idee von der »Kollektivverantwortlichkeit« trug er seinen Teil bei: In einer eng verwobenen urbanen Gesellschaft, wo die Menschen Seite an Seite leben, ist ein jeder mit schuld an den vielfältigen Pathologien, die unter diesen Umständen entstehen, was der Einzelne jedoch nicht so einfach akzeptieren kann. Wir sind nicht nur freier geworden, sondern tragen auch mehr Eigenverantwortung, während die Entwicklung von mehr Individualität in urbanen Gesellschaften notwendigerweise zu einem immer schwächeren Gruppenzugehörigkeitsgefühl führt. Simmel beobachtete zum Beispiel die Zunahme von »Jähzorn« und anderen »unbeherrschteren Empfindungen«, ausgelöst durch die »Verbindung der subjektiven Differenzierung mit der höheren Entwicklung«, was insbesondere unter Menschen von »niedrigerer Geistesausbildung« zu Oberflächlichkeit und einem Nachahmungseffekt führe. Die deutlichste Form der Imitation ist »eine sklavische Fesselung an die Mode« – nicht nur bei der Art, sich zu kleiden, sondern zum Beispiel auch im Musikgeschmack – per se eine Möglichkeit, sich zugehörig zu zeigen *und* sich zugleich zu unterscheiden.[19]

Der Höhepunkt von Simmels Abhandlung *Über soziale Differenzierung* war die Unterscheidung zwischen objektiver und subjektiver Kultur. Mit Ersterer meinte er nicht nur veröffentlichte Literatur, gemalte Gemälde, aufgeführte Opern – kurz: all die konkreten Formen, die »da draußen« vorhanden sind, auf die sich Individuen beziehen und durch die sie sich selbst definieren können oder auf die sie in mit anderen geteilter Weise reagieren können –, sondern auch Orientierungswerte und Kanons, auf die sich die Menschen einigen (oder über die sie streiten) können und anhand derer sich feststellen lässt, wo eine Person steht und worin sie sich von anderen unterscheidet. Mit subjektiver Kultur meinte Simmel im Wesentlichen die Kultur der Kommerzgesellschaft, deren Angehörige – Bankiers, Industrielle, Unternehmer, Geschäftsleute und so weiter – weniger gemein haben, über weniger Orientierungswerte verfügen, anhand derer sie sich vergleichen können, und ein privateres (wenngleich nicht notwendigerweise auch intimeres) Leben führen. Er hielt diese Lebensweise für eine Verarmung, fand das Leben in einer Kleinstadt aber unerträglich für jeden, der je in einer Großstadt lebte.

Im Mai 1889 hielt Simmel eine Vorlesung über die »Philosophie des Geldes«, die im Jahr 1900 in einer etwas erweiterten Fassung publiziert und mit viel Beifall aufgenommen wurde.[20] Der Philosoph Karl Joel nannte es eine »Zeitphilosophie«; Max Weber sprach angesichts von Simmels Analyse des kapitalistischen Geistes von »glänzenden Bildern«; und der österreichische Sozialforscher Rudolf Goldscheid stellte eine sehr interessante Korrelation zwischen Simmels Analysen und Marx' *Kapital* fest.

Simmels Argumentationsweise hatte einiges Dilthey zu verdanken, denn er behauptete, dass sich Geld wie so viele andere Phänomene nie mit nur einer Wissenschaft begreifen lassen werde, so bedeutend es auch sei, weil es die »Wechselbeziehungen« im gesellschaftlichen Leben symbolisiere. Die Bedeutung des Geldes gründete sich aus seiner Sicht also nicht auf die Produktion, wie bei Marx, sondern vielmehr auf den Tausch: »...der Austausch zwischen Hingabe und Errungenschaft innerhalb des Individuums ist die grundlegende Voraussetzung und gleichsam die wesentliche Substanz jedes zweiseitigen Tausches«, erklärte Simmel. »So ist das wirtschaftliche System allerdings auf eine Abstraktion gegründet, auf das Gegenseitigkeitsverhältnis des Tausches, die Balance zwischen Opfer und Gewinn [...]. Jede Wechselwirkung aber ist als ein Tausch zu betrachten: jede Unterhaltung, jede Liebe (auch wo sie mit andersartigen Gefühlen erwidert wird), jedes Spiel, jedes Sichanblicken.«[21] Solche Interaktionen erforderten immer den Austausch individueller Energien, und das war es, worum es für Simmel im großstädtischen Leben ging oder was das Neue am Leben in der Großstadt war.

Eine Geldwirtschaft erschafft neue Abhängigkeiten, insbesondere von Dritten, jedoch nicht in Form der Abhängigkeit von Personen, sondern in Form von deren Rollen als Repräsentanten von Funktionen. Eine Folge davon ist, dass die Persönlichkeiten der Menschen, von denen wir nun abhängig werden, irrelevant werden und unsere Beziehungen zu ihnen deshalb emotional weit weniger angespannt sind. Geld ermöglicht es uns, eine viel größere Bandbreite an Beziehungen und Bündnissen einzugehen, ohne wirklich emotional beteiligt zu sein, geschweige denn bereit zu sein, eine Verpflichtung einzugehen. Geld führt nicht nur zu Zerfall und Isolation, sondern stiftet auch Einheit, indem es Elemente einer Gesellschaft zusammenbringt, die ansonsten in keinerlei Verbindung zueinander stehen würden. Simmel verglich das »Wesen des Geldes« sogar mit dem »Wesen der Prostitution«: »Die Indifferenz, in der es sich jeder Verwendung darbietet, die Treulosigkeit, mit der es sich von jedem Subjekt löst, weil es mit keinem eigentlich verbunden war, die jede Herzensbeziehung ausschliessende Sachlichkeit, die ihm als reinem Mittel eignet – alles dies stiftet eine verhängnisvolle Analogie zwischen ihm und der Prostitution.«[22]

Im letzten Kapitel seines Werkes *Philosophie des Geldes* – das als eine der ersten modernen soziologischen Analysen gilt – bemühte sich Simmel um eine aktualisierte Entfremdungstheorie. Durch »das Eindringen der Geldschätzung«, schrieb er, halte »Exaktheit, Schärfe, Genauigkeit in den ökonomischen Beziehungen des Lebens« Einzug, doch durch die Leichtigkeit, mit der solche monetären Beziehungen verstanden werden könnten und die alle anderen Beziehungen in den Schatten stelle, würden die Chancen des Individuums, kreativ zu werden und sich in bestimmte Richtungen zu entwickeln, deutlich begrenzt. Außerdem liege es in der Natur der Dinge, dass ein Produkt, »je sachlicher, unpersönlicher« es ist, »für desto mehr Menschen« geeignet sei. »Damit der Konsum des Einzelnen ein so breites Material« finde, könne er »nicht auf subjektive Differenziertheiten des Begehrens angelegt sein, während andrerseits gerade nur die äußerste Differenzierung der Produktion imstande ist, die Objekte so billig und massenhaft herzustellen, wie es der Umfang des Konsums fordert.«[23] Auf diese Weise verflacht individuelle Erfahrung und geht Intimität verloren – *das* ist die moderne Entfremdung, und das war für Simmel die »Tragödie der Kultur«, zu der er auch den Verlust von philosophischer Kohärenz aufgrund so vieler wissenschaftlicher Spezialisierungen zählte.

1903 veröffentliche Simmel seinen nicht weniger berühmten Aufsatz »Die Großstädte und das Geistesleben«, den er 1908 seiner Abhandlung *Soziologie. Untersuchungen über die Formen der Vergesellschaftung* zugrunde legte. Hier stellte er fest, dass die modernen Großstädte nicht nur durch sehr viel mehr soziale Differenziertheit als je zuvor gekennzeichnet seien, sondern auch ein völlig neues Phänomen mit sich brächten, nämlich jene »Gesamtheit«, welche wir heute als Masse bezeichnen und die sich durch einen »äußerst mannigfaltigen Stufenbau von Sympathien, Gleichgültigkeiten und Aversionen« auszeichnet. Solche, in traditionellen ländlichen Gemeinschaften und Marktflecken unbekannten Erfahrungen forderten zu einem extremen Subjektivismus auf. Der

Selbsterhaltungskampf in der Großstadt reizt »das Individuum zu seiner höchsten Nervenleistung« und verursacht »diese eigentümliche Anpassungserscheinung der Blasiertheit, in der die Nerven ihre letzte Möglichkeit, sich mit den Inhalten und der Form des Großstadtlebens abzufinden, darin entdecken, dass sie sich der Reaktion auf sie versagen – die Selbsterhaltung gewisser Naturen, um den Preis, die ganze objektive Welt zu entwerten, was dann am Ende die eigene Persönlichkeit unvermeidlich in ein Gefühl gleicher Entwertung hinabzieht«. Die Bedeutung des entstehenden exzentrischen Verhaltens liegt nicht mehr in seinen Inhalten, sondern nur noch in seiner Form als etwas Andersartiges, das die Person aus der Masse hervorhebt und Aufmerksamkeit auf sich zieht. Das Leben in der Großstadt macht jede wahre Individualität zunichte und ersetzt sie durch eine künstliche, erfundene und berechnete Individuation. Auch das ist eine Form von Entfremdung.[24]

Für Georg Lukács und Walter Benjamin stand *Die Philosophie des Geldes* ihrem Rang nach nur eine Stufe unter Marx. Aber diese Studie trug auch dazu bei, Autoren wie Houston Stewart Chamberlain oder Oswald Spengler in ihrem »leidenschaftlichen Hass« auf die moderne Großstadt zu bestärken, der in der Weimarer Republik zu den Faktoren zählte, die dem Nationalsozialismus den Weg ebneten. Im Übrigen übte Simmel noch entscheidenden Einfluss auf die Chicagoer Schule aus.

Zwei Arten von Individualismus

Ferdinand Tönnies (1855–1936) betrachtete die Soziologie, wie der englische Historiker Jose Harris schreibt, als den Teil eines »kognitiven »Kontinuums«, das im einen Extrem sogar die Geometrie und im anderen die Geschichtsschreibung einbezog. Stark von Hobbes und Hume beeinflusst, sah Tönnies Soziologie als eine spezifische Anwendung der Philosophie, die sich auf vergleichbare Weise wie die Linguistik, die mathematische Physik oder die Rechtstheorie mit Fragen der Logik befasst – als eine neue Erkenntnistheorie über das moderne Leben.[25]

Aus unserem heutigen Blickwinkel betrachtet kann man wohl sagen, dass Tönnies' familiärer Hintergrund starken Einfluss auf zumindest einige seiner Vorstellungen ausgeübt haben muss. Geboren wurde er im nordfriesischen Oldenswort als Sohn eines Marschbauern und Enkel eines lutherischen Pastors. Als er zehn Jahre alt war, übersiedelte die Familie ins nahe Husum, wo der Vater ins Bankgeschäft eintrat. Sein ganzes Leben lang, bis zum Anbruch der nationalsozialistischen Zeit, scheint Tönnies Probleme gehabt zu haben, sich an die großstädtische Massenkultur anzupassen.

Bei seinem Studium hatte er sich allerdings kosmopolitisch orientiert:

Straßburg, Jena, Leipzig, Bonn, Kiel und Tübingen. Zwischen 1878 und dem Ausbruch des Ersten Weltkriegs war er mehrmals in England gewesen, 1904 bereiste er auch die Vereinigten Staaten. Seine Einstellung zu diesen Ländern war gemischt: Die dort erlebten Gegensätze von Kapitalismus und Armut bestätigten ihm zwar eine gewisse Scheinheiligkeit, aber er bewunderte die Freiheiten, die von den Verfassungen garantiert wurden. Und von diesem Widerspruch sollte der Kern seiner Theorien immer geprägt bleiben. Nach seiner Tübinger Promotion in klassischer Philologie im Jahr 1877 freundete er sich mit dem Pädagogen und Philosophen Friedrich Paulsen an. Von diesem beeinflusst, begann er sich mit den Vorkantianern zu beschäftigen und stieß dabei auf die Werke von Thomas Hobbes, die ihn zu seinen Reisen nach England anregten, wo er dann im Britischen Museum, dem Oxforder St John's College und auf dem Landsitz des Herzogs von Devonshire in Hardwick Hall, Derbyshire, Zugang zu Hobbes' Originalschriften bekam. Dabei entdeckte er Dokumente, die von anderen Forschern übersehen worden waren, genug Material, um vier Abhandlungen zu veröffentlichen, mit denen er sich auf beiden Seiten des Kanals einen Namen machte.

Die Beschäftigung mit Hobbes zog Tönnies' Auseinandersetzung mit Adam Smith und später auch mit anderen Ökonomen nach sich, und mit diesem Wissen ausgestattet, begann er dann die Abhandlung zu konzipieren, die er unter dem Titel *Gemeinschaft und Gesellschaft* publizieren sollte (1887 mit dem Untertitel *Abhandlung des Communismus und des Socialismus als empirischer Kulturformen* erschienen, ab der zweiten Auflage 1912 geändert in *Grundbegriffe der reinen Soziologie*). Mit großer Ernsthaftigkeit versuchte er darin, zwei seiner Meinung nach grundlegend gegensätzliche Modelle der sozialen Organisation einander gegenüberzustellen. Einerseits empfand er das Aussterben des traditionellen kleinen Dorfes der Art, wie er es als Kind selbst erlebt hatte, als einen schmerzlichen Verlust, andererseits verursachte ihm Bismarcks rücksichtslose Unterdrückung jeglicher Opposition »große Verdrossenheit über die so viel gepriesenen Errungenschaften des neuen deutschen Kaiserreichs«.[26]

Es gab kaum Anzeichen, dass Tönnies seinen Entwurf je ausarbeiten würde. Er kehrte nach England zurück, um weiter über Hobbes zu arbeiten. Nur ein paar Missgeschicke, die dazu führten, dass seine englischen Verleger das geplante Buch über Hobbes aus dem Programm nahmen, ist es zu verdanken, dass er seine Aufmerksamkeit wieder dem Projekt *Gemeinschaft und Gesellschaft* zuwandte. Das war eine schicksalhafte Entscheidung: Bereits zu seinen Lebzeiten sollte diese Studie acht Auflagen erleben (1935, ein Jahr vor seinem Tod, die letzte davon), und während die Erstausgabe ein reiner Achtungserfolg gewesen war, begann das Buch im Vorfeld des Ersten Weltkriegs immer mehr Anklang zu finden.[27]

Es ist in drei Teile gegliedert. Im ersten werden kleine Gemeinschaften mit großen, marktorientierten Gesellschaften verglichen; im zweiten wird die Art und Weise dargestellt, wie diese beiden Formen das Denken und Verhalten der Menschen beeinflussen; und der dritte Teil zeigt, wie sich all das zusammen auf die Politik, die Staatsführung und das Recht auswirkt. Tönnies' zentrale Aussage lautet, dass der Wille oder das Bewusstsein im einen Extrem etwas Natürliches, Spontanes und Unbedachtes sei (er nannte das den »Wesenswillen«), im anderen Extrem hingegen etwas Künstliches, Bedachtes und auf zweckorientiertes Handeln Beschränktes (was er zuerst als »Willkür«, später dann als »Kürwille« bezeichnete). In beidem kam für ihn eine jeweils andere Form von Freiheit zum Ausdruck: im einen Fall jene unbefangene Erfüllung einer Funktion oder der Pflicht, welche aus einem vorgegebenen sozialen Kontext erwächst, im anderen der rationale Wille, der zwar befangener ist, aber grenzenlose Wahlmöglichkeiten und deshalb die absolute eigene Souveränität zulässt. Tönnies war überzeugt, dass beide Willens- und Freiheitsformen latent im Menschen angelegt seien, tendenziell jedoch je nach sozialen Umständen unterschiedlich zum Ausdruck gebracht würden. Der rationale Wille ist typischer für Männer als für Frauen und eher bei Erwachsenen als bei Kindern, eher bei Städtern als bei Dörflern, eher bei Händlern als bei Künstlern zu finden. Auf diesen Unterschieden baute er dann sein Argument auf, dass es in der modernen Gesellschaft zwei völlig verschiedene Arten menschlicher Psyche gebe. Der natürliche Wille produziere ein Ich, das im Einklang mit seinem Lebensraum steht und sich eng mit anderen verbindet; der rationale Wille bringe hingegen Subjekte (also keine Ichs) hervor, die ihre Identität jeweils selbst erfinden, sich von ihren natürlichen Ichs sogar entfremden und obendrein andere als bloße Objekte betrachten.[28]

Diese Dichotomie der menschlichen Psyche stellte Tönnies in einen engen Zusammenhang mit der jeweiligen sozialen und ökonomischen Struktur. Die organische Gemeinschaft zeichne sich durch verwandtschaftliche Bindungen, Bräuche, eine gemeinsame Geschichte und den gemeinschaftlichen Besitz von Grundgütern aus. Das Gegenteil sei bei der Gesellschaft der Fall: Hier interagierten einzelne Individuen, die sich eher einer räumlichen denn einer historischen Gemeinsamkeit bewusst seien und jeweils im Rahmen von Eigeninteressen und Verträgen unter den äußeren Zwängen einer formalen Gesetzgebung handelten. Diese Dichotomie ziehe sich durch alles hindurch. Beispielsweise sei die materielle Produktion in der Gemeinschaft primär zum Verbrauch und nicht als Gewinn bestimmt, wohingegen in der Gesellschaft alle persönlichen Beziehungen dem Anspruch auf eine abstrakte individuelle Freiheit untergeordnet würden. In der Gemeinschaft seien Arbeit und Leben zu einem Beruf oder einer Berufung verschmolzen, während in der Gesellschaft das Geschäft für Profite sorge, die dann dazu verwendet würden, sich Glück zu erkaufen. Die ganze Zivilisation sei auf den Kopf gestellt worden durch eine moderne Lebensweise, die von der bürgerlichen Marktgesellschaft dominiert werde; und diese Veränderung läute letztendlich das Ende der Zivilisation als solcher ein.[29]

Tönnies' Argumentation überlappte sich zumindest in einigen Punkten mit den Aussagen der Sozialdarwinisten und volkstümelnden Nationalisten. Dennoch wurde seine Dichotomie erst wahrgenommen, als das Fieber vor dem Ersten Weltkrieg in allen Ländern zu steigen begann. Nach diesem Krieg wurde Tönnies viel mehr gewürdigt, und das nicht nur in Deutschland. Auch in anderen europäischen Staaten, selbst in Nordamerika, wurde *Gemeinschaft und Gesellschaft* zu einem kanonischen Text der klassischen Soziologie. Tönnies selbst hatte allerdings immer ausdrücklich erklärt, dass er *nicht* Individualismus und Kollektivismus miteinander verglichen, sondern vielmehr zwei eigenständige Formen von Individualismus einander gegenübergestellt habe, nämlich jene unbefangene Form, welche auf natürliche Weise die Gemeinschaft erschafft und dieser zugleich entspringt, und jene befangene Form, welche von der Gesellschaftskultur begünstigt und produziert wird. Doch die meisten Leser interpretierten sein Buch als einen Frontalangriff auf die Moderne.

Simmel und Tönnies waren insofern wichtig, als sie Aspekte eines kulturellen »Rückstands« am Ende des 19. Jahrhunderts identifizierten, der sich langfristig auf die »verspätete Nation« auswirkte, die Deutschland im 20. Jahrhundert verkörpern sollte (mehr dazu in Kapitel 41). Wie Simmel hatte auch Tönnies etwas in der modernen deutschen Gesellschaft erkannt, das Wilhelm Heinrich Riehl als »undeutsch« bezeichnet hatte: ein konservatives Gedankengut, das dank solcher Autoren wie Julius Langbehn, Oswald Spengler und Houston Stewart Chamberlain und dank der sogenannten Konservativen Revolution in die geistige Nähe zu nationalsozialistischem Denken rückte (auch dazu später mehr). Wie der amerikanische Historiker und Germanist Keith Bullivant hervorhob, und wie auch Ralf Dahrendorf im neunten Kapitel seiner Studie *Gesellschaft und Demokratie in Deutschland* (1968) eindeutig nachwies, sollten die grundlegenden Ideen, auf denen Tönnies' *Gemeinschaft und Gesellschaft* beruhte, sogar nach dem Zweiten Weltkrieg noch eine zentrale Rolle im deutschen Denken spielen.

Helden versus Händler

Zu seiner Zeit war Werner Sombart vermutlich noch bekannter gewesen als sogar Tönnies, und auch er nicht nur in Deutschland.[30] Inzwischen gilt er als *der* »reaktionäre Modernist« par excellence. Seine international bekanntesten Werke sind *Der moderne Kapitalismus. Historisch-sys-

tematische Darstellung des gesamteuropäischen Wirtschaftslebens von seinen Anfängen bis zur Gegenwart (2 Bände 1902, endgültige Ausgabe in einem Band 1916), *Warum gibt es in den Vereinigten Staaten keinen Sozialismus?* (1906) und *Die Juden und das Wirtschaftsleben* (1911). Viele aus der ersten Soziologengeneration – Tönnies und Weber in Deutschland, Everett C. Hughes und Robert Park in Amerika – fanden ihn brillant und originell, auch wenn es gewisse Vorbehalte gab. In Bezug auf den *Modernen Kapitalismus* brachte Joseph Schumpeter diese Vorbehalte auf den Punkt: Die Historiker seien von dem oft inhaltsleeren Scharfsinn des Buches schockiert.[31]

Der moderne Kapitalismus war das Werk, mit dem sich Sombart einen Namen machte.[32] Viele, wenn auch diesmal wiederum nicht alle seiner Kollegen stuften es augenblicklich als Klassiker ein. Sombart lehnte darin Marx' Basis-Überbau-Theorem ab, welches besagt, dass Produktionskräfte die ökonomisch-gesellschaftliche Basis seien, auf der sich der ideologische Überbau entwickeln könne. Für Sombart war das essenzielle Wesen des Kapitalismus dessen Geist, womit er in einigen Punkten Max Webers Ideen vorwegnahm. Mehr als die Schriften jedes anderen Soziologen seiner Zeit überlappte sich Sombarts Werk mit den Arbeiten der fragwürdigen Autoren, die im vorigen Kapitel zur Sprache kamen: Wieder und wieder kehrte auch er zu den Themen Rasse, Judentum, Deutschtum, Technik, Marxismus und Nationalismus zurück.

Der Sozialwissenschaftler Reiner Grundmann und der Kulturwissenschaftler Nico Stehr schreiben in ihrer gemeinsamen Analyse der Karriere Sombarts, dass sich die Überzeugung, mit der er seine Thesen darlegte, vielleicht mit der Kehrtwende erklären lasse, die er in zwei entscheidenden Aspekten mit der Leidenschaft des Konvertiten vollzogen hatte. Begonnen hatte er als Marxist und glühender Sozialist, nach den turbulenten neunziger Jahren des 19. Jahrhunderts wurde er jedoch zu einem ebenso glühenden *Anti*marxisten, und nun mit deutlich antisemitischen Untertönen.[33] Aber auch die Einstellung zu seinem Heimatland veränderte sich. Anfänglich hatte er ernsthafte Bedenken über den Weg geäußert, den Deutschland einzuschlagen begonnen hatte, doch um das Jahr 1910 änderte sich das komplett: Sombart wandelte sich zum schrillen Nationalisten. In seinem 1903 veröffentlichten Buch über die *Deutsche Volkswirtschaft im Neunzehnten Jahrhundert* behauptete er zum Beispiel, dass der deutsche Volkscharakter für den Geist des Kapitalismus verantwortlich sei. Was er mit dieser verworrenen Aussage meinte, wurde erst klarer, als er zwischen zwei Arten von Kapitalisten zu unterscheiden begann: zwischen »Händlern« und »Unternehmenden«. 1909 wie auch 1913 in *Der Bourgeois* schrieb er: »Um seine Funktionen, die wir kennen, erfolgreich ausführen zu können, muß der kapitalistische Unternehmer [...] rasch in der Auffassung, scharf im Urteil, nachhaltig im Denken und mit dem sicheren ›Sinn für das Wesentliche‹ ausgestattet« sein und als »besonders wertvolle Gabe« ein »gutes Gedächtnis« besitzen.³⁴ Man stelle das seiner Sicht vom Händler gegenüber: Dieser betrachte alles als Tauschwert, »und nur diese Größe interessiert den Händler. Er mißt sie in Geld und löscht im Geldausdruck alle Quantitäten endlich aus. So kann man auch sagen, daß seine Tätigkeit [...] immer von Geld zu Geld ihn trägt und daß somit all seine Erwägungen und Bedenkungen mit Notwendigkeit den Geldausdruck zum Mittler haben.« Als den prototypischen »Händlertyp« stellte er »den Juden« dar.³⁵ Außerdem gäbe es einen, auf einer spezifischen Art von Rationalität beruhenden »kapitalistischen Geist«, der sich am besten am Beispiel der Vereinigten Staaten und Englands darstellen lasse. Im späteren Teil des Buches wurde er spezifischer: »Der kapitalistische Geist in Europa ist ausgebildet worden von einer Anzahl verschiedener urveranlagter Völker, unter denen drei sich als spezifische Händlervölker von den übrigen Heldenvölkern abheben: die Etrusker, die Friesen und die Juden.«³⁶ Auch die Schotten zählte er zu den Händlervölkern, die Kelten und Goten hingegen zu den Heldenvölkern. Da das Judentum »von vornherein schon ein fast rein gezüchtetes Händlervolk« und mit seinem »kapitalistischen Wesen« dem »kapitalistischen Geiste« am besten angepasst sei und da die Engländer ebenfalls über den kapitalistischen Geist verfügten, besäßen diese demzufolge auch den kapitalistischen Geist des Judentums.³⁷ Zu Zeiten des Nationalsozialismus konnte er in seinem Buch *Deutscher Sozialismus* (1934) dann frohgemut schreiben, dass das, was er als den Geist des ökonomischen Zeitalters bezeichnet habe, in Wahrheit in vielerlei Hinsicht der Ausdruck des »jüdischen Geistes« sei, der »unsere ganze Epoche« dominiere.³⁸ Und da er derlei Dinge schon lange vor Hitler öffentlich geäußert hatte, begann er sich nun auch als der Chefideologe des »Dritten Reiches« zu betrachten. Die Nazis sahen das anders.

Die »deutsche Linie« der Soziologie

Der amerikanische Historiker Jeffrey Herf führte in seinem Buch über Weimar und das »Dritte Reich« (1984) Sombart als einen Hauptarchitekten des »reaktionären Modernismus« an, neben Ernst Jünger, Oswald Spengler, Hans Freyer, Carl Schmitt, Gottfried Benn und Martin Heidegger. Das Entscheidende am reaktionären Modernismus in Deutschland war, dass er einerseits die industrielle Entwicklung förderte, andererseits aber eine freiheitliche Demokratie ablehnte – und das war ganz nach dem Geschmack der Nationalsozialisten. Männer wie Ernst Jünger und Gottfried Benn waren zwar für technischen Fortschritt, befanden sogar einige moderne ästhetische Entwicklungen für gut, verabscheuten aber viele

Institutionen, die einem System gegenseitiger Kontrolle in politischen wie gesellschaftlichen Dingen förderlich gewesen wären. Die natürliche, lebendige Gemeinschaft auf dem Land stellte eine wesentlich wünschenswertere Ausgangsbedingung für das soziale Leben dar als die künstliche Gesellschaft.[39] Mit seinem Konzept von den Helden und Händlern schloss sich Sombart diesem Denken an, und zwar ohne sich selbst großartig davon zu distanzieren, wie Tönnies es versuchte.

Der Soziologe Stefan Breuer stellt die Frage nach einer spezifisch deutschen Spielart, einer »deutschen Linie« der Soziologie, und bezeichnet als deren wesentliche Elemente die romantische Kritik an der kapitalistischen Rationalität und am Utilitarismusprinzip sowie das Lamentieren über die Auflösung jeder Gemeinschaftlichkeit. Er zählt Tönnies, Sombart und sogar Simmel zu dieser Gruppe, findet aber, dass Max Weber sich von ihr abhebt. Weber habe den Ersten Weltkrieg nicht als eine Möglichkeit für die Befreiung von Spaltung und Entfremdung mit Hilfe deutschen Heldentums begrüßt, sondern vielmehr die freiheitliche Demokratie und ihre Institutionen verteidigt. Es war Sombart, der den Verlust der Gemeinschaft mehr als jeder andere *empfand*. Und er war es laut Jeffrey Herf auch, der mehr als jeder andere versuchte, diejenigen zu finden, die an deren Zerstörung schuld waren.[40]

Ökonomische Bildung

Auch Max Weber war über den »entarteten« Charakter der modernen Gesellschaft entsetzt. Er war zwar stark von Dilthey, Simmel und Tönnies beeinflusst, doch im Gegensatz zu ihnen fand er nicht alles schlecht, was er um sich herum wahrnahm. Er, dem die »Entfremdung« im modernen Leben selbst nicht fremd gewesen war, betrachtete die Gruppenidentität als einen von den entscheidenden Faktoren, die zu einem einigermaßen erträglichen Großstadtleben beitragen konnten, und beklagte, dass dies in seiner Bedeutung bis dahin völlig übersehen worden sei. Der hochgewachsene, immer leicht vornübergebeugte Weber hatte um die Jahrhundertwende mehrere Jahre lang fast keine ernst zu nehmende wissenschaftliche Arbeit geleistet (zu der Zeit hatte er den Freiburger Lehrstuhl für Nationalökonomie inne), da er unter einer schweren Depression litt, die sich erst 1904 zu bessern begann. Doch eine dramatischere Genesung als die seine kann man sich kaum vorstellen.[41]

Weber war eine seltene Kombination aus Theorie und Praxis. Er schrieb über die Möglichkeiten des Parlamentarismus, räumte mit der »Bismarck-Legende« auf, widmete sich ausgiebig der Methodologie der Sozialwissenschaften, interessierte sich gleichzeitig aber ebenso für Religion, für die Staatsverwaltung, für die Frage der Autorität in urbanen

Gesellschaften – dafür also, weshalb die einen bereit sind, Befehle der anderen zu befolgen – wie für die Rolle der Wissenschaften und der Universitäten in der modernen Welt. »Man braucht nicht Cäsar zu sein, um Cäsar zu verstehen«, meinte er. Verstehen beinhalte Deutung, und Deutung sei eine andere Erklärungskategorie als die empirische Kausalerklärung. Daraus ableitend entwickelte er seinen Begriff »kausal adäquat« für »ein Aufeinanderfolgen von Vorgängen in dem Grade [...], als nach Regeln der *Erfahrung* eine Chance besteht: daß sie stets in gleicher Art tatsächlich abläuft«.[42] Was den religiösen Glauben betraf, so ging er von drei existenten Arten aus: der asketischen, der mystischen und der prophetischen (oder Erlösungs-)Religion. Letztere sah er eher im Konflikt mit dem irdischen Dasein als die beiden Ersteren, weil sie weniger der Spannungen auslösten, die seiner Meinung nach immer zwischen Glaube und Erkenntnis herrschten. Beeindruckt war er von der »konfuzianischen Lebensorientierung«, denn »Erlösung [...], außer von der Barbarei der Unbildung, begehrte der Konfuzianer nicht«, ihm fehle »jede Konzeption eines radikal Bösen«, seine Ideale seien »Anmut und Würde« gewesen, seine Ethik die »der unbedingten Weltbejahung und Weltanpassung«.[43]

Sein bei Weitem berühmtestes Werk über Religion und Soziologie war *Die protestantische Ethik und der »Geist« des Kapitalismus* (1904/07). Schon die Einführung gibt einen Einblick in Webers charakteristische Denkungsart: »Ein Blick in die Berufsstatistik eines konfessionell gemischten Landes pflegt, mit relativ geringen Abweichungen und Ausnahmen, eine Erscheinung zu zeigen, welche in den letzten Jahren mehrfach in der katholischen Presse und Literatur und auf den Katholikentagen Deutschlands lebhaft erörtert worden ist: den ganz vorwiegend *protestantischen* Charakter des Kapitalbesitzes und Unternehmertums sowohl wie der oberen gelernten Schichten der Arbeiterschaft und namentlich des höheren technisch oder kaufmännisch vorgebildeten Personals der modernen Unternehmungen.«[44]

Diese Beobachtung war der springende Punkt für Weber, die entscheidende Diskrepanz, die es zu erklären galt. (Thomas Nipperdey sagt, dass einige Engländer schon früher darauf verwiesen hätten, doch weil ihre Beobachtungen auf England beschränkt geblieben seien, hätten sie damit nicht viel Aufmerksamkeit erregt.) Gleich zu Beginn des Buches stellte Weber klar, dass es ihm hier nicht nur um den »Zustrom neuen Geldes« gehe. Kapitalistisches Unternehmertum und Erwerbsstreben waren für ihn ganz und gar nicht dasselbe. Der Mensch habe von jeher nach Reichtum gestrebt, doch das habe wenig mit Kapitalismus zu tun, denn dessen »unbedingtes Leitmotiv« laute, dass der Mensch »auf das Erwerben als Zweck seines Lebens« ausgerichtet sei, wenngleich die Entwicklung des kapitalistischen Geistes »kein friedlicher zu sein« pflege. Schon seit Jahrtausenden habe es »in der Welt von China, Indien, Babylon, Hellas,

Rom, Florenz [den] bis in die Gegenwart verbreiteten Kapitalismus« gegeben, doch nur in Europa habe seit der Reformation den »Vertretern des kapitalistischen Geistes« Arbeit »im Dienste einer rationalen Gestaltung der materiellen Güterversorgung« als »richtungsweisender Zweck« vorgeschwebt.[45]

Weber war außerdem fasziniert von einem Umstand, den er anfänglich für ein verwirrendes Paradox gehalten hatte, nämlich von der Tatsache, dass viele bürgerliche Unternehmer – Männer ebenso wie die wenigen Frauen – nicht nur einen Drang zur Kapitalbildung bewiesen, sondern zugleich eine »asketische Selbstdisziplin« an den Tag legten. Viele verfochten sogar den Lebensstil des »asketischen Sparzwangs«. Warum sollte ein Mensch so hart für so wenig Belohnung arbeiten? Nach reiflichem Überlegen fand Weber eine Antwort in der »diesseitigen Askese« des Puritanismus, die er auf das Konzept des »›Berufs‹-Begriffs« zurückführte. Eine entsprechende Idee habe es weder bei den »lateinisch-katholischen Völkern« noch im »klassischen Altertum« gegeben, wohingegen es »bei *allen* protestantischen Völkern existiert«. Sie sei eindeutig »ein Produkt der Reformation« und fuße auf der (pietistischen) Vorstellung, dass die höchste moralische Pflicht des Menschen, »das einzige Mittel, Gott wohlgefällig zu leben, [...] die Schätzung der Pflichterfüllung [...] im Dienste des diesseitigen Lebens der Gesamtheit« sei. Während das höchste Gut für Katholiken die »innerweltliche Sittlichkeit durch mönchische Askese« war, ging es dem Protestantismus darum, »für andere zu arbeiten«.[46]

Diese Behauptung verteidigte Weber mit dem Hinweis, dass das Streben nach weltlichen Gütern in den ersten Stadien des Kapitalismus, vor allem aber in den vom Calvinismus geprägten Ländern, nur dann moralisch sanktioniert gewesen sei, wenn es mit »asketischer Sittlichkeit« einherging. Als verwerflich galten »das Ausruhen auf dem Besitz und Müßigkeit« sowie »Zeitvergeudung«, die »schwerste aller Sünden«. Kurz gesagt: Weber glaubte, dass der Kapitalismus, was auch immer sich aus ihm entwickeln würde, einem religiösen Eifer entsprungen sei, ohne den die Organisation von Arbeit, die ihn so deutlich von allem Vorangegangenen unterschied, nicht möglich gewesen wäre.

Auch mit der Staatsverwaltung und den Wissenschaften befasste sich Weber. Die Bürokratie habe zwei Gesichter. Ohne Beamte könne keine moderne Gesellschaft auskommen, doch die Deutschen bewiesen ein weit besseres Talent für rationale Verwaltungsstrukturen als andere Völker, was etwas mit ihrer Vorstellung von Bildung zu tun habe, die er jedoch in seinen Tagen rückläufig sah. Und die Beamten, so notwendig sie auch seien, tendierten immer dazu, neue Ideen im Keim zu ersticken, so wie es im mittelalterlichen China geschehen war. Nicht zuletzt deshalb sei Bildung so entscheidend.

1917 hielt Weber seinen berühmten Vortrag »Von der Wissenschaft als Beruf«, in dem er feststellte, dass die Wissenschaft in ihrer eigenen Schlinge gefangen sei. Sie sei in ein Stadium eingetreten, in dem »der Einzelne das sichere Bewußtsein, etwas wirklich ganz Vollkommenes auf wissenschaftlichem Gebiet zu leisten, nur im Falle strengster Spezialisierung sich verschaffen kann«. Eine »endgültige und tüchtige Leistung« bedürfe der Vorstellung des Wissenschaftlers, »dass das Schicksal seiner Seele davon abhängt«, dennoch stelle die »intellektualistische Rationalisierung durch Wissenschaft« auch eine Verarmung dar, nicht nur für den Wissenschaftler, der niemals »in sich das durchmachen« werde, »was man das ›Erlebnis‹ der Wissenschaften nennen kann«, sondern auch für alle anderen, da es keine »geheimnisvollen unberechenbaren Mächte« mehr gebe und eine »Entzauberung der Welt« stattfinde. Draußen herrsche oft das Empfinden, dass die »Gedankengebilde der Wissenschaft« ein »hinterweltliches Reich von künstlichen Abstraktionen« seien, »die mit ihren dürren Händen Blut und Saft des wirklichen Lebens einzufangen trachten, ohne es doch je zu erhaschen«. Das Problem sei, dass sich Wissenschaft »nur auf ihren letzten Sinn *deuten*« lasse, »den man dann ablehnen oder annehmen muß«; sie stellt weder die Frage nach dem Sinn, noch bietet sie Werte an.[47] Ergo sind wir dazu verdammt, uns unsere eigenen Werte zu erschaffen, ohne je wissen zu können, ob sie wenigstens ansatzweise richtig sind. Das ist ein fast ebenso trostloses Urteil wie Nietzsches Diktum.

Weber war nicht im gleichen Maße zornig über die Moderne wie seine Kollegen. Er war zwar kein absoluter Bewunderer, aber er wusste, dass er sich *einmischen* musste. Vielleicht war es das, was ihn generell einflussreicher machte und weshalb man sich seiner heute mehr erinnert als der anderen.

In den beiden letzten Kapiteln ging es um das Aufkommen von »Kulturkritik«, von einem neuen philosophischen und literarischen Genre und um die ersten Anzeichen für ein Denkmuster, das seine Blütezeit im 20. Jahrhundert erleben sollte: Kulturkrise und Kulturpessimismus. Angesichts dieser Warnungen vor einem unmittelbar bevorstehenden Zusammenbruch deutscher Kultur war dies eine der Ideen, die in der Weimarer Republik der zwanziger Jahre die Konservative Revolution antreiben sollten und den Aufstieg des Nationalsozialismus überhaupt erst möglich machten.

24
Die Dissonanz und »der meist diskutierte europäische Komponist«

Die Sequenz der Komponisten Haydn, Mozart, Beethoven, Schubert, Schumann, Mendelssohn und Wagner, die das musikalische Jahrhundert 1780–1880 beherrschten, mag einem als beispielloser Höhepunkt in der Musikgeschichte erscheinen. Doch im Vorfeld des Ersten Weltkriegs war es noch zu einem weiteren Ausbruch von musikalischer Energie in der deutschsprachigen Welt gekommen: Johannes Brahms, Hugo Wolf, Johann Strauß Vater und Johann Strauß Sohn, Richard Strauss, Gustav Mahler, Anton Bruckner, Max Reger und Arnold Schönberg. Der Quell, aus dem musikalische Genies sprudelten, schien unerschöpflich.

Die Laufbahn von Johannes Brahms (1833–1897) überschnitt sich mit der Karriere von Richard Wagner. Brahms war der einzige Komponist, der zu Wagners Lebzeiten einem Vergleich mit ihm standhalten konnte – aber wie unterschiedlich sie doch waren! Wagner veränderte alles, während Brahms auf eigenartige Weise zurückblickte. Mit ihm erreichte die von Beethoven, Mendelssohn und Schumann entwickelte Sinfonie ihr strahlendes Finale. Wie Bach, so steht auch Brahms sinnbildlich für eine Epoche. Dennoch waren viele Wiener Musikliebhaber aufs Heftigste zerstritten über die Frage seiner Leistungen. Mahler schrieb in einem Brief: »Ein winziges Männchen ist er schon, mit einer etwas schmalen Brust«, während Hans von Bülow mit seiner Aussage »Brahms ist latente Wärme« bewies, wie weit die Einflüsse der Physikrevolution reichten.[1]

Unbestreitbar ist jedoch, dass Brahms bis heute um uns ist. Seine Werke wurden und blieben ein höchst lebendiger Bestandteil der Repertoires. Seine vier Sinfonien, die vier Konzerte (zwei Klavier-, ein Violinkonzert und das Doppelkonzert für Violine und Violoncello) zählen neben seinen Haydn-Variationen und dem *Deutschen Requiem* zu den Klassikern.[2] Auf viele Musikliebhaber wirken sie sogar anziehender als die innovativeren Werke von Mendelssohn, Schumann und Liszt.

Was bei Brahms vielleicht am meisten anspricht, ist seine ungemeine Ernsthaftigkeit. Von Anfang an hatte er es sich zur Aufgabe gemacht, eine Musik zu schreiben, die nicht nur »rein« und absolut sein sollte, sondern auch ein Korrektiv für die egomanischen Extravaganzen von Liszt und Wagner. Nicht zuletzt deshalb galt er lange Zeit als ein »schwieriger Komponist, als komponierender Philosoph«. Wie stark kam in dieser Einschätzung zum Ausdruck, dass er selbst ein kompromissloser und »schwieriger« Musiker war? »Leicht aufbrausend, hypersensibel, zynisch, ängstigte er seine Umgebung beinahe so sehr wie der mürrische Hans von Bülow.« In Wien ging das Gerücht um, Brahms habe eine Gesellschaft einmal mit den Worten verlassen: »Wenn hier jemand ist, den ich nicht beleidigt habe, dann entschuldige ich mich.«[3] Als junger Mann war der schmale, blonde Brahms mit seinen lebendigen blauen Augen eine ausgesprochen attraktive Erscheinung gewesen. Je älter er wurde, desto wuchtiger wurde sein Körper und desto wallender sein »biblischer Rauschebart«.[4] Die einzige Extravaganz, die er sich leistete, war eine Sammlung von Originalpartituren, darunter als Juwel Mozarts Sinfonie in g-Moll.

Brahms wurde in Hamburg als Sohn eines Kontrabassisten des städtischen Orchesters geboren und war erst sechs, als man entdeckte, dass er über das absolute Gehör und eine außergewöhnliche musikalische Begabung verfügte. Bereits mit zehn gab er öffentliche Klavierkonzerte, eigenartigerweise jedoch, bedenkt man den Beruf des Vaters, mit Vorliebe in den Matrosenkneipen und Bordellen des Hamburger Rotlichtviertels. Das mag vielleicht zum Unterhalt der Familie beigetragen haben, hinterließ bei Brahms aber offenbar psychische Narben, denn zeit seines Lebens scheint er sich sexuell nur bei Prostituierten wirklich wohlgefühlt zu haben, und das war es wohl nahezu sicher auch, was einer Eheschließung immer im Weg stand.

Als Zwanzigjähriger hatte Brahms bereits mehrere Klavierwerke geschrieben. Es waren wenig gefällige Monumentalwerke mit tiefen Bässen, also nichts, was zur Entspannung beiträgt. Auch auf das Publikum sprang der Funke nicht über. Doch als Pianist konnte Brahms zu dieser Zeit einen Erfolg nach dem anderen verbuchen. Im Frühjahr 1853 lernte er während einer Konzertreise den Geiger Joseph Joachim (1831–1907) in Hannover kennen, der trotz seiner Jugend bereits eine Berühmtheit war. Er war so angetan von Brahms' Spiel, dass er ihn in Weimar mit Franz Liszt bekannt machte und, was noch wesentlich folgenreicher war, ihn auch Robert und Clara Schumann in Düsseldorf vorstellte. Am 30. September 1853 notierte Schumann in sein Tagebuch: »Johannes Brahms, ein Genius.« Schumann war sogar so tief beeindruckt von dem jungen Musiker, dass er ihn einen Monat später in einem Artikel, den er über ihn in der *Neuen Zeitschrift für Musik* schrieb, als »jungen Adler« bezeichnete. Es war der letzte Artikel, den Schumann für die von ihm selbst gegründete Zeitschrift schrieb. Jedenfalls war die Sympathie zwischen den beiden Männern so groß, dass Schumann auf den Einzug des jungen Komponisten in sein Haus bestand. (Nahezu sicher verliebte sich Brahms in

Clara, die nach Schumanns Tod allerdings zu einer Berufswitwe wurde und »Trauer bis zum Ende ihres Lebens trug«.[5]

1861 reiste Brahms nach Wien, wo es ihm so gut gefiel, dass er im September 1862 dorthin übersiedelte – und für den Rest seines Lebens dort blieb. 1863 wurde er zum Leiter der Wiener Singakademie gewählt, übte dieses Amt aber nur ein Jahr aus und begann sich, lediglich von kurzen Konzertreisen unterbrochen, ganz auf das Komponieren zu konzentrieren. Das Werk, mit dem er seinen Ruhm begründete, war dann jedoch kein Klavierstück, wie man es vielleicht erwartet hätte, sondern *Ein deutsches Requiem*. Das war nicht ohne Ironie, bedenkt man, dass Brahms als Freidenker aus dem protestantischen Hamburg im katholischen Wien arbeitete. Der deutsche (nicht lateinische) Text des Requiems war zwar der Lutherbibel entnommen, hatte aber nichts mit der Liturgie einer Totenmesse gemein. Das Ganze trug deutlich Brahms' Handschrift, und an der war nichts Nationalistisches oder Politisches.[6] Auch Christus kommt darin nicht vor. Dennoch waren die Uraufführungen 1868 im Bremer Dom (unvollständig) und 1869 im Leipziger Gewandhaus (vollständig) große Erfolge: Diese genau richtige Mischung aus Besinnung und aufwühlenden Choralharmonien kam beim Publikum an. Und während die Musik nun aus Brahms nur so heraussprudelte, verabschiedete er sich endgültig vom Dasein als konzertierender Pianist.

Alle Komponisten des 19. Jahrhunderts waren – oder fühlten sich – mit der monumentalen Präsenz von Beethovens »Neunter« konfrontiert, mit dieser gewaltigen »Wand aus Erfindung und Klang« (sogar Wagner hatte sich davon einschüchtern lassen). Auch Brahms hatte deshalb jahrelang an seiner Sinfonie Nr. 1 c-Moll gefeilt, bevor er sie 1876 in die Welt entließ: Er war sich nur allzu bewusst gewesen, dass Beethoven in seinem Alter – da war er dreiundvierzig – bereits acht von neun Sinfonien komponiert hatte; und da Brahms in Wien schon von so manchem Musikliebhaber als Beethovens würdiger Nachfolger betrachtet wurde, wollte er sich seiner Sache lieber erst ganz sicher sein.

Irgendetwas scheint die Sinfonie in c-Moll in Brahms »entfesselt« zu haben – vielleicht beeindruckte ihn auch einfach nur die Begeisterung, mit der sie aufgenommen wurde. Denn nun kannte seine Kreativität keine Grenzen mehr, ein Meisterwerk folgte dem nächsten: 1879 das Violinkonzert, 1881 das zweite Klavierkonzert in b-Dur, 1833 die Sinfonie Nr. 3, 1885 die Sinfonie Nr. 4, 1887 das Doppelkonzert für Violine und Violoncello.[7] Zwischen 1891 und 1894 schloss sich dann sein bemerkenswertes Klarinettenwerk an: 1891 das Trio für Klavier, Klarinette und Violoncello sowie das Klarinettenquintett, 1894 die beiden Klarinettensonaten f-Moll und es-Dur, deren Entstehung vor allem Brahms' Freundschaft mit Richard Mühlfeld zu verdanken war, dem Soloklarinettisten des Meininger Hoforchesters, das eine wichtige Rolle in Brahms' Laufbahn spielte. Hans von Bülow, der Hofmusikintendant des Herzogs von Meiningen, hatte das Orchester in den achtziger Jahren zu einem europäischen »Musterorchester« geformt und begann es nun zu nutzen, um sich selbst als bedeutendsten Interpreten von Brahms' Orchesterwerken zu verewigen.[8]

Nicht, dass diese Vergötterung viel Eindruck beim Komponisten hinterlassen hätte. Brahms alterte schlecht, wurde immer jähzorniger, sarkastischer, zynischer, zerstritt sich sogar mit seinen Freunden Bülow und Joachim. Doch seine Musik wurde in den letzten Lebensjahren zart und gelassen. Die Violinsonate in d-Moll, das Klarinettenquintett und sein allerletztes Werk, die elf Choralvorspiele für Orgel, »offenbaren eine großartige Ausgeglichenheit, derer nur ein abgeklärter Komponist fähig sein kann«.[9] Zu der Zeit, in der die respekteinflößenden Opern Wagners und die beunruhigend modernen Dissonanzen von Richard Strauss in ganz Europa für Gesprächsstoff sorgten, begannen mit der Musik von Brahms die Klänge der alten, der vormodernen Welt, jener Welt, die vor dem Ersten Weltkrieg geherrscht hatte, heiter zu entschwinden.

Der größte Liedkomponist aller Zeiten?

Das Jahr 1897, in dem Brahms starb, war für Hugo Wolf (1860–1903) ein tragisches Jahr: Der Mann, den viele für den größten Liedkomponisten aller Zeiten halten, wurde in eine Heilanstalt eingewiesen. Ob die Ursache dafür die Syphilis war, die er sich bereits als Halbwüchsiger zugezogen hatte, oder ob er ohnedies eine psychisch wie physisch labile Verfassung hatte, werden wir nie erfahren. Auf vielen Fotografien sehen wir seine schlanke, vornehme Gestalt, meist angetan mit einem Samtjackett und einer extravaganten Künstlerfliege, in den dunklen Augen immer etwas Brennendes, Gestörtes. Doch nach nur wenigen Jahren hinterließ dieses gequälte Geschöpf der Welt ein Erbe, das den Höherpunkt des deutschen Kunstlieds darstellt.

Wolf war ein unzufriedener Bohemien, aber für kurze Zeit in der Lage gewesen, eine musikalische Gefühlstiefe zu erreichen, die von keinem seiner Zeitgenossen übertroffen wurde.[10] Er schrieb 242 Lieder, die eine große Affinität zur vertonten Dichtung zeigen, origineller und harmonisch fortschrittlicher sind als sogar Schuberts Lieder, und eine gelöste Heiterkeit vermitteln, die im völligen Widerspruch zu Wolfs stürmischem Leben stand. Schon als Teenager hatte er Lieder komponiert, doch seine besten stammen aus dem nächsten Jahrzehnt. In den vier Jahren zwischen 1888 und 1891 vertonte er mehr als zweihundert (oft spaßige) Gedichte, manchmal zwei bis drei pro Tag, von Eduard Mörike, Joseph von Eichendorff, Goethe natürlich und Gottfried Keller.[11] 1897 kam der psychische Zusammenbruch. Die letzten vier Jahre seines kurzen Lebens verbrachte Wolf ständig zwischen Tür und Angel einer Heilanstalt. Seine Karriere als Liedkomponist währte nur sieben Jahre.[12]

Obwohl Wolf seine Lieder in solchem Tempo komponierte, erkannte man sofort, von welcher Qualität sie waren. Führende Sänger begannen sie sogleich vorzutragen, meist von Wolf selbst am Klavier begleitet (er war ein guter Pianist, wenn auch nicht in Brahms' Klasse anzusiedeln). Wolf behandelte Melodien auf völlig neue Weise, das heißt, er setzte sie so ein, dass sie den Sinngehalt eines Gedichts noch unterstrichen. Ein gutes Beispiel dafür ist *Wer rief dich denn*: Durch die Vertonung wird angedeutet, dass die gesungenen Worte unaufrichtig sind, dass sie nicht von Herzen kommen.[13]

1897 lebte Wolf in dem Wahn, zum Direktor der Wiener Hofoper ernannt worden zu sein. Wieder wurde er in die Nervenheilanstalt eingewiesen, wo er dann in seinem Glauben, zu Mahlers Nachfolger gewählt worden zu sein, detaillierte Pläne für die Umstrukturierung des Opernbetriebs entwarf.[14] Er starb im Februar 1903 in der Wiener Landesirrenanstalt. Im Leben war es ihm nie gelungen, die Balance zu erreichen, die seine besten Werke aufweisen.

»*Der lachende Genius Wiens*«

Brahms und Wolf waren zwar Rivalen (zumindest aus Sicht des Letzteren), doch mit zumindest einer Gemeinsamkeit: Beide komponierten ernste Musik. Was die »leichte« Musik betraf, so überlebten die Werke dreier Komponisten aus dem 19. Jahrhundert die Zeiten und Moden »derart triumphierend«, wie der amerikanische Musikkritiker Harold C. Schonberg schrieb, »dass sie legitimerweise als unsterblich bezeichnet werden dürfen«: Der Walzer und die Wiener Operette von Johann Strauß Sohn, die Komische Oper von Jacques Offenbach und die Operette von Sir Arthur Sullivan »bleiben für uns so bezaubernd, munter und erfinderisch wie eh und je«.[15]

Die Art von leichter Musik, die im deutschsprachigen Raum komponiert wurde, der Walzer, leitete sich vom Ländler ab, einem Tanz im Dreivierteltakt, der in den siebziger Jahren des 18. Jahrhunderts entstanden war. Er nahm Europa im Sturm, aber seine Heimat blieb immer Wien. Der irische Tenor Michael Kelly, der bei der Uraufführung von Mozarts *Le Nozze di Figaro* reüssiert hatte, schrieb 1826 in seinen Memoiren, dass die Wiener Damen zwar ganz reizend gewesen seien, doch »was mich selbst angeht, so schien mir der Walzertanz, von zehn Uhr abends bis sieben Uhr früh in ständigem Wirbel, für Auge und Ohr doch sehr ermüdend zu sein«. Die Damen seien so verrückt nach dem Walzer gewesen, dass für Frauen »in anderen Umständen, die durchaus nicht überredet werden konnten, zu Hause zu bleiben, Räumlichkeiten mit allen erforderlichen Annehmlichkeiten für die Niederkunft bereitgestellt wurden, für den bedauerlichen Fall, daß sie benötigt werden sollten«. Schubert, Weber, Brahms, Richard Strauss: Sie alle schrieben Walzer (sogar in Alban Bergs finsterem *Wozzeck* taucht ein Walzer auf). Aber natürlich wird diese Musik für alle Zeiten mit den Namen von Johann Strauß Vater (1804-1849) und Sohn (1825-1899) verbunden bleiben.[16]

Johann Strauß Vater wurde in Wien geboren und spielte bereits mit fünfzehn Jahren als Berufsgeiger in verschiedenen Orchestern. Er war zweiundzwanzig, als er 1826 mit einem Freund, dem sensiblen jungen Geiger Joseph Lanner, ein eigenes kleines Ensemble gründete. Alles ging gut, bis Strauß den Drang verspürte, zu komponieren, und sich mit Lanner überwarf. Sie trennten sich, und Strauß stürmte mit einem eigenen Orchester los, dem bald zweihundert Musiker angehörten, die allabendlich bei bis zu sechs Bällen aufspielten. Auch seine Musik erfreute sich größter Beliebtheit. Er komponierte einen »Hit« nach dem anderen – die *Donaulieder*, den *Radetzkymarsch*, um nur zwei zu nennen.[17]

Trotz dieses Erfolgs wollte Strauß nicht, dass eines seiner sechs Kinder Musiker würde. Also war sein musikalisch begabter ältester Sohn Johann gezwungen, heimlich Unterricht zu nehmen, jedenfalls bis der Vater die Familie verließ und mit einer anderen Frau zusammenzog, die ihm weitere vier Kinder gebar. Ganz Wien empörte sich über diesen Skandal, der jedoch bald schon von einem anderen in den Schatten gestellt wurde: Strauß sah sich vom eigenen Sohn herausgefordert, konnte aber trotz allen Wütens und Tobens nichts dagegen tun, dass dieser ihn sukzessive verdrängte.[18] Johann Strauß Sohn war erst neunzehn Jahre alt, als er beschloss, gegen den Vater anzutreten. Er besorgte sich ein Engagement in Dommayers Gartenrestaurant, beendete seinen ersten Konzertabend aber taktvoll mit den *Lorelei-Rheinklängen* des Vaters. Doch im klatschsüchtigen Wien gab es keine Geheimnisse, jedermann wusste um die Spannungen im Hause Strauß. Prompt titelte eine Wiener Zeitung nach dem erfolgreichen Debüt des Sohnes: »Gute Nacht, Lanner. Guten Abend, Strauß Vater. Guten Morgen, Strauß Sohn.«[19]

Nach dem Tod des Vaters vereinigte Johann Strauß Sohn dessen Kapelle mit der eigenen. Auf dem Höhepunkt seines Ruhms hatte er sechs Orchester und eilte Abend für Abend vom einen zum nächsten, um jeweils einen oder zwei Walzer zu dirigieren. Schließlich aber gab er diese erschöpfende Routine auf, begann sich ganz aufs Komponieren zu konzentrieren und überließ das Dirigieren seinem Bruder Eduard. In dieser Zeit schrieb er seine großen Konzertwalzer, Märsche und Polkas, darunter *Perpetuum Mobile*, *G'schichten aus dem Wiener Wald*, den *Kaiserwalzer* und nicht zuletzt *An der schönen blauen Donau*. Dass diese

Werke weit mehr als »bloße« Tanzmusik waren, hatte auch kein Geringerer als Brahms sofort verstanden: Eines Abends schrieb er auf den Autographenfächer von Strauß' Ehefrau die Eröffnungstakte des Donauwalzers und signierte sie mit den Worten: »Leider nicht von Johannes Brahms.« Richard Strauss nannte Johann Strauß »den lachenden Genius Wiens«.[20]

Der »meist diskutierte europäische Komponist«

Einige Wiener bezeichneten Richard Strauss (1864–1949) als »den dritten Strauß«, doch für die moderneren Denker war er ohne Frage der einzige, zur Zeit zwischen der Uraufführung seines *Don Juan* im Jahr 1888 und der seines *Rosenkavaliers* im Jahr 1911 außerdem »meist diskutierte europäische Komponist«.[21] Seine sinfonischen Dichtungen galten als das Nonplusultra einer schockierenden Moderne; *Salome* (1905) und *Elektra* (1909) provozierten denn auch einen regelrechten Aufruhr.

In seiner frühen Schaffensperiode war der schlanke, hochgewachsene Strauss von einer Aura nervöser Energie umgeben und ständig von Skandalen umwittert. Es war nicht nur die Größe seiner Orchester, von der sich die einen angezogen und die anderen abgestoßen fühlten – manche auch beides zugleich –, sondern vor allem seine Musik, die viele als quälend dissonant empfanden und darüber hinaus für völlig unmoralisch hielten. *Salome* war die Vertonung eines Einakters von Oscar Wilde, der seiner Homosexualität wegen bereits mit Gefängnis bestraft worden war. Richard Strauss selbst war hingegen paradoxerweise durch und durch ein Bourgeois, der ein ruhiges, ja geradezu biederes Privatleben führte. Alma Mahler-Werfel berichtete in ihren Memoiren von der *Feuersnot*-Premiere im Jahr 1902: »Während des Essens hatte [Strauss] keinen anderen Gedanken als ›Geld‹. Er quälte Mahler ununterbrochen, die Eventual-Tantiemen bei großem und bei mittlerem Erfolg zu berechnen, saß während dieses ganzen Abends mit dem Bleistift in der Hand...« Seine Frau Pauline, eine ehemalige Sängerin und habgierige Person, pflegte ihn anzuherrschen, kaum dass er sich beim Skat entspannte: »Richard, geh komponieren!« Und bevor Strauss das gemeinsame Garmischer Haus betreten durfte, musste er die Schuhe der Reihe nach auf einem feuchten Tuch, einer Fußmatte und einer Gummimatte abtreten.[22]

Bis zum *Rosenkavalier* unterschieden sich Strauss' Werke stark voneinander, aber jedes hatte das Publikum in seiner Art elektrisiert. Dann schien er jedoch an seine Grenzen gestoßen zu sein. Es herrscht kein Mangel an Kritikern und Musikhistorikern, die *sämtliche* Strauss-Werke nach dem *Rosenkavalier* als Rückschritte betrachten, als ein mechanisches Herunterbeten des immer Gleichen, bar jeder Innovation. Der Kritiker Ernest Newman brachte Strauss' Lage auf den Punkt, als er ihn einen

Komponisten »von Talent« nannte, »der einmal ein Genie war«. Nach der Premiere von *Elektra* erklärte Newman, dass die Uraufführung einer Strauss-Oper nun nicht mehr als ein Ereignis von internationalem Rang zu bezeichnen sei.[23]

Strauss' Vater Franz, ein hitziger, forscher Charakter und einer der gefeiertsten Hornisten Deutschlands, hielt Richard Wagner für einen »Umstürzler« und seinen eigenen Sohn für ein Wunderkind: Klavier spielte dieser mit viereinhalb, kurz darauf auch Violine; mit sechs begann er zu komponieren. Doch Franz hatte nicht die Absicht, den Sohn zu einem zweiten Mozart zu machen. Man war sich in der Familie zwar einig, dass Richard Musiker werden würde, »doch alles zu seiner Zeit«. 1882 begann er in München verschiedene Vorlesungen zu belegen, machte aber keinen Abschluss, sondern zog für einige Zeit nach Berlin, spielte bei Soireen und begegnete schließlich dem gefeierten Dirigenten Hans von Bülow. Er zeigte ihm seine Bläserserenade es-Dur, op. 7, und Bülow nahm sie sofort ins Programm seines Meininger Orchesters. Er war sogar so angetan von dem Stück, dass er Strauss auf der Stelle mit einem zweiten beauftragte – es wurde die Bläsersuite b-Dur, op. 4. Auch die beeindruckte Bülow derart, dass er Strauss zum zweiten Kapellmeister in Meiningen ernannte (inzwischen schrieb man das Jahr 1885). Es war eine berauschende Zeit für den jungen Komponisten, die ihn in eine ganz andere Richtung hätte führen können, wäre er in Meiningen nicht dem Orchestergeiger Alexander Ritter begegnet. Denn der mit Wagners Nichte Franziska verheiratete Ritter war es, der ihn nun mit der Musik von Berlioz, Liszt und Wagner vertraut machte und ihn ermunterte, selber nach neuen musikalischen Wegen zu suchen. Bis zu diesem Punkt hatte sich Strauss bei seinen Kompositionen im Großen und Ganzen an die vertrauten, traditionellen Formen gehalten. Der entscheidende Bruch kam im Jahr 1889: *Don Juan*, seine erste Tondichtung, die am 11. November des Jahres in Weimar uraufgeführt wurde. Auf der Stelle war klar, dass hier eine ganz neue musikalische Stimme aufgetaucht war.[24]

Mit *Don Juan* hatte Strauss seine Ansprüche als natürlicher Nachfolger von Liszt – und Wagner – angemeldet. Die Partitur erforderte ein Orchester nie gekannter Größe und war von einer Schwierigkeit ohnegleichen. Ebenso neu waren die gewagten Sprünge und Drehungen der gewundenen Melodik. Auch Strauss' Ansehen als Dirigent wuchs. 1898 wurde er an die Königliche Oper in Berlin berufen, wo er bis 1918 blieb, als er sich mit Franz Schalk die Leitung der Wiener Oper zu teilen begann. Sogar Pauline war beeindruckt.[25]

Aber er erlebte auch Misserfolge. »Es ist unglaublich, wieviel Gegner mir der Guntram [1894] eingebracht hat«, klagte er in einem Brief. »Man wird mich bald wie einen gefährlichen Verbrecher behandeln.«[26] Doch 1905 wurde dann mit *Salome* eine Oper uraufgeführt, die das Publikum ebenso elektrisierte wie zuvor seine sinfonischen Dichtungen, obwohl ihr Stoff und die Musik einen ausgewachsenen Skandal provozierten. Wer, außer dem verbohrtesten Puritaner, hätte sich schon entgehen lassen wollen, wie Salome den abgeschlagenen Kopf des Johanaan umgurrt und küsst, oder nicht zusehen wollen, wie sie einen Schleier nach dem anderen ablegt!²⁷

Die Oper beruhte auf Oscar Wildes Bühnenstück *Salomé*, dessen Aufführung in London verboten worden war. Aber Strauss' Partitur goss noch weiteres Öl ins Feuer. Um den Charakter von Herodes und Johanaan deutlicher kontrastieren zu können, hatte Strauss den ungewöhnlichen Kunstgriff der Bitonalität (zwei Tonarten gleichzeitig) angewendet. Die ständige Dissonanz der Partitur erreicht ihren Höhepunkt mit Salomes verzweifeltem Stöhnen vor ihrer Hinrichtung. Mit dem gequetschten hohen B der Kontrabässe drängt das schmerzliche Drama von Salomes Schicksal seinem Ende zu – sie wird von den Wachen niedergemetzelt.²⁸

Nach der Uraufführung gingen die Meinungen auseinander. Cosima Wagner hielt die neue Oper für »nichtigen Unfug, vermählt mit Unzucht«; der Kaiser genehmigte ihre Aufführung in Berlin erst, nachdem der Operndirektor den Einfall gehabt hatte, die Geschichte im letzten Akt mit dem Aufgang des Sterns von Bethlehem enden zu lassen. Dieser simple Trick änderte alles – die Oper wurde fünfzigmal allein in dieser einen Saison gespielt. Zehn der sechzig Opernhäuser Deutschlands folgten dem Berliner Beispiel, und nach nur wenigen Monaten konnte sich Strauss in Garmisch den Bau einer Villa im Art-nouveau-Stil leisten. International aber galt die Oper trotz ihrer Erfolge in Deutschland weiterhin als skandalös: In New York und Chicago wurde sie schlicht verboten (in New York nach einer einzigen Aufführung), auch in Wien wurde sie untersagt, in Graz jedoch gespielt. Unter den Grazer Premierengästen hatten sich 1906 Giacomo Puccini, Gustav Mahler sowie eine Gruppe junger Musikliebhaber befunden, die eigens aus Wien angereist waren, darunter ein arbeitsloser Möchtegernmaler namens Adolf Hitler, der Strauss' Familie später erzählen sollte, dass er sich extra Geld geliehen habe, um diese Reise antreten zu können.

Ungeachtet all der Skandale um *Salome* war die Oper letztendlich ein solcher Erfolg, dass Strauss zum Preußisch-königlichen Generalmusikdirektor in Berlin ernannt wurde. Er trat seinen Dienst allerdings mit einem einjährigen unbezahlten Urlaub an, um seine neue Oper *Elektra* fertigzustellen, seine erste wichtige Zusammenarbeit mit Hugo von Hofmannsthal, dessen von Max Reinhardt – dem Zauberer des deutschen Theaters – für die Bühne adaptiertes Stück gleichen Namens Strauss in Berlin gesehen hatte. Vor allem Hofmannsthals »dämonisch ekstatisches Griechentum« faszinierte ihn, weil es so ganz anders war als die edlen, eleganten und *gelassenen* Szenerien in den Werken von Winckelmann und Goethe.

Elektra bedurfte eines noch größeren Orchesters als *Salome*, nämlich einhundertelf Musiker, die dem Publikum ein noch schmerzlicheres, dissonanteres Klangerlebnis verschafften. Die erste Klytämnestra, die Sängerin Ernestine Schumann-Heink, empfand die Aufführungen anfänglich als geradezu beängstigend: »Wir waren ein Ensemble völlig verrückter Weiber [...]. Nach Elektra gibt es nichts mehr [...]. Wir waren am Endpunkt angelangt.«[29]

Strauss und Hofmannsthal versuchten zweierlei zu erreichen. Erstens, das war am offensichtlichsten, griffen sie auf musikalischer und librettistischer Ebene zu den gleichen Mitteln wie die Expressionisten der *Brücke* und des *Blauen Reiters* auf malerischer (sie werden in Kapitel 27 zur Sprache kommen): Sie verwendeten unerwartete und »unnatürliche« Farben, verstörende Verzerrungen und krasse Kontraste, um die Menschen zu einer neuen Sicht auf ihre Welt zu zwingen. Die meisten Gelehrten hatten das idealisierte Bild übernommen, das Winckelmann und Goethe von der Antike gezeichnet hatten; Nietzsche hatte es völlig umgestoßen, indem er die instinktiven, wilden, irrationalen und dunkleren Aspekte des vorhomerischen Griechenland betonte (die ohnedies ziemlich offenkundig für den sind, der die *Ilias* oder die *Odyssee* unvoreingenommen liest). Aber bei *Elektra* ging es nicht allein um die Vergangenheit. Zweifellos hatte Hofmannsthal sowohl Freuds *Studien über Hysterie* als auch dessen *Traumdeutung* gelesen. Und diese Bühnenpräsenz der Ideen von Freud und Nietzsche, die mit dem traditionellen Verständnis der antiken Mythologie aufräumten, sowie die Art und Weise, wie diese Oper das Unbewusste unterhalb der Oberfläche auslotete, mag das Publikum vielleicht nicht zufriedengestellt haben, regte es aber mit Sicherheit zum Nachdenken an.[30]

Auch Strauss wurde von *Elektra* zum Nachdenken angeregt: Er verließ die diskordante Linie, die er von *Salome* bis *Elektra* verfolgt hatte, und machte den Weg für eine neue Komponistengeneration frei, deren gewiss innovativstes Mitglied Arnold Schönberg war (1874–1951).

Elektra hatte noch etwas anderes erreicht: Sie hatte Strauss und Hofmannsthal zusammengeführt. Fast ein Vierteljahrhundert sollte die Kooperation der beiden Männer andauern – unter anderem beim *Rosenkavalier* (1911), der ersten Version von *Ariadne auf Naxos* (1912), der *Frau ohne Schatten* (1919) und bei *Arabella* (1933). Am fruchtbarsten, abgesehen von *Elektra*, war ihre gemeinsame Arbeit am *Rosenkavalier*. Nach den finsteren Tiefen von *Elektra* fand es Strauss an der Zeit, eine Komödie auf die Bühne zu bringen (womit er nicht unrecht hatte), und Hofmannsthal kam mit einer Idee dafür an. Seit den *Meistersingern* (1868) war keine international erfolgreiche Oper dieser Art mehr auf die Bühne gebracht worden, dennoch war *Der Rosenkavalier* eine schwere Geburt. Hofmannsthal versuchte Strauss von einer anderen, einer leichteren und eleganteren Ästhetik zu überzeugen, ohne diese erdrückenden Jung'schen Archetypen. »In Hofmannsthals Welt stirbt keiner aus Liebe«, schreibt Schonberg.[31] Ist es das, weshalb viele den Eindruck haben, Strauss sei nach dieser Oper stehen geblieben?

Es gab drei weitere Komponisten aus dem deutschsprachigen Raum, die zu ihrer Zeit im Schatten von Richard Strauss standen. Gustav Mahler (1860–1911) war bereits zu Lebzeiten berühmt gewesen, doch mehr als Dirigent und als der Mann, dem die »goldenen Jahre« der Wiener Oper zwischen 1897 und 1907 zu verdanken waren. Seine Sinfonien *wurden* gespielt, aber nicht oft. Anton Bruckner (1824–1896) hatte eine noch kleinere Schar von Anhängern, wohingegen Max Reger (1873–1916) allgemein respektiert und seine Musik bis gut zehn Jahre nach seinem Tod in Deutschland sehr populär geblieben war. Doch bis man bei Mahler und Bruckner von Popularität sprechen konnte, schrieb man bereits die sechziger Jahre im 20. Jahrhundert.[32]

Anton Bruckner wurde im oberösterreichischen Ansfelden geboren und studierte im nahen Augustinerkloster Sankt Florian, das wegen seines grandiosen Passionsaltars von Altdorfer zu Berühmtheit gelangt war. 1845 wurde er dort Chordirektor und Stiftsorganist. Bruckner war ein einfacher, bäuerlicher Charakter. Fotografien zeigen einen Mann mit geschorenem Kopf, der allen Berichten nach hausgeschneiderte Kleidung bevorzugte. Dennoch, und ungeachtet auch seines ländlichen Dialekts, wurde er 1868 zum Orgel- und Theorielehrer am Wiener Konservatorium bestellt und dort bereits drei Jahre später zum Professor ernannt. An der Wiener Universität hatte er derweil eine Anstellung als Hoforganist und Theorielehrer ergattert, und diese Positionen waren immerhin so ernst zu nehmen, dass führende Dirigenten – darunter Gustav Mahler – auf seine Musik aufmerksam wurden. Doch Bruckner hatte ein Problem mit Kritikern und nicht mit den Dirigenten, darunter insbesondere mit Eduard Hanslick, dem Meister aller Fürsprecher Brahms' in der Medienlandschaft. Bruckner war immer überzeugt, dass Brahms der dunkle Schatten hinter Hanslicks Angriffen auf ihn war.[33]

Den Ruch provinzieller Unbeholfenheit sollte Bruckner nie loswerden. Wenn er in seinem bäuerlichen Gewand Vorlesungen hielt und eine Kirche das Angelus zu läuten begann, pflegte er seine Rede einfach zu unterbrechen, auf die Knie zu sinken und zu beten. Doch was seine Musik betraf, so war er komplex genug, um die Menschen zu zwingen, genau hinzuhören. Er liebte langsame, getragene und bedächtige Melodien, weshalb ihn die Wiener auch bald schon den »Adagio-Komponisten« nannten. Die Kritiker mochten einwenden, dass Bruckner neunmal dieselbe

Sinfonie komponiert habe, doch am Ende war es gerade diese gemächliche Heiterkeit seiner Musik, die ihr Überleben sicherte.[34]
Gustav Mahler war das genaue Gegenteil. Viele *seiner* Kritiker fanden seine Musik regelrecht neurotisch. Doch wo Bruckners Anhänger fanatisch waren und sind, waren und sind Mahlers Fans geradezu hysterisch. Mahler, der einmal das Gespräch mit Freud gesucht hatte, war der Prototyp des Wieners, der das Leben sehr ernst nahm und sich unglaubliche Mühe gab, ihm einen Sinn abzugewinnen.[35] Der Unterschied zwischen den inneren Kämpfen von Beethoven und Mahler wurde einmal trefflich formuliert: Beethoven war ein Titan, der den Kampf eines »unbeherrschbaren Helden« focht; Mahler war ein »psychischer Schwächling, der tobte und jammerte und hysterisch war, ohne viel zu kämpfen«, ein »Manisch-Depressiver mit einem Hang zum Sadismus«. Einmal unternahm er als eine Art von Therapie einen vierstündigen Spaziergang mit Freud. Die Orchestermusiker respektierten ihn zwar, fanden das Erlebnis, unter ihm zu spielen, jedoch selten vergnüglich und pflegten seine Musik als »monoton« abzutun.[36]

Mahler, der im böhmischen Kalist zur Welt gekommen war, führte zehn Jahre lang ein strenges Regiment an der Wiener Oper. Man muss ihm zugute halten, dass seine Art, sie zu leiten, zwar ungemein unpopulär war, aber funktionierte: Unter ihm wurde das Haus neu belebt und von allen Schulden befreit. Und je mehr avantgardistischen Projekten er sich dort widmete, desto mehr Aufsehen erregte auch er selbst. Die Droschkenkutscher behandelten ihn bereits wie eine Wiener Sehenswürdigkeit: »Da ist der Mahler!«, riefen sie ihren Kunden zu, wenn er sich auf der Straße blicken ließ. Im Wesentlichen war Gustav Mahler ein romantischer Komponist (man denke vor allem an seine 3. und 8. Sinfonie): weniger streng als Wagner und weniger progressiv als Strauss.[37]

»Die Emanzipation der Dissonanz« und das musikalische Äquivalent von $E = mc^2$

Richard Strauss hatte ein ziemlich ambivalentes Verhältnis zu Arnold Schönberg. Einerseits fand er, dass Schönberg lieber »Schnee schaufeln« als komponieren solle, andererseits empfahl er ihn für ein Liszt-Stipendium (die jährlichen Einnahmen der Liszt-Stiftung wurden zur Förderung von Komponisten und Pianisten verwendet). Schönberg wurde als Sohn armer Leute geboren und war – wie Brahms und Bruckner – immer von der Aura großer Ernsthaftigkeit umgeben. Seine Kenntnisse hatte er sich praktisch als Autodidakt erworben. Er war ein nicht leicht zu beeindruckender, kleiner und drahtiger Mann, der schon früh eine Glatze bekommen hatte und ungemein erfinderisch war: Er schnitzte seine Schachfiguren und band seine Bücher selbst, malte (Kandinsky war ein großer Fan von ihm) und erfand eine Notenschreibmaschine.[38] In Wien war er Stammgast in den Cafés Landtmann und Griensteidl, wo er sich mit seinen Freunden Karl Kraus, Theodor Herzl und Gustav Klimt traf. Auch mit den Philosophen des Wiener Kreises pflegte er regen Umgang.[39]

Schönbergs autodidaktische Fähigkeiten leisteten ihm gute Dienste. Während andere Komponisten nach Bayreuth pilgerten, ließ er sich von den expressionistischen Malern beeindrucken, als diese versuchten, jene verzerrten und rohen Formen sichtbar zu machen, welche die moderne Welt ausspuckte und die von Freud analysiert und kodifiziert wurden. Schönbergs Ziel war es, den richtigen musikalischen Ausdruck dafür zu finden. Er nannte das »die Emanzipation der Dissonanz«.[40]

Einmal bezeichnete er Musik als eine Prophetie, in der sich jene höhere Lebensform enthülle, welcher die Menschheit zustrebe. Seine eigene Entwicklung empfand er allerdings als eher schleppend und schmerzlich. Obwohl auch seine frühe Musik von Wagner, vor allem von dessen *Tristan* inspiriert worden war, hatte sie in Wien einen schweren Stand – ihre hochgradige Ernsthaftigkeit wirkte so völlig deplatziert in der Stadt, »die zu schillern gezwungen war«.[41] Aber Schönberg hatte nicht nur Probleme mit der Öffentlichkeit, sondern auch in seinem Privatleben. Im Sommer 1908, just zu dem Zeitpunkt, als er atonale Musik zu komponieren begann, verließ ihn seine Frau Mathilde wegen eines gemeinsamen Freundes. Von der Frau im Stich gelassen und von seinem Freund Mahler getrennt (der in New York war), blieb ihm nur noch die Musik. In diesem Jahr komponierte er sein 2. Streichquartett und den Liederzyklus *Das Buch der hängenden Gärten* nach der »streng gemessenen Dichtung« von Stefan George.[42]

Nach Schönbergs eigenen Aussagen hatte er den Punkt der Atonalität genau im Moment der Niederschrift des dritten und vierten Satzes seines Streichquartetts erreicht: Bei der Vertonung von Georges *Entrückung* habe er plötzlich alle sechs Kreuze der Vorzeichnung ausgelassen. Und während er den Part für das Cello fertig schrieb, verabschiedete er sich auch von jeder Tonart und begann ein wahres Pandämonium von Tönen, Rhythmen und Formen zu erschaffen. Wie es der Zufall wollte, beginnt das Gedicht mit der Zeile »Ich fühle Luft von anderem Planeten«: Es hätte wohl keine angemesseneren Worte in diesem Lebensmoment geben können. Gegen Ende Juli war das 2. Streichquartett vollendet. Bevor es am 21. Dezember uraufgeführt wurde, wurde Schönbergs Privatleben erneut erschüttert: Der Maler, dessentwegen Mathilde ihn verlassen hatte, hatte sich erhängt, nachdem er bereits einmal – erfolglos – versucht hatte, sich zu erstechen. Schönberg nahm Mathilde mit offenen Armen wieder auf. Die Noten, die er dem Orchester vor den Proben aushändigte, trugen die Widmung »An meine Frau«.[43]

Die Premiere des 2. Streichquartetts sollte zu einem der größten Skandale der Musikgeschichte werden. Die Lichter erloschen, das Publikum lauschte den ersten Takten in erwartungsvoller Stille. Doch nur den allerersten. Damals hatten die meisten Wiener Trillerpfeifen an ihren Schlüsselbunden hängen, mit denen sie, wenn sie spät nach Hause kamen und die Eingangstür bereits verschlossen war, pfeifen konnten, um die Aufmerksamkeit der Hausbesorgerin zu erregen. An diesem Abend nahm praktisch das gesamte Publikum seine Pfeifen aus den Taschen. Im Nu erstickte der schrille Lärm das Geschehen auf der Bühne. Am nächsten Tag bezeichnete eine Zeitung die Aufführung als Katzenjammer, und die *Neue Wiener Presse* druckte ihre Besprechung unter der Rubrik »Verbrechen«.[44]

Jahre später gestand Schönberg, dass dies einer der schlimmsten Momente seines Lebens gewesen sei. Aber er ließ sich nicht beirren. 1909 fuhr er mit seiner »Emanzipation der Dissonanz« fort und komponierte *Erwartung*, eine dreißigminütige Oper mit derart minimaler Handlung, dass sie zu vernachlässigen ist – eine Frau geht in den Wald, um ihren Liebhaber zu suchen, und findet ihn tot unweit des Hauses der Rivalin, die ihn ihr weggenommen hatte. Auch die Musik erzählt weniger eine Geschichte als dass sie die Stimmungen der Frau aufgreift: Freude, Wut, Eifersucht. In dieser Minimalgeschichte werden obendrein weder ein Thema noch eine Melodie wiederholt. Da die traditionelle »klassische« Musik üblicherweise von Variationen über Themen lebt, und da Wiederholungen, und zwar eine Menge, das deutlichste Kennzeichen von populärer Musik sind, stellten Schönbergs 2. Streichquartett und seine Oper *Erwartung* eindeutig den großen Bruch dar, nach dem die »E-Musik« ihre einstige getreue Anhängerschaft zu verlieren begann. Doch es sollten noch fünfzehn Jahre vergehen, bis *Erwartung* aufgeführt wurde.

Dem Geschmack der meisten Hörer mag Schönberg unzugänglich erscheinen – unsensibel war er nicht. Auch war ihm völlig bewusst, dass so mancher Hörer nur deshalb gegen seine Atonalität war, weil er Atonalität an sich ablehnte. Seine Antwort darauf war der Liederzyklus *Pierrot lunaire*, der 1912 uraufgeführt wurde und in dem eine vertraute Ikone des Theaters auftritt – der tragische Clown, ein Wesen voller Gefühle, ein trauriger Zyniker, der unangenehme Wahrheiten aussprechen darf, solange er sie verschlüsselt und in Rätsel verpackt. Aus dieser Vorgabe erschuf Schönberg das Werk, das viele für sein schöpferischstes halten: das musikalische Äquivalent zu Picassos *Les Demoiselles d'Avignon* und zu Einsteins $E = mc^2$. *Pierrot* konzentriert sich auf ein Thema, mit dem wir bereits vertraut sind, nämlich die Dekadenz und Degeneration des modernen Menschen. Schönberg führte hier gleich mehrere formale Neuerungen ein, darunter vor allem den Sprechgesang, bei dem sich die Stimme zwar hebt und senkt, den man jedoch weder als Gesang noch als Sprechen bezeichnen kann. Die Musik verhält sich auf sprunghaft unkoordinierte Weise, gleich den Molekülen, die nach dem Prinzip der Brown'schen Bewegung Teilchen bombardieren. Schönberg selbst betrachtete sich eher als einen Expressionisten; tatsächlich hatte er viele Ziele mit Kandinsky gemeinsam, doch einige seiner frühen atonalen Stücke sind in den besonnten Dunst einer ruhigen Landschaft von Caspar David Friedrich gehüllt.[45]

Die Uraufführung von *Pierrot lunaire* fand Mitte Oktober im Berliner Choralionsaal in der Bellevuestraße statt, der 1945 von Bomben der Alliierten zerstört werden sollte. Nach den Premieren des 2. Streichquartetts und *Erwartung* waren eine Menge Kritiker gekommen, bereit, dem Clown den Todesstoß zu versetzen. Doch dann herrschte Totenstille, und kaum war die Vorstellung zu Ende, brach das Publikum in Ovationen aus. Da das Stück so kurz war und so viele Dacapo-Rufe aus dem Publikum kamen, wurde es nochmals komplett wiederholt. Nun kannte die Begeisterung keine Grenzen mehr, selbst unter den Kritikern. Einer schrieb sogar, dass dieser Abend nicht das Ende der Musik bedeutet habe, sondern vielmehr den Beginn einer neuen Art des Hörens. Ob einem seine Musik gefällt oder nicht: Schönberg hatte herausgefunden, wie es nach Wagner weitergehen konnte.

25

Funkwellen, Relativität und das Quantum

Um die Wende zum 20. Jahrhundert wurde die Physik von mehreren Ereignissen aufgestört. Zuerst war man unerwartet auf die »X-Strahlen«, das Elektron und die Radioaktivität gestoßen, dann folgte eine Revolution, die einige für die erste »wirkliche« in der Physik halten: die Entdeckung des Quants und das Postulat der Relativitätstheorie. Es war vermutlich nicht nur das größte intellektuelle Abenteuer des 20. Jahrhunderts gewesen, sondern auch das mit der breitesten internationalen Beteiligung. Denn Anteil an diesen Fortschritten hatten Neuseeländer, Dänen, Italiener, Franzosen, Briten, Amerikaner und nicht zuletzt Deutsche, von denen viele zumindest anfänglich eine vorbildliche Kollegialität über alle Grenzen hinweg bewiesen. Dass sich auch dieses Kapitel auf den Beitrag konzentriert, den Deutsche dazu geleistet haben, soll also in keiner Weise die unverzichtbaren Verdienste der Wissenschaftler anderer Nationen schmälern.

Wie Amos Elon schreibt, sprachen selbst Naturwissenschaftler damals von einem neuen Zeitalter des deutschen Genius, übertroffen nur von dem Zeitalter Goethes, Schillers, Hegels und Kants. Zwei Tabellen, die der dänische Wissenschaftshistoriker Helge Kragh in seiner Studie über die Physik im 20. Jahrhundert veröffentlichte, lassen zumindest erkennen, dass die deutschen physikalischen Forschungs*institute* denen anderer Länder zu dieser Zeit voraus gewesen waren[1]:

Physikalische Institute und Fakultäten

	Zahl der Institute	Fakultäten 1900	Fakultäten 1910
Großbritannien	25	87	106
Frankreich	19	54	58
Deutschland	30	103	**139**
USA	21	100	169

Physikalische Fachzeitschriften im Jahr 1900

	Wichtigste Zeitschrift	Anzahl der enthaltenen Abhandlungen	%
Großbritannien	Philosophical Magazine	420	19
Frankreich	Journal de Physique	360	18
Deutschland	**Annalen der Physik**	**580**	**29**
USA	Physical Review	240	12

Zwischen 1890 und dem Ersten Weltkrieg waren viele Physiklabore ins Leben gerufen worden: zweiundzwanzig in Deutschland, neunzehn in Großbritannien, dreizehn in den Vereinigten Staaten und zwölf in Frankreich.[2] Das *Dictionary of Scientific Biography* führt 197 Physiker auf, die im Jahr 1900 zwanzig Jahre alt gewesen waren: Sechsundvierzig davon waren Deutsche, sechs Österreicher, gefolgt von fünfunddreißig Briten, vierunddreißig Franzosen und siebenundzwanzig Amerikanern.

Es ist nicht ganz klar, *warum* der Physik plötzlich so viel Aufmerksamkeit geschenkt wurde. Als Max Planck 1875 sein Studium an der Universität München angetreten hatte, wurde ihm von seinem Professor warnend erklärt, dass sein gewähltes Fach bereits mehr oder weniger ausgereizt und keine neuen Entdeckungen auf diesem Gebiet mehr zu erwarten seien.[3]

Wellen durch die Luft

Doch es *lag* ganz zweifellos etwas in der Luft. Noch hielten die meisten Physiker am mechanischen Weltbild fest, sogar James Clerk Maxwell, dessen Feldtheorie so viele Anhänger gefunden hatte. Gleichzeitig war die Vorstellung von einem universellen »Äther« immer beliebter geworden, von einem »quasihypothetischen«, kontinuierlichen und alles durchdringenden Fluidum, durch das sich Kräfte mit endlicher Geschwindigkeit ausbreiteten.[4] Diese Vorstellung half den Forschern zumindest die Möglichkeit in Betracht zu ziehen, dass solche Kräfte eine elektromagnetische, aber keine mechanische Ursache haben. Und in dieser geistigen Atmosphäre begannen neue Ideen nur so zu wuchern – rudimentäre Vorstellungen von einer Antimaterie beispielsweise, oder von noch weiteren als den bekannten Dimensionen. Vor allem aber machte man sich Gedanken über die »Energetik«, ein neues Fachgebiet, das auf den Mathematiker Georg Helm und den Chemiker Wilhelm Ostwald zurückging und nicht die Materie, sondern Energie als das Wesentliche einer Realität verstand, welche sich nur als ein fortwährender Prozess begreifen ließ. Diese »Energetik« sollte sich als bedeutend erweisen, obwohl sich die Physik der Jahrhundertwende dennoch hauptsächlich um die oben erwähnten Umbrüche drehte, denn der erste deutsche Name erstrahlte nun auf einem Forschungsgebiet, das mit ihr gewissermaßen verwandt war, weil es den »Äther«, den Elektromagnetismus und somit implizit auch Energie als wesentliche Elemente verstand.

Heinrich Rudolf Hertz (1857–1894) wurde in Hamburg als Sohn eines jüdischen Rechtsanwalts geboren, der sich hatte taufen lassen. Heinrich war sprachlich sehr begabt, lernte Arabisch und Sanskrit, fühlte sich aber auch zu den Naturwissenschaften hingezogen und bastelte begeistert Geräte für Laborexperimente, hauptsächlich zur Verwendung für Forschungen in der Physik. Nach einer Stippvisite am Polytechnikum in Dresden wechselte er an die Technische Hochschule München, studierte dort Mathematik und Physik und ging anschließend an die Universität Berlin, wo er Vorlesungen von Gustav Kirchhoff und Hermann von Helmholtz (aber auch von Treitschke) hörte.[5] Seine Promotion im Jahr 1880 wurde so gut aufgenommen, dass ihn Helmholtz als Assistent zu sich holte. 1883 ging Hertz als Privatdozent für Theoretische Physik an die Universität Kiel, eine ehrenwerte Universität, die aber nicht sehr groß war und im Gegensatz zu anderen Hochschulen kaum über Laborraum verfügte – deshalb war es ja auch die *theoretische* Physik, die dort blühte und gedieh, eine relativ neue Disziplin, in der Deutschland wie gesagt führend war. In Kiel leistete Hertz seinen ersten wichtigen Beitrag zur Physik, als er Maxwells Gleichungen herleitete, jedoch auf andere Weise als dieser, nämlich ohne dabei einen Äther anzunehmen. Diese Arbeit brachte ihm im Jahr darauf eine ordentliche Professor für Experimentalphysik am Karlsruher Polytechnikum ein, das noch im selben Jahr zur Technischen Hochschule avancierte und weit größer und besser ausgestattet war als Kiel. Dort gewann er seine erste bedeutende Erkenntnis über den lichtelektrischen oder äußeren Fotoeffekt: Bei der Bestrahlung eines Metalls mit ultraviolettem Licht lösten sich die Elektronen aus dem Inneren des Festkörpers heraus. (Einstein sollte den Nobelpreis für seine Arbeit über diesen lichtelektrischen Effekt erhalten, nicht für seine Relativitätstheorie, aber dazu später mehr.) Hertz wurde zu *dem* theoretischen Physiker par excellence.[6]

1888 baute Hertz, dieser geschickte Bastler von Laborausrüstungen, sein bis dahin innovativstes Gerät. Der zentrale Bestandteil war ein Draht, der zu einem Ring mit einer winzigen (drei Millimeter breiten) Unterbrechungsstelle in der Mitte gebogen wurde (nicht unähnlich einem

Schlüsselring).[7] Wurde Strom durch den Ring (den er »Resonator« nannte) geleitet und war dieser stark genug, so sprangen an der Unterbrechungsstelle winzige Funken über (um sie überhaupt sehen zu können, brachte er ein kleines Mikroskop an und verdunkelte den Raum).[8] Gleichzeitig wurde der Draht, der den Ring bildete, in heftige Schwingungen versetzt. Hertz' entscheidende Beobachtung war nun, dass diese Schwingungen Wellen durch die Umgebungsluft schickten. Das Phänomen konnte er nachweisen, weil ein zweiter, von der Entladungsfunkenstrecke weiter entfernter »Resonator« die Schwingungen auffangen konnte. Bei späteren Experimenten gelang Hertz der Beweis, dass diese Wellen nach Art von Lichtwellen reflektiert und gebrochen werden konnten und sich auch mit Lichtgeschwindigkeit bewegten, aber viel höhere Wellenlängen als das Licht hatten. Noch etwas später beobachtete er, dass ein konkav geformter Reflektor die Wellen bündeln konnte und sie, ohne sich zu verändern, durch nicht leitende Stoffe hindurchgingen. Die anfängliche Bedeutung dieser ursprünglich »Hertzsche Wellen« genannten Funkwellen war, dass sie Maxwells Vorhersage – elektromagnetische Wellen können in mehr als nur einer Form (Licht) existieren – bestätigten. Später wurden sie als »Radiowellen« bezeichnet.

Als ein Student Hertz fragte, welchen Nutzen man aus dieser Entdeckung ziehen könne, erwiderte er: Nicht den geringsten, das Ganze sei bloß ein Experiment, mit dem bewiesen sei, dass der große Maxwell recht gehabt habe – es *gebe* diese geheimnisvollen elektromagnetischen Wellen, die man mit bloßem Auge nicht sehen könne. Und auf die Frage, was als Nächstes komme, erwiderte er: Vermutlich nichts. Ein junger Italiener namens Guglielmo Marconi, der gerade Ferien in den Alpen machte, las Hertz' Artikel über diese Entdeckung und fragte sich sofort, ob sich die Wellen, die von Hertz' Funkenoszillator freigesetzt wurden, nicht für eine drahtlose Nachrichtenübermittlung nutzen ließen. Er eilte nach Hause und machte sich an die Arbeit. Hätte Hertz länger gelebt (er starb mit siebenunddreißig an einer Blutvergiftung), wäre er vermutlich ebenso erstaunt wie jeder andere über die Richtung gewesen, die die Physik nun einschlug, denn wie der englische Physiker und Ingenieur Rollo Appleyard betonte, war Hertz in jeder Hinsicht »ein Newtonianer« gewesen.[9]

»Eine neue Art von Strahlen«

Gase hatten bereits die Aufmerksamkeit der Physiker in diesem Jahrhundert auf sich gezogen, zuerst, weil sie neue Erkenntnisse über den Energieerhalt geliefert hatten, dann wegen des statistischen Verhaltens ihrer Atome und Moleküle. In diesem Zusammenhang, vor allem aber wegen des stetig wachsenden Interesses am Elektromagnetismus und der Überlegung, dass der »leere Raum« zwischen den Atomen, wie ihn Maxwell genannt hatte, möglicherweise mit einem elektromagnetischen Feld gefüllt war, entwickelte sich ein neues Spezialfach, das nicht nur die Frage nach der Entladung von Elektrizität in Gasen nach sich zog, sondern auch die Erfindung eines neuen Geräts, das schließlich als »Kathodenstrahlröhre« bezeichnet wurde. Dabei handelte es sich um eine Glasröhre, die an beiden Öffnungen mit Metallplättchen verschlossen wurde. Dann wurde das Gas herausgesogen und so ein Vakuum erzeugt. Wurden die Metallplatten an eine Batterie angeschlossen und Strom erzeugt, so begann der leere Raum im Inneren der Glasröhre zu glühen respektive zu fluoreszieren. Dieses Glühen wurde von der negativen Platte, der Kathode, erzeugt und von der positiven Platte, der Anode, absorbiert.* Der Berliner Physiker Eugen Goldstein war 1876 der Erste, der den dabei erzeugten Strahl als »Kathodenstrahl« bezeichnete.

1879 stellte der englische Physiker William Crookes die Hypothese auf, dass Kathodenstrahlen einen »vierten Materiezustand« darstellten (das heißt, weder fest noch flüssig oder gasförmig sind). Doch weil das wenig überzeugend schien, fragten sich die meisten Physiker noch immer, *was* Kathodenstrahlen eigentlich seien. Die Sache war verwirrend, aber auch vielversprechend. Deshalb begannen sich nun auch immer mehr von ihnen dieser Frage anzunehmen, darunter ein Professor für Experimentalphysik an der Universität Würzburg namens Wilhelm Conrad Röntgen.

Röntgen (1845-1923) wurde in der Nähe von Remscheid geboren und war im niederländischen Apeldoorn aufgewachsen. Studiert und promoviert hatte er an der ETH Zürich unter anderem bei Rudolf Clausius und August Kundt. Gegen Ende des Jahres 1895 begann er sich in Würzburg mit den Kathodenstrahlen zu befassen, insbesondere mit der Frage ihrer Durchdringungskraft. Inzwischen war es bereits üblich geworden, eine Barium-Platinum-Zyanid-Schutzwand zu nutzen, um durch Kathodenstrahlen verursachte Fluoreszenzen aufzuspüren.[10] Diese Wand war kein eigentlicher Teil des Experiments, sondern bloß eine Vorkehrung für den Fall, dass irgendetwas schiefgehen würde. Röntgen hatte sie nun in einiger Entfernung von seiner Kathodenstrahlröhre aufgestellt, dann die Röhre, um die Entladung besser beobachten zu können, mit schwarzem Karton ummantelt und den Raum verdunkelt. Am 8. November 1895, einem seither berühmten Datum in der Wissenschaftsgeschichte, stellte er während des Experiments zu seiner Überraschung fest, dass der Schutzschirm, der ein ganzes Stück entfernt stand, ebenfalls zu fluoreszieren begann. Das konnte doch unmöglich von den Kathodenstrahlen herrühren! Hieß das etwa, dass der Apparat auch noch *andere* Strahlen abgab,

---

* Das war auch das Grundprinzip des Röhrenfernsehers gewesen, nur dass die Anode durch einen Glaszylinder neu konfiguriert wurde. Auf dem Weg durch das Vakuum zur Anode verursachten die Kathodenstrahlen das Fluoreszieren des Glases.

die für das bloße Auge nicht sichtbar waren? In seinem Bericht bestätigte er, dass man »einen in die Nähe des Apparates gebrachten, mit Bariumplatincyanür angestrichenen Papierschirm bei jeder Entladung hell aufleuchten, fluoresciren [sieht], gleichgültig ob die angestrichene oder die andere Seite des Schirmes dem Entladungsapparat zugewendet ist«.[11]

Als diese Beobachtung öffentlich wurde, war die Aufregung sogar weit jenseits wissenschaftlicher Kreise groß. Im Januar 1896 gratulierte Kaiser Wilhelm II. höchstselbst Röntgen und lud ihn zu einer Vorführung seiner Entdeckung nach Berlin ein. Doch *worum genau* handelte es sich bei diesen Strahlen? Bei seinen anschließenden Untersuchungen fand Röntgen heraus, dass sie sich einige Eigenschaften mit Licht teilten, das heißt, auch sie breiteten sich in gerader Linie aus, erzeugten einen Effekt auf fotografischen Platten und ließen sich nicht von magnetischen Feldern ablenken. Andererseits unterschieden sie sich von Licht ebenso wie von Hertz' elektromagnetischen Wellen, da sie weder reflektiert noch gebrochen wurden. Noch ein ganzes Jahrzehnt lang betrieben Physiker ergiebige Forschungen mit den »X-Strahlen«, wie man die Röntgenstrahlen noch nannte (X für »unbekannt«), ohne wirklich verstanden zu haben, was für eine Art von Strahlung es war.

Anfang des 20. Jahrhunderts wurde schließlich nachgewiesen, dass es sich bei den »X-Strahlen« um elektromagnetische Wellen mit extrem hohen Frequenzen (kurzen Wellenlängen) handelt, doch es blieb noch immer so manches unklar, bis im Zuge der sich entwickelnden Quantenmechanik schließlich auch die Welle-Teilchen-Dualität geklärt werden konnte. 1912 realisierte der Physiker Max von Laue, der mit Planck und Einstein kooperierte, dass sich Röntgenstrahlen, da sie sehr kurzwellige elektrische Schwingungen sind, nur darstellen (reflektieren oder beugen) lassen, wenn sie einen Stoff von sehr kleiner Gitterstruktur durchstrahlen. Und genau diese Materie bot sich mit Kristallen, deren Atome und Ionen mit den Zwischenräumen eine regelmäßige Gitterstruktur ergeben.[12] Das Experiment zur Überprüfung dieser Voraussage wurde im März 1912 von Walter Friedrich durchgeführt, der Assistent von Arnold Sommerfeld in München war, und von Paul Knipping, einem Schüler Röntgens: Es war die allererste »X-Strahlbeugung« und der Beweis, dass es sich bei Röntgenstrahlen tatsächlich um elektromagnetische Wellen handelt. Die mathematische Ermittlung der Wellenlänge erbrachte eine Größenordnung von 10^{-10} bis 10^{-11} m, war also nahezu deckungsgleich mit der Vorhersage von 10^{-13} m. Damit wurde nun ein ganz neuer Forschungsbetrieb in Gang gesetzt, nämlich der Einsatz der Röntgeninterferenz in der Kristallografie. Auch in der Chemie, Geologie, Metallurgie und nicht zuletzt der Biologie sollte sie noch eine große Rolle spielen, außerdem war sie eine der Schlüsseltechniken, die James D. Watson und Francis Crick 1953 die Entdeckung der Doppelhelixstruktur des DNA-Moleküls ermöglichten.

Die Entdeckung des Quantum

Im Jahr 1900 war Max Planck (1858–1947) zweiundvierzig Jahre alt gewesen.[13] Er stammte aus einer sehr religiösen bildungsbürgerlichen Familie und war ein exzellenter Musiker (er hatte sich eigens ein Harmonium bauen lassen).[14] Doch berufen fühlte er sich zum Naturwissenschaftler, und um die Jahrhundertwende gehörte er bereits zur Crème de la Crème seines Berufsstands, war Mitglied der Preußischen Akademie der Wissenschaften und ordentlicher Professor an der Universität Berlin, wo man ihn als einen ungemein produktiven Lieferanten neuer Ideen kannte, die allerdings nicht immer tragfähig waren.[15]

1897 hatte J. J. Thomson, der Maxwell als Direktor des Cavendish Laboratory im englischen Cambridge nachgefolgt war, verschiedene Gase in Kathodenstrahlröhren gepumpt und zeitweise mit Magneten ummantelt. Durch diese systematische Veränderung der Grundbedingungen war ihm der Nachweis gelungen, dass Kathodenstrahlen in Wirklichkeit infinitesimal winzige *Teilchen* sind, die aus der Kathode ausbrechen und von der Anode angezogen werden. Zudem hatte er herausgefunden, dass diese Teilchen leichter waren als Wasserstoffatome – die kleinste damals bekannte Materieeinheit – und völlig unverändert blieben, *unabhängig* von der Art des Gases, durch das die elektrische Ladung floss. Damit war Thomson eindeutig eine fundamentale Entdeckung gelungen, nämlich das, was wir heute als Elektron bezeichnen.[16]

In den folgenden Jahren wurden viele weitere Materieteilchen entdeckt, doch was Max Planck interessierte, war die »partikulare Wirklichkeit« per se. Und so begann er 1897, in dem Jahr also, in dem Thomson das Elektron entdeckte, mit dem Projekt, das seinen Namen unsterblich machen sollte. Schon seit der Antike war bekannt gewesen, dass ein Stoff (beispielsweise Eisen) im Lauf des Erhitzens zuerst dunkelrot zu glühen beginnt, dann grellrot wird und schließlich weiß. Der Grund dafür ist, dass bei niedrigeren Temperaturen die längeren Wellenlängen (des Lichts) und bei steigenden Temperaturen die kürzeren abgegeben werden. Wenn das Material weiß glüht, werden alle Wellenlängen zugleich abgegeben. Studien über sogar noch heißere Körper, wie Sterne, wiesen nach, dass die längeren Wellenlängen im nächsten Stadium abfallen, sodass sich die Farbe allmählich zum blauen Teil des Spektrums verschiebt. Planck war fasziniert von diesem Vorgang und fragte sich, wie dieser mit einem anderen Rätsel in Zusammenhang stand, nämlich dem Phänomen der sogenannten Schwarzkörperstrahlung. Ein perfekt geformter Schwarzkörper absorbiert alle Wellenlängen von elektromagnetischer Strahlung gleichermaßen gut. In der Natur gibt es einen derart perfekten Körper nicht, aber manche kommen dem Ideal sehr nahe: Lampenruß zum Beispiel absorbiert 98 Prozent aller Strahlung.[17] Der klassischen Physik zufolge müsste ein Schwarzkörper immer eine seiner Temperatur angemessene gleichbleibende Strahlung auf jeder Wellenlänge abgeben. Mit anderen Worten: Er dürfte grundsätzlich nur weiß glühen. Planck stand für seine Forschungen ein perfekter Schwarzkörper aus Platin und Porzellan im Eichamt von Berlin-Charlottenburg zur Verfügung, und seine dort durchgeführten Experimente zeigten nun, dass sich erhitzte Schwarzkörper mehr oder weniger genauso wie Eisenklumpen verhielten, das heißt, auch sie glühten zuerst dunkelrot, dann grellrot und schließlich weiß. Wieso?[18]

Plancks revolutionäre Idee scheint ihm um den 7. Oktober 1900 in den Sinn gekommen zu sein. Denn an diesem Tag schickte er seinem Kollegen Heinrich Rubens eine Postkarte mit einer Gleichung, die das Verhalten der Schwarzkörperstrahlung erklärte.[19] Die Essenz dieser nur anfänglich rein mathematischen Idee war, dass der Energieaustausch zwischen dem elektromagnetischen Wellenfeld und den noch nicht näher spezifizierten »Resonatoren« nicht »stetig« war, wie man, auf Newtons Behauptung beruhend, bis dahin angenommen hatte, sondern nur »portionsweise« erfolgen konnte. Das Ganze funktionierte, sagte Planck, wie bei einer Schlauchleitung, welche die Flüssigkeit immer nur portionsweise ausspuckt. Bis zum 14. Dezember des Jahres, in dem Planck seine Formel auf der Sitzung der Deutschen Physikalischen Gesellschaft in Berlin vorstellen sollte, hatte er seine Theorie vollständig ausformuliert, inklusive der Kalkulation der kleinstmöglichen »Energieportion«, die Planck als h bezeichnete und welche als »Planck-Konstante« in die Geschichte einging.[20] Sie hatte nach Plancks Berechnungen den Wert von $6,55 \times 10^{-27}$ ergs pro Sekunde (»erg« ist die Einheit für eine sehr kleine Energiemenge). Und damit hatte Planck einen konkreten Baustein des Universums identifiziert: ein Strahlenatom oder »Wirkungsquantum«. Er hatte bestätigt, dass die Natur kein stetiger Prozess ist, sondern sich in einer Abfolge von extrem kleinen Rucken vorwärtsbewegt. Es war der Beginn der Quantenphysik.

Aber noch nicht ganz. Denn in den zwanzig Jahren vor der Entwicklung von Plancks Quantentheorie hatten sich so viele seiner Theorien als falsch erwiesen, dass man ihn bei seinem Vortrag vor der Physikalischen Gesellschaft einfach nur höflich schweigend ausreden und dann, ohne Fragen zu stellen, gehen ließ. Es dauerte vier Jahre, bis jemandem die Bedeutung der neuen Theorie dämmerte – und dieser Jemand sollte dann selbst eine Revolution auslösen. Sein Name war Albert Einstein.[21]

Das »Annus mirabilis« der Naturwissenschaften

Wie gesagt war Deutschland führend in der Tradition der theoretischen Physik – Clausius, Boltzmann, Hertz, Planck. Doch der berühmteste theoretische Physiker der Geschichte war und ist Albert Einstein, und der betrat die wissenschaftliche Bühne nun mit einem Paukenschlag. Das bei Weitem begehrteste Sammelobjekt unter allen Wissenschaftsjournalen der Welt ist Band XVII der *Annalen der Physik* aus dem Jahr 1905, denn darin ist nicht nur eine, darin sind gleich drei Abhandlungen enthalten, die Einstein in diesem Jahr veröffentlichte und die 1905 zum »Annus mirabilis« der Naturwissenschaften schlechthin machten.

Albert Einstein (1879–1955) wurde als Sohn des Elektroingenieurs Hermann Einstein in Ulm geboren.[22] In der Schule war er sehr unglücklich, weil er den autokratischen Stil dort ebenso hasste wie das primitiv nationalistische und bösartig antisemitische Klima. Er stritt so unaufhörlich mit seinen Mitschülern und Lehrern, dass er schließlich von der Schule flog. Als er sechzehn war, brachen seine Eltern die Zelte in Deutschland ab und übersiedelten mit ihm nach Mailand, er aber zog weiter in die Schweiz, wo er sich mit neunzehn an der Eidgenössischen Technischen Hochschule Zürich einschrieb und später eine Anstellung im Patentamt von Bern bekam. Ohne eine wirklich systematische Bildung genossen zu haben und ohne fest im Wissenschaftsbetrieb verankert zu sein, begann er 1901, wissenschaftliche Abhandlungen zu veröffentlichen.

Seine ersten Artikel waren keine Glanzleistungen. Man darf nicht vergessen, dass Einstein zu dieser Zeit keinen Zugang zur neuesten wissenschaftlichen Fachliteratur und die Forschungsarbeiten anderer daher entweder wiederholt oder falsch verstanden hatte. Doch was er gut beherrschte, waren die Techniken der Statistik – Ludwig Boltzmanns Methoden –, und das sollte ihm noch gute Dienste leisten. Abgesehen davon hat die Tatsache, dass er sich nicht im Mainstream des Wissenschaftsbetriebs bewegte, am Ende sicher zu seiner Originalität beigetragen. Und die brach sich 1905 ganz unerwartet Bahn. Seine drei großen Abhandlungen erschienen in folgender Reihenfolge: im März die Arbeit über die Quantentheorie, im Mai der Aufsatz über die Brown'sche Molekularbewegung und im Juni die Abhandlung über die Elektrodynamik bewegter Körper (was man später als »Spezielle Relativitätstheorie« bezeichnete). Plancks Grundlagenpapier hatte zwar wenig Aufsehen erregt, als er es im Dezember 1900 der Physikalischen Gesellschaft vorgetragen hatte, doch bald war den Physikern klar geworden, dass Planck recht haben musste: Seine Idee erklärte einfach zu vieles, nicht zuletzt die Beobachtung, dass die chemische Welt aus diskreten Einheiten besteht – aus Elementen. Und diskrete Elemente implizierten konkrete Materiebausteine, die ihrerseits diskret sind. Andererseits hatte nun schon seit Jahren die experimentell bestätigte Vorstellung geherrscht, dass Licht eine Wellenerscheinung sei.[23]

In seiner ersten Abhandlung stellte Einstein die revolutionäre Hypothese auf – und bewies damit schon früh jene Offenheit für das Undenkbare, für welche die Physik im Lauf der kommenden Jahrzehnte so gefeiert werden sollte –, dass Licht *beides* sein kann: manchmal Welle und manchmal Teilchen. Es dauerte eine ganze Weile, bis man diese Vorstellung geschluckt oder auch nur verstanden hatte. Vorerst war allein den Physikern bewusst, dass sich Einsteins Erkenntnisse mit allen vorliegenden Fakten deckten. In den zwanziger Jahren wurde dieser Welle-Teilchen-Dualismus, wie man ihn nennen sollte, zur Grundlage der Quantenmechanik.*

Zwei Monate nach der Veröffentlichung seiner Abhandlung über die Quantentheorie publizierte Einstein seine zweite große Arbeit, die Abhandlung über die Brown'sche Molekularbewegung: Verteilt man kleinste Teilchen von oft nur einem Hundertstelmillimeter in einer Flüssigkeit, kann man sie unter dem Mikroskop in völlig unregelmäßigen Stößen hin- und her-, vor- und zurückzucken sehen. Einstein hatte nun die Idee, dass dieser »Tanz« entstehe, weil die Teilchen in zufälligen Abständen von den umgebenden Wasseratomen und -molekülen bombardiert wurden. Hier machten sich nun seine Statistikkenntnisse bezahlt, denn seine komplexen Berechnungen sollten allesamt experimentell bestätigt werden und gelten als erster Beweis für die Existenz von Molekülen.

Doch erst Einsteins dritter, im Juni des Jahres 1905 veröffentlichter Aufsatz über die Elektrodynamik bewegter Körper (die »Spezielle Relativitätstheorie« also, die »Allgemeine« folgte später) sollte ihn weltberühmt machen.[24] Es war diese Theorie, die ihn auf die Formel $E = mc^2$ brachte. Aber die ist nicht einfach zu erklären, denn sie bezieht sich auf derart extreme – wenn auch grundlegende – Zustände im Universum, dass der gesunde Menschenverstand allein nicht mehr ausreicht, um sie zu begreifen. Einsteins berühmtes Gedankenexperiment kann da vielleicht helfen: Stellen Sie sich vor, Sie stehen auf einem Bahnsteig, und ein Zug rauscht von links nach rechts an Ihnen vorbei. In genau dem Moment, in dem eine im Zug befindliche Person an Ihnen vorbeifährt, wird in der Mitte des Waggons, in dem diese sich befindet, ein Licht angeschaltet. Angenommen nun, der Zug wäre durchsichtig, und Sie könnten hineinsehen, dann würden Sie als Beobachter auf dem Bahnsteig sehen, dass

---

* Wer Schwierigkeiten hat, sich etwas vorzustellen, das sowohl Teilchen als auch Welle sein kann, der befindet sich in bester Gesellschaft! Wir haben es hier mit grundlegenden mathematischen Eigenschaften zu tun, weshalb visuelle Analogien immer inadäquat bleiben. Niels Bohr, der als einer der beiden größten Physiker des 20. Jahrhunderts gilt, sagte einmal, dass niemand ganz richtig im Kopf sein könne, dem nicht allein schon von der Idee dieser Sache schwindlig werde – der Sache, die spätere Physiker nicht umsonst den »Zauber der Quantentheorie« nannten.

sich der Waggon bis zu dem Moment, an dem der Lichtstrahl dessen Ende erreicht, vorwärtsbewegt hat. Mit anderen Worten: Der Lichtstrahl hat sich über eine Strecke von etwas weniger als der Hälfte der Gesamtlänge des Waggons vorwärts bewegt. Die Person im Waggoninneren wird jedoch sehen, dass dieser Lichtstrahl zur selben Zeit das Ende wie den Anfang des Waggons erreicht. Folglich ist die Zeit, die der Lichtstrahl braucht, um das Ende des Waggons zu erreichen, für beide Beobachter unterschiedlich. Diese Diskrepanz lässt sich laut Einstein nur erklären, wenn man annimmt, dass Wahrnehmung je nach Beobachter relativ ist und Zeit, da die Lichtgeschwindigkeit konstant bleibt, sich je nach Umstand verändert. Einsteins berühmteste Voraussage war, dass Uhren bei hoher Geschwindigkeit langsamer gehen. Diese Theorie, der sich jeder gesunde Menschenverstand verweigert, wurde viele Jahre später experimentell bestätigt. Einstein hat die Physik ein für alle Mal verwandelt.[25]

Das Geheimnis der Kontinuität und die Bedeutung von »zwischen«

Im späten 19. Jahrhundert brachte Deutschland eine außergewöhnliche Generation von »reinen« Mathematikern hervor, die sich intensiv mit Ideen befassten, die anfänglich extrem theoretisch waren, sich schließlich aber als ebenso grundlegend wie anwendbar erwiesen.[26] Neben Max Planck, doch von einem ganz anderen Punkt ausgehend, waren es diese Mathematiker, denen wir die Grundlagen der späteren digitalen Revolution verdanken.

Carl Friedrich Gauß, Bernhard Riemann und Felix Klein hatten dazu beigetragen, dass Göttingen zur Weltmetropole der Mathematik wurde. Aber natürlich gab es noch andere deutsche Universitätsstädte – Heidelberg, Halle, Jena –, die einem solchen Zentrum sehr nahe kamen. In diesen kleinen, abgelegenen, in sich geschlossenen Welten abseits des Gewimmels der Großstädte hatte man den Kopf frei, um unabgelenkt arbeiten und Grundlagenforschung betreiben zu können. Und für viele stand die Erforschung der ultimativen Abstraktion, der Zahlentheorie, nun im Vordergrund.

Richard Dedekind (1831–1916) hatte als einer der letzten Studenten bei Gauß in Göttingen promoviert (er zählte zu den Sargträgern bei seiner Beerdigung). Dedekind war ein Mann, der sich so absolut der Wissenschaft verschrieben hatte, dass er nie heiratete. Zuerst verbrachte er viel Zeit damit, einen oder zwei Beiträge von Gauß und einen Großteil der Arbeiten seines anderen großen Lehrmeisters Peter Gustav Lejeune Dirichlet – über die stetig differenzierbaren Funktionen und die trigonometrischen Reihen – für die Veröffentlichung vorzubereiten (Dedekind sagte gerne, dass Dirichlet einen »neuen Menschen« aus ihm gemacht habe).[27] Diese Übungen brachten ihn dann auf eigene Ideen, die er 1872 unter dem Titel *Stetigkeit und irrationale Zahlen* veröffentlichte. Obwohl es sich hier letztlich nur um einen kurzen Aufsatz handelte, wurde dieser Text schnell zu einem Klassiker. Er gilt bis heute als die beste Beschreibung dessen, was Mathematiker als das »Kontinuum« oder das »Geheimnis der Stetigkeit« bezeichnen.

Dieses »Geheimnis« zählte zu den Fragen, von denen Mathematiker – wenn auch gewiss sonst niemand – umgetrieben wurden (obwohl es natürlich einen theoretischen Bezug zur Quantentheorie gab, da diese ja besagte, dass Energie von einem Körper nicht kontinuierlich abgegeben werde, wie Newton behauptet hatte). Das Problem der Stetigkeit wird deutlich, wenn man sich einmal klar zu machen versucht, was der Begriff »zwischen« bedeutet. Schon im 6. Jahrhundert v. d. Z. hatte Pythagoras gewusst, dass Brüche »zwischen« ganzen Zahlen liegen. Doch dann kamen die irrationalen Zahlen (deren Dezimaldarstellung niemals abbricht) und machten diese Vorstellung wieder zunichte. Man musste sich der Frage des »Zwischen« also völlig neu annähern. Wenn irrationale Zahlen zwischen ganzen Zahlen und rationalen Brüchen liegen, wie viele Zahlen gab es dann beispielsweise zwischen 0 und 1? Am verwirrendsten war, dass es zwischen 0 und 1 ebenso viele Zahlen zu geben schien wie zwischen 1 und 1000 – wie konnte das sein?

Dedekinds Lösung war so einfach wie elegant. Im § 3 von *Stetigkeit und irrationale Zahlen* schreibt er, er habe »das Wesen der Stetigkeit« im folgenden Prinzip gefunden: »Zerfallen alle Puncte der Geraden in zwei Classen von der Art, daß jeder Punct der ersten Classe links von jedem Puncte der zweiten Classe liegt, so existirt ein und nur ein Punct, welcher diese Eintheilung aller Puncte in zwei Classen, die Zerschneidung der Geraden in zwei Stücke hervorbringt.« Er hatte die (numerische) Bedeutung von Stetigkeit definiert, indem er den Begriff »zwischen« eliminierte.

Die Definition eines »Dazwischen« grenzt ans Philosophische und erinnert an die Definition des Davor und Danach, mit der sich Kant so geplagt hatte. Und genau das war es gewissermaßen auch, was Dedekinds Kollegen Georg Cantor (1845–1918) beschäftigte. Cantor war Schüler von Karl Weierstraß in Berlin gewesen, jedenfalls bis 1866, und in einer frommen lutherischen Familie aufgewachsen. Er interessierte sich sehr für Metaphysik und war nach seiner entscheidenden Entdeckung der unendlichen Kardinalzahlen zutiefst davon überzeugt gewesen, dass sie ihm von Gott offenbart worden seien.[28] Schließlich wurde er manisch depressiv und verbrachte sein letztes Lebensjahr in einem Sanatorium, doch er war es, der zwischen 1872 und 1897 die Mengenlehre begründet und die »transfiniten Zahlen« eingeführt hatte.

Die Abhandlung, mit der alles begann, veröffentlichte Cantor unter dem Titel »Über die Ausdehnung eines Satzes aus der Theorie der trigonometrischen Reihen«. Darin hatte er den Begriff der »Menge« zu einem der interessantesten Konzepte für die Mathematik wie für die Philosophie erklärt.[29] Doch erst sein nächster Schritt überrumpelte die Mathematiker völlig (wiewohl es in Wahrheit wesentlich überraschender ist, dass noch niemand vor ihm darauf gekommen war): Die Reihe 1, 2, 3... n war ebenso eine unendliche Menge wie 2, 4, 6... n. Daraus folgte jedoch, dass einige unendliche Mengen größer waren als andere – es gibt mehr Ganzzahlen bei 1, 2, 3... n als bei 2, 4, 6... n. Als Nächstes folgte Cantors Nachweis, dass die Punktmenge, das heißt eine gegebene unendliche Zahl von Punkten auf einer Strecke, der unendlichen Zahl von Punkten auf einer Fläche gleicht. »Ich sehe es, aber ich glaube es nicht«, schrieb er am 29. Juni 1877 an Dedekind.[30] Man tut gut daran, sich dieses Satzes zu erinnern.

Aber nicht jeder glaubte, dass er hier eine Revolution miterlebte. Cantors einstiger Berliner Lehrer Leopold Kronecker stritt sich öffentlich mit ihm über diese neuen Ideen, auch Hermann von Helmholtz und sogar Friedrich Nietzsche griffen Cantor an (Nietzsche meinte, dass Zahlen zwar notwendig seien, hielt sie aber für reine Fiktion). Mittlerweile hatten sowohl Gottlob Frege in Jena als auch der Italiener Giuseppe Peano begonnen, mit dem Wesen der Zahlen zu kämpfen. Freges Antwort war weniger komplex als Peanos (und Dedekinds), beruhte dafür aber auf einer von ihm selbst entwickelten Darstellungsweise.

An Gottlob Frege (1848–1925) erinnert man sich heute vor allem zweier Grundlagenschriften wegen: *Die Begriffsschrift. Eine der arithmetischen nachgebildete Formelsprache des reinen Denkens* (1879) und *Die Grundlagen der Arithmetik. Eine logisch-mathematische Untersuchung über den Begriff der Zahl* (1884). Darin ging er von der grundlegenden Idee aus, dass sich Logik mittels Sprache ebenso beschreiben lasse wie mittels Mathematik. Im Vergleich beider enthüllten sich die wesentlichen Elemente der Logik. Dieser Denkansatz interessierte vor allem einen anderen Studenten von Weierstraß, Edmund Husserl (1859–1938) in Halle, der 1887 *Über den Begriff der Zahl* promoviert und 1891 mit seiner ambitionierten *Philosophie der Arithmetik* an diese Dissertation angeschlossen hatte. Nachdem er Freges *Grundlagen der Arithmetik* für die eigene Arbeit verwendet hatte, schickte er ihm als Zeichen des Respekts seine *Philosophie*.[31] Er hatte die Menge nicht mathematisch definiert, sondern vielmehr die Frage gestellt, wie der *Geist* allgemeingültige Regeln bildete, um Multiplikationen überhaupt in Einheiten umwandeln zu können. Mit anderen Worten: Vor dem mathematischen stand das philosophische oder epistemologische Problem. Und darauf fand Husserl dann eine kantische Antwort: Das Kontinuum realer Zahlen könne dem Bewusstsein nie gewärtig gemacht werden. Kontinuität sei wie Raum oder Zeit oder – wie die Unendlichkeit – eine Schöpfung unseres Geistes. Das war zu viel für Frege: Bei dieser Lektüre habe er den »Umfang der Verwüstungen ermessen können, die der Einbruch der Psychologie in die Logik angerichtet« habe.[32]

Der Jüngste aus der zweiten großen Mathematikergeneration war David Hilbert (1862–1943). Er war insofern aus demselben Holz geschnitzt wie Frege und Husserl, als auch er die Mathematik aus philosophischer Sicht betrachtete, gehörte jedoch zugleich der Denkschule von Cantor und Dedekind an, da er gleichermaßen an Mengenalgebra interessiert war. Hilbert wurde in Königsberg geboren und hatte dort das Collegium Fridericianum besucht, auf das hundertvierzig Jahre zuvor auch Kant gegangen war. Er wurde Ordinarius in Königsberg und 1895 auf Betreiben von Felix Klein an die Universität Göttingen berufen, wo er zum Mentor vieler Mathematiker wurde, die später selbst berühmt werden sollten, darunter Hermann Weyl, Richard Courant und John von Neumann.[33]

Hilbert interessierte sich ebenfalls für die Zahlentheorie und den Unterschied zwischen Intuition und Logik. Und weil er bestimmte Aspekte von Zahlen (wie zum Beispiel Ordnung und Mengen) für intuitiv hielt, wollte er definieren, wann Logik die Intuition ablöst. Am berühmtesten aber wurde er wohl wegen seiner einzigartigen Bestimmung von dreiundzwanzig ungelösten mathematischen Problemen, die er 1900 auf dem internationalen Mathematikerkongress in Paris bekannt gab – jedoch, wie er betonte, nur als eine Auswahl unter all den Fragen, die es noch zu beantworten galt.[34] Später führte Hilbert den »unendlich dimensionalen euklidischen Raum« ein, der heute als »Hilbert-Raum« bezeichnet wird, und arbeitete mit Albert Einstein am mathematischen Ausdruck der Allgemeinen Relativitätstheorie: der so genannten Einstein-Hilbert-Wirkung.

Es gab also eine Zeit, in der sich Physik und Mathematik gewissermaßen konzeptionell überschnitten. Beide befassten sich mit der Frage von Kontinuität und Partikularität, und diese Auseinandersetzung sollte sich bei der digitalen Revolution Jahrzehnte später bezahlt machen.

26
Wien: Sinn und Sinnlichkeit

Anfang September des Jahres 1887 machte sich der Arzt, Erzähler, Dramatiker und Amateurpianist Arthur Schnitzler zu einem seiner üblichen Spaziergänge durch Wien auf (er sei ein so vertrautes Bild auf der Ringstraße gewesen, schreibt der australische Dichter und Essayist Clive James, dass er praktisch »ein Teil von ihr« geworden sei), und begegnete einer attraktiven jungen Frau, die sich Jeanette nannte. Gesellschaftlich lagen Welten zwischen ihnen. Er stammte aus dem gebildeten Großbürgertum, sie war eine Stickerin. Doch zwei Tage nach dieser Begegnung besuchte sie ihn zu Hause, und sie wurden Liebende. Im Lauf der nächsten Monate verzeichnete Schnitzler akribisch jedes einzelne ihrer »Liebesgefechte« in seinem Tagebuch. Bis die Affäre Ende 1889 ein bitteres Ende gefunden hatte, gab es 563 »Gefechts«-Einträge. Diese Genauigkeit war nicht weniger bemerkenswert als Schnitzlers Potenz: Da er oft lange Zeit gar nicht in der Stadt war, liebten er und Jeanette sich bis zu fünfmal pro Nacht, um die Buchführung wieder in Ordnung zu bringen.[1]

Auch an dieser Mixtur aus wissenschaftlicher Exaktheit, Draufgängertum, Experimentierlust und sexueller Freizügigkeit (und das, bevor Salvarsan auf den Markt kam) lässt sich gut ablesen, welches Miasma an Ideen am Ende des 19. Jahrhunderts in Wien umherwaberte. Im Jahr 1900 nahm Wien jedenfalls gewiss den ersten Rang unter den Großstädten im deutschsprachigen Raum ein: Wenn es denn eine Stadt gab, die zu Beginn des 20. Jahrhunderts für die geistigen Strömungen auf dem europäischen Kontinent stand, dann gewiss die Hauptstadt des österreichisch-ungarischen Reiches.

Die Mutter aller Kaffeehausgesellschaften

Die Wiener Architektur spielte eine entscheidende Rolle für den typischen Charakter dieser Stadt. Die Ringstraße mit ihren Monumentalbauten, darunter die Universität, die Oper und das Parlamentsgebäude, war in der zweiten Hälfte des 19. Jahrhunderts um das Zentrum der Altstadt errichtet worden. Praktisch das ganze geistige und kulturelle Leben der Stadt spielte sich in diesem relativ kleinen und gut zugänglichen Areal ab. Dort waren auch die typischen Kaffeehäuser der Stadt aus dem Boden geschossen, diese informellen Treffpunkte, die Wien ein so ganz anders Bild als beispielsweise London, Paris oder Berlin verliehen.[2] An den kleinen Marmortischen wurden mindestens so viele neue Ideen ausgebrütet wie in den Zeitungsredaktionen oder von den Autoren der akademischen Zeitschriften und Bücher jener Tage. Dass es überhaupt zu dieser Kaffeehauskultur kommen konnte, war angeblich der Entdeckung riesiger Kaffeelager zu verdanken, die die Türken 1638 bei ihrem Abzug aus Wien hinterlassen hatten. Ob das nun stimmt oder nicht, fest steht jedenfalls, dass sich die Cafés bis 1900 zu einer Art von Clubs entwickelt hatten, wo man sich mit einem kleinen Schwarzen das Recht erwarb, den ganzen restlichen Tag über am Tisch sitzen zu bleiben und halbstündlich ein Glas Wasser auf einem Silbertablett serviert zu bekommen. Zeitungen, Zeitschriften, Billardtische und Schachspiele standen frei zur Verfügung, ebenso Federn, Tinte und (mit dem Namen des jeweiligen Cafés bedrucktes) Schreibpapier. Stammgäste konnten sich ihre Post in das bevorzugte Kaffeehaus schicken lassen, von denen einige, wie zum Beispiel das Café Griensteidl, große Enzyklopädien und andere Nachschlagwerke bereithielten für den Fall, dass die an ihren Tischen arbeitenden Schriftsteller Bedarf anmeldeten.[3]

Führerschaft als Kunstgattung

Auch eine Gruppe von Bohemiens pflegte sich im Café Griensteidl zu treffen. Man kannte sie unter dem Namen »Jung Wien«. Zu ihr zählten Arthur Schnitzler und Hugo von Hofmannsthal, der brillante Journalist, Essayist und spätere Präsident des Zionistischen Weltkongresses, Theodor Herzl, der Schriftsteller Stefan Zweig und, als Kopf der Gruppe, der Verleger Hermann Bahr. Sein Blatt *Die Zeit* war für viele dieser Talente ein ebenso wichtiges Forum wie *Die Fackel* von Karl Kraus, dem nicht weniger brillanten Autor der *Letzten Tage der Menschheit*.[4]

Der Lebenslauf von Arthur Schnitzler (1862–1931) weist ein paar erstaunliche Parallelen zu der Karriere von Sigmund Freud auf: Unter anderem war auch er Facharzt für Neurologie und setzte sich mit Neurasthenie auseinander. Und selbst wenn sich Schnitzler schließlich von der Medizin ab- und der Literatur zuwandte, spiegeln sich doch auch in seinen Werken viele psychoanalytische Vorstellungen (beispielsweise fand er, dass Liebesaffären der Bildung dienten). In seinen frühen Werken befasste er sich vor allem mit der Hohlheit der Wiener Kaffeehausgesellschaft, doch mit *Leutnant Gustl* (1900 in der *Neuen Freien Presse*, 1901 als Buch erschienen) und dem *Weg ins Freie* (1908) begann er neue Zeichen zu setzen. *Leutnant Gustl*, ein langer innerer Monolog, beginnt mit einer Episode, bei der ein »bloßer Bäckermeister« im Getümmel an der Garderobe des Opernhauses den Säbel des Leutnants berührt und ihn einen »dummen Buben« nennt. Dieses unbedeutende Geschehen löst im Leutnant spontane Assoziationen aus, die in gewisser Weise an den späteren Proust erinnern. Beim Roman *Weg ins Freie* erhält der dramatische Aufbau seine Kraft aus Schnitzlers Darstellung, wie dem Leben und der Laufbahn seiner jüdischen Protagonisten Steine in den Weg gelegt werden. Dabei klagt Schnitzler den Antisemitismus nicht nur als ein Symptom des geistigen Verfalls an. Er entlarvt ihn auch als das Symbol der neuen, illiberalen Kultur des dekadenten Ästhetizismus und einer Massengesellschaft, die einträchtig mit einem »zur Schaubühne der Manipulation der Massen« verkommenen Parlament alle Macht den Instinkten überlässt. Diese Illiberalität verdrängte genau jene »zielvolle sittliche und wissenschaftliche« Kultur, welche so viele seiner jüdischen Romangestalten vertreten. Schnitzler war ein entschiedener Realist. So fand er beispielsweise, dass der Kampf zwischen Phantasie und Treue schlicht eine Tatsache des Lebens sei.[5]

Hugo von Hofmannsthal (1874–1929) ging noch weiter. Als Sohn einer in den Adelsstand erhobenen jüdischen Familie hatte er das Glück, einen Vater zu haben, der ihn schon in jungen Jahren ins Café Griensteidl mitnahm, sodass die Gruppe um Bahr wie ein Verstärker auf die früh entwickelten Talente des Kindes wirkte. Bereits zu Anfang seiner Karriere vollbrachte Hofmannsthal, wie einmal geschrieben wurde, »die glänzendste Leistung in der Geschichte der deutschen Dichtkunst«, doch in der Rolle des Ästheten fühlte er sich nie ganz wohl. 1905, als er sich mit dem Einfluss der Naturwissenschaften auf die alte ästhetische Kultur befasste, schrieb er: »Das Wesen unserer Epoche ist Vieldeutigkeit und Unbestimmtheit. Sie kann nur auf Gleitendem ausruhen.«[6] Hätte man besser beschreiben können, wie das alte newtonische Weltbild nach den Entdeckungen von Boltzmann und Planck zu entgleiten drohte? »Es zerfiel mir alles in Teile«, schrieb Hofmannsthal, »die Teile wieder in Teile, und nichts mehr ließ sich mit einem Begriff umspannen.«[7] Wie Schnitzler war auch Hofmannsthal über die politischen Entwicklungen im Habsburgerreich, vor allem aber über den immer bedrohlicheren Antisemitismus entsetzt. Doch er lastete zumindest einen Teil der Schuld für diesen Aufstieg des Irrationalen den Naturwissenschaften an, weil sie es waren, die zur Abkehr vom vorherrschenden Weltbild zwangen – ihre neuen Ideen wirkten derart verstörend, dass sie in weiten Teilen der Gesellschaft zu einer reaktionären Absage an die Vernunft führten. Also beschloss er im »hohen« Alter von sechsundzwanzig Jahren, die Dichtkunst links liegen zu lassen, da ihm die Bühne besser geeignet schien, sich den

Herausforderungen seiner Zeit zu stellen, und weil er glaubte, dass das Drama (nach griechischem Vorbild) ein notwendiges Korrektiv der Politik sein könne. In all seinen Schauspielen, von *Die Söhne des Fortunatus* (1900–1901) über *König Candaules* (1903) bis hin zu seinen Libretti für Richard Strauss, geht es um Politik als Kunst, um die Lebensaufgabe von Königen, für Ordnung zu sorgen und die Irrationalität in ihre Schranken zu weisen. Dennoch glaubte Hofmannsthal, dass der Irrationalität ein Ventil gelassen werden müsse, deshalb schlug er als Lösung »die Zeremonie des Ganzen« vor, eine ritualisierte Form von Politik, bei der sich niemand ausgeschlossen fühlen würde.[8] Seine Dramen sind denn auch tatsächlich Versuche, dem Ganzen einen zeremoniellen Rahmen zu geben und die individuelle Psychologie auf eine Weise mit der Gruppenpsychologie zu verbinden, dass es wie ein Vorbote der späteren Theorien Freuds wirkt. Er selbst sagte, dass »das Schrifttum« zum »geistigen Raum der Nation« geworden sei, und hoffte immer, dass seine Königsdramen Wien helfen würden, eine starke Führungspersönlichkeit hervorzubringen, die als moralische Instanz den Weg weisen würde. Die Begriffe, die Hofmannsthal dafür wählte, kamen dem folgenden Geschehen auf unheimliche Weise nahe: Er wartete auf ein Genie, das alle Merkmale des Usurpators besitzen würde, auf einen wahren Deutschen und wirklichen Mann, einen Propheten, Dichter, Lehrmeister, Verführer und erotischen Träumer.[9]

Wie Hofmannsthal mit seiner Königsästhetik und »Zeremonie des Ganzen« reagierte auch Franz Clemens Brentano (1838–1917) mit seiner neuen Philosophie auf das »Gleitende«, das durch die neuen naturwissenschaftlichen Erkenntnisse hervorgerufen wurde. Brentano war außerordentlich beliebt: Seine Vorlesungen waren so legendär, dass sich die Hörer – darunter Freud und Tomáš Masaryk – sogar auf den Fluren drängten. Und er war außerordentlich vielseitig: Obwohl er von Ehrfurcht gebietender Statur war, wurde er oft beim Baden in der Donau gesehen; er veröffentlichte ein ungemein populäres Rätselbuch; und medizinisch ließ er sich von Josef Breuer, dem Mitbegründer der Psychoanalyse, betreuen. Sein wahres Interesse galt jedoch einem – mit bestmöglichen wissenschaftlichen Methoden erbrachten – Gottesbeweis. Von der Philosophie nahm er an, dass sie sich in Zyklen entwickelt habe – Altertum, Mittelalter und Neuzeit –, die er ihrerseits in jeweils vier Phasen aufgliederte: Die erste Phase ist die der aufsteigenden Entwicklung, die zweite ist das erste Stadium des Verfalls, die dritte Phase (das zweite Stadium des Verfalls) ist die Epoche der Skepsis, und die vierte Phase schließlich (das dritte Stadium des Verfalls) ist die der Mystik. Er verdeutlichte das mit folgender Tabelle:

	Altertum	Mittelalter	Neuzeit
1. Phase	Thales → Aristoteles	Thomas v. Aquin	Bacon → Locke
2. Phase	Stoiker, Epikureer	Duns Scotus	Aufklärung
3. Phase	Skeptiker, Eklektiker	Wilh. v. Occam	Hume
4. Phase	Neuplatoniker → Pythagoräer	Lullus, Cusanus	Deutscher Idealismus

Nicht zuletzt dieser Denkansatz machte Brentano zu einem typischen Vertreter der Wiener Geistesgeschichte des »halb-beschrittnen Weges«.* Nach zwanzigjähriger Suche brachten ihn seine Studien zu der Schlussfolgerung, dass es ein ewig schaffendes und bewahrendes Prinzip gebe, welches er mit dem Begriff »Verständnis« umschrieb (Kants Echo). Da er jedoch zugleich bei seiner Überzeugung blieb, dass sich die Philosophie in Zyklen entwickle, begann er an der Progressivität der Naturwissenschaften zu zweifeln. Dennoch, es war sein Denkansatz, der zu zwei weiteren philosophischen Ideen anregte, die am Beginn des 20. Jahrhunderts sehr einflussreich werden sollten: Edmund Husserls Phänomenologie und Christian von Ehrenfels' Gestalttheorie.[10]

Edmund Husserl (1859–1938) wurde im selben Jahr und selben Land – Mähren – geboren wie Freud und Gregor Mendel. Wie Freud war auch er Jude, hatte aber eine kosmopolitischere Erziehung genossen und in Berlin, Leipzig und Wien studiert. Obwohl sein eigentliches Interesse der Mathematik und Logik galt, fühlte er sich zunehmend zur Psychologie hingezogen. Damals wurde Psychologie üblicherweise noch im Rahmen der Philosophie gelehrt, jedenfalls in deutschsprachigen Ländern. Dank der experimentellen Psychologie begann sie sich jedoch schnell zu einer eigenen Disziplin zu entwickeln. Diese Psychologie war von Wilhelm Wundt (1832–1920) ins Leben gerufen worden, dem einstigen Assistenten von Helmholtz, der an der Universität Leipzig das erste Institut für Experimentelle Psychologie gegründet und sich den Rest seines Lebens dafür eingesetzt hatte, ihrer Methodologie Eingang in die Psychologie zu verschaffen. Er veröffentlichte mehr als vierhundertneunzig Fachschriften und war im Gegensatz zu Dilthey überzeugt, dass sich die menschliche Psychologie letztendlich durch all die kleinen, experimentell nachweisbaren physikalischen Ereignisse (wie zum Beispiel den »Reflexbogen«,

---

* Anm. d. Übers.: So lautet das Urteil des Dramatikers Franz Grillparzer über die Habsburgermonarchie: ein »halb-beschrittner Weg der halb vollend'ten Tat«.

den neuronalen Prozess, der eine Reflexbewegung auslöst) erklären lassen werde.[11]

Husserl, der einige Vorlesungen von Wundt gehört hatte, lässt sich am ehesten als ein postkantischer, postdarwinischer, postnietzscheischer – und insofern auch postchristlicher – Philosoph verstehen, der versuchte, das Phänomen des Seins auf eine nichtreligiöse Weise zu begreifen. Daher waren die Schlüsselbegriffe für ihn auch »Bewusstsein«, »Logik« und »Sprache«. Wie sollen wir die Phänomene *der* Natur und des Seins *in* der Natur verstehen? Der Verstand erschafft unser Bewusstsein, das entscheidende psychologische Phänomen unseres Daseins, doch in welchem Maße existieren die durch unser Bewusstsein erfahrbaren Phänomene in der Realität, das heißt also unabhängig von unserem Verstand und von unserem Bewusstsein? Oder ist das, was der Verstand (Husserl nannte es »Aufmerksamkeit«) phänomenal begreift, reines »Vermeinen, Intendieren«? Existiert ein scheinbar so eindeutiges Phänomen wie Logik »außerhalb von uns« überhaupt, oder ist Logik eine »Intention« des Verstandes? Und wie hängt das alles mit der Art und Weise zusammen, wie wir Sprache benutzen und verstehen? Kann Sprache Phänomene überhaupt exakt wiedergeben und/oder beschreiben, und wenn ja, inwieweit kann eine Sprachanalyse dann zum Verständnis der Natur beitragen?

Husserls großes zweibändiges Werk über diese Fragen, *Logische Untersuchungen*, wurde zwischen 1900 und 1901 veröffentlicht. Den Kern seiner Schlussfolgerungen könnte man als einen aktualisierten Idealismus bezeichnen: Es gibt die Tendenz des Verstandes, Erfahrung zu organisieren, das Bewusstsein zu organisieren. Man sollte hier anmerken, dass Husserl kein begnadeter Stilist war und deshalb viele Leser insbesondere in der angelsächsischen Welt Schwierigkeiten hatten und haben, ihm zu folgen. Es gibt jedoch eine, wenn auch zugegebenermaßen simplifizierende und sehr elementare Möglichkeit, sich seinem Denken anzunähern: mit Hilfe des bekannten Beispiels für optische Täuschungen, jenes Bildes, das einerseits einen weißen Kerzenständer und andererseits zwei schwarze, sich zugewandte Profile erkennen lässt. Die Tatsache, dass wir nahezu unwillkürlich zwischen diesen beiden Wahrnehmungen hin- und herwechseln, war für Husserl eine Bestätigung, dass es irgendein Organisationsprinzip in unserem Bewusstsein gibt, das bestimmen oder uns helfen kann zu bestimmen, wie wir die Welt wahrnehmen.

Husserl war fasziniert von der Frage, wieso sich der Mensch im Lauf der Zeit verändern und doch gleich bleiben kann, von der Frage, was es bedeutet, eine gleichbleibende Identität zu haben und doch Teil eines Ganzen zu sein. Er war überzeugt, dass es ganze Areale des Seins oder Bewusstseins gibt, über die die Wissenschaft nie etwas in Erfahrung bringen werde, nicht einmal ansatzweise. So gesehen lässt sich Husserl (der ein gewaltiges Archiv hinterließ[12]) heute am ehesten als der wahre Vater der sogenannten »Kontinentalphilosophie« verstehen, welcher Denker wie Martin Heidegger, Jean-Paul Sartre und Jürgen Habermas angehören sollten, im Gegensatz zu der von Bertrand Russell und Ludwig Wittgenstein initiierten und in Nordamerika und England populäreren »analytischen Philosophie«.

Ein anderer bedeutender geistiger Erbe Brentanos war Christian Ehrenfels (1859–1932), der Vater der Gestaltphilosophie und -psychologie. 1897 trat er eine Professur für Philosophie in Prag an. Ausgehend von Ernst Machs Aussage über die »Beständigkeit« (ein Körper bleibt seiner Form, Farbe und Härte nach derselbe, unabhängig von der perspektivischen Wahrnehmung des »optischen Beobachters«[13]), modifizierte er Brentanos Ideen mit der Behauptung, dass das Bewusstsein die »Gestaltqualität« irgendwie intendiere. Was er damit meinte, ist, dass es in der Natur das »gestalthafte Ganze« gebe, welches zu erkennen das Bewusstsein und das Nervensystem nicht nur bereit, sondern *prädestiniert* seien. Die Gestalttheorie übte eine Zeit lang großen Einfluss auf die deutsche Psychologie aus und wurde, obwohl sie selbst ins Nichts führte, schließlich zur Grundlage für die Theorie von der »Prägung«, für jene Fähigkeit von Neugeborenen also, bestimmte Gestalten während entscheidender Entwicklungsphasen intuitiv zu erkennen.

Wissenschaft und ihre Pathologien

Das Wien jener Tage wurde aber auch von erklärtermaßen zwar rationalen, tatsächlich aber eindeutig pseudowissenschaftlichen Ideen beherrscht, die heute nicht mehr nachvollziehbar sind. Hierzu gehören in erster Linie die berüchtigten Theorien von Otto Weininger (1880–1903).[14]

Weininger, der Sohn eines antisemitischen, wenngleich selbst jüdischen Kupferstechers, war ein arroganter, reservierter Kaffeehaus-Geck, der autodidaktisch acht Sprachen erlernt hatte, noch bevor er sein Studium mit einer Dissertation abschloss, die 1903 – unter dem vom Verlag neu gewählten – Titel *Geschlecht und Charakter* publiziert und ein riesiger Erfolg wurde. Es war ein fanatisch antisemitisches und außerordentlich frauenfeindliches Machwerk, in dem Weininger zum Beispiel die Ansicht vertrat, dass männliche und weibliche Verhaltensweisen stark von einem »einheitlichen Protoplasma« geprägt seien. Abgesehen davon erfand er ein ganzes Lexikon an Neologismen zur Erläuterung seiner Ideen. »Homologes Gewebe« zum Beispiel, das »nicht mehr unmittelbar für die Fortpflanzung verwertet werden kann«, nannte er »Idioplasma«, rein männliches Gewebe »Arrhenoplasma« und rein weibliches »Thelyplasma«. Alle großen Errungenschaften in der Menschheitsgeschichte – Kunst, Literatur, Jurisprudenz, einfach alles – schrieb er der Kreativität des männlichen Prinzips zu, wohingegen er das weibliche Prinzip für alle negativen Elemente verantwortlich machte, deren Kulmination er schließlich in der jüdischen Rasse sah. Trotz des kommerziellen Erfolgs seines Buches und der eigenen Popularität fand sein rastloser Geist keine Ruhe. Noch im Jahr der Veröffentlichung mietete er sich in Wien ein Zimmer im Schwarzspanierhaus, in dem Beethoven gestorben war, und erschoss sich. (»In einer Stadt, die Selbstmord als Kunst betrachtete, war Weininger ein Meisterwerk«, schreibt der amerikanische Musikkritiker Alex Ross.) Er war dreiundzwanzig Jahre alt.[15]

Ein vielleicht etwas fundierterer Wissenschaftler, der aber nicht weniger am »Geschlecht« und der Entwicklung einer Sexualwissenschaft interessiert war als Weininger, war der katholische Psychiater Richard von Krafft-Ebing (1840–1902). Seinen Namen hatte er sich 1886 mit einem dünnen Band erworben, der in lateinischer Sprache unter dem Titel *Psychopathia sexualis* erschienen war. Nach dessen durchschlagendem Erfolg wurde er überarbeitet, stark erweitert und, mit dem Untertitel *Eine medizinisch-gerichtliche Studie für Ärzte und Juristen* versehen, neu aufgelegt und bald schon in sieben Sprachen übersetzt. Die meisten der darin besprochenen »medizinisch-gerichtlichen« Fallstudien hatte Krafft-Ebing Gerichtsprotokollen entnommen. Er forschte nach den sexuellen Psychopathologien dieser Fälle und stellte sie dann in einen Zusammenhang mit dem ehelichen Leben, bestimmten Motiven in der Kunst und mit der Struktur organisierter Religionen. Das berüchtigtste Beispiel für die von ihm geschilderten »Abartigkeiten« – es waren nicht zuletzt sie, deretwegen dieses Machwerk später so in Verruf geriet – hing mit seiner Wortschöpfung »Masochismus« zusammen. Den Begriff hatte er von dem Schriftsteller Leopold von Sacher-Masoch abgeleitet, Sohn eines Grazer Polizeipräsidenten, der in einer seiner freizügigsten Geschichten, *Venus im Pelze*, seine Affäre mit der Baronesse Fanny Pistor verarbeitet hatte. Wie er selbst es im wirklichen Leben getan hatte, ließ er auch seinen Romanhelden vor den Augen der Geliebten einen Vertrag unterzeichnen, der ihn verpflichtete, »mit seinem Ehrenworte als Mann und Edelmann, fortan der Sklave derselben zu sein [...]«[16]

Die *Psychopathia sexualis* war eindeutig ein Vorbote bestimmter Aspekte der Psychoanalyse. Krafft-Ebing hatte erkannt, dass Sexualität ebenso wie Religion in der Kunst sublimiert werden kann und beide »der Phantasie den weitesten Spielraum« lassen. Für ihn spielte bei beidem – »Religion und Liebe« (und somit auch in der Ehe) – »neben der Erwartung eines unfassbaren Glückes das Bedürfnis schrankenloser Unterwerfung eine Rolle«. Und genau in diesem Prozess, vielmehr in dessen seiner Meinung nach pervertierter Form, glaubte er die Ätiologie eines pathologischen Masochismus zu erkennen.[17]

»Die Gebrauchskunst ist der Kunst untergeordnet«

Das architektonische Bild Wiens wird wie gesagt stark von der Ringstraße geprägt. Angelegt wurde sie Mitte des 19. Jahrhunderts, nachdem Kaiser Franz Joseph angeordnet hatte, die Wehranlagen um die Altstadt zu schleifen und eine riesige Schneise ringförmig um die alte Stadtmitte zu schlagen. Im Lauf der nächsten fünfzig Jahre wurden Dutzende Monumentalbauten an diesem Ring errichtet, darunter das Opernhaus, das Parlament, das Rathaus, Teile der Universität und die große Votivkirche. Die meisten waren mit Ornamenten geradezu überladen, und von diesen überreichen Verzierungen fühlten sich zuerst Otto Wagner und dann auch Adolf Loos mächtig provoziert.

Otto Wagner (1841–1918) wurde vor allem seiner »Beardsley'schen Phantasie« wegen gerühmt. 1894 hatte er den Wettbewerb für den Bau einer Wiener Stadtbahn mit mehr als dreißig Galerien, Viadukten, Brücken und Stationsgebäuden gewonnen, später folgten noch Wohnhäuser entlang der Wienzeile.[18] Wagner schuf etwas völlig Neues, indem er nicht nur neue Materialien verwendete, sondern diese auch *zeigte*. So blieben beispielsweise die Stahlträger von Brücken sichtbar und wurden nur angestrichen, anstatt hinter schmückenden Verschalungen verborgen zu werden, wie bei den Bauten der Ringstraße noch üblich. Seine Entwürfe verkörperten die Idee, dass »die Straße« der eigentliche Bauplatz geworden sei, da der moderne, urbane Mensch ständig in Eile zwischen Wohnung und Arbeitsplatz unterwegs war und Plätze, Aussichtspunkte oder gar Paläste daher an Bedeutung verloren hatten. Wagner wollte für Wien eine gerade, zielgerichtete Straßenführung und die Stadtviertel so organisieren, dass alle Arbeitsstätten in der Nähe von Wohnanlagen angesiedelt waren, die jeweils über eigene Zentren jenseits des Großstadtzentrums verfügen sollten.

Adolf Loos (1870–1933), der mit Freud, Karl Kraus und dem Rest des Kreises aus dem Café Griensteidl befreundet war, vertrat einen revolutionäreren Rationalismus als Wagner. Er wandte sich *gegen* den Zeitgeist.[19] Architektur, erklärte er, sei nicht Kunst: »Das Kunstwerk ist eine Privatangelegenheit des Künstlers. Das Haus ist es nicht [...]. Das Kunstwerk will die Menschen aus ihrer Bequemlichkeit reißen. Das Haus hat der Bequemlichkeit zu dienen. Das Kunstwerk ist revolutionär, das Haus konservativ.«[20] Diese Vorstellung von gestaltender Kunst übertrug Loos auch auf Kleidung und sogar Verhaltensweisen. Er bevorzugte Simplizität, Funktionalität und Schmucklosigkeit und glaubte, dass der Mensch Gefahr laufe, sich von der materialistischen Kultur versklaven zu lassen, weshalb er wieder ein angemessenes Gleichgewicht zwischen Kunst und Leben herstellen wollte. Die Gebrauchskunst fand er der Kunst untergeordnet, weil sie konservativ war. Nur wer diesen Unterschied verstand, konnte sich seiner Meinung nach befreien: »Der Gebrauchsgegenstand ist nur für den Zeitgenossen gearbeitet und hat nur diesem zu genügen – das Kunstwerk wirkt bis in die letzten Tage der Menschheit.«[21]

Vor allem Weininger, aber auch Loos ließen sich vom Rationalismus verführen. Beide adaptierten pseudowissenschaftliche Ideen oder Begriffe und setzten sich über wissenschaftliche Erkenntnisse hinweg, um Systeme zu konstruieren, die am Ende ebenso phantastisch waren wie die unwissenschaftlichen Vorstellungen, die sie verabscheuten.

Nichts illustriert die geistige Spaltung und die unterschiedlichen Denkweisen im Wien der Jahrhundertwende besser als der Aufruhr um Gustav Klimts geplante drei Gemälde für die Universität, dessen erstes er 1900 vollendete. Klimt (1862–1918) wurde in Baumgarten bei Wien geboren und war wie Weininger der Sohn eines Kupferstechers. Aber damit endet die Vergleichbarkeit auch schon. Klimt erwarb sich seinen Namen mit Deckengemälden und Fresken für das Burgtheater und das Kunsthistorische Museum an der Ringstraße, die er noch gemeinsam mit seinem Bruder Ernst fertiggestellt hatte. Nach dessen Tod im Jahr 1892 zog er sich fünf Jahre lang zurück, um sich mit dem Werk von James Whistler, Aubrey Beardsley und Edvard Munch zu befassen. Erst 1897 tauchte er als Kopf der Wiener Secession wieder auf, einer Gruppe von neunzehn Künstlern, die, ähnlich den Pariser Impressionisten und den Künstlern der Berliner und Münchener Secession, den akademischen Malstil verabscheuten und ihrer eigenen Version des »Art nouveau« oder des Jugendstils anhingen.[22]

Klimts Stil, der ebenso kühn wie intim war, hatte drei charakteristische Merkmale: den ausgiebigen Einsatz von Blattgold (die Technik hatte er von seinem Vater erlernt), den Auftrag kleinster Sprenkel schillernder Farben, hart wie Email, und insbesondere die Darstellung von Frauen, die eine laszive Erotik ausstrahlen. Seine Gemälde waren ganz und gar nicht freudianisch, denn die Frauen, die er porträtierte, wirken alles andere als neurotisch, vielmehr ruhig, gelassen und vor allem sinnlich, wie die »Wiedererweckung des sinnlichen Lebens, das in der Kunst erstarrt war«, so der amerikanische Kulturhistoriker Carl E. Schorske.[23] Doch indem Klimt derart stark die Aufmerksamkeit auf die weibliche Sinnlichkeit lenkte, wies er zugleich darauf hin, wie unbefriedigt diese war, was zur Folge hatte, dass die Frauen in seinen Gemälden unersättlich wirkten – sie waren verführerisch und zugleich schockierend und schienen zu all den »Perversionen« fähig, über die sich Krafft-Ebing in seinem Buch ausgelassen hatte. Klimts neuer Stil spaltete die Wiener Gesellschaft vom ersten Moment an, brachte ihm aber schnell den Auftrag für die sogenannten »Fakultätsbilder« der Universität ein.[24]

Drei große Tafeln sollten es sein: *Philosophie*, *Medizin* und *Jurispru-*

denz. Und alle drei sollten zu Tumulten führen, zuerst die *Philosophie.* Als Thema war Klimt von den Auftraggebern »Der Sieg des Lichts über die Finsternis« vorgegeben worden, doch was er dann ablieferte, waren »ineinander verknotete Leiber der leidenden Menschheit«, die am Betrachter vorbeizutreiben schienen, eine kaleidoskopische »Verdichtung des atomisierten Raumes« in der »kosmischen Trübe«. Die Herren Professoren waren empört, und Klimt war als ein Maler diffamiert, der »verschwommene Gedanken durch verschwommene Formen« präsentierte. Die Philosophie, erklärten die Honoratioren, suche Wahrheit in den exakten Wissenschaften und verdiene es nicht, als »nebelhaftes Gebilde« dargestellt zu werden. Achtzig Professoren unterzeichneten eine Petition, in der sie forderten, dass dieses Gemälde auf keinen Fall in der Universität zur Schau gestellt werden dürfe. Klimt zahlte sein Honorar zurück und beschloss, die restlichen Auftragsbilder gar nicht erst abzuliefern.[25]

Uns interessiert dieser Streit vor allem deshalb, weil er uns zu Hofmannsthal und Schnitzler, Husserl und Brentano zurückführt. Denn mit seiner Interpretation dieser Auftragsgemälde hatte Klimt eine entscheidende Frage aufgeworfen: Wie kann der Rationalismus erfolgreich sein, wenn doch das Irrationale und das Instinktive unser Leben beherrschen? Ist Vernunft wirklich Fortschritt? Der Instinkt ist eine ältere und mächtigere Kraft, er mag zwar eine atavistische, primitive und manchmal auch dunkle Macht sein, doch was haben wir davon, wenn wir ihn verleugnen? Diese Einstellung sollte bis zum Ausbruch des Zweiten Weltkriegs ein wichtiger Impulsgeber im deutschen Denken bleiben.

Theodor Herzl (1860–1904) war der Sohn eines jüdischen Kaufmanns. Er kam in Budapest zur Welt und übersiedelte zum Studium der Rechtswissenschaften nach Wien. Als Gymnasiast hatte er ein Gedicht geschrieben, in dem er Luther als den Meister Deutschlands pries; in Wien wurde er Mitglied einer schlagenden deutschnationalen Studentenverbindung. Er war ein attraktiver Mann, verfasste Komödien, wurde in den achtziger Jahren ein erfolgreicher Journalist und schrieb Feuilletons für die *Wiener Allgemeine Zeitung* und die *Neue Freie Presse.* (Das Feuilleton, ursprünglich eine französische Idee, sah damals noch anders aus als heute: Es bestand aus einem Artikel, der meist auf dem unteren Drittel der Titelseite abgedruckt wurde und sich nicht um politische Fakten als solche kümmerte, sondern diese auf geistreiche Weise kommentierte und reflektierte und unangenehme Fragen über das stellte, was in den Nachrichten enthüllt worden war – oder über das, was zu enthüllen man vermieden hatte.)

Der entscheidende Wandel in Herzls Leben trat mit seiner Übersiedlung nach Paris ein, von wo er als Korrespondent der *Neuen Freien Presse* berichten sollte. Denn bei seiner Ankunft empfing ihn eine heftige Welle des Antisemitismus, ausgelöst durch den Prozess gegen korrupte Beamte der Panamakanal-Gesellschaft.[26] Drei Jahre später nahm Herzl fassungslos zur Kenntnis, dass Frankreich ein Bündnis mit Russland einging, obwohl dort just zu dieser Zeit ein Pogrom nach dem anderen stattfand und die Russen Tausende ukrainische Juden ermordeten. Es war die Gleichgültigkeit – nicht nur die des Westens als solchem, sondern auch die der Juden im Westen – gegenüber dem Schicksal des osteuropäischen Judentums, die Herzl 1895 veranlasste, seine programmatische Schrift *Der Judenstaat* zu veröffentlichen. Er arbeitete zwar nach wie vor als Journalist und schrieb auch weiterhin Theaterstücke, widmete sich letztendlich aber nur noch der für ihn vordringlichsten Aufgabe: Er wollte die Regierungen Europas bewegen, der von ihm ins Leben gerufenen jüdischen Aktiengesellschaft (die Land in Palästina erwerben sollte) Souveränität über einen Teil der europäisch kontrollierten Kolonialgebiete zu gewähren, damit jedem Juden, der es wünschte, die Sicherheit einer eigenen Heimstatt garantiert war. Zwischen 1897 und seinem Tod im Jahr 1904 organisierte Herzl sechs Zionistische Weltkongresse, die unter anderem das Ziel hatten, den Sultan des Osmanischen Reiches zu überzeugen, einen Teil von Palästina zum Zweck der Gründung eines jüdischen Staates abzutreten. Für den Fall, dass dies nicht gelingen würde, hätte Herzl sich auch mit einem Gebiet in Argentinien begnügt (wozu viele seiner Unterstützer jedoch *nicht* bereit waren).

Herzl wusste vermutlich, dass er die Verwirklichung seines Traumes nicht mehr erleben würde, aber er hat nie daran gezweifelt, dass er eines Tages wahr werden würde (was aus seiner umfangreichen Korrespondenz hervorgeht). Zum Zeitpunkt seines Todes hatten Herzls »Jewish Colonial Trust« in London und dessen Zweigunternehmen, die »Anglo-Palestine Company« (die spätere Bank Leumi), 135 000 Anteilseigner gewonnen, mehr als jedes andere damals existierende Unternehmen. An Herzls Beerdigung auf dem Döblinger Friedhof in Wien nahmen rund zehntausend Juden aus ganz Europa teil.

Das Primat von Physik und Psychologie

Zu dieser Zeit gab es in Wien auch eine rein wissenschaftlich orientierte, klar reduktionistische Denkschule. Der leidenschaftlichste und bei Weitem einflussreichste Reduktionist Wiens war Ernst Mach (1838–1916). Geboren bei Brünn, wo Gregor Mendel seine Theorien entwickelt hatte, wurde Mach – ein frühreifes und schwieriges Kind, das ständig alles in Frage stellte – vom Vater unterrichtet. Schließlich zog Ernst nach Wien, um Mathematik und Physik zu studieren. Im Lauf seiner Forschungen gelangen ihm zwei bahnbrechende Entdeckungen: Gleichzeitig mit Josef Breuer, aber völlig unabhängig von ihm, erkannte er, dass die Bogengänge im Innenohr für das Gleichgewicht zuständig sind; und mit einer speziellen Technik gelang es ihm, Fotografien von Projektilen anzufertigen, die sich mit Überschallgeschwindigkeit bewegten. Dabei entdeckte er, dass sie nicht eine, sondern zwei Schockwellen hervorriefen, jeweils an der Spitze und am Ende, als Folge des Vakuums, das sich um das schnelle Geschoss bildete. Diese Erkenntnis sollte nach dem Zweiten Weltkrieg von großer Bedeutung für die Entwicklung von Überschallflugzeugen sein, und ihr ist es zu verdanken, dass die Schallgeschwindigkeit bis heute in »Mach-Zahlen« ausgedrückt wird.[27]

Nach diesen Errungenschaften begann sich Mach jedoch zunehmend für Philosophie und Wissenschaftsgeschichte zu interessieren. Als unerbittlicher Gegner jeglicher Metaphysik lehnte er solche seiner Meinung nach wertlosen Begriffe wie »Gott«, »Natur«, »Seele« und »Ich« ab. Er beharrte darauf, dass »alles, was wir von der Welt wissen können, sich notwendig in den Sinnesempfindungen ausspricht« und es daher Aufgabe der Naturwissenschaften sei, diese Empfindungen anhand von Daten auf die einfachste und neutralste Weise zu beschreiben. Damit erklärte er die Physik (da sie das Rohmaterial für »sinnliche Elemente« liefert) und die Psychologie (da sie uns unsere Empfindungen bewusst macht) zu Grundlagenwissenschaften. Aber auch Philosophie gab es für Mach nur im Rahmen des Wissenschaftlichen. Die wissenschaftliche Ideengeschichte bewies ihm, dass sich auch Ideen nach dem Evolutionsprinzip entwickeln, dass auch unter ihnen immer nur die Tauglichsten überlebten, ja, sogar, dass wir jede Idee nur zum Zweck des eigenen Überlebens entwickeln. Deshalb ergab es für ihn auch weit weniger Sinn, über die Wahrheit oder Unwahrheit von Theorien zu sprechen als über deren Nutzen. Wahrheit als eine beständige, unabänderliche Sache zu betrachten, als etwas, das einfach *ist*, war für ihn undenkbar. Der Wiener Kreis stützte sich mindestens so sehr auf die Ideen von Mach wie auf die Philosophie von Ludwig Wittgenstein.[28]

Das »arische Defizit« der Kultur

Dieses Wien lernte der junge Adolf Hitler aus Linz erstmals im Mai 1906 kennen. Der Trubel der Großstadt verwirrte damals jeden, der aus der Provinz anreiste, schreibt die österreichische Historikerin Brigitte Hamann. Im Jahr 1907 fuhren dort 1458 Automobile, die im Jahr 354 Unfälle verursachten, was allerdings von den 982 Unfällen unter der Beteiligung von Fiakern, Einspännern und Lohnkutschen in den Schatten gestellt wurde. Der Westbahnhof, in dem Hitler ankam, war bereits elektrisch beleuchtet, ebenso wie alle zehn inneren Bezirke der Stadt elektrifiziert worden waren.[29] In den Zeitungen wurde heftig um das Für und Wider der Moderne gestritten. Hitler konnte während seines Besuchs in der Stadt verfolgen, wie ihre Gegner sie als »entartet« diffamierten und jede Neuerung als »jüdisch« bezeichneten – was nicht einmal stimmte: Weder Klimt noch Kokoschka, weder Alban Berg noch Otto Wagner oder Adolf Loos waren Juden. Aber dieses Etikett kam den Modernisierungsgegnern eben gut zupass. Laut Hitlers Jugendfreund August Kubizek war es dieses Wien gewesen, in dem Hitler darüber nachzudenken begann, wie sich der offensichtliche Bildungsmangel und das augenscheinliche Desinteresse von »Ariern« in und an dieser Kultur beheben ließ.

Die beiden berühmt-berüchtigsten Antisemiten Wiens (wo an solchen kein Mangel herrschte) waren Georg Schönerer, der Führer der Alldeutschen, der 1907 seinen Sitz im Parlament verloren hatte, und Bürgermeister Karl Lueger. »Die Alldeutschen schworen ihrem ›Führer‹ treue Gefolgschaft, sangen Schönerer-Lieder« und »verfassten ihm zum Ruhme Gedichte [...]. Seitenlange Gratulationen erschienen jedes Jahr im *Alldeutschen Tagblatt* unter dem Titel ›Heil dem Führer!‹« Schönerers Kampf »für das deutsche Volk« wurde schnell zu einem erbitterten Kampf gegen »die Juden, zunächst vor allem die russischen Juden, die seit 1881 vor den Pogromen aus dem Zarenreich flüchteten«. 1883 vereinnahmte Schönerer auch den eben gestorbenen Richard Wagner für seine nationalistisch-antisemitischen Ziele.[30]

Karl Lueger war Schönerers Erzfeind, weshalb die Anhänger beider oft aufeinanderprallten. Hitler aber war von Lueger beeindruckt, obwohl auch er Schönerer anhing.[31] 1907, als Hitler nach Wien übersiedelt war, hatte Lueger bereits zehn Jahre als Wiener Bürgermeister hinter sich. Er war eine gepflegte Erscheinung, liebte es, die Amtskette zu tragen, und lenkte, das muss man wohl zu seinen Gunsten sagen, die Modernisierung seiner Stadt mit Effizienz und Charisma. Oft empörte er sich über die Profitgier der Wiener Kaufleute, aber er wusste auch, wie er die Streitigkeiten wegen der Milchpreise, der Müllbeseitigung oder anderer Dinge, die für Privathaushalte wichtig waren, zu seinem Vorteil nutzen konnte.[32] Davon abgesehen erhob er den Antisemitismus zu einer regelrechten Kunstform und verstand es, sich als ein vorzüglicher demagogischer Redner für die Massen zu gerieren: Wieder und wieder gab er den Juden an sämtlichen Missständen in seiner Stadt die Schuld. (Die jüdische Bevölkerung Wiens war von 6200 im Jahr 1860 auf 175 300 im Jahr 1910 gestiegen.[33])

Man darf aber gewiss nicht alle Charakterzüge Hitlers den Erlebnissen in seinen Wiener Jahren zuschreiben. Immerhin war die Hauptstadt des Habsburgerreichs eine elegante, kosmopolitische Metropole mit vielen Gesichtern, in der es sich auf diverse Weisen leben ließ. Und der Tumult des Ersten Weltkriegs oder die ebenso gespaltene wie spaltende Landschaft der deutschen Weimarer Republik standen außerdem erst bevor. Doch eines ist sicher: Dem jungen Hitler hatte Wien im ersten Jahrzehnt des 20. Jahrhunderts eine Flut an neuen Erfahrungen beschert, die er nahezu sicher in keiner anderen Stadt hätte machen können.

27
Schwabing:
Das deutsche Montmartre-Viertel

München leuchtet: »Junge Künstler, runde Hütchen auf den Hinterköpfen, mit lockeren Krawatten und ohne Stock, unbesorgte Gesellen, die ihren Mietzins mit Farbenskizzen bezahlen, gehen spazieren [...]. Überall sind die kleinen Skulptur-, Rahmen- und Antiquitätenhandlungen verstreut [...]. Und der Besitzer des kleinsten und billigsten dieser Läden spricht dir von Donatello und Mino da Fiesole, als habe er das Vervielfältigungsrecht von ihnen persönlich empfangen [...]. Und sieh, dort fährt ein großer Maler mit seiner Geliebten in einem Wagen die Ludwigstraße hinauf. Man zeigt sich das Gefährt, man bleibt stehen und blickt den beiden nach. Viele Leute grüßen. Und es fehlt nicht viel, daß die Schutzleute Front machen.« Das schrieb Thomas Mann 1903 in seiner Novelle *Gladius Dei* über das München seiner Tage in Anspielung auf das Florenz des Quattrocento.[1] Mann war nur einer von vielen Künstlern, die es nach München gezogen hatte, in die Stadt, die gleichermaßen berühmt war wegen ihres Biers, ihrer Architektur, ihres landschaftlich unvergleichlichen Umlands, ihrer Oper, ihrer Theater und ihrer Universität, und in der es abgesehen von den Brauereien weder eine Industrie noch die typische Armut gab, die damit einherging. In anderen Werken vermittelte Mann keinen so positiven Eindruck von München, doch fraglos war die Künstlergemeinde um die Jahrhundertwende ein integraler Bestandteil dieser Stadt gewesen. Als sich 1892 die »Münchener Secession« von der »Münchener Künstlergenossenschaft« abspaltete (worüber noch zu reden sein wird), hieß es, dass München seine herausragende Bedeutung unter den deutschen Städten – unabhängig von dem Gewicht, das man den einzelnen Faktoren bei der Stadtentwicklung beimaß – *der Kunst und den Künstlern* zu verdanken habe.[2] Erich Mühsam schrieb: »Paris hat seinen Montmartre; in München dehnt sich von der Theresienstraße nordwärts der Stadtteil Schwabing aus.« Im Café Stefanie, auch »Café Größenwahn« genannt, trafen sich die Dichter und Maler, spielten Schach, liehen sich Geld und versuchten sich ansonsten nicht allzu lüstern der Puppenkünstlerin Lotte Pritzel zu nähern. »Sie war«, schrieb Erich Mühsam, »der liebenswerteste Amoralist, den ich je kennengelernt habe.«[3]

Ein Juwel der anderen Art war die Neue Pinakothek, die Ludwig I. (1786-1868) in Auftrag gegeben und 1853 eröffnet hatte, um der Öffentlichkeit seine Privatsammlung zeitgenössischer Kunst zugänglich zu machen. In Ludwigs Sterbejahr stammte fast die Hälfte der Gemälde von nichtdeutschen Malern. München konnte sich aber auch seiner Königlichen Akademie der Künste rühmen, die damals als die überragendste künstlerische Lehranstalt Europas galt. Kunststudenten aus aller Welt zog es nach München, eine ganze Generation amerikanischer Realisten studierte in den siebziger Jahren in der bayerischen Metropole, neben vielen Skandinaviern, Russen und Polen.

Noch ein anderer Aspekt der Münchner Kunstszene war einzigartig, nämlich die Ausstellungsfläche, die diese Stadt bot. Im Gegensatz zu anderen deutschen Städten besaß München bereits um die Mitte des 19. Jahrhunderts zwei Gebäude, die Platz genug hatten, um Ausstellungen von beträchtlicher Größe zu veranstalten: das »Kunst- und Industrieausstellungsgebäude zur Förderung der Künste und des Gewerbes in Bayern« und den von August von Voigt entworfenen Glaspalast, der 1854 anlässlich der Ersten Allgemeinen Deutschen Industrieausstellung errichtet worden war und anschließend für große internationale Ausstellungen von historischer wie zeitgenössischer Kunst genutzt wurde. Organisiert wurden diese Ausstellungen von der »Münchener Künstlergenossenschaft« freischaffender Künstler, die 1868 gegründet und königlich privilegiert wurde und seither alljährlich eine »Jahresausstellung« mit den Werken deutscher wie ausländischer Künstler veranstaltete. Um das Interesse der Öffentlichkeit zu wecken, war die Genossenschaft sehr erfinderisch. Beispielsweise veranstaltete sie einen Fackelzug mit achthundert Künstlern, die hinter einem von Pferden gezogenen Festzugswagen hermarschierten, auf dem vier allegorische Figuren das Genie symbolisierten. 1892, kurz bevor es zur »Münchener Secession« kam, bestand die Künstlergenossenschaft aus eintausendzwanzig Mitgliedern, einer eklektischen Mixtur aus etablierten, teils sogar berühmten Künstlern, weit weniger erfolgreichen Kollegen und Kunststudenten. Die Regularien der Genossenschaft waren streng, beispielsweise war die Zahl der Gemälde, die ein Mitglied bei einer ihrer Ausstellungen zeigen durfte, auf drei begrenzt. Doch bei den Ausstellungen selbst bewies die Genossenschaft ebenso viel Phantasie wie bei ihrem Fackelzug: Auf der Ausstellungsfläche wurden Biergärten eingerichtet und Lotterien mit Gemälden und Zeichnungen als Hauptgewinne veranstaltet.[4]

Die amerikanische Kunsthistorikerin Maria Makela schreibt, das Goldene Zeitalter der Kunst in München habe im Jahr 1871 begonnen. Abgesehen von den geringeren Lebenshaltungskosten dort, galt München als eine Stadt, in der es sich entspannter leben ließ als fast überall sonst. Mit der Moral nahm man es nicht so genau, außerdem profitierte jeder von der Nähe zu den Alpen und zu Italien oder davon, dass der Münchner Hauptbahnhof ein Drehkreuz für Züge in den Orient war. Um 1895 waren 1180 Maler und Bildhauer in München gemeldet, 13 Prozent aller in Deutschland lebenden Künstler und mehr als in Berlin (1159), das die vierfache Einwohnerzahl hatte (in Dresden waren 314 Maler gemeldet, in Hamburg 280 und in Frankfurt am Main 142). Der englische Maler John Lavery, der München um 1880 besuchte, erzählte, dass seine Kollegen dort »den Status von Generälen genossen«.[5]

Ungeachtet dieser positiven Faktoren erreichte die Auseinandersetzung in der Künstlergenossenschaft über ein »gleiches Ausstellungsrecht für alle« Anfang der neunziger Jahre einen kritischen Punkt. Im Februar 1892 verkündeten elf Künstler, dass sie einen eingetragenen Verein gründen wollten, der andere Ziele verfolgen würde, als sie von der Genossenschaft vertreten wurden. Noch hatte keiner von ihnen die Absicht geäußert, aus der führenden Künstlervereinigung auszutreten, doch bald schon äußerten sich weitere Künstler unterstützend, was die Erfolgsaussichten eines konkurrierenden Vereins in ein sehr positives Licht setzte. Im April gründeten schließlich sechsundneunzig Maler den »Verein bildender Künstler Münchens e.V.« und kündigten an, eine eigene Ausstellung auf die Beine stellen zu wollen, als Gegenentwurf zu der Jahresausstellung der Genossenschaft, die wegen ihrer Größe viel zu schwerfällig geworden sei und von mittelmäßigen Künstlern beherrscht werde. Die Stadtväter empfanden diese Secession als eine Bedrohung der künstlerischen Einheit Münchens; und da sie derart unpopulär in offiziellen Kreisen war, organisierten die Sezessionisten ihre erste Ausstellung eben nicht in München, sondern im Lehrter Bahnhof in Berlin. Doch dann wurde ihnen von einem Bad Reichenhaller Baurat ein Bauplatz in München zur Verfügung gestellt, auf dem sie bereits 1893 ein vom Verleger Georg Hirth und anderen Persönlichkeiten finanziertes Ausstellungsgebäude eröffnen konnten – eine beeindruckende Leistung. Noch vor ihrer Ersten Internationalen Kunstausstellung in diesem Jahr war die Secession zu einer machtvollen Präsenz in der Stadt geworden. Allerdings war die Nutzung des Bauplatzes auf fünf Jahre begrenzt worden; das Münchner Secessionsgebäude wurde später abgerissen.[6]

Der »Apostel der Hässlichkeit«

Der bekannteste und für viele Kunstkenner beste Münchner Secessionist war Max Liebermann (1847–1935). Obwohl die Familie – reiche Kattunfabrikanten – jüdisch war, hätte man sie fast für typisch Weber'sche Protestanten halten können, so fromm und der harten Arbeit verpflichtet waren sie, so sparsam und zurückhaltend lebten sie (Liebermanns Großmutter pflegte sogar selbst die Wäsche zu waschen). Natürlich wollte Max' Vater, dass der Sohn das Familienunternehmen übernahm, weshalb er denn auch wenig Zuspruch erhielt, als klar wurde, dass er Maler werden wollte. Schließlich durfte er sich dennoch nach einigen Umwegen an der Großherzoglich-Sächsischen Kunstschule in Weimar einschreiben. Aber Max sollte nie gegen seinen bourgeoisen Hintergrund rebellieren. Im Gegenteil, sein eigener Lebensstil ähnelte dem des Vaters so sehr, dass sich Gerhart Hauptmann fragte, wie ein solcher Spießer bloß derart schöne Bilder malen könne.[7]

Liebermann war immer auf Abstand bedacht, nicht nur im Leben, auch in seiner Malerei. Schon als Weimarer Kunststudent hatte er mit seinem ersten großen Ölgemälde *Die Gänserupferinnen* klar gemacht, welchen künstlerischen Ansatz er verfolgte. Auf einer Ebene lässt sich dieses Bild als eine gesellschaftspolitische Stellungnahme sehen – und *wurde* auch als solche gesehen: Ausgebeutete Arbeiterinnen rupften Gänse, deren Federn die Reichen wärmen sollten. Bei genauerem Hinsehen stellt man jedoch fest, dass Liebermann hier Frauen malte, die mit heiterer Gelassenheit und stiller Würde ihre Arbeit verrichteten. Das Gemälde erntete eine Menge Kritik, die allerdings oft an der Sache vorbeiging, denn anstatt festzustellen, dass hier ehrliche Arbeit als etwas Würdevolles dargestellt wurde, nahmen die Kritiker lieber Anstoß an der Ausbeutung, die Liebermann ihrer Meinung nach anprangern wollte.[8]

Zwischen den Jahren in Weimar und der Münchener Secession lebte Liebermann in Paris und Barbizon und verbrachte mehrere Monate in den Niederlanden. Die humane Sozialpolitik, die die Holländer beispielsweise in Bezug auf Waisen und Alte betrieben, beeindruckte ihn so stark, dass er mehrere Bilder malte, in denen er diese Seite des holländischen Alltags einfing. Auch hier konzentrierte er sich auf die stille Würde, die er sogar unter den Unglückseligsten fand: Jeder Mensch ist der Besinnung und Rücksichtnahme fähig und kann seinen Seelenfrieden finden, so seine Botschaft. Erst später wurde sein Stil lichter, seine Pinselführung großflächiger. Nun begann er auch mit dem Spachtel zu arbeiten und einzelne Flächen überzulasieren, um dem Werk eine üppigere, durchscheinendere Qualität zu verleihen. Auch das war neu, wenngleich in den Augen vieler so unattraktiv, dass Liebermann den Beinamen eines »Apostels der Hässlichkeit« erhielt.

Nach seinen Reisen durch Holland und Frankreich kehrte Max Liebermann schließlich nach Deutschland zurück und ließ sich in München nieder. Im Lauf der neunziger Jahre veränderte sich sein Stil erneut. Er begann französische Impressionisten zu sammeln, deren Spiel mit dem Licht allmählich auf ihn abfärbte. Er begann seine typischen Grautöne viel sparsamer einzusetzen, seine Gemälde wurden farbiger, luftiger und lichter, auch begann er sich nun weniger mit den Armen und Benachteiligten und mehr mit der eleganten bürgerlichen Welt zu befassen.⁹

1884 kehrte Liebermann in seine Heimatstadt Berlin zurück, 1899 wurde er zum Präsidenten der Berliner Secession gewählt. Seinen »impressionistischen« Werken – die Themen waren vor allem Gartenlokale und Alleen – fehlte der Biss seiner früheren Gemälde, doch seine brillante Technik eignete sich gut für die modischere Welt, die er nun porträtierte. Aber selbst jetzt gelang es ihm noch, seine Distanz zu wahren; und auch bei diesem veränderten Sujet zeugten seine Bilder noch von einer messerscharfen Beobachtungsgabe.¹⁰

Das andere Dachau

Im Gegensatz zu Max Liebermanns Vater Louis hatte Fritz von Uhdes Vater das Kunstinteresse seines Sohnes (1848–1911) von jeher gefördert. Regierungsrat Bernhard von Uhde, Präsident des Evangelischen Landeskonsistoriums in Sachsen, malte selbst gerne; Max' Mutter war die Enkelin des Generaldirektors der königlichen Museen in Dresden. Es waren in Uhdes Fall die Eltern selbst, die den Achtzehnjährigen an der Kunstakademie von Dresden einschrieben. Wie Liebermann reiste er nach Holland, um *en plein air* zu malen und das ungewöhnliche Licht einzufangen, das dort über der Landschaft liegt. Damit wurde auch der Stil seiner Gemälde in den achtziger Jahren, in denen auch er hauptsächlich das Leben der Unterschicht darstellte, lockerer und lichter. In München nutzten Uhde und seine Kollegen aus der Künstlerkolonie Dachau – eine weithin bekannte deutsche Version der Künstlerkolonie Barbizon in der Region Île-de-France, bevor sich der Name Dachau dem kollektiven Gedächtnis unauslöschlich als Stätte nationalsozialistischer Gräuel einbrannte – die außergewöhnlichen Lichtverhältnisse im Dachauer Moos. Nicht nur Uhde, vor allem auch Adolf Hölzel (1853–1934) und Ludwig Dill (1848–1940) waren von der Dachauer Niedermoorlandschaft fasziniert. Zwar erlangten beide Maler keinen Weltruhm, doch beide nutzten für ihre Landschaftsbilder diese besonderen Lichtverhältnisse, um sich ihre Wege zu einer Abstraktion zu bahnen, die vorwegnahm, was Wassily Kandinsky ein Jahrzehnt später umsetzen sollte.¹¹

Franz Stuck (1863–1928, seit 1906 Ritter von Stuck) war ein grüblerischer Genussmensch aus Tettenweis in Niederbayern. Sein Vater, ein Dorfmüller, hatte wenig übrig für Kunst und ging davon aus, dass der Sohn die Mühle übernehmen würde. Zu dessen Glück sorgte die Mutter jedoch dafür, dass er die Königliche Kunstgewerbeschule in München besuchen konnte, wo er die Grundlagen des Zeichnens und der Konstruktion erlernte, bevor er an die Akademie der Bildenden Künste wechselte. Zu seinem Frühwerk zählen Zeichnungen, die Anklänge an die Werke einiger berühmter österreichischer und deutscher Maler wie Gustav Klimt und Max Klinger erkennen lassen. Doch bald begann er einen eigenen Stil zu entwickeln, der einmal trefflich als ein Amalgam aus Erotik und düsterer Bedrohlichkeit bezeichnet wurde, zum Beispiel in dem von einem nackten weiblichen Oberkörper beherrschten Gemälde *Die Sünde* (1893), das in der ersten Secessionsausstellung 1893 gezeigt wurde. Heinrich Voss schreibt über Stucks Symbolismus, dass drei Viertel des Stuck'schen Werkes pure Erotik seien. Das klingt nach einer Menge und *ist* eine Menge, war aber nichts Außergewöhnliches zu einer Zeit, in der so viele europäische Künstler begannen – etwa Fernand Khnopff, Paul Gauguin oder Ferdinand Hodler –, ihrem angestauten Zorn über die Unterdrückungsmechanismen in den »zivilisierten« Gesellschaften freien bildlichen Lauf zu lassen.[12]

Auch Stuck wird zu den Malern gezählt, die den Weg in die Abstraktion wiesen: Die psychologischen Komponenten seiner Werke werden nicht nur durch das Nebeneinander von horizontalen und vertikalen Linien und Formen verdeutlicht, sondern auch durch die starke Farbkontrastierung, die jede vorhandene Figur im Gesamteindruck zweitrangig macht. Wassily Kandinsky, der 1896 in München eintraf, wollte unbedingt Stuck als Lehrer und arbeitete ein Jahr lang sehr hart, um in seine Klasse aufgenommen zu werden.[13]

Jugendstil: Die Moderne verliert ihre »Hässlichkeit«

Richard Riemerschmid (1868–1957) wurde in München geboren und studierte dort an der Akademie der Bildenden Künste. Wie Caspar David Friedrich stellte auch er die Natur in seinen frühen Werken als eine Art von Ersatzreligion dar (zum Beispiel, indem er Bäumen Heiligenscheine gab), und auch er malte Landschaften wie profane Altarbilder, weshalb er denn auch prompt der Blasphemie bezichtigt wurde.

Das entscheidende Moment in seinem Leben war die Hochzeit mit der Schauspielerin Ida Hofmann, denn als er verzweifelt nach Möbeln für das von ihm entworfene gemeinsame Haus suchte, aber keine fand, die ihm gefielen, beschloss er, auch die Einrichtung selbst zu entwerfen. Dabei entwickelte er einen der Natur nachgeahmten Stil aus fließenden Linien mit einer Ornamentik, die an Blätter und Farne erinnerte.[14] Anderen gefiel, was sie sahen; bald darauf erhielt er die ersten Aufträge, die wiederum großen Anklang fanden. Weitere deutsche Künstler, Bernhard Pankok zum Beispiel oder Hermann Obrist und August Endell, begannen nun ebenfalls eine Vielzahl an Möbeln und Gebrauchsgegenständen zu entwerfen (Lampen, Kochutensilien, sogar Bekleidung) und sich nicht mehr nur mit den »schönen« Künsten zu beschäftigen. Wie so viele Künstler hatten auch sie den Eindruck gewonnen, dass die schnell fortschreitende Industrialisierung und Urbanisierung den Menschen einer Kostbarkeit beraubten. Sogar München, das weit weniger industrialisiert war als andere Großstädte, hatte seine Einwohnerzahl zwischen 1868 und 1896 von 154 000 auf 415 000 fast verdreifacht. Jedenfalls glaubten diese Künstler, dass sich die unliebsamen Aspekte der Moderne mit Hilfe der Kunst ausradieren ließen, beziehungsweise dass sich, in den Worten von Hermann Obrist, die Hässlichkeit und das Elend des modernen Leben lindern und das Leben der Zukunft weniger mühselig gestalten lassen würden, als es zu ihrer Zeit der Fall war.[15]

Der Gedanke, dass das Vergängliche, der Verfall, durch die wogenden organischen Linien der Natur aufgehalten oder *verjüngt* werden könne, brachte den Verleger Georg Hirth darauf, seiner 1896 ins Leben gerufenen Wochenschrift für die Münchner Kunst- und Literaturszene den Namen *Jugend* zu geben, woraus sich dann der Begriff »Jugendstil« entwickelte. Eine große Rolle bei der Verbreitung der Ideen dieses Jugendstils spielten die Sezessionisten. 1899 organisierte die Münchener Secession eine ihrer wichtigsten Ausstellungen, denn dort zeigte sie erstmals nicht nur Kunst im klassischen Sinne, sondern auch dekorative Kunst und Gebrauchskunst, darunter die Einrichtung ganzer Wohnräume, Esszimmer und Schlafzimmer mit Exponaten aus Schottland (Charles Rennie Mackintosh), Frankreich (René Lalique) und Russland (Carl Peter Fabergé) – alles war vertreten, von bestickten Tischdecken über Schmuck bis hin zu gerahmten Spiegeln.[16]

Ein Gründungsmitglied der Münchener Secession ging jedoch bald seine eigenen Wege und begann sich unabhängig von ihr einen Namen zu machen. Peter Behrens (1868–1940) stammte aus einer Gutsbesitzerfamilie, wurde in Hamburg geboren und studierte zwei Jahre an der Hamburger Kunstgewerbeschule, bevor er an die Kunstschule in Karlsruhe und anschließend an die Düsseldorfer Kunstakademie wechselte. 1890 übersiedelte er nach München, wo er als Maler und Grafiker arbeitete, sich der Jugendstilbewegung anschloss und Holzschnitte, Entwürfe für Bucheinbände und kunsthandwerkliche Objekte herstellte. 1897 gründet er zusammen mit Hermann Obrist, Richard Riemerschmid, Bernhard Pankok und anderen Künstlern die »Vereinigten Werkstätten für Kunst und Handwerk« zur Herstellung von handgefertigten Gebrauchsgegenständen, mit dem Ziel, den gebräuchlichen Alltagsgegenständen ihre Hässlichkeit zu nehmen.

Behrens' großer Durchbruch kam im Jahr 1906, als er von der AEG beauftragt wurde, die Werbematerialien des Konzerns zu gestalten.[17] Vermutlich hatte er diesen Auftrag erhalten, weil er und Walther Rathenau viele gemeinsame Freunde hatten und dessen Vater Emil Rathenau deshalb auf ihn aufmerksam geworden war. Er stellte Behrens als künstlerischen Berater mit weitreichenden Aufgaben ein, und der entwarf dann nicht nur die AEG-Turbinenhalle in Berlin, eines der ersten Fabrikgebäude aus Beton, Stahl und Glas, oder Arbeiterwohnsiedlungen, sondern auch diverse elektrische Haushaltsgeräte aus standardisierten und deshalb austauschbaren Einzelteilen. Daneben konzipierte er Ausstellungsräume, das Design von Katalogen, sogar Preislisten, und erschuf somit erstmals eine »Corporate Identity«, das einheitliche und deshalb mit dem Vorteil eines Wiedererkennungswerts ausgestattete Erscheinungsbild eines Unternehmens.

Ein Jahr darauf gründete Behrens zusammen mit Peter Bruckmann, Fritz Schumacher, Richard Riemerschmid und anderen Künstlern den Deutschen Werkbund.[18] Deutlich angeregt von der britischen Arts-&-Crafts-Bewegung, verfolgte er das Ziel, Gebrauchsgegenstände mit austauschbaren Einzelteilen für die Massenproduktion zu entwerfen, die sich einerseits jeder leisten konnte, die aber andererseits von ebenso hoher Qualität sein sollten wie handwerklich gefertigte Gebrauchsgüter. Auch dabei stand die Absicht im Vordergrund, Entfremdung aus dem Alltagsleben zu eliminieren. Parallel dazu gründete Behrens ein eigenes Büro für Architektur und Design in Berlin, wo im Lauf der folgenden Jahre vor dem Ersten Weltkrieg auch Walter Gropius, Ludwig Mies van der Rohe und Le Corbusier arbeiteten. Zu den Bauaufträgen des Büros zählten die deutsche Botschaft in St. Petersburg und das Bürogebäude für die I. G. Farben Hoechst in Frankfurt.[19]

Die Geschwister Sarkasmus und Melancholie

München hatte mehr als seine Maler zu bieten. Zum Beispiel die Brüder Heinrich (1871–1950) und Thomas Mann (1875–1955), zwei der Söhne des Lübecker Kaufmanns und Senators Thomas Johann Heinrich Mann. Heinrich wusste früher als Thomas, was er wollte: Schon als Achtzehnjähriger veröffentlichte er seine erste Geschichte (»Beppo als Trauzeuge«) in den *Lübeckischen Nachrichten*. 1889 verließ er mit der Unterprima die Schule, begann eine Buchhandelslehre in Dresden, die er jedoch ebenfalls abbrach, und volontierte von 1890 bis 1892 beim S. Fischer Verlag in Berlin.

Seit dem Tod des Vaters im Oktober 1891 und dem anschließenden Verkauf des Familienunternehmens konnten die Brüder ihren Lebensunterhalt von den Zinsen des angelegten Vermögens bestreiten und sich ganz auf ihre literarischen Projekte konzentrieren. Zwei Jahre später übersiedelte die Mutter mit den drei jüngsten Geschwistern nach München. Thomas Mann veröffentlichte derweil unter dem Namen Paul Thomas

Essays in der Schülerzeitschrift *Der Frühlingssturm*, die er selbst mit herausgab. Ein Jahr später folgte er der Familie nach München, wo er Volontär bei der Süddeutschen Feuerversicherungsbank wurde und auf Anraten der Mutter (die es lieber gesehen hätte, wenn er Journalist geworden wäre) als Gasthörer die Technische Hochschule besuchte. Im November 1894 veröffentlichte er in der Zeitschrift *Die Gesellschaft* seine Novelle »Gefallen«, die so erfolgreich war und auch den Spreewälder Dichter Richard Dehmel so begeisterte, dass dieser ihm anbot, in der von ihm mitbegründeten Kunst- und Literaturzeitschrift *Pan* zu publizieren. Thomas sandte ihm gleich eine Novelle mit dem Titel »Der kleine Professor«, die Dehmel jedoch mit freundlichen Worten zurückschickte und nicht veröffentlichte.

Heinrich hatte indes den Posten des Herausgebers der Monatsschrift *Das Zwanzigste Jahrhundert. Blätter für deutsche Art und Wohlfahrt* angenommen. Es war nicht nur ein konservatives und antisemitisches Blatt – Einstellungen, die man wahrlich nicht lange mit Heinrich in Verbindung bringen konnte –, sondern auch ein polemisches und antimonarchistisches. Die Macher fanden, dass Wilhelm II. Deutschland auf Kosten des hart arbeitenden Bürgertums an die Kapitalisten und den deutschen Geldadel verkauft habe.[20] Heinrich schrieb selbst viele Beiträge für die *Blätter*, über Themen wie den Militarismus (der ihm ein Gräuel war), den Antisemitismus und über Nietzsche, den er für den interessantesten modernen Philosophen hielt.

Eine Zeit lang verliefen die Karrieren der Brüder mehr oder weniger parallel, denn inzwischen war es Thomas gelungen, seine Erzählung »Der Wille zum Glück« in der neuen satirischen Münchner Wochenschrift *Simplicissimus* unterzubringen, das geistige Kind des Verlegers Albert Langen aus reichem Industriellenhaus. Von der hohen Auflage der ersten Ausgabe wurden nur rund tausend Exemplare verkauft, doch schnell wurde klar, dass es sich hier um das scharfzüngigste und liberalste Blatt in ganz Deutschland handelte. Unermüdlich attackierte der *Simplicissimus* die wilhelminische Politik und setzte sich für die Arbeitnehmer gegen die Arbeitgeber ein. Der Kaiser fand, das Blatt schade dem Ansehen des Reiches im Ausland; 1898 wurden die Autoren der 31. Ausgabe schließlich wegen Majestätsbeleidigung angeklagt. Langen floh in die Schweiz, von wo er ein Jahr später nach Paris übersiedelte. Und während er fünf Jahre im Exil blieb, waren der Zeichner des Blattes, Thomas Theodor Heine, zu sieben Monaten Haft verurteilt und der ebenfalls nach Paris emigrierte Mitherausgeber Frank Wedekind bei seiner Rückkehr 1899 für sechs Monate in Festungshaft genommen worden.

Für die Zeitschrift erwiesen sich die Zensur und diese Prozesse jedoch als eine Goldgrube – die Zahl der verkauften Exemplare schnellte auf fünfundachtzigtausend hoch, und Schriftsteller wie Ludwig Thoma (der später selbst inhaftiert werden sollte) und Rainer Maria Rilke fühlten sich endgültig zu ihr hingezogen. Bald nachdem Thomas Mann für den *Simplicissimus* zu schreiben begonnen hatte, bot man ihm an, als Lektor mitzuarbeiten. Das heißt, er wurde das, was man im angelsächsischen Raum einen »copy-taster« nennt: Er überprüfte eingesandte Beiträge auf ihren Publikationswert. Auf diese Weise kam er mit vielen Schriftstellern, Satirikern und Zeichnern in Kontakt.

Ungefähr um diese Zeit begannen sich die Differenzen zwischen Heinrich und Thomas herauszuschälen. Es gibt nur ein einziges gemeinsames Projekt der Brüder, das *Bilderbuch für artige Kinder*, das sie 1896 für ihre jüngeren Geschwister geschrieben und gezeichnet hatten. Mit Heinrichs Buch *Im Schlaraffenland. Ein Roman unter freien Leuten* (1900) und Thomas' *Buddenbrooks* (1901) offenbarte sich jedoch ihre Unterschiedlichkeit. Die *Buddenbrooks* sind ein langer, wunderbar geschriebener Bericht über den Verfall einer Familie, der vor allem von Thomas' Lektüre von und seiner Vorliebe für Tolstoi profitiert hatte. Aber es ist eine trostlose Geschichte. Konsul Thomas Buddenbrook stirbt »unaussprechlich müde und verdrossen« mit achtundvierzig, sein Sohn Hanno sogar schon als Sechzehnjähriger. Es fehlte ihnen schlicht der »Wille zum Leben«. Im Hintergrund ihrer Schicksale lauern die Gespenster von Darwin, Schopenhauer, Nietzsche, des Nihilismus und der »Entartung«. Das Werk verkaufte sich anfänglich zwar nur schleppend, begeisterte die Kritiker aber sofort und brachte Thomas Mann schließlich nicht nur ewigen Ruhm, sondern auch den Nobelpreis ein.

Heinrichs *Schlaraffenland* wurde hingegen als »der erste, absolut ›neue‹ deutsche Roman des 20. Jahrhunderts« bezeichnet, obwohl er tief in der Schuld von Balzac, Maupassant und Zola stand. In seinen Memoiren schrieb Heinrich später: »Anfangs seiner zwanziger Jahre war mein Bruder den russischen Meistern ergeben, mein halbes Dasein bestand aus französischen Sätzen.«[21] Die Geschichte schildert die Versuchungen, denen der unschuldige junge, ehrgeizige Provinzliterat Andreas Zumsee im Berlin der Jahrhundertwende ausgesetzt ist. Diese vordergründig so simple Geschichte lebt von Heinrichs ätzender Beobachtungsgabe, von seinem Blick für und seinen bissigen Kommentaren über die zersetzenden Auswirkungen der Karrieresucht, Geldgier, Betrügereien und des schönen Scheins in all ihren vielen Erscheinungsformen. Es ist ein zorniges Buch, ein schamloses, wie der Verlag es nannte, und in einem – zumindest in Deutschland – nie gekannten Stil geschrieben. Heinrich stand nach der Fertigstellung kurz vor dem Zusammenbruch, aber in der Geschichte des deutschen Romans befand sich das Buch allein auf weiter Flur. Es bildete den »Grundstock des deutschen Expressionismus«.[22]

Während Heinrich seine Umwelt nun immer giftiger beschrieb und seine Stimme immer lauter gegen das wilhelminische Reich erhob (viel später sollte er als einer der Ersten die nationalsozialistische Judenvernichtung prophezeien), wurde Thomas immer melancholischer und begann sich zunehmend für Kunst zu interessieren.[23] Das wirkte sich deutlich auf seine Entscheidung aus, welcher Art von Werk er sich nach seinem Roman *Buddenbrooks* widmen wollte. Später schrieb er: »Hier wohl zum erstenmal wußte ich die Musik stil- und formbildend in meine Produktion hineinwirken zu lassen.«[24] Es war »Tonio Kröger«. Thomas Mann sollte es später als das ihm liebste und persönlichste all seiner Werke bezeichnen.[25] Tonio ist ein dichtender junger Mann, der verzweifelt sein wahres Ich als Künstler sucht und das großbürgerliche Leben – zu dem er sich ebenfalls hingezogen fühlt – auf desillusionierende Weise an dem des Künstlers misst. Dieses Thema, die Fragen nach dem Stellenwert der Kunst im Leben und nach ihrem Verhältnis zu »Engagement« und Politik, sollte Thomas Mann ein Leben lang beschäftigen.

Zwischen ihren ersten Erfolgen und dem Ersten Weltkrieg schrieben beide Brüder eine Menge, und beiden waren große Erfolge beschieden, bevor der Ausbruch des Krieges sie schließlich auf getrennte Wege schickte. In Heinrichs Fall war *Professor Unrat oder das Ende eines Tyrannen* (1905) der Erfolg gewesen: die Geschichte des Gymnasiallehrers Raat, der von seinen Schülern den Spitznamen »Unrat« erhalten hatte. Um seinen Kontrahenten, den Sohn des Konsuls Lohmann, endlich zur Räson zu bringen, macht sich der Lehrer auf die Suche nach der »Künstlerin Fräulein Rosa Fröhlich«, welcher dieser ein Gedicht gewidmet hatte, und findet im Nachtclub Blauer Engel im Hafenviertel schließlich nicht nur eine Barfußtänzerin dieses Namens, sondern auch einige seiner Schüler. Doch anstatt diese nun wie geplant vorzuführen und ihnen damit die Schullaufbahn zu ruinieren, passiert ihm selbst ein Missgeschick nach dem anderen, und dann verliebt er sich auch noch in Rosa. Nun ist er es, den just die Schüler, über die er Schmach und Schande hatte bringen wollen, wegen seiner Leidenschaft für die Dame bloßzustellen drohen. Und er ist es, dessen gesellschaftliches Ansehen immer tiefer sinkt. Schließlich wird Raat aus dem Schuldienst entlassen, heiratet Rosa, beginnt mit Trinkgelagen und Glücksspielen im eigenen Haus die angesehensten Bürger der Stadt zu korrumpieren und wird schließlich verhaftet.

Professor Unrat zeigt einen verbitterten Heinrich Mann auf seinem schriftstellerischen Höhepunkt. Doch die Botschaft kam zur Zeit des nationalistischen Geschreis im Deutschen Reich nicht gut an. Erst als das Buch mitten im Krieg neu aufgelegt wurde, kam mit mehr als fünfzigtausend verkauften Exemplaren der Erfolg. Und zu einem noch größeren Schlager wurde es, als 1930 unter dem Titel *Der blaue Engel* seine Verfilmung in die Kinos kam. Regie führte Josef von Sternberg, Drehbuch Carl Zuckmayer, und mit Marlene Dietrich als Rosa.

Thomas Manns »Tod in Venedig« war das Schicksal nach der Veröffentlichung im Jahr 1913 wohler gesinnt. Manns Protagonist Gustav von Aschenbach kommt nach Venedig, um sein Meisterwerk zu vollenden. Er trägt nicht nur den Vornamen Gustav Mahlers, er gleicht dem von Thomas Mann ungemein verehrten Komponisten, der 1911 während einer Reise nach Venedig gestorben war, auch der äußeren Erscheinung nach. Kaum angekommen, entdeckt Aschenbach in der Hotelhalle den Jüngling Tadzio, den in einen Matrosenanzug gekleideten Sohn polnischer Eltern, die im selben Hotel logieren. Die Geschichte folgt der wachsenden Liebe des alternden Aschenbach zu dem Knaben. Aschenbach vernachlässigt seine Arbeit, dann steckt er sich mit Cholera an, die in der Stadt grassiert. Er weiß, er wird sein Werk nie vollenden und nie ausleben können, wonach er sich sehnt. Dennoch verwirft er den Gedanken, Tadzios Familie vor der Cholera zu warnen, damit sie sich in Sicherheit bringen kann. Er stirbt, ohne jemals ein Wort mit dem geliebten Knaben gewechselt zu haben.

Thomas Mann wollte Aschenbach mitsamt seiner geckenhaften Kleidung, den gefärbten Haaren und dem Rouge auf den Wangen als die Verkörperung einer einst großen, mittlerweile aber identitätslosen und degenerierten Kultur darstellen. Doch diese Figur steht auch für den Künstler selbst. In seinen posthum veröffentlichten privaten Tagebüchern hatte Mann zugegeben, sich erotisch von hübschen jungen Männern angezogen zu fühlen, auch wenn seine 1905 geschlossene Ehe mit Katia Pringsheim glücklich gewesen zu sein scheint. (Katia war die Tochter des Mathematikprofessors Alfred Pringsheim, hatte 1901 als erste Frau das Abitur in München abgelegt – Frauen waren bis dahin von der staatlichen Abiturprüfung ausgeschlossen gewesen – und zu den ersten Frauen gezählt, die ihr 1903 gewonnenes Recht auf ein Hochschulstudium wahrnahmen.) Die Schrecken, die unterhalb der Oberfläche von Aschenbachs Geschichte lauern, rufen auch das allgemeine Meinungsklima in Erinnerung, das im Vorfeld des Ersten Weltkriegs im »zivilisierten« Europa herrschte.

Der Scharfrichter-Marsch

Simplicissimus war nicht nur der Name eines Satireblatts, sondern auch einer Münchner Künstlerkneipe, kurz »Simpl« genannt, die über eine kleine Bühne verfügte. Solche Brettlbühnen hatten eine lange Tradition in München – einem Bericht zufolge traten im Jahr 1900 fast vierhundert Diseusen, Volkssänger und andere Künstler in solchen Gaststätten auf.[26] Ein Mann ragte besonders aus dieser Masse heraus: Frank Wedekind (1864–1918), geboren in Hannover als Sohn eines Arztes und einer einstigen Varietésängerin. Der Vater, ein entschiedener Demokrat, war nach der gescheiterten Märzrevolution 1848 nach San Francisco ausgewandert (und hatte seinem Sohn eigentlich den Namen Benjamin Franklin gegeben). Dort machte er mit Landspekulationen schnell ein Vermögen und lernte auch seine dreiundzwanzig Jahre jüngere Frau kennen. 1864 kehrte er nach Deutschland zurück, verließ das Land als Gegner des wilhelminischen Kaiserreichs nach der Reichsgründung 1871 jedoch wieder und übersiedelte mit der Familie in die Schweiz. Im Kanton Aargau erwarb er das Schloss Lenzburg, wo Frank aufwuchs, der 1884 ein Literaturstudium an der Universität Lausanne begann, aber noch im selben Jahr zum Jurastudium nach München wechselte. Das brach er ebenfalls ab, kehrte in die Schweiz zurück und ergatterte schließlich einen Job im Reklame- und Pressebüro der Firma Maggi & Co. Nach seiner neuerlichen Übersiedlung nach München im Jahr 1889 begann er zu reisen: London, Paris, Zürich, Berlin. In Paris lernte er August Strindberg und dessen Frau, die Schriftstellerin Frida Strindberg-Uhl, kennen, mit der er später, als die Strindbergs geschieden waren, eine Liebesbeziehung hatte, aus der ein Sohn hervorging.

In München führte er das Leben eines Bohemiens und schrieb Texte, die nicht selten weit über das hinausgingen, was selbst die liberalere Münchner Zensur und die aufgeschlosseneren Behörden dort zu dulden bereit waren. Sein erstes voll ausgereiftes Drama *Frühlings Erwachen. Eine Kindertragödie* (1891) erschien nur in Buchform und sollte erst fünfzehn Jahre später von Max Reinhardt an den Berliner Kammerspielen uraufgeführt werden. Es ist die Geschichte von der sexuellen Neugier Jugendlicher, die schlicht als viel zu obszön galt, um je auf die Bühne gebracht werden zu können (beispielsweise stirbt die vierzehnjährige Wendla nach einer Abtreibung).

Nach der Veröffentlichung eines satirischen Gedichts über Kaiser Wilhelm II. hatte Wedekind als Mitbegründer des *Simplicissimus* 1898 wie gesagt die Flucht nach Paris angetreten, nur um nach seiner Rückkehr doch noch verhaftet zu werden. 1901 demonstrierte er mit anderen Schriftstellern, Malern und Kunststudenten gegen die Zensur und gründete anschließend gemeinsam mit zehn Demonstranten das Kabarett »Die elf Scharfrichter«. Als Räumlichkeit hatten sie den Paukboden der Schwabinger Gaststätte Zum Goldenen Hirschen ergattert, in dem hundert Sitzplätze eingerichtet werden konnten und dessen Wände von befreundeten Zeichnern der *Jugend* und des *Simplicissimus* bemalt wurden. Am Eingang zum Zuschauerraum war ein Totenkopf mit Perücke angebracht, in dem ein Beil steckte – das gefiel Wedekind mit seiner Vorliebe für das Groteske. Das Bühnenprogramm, in dem auch Wedekind dann seine selbst komponierten Lieder zur Gitarre sang, begann und endete mit einem »Scharfrichter-Marsch«.

Die wichtigste, die für ihn einzigartige unter den vielen Frauen in Wedekinds Leben war die Schauspielerin Tilly Newes (1886–1970), die er 1906 heiratete. Sie spielte auch die Lulu in seinem gleichnamigen Hauptwerk. (1894 schrieb Wedekind *Die Büchse der Pandora. Eine Monstertragödie. Buchdrama,* trennte diese Urfassung dann jedoch in die beiden Teile *Erdgeist* [1895] und *Die Büchse der Pandora,* [1904]; 1913 führte er beide Dramen in der *Lulu*-Tragödie wieder zusammen.)[27] Lulu ist wie ein wunderschönes, unzähmbares wildes Tier, die Verkörperung weiblicher Sexualität schlechthin – oder besser gesagt: des männlichen Wunschbilds von weiblicher Sexualität.

»Sie ward geschaffen, Unheil anzustiften,/Zu locken, zu verführen, zu vergiften –/Zu morden, ohne daß es einer spürt« – das sind die Worte, mit denen Wedekind selbst seine größte Schöpfung vorstellt.[28] Noch berühmter wurde Lulu, nachdem Karl Kraus 1905 eine Aufführung der *Büchse der Pandora* im Wiener Trianon-Theater für eine geschlossene Gesellschaft organisiert hatte. In der sechsten Reihe saß der Komponist Alban Berg (1885–1935), dessen unvollendete *Lulu* 1937 dem Publikum vorgestellt werden sollte.

Wege zur Abstraktion

Wassily Kandinsky (1866–1944) erbte 1886 von einem Onkel so viel Geld, dass er finanziell unabhängig wurde. Als er Monets Gemälde *Heuhaufen* in einer Ausstellung französischer Impressionisten in Moskau gesehen hatte, war seine Begeisterung für Malerei geweckt. Allerdings scheint dafür auch eine »Lohengrin«-Aufführung am Moskauer Hoftheater gesorgt zu haben, denn über sie schrieb er später: »Ich sah alle meine Farben im Geiste, sie standen vor meinen Augen. Wilde, fast tolle Linien zeichneten sich vor mir.«[29] 1896 zog er nach München und begann die private Malschule von Anton Ažbe zu besuchen, wo er Alexei von Jawlensky und Marianne von Werefkin kennenlernte. Im Jahr darauf sah er in der Secessionsausstellung erstmals Werke von Max Liebermann, Lovis Corinth und Hermann Obrist. Seine eigenen Bilder waren von der Münchner Akademie der Künste abgelehnt worden, doch im Jahr 1900 wurde er schließlich in Franz von Stucks Klasse aufgenommen, in der auch Paul Klee malte. Stuck war es, der Wassily Kandinsky zu starken Hell-Dunkel-Kontrasten ermunterte und ihn deshalb zu seiner Serie von farbigen Bildern auf schwarzem Karton und seinen ersten Schwarz-Weiß-Holzschnitten animiert hatte. 1901 gründete Kandinsky mit Rolf Niczky, Waldemar Hecker und anderen Künstlern die Gruppe »Phalanx«, die sich wie die Sezessionisten gegen die überholte konservative Malerei auflehnte.

Mittlerweile war Kandinsky voll und ganz in die deutsche Kunstszene integriert. Er war mit Behrens und Obrist befreundet, seine Werke zeigten Einflüsse des Jugendstils und wurden 1902 erstmals bei der Berliner Secession ausgestellt. 1904 reiste er mit seiner elf Jahre jüngeren Lebensgefährtin Gabriele Münter, die an der Phalanx-Schule für Malerei und Aktzeichnen seine Schülerin gewesen war, unter anderem nach Holland, begann dort fast nur noch mit dem Spachtel zu arbeiten und sich Notizen zu seiner neuen Farben- und Formenlehre zu machen.[30] 1905 fand Kandinskys erste Einzelausstellung in der Münchner Galerie Krause statt, seit dem Vorjahr war er auch im Pariser Salon d'Automne vertreten. Im Juni 1906 zog er mit Gabriele Münter für ein Jahr nach Sèvres bei Paris, befasste sich mit den Werken von Matisse, Cézanne, Picasso, van Gogh, Gaügin, Rouault, Rousseau und Munch und freundete sich mit Getrude Stein an, die eine umfangreiche Sammlung von Werken dieser Meister besaß. Im selben Jahr nahm er auch an der zweiten Ausstellung der Künstlergruppe »Brücke« in Dresden teil.

Bei einer Fahrradtour im Jahr 1908 entdeckten Wassily und Gabriele den Ort Murnau – vielmehr war es eine Wiederentdeckung, denn Kandinsky war bereits 1904 dort gewesen und hatte Gabriele schon damals auf einer Postkarte vorgeschwärmt: »Unglaublich schöne Sachen habe ich im Gebirge gesehen: Diese ganz tief liegenden und sich langsam bewegenden Wolken, der düstere, dunkelviolette Wald, die blendendweißen Gebäude, samttiefe Dächer der Kirchen, das sattgrüne Laub habe ich noch immer vor Augen. Habe sogar von den Sachen geträumt.«[31] Die Landschaft, in die Murnau eingebettet liegt, wurde allmählich zu einem beherrschenden Motiv von Kandinskys Werk: Je lebendiger und fröhlicher die Farben wurden, desto deutlicher lösten sich die Formen auf.[32]

1909 gründeten Kandinsky, Münter, Jawlensky und Werefkin gemeinsam mit anderen Malern sowie dem »Tonkünstler« Oscar Wittenstein und dem Kunsthistoriker Heinrich Schnabel die expressionistische Gruppe »Neue Künstlervereinigung München« (NKVM) mit Kandinsky als Erstem Vorsitzenden. Unter anderem erklärte die Gruppe: »Wir gehen aus von dem Gedanken, daß der Künstler außer den Eindrücken, die er von der äußeren Welt, der Natur erhält, fortwährend in einer inneren Welt Erlebnisse sammelt und das Suchen nach künstlerischen Formen, welche die gegenseitige Durchdringung dieser sämtlichen Erlebnisse zum Ausdruck bringen sollen [...], dies scheint uns eine Losung, die gegenwärtig immer mehr Künstler geistig vereinigt.«[33] An anderer Stelle schrieb Kandinsky, es sei die Aufgabe des Künstlers, »die Linie zum inneren Klang« zu befreien. Noch im selben Jahr kaufte Gabriele Münter ein Haus in Murnau, das im Ort bald nur noch das »Russenhaus« genannt wurde und in dem sie während der nächsten sechs Jahre mehrere Monate im Jahr mit Kandinsky lebte.

1910 begann Kandinsky seine Werke in die Rubriken »Impression« (das direkt von der Natur Inspirierte), »Improvisation« (der unbewusste, spontane Ausdruck der inneren Wesensart) und »Komposition« (die langsam und bewusst geformte Aussage über die innere Vorstellungs- und Gefühlswelt) zu unterteilen, jeweils gefolgt von einer Nummer. »Kompositionen« malte er insgesamt zehn, davon sieben vor 1914: Sie gelten heute als seine bedeutendsten Gemälde. Seine wichtigste Beziehung, abgesehen von der zu Gabriele, war zu dieser Zeit die zu Franz Marc, von dem sich Kandinsky instinktiv verstanden fühlte, doch auch von Nietzsche wurde er stark beeinflusst.[34] Bei der NKVM-Ausstellung, die in diesem Jahr stattfand, löste Kandinsky mit seiner *Komposition II* und der *Improvisation X* einen Sturm der Entrüstung aus, dem Franz Marc mit einer Rezension entschieden entgegentrat: »Die völlig vergeistigte und entmaterialisirte Innerlichkeit der Empfindung [...] dies kühne Unterfangen, die ›Materie‹ [...] zu vergeistigen, ist eine notwendige *Reaktion* [...]. Welche künstlerische Einsicht birgt dieser seltene Maler! Die große Konsequenz seiner Farben hält seiner zeichnerischen [Willkür] Freiheit die Wage [sic!], – ist dies nicht zugleich eine Definition der Malerei?«[35] Ja, bestätigte Kandinsky, genau das sei es.

1911 malte Kandinsky als Reaktion auf ein Konzert von Arnold Schönberg in München seine *Impression III*. Inzwischen hatte es bereits mehrere Zwistigkeiten in der NKVM gegeben, und als diese nun Kandinskys *Komposition V* für ihre dritte Ausstellung ablehnte, kam es zum endgültigen Bruch: Kandinsky, Münter und Marc traten aus und organisierten gemeinsam mit anderen Malern im Dezember 1911 die Gegenausstellung und »Erste Ausstellung der Redaktion ›Blauer Reiter‹«.[36] Im Mai des nächsten Jahres nahmen Kandinsky und die anderen Maler der Blauer-Reiter-Gruppe an der berühmten Sonderbund-Ausstellung in Köln teil, im selben Jahr veröffentlichte Kandinsky Auszüge aus seiner Schrift *Über das Geistige in der Kunst* im Magazin *Camera Work*, das von Alfred Stieglitz, dem berühmten Fotografen und Leiter der New Yorker »Galerie 291 für Zeitgenössische Kunst«, herausgegeben wurde. Im Februar 1913 stellte Kandinsky bei der Armory Show in New York aus und arbeitete an seiner *Komposition VII* sowie am *Hellen Bild* und den *Schwarzen Linien* weiter, die er später als »rein abstrakt« bezeichnete. Es hatte eine Weile gedauert, aber nun war die Abstraktion endgültig da.

Kandinsky war bekanntlich Russe. Der Beitrag, den deutsche Maler als Geburtshelfer der Abstraktion geleistet haben, beruhte auf dreierlei: erstens auf der (relativen) geistigen Freiheit, die in München herrschte; zweitens auf dem Münchner Umland, das nicht nur Kandinsky und Münter so inspirierte; und drittens auf der so typisch deutschen Auseinandersetzung mit der Innenwelt, mit dem neu entdeckten Unter- oder Unbewussten, das neben Kandinsky noch so viele andere Maler, Schriftsteller und

Musiker dieser Zeit faszinierte.[37] Dem Unbewussten ist die Anregung zu (mindestens) drei künstlerischen Bewegungen im 20. Jahrhundert zu verdanken: zur Abstraktion, zum Dadaismus und Surrealismus und zum Expressionismus. Jede davon nahm im deutschsprachigen Raum ihren Ausgang.

28

Berlin: Die Geschäftige

Nach der deutschen Reichsgründung von 1871 mit Berlin als Hauptstadt der neuen Nation, war die Stadt noch nicht die Metropole, zu der sie sich später entwickeln sollte. Aber der Sieg über Frankreich wurde mit der größten Militärparade gefeiert, die die Stadt je erlebt hatte. Am 16. Juni 1871, einem strahlenden, heißen Sonntag, marschierten vierzigtausend Soldaten mit Eisernen Kreuzen an der Uniformbrust vom Tempelhofer Feld durch das Brandenburger Tor zum königlichen Schloss Unter den Linden. Eine Formation trug die einundachtzig erbeuteten französischen Kriegsfahnen, viele davon waren zerschlissen.[1] Unter den Honoratioren, die an der Spitze der langen Parade ritten, befanden sich auch Helmuth von Moltke, in der Hand den Marschallstab, der ihm gerade überreicht worden war, und der jüngst in den Fürstenstand erhobene Otto von Bismarck. Ihm folgte der frischgebackene deutsche Kaiser Wilhelm I., »dessen aufrechte Haltung nicht verriet, daß er 74 Jahre alt war«.[2] Mehrere Reiter fielen der Hitze wegen in Ohnmacht, nicht jedoch der zwölfjährige Kaiserenkel Friedrich Wilhelm, der trotz seines verkrüppelten linken Armes aufrecht und stolz im Sattel saß.

Nicht jeder war einverstanden gewesen mit der Idee, Berlin zur Hauptstadt zu machen. Der Kaiser (der diesen Titel nur widerstrebend akzeptiert hatte) hätte Potsdam vorgezogen, wo sich Preußens bedeutendster König Friedrich der Große bevorzugt aufgehalten hatte. Nichtpreußischen Deutschen gefielen die östliche Lage und Orientierung der Stadt nicht: Sie »sprachen geringschätzig von der ›Hauptstadt Ostelbiens‹, als sei Berlin eine Pioniersiedlung am Rande der slawischen Wildnis«; Katholiken hielten Berlin für eine gefährliche protestantische Hochburg; und Theodor Fontane fand die Stadt viel zu gewinnorientiert[3]: »Die große Stadt hat nicht Zeit zum Denken, und was noch schlimmer ist, sie hat auch nicht Zeit zum Glück.«[4] Diese Ambivalenz spiegelte sich in dem Umstand, dass der Reichstag noch bis 1894 auf ein eigenes Gebäude warten und die Geschäfte derweil in einer stillgelegten Porzellanmanufaktur führen musste.[5]

Zum Zeitpunkt der Siegesparade belief sich die Einwohnerschaft Berlins auf 865 000, 1905 wurde die Zwei-Millionen-Marke überschritten.

Das Wachstum war der massiven Zuwanderung aus dem Osten zu verdanken, wobei das Gros aus Brandenburg, Ostpreußen und Schlesien kam. 1860 hatten 18 900 Juden in Berlin gelebt, bis 1880 war diese Zahl auf 53 900 gestiegen. Nachdem sie in ihren Herkunftsländern aus rassistischen Gründen verfolgt worden waren und ihnen der Besitz eigenen Landes, viele Berufe und eine Militärlaufbahn verwehrt gewesen waren, hatten sich diese »Ostjuden« andere Fertigkeiten erwerben müssen und sich auf Handel, Finanzdienstleistungen, Journalismus, Kunst oder Jurisprudenz spezialisiert, »also genau auf die Metiers, die in einer modernen Metropole besonders gefragt waren«. Jedenfalls verwandelte sich Berlin nach 1871 in eine »boomende Spree-Metropole«. Und dafür hatten vor allem noch drei Faktoren gesorgt: die Abschaffung der letzten Binnenzölle, die gelockerten Regeln für den Banken- und Aktienmarkt und der plötzliche Zustrom von nicht weniger als fünf Milliarden Goldmark an Reparationen aus Frankreich. Das entsprach zwei Karat Gold für jeden Mann, jede Frau und jedes Kind im Reich. Wie der amerikanische Historiker David Clay Large schrieb: »Das Deutsche Reich wurde mit einem goldenen Löffel im Mund geboren.«[6]

Und dieser Umstand zeigte sich überall in Berlin. Nur zwei Jahre nach der Reichsgründung hatten sich siebenhundertachtzig neue Unternehmen in Preußen etabliert; in Berlin waren die Deutsche, die Dresdner und die Darmstädter Bank (die drei »D«) gegründet und vorzügliche Zeitungen ins Leben gerufen worden.[7] Juden spielten in diesem neuen liberalen Klima eine entscheidende Rolle, an vorderster Stelle im Verlagswesen, bei der Gründung von Kaufhäusern (Wertheim, Hermann Tietz [Hertie], Nathan Israel), an der Börse und im Bankenwesen. Ab 1871 kontrollierten Juden mehr als 40 Prozent aller Banken im Reich, nur ein Viertel befand sich im ausschließlichen Besitz von Christen.

Besonders einflussreich auf diesem Gebiet war Gerson von Bleichröder, Bismarcks persönlicher Bankier und Finanzberater, dessen Vater sich zum Berliner Agenten der mächtigen Bankiersdynastie Rothschild hochgearbeitet und derweil selbst ein leistungsfähiges Bankgeschäft aufgebaut hatte. Seine Aufgabe war es, Bismarck mit seinem scharfsinnigen Rat zu einem »respektablen Fürsten« zu machen, und dieser dankte es ihm, indem er ihn als ersten ungetauften Juden des neuen Kaiserreichs in den erblichen Adelsstand erhob. (Andererseits machte Bismarck hinter Bleichröders Rücken antisemitische Witze über ihn, »als sei es ihm ein Stück weit peinlich, seine privaten Reichtümer einem solchen ›Privatjuden‹ zu verdanken«.)[8]

Es wurden zahlreiche Anstrengungen unternommen, um Berlin in eine Stadt mit einer Lebensqualität zu verwandeln, die mit Paris oder London zu vergleichen war. Die berühmte Straße Unter den Linden, die bis dahin vorwiegend von den Palais des Adels und der wohlhabenden Bürger gesäumt worden war, wurde nun zu einem Boulevard, an dem sich Modesalons, Restaurants, Banken und Hotels aneinanderreihten. In der 1873 eröffneten Kaisergalerie, einer glasüberdachten Einkaufspassage nach dem Vorbild der Mailänder Galleria Vittorio Emanuele, befanden sich fünfzig Läden, Cafés, Restaurants und Vergnügungsstätten. Auch die Hotels mussten Schritt halten, denn im Vergleich zu den rund fünftausend Besuchern, die vor der Reichsgründung täglich eingetroffen waren, galt es nun rund dreißigtausend unterzubringen.[9]

Doch die Bedingungen besserten sich letztendlich nur oberflächlich – unter dem Pflaster sah es weit weniger beeindruckend aus. Eine moderne Abwasserkanalisation wurde erst Ende der siebziger Jahre gebaut, weshalb die Stadt, was den Gestank betraf, »einsame Spitze« war. Erst viel später sollte die »Berliner Luft« Anlass zum Stolz geben. Männer hatten ständig eine Zigarre zwischen den Lippen, um sich vor den Gerüchen zu schützen, selbst beim Essen wurde geraucht. Die Manieren ließen ohnedies zu wünschen übrig: »Sogar im Theater und bei Konzerten stopften sie sich mit Eßbarem voll, um anschließend fröhlich zu rülpsen und zu furzen.« Besuchern fiel auch die Unterwürfigkeit auf, welche die Bewohner gegenüber den Soldaten an den Tag legten, die das Straßenbild beherrschten. Da konnte man dann beispielsweise beobachten, wie »ein Händler, der einen Turm aufeinandergestapelter Hüte trug, vom Gehweg auf die Straße trat, um einem entgegenkommenden Feldwebel Platz zu machen«. Auch die volkstümlichen Vergnügungen hatten für auswärtige Besucher »etwas Rohes und Ungezügeltes«. In den vielen »lärmenden Biergärten« saßen Männer und Frauen aller Schichten »dicht gedrängt auf primitiven Bänken«; und in den »verruchten Tanzlokalen« waren erotische Wandmalereien von »nackten Wesen in schwer zu beschreibenden Posen« zu bewundern.[10]

Am 8. Februar 1873 hielt der nationalliberale Reichstagsabgeordnete Eduard Lasker eine dreistündige Parlamentsrede, in der er das korrupte System, an dessen Spitze er den Eisenbahnkönig Bethel Henry Strousberg stellte, für die Qualität des Wirtschaftsaufschwungs im Deutschen Reich verantwortlich machte: Zwielichtige Spekulanten hätten, von käuflichen Beamten protegiert, ein einziges riesiges Kartenhaus errichtet. Die Folge von Laskers schwer verdaulichen Enthüllungen war eine Lawine von Verkäufen an der Börse, und nachdem auch noch die Nachrichten vom Crash der Wiener Börse und der plötzlichen Schließung der New Yorker Börse eintrafen, mussten mehrere deutsche Unternehmen Konkurs anmelden. Binnen eines Jahres gingen einundsechzig Banken, hundertsechzehn Industrieunternehmen und vier Eisenbahngesellschaften unter.[11]

Zuerst wurden die Liberalen wegen ihrer Laissez-faire-Politik dafür verantwortlich gemacht, doch es dauerte nicht lange, bis man mit dem

Finger auf die Juden zu zeigen begann, von denen nicht wenige zu den führenden Liberalen und Bankiers gehörten. Heinrich von Treitschke wetterte in einem Beitrag für die *Preußischen Jahrbücher* gegen den »zersetzenden Einfluß« der Juden und endete mit seinem berüchtigten Satz: »Die Juden sind unser Unglück.« Sogar Theodor Fontane räumte ein, dass der Börsenkrach seinen »Philosemitismus« auf eine harte Probe gestellt habe. Bismarck schritt zur Schadensbekämpfung, ohne sich hinter die Juden zu stellen, indem er sich darauf konzentrierte, den Wirtschaftsliberalismus der Gründerzeit über Bord zu werfen und eine Politik der hohen Schutzzölle und staatlichen Beihilfen für bedrängte Unternehmer in die Wege zu leiten. Der Wirtschaftsnationalismus wurde zur Tagesparole.[12]

Aber das Gift des Antisemitismus begann zu wirken (den Begriff prägte der Berliner Journalist Wilhelm Marr mit seiner »Antisemitenliga«), vor allem, als die Zuwanderung von Juden zur Zeit der antijüdischen Stimmungsmache in Westpreußen und der von Zar Alexander II. lancierten Pogrome in Russland während der achtziger Jahre stetig zuzunehmen begann. Dennoch, auch wenn diese »Ostjuden« nun zu einem großen gesellschaftspolitischen Thema wurden, brach sich der Antisemitismus in Berlin doch noch auf weniger verstörende Weise Bahn als in Wien. In Berlin gab es aber noch andere Stimmen, solche, die gegen Antisemiten wie Treitschke oder Marr zu Felde zogen – zum Beispiel die Universitätsprofessoren, liberalen Politiker und fortschrittlichen Industriellen, die 1880 eine Erklärung veröffentlichten, in der sie den Antisemitismus als eine »nationale Schande« bezeichneten und vor einer Neubelebung dieses »alten Wahnes« warnten.[13]

Gegen Ende der siebziger Jahre begann sich die Wirtschaft des Kaiserreichs zu erholen. Diese »zweite Industrierevolution« war nicht zuletzt von der Anpassung an den Goldstandard und der Einführung einer nationalen Währung begünstigt worden.* Auch erste infrastrukturelle Verbesserungen wurden nun in Angriff genommen: In den siebziger Jahren führte man eine schienengebundene Pferdebahn ein, kurz darauf eine dampfbetriebene Ringbahn, die dem Verlauf der alten Stadtmauer folgte, und als Nächstes die Stadtbahn, die Berlins Stadtmitte erstmals mit den Vororten verband. In den achtziger Jahren wurden außerdem die wichtigsten Berliner Hauptstraßen mit elektrischer Beleuchtung versehen.[14] Mark Twain befand, Berlin sei »das deutsche Chicago«; Julius Langbehn erklärte die Stadt zum »Epizentrum aller modernen Übelstände [...], krankend an einer ›gewissen geistigen Leere‹«.[15]

---

* Die einheitliche Goldmark wurde 1871 eingeführt, als Ersatz für die unterschiedlichen Währungen, die es in den deutschen Staaten gegeben hatte und die meist an den Wert des einfachen und doppelten Vereinst(h)alers angepasst waren. (Vereinstaler waren die gemeinsamen Silbermünzen der Mitgliedsstaaten des Deutschen Zollvereins, mit einem Silberfeingewicht von 16,6 Gramm. Das Münzgesetz von 1873 hatte ihnen den Wert von drei Mark zugewiesen.)

Der kaiserliche Besserwisser

Auch Kaiser Wilhelm II. hegte eine Abneigung gegen Berlin. Vor allem herrschten dort für seinen Geschmack viel zu viel Freigeistigkeit und viel zu wenig Respekt vor dem Thron. Nichtsdestotrotz brauchte das Reich eine Kapitale, die es mit den kaiserlichen Ambitionen aufnehmen konnte, also beschloss er, Berlin wenigstens zur schönsten Stadt der Welt zu machen. Überall hatte er nun seine Hand im Spiel: Ob es um den Bau von Kirchen oder Gefängnissen ging, um Kasernen oder Hospitäler – allem drückte er seinen Stempel auf.[16] Doch der bedeutendste Berliner Neubau während seiner Amtszeit war weder in seinem Auftrag entstanden, noch sollte er Gnade vor seinen Augen finden. Der neue Reichstag, mit dessen Bau 1884 begonnen und der ein Jahrzehnt später eingeweiht wurde, war ursprünglich als ein einfaches Gebäude in der Wilhelmstraße geplant gewesen. Doch dann hatten Berliner Politiker und Architekten protestiert: So etwas sei für das Parlament der »neu geeinigte[n] deutsche[n] Nation, im Begriff, die Führung Europas zu übernehmen«, kein angemessenes Domizil. Am Ende hatte Paul Wallot, der Architekt, den man mit der Aufgabe betraut hatte, »den deutschen Geist in Stein zu meißeln«, die reinste Stilmixtur fabriziert, »so etwas wie eine Kreuzung zwischen der Pariser Oper und einem Palazzo von Palladio«.[17]

Nicht besser erging es der 1901 eingeweihten Siegesallee, die dem Kaiser ungemein am Herzen lag und, von den Marmorbüsten ruhmreicher Mitglieder des Hauses Hohenzollern gesäumt, als Flaniermeile den Tiergarten durchzog. Die Porträts für die Büsten hatte der Kaiser persönlich nach den Gesichtszügen lebender Freunde und Anhänger seiner Dynastie gezeichnet – weshalb Kurfürst Friedrich I., der Begründer der brandenburgischen Hohenzollernherrschaft, mit einem Mal eine verblüffende Ähnlichkeit mit dem kaiserlichen Freund Philipp zu Eulenburg aufwies. Den meisten Berlinern war diese vom Ausland belächelte Selbstdarstellung einfach nur peinlich. Der Volksmund taufte die Siegesallee schnell in »Puppenallee« um, und auch das Ansehen des Kaisers im Volk hatte merklich gelitten: Er könne, sagten seine Untertanen, nicht einmal an einer Beerdigung teilnehmen, ohne selbst die Leiche sein zu wollen.[18]

Auch was das geistige und künstlerische Leben Berlins betraf, so betrachtete Wilhelm II. es als sein gutes Recht und seine Pflicht, sich in alles einzumischen. Dafür hielt er sich ohnedies besonders qualifiziert, da er selbst gerne zeichnete, beispielsweise Schiffe, und Theaterstücke schrieb, wie *Sardanapal*, in dem es um einen König geht, der sich selbst opfert, um sich der Gefangennahme durch seine Feinde zu entziehen. Mit Vorliebe zwang Wilhelm seine Staatsgäste, sich dieses Stück anzusehen, darunter auch seinen Onkel Edward VII. von England, der prompt einschlief, erst wieder aufwachte, als der Dramaturgie folgend eine »Feuersbrunst« die Bühne »verschlang«, und prompt aufgeregt nach der Feuerwehr rief. In künstlerischen und kulturellen Dingen war Wilhelm ein erzkonservativer Traditionalist. Und es waren seine ständigen Einmischungen, die die Berliner Kulturelite schließlich zu einer deutlichen Gegenreaktion provozierten.[19]

1889 spitzte sich die Stimmung in der Berliner Theaterszene zu. »1889 war das Jahr der deutschen Theaterrevolution, genau wie 1789 das Jahr der Menschheitsrevolution war«, schrieb Otto Brahm, Begründer der Berliner »Freien Bühne« etwas übertrieben, um den Ernst der Lage zu betonen. Die Freie Bühne war ein privater Theaterverein und unterlag im Gegensatz zu den Staatstheatern nicht der Zensur. Deshalb konnte Brahm dort auch Ibsens Stück *Gespenster* auf die Bühne bringen, das verboten worden war, weil es sich mit dem Tabuthema Syphilis befasste. Als Nächstes wagte er sich sogar an die sozialrealistische Studie *Vor Sonnenaufgang* aus der Feder von Gerhart Hauptmann (1862–1946), dem 1912 der Literaturnobelpreis zugesprochen werden sollte und der einer der Gründer des modernen Realismus war – noch so ein Begriff, der heute kaum noch eine Reaktion auslöst, damals aber zu heftigen Auseinandersetzungen führte. Jedenfalls kam es während einer Aufführung zu einer handfesten Schlägerei zwischen den Gegnern und den Verfechtern dieses Modernismus.[20]

Derart ermutigt, übernahm Brahm das bis dahin staatliche Deutsche Theater und brachte immer politischere Stücke auf die Bühne. Der Frontalangriff auf das Establishment aber war die Inszenierung von Hauptmanns Drama *Die Weber* im Jahr 1894, eine wütende Anklage gegen das Regime wegen des schrecklichen Elends, unter dem die schlesischen Textilarbeiter in den vierziger Jahren litten. Prompt verbot der Berliner Polizeipräsident das Stück: Er befürchtete, dass es die »Unterschicht« bloß aufwiegeln würde. Doch kurz darauf hob ein Gericht das Verbot mit der Begründung wieder auf, dass sich das Volk, das durch dieses Stück hätte aufgewiegelt werden können, kaum einen derart teuren Theaterbesuch leisten konnte. *Die Weber* (schlesisch *De Waber*) wurden uraufgeführt und zu einem riesigen Erfolg.

Für den Kaiser war dieser Erfolg Hauptmanns ein Schlag ins Gesicht. Die Bühne sei eine »Waffe gegen Materialismus und undeutsche Kunst«, erklärte er, und ein Theaterstück solle die Menschen nicht verzagt machen, sondern erbauen und mit Kraft erfüllen, auf dass sie allzeit zum Kampf für die Ideale bereit seien, nach denen jeder aufrechte Mensch strebe. Weil Hauptmanns Stücke diesen Regeln so offensichtlich widersprachen, befahl Wilhelm die Verhaftung des Dramatikers; als das Gericht dann jedoch keinen guten Grund fand, ihn einzukerkern – was man den Richtern zugutehalten muss –, probierte es der Kaiser mit anderen Einschüchterungsversuchen und ließ Hauptmann sogar den Schillerpreis für herausragende dramatische Leistungen aberkennen, um stattdessen einen seiner konservativen Lieblingsschreiber, Ernst Wildenbruch, damit zu beglücken.[21]

Sehr ähnlich erging es auch dem jüdischen Theaterregisseur Max Reinhardt aus Wien (eigentlich Maximilian Goldmann, 1873-1943), der um die Jahrhundertwende nach Berlin gekommen war, um Karriere als Schauspieler zu machen. Es war die Zeit, in der das moderne Theater gerade zum Sprung in alle Richtungen ansetzte – mit Wagner, Zola, Ibsen, Strindberg... Für Reinhardt war Berlin jedenfalls »eine herrliche Stadt – Wien mehr als zehnmal multipliziert«, wie er einem Freund schrieb. Aus seiner Schauspielerei wurde nichts, dafür erwies er sich auf der von ihm mitbegründeten Kleinkunstbühne »Schall und Rauch« als grandioser Regisseur. Bald nahm er die großen Bühnen ins Visier, übernahm 1903 das »Kleine« und das »Neue Theater«, 1905 schließlich von Brahm auch das Deutsche Theater, an dem er 1906 die Kammerspiele eröffnete und das er aus einer »Bastion des bitteren Naturalismus in eine Arena des Zaubers und der Spannung verwandelte«.[22] Obwohl sein Repertoire alles umfasste, von Sophokles bis Büchner, verwandelte er die Bühne mit neuen Lichteffekten und einer ganz neuen Bühnentechnik in das Spektakulärste und Modernste, was Berlin je gesehen hatte. (Der amerikanische Maler Marsden Hartley meinte einmal, dass wohl niemand und nichts, abgesehen von Feldherren, Vulkanausbrüchen und Eisenbahnunglücken, derart gewaltige Szenerien inszenieren konnte wie Reinhardt auf der Bühne.[23]) Es gab wenig, was der Kaiser an Reinhardts Bühnentechnik hätte bemängeln können – es war ganz einfach die Modernität, die er so gar nicht leiden konnte. Und da er seinen Geschmack mit keinem Gesetz durchzusetzen vermochte, befahl er wenigstens seinem Militär, sich von Reinhardts Inszenierungen fernzuhalten. Kindisch bockig bis zum Schluss, lehnte Wilhelm nach Kriegsausbruch 1914 sogar Reinhardts Angebot ab, mit seinem Ensemble zur Truppenbetreuung an die Front zu gehen.[24]

Ein anderer großer Name aus dem Berliner Kulturbetrieb, dem der Kaiser seine Achtung verwehrte, war der Dirigent Hans von Bülow. Was die Musik anbelangte, so hatte Berlin schon lange vor der Jahrhundertwende internationale Anerkennung gewonnen. Bereits 1841, als Felix Mendelssohn Bartholdy Kapellmeister geworden war, hatte das Hoforchester einen hervorragenden Ruf genossen. Seit 1867 hatte es außerdem ein privat finanziertes Unterhaltungsorchester gegeben, das nach seinem Gründer Benjamin Bilse, dem Dirigenten und Leiter der Stadtkapelle Liegnitz, »Bilse'sche Kapelle« genannt wurde. Es pflegte im »Berliner Concerthaus« zu spielen, verwandelte sich dabei aber zunehmend in ein Sinfonieorchester und wurde so zu einem Konkurrenten der Hofkapelle. Doch da Bilse ein ziemlicher Zuchtmeister war und vierundfünfzig seiner Musiker es leid waren, ständig von oben herab behandelt zu werden, beschlossen diese im Jahr 1882, ihr eigenes Orchester zu gründen, das sich zuerst »Vormals Bilse'sche Kapelle« und dann, nachdem ein Konzertagent die Organisation übernommen hatte, »Berliner Philharmonisches Orchester« nannte. Die Anfänge waren schwierig, beispielsweise musste als feste Spielstätte zuerst eine ehemalige Rollschuhbahn herhalten. Doch 1887 engagierte der Konzertagent Hermann Wolff dann Hans von Bülow als Leiter, der nicht nur selbst ein brillanter und charismatischer Dirigent war und klassische Musik ebenso mochte wie zeitgenössische, sondern auch ein paar interessante Freunde hatte. Und einen davon, Johannes Brahms, holte er 1889 nach Berlin, damit er sein D-Moll-Konzert selbst dirigierte. Der Abend war eine Sensation.

Dass der Kaiser moderne Musik mindestens so verabscheute wie moderne Kunst und modernes Theater, wird niemanden überraschen. Mit Bülow überwarf er sich dann aber vor allem wegen Wagner. Bülow war ein erfahrener Wagner-Interpret und liebte dessen Musik, ungeachtet der Tatsache, dass der Komponist ihm seine Frau Cosima ausgespannt hatte. Die Wagner-Abende der Berliner Philharmoniker wurden zu einem strahlenden Juwel der Berliner Musikszene, die seit Meyerbeer in den vierziger Jahren keine große Opernmusik mehr aufzubieten gehabt hatte. Dennoch, die Berliner hatten ein gutes Gedächtnis, und viele Musikliebhaber konnten es dem Komponisten einfach nicht verzeihen, dass er sich 1848 auf die Seite der Revolution geschlagen hatte. Auch der Kaiser nutzte diesen Umstand, um Wagner zu verteufeln. Schon kurz nach seiner Thronbesteigung hatte er erklärt, dass sein Mann Gluck heiße und Wagner ihm viel zu viel Radau mache. Eine ähnliche Meinung hatte er von Richard Strauss, den er nur als Kapellmeister an der Hofoper duldete, weil er hoffte, Berlin dank seines Namens zu einem noch internationaleren musikalischen Flair verhelfen zu können. Doch dann komponierte Strauss immer weiter die Disharmonien, die der Kaiser so hasste. »Det is ne schöne Schlange, die ick mir an meinem Busen jenährt habe«, soll Wilhelm geschnaubt haben, um Strauss dann ins Gesicht zu sagen, dass er seine Musik schlicht »wertlos« finde.[25]

Zur Zeit der deutschen Reichsgründung im Jahr 1871 war der Berliner Kunstbetrieb der Münchner Kunstszene, die damals wie gesagt die bei Weitem größte Dichte an Malern und Bildhauern aufzubieten hatte, ein gutes Stück hinterhergehinkt. Doch als Berlin im Lauf der achtziger und neunziger Jahre dann mit immer mehr Denkmälern und Museen geschmückt wurde, begannen die bildenden Künstler in die neue Hauptstadt abzuwandern. Aber auch ihnen gegenüber konnte der Kaiser nie seine Meinung für sich behalten.

Bis zu diesem Zustrom an bildenden Künstlern war der geborene Breslauer Adolph von Menzel (1815–1905), der seit 1830 in Berlin gelebt hatte, der bekannteste Künstler der Stadt gewesen. Als junger Maler hatte er impressionistische Studien der hässlichen Hinterhöfe, düsteren Ecken und primitiven Werkstätten Berlins gemalt. (Edgar Degas zählte zu seinen Bewunderern.) Doch in den siebziger Jahren änderte er seine Technik wie seine Sujets und konzentrierte sich ganz auf die Geschichte des Staates und der Monarchie. In seinen Werken *Das Flötenkonzert Friedrichs des Großen in Sanssouci* und *Die Tafelrunde in Sanssouci* zum Beispiel mythologisierte er ehrfürchtig den Hof Friedrichs des Großen, in anderen Gemälden verherrlichte er unkritisch die Macht und Glorie Preußens. Und mit diesem Wandel erreichte er denn auch prompt sein Ziel, nämlich Zugang zum Hof zu bekommen. »Der zwergwüchsige, außerordentlich häßliche Maler« wurde schnell »zu einem Fixstern am Himmel der höfischen Gesellschaft«, die er nun in liebevollen Details porträtierte. Als Menzel 1905 starb, reihte sich Kaiser Wilhelm II. höchstpersönlich in den Trauerzug ein.[26]

Kaum weniger Protektion erfuhr der Historienmaler Anton von Werner (1843-1915), dessen überdimensionale, fast fotorealistische Ölgemälde in deutschen Schulbüchern abgedruckt wurden und im Kaiserreich so berühmt waren wie nur wenige andere Kunstwerke. Sein Bild *Kaiserproklamation in Versailles*, das den frisch gekrönten Kaiser und seine Generäle bei der Ausrufung des Deutschen Reiches im Versailler Spiegelsaal Ludwigs XIV. darstellt, war von Kaiser Wilhelm I. als Geschenk für Bismarck in Auftrag gegeben worden. 1875 wurde Werner zum Präsidenten der Akademie der Schönen Künste ernannt; nach der Thronbesteigung Wilhelms II. wurde er zu dessen Mentor in allen künstlerischen Fragen und bestärkte nur allzu bereitwillig den instinktiven Abscheu des Kaisers vor moderner Kunst.

Nun waren der Kaiser und sein Kunstberater zwar mächtig, aber mit ihrem Geschmack letztendlich doch in der Minderheit. 1892 lud eine fortschrittliche Gruppe aus dem Verein Berliner Künstler den Norweger Edvard Munch zu einer Ausstellung in Berlin ein. Er kam und brachte fünfundfünfzig Gemälde mit, denen sich die alte Garde mit pflichtschuldigem Entsetzen näherte. Auf Werners Beschluss hin wurde die Ausstellung vorzeitig geschlossen. Bei Max Liebermann hatten die Konservativen weniger Glück. Obwohl sich der Maler zutiefst mit der deutschen Kultur identifizierte, war er für Kaiser Wilhelm ein rotes Tuch: Kein Künstler sollte das Elend noch schlimmer darstellen, als es ohnedies schon war. Also tat der Kaiser sein Bestes, um Liebermann von offiziellen Ausstellungen auszuschließen, was diesen jedoch nicht daran hindern konnte, in privaten Galerien auszustellen. Schließlich wurde er so populär, dass seine Bilder in die staatliche Gemäldesammlung aufgenommen wurden. 1897 wurde er mit der Großen Goldenen Medaille ausgezeichnet und als Professor an die Königliche Akademie der Künste berufen.[27]

Den Fall Liebermann hatte der Kaiser also (vorerst) verloren, bei Käthe

Kollwitz behielt er jedoch die Oberhand. 1898 empfahl eine Jury, die Malerin, die im Berliner Arbeiterviertel Prenzlauer Berg lebte, für ihre Radierungen, die sie nach dem Hauptmann-Stück über den Weberaufstand angefertigt hatte, mit der Kleinen Goldenen Medaille zu ehren. Eine solche Auszeichnung konnte jedoch nur mit der Zustimmung des Kaisers verliehen werden, und der verweigerte sie prompt. »Ich bitte Sie, meine Herren«, sagte er, »eine Medaille für eine Frau, das geht wirklich zu weit. [...] Orden und Ehrenzeichen gehören an die Brust verdienter Männer.«[28] Nach der Munch-Affäre brachte dies das Fass endgültig zum Überlaufen. Noch im selben Jahr gründeten Liebermann und andere Künstler nach den Vorbildern von Wien und München die »Berliner Secession«, mit dem Ziel, ohne jede Einmischung von außen die Kunst ausstellen zu können, die sie dessen für würdig erachteten. Finanziell unterstützt wurden sie von wohlhabenden Sammlern, darunter nicht wenige Juden. Zu ihren wichtigsten Mäzenen wurden die Vettern Bruno und Paul Cassirer, die in der Kantstraße eine bedeutende Galerie für moderne Kunst besaßen und 1899 eigens eine Galerie für die Werke der Berliner Secession eröffneten.[29] Die Reaktion des Kaisers kam wie erwartet: Er untersagte allen Soldaten in Uniform, eine Secessionsausstellung zu besuchen, dann verfügte er, dass kein Sezessionist als Juror für die Auswahl von Werken fungieren durfte, die in der staatlichen Gemäldesammlung ausgestellt werden sollten, und setzte sich dafür ein, dass die Secession auch von der Präsentation deutscher Kunst bei der Weltausstellung in St. Louis im Jahr 1904 ausgeschlossen wurde. Als das Kultusministerium schließlich mit dem Olivenzweig wedelte und eine Liebermann-Retrospektive im neuen Gebäude der Königlichen Akademie vorschlug, wollte er auch davon nichts wissen. »›Maler wie Liebermann‹, erklärte er, vergifteten ›die Seele des deutschen Volkes.‹«[30] Fairerweise muss man dem Kaiser zugestehen, dass nicht alle Berliner Sezessionisten die Qualitäten eines Max Liebermann, Walter Leistikow und Lovis Corinth besaßen und wie diese die Zeiten überdauert haben.

Die Schlacht zwischen Kaiser und Künstler ging weiter. 1910 verlagerte die fünf Jahre zuvor in Dresden gegründete Expressionistengruppe »Die Brücke« ihren Schwerpunkt nach Berlin, wo ihr Sprachrohr Herwarth Walden dann eine Galerie und eine Zeitschrift namens *Der Sturm* ins Leben rief, die Herz und Verstand der deutschen Avantgarde in der unmittelbaren Vorkriegszeit wurde.[31] Die Brücke-Maler befassten sich sehr viel direkter mit den Themen der Großstadt als die Sezessionisten. Die beiden wichtigsten Vertreter in diesem Zusammenhang waren Ludwig Meidner und Ernst Ludwig Kirchner – beide genau von der Seite Berlins fasziniert, für die der Kaiser keinen Platz in der Kunst sah: Meidner konzentrierte sich auf solche Dinge wie eiserne Hängebrücken, Gasometer und Schnellzuglokomotiven; Kirchner stellte »verunstaltete Figuren« in den Mittelpunkt, die seinen eigenen Worten zufolge die rohen Kräfte repräsentierten, welche er in den Straßen und Kneipen der Stadt am Werke sah. Die von Simmel identifizierte Psychologie der »sogenannten Verzeichnungen« in Kirchners Bildern waren, wie Kirchner selbst erklärte, »instinktiv durch die Ekstase des am meisten Gesehenen« entstanden; eine »statische Darstellung« sei unmöglich, wenn sich das Sujet in stetiger Bewegung befinde und alles »ein Gewimmel aus Licht und Aktion« sei. Die Stadt fordere von ihren Künstlern ein neues Sehen.[32] Der Kaiser, das versteht sich, war erzürnt.

Berlins Ruf als ein Ort, der offen war für Neues und für moderne Kunst, war zwar noch alles andere als gefestigt, doch als *die* Museumsstadt hatte es schon als preußische Metropole gegolten, seit Karl Friedrich Schinkel 1830 auf der kleinen Insel in der Spree, die bald nur noch »Museumsinsel« genannt wurde, das Alte Museum fertiggestellt hatte. August Stülers Neues Museum kam 1855 hinzu, 1876 auch die Neue Nationalgalerie.[33] Aber am meisten profitierte die wilhelminische Ära von Wilhelm von Bode, einem der genialsten europäischen Kunstkenner und Sammler, außerdem der Gründungsdirektor des 1904 eröffneten Kaiser-Friedrich-Museums auf der Museumsinsel.[34] Er war es, der die beeindruckende Sammlung alter Meister für Berlin zusammentrug, darunter Rembrandts *Mann mit dem Goldhelm** und Dürers *Hieronymus Holzschuher*. Dass er so erfolgreich schalten und walten konnte, lag nicht zuletzt daran, dass sich der Kaiser so vollkommen einig mit Bodes Absichten sah und sich deshalb ausnahmsweise einmal nicht einmischte, vielmehr sogar so weit ging, wohlhabenden Bürgern Adelstitel anzubieten, sofern sie bereit waren, nennenswerte Beträge für die Beschaffung weiterer Kunstwerke für Bodes Museum zu spenden.[35]

Was die zeitgenössische Kunst betraf, so gab es jedoch nach wie vor die altvertrauten Probleme. So verweigerte der Kaiser zum Beispiel auch Hugo von Tschudi – dem Direktor der Nationalgalerie, der ein ebenso großer Kunstkenner wie Bode und ein Experte auf dem Gebiet der französischen Malerei und Bildhauerei war – das freie Schalten und Walten, das er Bode gewährte. Nach einem Besuch der Nationalgalerie beschwerte sich Wilhelm beim Kultusminister, weil er festgestellt hatte, dass die Gemälde deutscher Künstler »von ihrem bevorzugten Platze beseitigt und durch Bildwerke der modernen Kunstrichtung zum Teil ausländischen Ursprungs ersetzt worden sind«. Er bestand darauf, dass diese wieder ordnungsgemäß gehängt wurden. Doch der Kaiser konnte seine Augen nicht überall haben, und Tschudi fand trotz alledem Mittel und Wege, einige zeitgenössische Meisterwerke zu erwerben, darunter als weltweit erster Museumsdirektor auch Werke von Cézanne (zu einer Zeit, als sich so-

---

* Heute vermutet man, dass es von seiner Werkstatt produziert wurde.

gar die französischen Kultusbeamten noch weigerten, Bilder dieses Malers für ein staatliches Museum anzukaufen). Als Tschudi etwas später Werke von Eugène Delacroix, Gustave Courbet und Honoré Daumier erstand und der Kaiser diese bei einem Besuch in der Galerie entdeckte, explodierte er: Solches Zeug könne Tschudi vielleicht einem Monarchen ohne jeden Kunstverstand unterjubeln, aber doch nicht *ihm*. 1908 nahm Tschudi dankbar das Angebot an, als Leiter der königlichen Museen nach München zu übersiedeln.[36]

Auf dem Gebiet der Kunst mochte Kaiser Wilhelm II. einen konservativen, überholten Geschmack gehabt haben, doch auf die Naturwissenschaftler und Techniker, die den Grundstock für den Wohlstand im Deutschen Reiches legten, pflegte er mit großem Stolz zu blicken. Und da er sich selbst für einen Mann der Zukunft hielt, glaubte er auch, dass die *Anwendung* neuen Wissens der Schlüssel zum Fortschritt sei. Seit der Jahrhundertwende setzte er sich deshalb bei der Berliner Universität dafür ein, auch Abgänger der neuen Realgymnasien – die auf Kosten der altsprachlichen Fächer naturwissenschaftliche lehrten – zum Studium zuzulassen. Man muss wohl sagen, dass diese Aufwertung des Realgymnasiums das Beste war, was dieser so widersprüchliche Kaiser auf kulturell-geistigem Gebiet durchsetzte. Dazu zählte auch, dass er anlässlich des hundertsten Geburtstags der Friedrich-Wilhelms-Universität im Jahr 1910 die Gründung einer neuen, allein den Naturwissenschaften gewidmeten Forschungseinrichtung verkündete – der Kaiser-Wilhelm-Gesellschaft, Deutschlands Antwort auf das französische Pasteur-Institut und auf die amerikanischen Rockefeller-Institute. Die staatlichen *und* privatwirtschaftlichen Mittel, die für ihre Finanzierung bereitgestellt wurden, sollten sich in höchstem Maße bezahlt machen.

29
Der Krieg zwischen Helden und Händlern

Einige Monate nach Beginn des Ersten Weltkriegs beschloss der Wiener Gemeinderat, dem Volk ein paar symbolträchtige Möglichkeiten zu bieten, um sich mit den Soldaten an der Front identifizieren zu können. Unter anderem sollte es seinen Patriotismus beim sogenannten »Wehrmann im Eisen« zur Schau stellen können, einer hölzernen Ritterfigur, die am Schwarzenbergplatz aufgestellt worden war, damit ein jeder gegen eine dem Fonds für Witwen und Waisen zugedachte Mindestspende Nägel in sie einschlagen konnte, bis sie ganz in Eisen gehüllt war, überzogen von der kollektiven Kraft des österreichischen Volkes.[1]

Im Deutschen Reich schlugen die Wogen der Kriegsbegeisterung im Jahr 1914, wie der englische Historiker Matthew Stibbe jüngst herausfand, derweil nicht ganz so hoch, wie bislang gerne berichtet wurde. Außerhalb der Großstädte und vor allem unter den Arbeitern herrschte eher eine resignierte Stimmung, bis hin zu Gleichgültigkeit oder Schicksalsergebenheit, aber kein aggressiver Nationalismus. Es waren die Intellektuellen, die sich dazu »berufen« fühlten, den völkischen Kampfeswillen mit verständlichen Erklärungen zu untermauern, die den Machtkonflikt idealisierten und deutsche Kultur und Politik in einen vermeintlichen Widerspruch zu denen der feindlichen Staaten stellten. (Norbert Elias schrieb: Nietzsche »gab dieser Ideologie des wilhelminischen Bürgertums, ganz gewiss ohne sich dessen bewußt zu sein, in seinem ›Willen zur Macht‹ ihre philosophische Fassung.«[2])

Für viele war »Kultur« *der* entscheidende Faktor bei diesem Krieg.[3] Gemeint waren damit all die Errungenschaften, die von solchen Größen wie Goethe, Kant oder Beethoven repräsentiert wurden und sich zu einer »Hochkultur« vereinten: Kunst, Musik, Literatur, Gelehrtheit sowie die kollektiven Tugenden (Fleiß, Disziplin, Ordnung), die als typisch deutsch angesehen wurden. Diese Sicht vertraten Schriftsteller, Historiker und Philosophen auf beiden Seiten des politischen Grabens, unter den Deutschen beispielsweise Thomas Mann, Friedrich Meinecke, Ernst Troeltsch, Werner Sombart, Max Scheler und Alfred Weber – um nur einige zu nennen.

Die Ideen von 1914

Vom Moment des Kriegsausbruchs an wurde im Deutschen Reich laut und deutlich über die Einzigartigkeit deutscher Kultur nachgedacht, wobei sich die Dichotomien auf den »polaren Gegensatz« von »Kultur« und »Zivilisation« zuspitzten. Und diese Gegensätze begannen sich denn auch schnell in dem barbarischen Verhalten zu enthüllen, das die Deutschen aus Sicht der übrigen Welt bei ihrer Eroberung Belgiens und Nordostfrankreichs an den Tag legten, etwa, wenn sie die alte Bibliothek von Löwen in Schutt und Asche legten oder die Kathedrale von Reims schwer beschädigten, ganz zu schweigen von den Massakern an belgischen Zivilisten in Dinant und anderenorts, die als »Vergeltung« für angebliche Sabotageakte verübt worden waren. Englische und französische Akademiker forderten besonders lautstark von den bekanntesten Vertretern deutscher Kultur und Wissenschaft, sich öffentlich vom preußischen Militarismus zu distanzieren – und riefen damit eine völlig unerwartete Reaktion hervor: Ganze Horden von bekannten deutschen Kulturschaffenden und Akademikern stellten sich hinter die deutsche Kriegspolitik. Am 4. Oktober 1914 veröffentlichte eine Gruppe hervorragender deutscher Wissenschaftler und Künstler unter der Überschrift »An die Kulturwelt! Ein Aufruf« das sogenannte *Manifest der 93*, in dem kategorisch jede Anklage wegen des barbarischen Verhaltens in Belgien abgewehrt und unter anderem erklärt wurde: »Es ist nicht wahr, daß der Kampf gegen unseren sogenannten Militarismus kein Kampf gegen unsere Kultur ist, wie unsere Feinde heuchlerisch vorgeben. Ohne den deutschen Militarismus wäre die deutsche Kultur längst vom Erdboden getilgt. Zu ihrem Schutz ist er aus ihr hervorgegangen in einem Lande, das jahrhundertelang von Raubzügen heimgesucht wurde wie kein zweites. Deutsches Heer und deutsches Volk sind eins [...]«[4]

Zu den Unterzeichnern des Aufrufs zählten viele illustre Namen, darunter die Schriftsteller Richard Dehmel und Gerhart Hauptmann, die Maler Max Klinger, Max Liebermann und Hans Thoma, die Musiker Engelbert Humperdinck, Siegfried Wagner und Felix von Weingartner, der Intendant Max Reinhardt, die Naturwissenschaftler Ernst Haeckel, Felix Klein, Philipp Lenard (Nobelpreisträger), Richard Willstätter, Max Planck (künftiger Nobelpreisträger), Fritz Haber (künftiger Nobelpreisträger), der Theologe Adolf von Harnack, die Ökonomen Lujo Brentano und Gustav von Schmoller, die Philologen Karl Voßler und Ulrich von Wilamowitz-Moellendorff; der Philosoph Alois Riehl, der Psychologe Wilhelm Wundt sowie die Historiker Karl Lamprecht und Eduard Meyer. Bereits vor diesem Aufruf hatten einige Wissenschaftler auf Ehrendoktorwürden verzichtet, die ihnen von englischen Universitäten angetragen worden waren.

Heute mag einem das geradezu absurd erscheinen, vor allem aber völlig irrelevant angesichts der zahllosen Gräuel, die während des Ersten Weltkriegs verübt wurden, ganz zu schweigen von den Verbrechen in den dreißiger Jahren und während des Zweiten Weltkriegs. Doch man muss sich bewusst machen, dass sich in diesem Aufruf tatsächlich eine Einstellung der gebildeten Deutschen damaliger Zeit widerspiegelte, nämlich dass der Krieg ihrem Land den Aufstieg zu einer Weltmacht ermöglichen und deshalb als der »Deutsche Krieg« in die Geschichte eingehen würde. Infolge des Aufrufs wurden zahllose Reden gehalten, zahllose Bücher geschrieben und zahllose Veranstaltungen organisiert, die allesamt in ein und dieselbe Kerbe schlugen. Allein der »Bund deutscher Gelehrter und Künstler« zum Beispiel, der seinen Hauptsitz in Berlin hatte, warb zweihundert führende Schriftsteller und Künstler an, um intellektuelle Argumente für den Krieg zu liefern. Unter ihnen befand sich auch Thomas Mann.[5] Eines der Hauptargumente dabei lautete, dass die autoritäre Reichsverfassung den parlamentarischen Verfassungen der Feinde weit überlegen sei.

Solche Vorstellungen überzeugten offenbar auch weiterhin. Ob die Historiker Max Lenz und Karl Lamprecht, der Rechtswissenschaftler Otto von Gierke oder der Philosoph und Soziologe Max Scheler – alle brachten Argumente für eine deutsche Hegemonial- und Weltmachtstellung vor. Aber keiner spielte so unverfroren die »Rassenkarte« aus wie Karl Lamprecht, der Reichskanzler Theobald von Bethmann Hollweg beriet: »Es ist subjektiv anerkannt und objektiv erwiesen, daß wir des Höchsten in der Welt fähig sind, daß wir zur Weltherrschaft mindestens mitberufen erachtet werden [...]. Die Germanen unter deutscher Führung werden nicht bloß geographisch zum zentralen Volke der alteuropäischen Welt.«[6] Die Engländer befand Lamprecht zwar einer unerträglichen, für andere Völker schlicht inakzeptablen Überheblichkeit für schuldig, meinte aber, dass die Welt nicht in Frieden leben könne, solange diese Bewertung keiner gemäßigteren Beurteilung Platz gemacht habe.

Eindrucksvoller waren die Argumente der Historikergeneration, der unter anderen Max Lenz, Erich Marcks, Otto Hintze und Hans Delbrück angehörten.[7] Sie vertraten die seit den neunziger Jahren des 19. Jahrhunderts geläufige Ansicht, dass das alte europäische Staatensystem aus der Zeit von Ranke bald durch eine kleine Zahl von Weltstaaten (oder Reichen) ersetzt würde, unter denen das Deutsche Reich dann seinen Platz als Gleicher unter Gleichen einnehmen werde. Für sie ging es bei diesem Krieg darum, Großbritannien, die älteste etablierte Weltmacht, zur Aufgabe seiner Vorherrschaft und außerdem dazu zu zwingen, dem Deutschen Reich gleiche Rechte einzuräumen.

Das hatte zweierlei Auswirkungen, nämlich zum einen, dass man England als den Kriegstreiber betrachtete, und zum anderen, dass der Militarismus eine neuerliche Rechtfertigung erfuhr. Sogar ein Moderater wie Hans Delbrück, der später zu einem ausgesprochenen Gegner deutscher Kriegspolitik werden sollte, sagte nach Ausbruch der Kriegshandlungen, dass das deutsche Volk für dieses Inselvolk unbesiegbar sei – für diese »Geschäftsmänner, die bloß zahlen, die ihre Söldner ausschicken und die barbarischen Massen aufbieten und denken, uns damit niederwalzen zu können«. Man werde sie bekämpfen, »nicht nur mit derselben Tapferkeit und wie wir hoffen auch mit demselben Erfolg, sondern auch mit der Überzeugung einer unendlichen inneren Überlegenheit«.[8]

Doch nicht jeder Historiker gehörte in diese Kategorie. 1915 taten sich Otto Hintze, Friedrich Meinecke, Hermann Oncken und Hermann Schumacher zusammen, um das zweibändige Werk *Deutschland und der Weltkrieg* zu publizieren, das den Auswirkungen der englischen Propaganda auf die neutralen Staaten und insbesondere auf die USA entgegenwirken sollte. Vor allem wollten sie die von britischen Propagandisten wieder aufgelegte französische Behauptung widerlegen, dass es zwei Deutschlands gebe, das von Goethe, Schiller und Beethoven und das von Treitschke, Nietzsche und General Friedrich von Bernhardi. Sie gingen dabei nicht so weit, die totale Vernichtung Englands zu fordern, sondern traten vielmehr für ein Gleichgewicht der Mächte ein, was ihre Argumente dann insgesamt vernünftig erscheinen ließ, jedenfalls im Vergleich zu allen anderen. Doch solche Stimmen gingen in dem offen annektionistischen Gebrüll der anderen Autoren und Redner schlicht unter.[9]

Oswald Spengler, der später so berühmte Autor vom *Untergang des Abendlandes*, hielt die Entscheidung der deutschen Politik, England die Vorherrschaft in der Welt streitig zu machen, für einen historischen Wendepunkt. Den Krieg gegen England betrachtete er als einen rohen darwinistischen Kampf zwischen dem englischen Liberalismus, mit seiner Betonung auf der individuellen Freiheit und Selbstbestimmung, und dem preußischen Sozialismus, mit seiner Betonung von Ordnung und Autorität.[10] In einem Brief erklärte er: »In dem Deutschland, das durch technische Intelligenz, Geld und den Blick für Tatsachen seine Weltstellung befestigt hat, wird ein vollkommen seelenloser Amerikanismus zur Herrschaft gelangen, der Kunst, Adel, Kirche, Weltanschauung zu einem Materialismus auflöst, wie er nur im Rom der ersten Kaiserzeit schon einmal vorhanden war.«[11]

Der Krieg ging weiter, das Patt brachte immer mehr Stillstand, aber an Argumenten mangelte es noch immer nicht. Sogar der in vielerlei Hinsicht so vernünftige Max Weber erklärte in einer Rede am 1. August 1916 in Nürnberg vor dem »Deutschen National-Ausschuß für einen ehrenvollen Frieden«: »Erster Gedanke ist die Pflicht, und dieses Pflichtgefühl ist deutsch [...]. Ewige Schande wäre es, wenn wir nicht den Mut gehabt hätten, dafür zu sorgen, daß nicht russisches Barbarentum auf der einen, englische Monotonie auf der anderen und französische Phrase auf der dritten Seite die Welt beherrschen. Dafür ist dieser Krieg geführt worden.«[12] Friedrich Meinecke ging noch einen großen Schritt weiter, denn er sprach sogar von der »großen Versittlichung«, die »dieser Krieg in einem nie erlebten Maße gebracht« habe, oder von der »großen Seele [...], von der sensitive Künstler zuweilen träumten [...]. Wir aber heben unsere Blicke noch höher hinauf zu weiteren Stufen unseres neuen Menschentums und Volkstums, zu den eigentlichen und höchsten Zielen unseres Kampfes [...]. Ein Weltvolk wollen wir werden durch diesen Krieg [...]. Erinnern wir uns, daß der Glaube an unsere Mission als Weltvolk entstanden ist aus unserem ursprünglich rein geistigen Drange, die Welt in uns aufzunehmen.« Den Glauben an ihre Kraft schöpften Deutsche »aus den Tiefen unserer Volksseele, aus unseren sittlichen und religiösen Überzeugungen, aus der inneren Gewißheit, daß Gott mit uns ist und den Mut und die Kraft des gerechten Kämpfers verdoppelt. [...] Der Gott, der mit uns ist, will auch, daß wir seine Sache treiben. Für gute, große und heilige Dinge soll Deutschland kämpfen.« Den Deutschen sei es gegeben, »mit tieferem Atemzuge als andere Völker das Glück des Friedens wie die Größe des gerechten Krieges in unsere Seele aufzunehmen«, denn sie empfänden »die Verpflichtung, in jener edleren menschlichen Geisteskultur [...] wieder emporzudringen« und »tatenfrohe und zweckbewußte Energie« mit ererbter »Innerlichkeit« zu paaren.[13] Der Philosoph Eduard Spranger nannte den Krieg eine Notwendigkeit, um die deutsche Bildungstradition am Leben zu erhalten.

Sogar als sich das Kriegsgeschick gegen Deutschland zu wenden begann, wurde noch heftig das Kulturargument ins Feld geführt. Der Rechtsphilosoph Adolf Lasson zum Beispiel sagte in einer Rede: »Die ganze europäische Kultur, die doch die eigentlich allgemein menschliche Kultur ist, sammelt sich wie in einem Brennpunkte auf diesem deutschen Boden und im Herzen des deutschen Volkes. Es wäre töricht, über diesen Punkt sich mit Bescheidenheit und Zurückhaltung äußern zu wollen. Wir Deutschen repräsentieren das Letzte und Höchste, was europäische Kultur überhaupt hervorgebracht hat; darauf beruht die Stärke und die Fülle unseres Selbstgefühls.«[14]

Thomas Mann war es in seinem Essay »Gedanken im Kriege« (1914) wiederum ein Anliegen, die »große Ungenauigkeit und Willkür« im Gebrauch der Schlagwörter »Kultur« und »Zivilisation« zu klären: »Kultur ist Geschlossenheit, Stil, Form, Haltung, Geschmack, ist irgendeine gewisse geistige Organisation der Welt, und sei das alles auch noch so abenteuerlich, skurril, wild, blutig und furchtbar. [...] Zivilisation aber ist Vernunft, Aufklärung, Sänftigung, Sittigung, Skeptisierung, Auflösung, – Geist. Ja, der Geist ist zivil, ist bürgerlich.« Seine Schlussfolgerung war wohl unvermeidlich in dieser Zeit: »Es ist nicht einfach, ein Deutscher zu sein, – nicht so bequem, wie es ist, als Engländer, bei weitem eine so distinkte und heitere Sache nicht, wie es ist, auf französisch zu leben. Dies Volk hat es schwer mit sich selbst, es findet sich fragwürdig, es leidet zuweilen an sich bis zum Ekel; aber noch immer, unter Individuen wie Völkern, waren diejenigen die wertvollsten, die es am schwersten hatten, und wer da wünscht, dass deutsche Art zugunsten von humanité und raison oder gar von cant von der Erde verschwinde, der frevelt.« Allerdings seien die Deutschen »bei weitem nicht so verliebt in das Wort ›Zivilisation‹ wie die westlichen Nachbarnationen; sie pflegen weder französisch-renommistisch damit herumzufuchteln, noch sich seiner auf englisch-bigotte Art zu bedienen. Sie haben ›Kultur‹ als Wort und Begriff immer vorgezogen – warum doch? [...] weil dieses innerlichste Volk, dies Volk der Metaphysik, der Pädagogik und der Musik ein nicht politisch, sondern moralisch orientiertes Volk ist. So hat es sich im politischen Fortschritt zur Demokratie, zur parlamentarischen Regierungsform oder gar zum Republikanismus zögernder und uninteressierter gezeigt als andere [...].«[15]

Aus jeder dieser Kulturkritik sprach – abgesehen von der Verachtung (oder der scheinbaren Verachtung) für England und Frankreich (und Amerika) – der Abscheu vor den profunden Veränderungen, die der Gesellschaft vom industriellen Wachstum aufgezwungen worden waren. Damit standen diese Kritiker zwar nicht allein auf weiter Flur, doch nach Meinung des amerikanischen Historikers Roger Chickering und diverser Kollegen gab es einen deutlichen Unterschied bei der deutschen Position, nämlich dass insbesondere das Bildungsbürgertum der festen Meinung war, der Staat müsse intervenieren, um die materialistischen Exzesse eigennütziger Minderheiten zum Wohle der Allgemeinheit im Zaum zu halten.[16]

Nicht zum ersten Mal empfindet man es geradezu als eine Erleichterung, dieser stickigen Atmosphäre und diesen, um es ganz deutlich zu sagen, so abwegigen Haltungen zu entfliehen. An dieser Stelle muss etwas vorgegriffen und der Historiker Fritz Fischer erwähnt werden, der im Jahr 1961 seine bahnbrechende Studie *Griff nach der Weltmacht. Die Kriegsziele des kaiserlichen Deutschland 1914/18* veröffentlichte. In den fünfziger Jahren war Fischer Zugang zu den Archiven in Potsdam gewährt worden, wo er dann auf eine Reihe von explosiven Akten stieß, die bewiesen, dass das Deutsche Reich längst vor dem Ersten Weltkrieg aggressive Annexionspläne entwickelt hatte. Am 8. Dezember 1912 hatte Wilhelm II. samt seiner militärischen Berater auf einer von ihm einberufenen Sitzung des berüchtigten Kriegsrats den Beschluss gefasst, im Sommer 1914 einen Entscheidungskrieg vom Zaun zu brechen und die Zeit bis dahin zu nutzen, um das Land auf diese Abrechnung vorzubereiten. Fischer zufolge hatte sich seit 1890 Folgendes abgespielt: Erstens begann sich eine neue Abart des Nationalismus mit deutlich rassistischen Untertönen in Deutschland zu verbreiten; zweitens hatten viele deutsche Historiker und Intellektuelle die massive Flottenaufrüstung befürwortet; drittens hatte sich diese Elite darauf verständigt, Nietzsches »Willen zur Macht« als einen entscheidenden psychologischen Faktor der modernen Welt zu verstehen; viertens hatte es im Kaiserreich kaum Unterschiede zwischen den Interessen der Industrie und denen der Politik gegeben; fünftens hatte das Deutsche Reich das völlig unrealistische Ziel verfolgt, Frankreich von der Landkarte zu tilgen und England zur Neutralität zu zwingen; sechstens hatte das Kaiserreich ein Wettrüsten ausgelöst; und siebtens hatten der Kaiser und seine Berater die Ansicht vertreten, dass die Zeit für Diplomatie vorüber und ein »Kampf der Rassen« bei dieser »Abrechnung« unvermeidlich sei.[17] Fischer kam schließlich auch zu dem Schluss, dass Deutschland die Kampffähigkeit seiner Feinde und potenziellen Feinde massiv unterschätzt habe.

Auf Fischers Historie werden wir später noch ausführlicher eingehen (seine deutschen Historikerkollegen sollten ihn deshalb des regelrechten »Hochverrats« bezichtigen). Hier wollen wir es bei einer Bemerkung belassen, die Fritz Stern in seinem Kommentar zu Fischers Buch abgab: Wenn es denn einen Faktor gab, der für den Ausbruch des Ersten Weltkriegs verantwortlich gemacht werden konnte, dann waren es die ständigen Fehleinschätzungen, die deutsche Politiker vor dem Krieg dank ihrer »chronischen Blindheit« trafen, dank ihrer völlig falschen Selbsteinschätzung und der falschen Einschätzung von den anderen und dank dieser »seltsamen Kombination aus Angst, Überheblichkeit, politischer Ignoranz und Unsicherheit bei der Bewertung der Außenwelt«.[18]

Das »Manifest der 93« löste heftige Reaktionen in Frankreich und England aus. Französische Gelehrte waren entsetzt ob der geistigen Unterwürfigkeit, des Mangels an Objektivität und der Feigheit der deutschen Kollegen, die das Manifest unterzeichnet hatten. Wie der amerikanische Historiker William Keylor schrieb, hatten sich auch die französischen Akademiker »im Sommer 1914 schnell von ihrer Verpflichtung zu höheren Wahrheiten verabschiedet und sich während der folgenden fünf Jahre der niedersten Form von chauvinistischer Propaganda unterworfen«.[19] Aber das scheint doch etwas übertrieben. Tatsächlich waren die Franzosen mit drei Fragen befasst. Erstens: Was an der deutschen Kultur war noch respektabel? Zweitens: Hatte Frankreich der deutschen Kultur des 19. Jahrhunderts mehr zu verdanken als der griechischen und der römischen Kultur? Drittens: Gab es einen Zusammenhang von deutscher Wissenschaft und deutscher Kultur, oder wurzelten die unbestrittenen Erfolge deutscher Wissenschaft in den philosophischen Traditionen Frankreichs und Englands?

Im Zentrum ihrer Überlegungen war die Philosophie Immanuel Kants gestanden. Die Konservativen Frankreichs verunglimpften Kant genauso, wie es die französischen Katholiken taten, weil dessen Ethik und Erkenntnistheorie in ihren Augen zur Grundlage eines »ungezügelten Individualismus, Subjektivismus und Atheismus« und somit zum Unterbau eines Republikanismus geworden war, der nur bestimmte Vorstellungen von Rechten und Pflichten begünstigte. Ihre Gegner favorisierten Kant wegen seiner Moraltheorie (Pflicht und individuelle Verantwortung), die in den Vorkriegsjahren zum Grundpfeiler der (republikanischen) Bürgerkunde in den französischen Schulen geworden war. Kant stand aber auch im Zentrum der französischen Theorien von den »zwei Deutschlands«. Als direkte Nachbarn waren sich die Franzosen schon seit Langem mit Unbehagen der beiden Gesichter Deutschlands bewusst gewesen – einerseits ungemein kultiviert und »verinnerlicht«, andererseits militaristisch und expansionistisch. Im Kielwasser des Deutsch-Französischen Krieges hatte sich dieser Eindruck noch verstärkt. Der Moralphilosoph Caro hatte im Dezember 1870 in einem Artikel für die *Revue des deux mondes* von einer deutschen »Bewusstseinsspaltung« gesprochen und die Idee von den »zwei Deutschlands« aufgegriffen, das eine »idealistisch und träumerisch«, das andere »materialistisch und militaristisch« und dem »Nützlichkeitswahn« verfallen. Kant, schrieb er, stehe für die Verherrlichung von Ersterem; Sedan (der deutsche Sieg über die französischen Truppen 1870) für die Apotheose von Letzterem und schließlich Einflussreicherem. Den Beginn dieser zweiten Tradition setzte er bei Hegel an.[20]

Die amerikanische Historikerin Martha Hanna wies darauf hin, dass zu Beginn des Ersten Weltkriegs nicht nur in Frankreich die weitverbreitete Vorstellung herrschte, dass die Naturwissenschaften »ein vielleicht nicht einzigartig, aber doch besonders deutsches Unterfangen« gewesen seien. Nach dem Kriegsausbruch habe das in Frankreich den bedauerlichen Nebeneffekt gehabt, dass man den Naturwissenschaften immer mehr Misstrauen entgegenbrachte, vor allem nach dem erstmaligen Einsatz von Giftgas durch das deutsche Heer im April 1915. Nun habe man die Naturwissenschaften so sehr als das »bedauerliche Produkt« eines materialistischen Ethos betrachtet, dass sich die französischen Naturwissenschaftler alle Mühe geben mussten, um dieser Vorstellung entgegenzuwirken, etwa indem sie verdeutlichten, dass die Felder der Naturwissenschaften von französischen und englischen Wissenschaftlern nicht weniger beackert wurden als von deutschen.[21]

In England hatte vor dem Krieg weithin Einvernehmen geherrscht, dass im akademischen Betrieb nicht nur eine »Wissensrevolution«, sondern auch eine »Institutionalisierung des deutschen Einflusses« stattfand. Einige englische Forscher, die damals Deutschland besucht hatten, fühlten sich zwar von der kriegstreiberischen Atmosphäre im Land abgestoßen, doch wesentlich mehr englische Gäste fanden die deutsche Wissenschaftsideologie, welche »buchstäblich zu einer Lebensart« geworden sei, ausgesprochen attraktiv.²² Stuart Wallace führt in seiner Geschichte über die britischen Wissenschaften im Ersten Weltkrieg sechsundfünfzig prominente britische Forscher an, die in Deutschland studiert hatten, darunter der Jurist und Historiker James Bryce, der Philologe und Literaturhistoriker Hector Munro Chadwick, der Psychologe William McDougall, der Philologe Arthur Sampson Napier, der Anthropologe William Halse R. Rivers, der Historiker Robert William Seton-Watson und der Moralphilosoph William Ritchie Sorley. Am 1. August 1914 druckte die Londoner Times einen offenen Brief von neun Wissenschaftlern ab, die das Deutsche Reich in seinem Kampf gegen Russland unterstützten, da sie es für das zivilisiertere Land hielten. Doch nach dem Überfall auf Belgien kehrte sich diese Einstellung ins Gegenteil um (am 29. August hatte die deutsche Nachrichtenagentur Wolffs Telegraphisches Bureau [W.T.B.] gemeldet, dass das alte Löwen mit seinen vielen Kunstschätzen nicht mehr existierte). Im Dezember veröffentlichte die Times einen offenen Brief des Oxforder Assyriologen Archibald Henry Sayce, in dem dieser verkündete, dass es auf wissenschaftlichem Gebiet »nicht einen einzigen großen deutschen Namen« gebe, dass es, von Goethe abgesehen, auch keinen großen deutschen Namen in der Literatur gebe, dass Schiller ein »saft- und kraftloser Longfellow« (eine Anspielung auf den amerikanischen Volksdichter Henry Wadsworth Longfellow) und Kant »mehr als nur ein halber Schotte« gewesen sei.²³

Andere britische Wissenschaftler, Schriftsteller und Künstler verstanden den Krieg gegen das Deutsche Reich ähnlich wie die Franzosen eher als einen Kampf »zur Verteidigung der Zivilisation gegen einen vielköpfigen barbarischen Feind«. Im Extremfall forderten glühende Patrioten, dass nicht einmal Brahms noch in England gespielt werden dürfe. Und wie die französischen Gelehrten machten auch die englischen ihrem Entsetzen über die geistige Unterwürfigkeit Luft, die ihre deutschen Kollegen gegenüber ihrem eigenen Staat an den Tag legten, nicht ohne dann allerdings selbst massiv Propaganda zu betreiben. Ebenfalls wie unter den französischen Gelehrten begann nun auch unter den britischen rapide die alte Hochachtung vor den deutschen Naturwissenschaften zu schwinden. Für die Philosophen war das schon schwieriger: »Die Hegel'sche Schule hatte dem britischen Idealismus, der die einflussreichsten philosophische Denkschule vor 1914 war, seinen unauslöschlichen Stempel aufgedrückt«, schreibt die amerikanische Historikerin Martha Hanna.²⁴

Auf das Gebiet der Archäologie wirkte sich der Krieg in ganz anderer Weise aus. Zwischen 1915 und 1916 wurde das Budget des Deutschen Archäologischen Instituts sogar *aufgestockt*, um die laufenden Ausgrabungen (Mesopotamien, Tiryns, Dipylon, Olympia) weiterführen und mit neuen (Laon, Arras sowie Soissons im besetzten Frankreich) beginnen zu können.²⁵ Auch ein letztlich gescheiterter Versuch, den Grabungsmarkt im Osmanischen Reich »aufzukaufen«, wurde unternommen. Die Archäologie lag dem deutschen Kaiser so sehr am Herzen, dass führende Archäologen jederzeit bei Hofe willkommen waren. Nach dem Krieg sollte ihre Disziplin neben der Altphilologie zur Brutstätte monarchistischer Nostalgie und einer apoplektischen Reaktion werden.²⁶

Aus dem Paradies nach Berlin

In den Vereinigten Staaten war die Reaktion gemäßigter als in Frankreich oder Großbritannien (die USA traten ja bekanntlich auch erst im April 1917 in den Krieg ein). Bemerkenswert war vor allem, wie die beiden führenden amerikanischen Intellektuellen John Dewey und George Santayana in einer jeweils kurzen und bündigen Schrift im Jahr 1915 die deutsche Philosophie und Wissenschaft einschätzten.

John Dewey (1859–1952), zu dieser Zeit Professor der Philosophie an der Columbia University, gelang eine klare Synthese der deutschen Philosophie, indem er die Geschichte des deutschen Denkens mit dem Krieg verknüpfte – eine Analyse, die sich noch heute gut liest und umso beeindruckender ist, als sie fast zwanzig Jahre vor den Ereignissen geschrieben wurde, die zum Holocaust führten. Das Buch umfasst drei einstündige Vorlesungen zum Thema *German Philosophy and Politics* (*Deutsche Philosophie und deutsche Politik*) und war zumindest in Teilen eine Reaktion auf Friedrich von Bernhardis 1912 erschienene Studie *Deutschland und der nächste Krieg*, in welcher der Autor die berüchtigte Aussage getroffen hatte: »Zwei große Bewegungen hat das deutsche Geistesleben hervorgebracht, auf dem forthin aller geistiger und moralischer Fortschritt der Menschheit gegründet sein muß. Die Reformation und die kritische Philosophie. [...] Auf diesem Unterbau wurde das geistige Leben unserer Zeit entwickelt, dessen tiefste Bedeutung in dem Versuch besteht, die Ergebnisse freier Forschung mit den religiösen Bedürfnissen des Herzens zu versöhnen und so die Grundlage für eine harmonische Organisation der Menschheit zu legen. [...] Keiner Nation außer der deutschen ist es gegeben, sich in ihrem eigenen Inneren dessen zu erfreuen, was der gesamten Menschheit gegeben ist. [...] Es ist diese Eigenschaft, die uns besonders zur Führerschaft im geistigen Bereich befähigt und uns die Verpflichtung auferlegt, diese Stellung zu behaupten.«²⁷

Dewey begann mit der Beobachtung: »Das Zeugnis der Geschichte besagt, daß es gefährlich ist, in allgemeinen und abstrakten Begriffen zu denken. Es hebt Ideen über die Situationen, in denen sie entstanden waren, hinaus und belastet sie mit (wir wissen nicht was für) einer Drohung für die Zukunft.« Die englische Philosophie von Bacon bis John Stuart Mill fand er ganz anders geartet als die deutsche (Kant, Fichte, Hegel), da sie »mehr von Menschen der Tat und des Handelns als von Professoren gepflegt worden« sei. Ihn reize vor allem die »offenbare Herausforderung«, die »in der Behauptung liegt, daß ein inniger Bezug zwischen dem abstrakten Denken und den Tendenzen des Gemeinschaftslebens bestehe«, und das umso mehr, als das Denken in deutscher Tradition »höchst fachlich, professorenhaft und vorwiegend von apriorischem Charakter ist. [...] Vor allen Dingen haben die Deutschen, wie wir sagen, Philosophie im Blut [...].«[28] Die deutschen »Institutionen der Erziehung und Verwaltung« betrachtete Dewey als ein »System fertiger Übermittlungswege [...], durch die philosophische Ideen ihren Weg zu den praktischen Angelegenheiten des Lebens finden können«. Auch glaubte er, dass »die öffentliche politische Meinung« in Deutschland sich insofern von der in den USA, Großbritannien und Frankreich unterschied, als sie, »soweit sie vorhanden ist«, hauptsächlich an den Universitäten und weniger durch die Presse gebildet werde. Einen weiteren großen Unterschied fand er in dem Umstand, dass »die meisten Nationen auf ihre großen Männer stolz sind«, die Deutschen aber, »weil sie einen Luther hervorgebracht haben, auf sich selbst stolz. [...] So wird der Glaube an den universellen Charakter seines Genius verkehrt in einen Glauben an die wesentlich universale Qualität des Volkes, das ihn hervorbrachte«.[29]

Die größte Bedeutung maß Dewey den Errungenschaften Kants bei, vor allem dem entscheidenden Gedanken, »daß es eine zweifach gesetzgeberische Vernunfttätigkeit gibt. Dadurch werden zwei Bereiche voneinander geschieden, der Bereich der Wissenschaft von dem der Moral. Jeder dieser beiden Bereiche hat seinen eigenen Aufbau von letzter und maßgebender Endgültigkeit.«[30] Als »das Hauptkennzeichen der deutschen Zivilisation« wie als »das Wesen der Kantnischen Philosophie« betrachtete Dewey die »Kombination eines selbstbewußten Idealismus mit einer unübertroffenen fachlichen Leistungsfähigkeit und Organisation [...]. Je mehr die Deutschen bei der Eroberung der materiellen Wirklichkeit Erfolg haben, um so mehr sind sie sich der Erfüllung einer idealen Mission bewusst.« Somit seien »eine hohe Schätzung der inneren Bedeutung von Dingen« und »die Verehrung einer inneren Wahrheit, ohne auf äußere Folgen vorteilhafter Natur zu sehen, das hervorstechendste Merkmal des deutschen Geistes« im Gegensatz »zu der Äußerlichkeit des lateinischen Geistes oder dem Utilitarismus des Angelsachsentums«.[31] Doch Dewey konzedierte, »daß die Deutschen sich leichter als andere Völker von krisenhaften Situationen und Zufälligkeiten des Lebens in einen Bereich der *Innerlichkeit* zurückziehen können, der zumindest grenzenlos *erscheint*. Diese Innerlichkeit kann auch nur selten zum Ausdruck gebracht werden, es sei denn durch die Musik, durch eine zerbrechliche und zarte Dichtung, die manchmal sanft, manchmal lyrisch, immer aber voll von geheimnisvollem Zauber ist«.[32]

Als eine weitere Errungenschaft Kants neben der »Zwei-Welten-Lehre« bezeichnete Dewey dessen »Pflichtenlehre«: »Was gereicht der menschlichen Natur zu größerer Würde, was bezeichnet die Trennung des Menschen vom Tier besser als der Wille, egoistische Wünsche und individuelle Neigungen den Imperativen der ernsten und erhabenen Pflicht unterzuordnen?« Ein »letztes Korrektiv« Kants schien ihm dessen Beharren gewesen zu sein, dass sich der Mensch seine Pflicht selbst auferlegen müsse: Niemand außer dem eigenen höheren, dem »vernünftigen Selbst« könne festlegen, was eines Menschen Pflicht sei.[33]

Auch in den Unterscheidungen von Gesellschaft und Staat, von Zivilisation und Kultur sah Dewey zwei »höchst charakteristische Züge« deutschen Denkens. »Zivilisation ist ein natürliches und größtenteils unbewußtes oder unfreiwilliges Wachsen. Sie ist sozusagen ein Nebenprodukt der Bedürfnisse, die entstehen, wenn Menschen eng zusammenleben. [...] Kultur andererseits ist wohlüberlegt und bewußt. Sie ist eine Frucht nicht der natürlichen Antriebe des Menschen, sondern von Naturtrieben, die durch den inneren Geist verwandelt wurden. [...] Die wahre Bedeutung des Begriffes Kultur wird deutlich, wenn Kant hinzufügt, daß sie die mühselige Arbeit an der Bildung des Innenlebens einschließt und daß es von der langwährenden Bemühung der Gemeinschaft abhängt, zu der ein Einzelner gehört, ob er diese Kultur erlangt.«[34]

Zur Unterscheidung von Gesellschaft und Staat schreibt Dewey auch: »In englischen und amerikanischen Schriften wird das Wort Staat fast immer nur benutzt, um die Gesellschaft in ihren organisierten Aspekten zu bezeichnen, oder er wird mit der Regierung identifiziert [...]. Aber in der deutschen Literatur ist Gesellschaft ein Fachausdruck und bedeutet etwas Empirisches und sozusagen Äußerliches, während der Staat, wenn nicht eingestandenermaßen etwas Mystisches und Transzendentes, dann doch wenigstens eine moralische Wesenheit ist – die Schöpfung einer selbstbewußten Vernunft, die für die geistigen und idealen Interessen seiner Mitglieder wirkt. Die Funktion des Staates ist kulturell und erzieherisch [...]. Daher das besondere Schicksal des deutschen Gelehrten und des deutschen Staates. Es war die Pflicht und der Auftrag der deutschen Wissenschaft und Philosophie, zur Sache der geistigen Emanzipation der Menschheit beizutragen. [...] Der Gelehrte, der ein wahrhafter Gelehrter ist, ist nicht nur ein Erkennender schlechthin, sondern er hat auch ein Wissen vom Wesen der Erkenntnis [...]. Daher ist er auf besondere Weise die direkte Manifestation Gottes in der Welt – der wahre Priester.«[35]

Das war, wie man heute erkennen kann, eine hellsichtige Analyse deutscher Errungenschaften im 19. Jahrhundert und eine umsichtige, eloquente Untersuchung der Frage, worin sich Deutschland im 19. Jahrhundert beispielsweise von Frankreich, England und den USA unterschieden hat. Am Ende zog Dewey die große Sequenz heran, die Deutschland in diesem Jahrhundert erlebt hatte – 1815, 1864, 1866, 1870/71 –, und stellte sie der Tatsache gegenüber, dass Deutsche die Vorstellung von einer Evolution bereits akzeptiert hatten, lange bevor Darwin seine Idee von der natürlichen Zuchtwahl veröffentlichte. Dass Deutschland jahrhundertelang über keine äußere Einheit verfügte, war für ihn der Beweis, dass das deutsche Selbstsein metaphysischer Art und kein Geschenk der Umstände war.

Dem Werk, das der amerikanische Philosoph George Santayana (1863 bis 1952) zur selben Zeit verfasste, fehlte es zwar nicht an zahllosen scharfsinnigen Kommentaren, doch es war derart sarkastisch und gallig, dass der Autor sich und dem, was er aussagen wollte, ständig selbst im Weg stand. Der in Madrid geborene Santayana, der 1872 mit seiner Familie nach Boston ausgewandert war, hatte unter anderem bei dem Philosophen Friedrich Paulsen in Berlin studiert, bevor er selbst zu einem der besten Philosophieprofessoren wurde, deren sich Harvard je rühmen konnte (zu seinen Schülern zählten Conrad Aiken, T. S. Eliot, Robert Frost, Wallace Stevens, Walter Lippman, Felix Frankfurter und Samuel Eliot Morison). Doch nachdem ihm das Erbe seiner Mutter zugefallen war, kehrte er nach Europa zurück, wo er 1915 auch sein Buch *Egotism in German Philosophy* veröffentlichte, in dem er mehr oder weniger die gleichen Themen behandelte wie Dewey – Kant, Fichte und Hegel –, sich aber auch mit Schopenhauer und Nietzsche befasste.

Santayana hielt nicht viel von diesen Denkern. Die Transzendentalphilosophie bestand für ihn aus »desperaten Trugbildern«, hinter denen er sogar »etwas Sinistres« am Werke sah, etwas, das einer (falschen) Religion ähnelte.[36] Er gestand, dass er dem »evidenten Geist, von dem diese Seiten erfüllt sind, mit Vergnügen die Luft« abschnürte[37], konzedierte aber, dass die deutsche Philosophie in einer Hinsicht profund war, nämlich in Bezug auf ihre Innerlichkeit, auf ihr Bewusstsein von einem »inneren Licht und von den unbedingten Pflichten«. Gleichzeitig hielt er das jedoch für selbstgefällig und definierte diesen Egoismus dann als einen »selbststolz gewordenen Subjektivismus«. Der Courage der deutschen Philosophie hafte »etwas Diabolisches«, etwas Satanisches« an, etwas, das »auf eine moralische Seuche hinausläuft«.[38] Der deutsche Idealismus habe vom Protestantismus nicht nur den Ernst, sondern auch die frömmelnde Zweckorientiertheit geerbt, und dessen Vorstellungen vom Geist und Willen erinnerten ihn an die Idee von der Vorsehung. Kant lehnte er ab, weil er fand, dass der Philosoph seinen eigenen Denkweisen nicht gerecht geworden sei und seine Moralphilosophie »im Prinzip ein perfektes Gerüst für Fanatismus« abgebe, auch wenn Kant selbst von eher sanftem Gemüt gewesen sei.[39]

Hegel hingegen habe jeden Glauben an eine reale Welt hingegeben und an deren Stelle sein eigenes Wissen von ihr gesetzt – woraus für Santayana eine »monströse Selbstgefälligkeit« sprach, die es Hegel dann ermöglichte, die Vorurteile seiner Zeit und seines Landes »als das Wahre« auszugeben. Indem Hegel dafür sorgte, dass die Dinge den Theorien entsprachen anstatt die Theorien den Dingen, habe er sie schlicht und einfach auf den Kopf gestellt.[40] Ohnedies fand Santayana, dass das Denken der Deutschen (vor allem das Denken von Nietzsche) etwas Unausgegorenes an sich hatte: »Sie haben sich nicht die Mühe gemacht, die menschliche Natur zu entschlüsseln, welche eine *Gabe* ist, etwas Vielseitiges, Unbewusstes, mit einem gewissen Spielraum für Abweichungen, und haben stattdessen beim Willen angesetzt, welcher bloß eine *Gesinnung* ist[...].«[41] »Idealistische« Ziele, erklärte er, seien nicht unbedingt höhere Ziele als persönliche, im Gegenteil, es sei sogar viel wahrscheinlicher, dass es sich dabei nur um »herkömmlichen Humbug« handle. Er spottete über die Absurdität der Hegel'schen Schule und umschrieb deren Botschaft mit der Aussage, dass die Geschichte im Paradies begonnen und in Berlin ihr Ende gefunden habe. Auch Nietzsche lehnte er wegen seines Gebrauchs einer Abstraktion – des Willens zur Macht – ab. Denn »was Macht, sobald erreicht und ausgeübt, ist, das geht weit über seinen Horizont hinaus«.[42] Santayana bezeichnete die deutsche Philosophie einerseits als das Werk des Genius, schränkte das andererseits aber wieder mit den Worten ein: »Der Idealismus übersieht ganz einfach den alles bestimmenden Fakt, dass unser ganzes Leben ein Kompromiss ist, bestenfalls ansatzweise eine lose Harmonie zwischen den Leidenschaften der Seele und den Kräften der Natur.«[43]

Die besseren Kämpfer verloren den Krieg

Angesichts dieses Berichts über die Zeit um den Ersten Weltkrieg hat der deutsche Genius also einen ziemlichen Schlag einstecken müssen. Doch es gibt auch noch andere Möglichkeiten, die Ereignisse von 1914 bis 1918 zu betrachten. Colonel Trevor Dupuy kam in seiner Studie *A Genius for War: The German Army and General Staff 1807–1945* (1977) zu dem Schluss, »dass die Deutschen als Einzige das Geheimnis der *Institutionalisierung* militärischer Exzellenz entdeckten«. Vor allem mit Blick auf das Geschehen im Ersten Weltkrieg wies Dupuy nach, dass die Deutschen nur deshalb auf der Verliererstraße marschierten, weil der Feind über zahlenmäßig so überlegene Truppen verfügte. In den meisten Schlachten, wo Mann gegen Mann gekämpft wurde, hätten sich die deutschen Soldaten als die besseren Kämpfer erwiesen.[44]

Im Lauf des Ersten Weltkriegs mobilisierten die Deutschen rund elf

Millionen Mann; ziemlich genau sechs Millionen von ihnen fielen. Demgegenüber hatten die Alliierten rund achtundzwanzig Millionen Mann einberufen, mehr als zweieinhalbmal so viele; und die Verluste, die sie im Kampf gegen das Deutsche Reich (Österreich-Ungarn, die Türkei und Bulgarien also nicht eingerechnet) zu beklagen hatten, beliefen sich auf insgesamt zwölf Millionen. »Demnach hat«, so Dupuy, »jeder mobilisierte deutsche Soldat durchschnittlich etwas mehr als einen alliierten Soldaten getötet oder verwundet, während es fünf alliierter Soldaten bedurfte, um einen Deutschen kampfunfähig zu machen.« Andererseits kämpften die Deutschen häufiger als die Alliierten aus einer Verteidigungsposition heraus, und die Erfahrung zeigt, dass Truppen in der Defensive für gewöhnlich über einen Positionsvorteil verfügen, beispielsweise über den Vorteil von Befestigungsanlagen. Die Forschung bestätigt, dass Verteidigungspositionen in etwa 1,3-mal so effizient sind wie Angriffspositionen. Unter Berücksichtigung dieser Umstände kam Dupuy zu dem Schluss, dass die Deutschen »mit einer Überlegenheit von im Großen und Ganzen 4:1« den Feinden Verluste beibrachten.[45] Der englische Historiker Alexander Watson berichtet in einer parallel veröffentlichten Studie, dass die Häufigkeit von »Krankheiten der Nervenregion« unter den deutschen Soldaten der Feldarmee an der Westfront 3,67 Prozent und in der britischen Armee 3,27 Prozent betrug, wohingegen psychiatrische Fälle unter britischen Soldaten insgesamt einen Anteil von 6,54 Prozent an den Kriegsverletzungen ausmachten.[46] Am Ende erwies sich die Überzahl der alliierten Soldaten als entscheidend (und natürlich auch, dass der deutsche Geheimdienst und die deutsche Spionageabwehr weitgehend ausgeschaltet werden konnten). Doch Mann gegen Mann waren die deutschen Soldaten die besseren Kämpfer.

Dupuy erarbeitete seine Studie für die *Historical Evaluation and Research Organisation* (HERO), die rund sechzig Gefechte im Zweiten Weltkrieg – hauptsächlich in den Jahren 1943 und 1944 – analysierte und ihre Studien erst später auch auf den Ersten Weltkrieg ausweitete. Ihm ging es vor allem um den Nachweis, dass die Deutschen in Wahrheit gar nicht so außerordentlich militaristisch waren.[47] Zwischen 1815 und 1945 hatten Preußen und Deutschland an sechs entscheidenden (in zwei Fällen kleineren) Kriegen teilgenommen, wohingegen Frankreich in dieser Zeit zehn entscheidende Kriege führte (sechs in Europa, vier in Übersee), Russland dreizehn (zehn davon in Europa), Großbritannien siebzehn (drei in Europa, vier in Afrika, zehn in Asien) und die Vereinigten Staaten sieben.[48] Dupuy fand also keinerlei Nachweise, dass Preußen respektive Deutsche in irgendeinem genetischen oder historischen Sinne besonders militaristisch waren. Vielmehr stellte er (wie auch Paul Kennedy) fest, dass das überlegene Kampfvermögen der Deutschen auf eine *Institutionalisierung* ihrer militärischen Kompetenz zurückzuführen war und dass es dieses Merkmal war, welches deutsche Soldaten auch im Zweiten Weltkrieg von den gegnerischen Soldaten unterschied. Nur Hitler selbst war stur und unbeweglich.

Dennoch, was die Technik an der Front betraf, dauerte es bei den Deutschen länger als bei den Alliierten, bis sie sich der Hilfe ihrer Naturwissenschaftler für den Krieg versichert hatten – was angesichts des Standes ihrer technischen und industriellen Entwicklung wirklich überraschend ist. Sie *haben* die Land-Wasser-Kommunikationsmöglichkeiten mit U-Booten erforscht, und sie *haben* Flammenwerfer entwickelt, aber ihre Panzerexperimente begannen sie zu spät, um damit noch auf die Ereignisse einwirken zu können. Und kaum hatte sich das Kampfgeschehen gegen Deutschland gewendet, wurde die Steigerung der Nahrungsmittelproduktion zur Priorität der Wissenschaft. Nur zwei finstere Gebiete gab es, auf denen Deutschland das Rudel anführte: bei der chemischen Kriegführung und im Luftkrieg. Unter der Leitung des künftigen Nobelpreisträgers Fritz Haber wurden drei weitere kommende Nobelpreisträger zum Dienst fürs Vaterland angeworben, um Chlorgas zu einer Waffe zu entwickeln: James Franck, Gustav Hertz und Otto Hahn, der spätere Entdecker der Kernspaltung.[49]

Am Beginn des Jahres 1918 verschwand der hölzerne Wehrmann aus Wien. Im Lauf des Krieges hatten immer weniger Menschen Nägel gekauft und ihm eingeschlagen, schließlich war er von niemandem mehr eines Blickes gewürdigt worden, wie eine Zeitung berichtete. Eine andere vermerkte, dass die goldenen Nägel, die Österreichs Verbündete gestiftet hatten, damit sie dem Wehrmann eingeschlagen werden konnten, gestohlen worden waren. Somit war der Letzte, der ihm seine Aufmerksamkeit geschenkt hatte, ein Dieb gewesen.

30

»Das schwerbestürmende eines vaterlosen Kindes«: Die Kultur der Besiegten

Zu keiner anderen Zeit im 20. Jahrhundert war Dichtung (zumindest die englischsprachige) so sehr die vorherrschende literarische Form gewesen wie während des Ersten Weltkriegs. Der englische Literaturwissenschaftler und Dichter Bernard Bergonzi meinte sogar, dass die englische Dichtung niemals über diesen Krieg hinweggekommen sei.[1] In Deutschland sah es nicht anders aus. Einer Schätzung zufolge wurden zur Zeit der Kämpfe rund zwei Millionen Gedichte in deutscher Sprache über den Krieg geschrieben. Im August 1914 wurden rund fünfzigtausend Gedichte *pro Tag* verfasst, fünfhundert tagtäglich an die Zeitungen eingeschickt und rund hundert davon dann tatsächlich abgedruckt.[2] Dem englischen Germanisten Patrick Bridgwater zufolge brachen zu dieser Zeit nicht nur die englischen, sondern auch die meisten deutschen Dichter mit der Tradition, denn bis dahin hatten fast alle Kriegsgedichte den Krieg verherrlicht, vor allem die heldenhaften und ritterlichen Aspekte des Kampfes Mann gegen Mann. Mit der Mechanisierung des Krieges hatte sich das jedoch völlig verändert.

Die deutschen Kriegsdichter unterschieden sich von ihren englischen Gegenparts in mehrerlei Hinsicht.[3] Sowohl Georg Heym als auch Georg Trakl schrieben Gedichte *über* den Krieg oder hatten den Krieg dichterisch vorausgesagt – lange bevor die Kämpfe ausbrachen, sozusagen als heroische Probestücke. Seit die Kampfhandlungen begonnen hatten, schmiedete sogar Rainer Maria Rilke, der niemals selbst zu kämpfen brauchte, Verse (beziehungsweise »Hymnen«) über den Krieg. Bei Stefan George trat hingegen eine deutliche Gleichgültigkeit gegenüber dem Kampfgeschehen und dem Leid anderer Menschen zutage: Er offenbarte vielmehr seine Überzeugung, dass der moderne Mensch Krieg führe »wie das getier der wälder«, kein Held weit und breit, und der Tod ohne Würde:

> zu jubeln ziemt nicht: kein triumf wird sein
> nur viele untergänge ohne würde [...]
> der alte Gott der schlachten ist nicht mehr.
> erkrankte welten fiebern sich zu ende
> in dem getob. Heilig sind nur die säfte
> noch makelfrei versprizt – ein ganzer strom.[4]

Im zweiten Kriegswinter veränderten sich die Dinge. Zögernder als die Engländer, aber immer häufiger reagierten nun auch deutsche Dichter unmittelbar auf die Schrecken, die sie um sich herum miterlebten.[5] Und aus dieser Schreckenslandschaft ragen drei Dichter heraus, heben sich von einem Hintergrund ab, dem sich in einer idealen Welt vielleicht ein Dutzend Dichter als würdig erwiesen hätten: Georg Trakl, August Stramm und Anton Schnack.

Der Österreicher Trakl (1887–1914) war, wie er selbst einmal sagte, besessen von seiner »verbrecherischen Melancholie«.[6] Er schrieb bloß fünf Kriegsgedichte, doch eines so denkwürdig wie das andere. Trakl hatte die Gabe, nach Art von Hölderlin ungeheuer dichte Bilder zu malen. Seit er miterlebt hatte, worauf Krieg hinauslief, lautete seine zentrale Botschaft, dass Krieg das Ende des »Menschengeistes« bedeute:

> Am Abend tönen die herbstlichen Wälder
> Von tödlichen Waffen, die goldnen Ebenen
> Und blauen Seen, darüber die Sonne
> Düstrer hinrollt; umfängt die Nacht
> Sterbende Krieger, die wilde Klage
> Ihrer zerbrochenen Münder.
> Doch stille sammelt im Weidengrund
> Rotes Gewölk, darin ein zürnender Gott wohnt
> Das vergoßne Blut sich, mondne Kühle;
> Alle Straßen münden in schwarze Verwesung.
> Unter goldnem Gezweig der Nacht und Sternen
> Es schwankt der Schwester Schatten durch den schweigenden Hain,
> Zu grüßen die Geister der Helden, die blutenden Häupter;
> Und leise tönen im Rohr die dunkeln Flöten des Herbstes.
> O stolzere Trauer! ihr ehernen Altäre
> Die heiße Flamme des Geistes nährt heute ein
> gewaltiger Schmerz,
> Die ungebornen Enkel.[7]

Selbst wenn Trakl »rotes Gewölk«, »vergoßnes Blut« und die »heiße Flamme des Geistes« heraufbeschwört, setzt er seine Worte doch bedächtig und sparsam. Den Effekt erzielt er durch diese Dichte an kühlen, fein geschliffenen Bildern, so frostig wie belebend und niemals sentimental.

Die Gedichte des in Münster geborenen August Stramm (1874–1915) waren viel kürzer als Trakls – und als die jedes anderen Dichters, was das betrifft. Er setzte Lautmalereien und Alliterationen als Hilfsmittel ein, Neologismen und Wortentwürfe, die seine Dichtung in eine intensivere Erfahrung verwandelten, wie ja auch der Krieg *jede* mit ihm einhergehende Erfahrung intensiviert.[8] Stramm wurde unmittelbar nach der Mobilmachung eingezogen, diente zuerst an der Westfront, am Oberrhein im Elsass und bei den schweren Stellungskämpfen an der Somme, die ihm das Eiserne Kreuz II. Klasse einbrachten. Im April 1915 wurde er an die Ostfront verlegt, wo er erneut an schweren Kämpfen teilnahm und dafür das Verdienstkreuz erhielt. Sein Verleger hatte seine Entlassung aus dem Kriegsdienst ausgehandelt, doch Stramm weigerte sich, das Angebot irgendeines »Alibis« anzunehmen, und kämpfte weiter. Siebzigmal war er zum Einsatz gekommen, bis ihn am 1. September beim Sturm auf die russischen Stellungen am Dnepr-Bug-Kanal eine Kugel in den Kopf traf.[9]

Stramm war eindeutig ein tapferer Mann, aber dennoch ein Kriegsgegner. Kein einziges chauvinistisches Gedicht floss aus seiner Feder, obwohl Hunderte Männer um ihn herum solche Verse schmiedeten. Er erzählte vielmehr, wie sich Angst in Mut verwandeln konnte, wie normale, gesetzestreue Männer zu Mördern wurden und dass – ja, auch das schrieb er – nichts Heldenhaftes an der modernen Kriegsführung war. Die meisten seiner Gedichte wurden in Herwarth Waldens Zeitschrift *Der Sturm* veröffentlicht und nach seinem Tod in einer Anthologie herausgegeben. Hier ein Vers aus dem Herbst 1914:

> *Schollenmürbe schläfert ein das Eisen*
> *Blute filzen Sickerflecke*
> *Roste krumen*
> *Fleische schleimen*
> *Saugen brünstet um Zerfallen.*
> *Mordesmorde*
> *Blinzen*
> *Kinderblicke.*[10]

Die Neologismen (»Blute«, kein Blut; »Roste«, kein Rost; »Fleische«, kein Fleisch) heben hervor, dass viele Männer, nicht nur der Dichter, auf dem Schlachtfeld litten. Die fehlende Interpunktion vermittelt das Chaos, in dem alles auf dem Schlachtfeld versinkt, eines kollidiert mit dem anderen, der Tod ereilt dich, ob durch stetig sickerndes Blut oder die plötzliche Kugel. Das Eisen wird eingeschläfert – Waffen können ebenso getötet werden wie Menschen: In diesem Niemandsland ist alles und jeder gleich.[11]

Grausen
Ich und Ich und Ich und Ich
Grausen Brausen Rauschen Grausen
Träumen Splittern Branden Blenden
Sterneblenden Brausen Grausen
Rauschen
Grausen
Ich.[12]

Dieses Gedicht wurde als eine Kette von Schlachtgeräuschen und von Reaktionen auf sie interpretiert, rasselnd hervorgestoßen, der Laut *au* einem Schmerzensschrei ähnlich.

Der im unterfränkischen Rieneck geborene Anton Schnack (1892 bis 1973) produzierte seit dem Januar 1917 einen stetigen Strom von Gedichten, fast immer in der gebrochenen Form von Sonetten. Die besten Beispiele finden sich in seiner Sammlung von sechzig Kriegsgedichten, die unter dem Titel *Tier rang gewaltig mit Tier* (1920) publiziert wurden.[13] Der Band gilt allgemein als die beste Anthologie von Kriegsgedichten aus deutscher Feder, vergleichbar der Lyrik der englischen Dichter Isaac Rosenberg und Wilfred Owen, die das Erleben aus Sicht der anderen Seite festhielten. Schnack stellte Kriegsbeobachtungen in trauliche Eintracht mit Bildern des Gewöhnlichen, ja sogar Banalen. Seine Gedichte gemahnen uns daran, dass Poesie kein Selbstzweck ist, dass das Keulen von Schönheit selbst unter solchen Umständen nicht wirklich angemessen sein kann und dass die *Akkumulation* von Bildern, von Erfahrungen, kein geringerer Aspekt des Krieges ist als die heftigen, kurzen und grellen Blitze und Explosionen von Metaphern und Gleichnissen.

Das Gedicht »Im Granatloch« erzählt vom temporären Leben im Schützengraben und endet mit den Worten:

Was sang Ninette?... Leichtes, Südliches.– Weinen will ich, daß ich
lagere in Mord und Stürmen,
im blauen Raketenmeer, im Sausen des Windes,
Unter lärmenden Nachthimmeln, in grünen Wassern voll Schnecken
und roten Würmern, in Erwartung
des Todes, faul und groß, im Sterbeschrei der Pferde,
Im Sterbeschrei der Menschen, ich hörte Dunkle rufen aus Dunkelm,
hängend in Drähten: so singen
Vögel, die sterben wollen, einsam, vertrauert, in Frühlingsjahren.
Und, über dem Rheine, weit, ging eine knarrende Türe und aus der
Öffnung quoll Gebet, das
schwerbestürmende, eines vaterlosen Kindes...

Kein chauvinistisches Wort, nichts von deutscher »Kultur« und ihrer angeblichen Überlegenheit, nicht einmal ein bitterer Unterton, eher ein elegischer, angesichts der Erbärmlichkeit von allem.

Bertolt Brecht und Karl Kraus schrieben gegen Ende der Kämpfe erbitterte, wild-satirische Antikriegsgedichte, was ihnen nicht nur Lob einbrachte: Mit einer Satire, vor allem in einem solchen Zusammenhang, riskierte man schnell, als »undeutsch« eingestuft zu werden.

Nicht nur Dichter starben. August Macke wurde beim Einmarsch der deutschen Truppen in Frankreich erschossen; Franz Marc fiel in Verdun; Max Planck verlor seinen Sohn Karl (sein Sohn Erwin sollte 1945 als Mitverschwörer gegen Hitler hingerichtet werden); auch Käthe Kollwitz' Sohn kehrte nicht zurück (sie sollte im Zweiten Weltkrieg auch ihren Enkel verlieren); Oskar Kokoschka wurde verwundet; Albert Einstein wurde geächtet; der Mathematiker und Philosoph Ludwig Wittgenstein wurde in einem Campo di concentramento in Norditalien interniert, von wo er Bertrand Russell sein gerade vollendetes Werk *Tractatus Logico-Philosophicus* schickte.

Einige der vielen geistigen und kulturellen Auswirkungen dieses Krieges zeigten sich erst Jahre später, andere machten sich sofort bemerkbar.

Der deutsche Film war schon 1914 ein starker Wirtschaftszweig gewesen, aber noch hatten im Kino ausländische, insbesondere französische, amerikanische und italienische Produktionen vorgeherrscht. Mit dem Ausbruch des Krieges wurde der Import von ausländischen Filmen gestoppt, während zugleich die Zahl der Kinobesucher wuchs – die Kombination aus Unterhaltung und Wochenschau erwies sich als unwiderstehlich. Doch die Filmausrüstungen waren noch so sperrig, dass es nur selten echtes Nachrichtenmaterial von der Front gab, weshalb allmählich Kriegsspielfilme dessen Rolle übernahmen. Subtiler inszeniert als diese waren meist die Dokumentarfilme, lebendiger und kritischer noch aber war das Theater.

Gas I, ein Stück des expressionistischen Dramatikers Georg Kaiser, das an keinem erkennbaren Schauplatz angesiedelt ist, erzählt die Geschichte eines Fabrikanten, der es mit dem Militär und den Industriebossen aufnimmt und die Produktion einstellen will, während diese immer größere Mengen fordern – das war hart an der Schmerzgrenze. Auch *Die Wandlung*, ein Drama von Ernst Toller, wurde als so starker Tobak empfunden, dass es erst 1919 uraufgeführt werden konnte. Toller, der bei Verdun gekämpft und anschließend einen völligen Zusammenbruch erlitten hatte, erzählt hier die autobiografische Geschichte eines patriotischen jüdischen Kriegsfreiwilligen und Künstlers, der zuerst an seinem Glauben zweifelt und dann so sehr am Krieg verzweifelt, dass er zum politischen Aktivisten wird. Zur Zeit der Uraufführung verbüßte Toller noch eine Strafe wegen »Hochverrats aus ehrenhaften Motiven« aufgrund seiner Verwicklungen in die Münchner Räterepublik.

Die größte Aufmerksamkeit aber gebührt Karl Kraus' Schauspiel *Die letzten Tage der Menschheit*, das er in den Sommern 1915-1917 geschrieben und 1919 teilweise in der *Fackel* veröffentlicht, aber endgültig erst 1921 fertiggestellt hatte: Hunderte von kleinen Vignetten (was eine große Rollenbesetzung erforderlich machte), die aus Zeitungsberichten stammten, also keineswegs frei erfunden waren. Nicht zuletzt dank des Nebeneinanders vom Geschehen an der Front und den zeitgleichen Vorgängen in Wien, pointiert durch ganz verschiedene Sprachmelodien, gelang es Kraus auf ebenso brillante wie unerbittliche Weise, die Verlogenheit der Obrigkeit und den unredlichen Hurrapatriotismus der Medien in einer Welt bloßzustellen, in der jede Art von Autorität zusammengebrochen war. Er nahm die vorsätzliche Romantisierung des Krieges und die wilde Gier des unersättlichen Imperialismus aufs Korn, die für ihn die wahren Kräfte hinter der Kriegstreiberei waren. Heute ist man sich allgemein einig, dass viele Fakten, die Kraus dieser Tragödie zugrunde legte, falsch waren; doch was er daraus machte, war das dramatische Äquivalent zu Otto Dix' furchterregenden Automaten/Kriegskrüppeln, die in der Weimarer Republik ein so vertrauter Anblick werden sollten; außerdem nahm er mit seiner grundlegenden Aussage Hannah Arendts »Banalität des Bösen« vorweg.[14]

Auch auf die Psychiatrie wirkte sich der Krieg aus, denn durch ihn und in dieser Zeit wurde die Psychoanalyse von zwei Entwicklungen eingeholt.

Bei Kriegsausbruch gab es psychoanalytische Gesellschaften in sechs Ländern, seit 1908 zudem einen internationalen psychoanalytischen Verband. Parallel dazu waren nicht nur mehrere neue Figuren in der »Bewegung« aufgetaucht, wie Sigmund Freud (1856-1939) zu sagen pflegte – fast alle ebenfalls aus dem deutschsprachigen Raum –, sondern auch ihre ersten Abtrünnigen zu vermelden. Alfred Adler und Wilhelm Stekel verließen sie 1911, Adler, weil ihm seine eigene Erfahrung mit Krankheiten zu grundlegend anderen Ansichten über die persönlichkeitsprägenden Kräfte geführt hatte: Er war zu dem Schluss gelangt, dass die Libido in erster Linie keine sexuelle Kraft, sondern vielmehr ein »Aggressionstrieb«, und das Bedürfnis nach Macht die treibende Kraft für Minderwertigkeitskomplexe seien (eine Wortschöpfung, die bald schon in die Umgangssprache einfließen sollte).[15]

Freuds Bruch mit C.G. Jung (1875-1961), der sich zwischen Ende 1911 und Frühjahr 1914 vollzog, war schwerwiegend. Der Kampf, der ihm vorausgegangen war, war wesentlich erbitterter gewesen als die Auseinandersetzungen, die Freud mit anderen Abtrünnigen führte, denn immerhin wurde Jung von dem bei Kriegsausbruch Achtundfünfzigjährigen als

Nachfolger betrachtet. Anfangs war Jung ein treuer Anhänger gewesen, doch dann hatte er sich mit anderen frühen Analytikern herumgestritten und wie Adler schließlich auch von Freud abgenabelt, um zwei von dessen grundlegendsten Konzepten zu revidieren. Erstens fand er, dass man die Libido nicht bloß, wie Freud behauptete, als einen sexuellen Trieb verstehen dürfe, sondern sie als eine umfassende »seelische Energie« betrachten müsse. Mit diesem Umdenken sah Freud seine gesamte Theorie der frühkindlichen Sexualität gefährdet, ganz zu schweigen von den ödipalen Theorien. Zweitens behauptete Jung nun, was vielleicht noch wichtiger war, dass *er* die Existenz des Unbewussten erkannt habe, und zwar unabhängig von Freud, als er in der Züricher Burghölzli-Klinik während der Behandlung einer Patientin, die angeblich an »Dementia praecox« litt, eine »Regression« der Libido beobachtet habe. Die Frau hatte ihr Lieblingskind mit verseuchtem Wasser getötet, um frei zu sein für einen jungen Liebhaber. Jung behauptete nun, dass sie nach dem *unbewussten* Wunsch gehandelt habe, alle Spuren ihrer Ehe zu beseitigen, um sich frei für den Mann zu fühlen, den sie wirklich liebte. Anfänglich hatte auch Jung die Diagnose »Dementia praecox« nicht in Frage gestellt. Erst als er die Frau nach ihren Träumen zu befragen begann und sie »Assoziationstests« unterzog, begann sich ihm die wahre Geschichte zu enthüllen. Diese später berühmte Methode war von Wilhelm Wundt erfunden worden. Das Prinzip ist einfach: Dem Patienten werden Wörter vorgelesen, auf die er mit dem ersten Begriff reagieren soll, der ihm dabei jeweils in den Sinn kommt. Das Ganze beruht auf der Überlegung, dass sich auf diese Weise die Kontrolle des Bewusstseins über unbewusste Impulse abschwächen lässt. Jedenfalls glaubte Jung, dass sich ihm solchermaßen die unbewussten Motive der Frau offenbart hätten, und mit dieser unangenehmen Wahrheit konfrontierte er sie dann. Drei Wochen später entließ er sie als »geheilt« aus der Klinik.

Schon aus Jungs Berichten über seine Entdeckung des Unbewussten sprach eine Art trotzige Herausforderung, denn mit diesen Aufzeichnungen stellte er sich nicht mehr nur als Freuds Protegé, sondern als diesem ebenbürtig dar. Jung und Freud waren nach ihrer ersten Begegnung 1907 enge Freunde geworden und 1909 sogar gemeinsam in die Vereinigten Staaten gereist. Dort fühlte sich Jung dann jedoch so in den Schatten des großen Freundes gedrängt, dass er sich erstmals einzugestehen wagte, wie stark seine Ideen doch von dessen Vorstellungen abwichen. Und während sich Freud im Lauf der Jahre von den Patientinnen, die ihm eine nach der anderen von frühen Inzesterfahrungen berichteten, immer mehr darin bestärkt fühlte, das Gewicht auf die Sexualität als Triebkraft des Unbewussten zu legen, legte Jung zunehmend weniger Gewicht auf die Sexualität als Urkraft und zählte sie schließlich sogar zum Spektrum religiöser Transformationen. Er begann sich den »Manifestationen der primitiven Psyche und ihrer Mythen- und Sagenwelt« zuzuwenden und entdeckte auf seinen Reisen, dass die Tempelgötter der Religionen des Fernen Ostens als höchst erotische Wesen dargestellt waren. Diese freimütig zur Schau gestellte Sexualität betrachtete er als das Symbol einer höheren »Wirklichkeit der Seele«, und mit solchen Erkenntnissen ausgestattet, verfasste er seine Studien über Religionen und Mythologien als Repräsentationen des Unbewussten in anderen Regionen und Zeiten.

Der offene Bruch mit Freud begann sich 1912 zu vollziehen, nach der Rückkehr aus den USA und mit der Veröffentlichung von Jungs Abhandlung *Wandlungen und Symbole der Libido* (später verlegt unter dem Titel *Symbole der Wandlung*), die im *Jahrbuch der Psychoanalyse* erschien und Jungs erste öffentliche Stellungnahme zum »kollektiven Unbewussten« war. Weil er das Unbewusste für den Bestandteil einer »rassischen Begabung« hielt, war er zu der Überzeugung gelangt, dass es auf einer tieferen Ebene bei jedem Menschen identisch sei. Und genau *darum* ging es Jung bei der Psychotherapie – mit diesem kollektiven Unbewussten in Kontakt zu treten. Je mehr Jung sich nun der Religion, Mythologie und Philosophie zuwandte, desto mehr entfernte er sich von Freud und dem wissenschaftlichen Ansatz. Jung selbst erklärte seine Konzentration darauf zunächst mit den außergewöhnlichen Übereinstimmungen in den Erzählungen und Mythologien der unterschiedlichen Kulturen. Anschließend stellte er fest, dass bei Langzeitanalysen mit beunruhigender Stetigkeit bestimmte Symbole auftauchten, die sich im Verlauf der Behandlung immer stärker den universellen Symbolen solcher Mythen und Legenden annäherten; und schließlich behauptete er, dass auch die Wahngeschichten von Geisteskranken häufig den Inhalten von Mythologien ähnelten.

Jung popularisierte noch eine weitere Idee, nämlich die von den »Archetypen«. Es war seine Theorie von einem grundlegenden schöpferischen Prinzip, dem zufolge sich alle Menschen dem einen oder anderen psychischen Grundtyp zuordnen ließen, darunter – als den bekanntesten – dem introvertierten und dem extrovertierten Charakter. Solche Begriffe beziehen sich natürlich nur auf die bewusste Ebene der Psyche, deshalb glaubte Jung die Wahrheit nach typisch psychoanalytischer Manier auch im jeweils Gegensätzlichen zu erkennen: Das extrovertierte Temperament beruhe in Wahrheit auf einem introvertierten Unbewussten und umgekehrt.

Obwohl Jung den psychoanalytischen Kollegen sein divergierendes Verständnis vom Unbewussten schon 1911 dargelegt hatte, wurde die Trennung von Freud erst mit dem Erscheinen von Jungs *Wandlungen* im Jahr 1912 öffentlich. Freud war von dem Zerwürfnis, das bei Jung durchaus antisemitische Untertöne hatte, nicht nur persönlich enttäuscht, er war vor allem auch besorgt, dass Jungs Version den Anspruch der Psychoanalyse auf Wissenschaftlichkeit gefährden könnte. Tatsächlich wurden

Jungs Arbeiten nun immer metaphysischer, vager und pseudomystischer. Er fand zwar eine treue Anhängerschaft, die aber doch immer nur eine Randgruppe blieb. Aber die psychoanalytische Bewegung sollte es seit dem Ausbruch des Ersten Weltkriegs nun in zwei Varianten geben.

Dank des Ersten Weltkriegs erlebte die Psychoanalyse jedoch noch eine ganz andere Verwandlung – plötzlich galt sie als seriös. Bis dahin war sie bestenfalls als ein exotisches Spezialfach betrachtet, meist aber grundsätzlich abgelehnt worden. Unter britischen Medizinern war beispielsweise nur von Freuds »dirty doctrines« die Rede. Die Wende im Denken der Mediziner aller Kriegsparteien setzte mit der wachsenden Zahl von Soldaten ein, die unter einem »Frontkoller« litten (unter Kriegsneurosen, Kampfmüdigkeit, posttraumatischer Belastungsstörung oder wie immer man es heute zu nennen pflegt). Auch in früheren Kriegen waren Soldaten psychisch zusammengebrochen, doch verglichen mit den körperlich Verwundeten war ihre Zahl immer weit geringer gewesen. Der entscheidende Unterschied bei diesem Krieg scheinen also die neuen Kampfmethoden gewesen zu sein – endloses Ausharren in Schützengräben unter ständigem schwerem Beschuss und riesige Armeen aus Wehrpflichtigen, die auf den Kriegsdienst weder ausreichend vorbereitet noch wirklich dazu geeignet waren. Das beträchtliche Ausmaß an Kriegsneurosen erschütterte die Psychiatrie wie die Medizin jedenfalls in gehörigem Maße.

Die Psychoanalyse war nicht die einzige Methode, mit der man zu heilen versuchte. Die Alliierten wie die Mittelmächte mussten feststellen, dass nicht nur einfache Soldaten, sondern auch immer mehr Offiziere zusammenbrachen, in vielen Fällen durchtrainierte und mutige Männer, die niemand als Simulanten zu bezeichnen gewagt hätte. Einer von Freuds Biografen erklärte diese Situation zu dem Moment, in dem das Zeitalter der Freudianer erst wirklich begann.[16]

Schnell fand man heraus, dass Soldaten mit Kriegsneurosen nicht von den Front entfernt werden durften, weil man sie sonst nie wieder dorthin zurückbekommen würde. Ganz abgesehen davon befürchtete man, dass sie zu einer »Rentenlast« in der Heimat werden könnten. In Deutschland wurden deshalb diverse verschärfte, sogenannte »aktive« Behandlungsmethoden ausprobiert. Beispielsweise erklärte man dem Patienten, dass seine Krankheit somatischer Natur oder operativ behandelbar sei. Eine andere Methode bestand darin, den Patienten unter Nahrungs-, Licht- und Kontaktentzug zu isolieren und auf diese Weise zu versuchen, ihm seine Symptome »abzulangweilen«. Oder man schickte »Neurotiker« in Arbeitseinsatzgruppen, wo sie noch schwerere körperliche Arbeit leisten mussten als an der Front. Am weitesten verbreitet waren jedoch zwei andere Methoden: einmal die von dem Neurologen Max Nonne entwickelte »Suggestion in Hypnose«, bei der dem Patienten suggeriert wurde, dass er gar keine echte Krankheit habe; zum anderen die »Überrumpelungsmethode« durch »Faradisation«, die von dem Stabsarzt Fritz Kaufmann beschrieben wurde: Der Patient erhielt so lange schmerzhafte Starkstromelektroschocks und parallel dazu den Befehl seines Vorgesetzten, sich von seinen Symptomen zu befreien, bis er schließlich die Flucht in die Gesundheit antrat. Solche Methoden hören sich heute abenteuerlich an, tatsächlich aber wurde eine Erfolgsrate von 90 Prozent und höher berichtet. Die Rentenlast hatte man damit jedenfalls reduziert.[17]

Die Kontinentaldrift

Als Freuds Schrift *Die Psychopathologie des Alltagslebens* (1901) im Jahr 1914 unter dem Titel *Psychopathology of Everyday Life* in England erschien, war bewiesen, dass der geistige Austausch auch während des Krieges weiterging und nicht immer nationalistisch, chauvinistisch oder auf irgendeine andere Weise emotional gestört war. Es gab zwei weitere ungemein einflussreiche deutsche Ideen, die keinerlei Bezug zum Krieg hatten, das Licht der Welt aber in den Kriegsjahren 1914–1918 erblickten.

Der in Berlin geborene und 1905 an der Berliner Universität promovierte Geophysiker, Meteorologe und Arktisforscher Alfred Wegener (1880–1930) wurde an der Front in Belgien verwundet. Seine Ideen von der Entstehung der Kontinente hatte er bereits 1912 der Deutschen Geologischen Gesellschaft in Frankfurt am Main vorgestellt, als voll ausgearbeitete Theorie aber erst 1915 in dem Buch *Die Entstehung der Kontinente und Ozeane* veröffentlicht.[18] Seine These, dass die sechs Kontinente der Erde einst eine riesige zusammenhängende Landmasse gewesen seien, war nicht besonders originell, denn sie war bereits 1908 von dem amerikanischen Amateurgeologen Frank Bursley Taylor aufgestellt worden. Doch Wegener belegte sie mit sehr viel mehr und sehr viel beeindruckenderen Fakten als jeder andere vor ihm. Seine Theorie, die zuerst so belächelt worden war, überzeugte schließlich sogar die meisten Skeptiker. Rückblickend fragt man sich, warum andere Wissenschaftler nicht schon viel früher zu Wegeners Schlussfolgerung gelangt waren, denn bereits Ende des 19. Jahrhunderts war offensichtlich gewesen, dass man sich der Natur und ihrer globalen Verteilung ohne irgendeine kohärente Erklärung kaum annähern konnte. Beispielsweise gibt es eine Bergkette, die von Norwegen bis in den Norden Großbritanniens verläuft: Allen Berechnungen nach hätte sie sich in Irland mit den Kämmen kreuzen müssen, die sich quer durch Norddeutschland bis in den Süden Großbritanniens erstrecken. Wegener vermutete nun jedoch, dass diese Kreuzung tatsächlich in der Küstennähe von Nordamerika stattfand, ganz so, als ob diese beiden Meeresküsten einst zusammengehangen hätten. Auch Pflanzen und tierische Fossilien sind auf eine Weise über den Globus verteilt, die sich nur damit erklären lässt, dass die heute durch riesige Ozeane getrennten Landflächen einst verbunden waren. Wegener hatte auf all diese Fragen eine klare Antwort: Die Kontinente in ihrer heutigen Form – Afrika, Australien, Nord- und Südamerika, Eurasien und Antarktika – bildeten einst eine einzige riesige Landmasse, der er den Namen *Pangaea* gab (zusammengesetzt aus den griechischen Wörtern für »alles« und »Erde«). In ihre heutigen Positionen seien die Kontinente durch eine »Drift« gebracht worden, also indem sie wie gewaltige Eisberge dahintrieben.

Es dauerte etwas, bis man sich an diese Vorstellung gewöhnt hatte, denn ungeprüft übernehmen wollte sie keiner. Wie konnten ganze Kontinente »dahintreiben«? Auf *was* sollten sie überhaupt treiben? Und *wenn* sie sich tatsächlich bewegten, welche enorme Kraft *trieb* sie dann voran? Zu Wegeners Zeit war der geologische Aufbau der Erde im Prinzip bereits bekannt. Geologen hatten aus Aufzeichnungen von Erdbebenwellen abgeleitet, dass die Erde aus einer Kruste, einem Mantel sowie einem äußeren und einem inneren Kern bestand. Die erste grundlegende Erkenntnis war, dass alle Kontinente der Erde aus demselben Gestein aufgebaut sind, nämlich aus Granit beziehungsweise aus granuliertem Eruptivgestein. An diesen Granitkontinenten hatte sich dann eine andere Gesteinsart abzulagern begonnen: der wesentlich dichtere und härtere Basalt, den es in zwei Arten gibt, nämlich in einer festen und einer flüssigen Form (vulkanische Lava zum Beispiel besteht aus halb geschmolzenem Basalt). Das legte wiederum nahe, dass der äußere und der innere Aufbau der Erde in einem deutlichen Zusammenhang mit der Art und Weise steht, in der sich unser Planet aus einer sich abkühlenden Gasmasse zuerst verflüssigt und dann verfestigt hat.

Die gewaltigen Granitblöcke, die unsere Kontinente bilden, sollen rund fünfzig Kilometer tief reichen. Darunter besteht die Erde aus etwa drei Kilometern »elastischem Feststoff« oder halb geschmolzenem Basalt. Vor Millionen von Jahren, als die Erde noch wesentlich heißer war als heute, müsste dieser Basalt noch weit weniger fest gewesen sein, und damit hätten die Kontinente tatsächlich etwas von dahintreibenden Eisbergen gehabt. Trotzdem brauchte es eine Weile, bis sich die Idee von der Kontinentaldrift durchsetzen konnte – noch 1939 wurde sie in geologischen Lehrbüchern ausschließlich als Hypothese bezeichnet. Erst als 1953 die Ozeanbodenspreizung bestätigt und 1968 der Pazifisch-Antarktische Rücken identifiziert wurde, war Wegeners Theorie endgültig bestätigt.

Die Gedanken, die Ludwig Wittgenstein (1889–1951) während des Krieges niederschrieb, waren keine unmittelbare Reaktion auf die Kämpfe gewesen. Doch wäre Wittgenstein nicht mit der realen Möglichkeit des eigenen Todes konfrontiert gewesen, hätte er sein Werk *Tractatus Logico-Philosophicus* vermutlich nie zu diesem Zeitpunkt fertiggestellt, oder es hätte zumindest nicht den gleichen Ton gehabt.[19]

Wittgenstein hatte sich am 7. August, dem Tag nach Österreichs Kriegserklärung an Russland, freiwillig gemeldet und war einem Artillerieregiment für die Ostfront in Krakau zugeteilt worden. Später ließ er durchblicken, er sei mit dem Gefühl in den Krieg gezogen, dass ihn die Erfahrung, dem Tod ins Auge sehen zu müssen, auf undefinierbare Weise zu einem besseren Menschen machen könnte. Und tatsächlich vertraute er seinem Tagebuch an, nachdem er das erste Mal feindlichen Truppen gegenübergestanden war, dass im Angesicht des Todes endlich die Gelegenheit gekommen sei, ein anständiger Mensch zu werden.

Wittgenstein, der bei Kriegsausbruch fünfundzwanzig Jahre alt war, stammte aus einer reichen jüdischen Familie, die vollkommen in die Wiener Gesellschaft integriert gewesen war. Franz Grillparzer war ein Freund des Vaters, Johannes Brahms erteilte der Mutter und einer Tante Klavierunterricht. Die Hausmusikabende bei den Wittgensteins waren gesellschaftliche Ereignisse: Gustav Mahler und Bruno Walter waren regelmäßige Gäste, Brahms' Klarinettenquintett erlebte dort seine Uraufführung, Ludwigs Schwester Margarete saß Gustav Klimt Modell. Ludwig war ebenso musikbegeistert wie die übrige Familie, aber zugleich auch der technisch und praktisch Begabteste von allen. Also kam er nach jahrelangem Privatunterricht auf eine Realschule nach Linz, die sich dann allerdings vor allem ihres Geschichtslehrers wegen einen Namen machen sollte: des Alldeutschen und fanatischen Rechtsradikalen Leopold Pötsch, der die Habsburgerdynastie für völlig »degeneriert« hielt. Es gibt keinerlei Hinweise, dass sich Wittgenstein je zu Pötschs Theorien hingezogen fühlte – das tat dafür umso mehr ein anderer Schüler, der sich 1904 gerade anschickte, diese Schule zu verlassen. Sein Name war Adolf Hitler.

Nach der Matura in Linz begann Wittgenstein ein Ingenieurstudium an der Technischen Hochschule in Berlin, interessierte sich jedoch zunehmend für Philosophie. Gleichzeitig war er so von der Aeronautik fasziniert, dass sein Vater vorschlug, er solle an das exzellente College of Technology an der Universität von Manchester wechseln. Dort wurde er dann von einem Kommilitonen erstmals auf Bertrand Russells Abhandlung *Prinzipien der Mathematik* aufmerksam gemacht, mit der der Autor hatte nachweisen wollen, dass Mathematik und Logik ein und dieselbe Sache seien. Für Wittgenstein war dieses Buch eine Offenbarung. Monatelang vergrub er sich in das Studium der *Prinzipien* und Gottlob Freges *Grundgesetze der Arithmetik*. Im Spätsommer 1911 reiste er nach Jena, um Frege zu besuchen, und der war seinerseits so angetan von dem jungen Mann, dass er ihm nahelegte, bei Bertrand Russell in Cambridge zu studieren. Dort traf der junge Wiener 1911 ein. 1914 begann Luki, wie Wittgenstein in England genannt wurde, seine eigene Logiktheorie zu entwickeln. Doch während er die langen Semesterferien in Wien verbrachte, wurde der Krieg erklärt. Wittgenstein saß fest. Tapfer suchte er um einen Einsatz an vorderster Front nach, wurde verwundet, für die Tapferkeitsmedaille vorgeschlagen, dann zum Korporal und anschließend zum Fähnrich befördert. 1918 geriet er, wie eine halbe Million anderer Soldaten auch, bei Trient in Gefangenschaft. Während der Zeit in einem Lager bei Como kam er zu dem Schluss, dass das Buch, das er während eines Heimaturlaubs kurz zuvor fertiggestellt hatte, alle noch offenen Fragen der Philosophie gelöst habe und er deshalb nach dem Krieg die Wissenschaft aufgeben und Volksschullehrer werden könne. Auch sein riesiges Vermögen wollte er verschenken. Er machte beides wahr.

Aber Wittgenstein hatte ungeheure Schwierigkeiten, einen Verleger für das Buch zu finden. So kam es, dass es erst 1921 (die englische Fassung 1922) erschien. Doch kaum auf dem Markt, war sein *Tractatus logico-philosophicus* eine Sensation. Die einen verstanden kein Wort, andere behaupteten, es trage bloße Selbstverständlichkeiten vor, aber Maynard Keynes schrieb an Wittgenstein, dass er es »als ein Werk von außerordentlicher Bedeutung und Genialität« empfinde: »Ob zu Recht oder nicht, seit seinem Erscheinen beherrscht es alle wichtigen Diskussionen in Cambridge.«[20] In Wien erregte es die Aufmerksamkeit des »Schlick-Zirkels«, jener Gruppe von Philosophen um Moritz Schlick, die sich später zum berühmten »Wiener Kreis« der logischen Positivisten formieren sollte. Frege, der Wittgenstein mit seinem Werk zum *Tractatus* inspiriert hatte, starb, ohne ihn jemals verstanden zu haben.[21]

Ludwig Wittgensteins wichtigster philosophischer Beitrag war die Erkenntnis, dass Sprache ihre Grenzen hat, dass sie gewisse Dinge bewirken und gewisse Dinge nicht bewirken kann und dass dies logische und daher philosophische Konsequenzen haben müsse. Beispielsweise erklärte er, dass ethische Aussagen unmöglich seien, denn »der Sinn der Welt muss außerhalb ihrer liegen [...]. Es gibt in ihr keinen Wert – und wenn es ihn gäbe, so hätte er keinen Wert.«[22] Daraus folge, dass auf Logik und Ethik gründende Urteile niemals durch Sprache vermittelt werden können, da sich beides auf etwas bezieht, das nicht gesagt werden kann. Das Gleiche gelte für die Verallgemeinerungen, mit welchen Menschen die Welt beschreiben. Auch sie seien bedeutungslos, da sie nicht mit den »Bildern der Tatsachen« übereinstimmen, ebenso wenig wie ein Bild mit der Welt übereinstimmt, die es darstellen soll. Wenn wir die Welt begreifen wollten, müssten wir unseren Blick auf das beschränken, worüber wir sprechen können – auf das, was wir anhand einzelner Fakten, aus denen sich Wirklichkeit zusammensetzt, beschreiben können.

Genau das ist es, was Wissenschaft im Wesentlichen zu tun versucht.

Wittgenstein erklärte, dass es uns nie gelingen werde, darüber hinauszugehen. Und das wiederum ist es, was er mit seinen weltberühmten letzten Worten im *Tractatus* aussagte: »Wovon man nicht sprechen kann, darüber muss man schweigen.«

Eine der einflussreichsten Ideen der deutschen Zwischenkriegszeit wurde im April 1918 der Öffentlichkeit vorgestellt, inmitten der flandrischen Frühjahrsoffensive von Generalstabschef Ludendorff, die sich entscheidend auf den Ausgang des Krieges an der Westfront auswirken sollte (und der Anfang vom Ende der Karriere Ludendorffs war, da es ihm nicht gelang, die Briten vor der Nordküste Frankreichs und Belgiens von den anderen alliierten Truppen zu isolieren). In diesem Monat veröffentlichte der in München lebende Gymnasiallehrer und Privatgelehrte Oswald Spengler (1880–1936) den ersten Band seines Werkes *Der Untergang des Abendlandes*. Für diesen Titel hatte er sich bereits 1912 entschieden, noch bevor er mit dem Schreiben begann; und trotz allem, was seither geschehen war, hatte er bis zur Veröffentlichung kaum ein Wort an dem Manuskript geändert. Zehn Jahre später sollte er sein Werk in aller Bescheidenheit zu *dem* Denkansatz seiner Zeit erklären.[23]

Spengler wurde in Blankenburg südwestlich von Berlin in eine Familie hineingeboren, die den Jungen im Schatten höchst germanischer Giganten aufwachsen ließ: Richard Wagner, Ernst Haeckel, Henrik Ibsen, Friedrich Nietzsche und Werner Sombart. Im Leben des erwachsenen Spengler gab es dann zwei entscheidende persönliche Wendepunkte. 1903 wurde seine Dissertation abgelehnt (im Jahr darauf wurde sie angenommen, aber die ursprüngliche Ablehnung blieb als großer Makel an ihm haften), was zur Folge hatte, dass er sich bloß als Privatgelehrter anstatt als Professor niederlassen konnte. 1911 kam es zu einem Vorfall im marokkanischen Hafen Agadir: Das deutsche Kanonenboot *Panther* war eingelaufen, um Frankreich an der Besetzung des Landes zu hindern, und hatte Europa damit an den Rand eines Krieges gebracht, wurde aber schließlich von Frankreich und Großbritannien zum Rückzug gezwungen. Spengler empfand das als eine unerträgliche Erniedrigung und hielt aus unerfindlichen Gründen ausgerechnet diese Episode für das Signal, dass das Ende der Ära des wissenschaftlichen, aus der Aufklärung hervorgegangenen Rationalismus gekommen sei. Die Zeit war reif für Helden, die der Händler war abgelaufen. Unverzüglich machte sich Spengler an sein Lebensprojekt, nämlich an die historische Erklärung, weshalb Deutschland *das* Land und *die* Kultur der Zukunft sei.

Zum Beleg zog er acht große Weltkulturen heran – neben der Antike und dem Abendland Indien, Babylonien, China, Ägypten, das präkolumbianische Mexiko und die »Magier«, wie sein Begriff für die arabische, israelitische und byzantinische Welt lautete. All diese Kulturen, und das war sein roter Faden, sah er durch ein ebenso »wunderbares Werden und Vergehen organischer Formen« geprägt wie die Kultur des Abendlands.[24] Demnach nahm das Abendland in dieser Hinsicht keine Vorrangstellung unter den Weltkulturen ein.[25] Kultur war für Spengler nicht das Endergebnis von sozialer Evolution – wie für rationale Wissenschaftler die abendländische Kultur –, sondern ein »Lebewesen höchsten Ranges«, das in »einer erhabenen Zwecklosigkeit« heranwuchs. Ob eine neue Kultur entsteht, hänge immer von zwei Dingen ab, nämlich davon, welcher Rasse sie angehöre, von der jeweiligen »Idee des allgemeinen oder einzelnen Daseins« und vom »inneren Erlebnis des ›Wir‹«. Von Rationalität geprägte Gesellschaften betrachtete er als das Äquivalent von »oberflächlichen wissenschaftlichen Welten«, die nur den Primat des unbezwingbaren abendländischen Willens unter Beweis stellen wollten, im Angesicht eines noch weit stärkeren Willens – des deutschen – aber sofort in sich zusammenfielen. Dass der Wille Deutschlands so viel stärker sei, führte er auf das wesentlich stärker ausgeprägte »Wir«-Empfinden des deutschen Volkes zurück. Das Abendland habe sich immer obsessiv mit Fragen befasst, die sich ebenso »außerhalb« der menschlichen Natur befanden wie die Forschungen der physikalischen Wissenschaft; in Deutschland hingegen sei das Gespür für die innere, geistige Verfassung stärker gewesen, und *nur* das zähle.[26]

Der Untergang des Abendlandes wurde sofort ein riesiger kommerzieller Erfolg. Bei Thomas Mann hinterließ das Werk einen Eindruck, den er mit seiner ersten Lektüre von Schopenhauer verglich; Ludwig Wittgenstein fand es erstaunlich, und Elisabeth Förster-Nietzsche war so beeindruckt, dass sie Spengler den Nietzsche-Preis verleihen ließ. Spengler war zu einer Berühmtheit geworden. Wer ihn besuchen wollte, der musste sich auf mindestens drei Tage Wartezeit einrichten.

Zwischen dem Kriegsende 1918 und dem Ende des Jahres 1919 herrschten in Deutschland Chaos und Krise. Die Zentralmacht war zusammengebrochen, aus Russland wurde revolutionäres Gedankengut eingeschleppt (allerdings hatte Deutschland selbst geholfen, Lenin aus der Schweiz nach Russland zu schleusen), und Soldaten oder Matrosen gründeten bewaffnete Komitees, die sie »Räte« oder »Sowjets« nannten. Ganze Städte wurden zeitweilig mit der Waffe »regiert«. Schließlich sahen sich die Sozialdemokraten der Weimarer Republik gezwungen, ihren alten Feind, die Armee, ins Spiel zu bringen, um Ruhe und Ordnung herzustellen. Es gelang nur mit dem Einsatz brutaler Gewalt. Tausende mussten dabei ihr Leben lassen.

Vor genau diesem Hintergrund fühlte sich Spengler nun als der Prophet des deutschnationalen Erwachens, dessen Aufgabe darin bestand, den Sozialismus vor dem russischen Marxismus zu bewahren und ihn dem vitaleren Deutschland anzupassen. Nun war eine neue politische

Kategorie gefragt, die er ausführlich als einen »ethischen Sozialismus« darlegte – eine preußische Version des Nationalsozialismus. Nur dieser könne der in Amerika und England praktizierten Freiheit jene »innere Freiheit« entgegensetzen, welche durch die Übergabe aller Rechte und Pflichten an das organische Ganze entstünde. Auch Dietrich Eckart, der zum Aufbau der Deutschen Arbeiterpartei (DAP) beigetragen hatte – die sich mit dem Symbol der Alldeutschen Thule-Gesellschaft schmückte, der Eckhart angehörte –, war von Spenglers Argumentation beeindruckt. Zum ersten Mal erhielt das Hakenkreuz – das »heilbringende Zeichen« der Arier – politische Bedeutung. Alfred Rosenberg, der ebenfalls von Spenglers Ideen begeistert war, trat im Mai 1919 in die DAP ein. Kurz darauf brachte er zu einer Veranstaltung einen Freund mit, der gerade von der Front zurückgekehrt war und als dessen Rassenideologe Rosenberg einmal Karriere machen sollte: Adolf Hitler.

Bei Kriegsausbruch war Thomas Mann nicht weniger nationalistisch gewesen als so viele andere. Noch gehörte er nicht zu den Giganten der europäischen Literatur, doch sein Bekanntheitsgrad wuchs bereits. 1914 meldete er sich freiwillig, aber der Stabsarzt, der ihn untersuchte und seine Werke kannte, fand, dass er dem Vaterland als Schriftsteller besser dienen konnte, und stellte ihn deshalb als »ungedienter Landsturm, Zweites Aufgebot« zurück.

Wie andere Intellektuelle hatte auch Mann den Krieg als einen »Kampf der *Zivilisation*« und der widerstreitenden Ideen betrachtet. In seinem im August 1914 verfassten und im November des Jahres veröffentlichten Essay »Gedanken im Kriege« erklärte er: »Wir hatten an den Krieg nicht geglaubt, unsere politische Einsicht hatte nicht ausgereicht, die Notwendigkeit der europäischen Katastrophe zu erkennen. Als sittliche Wesen aber – ja, als solche hatten wir die Heimsuchung kommen sehen, mehr noch: auf irgendeine Weise ersehnt.« Deutschlands Feinde betrachteten den Krieg »als eine Art von Zwangszivilisierung«, und was »die Dichter begeisterte, war der Krieg an sich selbst, als Heimsuchung, als sittliche Not. [...] Deutschlands ganze Tugend und Schönheit – wir sahen es jetzt – entfaltet sich erst im Kriege. [...] Es wird freier und besser daraus hervorgehen, als es war.«[27]

Nach diesem Essay beabsichtigte Mann, die kommenden Jahre ganz dem *Zauberberg* zu widmen, seinem nächsten großen Werk, das eine Menge implizite Kritik an der korrupten Vorkriegswelt enthalten sollte, die Europa in den Abgrund getrieben hatte. Aber da hatte er nicht mit seinem Bruder Heinrich gerechnet, der im Lauf seines Lebens das gesamte politische Spektrum durchqueren sollte, angefangen bei seiner schon erwähnten Tätigkeit als Redakteur einer rassistischen Zeitschrift bis hin zu seiner Rolle als Stalin-Anhänger. 1915 veröffentlichte Heinrich in der pazifistischen Monatsschrift *Die weißen Blätter* den Essay »Zola«, in dem er die Intellektuellen, darunter expressis verbis auch den eigenen Bruder, des Verrats und der Ignoranz gegenüber jeder demokratischen Politik und Gesinnung bezichtigte.[28]

Thomas Mann war darüber so empört, dass er die Arbeit am *Zauberberg* unterbrach, um sich praktisch nur noch mit den *Betrachtungen eines Unpolitischen* zu beschäftigen, die dann kurz vor dem Waffenstillstand 1918 in den Auslagen der Buchläden auftauchten. Darin gab er zu: »Ein Bürger aber, das weiß ich wohl, bin ich auch in meinem Verhältnis zu diesem Kriege. Der Bürger ist national seinem Wesen nach; wenn er Träger der deutschen Kultur und Geistigkeit gewesen ist.« Doch wichtiger noch erschien ihm die Selbsterkenntnis, »unpolitisch, national, aber unpolitisch gesinnt« zu sein.[29] Nicht aus Mangel an Erziehung, sondern aus Prinzip, weil Politik für ihn keine angemessene Betätigung für den »Adel des Geistes« war. Deshalb habe Mann auch mit so viel Zuversicht und so abstrakt über den Krieg geschrieben, erklärt der amerikanische Historiker Walter Laqueur und fährt fort: »Mann betrachtete den Krieg im Wesentlichen als ein großes Drama, als einen Kampf der Ideen [...]. Dem deutschen Geist schrieb er ebenso bestimmte Eigenschaften zu wie dem französischen, dem russischen und dem englischen; Amerika war unzivilisiert, deshalb zählte es auch nicht.«[30] Thomas Manns Meinung nach – die genau konträr zu den Ansichten seines Bruders Heinrich Mann war – konnten die letzten Fragen der Menschheit niemals politisch gelöst werden.

Thomas Mann hatte eine weitschweifige, aber machtvolle (und teilweise auch gerissene) Demokratiekritik geschrieben, in der er auf die Schwächen dieser Staatsform verwies und voraussagen zu können glaubte, dass sich diese nicht für den deutschen Charakter eignete, weil der eine Führung nicht nur wollte, sondern auch bräuchte. Obendrein lehnte er eine Demokratie in Deutschland auch mit der Begründung ab, dass sie schlicht langweilig sei. Hier noch einmal Walter Laqueur: »Er sollte noch erleben, dass die Langeweile im ersten Jahrzehnt des 20. Jahrhunderts den Aufregungen der dreißiger Jahre bei Weitem vorzuziehen war.«[31]

Das Dada-Virus

Während des Krieges zogen sich viele Maler und Schriftsteller nach Zürich in die neutrale Schweiz zurück. James Joyce schrieb einen Großteil des *Ulysses* dort, Hans Arp, Frank Wedekind und Romain Rolland hatten sich ebenfalls dort niedergelassen, und alle trafen sich regelmäßig in den Züricher Cafés, die nun eine Zeit lang von ebenso großer Bedeutung sein sollten wie die Wiener Kaffeehäuser um die Jahrhundertwende, vor allem das Café Odéon. Für viele Exilanten in Zürich bedeutete dieser Krieg das Ende der Kultur, der sie ihre eigenen Entwicklungen zu verdanken hatten. Er war zu einem Zeitpunkt ausgebrochen, als in der Kunst gerade eine Periode der »Ismen« herrschte und die Naturwissenschaften nicht nur die Vorstellung von unveränderlichen Wahrheiten, sondern auch die vom vollkommen rationalen, sich seiner selbst bewussten Menschen diskreditierten. In dieser neuen Welt mussten nach Ansicht der Dadaisten auch die Vorstellungen von der Kunst und dem Künstler selbst radikal verändert werden.[32]

Zu den Stammgästen im Café Odéon zählten der deutschböhmische Schriftsteller Franz Werfel, der russische Maler Alexej Jawlensky, der deutsche Philosoph Ernst Cassirer und ein damals unbekannter deutscher Schriftsteller – gläubiger Katholik und Anarchist zugleich – namens Hugo Ball sowie dessen Freundin Emmy Hennings. Hennings war eigentlich Journalistin, trat aber auch, von Ball am Klavier begleitet, als Kabarettistin auf. Im Februar 1916 gründeten sie ein literarisches Kabarett, ironischerweise »Cabaret Voltaire« genannt (ironisch, weil Dada die Gründe verabscheute, aus denen Voltaire so gefeiert worden war). Die Spielstätte befand sich in der steilen, schmalen Spiegelgasse, in der auch Lenin wohnte. Zu den Ersten, die dort auftraten, gehörten zwei Rumänen: der Maler Marcel Janco und ein junger Dichter namens Sami Rosenstock, der das Pseudonym Tristan Tzara angenommen hatte.[33] Die einzige Schweizerin der Truppe, der damals unter anderen auch Richard Hülsenbeck und Hans Richter angehörten, war Sophie Taeubner, die Frau von Hans Arp (der aus dem Elsass stammte).

Das Programm für Juni 1916 stellte Hugo Ball (1886–1927) zusammen. In seiner Einführung zum Programmheft tauchte erstmals der Begriff »Dada« auf, und in seinen Aufzeichnungen hatte er notiert, wie die im Cabaret Voltaire gebotene Unterhaltung aussehen sollte: eine Mischung aus Provokation, primitiven Tanzeinlagen, Kakophonie und kubistischem Theater. Tristan Tzara (1896–1963) hatte immer behauptet, er habe das Wort »Dada« im Larousse gefunden. Doch ob es nun wirklich in irgendeiner Sprache existierte oder nicht, jetzt hatte es jedenfalls eine Bedeutung erhalten, und die fasste vielleicht am besten Hans Richter zusammen: Dada sei wie die fröhlich lebensbejahende slawische Seele – »Da, da, ... Ja, ja«. In Zeiten des Krieges wollte Dada den menschlichen Spieltrieb feiern. Abgestoßen von den »Schlächtereien des Weltkriegs«, so Hans Arp, wandte man sich einer Kunstform zu, die die Menschheit vor dem Wahnsinn bewahren sollte, der sie in die Katastrophe geführt hatte. Und angesichts der naturwissenschaftlichen und politischen Entwicklungen dieser Zeit stellten die Dadaisten die Frage, ob Kunst im weitesten Sinne überhaupt noch möglich sei. Anstatt sich also einem der von ihnen so verhöhnten »Ismen« anzuschließen, wandten sie sich dem Kindlichen und Zufälligen zu, nicht nur, um sich Unschuld, Reinheit und Klarheit zurückzuerobern, sondern vor allem auch, um ins Unbewusste vorzudringen.

Und das gelang niemandem von ihnen besser als Hans Arp (1886–1966) und Kurt Schwitters (1887–1948). Arp schuf zwei Arten von Kunst. Seine Holzreliefs bestanden aus collagenartig übereinandergefügten Holzflächen, die wie Kinderspielzeuge aussahen; und wie Kinder liebte er es, Wolken und Blätter in großflächigen, starken Farben zu malen. Dann überließ er sich wieder ganz dem spielerischen Experiment, riss Papier in Streifen, ließ die Streifen fallen und fixierte sie genau dort, wo sie aufgekommen waren, zu Zufallscollagen. Auch Kurt Schwitters fabrizierte Collagen, doch er entdeckte seine Poesie im Müll.³⁴ Ständig durchstreifte dieser Kubist im Herzen seine Heimatstadt Hannover auf der Suche nach irgendetwas schön Schmutzigem, Abgeblättertem, Verflecktem, Halbverbranntem oder Zerrissenem. Auch wenn man es seinen Collagen nicht ansieht, überließ er überhaupt nichts dem Zufall. Da passen die Kanten des einen Materials perfekt mit denen des anderen zusammen, da findet der Fleck auf einer Zeitung sein Gegenstück an einer anderen Stelle der Komposition. Dass seine Materialien aus Strandgut und Abfallprodukten bestanden, war für Kurt Schwitters nicht nur eine Aussage über die Kultur, die zum Krieg geführt und dabei nicht nur ein Blutbad angerichtet, sondern auch ihren Müll und Dreck hinterlassen hatte, es war gleichermaßen eine unbequeme Elegie auf das Ende einer Ära. Schwitters schuf eine neue Kunst, die gewissermaßen zugleich Relikt, Verdammung des Bestehenden und Memento mori war.

Gegen Ende des Krieges verließ Hugo Ball Zürich und zog ins Tessin. Das Gravitationszentrum der Dadaisten verlagerte sich nach Deutschland. Und in Berlin wurde der Dadaismus schließlich wesentlich politischer. Zur Zeit der Niederlage Deutschlands war das Leben in dieser Stadt ungemein hart gewesen. Noch im Monat des Waffenstillstands, dem November 1918, kam es zum Spartakusaufstand. Er wurde niedergeschlagen, und seine Führer Karl Liebknecht und Rosa Luxemburg wurden ermordet – ein Ereignis, das nicht nur für Adolf Hitler, sondern auch für die Dadaisten maßgeblich war.

Es war Richard Hülsenbeck, der das »Dada-Virus« nach Berlin einschleppte.³⁵ Im April 1918 veröffentlichte er sein Dada-Manifest, anschließend wurde der »Club Dada« gegründet, zu dessen ersten Mitgliedern Raoul Hausmann, George Grosz, Helmut Herzfeld (John Heartfield) und Hannah Höch zählten.³⁶ George Grosz und Otto Dix gehörten mit ihren Darstellungen elender, kaum noch menschenähnlicher Kriegskrüppel zu den bissigsten Kritikern unter den Malern.³⁷ Auch Höch und Herzfeld zeigten mit ihren Bildern von Menschen, die durch absurde Prothesen zu halben Maschinen geworden waren, nicht nur die Folgen des Krieges, sondern auch Metaphern der kommenden Weimarer Kultur: entstellte Marionetten der noch immer herrschenden alten Ordnung.

Der gestohlene Sieg

Will man Gründe für die nun einsetzende Entwicklung finden, so muss man sich wenigstens kurz mit der Art der deutschen Niederlage im Ersten Weltkrieg befassen. Denn auch wenn es allgemein heißt, dass sich alle europäischen Kriegsparteien gleichermaßen bis zum völligen Stillstand festgefahren hatten, und auch wenn das Deutsche Reich schließlich in jeder Hinsicht der Verlierer war, war es den Deutschen doch möglich, einen bestimmten, wenn auch makabren Trost aus dem Geschehen zu ziehen. Wolfgang Schivelbusch erklärt in seiner Analyse *Die Kultur der Niederlage*, dass nur die USA England und Frankreich vor dem Gnadenstoß gerettet hätten, weil sie auf Drängen der Alliierten deren Kontingente gegen die deutsche Frühjahrsoffensive im Jahr 1918 mit eigenen Truppen verstärkt hatten. Das heißt aus deutscher Sicht, dass man von den Amerikanern schlicht und einfach um den Sieg betrogen worden war. Und da sich die europäischen Kriegsfeinde so gesehen bloß an die amerikanischen Rockschöße gehängt hatten, wurden sie von Deutschland augenblicklich zu zweitklassigen Mächten degradiert.

Kurzum: Weil das Deutsche Reich nicht von Europa bezwungen worden war, betrachteten sich die Deutschen ausschließlich gegenüber den Amerikanern als Verlierer, folglich wurden von nun an auch nur die Vereinigten Staaten als ernst zu nehmender Gegner und das künftige Duell als ein deutsch-amerikanisches gesehen.[38] Im Gegensatz zur Tripleentente der Mittelmächte hatte das Deutsche Reich den Krieg nicht mit amerikanischer Hilfe, sondern allein, aus eigenen Kräften und mit eigenen Mitteln bestritten. Aber als der eigentliche Schwächling und Verlierer wurde Frankreich betrachtet, denn dieses Land hatte schon seit 1870/71 revanchistische Vorstellungen von einem Zweikampf mit dem Deutschen Reich gehegt, doch nun war ihm so großer Schaden von den Deutschen zugefügt worden, dass für diese klar auf der Hand lag: Wäre es beim Zweikampf geblieben, so wäre Frankreich schnell von ihnen überrannt worden. Nach dem Krieg lieferte General Ludendorff noch eine andere Erklärung für die deutsche Niederlage: Das deutsche Heer sei »im Felde unbesiegt« geblieben, habe aber durch die »vaterlandslosen« Zivilisten in der Heimat einen »Dolchstoß von hinten« erhalten.

Man kann diese Bemerkungen aus zwei Blickwinkeln betrachten: Einerseits könnte man sagen, dass die Sichtweise der Deutschen von der misslichen Lage ihres Landes nach der Niederlage und dem Versailler Friedensvertrag von 1919 nicht ganz unrealistisch war; andererseits könnte man sagen, dass das reine Hirngespinste waren und die Realpolitik (*warum* hatte Amerika die Alliierten unterstützt?!) dabei völlig außer Acht gelassen wurde. Wie auch immer, fest steht jedenfalls, dass beide Sichtweisen beim späteren Geschehen eine Rolle spielen sollten. Norbert Elias schrieb über die Niederlage von 1918: »Der ganze Prozeß des deutschen Aufholens stand auf dem Spiel.«[39]

31
Weimar: »Beispiellose geistige Wachheit«

Das alte Wien schied am 3. April 1919 dahin, als die Republik Österreich sämtliche Adelstitel abschaffte und das »von« sogar als Bestandteil des Namens verbot. Der Friedensschluss hatte Österreich zu einer Nation von nur sieben Millionen Menschen gemacht. Allein zwei Millionen von ihnen drängten sich in der Hauptstadt, wo in den kommenden Jahren Hunger, Inflation und chronischer Mangel herrschten und eine katastrophale Grippeepidemie wütete. Hausfrauen waren gezwungen, die umgebenden Wälder abzuholzen, weil sie Brennmaterial brauchten, und die Universität musste schließen, weil ihr Dach seit 1914 nicht hatte repariert werden können. »Kaffee« wurde aus Gerste gewonnen, und das »Brot« verursachte eine Ruhrepidemie, der auch eine Tochter von Sigmund Freud zum Opfer fielen.[1]

Freud, Hugo von Hofmannsthal, Karl Kraus sowie der Philosoph und Ökonom Otto Neurath waren zwar alle noch in Wien geblieben, auch die deutschsprachige Achse Wien–Budapest (und Prag) war noch nicht gänzlich zusammengebrochen und brachte nach wie vor Geistesgrößen hervor – wie den Chemiker und Philosophen Michael Polanyi, den Nationalökonomen Friedrich von Hayek, den Biologen und Systemtheoretiker Ludwig von Bertalanffy, den Philosophen Karl Popper oder den Kunsthistoriker Ernst Gombrich –, aber sie war nicht mehr dieselbe; und berühmt wurden diese Männer ohnedies erst nach ihrer Flucht vor den Nazis. Wien war nicht mehr das vor Leben nur so vibrierende geistige Zentrum von einst, auch seine Kaffeehäuser waren nicht mehr die Treffpunkte einer kosmopolitischen Elite. Dieses neue Wien bot nur noch gelegentlich ein literarisches, wissenschaftliches oder philosophisches Feuerwerk, und das musste vor dem Widerschein des Loderns im Norden noch heller erstrahlen, um überhaupt wahrgenommen werden zu können. Nicht nur der Donner, auch der Blitz war Wien geraubt worden.

Der erste »Kunstfilm«

Ganz anders in Berlin. Nach dem Ersten Weltkrieg war das Deutsche Reich beinahe über Nacht zur Republik geworden. Allein dass dies geschehen konnte, beweist etwas oft Übersehenes, nämlich dass mittlerweile zumindest *einige* parlamentarisch-demokratische Traditionen etabliert worden waren. Dass man sich nicht für die Hauptstadt Berlin, sondern für Weimar als den ersten Tagungsort der verfassunggebenden Nationalversammlung entschieden hatte, war nicht nur dem Ansehen der Stadt (Goethe, Schiller) geschuldet, sondern vor allem der Sorge, dass es bei einer Entscheidung für Berlin oder München zu einer Eskalation der Gewalt in diesen Städten hätte kommen können. (Hitler sollte den Witz und Zynismus der Berliner immer hassen.) Die Weimarer Republik währte bis zur Machtübernahme Hitlers vierzehn Jahre später. Sie war ein turbulentes Interregnum zwischen zwei Katastrophen, brachte es aber dennoch fertig, eine Kultur zu entwickeln, die einzigartig und brillant war, trotz eines stetigen Verfalls des staatlichen Gewaltmonopols, der, wie Norbert Elias hervorhob, ebenfalls ein untrennbarer Bestandteil der Weimarer Kultur war.

Man kann diese Periode in drei deutlich unterscheidbare Phasen gliedern. Von Ende 1918 bis 1924 herrschte trotz Revolution, Bürgerkrieg, ausländischer Besatzung und einer geradezu irrwitzigen Inflation eine Zeit der künstlerischen Experimente: Das Expressionistische beherrschte die Politik ebenso wie die Malerei oder das Theater. Dann folgte die Periode von 1924 bis 1929, eine Zeit der wirtschaftlichen Stabilisierung, der Distanzierung von politischer Gewalt und des zunehmenden Wohlstands, was sich auch in der »Neuen Sachlichkeit« zeigte, einer Bewegung, die sich der Nüchternheit verschrieben hatte. Die Jahre 1929 bis 1933 schließlich erlebten die Rückkehr zu politischer Gewalt, wachsender Arbeitslosigkeit und zum autoritären Staat. Die Kunst wurde eingeschüchtert und zum Schweigen gebracht und durch propagandistischen Kitsch ersetzt.[2]

Die neben der Malerei am deutlichsten vom Expressionismus beeinflusste Kunstgattung war der Film. Im Februar 1920 hatte in Berlin ein Horrorfilm Premiere, ein »unheimlicher, dämonischer, unmenschlicher Gruselfilm nach Art des ›Gothic‹«, wie ein Kritiker schrieb, eine frankensteinartige Geschichte mit phantastischer Beleuchtungstechnik, expressionistischen Kulissen und einer ungemein düsteren Atmosphäre. Es war das von vielen als erster »Kunstfilm« betrachtete Werk *Das Cabinet des Dr. Caligari*. Sein Erfolg war so gewaltig, dass er zwischen 1920 und 1927 Tag für Tag in einem Pariser Kino gespielt wurde. Aber der Film brach nicht nur alle Kassenrekorde.[3]

Caligari war aus der Zusammenarbeit des jungen tschechischen Dichters Hans Janowitz mit dem Österreicher Carl Meyer entstanden, die sich 1919 in Berlin begegnet waren. Erzählt wird die Geschichte des verrückten Dr. Caligari, einer absurden Vaudeville-Figur, der mit dem somnambulen Cesare auf einem Rummelplatz auftritt. Abseits des Rummels spielt sich jedoch eine ganz andere und weit unheimlichere Geschichte ab. Wo immer Caligari auftaucht, ist der Tod nicht fern. Wer seinen Weg kreuzt, stirbt. Der düsterste Teil der Handlung beginnt, nachdem Caligari zwei Studenten getötet hat beziehungsweise glaubt, beide getötet zu haben. Denn einer, Francis, hat überlebt, beginnt Nachforschungen anzustellen und entdeckt, dass Cesare in seinen schlafwandlerischen Zuständen Befehle von Caligari ausführt und in dessen Auftrag tötet, ohne zu wissen, was er tut. Als Caligari erkennt, dass er enttarnt wurde, flieht er in ein Irrenhaus, wo Francis dann erfährt, dass Caligari dessen *Leiter* ist. Doch am Ende gibt es kein Entkommen für Caligari. Als sein Doppelleben auffliegt, verliert er jede Selbstkontrolle und landet in der Zwangsjacke.

So jedenfalls war die Geschichte vom Dr. Caligari ursprünglich geschrieben worden, doch während der Verfilmung machte sie eine drastische Metamorphose durch: Erich Pommer, einer der erfolgreichsten Produzenten seiner Zeit, und Regisseur Robert Wiene stellten sie so auf den Kopf, dass am Ende Francis und seine Freunde als die Verrückten dastehen. Dass Francis zum Mord verführt wurde, erscheint nun als *ihre* Wahnvorstellung, und der Leiter des Irrenhauses wurde nun zu einem gütigen Arzt, der Francis von seinem Wahn erlösen will. Janowitz und Meyer waren wütend: Ihre Kritik am blinden Gehorsam war verschwunden, und, schlimmer noch, Autorität trat nun im Gewand von Liebenswürdigkeit, gar Fürsorge auf. Die Ironie war nur, dass Pommers Version zu einem großen kommerziellen und künstlerischen Erfolg wurde. Filmhistoriker haben sich oft gefragt, ob das der ursprünglichen Version auch geglückt wäre. Vielleicht, denn der entscheidende Punkt ist, dass zwar der Plot, nicht aber die *Erzählweise* verändert wurde. Sie war und blieb neu: expressionistisch. Und der Expressionismus war so oder so eine revolutionäre Kraft, ein Impuls zum Wandel, auch wenn er wie die psychoanalytische Theorie, auf der er beruhte, noch nicht ganz ausgereift war.

Das wird auch am Beispiel der expressionistischen, im Dezember 1918 gegründeten »Novembergruppe« deutlich, einem Zusammenschluss von Künstlern, denen es schlicht um Veränderung ging, darunter Emil Nolde, Walter Gropius, Bertolt Brecht, Kurt Weill, Alban Berg und Paul Hindemith. Doch für eine Revolution bedurfte es mehr als nur eines Motors: Revolution braucht Führung, und für die hat die Expressionismusbewegung nie gesorgt. Vielleicht war es am Ende diese fehlende Richtunggebung, die Hitlers Aufstieg zur Macht ermöglichte.

Nun sollte man die Weimarer Republik aber nicht einfach nur als eine Zwischenstation auf dem Weg zum Nationalsozialismus betrachten, denn dafür hat sie viel zu viele Errungenschaften von bleibendem Wert hervorgebracht, nicht zuletzt einige höchst angesehene akademische Institutionen, die zum Teil noch heute für ihre überragende Qualität bekannt sind. Dazu zählten das Berliner Psychoanalytische Institut, dem Franz Alexander, Karen Horney, Otto Fenichel, Melanie Klein und Wilhelm Reich angehörten, die Deutsche Hochschule für Politik in Berlin, die im letzten Jahr der Republik mehr als zweitausend Studenten hatte und zu deren Lehrern Sigmund Neumann, Franz Neumann und Hajo Holborn zählten, oder das Hamburger Warburg-Institut für Kunstgeschichte mit seiner beeindruckenden Bibliothek, die das einmalige Ergebnis der lebenslangen Sammelleidenschaft von Aby Warburg war, einem reichen, hochgebildeten und »zeitweise psychotischen Menschen«, der wie Winckelmann vom klassischen Altertum fasziniert war und sich geradezu obsessiv mit der Frage beschäftigte, inwieweit antike Ideen und Werte in die moderne Welt einfließen können.[4] Der Charme und der besondere Wert dieser Bibliothek gründeten sich jedoch weniger auf die Tatsache, dass Warburg finanziell in der Lage gewesen war, Tausende von seltenen Erstausgaben aus den verschiedensten Themenbereichen zu erwerben, als vielmehr darauf, dass er sie mit so großem Bedacht zusammengestellt hatte. Sie ergänzten sich auf vortreffliche, erhellende Weise: Kunst, Religion und Philosophie wurden durch Geschichte, Mathematik und Anthropologie komplettiert. Den Möglichkeiten, die das Warburg-Institut bot, sind viele bedeutende kunsthistorische Studien im 20. Jahrhundert zu verdanken, besonders hervorzuheben darunter Erwin Panofskys Werke und Interpretationen (seine »ikonologische Methode«), die nach dem Zweiten Weltkrieg so außerordentlich einflussreich wurden.

Europa war fasziniert von den Wolkenkratzern in den USA, konnte sie aber nicht so einfach nachbauen, weil es auf dieser Seite des Atlantiks noch völlig intakte alte Städte gab, ob in Frankreich, Italien oder Deutschland, deren harmonisches Bild durch derart hohe Gebäude gänzlich zerstört worden wäre. Andererseits waren die Baumaterialien des 20. Jahrhunderts, die den Wolkenkratzer überhaupt erst ermöglicht hatten, sehr verführerisch und auch in Europa sehr populär, vor allem Stahl, Eisenbeton und Walzglas. Am Ende ließen sich die europäischen Architekten davon mehr beeinflussen als vom Beton. Vor allem drei Namen sind hier zu nennen, allesamt Mitglieder des Architekturbüros von Peter Behrens: Walter Gropius, Ludwig Mies van der Rohe und Charles Édouard Jeanneret, besser bekannt als Le Corbusier. Jeder von ihnen sollte den Städten seinen eigenen Stempel aufdrücken, als Erster Gropius, der Gründer des Bauhauses.[5]

Beeinflusst von Karl Marx wie vom englischen Maler und Architekten William Morris, war Gropius anders als Adolf Loos immer der Überzeugung gewesen, dass das Handwerk mindestens so schöne Dinge herzustellen vermag wie die Kunst. Als dann die (Mitte des 18. Jahrhunderts gegründete) Weimarer Hochschule für Bildende Kunst mit der (1902 ins Leben gerufenen) Kunstgewerbeschule zusammengelegt wurde, war Gropius' Berufung zum Leiter daher eine naheliegende Wahl gewesen. Die neue Bildungsstätte erhielt den Namen »Staatliches Bauhaus«, nach den Bauhütten, die den Baumeistern der großen Kathedralen des Mittelalters als Unterkünfte gedient hatten.

In den ersten Jahren seiner Existenz hatte das Weimarer Bauhaus mit einer Menge von Problemen zu kämpfen. Schließlich übersiedelte es mit Sack und Pack nach Dessau, und diese örtliche Veränderung hinterließ auch bei Gropius ihre Spuren: Er schrieb ein neues Manifest, in dem er ankündigte, dass sich die Schule von nun an mit den praktischen Fragen der Moderne befassen wollte – mit einem sozialen Wohnungsbau, dem Industriedesign, der Typografie und mit der »Entwicklung von Prototypen«. Nach dem verlorenen Krieg und dem enormen Inflationsanstieg gab es kein brennenderes soziales Thema in der Weimarer Republik als den sozialen Wohnungsbau. Die neuen Wohnsiedlungen, die nun zuvorderst von Bauhaus-Architekten entworfen wurden, waren natürlich unvergleichlich viel besser als die Unterkünfte in den Elendsvierteln aus dem 19. Jahrhundert, die sie ersetzen sollten. Trotzdem war es das Industriedesign, welches am nachhaltigsten vom Bauhaus geprägt werden sollte. Die Bauhaus-Philosophie, dass es viel schwieriger sei, eine erstklassige Teekanne zu entwerfen, als ein zweitklassiges Bild zu malen, fand großen Anklang und wurde schnell in die Massenproduktion von Klappbetten, Einbauschränken, stapelbaren Stühlen und Tischen umgesetzt – alle mit Blick auf die neuen Wohnungen entworfen, in denen sie zum Einsatz kommen sollten. Bauhaus-Designer wie László Moholy-Nagy sollten sich nie von ihren utopischen Idealen verabschieden.[6]

Freud und Marx auf einen Nenner gebracht

Die Katastrophe des Ersten Weltkriegs und die anschließende Hungersnot, Arbeitslosigkeit und Inflation betrachteten viele Menschen als eine Bestätigung der marxistischen Theorie, dass der Kapitalismus früher oder später unter der Last seiner eigenen intellektuellen und ökonomischen Unzulänglichkeiten zusammenbrechen würde. Doch sozialdemokratische Theoretiker wie Karl Kautsky (1854–1938) machten bald klar, dass es nicht der Kommunismus war, der aus den Ruinen in Deutschland auferstand, sondern der Faschismus. Einige waren deshalb so desillusioniert, dass sie den Glauben an den Marxismus vollends verloren, andere hielten ungeachtet aller Beweise des Gegenteils an dessen Theorien fest. Und dann gab es noch eine dritte Gruppe, nämlich die überzeugten Marxisten, die der Meinung waren, dass die marxistische Theorie einer Revision bedürfe, wenn sie ihre Glaubwürdigkeit nicht verlieren sollte. Einige Anhänger dieser Idee formierten sich Ende der zwanziger Jahre zur Frankfurter Schule und gründeten, finanziert von dem marxistischen Millionär Felix Weil, das Institut für Sozialforschung. 1933 sorgten die Nazis für dessen Auflösung in Frankfurt, doch es sollte dann unter demselben Namen in New York wiederauferstehen.[7]

Die drei bekanntesten Mitglieder dieser Schule waren Theodor W. Adorno (1903–1969), der sich in der Philosophie, Soziologie und Musik gleichermaßen zu Hause fühlte, der Philosoph und Soziologe Max Horkheimer (1895–1973), der weniger innovativ, dafür aber vielleicht verlässlicher war als Adorno, und der Sozialphilosoph Herbert Marcuse (1898–1979), der schließlich der Berühmteste von allen dreien wurde. Horkheimer fungierte als Direktor des Instituts, da er neben seinen fachlichen Talenten auch ein begnadeter Finanzjongleur war, der das Institutsvermögen sowohl in Deutschland als auch später in den Vereinigten Staaten äußerst gewinnbringend anlegte. Außerdem gehörten noch der Literatursoziologe Leo Löwenthal (später Lowenthal), der Rechtsphilosoph Franz Neumann und der Ökonom Friedrich Pollock zu diesem Kreis. Pollock hatte zu Lenins Empörung und im Gegensatz zu Marx als einer der Ersten behauptet, dass es keinen einzigen zwingenden Grund für einen unausweichlichen Zusammenbruch des Kapitalismus aus dem Inneren gebe.[8]

In ihren Anfangsjahren befasste sich die Frankfurter Schule hauptsächlich mit der Neudefinition des Begriffs der Entfremdung und entwickelte diese Idee dann zu einer *sozialpsychologischen* Frage weiter, die nicht mehr nur oder primär als ein Resultat der kapitalistischen Produktionsweise betrachtet wurde. Nach Definition der Frankfurter Schule entstand Entfremdung vielmehr im modernen Alltag, und diese Analyse führte zum vielleicht nachhaltigsten Schwerpunkt der Schule, nämlich zum Versuch, Freud und Marx auf einen Nenner zu bringen. Hier war deutlich Marcuse der Vordenker, auch wenn Erich Fromm später mehr Abhandlungen über dieses Thema veröffentlichen sollte. Für Marcuse waren Freuds Theorien und der Marxismus zwei Seiten derselben Medaille. Freud zufolge verstärkten sich mit dem Fortschreiten der Zivilisation zwangsläufig auch die Verdrängungsmechanismen, weshalb sich immer mehr Aggressionen aufstauen und schließlich in immer stärkeren Maßen entladen müssten. Marx hatte vorausgesagt, dass die Revolution unvermeidlich sei, da sie unausweichlich vom Kapitalismus selbst hervorgerufen werde; Marcuse kam nun zu dem Schluss, dass Freuds These ein vergleichbares, nur eben individuelleres Szenario bot, anhand dessen sich erklären ließ, wie sich Destruktivität aufbaut und dann nicht nur zur Selbstzerstörung, sondern auch zur Zerstörung anderer führt.

Der dritte Schwerpunkt der Frankfurter Schule war, mit Hilfe eines interdisziplinären Ansatzes die wichtigste Frage der Gegenwart zu klären: Was war schiefgelaufen in der abendländischen Kultur, angesichts des Abgesangs auf die menschliche Fortentwicklung am Höhepunkt des technischen Fortschritts, angesichts der Entmenschlichung, Brutalisierung, der Vergiftung der Biosphäre und anderem mehr? Wie konnte es dazu kommen? Auf der Suche nach Antworten verfolgten die Denker dieser Schule historische Ereignisse und Ideen bis zur Zeit der Aufklärung zurück, um sich, von den Ursprungspunkten ausgehend, dann wieder bis zum 20. Jahrhundert vorzuarbeiten. Mit dieser Technik entdeckten sie die »Dialektik« des Zusammenspiels von progressiven und repressiven Perioden und stellten fest, dass im Zuge der Entwicklungen des Kapitalismus jede repressive Periode stärker ausgeprägt gewesen war als die vorangegangene, bis zu ihrer Zeit am Ende der zwanziger Jahre schließlich der Punkt erreicht war, an dem der gesellschaftliche Wohlstand, den die abendländische Zivilisation im Wesentlichen dank des Kapitalismus hatte ansammeln können, faktisch nur noch zur Verhinderung und nicht mehr zum Wohle einer anständigeren, humaneren Gesellschaft genutzt wurde. Faschismus war für die Frankfurter Schule also die logische Weiterentwicklung der kapitalistischen Geschichte seit der Aufklärung, und mit dieser Aussage verdiente sie sich in den späten zwanziger Jahren den Respekt vieler Kollegen. Ihre Forschung beruhte häufig auf dem Prinzip, Originalmaterial zu analysieren, um dann auf dieser Grundlage neue, von den vorangegangenen Analysen unbeeinflusste Thesen aufzustellen. Das erwies sich als ein ausgesprochen kreativer Forschungsansatz für ein neues analytisches Verständnis, welches als »Kritische Theorie« in die Wissenschaftsgeschichte eingehen sollte. Man könnte diese Methode auch als ein Update der sogenannten Höheren Kritik bezeichnen.

»Der König eines geheimen Deutschland«

Das Psychoanalytische Institut, das Warburg-Institut, die Deutsche Hochschule für Politik und das Institut für Sozialforschung der Frankfurter Schule gehörten allesamt jener Vernunftgemeinschaft an, welche versuchte, wie Peter Gay schrieb, gesellschaftliche Probleme und Erfahrungen im kalten Licht wissenschaftlicher Rationalität zu betrachten. Doch nicht jeder hielt kalte Rationalität für die gebotene Antwort.[9]

Zum Beispiel gab es in der Weimarer Republik eine heftige Kampagne gegen den »kalten Positivismus« der empirischen Wissenschaften, an der sich auch der George-Kreis beteiligte, eine Gruppe von Dichtern und Schriftstellern um Stefan George (1868–1933), den »König eines geheimen Deutschland«.[10] Die Bedeutung dieses Kreises lag weniger im künstlerischen Schaffen seiner Mitglieder (obwohl gerade Georges Lyrik viele Anhänger hatte) als in ihrer gesellschaftspolitischen Einstellung.[11] Dass die meisten von ihnen Biografen waren, war gewiss kein Zufall, denn ihre Absicht war es, die Geschichten von »großen Männern« darzustellen, vor allem von Männern aus »heroischeren« Zeiten, die allein durch die Macht ihres Willens den Gang der Dinge beeinflusst hatten (das erfolgreichste Buch dieses Genres war Ernst Kantorowiczs Biografie Kaiser Friedrichs II.). Die Weimarer Republik betrachteten George und seine Mitstreiter gewiss nicht als ein heroisches Zeitalter; und weil die Naturwissenschaften ihrer Meinung nach keine Antworten auf die Dilemmas ihrer Zeit anzubieten hatten, erklärten sie es eben zur Aufgabe der Schriftsteller, das Volk mit ihrer überlegenen Intuition zu inspirieren.

George sollte jedoch nie den Einfluss gewinnen, den er und seine Jünger erwartet hatten, denn auch dichterisch wurde er von einem sehr viel größeren Talent in den Schatten gestellt. Der in Prag geborene und in einer Kadettenschule erzogene Rainer Maria Rilke (1875–1926; den Vornamen René germanisierte er erst 1897) hatte sich zu Beginn seiner Karriere nicht nur mit dramatischer und lyrischer Dichtung, sondern auch mit Biografien befasst. Doch sein internationaler Ruf veränderte sich mit den *Fünf Gesängen. August 1914*, die er als Reaktion auf den Ersten Weltkrieg schrieb. Junge deutsche Soldaten marschierten mit dem dünnen Band im Tornister an die Front, und oft waren seine Worte die letzten, die sie lasen, bevor sie starben. Rilke wurde »das Idol einer männerlosen Generation«.

Sein berühmtester Gedichtzyklus, die 1923 erschienenen *Duineser Elegien*, fing mit mystisch-philosophischem Ton und »Mächtigkeit« die Stimmung der Zeit ein. Die meisten Passagen waren in einer einzigen Woche zwischen dem 7. und 14. Februar 1922 wie ein »geistiger Orkan« aus ihm herausgedrängt.[12] Nach dieser erschöpfenden Woche schrieb er einem Freund, es sei endlich vollbracht. Er ringt in diesem Zyklus mit »der weiten Landschaft der Klagen« und wirft sein Netz über Kunst, Literatur, Geschichte, Mythologie und die Wissenschaften aus (Biologie, Anthropologie und Psychoanalyse), um zu ergründen, was jede davon gegen unser Leid anzubieten hat:

> *Frühe Geglückte, ihr Verwöhnten der Schöpfung,*
> *Höhenzüge, morgenrötliche Grate*
> *aller Erschaffung, – Pollen der blühenden Gottheit,*
> *Gelenke des Lichtes, Gänge, Treppen, Throne,*
> *Räume aus Wesen, Schilde aus Wonne, Tumulte*
> *stürmisch entzückten Gefühls und plötzlich, einzeln,*
> *Spiegel: die die entströmte eigene Schönheit*
> *wiederschöpfen zurück in das eigene Antlitz.*[13]

Naturwissenschaften, Moderne und der Roman

Während Rilke Stefan Georges und Hugo von Hofmannsthals Glauben teilte, dass der Künstler die vorherrschende Mentalität seines Zeitalters beeinflussen könne, ging es Thomas Mann (wie Arthur Schnitzler) eher darum, die Veränderungen seiner Zeit so dramatisch wie möglich zu beschreiben. Manns international berühmtester Roman *Der Zauberberg* wurde 1924 veröffentlicht und war mit fünfzigtausend verkauften Exemplaren im Erscheinungsjahr sofort ein großer Erfolg. Die Geschichte ist mit Symbolik geradezu überladen (zu überladen in der englischen Übersetzung, in der auch Manns Humor – von dem sein Werk ja nicht gerade durchdrungen ist – ziemlich auf der Strecke blieb). Sie handelt von Hans Castorp, einem jungen Mann, der am Vorabend des Ersten Weltkriegs seinen an Tuberkulose erkrankten Cousin in einem Schweizer Sanatorium besucht. (Auch Albert Einstein fuhr im Frühjahr 1928 nach Davos, um Vorträge über Physik vor Tuberkulosepatienten zu halten.) Eigentlich will Hans nur kurz bleiben, doch dann steckt er sich an und ist gezwungen, sieben Jahre in der Klinik zu verbringen.

Die überlagernde Symbolik ist ziemlich offensichtlich. Das Sanatorium steht für Europa: eine im Prinzip stabile, alte Institution, die jedoch von Verfall und Korruption gezeichnet ist. Wie die Generäle des Ersten Weltkriegs geht auch Hans davon aus, dass sein Aufenthalt nur von kurzer Dauer sein wird, und wie diese ist auch er der unerwarteten und schockierenden Erkenntnis ausgesetzt, dass mit einem Mal seine ganze Zeitplanung über den Haufen geworfen wurde. Unter den Mitpatienten ist alles vertreten: Optimismus und Negativismus, Rationalismus und Irrationalismus, Heldenkult, Arglosigkeit und Naivität. Und durch das gesamte Buch zieht sich wie eine Art von Selbsterkenntnis die Einsicht, dass die Naturwissenschaften nicht alle Fragen des Lebens beantworten können. Mann wollte den Zustand der Menschheit (oder doch zumindest den des Abendlands) beschreiben, sich – wie Rilke – immer bewusst, dass gerade eine Ära zu Ende ging und Helden keine Antwort sind. Der moderne Mensch, sagt Mann, ist sich seiner selbst bewusster, als es jeder seiner Vorfahren war.

Thomas Mann wurde oft mit Hermann Hesse (1877–1962) verglichen – und ebenso oft ihm gegenübergestellt. Sie begegneten sich das erste Mal 1904 in München, als ihr gemeinsamer Verleger Samuel Fischer sie einander vorstellte, blieben in Kontakt, schrieben sich lange Briefe, wurden aber erst in den dreißiger Jahren zu wirklichen Freunden. Ihre Karrieren weisen viele Parallelen, aber auch deutliche Unterschiede auf. Hesse kapselte sich ab und verließ seine neue Heimat im Tessin praktisch nicht mehr; Mann zog von einem Ort zum anderen. Mann hatte den Ersten

Weltkrieg zumindest anfänglich befürwortet, Hesse ihn von Anfang an abgelehnt. Hesses pazifistische Versuche, gemeinsam mit unter anderen Romain Rolland die europäische Bildungselite von der Barbarei dieses Krieges zu überzeugen, brachten ihm ebenso viele Feinde wie Freunde ein. Beide, Mann wie Hesse, flirteten mit Jung'schen Ideen, und beide erhielten den Literaturnobelpreis.

Doch Hesse war ein ausgesprochener Eigenbrötler und hielt sich schließlich (anders als in seinen Schriften) von der Welt fern. Zwei seiner Ehen endeten mit Scheidung. Aber er war ungemein produktiv (elf Romane, unzählige Gedichte, Prosastücke, rund dreitausend Kritiken und Rezensionen; daneben gab er ältere Geschichten, Erzählungen, Novellen und Gedichte heraus und hinterließ rund fünfunddreißigtausend Briefe). Viele seiner Werke sind autobiografisch, aber keines so deutlich wie sein Roman *Der Steppenwolf*, den er in dem Jahr zu schreiben begann, als Manns *Zauberberg* erschien, der aber erst 1927 auf den Markt kam. Er erzählt die Geschichte von Harry Haller (Hesses eigene Initialen), einem Menschen, der, wie Hesse selbst erklärte, »komischerweise darunter leidet, dass er zur Hälfte ein Mensch, zur Hälfte ein Wolf ist. Die eine Hälfte will fressen, saufen, morden und dergleichen einfache Dinge, die andere will denken, Mozart hören und so weiter, dadurch entstehen Störungen, und es geht dem Mann nicht gut, bis er entdeckt, dass es zwei Auswege aus seiner Lage gibt, entweder sich aufzuhängen oder aber, sich zum Humor zu bekehren«.[14] Es geht um Persönlichkeitsfindung und die menschliche Natur, um die Frage, ob wir tatsächlich bloß ein Ich oder nicht vielleicht doch mehrere Persönlichkeiten haben, und darum, ob innerer Einklang mit sich selbst prinzipiell überhaupt möglich ist.

Dieses Thema griff auf geradezu unheimlich ähnliche (aber ganz anders verarbeitete) Weise auch Robert Musil in seinem dreibändigen Werk *Der Mann ohne Eigenschaften* auf, dessen erster Band im Winter 1930 erschien und den viele Literaturwissenschaftler für den bedeutendsten Roman des 20. Jahrhunderts halten, noch weit bedeutender als alles, was Thomas Mann oder Hermann Hesse je geschrieben haben.[15]

Robert Musil (1880–1942) wurde in Klagenfurt geboren und stammte aus dem gehobenen Bürgertum, dem österreichischen »Mandarinat«. Er studierte Maschinenbau, wechselte dann aber zur Philosophie und Psychologie und promovierte 1908 über Ernst Mach. *Der Mann ohne Eigenschaften* beginnt im Jahr 1913 im Land »Kakanien«, der verballhornten Form des *k. u. k.* Österreich-Ungarn. Viele empfinden dieses Werk trotz seines gewaltigen Umfangs als die brillanteste literarische Antwort auf die vielen Entwicklungen am Beginn des 20. Jahrhunderts. Musil verflocht drei ineinander verschlungene Themen zu einem lockeren narrativen Faden. Da ist zuerst einmal die Suche der Hauptfigur Ulrich, eines zweiunddreißigjährigen Wiener Intellektuellen, dessen Streben, dem modernen Leben Sinn abzugewinnen, ihn dazu führt, den Geist eines Mörders verstehen zu wollen. Das zweite Thema ist Ulrichs (Liebes-)Beziehung zu seiner Schwester, die er in der Kindheit aus den Augen verlor. Und als Drittes schließlich ist der Roman eine Sozialsatire über Wien am Vorabend des Ersten Weltkriegs.[16]

Das eigentliche Thema dieses Buches ist jedoch die Frage, was es heißt, in einem wissenschaftlichen Zeitalter Mensch zu sein. Wenn wir nur unseren Sinnen trauen können, wenn auch wir uns nur auf die Weise erfahren können, wie Wissenschaftler uns analysieren, wenn alle Generalisierungen und Gespräche über Werte, Moral und Ästhetik sinnlos sind, wie Wittgenstein uns klargemacht hat, wie sollen wir dann leben? Einmal stellt Ulrich fest, dass er zwar groß und breitschultrig ist und einen Brustkorb hat, der sich wie ein Segel am Mast blähen kann, sich aber immer dann, wenn er etwas Bewegendes liest, klein und weich fühlt wie eine Qualle, die durchs Wasser treibt. Mit anderen Worten: Es gibt keine Beschreibung, keine Charakterisierung und keine Eigenschaft, die grundsätzlich auf ihn zutrifft. So gesehen ist er ein Mann ohne Eigenschaften. »Wir haben keine inneren Stimmen mehr; wir wissen heute zuviel, der Verstand tyrannisiert unser Leben.«[17]

Auch Franz Kafka (1883–1924) war fasziniert von der Frage, was es bedeutet, Mensch zu sein, und von dem Kampf zwischen Wissenschaft und Ethik.[18] 1923 erfüllte er sich den lang gehegten Wunsch, von Prag nach Berlin überzusiedeln. Doch nach kaum einem Jahr in Berlin zwang ihn eine Kehlkopftuberkulose zuerst nach Prag zurück und dann in ein Sanatorium nach Klosterneuburg, wo er mit nur einundvierzig Jahren starb.[19]

Kafka, ein schmaler, mit Bedacht immer etwas dandyhaft gekleideter Mann, war als Jurist in ein Versicherungsunternehmen eingetreten. Den einzigen Hinweis auf sein unkonventionelles Innenleben liefern seine drei gescheiterten Verlobungen, darunter zwei mit derselben Frau. International am bekanntesten sind seine drei Erzählungen *Die Verwandlung* (1916), *Der Prozess* (posthum 1925) und *Das Schloss* (posthum 1926). Doch abgesehen von seinem dichterischen Werk hinterließ er Tagebuchaufzeichnungen aus vierzehn Jahren sowie ausgiebige Briefwechsel, die einen zutiefst widersprüchlichen und rätselhaften Menschen enthüllen. Fünf Jahre lang war er mit einer Frau verlobt, sah sie in dieser Zeit aber kaum ein Dutzend Mal; einer anderen Frau schrieb er neunzig Briefe binnen zweier Monate nach ihrer ersten Begegnung, manche davon zwanzig oder dreißig Seiten lang; einer dritten wiederum schrieb er hundertdreißig Briefe im Zeitraum von fünf Monaten. Im Alter von sechsunddreißig Jahren teilte er seinem Vater in einem fünfunddreißig Seiten langen Brief mit, weshalb er ihn noch immer fürchtete.

Obwohl Kafkas Erzählungen und Romane thematisch ganz unterschiedlich sind, weisen sie verblüffende Ähnlichkeiten auf, sodass die

Gesamtwirkung von Kafkas Werk viel mehr ist als nur die Summe seiner Teile. *Die Verwandlung* beginnt mit einer der berühmtesten Eröffnungen der Literaturgeschichte: »Als Gregor Samsa eines Morgens aus unruhigen Träumen erwachte, fand er sich in seinem Bett zu einem ungeheuren Ungeziefer verwandelt.« Wenn sich ein Mensch in ein Ungeziefer verwandelt, hilft ihm/uns das, zu verstehen, was es heißt, Mensch zu sein? Im *Prozess* wird Joseph K. (dessen Nachnamen wir nie erfahren) verhaftet und vor Gericht gestellt. Doch weder er noch der Leser erfahren, wessen er angeklagt ist oder nach welchem Recht sich das Gericht konstituiert hat, darum können weder K. noch der Leser entscheiden, ob das Todesurteil berechtigt ist. Und im *Schloss* schließlich kommt K. (wieder erfahren wir seinen Namen nicht) in ein Dorf, um eine verabredete Stelle als Landvermesser auf dem Schloss anzutreten, das über dem Dorf aufragt und zum Besitz des Schlossherrn gehört. Dort angekommen, stellt K. jedoch fest, dass niemand etwas von seinem Kommen weiß, jedenfalls wird ihm das zuerst gesagt. Man teilt ihm mit, dass es nicht einmal im Dorfgasthof eine Übernachtungsmöglichkeit für ihn gebe. Die Figuren widersprechen sich, ändern ständig und unvorhersehbar ihr Verhalten gegenüber K. und tischen ihm verwirrende Lügen auf. K. wird das Schloss nie betreten.

Eine zusätzliche Schwierigkeit bei der Interpretation von Kafkas Werk ergibt sich durch den Umstand, dass er keine seiner drei wichtigsten Arbeiten fertiggestellt hat. Wir wissen nur aus seinen Tagebüchern, was er beabsichtigt hatte, und das, was er seinem Freund Max Brod über sein weiteres Vorgehen beim *Schloss*, dem ausgereiftesten seiner Werke, erklärt hat. Alle drei Geschichten erzählen von einem Mann, der keine Kontrolle über sich oder sein Leben hat. In jeder wird der Protagonist vom Leben gebeutelt und gerät dabei unter den Einfluss von Kräften – biologischer, psychologischer oder logischer Art –, denen er seinen Willen nicht aufzwingen kann und blind gehorchen muss. Es findet keine Entwicklung statt, kein Fortschritt im herkömmlichen Sinne, nichts gibt Anlass zu Optimismus. Es ist eine freudlose Welt, die einen frösteln macht. W. H. Auden schrieb einmal: »Müsste man den Autor nennen, der unserem Zeitalter ebenso nahe kam wie Dante, Shakespeare oder Goethe den ihren, wäre Kafka der Erste, an den man dächte.«[20] Auf unheimliche Weise gelang es Kafka, die Welten vorwegzunehmen, die schon bald darauf Wirklichkeit werden sollten: Stalins Russland und Hitlers Deutschland.

Das trifft auch auf Lion Feuchtwanger (1884–1958) zu. Dass er international weniger bekannt ist als Mann, Kafka, Hesse oder sogar Musil, ist wirklich bedauerlich, denn von seinen Werken einmal ganz abgesehen, war auch das Leben dieses Schriftstellers, der zweimal, in zwei Weltkriegen, aus einem Internierungslager floh, in so mancher Hinsicht exemplarisch.

Feuchtwanger, der als Sohn eines reichen jüdischen Fabrikanten in München geboren wurde, ging gerne auf Reisen. Bei Kriegsausbruch 1914 war er gerade in Tunesien, damals französisches Protektorat. Prompt wurde er als feindlicher Ausländer interniert, konnte jedoch entkommen und kehrte nach Deutschland zurück, wo er sich freiwillig zum Kriegsdienst meldete, aber bereits 1914 wegen seines Gesundheitszustands wieder entlassen wurde. Sein erster internationaler Erfolg war der Roman *Jud Süß*, in dem er gegen die antisemitischen Klischees anschreibt. Er hatte ihn bereits 1921/1922 verfasst, konnte ihn aber erst 1925 veröffentlichen, weil kein Verleger ihn annehmen wollte. In Deutschland wurde das Buch kaum wahrgenommen, doch dann brachte es der amerikanische Verleger Ben Huebsch 1926 unter dem Titel *Power* in den USA heraus, einen Monat später folgte die Veröffentlichung in England, und mit dem großen Erfolg in der angelsächsischen Welt wurde man schließlich auch in Deutschland auf das Werk aufmerksam.

Sein Meisterwerk *Erfolg* erschien 1930: ein Schlüsselroman über die Weimarer Republik. Die junge Johanna Krain bemüht sich um die Entlassung ihres Geliebten, des Kunsthistorikers Martin Krüger, aus dem Gefängnis. Krüger war Leiter der Münchner Gemäldegalerie gewesen, bevor ihm kurz nach dem Ersten Weltkrieg wegen eines Kavalierseids der politische Prozess gemacht wurde. Es ging dabei um zwei umstrittene Gemälde, eines davon zeigt eine nackte Frau. Er wird zu drei Jahren Gefängnis wegen der Erregung öffentlichen Ärgernisses und Unzucht mit der Frau verurteilt, die Modell gesessen hatte. Am Ende lässt Feuchtwanger Krüger in der Haft sterben, doch nicht, bevor er reale Personen und Institutionen (Hitler, I.G. Farben, die deutlich als solche kenntlich sind) mitsamt ihren Machenschaften angeprangert und den Aufstieg der korrupten Welt voraussagt, die mit ihren fadenscheinigen Rationalisierungen direkt ins »Dritte Reich« führen sollte.

1932 ging Feuchtwanger auf Reisen und kehrte 1933 nicht nach Deutschland zurück. 1940 wurde er im südfranzösischen Exil in ein Internierungslager deportiert. Er entkam, weil er als Frau verkleidet herausgeschmuggelt wurde und über Spanien und Portugal in die USA (»God's own country«...) fliehen konnte, wo er dann zu der wachsenden Gruppe talentierter Exilanten stieß, die von den Amerikanern als »Hitlers Geschenk« an die Vereinigten Staaten betrachtet wurden.[21]

Wir sprachen bereits von den Erfahrungen, die die Menschen im Ersten Weltkrieg mit der modernen Kriegstechnik machten und die so extrem waren, dass selbst die Tapfersten in den Schützengräben von ganz neuen psychischen Problemen heimgesucht wurden. Waren diese Ängste, ob verdrängt oder nicht, dafür verantwortlich gewesen, dass so viele Kriegsromane auf beiden Seiten erst mit großer Verzögerung geschrieben wurden? Ford Madox Fords Abrechnung *No More Parades (Keine Paraden mehr)* erschien 1924; Ernest Hemingways Roman über einen verletzten Kriegsveteranen, *The Sun Also Rises (Fiesta)*, wurde 1926 veröffentlicht; Siegfried Sassoons *Memoirs of an Infantry Officer* erschien sogar erst 1930. Zwischen den beiden letzten Büchern, erst im Jahr 1929, erschien der – zumindest kommerziell – erfolgreichste aller Kriegsromane: Erich Maria Remarques *Im Westen nichts Neues*.

Christine Barker und R. W. Last schreiben in ihrer Remarque-Biografie, dass *Im Westen nichts Neues* zwar zu den wichtigsten Büchern des 20. Jahrhunderts zähle, aber weder das bedeutendste noch das beste Werk von Remarque sei.[22]

Der in Osnabrück geborene Erich Maria Remarque (1898–1970) wurde sein Leben lang von Kontroversen verfolgt, vor allem von bohrenden Fragen, wieso er sich nicht freiwillig gemeldet habe und wie er mit Orden habe ausgezeichnet werden können (was er behauptet hatte), wenn er doch bald so schwer verwundet worden war, dass er bis Kriegsende in einem Duisburger Krankenhaus behandelt werden musste. Nach dem Krieg schlug sich Remarque als Zeitungsredakteur (1925 für die Berliner *Sport im Bild*) und Werbetexter durch. *Im Westen nichts Neues* wurde ab Ende 1928 als Fortsetzungsroman in der *Vossischen Zeitung* abgedruckt (nachdem ihn elf Zeitungen abgelehnt hatten). Am 29. Januar 1929 erschien die Geschichte als Buch, das über Nacht zum Bestseller wurde. Remarques Leben sollte sich auf Dauer verändern.

Der Roman erzählt die Geschichte des Ersten Weltkriegs aus Sicht des jungen Kriegsfreiwilligen Paul Bäumer und seiner Frontkameraden, einer »verlorenen Generation«, die ungemein dezimiert wird. Wer überlebt, kämpft an der Seite von älteren, erfahreneren Männern weiter. Viele Passagen lang träumen die jungen Soldaten vom Leben zu Hause und von einer Welt der Liebe, die sich noch kaum einem von ihnen wirklich eröffnet hat. Langsam, aber sicher werden sie Opfer der klaustrophobischen Zustände in den Schützengräben. Einer nach dem anderen fällt, bis nur noch ein Einziger von ihnen übrig ist.

Remarque erforscht die Entfremdung, die auf so unterschiedliche Weise von den jungen Männern Besitz ergreift, während sie herauszufinden versuchen, ob sie nun Feiglinge oder Helden sind, ob sie ein jeder auf sich selbst gestellt oder unter Waffenbrüdern sind, ob sie als Frontsoldaten stolz auf sich sein können oder sich ihrer Taten schämen müssen. Allmählich wird ihnen bewusst, dass sie ihre Erlebnisse in diesem schrecklichen Krieg ein für alle Mal von den Menschen abkapseln werden, die diese Erfahrung nie machen mussten. Es finden sich zwar durchaus auch Klischees in diesem Buch, aber nicht wenige Szenen sollten weltberühmt werden, etwa der Moment, in dem zwischen den Lippen des bereits toten Rauchers die Zigarette aufglimmt.[23]

Im Westen nichts Neues ist ein trostloses, ein sehr trostloses Buch, das jedoch einen Boom an Kriegsromanen nach sich zog und obendrein eine gewaltige Kontroverse auslöste – wegen seines Stils, wegen seines »Defätismus« und wegen seiner »unpatriotischen« Darstellung des Krieges. Ein Jahr nach seinem Erscheinen – inzwischen hatte es sich fast eine Million Mal verkauft und war in mehrere Sprachen übersetzt worden – knöpften sich die Nazis Remarque Buch vor, weil es den Mythos von der Heldenhaftigkeit des deutschen Soldaten zerstörte, und schlachteten es zu ihren eigenen politischen Zwecken aus. Den Feldzug gegen den Autor führte Joseph Goebbels höchstpersönlich an. Als 1930 die amerikanische Verfilmung in die Kinos kam, sorgten die Braunhemden dafür, dass sich niemand ungestört diesen Film ansehen konnte.

Remarque verließ Deutschland und erreichte schließlich Amerika. Was immer er noch in Deutschland besessen hatte (er war klug genug gewesen, sein Geld und einen Großteil seines Besitzes bereits mitzunehmen, darunter auch eine Sammlung von impressionistischen und postimpressionistischen Gemälden – Van Gogh, Degas, Renoir), war längst beschlagnahmt worden, schon bevor man ihm 1938 die deutsche Staatsbürgerschaft aberkannte. Bei den berüchtigten Bücherverbrennungen im Mai 1933 wurden in Berlin neben den anderen Schriften Remarques auch *Im Westen nichts Neues* in die Flammen geworfen. Doch wenn man das so sagen kann: Remarque lachte als Letzter. In Amerika, wo Marlene Dietrich, Greta Garbo, Charlie Chaplin, Cole Porter, F. Scott Fitzgerald und Ernest Hemingway zu seinen Freunden zählten, erhielt er wegen der zahlreichen Verfilmungen seiner Bücher sogar den Beinamen eines »Königs von Hollywood« – man denke nur an *The Road Back (Der Weg zurück)*, *Three Comrades (Drei Kameraden)*, *A Time to Love and a Time to Die (Zeit zu lieben und Zeit zu sterben)*, *Heaven Has No Favourites (Der Himmel kennt keine Günstlinge)* und *Shadows in Paradise (Schatten im Paradies)*. In seinen Geschichten ist nichts von Dauer, jeder ist allein, und es gibt keine wirklichen Antworten auf die Fragen und Geheimnisse, die uns umtreiben und die wir ergründen wollen. Das Leben hat zwar durchaus seine schönen Seiten, hält sogar Momente des Glücks bereit, aber das ist alles, was es gibt: Momente. Remarque sagte einmal, dass die Natur der Deutschen besonders trübe sei, und fand, dass man das seit Goethe und dem *Faust* eindeutig habe feststellen können.[24]

Die verschwundene Heimat:
Eine Welt, in der nur Kinder unschuldig sind

Heute tendieren wir dazu, Büchern, also in sich abgeschlossenen Texten, mehr Gewicht beizumessen als Kurzgeschichten und dergleichen. In der Weimarer Republik gab es jedoch mindestens zwei Autoren, die sich ihren ersten Ruhm gerade mit Texten verdienten, die normalerweise kurzlebiger sind – mit Satiren für Zeitungen und Zeitschriften, mit Liedern und Spottversen für Kabaretts, mit spitzen Buchrezensionen, schonungslosen Gedichten und skurrilen – manchmal auch weniger skurrilen – Kolumnen. Auf ihre jeweils eigene Art waren Kurt Tucholsky (1890–1935) und Erich Kästner (1899–1974) die Berliner Äquivalente von Karl Kraus in Wien. Und beider Kunst schlug eine Brücke zu den oben besprochenen Romanciers wie zu den Dramatikern, die wir als Nächstes betrachten werden. Beide füllten mit ihren Texten (wiederum wie Kraus) praktisch ganze Zeitschriften, beide verwendeten eine Vielzahl von Pseudonymen, beide waren stark von ihren Müttern beeinflusst worden (wenngleich Tucholsky ein ziemlich gespanntes Verhältnis zu seiner Mutter hatte), und beide waren von ihren Erlebnissen im Ersten Weltkrieg in Pazifisten verwandelt worden, erwiesen sich in ihren Schriften aber als ausgesprochen kämpferisch.

Der in Berlin geborene (aber in Stettin aufgewachsene) Tucholsky, Sohn eines jüdischen Bankkaufmanns, war ein ziemlich frühreifer Junge gewesen: Über Kaiser Wilhelms Kunstgeschmack hatte er sich schon als Siebzehnjähriger lustig gemacht. Mit dreiundzwanzig schrieb er seine ersten Artikel für die Theaterzeitschrift *Die Schaubühne* (1918 in *Die Weltbühne* umbenannt), deren Leitung er 1926 übernahm und die unter seiner Ägide zu einem der schillerndsten Wochenblätter der Weimarer Republik wurde. Seine Beiträge waren vielfältigster Art, von Gedichten über Rezensionen und Leitartikel bis hin zu Aphorismen (»Entweder du liest eine Frau oder du umarmst ein Buch«) und sogar Gerichtsreportagen. Immer nahm er dabei etwas Bestimmtes aufs Korn, ob das Militär oder die Richterschaft, die Zensur oder das Bürgertum, vor allem aber die Rechtsrevolutionäre, die den »Pöbel« mit ihren politischen Morden zu einer Stimmung aufputschten, von der nur die Nationalsozialisten profitieren konnten.

Er wollte unbedingt, dass die Weimarer Republik erfolgreich sein würde. Doch wie schrieb Erich Kästner einmal über Tucholsky? »Ein kleiner dicker Berliner wollte mit einer Schreibmaschine eine Katastrophe aufhalten.«[25] 1924 ging er als Korrespondent der *Weltbühne* und der *Vossischen Zeitung* nach Paris – Ähnlichkeiten mit dem Exil seines Idols, des ebenso frankophilen und ebenso jüdischen Heinrich Heine, liegen auf der

Hand. Auch er beobachtete mit scharfem Blick aus Frankreich die Veränderungen in Deutschland, mit solcher Schärfe sogar, dass er mehrere Male verklagt wurde, weil sich so viele Leute von seinen Attacken persönlich angegriffen fühlten. 1929 brachte er seine bittere Gesellschaftskritik *Deutschland, Deutschland über alles* heraus, illustriert von John Heartfield (Helmut Herzfeld), in der er es jedoch trotz allem noch fertigbrachte, seiner verschwindenden Heimat eine Liebeserklärung zu machen. Doch 1932 schrieb er prophetisch: »Sie rüsten zur Reise ins Dritte Reich.«[26]

Seine Schreibmaschine erwies sich dann jedoch als weniger effektiv denn gehofft. 1930 emigrierte Tucholsky nach Hindås bei Göteborg. Mittlerweile stand *Die Weltbühne* unter ständigem Beschuss. Carl von Ossietzky, der 1927 die Leitung von Tucholsky übernommen hatte, veröffentlichte darin eine Untersuchung, die die illegale Luftwaffenaufrüstung der Reichswehr enthüllte, und wurde deshalb wegen Landesverrats verhaftet. Eine Weile zog Tucholsky in Erwägung, nach Deutschland zurückzukehren, um Ossietzky beizustehen, besann sich schließlich jedoch anders – und sollte das den Rest seines Lebens als sein persönliches Versagen empfinden (allerdings stand er selbst in Deutschland wegen eines Artikels unter Anklage, in dem er geschrieben hatte: »Soldaten sind Mörder«). Er gehörte nie zu denen, die glaubten, dass sich Hitlers Regime einfach in Luft auflösen würde. Geschwächt wegen seiner ständigen Magenbeschwerden, nahm er am Abend des 20. Dezember 1935 eine Überdosis Schlafmittel. Am nächsten Tag starb er. Zuvor hatte er sich noch dafür eingesetzt, dass Carl von Ossietzky der Friedensnobelpreis zugesprochen würde – mit Erfolg, ein Jahr darauf. Tucholsky erlebte es nicht mehr.

Erich Kästner, der Sohn eines Sattlermeisters und einer Friseurin, wurde in Dresden geboren. Die Brutalität der militärischen Ausbildung (er war bei Kriegsausbruch erst fünfzehn gewesen) veränderte den Feingeist, der sich viel lieber mit Geschichte, Philosophie, Germanistik und Theaterwissenschaft beschäftigt hätte – den Fächern, die er nach dem Krieg an der Universität von Leipzig auch studieren sollte. Sein Studium finanzierte er mit Beiträgen als Journalist und Theaterkritiker für die *Neue Leipziger Zeitung*, für die er nach seiner Kündigung weiterhin aus Berlin unter dem Pseudonym »Berthold Bürger« schrieb. Er benutzte viele Pseudonyme für die Gedichte, Artikel und Rezensionen, die er nun in einer ganzen Reihe von Zeitungen und Zeitschriften veröffentlichte, darunter ebenfalls in der *Vossischen Zeitung* und der *Weltbühne*. Bald wurde er zur wichtigsten Stimme der »Neuen Sachlichkeit«, jener Literaturbewegung, die es sich auf die Fahnen geschrieben hatte, dem vorherrschenden Pathos auf allen literarischen Ebenen mit geradezu dokumentarischer Nüchternheit entgegenzutreten.

Das Werk, das Kästner international berühmt machte, war *Emil und die Detektive* (1928), mit dem er das Genre der Detektivgeschichten für Kinder begründete (sein englischer Übersetzer R. W. Last nannte ihn einen der größten Kinderbuchautor aller Zeiten). Allein in Deutschland ging das Buch zwei Millionen Mal über den Ladentisch. Doch natürlich schrieb Kästner vor allem für Erwachsene, und das auf eine Weise, dass sich die Nazis 1933 veranlasst sahen, sein gesamtes Werk zu verbieten und seine Bücher neben denen von Brecht, Joyce, Hemingway, den Brüdern Mann und so vielen anderen zu verbrennen. Zweimal wurde er von der Gestapo festgenommen, schließlich erhielt er Publikationsverbot. Trotzdem floh er nicht.

Der Großstadtroman *Fabian. Die Geschichte eines Moralisten* ist gewiss sein bekanntestes Werk für Erwachsene (der geplante Titel *Der Gang vor die Hunde* war von den Verlegern abgelehnt worden). Der 1931 veröffentlichte Roman überraschte alle, die Kästner nur als Kinderbuchautor kannten. Die Geschichte spielt sich in Berlin ab: »Im Osten residiert das Verbrechen, im Zentrum die Gaunerei, im Norden das Elend, im Westen die Unzucht, und in allen Himmelsrichtungen wohnt der Untergang.«[27] Der Protagonist Dr. phil. Jakob Fabian wird als Werbetexter eines Zigarettenherstellers mit der Aufgabe betraut, einschlägige Slogans zum Wohle dieser korrupten und gesundheitsschädlichen Industrie zu erfinden. Hemmungslos ausgelebte Sexualität, verkommene Familienstrukturen und Arbeitslosigkeit verschmelzen hier zu einer pessimistischen Satire und klaren Verurteilung des Landes, das Hitler zur Macht verhelfen sollte – einer Welt, in der, betrachtet man *Fabian* und *Emil* als ein Ganzes, nur die Kinder unschuldig sind.

Kästner versorgte auch die Dichtung mit Frischluft. Viele seiner »Volksgedichte« schrieb er für ein Kabarett, das dem Zeitalter den Spiegel vorhielt:
Was man auch baut – es werden stets Kasernen.[28]

Dass Kästner in so vielen unterschiedlichen Formen schrieb, zeugt von seinem Wissen, dass die Lage der Weimarer Republik dringendes Handeln erforderte. Es ging ihm weniger um die Erschaffung von »Kunst« als um den Einfluss, den er damit auf die Leser ausüben konnte. Was er über Tucholsky gesagt hatte, traf auch auf ihn zu: Er wollte die Katastrophe, die er kommen sah, mit der Schreibmaschine verhindern. Bedauerlicherweise gelang das weder ihm noch Tucholsky, doch wie Clive James betonte, bereicherten die Journalisten der Weimarer Republik die deutschsprachige Kultur dennoch ungemein: Sie retteten sie »vor dem stratosphärischen Erstickungstod durch den Sauerstoffmangel hochfliegender Thesen«.

Eine neue Grammatik für die Musik

Edgar Vincent, Viscount d'Abernon, der damalige britische Botschafter in Berlin, schrieb in seinen Memoiren, dass das Jahr 1925 eine »Epoche der Herrlichkeit« im Kulturleben der Stadt eingeläutet habe. Maler, Journalisten und Architekten strömten nur so nach Berlin, das jedoch vor allem zu einem Magneten für Schauspieler geworden war. Neben hundertzwanzig Tageszeitungen gab es vierzig Theater von »unvergleichlicher geistiger Wachheit«.[29] Es waren die goldenen Jahre des politischen Kabaretts, des Chansons, des experimentellen Theaters von Erwin Piscator, der Operetten von Franz Lehár, des Jazz und der Josephine Baker, die Harry Graf Kessler in seinen Tagebüchern als nackte Schönheit beschrieb, aber »fast ganz unerotisch« fand (Kessler war homosexuell).[30]

Aus dieser Ansammlung von Talenten ragten vor allem drei Künstler heraus: Arnold Schönberg (1874–1951), Alban Berg (1885–1935) und Bertolt Brecht (1898–1956). Schönberg hatte zwischen 1915 und 1923 wenig komponiert, dafür der Welt 1923 »ein völlig neues Kompositionssystem« geschenkt. Zwei Jahre zuvor hatte er angekündigt, verbittert wegen all der Schwierigkeiten in den zurückliegenden Jahren: »Ich habe eine Entdeckung gemacht, durch welche die Vorherrschaft der deutschen Musik für die nächsten hundert Jahre gesichert ist«[31] – seine berühmte »Tonreihe«, weniger ein neuer musikalischer Stil als eine völlig neue musikalische »Grammatik«. Mit seiner vorangegangenen Erfindung, der Atonalität, hatte Schönberg nicht zuletzt den individuellen Intellekt aus der Komposition eliminieren wollen; die Tonreihe führte diesen Prozess nun noch einen Schritt weiter, indem sie die Möglichkeiten minimierte, einzelne Noten zu betonen. Nach diesem System besteht eine Komposition aus der Exposition aller zwölf Töne der chromatischen Leiter, die je nach Zweck unterschiedlich arrangiert, aber ihrer Reihe nach nicht wiederholt werden dürfen, sodass einer einzelnen Note nicht mehr Bedeutung zukommt als der anderen und nicht das Gefühl entsteht, als gäbe es ein tonales Zentrum, so wie in der traditionellen Komposition durch die Schlüssel symbolisiert. Die melodische Linie war oft sprunghaft; Töne schnellten in die Höhe oder sackten ab, während zugleich stark rhythmisch variiert wurde. Damit waren unglaublich viele Variationen möglich, auch der Einsatz von Stimmen und Instrumenten in den ungewöhnlichsten Tonlagen. Rudolf Serkin sprach wohl vielen aus der Seele, als er über Schönberg sagte: »Ich mochte ihn gern. Aber seine Musik konnte ich nicht lieben.«[32]

Als erstes, vollständig nach dieser Methode abgeschlossenes Werk gilt gemeinhin Schönbergs 1923 uraufgeführte Klaviersonate (op. 25). Sowohl Alban Berg als auch Anton von Webern adaptierten Schönbergs neue

Technik begeistert; für viele sollten Bergs Opern *Wozzeck* und »die imposante, aber rabiate« *Lulu* zu den vertrautesten Beispielen für Atonalität und Tonreihe werden. Am *Wozzeck* hatte Berg 1918 zu arbeiten begonnen, doch obwohl er das Werk, dessen Handlung auf Georg Büchners Dramenfragment *Woyzeck* beruht, bereits 1920 vollendet hatte, wurde es erst 1925 in Berlin uraufgeführt. Berg, ein hochgewachsener und gut aussehender Mann, hatte den Einflüssen des Romantizismus weniger widerstanden als Schönberg und Webern (vielleicht sind seine Werke deshalb nach wie vor populärer). Auch *Wozzeck* ist reich an Stimmungen, Formen – Rhapsodie, Schlaflied, Marsch – und lebendigen Charakteren. Bei der Uraufführung im Dezember 1925, vor der Erich Kleiber »ungewöhnlich viele Proben« angesetzt hatte, reagierte das Publikum mit Gelächter und Buhrufen.[33] Man nannte die Oper »entartet«, der Kritiker der *Deutschen Zeitung* schrieb sogar, dass man es hier mit einem Komponisten zu tun habe, der mit seiner Musik das Gemeinwohl gefährde. Und doch wurde sie mit Ovationen auf Ovationen bedacht. Die europäischen Opernhäuser standen Schlange, um sie auf die Bühne bringen zu können. Schönberg war eifersüchtig.[34]

Lulu ist gewissermaßen das Gegenstück zu *Wozzeck*. Während der Soldat zur Beute seiner Umwelt wird, ist Lulu das Raubtier, eine unmoralische Verführerin, die zerstört, was sie berührt. Auch diese auf zwei Dramen von Frank Wedekind basierende Oper grenzt an Atonalität. Obwohl sie unvollendet blieb, war Berg eine bravouröse Passage und raffinierte Koloratur gelungen, etwa bei den Konfrontationen zwischen der zur Hure gewandelten Heldin und ihrem Mörder. Lulu ist »die Evangelistin eines neuen Jahrhunderts« und wird von dem Mann getötet, der sie fürchtet.[35] Diese Oper verkörperte genau das Berlin, in dem sich auch Bertolt Brecht zu Hause fühlte.

Wie Alban Berg, Kurt Weill und Paul Hindemith war auch Brecht Mitglied der 1918 gegründeten »Novembergruppe« und hatte sich dem Ziel verschrieben, eine dem neuen Zeitalter angemessene Kunst zu erschaffen. Die Gruppe selbst löste sich zwar 1924 mit Beginn der zweiten Phase der Weimarer Republik auf, doch nicht nur ihr revolutionärer Geist überlebte, sondern mit Brecht auch ihr Stil. Der Augsburger war einer der Ersten unter den Malern, Schriftstellern und Dichtern, die unter dem Einfluss des Films und insbesondere von Charlie Chaplin aufgewachsen waren. Von frühester Jugend an war er von Amerika und amerikanischen Ideen fasziniert gewesen, später insbesondere von Upton Sinclair und dem Jazz.[36]

Eugen Berthold Friedrich Brecht (1898–1956), wie er mit vollständigem Namen hieß, hatte seine prägenden Jahre als Sohn einer kleinbürgerlichen Familie in Augsburg verbracht und wuchs zu einem selbstbewussten, »frühreifen Jungen heran, der sich mit Freunden am Lech herumtreibt und bereits Chef ist, ohne daß er danach eigens gestrebt hätte«; auch glaubte er bereits die Erfahrung gemacht zu haben, »Gutsein könne Schaden stiften«.[37] Und er hatte nicht nur dichterisches Talent: Wenn er zur Klampfe griff, fühlte sich jeder (selbst Lion Feuchtwanger) »wie in einen magischen Bann geschlagen«[38]. In seiner Nähe roch es förmlich nach Revolution. Brecht schloss Freundschaften mit Karl Kraus, Carl Zuckmayer, Erwin Piscator, Paul Hindemith, Kurt Weill, Gerhart und Elisabeth Hauptmann und einem Schauspieler, der »wie eine Kaulquappe« aussah: Peter Lorre.[39] Als es ihn zum Theater, zum Marxismus und nach Berlin zog, war Brecht Mitte zwanzig.

Kriegsthemen waren nicht populär an den Theatern der Weimarer Republik, und so mied auch Brecht anfangs die Auseinandersetzung damit. Seine ersten Stücke brachten ihm schnell die Anerkennung der Avantgarde ein, doch wirklich berühmt wurde er erst dank der *Dreigroschenoper* mit der Musik von Kurt Weill. Sie beruhte auf John Gays Balladentheater *The Beggar's Opera* aus dem Jahr 1728, die 1920 von Sir Nigel Playfair für das Londoner Lyric Theatre ausgegraben und dann jahrelang dort gespielt wurde. John Gay hatte das Prätentiöse von italienischen Opern ins Lächerliche ziehen wollen, doch mit der Übersetzung von Elisabeth Hauptmann verlagerte Brecht das Stück geschickterweise in die vertrautere viktorianische Zeit und verwandelte es in eine Attacke gegen die bürgerliche Selbstgefälligkeit.

Aber die Proben gerieten zu einer einzigen Katastrophe. Beispielsweise mussten alle sexuell anzüglichen Lieder gestrichen werden, weil die Schauspielerinnen »so etwas« nicht singen wollten. Auch die Uraufführung lief nicht gut. Der Leierkasten, der das erste Lied begleiten sollte, gab keinen Ton von sich, und der Schauspieler war gezwungen, a cappella zu singen. (Das Orchester beeilte sich, wenigstens die zweite Strophe zu begleiten – allerdings ist die Bezeichnung »Orchester« hier etwas zu hoch gegriffen, denn die Partitur war für sieben Musiker angelegt, die dreiundzwanzig verschiedene Instrumente spielen sollten.[40]) Erst das dritte Lied, das Duett, in dem sich Macheath und der Polizeichef Tiger Brown an ihre alten Zeiten in Indien erinnern, löste dann wahre Begeisterungsstürme aus. Dass das Stück am Ende doch erfolgreich war, lag mit Sicherheit auch an der Entscheidung, seine deutlich marxistischen Anklänge etwas zu dämpfen. Brechts Biograf Ronald Hayman schrieb: »Es war nicht wirklich beleidigend für die Bourgeoisie, wie sie sich hier mit skrupellosen Kriminellen verglichen sah; Brandstifter und Halsabschneider kamen nur am Rande vor, und das obendrein melodisch untermalt, derweil konnten sich die elegant gekleideten Unternehmer in den Logen den Ganoven, die das Gehabe der Neureichen nachäfften, ohne weiteres überlegen fühlen.«[41] Ein anderer Grund für den Erfolg war die gerade herrschende Vorliebe für »Zeitopern«. Für Opern mit Gegenwartsbezügen gab es in den Jahren 1929-1930 auch noch andere Beispiele, etwa Hindemiths *Neues vom Tage*, die Geschichte des Konkurrenzkampfes zweier Zeitungen; oder *Jonny spielt auf* von Ernst Krenek, Max Brandts *Maschinist Hopkins* oder Schönbergs *Von heute auf morgen*.

Brecht und Weill konnten ihren Erfolg mit dem Stück *Aufstieg und Fall der Stadt Mahagonny* wiederholen – ebenfalls eine Parabel auf die moderne Gesellschaft. Die Reaktionen des Publikums und der Kritiker waren in jeder Hinsicht extrem. Weill sagte einmal, dass *Mahagonny* wegen der kriminellen Machenschaften, der Zügellosigkeit und Verirrungen seiner Bewohner untergehen musste wie Sodom und Gomorra. Wichtig für Brecht war auch, dass es sich um episches Theater handelte. Die Prämisse des dramatischen Theaters lautete, dass sich die Natur des Menschen nicht verändern lasse; das epische Theater ging hingegen nicht nur von der Möglichkeit ihrer Wandelbarkeit aus, sondern implizierte außerdem, dass bereits eine Veränderung stattfand.

Die Nationalsozialisten beobachteten Brecht und Weill immer schärfer. Als Weill im Oktober 1929 aus reiner Neugier zu einer ihrer Veranstaltungen ging, hörte er fassungslos, wie er zusammen mit Albert Einstein und Thomas Mann als »eine Gefahr für unser Land« bezeichnet wurde. Es gelang ihm, unerkannt zu entkommen.[42]

An zweiter Stelle gleich nach Hollywood

Als Remarque in Amerika eintraf und sich in Hollywood niederließ, muss er sich mehr zu Hause gefühlt haben, als er es erwartet hatte.[43] Dieses Kapitel begann mit *Dr. Caligari*. Doch der bahnbrechende Film war bei Weitem nicht das einzige expressionistische filmische Werk dieser Zeit gewesen. Ohne Frage erlebte der deutsche Film in der Weimarer Republik sein Goldenes Zeitalter. Was seine Kreativität und seinen Einfluss betraf, so konnte er es jederzeit mit Hollywood aufnehmen; seinen Regisseuren verdanken wir viele der schönsten und bedeutendsten Filme, die je gedreht wurden. Doch dann landete praktisch jeder aus dieser Filmemachergeneration in Amerika: Fritz Lang (1890-1976), Friedrich Wilhelm Plumpe, genannt F. W. Murnau (1888-1931), Ernst Lubitsch (1892-1947), Robert Siodmak (1900-1973), Billy Wilder (1906-2002), Otto Preminger (1906-1986) und Fred Zinnemann (1907-1997). Mit Ausnahme von Murnau waren sie alle Juden, und alle emigrierten sie vor oder kurz nach Hitlers Machtergreifung. Man darf wohl behaupten, dass es ihre Arbeiten waren, denen wir den Film verdanken, wie wir ihn heute kennen.

Die Forschung über den Film der Weimarer Republik wurde jüngst einer Revision unterzogen. Traditionell war der deutsche Film der zwanziger Jahre als »expressionistisch« bezeichnet worden, als eine Kunstform, die mehr Gewicht auf die hervorgerufenen Emotionen als auf die exakte Beschreibung der Wirklichkeit legte und deren bevorzugte Technik die Verzerrung war, neben ungewöhnlichen Effekten, überzogenen Charakteren und der Vorliebe für phantastische oder gruselige Motive. Niemand bestreitet, dass diese Merkmale typisch waren für den deutschen Film in den Anfangsjahren der Weimarer Republik (oder auch für das Theater von Reinhardt und Brecht), doch mittlerweile schreibt man den Einflüssen des Art Nouveau und den technischeren Modernismen von Marcel Duchamp, Hans Richter und Fernand Léger auf den Film mehr Gewicht zu als der Prägung, die er durch Ludwig Kirchner, Paul Klee oder Emil Nolde erfuhr. Die Technik der Montage gewann im Lauf der zwanziger Jahre wachsende Bedeutung, denken wir nur an *Menschen am Sonntag* (1929), Regie Curt und Robert Siodmak, Edgar Ulmer und Fred Zinnemann, Buch unter anderen von Billy Wilder, oder an *Kuhle Wampe* (1932), Regie Slátan Dudow, Buch unter der Beteiligung von Bertolt Brecht.

Es war auch die Zeit, als der Tonfilm den Stummfilm verdrängte (der erste Tonfilm, *The Jazz Singer*, wurde 1927 in Amerika gedreht) und sich das Kinopublikum in allen westlichen Ländern vergrößerte. Doch für den Erfolg, den der deutsche Film in Deutschland hatte, lässt sich noch etwas ganz anderes als Erklärung anführen, etwas Grundlegendes, das nirgendwo so eindringlich erläutert wurde wie in der 1930 erschienenen Monografie *Die Angestellten* von Siegfried Kracauer (1889-1966). Auch er sollte schließlich aus dem Pariser Exil nach Amerika gehen, wo dann sein bahnbrechendes Buch über den deutschen Film erschien: *Von Caligari bis Hitler*. In den *Angestellten* befasste er sich hingegen mit der Art und Weise, wie Deutsche ihre Freizeit zu gestalten pflegten, insbesondere die Angehörigen der neuen Schicht, die er seit dem Ersten Weltkrieg hatte aufstreben sehen und die sich am ehesten mit den im angelsächsischen Raum heute so genannten »white-collar workers« vergleichen lässt.[44] Unter dieser Gruppe stellte er eine Wurzellosigkeit, physische Isolation und emotionale Unsicherheit fest, die umso mehr Sehnsucht nach – und Vorliebe für – das Spektakel schürten, je stromlinienförmiger und monotoner das moderne Leben wurde, in der sich jenes Freizeitverhalten entwickelte, welches Kracauer als die neue »Zerstreuungskultur« bezeichnete. Auch die englische Historikerin Elizabeth Harvey stellte fest, dass sich die Einflüsse der deutschen Massenmedien, die zur Zeit der Weimarer Republik erwachsen wurden, stärker unter der Arbeiterklasse als in der Mittelschicht und mehr unter Frauen als unter Männern bemerkbar machten.[45] Kracauers Studie wurde zum Vorbild für eine lange Reihe von populären soziologischen Analysen, die das westliche Denken in der zweiten Hälfte des 20. Jahrhunderts stark beeinflussen sollten. Doch er hatte zudem herauszufinden versucht, weshalb es eine derart große Nachfrage nach Filmen in den Weimarer Jahren gegeben hatte. Es war nicht nur der Ton, der inzwischen dazugekommen war, es war vor allem auch die Ablenkung, die das Kino bot, jene Mischung aus anspruchsvoller und anspruchsloser Unterhaltung, in der sich, wie er schrieb, der Film so zu Hause fühlte. Ein Kinobesuch bot viel mehr Möglichkeiten als ein Theater- oder Opernbesuch, das zu erleben, was Hofmannsthal »die Feier des Ganzen« genannt hatte – und zwar in einem nie dagewesenen Ausmaß und auf eine Weise, die sich ausgesprochen umstürzlerisch auf das von den Bismarck'schen Reformen unangetastete Klassensystem auswirkte.

Wem aus dieser goldenen Filmemachergeneration aber gebührt nun der Vorrang? Am ehesten wohl Ernst Lubitsch (1892–1947). Der in Berlin geborene Sohn eines jüdischen Damenschneiders war als Neunzehnjähriger von Max Reinhardt als Schauspieler ans Deutsche Theater engagiert worden und hatte ein Jahr später seine erste Filmrolle erhalten. Doch seine Liebe gehörte der Regie. Nach dem Ende des Ersten Weltkriegs produzierte er drei Hits, einen nach dem anderen: 1918 *Die Augen der Mumie Ma*, mit Pola Negri und Emil Jannings in den Hauptrollen, noch im selben Jahr den Ausstattungsfilm *Carmen*, ebenfalls mit Pola Negri als Star, und 1919 das Lustspiel *Die Austernprinzessin*, in dem er all die Dinge aufs Korn nahm, für die Amerikaner eine Schwäche hatten, und das zum ersten Mal auch den berühmten »Lubitsch-Touch« spüren ließ: einen Humor, der niemandem wehtat, gepaart mit geistsprühenden visuellen Einfällen, abgesetzt gegen kurze – oft in einer einzigen Einstellung gedrehte – Szenen, die sinnbildlich für die Motive einer Figur standen und somit zur Erklärung des Plots beitrugen.

Dank dieser Erfolge ging Lubitsch schon früh, nämlich 1922, nach Hollywood, wo er dann zweier völlig unterschiedlicher Filmgenres wegen berühmt wurde: für seine Komödien mit ihren oft skurrilen Geschichten und für seine großen Kostümfilme. Gegen Ende der Stummfilmzeit hatte er eine Reihe von Klassikern gedreht (*Lady Windermere's Fan/Lady Windermeres Fächer*, 1925, *The Student Prince/Alt-Heidelberg*, 1927); kaum gab es den Ton, drehte er seine ersten Musikfilme: *Love Parade/ Liebesparade* (1929), *Monte Carlo* (1930) und *The Smiling Lieutenant/ Der lächelnde Leutnant* (1931). 1935 wurde er Produktionschef der Paramount und damit zum einzigen Regisseur, der zugleich Boss eines großen Studios war. Und wieder folgte ein Hit dem anderen. 1939 drehte er mit Greta Garbo *Ninotchka*, ein Film, bei dem Billy Wilder am Drehbuch mitgearbeitet hatte und der allein deshalb schon erwähnenswert ist, weil ihn die Filmwerbung stolz mit den Worten angekündigt hatte: »Die Garbo lacht!« Ein Jahr nachdem ihm das NS-Regime am 28. Januar 1935 die deutsche Staatsbürgerschaft aberkannt hatte, wurde Lubitsch amerikanischer Staatsbürger.

Der Wiener Fritz Lang (1890–1976) hatte zuerst in seiner Heimatstadt und dann in Paris Malerei studiert und im Ersten Weltkrieg als Freiwilliger in Russland und Rumänien gekämpft, wo er dreimal verwundet wurde. In gewisser Weise war er der expressionistische Regisseur par excellence. Seine ersten Stummfilme drehte er für den Produzenten Erich Pommer, der eine Vorliebe für Spione und Drachen, historische Helden, Meisterganoven und Tyrannen hatte und außerdem Big-Budget-Epen und die Art von Spezialeffekten liebte, die Max Reinhardt so populär gemacht hatten. Lang war der wahrscheinlich berühmteste Filmregisseur der Weimarer Republik. Sein Werk wurde oft als eine Kreuzung von Franz Kafka und Raymond Chandler beschrieben. Zu seinen größten Stummfilmerfolgen zählt Metropolis (1927), das damals teuerste Projekt der Filmgeschichte; sein erster Tonfilm war M – Eine Stadt sucht einen Mörder (1931), die (auf einem realen Fall beruhende) Studie über einen Kindermörder (gespielt von Peter Lorre), der so lange gejagt wird, bis ihn die Unterwelt schließlich selbst zur Strecke bringt. Viele Filmhistoriker halten dies für Langs Meisterwerk. Die berühmte Geschichte, dass Goebbels Fritz Lang in sein Amt zitiert habe, um ihm persönlich mitzuteilen, dass sein jüngster Film, Das Testament des Dr. Mabuse (1933), nicht uraufgeführt werden dürfe, weil er zu öffentlicher Unruhe anstachle, nur um ihm gleich darauf die Leitung der Ufa anzubieten, wurde längst als eine Legende enttarnt. Wahr ist, dass Lang kurz darauf Deutschland verließ und nach einem Zwischenaufenthalt in Frankreich 1934 in die USA emigrierte und dass sich seine Frau Thea von Harbou 1933 von ihrem jüdischen Mann hatte scheiden lassen, um Mitglied der NSDAP werden zu können.

In Amerika begann Lang bei MGM, heute schreibt man ihm zumindest partiell die Entwicklung des Film Noir in Hollywood zu. Seine berühmteste Arbeit in diesem Genre war The Big Heat/Heißes Eisen (1953) mit Glenn Ford und Lee Marvin. Er drehte auch mit vielen anderen großen Stars, darunter Henry Fonda, Spencer Tracy, Marlene Dietrich, Barbara Stanwyck, Tyrone Power und Edward G. Robinson, in Filmen wie You and Me/Du und ich (1938, mit Liedern von Kurt Weill) und Hangmen also die/Auch Henker sterben (1942), an dessen Drehbuch Bertolt Brecht mitgearbeitet hatte. 1956 kehrte Lang nach Deutschland zurück und drehte dort seine letzten Filme, verließ das Land jedoch enttäuscht und lebte bis zu seinem Tod 1976 in Los Angeles.

Samuel »Billy« Wilder (1906–2002) wuchs in Galizien auf, damals Teil von Österreich-Ungarn, und begann ein Jurastudium in Wien, das er jedoch abbrach, um sein Geld schließlich als Sportreporter in Berlin zu verdienen. Bald begann er nebenher als Ghostwriter für bekannte Drehbuchautoren zu arbeiten und schließlich selbst Drehbücher zu schreiben. So arbeitete er beispielsweise mit Edgar G. Ulmer, Curt und Robert Siodmak, Eugen Schuffften und Fred Zinnemann an dem Film Menschen am Sonntag (1929/30). 1933 floh er, mit tausend Dollar im Hutband eingenäht, nach Paris und 1934 von dort aus (auf einem englischen Dampfer, in der Hoffnung, etwas Englisch zu lernen) weiter in die USA. In Los Angeles teilte er sich ein Apartment mit Peter Lorre. Seine gesamte Familie, die in Wien zurückgeblieben war, wurde in Auschwitz ermordet.[46]

Sein erster großer Drehbucherfolg war *Ninotchka*, bei dem Ernst Lubitsch Regie führte. Von da an ging es bergauf: Billy Wilder machte die glanzvollste Karriere von allen Filmemachern dieser goldenen Generation, oder jedenfalls die, an die sich die meisten erinnern. Zu seinen vielen Filmen zählten *Double Indemnity/Frau ohne Gewissen* (1944): die Geschichte eines Mordkomplotts und Versicherungsbetrugs, *The Lost Weekend/Das verlorene Wochenende* (1945): zwei Tage im Leben eines trunksüchtigen Schriftstellers, *Sunset Boulevard/Boulevard der Dämmerung* (1950): eine alternde Filmdiva träumt von einem Comeback, *Ace in the Hole/Reporter des Satans* (1951): eine Abrechnung mit der Schmutzpresse, sowie *The Seven Year Itch/Das verflixte 7. Jahr* (1955), *Some Like it Hot/Manche mögen's heiß* (1959) und *The Apartment/Das Appartement* (1960) – die so berühmt sind, dass sie keines Kommentars bedürfen. Bemerkenswert aber ist, dass es Wilder in diesen Filmen gelang, Schauspielern oscarreife Darstellungen in Rollenbesetzungen abzuringen, die ihnen niemand zugetraut hätte – beispielsweise William Holden, Fred MacMurray und James Cagney als Komikern. Es war Wilder, der Jack Lemmon und Walter Matthau zum Filmpaar machte, vor allem in *The Front Page/Extrablatt* (1974). Abgesehen davon hat er in mehreren seiner Filme die Grenzen der Hollywoodzensur gesprengt, sechs Oscars gewonnen und fünfzehn Oscarnominierungen kassiert. Nach seinem Tod titelte eine französische Zeitung: »BILLY WILDER IST TOT. NOBODY'S PERFECT.«

Erich Korngold (1897–1957), der Sohn eines jüdischen Musikkritikers aus Brünn, zählte nicht zu den Regisseuren, sondern war vielmehr Komponist. Er wurde Schüler von Alexander von Zemlinsky, und nicht nur Richard Strauss, auch Gustav Mahler mochte seine Werke – Mahler nannte ihn sogar ein »Musikgenie«. 1934 ging Korngold nach Hollywood, wo er die Musik zu vielen Filmen komponierte. Sein erstes Projekt war jedoch ein Neuarrangement von Mendelssohn Bartholdys »Schauspielmusik« für Max Reinhardts Verfilmung von Shakespeares *Midsummer Night's Dream/Sommernachtstraum* (1935). Es folgten viele weitere Filmpartituren, 1938 zum Beispiel die Musik zu *The Adventures of Robin Hood* mit Errol Flynn in der Titelrolle. Als im März 1938 der »Anschluss« Österreichs vollzogen wurde, gelang es ihm, auch seine Familie nach Kalifornien zu holen. Zu den Filmen, für die er die Musik schrieb, zählen zum Beispiel *Ein rastloses Leben* (*Anthony Adverse*, 1936), *Günstling einer Königin* (*The Private Lives of Elizabeth and Essex*, 1939), *Jungfräuliche Liebe* (*The Constant Nymph*, 1943), *Trügerische Leidenschaft*

(*Deception*, 1946) und *Der Menschen Hörigkeit* (*Of Human Bondage*, 1946). Daneben schrieb er Klavier-, Violin- und Cellokonzerte sowie eine Sinfonie, außerdem arrangierte er Operetten von Strauss und Offenbach. Inzwischen wird sein Œuvre – das von großem chromatischem Reichtum ist – endlich ernst genommen in der Musikgeschichte des 20. Jahrhunderts. Seine Oper *Die tote Stadt*, die 1920 ein großer Hit war, wurde erst jüngst in Bonn, Wien, San Francisco und London wieder aufgeführt.⁴⁷

Und dann gab es ja noch den *Blauen Engel* (1929/30). Abgesehen davon, dass er bei Kennern als das erste Meisterwerk des Tonfilms gilt und der erste große deutsche Tonfilm war, brachte er gleich vier ungewöhnliche Talente zusammen. Die Geschichte beruht bekanntlich auf Heinrich Manns *Professor Unrat*, gespielt von Emil Jannings, die Rolle der Lola spielte Marlene Dietrich. Regie führte Josef von Sternberg, das Drehbuch schrieben Carl Zuckmayer, Karl Gustav Vollmoeller und Robert Liebmann.

Jonas Sternberg (1894–1969) wurde als Sohn eines jüdischen Geschäftsmanns in Wien geboren, hatte aber bereits einen Großteil seiner Kindheit in New York verbracht, wo die Familie einen zweiten Wohnsitz besaß. Nachdem er in einer Filmreparaturwerkstatt zum ersten Mal Filmluft geschnuppert hatte, übersiedelte er nach Hollywood, nahm auf Anraten eines Studios den Namen »Josef von Sternberg« an und verdiente sich erste Sporen als Regieassistent. Charlie Chaplin wurde auf ihn aufmerksam. Er drehte die ersten eigenen Filme, eine Reihe von Gangsterfilmen (wie sie typisch waren für die Zeit der Prohibition in den zwanziger Jahren) und lernte schließlich über Chaplin den Drehbuchautor Vollmoeller kennen. Ab da nahmen die Dinge ihren Lauf. 1929 begannen in Deutschland die Dreharbeiten zum *Blauen Engel*, der parallel in einer deutschen und in einer englischen Fassung gedreht wurde.

Carl Zuckmayer (1896–1977) wuchs als Fabrikantensohn in Mainz auf und diente im Ersten Weltkrieg an der Westfront. 1917 begann er pazifistische Kriegsgedichte in expressionistischen Zeitschriften zu veröffentlichen. Nach Kriegsende schrieb er Dramen, die ziemlich erfolglos blieben; 1924 wurde er neben Bertolt Brecht Dramaturg am Deutschen Theater in Berlin. 1925 kam sein literarischer Durchbruch mit dem Lustspiel *Der fröhliche Weinberg*, das im Theater am Schiffbauerdamm uraufgeführt und für das Zuckmayer mit dem Kleist-Preis ausgezeichnet wurde. Das Drehbuch, das er 1929 zum *Blauen Engel* schrieb, sollte nicht sein einziger Erfolg in diesem Jahr bleiben: Im selben Jahr erhielt er auch den Georg-Büchner-Preis. 1933 wurde er mit einem Publikations- und Aufführungsverbot belegt, 1938 emigrierte er über die Schweiz und Kuba in die USA. In Hollywood schrieb er zwar einige Drehbücher, zog sich jedoch bald schon auf eine Farm in Vermont zurück, verfasste für den amerikanischen Auslandsgeheimdienst Dossiers über nationalsozialistische

Künstler und kehrte ein Jahr nach Kriegsende als Kulturbeauftragter des amerikanischen Kriegsministeriums für eine Weile nach Deutschland zurück, um seinen ausführlichen »Deutschlandbericht« zu schreiben. Es folgten mehrere erfolgreiche Stücke, 1952 wurde ihm der Goethe-Preis der Stadt Frankfurt verliehen.

Der blaue Engel verdankt seinen Erfolg nicht zuletzt Sternbergs Lichteffekten, die die Grundstimmungen so intensivierten, und natürlich Zuckmayers Drehbuch, das noch stärker als Heinrich Manns Vorlage herausarbeitete, wie die Hülse von Professor Unrats selbstsicherem und nicht besonders liebenswertem Charakter allmählich aufbricht. Emil Jannings (1884–1950) war damals wesentlich bekannter gewesen als Marlene Dietrich (1901–1992), die Frau mit der bemerkenswerten Stimme und Präsenz. Jannings, der Sohn eines Amerikaners und einer Deutschen, der in der Schweiz aufgewachsen war, hatte 1929 als erster Schauspieler einen Oscar in der Kategorie »Bester Hauptdarsteller« für seine Rollen in The Way of All Flesh/Der Weg allen Fleisches (1927) und The Last Command/Sein letzter Befehl (1928) bekommen, doch wegen seines schwerfälligen deutschen Akzents hatte ihm der Wechsel zum Tonfilm eine Karriere in Hollywood verbaut. Im »Dritten Reich« drehte er mehrere Propagandafilme wie Der Herrscher (1937), eine Verherrlichung des Führerprinzips, oder Die Entlassung (1942, auch unter dem Titel Schicksalswende gelaufen), in der er die Rolle des unbeugsamen Bismarck spielte. 1938 verlieh ihm Joseph Goebbels den »Adlerschild« und 1941 den Titel »Staatsschauspieler«. 1945 erhielt er von den Alliierten lebenslanges Auftrittsverbot.

Doch zurück zum Blauen Engel: Jeder hat irgendwann im Leben gesehen, wie Marlene Dietrich (1901–1992) als Lola Lola die bestrapsten Beine übereinanderschlägt (eines der berühmtesten Plakate der Filmgeschichte) oder singt. Die in Berlin-Schöneberg geborene Tochter eines Polizeileutnants war gar nicht begeistert gewesen von der Rolle, die sie hier spielen sollte. Nach der Schule hatte sie an der Weimarer und der Berliner Musikhochschule eine Ausbildung zur Konzertgeigerin gemacht, dann aber beschlossen, Schauspielerin zu werden. 1922 sprach sie in der Schauspielschule des Deutschen Theaters vor und wurde von Max Reinhardt für ihre erste Bühnenrolle in Shakespeares Komödie Der Widerspenstigen Zähmung engagiert. Dank ihrer anschließenden erfolgreichen Theater- und Filmrollen hatte ihr G. W. Pabst die Hauptrolle in seiner Verfilmung von Wedekinds Büchse der Pandora angeboten (die sie aber nicht annahm); schließlich sah Sternberg sie am Berliner Theater in der Revue Zwei Krawatten – und hatte seine Lola gefunden. Es war vor allem ihre rauchige Stimme, mit diesem typischen Unterton des Lebensüberdrusses, die für alle Zeiten mit ihr verbunden bleiben wird, vor allem, wenn man das Lied hört, das sie weltberühmt machte: »Ich bin von Kopf bis Fuß auf

Liebe eingestellt...« (Ernest Hemingway sagte einmal, wenn sie nichts anderes als ihre Stimme hätte, könnte sie allein damit Herzen brechen.) Nach der Erfolgswelle des *Blauen Engels* nahm die Paramount Marlene Dietrich unter Vertrag und vermarktete sie als die deutsche Garbo. Ihr erster amerikanischer Film war *Marokko*, bei dem ebenfalls Sternberg Regie führte.[48]

Marlene Dietrich drehte nicht nur viele Hollywoodfilme mit Partnern wie James Stewart oder John Wayne und unter der Regie von Billy Wilder, Alfred Hitchcock oder Orson Welles, sie übernahm auch eine aktive Rolle im Zweiten Weltkrieg als einer der ersten Stars, die für amerikanische Kriegsanleihen warben, sich zur psychologischen Kriegsführung des Office of Strategic Services (OSS, des Nachrichtendienstes des amerikanischen Kriegsministeriums) einspannen ließen und auf Truppenbetreuungstour zu den amerikanischen Soldaten an die Front gingen, wo sie mit ihrer »singenden Säge« auftrat. Später nahm auch sie eine Coverversion des im Krieg so berühmt gewordenen deutschen Liebeslieds *Lili Marleen* auf. Nach dem Krieg war ihre Filmkarriere mehr oder weniger ausgebremst, aber sie erfand sich neu, diesmal als Diseuse auf der Bühne, lange Zeit begleitet von Burt Bacharach. Auf ihrer Europatournee im Jahr 1960 kehrte sie erstmals nach Deutschland zurück, wo sie von den einen bejubelt und von den anderen als »Vaterlandsverräterin« beschimpft wurde. 1992 starb sie in Paris, doch beerdigt wurde sie in Berlin, unweit der Gegend, in der sie aufgewachsen war.

Der filmische Untergang von Professor Unrat überschnitt sich mit dem Untergang der Weimarer Republik. Im nationalsozialistischen Deutschland wurde *Der blaue Engel* verboten.

32
Weimar: Das Goldene Zeitalter der Physik, der Philosophie und der Geschichtsschreibung im 20. Jahrhundert

Die Nachwirkungen des Ersten Weltkriegs waren noch jahrelang auch in vielen wissenschaftlichen Bereichen zu spüren. 1919 gründeten die Alliierten den Internationalen Forschungsrat *(International Research Council)*, von dem Deutschland und Österreich jedoch ausgeschlossen waren. Erst als 1925 das Schlussprotokoll der Verträge von Locarno unterzeichnet wurde, lockerte der Forschungsrat seine Regeln. Doch nun griffen die deutschen und österreichischen Wissenschaftler nicht nach diesem Ölzweig. Auch auf informellerer Ebene herrschte Eiszeit: Deutsche wurden nicht zu internationalen Wissenschaftskonferenzen eingeladen, erhielten keine Fellowships im Ausland, und kein einziges führendes ausländisches Wissenschaftsjournal veröffentlichte ihre Forschungen. Auch die internationalen Fachtreffen der Physiker, die sogenannten Solvay-Konferenzen, fanden noch bis zur vierten Konferenz im Jahr 1924 ohne deutsche Beteiligung statt.[1]

Im Oktober 1920 war auch in der Weimarer Republik eine neue Organisation gegründet worden, der Verein »Notgemeinschaft der Deutschen Wissenschaft e. V.« (ab 1929 »Deutsche Forschungsgemeinschaft«), unter dessen Dach beispielsweise alle fünf Wissenschaftsakademien sowie der Verband deutscher Hochschulen und die Kaiser-Wilhelm-Gesellschaft zusammengeschlossen wurden. Damit hatte sich zwar die finanzielle und organisatorische Lage zu verbessern begonnen, doch nicht die ständig wachsenden Probleme auf persönlicher Ebene. Albert Einstein sah sich erstmals heftigen antisemitischen Übergriffen ausgesetzt, aber da war er natürlich nicht der Einzige gewesen. Richard Willstätter hatte 1915 für seine Erforschung der pflanzlichen Farbstoffe und insbesondere des Chlorophylls den Nobelpreis für Chemie erhalten, seit dem Ausbruch des Ersten Weltkriegs jedoch auch die Entgiftung von Kampfstoffen erforscht. Obwohl er schließlich eine wirksame chemische Gasmaskenfüllung zum Schutz vor Giftgasen entdeckte, die ihm 1917 das Eiserne Kreuz einbrachte, erlebte er zur Zeit des Hitler-Putsches im Jahr 1923 so heftige antisemitische Anfeindungen an der Münchner Ludwig-Maximilians-Universität, dass er im Jahr darauf von seiner Professur zurücktrat.[2]

Doch dann ergab sich etwas ziemlich Bemerkenswertes aus dieser angespannten Lage: Die Zeit zwischen 1919 und 1932 wurde zum Goldenen Zeitalter der Physik, vor allem der theoretischen Physik. Auch wenn das ganz wesentlich internationalen Bemühungen zu verdanken war – eines der drei entscheidenden Institute dieser Jahre befand sich in Kopenhagen –, lagen die beiden anderen Schwerpunkte doch in Göttingen und München.

Das von Niels Bohr geleitete Institut für Theoretische Physik hatte am 18. Januar 1921 in Kopenhagen seine Pforten geöffnet. Ein Jahr später erhielt Bohr den Nobelpreis. Kurz vor dem Ersten Weltkrieg hatte er die Frage beantwortet, warum sich Elektronen nur in bestimmten kreisförmigen Bahnen um den Kern bewegen, und diese Erklärung hatte sich perfekt mit Max Plancks Idee von den Quanten gedeckt. Im selben Jahr, in dem er mit dem Nobelpreis geehrt wurde, hatte Bohr außerdem die grundlegenden Zusammenhänge von Physik und Chemie erklärt, indem er aufzeigte, dass die äußeren Schalen von Elektronen immer nur über eine präzise Anzahl von Elektronen verfügen können und dass Elemente, die chemisch ähnlich reagieren, dies nur deshalb tun, weil sie über eine ähnliche Elektronenanordnung in ihren äußeren Schalen verfügen, dort also, wo die häufigsten chemischen Reaktionen stattfinden.[3]

Der »Zauber der Quantentheorie«

Ein Stern aus der Galaxie internationaler Physiker, die in den zwanziger Jahren in Kopenhagen forschten, war Wolfgang Pauli (1900–1955), ein untersetzter junger Schweizer österreichischer Herkunft, der leicht in Depressionen verfiel, wenn sich ihm die Lösung eines wissenschaftlichen Problems entzog. 1924 war es vor allem eine Frage, die ihm großen Verdruss bereitete und ihn gedankenverloren durch die Straßen der dänischen Hauptstadt streifen ließ: Niemand verstand, weshalb sich die Elektronen in der Umlaufbahn um den Kern und nicht einfach samt und sonders auf der inneren Schale bündelten. Denn genau das wäre angesichts der Tatsache, dass Elektronen Energie in Form von Licht emittieren, zu erwarten gewesen. Das Einzige, was man bislang wusste, war, dass es um die innere Schale eines jeden Elektrons immer nur eine Umlaufbahn gab, um die jeweils nächstäußere Schale jedoch vier. Pauli gelang schließlich der Nachweis, dass keine Umlaufbahn mehr als zwei Elektronen enthalten konnte. Sobald ein Orbit über zwei verfügte, war er »voll«, das heißt, alle anderen Elektronen wurden ausgeschlossen und mussten auf die nächstgelegene äußere Umlaufbahn springen. Die innere Schale (eine Umlaufbahn) konnte also nie mehr als zwei Elektronen enthalten, die nächstgelegene äußere Schale (vier Umlaufbahnen) nie mehr als acht. Dieses Pauli-Prinzip – oder »Ausschließungsprinzip«, wie man es auch nennt – war nicht zuletzt deshalb so schön, weil es an Bohrs Erklärung der chemischen Eigenschaften des Atoms anknüpfte. Wasserstoff zum Beispiel, mit einem Elektron im ersten Orbit, ist chemisch aktiv; Helium hingegen, mit zwei Elektronen im ersten Orbit (diese Umlaufbahn ist also »voll«), ist inaktiv.[4]

Im nächsten Jahr, 1925, verlagerte sich der Forschungsschwerpunkt für eine Weile nach Göttingen. Schon vor dem Ersten Weltkrieg waren britische und amerikanische Studenten regelmäßig nach Deutschland gereist, um dort ihre Studien abzuschließen, und oft war Göttingen die Anlaufstelle gewesen. 1922 hatte sich Bohr dort bei einem Vortrag von einem Studenten herausgefordert gesehen, der seine Darstellung an einem Punkt zu korrigieren wagte. Aber Bohr war Bohr und fühlte sich überhaupt nicht brüskiert. Werner Heisenberg schrieb später: »[...]nach Abschluss der Diskussion kam er zu mir und fragte mich, ob wir nicht zusammen am Nachmittag einen Spaziergang über den Hainberg machen könnten.«[5] Es blieb nicht bei einem Spaziergang. Bohr lud den jungen Bayern nach Kopenhagen ein, wo sie dann sofort ein weiteres Problem der Quantentheorie angingen, nämlich die von Bohr so genannte »Korrespondenz«. Nach der Quantentheorie bestand Energie – wie Licht – aus kleinen Paketen, die sich mit großer Geschwindigkeit durch den Raum bewegen; aus Sicht der klassischen Physik wurde Energie jedoch kontinuierlich emittiert. Wie konnte es zu solch unterschiedlichen Standpunkten kommen? Ebenso motiviert wie verwirrt, kehrte Heisenberg nach Göttingen zurück. Ende Mai 1925 bekam er Heuschnupfen und fuhr nach Helgoland, um sich in der pollenfreien Umgebung auszukurieren und auf langen Spaziergängen den Kopf freizubekommen. Die Eingebung, die er dann in dieser klaren Luft hatte, war das erste Beispiel für das, was man später den »Zauber der Quantentheorie« nennen sollte. Denn hier kam ihm die zündende Idee: Der Umstand, dass sich etwas einmal als kontinuierlich und ein andermal als unstetig erweist, könnte schlicht und ergreifend die Wirklichkeit widerspiegeln, folglich wäre es auch unsinnig, das Vorhandensein von zwei Werten als einen Widerspruch zu bezeichnen, da es sich in diesem Fall ganz einfach um zwei verschiedene Aspekte ein und derselben Sache handle.

Das war Heisenbergs zentrale Erkenntnis. In den kommenden hektischen Wochen machte er sich daran, die einzelnen »Terme« in der »Energiematrix« nach einem von David Hilbert stammenden Prinzip zu bestimmen (bei dem die gewonnenen Werte zu einer zweidimensionalen Zahlentabelle gruppiert werden und jeweils zwei miteinander multiplizierte Matrizen eine weitere Matrix ergeben).[6] Nach Heisenbergs Schema wird jedes Atom durch eine Matrix dargestellt und jede »Regel« durch eine andere. Multipliziert man zum Beispiel die »Natrium-Matrix« mit der »Spektrallinien-Matrix«, muss das Ergebnis die Matrix der Wellenlängen der Spektrallinien von Natrium sein. Zu Heisenbergs und Bohrs großer Freude wurde das bestätigt. »So konnte ich an der mathematischen Widerspruchsfreiheit und Geschlossenheit der damit angedeuteten Quantenmechanik nicht mehr zweifeln.«[7] Der Begriff »Quantenmechanik« war geboren. Nancy Thorndike Greenspan verdeutlicht in ihrer neuen Born-Biografie allerdings, dass der Beitrag, den Max Born zum Verständnis der probabilistischen Art von Quantenwellen und zu dem der Matrizen an sich spielte, zur damaligen Zeit selbst von Heisenberg viel zu wenig gewürdigt wurde. 1954 erhielt Max Born den Physiknobelpreis, und mittlerweile *wird* sein Beitrag angemessen gewürdigt.[8]

Die Akzeptanz von Heisenbergs Idee wurde durch eine weitere neue Idee erleichtert, die Louis de Broglie ebenfalls im Jahr 1925 in Paris vorstellte. Sowohl Planck als auch Einstein hatten behauptet, dass sich auch Licht, das bislang als Welle betrachtet worden war, wie ein Teilchen verhalten könne. De Broglie stellte nun den Umkehrschluss her und behauptete, dass sich Teilchen manchmal wie Wellen verhalten. Kaum war diese Theorie bekannt geworden, wurde sie auch schon experimentell bestätigt. Diese Welle-Teilchen-Dualität zählt ebenfalls zu dem Zauber der Quantenphysik, aber dass sie sich so schnell durchsetzen konnte, lag nicht zuletzt an der Arbeit des österreichischen Physikers Erwin Schrödinger, der von Heisenbergs Idee verstört und von den Vorstellungen de Broglies fasziniert war. Denn Schrödinger hatte hinsichtlich dieser Dualität nun noch den Einfall, dass sich das Elektron auf seiner Umlaufbahn um den Kern nicht wie ein Planet, sondern wie eine Welle verhalte. Und dieses Wellenmuster bestimme auch die Größe des Orbits. Um einen kompletten Kreis bilden zu können, müsse die Welle mit einer ganzen Zahl berechenbar sein, dürfe also keine Bruchzahlen ergeben (sonst würde sie ins Chaos stürzen); und diese Zahl wiederum bestimme die Entfernung des Orbits vom Kern.

Das i-Tüpfelchen auf diesem Zauber der Quantenphysik setzte 1927 wiederum Heisenberg. Es war Ende Februar, Bohr war zum Langlaufen nach Norwegen gefahren. Eines späten Abends saß Heisenberg grübelnd in seiner kleinen Wohnung im Obergeschoss des Kopenhagener Instituts und beschloss, einen Spaziergang durch den Fälldepark zu machen, um einen klaren Kopf zu bekommen. Könnte es sein, fragte er sich, dass es auf der Ebene des Atoms eine Grenze des Erfahrbaren gibt? »Die Bahn des Elektrons in der Nebelkammer kann man beobachten. Aber vielleicht war das, was man wirklich beobachtete, weniger.« Durch das Auftreffen des Alphateilchens auf dem Zinksulfidschirm veränderte sich dessen Geschwindigkeit, und das wiederum bedeutete, dass man diese im entscheidenden Moment nicht messen konnte. Misst man die Geschwindigkeit eines Teilchens beispielsweise durch die Streuung von Gammastrahlen, wird dieses Teilchen allein dadurch auf eine andere Bahn gelenkt und seine exakte Position im Moment der Messung verändert. Heisenbergs »Unschärferelation«, wie sie genannt werden sollte, postulierte also, dass sich die exakte Position und präzise Geschwindigkeit eines Elektrons nicht gleichzeitig bestimmen lassen: »Messen heißt Stören.« Und das war sowohl in praktischer als auch in philosophischer Hinsicht ausgesprochen verstörend, denn es bedeutete, dass sich auf subatomarer Ebene Ursache und Wirkung niemals feststellen lassen können. Die einzige Möglichkeit, das Verhalten von Elektronen zu verstehen, war damit auf die Statistik und das Wahrscheinlichkeitsgesetz beschränkt. Nicht einmal dem Prinzip nach, so Heisenberg, können wir die Gegenwart in allen Einzelheiten erkennen. Einstein konnte sich mit dem grundsätzlich statistischen Charakter der Quantentheorie nie anfreunden und sollte sich bis ans Ende seines Lebens mit Bohr darüber streiten.[9]

Es gab aber auch Physiker, die sich mit Einsteins Ideen nicht anfreunden konnten. Das waren die »Antirelativisten«, wie vor allem Philipp Lenard und Johannes Stark, beides ausgezeichnete Wissenschaftler, die sich im Lauf der zwanziger Jahre jedoch darauf versteiften, dass die Relativitätstheorie Lug und Trug sei, eben eine »typisch jüdische Physik«. Philipp Lenard (1862–1947), der einmal als der Mann mit dem »zornigen Bart« bezeichnet wurde, war der Sohn eines Tiroler Weinhändlers und im slowakischen Bratislava aufgewachsen, hatte bei Hermann Quincke und Robert Bunsen in Heidelberg studiert und sich bei Heinrich Hertz in Bonn habilitiert. 1905 wurde ihm der Physiknobelpreis für die Erforschung der Kathodenstrahlung verliehen, bei der er sein »Dynamidenmodell« entwickelt hatte, das mit der alten Vorstellung eines massiven Atoms brach und bestätigte, dass sich dessen Wirkungszentrum immer nur auf einen Bruchteil des Raumes konzentriert. Doch abgesehen von seiner Brillanz als Experimentalphysiker war Lenard ein von Hass zerfressener Mensch: Noch 1920, als bereits die ersten Voraussagen Einsteins experimentell bestätigt worden waren, attackierte er in einer Vorlesungsreihe die Relativitätstheorie und ihren jüdischen Erfinder; 1929 gab er seine Historie *Große Naturforscher* heraus, mit der er den Beweis antreten wollte, dass alle kreativen und innovativen Forscher »arisch-germanische« Männer gewesen seien und jede Entdeckung, die einem Juden oder Ausländer zugeschrieben wurde, in Wirklichkeit einem weniger bekannten »nordisch gearteten Arier« zu verdanken sei.

Auch Johannes Stark (1874–1957) war Physiknobelpreisträger (1919, für die später als »Stark-Effekt« bezeichnete Aufspaltung der Spektrallinien in elektrischen Feldern). 1922 verließ er unter Protest die Universität Würzburg, weil er sich dort von »Einstein-Liebhabern« umzingelt fühlte. Erst 1933 sollte er unter den Nationalsozialisten als Präsident der Physikalisch-Technischen Reichsanstalt wieder zu Amt und Würden kommen. Noch im Jahr seines Rücktritts hatte er das Buch *Die gegenwärtige Krisis in der deutschen Physik* veröffentlicht, in dem er die Relativitätstheorie als ein typisches Beispiel all dessen bezeichnete, woran die Kultur der Weimarer Republik krankte. 1924 publizierte er gemeinsam mit Lenard in der *Großdeutschen Zeitung* den Artikel »Hitlergeist und Wissenschaft«, in dem Hitler mit den Giganten der Wissenschaft auf eine Stufe gestellt wurde. Es war der Beginn einer »arischen Physik«, die sich ebenso verächtlich über die Relativitäts- wie über die Quantentheorie und deren Physiker äußerte: Sie sei nicht nur viel zu theoretisch und abstrakt, sondern stelle auch eine Bedrohung für die richtigen, intuitiven mechanischen Weltbilder dar.[10]

Die neuen Daten aus der Physikforschung begannen sich derweil auf sehr praktische und viel unmittelbarere Weise auf den Alltag auszuwirken, als es sich die Wissenschaftler – deren Hauptinteresse ja der Grundlagenforschung galt – je vorgestellt hatten: Das Radio hielt während der zwanziger Jahre in fast jedem Haushalt Einzug, das Fernsehen wurde erstmals im August 1928 vorgestellt. Außerdem gab es noch eine physikalische Erfindung, die einen ganz anderen Bereich revolutionieren sollte – das »Strahltriebwerk«, das fast zeitgleich von dem englischen Erfinder Frank Whittle und dem deutschen Hans von Ohain entwickelt wurde.[11]

Hans Joachim Papst von Ohain (1911–1998) hatte Physik und Aerodynamik an der Universität Göttingen studiert und Anfang der dreißiger Jahre eine sehr ähnliche Idee wie Whittle gehabt. Doch während der Engländer die britische Regierung für seine Konstruktion zu gewinnen versuchte, unterbreitete Ohain seine Pläne dem privaten Flugzeugbauer Ernst Heinkel, welcher sofort begriff, dass die Möglichkeit von schnellen Lufttransporten sehr gefragt sein würde, und den jungen Ohain deshalb vom ersten Augenblick an ernst nahm. Heinkel arrangierte ein Treffen in seinem Landhaus in Warnemünde, wo der fünfundzwanzigjährige Ohain dann einigen der führenden Aeronautiker aus Heinkels Betrieb Rede und Antwort stehen musste. Ungeachtet seiner Jugend wurde ihm schließlich ein Vertrag angeboten, der ihm einen prozentualen Anteil an jedem verkauften Triebwerk sicherte. Der Kontrakt, an dem weder das Luftfahrtministerium noch die Luftwaffe irgendeinen Anteil hatten, wurde im April 1936 unterzeichnet, einen Monat nachdem Whittle einen Deal mit einer Gruppe von Londoner Bankiers und dem britischen Luftfahrtministerium abgeschlossen und mit zwanzigtausend Pfund Kapital eine Firma gegründet hatte. Nach diesem Abschluss am 3. März 1936 wurde der Verteidigungshaushalt Großbritanniens von 122 Millionen Pfund auf 159 Millionen aufgestockt, unter anderem, um 250 weitere Flugzeuge für die Luftverteidigungsflotte anzuschaffen. Vier Tage später besetzten deutsche Truppen die entmilitarisierte Zone im Rheinland und verletzten damit den Vertrag von Versailles. Plötzlich war ein Krieg viel wahrscheinlicher geworden, und in diesem Krieg konnte sich eine Luftüberlegenheit erstmals als entscheidend erweisen (und *erwies* sich als entscheidend). Die fachlichen und geistigen Überschneidungen von Physik und Mathematik waren schon immer beträchtlich gewesen. Wie am Beispiel von Heisenbergs Matrizen und Schrödingers Berechnungen deutlich wurde, hatten oft mathematische Ideen zu den Fortschritten der Physik in ihren goldenen Jahren beigetragen. Bis zum Ende der zwanziger Jahre waren fast alle der dreiundzwanzig mathematischen Fragen gelöst worden, die David Hilbert auf dem Internationalen Mathematikerkongress im Jahr 1900 in Paris postuliert hatte. Entsprechend optimistisch blickten die Mathematiker nun in die Zukunft. Und diese Zuversicht galt nicht nur rein technischen Prozeduren, denn da Mathematik auf Logik beruht, waren natürlich auch philosophische Implikationen abzusehen: Wenn alle mathematischen Fragen gelöst, das heißt in sich schlüssig beantwortet sein würden – was damals schon nahezu der Fall zu sein schien –, dann, so meinten die Mathematiker, seien auch alle grundsätzlichen Fragen über die Natur der Dinge beantwortet.[12]

Doch dann versammelten sich im September 1931 Philosophen und Mathematiker in Königsberg zu einer Konferenz über Fragen der Erkenntnistheorie in den empirischen Wissenschaften, an der unter anderen auch Ludwig Wittgenstein, Rudolf Carnap und Moritz Schlick teilnahmen. Doch geprägt war diese Veranstaltung dann ganz und gar von den Thesen, die ein fünfundzwanzigjähriger Mathematiker aus Brünn in einer Abhandlung aufgestellt hatte, welche später unter dem Titel »Über formal unentscheidbare Sätze der ›Principia Mathematica‹ und verwandter Systeme« in einem deutschen Wissenschaftsmagazin veröffentlicht werden sollte. Sein Name war Kurt Gödel (1906–1978), und seine Abhandlung gilt heute als ein Meilenstein in der Geschichte von Logik und Mathematik. Auch Gödel war zeitweilig Mitglied von Schlicks Wiener Kreis gewesen, wo sein Interesse an den philosophischen Aspekten der empirischen Wissenschaften geweckt worden war. In der Abhandlung aus dem Jahr 1931 hatte er nun den Traum zerstört, den Gottlob Frege, Bertrand Russell und David Hilbert von einer in sich absolut konsistenten Mathematik gehegt hatten, indem er ein Theorem aufstellte, das mit ebensolcher Überzeugungskraft wie Heisenbergs Unschärferelation besagte, dass nicht alle Aktivitäten unseres Gehirns vollständig durch unser Gehirn selbst erklärt werden können. Der amerikanische Mathematiker John Dawson jr. schrieb, Gödels Werk habe »das Gespenst der Unlösbarkeit« heraufbeschworen.[13]

Gödels Theorem ist ausgesprochen schwierig zu verstehen. Am einfachsten lässt es sich vielleicht mit einem Paradox erklären, das 1905 von dem französischen Mathematiker Jules Richard aufgestellt wurde. Nach diesem System werden unterschiedlichen mathematischen Sätzen »eindeutige Zahlen« (Gödelzahlen) zugewiesen. Zum Beispiel könnte man den mathematischen Satz »nicht teilbar außer durch 1 und durch sich selbst« (Primzahl) die eindeutige Zahl 17 zuweisen. Oder man könnte dem mathematischen Satz »von gleichem Wert wie die Summe einer ganzen Zahl multipliziert mit dieser Zahl« (Quadrat) die eindeutige Zahl 20 zuteilen. Nehmen wir nun an, dass es eine Liste mit solchen Definitionen gebe, in der die oben erwähnten Beispiele für die 17. und die 20. eindeutige Zahl angegeben werden. Es würden sich sofort zwei Dinge aufdrängen: Erstens: Die der ersten Aussage zugewiesene 17 ist selbst eine Primzahl. Zweitens: Die der zweiten Aussage zugewiesene 20 ist nicht selbst ein Quadrat. Nach Jules Richards Mathematik ist die obige Aussage über Primzahlen also nicht »richardisch«, die Aussage über das perfekte Quadrat hingegen ist es. Formal beinhaltet die Eigenschaft, »richardisch« zu sein, demzufolge »nicht über die durch den mathematischen Satz zugewiesene Eigenschaft zu verfügen, mit welcher eine eindeutige Zahl in der periodischen Anordnung von mathematischen Sätzen korreliert wird«. Nun ist diese Aussage natürlich an sich bereits ein mathematischer Satz und gehört folglich nicht nur selbst dieser Anordnung an, sondern besitzt auch eine eigene eindeutige Zahl, nämlich n. Damit stellt sich nun aber die Frage: Ist n richardisch? Der entscheidende Widerspruch offenbart sich, wenn man sich klarmacht, dass n dann – und nur dann – richardisch sein kann, wenn es *nicht* die Eigenschaft besitzt, die von dem mathematischen Satz, mit dem n korreliert wird, vorgegeben wurde. Somit ist leicht erkennbar, dass n dann – und nur dann – nicht richardisch sein kann, wenn n nicht richardisch ist.

Keine Analogie könnte Gödels Theorem jemals wirklich gerecht werden, aber zumindest kann mit diesem Beispiel eine Ahnung von dem Paradox vermittelt werden, das für so manchen Mathematiker eine zutiefst deprimierende Schlussfolgerung war, weil Gödel damit ein für alle Mal die Grenzen von Mathematik und Logik aufgezeigt hatte.[14]

Wien war ein Ort, an dem solche Fragen debattiert wurden. Dort traf sich seit 1924 jeden Donnerstag eine Gruppe von Philosophen und Wissenschaftlern, die sich als »Ernst-Mach-Gesellschaft« bezeichnete, den Namen 1928 aber in »Wiener Kreis« änderte. Und dieser Kreis sollte zu der wohl bedeutendsten philosophischen Bewegung des 20. Jahrhunderts werden. Sein geistiger Mittelpunkt war der in Berlin geborene jüdische Physiker Moritz Schlick (1882–1936), wie so viele andere Mitglieder des Kreises auch er ein Naturwissenschaftler (er hatte von 1900 bis 1904 bei Max Planck studiert). Zu den mehr als zwanzig Mitgliedern des Schlick-Kreises gehörten der Wiener Otto Neurath, ein bemerkenswerter jüdischer Universalgelehrter, der Mathematiker Rudolf Carnap, der in Jena Schüler von Gottlob Frege gewesen war, der jüdische Physiker Philipp Frank, der Psychoanalytiker Heinz Hartmann, der eben besprochene Mathematiker Kurt Gödel und zeitweilig auch der jüdische Philosoph Karl Popper, dessen Werke nach dem Zweiten Weltkrieg so einflussreich werden sollten. Die Philosophie, die sich während der zwanziger Jahre in diesem Kreis entwickelte, hatte Schlick zuerst als »konsequenten Empirismus«, seit seinen beiden Amerikareisen 1929 und 1931/32 jedoch als »logischen Positivismus« bezeichnet – und *der* Name sollte haften bleiben.[15]

Diese logischen Positivisten ritten höchst geistreiche Attacken gegen die Metaphysik und gegen jedes Postulat, das eine Welt jenseits der wissenschaftlich verifizierbaren vertrat, eine, die uns allein unsere Sinne enthüllten oder die bloß mit dem gesunden Menschenverstand erfassbar sei. Aus ihrer Sicht war jede Aussage unsinnig, die nicht empirisch nachzuweisen – verifizierbar – war oder die keinen logischen/mathematischen Satz darstellte. Deshalb hatte sich für sie auch ein Großteil aller theologischen, ästhetischen und politischen Prämissen erledigt. Doch natürlich ging es ihnen um mehr als nur das. Der englische Philosoph Alfred Jules Ayer, der selbst eine Zeit lang als Beobachter an den Diskussionen dieses Kreises teilgenommen hatte (als einer von nur zweien, denen das jemals gestattet wurde; der andere war der amerikanische Philosoph Willard Van Orman Quine), schrieb einmal, dass sich die Wiener gegen alles wandten, »was wir die deutsche Vergangenheit nennen könnten«, also auch gegen das romantische und ihrer Ansicht nach reichlich konfuse Denken von Hegel und Nietzsche (wenngleich nicht gegen das von Marx).[16] Otto Neurath pflegte jedes Mal, wenn der Kreis vom Pfad des logischen Positivismus abwich, warnend »Metaphysik!« zu raunen.[17] Der amerikanische Philosoph Sidney Hook, der zu dieser Zeit gerade Deutschland bereiste, bestätigte, dass die traditionelleren deutschen Philosophen den empirischen Wissenschaften höchst skeptisch gegenüberstanden und es als ihre Pflicht betrachteten, »die Sache der Religion, Moral, der Freiheit des Willens, des Volkes und des organischen Nationalstaats zu fördern«.[18] Ayer stellte außerdem fest, dass im deutschsprachigen Raum mehr philosophische Werke publiziert wurden als in allen anderen Ländern zusammen. Ziel des Wiener Kreises war es, die Philosophie mit den Methoden der Logik und der empirischen Wissenschaft zu erhellen.[19]

Die mit ihrem Blut dachten

Ein besonders vehementer Gegner des Wiener Kreises war ein Denker, der sich ohnedies mit allem unbehaglich fühlte, wofür die Weimarer Kultur, die Moderne als solche und vor allem das Berlin dieser Zeit standen: Martin Heidegger (1889–1976), der wohl einflussreichste und mit Sicherheit umstrittenste Philosoph des 20. Jahrhunderts. Der im badischen Meßkirch geborene Sohn eines Küfermeisters hatte bei Edmund Husserl studiert, bevor er selbst einen Ruf als Philosophieprofessor annahm. Sein bewusster Provinzialismus, die Vorliebe für das »unverfälschte« Landleben – welcher er bis hin zur Kniebundhose frönte –, und seine ständigen abfälligen Bemerkungen über das Stadtleben waren für seine leicht zu beeindruckenden Studenten nur eine weitere Bestätigung seiner Philosophie. 1927, mit achtunddreißig, veröffentlichte er sein wichtigstes Buch, *Sein und Zeit*. Auch wenn es Jean-Paul Sartre war, der in den dreißiger, vierziger und fünfziger Jahren den Existenzialismus verkörpern sollte, war Heidegger nicht nur der frühere, sondern auch der tiefgründigere Existenzialist.[20]

Sein und Zeit ist ein schwer zugängliches Werk, »kaum entzifferbar«, wie einmal ein Kritiker schrieb.[21] Und doch wurde es ungeheuer populär. Der zentrale Punkt bei Heidegger ist die Seinsfrage, der man sich nur stellen kann, indem man das Dasein so exakt wie möglich *beschreibt*. Nachdem sich die Naturwissenschaften und Philosophien des Abendlands allesamt in den vergangenen drei, vier Jahrhunderten entwickelt hätten, habe sich, so Heidegger, der abendländische Mensch auch vorrangig mit der Eroberung der Natur befasst. Wissenschaft und Technik betrachtete Heidegger als reine Willensäußerungen, als das »Spiegel-Bild« unserer Bestimmung, die Natur zu kontrollieren. Doch habe die menschliche Natur auch eine andere Seite, die in der Dichtung zum Ausdruck komme und sich dem Willen entziehe. Und genau diesen aus seiner Sicht so entscheidenden Aspekt wollte er nun besser darstellen als jeder vor ihm: Der Dichter könne ein Gedicht nicht schreiben wollen, es werde ihm eingegeben. Dieser Gedanke stellt ihn in eine direkte Reihe mit Rilke. Doch Heidegger zufolge kann nicht einmal der Leser willentlich auf ein Gedicht reagieren: Er muss sich ihm unterwerfen und kann es bloß auf sich wirken lassen. Das ist eine zentrale Vorstellung bei Heidegger – die Trennung zwischen dem Willen und jenem inneren Sein, das dem Willen unzugänglich bleibt und nicht durch Gedanken, sondern allein durch Unterwerfung zu einem tieferen Verständnis führt. Das erinnert ein wenig an östliche Philosophien, und mit Sicherheit hat Heidegger auch geglaubt, dass der abendländische Verständnisansatz einer skeptischen Überprüfung bedurfte (man denke an die berühmten Gespräche, die er mit dem buddhistischen Mönch Bhikku Maha Mani führte) und dass es den abendländischen Wissenschaften zunehmend weniger um das Verstehen als um das Beherrschen ging. Der amerikanische Philosoph William Barrett brachte Heidegger einmal auf den folgenden Punkt: Es könne eine Zeit kommen, in der wir aufhören werden, uns ständig behaupten zu wollen, und uns nur noch unterwerfen, einfach loslassen.

Der Grund, weshalb Heideggers Philosophie sofort so populär wurde, war, dass sie der deutschen Passion für das Irrationale, der Ablehnung rational-urbaner Kultur und dem Hass auf die Werte der Weimarer Republik zu Ansehen verhalf.²² Stillschweigend erkannte sie die sich gerade ausbreitenden völkischen Bewegungen an, welche nicht an die Vernunft, sondern an das Heldentum appellierten und dazu aufriefen, sich einem anderen als dem wissenschaftlichen Willen zu unterwerfen. Um hier eine treffliche Formulierung von Peter Gay aufzugreifen: Es waren Bewegungen, die »mit ihrem Blut dachten«.²³ Heidegger erschuf den Nationalsozialismus nicht, er schürte nicht einmal die nationalistischen Stimmungen, die zu dessen Aufstieg führten. Doch wie der von den Nazis verfolgte Theologe Paul Tillich später schrieb, ist es auch nicht *völlig* aus der Luft gegriffen, wenn man die Namen Nietzsche und Heidegger in einem Atemzug mit den unmoralischen faschistischen und nationalsozialistischen Bewegungen nennt.

Denkt man heute an Heidegger, so kommen einem seine Verstrickungen mit dem Nationalsozialismus mindestens ebenso schnell in den Sinn wie sein Werk *Sein und Zeit*. Weit weniger bekannt sind zwei andere deutsche Philosophen, obwohl zumindest einem von ihnen die gleiche Aufmerksamkeit gebührt wie Heidegger. Max Scheler (1874–1928), der als Sohn eines evangelischen, zum Judentum konvertierten Gutsverwalters und einer orthodox-jüdischen Mutter in München geboren wurde und in Frankfurt starb, gehört wie Wilhelm Dilthey zu den deutschen Denkern, über die wir Ausländer viel zu wenig wissen. Zumindest ein Nichtdeutscher hielt ihn für sehr bedeutend: Karol Wojtyła, der spätere Papst Johannes Paul II., der sich im Dezember 1953 mit dem Thema »Möglichkeiten der Entstehung einer christlichen Ethik in Anlehnung an das ethische System von Max Scheler« an der Universität Krakau habilitierte.²⁴

Scheler studierte Medizin, Philosophie, Psychologie und Soziologie in München und Berlin, unter anderem bei Wilhelm Dilthey und Georg Simmel, und lernte die Schriften Edmund Husserls kennen. Bis 1905 lehrte er als Privatdozent in Jena, wechselte nach München und landete schließlich als Privatgelehrter in Berlin, wo er 1912 seine zweite Frau Märit heiratete, die Schwester des Dirigenten Wilhelm Furtwängler. 1919 wurde er Direktor des Kölner Instituts für Sozialwissenschaften, 1928 nahm er einen Ruf an die Universität Frankfurt an, starb jedoch wenige Monate später. Die Scheler-Forschung hat sich in jüngerer Zeit intensiviert, was gewiss nicht nur an dem Interesse liegt, das der verstorbene Papst an ihm zeigte, sondern auch daran, dass seine Argumentationen sowohl für den Tierschutz und die Debatte um Tierrechte als auch für die Auseinandersetzung mit dem kirchlichen Abtreibungsverbot von Belang sind.

Scheler ist vor allem für zwei zentrale Ideen bekannt. Eines seiner frühen Hauptwerke trug den Titel *Zur Phänomenologie und Theorie der Sympathiegefühle und von Liebe und Haß* (1913, 1923 in erweiterter Form als *Wesen und Formen der Sympathie* neu veröffentlicht). Aus seiner Sicht wird die Existenz Gottes allein schon durch die Tatsache bewiesen, dass wir so etwas wie Sympathie empfinden können und es letztlich gar nicht umgehen können, dass Liebe im Mittelpunkt unseres Daseins steht und das Herz – »apriorisches Fühlen« –, nicht aber die »Denkakte« des Kopfes unsere Werte bestimmt. Eine Vorgabe des Herzens ist kein rationaler Vorgang, deshalb sind auch unsere Werte »Korrelate des Fühlens«, so wie die Farben nur Korrelate des Sehens sind. Werte können wir nicht »sehen«, Farben können wir nicht »fühlen«. Dass wir der Sympathiegefühle fähig sind, bedeute, dass Ethik und Moral eines jeden Menschen einzigartig seien und jeder Mensch – das vor allem – nicht grundsätzlich *mit* anderen, sondern *auf diese zugehend* existiere. Diesen Umstand sollten wir nicht nur akzeptieren, sondern uns zunutze machen.

Die andere Idee war die »logique« des Herzens beziehungsweise der »Ordo Amoris«, den Scheler als die subjektive Resonanz einer dreigeteilten Werterangordnung darstellte: (1) der lebensrelativen Werte des Angenehm-Unangenehm, des Nützlich-Unnützlich, des Edel-Unedel, (2) der Personenwerte des Ästhetischen, Rechten sowie der Einsicht in das Wahre und (3) des Wertes des Heiligen. Scheler hielt es für einen Fehler der meisten ethischen Systeme, einen Wert über alle anderen zu erheben, statt anzuerkennen, dass es eine Hierarchie gibt, angesichts derer jedes Urteil gezügelt werden müsse. Wenn der Mensch einen niedrigeren Wert über einen höheren stelle, gerate das Herz in Aufruhr. Vernunft oder Logik könnten wenig über Werte aussagen (hier überschnitt er sich mit Wittgenstein), denn das Herz, nicht unser Geist, bestimme unsere Betrachtungsweisen des Lebens; Erfahrung, nicht der Wille, sei das, was zähle. Emotionen und Liebe hätten ihre eigene Logik, und die unterscheide sich gänzlich von rationaler Logik. Es bestehe eine elementare Verbindung zwischen uns allen, deshalb sei das, was wir tun, um diese Verbindung enger und klarer zu gestalten, der Weg zu unserer Zufriedenheit.[25]

Wie Dilthey ging es auch Ernst Cassirer (1874–1945) im Wesentlichen um das Gleiche und das Unterschiedliche bei den Erkenntnisformen, die wir einerseits als Naturwissenschaften und andererseits als Geisteswissenschaften bezeichnen (er zog den Begriff »Kulturwissenschaften« vor). Cassirer wurde als Sohn eines kosmopolitischen und wohlhabenden jüdischen Elternhauses in Breslau geboren.[26] Die Brüder Bruno und Paul Cassirer, aus einem anderen Zweig der Familie, hatten in Berlin die bekannte »Bruno & Paul Cassirer, Kunst- und Verlagsanstalt« gegründet. 1919 erhielt Ernst einen Ruf von gleich zwei Universitäten, Frankfurt und Hamburg. Er folgte Letzterem, lehrte dort bis 1933 Philosophie und wurde 1929 der erste jüdische Rektor einer deutschen Universität.[27]

Cassirers Hauptwerk ist die *Philosophie der symbolischen Formen*

(Band 1: *Die Sprache*, 1923, Band 2: *Das mythische Denken*, 1925, Band 3: *Phänomenologie der Erkenntnis*, 1929), in der er die These aufstellte, dass moralisches Erleben und mathematische Erfahrung im Wesentlichen ein und dasselbe und moralische Entscheidungen im Leben ebenso notwendig seien wie Logik in der Mathematik. Um hier wenigstens ansatzweise eine Vorstellung von seinem technisch höchst komplizierten Gesamtwerk zu geben (Komplexität hielt er für unvermeidlich in der modernen Welt), sei zum Beispiel erwähnt, dass er sich die Herangehensweisen von Leibniz und Newton an die begriffliche Substanz und Funktion *schaubildlich* betrachtete, um in der Lage zu sein, das Wandelbare herauszuarbeiten, dieses dann auf Veränderungen in anderen Bereichen hin zu erforschen und herauszufinden, ob sich solche Veränderungen, zum Beispiel bei historischen Abläufen, auf ähnliche oder eine irgendwie vergleichbare Weise verstehen ließen. Cassirer fragte zudem, ob es Bereiche und Abläufe jenseits der Mathematik gebe, die sich formal betrachten ließen, und untersuchte, welche Auswirkungen die Einstein'sche Relativitätstheorie auf die Philosophie Kants hat, da Kant ja davon ausgegangen war, dass unser Verständnis vom Raum instinktiv oder intuitiv sei, wohingegen Einstein mit seinem Begriff vom gekrümmten Raum natürlich klargemacht hatte, dass es alles andere als das ist.

Zu den bedeutenden Schriften Cassirers zählt auch *Zur Logik der Kulturwissenschaften. Fünf Studien* (1942). Hier erarbeitete er seinen Kulturbegriff, indem er das Gleiche und das Unterschiedliche von Naturwissenschaften, Mathematik und Ästhetik erforschte und feststellte, dass man der »Dingwahrnehmung« generell den Vorrang vor der »Ausdruckswahrnehmung« gibt, weshalb auch der Anschein erweckt werde, als stünden die Naturwissenschaften auf einem evidenziell gesicherten Boden.

1933 war Cassirer gezwungen, Deutschland zu verlassen. Zwei Jahre lang war er Gastprofessor in Oxford, dann übernahm er den philosophischen Lehrstuhl an der Universität Göteborg und wurde schwedischer Staatsbürger, übersiedelte 1941 aber in die USA, wo er zuerst an der Yale und dann an der Columbia University lehrte (Harvard hatte ihm die kalte Schulter gezeigt, nachdem er als junger Mann eine Einladung zu einer Gastprofessur abgelehnt hatte, weil sie ihm »zu abwegig« erschienen war). In den USA veröffentlichte er noch zwei Bücher in englischer Sprache, darunter *The Myth of the State*, eine Replik auf eine Reihe von deutschen (und nationalsozialistischen) Schriften, in der er den Faschismus als eine logische Folge der platonischen Tradition im europäischen Denken zu erklären versuchte. 1945 starb er nach einem Herzanfall während eines Spaziergangs in New York. Zu den vielen, die er beeinflusste, zählten auch Erwin Panofsky und Peter Gay.

Ein Patriot ohne Vaterland

Die Weimarer Republik war mit einer »folgenschweren Historikergeneration« gesegnet, wie der französische Historiker Alain Boureau schrieb: Ludwig von Pastor (1854–1928), Percy Ernst Schramm (1894–1970), Ernst Kantorowicz (1895–1963), Norbert Elias (1897–1990) und Gershom Scholem (1897–1982). Fast alle waren vorrangig am Mittelalter interessiert. Pastor, sozusagen die katholische Version von Leopold von Ranke, verfasste die bahnbrechende sechzehnbändige *Geschichte der Päpste seit dem Ausgang des Mittelalters* (1886–1930). Als gewiss größter Erfolg des aus Aachen stammenden Historikers lässt sich wohl anführen, dass es ihm gelungen war, Papst Leo XIII. so von der Ernsthaftigkeit seines Vorhabens zu überzeugen, dass sich ihm das – der Forschung bis dahin verschlossene – vatikanische Geheimarchiv öffnete. Nur so konnte er im Lauf von fast fünfzig Jahren mit solcher Detailtreue seine *Geschichte der Päpste* schreiben, die den Zeitraum von 1305 bis 1799 behandelt, vom »avignonesischen Exil« bis zum »Zeitalter der Revolution«. Und nur deshalb brauchte er sich im Gegensatz zu Ranke nicht mit dem Studium der Veränderungen zu begnügen, die in der päpstlichen Institution als solcher stattgefunden hatten, sondern konnte sich ganz auf die Charaktere der Inhaber des Heiligen Stuhls konzentrieren. Der rote Faden durch sein Werk folgt der Feststellung, dass sich in den Schwächen der Päpste zwar immer die Makel ihrer jeweiligen Zeit spiegelten, die Unzulänglichkeiten des Papsttums aber nicht immer nur aus den Schwächen bestanden hatten, die man bislang zu erkennen geglaubt hatte, sondern auch auf die Machenschaften zurückzuführen waren, die es den Päpsten erlaubten, ihre Macht und ihren Einfluss länger zu wahren, als es ansonsten möglich gewesen wäre. Dank seines damals beispiellosen Zugangs zu den Geheimarchiven konnte Pastors Geschichtswerk über den Vatikan alle anderen verdrängen, die bis dahin über dieses Thema verfasst worden waren, und gilt bis heute als bahnbrechend.

Auch Schramm und Kantorowicz befassten sich mit dem Mittelalter, doch das war schon alles an Gemeinsamkeit. Der aus Hamburg stammende Percy Ernst Schramm hatte im Ersten Weltkrieg als Kriegsfreiwilliger gedient und anschließend in Hamburg, München und Heidelberg Geschichtswissenschaften und Kunstgeschichte studiert. Dass die Kunstgeschichte zu einer konkreteren, interessanteren, einflussreicheren Disziplin wurde und aus ihrer amateurhaften Ecke herausgeholt werden konnte, wird im Allgemeinem ihm gutgeschrieben. In seinem bedeutendsten Werk, *Kaiser, Rom und Renovatio. Studien zur Geschichte des römischen Erneuerungsgedankens vom Ende des Karolingischen Reiches bis zum Investiturstreit* (1929), wies er zum Beispiel nach, dass die deutschen Kaiser des Mittelalters römische Symbolik zum Ausdruck ihrer Macht verwendet hatten. Im Nationalsozialismus trat Schramm in die SA-Reiterstaffel und die NSDAP ein, ab 1943 war er für die Führung des Kriegstagebuchs des Oberkommandos der Wehrmacht verantwortlich. 1962 veröffentlichte er sein Buch *Hitler als militärischer Führer. Erkenntnisse und Erfahrungen aus dem Kriegstagebuch des Oberkommandos der Wehrmacht*, in dem er versuchte, Hitler in ein anderes Licht zu stellen und seine Wandlungen während des Krieges zu beschreiben. Schramm war nicht nur Hitler selbst oft begegnet, er hatte auch Generaloberst Alfred Jodl nahegestanden. 1946, in der Hauptverhandlung des Nürnberger Prozesses, wurde er als Zeuge vorgeladen, um über die Persönlichkeit und die Details der Tätigkeiten von Generaloberst Jodl auszusagen. 1945 erhielt er von den Alliierten Lehrverbot, das bis zu seiner Entnazifizierung im Jahr 1948 in Kraft blieb. Seine Insiderberichte über das Oberkommando wurden zur Pflichtlektüre für die Erforscher des »Dritten Reiches«.

Der gebürtige Posener Ernst Kantorowicz teilte sich viele Interessen mit Schramm und verfolgte einen nicht unähnlichen Forschungsansatz, durchlebte als Jude jedoch ein ganz anderes Schicksal. Nach vier Jahren als Kriegsfreiwilliger im Ersten Weltkrieg studierte er in Berlin, München und Heidelberg Philosophie, Geschichte und Nationalökonomie. Als überzeugter Deutschnationaler schloss er sich nach Kriegsende dem Freikorps an, welches später den Spartakusaufstand niederschlagen sollte, und stieß 1919 beim sogenannten Pfingsttreffen in Heidelberg zu dem elitären und konservativen Kreis um Stefan George, dessen Einfluss Kantorowicz' erstem bedeutendem Buch, *Kaiser Friedrich der Zweite* (1927), deutlich anzumerken ist. In dieser Biografie konzentrierte er sich weit mehr auf das Charisma und die geistigen Qualitäten Friedrichs als auf die Details der Institutionen unter seiner Herrschaft.

Doch dann kamen die dreißiger Jahre. Kantorowicz war gezwungen, seine Position als ordentlicher Professor in Frankfurt aufzugeben. Wie Cassirer ging er zuerst nach Oxford, emigrierte dann aber nach Kalifornien, wo er eine Professur in Berkeley annahm. In den USA wurde er vor allem zweier Dinge wegen berühmt: Zum einen, weil er sich geweigert hatte, den von der Universität geforderten antikommunistischen Loyalitätseid zu unterzeichnen, der von Senator Joseph McCarthy eingeführt worden war (woraufhin Berkeley ihn entließ; ihm wurde jedoch sofort eine Professur am Institute for Advanced Study in Princeton angeboten), zum anderen wegen seines zweiten, 1957 publizierten Meisterwerks *The King's Two Bodies. A Study in Mediaeval Political Theology (Die zwei Körper des Königs)*, in dem er die Entstehungsgeschichte des modernen Staates schilderte, ausgehend von der mittelalterlichen Vorstellung, dass der König zwei Körper besitze, einen sterblichen und einen übernatürlichen, unsterblichen, der auf geheimnisvolle Weise von Monarch zu Monarch weitergegeben werde.

Der vierte aus dieser Generation großer Historiker war der aus Breslau stammende Jude Norbert Elias. Wie Schramm und Kantorowicz hatte auch er im Ersten Weltkrieg als Kriegsfreiwilliger gedient, in seinem Fall in einer Funkereinheit an der Westfront. Als engagiertem Mitglied der zionistischen Breslauer Verbindung Jüdischer Studenten waren ihm bereits viele Intellektuelle seiner Generation aus dem »Kartell Jüdischer Verbindungen« bekannt gewesen, darunter Erich Fromm, Leo Strauss, Leo Löwenthal und Gershom Scholem.[28] Sein Studium der Philosophie und Medizin in Breslau unterbrach er für Studienaufenthalte an den Universitäten Heidelberg und Freiburg; nach seiner Promotion in Breslau fügte er in Heidelberg noch ein Soziologiestudium an, lernte Karl Jaspers kennen und wurde von Alfred Weber als Habilitand angenommen. 1930 brach er die Habilitation jedoch ab, um Karl Mannheim nach dessen Berufung an die Universität Frankfurt als Assistent zur Seite zu stehen und bei ihm eine neue Habilitationsschrift anzufertigen. Sie war bereits eingereicht, als die Nationalsozialisten das Institut 1933 schlossen und Elias ins Exil ging, zuerst nach Frankreich, 1935 dann nach England. Dort begann er sein bedeutendstes Projekt, die zweibändige Studie *Über den Prozess der Zivilisation*, die 1939 erschien, wegen des Krieges jedoch erst viel später wahrgenommen wurde (weshalb dieses Werk auch im vorliegenden Buch erst im vierzigsten Kapitel zur Sprache kommen wird).[29]

Der Berliner Gershom Scholem, der im selben Jahr wie Elias geboren wurde, hat unter anderem in Berlin (wo er Kontakte zu Martin Buber und Walter Benjamin knüpfte) Mathematik (bei Gottlob Frege), Philosophie und orientalische Sprachen studiert. Als aktiver Zionist wanderte er bereits 1923 nach Palästina aus, wo er zunächst am Aufbau der Jüdischen Nationalbibliothek mitarbeitete und seit Gründung der Hebräischen Universität im Jahr 1925 die Kabbala lehrte.[30] Die jüdische Mystik hatte ihn von jeher interessiert, und von jeher war er der Überzeugung gewesen, dass man das Judentum ohne Kenntnisse seiner mystischen Ursprünge nicht verstehen könne. Seinem Verständnis nach hatte der jüdische Glaube, anders als es viele Juden vertraten, erst im Mittelalter seine endgültige Gestalt angenommen, nachdem Maimonides versucht hatte, das jüdische und das griechische Denken in Einklang zu bringen. Scholem leistete damit einen bedeutenden Beitrag zur wissenschaftlichen Erforschung des Judentums, doch drüben in Deutschland hörte kaum noch jemand zu.

33
Weimar: Ein Problem bedarf der Lösung

Am 28. Oktober 1929 kam es zum berüchtigten Börsencrash an der Wall Street. Die amerikanischen Kredite an Europa wurden ausgesetzt. In den kommenden Wochen und Monaten begannen die alliierten Truppen trotz vieler böser Vorahnungen ihren Abzug aus dem Rheinland vorzubereiten. Derweil nahmen die Dinge ihren Lauf: Wilhelm Frick in Thüringen war auf dem besten Wege, als erster nationalsozialistischer Minister einer Landesregierung beizutreten, Mussolini forderte lautstark eine Revision des Versailler Vertrags, in Großbritannien wurde eine Regierung der Nationalen Einheit gebildet, um den Haushaltsplan zu konsolidieren, und Japan gab den Goldstandard auf. Allenthalben griff die Angst vor einer bevorstehenden großen Krise um sich.[1]

Sigmund Freud, inzwischen dreiundsiebzig, hatte auch persönliche Gründe, pessimistisch zu sein. 1924 hatte er sich zwei Krebsoperationen unterziehen müssen. Ihm wurde ein Teil des Oberkiefers entfernt und durch eine Metallprothese ersetzt, die jedoch nicht richtig saß, weshalb er nur noch unter großen Schwierigkeiten sprechen und essen konnte. Doch das Rauchen, vermutlich die Ursache für den Krebs, gab er nicht auf.[2] 1927 hatte er seinen Essay *Die Zukunft der Illusion* veröffentlicht, die zweite seiner drei kulturtheoretischen Arbeiten nach *Totem und Tabu* (1912/13); beide waren auf gemischte Reaktionen gestoßen. Ende 1929, während die Wall Street zusammenbrach, publizierte er schließlich *Das Unbehagen in der Kultur*, die dritte, aufschlussreichste und ausgesprochen zeitgemäße Abhandlung aus dieser Reihe: In Österreich herrschte eine Hungersnot, Deutschland litt unter einer Mega-Inflation, und in den Vereinigten Staaten schien der Kapitalismus am Ende zu sein. Die vom Ersten Weltkrieg hinterlassene Verwüstung und moralische Leere erfüllten noch immer viele Menschen mit Sorge. Hitler gewann mehr und mehr Einfluss. Wo man auch hinsah: Der Titel dieser Abhandlung deckte sich mit den Tatsachen.

Einige Themen in *Unbehagen in der Kultur* hatte Freud bereits in *Totem und Tabu* behandelt, insbesondere die Frage, inwieweit sich eine Gesellschaft respektive Kultur aus der Notwendigkeit entwickelt, die ungebührlichen, vom Trieb diktierten Wünsche und die aggressiven Impulse des Individuums in die Schranken weisen zu müssen. Nun argumentierte er jedoch, dass mit Kultur unausweichlich Verdrängungen und Neurosen einhergingen, denn je entwickelter eine Kultur sei, desto mehr sei die Verdrängung natürlicher Instinkte gefordert, was dann logischerweise immer mehr Neurosen nach sich ziehe. Folglich mache Kultur den Menschen stetig unglücklicher, was auch erkläre, dass sich so viele in den Alkohol, in Drogen oder in die Religion flüchteten. Angesichts solcher Probleme der »individuellen Libidoökonomie« bestimme letztlich allein die individuelle »psychische Konstitution«, wie anpassungsfähig der Einzelne sei. Zum Beispiel: »Der vorwiegend erotische Mensch wird die Gefühlsbeziehungen zu anderen Personen voranstellen, der eher selbstgenügsame Narzisstische die wesentlichen Befriedigungen in seinen inneren seelischen Vorgängen suchen...«[3] Also würden wir uns zunehmend voreinander abschotten, voneinander entfremden. Es ging Freud bei dieser Schrift, wie er selbst betonte, nicht darum, Allheilmittel gegen die Krankheiten der Gesellschaft anzubieten, sondern vielmehr um den Hinweis, dass Ethik und Moral – die Regeln, nach denen Menschen einvernehmlich zusammenleben – vom psychoanalytischen Verständnis nur profitieren könnten.

Freuds Hoffnungen sollten sich nicht erfüllen. Wie wir wissen, waren die dreißiger Jahre ethisch und moralisch ein »dunkles Tal«, wie ein französischer Historiker schrieb.[4] Doch zumindest zog sein Essay eine Menge Literatur nach sich, die, obwohl grundlegend anderer Art, gleichermaßen tiefes Unbehagen angesichts der kapitalistischen Gesellschaften des Westens zum Ausdruck brachte.

Das Buch, das Freuds Essay inhaltlich am nächsten kam, wurde 1931 von Carl Gustav Jung veröffentlicht, dem zum Erzkritiker der Psychoanalyse gewandelten ehemaligen Kronprinzen Freuds. Der Titel lautete *Seelenprobleme der Gegenwart*, und Jung behauptete darin, dass die Psychoanalyse letztlich nichts anderes tue, als die Seele durch die Psyche zu ersetzen, und daher bestenfalls Linderung verschaffen könne. Die psychoanalytische Technik könne nur auf individueller, nie auf »organisierter« Ebene wirken – wie zum Beispiel der Katholizismus – und Millionen Menschen gleichzeitig helfen: Diese Dimension der *participation mystique*, wie der Anthropologe Lucien Lévy-Bruhl es nannte, bleibe dem modernen Menschen vollständig verschlossen. Und dieser Mangel an kollektivem Leben, an Hofmannsthals »Zeremonie des Ganzen«, sei der wesentliche Grund für die Ausprägung von Neurosen und Ängsten.[5]

Karen Horney praktizierte fünfzehn Jahre lang als orthodox-freudianische Analytikerin neben Melanie Klein, Franz Alexander, Karl Abraham und Wilhelm Reich am Berliner Psychoanalytischen Institut. Erst nachdem sie in die Vereinigten Staaten ausgewandert war, wo sie zunächst stellvertretende Direktorin des Chicagoer Instituts wurde und dann am

Psychoanalytischen Institut und an der New School for Social Research in New York arbeitete, sah sie sich zur Kritik am Gründer der Bewegung in der Lage. Die Ideen in ihrem 1937 publizierten Buch *The Neurotic Personality of Our Time* (*Der neurotische Mensch unserer Zeit*, 1951) decken sich zwar passagenweise mit den Theorien von Freud oder auch Jung, unterscheiden sich aber insofern, als sie auch die kapitalistische Gesellschaft zur Verursacherin von Neurosen erklärten.

Horneys Kritik an Freud bezog sich vor allem auf seine frauenfeindlichen Tendenzen (zu ihren ersten Artikeln über dieses Thema zählten »The Dread of Women« und »The Denial of the Vagina«).[6] Als Marxistin fand sie seinen Ansatz außerdem viel zu biologisch und »zutiefst ignorant« gegenüber der modernen Anthropologie und Soziologie. Horney vertrat die Ansicht: »Eine für die gesamte Menschheit gültige Normalpsychologie [gibt es] einfach nicht.«[7] Was in der einen Kultur als normal empfunden werde, könne in der anderen als neurotisch gelten. Allerdings gebe es »zwei besondere Merkmale, die in allen Neurosen wahrzunehmen sind«: erstens »eine gewisse Starrheit der Reaktion« und zweitens »eine Diskrepanz zwischen Möglichkeit und Leistung«. Auch Freuds Ödipuskomplex erschien ihr fragwürdig. Sie präferierte den Begriff »Grundangst«, wobei es sich »nicht um ein biologisches, sondern um ein kulturbedingtes Phänomen« handle, welches von Kindheit an auf das Individuum einwirke.[8] Diese Grundangst äußere sich, indem man sich klein fühle, unbedeutend, hilflos den Gefahren einer Welt ausgesetzt, die nur darauf aus ist, einen zu missbrauchen, zu betrügen, anzugreifen, bloßzustellen oder mit ihrem Neid zu verfolgen. Und solche Ängste verschlimmerten sich immer dann, wenn einem Menschen als Kind nicht genug Wärme und Liebe von den Eltern geschenkt worden sei; ein Kind, das unter diesen Bedingungen aufwachse, entwickle notgedrungen zumindest eine von vier möglichen Tendenzen, die seine Leistungsfähigkeit behinderten: ein neurotisches Verlangen nach Zuneigung, ein neurotisches Machtbedürfnis, ein neurotisches Verlangen nach Rückzug oder ein neurotisches Unterwerfungsbedürfnis.

Der umstrittenste Teil von Horneys Theorie war, dass sie die Entwicklung solcher Neurosen den Widersprüchen zuschrieb, die dem typisch amerikanischen Lebensstil inhärent seien. In den USA herrschte ihrer Meinung nach mehr als anderenorts das Dilemma zwischen »neurotischem Konkurrenzbedürfnis« und Erfolg einerseits (gib einem Trottel nie eine Chance) und gutnachbarlichem Verhalten (liebe deinen Nächsten wie dich selbst) andererseits, zwischen der Jagd nach »Macht, Ansehen und Besitz« (das haben wollen, was andere haben) und der Unfähigkeit des Einzelnen, solche Ambitionen zu befriedigen. Ungeachtet der zahlreichen materiellen Vorteile, die diese Gesellschaft biete, manifestiere sie bei vielen Menschen das Gefühl, »allein und hilflos« zu sein.[9]

Von Hegel zu Hitler

1924, im Jahr, in dem Kafka an Tuberkulose starb, feierte Adolf Hitler seinen fünfunddreißigsten Geburtstag im Gefängnis von Landsberg, wo er wegen seiner Rolle beim Münchner Putsch einsaß. Die Gerichtsverhandlung hatte mehr als drei Wochen lang die Schlagzeilen deutscher Zeitungen beherrscht und Hitler zum ersten Mal die Möglichkeit beschert, landesweit Aufmerksamkeit zu erregen. Die Zeit im Gefängnis nutzte er, um den ersten Teil von *Mein Kampf* zu schreiben, jenem Machwerk, welches ihn zum Führer der Nationalsozialisten erhob, den Grundstein für den Hitler-Mythos legte und dem Autor half, sich über seine Ideen selbst klar zu werden.[10]

Vieles ist über Hitler zu sagen, aber eines ist gewiss: Er selbst hielt sich für einen großen Geist mit besonderem Verständnis für technisch-militärische Fragen, die Naturwissenschaften, vor allem aber für geschichtliche Zusammenhänge. Die Person, zu der er wurde, war nicht nur ein Produkt des Ersten Weltkriegs und der anschließenden Friedenszeit, sondern auch seiner autodidaktischen Bildungsversuche. Die Vorstellungen, die der »Führer« bei den *Tischgesprächen* während des Zweiten Weltkriegs zum Ausdruck brachte, sind direkt auf sein Denken als junger Mann zurückzuführen.

Der amerikanische Historiker George L. Mosse hat die Geschichte des »Dritten Reiches« bis zu ihren geistigen Wurzeln zurückverfolgt. Dieses Unterkapitel beruht im Wesentlichen auf seiner Studie.[11] Mosse zeigte auf, dass sich das Amalgam aus »völkischem Naturmystizismus« und »Deutschthum« im 19. Jahrhundert teils als Reaktion auf die romantische Bewegung, teils auf das verwirrende Tempo der Industrialisierung und teils als ein Aspekt der nationalen Einigung herausbildete. Abgesehen von den Einflüssen der deutschen Intellektuellen, die »einen großen Teil der Verantwortung« für dieses völkische Denken trugen – etwa Paul de Lagarde und Julius Langbehn, die das »Deutschthum« zu der Kraft erhoben, an der die Welt genesen sollte, oder der Verleger Eugen Diederichs, der sich »als Ersatz für den Staat [...] das Ideal einer Kulturnation unter der Führung einer geweihten Elite« vorstellte[12] –, hatte es auch andere sehr populäre Bücher gegeben, die bereits Anfang des 20. Jahrhundert erschienen waren. Beispielsweise Ludwig Woltmanns *Die Germanen und die Renaissance von Italien* (1905), in dem behauptet wurde, dass »die deutsche Rasse« sogar die italienische Renaissance dominiert habe: »Die Führer der italienischen Renaissance [waren] nicht die Nachkommen der Römer, sondern der Goten und Langobarden.«[13] Mosse weist obendrein nach, wie stark sich auch der Sozialdarwinismus bereits in der deutschen Gesellschaft etabliert hatte, und schildert alle möglichen Versuche, »germanische Utopien« zu verwirklichen, von den »arischen« Kolonien in Paraguay und Mexiko bis hin zur bayerischen Nudistenbewegung, die »als Teil der völkischen Bewegung« die entsprechende Rassenideologie zu verwirklichen versuchte.[14]

Hitler schrieb, er habe »während der Linzer Schulzeit ›die Geschichte ihrem Sinne nach verstehen und begreifen‹ gelernt – ›Geschichte lernen [heißt], die Kräfte suchen und finden, die als Ursachen zu jenen Wirkungen führen, die wir dann als geschichtliche Ereignisse vor unseren Augen sehen‹«.[15] Eine solche Kraft fand er dann in der Überzeugung (auch zu der war er bereits als junger Mann gelangt), dass England, Frankreich und Russland nichts anderes wollten, als Deutschland zu umzingeln. Von dieser Meinung sollte er nie mehr abrücken. Geschichte betrachtete er unweigerlich als das Werk großer Männer, seine Helden hießen Karl der Große, Rudolf von Habsburg, Friedrich der Große, Napoleon, Bismarck und Wilhelm I. In dieser Hinsicht war Hitler eher aus dem Holz eines Stefan George oder Rainer Maria Rilke geschnitzt als aus dem von Marx und Engels, die die Geschichte vom Klassenkampf beherrscht sahen. Hitler betrachtete Geschichte als eine Aneinanderreihung von Rassenkämpfen, deren Ausgang wiederum grundsätzlich von großen Männern abhing, als »die Summe von Kampf und Krieg jeder gegen jeden schlechthin. In ihr gibt es für ihn weder Barmherzigkeit noch Humanität«, schreibt Werner Maser.[16]

Hitlers Vorstellungen von Biologie waren ein Amalgam aus Thomas R. Malthus, Charles Darwin, Joseph Arthur Gobineau und William McDougall: Der Mensch erstarke im Kampf; seine Ziele könne er nur durchsetzen, wenn er sich mit aller Brutalität seiner ursprünglichen Kraft bediene; Kampf sei der Vater aller Dinge, Tugend liege im Blute, Herrschaftswille sei das oberste Gebot; wer leben wolle, müsse kämpfen; wer nicht kämpfen wolle, der habe in dieser Welt, in der ewiger Kampf das Gesetz des Lebens sei, jedes Recht auf Leben verwirkt.

Hitlers Biologismus war untrennbar mit seinem Geschichtsverständnis verknüpft. Er wusste sehr wenig über Frühgeschichte, betrachtete sich aber als Kenner der Antike. So pflegte er zum Beispiel gerne zu betonen, dass das alte Griechenland oder das Römische Reich seine »natürliche Heimat« seien und er Platon mehr als nur flüchtig kenne. Diese Überzeugung mag wohl auch ein Grund dafür gewesen sein, dass er die »Ostrassen« (die einstigen »Barbaren«) als so stark unterlegen empfand. Aber auch organisierte Religionen, vor allem die katholische Kirche, sah er wegen ihrer antiwissenschaftlichen Einstellungen und dem aus seiner Sicht so fehlgeleiteten Engagement für die Armen (die »Überlebensschwachen«) als dem Untergang geweiht. Die Menschheit als solche teilte er in drei Kategorien ein: die Schöpfer von Kultur, die Träger von Kultur und die Vernichter von Kultur. Kultur schaffen konnte nur die »arische Rasse«;

für den Untergang von Kulturen gab es immer nur einen Grund: »Rassenmischung«. Diese Weltanschauung erklärt vielleicht auch die Affinität Hitlers zu Hegel. Hegel hatte behauptet, Europa sei maßgeblich für die Entwicklung der Geschichte verantwortlich, Russland und die Vereinigten Staaten seien nur von peripherer Bedeutung. Offenbar hatte aber auch die landumschlossene Lage von Hitlers Heimatstadt Linz diesen Eindruck bei ihm verstärkt. Sein Leben lang orientierte er sich am Binnenland, das Meer regte seine Phantasie nicht an. Er glaubte seine Wurzeln innerhalb der kulturellen Grenzen das alten Römischen Reiches. Und diese Einstellung war vermutlich entscheidend, weil sie Hitler dazu brachte, die Entschlossenheit der »Peripherie« – Englands, der Vereinigten Staaten und Russlands – auf so verhängnisvolle Weise zu unterschätzen.

Es steht zu bezweifeln, dass Hitler so belesen war, wie seine »kritiklosen Bewunderer« stets behauptet haben. Ihnen zufolge soll er sich auf den Gebieten Architektur, Kunst, Militärgeschichte, allgemeine Geschichte und Technik immer besser ausgekannt haben und in Musik, Biologie, Medizin und Kultur- wie Religionsgeschichte sogar so bewandert gewesen sein, dass er seine Umwelt ständig mit Detailkenntnissen verblüfft habe. Sein zeitweiliger Hals-, Nasen- und Ohrenarzt protokollierte beispielsweise: »Er kannte den Zusammenhang zwischen Blutgerinnung und Thrombocyten sowie den Einfluss des Nikotins auf die Herzkranzgefäße ...«[17] Aber Hitler war ein reiner Autodidakt und hatte nie einen Lehrer, der ihm auf irgendeinem Gebiet eine systematische oder breitere Wissensgrundlage vermittelt hätte. Und das hatte gravierende Folgen. Zudem muss bedacht werden, dass der Erste Weltkrieg, bei dessen Ausbruch er fünfundzwanzig gewesen war, jede Art von Ausbildung nicht nur unterbrochen, sondern vollständig abgebrochen hatte. Die geistige Entwicklung Hitlers endete im Jahr 1914. Von da an war er mehr oder weniger nur noch von unausgegorenen alldeutschen Ideen umgeben.

Nun darf man Hitlers angeblichen geistigen Auseinandersetzungen ohnedies nicht viel Gewicht beimessen. Denn ein Großteil seiner späteren Lektüre diente, wie Werner Maser in seiner psychologischen Hitler-Studie betont, einzig und allein der Bestätigung seiner längst unverrückbaren Ansichten; außerdem konnte er nur dann eine gewisse Kongruenz bei seinen Aussagen und Einstellungen wahren, wenn er die Fakten massiv verzerrte. Beispielsweise behauptete Hitler mehrfach, dass Deutschland seinen Drang nach einer Osterweiterung bereits vor sechshundert Jahren aufgegeben habe: Er tat das, damit es zu der historischen Erklärung passte, die er sich für Deutschlands Fehler in der Vergangenheit und für die künftigen Bedürfnisse des Landes zurechtgelegt hatte. Denn Fakt ist ja, dass sowohl die Habsburger als auch die Hohenzollern eine lang währende Ostpolitik betrieben haben – immerhin wurde Polen dreimal geteilt.[18]

Kulturpessimismus, konservative Revolutionäre und die reaktionäre Moderne

Die alteingeführte deutsche Tradition des Kulturpessimismus wurde zur Zeit der Weimarer Republik von Arthur Moeller van den Bruck (1876 bis 1925) fortgesetzt. Fritz Stern schreibt, dass Moeller schon als Kind ein Außenseiter gewesen sei. Unter ungeklärten Umständen »wurde er des Gymnasiums verwiesen und von seinen Eltern verstoßen; als junger Mann verließ er sein Vaterland, um nicht zum Militärdienst einrücken zu müssen«. Und weil er ein bescheidenes Vermögen geerbt hatte, war er »von den Verpflichtungen einer festen Anstellung« befreit.[19] Schließlich begann er eine Trilogie über die moderne deutsche Kunst zu schreiben, vollendete aber nur den ersten Band. Wenig später veröffentlichte er zwei kleinere Bücher über *Das Varieté* und *Das Théâtre Français*, floh aber kurz nach ihrer Veröffentlichung aus Deutschland, weil er sich davor fürchtete, seinen »immer wieder hinausgeschobenen Militärdienst nun endgültig ableisten zu müssen«.[20] Er lebte zuerst in Frankreich, dann ging er nach Italien, wo er sich einigen führenden Vertretern des deutschen Expressionismus anschloss, insbesondere Ernst Barlach, den er in Florenz kennenlernte. Wie antisemitisch er war, ließ er sich da noch nicht anmerken. Doch gerade während dieser langen Jahre im Ausland scheint er seine Liebe zu einem idealisierten Vaterland entdeckt zu haben, und dieser Nationalismus kam dann in seinem achtbändigen Werk *Die Deutschen* (1904–1910) zum Ausdruck, in dem er sich auch erstmals nicht als Moeller-Bruck, sondern mit dem »vornehm« klingenden Namen Moeller van den Bruck präsentierte. In dem sechsbändigen Werk *Die Zeitgenossen* (1906) versuchte er, »den Unterschied zwischen jungen und alten Völkern klarer herauszustellen«. Die aufschlussreichen Titel der einzelnen Bände lauteten: »Französischer Zweifel«, »Englischer Menschenverstand«, »Italienische Schönheit«, »Deutsche Weltanschauung«, »Amerikanischer Wille« und »Russische Seele«.[21]

In den *Zeitgenossen* beklagte Moeller vornehmlich das Fehlen großer Interpreten der Moderne auf geistigem und künstlerischem Gebiet (zu den wenigen Ausnahmen zählte er Walt Whitman, den »Homer der modernen Welt«) und den Niedergang deutscher Kultur seit der Reichsgründung: Deutschland habe »zuviel Zivilisation und zuwenig Kultur«, lamentierte er oft.[22] 1914 präsentierte er den letzten Band seines erfolgreichsten Werkes: eine dreiundzwanzigbändige Gesamtausgabe von Dostojewskis Werken; 1919 trat er dem »Juni-Klub« bei, der nach der Unterzeichnung des Versailler Vertrags gegründeten »Schlüsselorganisation der Jungkonservativen«. Ihr wichtigstes Sprachrohr war das Wochenblatt *Das Gewissen. Unabhängige Zeitung für Volksbildung*, der Moeller in den ersten fünf Jahren ihrer Existenz seinen Stempel aufdrückte.[23] Wie Lagarde sah auch Moeller den Erzfeind im Liberalismus – zur Zeit der Weimarer Republik mehr denn je. Vor allem betrachtete er ihn als eine Gefahr für die deutsche Innerlichkeit und Bildung. Es gab keinen Missstand, für den er nicht die Liberalen verantwortlich gemacht hätte.[24] Mit ihnen war für ihn keine Art von gesellschaftlicher Harmonie denkbar.

Moellers bekanntestes politisches Werk war *Das dritte Reich*, 1922 geschrieben und im Jahr darauf veröffentlicht. Es war dieses Buch, das, wie Fritz Stern weiter schreibt, »zufällig der nationalsozialistischen Bewegung eines ihrer Schlagworte und dem nationalsozialistischen Staat den Namen, unter dem er in die Geschichte eingegangen ist«, lieferte.[25] Das Buch war eine leidenschaftliche Polemik, eine Verteidigung von Idealtypen, die es nur in Moellers Phantasie gab, und ein Frontalangriff auf den deutschen Liberalismus, die Sozialdemokratie und den Sozialismus: »Den Sozialismus führte er auf den Marxismus, den Marxismus auf Marx zurück und Marx – auf das Judentum.« Das war neu bei Moeller, bis dahin hatte er sich nicht wirklich antisemitisch geäußert. Doch nun legte er los: Als Jude könne Marx »die geistige Wesenheit des Menschen« gar nicht verstehen, als »Fremder in Europa« mische er sich typischerweise in die Angelegenheiten europäischer Völker ein, und das, obwohl er als Jude gar kein »Vaterland« besitze.[26] Doch der rote Faden durch sein Buch lautete: »Der Liberalismus ist der Ausdruck einer Gesellschaft, die nicht mehr Gemeinschaft ist...« Vor 1914 seien die Deutschen »das freieste Volk der Erde« gewesen, erst durch die »liberale Revolution von 1918« seien sie »versklavt« worden.[27] Liberalismus war für ihn gleichbedeutend mit Ratio, und Ratio sah er als etwas jeder Einsicht und Erkenntnis Unterlegenes an. Die Nationalsozialisten (nicht zuletzt Hitler selbst) »erwähnten Moeller ebenso selten wie die übrigen konservativen Revolutionäre«, nur Goebbels war tief beeindruckt von Moellers *Drittem Reich*. Verzweifelt über diese Missachtung, und obwohl er zum Helden der meisten Rechtsintellektuellen geworden war, nahm sich Moeller 1925 in Berlin das Leben.[28]

Dabei war er mit seinen Ansichten alles andere als allein dagestanden. Leute mit Moellers Weltanschauung gab es in der Weimarer Republik zuhauf und mit allen möglichen Etiketten belegt – Kulturpessimisten, konservative Revolutionäre, reaktionäre Modernisten. Ihre Einstellungen überlappten sich alle. Man denke an Figuren wie Ernst Jünger oder an den konservativen Politiker und Publizisten Edgar Jung, den postnietzscheanischen und präexistenzialistischen Psychologen und »Lebensphilosophen« Ludwig Klages oder an Stefan George, Oswald Spengler, Ernst Toller und Thomas Mann, die allesamt die Ansicht vertraten, dass Deutschland einer geistigen Erneuerung bedürfe und eine Demokratie für die deutsche Kultur inakzeptabel, die »völkische« Gemeinschaft hingegen der Idealzustand sei.

Stefan George, Oswald Spengler und Thomas Mann kamen in diesem Buch bereits zur Sprache, unter den anderen oben Genannten ragt Ernst Jünger heraus, der hundertzwei werden sollte (er wurde 1895 geboren und starb 1998, sechs Wochen vor seinem hundertdritten Geburtstag). Man sagt, sein langes Leben habe ihn befähigt, viele seiner Fehler einzusehen.

Als Gymnasiast war Jünger 1913 von zu Hause weggelaufen und in die Fremdenlegion eingetreten, auf Betreiben des Vaters aber schnell wieder entlassen worden. Gleich nach Ausbruch des Ersten Weltkriegs meldete er sich freiwillig, wurde insgesamt vierzehnmal an der Westfront verwundet; ausgezeichnet wurde er mit dem Eisernen Kreuz erster Klasse, dem Ritterkreuz des Königlichen Hausordens von Hohenzollern und schließlich, mit dreiundzwanzig, als bis dahin jüngster Empfänger auch mit dem Orden Pour le Mérite (dem »blauen Max«). Nach dem Krieg studierte er Entomologie, 1920 veröffentlichte er die erste Fassung seines Buches *In Stahlgewittern*: ungeschönte Kriegserinnerungen, die die Augen nicht verschließen vor den Schrecken, aber am lyrischsten und schwärmerischsten sind, wenn der Kampf geschildert wird. Angesichts dieser Behandlung des Krieges als ein nahezu mystisches, erhebendes »innerliches« Erleben wird dieses Buch heute nicht selten mit Remarques *Im Westen nichts Neues* verglichen. Wie so vielen Männern – und den Freikorps, die nach dem Ersten Weltkrieg wie Pilze aus dem deutschen Boden schossen, um jeden Revolutionsversuch im Keim zu ersticken – ging es auch Jünger zumindest damals um die Wiederherstellung des deutschen Supremats. Die Weimarer Republik war für ihn nur eine fahle Alternative zum »wahren« Deutschland; Demokratie und Liberalismus waren die Zwillingsfeinde von allem, was er edel und gut im deutschen Leben fand. Im Lauf seines Lebens, das so weit über den Zweiten Weltkrieg hinausging, schlug er viele Haken, doch mehreren englischen Historikern zufolge war Jünger zu Zeiten der Weimarer Republik zwar ein aktiver Vertreter der konservativen Revolutionäre gewesen, aber nie zu einem echten Nazi geworden.[29]

Die Einstellung der Weimarer Konservativen Revolution bezog sich ebenso auf die Ästhetik wie auf die Politik und grenzte ihre Anhänger deutlich von solchen Denkern und Schriftstellern wie Kurt Tucholsky, Alfred Döblin oder Walter Benjamin ab. Benjamin (1892–1940), als Sohn eines jüdischen Antiquitäten- und Kunstauktionators in Berlin geboren, war ein radikaler Intellektueller, ein »Kulturzionist«, wie er selbst sagte (womit er meinte, dass er sich als Anwalt der liberalen jüdischen Werte in der europäischen Kultur verstand), der seinen Lebensunterhalt als Historiker, Philosoph, Kunst- und Literaturkritiker und als Journalist verdiente. Nachdem der leicht mystisch angehauchte Denker wehruntauglich geschrieben worden war, übersiedelte er nach München und 1917 von dort in die Schweiz, wo er den Rest des Ersten Weltkriegs verbrachte.

Er pflegte unter anderem Freundschaften mit Hugo von Hofmannsthal, Bertolt Brecht und den Gründern der Frankfurter Schule. In vielen Schriften und Büchern – zum Beispiel in seinem *Wahlverwandtschaften*-Essay oder im *Ursprung des deutschen Trauerspiels* – stellte er Vergleiche zwischen traditionellen und neuen Kunstformen an und nahm damit gewissermaßen die Ideen von Raymond Williams, Andy Warhol und Marshall McLuhan vorweg. Benjamin begrüßte diese neuen Formen und wollte sie verstehen, nicht verurteilen.[30]

Aus Sicht der Konservativen war es einer der größten Fehler der Weimarer Kultur gewesen, dass die Unterschichten – für sie das Salz der Erde – übersehen oder gar negiert worden seien. Diese Meinung brachte dann ein anderes typisches Merkmal dieser Zeit hervor, nämlich den »antiintellektuellen Intellektuellen«. Aber gerade dieser Antiintellektualismus mit dem ihm innewohnenden Antisemitismus war der Funke, der die jüdische Kultur zu neuem Leben erweckte, vor allem in Gestalt des »Freien Jüdischen Lehrhauses« – das sich um Franz Rosenzweig in Frankfurt gebildet hatte und in dem auch Martin Buber lehrte – oder der »Wissenschaft des Judentums«. Nun waren zwar gewiss nicht alle Konservativen Anhänger der Nationalsozialisten gewesen, doch auch das von ihnen geschürte und generell so kulturpessimistische Meinungsklima *hat* vor dem Chaos, das ständig im Hintergrund drohte, zum wachsenden Selbstbewusstsein der Nazis beigetragen.[31]

Die kulturelle und geistige Basis des Nationalsozialismus

Es fand in der Weimarer Republik also ein ständiger Kampf zwischen den Rationalisten (Wissenschaftlern, Akademikern) und den Nationalisten (vor allem den Alldeutschen) statt, die nicht von der Überzeugung abrückten, dass an Deutschland, seiner Geschichte und der instinktiven Überlegenheit seiner Helden etwas Einmaliges sei. Im *Untergang des Abendlandes* hatte Oswald Spengler hervorgehoben, wie sehr sich Deutschland von Frankreich, den Vereinigten Staaten und Großbritannien unterscheide; und diese auch Hitler gefallende Sichtweise begann nun unter den Nationalsozialisten immer mehr an Boden zu gewinnen, je näher sie der Macht rückten. Von Zeit zu Zeit attackierte Hitler die moderne Kunst und moderne Künstler, doch entscheidend war, dass er – wie alle anderen führenden Nationalsozialisten – grundlegend antiintellektuell war. Die großen Männer der Geschichte waren aus seiner Sicht alle Macher und keine Denker gewesen. Nur im einen oder anderen Fall machte er eine Ausnahme von dieser Regel, wie zum Beispiel bei einem Möchtegernintellektuellen, der sich sogar noch weiter ins gesellschaftliche Abseits stellte als der Rest der nationalsozialistischen Führungsriege.

Der Name dieses Mannes war Alfred Rosenberg (1893–1946). Er entstammte einer deutsch-baltischen Familie aus Reval, das bis 1918 zu Russland gehört hatte, und war schon als Junge von Geschichte fasziniert gewesen. Vollends begeistert war er, nachdem er während der Familienferien im Jahr 1909 Houston Stewart Chamberlains *Die Grundlagen des neunzehnten Jahrhunderts* (1899) gelesen hatte. Endlich war ihm bestätigt worden, dass Juden ebenso abgrundtief hassenswert waren wie – nach all seinen Erfahrungen in Estland – die Russen. Nach dem Waffenstillstand 1918 zog er nach München, wo er 1919 der Deutschen Arbeiterpartei (DAP) beitrat und wütende antisemitische Schmähschriften zu verfassen begann. Dank seiner Schreibkünste, seiner Kenntnisse von Russland und der russischen Sprache stieg er bald zum Ostexperten der Partei auf. 1923 übernahm er die Schriftleitung des parteieigenen *Völkischen Beobachters*. Im Lauf der zwanziger Jahre setzte sich bei Rosenberg, Martin Bormann und Heinrich Himmler schließlich immer mehr die Überzeugung durch, dass der Nationalsozialismus auf einer noch wesentlich festeren ideologischen Grundlage stehen müsse, als *Mein Kampf* sie bot. Also schrieb Rosenberg sein 1930 veröffentlichtes Machwerk *Mythus des 20. Jahrhunderts*, mit dem er den geistigen Grundstein für die nationale Erweckung gelegt zu haben glaubte.[32]

Mythus ist ein weitschweifiges und völlig zusammenhangloses Elaborat von über siebenhundert Seiten.[33] Als Hauptfeind der deutschen Kultur stellt Rosenberg gleich zu Anfang den römischen Katholizismus dar. Das dritte »Buch« trägt den Titel »Das kommende Reich« und befasst sich mit »Rassenhygiene«, Erziehung, Religion und am Ende auch mit internationaler Politik. Darin verstieg sich Rosenberg beispielsweise zu der Behauptung, dass Jesus selber gar kein Jude gewesen sei, seine Botschaft vielmehr vom »knechtseligen Paulus«, ergo einem typischen Juden, pervertiert und in dessen eigener Version verbreitet worden sei, welche dann von der »typenzersetzenden« katholischen Kirche aufgegriffen wurde. Die Kirche habe unter Missachtung aller aristokratischen und rassischen Ideen das Christentum schließlich zu dem vertrauten Konglomerat gefälschter Dogmen – wie den Lehren von der Erbsünde, vom ewigen Leben, vom Fegefeuer und so weiter – geformt, deren »ungesunde« Auswirkungen ja hinreichend bekannt seien.

Rosenbergs atemberaubend anmaßendes Ziel war die Erschaffung einer Ersatzreligion für Deutschland. Allein das »Gesetz des Blutes«, das die Deutschen zu einer Herrenrasse einte, sollte herrschen (wobei er »Rasse« als ein »Gleichnis der Seele« darstellte). Zu diesem Zweck bediente er sich auch der Machwerke des führenden nationalsozialistischen Rassentheoretikers Hans F. K. Günther, aus dessen *Rassenkunde des Deutschen Volkes* (1922) er beispielsweise die angeblich wissenschaftlich nachgewiesenen Typenmerkmale der »arisch-nordischen Rasse« übernahm. Wie

Hitler und andere vor ihm tat auch Rosenberg sein Bestes, um am Beispiel des Verfalls der indischen oder griechischen Kultur die Gefahren zu verdeutlichen, die dem deutschen Volk drohten. Und für seine völlig willkürlichen, dafür ungemein heroischen historischen Geschichtsbilder, die keinem anderen Zweck dienten, als die NSDAP tief in der deutschen Vergangenheit zu verankern, benutzte er Rembrandt, Herder, Wagner, Friedrich den Großen und Heinrich den Löwen. Für Rosenberg war »Rasse« oder das »Gesetz des Blutes« die einzige Kraft, die dem vom Individualismus und Universalismus initiierten Auflösungsprozess entgegenwirken konnte. Den »ungehemmten Unternehmergeist« des individualistischen Amerika betrachtete er als eine geschickte Vortäuschung des »jüdischen Ungeistes«, um die Menschen ins Verderben zu locken.

Hitler selbst scheint sich seiner Meinung über *Mythus* offenbar nicht ganz sicher gewesen zu sein, denn nachdem Rosenberg ihm das Manuskript vorgelegt hatte, behielt der »Führer« es sechs Monate und gab erst grünes Licht, *nachdem* die NSDAP bei der Reichstagswahl am 14. September 1930 so sensationell gut abgeschnitten hatte. Vielleicht hatte er mit der Veröffentlichung warten wollen, bis die Partei so stark war, dass sie den Verlust der katholischen Wählerschaft – der nach einer Publikation dieses Buches mit Sicherheit zu erwarten gewesen war – verschmerzen konnte. Wenn das der Grund war, hätte er jedenfalls ziemlichen Realitätssinn bewiesen. Denn natürlich zeigte sich der Vatikan dann empört über Rosenbergs Argumentation und setzte das Buch 1934 auf den Index. Der Kölner Erzbischof Kardinal Schulte rief einen »Verteidigungsstab« aus sieben jungen Priestern ins Leben, die rund um die Uhr mit nichts anderem beschäftigt waren, als die vielen Fehler in *Mythus* aufzulisten. Anschließend wurde die Gegenschrift in der katholischen »Studien«-Reihe simultan in fünf verschiedenen Städten veröffentlicht, anonym, um die Autoren vor der Gestapo zu schützen. Rosenberg aber war nach wie vor gern bei Hitler gesehen und bekam zu Kriegsbeginn sogar seine eigene Einheit, den »Einsatzstab Reichsleiter Rosenberg« oder kurz ERR, welcher sich dann mit nichts anderem als Kunstraub befasste. So inkohärent und willkürlich Rosenbergs Buch auch war, nach seiner Veröffentlichung stand jedenfalls zweifelsfrei fest, was die Nazis verkehrt fanden an der deutschen Kultur.

Die gewalttätige Verehrung von »allem was deutsch ist«

Beenden wir dieses Kapitel mit einem Blick, der von außen auf die Weimarer Jahre geworfen wurde, kurz bevor die Nationalsozialisten wirklich erstarkten, weshalb diese Kritik auch eine besonders ernsthafte Würdigung verdient. Zudem überlappte sie sich mit früheren Kritiken aus nichtdeutschen Federn, zum Beispiel mit der von John Dewey oder von George Santayana.

1927 veröffentlichte der französische Philosoph Julien Benda das Buch *La trahison des clercs* (*Der Verrat der Intellektuellen*, deutsche Erstübersetzung erst 1978). Mit *clercs* (»Gelehrten«) meinte er nicht nur die deutschen, sondern auch die französischen Gelehrten. Und gerade die Tatsache, dass er sich hier dem engen nationalistischen Blickwinkel verweigerte, macht seine Argumente so lesenswert. Julien Benda (1867–1956) entstammte einer einstmals wohlhabenden jüdischen Kaufmannsfamilie aus Paris, deren Unternehmen im Ersten Weltkrieg bankrott gegangen war. Er war ein ungemein produktiver Schriftsteller, der rund fünfzig Bücher veröffentlichte, sich 1898 in seinen Artikeln dezidiert für Alfred Dreyfus eingesetzt hatte, sich selbst vor allem als einen Rationalisten in der französischen Tradition verstand und sich stark von dem »Intuitionismus« Henri Bergsons abgrenzte. Der rote Faden, der sich durch seine Intellektuellenkritik in *Verrat* zieht, lautete, dass das 19. Jahrhundert eine unverhältnismäßige, mit nichts Vorangegangenem vergleichbare Wucherung politischer Leidenschaften erlebt habe. Das Auftauchen der bourgeoisen Klasse habe den Klassenhass hervorgebracht und die nationalistischen Gefühle geweckt, Gefühle, für die Benda auch die Demokratie verantwortlich machte. Der britische Gelehrte Herbert Read schrieb in seiner Einführung zur englischen Ausgabe von Bendas Buch: »Nationalismus wurde zu einem weit verbreiteten mystischen Gefühl, mit dem Ergebnis, dass nationale Leidenschaften das nationale Leben verheerten.« Außerdem habe nicht zuletzt die zeitgleiche Intensivierung des jüdischen Zionismus den entsprechend intensiven Antisemitismus nach sich gezogen.[34] Benda betonte, dass sich die politischen Leidenschaften im 19. Jahrhundert, insbesondere die »Nationalleidenschaften«, beträchtlich vertieft hätten: »Die Völker wollen sich heute nicht mehr bloß in ihrer materiellen Existenz bestätigt sehen, nicht mehr nur in ihrer militärischen Macht, ihrem territorialen Besitz, ihrem wirtschaftlichen Reichtum, sondern auch in ihrer *moralischen* Existenz. Mit einer noch nie dagewesenen Bewußtheit (die zudem von den Literaten geschürt wird) stellt heute jedes Volk selbstverliebt seine Sprache, seine Kunst, seine Literatur, seine Philosophie, seine Zivilisation, seine ganze ›Kultur‹ allen anderen Völkern entgegen. Patriotismus ist heute die Selbstbehauptung einer Geistesverfassung gegen andere Geistesverfassungen.«[35] Um wie viel »heftiger« die Nationalleidenschaft im letzten halben Jahrhundert geworden sei, »lehrt ein Blick auf die Entwicklung des Gefühls bei den Deutschen«. Dabei spreche er explizit »von einigen starken politischen Leidenschaften, die ursprünglich, unabhängig von diesem Gefühl, sich in unseren Tagen mit ihm vereinigt haben. Diese Leidenschaften sind: 1. Die Bewegung gegen die Juden, 2. die Bewegung der besitzenden Klassen gegen das Proletariat, 3. die Bewegung der Autoritätsfanatiker gegen die Demokratie«.[36]

Vor allem beobachtete Benda völlig veränderte Verhaltensweisen unter den Intellektuellen, den schöpferisch Tätigen, den Wissenschaftlern und Philosophen. Vor dem 19. Jahrhundert lebten Personen vom Schlag eines Leonardo da Vinci, Goethe, Erasmus, Kant, Thomas von Aquin, Kepler, Descartes, Bacon, Pascal oder Leibniz »völlig abgewandt von derlei Passionen für die rein vorteilslos zweckfreie Tätigkeit des Geistes, und wirkten durch ihr Beispiel meinungsbildend im Sinne höchster Bewertung dieser Existenzweise [...]. Heute hingegen demonstrieren Namen wie Mommsen, Treitschke, Ostwald, Brunétière, Barrès, Lemaître, Péguy, Maurras, D'Annunzio oder Kipling, daß die *clercs* den politischen Passionen mit allen Merkmalen der Leidenschaftlichkeit frönen: mit Tatendrang und mit der Gier nach unmittelbaren Resultaten, mit borniterter Zielstrebigkeit, die Argumenten unzugänglich ist, mit Maßlosigkeit, Haß und fixen Ideen. Der moderne *clerc* überläßt es nicht länger dem Laien, in die politische Arena hinabzusteigen.«[37] Der *clerc* verriet also alles, wofür er und seine Vorgänger einst gestanden hatten: Er handelte nicht wie Sokrates oder Jesus, er handelte wie der Pöbel.

Es war Benda wichtig, aufzuzeigen, dass dieser Verrat nicht nur in Deutschland stattfand – im Gegenteil: Als Franzose konzentrierte er sich vor allem auf Frankreich, weitete seine Argumentation aber auf Deutschland, Italien, Großbritannien und Amerika aus, in mehr oder weniger dieser Reihenfolge. Die Schuld der deutschen Intellektuellen sah er vor allem seit dem Ersten Weltkrieg und vor allem dem »Manifest der 93« gegeben. »Bekannt ist, mit welch systematischer Einhelligkeit die geistigen Autoritäten Deutschlands seit fünfzig Jahren vom Verfall aller nichtgermanischen Kulturen künden, und man erinnert sich auch, was einst in Frankreich die Verehrer Nietzsches oder Wagners, ja selbst die eines Kant oder eines Goethe von Franzosen einstecken mußten, die angeblich dem geistigen Leben angehörten.«[38] Obwohl Benda auch seine französischen Landsleute schalt, glaubte er doch, dass »bei dieser Hinwendung des modernen *clerc* zum patriotischen Fanatismus die deutschen Intellektuellen den Anfang gemacht haben. Die französischen Intellektuellen begegneten – noch auf Jahre hinaus – ausländischen Kulturen mit grundsätzlicher Unvoreingenommenheit [...], als die Lessing, Schlegel, Fichte und Goerres schon inbrünstige Ergriffenheit für ›alles was deutsch ist‹ und Verachtung für alles undeutsche kultivierten. Der nationalistische Intellektuelle ist im wesentlichen eine deutsche Erfindung.«[39]

Zwar beschuldigte Benda die Dichter, Romanciers, Dramatiker, Literaturkritiker und Künstler gleichermaßen des Verrats, behielt sein Gift jedoch vor allem den Historikern vor. »Aber ich glaube mit Recht behaupten zu dürfen, daß die Methodik, die konsequente Bewußtheit, mit der seit einem halben Jahrhundert gewisse deutsche Historiker und seit zwanzig Jahren auch die französischen Monarchisten [...] vorgehen, noch nie zu beobachten war. [...] ›Ein rechter deutscher Geschichtsschreiber‹, verkündet ein bedeutender deutscher Gelehrter, ›muß vor allem jene Tatsachen herausstellen, aus denen sich Deutschlands Größe begründen lässt.‹ Derselbe Gelehrte ist voll des Lobes für Mommsen, der sich seinerseits brüstete, eine römische Geschichte geschrieben zu haben, die ›eine deutsche Geschichte mit römischen Namen‹ geworden sei.« Um die Philosophen fand er es auch nicht besser bestellt: »Fichte und Hegel setzten ja bekanntlich den Triumph der germanischen Welt als naturnotwendiges Endziel des werdenden Seins...«[40] Da konnten nicht einmal die Franzosen mithalten: »Die deutschen Historiker, schreibt Fustel de Coulanges [der sich eine Zeit lang an der französischen Schule in Athen aufhielt, um die Ausgrabungen in Chios zu überwachen], fordern ihre Landsleute auf, sich an ihrem Nationalcharakter einschließlich seiner barbarischen Züge zu berauschen. Daneben kann sich auch ein französischer Moralist durchaus sehen lassen...« Nicht »unmäßiger Stolz gereichte Deutschland im letzten Krieg zum Verderben«, fährt Benda fort, »sondern die Tatsache, daß seine materielle Stärke nicht mit seinem Stolz Schritt halten konnte«. Auch die Deutschen trügen Schuld an der »Verherrlichung des Existenzmodus«, an der »Glorifizierung des Spezifischen« und an dem »Kult staatlicher Stärke«.[41]

Einen entscheidenden Faktor, und das war ein sehr fundiertes Argument, sah Benda in dem Umstand, dass sich der moderne *clerc* »zum Priester des Krieges gemacht« habe, dass er die Menschen lehre, »der Krieg besitze moralischen Wert an sich und müsse ohne Frage nach dem Nutzen geführt (ausgeübt) werden«.[42] »Heldenmut«, »Ehre« und »Härte« lauteten die von den Intellektuellen besungenen höchsten Tugenden – Nietzsche pries sogar die »Grausamkeit« (die Helden genießen den Krieg »in allen Wollüsten des Sieges und der Grausamkeit«).[43] Aber es gab noch einen anderen Kult, nämlich den Kult des Willens (des erfolgreich durchgesetzten Willens natürlich), zu dem seit Hegel jedermann in Deutschland und seit Maistre auch viele in Frankreich bewundernd beigetragen hätten.

All das sah Benda im Aufstreben begriffen, während die Leidenschaft der Intellektuellen für das *Begreifen* der Dinge, ihr Sehnen nach Universalität und Objektivität, seit Friedrich Nietzsche und Georges Sorel verhöhnt wurden. Nicht wenige Franzosen hätten dem Intellektuellen nahegelegt, »sich ins Bewußtsein zu rufen, daß er im Vergleich zum Soldaten einen minderwertigen Menschenschlag darstelle«. Da gebe es »eine ganze literarische Strömung, die seit fünfzig Jahren [...] beharrlich das Primat des Instinkts, des Unbewußten, der Intuition und des Willens (im deutschen Sinne des Wortes, das heißt als Gegensatz zum Erkenntnisvermögen) proklamiert, im Namen der praktischen Intelligenz; sei es doch der Instinkt und nicht das Erkenntnisvermögen, der wisse, was wir (als Individuum, Nation oder Klasse) zur Wahrung unseres Vorteils tun müssen«.[44] Darin sah Benda einen außerordentlichen Niedergang der Moral, in dem für ihn eine Art von (höchst germanischem) intellektuellem Sadismus zum Ausdruck kam.

Bendas Schlussfolgerung lautete, dass die Würfel gefallen seien: »Die Menschheit hat sich der Nation verschrieben; der Laie war siegreich. [...] Die Wissenschaftler, Künstler und Philosophen sind ihrer Nation ebenso verhaftet wie die Arbeiter und die Händler. Die Männer, die der Welt ihre Werte geben, liefern ihr jetzt nationale Werte [...]. Ganz Europa ist Luther gefolgt, selbst Erasmus.«[45] Und dann (man erinnere sich, die Erstauflage seines Buch erschien 1927): »Eine solche Menschheit treibt dem totalsten und perfektioniertesten Krieg entgegen, den die Welt je erlebt hat, gleich ob er nun unter Nationen oder unter Klassen stattfinden wird.«[46]

Das waren natürlich bei Weitem noch nicht alle der von Benda vorgebrachten Argumente, außerdem wird mit meinen spezifischen Auszügen aus seinem Buch der Anschein erweckt, dass er sich wesentlich stärker auf Deutschland konzentrierte, als es tatsächlich der Fall war.[47] In Wirklichkeit ging er mit Frankreich nicht weniger ins Gericht als mit Deutschland, was seiner Argumentation einen weniger nationalistischen Anstrich verlieh, als es anderweitig der Fall gewesen wäre, und sie außerdem gerechtfertigter oder gerechter erscheinen ließ. Trotzdem stellte Benda zweifelsfrei fest, dass der »Verrat« in Deutschland begonnen und sich erst von dort ausgehend auf andere Länder und vor allem nach Frankreich ausgeweitet hatte. Nicht wenige seiner Kritikpunkte – die Verherrlichung von Politik, die Erhebung des Willens, die Verwandlung des Krieges zu einem nutzfreien Instrument der Moral, das Herunterspielen von jedem Versuch der Objektivität – sollten später auf unheimliche Weise nachklingen.

TEIL FÜNF
LIEDER VOM REICH: HITLER UND DIE »VERGEISTIGUNG DES KAMPFES«

34
Nationalsozialistische Ästhetik: Die braune Gleichschaltung

Am 30. Januar 1933 wurde Adolf Hitler deutscher Reichskanzler. Sechs Wochen später, am 15. März, wurde die erste schwarze Künstlerliste veröffentlicht. George Grosz, der sich gerade in den USA aufhielt, wurde die deutsche Staatsangehörigkeit aberkannt; das Bauhaus wurde geschlossen; Max Liebermann (damals sechsundachtzig), Käthe Kollwitz (sechsundsechzig), Paul Klee, Max Beckmann, Otto Dix und Oskar Schlemmer wurden ihrer akademischen Lehrämter enthoben. Ein paar Wochen darauf, im April, wurde in Nürnberg die erste Ausstellung, welche moderne Kunst auf infame Weise als »Schreckenskammer« und »Schauerkabinett« darstellte, eröffnet und anschließend auf Reisen nach Dresden und Dessau geschickt. Diese Ereignisse sind allgemein bekannt, schockieren uns aber wie so vieles aus dieser Zeit bis heute. Vier Tage vor der Entlassung der Künstler, am 11. März, war das Reichsministerium für Volksaufklärung und Propaganda gegründet und Joseph Goebbels zu seinem Leiter ernannt worden.[1]

Allerdings geschahen diese brutalen Einschnitte nicht aus heiterem Himmel. Hitler hatte nie einen Hehl daraus gemacht, dass er eine Menge Rechnungen mit einer Vielzahl von »Feinden« zu begleichen haben würde, sobald die NSDAP an der Macht wäre, zuvorderst mit den Künstlern. 1930 hatte er seinem künftigen Propagandaminister Goebbels in einem Brief versichert, dass die Partei unter seiner Führung »kein Debattierklub wurzelloser Literaten oder chaotischer Salon-Bolschewisten werden« würde.[2] Schon 1920 hatte das Parteiprogramm zum Kampf gegen die volksverhetzenden Tendenzen der modernen Kunst und Literatur aufgerufen.[3]

Nicht nur so mancher Maler, auch viele Wissenschaftler, Philosophen und Musiker, die nun wussten, woher der Wind wehte, versuchten sich schnell gemein mit den Nationalsozialisten zu machen. Aber davon wollte Goebbels nichts wissen. Eine Weile konkurrierten er und Rosenberg um das Recht, die politischen Richtlinien für das geistige und kulturelle Leben zu bestimmen, doch kaum hatte der Propagandaminister die Reichskulturkammer unter seine Kontrolle gebracht, stach er seinen Rivalen aus. Die Macht dieser Kammer war gewaltig: Jeder Künstler musste seine Eintragung in die Kammer beantragen; wer es nicht tat oder wem der Eintrag verweigert wurde, der konnte weder publizieren, ausstellen oder auftreten noch Anrechtsscheine auf Arbeitsmaterialien erhalten. Goebbels hatte zudem dafür gesorgt, dass keine öffentliche Kunstausstellung mehr ohne Genehmigung seiner Kammer veranstaltet werden durfte. Auf dem Parteitag im September 1934 machte auch Hitler dem Volk erneut klar, wo die Gefahren für die deutsche Kultur lauerten, nämlich bei solchen modernen »Kunstverderbern« wie den »Kubisten, Futuristen, Dadaisten«; das deutsche Volk verlange eine »artgesunde« neue deutsche Kunst, keine »Rückwärtse« und keine »Zerrbilder«; Kunst sei außerdem kein Hilfsmittel der Politik, sondern ein untrennbarer Teil des Nationalsozialismus.[4] Ab Mai 1936 mussten alle bei der Reichskulturkammer registrierten Künstler einen »Ariernachweis« vorlegen. Im Oktober 1936 schloss die Berliner Nationalgalerie ihre Abteilung für moderne Kunst, im November verbot Goebbels jede nichtoffizielle Kunstkritik. Von nun an war nur noch das *Berichten* über Kunstereignisse erlaubt.

Ein paar Maler begehrten auf: Ludwig Kirchner versuchte klarzustellen, dass er weder Jude noch Sozialdemokrat sei, Max Pechstein erinnerte die Gestapo daran, dass er im Ersten Weltkrieg für Deutschland an der Westfront gekämpft und obendrein einen Sohn in der SA und einen anderen in der Hitlerjugend habe, und Emil Nolde erklärte, dass er schon seit Ende der zwanziger Jahre ein begeisterter Anhänger der Nationalsozialisten gewesen sei. Doch umsonst. Aber es gab auch Künstler, die mit ihrer Kunst zu protestieren versuchten: Otto Dix porträtierte Hitler in seinem 1933 gemalten Bild *Die sieben Todsünden* als »Neid«, Max Beckmann stellte ihn als »Verführer« dar. Vielen Künstlern wurde klar, dass ihnen gar nichts anderes blieb als das Exil: Kurt Schwitters emigrierte nach Norwegen, Paul Klee in die Schweiz, Lyonel Feininger in die USA, Max Beckmann nach Holland und Ludwig Meidner nach England.[5]

Das Hamburger Warburg-Institut wurde noch vor dem Bauhaus geschlossen, als Nächstes folgte das Institut für Sozialforschung der Frankfurter Schule, deren Mitglieder nicht nur fast alle Juden, sondern auch erklärte Marxisten waren. Dank dem Weitblick seines Direktors Max Horkheimer war das Stiftungsvermögen des Instituts bereits 1931 nach Holland transferiert worden, auch Auslandsdependancen in Genf, Paris und London (an der London School of Economics) hatte man bereits eingerichtet. Horkheimer selbst entkam 1933 nur Tage vor der Schließung des Instituts wegen »staatsfeindlicher Tendenzen« in die Schweiz. Das Gebäude an der Victoria-Allee wurde mitsamt den sechzigtausend Bänden seiner Bibliothek beschlagnahmt. Wenige Tage nach seiner Flucht wurden neben Horkheimer auch Paul Tillich und Karl Mannheim offiziell entlassen. Horkheimers engste Mitarbeiter, sein Stellvertreter Friedrich Pollock und Erich Fromm, waren ebenfalls schon nach Genf geflohen, wo sie dann Lehrangebote aus Frankreich erreichten, für die Henri Bergson und Raymond Aron gesorgt hatten. Theodor W. Adorno übersiedelte derweil an das Merton College in Oxford, wo er von 1934 bis 1937 wirkte. Horkheimer und Pollock reisten aus der Schweiz nach London und New York, um die Möglichkeiten eines Transfers zu sondieren, und da sie das Angebot von der New Yorker Columbia University optimistischer stimmte als das der London School of Economics, fand das Frankfurter Institut für Sozialforschung schließlich eine neue Heimstatt unter der Adresse 429 West 117th Street, wo es bis 1950 untergebracht blieb.[6]

Die Emigration der Philosophen des Wiener Kreises gestaltete sich vielleicht etwas weniger traumatisch als die anderer Wissenschaftler, denn dank der Pragmatismus-Tradition in den Vereinigten Staaten gab es dort viele Philosophen, die den Vorstellungen der logischen Positivisten offen gegenüberstanden. Außerdem hatten mehrere Mitglieder des Kreises schon in den zwanziger und frühen dreißiger Jahren den Atlantik überquert, um Vorträge zu halten und sich mit gleichgesinnten Kollegen auszutauschen. Geholfen hatten ihnen aber auch ihre Aktivitäten im Rahmen der internationalen Philosophen- und Wissenschaftlergruppe »Unity in Science«, die auf der Suche nach Anknüpfungspunkten zwischen den einzelnen Disziplinen internationale Treffen in Europa wie den USA veranstaltet hatte. Noch populärer waren die Ideen und Mitglieder des Wiener Kreises in den USA geworden, seit der englische Philosoph Alfred Jules (A. J.) Ayer 1936 auf so wunderbar klare Weise in seinem Buch *Language, Truth and Logic (Sprache, Wahrheit und Logik)* den logischen Positivismus erklärt hatte. Herbert Feigl ging als Erster: Er übersiedelte 1931 nach Iowa, Rudolf Carnap folgte 1936: Er ging mit Carl Hempel und Olaf Helmer nach Chicago. 1938 war die Reihe an Hans Reichenbach, der sich an der University of California (UCLA) in Los Angeles etablierte; kurz darauf nahm Kurt Gödel eine Forschungsstelle am Institute for Advanced Study in Princeton an, wo bereits Einstein und Erwin Panofsky forschten.

Am 2. Mai 1938 unterzeichnete Hitler seinen letzten Willen. Darin verfügte er, dass sein Leichnam nach München überführt und in der Feldherrnhalle aufgebahrt werden sollte, um dann in der Nähe begraben zu werden (später ließ er eine Krypta in seiner »Welthauptstadt Germania« planen). Mehr sogar noch als Linz war ihm München zur Heimat geworden.[7] Schon in *Mein Kampf* hatte er diese Stadt als *die* deutsche Kunstmetropole bezeichnet und betont, dass man keine Ahnung von deutscher Kunst habe, wenn man München nicht gesehen habe. Und genau dort trug er denn auch sein großes Gefecht gegen die moderne Kunst aus.[8]

Am 18. Juli 1837 eröffnete Hitler in München das »Haus der Deutschen Kunst« mit 884 Gemälden und Skulpturen von nationalsozialistischen Favoriten wie Arno Breker, Josef Thorak und Adolf Ziegler, darunter mehrere Hitler-Porträts wie zum Beispiel das von Hermann Hoyer, betitelt *Am Anfang war das Wort*: eine nostalgische Darstellung des »Führers« im Gespräch mit Parteigenossen aus frühesten Tagen.[9] Ein Kunstkritiker, der sich offensichtlich bewusst war, dass nunmehr jede kritische Beurteilung gefährlich und nur noch Ereignis-Berichterstattungen erlaubt waren, verstand es, Kritik hinter seinem Reportagestil zu verbergen: Jedes Exponat vermittle den Eindruck eines intakten Lebens, völlig befreit von den Lasten und Problemen des modernen Alltags; es sei augenfällig, dass auf keiner Leinwand urbanes oder industrielles Leben dargestellt wurde.

Am Tag der Eröffnung hielt Hitler eine neunzigminütige Rede, in der er versicherte: »Nun, nach dem Zusammenbruch der scheinbar noch in Ordnung befindlichen früheren gesellschaftlichen, staatlichen und kulturellen Formen, begann die darunter schon längst vorhanden gewesene Gemeinheit zu triumphieren.« Deshalb werde nun auch »in der Entwicklung des gesamten kulturellen deutschen Schaffens« eine Wende eintreten; das »Ende der deutschen Kunstvernarrung und damit der Kulturvernichtung unseres Volkes« sei gekommen. »Die Kunst dieses neuen Reiches [wird] nicht mit den Maßstäben von alt oder modern zu messen sein«; bei der Kunst heiße es nicht wie in den »Modeateliers«: »Jedes Jahr mal was anderes. Einmal Impressionismus, dann Futurismus, Kubismus, vielleicht aber auch Dadaismus usw.« Man habe »jedes Verständnis für Volksverbundenheit« getötet und die Kunst »dafür desto mehr mit der Zeit« verbunden, »d.h. also: Es gab nun gar keine Kunst der Völker oder besser der Rassen mehr, sondern nur jeweils eine Kunst der Zeiten.« Rasse, Blut: Darum ging es. Der Künstler »schafft nicht für den Künstler, sondern er schafft genauso wie alle anderen für das Volk!« Für Künstler, »die die heutigen Gestalten unseres Volkes nur als verkommene Kretins sehen, die grundsätzlich Wiesen blau, Himmel grün, Wolken schwefelgelb usw. empfinden oder, wie sie vielleicht sagen, erleben«, gebe es nicht nur keinen Platz mehr, es müsse sich das Reichsinnenministerium auch mit der Frage ihre »Augenfehler« – »tief bedauerlich für diese Unglücklichen« – befassen, um »wenigstens eine weitere Vererbung derartiger grauenhafter Sehstörungen zu unterbinden«.[10]

Nach dieser Rede *gab* es Kritik, wenngleich völlig ungewollt, nämlich aus den Reihen der Nationalsozialisten selbst. Denn bereits am nächsten Tag, dem 19. Juli 1937, wurde in den Räumen der Gipsabdrucksammlung des archäologischen Seminars in den Hofgartenarkaden, nahe dem Haus der Deutschen Kunst, die Ausstellung »Entartete Kunst« eröffnet. Es war das komplette Gegenprogramm, mit hundertzwölf Exponaten von deutschen und ausländischen Künstlern, darunter acht Noldes, siebzehn Dix', dreizehn Heckels, zweiunddreißig Schmidt-Rottluffs, siebzehn Klees, zweiunddreißig Kirchners sowie Gemälde von Gauguin, Picasso und anderen ausländischen Malern. Sämtliche Bilder stammten aus beschlagnahmten Privatsammlungen oder waren in Museen in ganz Deutschland konfisziert worden. Es war gewiss die berüchtigtste Ausstellung, die es jemals gab. Angeblich war sogar der »Führer« überrascht vom demagogischen Effekt der Darbietung: Es gab zahlreiche propagandistische »Beischriften« neben und unter den Werken, die einzelnen Räume waren nach »thematischen Leitsätzen« geordnet. Das Thema »Deutsche Bauern – jüdisch gesehen« wurde zum Beispiel durch Gemälde von Max Pechstein dargestellt; im Saal »Jüdische Wüstensehnsucht« hingen vier Bilder von Otto Mueller; unter dem Leitsatz »Verhöhnung der deutschen Frau« fand sich Karl Hofers *Sitzender Akt*.[11]

Falls Adolf Hitler geglaubt hatte, dass er den Leuten damit ein für alle Mal moderne Kunst vergällt hätte, dann hatte er sich getäuscht. Während der zwei Monate, in der die Ausstellung »Entartete Kunst« in München lief, kamen über zwei Millionen Besucher, weit mehr als die wenigen Schaulustigen, die sich die Gegenausstellung im Haus der Deutschen Kunst ansahen. Den Künstlern, denen es das Herz brach, ihre Werke so zur Schau gestellt zu sehen, konnte das allerdings kaum ein Trost sein. Nolde wandte sich erneut an Goebbels und bat, dass die Diffamierungen in seinem Fall doch endlich ein Ende haben mögen. Max Beckmann war da um einiges realistischer: Am Tag der Ausstellungseröffnung ging er ins Exil.

Im Mai 1938 wurde rückwirkend ein Gesetz erlassen, dem zufolge »entartete Kunst« jederzeit und ohne jede Kompensation beschlagnahmt oder aus den Museen eingezogen werden konnte. Einige dieser Bilder wurden dann bei einer Sonderauktion in der Galerie Fischer in Luzern zu lächerlichen Summen verkauft, andere fanden die Nazis sogar dafür noch zu widerwärtig und beschlossen, sie schlicht und einfach zu vernichten. Ungefähr viertausend moderne Kunstwerke wurden im März 1938 in einem riesigen Feuer in der Berliner Kopernikusstraße verbrannt.[12]

Degeneration in einem ganz anderen Sinne stellte der Romanistikprofessor Victor Klemperer (1881–1960) fest, der die Nazizeit, von Freunden geschützt, in Dresden überlebte. Er begann Tagebuch auf losen Blättern zu führen, auf denen er detailliert den Verfall der deutschen Sprache durch das nationalsozialistische Idiom aufzeichnete und die ihm dann als Grundlage für seine 1947 erschienene Abhandlung *LTI (Lingua Tertii Imperii)* dienten. Um hier nur ein paar Beispiele aus vielen herauszugreifen, etwa das Wort »Sturm« (wie auch eine bereits verbotene Zeitschrift der jungen Expressionisten geheißen hatte): Im Nationalsozialismus war dieses Wort »zur militärisch-hierarchischen Gruppenbezeichnung« wie im Fall von SA (»Sturmabteilung«) geworden: »SA und SS, die Schutzstaffel, also die Prätorianergarde, sind als Abbreviaturen so selbstherrlich geworden, daß sie nicht mehr abkürzende Vertretungen darstellen, sondern von sich aus eigene Wortbedeutungen besitzen und ganz verdrängt haben, was sie vorher vertraten. [...] In der Hitlerzeit gab es in den Setzkästen und auf der Tastatur amtlich gebrauchter Schreibmaschinen die besonders scharfeckige SS-Type. Sie entsprach der germanischen Siegrune...«[13] Strahlte die Sonne, herrschte statt des alten Kaiserwetters »Hitlerwetter«; »blindlings« gehörte »zu den Pfeilerworten der LTI, es bezeichnet den Idealzustand nazistischer Geistigkeit ihrem Führer und jeweiligen Unterführer gegenüber«; Begriffe aus der Technik erhielten ganz neue Bedeutungen, so wie »spuren«, eine Bezeichnung aus dem Automobilbau. Auch »der Wille zum Handeln schafft neue Tätigkeitsworte« und »Schleierworte« wie zum Beispiel »beweglicher Verteidigungskrieg«: »Müssen wir schon zugeben, daß wir in die Verteidigung gedrängt sind, so wahren wir durch das Beiwort unsre tiefste Wesensart.«[14]

Dichtung »im Ton des Heldentums«

Kulturell gesehen war das nationalsozialistische Denksystem viel kohärenter, als ihm meist zugestanden wird. Das war Teil des Problems. In ihrem Bemühen um »Gleichschaltung« gingen die Nazis oft von mehr Geschlossenheit aus, als vorhanden war, oder entschieden ganz einfach, vom gewünschten Ausmaß des Zusammenhalts auszugehen. Hitler jedenfalls glaubte, dass sich die Vorurteile von Otto Normalverbraucher in einem Guss zu einer germanischen Weltanschauung verschmelzen ließen, mit der sich die von so vielen empfundene Entfremdung überwinden lassen würde. Nun steht zwar stark zu bezweifeln, dass sich eine Kultur – irgendeine Kultur – auf diese Weise dauerhaft zusammenschmieden lässt, doch eines haben wir am Beispiel der deutschen Kultur im Nationalsozialismus gelernt: Für eine begrenzte Zeit kann das durchaus gelingen.

Hermann Burte (1879–1960), Dichter, Schriftsteller, Maler und Autor des völkisch-antisemitischen Romans *Wiltfeber, der ewige Deutsche. Die Geschichte eines Heimatsuchers* (1912), hielt 1940 beim »Großdeutschen Dichtertreffen« in Weimar eine Rede, in der er erklärte, dass Dichter »in ihrem tiefsten Wesen der europäischen Sendung des deutschen Volkes und seines Führers« glichen. »Der große Staatsmann der Deutschen ist, ehe er an das Werk tritt, eine Art Dichter und Denker.« Deutsche Dichtung suche »vor allen Dingen das Herz des eigenen Volkes; sie will Eins sein mit dem Fühlen Aller [...]. Sie muß alle Lebenskraft des deutschen Volkes auf die Findung, Festigung und Verewigung des deutschen Wesens wenden[...].« Der deutsche Dichter werde »zu Adolf Hitler stehen wie Goethe zu Friedrich dem Großen«. Burte war überzeugt, dass Hitler die organische Substanz des deutschen Volkes, die Erhabenheit des urgermanischen Wesens, am besten verstehe. Der Stuttgarter Verleger Adolf Spemann (1886–1964) erklärte seinen Kollegen derweil, dass es nun endgültig vorbei sei mit der Zeit, in der sie aus bloßem geistigem Opportunismus oder kommerziellen Gründen Bücher verlegt hätten, mit deren Inhalten sie nicht einverstanden gewesen seien. Der Verleger sei jetzt kein Unbeteiligter mehr, nicht einfach bloß ein Spiegel der Kultur; der Verleger sei der Diener des Schriftstellers und als solcher nun zum Stellvertreter des Staates geworden, Literatur lasse sich nicht mehr von Politik trennen.[15] Bis 1937 ging es in 50 bis 75 Prozent aller Bücher, die eine Druckgenehmigung erhalten hatten, um Geschichten über das bäuerliche Leben oder in »heimatlicher Landschaft« angesiedelte Historie.[16]

Der amerikanische Historiker Jay Baird schrieb in seiner Studie über das nationalsozialistische Heldenbild, dass vor allem drei Männer beträchtlich zur Nazi-Ästhetik beigetragen hätten, zwei von ihnen Schriftsteller: der Dichter Gerhard Schumann und der Liedschreiber Hans Baumann (neben dem Filmproduzenten und Regisseur Karl Ritter, auf den wir später zu sprechen kommen werden).

Gerhard Schumann (1911–1995), ein Lehrersohn, war Baird zufolge ein »selbststilisierter Elitärer« und frommer Christ. Schon früh hatte er sich der Jugendbewegung angeschlossen und mit seiner Gruppe Wanderungen durch deutsche Lande zu alten Burgen und Kirchen unternommen. Er hatte sozusagen eine Kindheitsidylle erlebt, doch dann wurde er mit den »blutenden Städten« der Weimarer Republik konfrontiert und »in die Dichtung schockiert«.[17] 1935 veröffentlichte er den Gedichtband *Die Lieder vom Reich*, in dem er seine Sehnsucht nach einer Vernichtung aller fremdländischen Ideologien kundtat, die sich seines Landes bemächtigt hätten, und nach einer starken Führerpersönlichkeit rief, die das Ruder übernehmen sollte, um das Volk zu retten.

> ... *Er aufgebäumt, erzitternd vor der Schwere.*
> *Bis der Befehl ihn in die Knie zwang.*
> *Doch als es aufstund fuhr der Feuerschein*
> *Des Auserwählten um sein Haupt. Und niedersteigend*
> *Trug er die Fackel in die Nacht hinein.*
> *Die Millionen beugten sich ihm schweigend.*
> *Erlöst. Der Himmel flammte morgenbleich.*
> *Die Sonne wuchs. Und mit ihr wuchs das Reich.*[18]

Als Neunzehnjähriger, während seines Studiums in Tübingen – die alte, aristokratisch-klassenbewusste Betonung auf klassischer Bildung fand Schumann völlig überholt angesichts der Bedürfnisse des industrialisierten Deutschland –, war er in die NSDAP eingetreten. Seinen Aufstieg in der nationalsozialistischen Hierarchie begann er als Führer des nationalsozialistischen Studentenbunds. 1935 wurde er in den Reichskultursenat berufen, in dem er dann darüber wachen konnte, dass die nationalsozialistische Ideologie ordnungsgemäß Eingang in die Künste fand. Die sogenannten Asphaltliteraten, die Vertreter der neuen Sachlichkeit in der Weimarer Republik, waren nicht mehr gefragt. Auch Schumann fühlte sich wesentlich stärker von der Idee angezogen, dass die neue deutsche Dichtung den »Ton des Heldentums treffe«.[19]

Schumann war fleißig. Neben zwei Dramen und vielen Zeitungsartikeln veröffentlichte er einen Gedichtband nach dem anderen. 1938 wurde er in den Präsidialrat der Reichsschrifttumskammer berufen und konnte ganz seiner Neigung frönen, Texte für die großen nationalsozialistischen Feiern zu verfassen. Seine Gedichte trugen Titel wie »Die Reinheit des Reiches«, »Wir aber sind das Korn«, oder »Adolf Hitler«:

> *In einem Willen alle Wucht getürmt*
> *von Millionen Lebenden und Toten [...]*
> *In einer Hand den brüderlichen Gruß*
> *von Millionen aus gestreckten Händen [...]*
> *Mit aller Glocken donnernder Gewalt*
> *so läutet seine Stimme in die Welt.*
> *Die Welt wird hören.*

Dieses Gedicht, das Schumann anlässlich des »Anschlusses« verfasste, liebte Hitler so sehr, dass er es wieder und wieder im Rundfunk verlesen ließ.[20]

1939 meldete sich Schumann als Kriegsfreiwilliger, kämpfte in Frankreich und Russland, wurde verwundet, mit dem Eisernen Kreuz ausgezeichnet und schrieb wieder Gedichte. Im Krieg, so meinte er, seien die Gedichte die Gebete. Zu seinem wohl bekanntesten Kriegsgedicht wurde denn auch das »Gebet des Soldaten«, das in der Vertonung von Eugen Papst ständig und bei allen Nazifeiern gesungen wurde:

> *Herrgott, mit Worten sind wir karg*
> *Hör gnädig unser Beten nun*
> *Mach uns die Seele hart und stark*
> *Das andr'e woll'n wir selber tun [...]*[21]

»Zähle nicht die Toten«

Der »HJ-Troubadour« Hans Baumann (1914–1988), ein schlichter Dorfschullehrer aus dem Bayerischen Wald, machte im »Dritten Reich« eine kometenhafte Karriere. Als Kind hatte man ihn den »fröhlichen Hans« genannt, und er wiederum erinnerte sich an seine Mutter als der besten der Welt. Als sein Vater aus dem Ersten Weltkrieg zurückgekehrt war, hatte er ihm ein paar alte Handgranaten mitgebracht, die der fröhliche Hans als seine ersten Freunde bezeichnete.[22]

Seine idyllische Kindheit in der Weimarer Republik war allerdings von Inflation und Arbeitslosigkeit getrübt. Bereits als Vierzehnjähriger schrieb Baumann Gedichte über diese Themen oder über den Alltag in Mietskasernen. Als Mitglied im »Katholischen Schülerbund Neudeutschland« hatte er außerdem schon früh mit deutschem Liedgut Bekanntschaft gemacht und selbst begonnen, Gesänge zu schreiben, darunter »Es zittern die morschen Knochen«, mit dem berühmt-berüchtigten Vers: »Heute gehört uns Deutschland und morgen die ganze Welt« (dem Rest der Welt wurde das Lied 1972 durch eine Szene im Film *Cabaret* in Erinnerung gebracht). Damit war Baumann in Deutschland über Nacht berühmt geworden. Er hatte Jesuiten das Lied als Achtzehnjähriger bei einer Exerzitienübung neben anderen Eigenkompositionen vorgetragen und einen Pater dermaßen begeistert, dass dieser die Texte dem alteingesessenen, auf katholische Schriften spezialisierten Münchner Kösel-Verlag übergab, der sie 1933 publizierte. Somit war »Es zittern die morschen Knochen« unter der katholischen Jugend schon längst bekannt gewesen, bevor die Hitlerjugend es zu singen begann oder es 1935 zum Lied der Deutschen Arbeitsfront wurde.

Baumanns Erlöser hieß jedoch Hitler. 1933 trat er in die NSDAP ein, wurde Jungscharführer und schrieb mehr als hundertfünfzig Lieder, die seine Gesinnung zum Ausdruck brachten und im Lauf der dreißiger Jahre immer aggressiver wurden, vor allem was die Behandlung Osteuropas betraf. Der Hochmut seiner Texte aus den Blitzkriegsjahren ist noch immer schockierend. Im »Eid des Fähnrichs« zum Beispiel heißt es:

> *Über tapfrer Männer Beben*
> *über meines Herzens Not*
> *werde ich, vom Leid umloht,*
> *händelos die Fahne heben.*[23]

Baumann betonte gerne, welches Privileg es sei, in diesem Zeitalter deutscher Größe leben zu dürfen. In mehreren Reden zitierte er die folgenden Zeilen aus Hölderlins »Tod fürs Vaterland«:

> *[...] Und Siegesboten kommt herab: Die Schlacht*
> *Ist unser! Lebe droben, o Vaterland*
> *Und zähle nicht die Toten! Dir ist,*
> *Liebes! nicht Einer zu viel gefallen.*[24]

Doch dann änderte sich etwas. Um die Zeit 1941/42 scheint Baumann nachdenklicher geworden zu sein, jedenfalls begann er für mehr Milde im Umgang mit den Feinden des Reiches zu plädieren. Diese neue Haltung gipfelte in seinem Drama *Alexander*, das Gustaf Gründgens sofort am Staatlichen Schauspielhaus Berlin auf die Bühne brachte. Gründgens, der selbst die Titelrolle in dieser Geschichte kaum verhüllter Parallelen zwischen Alexander dem Großen und Hitler spielte, wurde mit fünfundzwanzig Vorhängen bei der Premiere belohnt. So forderte sein Alexander zum Beispiel, allem Erdgebundenen mit Verachtung zu begegnen. Andererseits ließ er ihn deklamieren, nur weil er der Liebe fähig sei, könne er siegreich sein. Baumann warb in diesem Stück für Milde bei den Siegern – vielleicht schon in dem Bewusstsein, dass er das »Dritte Reich« mit diesem Drama zum Äußersten herausgefordert hatte. Zwei Tage später ließ Goebbels es absetzen.

Baumann wurde immer nachdenklicher, wozu wohl auch sein Bruder beigetragen hatte, ein Hauptmann der Artillerie, der in Kiew schreckliche Dinge miterlebt hatte, oder auch seine Frau, die als Truppenbetreuerin an der Ostfront gewesen war und dort ebenfalls von unerträglichen Gräueltaten gehört hatte. Mittlerweile war Baumann selbst Führer einer Propagandakompanie an der Ostfront geworden. Nach dem Krieg wurde er Kinderbuchautor, dessen Werke in viele Sprachen übersetzt wurden und dem nicht nur die Bundesrepublik, sondern auch Italien und die Vereinigten Staaten Preise verliehen. Gegen Ende seines Lebens (er starb 1988 in Murnau, wo Kandinsky so viel Zeit verbracht hatte) sagte Baumann einmal, das Großartige an einem langen Leben sei, dass man seine Fehler korrigieren könne.

Es war das Zeitalter vor dem Fernsehen, aber Goebbels hatte genau gewusst, welche Macht das Radio haben konnte. 1932 hatte es neun regionale Rundfunkanstalten gegeben; 1933 hatte sie Goebbels allesamt entmachtet und zum Großdeutschen Rundfunk gleichgeschaltet, während er gleichzeitig die Elektrokonzerne unter Druck setzte, für jeden Deutschen bezahlbare »Volksempfänger« herzustellen – und sie von vornherein so zu bauen, dass keine ausländischen Sender empfangen werden konnten.

Hitler hatte sich derweil nicht nur eigene Künstler, sondern auch eigene Filmemacher herangezogen. Als eine seiner ersten Amtshandlungen hatte sein frisch ernannter Propagandaminister die prominentesten Filmemacher Deutschlands zusammengetrommelt, um ihnen Sergej Eisensteins Meisterwerk *Panzerkreuzer Potemkin* vorzuführen, mit dem dieser 1925 der Revolution ein Denkmal gesetzt hatte und der nicht nur ein Kunstwerk, sondern auch eine machtvolle Propaganda war. »Meine Herren«, soll sich Goebbels an die Anwesenden gewandt haben, als die Lichter wieder angingen, »jetzt haben Sie eine Vorstellung davon, was ich von Ihnen erwarte.« Der Propagandaminister wollte keine platte Propaganda, dazu war er zu schlau, trotzdem sollten die Filme, die ihm vorschwebten, das »Dritte Reich« natürlich verherrlichen. Deshalb sorgte er dafür, dass jedes Kino vor Beginn der Filmvorführung eine staatlich zensierte Wochenschau und möglichst auch noch einen gesinnungstreuen Dokumentarfilm zeigte.[25]

Nach Kriegsausbruch konnten diese Wochenschauen bis zu vierzig Minuten dauern. Noch stärkere Wirkung hatten die Dokumentarfilme, und deren unbestrittene Meisterin war die technisch brillante Leni Riefenstahl, zu Zeiten der Weimarer Republik eine unauffällige Schauspielerin, die sich als Dokumentarfilmerin neu erfand. Ihre aus filmischer Sicht beste Arbeit war *Triumph des Willen* (1937). Hitler hatte sie persönlich beauftragt, den Nürnberger Parteitag für die Nachwelt festzuhalten. Um die Massendarbietungen zu bewältigen, waren sechzehn komplette Kameracrews im Einsatz. Als der Film nach zwei Jahren Arbeit am Schneidetisch in die Lichtspielhäuser kam, waren die Zuschauer wie gewünscht fasziniert. Die endlosen Fackelzüge, eine geifernde Rede nach der anderen, die gleichgerichteten Massen hingebungsvoll lauschender Braun- und Schwarzhemden und die begeisterten »Sieg Heil«-Ausbrüche der gewaltigen Menschenmasse wirkten geradezu hypnotisierend.

Propagandistisch kaum weniger geschickt war Riefenstahls zweiteiliger Film *Olympia*, den Goebbels anlässlich der Olympiade 1936 in Berlin in Auftrag gab. Ausgerechnet das nationalsozialistische Deutschland führte die Form der Spiele ein, die bis heute beibehalten wurde, darunter zum Beispiel den Fackellauf. Zum ersten Mal wurde das olympische Feuer von Läufern aus Griechenland zum Veranstaltungsort getragen und einem Ehrenläufer im Stadion übergeben, der damit das olympische Feuer entfachte.

Riefenstahl wurden achtzig Kameramänner mitsamt Crews und buchstäblich unbegrenzten finanziellen Mitteln zur Verfügung gestellt. Sie verschoss rund fünfhunderttausend Meter Film und brachte nach fast zweijähriger Schneidearbeit 1938 schließlich ein insgesamt sechsstündiges Werk in die Kinos. Fürs Ausland gab es Versionen mit englischer, französischer und italienischer Off-Stimme. Riefenstahl erhöhte die Prinzipien des guten Verlierers wie des überlegenen Siegers und zeigte Feinmuskulatur in extenso, insbesondere den Körper von Jesse Owens, dem »Negersportler« aus den Vereinigten Staaten, der zu Hitlers großem Missvergnügen vier Goldmedaillen gewann. Für einige Szenen dieses Olympiafilms wurde erstmals das Mittel der Zeitlupe eingesetzt, was vor allem den Sequenzen über die Turmspringer unübertroffene Schönheit verlieh. Doch nicht nur Leni Riefenstahl war eine Heldin des Nazifilms, da gab es auch noch die gefeierten Schauspielerinnen Kristina Söderbaum, Lilian Harvey und Zarah Leander.[26]

Nach Kriegsbeginn setzte Goebbels alle ihm zur Verfügung stehenden

Mittel ein, um aus den propagandistischen Möglichkeiten des Filmes das Bestmögliche herauszuholen. Kameramänner flogen in Sturzkampfbombern (Stukas) mit und begleiteten Panzerdivisionen auf ihrem Vormarsch durch Polen. Doch solche Dokumentationen waren nicht nur für die Heimatfront gedacht: Speziell geschnittene Versionen wurden auch den Regierungsvertretern Dänemarks, Hollands, Belgiens und Rumäniens vorgeführt, um »die Sinnlosigkeit jedes Widerstands« zu unterstreichen.

Das Lied der Stukas

Joseph Goebbels pflegte zu sagen, dass ein Sieg Propaganda genug sei, eine Niederlage hingegen des Schöpfergeistes bedürfe. Damit wäre auch die Karriere des Filmregisseurs Karl Ritter (1888–1977) auf den Punkt gebracht.[27] Vor dem Ersten Weltkrieg hatte er einen Schulter-Eindecker konstruiert und in München die Pilotenprüfung abgelegt, musste im Krieg aber bei den Pionieren dienen, weil die bayerische Armee verheirateten Offizieren das Fliegen untersagte. Im »Dritten Reich« zählte er dann zu den zwei, drei meistbeschäftigten Filmregisseuren.

Nach dem Ersten Weltkrieg hatte Ritter in München Architektur studiert und sich als Maler und Grafiker versucht. Dort hörte er auch zum ersten Mal Adolf Hitler reden. Entsetzt vom Ausgang des Ersten Weltkriegs, fühlte er sich ihm mehr als nur geistesverwandt. 1925 trat er in die NSDAP ein. Seinen Weg zum Film fand er als Werbegrafiker. 1932 wurde er Produktionschef der »Reichsliga« und im Jahr darauf von der Ufa als Produzent für den Film *Hitlerjunge Quex* engagiert, den man wohl als den ersten nationalsozialistischen Film von Einfluss bezeichnen kann. Er handelt, wie es im Untertitel heißt, »vom Opfergeist der deutschen Jugend« und erzählt die Geschichte eines Jungen, der zwischen seinem Vater, der zum Kommunismus tendiert, und seinem eigenen wachsenden Glauben an Hitlers Jugendbewegung aufgerieben wird. Schließlich wird er bei einer Propaganda-Aktion von Kommunisten in seinem Arbeiterviertel erschossen – bei einem dieser Straßenkämpfe, die ein so untrennbarer Bestandteil der nazistischen Aktivitäten in den späten zwanziger und frühen dreißiger Jahren waren.

Ritter produzierte weitere erfolgreiche Filme, begann nun aber auch Regie zu führen. Sein zweiter Film als Regisseur war *Urlaub auf Ehrenwort* (1937): Kurz vor Ende des Ersten Weltkriegs erhält ein junger Leutnant den Befehl, ein Ersatzregiment an die Front zu bringen, wo nahezu sicher der Tod auf diese Soldaten wartet. Zwischen zwei Zügen haben sie fünf Stunden Aufenthalt in Berlin. Der Leutnant nimmt den Soldaten, von denen die meisten aus dieser Stadt stammen, das Ehrenwort ab, rechtzeitig zurück zu sein, und erteilt ihnen trotz des offiziellen Verbots die Erlaubnis, sich zu entfernen. Der Film folgt den Erlebnissen der Männer während dieser geschenkten Zeit, ihren Begegnungen mit Pazifisten oder Kommunisten, von denen sie mit Hohn und Spott überhäuft werden, mit allen möglichen Versuchungen, mit untreuen Ehefrauen und solchen, die nun die Männerarbeit leisten, mit ungeratenen Kindern und mit Krankheit. Als der Zug zur Abfahrt bereit ist, sind alle Männer bis auf zwei zurück, doch auch diese beiden schaffen es, den Zug am nächsten Halt einzuholen.

1938 folgte *Pour le Mérite*, das aus filmischer Sicht wohl beste Projekt Ritters, die Biografie eines Piloten im Ersten Weltkrieg, verfilmt mit Hilfe des Luftfahrtministeriums. Nachdem ein englisches Fliegerass abgeschossen wurde, seiner Maschine aber unverwundet entsteigen konnte, erweisen ihm die deutschen Piloten seiner Tapferkeit wegen mit einem Essen die Ehre; in einer anderen Sequenz beschließt ein deutscher Pilot, nicht zu feuern, als er merkt, dass das Geschütz des englischen Piloten blockiert. Schließlich wird gezeigt, wie die noch immer jungen Piloten in der Weimarer Republik an den Rand gedrängt werden, weder Anerkennung für ihre Talente noch für ihre Tapferkeit im Krieg finden und endlich von Adolf Hitler erlöst werden.[28]

Im Zweiten Weltkrieg konzentrierte sich Ritter dann ganz auf den Kampf. Pünktlich zum Überfall auf die Sowjetunion im Jahr 1941 brachte er den Film *Stukas* in die Kinos, der sich völlig der demoralisierenden Kampfkraft der Sturzbomber und der Kameradschaft unter ihren kernigen Fliegerassen widmet und mit einer gewaltigen Musik unterlegt wurde, die in dem damals sehr populären »Stuka-Lied« gipfelte. Auch eine deutsche Mutter ist zu sehen, die den Tod ihrer Söhne nicht beweinen kann vor lauter Stolz, dass sie das Privileg hatten, den Heldentod fürs Vaterland zu sterben.[29] Der Refrain des »Stuka-Lieds« lautet:

> *Wir sind die schwarzen Husaren der Luft,*
> *Die Stukas, die Stukas, die Stukas.*
> *Immer bereit, wenn der Einsatz uns ruft,*
> *Die Stukas, die Stukas, die Stukas.*
> *Wir stürzen vom Himmel und schlagen zu.*
> *Wir fürchten die Hölle nicht und geben nicht Ruh,*
> *Bis endlich der Feind am Boden liegt,*
> *Bis England, bis England, bis Engeland besiegt –*
> *Die Stukas, die Stukas, die Stukas!*

Ritter wurde von den Russen gefangen genommen, konnte jedoch nach Bayern fliehen. Beim Entnazifizierungsverfahren wurde er als Mitläufer eingestuft und erhielt ein Filmverbot, woraufhin er nach Argentinien emigrierte.[30] 1953 kehrte er in die Bundesrepublik zurück und begann wieder Filme zu drehen, die jedoch so erfolglos waren, dass er endgültig nach Argentinien auswanderte.

Hitlers Angriffe auf die moderne Musik und ihre Musiker waren, zumindest was die Zielsetzung betraf, nicht weniger aggressiv als seine Angriffe auf die Künstler und Verleger. Doch ihre Folgen waren noch vielfältiger. Das moderne Musikrepertoire war bereits 1933 von »entarteten« Komponisten wie Arnold Schönberg, Kurt Weill, Hanns Eisler und Ernst Toch »gesäubert« worden; Dirigenten wie Otto Klemperer oder Hermann Scherchen hatten sich bereits zur Emigration gezwungen gesehen. Im September 1933 wurde als größte Einzelkammer der Reichskulturkammer die Reichsmusikkammer (RMK) gegründet, mit Richard Strauss als Vorsitzendem und Wilhelm Furtwängler als seinem Stellvertreter. Ihre Aufgabe lautete, die deutsche Musik von jeder »Entartung« zu befreien und Sorge zu tragen, dass dies bei allen öffentlichen Musikaufführungen umgesetzt wurde.

Richard Strauss und Wilhelm Furtwängler wurden mit Glacéhandschuhen angefasst. Nicht einmal Strauss' Zusammenarbeit mit dem jüdischen Schriftsteller Stefan Zweig, der das Libretto zu seiner 1935 uraufgeführten Oper *Die schweigsame Frau* geschrieben hatte, versuchte man zu unterbinden. Als die Oper kurz darauf aber doch abgesetzt wurde, reichte Strauss aus »gesundheitlichen Gründen« seinen Rücktritt vom Amt als Vorsitzender der RMK ein. Furtwängler blieb, bis auch er 1934 von seinem Amt zurücktrat, weil er das Aufführungsverbot von Hindemiths »Mathis der Maler« nicht akzeptieren konnte.[31]

In Goebbels' Propagandaministerium selbst wurde erst 1937 eine eigene Abteilung für Musik eingerichtet. Aber kaum gab es sie, hatte sich der Druck verdoppelt. Nur 2 Prozent der deutschen Musiker waren Juden, aber weil jüdische Musiker wie Schönberg, Klemperer, Weill oder Eisler so prominent waren, konnten die Nazis leicht die Propaganda verbreiten, dass es eine »jüdische Verschwörung« gegen die Art von Musik gebe, die der »gesunde Deutsche« als Volksschatz empfinde. Juden wurden aus allen Musikorganisationen ausgeschlossen und durften sich künstlerisch nur noch im Rahmen des eigenfinanzierten »Kulturbunds Deutscher Juden« (später »Reichsverband jüdischer Kulturbünde in Deutschland«) betätigen. Mit der »Verordnung zur Ausschaltung der Juden aus dem deutschen Wirtschaftsleben«, erlassen vier Tage nach der »Kristallnacht«, wurden schließlich auch alle Musikverlage in jüdischem Besitz »arisiert«.

Generell hielt Goebbels allerdings nichts von überstürzten Entlassungen. Man hatte ihm von Anfang an bedeutet, dass es seine Zeit dauern würde, bis man alle jüdischen Solisten durch »arische« ersetzen könne. Also hielt er so lange an ihnen fest und forderte Entlassungen immer erst dann, wenn jeweils »arischer« Ersatz bereitstand. Im Fall der Berliner Philharmoniker war Goebbels zu einem besonders langsamen Tempo gezwungen, denn da die Philharmoniker kein Staatsorchester waren, waren sie auch nicht von dem am 7. April 1933 erlassenen »Gesetz zur Wiederherstellung des Berufsbeamtentums« betroffen, das die Entlassung aller »nichtarischen« Beamten vorschrieb, worunter natürlich auch die Staatsbediensteten im Kulturbetrieb wie etwa der Museen oder Kunsthochschulen fielen. Was das Orchester betraf, so hungerte es Goebbels einfach aus, bis es praktisch bankrott war. Dann betrat er als Retter die Bühne und garantierte die Finanzierung – nicht jedoch ohne eine Gegenleistung: Der Preis dafür war, dass alle jüdischen Musiker und alle Regimegegner aus dem Orchester gefeuert würden. Am Ende sollte die Reichsmusikkammer für die Entlassung von mehr Juden aus dem Kulturbetrieb verantwortlich sein als jede andere Abteilung der Reichskulturkammer. Das zeigen auch die Zahlen, die Erik Levi in seinem Buch über die Musik im »Dritten Reich« angibt:

Von der RKK entlassene Juden nach Bereichen

Film	750	Presse	420
Theater	535	Musik	2310
Literatur	1303	Kunst	1657

Am Anfang (welch schicksalhafte Worte) hatte allein schon die Existenz eines »Reichsverbands jüdischer Kulturbünde« den Nazis gute Propagandamöglichkeiten verschafft, denn so konnten sie behaupten, dass es reichlich Arbeit für jüdische Musiker in Deutschland gebe, was die Statistik ja auch zu bestätigen schien: Zwischen 1934 und 1938 arrangierte der Kulturbund 57 Opernaufführungen und 358 Konzerte vor insgesamt 180000 Menschen (Nichtjuden waren weder als Mitwirkende noch als Besucher zugelassen) in Berlin, Frankfurt, Köln, Hamburg und München. Mit Ausnahme des *Fidelio*, dessen Aufführung ihm untersagt wurde, handelte es sich dabei um das »Standardrepertoire«. Dann begann sich die Lage zuerst in den kleineren Städten zu verschlechtern; nach der »Kristallnacht« vom 9. auf den 10. November 1938 durften keine Opern mehr aufgeführt werden, nur Konzerte wurden noch bis September 1941 gegeben.[32]

Ein interessanter Unterschied zwischen bildender Kunst und Musik war, dass sich Gemälde nicht »arisieren« ließen, bei der Musik dieser Versuch jedoch unternommen wurde. So rief das Regime beispielsweise zeitgenössische Komponisten auf, einen Ersatz für Mendelssohn Bartholdys so ungemein populäre »Sommernachtstraum«-Ouvertüre zu schreiben (woraufhin vierundvierzig Partituren eingereicht wurden, aber keiner davon war Erfolg beschieden). Und da Schubert wie Schumann Gedichte des Juden Heinrich Heine vertont hatten, herrschte auch eine anhaltende Debatte über die Unangemessenheit solcher »Zwitterschöpfungen«. Im

Fall von Mozarts *Così fan tutte, Le Nozze di Figaro* und *Don Giovanni*, deren Libretti von dem getauften Juden Lorenzo Da Ponte geschrieben und von dem jüdischen Dirigenten Hermann Levi ins Deutsche übersetzt worden waren, beauftragte die Nationalsozialistische Kulturgemeinde (NSKG) den Wagnerianer Siegfried Anheisser, eine »arische« Neuübersetzung zu erstellen. Bis 1938 war seine Übersetzung von sechsundsiebzig der fünfundachtzig deutschen Opernhäuser übernommen worden.[33] Es ließen sich noch viele Beispiele für solche Verfahren anführen.

Aber nicht nur Juden waren zur Zielscheibe geworden. Schon 1931, noch bevor die Nazis an die Macht kamen, wurden ihrer Agitationen wegen auch die Zeitgenössischen Musiktage in Baden-Baden eingestellt und die Berliner Kroll-Oper geschlossen.* Anfang 1933 wurden die Proteste gegen zeitgenössische Musik immer heftiger und Jazz, diese »entartete Negermusik«, verboten.** 1935/36, im Vorfeld und während der Olympischen Spiele, wurde angesichts der vielen ausländischen und insbesondere amerikanischen Gäste in Berlin die Zensur gelockert, doch kaum vorbei, zog man die Schraube wieder an. Im Mai 1938 eröffnete in Düsseldorf die Propaganda-Ausstellung »Entartete Musik«, das Geisteskind des NS-Funktionärs Hans-Severus Ziegler, zu deren Exponaten fotografische Porträts von »entarteten«, »undeutschen«, deutsche Musik »zersetzenden« Komponisten wie Schönberg, Strawinsky, Hindemith und Webern zählten. Es gab dort sechs Kabinen, in denen sich der Besucher Beispiele von Hindemiths, Kreneks und Weills »entarteten Kompositionen« anhören durfte.[34]

Die dissonante Musik von Richard Strauss entging der Zensur, nicht aber die von Schönbergs Schülern Anton Webern und Alban Berg. Paul Hindemith hatte bereits vor 1933 die Feindseligkeit der Nazis zu spüren bekommen, nicht nur wegen der Modernität seiner Musik, auch wegen seiner Kooperation mit Bertolt Brecht. Doch da er seit 1927 Professor für Komposition an der Berliner Hochschule für Musik war, hatte er bereits eine ganze Generation nicht nur deutscher Komponisten beeinflusst, außerdem konnte man ihn als »Arier«, der obendrein der prominenteste deutsche Komponist nach Strauss war, nicht einfach übergehen. Im Februar 1934 veranstaltete die Reichsmusikkammer ein Festkonzert anlässlich des Ersten Deutschen Komponistentags, bei dem Wilhelm Furtwängler die Berliner Philharmoniker dirigierte und neben Werken von Strauss, Hans Pfitzner oder Siegmund von Hausegger auch Hindemiths »Konzert-

---

* Nach dem Reichstagsbrand im Februar 1933 wurde die Kroll-Oper als Parlamentsgebäude genutzt.
** Das heißt, Jazz durfte nicht mehr in Deutschland, jedoch von der Nazi-eigenen Band »Charlie and his Orchestra« unter der Leitung von Lutz Templin nach wie vor in der Radiopropaganda über Kurzwelle fürs Ausland gespielt werden, um ausländische Zuhörer anzulocken. Daneben gründete Goebbels auch das Deutsche Tanz- und Unterhaltungsorchester, das an »bunten Nachmittagen« Liveauftritte im Funk absolvierte und auf Tourneen geschickt wurde.

musik für Streicher und Blechbläser« op. 50 (»Bostoner Sinfonie«) spielen ließ. Und eben weil diese Sinfonie ein so großer Erfolg war, beschloss Richard Strauss, Hindemith in den Führerrat des »Berufsstandes der deutschen Komponisten« der Reichsmusikkammer aufzunehmen – doch der hatte sich mittlerweile in der Schweiz so abfällig über Hitler geäußert, dass Alfred Rosenberg seine Musik mit einem Sendeverbot belegte. Prompt reagierte Furtwängler, indem er am 12. März mit den Philharmonikern Hindemiths Sinfonie »Mathis der Maler« gab, und das mit solchem Erfolg, dass die Kritiker des Komponisten zu dem Schluss kamen, er habe endlich die hässlichen Flecken auf seiner Weste getilgt. »Mathis der Maler« wurde alsbald in ganz Deutschland gespielt.

Doch die Diffamationen nahmen kein Ende: Hindemith wurde als »Kulturbolschewist« verunglimpft und von Goebbels nicht nur als »atonaler Geräuschmacher« verhöhnt, sondern auch als »jüdisch versippt« hingestellt. 1935 erreichte Hindemith ein Angebot der türkischen Regierung, das Musikschulwesen in der Türkei zu reformieren.[35] Viermal trat er längere Reisen dorthin an, 1938 übersiedelte er ins schweizerische Wallis, 1940 emigrierte er von dort aus in die Vereinigten Staaten.

Schon in den ersten Monaten an der Macht hatten die Nationalsozialisten dafür gesorgt, dass an neunundvierzig von fünfundachtzig deutschen Opernhäusern ein Wechsel an der Personalspitze stattfand und regimetreue Musiker und Intendanten das Zepter übernahmen. Dennoch, berichtet Erik Levi, blieb das hohe Niveau aus der Zeit vor 1933 gewahrt.[36] Die Zahl der Musikerverträge an deutschen Häusern erhöhte sich wie folgt:

Saison	Sänger	Chor	Orchester
1932–1933	1859	2955	4889
1937–1938	2145	3238	5577

Sogar nach Kriegsausbruch erhielten die Opern ihren Betrieb aufrecht, in vielen Fällen gestützt durch ein »beachtliches« Repertoire. Dass die Nazis ungemein viel Geld nach Bayreuth fließen ließen, ist allgemein bekannt, weniger aber vielleicht, dass sie Rüstungsarbeiter und Kriegsveteranen mit preiswerten Karten versorgten.[37] Bis 1942 tourten deutsche Opernensembles auch regelmäßig zur Unterhaltung der deutschen Besatzer durch die okkupierten Gebiete.

Komponisten, die sich mit dem Regime gemein machten, wurden emsig gefördert. Max von Schillings' Opern wurden allein in der Saison 1933/34 hundertsiebzehnmal aufgeführt, verglichen mit jeweils achtundvierzig und vierundzwanzig Aufführungen in den vorangegangenen beiden Spielzeiten. Auch Hans Pfitzner erlebte einen Aufschwung: Die Aufführung seiner Werke vervielfachte sich von sechsundvierzig in der Saison 1931/1932 auf hundertdreißig in der Saison 1933/1934. Und auch eine posthume Renaissance der Opern von Richard Wagners Sohn Siegfried gab es. Er hatte nach seinem Tod 1930 noch mehr Bühnenwerke als sein Vater hinterlassen. Aufführungen von Opern zeitgenössischer ausländischer Komponisten wurden derweil verhindert. Levi zufolge wurden im »Dritten Reich« rund hundertsiebzig Opern uraufgeführt. Selbst nach Kriegsbeginn, bis zur Saison 1943/1944, ließ die Aufführung neuer Opernwerke nicht nach – es fanden immer noch zwischen sechzehn und zwanzig Premieren pro Jahr statt, wohingegen Wagners Popularität im Lauf der dreißiger Jahre *zurückging*: Die Häufigkeit, mit der seine Werke auf die Bühne gebracht wurden, sank von 1837 Aufführungen in der Saison 1932/1933 auf 1154 zur Spielzeit 1939/1940, wohingegen die der Werke von Verdi und Puccini stieg.[38]

1940 gab es den Unterlagen der Reichsmusikkammer zufolge hunderteinundachtzig stehende Orchester in Deutschland. Vom Moment der nationalsozialistischen »Machtergreifung« an erlebten deutsche Orchestermusiker (die Erfahrung, die Juden machen mussten, hier natürlich nicht einbeschlossen) einen regelrechten Konjunkturaufschwung. Der musikalische Standard blieb so hoch wie in der Weimarer Republik, was zum einen viel mit der außergewöhnlichen Dirigentengeneration zu tun hatte (Wilhelm Furtwängler, Erich Kleiber, Bruno Walter, Karl Böhm, Otto Klemperer, Hans Knappertsbusch, Hermann Scherchen), von der viele später das Land verließen, zum anderen aber auch mit dem Wachstum kommerzieller Schallplattenfirmen, die zu dem hervorragenden Ruf beitrugen, den deutsche Orchester in ganz Europa genossen.[39]

Die Berliner Philharmoniker kämpften hart für ihre jüdischen Mitglieder. In den ersten Monaten des neuen Regimes sorgten sie sogar dafür, dass Soli grundsätzlich von ihren jüdischen Kollegen gespielt wurden. Auch Furtwängler kämpfte für ihre Sache und tat zumindest anfänglich lautstark seine Meinung kund, dass »Rasse« nichts mit künstlerischen Fähigkeiten zu tun habe. Doch schließlich musste sich das Orchester unterwerfen, wie gesagt von Goebbels in den finanziellen Ruin getrieben. Trotz alledem wahrte es sich seine Qualität, konnte nach wie vor Dirigenten aus dem Ausland einladen, in den dreißiger Jahren auch noch Konzertreisen durch ganz Europa unternehmen und rund ein Drittel zeitgenössischer Musik in seinem Repertoire beibehalten.[40]

Die braune Gleichschaltung im Theater

In den Weimarer Jahren waren Deutschland und vor allem Berlin berühmt gewesen für ihr lebendiges Theater. In Berlin konnten sich die Bühnen auch noch eine Weile behaupten, doch im Rest des Landes machte sich nach der »Machtergreifung« schnell ihr Niedergang bemerkbar. Goethe und Schiller wurden nach wie vor gespielt, doch ansonsten wurden die Repertoires bald auf Operetten, anspruchslose Opern und Werke von heute meist vergessenen Dramatikern reduziert, deren Stücke vor allem die bäuerliche Kultur behandelten *und* in Dialekt geschrieben waren.[41] Abgesehen davon erlebte das Theater jedoch eine braune Gleichschaltung: Alles und jedes wurde politisiert; und Hitler wie Goebbels erklärten, dass das Theater die deutsche Kultur niemals mehr so missbrauchen werde wie zur Weimarer Zeit.

1927 wurde das erste Stück im Geiste des Nationalsozialismus veröffentlicht: Hanns Johsts Drama *Thomas Paine* über den nationalistischen amerikanischen Revolutionär, »von seinem Land im Stich gelassen, während er im Karzer der französischen Republikaner sitzt«. Im Mai 1933 wurde dann kein Zweifel mehr daran gelassen, wohin der Weg führte: Am 6. des Monats übernahm Hermann Göring in seiner Funktion als Reichskommissar für das preußische Innenministerium persönlich die Kontrolle über die staatlichen und städtischen Theater; zwei Tage später hielt Goebbels im Kaiserhof vor deutschen Bühnenleitern und Künstlern eine Rede über »Die Aufgaben des Deutschen Theaters«: Es sei naiv, zu glauben, »daß die Kunst in einer Zeit, da die Revolution Volk und öffentliches Leben erobere und der Kultur, Wirtschaft, Politik und dem Privat-Dasein den Stempel aufdrücke [...], überparteilich und übernational sein könne. Die deutsche Kunst der nächsten Jahrzehnte werde heroisch, sachlich, national mit großem Pathos sein. Sie werde gemeinschaftsverpflichtend und bindend sein, oder sie werde nicht sein. Die Tendenz müsse sich mit der Kunst vermählen. Der große Pendelschlag der Zeit dürfe nicht an den Türen der Theater haltmachen, sondern hineinschlagen bis in die letzte Künstlerseele. Der Künstler müsse mit Leib und Seele in der Kunst aufgehen.«[42] Am 17. August 1933 besetzte Goebbels den neuen Posten des »Reichsdramaturgen im Reichsministerium für Volksaufklärung und Propaganda« mit Rainer Schlösser, dem kulturpolitischen Schriftleiter des *Völkischen Beobachters*. Mittlerweile hatte das neue Regime den Theaterschaffenden einen Hoffnungsschimmer geboten (vorausgesetzt, sie waren auf Linie), indem es zwölf weiteren Theatern (von 248 im ganzen Land) eine Förderung garantierte.

Die erste Möglichkeit, bei der die Nationalsozialisten ihre geschmacklichen Vorlieben zur Schau stellen konnten – die erste Deutsche Reichstheater-Festwoche vom 27. Mai bis zum 3. Juni 1934 in Dresden –, war eine Erfindung des Propagandaministeriums (ProMi genannt). Adolf Hitler entschloss sich in letzter Minute, ihr höchstselbst die Ehre zu erweisen. Inzwischen waren die Theater mehr oder weniger fest unter Goebbels' Kontrolle. In Berlin hatte er vor allem drei Häuser unter neuen Intendanten zu nationalsozialistischen Aushängeschildern auserkoren:

die Volksbühne (deren Oberspielleiter Erwin Piscator gewesen war) unter der Leitung von Bernhard Graf Solms, das Deutsche Theater (einst Max Reinhardt) unter der Leitung von Heinz Hilpert und das in »Theater des Volkes« umbenannte Große Schauspielhaus (ebenfalls Reinhardt) unter der Leitung von Walther Brügmann. Kurz vor Beginn der Dresdner Festwoche hatte Goebbels die »Verordnung zur Durchführung des Theatergesetzes vom 15. Mai 1934« erlassen, welche bestimmte, dass allein dem Präsidenten der Reichstheaterkammer das Recht zustand, Theaterbetriebe und Veranstaltungen zuzulassen, dass ihm alle Fragen der Zensur oblagen und dass sich alle Theater ihrer nationalen Verantwortung bewusst sein und den nationalsozialistischen Zielen, rassisch wie künstlerisch, dienen müssten. »Nur« in diesem Sinne würde die künstlerische Freiheit beschnitten.[43]

Ganz und gar nichts hielt Goebbels von diesem »Heer von Nichtskönnern« unter den Dramatikern, von diesen »Kulturbanausen«, die nichts als einen »herz- und blutlosen Dilettantismus« bewiesen und am liebsten in Momenten des Unfriedens unter Deutschen schwelgten.[44] So etwas werde er nicht länger tolerieren. Ergo kamen bei den Dresdner Festwochen Kleist, Schiller, Ibsen, Goethe und Shakespeare auf die Bühne – eine letztendlich »sichere Sache«, die keines großen propagandistischen Beiwerks bedurfte.

Der riesige Bau des Großen Schauspielhauses in Berlin hatte bereits eine abwechslungsreiche Geschichte hinter sich. Das Gebäude war Mitte des 19. Jahrhunderts als Markthalle errichtet worden, dann wurde es zum Quartier des Circus Renz umgebaut (in der 1890 der 10. Internationale Medizinerkongress stattfand, auf dem Robert Koch das Tuberkulin vorstellte) und nach neuerlichen Umbauten 1919 schließlich von Max Reinhardt als Großes Schauspielhaus eröffnet (in dem 1924 die Gedächtnisfeier der KPD zum Tod Lenins stattfand).[45] Nach der Übernahme durch Reinhardt und den Umbauten zu einer Riesenbühne mit Kuppelhorizont und Drehvorrichtung begann die große Zeit dieses Theaters, doch finanzielle Schwierigkeiten hatten Reinhardt bereits lange vor Goebbels' Machenschaften zum Verkauf gezwungen.

Für die Nazis war allein schon die schiere Größe des Hauses attraktiv: »Gewaltigkeit« spielte eine große Rolle bei ihren Versuchen, das zu erschaffen, was Hofmannsthal um die Jahrhundertwende in Wien als die »Feier des Ganzen« bezeichnet hatte. Die Inszenierungen in ihrem »Theater des Volkes« sollten grandios und gewaltig sein, und der Effekt, der mit riesigen Chören, Hunderten von Musikern, Scharen von Revuetänzerinnen, echten und live krähenden Hähnen und echten und live bellenden Hunden erzielt wurde, sollte das Publikum zu einer »mystischen Einheit« verschmelzen. Von 1936 bis 1940 wurden dann praktisch nur noch Operetten dort gespielt, nicht nur, weil man glaubte, die »Uneingeweihten« mit solch leichten Musikwerken an die Oper heranführen zu können, sondern auch, weil man die Bedienung des Arbeitergeschmacks für eine »militärisch bedeutsame« Aufgabe hielt und man dem Publikum mit der Operette jene »gute alte Zeit« vor Augen führen konnte, welche die Nationalsozialisten zurückzubringen versprochen hatten.[46]

Der vielseitigste und wandlungsfähigste Schauspieler/Regisseur jener Tage war Gustaf Gründgens (1899–1963), als Sänger, Tänzer und Schauspieler ebenso begabt wie als Regisseur. 1919 wurde unter seiner Regie im Leipziger Schauspielhaus Klaus Manns Stück *Revue zu Vieren* uraufgeführt, in dem er selbst neben Klaus Mann, Erika Mann (mit der er von 1926 bis 1929 verheiratet war) und Pamela Wedekind auf der Bühne stand und mit dem sie anschließend auf Deutschlandtournee gingen. Gründgens war zwar homosexuell (1936 heiratete er zum Selbstschutz die Schauspielerin Marianne Hoppe), dennoch ernannte ihn Hermann Göring 1933 zum künstlerischen Leiter des Preußischen Staatstheaters, dem Schauspielhaus am Gendarmenmarkt, und Joseph Goebbels berief ihn 1934 zu dessen Intendanten, mit dem Auftrag, die größten Namen der damaligen Zeit dort zu versammeln. Gründgens tat, wie ihm geheißen, und umgab sich mit Kollegen wie Werner Krauß, Emil Jannings oder Emmy Sonnemann (die gerade von Göring hofiert wurde). Entscheidend aber war seine Zusammenarbeit mit dem Regisseur Jürgen Fehling (1885–1968), der sich zur Weimarer Zeit als einer der großen Theaterregisseure etabliert und viele Stücke inszeniert hatte, die von den Nationalsozialisten verboten wurden.

Aus Sicht der Nazis war Fehling demnach eigentlich kein idealer Regisseur, doch sein Können schützte ihn. Neben Heinz Hilpert (1890 bis 1967), der auf eine lange Zusammenarbeit mit Max Reinhardt bei vielen modernen Inszenierungen in den Weimarer Jahren zurückblicken konnte, gelang es ihm, das noch gestattete Schauspiel von Politik fernzuhalten und seine Qualität nicht zu mindern. Dass diese Männer sich zumindest etwas Integrität wahrten, gelang hauptsächlich, wenn sie sich auf deutsche Klassiker und Shakespeare konzentrierten, denn andererseits inszenierten sie eben auch Stücke von Dramatikern, die von den Nazis verehrt wurden, etwa die des Österreichers Richard Billinger, der 1932 den Kleist-Preis für sein Stück *Rauhnacht* bekommen hatte. Einen Skandal verursachte Fehling 1937 mit seiner Inszenierung von *Richard III.*, weil er Werner Krauß in der Titelrolle mit einem Goebbels'schen Klumpfuß auf der Bühne herumhumpeln ließ, Clarence' Mörder wie Nazi-Sturmtruppen mit Braunhemden und Reitstiefeln auftraten und Richard bei seiner Krönung auch noch eine Phalanx von acht Männern zur Seite gestellt wurden, die in ihren silberbesetzten schwarzen Uniformen sofort an die furchterregende SS erinnerten.

Göring forderte die sofortige Entlassung von Fehling, aber sein Intendant Gründgens weigerte sich, und wenigstens dieses Mal wurde dem Reichsmarschall die Stirn geboten. Doch Fehling wagte keine zweite Inszenierung dieser Art. Wie in allen deutschen Theatern wurden nun auch an den staatlichen Bühnen Berlins didaktische Stücke obligatorisch und klassische Dramen so uminterpretiert, dass sie sich mit der nationalsozialistischen Ideologie deckten.

35
Wissenschaft im »Dritten Reich«:
Keine Objektivität

In den beiden ersten Jahren des »Dritten Reiches« wurden mindestens sechzehnhundert Forscher und Professoren aus politischen oder rassischen Gründen entlassen, rund 32 Prozent von etwa fünftausend Universitätslehrern. Bis Ende des Jahres 1938 hatten die Hochschulen in Deutschland und Österreich zusammengerechnet 39 Prozent ihres Lehrkörpers verloren, wobei Berlin und Frankfurt am stärksten betroffen waren, unmittelbar gefolgt von Heidelberg.[1] Während der ersten Jahre im Nationalsozialismus hatten auch die heftigsten rassistischen Umtriebe von Studenten stattgefunden. Häufig störten sie Vorlesungen unliebsamer Professoren, still geduldet, wie der amerikanische Historiker Steven Remy in seiner Studie über die Heidelberger Universität schreibt, von vielen Fakultätskollegen. Ein 1945 erstellter Bericht des amerikanischen Geheimdienstes führte fünfzehn Heidelberger Professoren auf, die ihre Kollegen im »Dritten Reich« bespitzelt hatten. Es *gab* Proteste, aber nur von wenigen und nur selten. Der Nationalökonom Alfred Weber zum Beispiel, Bruder des Soziologen Max Weber, hatte sich 1933 geweigert, die Hakenkreuzfahne über seinem Institut zu hissen, und war deshalb von der lokalen Presse an den Pranger gestellt und noch im selben Jahr gezwungen worden, sich vorzeitig emeritieren zu lassen.

Vor Hitlers »Machtergreifung« waren nur wenige Hochschullehrer in die NSDAP eingetreten, anders als beispielsweise der Physiknobelpreisträger Philipp Lenard, doch kaum waren die Nazis im Amt, begannen die Lobhudeleien. Im April 1933 klebte der Nationalsozialistische Deutsche Studentenbund Plakate an allen deutschen Hochschulen, auf denen zwölf Thesen »Wider den undeutschen Geist« postuliert wurden; im November unterzeichneten siebenhundert von insgesamt zweitausend ordentlichen Professoren das Bekenntnis »Mit Adolf Hitler für des deutschen Volkes Ehre, Freiheit und Recht!«. Hunderte Hochschullehrer traten in die Partei ein.[2]

Remy zufolge entwickelte sich in Heidelberg eine regelrechte Publikationsmanie zur Förderung von nationalsozialistischen Ideen. Die meisten dieser Schriften verunglimpften die Weimarer Republik, weil sie »schwach« gewesen sei und unter »fremdländischen« oder »undeutschen« Einflüssen gestanden habe, und hießen die »nationale Erweckung« willkommen, weil sie an die große deutsche Vergangenheit anschließe und das radikale, jugendorientierte Element der nationalsozialistischen »Bewegung« verkörpere. Der Politikwissenschaftler und Soziologe Arnold Bergstraesser machte demokratische Prinzipien für den Mangel an der gesellschaftlichen und politischen Einheit verantwortlich, die notwendig gewesen wäre, um eine prekäre Lage wie die Weltwirtschaftskrise im Jahr 1929 bewältigen zu können, und erklärte, dass nur der Nationalsozialismus die wahre Einheit von Staat und Gesellschaft herzustellen in der Lage sei. Nun heiße es, keinerlei Nischen im Staat mehr zuzulassen. Der Theologe Martin Dibelius machte es sich bei Konferenzen jenseits des Kanals derweil zur Aufgabe, den Engländern das nationalsozialistische »Wunder« von der Einheit des deutschen Volkes und einer notwendigen moralischen »Säuberung« zu erläutern.[3]

Die Juristen wiederum taten alles in ihrer Macht Stehende, um die neuen Nazigesetze aus rechtswissenschaftlicher Sicht zu verteidigen, indem sie die Bedeutung des allgemeinen bürgerlichen Rechts beschworen und vor dem Konzept gesetzlich geschützter Individualrechte warnten.[4] Der Staatsrechtler Walter Jellinek pries, wiewohl selbst Jude, die neuen nationalsozialistischen Gesetze, weil sie die Schranken von Klassen, Regionen und Religionen überwunden hätten: Das Individuum verdanke seine Menschenwürde allein der Unterwerfung unter die Staatsgewalt. 1934 erklärte er, dass politische Macht, die in einer Hand konzentriert sei, nicht notwendigerweise etwas Schlechtes sei, denn man dürfe nicht vergessen, dass in dem deutschen Wort »Führer«, dessen ideologischer Gehalt sich kaum in eine Fremdsprache übertragen lasse, bereits eine freiwillige Beschränkung höchster Macht zum Ausdruck komme.[5]

Seit so viele etablierte Gelehrte entlassen worden waren, hatten ihre willfährigeren jüngeren Kollegen Hochkonjunktur. Viele, vor allem die Rechtsradikalen unter ihnen, betrachteten solche Vorteilsnahme allerdings ohnedies als ihr naturgegebenes Vorrecht. Der Soziologe Carl Brinkmann zum Beispiel pflegte seine Vorlesungen nun mit den Worten zu eröffnen: »Endlich können wir frei reden.« Inzwischen hatte sich auch eine Gruppe von älteren Hochschullehrern herausgebildet, die an der nationalsozialistischen Umgestaltung ihrer Universitäten zu arbeiten begannen. Ihr gehörten zum Beispiel der »NS-Hofpädagoge« Ernst Krieck, der Philosoph und Pädagoge Alfred Baeumler, der Historiker Adolf Rein, der Historiker und Philosoph Hans Freyer und Martin Heidegger an. Krieck, der im Mai 1933 als Rektor der Frankfurter Goethe-Universität eingesetzt worden war, forderte eine Generalüberholung der Universität, die »Einebnung« ihrer hierarchischen Strukturen und die absolute Konzentration der Lehre und Forschung auf die ideologischen Ziele des Staates. Walter

Gross, Leiter des »Aufklärungsamts für Bevölkerungspolitik und Rassenpflege« (1934 in »Rassenpolitisches Amt der NSDAP« umbenannt) und beauftragt, das »völkische Bewusstsein« zu schärfen, zeigte sich besorgt, weil viele Wissenschaftler den Nationalsozialismus zwar öffentlich billigten, ihm in Wahrheit aber ihre »innere Unterstützung« versagten und bei »unpolitischen« Forschungsprojekten Zuflucht suchten.[6] Außerdem kritisierte er, dass es die Biologen verabsäumt hätten, »den Juden« anhand von physiologischen Merkmalen identifizierbar zu machen, weshalb es nun schnellstens der Definition von kulturellen Stereotypen bedürfe.

Unter all den Männern, die an dieser Umgestaltung von Universitäten beteiligt waren, gab es keinen interessanteren und umstritteneren als den Philosophen Martin Heidegger (1889-1976), dessen Beziehung zu Hannah Arendt ebenso berühmt wurde wie sein berüchtigtes Fehlverhalten ihr gegenüber. Hannah Arendt (1906-1975) war 1924 als achtzehnjährige Theologie- und Philosophiestudentin nach Marburg gegangen, um bei Heidegger zu studieren, dem damals wohl berühmtesten lebenden Philosophen Europas. Er arbeitete gerade am Manuskript für sein bedeutendstes Werk *Sein und Zeit*, das drei Jahre später erschien. Als sie sich erstmals begegneten, war er bereits fünfunddreißig, verheiratet und Vater zweier kleiner Kinder. Eigentlich hatte er katholischer Priester werden sollen, sich aber für die Philosophie entschieden und zu einem charismatischen Hochschullehrer entwickelt.

Arendt hatte einen völlig anderen Hintergrund: Sie stammte aus einer vornehmen, kosmopolitischen und völlig assimilierten jüdischen Familie aus Königsberg. Die Liebesbeziehung zwischen ihr und Heidegger ist berühmt, jeder beeinflusste den anderen, doch 1933 nahmen ihre Leben dramatisch unterschiedliche Wendungen. Er wurde Rektor der Freiburger Universität, sie hörte bald erste Gerüchte, dass er Juden von seinem Seminar ausschloss und jüdische Doktoranden abwies. Seine berühmte, äußerst antisemitische und nazistische Rektoratsrede löste in aller Welt Entsetzen aus. Hannah, die mittlerweile in Berlin lebte und einen Freund geheiratet hatte, den sie, wie sie später erklärte, nicht liebte, und Männer wie Brecht, Adorno, Marcuse und Fromm zu ihren Freunden zählte, war zutiefst erzürnt und verstört wegen Heideggers Verhalten. Noch schlimmer wurde ihre persönliche Lage, als die Gestapo nach Brechts Flucht unter seinen zurückgelassenen Habseligkeiten ein Adressbuch fand, in dem auch ihr Name verzeichnet war. Sie wurde verhaftet und acht Tage im Gefängnis verhört. Gleich nach ihrer Entlassung floh sie aus Deutschland und erreichte über die Umwege Prag und Genf schließlich Paris, wo sie sich niederließ. Heidegger sollte sie erst siebzehn Jahre später wiedersehen.

Heidegger spielte indessen eine wichtige Rolle im öffentlichen Leben

Deutschlands. Als Philosoph warf er sein ganzes Gewicht für das »Dritte Reich« in die Waagschale und trug damit zur Entwicklung jenes nazistischen Denkens bei, welches den Nationalsozialismus tief in der deutschen Geschichte verwurzelte und zu einer Frage deutschen Selbstwertgefühls machte. Der Unterstützung von Hitler und Goebbels durfte er sich da sicher sein. Als führende Persönlichkeit im akademischen Betrieb spielte er zudem eine entscheidende Rolle bei der Umstrukturierung seiner Universität, deren wichtigste »Politik« unter seiner Ägide der Entfernung aller Juden galt. Unter seiner Amtswaltung verloren sowohl Edmund Husserl, Begründer der Phänomenologie und Heideggers einstiger Lehrer, als auch Karl Jaspers, der mit einer Jüdin verheiratet war, ihre Positionen. Hannah Arendt schrieb später, Martin habe Edmund ermordet.

Ernst Krieck hielt sich für einen noch bedeutenderen nationalsozialistischen Philosophen als Heidegger, doch letztendlich war der Einfluss von Philosophen im »Dritten Reich« begrenzt. Hitler, Goebbels und der Rest der Führungsriege waren wesentlich mehr an praktischen Dingen als an abstrakten Theorien interessiert und betrachteten die Akademiker ohnedies meist als eine »elitäre Opportunistenbande«. Wie ein roter Faden zog sich in den Jahren 1933 und 1934 die Aussage durch die Reden und Publikationen von Krieck, Heidegger und den anderen, dass Forschung wie Lehre der deutschen »Volksgemeinschaft« zu dienen hätten und nicht irgendwelche Ideen von einer »objektiven Wahrheit« oder einem Wissen nur des Wissens wegen verbreiten dürften. Walter Gropius' Erzfeind, der Architekt Paul Schmitthenner, machte sich öffentlich für »politische« Universitäten stark und forderte, Forschungsprojekte nur dann zu unterstützen, wenn sie »dem Staat und dem Volke« dienten. Hans Frank, seit 1934 Reichsminister ohne Geschäftsbereich und ab 1939 Generalgouverneur für die besetzten polnischen Gebiete, »repersonalisierte« Kants kategorischen Imperativ: »Handle so, daß, wenn der Führer von deinem Handeln Kenntnis hätte, er dieses Handeln billigen würde.«[7]

Der »deutsche Geist« in den Naturwissenschaften

Im Sommer 1936 beging die Heidelberger Universität ihre »550-Jahrfeier«, ein Ereignis, das für Hitler von nationaler Bedeutung war.[8] Denn diese Feierlichkeiten boten eine gute Möglichkeit, um klarzustellen, was der Begriff »deutsche Wissenschaft« im »Dritten Reich« bedeutete: nämlich das, was Reinhard Heydrich als die »Vergeistigung des Kampfes« bezeichnet hatte.

In Heidelberg war mit diesem Projekt bereits im Jahr zuvor begonnen worden, als man das Physikalische Institut zu Ehren des prominenten

Verfechters »arischer Physik« in »Philipp-Lenard-Institut« umbenannt hatte. Was Lenard unter einer »arischen« Physik verstand – im Gegensatz zur »Physik der Juden« –, klang so: »›Deutsche Physik?‹ wird man fragen. Ich hätte auch arische Physik oder Physik der nordisch gearteten Menschen sagen können, Physik der Wirklichkeits-Ergründer, der Wahrheits-Suchenden, Physik derjenigen, die Naturforschung begründet haben. [...] dagegen hat sich sehr breit eine eigentümliche Physik der Juden entwickelt [...]. Juden sind überall, und wer heute noch die Behauptung von der Internationalität der Naturwissenschaften verficht, der meint wohl unbewusst die jüdische, die allerdings mit den Juden überall und überall gleich ist.«[9] Bei den Reden zur Jahrfeier wurden diese Gedanken dann weiter ausgebaut. Ernst Krieck zum Beispiel erklärte, dass die Wissenschaft im 19. Jahrhundert zu einem »Haufen« von zusammenhanglosen Disziplinen zerschmettert worden sei, von denen letztendlich keine einzige dem Volk diene.[10]

Die »arischen« Physiker versuchten nun also ihren Einfluss zu verstärken. Sie übernahmen existierende wissenschaftliche Fachzeitschriften und gründeten neue, wie die der »arischen Mathematik« gewidmete *Deutsche Mathematik*. Aber nicht jeder ordnete sich unter allen Umständen dieser Linie unter. Der Physiker Walther Bothe zum Beispiel beschloss, gegen die Einwände der »arischen« Wissenschaftler seine kernphysikalischen Forschungen auf die eigene Art zu betreiben – was schließlich zu Deutschlands erstem Zyklotron (Teilchenbeschleuniger) führte. Von der in England erscheinenden internationalen Wissenschaftszeitschrift *Nature* wurden die Aktionen der »arischen« Physiker dermaßen kritisiert, dass das Reichsministerium für Wissenschaft, Erziehung und Volksbildung Ende 1937 das Abonnement von *Nature* in Deutschland verbot.[11]

Anlässlich der Heidelberger Jahrfeier, zu der Hitler ein Glückwunschtelegramm schickte, wurden mehrere Reden über das neue geistige Klima gehalten. Reichserziehungsminister Bernhard Rust zum Beispiel erklärte, dass der völkische und rassische Hintergrund eines Wissenschaftlers notgedrungen auch dessen Forschung präge und es so etwas wie eine »objektive Wissenschaft« daher gar nicht geben könne, das sei bloß eine »jüdisch-marxistische Idee«. Erst als man sich dessen bewusst geworden sei, habe sich die innere Kraft des deutschen Volkes wandeln und eine »organische Einheit« zwischen Wissenschaft und Volk heranbilden können. Krieck erklärte in seiner Rede über »Die Objektivität der Wissenschaft als Problem«, dass sich problemlos beweisen lasse, wie untrennbar jede wahre Errungenschaft auf naturwissenschaftlichem wie auf kulturwissenschaftlichem Gebiet mit den rassischen Merkmalen der beteiligten Forscher verbunden sei.[12]

Nachdrücklich unterstrichen wurde diese Einstellung durch diverse neue Institute und Seminare, die in den Jahren vor dem Zweiten Weltkrieg in Heidelberg ins Leben gerufen wurden, um sich auf die Frage der militärischen und politischen Bereitschaft des »Dritten Reiches« zu konzentrieren. Der Historiker Paul Schmitthenner, ein Namensvetter des oben erwähnten Architekten, der dort Kriegsgeschichte und Wehrkunde lehrte und 1938 zum Rektor der Universität ernannt wurde, bezeichnete sich als einen »Soldaten, Politiker und Wissenschaftler« (in exakt dieser Reihenfolge) und stilisierte sich gar zu einem Lehrer »an der Front«. Sozial- und Wirtschaftswissenschaftler, die sich mit Landes- und Raumforschung befassten und an Werner Sombarts Ideen anknüpften, erklärten, dass die Wirtschaft Deutschlands auf zwei Säulen ruhe: »Rasse und Raum«. Auch die altphilologischen, theologischen, sprachwissenschaftlichen und literaturwissenschaftlichen Fakultäten passten sich an. »Rasse« wurde zur »Determinante« für Sprachentwicklungen, sogar die Fähigkeit, die christliche Botschaft zu empfangen, wurde zu einer »Blut und Boden«-Funktion deklariert. Die Geschichtswissenschaft begann sich derweil um eine Reihe von »Schlüsseldaten« oder Wendepunkte neu zu ordnen. Ein solches Datum war beispielsweise das Preußische Judenedikt vom März 1812, das den Juden die preußische Staatsbürgerschaft gewährt und somit den ersten Schritt zur rechtlichen Gleichstellung der Juden in Preußen dargestellt hatte.

Steven Remy fasst den »deutschen Geist«, der nun in den Wissenschaften herrschte, zu den folgenden Punkten zusammen: Er stand im absoluten Gegensatz zu den abendländischen Traditionen der Lehre und Forschung, da er (1) »Objektivität« ablehnte, da er (2) bestritt, dass Wissenschaft grundsätzlich der unerlässlichen Vorstellung folgt, Wahrheit um der Wahrheit willen zu suchen, und stattdessen erklärte, dass sie dem Volk zu dienen habe, da er sich (3) jeder »Überspezialisierung« verweigerte und da er (4) »Rasse« zu einem zentralen Konzept erklärte und behauptete, dass Mitglieder von »minderwertigen« Rassen (wie Juden) unfähig seien, die Natur auf unvoreingenommene und exakte Weise zu erforschen.[13]

Biologische Dogmatik:
»Die Sprache unseres Zeitalters«

Steven Remy folgte den Spuren der Nazifizierung einer einzelnen Universität; James R. Dow und Hannjost Lixfeld folgten den Spuren der Nazifizierung einer einzelnen Disziplin: der Volkskunde.[14]

Seit Herder und den Gebrüdern Grimm hatte in Deutschland starkes Interesse an Volkskunde geherrscht. Thomas Manns Erläuterung des entscheidenden Unterschieds zwischen der deutschen und der abendländischen Kultur (1940) kommentierte der amerikanische Historiker George S. Williamson mit den Worten: »Während englische und französische Schriftsteller eine Kunst erschufen, die in den gesellschaftlichen und politischen Realitäten wurzelte, hatten sich die Deutschen der reinen Humanität des ›mythischen Zeitalters‹ verschrieben, die auf der Natur als solcher, nicht auf den Umständen irgendeiner historischen Zeit beruhte.«[15] Und dieses Interesse blieb: Während der Weimarer Republik veranstaltete die »Deutsche Mittelstelle für Volks- und Kulturbodenforschung« mehrere internationale Konferenzen zu dem Thema; und 1926 war die erste Ausgabe der Zeitschrift *Volk und Rasse* erschienen. Was dem Volk so gut an der *Volks*kultur gefiel, war, dass sie statisch und das genaue Gegenteil von Industriekultur war. Der Industriearbeiter bearbeitete mit totem Werkzeug totes Material, sein Arbeitstempo wurde weder von der Sonne noch von der Jahreszeit oder vom Wetter, sondern allein von einer Maschine bestimmt, die ihrem eigenen Rhythmus folgte, sommers wie winters, Tag und Nacht. Seine Arbeit ließ sich exakt in Millimetern oder Gramm messen, nach Maßstäben also, die mit dem wahren Leben nichts zu tun hatten. So gesehen war nur die *Volks*kultur in der Lage, dem Volk das Gefühl eines erfüllten Daseins zu vermitteln, und wer das anders erlebte, der wurde zu einer »undeutschen Gewächshauspflanze«.[16] Doch auch wenn sich die Nationalsozialisten nun des prinzipiellen Denkens der Volkskundler bemächtigten, ging der Reiz von Folklore doch für viele darüber hinaus. Der Volksmusikforscher Kurt Huber forderte 1934 eine Wiederbelebung des deutschen Liedguts und sprach in diesem Zusammenhang von einem Verlust an völkischem Gefühl unter den Deutschen, weil sie mit zu viel Humanismus traktiert und entsprechend fehlgeleitet worden seien.[17] Gottfried Benn hielt die Bauernschaft für eine homogene Gruppe, geprägt von einer bestimmten inneren Einstellung, und nicht für Erwerbstätige eines bestimmten Erwerbszweigs; ein Gelehrter erklärte, die Überreste der germanischen Mythologie hätten für den insgeheimen Widerstand gegen die bürgerliche Kultur gesorgt; und der nordische Rassenkundler und Mitbegründer des SS-Ahnenerbe-Projekts Herman Wirth war unerschütterlich vom Fortleben frühsteinzeitlicher Glaubensweisen und Lebensanschauungen im deutschen Volk überzeugt.[18]

Aus allem sprach eines, nämlich eine bestimmte Art von *biologischer Dogmatik*. Max Hildebert Boehm, der in Jena Volkstheorie und Volkstumssoziologie lehrte, ersetzte die »vier großen S« des Volkskundlers Wilhelm Heinrich Riehl – »Stamm, Sitte, Sprache, Siedlung« – durch die völkischen Begriffe »Blut, Boden, Volkstum, Volksordnung«. Vor allem aber erhielt der sozialdarwinistische Mythos vom »schicksalhaften« Kampf ums Überleben nun die höheren Weihen; man betonte das Dunkle und das Tragische (Götterdämmerung) und diffamierte jede andersartige Einwirkung als »undeutsch«. Aus diesem Blickwinkel betrachtet, war Hochkultur »eine Hure«, die jedem »artfremden« Einfluss hinterherrannte, der ihr über den Weg lief. Der antisemitische Publizist Wilhelm Stapel hatte 1928 geschrieben, dass ein jeder, der wissen wolle, was es heiße, Deutscher zu sein, in deutschen Wäldern gelebt, deutschen Maiden den Hof gemacht, deutsche Landwirtschaft betrieben und deutsches Handwerk erlernt haben müsse.[19]

Dem Germanisten und Volkskundler Hermann Strobach zufolge reagierte die Deutsche Gesellschaft für Volkskunde auffallend schnell auf die zur Macht strebenden Nationalsozialisten. Schon bei ihrer Versammlung im Oktober 1933 bewies sie ihre Anpassungsfähigkeit mit Vorträgen wie »Nationalsozialismus und Volkskunde«, »Die sozialpolitische Aufgabe der Volkskunde« oder »Die moderne Volkskunde und die deutschen Stämme«. Die Teilnehmer ihrer dritten Konferenz im September 1934 schickten ein Telegramm an den »Führer«, in dem sie feierlich schworen, alles in ihrer Macht Stehende zur Bekräftigung und Verbreitung »des Deutschtums unseres Volkes« zu tun.[20]

Die jüdische Volkskunde, schreibt der Ethnologe Christoph Daxelmüller, entwickelte sich seit 1898 mit der Kooperation von ost- und westeuropäischen Wissenschaftlern und der zeitgleichen Gründung einer organisatorischen Schaltstelle in Hamburg und eines geistigen Zentrums in Wien. Abgesehen davon gab es die Akademie für die Wissenschaft des Judentums in Berlin, das Jüdisch-theologische Seminar (Fraenckelsche Stiftung) in Breslau und eine »Gesellschaft für jüdische Volkskunde«. Natürlich wurden sie allesamt von den Nazis geschlossen und ihre Besitztümer – nicht zuletzt die Bibliotheken – vernichtet oder in alle Winde zerstreut. Dafür wurden 1934 unter der Ägide von Wilhelm Ziegler, dem »Judenexperten« im Berliner Propagandaministerium, das »Institut zum Studium der Judenfrage« (anfänglich »Institut zur Erforschung der Judenfrage« genannt) und 1936 auf Betreiben von Alfred Rosenberg in München eine »Forschungsabteilung für die Judenfrage« ins Leben gerufen. Im Mai 1941 folgte Rosenbergs eigene Schöpfung, das »Institut zur Erforschung der Judenfrage« in Frankfurt am Main, mit einem angeschlossenen Bibliothekszentrum, das sich unter anderem die gesamte Bibliothek Rothschild aus Paris sowie sämtliche Unterlagen der *Alliance Israélite Universelle* und der *Librairie Lipschutz* einverleibt hatte. Rosenbergs Institut, dessen Bibliothek bereits vor ihrer Eröffnung über 350000 beschlagnahmte Werke verfügte, verstand sich als Koordinationszentrum für eine »einheitliche Lösung der Judenfrage«.[21]

Ostern 1934 erschien die erste Ausgabe der Zeitschrift *Volkstum und Heimat – Blätter für nationalsozialistische Volkstumsarbeit und Lebensgestaltung*, ein Organ des »Reichsbunds Volkstum und Heimat«. Bis zu diesem Zeitpunkt waren bereits rund zehntausend politische Gesellschaften mit rund vier Millionen Mitgliedern unter dem Schirm dieses

Reichsbunds gegründet worden, der sich in einer Hinsicht von anderen »Organisationen« unterschied: Ob ein Brauch hundert oder tausend Jahre alt war, spielte keine Rolle, es ging einzig und allein um Authentizität. Für die »nationalsozialistische Volkstumsarbeit« waren keine »Experten« nötig, gefragt waren »glaubwürdige« und wesensstarke Deutsche, die ihren Landsleuten durch das eigene Beispiel den Weg wiesen und sie mit ihrer Begeisterung für das jeweilige lokale Brauchtum ansteckten. Es wurden Feste gefeiert und Paraden veranstaltet, bei denen Gruppenmitglieder ihr Handwerk zur Schau stellten: Arbeiter schulterten den Spaten, blumengeschmückte deutsche »Mädel« trugen Heugabeln, junge Bauern, den Saatsack umgebunden, zogen Pflüge. Die Aufgabe des Reichsbunds war die Verherrlichung des bäuerlichen Lebens.[22]

Die Volkskundlerin Anka Oesterle studierte die »Lehr- und Forschungsgemeinschaft das Ahnenerbe« und deren Einflüsse auf die Volkskunde und stieß dabei auf eine regelrechte Jauchegrube voller Rivalitäten und Eifersüchteleien. 1935 war die privat finanzierte »Studiengesellschaft für Geistesurgeschichte ›Deutsches Ahnenerbe‹« in das Berliner Vereinsregister eingetragen worden. Viele Mitglieder aus den ersten Tagen waren in der »indogermanischen« Tradition geschulte Akademiker und anfänglich hauptsächlich an geistesgeschichtlicher Forschung interessiert gewesen. Dem deutsch-holländischen Privatgelehrten Herman Wirth zum Beispiel ging es um die Stärkung des »wahren deutschen Geistes«, weil er sich davon nicht nur die »Wiedergeburt der nordischen Rasse« erhoffte, sondern auch die Befreiung der Menschheit vom »Fluch der Zivilisation«.[23]

Der wahre Kopf hinter der Gründung des »Ahnenerbes« und dessen unbestrittener Führer war jedoch Reichsführer-SS Heinrich Himmler. Er hatte dafür gesorgt, dass die SS mit Hilfe des »Ahnenerbes« und trotz häufiger Kompetenzstreitigkeiten mit Rosenberg oder Goebbels immer tiefer in die akademische Welt eindringen konnte.[24] Himmlers Hauptinteresse galt der Geschichte der nordischen Rasse, dem Erbe des germanischen Volksstamms und den »Ariern« in Zentralasien, die für ihn nicht nur der Schlüssel zu den alten Glaubensweisen und Mythologien waren, sondern auch die Begründer des Germanentums als solchem. Also versicherte er sich der Mitarbeit von mehr oder weniger angesehenen – und mehr oder weniger opportunistischen – Anthropologen, Ethnologen, Orientalisten, Runenforschern, Philologen, Wappenkundlern und Archäologen, um mehrere hoch geförderte Expeditionen nach Finnland, Island, Mesopotamien, auf die Kanaren (die Himmlers Meinung nach den südlichsten Zipfel des verlorenen Kontinents Atlantis darstellten), in die Anden (deren Zivilisation Himmler zufolge von Ariern begründet worden war) und sogar nach Tibet zu unternehmen. Man erforschte Felszeichnungen aus der Bronzezeit und paläolithische Höhlen, hob alte Gräber aus, sammelte Schädel sowie alle Arten von Zeltstoffen, Münzen und Nadeln, machte endlos viele Fotografien, zeichnete Volksmythen auf, protokollierte Dialekte und war ansonsten in ständiger Sorge, ausspioniert zu werden, so wie die Tibetexpedition, deren Teilnehmer am Weihnachtstag allesamt krank wurden, die »kalk- und weinfarbenen Mauern« von Lhasa bereits im Blick.[25]

Von allem, was bei diesen Expeditionen entdeckt wurde, aber nicht verschleppt werden konnte, machte man Gipsabdrücke; alte Riten studierte man getreu dem Vorhaben, dem traditionellen Christentum in der Heimat etwas entgegenzusetzen. Auch eine Monatsschrift namens *Germanien* gab man heraus. Doch abgesehen vom Offensichtlichen ist heute schwer festzustellen, was die wahren Absichten waren, denn nur wenige Projekte wurden wirklich abgeschlossen. Auch aus Himmlers Weltbild lassen sich kaum weitere Rückschlüsse auf diese Projekte ziehen, da die SS (und die Gestapo) während des Krieges schamlos und in großem Stil Kunst- und Kulturobjekte raubte und plünderte, immer unter dem Vorwand, Wertgegenstände »heim ins Reich« zu holen, die dem Verständnis der kontinuierlichen Geschichte des »Germanentums« dienen könnten. Begonnen wurde damit in Litauen und Estland, Polen und Frankreich. Damit Himmler ungestört seines Amtes walten konnte, wurde er im Oktober 1939 im Rahmen von Hitlers »Erlass zur Festigung des deutschen Volkstums« zum »Reichskommissar für die Festigung deutschen Volkstums« ernannt.

Der nationalsozialistische Wissenschaftsbegriff

Im Jahr 2007 ergab eine Forsa-Umfrage für den *Stern*, dass noch immer jeder vierte Deutsche glaubte, der Nationalsozialismus habe auch seine »guten Seiten« gehabt, beispielsweise was die Familienförderung oder den Bau der Autobahn betraf. In Wirklichkeit hatte man mit der Planung des beeindruckenden Autobahnsystems bereits in der Weimarer Republik begonnen. Außerdem war Hitler keineswegs der wissenschaftsbegeisterte Mann, als der er gerne hingestellt wurde. Generalmajor Walter Dornberger, ein Diplomingenieur, der ab 1936 im Heereswaffenamt das Raketenwaffenprogramm leitete (das fortschrittlicher war als alle anderen) und 1943 Kommandeur der Heeresversuchsanstalt Peenemünde wurde, erklärte nach dem Krieg, dass der »Führer« die Raketentechnologie nie wirklich begriffen habe, wenn man sie ihm zu erklären versuchte. Auch Albert Speer bestätigte bei seinem Prozess in Nürnberg, dass Hitler recht seltsame technische Vorstellungen hatte. So sei er beispielsweise gegen das Maschinengewehr gewesen, weil es die Soldaten nur feige und einen Kampf Mann gegen Mann unmöglich machte.[26] Als das Oberkommando der Luftwaffe 1944 die Messerschmitt Me 262, das erste einsatzfähige Militärflugzeug mit »Strahltriebwerken«, im Luftkampf einsetzen wollte, bestand Hitler auf ihrem ausschließlichen Einsatz als Bomber (mit dieser Maschine wollte er New York bombardieren), weil sich der Luftkampf in Düsenflugzeugen gefährlich auf das Gehirn der Piloten auswirken würde. Auch das Revolutionäre der Atomphysik begriff er nicht. Die Versuche, in Deutschland eine Atombombe zu bauen, betrachtete er ohnedies skeptisch, weil das ganze Unterfangen bloß auf »jüdischer Pseudowissenschaft« beruhe. Und schon bevor er an die Macht gekommen war, hatte er angekündigt, den Umfang naturwissenschaftlichen Lehrstoffs an den Schulen reduzieren zu wollen. Begeistern konnte er sich hingegen für die »Glazial-Kosmogenie« des Maschinenbauingenieurs Hanns Hörbiger, auch »Weltglut-Eislehre« genannt, weil sie Eis zum »Weltenbaustoff« erklärte. Ansonsten fand er, dass das Volk von all den »angeblichen« wissenschaftlichen Fortschritten nur zu dem Fehlglauben verführt worden sei, es könne die Natur beherrschen. Er selbst war überzeugt, dass der Mensch die Naturgesetze intuitiv verstehe.[27]

Wie unter den Kunstschaffenden setzten die Entlassungen unter den Wissenschaftlern ebenfalls schon 1933 ein, praktisch umgehend nach Hitlers Ernennung zum Reichskanzler. Man sollte eigentlich denken, dass die Wissenschaften – vor allem die exakten, wie Physik, Chemie, Mathematik und Geologie – von politischen Regimen unberührt blieben. Immerhin herrscht allgemein die Auffassung, dass die Erforschung der Grundbausteine der Natur so frei von politischen Untertönen sei, wie geistige Arbeit nur sein könne. Doch im »Dritten Reich« durfte man nichts für selbstverständlich halten. Einige jüdische Wissenschaftler blieben noch eine Weile verschont, weil sie im Ersten Weltkrieg für Deutschland gekämpft hatten. Doch selbst in solchen Fällen musste erst eine Ausnahmegenehmigung erwirkt werden. Der nach England emigrierte Hans Adolf Krebs, dem 1953 der Medizinnobelpreis für seine Entdeckung des Zitronensäurezyklus verliehen werden sollte, beschrieb in seinen Erinnerungen eindringlich, was er 1933 empfunden hatte, als bis dahin wenig an Hitler interessierte Kollegen mit einem Mal in Nazi-Kluft an seiner Forschungsstätte – der Freiburger Klinik – aufgetaucht waren.[28] Die Lage spitzte sich rasend schnell zu.

Die Verfolgung Albert Einsteins hatte schon früh begonnen, im Prinzip bereits nach den internationalen Begeisterungsstürmen, die Arthur Eddington 1919 mit der Bekanntgabe seiner Bestätigung der Allgemeinen Relativitätstheorie ausgelöst hatte. Noch hatte Einstein Unterstützung im offiziellen Deutschland gefunden, beispielsweise durch den damaligen deutschen Botschafter in London, der 1920 inoffiziell das Auswärtige Amt warnte, dass Professor Einstein im Moment ein kultureller Faktor erster Güte sei und man nicht riskieren dürfe, einen Mann, der sich derart gut zur Propagierung deutscher Kultur eigne, aus Deutschland zu vertreiben. Doch schon zwei Jahre später, nach der Ermordung von Außenminister Walther Rathenau, wurde ruchbar, dass auch Einstein auf die schwarze Liste der Pazifisten und Defätisten gesetzt worden war.

Als die Nationalsozialisten gut zehn Jahre später schließlich an der Macht waren, fackelten sie nicht lange. Im Januar 1933 bereiste Einstein die Vereinigten Staaten und verkündete ungeachtet einer Reihe von persönlichen Problemen, die das für ihn mit sich brachte, dass er nicht an die Akademie der Wissenschaften und zur Kaiser-Wilhelm-Gesellschaft zurückkehren werde, solange die Nationalsozialisten an der Macht blieben.[29] Die Nazis antworteten prompt, indem sie sein Konto einfroren, sein Haus nach Waffen durchsuchten, die dort angeblich von Kommunisten versteckt worden waren, und anlässlich der öffentlichen Verbrennung »undeutschen Schrifttums« auch seine Abhandlungen ins Feuer warfen. Im Frühjahr wurde eine Art Fahndungsliste der »Staatsfeinde« des »Dritten Reiches« veröffentlicht, auf der an oberster Stelle Einsteins Foto prangte. Darunter stand zu lesen: »Noch nicht gehängt.« Schließlich fand Einstein einen Ankerplatz an dem neu gegründeten Institute for Advanced Study in Princeton. Als diese Nachricht in Deutschland eintraf, titelte eine Zeitung: »Gute Nachricht von Einstein – er kommt nicht wieder.«[30] Am 28. März 1933 kündigte Einstein der Preußischen Akademie der Wissenschaften seine Mitgliedschaft auf und kam damit jeder Aktion der Nazis zuvor. Zutiefst enttäuscht hatte er feststellen müssen, dass keiner seiner einstigen Kollegen, nicht einmal Max von Laue oder Max Planck, auch nur den Versuch unternommen hatte, gegen seine Behandlung zu protestieren. Später sollte er schreiben, dass das Verhalten der deutschen Intellektuellen als Gruppe nicht besser als die des Pöbels gewesen sei.[31]

Natürlich war Einstein nicht der einzige weltberühmte Physiker gewesen, der Deutschland verließ. Der deutschen Physikergemeinde gingen rund 25 Prozent der Forscher verloren, die ihr vor 1933 angehört hatten, darunter die Hälfte aller theoretischen Physiker und viele Spitzenforscher auf den Gebieten der Quanten- und der Atomphysik. Neben Einstein emigrierten unter anderem James Franck, Erwin Schrödinger, Victor Hess, Peter Debye, Felix Bloch, Max Born, Otto Stern, Eugen Wigner, Hans Bethe, George de Hevesy, Gerhard Herzberg (allesamt Nobelpreisträger), außerdem Dennis Gabór, Richard Courant, Hermann Weyl und Emmy Noether, die Einstein zur besten Mathematikerin aller Zeiten erklärt hatte. Rund hundert von Einsteins Kollegen, alles Wissenschaftler von Weltrang, fanden zwischen 1933 und 1941 Zuflucht in den Vereinigten Staaten. Derweil setzte sich Leo Szilard in England mit aller Kraft für die Gründung des *Academic Assistance Council* (AAC) ein, der gefährdeten Personen akademische Anstellungen in sechsunddreißig Ländern verschaffen sollte. Dem englischen Wissenschaftsjournalisten John Cornwell zufolge schrumpfte die deutsche Physikergemeinde jedoch nicht in absoluten Zahlen: Es gab genügend Wissenschaftler, die als Ersatz einspringen konnten, »doch die Qualität [dieser Forschergruppe] nahm ab, und die Grundlagenforschung stagnierte«.[32]

Fritz Haber hatte die Leitung des Instituts für Physikalische Chemie der Kaiser-Wilhelm-Gesellschaft unter Druck niedergelegt, obwohl Max Planck noch versucht hatte, ein gutes Wort bei Hitler persönlich einzulegen und ihm bewusst zu machen: »Es [gebe] doch verschiedenartige Juden, für die Menschheit wertvolle und wertlose, unter ersteren alte Familien mit bester deutscher Kultur, und daß man doch Unterschiede machen müsse.« Darauf soll Hitler schroff geantwortet haben: »[...] Juden sind alle Kommunisten, gegen sie geht mein Kampf. Jud ist Jud. Alle Juden hängen wie Kletten zusammen. Deshalb muß ich gegen alle Juden vorgehen.«[33]

Andere Wissenschaftler, die weniger berühmt waren als Einstein oder Haber, hatten es oft schwer, die Reaktionen der Nazis vorauszusehen. Zum Beispiel der Zoologe Karl von Frisch, der unter anderem die »Bienensprache« entdeckte, nachdem er herausgefunden hatte, dass Bienen ihre Pollen- und Nektarquellen mit bestimmten Tänzen »auf der Wabe« kommunizieren. Seine Experimente regten die Phantasie der Leser an und machten seine populärwissenschaftlichen Bücher zu Bestsellern. Doch das stimmte die Nazis kein bisschen milder. Nach der Verabschiedung des »Gesetzes zur Wiederherstellung des Berufsbeamtentums« im April 1933 forderten sie auch von ihm einen »Ariernachweis«. Das Problem war seine Großmutter mütterlicherseits. Frisch musste angeben, dass sie »möglicherweise nichtarischer Abstammung« war, und wurde daraufhin als »Achteljude« eingestuft, woraufhin die *Deutsche Studentenzeitung* der Münchner Universität eine wütende Hetzkampagne gegen ihn startete. Dass er seinen Beruf trotz alledem weiter ausüben konnte, verdankte er nur einem »Forschungsauftrag des Reichsernährungsinstituts zur Bekämpfung der Nosemaseuche«, einer Bienenkrankheit, der 1941 Hunderttausende von Bienenvölkern zum Opfer gefallen waren, was gravierende Auswirkungen auf den Obstanbau und die Landwirtschaft hatte. Und da Deutschland zu dieser Zeit von eigenen landwirtschaftlichen Erzeugnissen abhängig war, entschieden die Reichsbehörden, dass Frisch bleiben musste, weil er der beste Mann schien, um die Situation zu retten.[34]

Jüngeren Forschungen zufolge wurden zwischen 1933 und Kriegsausbruch rund 13 Prozent aller Biologen entlassen, etwa 80 Prozent von ihnen aus »rassischen« Gründen. Rund drei Viertel dieser Wissenschaftler emigrierten und betrieben dann, wie sich im Nachhinein herausstellte, beträchtlich erfolgreichere Forschungen als ihre Kollegen, die in Deutschland keiner Verfolgung ausgesetzt waren. Zwei Fachgebiete litten besonders: die virologische und die bakterielle Molekularbiologie. Manchmal kann man aus Statistiken sehr eigentümliche Dinge herauslesen, zum Beispiel, dass Ärzte glühendere Nazis waren als die Vertreter anderer Berufsstände: 44,8 Prozent der deutschen Ärzte traten in die NSDAP ein. Gewiss kam ihnen zugute, dass das Arzt-Patienten-Verhältnis in der Weimarer Republik auf 1:600 begrenzt worden war, denn durch den Aderlass an jüdischen Ärzten (zweitausendsechshundert hatten das Land bis 1939 verlassen) waren ihre nichtjüdischen Kollegen gefragter denn je. In jüngster Zeit begann die historische Forschung etwas Abstand zu nehmen von der ausschließlichen Konzentration auf die Minderheit unter den Medizinern, die sich auf die »Rassenforschung« spezialisiert hatte: Um ein umfassenderes Bild zu erhalten, ging sie nun auch der Frage nach, ob sich die deutsche Ärzteschaft insgesamt womöglich zu schnell modernisiert hatte – modernisiert im Sinne von »exakter« Wissenschaft – und dies zulasten einer angemessenen professionellen Ausbildung mit mehr Gewicht auf Ethik und Pflege gegangen sein könnte. Dank der allgemeinen Sozialversicherung hatte es in der Weimarer Republik ein Überangebot an Ärzten gegeben, 13 Prozent von ihnen Juden; 1933 waren 36 Prozent aller Medizinstudenten jüdisch gewesen. Folglich hatten »arische« Mediziner und Studenten nach dem Inkrafttreten der Rassengesetze allen Grund, den Nationalsozialisten dankbar zu sein. Nach derzeitigem Stand der Dinge wurde die Frage, ob deutsche Ärzte schlechter »sozialisiert« waren als in anderen Ländern, noch nicht schlüssig beantwortet, fest steht nur, dass sie in der NSDAP überrepräsentiert waren.[35]

Die Psychoanalyse wurde attackiert, weil die Nazis sie als eine »jüdische Wissenschaft« betrachteten. Das Berliner Psychoanalytische Institut wurde von seinen jüdischen Mitgliedern »gesäubert« und 1936 unter der Leitung von Matthias Heinrich Göring, einem Vetter des Reichsmarschalls, zum »Deutschen Institut für psychologische Forschung und Psychotherapie« umbenannt (landläufig »Göring-Institut« genannt). Göring, der bereits 1933 zum Leiter der »Deutschen Allgemeinen Ärztlichen Gesellschaft für Psychotherapie« ernannt worden war, stellte schnell klar, dass *Mein Kampf* von nun an als ein psychoanalytischer Grundlagentext zu verstehen sein werde. Zum Vorsitzenden der ebenfalls neu gegründeten »Allgemeinen ärztlichen Gesellschaft für Psychotherapie« wurde Carl Gustav Jung ernannt, wiewohl auch Adlerianer dort stark vertreten waren.[36] Später sollte Jung behaupten, alles in seiner Macht Stehende getan zu haben, um jüdischen Kollegen zu helfen; doch bekanntlich hatte ihn Freud schon lange zuvor für einen Antisemiten gehalten, und sicher ist, dass Freuds Psychoanalyse längst schon zur Zielscheibe von Jung geworden war, man denke nur an seine Aussage, dass sich in ihrem »seelenlosen Materialismus« Freuds Judentum spiegle. Da konnte Julius Streicher,

Herausgeber des antisemitischen Hetzblatts *Der Stürmer*, nur zustimmen.[37] Abgeschlossen wurde die Nazifizierung der Psychologie mit der Übernahme von sechs der fünfzehn Lehrstühle, die es an deutschen Universitäten für Psychologie gab und die allesamt von Juden besetzt gewesen waren, gefolgt von der Übernahme des Psychologischen Instituts an der Friedrich-Wilhelms-Universität Berlin. Der Institutsleiter Wolfgang Köhler – einer der Gründer der Gestaltpsychologie – hatte öffentlich gegen die Rassenpolitik protestiert, woraufhin man seine Amtsräume nach Beweisen für seinen »Hochverrat« durchsuchte und ihm das Leben so schwer machte, dass er 1935 schließlich nach Amerika auswanderte.

Ein großer Schock für die Psychoanalytiker war auch, dass ihnen im Oktober 1933 die Teilnahme am Leipziger Psychologiekongress verwehrt wurde. Immer mehr von ihnen begannen nun, nach Amerika zu blicken. Doch die amerikanischen Psychologen zeigten keine große Vorliebe für Freuds Theorien – William James und der Pragmatismus waren einfach einflussreicher. Dennoch rief der amerikanische Psychologenverband (APA) schließlich das *Committee on Displaced Foreign Psychologists* ins Leben, das bis 1940 Kontakt zu 269 führenden Vertretern der Profession (nicht nur Psychoanalytikern) aufnahm, von denen bereits 134 in den USA eingetroffen waren, darunter Karen Horney, Bruno Bettelheim, Else Frenkel-Brunswik und David Rapaport.[38]

Freud war zweiundachtzig und keineswegs gesund, als Österreich im März 1938 ans Deutsche Reich »angeschlossen« wurde. Freunde allerorten fürchteten um sein Leben, ganz besonders Ernest Jones in London. Sogar Präsident Roosevelt wollte ständig auf dem Laufenden gehalten werden und wies deshalb nicht nur William Bullit, den amerikanischen Botschafter in Paris, an, ein Auge auf die »Freud-Situation« zu haben, sondern forderte auch den Stab des Wiener Generalkonsulats auf, den Freuds »freundliches Interesse« entgegenzubringen. Ernest Jones, der sofort die Möglichkeiten für eine Niederlassung Freuds in London sondiert hatte, eilte nach Wien, nur um dann zu erfahren, dass Freud partout nicht fort wollte. Das einzige Argument, mit dem er ihn schließlich doch zur Abreise bewegen konnte, war, dass seine Kinder nur im Ausland eine Zukunft haben würden.

Doch bevor Freud ausreisen konnte, war sein »Fall« bis zu Himmler weitergereicht worden. Offenbar war es nur dem persönlichen Interesse Präsident Roosevelts zu verdanken, dass Freud doch noch in Sicherheit gebracht werden konnte. Zuvor hatte er allerdings die Auflage erhalten, eine »Reichsfluchtsteuer« zu entrichten und »Schulden« bei seinem Verleger zu begleichen, außerdem hatte man ihn damit schikaniert, dass die Ausreisevisa nur eines nach dem anderen eintröpfelten, Freuds eigenes Visum als Letztes. Bevor die Familie dann endgültig ziehen durfte, bestanden die Behörden noch auf der Unterzeichnung einer Erklärung, der zufolge er und seine Familie nicht misshandelt worden seien. Freud unterschrieb und fügte handschriftlich an: »Ich kann die Gestapo jedermann aufs Beste empfehlen.«

1934 fragte Reichserziehungsminister Bernhard Rust den Mathematiker David Hilbert, wie stark das mathematische Institut der Göttinger Universität – einst die Heimstatt von Carl Friedrich Gauß, Bernhard Riemann, Felix Klein und seit zweihundert Jahren ein Weltzentrum der Mathematik – »unter dem Weggang der Juden und Judenfreunde« gelitten habe. Darauf Hilbert: »Gelitten? Das gibt es doch gar nicht mehr!«[39]

Als Hitlers Staatsterror von niemandem mehr zu übersehen war, wurden Notstandskomitees in Belgien, Dänemark, Frankreich, Großbritannien, Holland, Schweden und in der Schweiz gegründet. Zwei davon sollen hier beispielhaft herausgegriffen werden. In Großbritannien gründeten die Präsidenten der britischen Universitäten unter der Leitung von Sir William Beveridge von der London School of Economics (LSE) den *Academic Assistance Council*, der bis November 1938 insgesamt 524 akademische Flüchtlinge auf wissenschaftlichen Posten in 36 Ländern unterbrachte, 161 von ihnen in den USA. Und natürlich wurde nicht nur Mathematikern geholfen. Einige nach England emigrierte deutsche Wissenschaftler gründeten selbst die *Emergency Society of German Scholars Abroad*, die alles in ihrer Macht Stehende tat, um Kollegen Anstellungen zu beschaffen, und die auch die Aktivitäten anderer Hilfsorganisationen unterstützte, indem sie zum Beispiel eine Liste mit fünfzehnhundert Namen von gefährdeten deutschen Wissenschaftlern aufstellte oder die Chance nutzte, die sich seit Frühjahr 1933 in der Türkei bot: Dank der Universitätsreformen im Rahmen von Atatürks Europäisierungsmaßnahmen konnten dort – ab 1935 auch in der zur Universität umgestalteten Istanbuler Schule für Rechtswissenschaften – deutsche Gelehrte Unterschlupf finden (darunter Paul Hindemith und der spätere Westberliner Bürgermeister Ernst Reuter). Die deutschen Flüchtlinge in der Türkei gründeten sogar ein eigenes Wissenschaftsjournal, da sie im eigenen Land nicht mehr und in England wie den USA nur unter großen Schwierigkeiten publizieren konnten. Das Journal, in dem Abhandlungen über schlicht alles erschienen, von der Dermatologie bis hin zur Sanskritforschung, kam in nur achtzehn Ausgaben heraus, die heute begehrte Sammlerobjekte sind.[40]

Ein nachhaltigeres Geschenk Hitlers an die internationale Forschung war die Fachzeitschrift *Mathematical Reviews*. Von der ersten Ausgabe dieses neuen Wissenschaftsjournals hatte noch kaum jemand Notiz genommen – 1939 hatten die meisten Menschen Dringlicheres zu tun. Doch auf seine stille Weise bezeugte das Erscheinen der *MR*, wie sie unter Mathematikern bald hieß, nicht nur die Dramatik der damaligen Lage, sondern auch deren Bedeutung. Die bis dahin wichtigste mathematische Fachzeitschrift war das seit 1931 vom Berliner Springer-Verlag herausgegebene *Zentralblatt für Mathematik und ihre Grenzgebiete* gewesen, das kommentierte Artikel aus aller Welt in einem Dutzend Sprachen druckte. Als 1938 der italienisch-jüdische Mathematiker Tullio Levi-Civita aus der Redaktion entlassen wurde, kündigten jedoch mehrere Mitglieder des internationalen Beratergremiums sofort ihre Mitarbeit auf, und *Science* berichtete in einem Artikel, dass Beiträge von jüdischen Wissenschaftlern im *Zentralblatt* neuerdings nur noch unkommentiert respektive ohne deutschsprachige Zusammenfassungen gedruckt würden. Die amerikanischen Mathematiker beobachteten die Lage alarmiert und zogen sogar in Erwägung, das *Zentralblatt* zu kaufen. Doch davon wollte der Springer-Verlag nichts wissen. Dafür machte er den Gegenvorschlag, eine Parallelredaktion ins Leben zu rufen, die eine eigens für die Vereinigten Staaten, Großbritannien, das Commonwealth und die Sowjetunion redigierte Version der Zeitschrift herausbringen sollte, wohingegen die deutsche Redaktion für das »Dritte Reich« und die Nachbarländer zuständig sein sollte. Die amerikanischen Mathematiker waren derart empört über diesen Affront, dass sie im Mai 1939 beschlossen, ihre eigene Zeitschrift zu gründen: die *Mathematical Reviews*.[41]

Auch die Vertreter der Rockefeller Foundation hatten bereits im April 1933 überlegt, wie sie einzelnen gefährdeten Wissenschaftlern helfen könnten. Sie gründeten einen Fonds für ein Notstandskomitee, das allerdings sehr umsichtig vorgehen musste, weil die Wirtschaftskrise in den USA noch deutlich zu spüren und Arbeitsplätze dort rar waren. Im Oktober legte das Komitee seinem stellvertretenden Vorsitzenden Edward R. Murrow das Ergebnis einer Recherche vor: Mindestens 2000 von insgesamt 27 000 Wissenschaftlern aus 270 Institutionen waren im »Dritten Reich« entlassen worden. Das war eine Menge, und hätte man für sie im Paket Einwanderungsgenehmigungen besorgt, hätte das nicht nur die Positionen von amerikanischen Forschern gefährden, sondern auch eine Welle des Antisemitismus in den USA auslösen können. Am Ende entschied das Komitee, seine Politik auf die Formel »Hilfe für die Wissenschaft statt Linderung von Leid« zu bringen, und begann sich ganz auf Wissenschaftler zu konzentrieren, die sich bereits einen Namen gemacht hatten. Der bekannteste Nutznießer dieser Politik war der Göttinger Mathematiker Richard Courant. Schließlich wurden bis zum Ausbruch des Krieges in Europa im Jahr 1939 einundfünfzig Mathematiker in die Vereinigten Staaten geholt; bei Kriegsende war die Gesamtzahl auf knapp hundertfünfzig gestiegen.[42] Jedem von ihnen, Mann oder Frau, jung oder alt, war eine Anstellung besorgt worden. Angesichts von sechs Millionen Juden, die von den Nazis ermordet und in den Gasöfen verbrannt wurden, klingt diese Zahl wahrlich nicht hoch. Tatsächlich aber wurde keiner anderen Berufsgruppe so geholfen wie den Mathematikern.[43]

Um das Bild von den deutschen Wissenschaften abzurunden, müssen wir uns noch drei Gebieten zuwenden, auf denen sie erfolgreich waren – ungeachtet der Folgen des alles durchdringenden primitiven Antisemitismus, ungeachtet auch des erbärmlichen Wissenschaftsverständnisses, das Hitler, Himmler, Rust und Konsorten zur Schau stellten. Die Raketentechnik war nicht das einzige Forschungsgebiet, auf dem deutsche Wissenschaftlern allen anderen voraus waren.

Eines dieser drei Gebiete war der Kampf, den die Nazis dem Krebs angesagt hatten. Da die Deutschen auf dem Feld der Kohlenderivate bereits führend gewesen waren – man erinnere sich: bei dem Grundlagenprozess zur Gewinnung von Färbemitteln und für die spätere Pharmaindustrie –, waren sie sich auch bewusst gewesen, dass Krebs mit vielen dieser neuen Produkte in Zusammenhang gebracht wurde. Und da die Röntgenstrahlen ebenfalls in Deutschland entdeckt worden waren, hatte man dort bereits 1902 eine Beziehung zwischen diesen und der Entstehung von Krebs (vor allem von Leukämie) hergestellt. Die Folge war, dass in Deutschland auch wesentlich früher als anderenorts Kampagnen zur Krebsvorsorge gestartet wurden – Antiraucherkampagnen gab es bereits, bevor man irgendwo sonst eine Verbindung sah; Männer wurden aufgefordert, ihren Darm ebenso oft inspizieren zu lassen »wie ihre Kraftfahrzeuge«. Auch der Zusammenhang zwischen diversen Krebsarten und Asbest war schon 1938 von deutschen Wissenschaftlern entdeckt worden.[44] Richard Doll (später Sir Richard), der in den fünfziger Jahren einen Kontext zwischen Rauchen und Lungenkrebs herstellte und in den dreißiger Jahren in Deutschland studiert hatte, war entsetzt über die offizielle deutsche Sprachregelung, Juden als »Krebsgeschwüre« zu bezeichnen.

Deutsche Forscher haben auch als Erste eine Verbindung zwischen Nahrung, insbesondere den Nahrungsergänzungsmitteln, und Krebs hergestellt und erstmals eine biologisch unbedenkliche und gesundheitsbewusste Ernährung vor allem mit Vollkornbrot propagiert (Weißbrot wurde als eine Erfindung der Französischen Revolution bezeichnet).[45] Dass Alkohol eine Rolle bei der Entstehung von Krebs spielt, war bereits allgemein angenommen worden, doch die Nazis konzentrierten sich als Erste auf Tabak als Verursacher: Sie verboten das Rauchen in allen öffentlichen Gebäuden und richteten Nichtraucherabteile in Zügen ein. Doch der Lack blättert schnell von solchen Geschichten ab, wenn man sich bewusst macht, dass der Tabakkonsum nach Hitlers Machtantritt Jahr für Jahr angestiegen war und sich zwischen 1933 und 1940 verdoppelt hatte. Erst 1944 sank er, aber auch das sehr wahrscheinlich nur wegen der Tabakrationierung.

»Weiße Juden«

Auf dem Gebiet der Physik, wo (sofern man von Philipp Lenard und Johannes Stark absieht) Deutschland unübertroffen war, wiederholte sich mehr oder weniger der gleiche Prozess wie auf dem Gebiet der Biologie. So wie Karl von Frisch unter Druck geraten war, weil seine Großmutter »nichtarischer Abstammung« war, geriet auch Werner Heisenberg in Schwierigkeiten, weil er sich weigerte, anzuerkennen, dass die »jüdische Physik« (das heißt also: die Relativitätstheorie) ebenso falsch wie »entartet« sei. Heisenberg, Max von Laue, Max Planck und Walther Nernst weigerten sich auch, ein von Stark initiiertes Manifest zu unterzeichnen, mit dem deutsche Physiker Hitler die Treue schworen. Stattdessen zogen es diese vier Nobelpreisträger vor zu erklären, dass Physik rein gar nichts mit Politik zu tun habe.

Als sich der damals sechsundsechzigjährige Arnold Sommerfeld 1935 darauf vorbereitete, nach fast dreißig Jahre seinen Lehrstuhl in München zu räumen (den er von keinem Geringeren als Ludwig Boltzmann übernommen hatte), machte er sich für Werner Heisenberg als Nachfolger stark. Doch Heisenberg galt dem »jüdischen Geist« in der Physik »hörig« und wurde deshalb als einer der Ersten zum »weißen Juden« abgestempelt: Er wurde vehement von der linientreuen Presse angegriffen, und den Lehrstuhl erhielt der weit weniger kompetente Wilhelm Müller, obwohl Heisenberg sogar von der Göttinger Akademie der Wissenschaften unterstützt wurde. Heisenberg überging diese Affäre in seinen Erinnerungen völlig; er war wohl der Meinung, dass sie in keinem Verhältnis zu dem Leid stand, das so viele seiner Freunde und Kollegen durchleben mussten.[46]

Im Lauf der späteren dreißiger Jahre begann die Physik eine geradezu apokalyptische Bedeutung anzunehmen. Einstein war 1933 nicht der einzige Physiker gewesen, der sich gerade in den USA aufhielt, auch Otto Hahn war anlässlich seiner Gastprofessur an der Cornell University dort.[47] Und damit war Lise Meitner gerade die alleinige Leiterin der physikalisch-radioaktiven Abteilung des Kaiser-Wilhelm-Instituts für Chemie. Als Jüdin hatte sie 1933 zwar die Lehrbefugnis verloren, konnte am KWI jedoch noch unbehelligt arbeiten; und die 1935 erlassenen Nürnberger Gesetze waren auf sie als Österreicherin vor 1938 theoretisch auch nicht anwendbar.[48] Also musste sie miterleben, wie Kollegen entlassen wurden oder auf eigene Initiative das Land verließen, so wie ihr Neffe Otto Frisch, mit dem sie oft vierhändig Klavier gespielt hatte: Er hatte das Hamburger Institut für Physikalische Chemie 1933 verlassen müssen und war daraufhin emigriert. Oder wie der gebürtige ungarische Jude Leo Szilard, der, mit seinen Ersparnissen im Schuh versteckt, nach England geflohen war.[49] Es war bekanntlich Szilard, dem dann beim Warten an einer Ampel an der Southampton Row in Bloomsbury die entscheidende Idee zu einer sich selbst erhaltenden nuklearen Kettenreaktion kommen sollte. (Er ließ sich die Idee patentieren und trat sie unter der Bedingung, dass sie geheim bliebe, an die britische Admiralität ab.) Mittlerweile hatte der italienische Physiker Enrico Fermi in Rom, ohne es zu wissen, einen Urankern gespalten – dass dem so war, sollte erst Ida Noddack an der Universität Freiburg erkennen.

1936 nominierten Planck, Laue und Heisenberg nicht nur Otto Hahn, sondern – in dem offensichtlichen Versuch, ihre jüdische Kollegin zu schützen – auch Lise Meitner für den Nobelpreis. Doch nach dem »Anschluss« im März 1938 konnte sie niemand mehr schützen. Nachdem sogar eine Intervention von Carl Bosch, dem Präsidenten der Kaiser-Wilhelm-Gesellschaft, beim Reichsinnenminister erfolglos geblieben war, blieb Meitner nur die Flucht, die Otto Hahn dann mit Hilfe von holländischen Kollegen vorbereitete. Mit zwei Koffern und einem Diamantring, den Hahn ihr gegeben hatte, damit sie etwas zu verkaufen hatte, gelangte sie über Holland und Dänemark nach Schweden, wo sie ihre Forschungen am Nobel-Institut fortsetzen konnte.

Es waren diese Persönlichkeiten, die die Physik im Vorfeld des Zweiten Weltkriegs und unmittelbar nach seinem Ausbruch zum Gipfel führten. Otto Hahn hatte bei den ständigen Wiederholungen seiner Experimente mit dem Neutronenbeschuss eines Uranatoms immer wieder nur Barium gefunden. Kurz vor Weihnachten 1938 teilte er Lise Meitner dieses verwirrende Ergebnis in einem Brief nach Stockholm mit. Wie es der Zufall wollte, bekam sie über Weihnachten Besuch von ihrem Neffen Otto Frisch, der damals bei Bohr in Kopenhagen arbeitete. Die beiden Exilanten fuhren zu Freunden in die Gegend von Göteborg und genossen die gemeinsame Zeit beim Skilanglauf in den verschneiten Wäldern. Dabei erzählte Meitner ihrem Neffen von Hahns seltsamer Beobachtung, und während sie ihre Bahnen durch die stillen Wälder zogen, begannen sie das Bariumproblem im Kopf hin und her zu wälzen. Bis dahin hatten die Physiker angenommen, dass der Kern unter Beschuss so stabil sei, dass bestenfalls einmal ein besonders exzentrisches Teilchen herausbrechen würde. Auf einem Baumstamm hockend, begannen sich Meitner und Frisch nun aber zu fragen, ob der Urankern möglicherweise nicht nur von Neutronen angekratzt, sondern unter Umständen sogar in zwei Teile gebrochen werden könnte.

Sie waren bereits drei Stunden durch den kalten Wald gestreift und froren erbärmlich. Trotzdem kehrten sie nicht um, sie wollten hier und jetzt ihre Berechnungen anstellen. Und dabei kamen sie schließlich zu folgendem Ergebnis: Für den Fall, dass sich das Uranatom *tatsächlich* teilte, wie sie annahmen, könnte es Barium (57 Protonen) und Krypton (36 Protonen) produzieren. Während sich die Nachricht von dieser Erkenntnis bald unter den Physikern in aller Welt verbreitete, wurde ihnen außerdem klar, dass der Kern im Zuge der Spaltung Energie in Form von Hitze produzierte. Und wenn diese Energie Neutronen in ausreichender Menge freisetzte, war eine Kettenreaktion – und die Bombe – tatsächlich vorstellbar. Doch wie viel U_{235} war dafür nötig?[50]

Die bedauernswerte Ironie des Schicksals war, dass dies alles am Beginn des Jahres 1939 geschah. Hitlers aggressive Pläne wurden immer deutlicher, doch theoretisch herrschte noch Frieden auf der Welt. Die Ergebnisse von Hahns, Meitners und Frischs Denken wurden für jedermann zugänglich in *Nature* veröffentlicht und folglich von den Physikern im nationalsozialistischen Deutschland, in der Sowjetunion und in Japan ebenso gelesen wie von ihren Kollegen in Großbritannien, Frankreich, Italien und den Vereinigten Staaten. Damit standen nun sämtliche Atomphysiker vor der Frage: Wie wahrscheinlich war eine Kettenreaktion? Die USA, die über die meisten Ressourcen verfügten und obendrein zur Zuflucht für viele Exilanten geworden waren, befanden sich nach dem Kriegsausbruch in Europa bekanntlich noch nicht im Kriegszustand – wie konnte man die Amerikaner also überzeugen, dass jetzt schnelles Handeln geboten war? Aktiv wurde man in den USA jedoch erst, nachdem Otto Frisch und sein Physikerkollege Rudolf Peierls nach langen Diskussionen in den verdunkelten Straßen von Birmingham, ihrem damaligen Exil, in einem nur dreiseitigen Papier ihre Berechnung dargelegt hatten, der zufolge mit nur einem Kilogramm spaltbarem Material (im Gegensatz zu den bisherigen Schätzungen von dreizehn über vierundvierzig bis sogar hundert Tonnen) die kritische Masse erreicht wäre, mit der sich eine Kettenreaktion auslösen ließe, die zu einer Explosion führen würde.[51] Sofort reiste Mark Oliphant, Frischs und Peierls einstiger Lehrmeister in Birmingham, in die USA, um die Amerikaner zu überzeugen, dass sie unbedingt herausfinden mussten, ob sich so eine Bombe bauen ließ. Ohne den Kongress zu informieren, stellte Präsident Roosevelt – motiviert durch einen (von Szilard entworfenen) Brief von Albert Einstein – die nötigen Mittel aus einem für »ungewöhnliche Fälle« vorgesehenen Sonderfonds bereit. So kam es, dass die aus Deutschland emigrierten jüdischen Physiker eine tragende Rolle bei der Erschaffung der Bombe spielten, die den Krieg schließlich beenden sollte.

Der Begriff des Politischen

Der Staatsrechtler Carl Schmitt (1888–1985) wurde zwar weithin als einer der zwei oder drei originellsten Politiktheoretiker des 20. Jahrhunderts gepriesen, doch seine öffentliche Begeisterung für den Nationalsozialismus, sein Antisemitismus und seine starrsinnige Weigerung, sich von seinem Wirken im »Dritten Reich« zu distanzieren, haben ihn nach 1945 ebenso in Ungnade fallen lassen wie Martin Heidegger.

Geboren wurde Schmitt im sauerländischen Plettenberg. Sein Vater war Krankenkassenverwalter und die Familie – wie die von Heidegger – kleinbürgerlich-katholisch. Schon früh hatte er sich als Satiriker versucht, doch im Gegensatz zu den meisten anderen satirischen Literaten dieser Zeit war ihm jeder Aspekt der Moderne zuwider gewesen. 1915 bestand er das Assessorexamen und meldete sich kurze Zeit später als Kriegsfreiwilliger, wurde jedoch für kampfuntauglich befunden und in den militärischen Verwaltungsdienst nach München abkommandiert, wo er offenbar auch zu reiten pflegte, denn er klagte später über einen Sturz vom Pferd. Obwohl er die Moderne hasste, genoss er doch die Schwabinger Künstlerluft und bewegte sich gerne in den Kreisen der expressionistischen Maler und Dadaisten oder in der Gruppe um den Soziologen Max Weber, korrespondierte derweil aber auch mit Eugenio Pacelli, dem späteren Papst Pius XII., und nutzte die Zeit im ruhigen Verwaltungsdienst, um seine Habilitation (1916 in Straßburg) vorzubereiten. Doch als der Krieg zu Ende war und in München die Räterevolution ausbrach, verabschiedete er sich sowohl vom Leben des Bohemien als auch von der Kirche und wandte sich der Lehre zu.

Nun begann er mit einer formelleren, systematischeren Demokratiekritik. Die Menschheitsgeschichte habe mit Kain und Abel, nicht mit Adam und Eva begonnen; das Politische finde sich in konkreten Machtkämpfen, nicht in abstrakten Ideen. Auseinandersetzungen liebte Schmitt. Nachdem die Reichsregierung am 20. Juli 1932 mit dem »Preußenschlag« die Staatsgewalt im größten deutschen Land übernommen hatte, vertrat Schmitt diese gegen die suspendierte preußische Regierung vor dem Staatsgerichtshof, was ihm die Bewunderung von Göring einbrachte, der ihn von da an unter seine Fittiche nahm.[52] Am 1. Mai 1933 trat Schmitt in die NSDAP ein. Die berüchtigte Bücherverbrennung am 10. des Monats verteidigte er. Es waren Männer wie er, die mit ihrer öffentlichen Unterstützung dazu beitrugen, dass sich Hitler Respekt verschaffen konnte.

In seiner 1932 publizierten Schrift *Der Begriff des Politischen* fabrizierte Schmitt ein Amalgam aus Heidegger und Nietzsche, um den Liberalismus auf der einen Seite gegen die extreme Rechte und Linke auf der anderen auszuspielen. Der Punkt, um den es ihm hier im Wesentlichen ging, war, dass wir unsere politische Identität erst im Kampf erwerben, nur durch schwere, ja sogar tödliche Konflikte. Das »Wir«-Erlebnis (ein Anklang an Spengler) sei das zentrale Element der Politik (wieder einmal eine »Feier des Ganzen«); und der Prozess, der dieses Wir am deutlichsten definieren könne, sei der Kampf um das, woran »wir« glauben. Weder der Liberalismus noch die Demokratie könnten das je erreichen, weil das bestimmende Element von freiheitlichen Demokratien der Kompromiss sei und das Ergebnis ihrer Politik ständigen Veränderungen unterliege. Aus diesem Grund wüssten die Menschen in einer freiheitlichen Demokratie nie wirklich, wer sie seien, könnten nie die volle Verantwortung für sich und ihr Leben übernehmen. Politische Lösungen könnten niemals mit dem Verstand, sondern nur aus der Sicht von »Blut und Boden« herbeigeführt werden. Außerdem sei es gefährlich, politische Ziele auf der Grundlage von ideologischen Abstraktionen zu verfolgen, die einen moralischen Anspruch auf Allgemeingültigkeit erhoben. So etwas könne nicht funktionieren, so etwas werde immer von den Ereignissen überrollt.

Schmitt war eine umstrittene Figur in den dreißiger Jahren und ist es bis heute geblieben. 1945 wurde er von den Amerikanern verhaftet und verhört. Er sollte nie wieder an einer Universität arbeiten. Aber er durfte sich vieler Besucher und Lobpreisungen erfreuen, darunter der von Ernst Jünger, des russisch-französischen Philosophen Alexandre Kojève und diverser Angehöriger der Frankfurter Schule. Im Nachkriegsamerika war es der jüdische Politikphilosoph Leo Strauss – wie Schmitt ein Heidegger-Freund –, der das Schlaglicht wieder auf ihn werfen sollte. (Strauss werden wir im 39. Kapitel noch einmal begegnen.)[53]

»Wissenschaftliche« Ideen über das germanische Wesen

Die Historiker Götz Aly und Susanne Heim schreiben, dass die Vordenker der NS-Politik »auf ein neues, wissenschaftlich fundiertes Konzept« gesetzt hatten, nämlich »auf die Bevölkerungsökonomie«, welche auf den Vorstellungen beruhte, die von Wirtschafts- und Verwaltungsfachleuten, Raumplanern, Statistikern und Agronomen, Arbeitseinsatzspezialisten und Bevölkerungswissenschaftlern in den dreißiger Jahren entwickelt worden waren, und zwar einzig und allein im Hinblick auf die neu zu erobernden »Räume« in Osteuropa und insbesondere auf Polen. Es ging um die »agrarische Überbevölkerung«, die dafür verantwortlich gemacht wurde, dass Produktionsmöglichkeiten nicht genutzt und Erträge »vielfach nach auswärts abgeschöpft« wurden.[54]

Entwickelt wurde dieses Konzept primär vom »Reichskuratorium für Wirtschaftlichkeit« (RKW), einer großen, gründlich vorgehenden Institution, die beispielsweise dafür sorgte, dass die Wehrmachtsführung und die Ministerien »allein vom Kieler Institut für Weltwirtschaft mehr als 1600 Geheimgutachten anforderten, um die wirtschaftsstrategische Seite des Krieges abzusichern«.[55] Diese Raumplaner, Statistiker, Agronomen und so fort – von denen viele dem neuen Regime anfänglich skeptisch gegenübergestanden hatten, was sich jedoch schnell änderte, als es wegen der vielen Entlassungen so schnell aufwärts ging mit ihren Karrieren – sollten dann eine Menge dazu beitragen, einer Politik Respekt zu verschaffen, die einzig und allein auf den Vorurteilen Hitlers, Himmlers und Konsorten beruhte.

Polen war bereits 1935 als das Land mit dem größten »agrarischen Überbevölkerungsproblem« herausgestellt worden. In diesem Jahr hatte Theodor Oberländer*, seit 1933 Direktor des »Instituts für Osteuropäische Wirtschaft« in Königsberg, in seinem Buch *Die agrarische Überbevölkerung Polens* davor gewarnt, dass »der ›Überbevölkerungsdruck‹ und der Kapitalmangel in Polen zu inneren Spannungen führen würden, die das Land anfällig für eine Agrarrevolution nach russischem Vorbild« machten.[56] 1939 knüpfte der Sozialhistoriker Werner Conze an diese Theorie an, indem er »die ländliche Überbevölkerung in weiten Teilen Ostmitteleuropas« zu einer »der ernstesten gesellschaftlichen und politischen Fragen überhaupt« erklärte.[57] Aus dieser Überbevölkerungstheorie entwickelte sich schließlich die Idee vom »Bevölkerungsoptimum«: »Als Optimum galt eine Bevölkerungszahl, die es erlaubte, aus den ökonomischen Ressourcen eines Landes den höchstmöglichen Ertrag herauszuwirtschaften.«[58] Beruhend auf dieser Überlegung, kalkulierten die »Wissenschaftler«, dass »2,56 beziehungsweise 3,75 Millionen Erwerbstätige in der Landwirtschaft des Generalgouvernements [... ›Restpolens‹] überzählig waren. Rechnete man auch noch Kinder und alte Menschen hinzu, so ergab sich eine ›überschüssige Bevölkerung‹ von 4,5 beziehungsweise 5,83 Millionen Menschen.« Bald hieß es, dass »in der polnischen Landwirtschaft jeder zweite Mensch nichts sei als ›toter Ballast‹«.[59] Und also war die Idee geboren, dass eine Reduktion der Bevölkerung die wirtschaftliche Effizienz der Gebiete unter deutschem Einfluss und deutscher Kontrolle steigern würde, und mit dieser Idee einher ging die Vorstellung, dass Zwangsdeportationen die »sozial befriedete Gesellschaft« sichern würden.

Ein zweites Konzept entstand unter der Ägide des »Reichskommissariats für die Festigung deutschen Volkstums« (RKF, auch RKFDV), denn dieses entschied, welche Personen »Deutschstämmige«, welche »Eindeutschungsfähige« und welche »Fremdvölkische« waren und wohin welche Gruppe umgesiedelt werden sollte.[60]

Im September 1940 teilte Himmler die Bevölkerung in den eingegliederten Ostgebieten in vier Gruppen auf:

»A: in die ›deutschen Volkszugehörigen‹, gewissermaßen vollwertige Deutsche;
B: in die ›Deutschstämmigen‹, die wieder zu vollwertigen Deutschen

---

* Nach dem Krieg wurde er Vertriebenenminister im Kabinett Adenauer.

erzogen werden müssen und daher nur die deutsche Staatsangehörigkeit, zunächst aber nicht das Reichsbürgerrecht besitzen. Sie sollten ›im allgemeinen‹ zur Wiedereindeutschung ins Altreich deportiert werden. [...] C: in die ›wertvollen Fremdvölkischen und Deutschen Renegaten, die die deutsche Staatsangehörigkeit auf Widerruf besitzen‹. [...] D: in ›fremde Volkszugehörige, die nicht die deutsche Staatsangehörigkeit besitzen‹. Von diesen etwa acht Millionen polnischen Männern und Frauen sollten die ›herausgesiebt‹ werden, die ›einen wertvollen Bevölkerungszuwachs für das deutsche Volk darstellen‹; ihre Zahl legte der Erlaß im voraus auf ›höchstens 1 Million Menschen‹ fest.«[61]

Im selben Erlass verfügte Himmler die Einführung eines weiteren Klassifizierungssystems: die »Deutsche Volksliste«, nach welcher »Eindeutschungswürdige« wiederum in vier »Abteilungen« eingestuft wurden. Der Abteilung 3 zum Beispiel gehörten alle an, die »Deutschstämmige« waren und »die im Laufe der Jahre Bindungen zum Polentum eingegangen waren [...], aber aufgrund ihres Verhaltens die Voraussetzung dafür in sich tragen, vollwertige Mitglieder der deutschen Volksgemeinschaft zu werden«. Dazu zählten auch »mit Deutschen verheiratete ›Fremdvölkische‹ – allerdings nur, wenn sich nach dem Urteil der Volkstumsexperten in der ›völkischen Mischehe‹ der deutsche Teil durchgesetzt hatte, was faktisch bedeutete, dass der Haushalt deutschen Ordnungsvorstellungen entsprach und Leistungs- und Aufstiegswille erkennbar waren«.[62] So sah also die Vorstellung der Deutschen (oder zumindest der SS) vom germanischen Wesen aus.

Solche Klassifizierungssysteme blieben bekanntlich keine theoretischen Übungen. Das langfristige Ziel war, »Bodenqualität und ›Volkstumszugehörigkeit‹ mit einander in Beziehung zu setzen«. Das heißt, gute Böden, die noch im Besitz von Polen waren, sollten Volksdeutschen übereignet werden, aber »auch von den schlechten Böden sollten die polnischen Bauern vertrieben werden, da diese Flächen für die Aufforstung – sprich: für die ›Landschaftsbildung‹ vorgesehen waren«. Die Planungen des RKF sahen vor, »den deutschen Bevölkerungsanteil von 11 auf 50 Prozent zu heben, in den landwirtschaftlichen Gebieten sogar auf 70 Prozent«.[63] Dieser »Wall deutschen Volkstums in Gestalt eines tiefgestaffelten Gürtels germanischer Bauernhöfe« sollte dann eilends elektrifiziert, auf den »umfangreichen Einsatz« motorisierter Gerätschaften vorbereitet und nach einer bestimmten demografischen Ordnung strukturiert werden. Es sollten neue »Siedlungszellen« entstehen, für die als Richtwert »die vom Reichskommissar vertretenen Dorfgrößen von 400 bis 500 Einwohnern« galten.[64] Das Ganze war praktisch die Neuerschaffung des Volkes; sämtliche Berechnungen waren dazu gedacht, in den Ostgebieten und Polen ein Reich von »volksdeutschen« Kleinbürgern zu erschaffen, natürlich ohne die Juden, deren Geschäfte ohnedies längst geschlossen und geplündert worden waren. Polen und die Ostgebiete sollten im Lauf von fünfzehn, höchstens zwanzig Jahren »rein deutsch« werden.

Für diese »Aufbereitung des Raumes« mussten jedoch zuerst die »strukturpolitischen Grundlagen des Generalgouvernements verändert werden«.[65] Man schätzte zuerst den »Menschenüberschuß« im Generalgouvernement unter den Bedingungen der Enteignung, Ghettoisierung und Zwangsarbeit der jüdischen Bevölkerung, dann die erhaltenswerten, mit nichtjüdischen Polen zu besetzenden Arbeitsplätze, und berechnete anhand solcher Zahlen schließlich die Kosten einer Mindestversorgung der polnischen Arbeiter und ihrer Angehörigen. Aly und Heim schildern im Detail, wie diese Berechnungen so lange zwischen den diversen Ämtern und Abteilungen hin und her geschoben wurden, bis sie nicht ausgleichbare Verlustzahlen aufwiesen. Und damit war das Schicksal der Juden in den Ghettos besiegelt: Den rassistischen Gründen waren ökonomische hinzuaddiert worden. In einem Bericht des RKW hieß es, dass man nunmehr ohne Rücksicht auf die Folgen den Zustand der Unterernährung zulassen könne. In Bezug auf Bulgarien, Rumänien und Jugoslawien wurde praktisch das Gleiche gesagt.

Das Projekt der nationalsozialistischen Ökonomen, Agronomen und Raumplaner, das sich nicht nur als so grauenhaft, sondern in seiner weiteren Bedeutung auch als das Entscheidendste erwies, war eines, mit dem der NS-Führung bewiesen wurde, dass ein Massenmord der öffentlichen Moral im »Dritten Reich« nicht übermäßig abträglich sein würde. Wie Aly und Heim es schildern, begann alles damit, dass sich Professor Karl Astel, Leiter des Thüringischen Landesamts für Rassenwesen, »der Unterstützung Himmlers für eine spezielle Art der sozialwissenschaftlichen Feldforschung« versicherte. Es ging um eine »unfangreiche Arbeit« über Kriminelle und Geisteskranke, mit dem Ziel, einen »Maßstab« zu entwickeln für die »Anwendung der Sicherheitsverwahrung und evtl. für die Vernichtung, d. h. Tötung...« Im Oktober 1939 wurde der Richtwert für die Zahl der künftigen Opfer festgelegt: »...von 1000 Menschen wird einer von der Aktion erfaßt. Auf die Bevölkerungszahl des Großdeutschen Reiches übertragen, hat man demnach mit 65–70000 Fällen zu rechnen.« Nachdem man also die entsprechenden bürokratischen Vorbereitungen getroffen, die Kranken erfasst und die Mordtechnik getestet hatte, wurden alle tangierten Behörden von den Mitarbeitern der »Aktion T4« (Tarnname der in der Berliner Tiergartenstraße Nr. 4 ansässigen Zentrale) informiert und beteiligt. Dabei argumentierten sie »vorzugsweise mit der Notwendigkeit, im Krieg Kosten, Krankenhausbetten, Pflegepersonal und Lebensmittel einzusparen«.[66] Im Zusammenhang mit dieser »Aktion« schrieb Hitlers Leibarzt Theo Morell im Sommer 1939 ein kleines Gutachten für seinen Patienten. »Er bezog sich auf eine Umfrage, die in den frühen 20er Jahren unter den Eltern schwerbehinderter Kinder in Sachsen durchgeführt worden war. Die Eltern hatten die ›rein theoretisch‹ gestellte Frage, ob sie ›in eine schmerzlose Abkürzung des Lebens ihres Kindes einwilligen‹ würden, weit überwiegend mit ›ja‹ beantwortet.« Eine Minderheit hatte noch angemerkt, dass »sie nicht zu Richtern über ihre eigenen Kinder gemacht werden wollten, es aber sehr wohl begrüßen würden, wenn Ärzte eine solche Entscheidung treffen und sie – ohne die Eltern zu fragen – vollziehen würden«. Einige erklärten sogar: »Hätten Sie es nur gemacht und gesagt, daß unser Kind an einer Krankheit gestorben sei.«

»Auf dieser Grundlage«, schreiben Aly und Heim, »wurde für die Morde an den deutschen Geisteskranken Geheimhaltung beschlossen. Damit sollte jedoch nicht wirklich verhindert werden, daß Informationen über diese Morde schnell durchsickerten. Vielmehr war die offiziell deklarierte Geheimhaltung eine Möglichkeit für die Bevölkerung, staatlichen Maßnahmen stillschweigend zuzustimmen.«[67] Am 23. April 1941 teilten die Organisatoren des Mordes den Oberlandesgerichtspräsidenten und Generalstaatsanwälten mit: »In 80% der Fälle sind die Angehörigen einverstanden; 10% protestieren, 10% sind gleichgültig.« Von wenigen Ausnahmen abgesehen, »regte sich im deutschen Behördenapparat nicht der geringste Widerstand«. Und diese Erfahrung, so schlussfolgern Aly und Heim, »war für die Organisatoren der ›Endlösung der Judenfrage‹ grundlegend. Sie gab ihnen die Gewißheit, daß systematisch geplanter und arbeitsteilig organisierter Massenmord mit den deutschen Staatsbeamten und der deutschen Bevölkerung möglich war. Die Erfahrung aus der ›Aktion T4‹ vermittelte die Sicherheit, daß Tarnbegriffe nicht hinterfragt, sondern als Möglichkeit zur Verdrängung und moralischer Indifferenz nicht nur dankbar akzeptiert, sondern geradezu erwartet wurden.«[68]

Der Eifer, mit dem sich so viele Wissenschaftler den Nationalsozialisten und ihren Ideen in die Arme warfen, hat auch nach der inzwischen vergangenen Zeit nichts von seiner schockierenden Niedertracht verloren. Er lässt sich auch nicht einfach mit der Tatsache erklären, dass sich so viele nachrangige Figuren nach der Entlassung, Flucht oder Deportation ranghöherer Juden plötzlich aufgewertet sahen, da ja auch so viele ranghohe Nichtjuden wie Martin Heidegger, Philipp Lenard, Ernst Krieck oder Paul Schmitthenner begeisterte Anhänger des Nationalsozialismus waren. Es war schlicht und ergreifend ein neuerlicher »Verrat der Intellektuellen«, nur diesmal um ein Vielfaches blutrünstiger als jemals zuvor.

36
Götterdämmerung der Theologen

Im Jahr 1896 kam der siebenjährige Adolf Hitler in die zweite Klasse der Klosterschule des Lambacher Benediktinerstifts, die er bis zum Frühjahr 1898 besuchte. Später schrieb er, dass ihm der »feierliche Prunk der glanzvollen kirchlichen Feste« den Beruf des katholischen Geistlichen damals als höchst erstrebenswertes Ideal hatte erscheinen lassen.[1] Dann kam der dreißigjährige Exsoldat nach München, und seine religiösen Vorstellungen hatten keinerlei Ähnlichkeit mehr mit den Lehren der katholischen Kirche. Inzwischen faszinierte ihn die völkische Stimmung, die von Leuten wie Paul de Lagarde geschürt wurde, dessen Einstellung zum Christentum bereits zur Sprache kam: Er warf dem Katholizismus wie dem Protestantismus vor, die Bibel zu verfälschen, weil sich beide auf Paulus stützten, der das Christentum »verjudet« habe.[2]

In dem Wien, das Hitler als junger Mann erlebt hatte, waren viele plumpe Machwerke in Umlauf gewesen, die »Paulus und seinem Volk« vergiftende Einflüsse unterstellt und erklärt hatten, dass eine »wahrhaft deutsche Kirche« ihre Tore erst öffnen könne, wenn diese »Erzfeinde Jesu« von den Pforten zum Himmelreich verstoßen würden. Das Problem, dass Jesus Jude war, wurde auf verschiedene Weisen umgangen: entweder, indem man ihn schlicht zum »Arier« erklärte, oder, indem man – wie der antisemitische Propagandist und Verleger Theodor Fritsch – behauptete, dass Galiläa eine Provinz »blonder Gallier« im römischen Sold gewesen sei und Christus folglich von »blonden Galiläern« abstamme (was er sprachwissenschaftlich nachgewiesen haben wollte).[3] Solches Gedankengut wurde zu einem zentralen Aspekt des Bildes, das Hitler sich vom Christentum machte, nur dass er sich obendrein noch selbst in Jesus wiederzuerkennen glaubte – als tapferer Verfolgter, der die Juden bekämpft.

Aber Hitler war nicht darauf aus, die Kirche gegen die gerade flügge werdende nationalsozialistische Bewegung aufzubringen. Der promovierte Chemiker Artur Dinter, der sich zum Theaterleiter und völkischen Bühnenschriftsteller wandelte und von Hitler zum NSDAP-Gauleiter von Thüringen ernannt worden war, gründete 1927 die antimoderne, antimaterialistische und antisemitische »Geistchristliche Religionsgemeinschaft« (1934 in »Deutsche Volkskirche« umbenannt), welche die wahre »arisch-heldische Lehre Jesu« verbreiten und die christliche Lehre »entjuden« sollte (die Zehn Gebote wollte er durch die »10 Richt-Runen« ersetzen). Prompt ließ ihn Hitler 1928 aus der Partei ausschließen. Zur Erklärung schrieb er ihm, als »Führer der nationalsozialistischen Bewegung« habe er »die Kühnheit, für mich dieselbe Unfehlbarkeit in Anspruch zu nehmen, die Sie, lieber Herr Doktor, auf Ihrem reformatorischen Gebiete sich vorbehalten«. Er selbst werde sich von Fragen der Religion ein für alle Mal fernhalten.[4]

Die Renaissance der Theologie

Doch bekanntlich hielt Hitler sein Wort nicht. Auch nach der »Machtergreifung« blieb das Verhältnis der Nationalsozialisten (die nicht nur ein stark vereinfachtes, sondern auch ein zynisches und manipulatives Bild vom Christentum hatten) zur Religion problematisch. Hitler selbst scheint eine vage Vorstellung von einer »göttlichen Schöpfungsordnung« gehabt zu haben, doch im Großen und Ganzen haben die Nationalsozialisten das intellektuelle Geschehen auf theologischer Ebene – die Renaissance, die die Theologie gerade in Deutschland erlebte – schlicht ignoriert.[5] Es ist eine weithin übersehene Tatsache, dass Deutschland im Übergang der zwanziger in die dreißiger Jahre, zu der Zeit also, als das Land seine »goldene Generation« in den Bereichen Physik, Philosophie, Geschichtswissenschaft und Film hervorbrachte – über eine ähnlich kreative Kohorte theologischer Denker verfügte. Der britische Theologe Alistair McGrath schrieb 1986, dass die deutsche Theologie einst über einen »angeborenen Scharfsinn« verfügt habe, sich dann aber seit dem Ersten Weltkrieg »das Äquivalent eines theologischen Eisernen Vorhangs« in Europa aufgetürmt habe, der alle »Ideen deutschen Ursprungs von den theologischen Foren der englischsprachigen Welt ausschloss«.[6] Ausgelöst wurde diese Renaissance theologischen Denkens von dem Theologen und Kulturphilosophen Ernst Troeltsch und dem Kirchenhistoriker Adolf von Harnack, dessen 1900 publiziertes Werk *Das Wesen des Christentums* über die historische Kritik, die sich im Lauf des 19. Jahrhunderts akkumuliert hatte, hinauszugehen versuchte.

Ernst Troeltsch (1895–1923) lässt sich als der erste Religionssoziologe bezeichnen, jedenfalls war sein zweibändiges Werk *Die Soziallehren der christlichen Kirchen und Gruppen* (1912) ein Versuch, sich dem Phänomen des religiösen Glaubens im Allgemeinen und dem des Christentums im Besonderen auf soziologischer Verständnisebene zu nähern. Wie Werner Sombart war auch Troeltsch ein Kulturpessimist. Er hielt jedoch den starken zentralistischen Staat für die Ursache aller Entfremdung, weil dieser, so notwendig er auch sein mochte, zu einer ökonomischen Definition der Sozialbeziehungen in der modernen Gesellschaft beigetragen habe und nicht dem entspreche, was sich so viele Menschen wünschten, da er sich auf eine Weise in ihr Leben einmischte, die ihnen ein erfülltes und zufriedenes Dasein unmöglich machte. Troeltsch hoffte, mit einem soziologischen Religionsverständnis zu einer Harmonie zwischen Staat und Kirche beitragen zu können, die vielen Menschen helfen würde, sich dem Leben in der modernen Welt anzupassen.

Nachdem Troeltsch das Thema aus historischer Perspektive studiert hatte, ergriff er sowohl für Dilthey als auch für Simmel Partei, indem er erklärte, dass man das Christentum nicht nur aus der für diesen Glauben günstigen Position des überzeugten Christen betrachten könne, sondern auch andere Blickwinkel erwägen und sich mit diesen auseinandersetzen müsse, wenn man denn wollte, dass diese Religion überlebte. Er stellte fest, dass sich die gesellschaftliche Position der Kirche stark auf deren Einstellungen zu Reformen auswirke und sich die Zugehörigkeit zur Kirche logischerweise am ehesten dann mit den politischen Interessen überschneide, wenn diese weniger radikal seien. Auch Probleme mit dem Katholizismus sagte Troeltsch voraus – vielmehr mit jeder Kirche, die behauptete, dass das Naturrecht über den Gesetzen des Staates und daher auch über jeder anderen Gesetzesform stehe. Troeltschs Studie endete mit dem 18. Jahrhundert. Damit hatte er sie sozusagen unter Wert verkauft, denn gerade das 19. Jahrhundert hatte ja ein paar gewaltige Kämpfe zwischen Katholizismus und Protestantismus (nicht zuletzt in Deutschland) sowie zwischen Katholizismus und Säkularismus oder auch zwischen Katholizismus und Wissenschaft zu bieten gehabt. Dennoch, das Schreckgespenst eines Theologen, der die Kirche nicht als eine rein theologische, sondern auch als eine soziologische Institution behandelte, war nun in der Welt und sollte bis zum Ersten Weltkrieg großen Einfluss ausüben.[7]

Adolf von Harnack (1851–1930) konzentrierte sich mehr auf die Evangelien, die er eher als religiöse denn als historische Dokumente betrachtete. Unabhängig von der Frage, welche historischen Details einer kritischen Überprüfungen überhaupt standhalten könnten, vermittelten sie aus seiner Sicht doch nur den Eindruck, den Jesus auf seine Jünger gemacht hatte und den diese dann jeweils hatten überliefern wollen. *Das* war für ihn der Kern und eigentliche Zweck der Evangelien. So gesehen war die ganze »Jesusbewegung« als eine Sackgasse zu betrachten, und das war nun eine Interpretation, die sich als ungemein einflussreich erweisen sollte.[8] Harnacks Schrift *Das Wesen des Christentums* wurde in mehr Sprachen übersetzt als jede andere zur damaligen Zeit, ausgenommen die Bibel. Der Religionsphilosoph Paul Tillich sagte einmal, dass sich im Leipziger Bahnhof die Frachtzüge stauten, um Harnacks Werk in alle Welt zu transportieren.[9]

Ein Zeitgenosse von Troeltsch und Harnack war der Esoteriker und Philosoph Rudolf Steiner (1861–1925), wohl einer der rastlosesten Menschen, die man sich denken kann. Er war in der kroatischen Ortschaft Donji Kraljevec als Sohn eines Bahntelegrafisten der k.u.k. Südbahn geboren worden, hatte Mathematik, Physik und Chemie an der Technischen Hochschule Wien studiert und 1891 an der Universität Rostock über die Erkenntnistheorie promoviert. Da er bereits während seines Studiums naturwissenschaftliche Schriften Goethes herausgegeben hatte, wurde er 1890 dem neuen Goethe-und-Schiller-Archiv in Weimar für die Mitarbeit an der »Sophienausgabe« der Werke Goethes empfohlen. Und nachdem er 1895 eine Eloge auf Nietzsche veröffentlicht hatte, betraute ihn Elisabeth Förster-Nietzsche im Jahr darauf mit der Ordnung des Nachlasses ihres Bruders. Steiner hatte den bereits katatonischen Nietzsche noch persönlich kennengelernt und war sehr bewegt gewesen von dieser Begegnung.

Den Rest seines Lebens verbrachte Steiner mit dem Versuch, die Welten von Wissenschaft, Literatur, Künsten und Religion zu einer geistigen Einheit zu verschmelzen. Er gründete Zeitschriften und Schulen, errichtete in Dornach bei Basel ein »Goetheanum«, in dem Mysteriendramen gespielt, Eurythmieaufführungen veranstaltet und seinen Anhängern Möglichkeiten gegeben wurden, unter Seelenverwandten Vorträgen über die Spiritualität zu lauschen (wieder einmal eine »Feier des Ganzen«). Er begründete den anthroposophischen Kult[10] und verfocht eine »Dreigliederung des sozialen Organismus«, womit er meinte, dass die ökonomischen, politischen und kulturellen Aspekt einer Gesellschaft als etwas jeweils Eigenständiges, in ihrer jeweiligen Wertigkeit jedoch gleich Wichtiges zu verstehen seien. Hitler sollte diesen Gedanken später vehement attackieren.[11]

Steiner starb ausgelaugt im Alter von vierundsechzig Jahren und hinterließ ein beträchtliches Erbe – neunhundert Waldorf- oder Rudolf-Steiner-Schulen, mehrere Unternehmen und wohltätige Einrichtungen, außerdem wurden Banken gegründet, die sich an seinen Lehren orientieren, welche da lauten, dass der Mensch immer nach Höherem streben, sich moralisch zur Sorge um den Nächsten verpflichten und versuchen müsse, die spirituelle Dimension zu begreifen. Damit meinte er insbesondere die Wiederkunft Christi, worunter er jedoch kein physisches Ereignis verstand, sondern allein die im Gemeinschaftsleben offenbarte Möglichkeit, den »ätherischen Christus« zu schauen.[12]

Der Schweizer Reformtheologe Karl Barth (1886–1968) war nicht annähernd so weltlich orientiert wie Steiner oder mit dessen praktischem Erfindergeist ausgestattet. Er gilt generell als der bedeutendste protestantische Theologe des 20. Jahrhunderts, möglicherweise sogar seit Luther.[13]

Barth wurde in Basel geboren. Sein Vater, der Theologieprofessor Fritz Barth, hatte an der dortigen Universität den Lehrstuhl für Kirchengeschichte und Neues Testament inne. Auch Karl Barth studierte schließlich evangelische Theologie in Bern, Berlin, Tübingen und Marburg. In Berlin, wo er die Seminare von Harnack besuchte, begegnete er erstmals den Ideen der liberalen Theologie (vorrangig der Forschung nach dem historischen Jesus), gegen die er sich später so auflehnen sollte.[14] Nach dem Studium nahm er ein Vikariat im Berner Jura an.[15]

Am Beginn des Ersten Weltkriegs hatte Barth zu seinem Entsetzen festgestellt, dass fast alle seiner einstigen Theologielehrer zu den Unterzeichnern des »Manifests der 93« gezählt hatten. Rückblickend schrieb er, dass er das als einen Verrat an der christlichen Botschaft empfunden habe.[16] Allmählich begann er sich auch davon zu überzeugen, dass der höheren Bibelkritik in Deutschland, der so viele neue wissenschaftliche Verfahrensweisen zu verdanken waren, der wesentliche Punkt entgangen sei: Die Auseinandersetzung mit Jesus als einer historischen Figur habe Jesus, das offenbarte Wort Gottes, in den Hintergrund gedrängt. Die Gläubigen zögen die Bibel nun nicht mehr auf die Weise zurate, die deren Kompilatoren beabsichtigt hatten.

Inmitten des Krieges begann Barth deshalb erneut die Bibel zu studieren, ab 1916 insbesondere den Römerbrief des Paulus. Das sollte von großer Bedeutung für seine weitere Herangehensweise sein. Im Jahr 1919 veröffentlichte er seine Studie *Der Römerbrief* (1922 in einer Neubearbeitung publiziert), deren wesentliche paulinische Botschaft lautete, dass Gott nur den erlöst, der nicht auf sich selbst, sondern allein auf Gott vertraut. Dieser Gedanke führte Barth dann weiter zu seiner zentralen Idee von der Güte Gottes: »Was Güte Gottes und was Heiligkeit Gottes heißt, das kann nicht bestimmt werden von irgend einer Ansicht, die wir Menschen von Güte und Heiligkeit haben, sondern das bestimmt sich von dem her, was Gott ist.«[17] Es war diese Gottesdefinition als *totaliter aliter*, als der vollkommen Andere, welche die Theologen und auch so viele Laien auf Barth aufmerksam machte. Ebenfalls im Jahr 1922 gründete Barth mit einer Reihe von anderen Theologen, darunter Rudolf Bultmann, in München die theologische Zeitschrift *Zwischen den Zeiten*, die zu einem Forum für Barths neue »Wort-Gottes-Theologie« (auch »Krisentheologie« genannt, wobei als Krise der Krieg und als Sünde die ungemeine Ferne von Gott verstanden wurden, von welcher dieser zeugte) und zu einem machtvollen theologischen Instrument werden sollte, bis sie 1933 eingestellt werden musste.

Barth entwickelte also die Sicht, dass die Heilige Schrift nicht die tatsächliche Offenbarung Gottes sei, sondern das *menschliche Zeugnis* von dieser Offenbarung. Gottes einzige Offenbarung seiner selbst sei Christus, was bedeute, dass sich ein Christ Gott auch nur dann nähern oder sich nur dann für die Näherung Gottes an ihn bereithalten könne, wenn er von Christus lerne und ihm nacheifere. Und das müsse jeder für sich allein tun.[18] Was das Schicksal der Menschheit betrifft, so war Barth grundsätzlich optimistisch: Auch wenn sich der Einzelne von Gott abwenden könne (was seine Definition von Sünde war), hätte doch niemand die Macht, Christus ungeschehen zu machen.

Der Einfluss seiner Theologie war so groß, dass Barth bis zum Zeitpunkt des Machtantritts der Nationalsozialisten bereits eine öffentlichen Person war. Im »Dritten Reich« wurde er dann zu einer wichtigen, wenn nicht zu *der* bedeutendsten Figur des theologischen Widerstands, welcher im »Barmer Bekenntnis« von 1934 seinen Ausdruck fand. Im April des Vorjahres war unter nationalsozialistischem Einfluss die »Deutsche Evangelische Volkskirche« gegründet worden, die den Antisemitismus zu einem zentralen Bestandteil ihrer Leitsätze erklärt und Ehen zwischen »Deutschen und Juden« verboten hatte.[19] Die von Barth mitbegründete »Bekennende Kirche«, die jeden Versuch ablehnte, eine rein »deutsche« Kirche ins Leben zu rufen, war eine Reaktion darauf. Im Mai 1934 trafen sich evangelische Theologen zur ersten Bekenntnissynode in Wuppertal-Barmen und verabschiedeten dort das wesentlich von Barth ausgearbeitete »Barmer Bekenntnis«. Die erste der sechs Thesen besagte unter anderem: »Wir verwerfen die falsche Lehre, als könne und müsse die Kirche als Quelle ihrer Verkündigung außer und neben diesem einen Worte Gottes auch noch andere Ereignisse und Mächte, Gestalten und Wahrheiten als Gottes Offenbarung anerkennen.« Barth selbst verlor seine Bonner Professur, nachdem er sich geweigert hatte, den Beamteneid auf Hitler abzulegen, und kehrte nach Basel zurück, von wo aus er weiterhin das Schweigen der Christen angesichts der nationalsozialistischen Judenverfolgung verurteilte.[20]

Auch Rudolf Bultmann (1884–1976), der stark von Barth beeinflusst war und ebenfalls der Bekennenden Kirche angehörte, glaubte fest an die Bedeutung des Neuen Testaments als einem Zeugnis der Hoffnung, die Gott der Menschheit in Gestalt von Jesus Christus geschenkt habe.[21] Es war für ihn das, was das Christentum zu *der* von Gott gewollten Glaubensform machte. Bultmann, der Sohn eines evangelischen Pfarrers, war im niedersächsischen Wiefelstede geboren worden und hatte das Gymnasium in Oldenburg besucht, bevor er Theologie und Philosophie in Tübingen, Berlin und Marburg studierte. Nach seiner Habilitation folgte er erst einem Ruf nach Breslau, dann nach Gießen, kehrte jedoch 1921 nach Marburg zurück, um den neutestamentlichen Lehrstuhl zu übernehmen, den er bis zu seiner Emeritierung 1951 beibehalten sollte.

Im Jahr 1921 publizierte er auch seine *Geschichte der synoptischen Tradition*, in der sich nicht nur die Faszination spiegelt, die die höhere Bibelkritik auf ihn ausübte, sondern auch seine Überzeugung, dass man die

Heilige Schrift erst einmal von all den Hinzufügungen aus unterschiedlichen Zeiten bereinigen müsse, bevor man den wahren Jesus erfahren könne – den Jesus, der das Kerygma von Kreuz und Auferstehung verkörpere und sich in den Lehren offenbare, die eine wesentlich größere Rolle spielten als die Details seines Lebens.[22] Aber nicht nur Barth, auch Bultmanns Freund und Marburger Professorenkollege Martin Heidegger übte großen Einfluss auf ihn aus, denn dessen Art von Existenzialismus war sozusagen die säkulare philosophische Variante der Aussage Bultmanns, dass es vier Hauptkategorien menschlicher Existenz gebe: (1) Der Mensch hat eine Beziehung zu sich selbst (in dem Sinne, in dem wir davon sprechen, dass jemand eins oder uneins mit sich ist); (2) der Mensch ist eher eine Möglichkeit als eine vorbestimmte Wirklichkeit; (3) die Erfahrung eines jeden Menschen ist einzigartig und entzieht sich jeder Einordnung; (4) der Mensch existiert in der Welt, ist in ihr gefangen.[23] Allenthalben beobachtete Bultmann nicht nur Ängste, die vom Leben in einer modernen Welt geschürt wurden – und nach dem Ersten Weltkrieg besonders stark waren –, sondern konstatierte auch eine »Flucht« in das Profitstreben. Gewinnsucht, die Gier nach sozialem Status und die Sucht nach flüchtigem Vergnügen waren für ihn Fluchten in eine gottlose Welt.[24]

In seinem Buch *Das Evangelium des Johannes* (1941), das zu einem Bestseller wurde, stellte Bultmann fest, dass sich bei genauerem Lesen zwischen den Zeilen des Johannesevangeliums offenbare, wie deutlich es sich von den drei anderen (kanonischen) Evangelienschriften unterscheide, auch, dass es mehrere Zeichen enthalte, die uns zu wissen lehrten, wie wir leben sollten – sofern wir es von den Zusätzen gereinigt hätten, die aus den jüdischen apokalyptischen Traditionen und den gnostischen Erlösungsmythen abgeleitet wurden. Diese Schrift wurde als Bultmanns »Entmythologisierung« der Bibel berühmt. Er war nicht nur überzeugt, dass das Johannesevangelium im Wesentlichen für ein nichtjüdisches Publikum geschrieben wurde (im Gegensatz zu den übrigen Evangelien, die nach Ansicht anderer Theologen ausschließlich für die Jerusalemer Judenchristen verfasst worden waren), sondern auch, dass alle Evangelien weniger als Bücher denn wie *gesprochene* Predigten gelesen werden müssten, welchen man lauscht und von denen man sich angespornt fühlt. Die Auferstehung war aus Bultmanns Sicht eine Metapher dafür, dass sich der Glaube immer wieder erheben werde, so tot die Welt auch erscheinen möge. Die Ablehnung der »Suche nach dem historischen Jesus« erreichte mit der Theologie Rudolf Bultmanns in Deutschland ihren Höhepunkt. Er hat seine Ansichten zwar nie aus Gefälligkeit gegenüber den Nationalsozialisten modifiziert, sich aber aus der Politik herausgehalten und versucht, möglichst nicht ins Blickfeld des »Führers« zu geraten.

Ein weiterer Denker, der Anteil an dieser Renaissance der Theologie hatte, war der Religionsphilosoph Paul Tillich (1886–1965), geboren als Sohn eines lutherischen Dorfpastors im brandenburgischen Landkreis Guben. Im Ersten Weltkrieg hatte er als Militärpfarrer gedient, anschließend lehrte er Theologie in Berlin und Marburg (wo er sowohl Bultmann als auch Heidegger kennenlernte), ab 1925 in Dresden, dann in Leipzig und bis 1933 schließlich in Frankfurt am Main, wo er sich bald im Umfeld der Frankfurter Schule wiederfand.[25] Im Lauf der zwanziger Jahre wurde Tillich zu einem immer unverblümteren »religiösen Sozialisten«. In dieser Zeit schrieb er auch sein Buch *Die Sozialistische Entscheidung*, eine Studie über die Beziehungen zwischen Religion und Politik, die bedauerlicherweise jedoch ausgerechnet 1933 veröffentlicht und von den neuen Machthabern prompt verboten wurde. Alle Exemplare, deren sie habhaft werden konnten, wurden verbrannt, und Tillich wurde aus dem Staatsdienst entlassen (sein Name war neben dem von Max Horkheimer, Paul Klee und Alfred Weber unter den ersten auf der Liste vom 13. April 1933, in der all diejenigen aufgeführt waren, die aus dem Universitätsbetrieb entlassen werden sollten). Doch zum Glück für Tillich befand sich gerade der amerikanische Religionsphilosoph Reinhold Niebuhr in Deutschland. Niebuhr – der Sohn eines ausgewanderten deutschen Pastors, selbst ein Professor der angewandten Theologie am Union Theological Seminary in New York und ein prominenter Sozialist – bewegte sofort Henry Sloane Coffin, den Präsidenten des New Yorker Seminars, Tillich zur Mitarbeit einzuladen. Kurz darauf verließ Tillich mit seiner Familie Deutschland.

Das Bündnis mit dem Bösen

Nicht nur Dietrich Bonhoeffer (1906–1945) selbst, auch die Mitglieder seiner gesamten Familie müssen zu den mutigsten Menschen in ganz Deutschland gezählt und allen als Vorwurf vor Augen geführt werden, die behaupten, dass es im »Dritten Reich« keine Möglichkeit zum Widerstand gegeben habe, oder all denjenigen, die behaupten, es habe keine guten Deutschen gegeben.

Bonhoeffer wurde in Breslau geboren. Er und seine Zwillingsschwester Sabine waren zwei der insgesamt acht Kinder des Psychiaters Karl Bonhoeffer – zu dieser Zeit Ordinarius an der Universität Breslau, ab 1912 Professor für Psychiatrie und Neurologie an der Berliner Charité (ein Empiriker, aber kein Freudianer) und seiner Frau Paula, geborene von Hase. Dietrichs Bruder Walter fiel im Ersten Weltkrieg; seine Schwester Christine ging die Ehe mit dem Juristen Hans von Dohnanyi ein und wurde Mutter des Dirigenten Christoph und des ehemaligen Ersten Bürgermeisters von Hamburg, Klaus von Dohnanyi; der Bruder Karl Friedrich heiratete Hans von Dohnanyis Schwester Grete; Klaus, ein weiterer Bruder, ehelichte Emilie Delbrück, die Tochter des Historikers Hans Delbrück und Schwester des Genetikers und Nobelpreisträgers Max Delbrück.

Vater Bonhoeffer war als liberaler Psychiater zwar überrascht, dass Dietrich sich zur Kirche hingezogen fühlte, erhob aber keinerlei Einwände, als der Sohn zuerst in Tübingen und dann in Berlin Theologie studierte. Er promovierte bereits mit einundzwanzig, 1928 legte er auch das Erste Theologische Examen ab. Dann ging er für ein Jahr als Vikar nach Barcelona, wurde Assistent in Berlin und legte 1930 das Zweite Theologische Examen ab (ordiniert wurde er erst im November 1931, da er das vorgeschriebene Mindestalter von fünfundzwanzig Jahren noch nicht erreicht hatte). Wenige Tage später habilitierte er sich, dann folgte ein einjähriger Studienaufenthalt am Union Theological Seminary in New York, wo er sich nicht nur mit den Problemen der Schwarzen in Harlem konfrontiert sah, sondern auch sehr beeindruckt war von der aktivistischen protestantischen Bewegung des »social gospel« und dem kirchlichen Pazifismus.[26]

1931 kehrte er nach Deutschland zurück, begann als Privatdozent an der Berliner Universität zu lehren und daneben praktische Arbeit an der Berliner Zionsgemeinde zu leisten. Am 21. September 1933 schlossen sich deutsche evangelische Theologen und Pastoren gegen die Einführung des »Arierparagraphen« in der Deutschen Evangelischen Kirche zu einem »Pfarrernotbund« zusammen, dem auch Bonhoeffer beitrat. Dieser Bund war der Vorläufer der Bekennenden Kirche, die unter der Mitwirkung von Barth als Gegengewicht zur »Reichskirche« gegründet wurde. Nach Ausbruch des Zweiten Weltkriegs schloss sich Bonhoeffer dem politisch-militärischen Widerstand um eine kleine Gruppe von Offizieren der Abwehr an, die zu einem Attentat auf Hitler entschlossen waren. Im April 1943, nachdem es den Nazis gelungen war, Gelder, die Juden zur Flucht in die Schweiz verhelfen sollten, bis zu Bonhoeffer zurückzuverfolgen, wurde er von der Gestapo verhaftet und ins Konzentrationslager Buchenwald verschleppt, im Februar 1945 dann in das KZ Flossenbürg, wo er am 8. April von einem SS-Gericht zum Tode verurteilt und am 9. April (nackt) neben Admiral Canaris und anderen Mitverschwörern durch den Strang hingerichtet wurde. Sein Bruder Klaus und sein Schwager Rüdiger Schleicher wurden in der Nacht vom 22. auf den 23. April 1945 in Berlin von einem Sonderkommando durch Genickschuss ermordet, sein Schwager Hans von Dohnanyi am 8. April im Konzentrationslager Sachsenhausen gehängt.

Zwischen 1940 und 1943 hatte Dietrich Bonhoeffer seine Manuskripte zur *Ethik* verfasst, ein profundes Werk, das beweist, welche Narben diese Zeit geschlagen hatte. Man könnte die Texte als eine Zwischenform von Pietismus und Existenzialismus bezeichnen.[27] Für Bonhoeffer bestand die

Lebensaufgabe eines Christen darin, der »für andere Menschen Verantwortliche« zu werden, ein Mensch zu sein, der sich an Jesus Christus orientiert und sich dabei immer bewusst bleibt, dass das Sein des *Tuns* bedarf, dass es darum geht, *wie* man am Leben *teilnimmt*, und dass die eigene Haltung gegenüber Gut und Böse bestimmt, wer man ist und als wie christlich man sich selbst betrachten darf. Für Bonhoeffer zählte nur, wie man dem Bösen in dem Moment entgegentritt, in dem es darauf ankommt. Eine ethische Entscheidung muss wahrhaftig und unmittelbar sein, sie »wird im Glauben gewagt angesichts der Verhüllung des Guten und des Bösen in der konkreten geschichtlichen Situation« – es geht immer um »das Erfassen des in der gegebenen Situation Notwendigen, ›Gebotenen‹«, darum, »am gegebenen Ort das sachlich – im Blick auf die Wirklichkeit – Notwendige zu tun«. Was »das Gute im geschichtlichen Handeln des Menschen ist«, erkenne man, wenn man Christus als die einzige Quelle begreife, »aus der Erkenntnis über Wesen und Gesetz der Geschichte, wie sie von Gott her gedacht und gewollt ist, hervorgeht«, und wenn man die Botschaft der Bergpredigt wahrnimmt. Denn sie »stellt den Menschen in Verantwortung für andere und kennt keinen Einzelnen als Einzelnen«. Natürlich gibt es dabei »Begrenzungen« und Risiken – es gibt keine Garantie, dass das gewünschte Ergebnis kurz- oder langfristig eintritt, doch wenn wir allein deshalb *nicht* das Gebotene tun, dann rationalisieren wir unser eigenes Verhalten, bloß um zu vermeiden, dass wir uns selbst schlecht fühlen, und verbünden uns potenziell mit dem Bösen. Verantwortlich handeln bedeutet, gegen das Böse einzutreten, ohne einen Gedanken an die Konsequenzen zu verschwenden.[28]

Albert Schweitzer (1875–1965) war nicht »nur« Theologe, er war auch Philosoph, Arzt, Organist und Missionar. 1928 erhielt er den Goethepreis für seine Schriften, 1951 den Friedenspreis des Deutschen Buchhandels und 1952 den Friedensnobelpreis für seine Lebensleistung, gefolgt von noch vielen weiteren Ehrungen.

Geboren wurde Schweitzer im damals zum Deutschen Reich gehörenden oberelsässischen Kaysersberg, doch aufgewachsen ist er im nahe gelegenen Günzbach, wo sein Vater Dorfpastor war. Die Liebe zur Musik scheint er geerbt zu haben: »Da mir die Beschäftigung mit dem Orgelbau von meinem Großvater Schillinger her im Blute lag, war ich schon als Knabe darauf aus, das Innere von Orgeln kennenzulernen.«[29] (Später nahm er Orgel- und Klavierunterricht in Paris.) Von 1893 bis 1898 studierte er Theologie und Philosophie in Straßburg, Paris und Berlin, wo er 1899 in Philosophie über *Die Religionsphilosophie Kants von der Kritik der reinen Vernunft bis zur Religion innerhalb der Grenzen der bloßen Vernunft* promovierte. 1901 folgte die theologische Dissertation, 1902 die theologische Habilitation in Straßburg, wo er dann als Dozent für Theologie, Lehrvikar an der St.-Nikolai-Kirche und später als Direktor des

St.-Thomas-Seminars arbeitete. 1905 las er, dass die Pariser Missionsgesellschaft einen Arzt suchte, und beschloss, Medizin zu studieren. 1913 traf er schließlich mit seiner Frau in Gabun ein, damals Französisch-Äquatorialafrika, wo er in Lambarene das erste Spital seiner Missionsstation aufbaute. Im Lauf der Zeit wurde Albert Schweitzer seines medizinischen Missionswerks wegen ebenso berühmt wie als Organist und Schriftsteller, doch auch auf dem Gebiet der Theologie tat er sich hervor, vor allem mit zwei Schriften: mit seiner Bestandsaufnahme der *Geschichte der Leben-Jesu-Forschung* und mit dem nachgelassenen theologisch-philosophischen Werk *Die Weltanschauung der Ehrfurcht vor dem Leben*, das nicht zuletzt deshalb so einflussreich war, weil Schweitzer selbst so wunderbar vorgelebt hatte, was er predigte.[30]

Mit der *Geschichte der Leben-Jesu-Forschung* (1906) vollbrachte er zweierlei: Zum einen setzte er (zumindest für eine Weile) dem drängenden Bedürfnis der Historiker ein Ende, die Spreu vom Weizen zu trennen, beziehungsweise das, was unmittelbar über Jesus überliefert wurde, von all den historischen Hinzufügungen zu säubern, die mehr über die Historiker als über Jesus aussagten. Schweitzer legte überzeugend dar, dass der reale – oder, wenn man so will: historische – Jesus ein Mensch war, der das unmittelbar bevorstehende Ende der Welt erwartet hatte. Schweitzers gelehrte Darstellungen in diesem Buch wie in seinem späteren Werk *Die Mystik des Apostels Paulus* (1930) – in dem er einen Großteil der neutestamentarischen Sichtweise Paulus zuschrieb – waren jedenfalls so überzeugend, dass sich viele Theologen und Bibelforscher seinen Argumenten anschlossen und bis heute anschließen.

Als der Erste Weltkrieg ausbrach, wurden Albert Schweitzer und seine Frau als Deutsche von der französischen Armee unter Hausarrest gestellt und drei Jahre darauf schließlich per Schiff nach Frankreich gebracht und dort bis zum Kriegsende nacheinander in drei verschiedenen Lagern interniert. Nach dem Krieg nahm Schweitzer in Straßburg seine Arbeit wieder auf. Je öfter er Europa bereiste, desto bekannter wurde nicht nur er, sondern auch Lambarene, wohin er 1924 zurückkehrte. Wie nur wenige andere begann Schweitzer, der mittlerweile ebenso seiner Musik wie seines Missionswerks und seiner Theologie wegen berühmt war, seine Interessen immer mehr auszuweiten. So begann er sich auch kritisch gegen den Einsatz der Atombombe zu äußern.

Martin Buber (1878–1965) wurde in Wien geboren und als Vierjähriger nach der Trennung seiner Eltern zu den Großeltern ins galizische Lemberg (Lwow) gebracht, wo er aufwuchs. Der Großvater, ein bekannter jüdischer Gelehrter, war ein wohlhabender Kaufmann und Aufsichtsrat von mehreren Kreditinstituten und Banken gewesen. Als junger Mann erlebte Martin eine Glaubenskrise und geriet unter den Einfluss von Kant, Kierkegaard und Nietzsche. In Wien, Leipzig, Zürich und Berlin, wo er nacheinander die Ideen Stefan Georges, Wilhelm Wundts, Georg Simmels, Ferdinand Tönnies' und Wilhelm Diltheys kennenlernte, studierte er Philosophie, Germanistik, Kunstgeschichte und Psychologie und promovierte schließlich in Philosophie und Kunstgeschichte. Schon 1898 war er in der zionistischen Bewegung aktiv geworden, was zugleich den Beginn seiner Rückkehr zum Judentum bedeutete. 1901 wurde er Redakteur der zionistischen Wochenschrift *Die Welt*, doch im Gegensatz zu seinem Freund Theodor Herzl schien ihm die Rückkehr ins Land der Väter mehr als geistig-spirituelle Möglichkeit denn der politischen Vorteile wegen wichtig, ergo kam es beim Zionistenkongress 1903 zum Streit zwischen den beiden Männern. Aus der Redaktion war Buber bereits zuvor ausgeschieden, 1904 zog er sich auch von der zionistischen politischen Arbeit zurück und konzentrierte sich ganz auf das Studium chassidischer Schriften. Viele Jahre später, 1922, arbeitete er am Frankfurter Freien Jüdischen Lehrhaus unter der Leitung von Franz Rosenzweig mit; 1925 begann er gemeinsam mit ihm eine deutsche Neuübersetzung der Hebräischen Bibel zu erarbeiten.

Zu Bubers international wohl populärstem Buch wurde *Ich und Du* (1923). Darin erklärte er zum Angelpunkt, zur wesentlichen Voraussetzung der menschlichen Existenz das »Heraustreten zum Du«, das dialogische Verhältnis von Ich und Du: *Beziehung* und *Begegnung*. Ich und Du entstehen aus dem *Zwischen* und betreten im Dialog einen Raum. Dieses Miteinander, dieses Aufeinanderbeziehen, diese Begegnung aus dem Zwischen war für Buber die Grundlage für jede Zufriedenheit und Bedeutung im menschlichen Zusammenleben. Dem *Ich-Du* stellte er das Reich des *Ich-Es* gegenüber, welches bloß Gegenständlichkeiten zum Inhalt habe: den Stillstand, die Abgehobenheit und Beziehungslosigkeit der modernen Scheinwelt mit all ihren materiellen Werten, in der letztendlich nur Monologe geführt werden. Das »dialogische Prinzip« stellte für ihn aber nicht nur die Grundlage für das menschliche Zusammenleben dar, sondern auch für die Beziehung des Menschen zu Gott. Diese Überzeugung brachte ihn schließlich der chassidischen Tradition mit ihrer Betonung der Gemeinschaft nahe.

1930 erhielt Buber eine Honorarprofessur für Religionswissenschaften in Frankfurt. Er legte sie 1933 nieder, noch bevor sie ihm offiziell entzogen wurde. 1938 wanderte er mit seiner Familie nach Palästina aus und ließ sich in Jerusalem nieder, wo er für den Rest seines Lebens blieb und als Professor für Sozialphilosophie an der Hebräischen Universität lehrte. Unter anderem wurden ihm 1951 der Hansische Goethepreis der Universität Hamburg, 1953 der Friedenspreis des Deutschen Buchhandels, 1958 der Israel-Preis und 1963 der holländische Erasmus-Preis verliehen.

Die nazistische Variante des Christentums

In der Anfangszeit als Reichskanzler war Hitler noch um die Beschwichtigung der Kirchen bemüht gewesen. Goebbels vertraute er an: »Am besten erledigt man die Kirchen, wenn man selbst sich als positiver Christ ausgibt.«[31] Für den protestantischen Klerus hatte Hitler jedoch nur Verachtung übrig: »Die Protestanten wissen überhaupt nicht, was Kirche ist. Man kann mit ihnen anstellen, was man will, sie werden sich drücken. [...] Sie haben schließlich gar keinen Glauben, den sie ernst nehmen, und sie haben auch keine große Herrschaftsmacht zu verteidigen wie Rom.«[32]

Mit der katholischen Kirche war es eine andere Sache: Sie wurde von Hitler als eine institutionalisierte Macht anerkannt. Ungeachtet der Tatsache, dass der Papst Mussolinis Faschismusvariante 1931 als eine Vergötterung des Staates, eine »echte, leibhaftige heidnische Statolatrie«[33] verurteilt hatte, unterzeichnete der »Führer« zwei Jahre später das Reichskonkordat mit dem Vatikan. Auf vatikanischer Seite hatte die Verhandlungen im Wesentlichen der spätere Papst Pius XII. und damalige Kardinalstaatssekretär Eugenio Pacelli* geführt (der von 1917 bis 1920 Nuntius beim Königreich Bayern und anschließend bis 1929 Nuntius bei der Weimarer Republik gewesen war). Pacelli verpflichtete den Vatikan im Gegenzug für die »Freiheit des Bekenntnisses und der öffentlichen Ausübung der katholischen Religion« und viele weitere Zusicherungen de facto zur diplomatischen Anerkennung des NS-Regimes.

Die Nazis handelten schnell. Tatsächlich wurde der katholische Religionsunterricht an den Schulen, genau wie im Konkordat festgelegt, umgehend zum ordentlichen Lehrfach erklärt. Mit dem »Gesetz über die Feiertage« von 1934 wurden neben den nationalsozialistischen Feiertagen auch sieben christliche Feste zu gesetzlichen Feiertagen erklärt. Bis 1936 schrieb die Wehrmacht vor, dass jeder Soldat der katholischen oder evangelischen Konfession angehören musste.[34] Doch eine Menge davon war schlicht taktisches Manöver. Wie schon viele Historiker erklärten, war das wahre Gründungsmoment des Nazismus der nietzscheanische »Tod Gottes«.[35] Der Historiker Richard Steigmann-Gall, Direktor des »Jewish Studies Program« an der Kent State University, hat jedoch aufgezeigt, dass weder Hitler noch seine Nationalsozialisten in religiösen Dingen je ihren anfänglichen Absichten nachkamen, vor allem nicht dem so lautstark angekündigten Plan, alte heidnische Ideen neu zu beleben. Stattdessen hatten sie ein Konzept entwickelt, das sie mit dem propagandistischen Schlagwort »positives Christentum« belegten. Und das enthielt drei Schlüsselelemente: an erster Stelle den Kampf gegen den »jüdisch-

---

* Die Kontroversen um ihn können in diesem Buch nicht berücksichtigt werden.

materialistischen Geist in und außer uns«[36], zweitens die Ankündigung einer neuen Sozialmoral, und drittens einen Synkretismus, der mit seinem neuen Weltbild die konfessionellen Gräben zwischen Protestantismus und Katholizismus überbrücken sollte.

Wie so viele führende Nationalsozialisten war auch Hitler überzeugt, dass Jesus kein Jude gewesen war und das »Alte Testament« von der christlichen Lehre ausgeschlossen werden müsse.[37] Der zweite Aspekt dieses »positiven Christentums«, die Sozialmoral, kam in der Forderung »Gemeinnutz vor Eigennutz« zum Ausdruck. Dieser aalglatte Slogan ermöglichte es den Nazis auch, ihre Wirtschaftskontrollmaßnahmen in ein ethisch-moralisches Licht zu stellen. Auf diese Weise konnten sie eines ihrer Vorhaben zu einem vorrangigen Ziel erklären, nämlich den Klassenkampf in Deutschland beenden und eine »Volksgemeinschaft«, ein organisch-harmonisches Ganzes, erschaffen oder besser: wiederherstellen zu wollen.[38] Das dritte Element des »positiven Christentums«, der Versuch, einen »neuen Synkretismus« zu erschaffen, war gewissermaßen der wichtigste Aspekt, da so viele führende Nationalsozialisten den Graben zwischen Katholizismus und Protestantismus als die größte Hürde für die völkische Einheit betrachteten, die sie so dringend brauchten. Himmler brachte das am deutlichsten zum Ausdruck: Man müsse auf der Hut sein vor einer Weltmacht, die sich des Christentums und seiner Organisationen bediene, um der völkischen Wiederauferstehung mit solchen Methoden entgegenzuwirken, wie man sie allenthalben beobachten könne. Dem fügte er an, dass er selbst zwar kirchenfeindlich, aber nicht christenfeindlich eingestellt sei.[39] Die Erhöhung des Volkes, der Gemeinschaft zu einer mystischen, ja fast göttlichen Einheit war nicht nur ein Mittel zur Überbrückung der konfessionellen Kluft, sondern auch ein politisches Manöver zur Bekämpfung der rivalisierenden gesellschaftspolitischen Analysen von Marx wie von den materialistischen Ökonomen des Westens.[40] Mehr noch als die Theologie oder der Paganismus (den viele Nazis, ungeachtet der Äußerungen Himmlers, lächerlich fanden) betonte das »positive Christentum« den *handelnden* christlichen Aspekt: Hilf dem Volk, eins zu werden; wahre die Heiligkeit der Familie; achte auf deine Gesundheit; bekämpfe die Juden; engagiere dich für das »Winterhilfswerk des deutschen Volkes« – höre auf nachzudenken. In der Tat scheinen all diese Aktivitäten ersonnen worden zu sein, um jedes eigenständige Denken zu *verhindern*. Und das legt wiederum nahe, dass sich die Nationalsozialisten vor allem deshalb so große Sorgen wegen des Christentums machten, weil es die schlagkräftigste Macht darstellte, die gegen sie eingesetzt werden konnte.

Nationalsozialistische Theologen

Es waren bei Gott nicht alle führenden Theologen so mutig gewesen wie Barth oder Bonhoeffer. Etliche hatten sich mit dem Regime arrangiert und ihre Theologie entsprechend angepasst. Der amerikanische Historiker Robert Ericksen nahm drei Theologen unter die Lupe, die damals erfolgreich ihr Geschäft betrieben, auf uns aber letztlich nur wie Opportunisten wirken.

Der Tübinger Theologieprofessor und Neutestamentler Gerhard Kittel (1888–1948) wurde im selben Jahr wie die beiden anderen Theologen geboren (sein Vater war der angesehene Alttestamentler Rudolf Kittel). Im Mai 1933 trat Gerhard Kittel in die NSDAP ein. Sein wesentlicher Beitrag zur Theologie bestand aus seiner Beschäftigung mit dem jüdischen Hintergrund des Urchristentums, die ihn beispielsweise zu der Aussage führte, dass Jesus, sofern er denn Galiläer gewesen sei, auch ein paar Tropfen nichtjüdisches Blut gehabt haben könnte.[41] Im Lauf der Weimarer Jahre war Kittel immer antisemitischer geworden, bis hin zu dem Punkt, an dem er in einem öffentlichen Vortrag über »Die Judenfrage« im Juni 1933 in Tübingen unter anderem die Frage stellte, was mit den Juden in Deutschland geschehen solle. Eine physische Vernichtung schloss er aus, allerdings nur aus Gründen der Machbarkeit – es habe bislang nicht funktioniert und werde auch jetzt nicht funktionieren. Den Zionismus lehnte er ebenso ab wie die Assimilation, und was die Diaspora in Deutschland betraf, so forderte er den Ausschluss aller Juden von der deutschen Staatsbürgerschaft und schlug vor, ihnen den Status von Gästen zu geben; Mischehen sollten aus theologischen wie rassischen Gründen verboten werden.[42] Als theologische Grundlage für seine Argumentation hatte er den »Übergang« gewählt, der »zwischen 500 v. und 500 n. Chr.« im Judentum stattgefunden und dafür gesorgt habe, dass »die Rasse entartet« sei. Die Diaspora habe Juden dann zu einem Dauerproblem für ihre Nachbarn gemacht und unter anderem zur Folge gehabt, dass das »Weltjudentum« die Herrschaft im Diesseits *wie* im Jenseits erstrebe.[43] Der Vortrag empörte Martin Buber und führte zu einem erhitzten Schlagabtausch. Theologisch gesehen hatte Kittel also nach einer »geistigen Begründung« für den Antisemitismus gesucht. 1945 wurde er von den Franzosen verhaftet.

Der in Göttingen habilitierte Neutestamentler Paul Althaus (1888 bis 1966) hatte seinen Ruf als Luther-Forscher an der Erlanger Universität erworben, wo er Systematische und Neutestamentliche Theologie lehrte. Er glaubte, dass sich Gott unabhängig von Christus auch durch die Natur und in der Geschichte offenbare, und entwickelte in diesem Zusammenhang den Begriff der »Ur-Offenbarung«. Einen Aspekt davon könnte man wie folgt zusammenfassen: Da Gott auch den politischen Status quo erschuf, »bezeugt« er sich auch in diesem.[44] Nach Althaus ist jeder Moment im menschlichen Leben und jeder Aspekt allen Daseins von Gottes Wille bestimmt, daher bedeutet Gehorsam gegenüber Gott, dass man die zugewiesene Position im Leben als eine tradierte Überlieferung annehmen muss. Ein anderer Aspekt war seine Vorstellung von Ordnung beziehungsweise vom Volk als »Schöpfungsordnung«. In seiner Schrift *Kirche und Volkstum* erklärte er: »Weil wir nicht einen Zufall, nicht ein Zorngesetz, sondern Gottes Willen darin erkennen, daß wir Heimat und Volk haben und an sie gebunden sind, darum ist das Volkstum uns etwas Heiliges.« In »Völker vor und nach Christus« ergänzte er das mit der Aussage: »[W]ir haben kein ewiges Leben, wenn wir nicht für unser Volk leben.«[45] Der dritte Aspekt war die Rückkehr zu Luthers Zwei-Reiche-Lehre, zu dem Himmelreich also, in dem die Liebe herrscht, und zu dem irdischen Reich, in dem das Schwert regiert. All das, sagte Althaus, vereinige sich in dem einen großen Wendepunkt deutschen Lebens: der nationalsozialistischen völkischen Bewegung. 1947 wurde Paul Althaus von der amerikanischen Militärregierung seines Amtes enthoben, doch bereits 1948 erhielt er an der Universität Erlangen wieder eine Lehrerlaubnis.

Emanuel Hirsch (1888–1972), auch er der Sohn eines (brandenburgischen) Pastors, hatte sein gesamtes Studium an der Theologischen Fakultät in Berlin absolviert. Mit Althaus verband ihn eine Freundschaft, seit er 1912 am Theologischen Stift in Göttingen an seiner Promotion gearbeitet hatte; Paul Tillich kannte er durch die Studentenverbindung »Wingolf«, der beide angehörten. Geprägt von seiner Theologie, sah sich Hirsch ungemein herausgefordert von allem, was ihm zu bestätigen schien, dass sich die Moderne in der Krise befand. Nach seinem Weltbild, das er in seinem Buch *Deutschlands Schicksal: Staat, Volk und Menschheit im Lichte einer ethischen Geschichtsansicht* (1920) darlegte, lehrte die Offenbarung nicht nur universelle Werte, sondern auch innere Gewissheit, wobei er zweierlei besonders hervorhob: das Versagen des Rationalismus und die Evolution des Staates. Das waren natürlich gerade im deutschen Kontext keine neuen Ideen gewesen, doch bis dahin hatte ihnen noch niemand das theologische Imprimatur erteilt. Er glaubte, dass Deutschland nunmehr die Chance habe, ein ganz neuartiges autoritäres System zu erschaffen, in dem sich das Volk freiwillig dem Staat unterordnen werde, solange der Staat das Volk angemessen repräsentiere. Das Christentum, so fand er, decke sich wunderbar mit den deutschen Vorstellungen von einem »Führer« und seinen Jüngern.[46]

Wie Robert Ericksen feststellte, waren weder Kittel noch Althaus oder Hirsch Einzelfälle oder besonders exzentrische Figuren. Sie waren mit Sicherheit typisch für viele andere, die ganz einfach nur ihren Mund hielten.

Ungeachtet solcher eloquent ausgefeilten Ideen und dem Versuch von protestantischen Theologen, nazistische Praktiken zu rationalisieren, verstärkten sich die Attacken gegen das Christentum, je mehr Selbstvertrauen die Nationalsozialisten gewannen.[47] Nachdem Religion zum schulischen Pflichtfach gemacht worden war, wurde das Schulgebet zur Ländersache erklärt und Religion als Prüfungsfach abgeschafft. Als Nächstes durfte kein Geistlicher mehr schulischen Religionsunterricht erteilen. Bryan Moynahans Berechnungen zufolge verhaftete die Gestapo im Jahr 1935 siebenhundert protestantische Pastoren, weil sie gegen das nationalsozialistische Neuheidentum gepredigt hatten. 1937 erhielt die Bekennende Kirche ein Ausbildungsverbot. Ihr strahlendes Licht Martin Niemöller wurde verhaftet und nach Verbüßung einer monatelangen Untersuchungshaft ins Konzentrationslager Sachsenhausen deportiert, weil er jede Zusammenarbeit verweigerte.[48] *

1936 setzten auch die Repressalien gegen Klöster ein. Man beschuldigte die Mönche der illegalen Geldtransfers und der Homosexualität. Im selben Jahr begannen die Nürnberger Reichsparteitage den Charakter von heidnischen Zeremonien anzunehmen. Die Lieder – oder Hymnen –, die dort gesungen wurden, waren regelrechte Persiflagen traditioneller Kirchenchoräle:

> »Führer, mein Führer, von Gott mir gegeben,
> Beschütz' und erhalte noch lange mein Leben!
> Hast Deutschland gerettet aus tiefster Not,
> Dir danke ich heute mein täglich Brot.
> Bleib' lang noch bei mir, verlaß mich nicht,
> Führer, mein Führer, mein Glaube, mein Licht!
> Heil, mein Führer!«[49]

Zugute kam das auch der völkischen »Deutschen Glaubensbewegung« (1938 in »Kampfring Deutscher Glaube« umbenannt), die das Christentum durch einen »arisch-nordischen« Glauben ersetzen wollte und zu diesem Zweck traditionelle Rituale und Feste zu »entchristianisieren« begann. Bei Hochzeiten wurde Braut und Bräutigam zum Gesang von

---

* Es gibt ein gefeiertes Gedicht, das Niemöller zugeschrieben wird, wiewohl er selbst immer sagte, er habe nur einmal etwas Ähnliches in einem Gespräch geäußert: »Als die Nazis die Kommunisten holten, habe ich geschwiegen;/Ich war ja kein Kommunist./Als die Sozialdemokraten einsperrten, habe ich geschwiegen;/Ich war ja kein Sozialdemokrat./Als sie die Gewerkschafter holten, habe ich geschwiegen;/Ich war ja kein Gewerkschafter./Als sie die Juden holten, habe ich geschwiegen;/Ich war ja kein Jude./Als sie mich holten, gab es keinen mehr,/der protestieren konnte.« 1941 wurde Niemöller von Sachsenhausen ins KZ Dachau verlegt, 1945 von amerikanischen Soldaten befreit. 1954 führte er ein Gespräch mit Otto Hahn, Werner Heisenberg und Carl Friedrich von Weizsäcker, die sich scharf gegen eine atomare Bewaffnung ausgesprochen hatten, und engagierte sich seither für die nukleare Abrüstung. 1961 wurde er zum zweiten Mal zu einem der Präsidenten des Weltkirchenrats gewählt.

»HJ-Singefähnlein« der Segen im Namen von »Mutter Erde« und »Vater Himmel« erteilt. Die Kerzen für den familiären Weihnachtsbaum sollten nach einem frei erfundenen »alten« Ritual, das die Nazis »Heimholung des Julfeuers« tauften, an öffentlich brennenden »Julfeuern« zur »Julfeier« am 21. Dezember entzündet werden. Das Kreuz wurde nie abgeschafft, wenngleich es im Jahr 1937 Versuche gegeben hatte, es aus den Klassenzimmern zu verbannen; doch dann nahm man lieber Abstand davon (was Himmlers Befürchtung, dass das Christentum die einzige Macht sei, die den Zielen der Nationalsozialisten einen Strich durch die Rechnung machen konnte, als berechtigt erscheinen lässt). Der Vatikan legte nahezu monatlich formell Beschwerde in Berlin ein, was das Regime aber nicht im Geringsten interessierte.

Aus Hitlers Blickwinkel betrachtet, war es vermutlich eine seiner größten Leistungen, dass er den Widerstand, zu dem die Kirche das Potenzial gehabt hätte – wäre ihr denn daran gelegen gewesen –, gebrochen hatte.

37
Die Tragweite, das Scheitern und die Niedertracht der deutschen Kriegswissenschaft

Kurz nach Ausbruch des Zweiten Weltkriegs im September 1939 verkündete der Wehrkundler Paul Schmitthenner, Rektor der Universität Heidelberg, dass er seine Hochschule in eine »Waffenschmiede der Wehrmacht des Reiches« verwandeln wolle. Und genau seine Rhetorik wurde im Lauf des Krieges dann von den Machthabern in Taten umgesetzt. Die Forschung – und nicht nur die der exakten Wissenschaften – erfuhr größtmögliche Förderung; das Budget des Reichsministeriums für Wissenschaft, Erziehung und Volksbildung stieg bis 1942 von 11 Millionen Reichsmark im Jahr 1935 auf 97 Millionen an; das Forschungsbudget des Reichsinnenministeriums erhöhte sich von 43 Millionen Reichsmark im Jahr 1935 auf 111 Millionen im Jahr 1942; und die finanziellen Mittel der Kaiser-Wilhelm-Gesellschaft stiegen von 5,6 Millionen Reichsmark im Jahr 1933 auf 14,3 Millionen im Jahr 1944.[1]

Im November 1939 wurden die Hochschulen temporär geschlossen. Heidelberg zählte zu den Universitäten, die im Januar 1940 wieder den Betrieb aufnehmen durften: Der Lehrstoff wurde dort aufgegriffen, wo man ihn unterbrochen hatte, nun aber ergänzt durch Vorlesungen für Kriegsteilnehmer (»Frontkurse«) und Forschungen zum Nutzen der deutschen Kriegsziele. Germanistik- und Literaturseminare wurden darauf ausgerichtet, den Kampfgeist des Volkes zu stärken; Kurse über England wurden umstrukturiert, sodass sich von selbst erklärte, warum dieses Land der Erzfeind war; in den politischen und geschichtlichen Fachbereichen wurden Seminare eingeführt, die die Zusammenhänge von Geopolitik, Krieg und Rasse erklären sollten und den ostasiatischen Lebensraum oder die fremdvölkischen Wirtschafts- und Pressesysteme behandelten. Auch die Theologie wollte nicht hintanstehen und bot ein Seminar über Krieg und Glauben in der Geschichte germanischer Volksfrömmigkeit an.[2] Anfang 1940 lancierte der Völkerrechtler Paul Ritterbusch, Rektor der Universität Kiel, unter dem Rubrum »Kriegseinsatz der Geisteswissenschaften« ein von der Deutschen Forschungsgemeinschaft (DFG) finanziertes Großprojekt, genannt »Aktion Ritterbusch«, an dem sich über fünfhundert Professoren aus zwölf Disziplinen beteiligten und aus dem insgesamt siebenundsechzig Bücher und Broschüren hervorgingen. Das Deutsche Institut für Außenpolitische Forschung trug zum Beispiel Titel bei wie *Britannien: Hinterland des Weltjudentums* oder *Der englische Wirtschaftsimperialismus*. In gewisser Weise waren das bloß Neuauflagen der Argumente, die bereits im Ersten Weltkrieg vorgebracht worden waren: England wurde als geistlos und heuchlerisch hingestellt, das englische Volk als nur an seiner ausbeuterischen Profitgier interessiert. Ein anderes Thema war das Elsass: Seine Kultur sei sehr viel erfolgreicher unter deutscher als unter französischer Herrschaft.

Abgesehen von der »Weißen Rose« in München gab es nicht viel Widerstand an den Universitäten. Die Geschichte dieser winzigen Gruppe aus einem harten Kern von nur fünf Studenten und einem Philosophieprofessor ist allgemein bekannt: Sie verfassten und verteilten in den Jahren 1942 und 1943 insgesamt sechs Flugblätter, in denen sie zum Widerstand aufriefen; zwischen Februar und Oktober 1943 wurden alle Mitglieder hingerichtet. Der Text des letzten Flugblatts wurde nach England geschmuggelt und Ende 1943 in hunderttausenden Kopien von britischen Piloten über Deutschland abgeworfen. In Heidelberg gab es eine Gruppe von dreißig bis siebzig Professoren (die Zahl variierte) um den Kultursoziologen Alfred Weber und dessen Schwägerin Marianne, eine Soziologin und die Witwe von Max Weber. Viele von ihnen waren aus ihren akademischen Ämtern entlassen worden und versuchten nun privat weiterzuarbeiten, indem sie sich regelmäßig in Marianne Webers Haus zum Ideenaustausch trafen[3]; viele waren eher als konservative denn als radikale Regimegegner zu bezeichnen – meist gehörten sie der später so genannten »Resistenz« an: eine etwas schwammige Bezeichnung für die Gruppe von Personen, die sich der nationalsozialistischen Ideologie verweigerten, sich aber jeder öffentlichen Kritik enthielten und insofern kaum zu den Tapferen gezählt werden können; und viele begnügten sich mit dem, was Leo Strauss 1941 das »Zwischen-den-Zeilen-Schreiben« nannte: Es war das Äußerste, was sie an Kritik wagten.[4]

Trotz Leo Szilards Warnungen veröffentlichten die französischen Physiker Frédéric und Irène Joliot-Curie am 18. März 1939 in *Nature* ihre entscheidende Beobachtung, dass das U_{235}-Atom bei jedem Beschuss durchschnittlich 2,42 Neutronen freisetzte, was bedeutete, dass genügend Energie freigesetzt wurde, um eine sich selbst erhaltende Kettenreaktion auszulösen. Auch der siebenunddreißigjährige Paul Harteck, Direktor des Instituts für Physikalische Chemie an der Universität Hamburg und ein Experte auf dem Gebiet der Neutronen, las diesen Artikel. Nach seiner Assistenzzeit bei Fritz Haber hatte er das Jahr 1933/1934 bei Ernest Rutherford in Cambridge geforscht – ein Jahr nachdem dort der experimentelle Nachweis für Neutronen erbracht worden war. Er wusste also sofort, welche Bedeutung das Joliot-Curie-Papier hatte. Im April 1939 schrieb er dem Reichswehrministerium, dass durch die Uranspaltung eine Massenvernichtungswaffe in den Bereich des Möglichen gekommen sei. Nach dem Krieg, so erzählt John Cornwell die Geschichte, erklärte Harteck jedoch, er habe diese Gelegenheit nur genutzt, um an rare Forschungsgelder zu kommen, und dabei nicht an den Krieg gedacht.[5] Wie auch immer, der Effekt war der gleiche.

Jedenfalls hatte Werner Heisenberg zu dieser Zeit bereits über die Möglichkeit einer Atombombe gesprochen. Und Abram Esau, Rektor der Universität Jena und ab 1939 »Spartenleiter Physik« im Reichsforschungsrat, der Minister Bernhard Rusts Reichsministerium für Wissenschaft, Erziehung und Volksbildung untergeordnet war, rief im Frühjahr dieses Jahres auf Anregung der Göttinger Physiker Georg Joos und Wilhelm Hanle (die das Potenzial der Uranspaltung ebenso erkannt hatten) den sogenannten »Uranverein« ins Leben. Entscheidender noch war jedoch eine Sitzung, die das Heereswaffenamt bei Kriegsbeginn im September 1939 unter der Beteiligung von Werner Heisenberg, Otto Hahn, Hans Geiger, Carl Friedrich von Weizsäcker und Paul Harteck abhielt.[6] Denn der Uranverein diskutierte nicht nur die allgemeine Anwendung der Atomkraft, sondern erstmals auch deren Einsatz als Waffe. Prompt wurde das Kaiser-Wilhelm-Institut für Physik in Berlin dem Heereswaffenamt unterstellt.

Das klingt, als sei das alles sehr maßgeblich gewesen. Fakt aber ist, dass nie mehr als hundert Personen zur deutschen »Urangruppe« gehörten, verglichen mit den Zehntausenden, die am amerikanischen Manhattan Project in Los Alamos beteiligt waren. Deutschland hatte zwar Zugriff auf die Joachimsthaler Minen in der mittlerweile besetzten Tschechoslowakei und damit auf das größte Uranvorkommen, jedoch keinen auf ein Zyklotron, das stark genug gewesen wäre, um das Verhalten von Atomkernen studieren zu können.

Die Entwicklung der Bombe in Deutschland – beziehungsweise das Tempo der entsprechenden Forschung – gab nach dem Krieg Anlass zu vielen Kontroversen (auch Michael Frayns 1998 uraufgeführter Zweiakter *Kopenhagen*, ein Gespräch zwischen Niels Bohr und Werner Heisenberg, löste eine erneute Debatte über Heisenbergs Rolle im Uranprojekt aus). Anfänglich hatten sich die Deutschen auf die Isotopentrennung konzentriert, später begannen sie sich mit Plutonium zu befassen. Und an beidem waren zwei gleichermaßen umstrittene wie ziemlich undurchschaubare Charaktere beteiligt: Werner Heisenberg (1901–1976) und Fritz Houtermans (1903–1966). Bis heute ungeklärt ist, warum Niels Bohr im Jahr 1940 Besuch von Heisenberg bekam und dieser das Gespräch auf die militärische Nutzbarkeit der Atomenergie brachte. Er wusste, dass Bohr gerade in den USA gewesen war, und Bohr wusste, dass Heisenberg es wusste. Trotzdem sprach Heisenberg über den Bau eines deutschen Reaktors – sollte Bohr erfahren, wie weit die Deutschen waren und dass er, Heisenberg, die Entwicklung zu bremsen versuchte? Oder wollte Heisenberg Bohr dazu verleiten (wie dieser später meinte), ihm gegenüber preiszugeben, wie weit die Briten und Amerikaner inzwischen gekommen waren?

Der brillante Physiker Houtermans hatte sich auf die Produktion des spaltbaren Elements 94 konzentriert und sollte 1941 im Zuge dessen schließlich bestätigen, dass eine Kettenreaktion möglich war. Houtermans hatte in Göttingen promoviert und war 1933 nach England emigriert, dann aber als überzeugter Sozialist und ungeachtet von Stalins Säuberungen in die Ukraine übersiedelt, wo er jedoch von den Russen als deutscher »Spion« geschasst und nach einem erzwungenen Geständnis inhaftiert wurde.[7] Im Rahmen des kurzen deutsch-sowjetischen Nichtangriffspakts lieferte man ihn an die Gestapo aus, die ihn sofort wieder inhaftierte. Nur weil Max von Laue seinen Einfluss geltend machte, kam Houtermans frei und begann durch dessen Vermittlung an Manfred von Ardennes Forschungslaboratorium für Elektronenphysik in Berlin die »Frage der Auslösung von Kern-Kettenreaktionen« zu studieren. Nachdem auch er den Aufsatz von Joliot-Curie in *Nature* gelesen hatte, kam Houtermans zu dem Schluss, dass das Plutonium *tatsächlich* eine Möglichkeit bot, Kettenreaktionen auszulösen, doch als ihm das dann durch seine eigenen Berechnungen bestätigt wurde, war er so verstört, dass er einen Flüchtling mit Ziel Amerika bat, eine Botschaft von ihm außer Landes zu schmuggeln. Er wusste nicht, wie weit die Alliierten mit dem Bau *ihrer* Bombe schon gekommen waren, wollte ihnen aber dringend zwei Dinge mitteilen, nämlich erstens, dass sie sich beeilen mussten, und zweitens, dass Heisenberg gegenüber dem Heereswaffenamt alles versuche, um die Dinge zu verzögern.[8]

Angesichts des Handelns dieser beiden Männer ist es vielleicht nicht überraschend, dass das deutsche Bombenprojekt erfolglos blieb. Aber dafür gab es auch noch andere Gründe. Bei Kriegsbeginn hatte nur das Unternehmen Norsk Hydro in Vermork schweres Wasser produziert, und das stand seit der Besetzung Norwegens nun den Deutschen zur Verfügung. Doch als der dänische Untergrund (auf Anfrage des britischen Geheimdienstes) nach der Zerstörung des Vermorker Werkes durch britische Bomber in Erfahrung gebracht hatte, dass das gesamte noch vorhandene schwere Wasser von dort per Zug in die fast fertiggestellte Anlage der Leunawerke nach Deutschland transportiert werden sollte, sprengte ein norwegisches Kommando die Eisenbahnfähre *Hydro* auf ihrem Weg über den Tinnsjå-See mitsamt hundertzweiundsechzig Gallonen schweren Wassers in die Luft.[9]

Als Albert Speer 1942 das Rüstungsministerium von Fritz Todt übernahm (der bei einem mysteriösen Flugzeugabsturz ums Leben gekommen war) und Heisenberg gegenüber erklärte, er könne ein größeres Zyklotron bekommen als irgendjemandem sonst zur Verfügung stehe, erwiderte dieser, dass die Deutschen viel zu unerfahren seien und erst einmal an einem kleineren üben müssten.[10] Auch das Zyklotron im besetzten Paris könne man nicht nutzen, meinte Heisenberg, da die geforderten Geheimhaltungsbedingungen jede Arbeit dort behindern würden. Später wurden diese Aussagen als Beleg für Heisenbergs bewusste Sabotage des deutschen Atomprogramms herangezogen.[11] Schließlich kam Speer zu dem Schluss (oder behauptete nach dem Krieg, zu dieser Überzeugung gelangt zu sein), dass Deutschland die Bombe frühestens 1947 haben würde.[12] Und da dieses Projekt Chromerze in einem solchen Tempo verschlang, dass höchstens bis Januar 1946 Krieg geführt werden konnte und obendrein die dringend benötigten Mittel aus dem Raketenprogramm abzog (das Hitler wesentlich wichtiger war), wurde der Versuch, die Bombe zu bauen, im Herbst 1942 eingestellt.[13]

Doch bekanntlich waren nicht alle deutschen Innovationen so fruchtlos wie der Bau einer Atombombe. Die Me 262 war das erste einsatzfähige Kampfflugzeug mit Strahltriebwerken, nur dass die in Serie produzierte Stückzahl zu gering gewesen war, um den Kriegsverlauf ändern zu können. Der brillante Konstrukteur Hellmuth Walter baute in der Kieler Germaniawerft einen Gasturbinenantrieb für U-Boote, der unter Wasser Geschwindigkeiten von bis zu achtundzwanzig Knoten erreichen konnte, während konventionelle U-Boote kaum zehn Knoten zuwege brachten.[14] Doch auch diese Entwicklung kam zu spät, um das Geschehen noch beeinflussen zu können. Mit dem sogenannten »Bildwandler für Ultrarot« hatten die Deutschen außerdem eine eigene, dem Radar ähnliche Anstrahlungstechnik entwickelt, mit der sie eine Zeit lang den Alliierten voraus zu sein schienen. Und schließlich besaßen sie auch die »Enigma«, eine Rotor-Schlüsselmaschine für chiffrierte Nachrichtenübermittlung, die wie eine Schreibmaschine mit ein paar Zusatzteilen aussah und in ihrer weiterentwickelten Form hundertneunundfünfzig Billionen (eine Zahl mit achtzehn Nullen!) Steckkombinationen zuließ. Den letztlich aber vielleicht nachhaltigsten Einfluss auf die Geschichte übte jedoch »Colossus« aus – das Gerät, welches die Briten zur Entschlüsselung der deutschen Codes entwickelten und das erstmals alle Informationen in Bits verarbeitete, also der erste moderne Computer war.

Aber auch die Deutschen blieben nicht untätig, was den Computer betraf. Zumindest waren sie schon weit fortgeschritten, bedenkt man die hauptsächlich von Konrad Zuse (1910–1995) entwickelten Rechner. Der Ingenieur hatte bereits 1932 an einem »mechanischen Gehirn« für monoton wiederkehrende Rechenaufgaben gearbeitet; 1935 stellte er das Prinzip einer programmgesteuerten Rechenmaschine auf der Zahlenbasis »2« – dem Binärsystem – vor, woraus 1936 dann die Z 1 entstand, ein mechanisches, speicherloses Gleitkommazahlen-Additions- und Substraktionsgerät, das seine Instruktionen von Lochstreifen las. 1939 folgte die Z2, die über ein Rechenwerk aus elektromagnetischen Relaisschaltern verfügte. Mit Unterstützung der »Deutschen Versuchsanstalt für die Luftfahrt« entwickelte Zuse daraus die 1941 in Betrieb genommene, programmgesteuerte, mit einem Speicher und logischen Schaltungen ausgestattete Z 3, die jedoch nie zur Kryptoanalyse eingesetzt wurde.

Und dann gab es ja noch die Raketenwissenschaft. 1919 war Deutschland mit dem Friedensvertrag von Versailles der Besitz von schweren Waffen (U-Boote, Panzer, Schlachtschiffe) verboten und die kaiserliche Flotte im britischen Flottenstützpunkt Scapa Flow interniert worden (die Deutschen hatten sie dann dort bekanntlich in einer Nacht-und-Nebel-aktion selbst versenkt). Abgesehen davon durfte die deutsche Marine nur aus fünfzehntausend Mann, sechs Panzerkreuzern, sechs leichten Kreuzern und zwölf Torpedobooten bestehen, die Berufsarmee eine Größe von hunderttausend Mann nicht übersteigen, das Heer keine Panzerfahrzeuge besitzen und die Artillerie keine Geschütze mit Kalibern, die stärker waren als 105 Millimeter.

Doch dann begann die klammheimliche Aufrüstung mit Schiffen, die in Holland und Japan gebaut wurden, während das Raketenentwicklungsprogramm unter vergleichbaren Bedingungen Gestalt anzunehmen begann. Dessen Hauptakteur war bekanntlich Wernher von Braun, aber es war der siebenbürgische Physiker Hermann Obert gewesen, der bereits 1922 in seiner abgelehnten und dann von ihm selbst veröffentlichten Dissertation *Die Rakete zu den Planetenräumen* eine mit Ethanol und Sauerstoff betriebene Rakete beschrieben hatte. Sie enthielt praktisch schon alle wesentlichen Elemente, die zum Bau von Groß- und Mehrstufenraketen mit Flüssigtreibstoffantrieb nötig waren.[15] Auf dieser Grundlage konstruierte der Industrielle Fritz von Opel 1928 dann mit Max Valier und Friedrich Wilhelm Sander die *Opel-Sander-Rakwagen 1* und *2* sowie das mit Feststoffraketen ausgestattete Segelflugzeug »Lippisch Ente«, mit dem er einen Testflug absolvierte. Von all diesen Erfahrungen sollte ab 1933 die Wehrmacht profitieren. Im Dezember 1934 wurden erfolgreich zwei A2-Versuchsraketen von Borkum gestartet, die Prototypen für die A3 und A4 (jenen »Flugbomben«, welche seit ihren ersten Einsätzen auf London 1944 als »Vergeltungswaffe« 1 und 2 [V1, V2] bezeichnet wurden). Für die Entwicklung dieser Waffen wurde im Zweiten Weltkrieg mehr Geld ausgegeben als für irgendetwas anderes, ausgenommen das amerikanische Manhattan Project für den Bau der Atombombe.

Die »Heeresversuchsanstalt Peenemünde« auf Usedom wurde 1936 eingerichtet, 1938 ergänzt durch die »Luftwaffenerprobungsstelle Peenemünde-West« (Göring hatte zuerst auf ein raketengestütztes Flugzeug gehofft; das unbemannte Flugzeug, die Drohne, wurde erst später entwickelt). Der ehrgeizige Plan der Deutschen war die Entwicklung eines

Flugkörpers mit einer Reichweite von zweihundertfünfzig Kilometern, einer Traglast von einer Tonne Sprengstoff und einer fünffachen Schallgeschwindigkeit (und das zu einer Zeit, als noch keine Rakete die Schallmauer durchbrochen hatte).[16] 1937 wurde der erste Überschallwindkanal in Peenemünde fertiggestellt, um den Wissenschaftlern die Möglichkeit zu geben, die Bedingungen für das Durchbrechen der Schallmauer zu testen.

Hitler versprach sich viel von der führerlosen Rakete, vor allem, weil er London in Angst und Schrecken versetzen und die englische Regierung zwingen wollte, ihn um Frieden anzubetteln. Diese Raketen erblickten dann, wie man weiß, tatsächlich das Licht der Welt. Rund elftausend wurden nach England auf den Weg geschickt, etwa dreitausendfünfhundert von ihnen gingen auf London oder auf Landstriche im Süden Englands nieder (die übrigen waren vorher abgestürzt oder vom Kurs abgekommen), töteten 8700 Briten und verletzten dreimal so viele. Doch der gewünschte Terroreffekt sollte sich nie einstellen. 1945 ergaben sich hundertachtzehn deutsche Raketenforscher den Amerikanern, wurden im Rahmen der Geheimoperation »Paperclip« (die verhindern sollte, dass deutsche Raketenwissenschaftler den Sowjets in die Hände fielen) en masse ins texanische Fort Bliss transportiert und dort in der Entwicklung des amerikanischen Raumfahrtprogramms eingesetzt. Abgesehen von Wernher von Brauns Kenntnissen, erwies sich vor allem Ernst Stuhlingers Fachwissen als entscheidend. Er war später zum Beispiel am ersten amerikanischen Satelliten *Explorer 1* beteiligt, der nach dem Schock, den die Sowjets im Oktober 1957 mit dem Start ihres *Sputnik 1* bereitet hatten, im Januar 1958 in die Umlaufbahn geschossen wurde.

Auch das Giftgas wurde in Deutschland weiterentwickelt. Bereits 1936 hatte der Chemiker Gerhard Schrader, der im Leverkusener Werk der I. G. Farben an Insektiziden arbeitete, ein Nervengift entdeckt, dem er den Namen »Tabun« gab: Es hemmt den Neurotransmitter, der die Muskeln kontrolliert, ruft zuerst Muskelzucken und dann Atemnot bis zur Atemlähmung hervor, die zum Tod führt. 1938 synthetisierte er einen in seiner Wirkung noch potenteren chemischen Kampfstoff: Methylfluorphosphonsäureisopropylester oder Sarin. Es lähmt das vegetative Nervensystem und führt neben vielen anderen Symptomen zu Nasenbluten, Gedächtnisverlust, Sehstörungen, Krämpfen, Bewusstlosigkeit und schließlich ebenfalls zu Atemlähmung. Den Namen »Sarin« erhielt der Giftstoff »zu Ehren« der Männer, die an seiner Entdeckung beteiligt waren: Gerhard **S**chrader, Otto **A**mbros (I. G. Farben Ludwigshafen), Gerhard **R**itter (Reichsamt für Wirtschaftsausbau) und Hans-Jürgen von der L**in**de (Heereswaffenamt). Beide Substanzen wurden in einem Werk in Dyrenfurth (Schlesien) hergestellt, wo die Alliierten im Jahr 1945 zwölftausend Tonnen Tabun fanden. Aber keine von beiden kam zum Einsatz, weil die

Deutschen befürchteten, damit einen tödlichen chemischen Krieg auszulösen.[17] (Vielleicht spielte auch eine Rolle, dass Hitler im Ersten Weltkrieg selbst Giftgas ausgesetzt gewesen war.)

In den dreißiger Jahren, jedenfalls gewiss im Jahr 1939, war die I.G. Farben das größte europäische und das viertgrößte Unternehmen der Welt, nach General Motors, U.S. Steel und Standard Oil. Nachdem 1904 die erste »Interessen-Gemeinschaft« der deutschen Teerfarbenindustrie gegründet worden war und anschließend erfolgreich bei der Farbstoff- und Arzneimittelproduktion sowie bei der Herstellung von Kampf- und Sprengstoffen kooperiert hatte, war 1925/1926 die I.G. Farbenindustrie AG gegründet worden, die von da an den Reigen der Chemiegiganten anführte. Als die Nazis an die Macht kamen, war die deutsche Industrie im Bereich der Kohlehydrierung zur Herstellung von synthetischem Benzin also bereits Weltmarktführer gewesen. Synthetisches Benzin war in der Herstellung zwar zehnmal so teuer wie fossile Brennstoffe, doch unter den Nazis deshalb so populär, weil sie die Produktion direkt überwachen und die Produktionszahlen geheim halten konnten. Bei der Erzeugung von Synthesekautschuk, den die I.G. Farben ebenfalls im großen Umfang herstellte, griffen die gleichen Argumente. Nach Beginn des Krieges drohte Deutschland ein Kautschukmangel, und wieder wurde die I.G. Farben in die Pflicht genommen. Bekanntlich entschied sich das Unternehmen 1940 für ein Gelände in Auschwitz-Dwory als Standort seines vierten Buna-Werks, und zwar, wie es scheint, noch unabhängig von Himmlers Beschluss, Konzentrationslager in Auschwitz zu errichten.[18]

Im Lauf der Jahre setzte die I.G. Farben Zwangs- und Sklavenarbeiter in all ihren Werken ein, sei es bei der Herstellung von synthetischem Benzin oder synthetischem Kautschuk. Die Produktion solcher Substanzen wie Stickstoff, Methanol, Gummiharz oder Kalziumkarbid stieg von 9 Prozent im Jahr 1941 auf 30 Prozent im Jahr 1945.[19] 1947 wurde dreiundzwanzig Vorständen und Abteilungsleitern der I.G. Farben in Nürnberg der Prozess gemacht, 1948 wurden dreizehn von ihnen wegen Verschwörung, Plünderung, Raub sowie der Versklavung von Zwangsarbeitern und KZ-Häftlingen zu zwei bis acht Jahren Gefängnis verurteilt. Die Alliierten hatten derweil begonnen, mit der von den Amerikanern eingerichteten »I.G.-Farbenkontrolle« die Dekartellisierungsbeschlüsse umzusetzen, die auf Jalta getroffen worden waren. Am 1. Januar 1952 trat die I.G. in Liquidation, 1952 wurde sie in ihre ehemaligen Bestandteile aufgegliedert. Zu den »Farbennachfolgern« zählten Agfa, BASF, Bayer und Hoechst. 1955 wurde der wegen Plünderung und Raubes in Nürnberg zu anderthalb Jahren Haft verurteilte Friedrich Jähne zum Aufsichtsratsvorsitzenden der Farbwerke Hoechst gewählt, ein Jahr später wurde der wegen Raubes, Plünderung und Versklavung zu sieben Jahren Haft verururteile Fritz ter Meer Aufsichtsratsvorsitzender der Bayer AG. Die zuerst in »Chemiczna Oświęcim«, dann »Dwory SA« umbenannten Buna-Werke im Auschwitz sind heute der drittgrößte europäische Hersteller von synthetischem Kautschuk. Zu den Aufgaben der Chemiker zählte der wissenschaftlich vorbereitete und systematisierte Massenmord, nicht zuletzt dank der Erfindung von »leistungsstärkeren« Gasen. Aus den Protokollen der Wannseekonferenz (1942) wird ersichtlich, dass elf Millionen Juden vernichtet werden sollten (die heutigen Schätzungen belaufen sich bekanntlich auf sechs Millionen). Für den reibungslosen Ablauf des Massenmords sorgten auch Männer wie Kurt Prüfer, ein Ingenieur der Erfurter Firma Topf & Söhne, der das Verfahren für die Verbrennung der Opfer stetig weiter »verbesserte«.

Allein die schiere Zahl von Menschen, die vergast wurden, macht uns nach wie vor fassungslos. Dass sie unter Beteiligung von Biologen ermordet wurden, muss bis heute als der größte »Verrat der Intellektuellen« in der langen Tradition des deutschen Genius betrachtet werden. Die Biologin Ute Deichmann und andere Forscher konnten dank der zugänglich gewordenen Archive in Berlin und Potsdam aufzeigen, dass rund dreihundertfünfzig qualifizierte Biologen, Genetiker und Mediziner, darunter viele Professoren, an den Experimenten in den Konzentrationslagern beteiligt waren (laut John Cornwell jeder dreihundertste aus dieser Wissenschaftsgemeinde).

Der Hamburger Medizinwissenschaftler Heinrich Berning zum Beispiel führte tödliche Versuche an hungerkranken sowjetischen Kriegsgefangenen durch und zeichnete den Verlauf ihrer Todeskämpfe genau auf. Unter der Ägide des Instituts für Wehrwissenschaftliche Zweckforschung wurden »Kälteversuche« an KZ-Häftlingen in Dachau gemacht, mit dem erklärten Ziel, die »Wiedererwärmung bei allgemeiner Abkühlung des menschlichen Körpers, Heilung bei teilweise Erfrierungen, Kälteanpassung des menschlichen Körpers« begründen zu können. Von den dreihundert Häftlingen, die diesen Versuchen unterzogen wurden, kamen achtzig ums Leben. Auch Experimente mit Senfgas wurden an KZ-Häftlingen durchgeführt, um das »Verhalten von Gelbkreuz (Lost) im lebenden Organismus« zu studieren. Bei diesen Experimenten starben so viele Menschen, dass sich nicht einmal mit dem Versprechen einer anschließenden Freilassung noch »Freiwillige« fanden. Der Anatom August Hirt, der diese »Untersuchungen« leitete, erhielt obendrein die Genehmigung, sich hundertfünfzehn jüdische KZ-Häftlinge aus Auschwitz auszusuchen, um sie für die Gründung einer »jüdischen Skelettsammlung« zu ermorden. Homosexuellen wurden Hormone injiziert, um herauszufinden, ob das ihr Verhalten änderte.[20]

Zu den Wissenschaftlern, die, wie man heute weiß, wahrhaft unethische Forschung betrieben (um es milde auszudrücken), zählten auch Konrad Lorenz, der 1973 den Nobelpreis für Physiologie oder Medizin erhielt, und Hans Nachtsheim, Mitglied des berüchtigten »Kaiser-Wilhelm-Instituts für Anthropologie, menschliche Erblehre und Eugenik«. In der Vorkriegszeit war Lorenz als Mitbegründer der Ethologie, der vergleichenden Verhaltensforschung, sowie als Autor vieler Schriften über menschliches und tierisches Verhalten und Entdecker jenes »auslösenden Schemas« bekannt geworden, das als »Prägung« in die Fachliteratur einging. Im Zuge seiner berühmten Experimente hatte er herausgefunden, dass junge Graugänse vom ersten visuellen Eindruck, den sie in ihrem Leben aufnehmen, für immer geprägt werden. Auch Lorenz hatte Spenglers *Untergang des Abendlandes* gelesen und hegte Sympathien für die Nationalsozialisten.[21] In diesem Klima begann er nun neue Überlegungen anzustellen, etwa, »dass alle körperlichen und moralischen Verfallserscheinungen, die das Absinken von Kulturvölkern [...] bewirken, mit den Domestikationserscheinungen der Haustiere wesensgleich sind«.[22] Im September 1940 nahm er auf Drängen der Partei die Position des Direktors am Institut für vergleichende Psychologie der Universität Königsberg an. Von da an bis 1943 widmete er seine Studien allein den rassenpolitischen Zielen der NS-Ideologie. So behauptete er beispielsweise, dass Menschen anhand einer »biologischen Einheit« in »Vollwertige« und »Minderwertige« eingestuft werden könnten, und fand Maßnahmen »zur Ausmerzung ethisch Minderwertiger« durchaus legitim.[23]

Ganze Konferenzen wurden veranstaltet, um die Erkenntnisse der »Forschungen« an KZ-Insassen zu debattieren, darunter auch die der Malariaversuchsstation im KZ Dachau, wo man rund tausendzweihundert Häftlinge Stechmücken aussetzte (unter anderem, indem kleine Kästchen voller Mücken an der Innenseite des Unterarms befestigt wurden, oder indem den Häftlingen ein Extrakt aus deren Schleimdrüsen gespritzt wurde), um einen Impfstoff gegen Malaria zu finden und die deutschen Soldaten in Afrika davor schützen zu können. Betrieben wurde diese Versuchsstation von Claus Schilling, einem emeritierten Professor für Parasitologie am Robert Koch-Institut und einstigen Mitglied der Malariakommission des Völkerbunds. Etwa dreißig Menschen starben unmittelbar an den Folgen dieser Versuche.

Das Kaiser-Wilhelm-Institut für Anthropologie, menschliche Erblehre und Eugenik war anlässlich des Fünften Internationalen Kongresses für Erblehre im Jahr 1927 in Berlin-Dahlem gegründet worden. Beide, Institut wie Kongress, strebten internationale Anerkennung für die Disziplin der menschlichen Erblehre in Deutschland an, denn wie ihre Kollegen aus anderen Fachgebieten hatten auch die Biologen unter dem Boykott deutscher Wissenschaftler nach dem Ersten Weltkrieg gelitten. Zum ersten Direktor des Instituts wurde der führende deutsche Anthropologe Eugen Fischer ernannt. Die Wissenschaftler, mit denen er sich dort umgab, gehörten zu den berüchtigtsten des »Dritten Reiches«.[24] Nahezu alle von ihnen unterstützten die rassenpolitischen Ziele der Nazis und ließen sich zu deren Umsetzung einspannen, beispielsweise indem sie ihr Fachwissen für die rassistischen Einstufungen im Rahmen der Nürnberger Gesetze zur Verfügung stellten.[25] Abgesehen davon gab es einen intensiven Austausch zwischen den Medizinern an diesem Institut und Josef Mengele in Auschwitz. Nach dem Krieg wurde das KWI für Anthropologie von den Alliierten aufgelöst.

Ein Aspekt der Rolle von Wissenschaftlern im NS-Staat, der bislang noch keine gebührende Aufmerksamkeit fand, ist die polykratische Struktur der Hitler-Diktatur, insbesondere während der Kriegsjahre. Im Gegensatz zu dem streng überwachten Regime, das die Nazis selbst zu führen behaupteten, heischten so viele Menschen nach Hitlers persönlicher Aufmerksamkeit und Anerkennung und war die Gewalt im Staat so stark aufgeteilt, dass der Rivalitätskampf um die Gunst des »Führers« regelrechte Nadelöhre oder Lücken in den Kommandostrukturen nach sich zog und völliges Chaos in der deutschen Kriegsplanung verursachte. Die »Vergeltungsraketen« sind ein gutes Beispiel dafür. Von Hitler dazu vorgesehen, Schrecken und Verwüstung in London anzurichten, haben sie letztendlich nur Ressourcen von der Flugzeugproduktion abgezogen. Das wäre vorhersehbar gewesen und *wurde* vorausgesagt, aber niemand wagte, es auch laut auszusprechen. Norbert Elias schrieb einmal, dass aus solchen Gründen sehr viel stärkerer Druck auf Hitler gelastet habe, als es von außen betrachtet den Anschein erweckte.

Unterstrichen wird diese Analyse auf noch ganz andere Weise von dem amerikanischen Militär und Militärhistoriker Trevor Dupuy, der eine Statistik über die Kampfkraft der Wehrmachtssoldaten erstellte. In seinem Buch *A Genius for War* untersuchte und verglich er die Armeen, Generalstäbe und Kampfeffektivitäten beider Seiten im Zweiten Weltkrieg mit denen im Ersten Weltkrieg und kam dabei zu dem Schluss – was ihm sehr widerstrebte, da er für das Hitler-Regime nur Verachtung übrighatte –, dass »die Deutschen den zahlenmäßig so viel stärkeren alliierten Armeen, welche sie letztendlich besiegten, regelmäßig überlegen waren«.[26] Bei den achtundsiebzig Kampfhandlungen, für die ihm Zahlen zur Verfügung standen, sah das Verhältnis der pro Kopf getöteten Gegner wie folgt aus:

		Alliierte	Deutsche	Deutsche Überlegenheit
Angriff:	Erfolg	1,47	3,02	2,05
	Fehlschlag	1,20	2,28	1,90
Verteidigung:	Erfolg	1,60	2,24	1,40
	Fehlschlag	1,37	2,29	1,67
Durchschnitt		1,45	2,31	1,59

Angesichts dieser deutlichen und über so viele Schlachten hinweg bestehenden Überlegenheit der Deutschen muss man sich fragen, wieso sie dann verloren haben. Eine Antwort darauf liefert Hitlers polykratischer Herrschaftsstil; eine andere Antwort ist, dass sich die personelle und die materielle Überlegenheit der Alliierten am Ende einfach als zu hoch erwies. Dahinter verbirgt sich eine grundlegende Wahrheit: Wenn du siegen willst, brauchst du Freunde. Und im Schließen von Freundschaften waren die Nazis wahrlich nicht gut.

38
Das Exil und der Weg in die Freiheit

Zwischen Januar 1933 und Dezember 1941 landeten exakt 104 098 deutsche und österreichische Flüchtlinge in den USA, darunter 7622 Akademiker sowie 1500 Künstler oder Kulturjournalisten und Intellektuelle. 1933 war der Zufluss noch ein Rinnsal gewesen, nach der »Kristallnacht« schwoll er zum Strom an, aber zu einer Flut wurde er nie, weil es erstens sehr schwierig für die meisten geworden war, Deutschland zu verlassen, und weil es zweitens auch in den USA Antisemitismus und Vorbehalte gegen Einwanderer gab, die dafür sorgten, dass viele potenzielle Immigranten zurückgewiesen wurden.[1]

Andere Künstler und Wissenschaftler waren nach Amsterdam, London oder Paris geflohen. In der französischen Metropole gründeten Max Ernst, Otto Freundlich und Gert Wollheim das deutsche Künstlerkollektiv und organisierten mit der Freien Künstlerliga eine Gegenausstellung zur Münchner NS-Ausstellung »Entartete Kunst«. In Amsterdam fanden sich Max Beckmann, Eugen Spiro, Heinrich Campendonck und der Bauhaus-Architekt Hajo Rose in der privaten Kunstschule von Paul Citroën zu einer losen Gemeinschaft zusammen. In London waren Künstler wie John Heartfield (Helmut Herzfeld), Kurt Schwitters, Ludwig Meidner und Oskar Kokoschka die bekanntesten Mitglieder einer intellektuellen Exilantengemeinde von ungefähr zweihundert Personen, die sich in der *Free German League of Culture* – gegründet vom Hilfskomitee für geflohene Künstler –, dem *New English Arts Club* oder der *Royal Academy* organisierten. Als eine Art von Widerstand gegen Hitler wurde sogar eine »Deutsche Akademie der Künste und der Wissenschaften im Exil« gegründet, deren Literaturabteilung Thomas Mann (in Amerika) und deren Wissenschaftsabteilung Sigmund Freud (in London) vorstanden.[2] In Deutschland zurückgebliebene Künstler wie Otto Dix, Willi Baumeister oder Oskar Schlemmer gingen in die innere Emigration. Dix versteckte sich am Bodensee und malte Landschaften – das sei, sagte er einmal, dasselbe wie Emigration. Auch Karl Schmidt-Rottluff und Erich Heckel zogen sich aufs stille Land zurück, in der Hoffnung, so der Aufmerksamkeit der Nazis entgehen zu können. Ernst Ludwig Kirchner nahm sich in der Schweiz das Leben.

Trotz aller Einwanderungsbeschränkungen war die Emigration nach Nordamerika die bei Weitem bedeutendste. Eine Folge dieser Abwanderung europäischen Gedankenguts aus Deutschland war, dass sich die geistige Landschaft des 20. Jahrhunderts dramatisch veränderte. Es war vermutlich der größte Transfer von Wissen und Talent, der jemals stattgefunden hat.

Nicht nur Maler oder Musiker wurden in die USA geholt, auch Mathematikern und den anderen Naturwissenschaftlern kam eine Sonderregelung zugute, die das State Department 1940 für Einwanderer erlassen hatte: Von da an durften Besuchervisa für Verfolgte ausgestellt werden, »deren intellektuelle oder kulturelle Leistungen oder politische Aktivitäten für die Vereinigten Staaten von Interesse« waren. Unter den Personen, die nach dieser Definition in die USA einreisen durften, befanden sich auch der Theaterregisseur Max Reinhardt, der Schriftsteller Stefan Zweig und der Linguist Roman Jakobson.[3]

Von all den Hilfsprogrammen für Flüchtlinge, deren Arbeit »von Interesse« war, war gewiss keines so ungewöhnlich und so effektiv wie das *Emergency Rescue Committee* (ERC), das von den »American Friends of German Freedom« organisiert wurde. Gegründet wurde diese Organisation« von dem deutschen Sozialistenführer Paul Hagen (auch unter dem Namen Karl Frank bekannt) im amerikanischen Exil, um Geld für den Widerstand gegen die Nationalsozialisten zu sammeln. Doch drei Tage nachdem Frankreich im Juni 1940 den Waffenstillstand mit Deutschland unterzeichnet hatte, der die berüchtigte Klausel »Auslieferung auf Verlangen« enthielt, trafen sich die »Friends« zu einem Lunch, um zu überlegen, was in dieser neuen und noch bedrohlicheren Situation für die Verfolgten getan werden konnte. Das Ergebnis dieses Treffens war die Gründung des ERC mit einer sofortigen Einlage von dreitausend Dollar. Noch während des Lunchs wurde beschlossen, eine Liste mit den Namen bedeutender Intellektueller anzulegen – Wissenschaftler, Schriftsteller, Maler, Musiker –, die sich in Gefahr befanden und nach der neuen Sonderregelung Einreisevisa in die Vereinigten Staaten bekommen konnten. Varian Fry, ein Mitglied des Komitees, wurde beauftragt, nach Frankreich zu reisen, um so viele dieser bedrohten Menschen wie nur möglich zu finden und in Sicherheit zu bringen.

Fry, ein schmächtiger, bebrillter Harvard-Absolvent, hatte 1935 in Deutschland mit eigenen Augen das brutale Vorgehen der Nazis gesehen. Außerdem sprach er Deutsch und Französisch und war mit den Werken der Schriftsteller und Maler beider Länder vertraut. Im August 1940 kam er mit dreitausend Dollar in der Tasche in Marseille an. Die Liste mit den Namen von zweihundert Personen hatte er auswendig gelernt, weil es viel zu gefährlich gewesen wäre, sie mit sich herumzutragen. Es war eine ad hoc zusammengestellte Gruppe: Thomas Mann hatte die Namen von gefährdeten Schriftstellern geliefert, Jacques Maritain eine entsprechende Liste mit den französischen und Jan Masaryk eine mit den tschechischen Verfolgten. Alvin Johnson, Präsident der New School of Social Research, hatte die Namen von gefährdeten Akademikern und Alfred Barr, Direktor des Museum of Modern Art (MoMA), die von verfolgten bildenden Künstlern beigesteuert.

Doch Fry hatte bald begriffen, dass sich nicht alle Personen auf der Liste wirklich in Lebensgefahr befanden, abgesehen natürlich von den Juden unter ihnen und all denjenigen, die aus ihrer politischen Gegnerschaft zu den Nationalsozialisten nie einen Hehl gemacht hatten. Ebenso schnell wurde ihm klar, dass viele der weltberühmten nichtjüdischen Künstler auf seiner Liste, die von den Nazis als »entartet« eingestuft worden waren, dank ihrer Prominenz relativ unbehelligt in Vichy-Frankreich leben konnten, wohingegen es eine Menge weit weniger bekannter Personen gab, die sich *tatsächlich* in höchster Gefahr befanden. Also änderte Fry ohne Rücksprache mit New York einfach die Politik des ERC und beschloss, ab sofort jedem zu helfen, der unter die Visa-Sonderregelung fiel, ob er nun auf der Liste stand oder nicht.[4] Als »Frontorganisation« eröffnete er in Marseille das *Centre Américain de Secours*, welches ganz offiziell Flüchtlinge unterstützte, begann jedoch parallel ein geheimes Netzwerk aufzubauen und mit Hilfe des französischen Untergrunds Flüchtlinge aus Frankreich nach Portugal zu schmuggeln, wo sie sich dann mit den von ihm besorgten Visa nach Amerika einschiffen konnten. Bevor er sie von manchmal ziemlich obskuren Einheimischen über die Pyrenäen in die Freiheit führen ließ, pflegte er sie in einem »sicheren Haus«, der Villa Air Bel im Norden von Marseille, unterzubringen und mit falschen Papieren auszustatten.[5] Zu den bekanntesten Persönlichkeiten, denen er auf diese dramatische Weise zur Flucht verhalf, zählten Hannah Arendt, André Breton, Marc Chagall, Max Ernst, Lion Feuchtwanger, Konrad Heiden (der unter vielen anderen antinazistischen Schriften auch eine zweibändige Hitler-Biografie veröffentlicht hatte, in der er mit dem Diktator ins Gericht ging), Heinrich Mann, Alma Mahler-Werfel und Franz Werfel, André Masson und der kubanische Maler Wilfredo Lam. Insgesamt brachte Fry rund zweitausend Menschen in Sicherheit, zehnmal so viele, wie vom Komitee auf die Liste gesetzt worden waren.

Alvin Johnson von der New School of Social Research nahm neunzig Sozialwissenschaftler auf und gründete mit ihnen die »University in Exile«, an der dann unter anderen Hannah Arendt, Erich Fromm, Otto Klemperer, Claude Lévi-Strauss, Erwin Piscator und Wilhelm Reich lehrten. László Moholy-Nagy ließ mit seinem *New Bauhaus* in Chicago das alte Bauhaus wieder aufleben. Einige seiner einstigen Kollegen initiierten ein ähnliches Projekt, aus dem dann das Black Mountain College in den bewaldeten Hügeln von North Carolina hervorging, dessen Fakultät zu unterschiedlichen Zeiten Persönlichkeiten wie Josef Albers, Willem de Kooning, Ossip Zadkine, Lyonel Feininger und Amédée Ozenfant angehörten. Nach dem Krieg etablierte sich dort ein renommierter Literaturkurs, der in den fünfziger Jahren allerdings wieder eingestellt wurde. Auch das Institut der Frankfurter Schule an der New Yorker Columbia University sowie Erwin Panofskys Institute of Fine Arts an der New York University waren von Flüchtlingen gegründete Exilinstitutionen.

Nachdem die Nationalsozialisten an die Macht gekommen waren, gab es auch für den Komponisten Arnold Schönberg gar keine andere Alternative, als das Land zu verlassen. Dass der gebürtige Jude sich als junger Mann hatte taufen lassen, machte auf die Nazis nicht den geringsten Eindruck. 1933 kehrte Schönberg wieder in den Schoß des Judentums zurück; im selben Jahr wurde er auf die Liste der »Kulturbolschewisten« gesetzt und verlor sein Lehramt in Berlin. Er strandete, ohne einen Groschen in der Tasche, in Paris. Doch dann erhielt er zu seiner großen Überraschung die Einladung, an einem kleinen privaten Konservatorium in Boston zu unterrichten, das vom Cellisten Joseph Malkin, einem russischen Immigranten und einstigen Solisten der Berliner Philharmoniker, gegründet worden war und geleitet wurde. Schönberg sagte augenblicklich zu. Im Oktober 1933 traf er in Amerika ein. Die erste Musik, die er in seiner neuen Heimat komponierte (mittlerweile war er nach Los Angeles übersiedelt), war ein leichtes Stück für ein Studentenorchester. Doch dann folgte sein Violinkonzert (op. 36), das nicht nur sein eigentliches amerikanisches Debüt war, sondern auch sein erstes Konzert. Gemessen an seinen anderen Werken war es reich und leidenschaftlich, aber der Form nach relativ konventionell, auch wenn es eine unglaubliche Fingerfertigkeit vom Violinisten erforderte.[6]

Béla Bartok, Darius Milhaud und Igor Strawinsky folgten. Viele virtuose Künstler kannten die USA bereits von ihren Konzertreisen und waren mit den Amerikanern ebenso vertraut wie diese mit ihnen. Arthur Rubinstein, Fritz Kreisler, Efrem Zimbalist sr. und Mischa Elman – alle ließen sich Ende der dreißiger Jahre in den USA nieder. Die einzige Stadt, die New Yorks Anziehungskraft auf die Exilanten noch übertreffen konnte, war Los Angeles. Das Register an berühmten Namen, die dort in enger Nachbarschaft zueinander lebten (»eng« nach den Begriffen von Los Angeles), war bemerkenswert – abgesehen von Schönberg hatten sich Thomas und Heinrich Mann dort niedergelassen, neben Bertolt Brecht, Lion Feuchtwanger, Theodor W. Adorno, Max Horkheimer, Otto Klemperer, Fritz Lang, Arthur Rubinstein, Franz Werfel und Alma Mahler-Werfel, Bruno Walter, Peter Lorre und, nicht zu vergessen, die nichtdeutschen Flüchtlinge Sergej Rachmaninoff, Igor Strawinsky, Man Ray und Jean Renoir.[7]

*Eine »geplante Demokratie«:
Immer nur »die Schlechtesten oben«*

Vielleicht war es nur natürlich, dass ein Krieg zwischen Staaten mit so unterschiedlichen Regierungssystemen auch zu einem Umdenken hinsichtlich der Art und Weise führte, wie Völker sich regieren. Während Wissenschaftler, Generäle und Codeknacker den Feind zu überlisten und zu besiegen versuchten, konzentrierten andere ihre Energien auf die nicht weniger drängende Frage, welche Vorteile die so gegensätzlichen Systeme von Faschismus, Kommunismus, Kapitalismus, Liberalismus, Sozialismus und Demokratie jeweils zu bieten hatten. Aus dieser Auseinandersetzung gingen noch während des Krieges vier Studien hervor, verfasst von Exilanten, die allesamt in der alten österreichisch-ungarischen Doppelmonarchie geboren worden waren und nun jeweils die Gesellschaftsform skizzierten, die man ihrer Meinung nach sofort nach Kriegsende aufbauen sollte. Was immer ansonsten ihre Unterschiede waren, etwas gab es jedenfalls, das diese vier Werke gemein hatten: Sie alle empfahlen sich dem Leser nicht zuletzt, weil sie wegen der Papierrationierung dankenswert knapp gehalten waren.[8]

Karl Mannheims Studie *Diagnosis of Our Time (Diagnose unserer Zeit*, 1951) erschien 1943. Mannheim (1893–1947) war Mitglied des Sonntagskreises gewesen, der sich während des Ersten Weltkriegs um Georg Lukács in Budapest gebildet hatte und dem unter anderem Arnold Hauser und Béla Bartók angehört hatten. 1919 war Mannheim, der mit einem traditionell deutschen Bildungsverständnis aufgewachsen war, aus Ungarn nach Wien geflohen, dann zum Studium nach Freiburg, Berlin und Heidelberg gegangen und schließlich nach Marburg, wo er Martin Heideggers Seminare besuchte. Von 1930 bis 1933 war er Professor für Soziologie an der Frankfurter Universität und stand in engem Kontakt zu Theodor W. Adorno, Max Horkheimer und den anderen Mitgliedern der Frankfurter Schule. Als Hitler an die Macht kam, ging er ins Exil und begann an der London School of Economics (LSE) und am Institute of Education zu lehren.[9]

Für Mannheim stand völlig außer Frage, dass sich nach dem Krieg eine »geplante Demokratie« entwickeln würde.[10] Den alten Kapitalismus, der zum Börsencrash und zur Weltwirtschaftskrise geführt hatte, betrachtete er als erledigt. Jeder wisse inzwischen, schrieb er, dass es nach diesem Krieg kein Zurück zum gesellschaftlichen Laissez-faire geben könne und dass Krieg im Prinzip immer einer »stillen Revolution« gleichkomme, da er grundsätzlich den Weg zu einer neuen Ordnung ebne. Über den Stalinismus und Faschismus machte er sich keinerlei Illusionen. Vielmehr könne, fuhr er fort, eine Nachkriegsgesellschaft – für die er den Begriff

Great Society prägte – nur mit Hilfe einer Planung geschaffen werden, die, anders als in totalitären Staaten, den Bürger seiner Freiheiten nicht beraubte und sich die jüngsten Erkenntnisse aus Psychologie, Soziologie und vor allem der Psychoanalyse zunutze mache. Die bestehende Gesellschaft hielt Mannheim jedenfalls für so krank, dass er für den Titel seines Buches bewusst den Begriff »Diagnose« wählte. Nur in einer *Great Society* könne die Freiheit des Einzelnen gewahrt bleiben und dieser zugleich von den Erkenntnissen profitieren, die man über die unterschiedlichen Funktionsweisen komplexer moderner Technologiegesellschaften und bäuerlicher Agrargemeinschaften gewonnen habe. Folglich konzentrierte sich Mannheim ganz auf die Rolle zweier Aspekte, die er von besonderer Bedeutung für die Gesellschaftsplanung hielt: auf die Ausbildung der Jugend und auf die Religion. Die Jugend, erklärte er, sei auf natürliche Weise progressiv, wenn man sie nur auf den richtigen Weg führe und nicht, wie die Hitlerjugend, in eine konservative Kraft verwandle. Ergo müsse man bereits bei Schülern das Bewusstsein für die notwendige soziologische Diversität der Gesellschaft und für deren Ursachen wecken. Ebenso müsse man sie an die Psychologie heranführen, damit sie nicht nur verstehen lernten, wie sich Neurosen herausbilden und auf die Gesellschaft auswirken können, sondern auch erfuhren, wie die Psychologie zur Linderung von solchen sozialen Problemen beitragen kann.

Im zweiten Teil seines Buches konzentrierte er sich auf die Religion, denn für ihn war die Krise, in der sich die westlichen Demokratien befanden, im Wesentlichen eine Krise ihrer Werte: Die alte Klassenstruktur befand sich im Auflösungsprozess, war aber noch nicht systematisch durch etwas anderes, etwas Produktives ersetzt worden. Zwar betrachtete Mannheim die Kirche als Teil des Problems, hielt aber das Zusammenspiel von Religion und Erziehung für die beste Möglichkeit, Werte zu vermitteln – allerdings nur, wenn sich auch die organisierte Religion modernisierte und wenn die Theologie sich der Soziologie und der Psychologie öffnete. Im Grunde wollte Mannheim einfach nur, dass die Nachkriegsgesellschaft besser über sich selbst Bescheid wissen würde als die Vorkriegsgesellschaft. Dabei war ihm natürlich klar, dass der Sozialismus zur Zentralisierung von Macht neigt und schon immer dazu tendierte, auf reine Kontrollmechanismen zurückzugreifen. Außerdem war er viel zu anglophil, um nicht fest davon überzeugt zu sein, dass die für Ideologien so wenig anfälligen und so deutlich zum praktisch Machbaren neigenden Briten Möchtegerndiktatoren augenblicklich zum Teufel jagen würden.

Joseph Schumpeter (1883–1950) hatte wenig für Soziologie oder Psychologie übrig. Für ihn waren diese Disziplinen bestenfalls der Ökonomie untergeordnet, sofern er sie überhaupt wahrnahm. Mit seinem 1942 veröffentlichten Buch *Capitalism, Socialism and Democracy* (*Kapitalis-*

mus, Sozialismus und Demokratie, 1950) erwies er sich als ein ebenso vehementer Gegner von John Maynard Keynes wie von Marx und in gewissen Maßen auch von Max Weber, was aber vielleicht nicht schwer zu verstehen ist.[11] Er hatte in Wien das Theresianum besucht, eine exklusive Schule, die den Söhnen des Adels vorbehalten blieb, was für ihn nur möglich gewesen war, weil seine Mutter nach dem Tod seines weniger vornehmen Vaters einen adligen General geheiratet hatte. Das Ergebnis dieses »Aufstiegs« war, dass sich Schumpeter betont aristokratische Umgangsformen angewöhnte – in der Universität pflegte er beispielsweise im Reitdress zu erscheinen; und jeder bekam von ihm seine drei Ziele im Leben erklärt, ob er es hören wollte oder nicht: Ein großer Liebhaber, ein großer Reiter und ein großer Ökonom wollte er werden. Nach einer Tätigkeit beim Internationalen Gerichtshof in Kairo, Professuren in Czernowitz und Graz, Episoden als Finanzminister des postrevolutionären österreichischen Koalitionskabinetts, als Privatbankier und seiner Professur in Bonn landete er schließlich in Harvard, wo ihn sein Habitus und der wehende Umhang, den er immer etwas theatralisch um sich schlang, schnell zu einer bekannten Figur machten. Sein ganzes Leben lang glaubte er an eine elitäre Aristokratie der Begabten.[12]

Schumpeters Kernaussage lautete, dass eine »stationäre«, sich also ständig in der Waage befindliche Volkswirtschaft den Kapitalismus »verkümmern« lasse und moderne Industriestaaten eine »dynamische« Ökonomie erforderten. Da das stationäre System weder für Arbeitgeber noch für Arbeitnehmer Profite abwerfe, akkumuliere es auch keinen reinvestierbaren Wohlstand.[13] Die Werktätigen erhielten aufgrund der für die Produktion und den Verkauf von Waren erforderlichen Kosten nur so viel für ihre Arbeitsleistungen wie unbedingt nötig. Profite könnten sich immer nur durch Innovation ergeben, weil diese für eine begrenzte Zeit (bis die Konkurrenz aufgeholt hatte) die Produktionskosten senkten und für einen Überschuss sorgten, welcher dann wiederum zu Investitionszwecken genutzt werden könne. Daraus ergab sich für Schumpeter zweierlei: erstens, dass nicht der Kapitalist an sich die Triebkraft des Kapitalismus ist, sondern vielmehr der Unternehmer, der bereit ist, neue Techniken oder Maschinen einzusetzen, um Güter billiger zu produzieren. Solche unternehmerischen Qualitäten könnten jedoch weder gelehrt noch vererbt werden, sondern entstünden im Prinzip immer dann, wenn »die Schicht der Bourgeoisie« aktiv werde. Denn die Bourgeoisie handle nicht aufgrund irgendeiner Theorie oder Philosophie, sondern aus pragmatischem Eigeninteresse.[14] Und das stand im klaren Widerspruch zum Marxismus.[15]

Das zweite Element von Schumpeters These lautete, dass der von Unternehmern erwirtschaftete Profit immer nur temporär sei. Innovation bedeute hier nichts anderes, als die Produktionsmittel ihrem einstigen

Gebrauch zu entziehen und neu zu kombinieren, wodurch schließlich wieder Stabilität entstehe. Der Kapitalismus unterliege folglich unausweichlich zyklisch auftretenden konjunkturellen Höhepunkten mit einer jeweils anschließenden Stagnation. Dieser Blickwinkel aus den dreißiger Jahren stand den Thesen von Keynes (Ökonomien können sich den Weg aus der Rezession erkaufen) diametral entgegen. Für Schumpeter war die Weltwirtschaftskrise gewissermaßen unvermeidlich gewesen: eine kalte, zum Realismus zwingende Dusche. Als es dann zum Krieg kam, hatte er Zweifel, dass der Kapitalismus überhaupt überleben konnte, denn »die Schicht der Bourgeoisie [hatte] die Tendenz zu verschwinden«. Sie werde »unvermeidlich die Charakteristica einer Bürokratie« annehmen und zu einer »Sache der gewöhnlichen Verwaltung« in einer Welt, in der das »Streben nach anderen als wirtschaftlichen Zielen [...] die Geister anziehen und das Abenteuer bieten« würde.[16] Mit anderen Worten: Im Kapitalismus war bereits der Same des eigenen Misserfolgs angelegt; er mochte zwar ein wirtschaftlicher Erfolg sein, aber ein soziologischer war er nicht.

Während Mannheim also die Planung der Nachkriegswelt als bereits gegeben voraussetzte und Schumpeter davon gar nichts hielt, stand Friedrich von Hayek (1899–1992), der dritte austro-ungarische Ökonom im Bunde, solchen Prämissen ausgesprochen feindselig gegenüber.[17] Hayek stammte aus einer naturwissenschaftlich orientierten Familie, die entfernt mit den Wittgensteins verwandt war. Nachdem er zwei Doktorhüte von der Universität Wien erhalten hatte, wurde er 1931 Professor der Ökonomie an der LSE und erwarb 1938 die britische Staatsbürgerschaft. Auch er verachtete Stalinismus wie Faschismus, war aber weit weniger als seine beiden Kollegen davon überzeugt, dass Großbritannien oder die Vereinigten Staaten automatisch von all den zentralisierenden und totalitären Tendenzen verschont bleiben würden, die sich in der Sowjetunion und in Deutschland durchgesetzt hatten. In seinem 1944 erschienenen Buch *The Road to Serfdom* (*Der Weg zur Knechtschaft*, 1945) erläuterte er, weshalb jede Art von Planwirtschaft abzulehnen sei und Freiheit nur unter den Bedingungen einer freien Marktwirtschaft, die eine »spontane Ordnung« schaffe, gewahrt bleiben könne.

Mannheims Theorien stand Hayek äußerst kritisch gegenüber, und Keynes' Ökonomie bezeichnete er (es war das Jahr 1944!) als ein unbewiesenes Experiment. »Demokratie«, gab er dem Leser zu bedenken, sei kein Ziel an sich, »vielmehr wesentlich ein Mittel und ein von der Nützlichkeit diktiertes Instrument für die Wahrung des inneren Friedens und der individuellen Freiheit«.[18] Zwar betonte er, dass der Markt alles andere als perfekt sei und man keinen Fetisch aus ihm machen dürfe, wies aber darauf hin, dass die Idee des Rechtsstaats gleichzeitig mit dem Markt und nicht zuletzt als Reaktion auf dessen inhärente Mängel entstanden sei. Beides sei gleichermaßen eine Errungenschaft des »liberalen Zeitalters«.[19] Mannheims Aussage über die Bedeutung von besseren soziologischen Erkenntnissen konterte Hayek mit dem Hinweis, dass Märkte »blind« seien und Folgen verursachten, die niemand voraussagen könne; aber genau in dieser »unsichtbaren Hand«, wie Adam Smiths berühmte Formulierung lautete, äußere sich ihr Beitrag zum Erhalt von Freiheit.

Dass Planung nicht nur prinzipiell falsch, sondern auch sinnlos sei und immer nur die Schlechtesten nach oben bringe, belegte Hayek am Beispiel von drei Punkten[20]: Erstens seien Menschen mit besserer Ausbildung in der Lage, Argumente schneller zu durchschauen, und tendierten daher auch nicht dazu, sich irgendwelchen Gruppen anzuschließen oder irgendeiner bestimmten Wertehierarchie zuzustimmen; zweitens sei es für einen Zentralisten immer einfacher, die Leichtgläubigen und Fügsamen für sich zu gewinnen; und drittens neige eine Gruppe immer schneller dazu, sich auf ein negatives Programm zu verständigen – etwa auf Ausländerhass oder die Missachtung der Angehörigen anderer Klassen – als auf ein positives. Aber er konzedierte auch, dass der Kapitalismus Schwächen hat, zum Beispiel seine Tendenz zur Monopolisierung: Man müsse sie sorgsam beobachten, doch letztlich sei sie eine weit weniger reale Bedrohung als das Monopol von sozialistischen Gewerkschaften.

Als sich der Krieg dem Ende zuneigte, erschien das vierte Buch aus diesem österreichisch-ungarischen Kreis. Es trug den Titel *The Open Society and Its Enemies* (*Die offene Gesellschaft und ihre Feinde*, 1945), und der Name des Autors war Karl Popper (1902–1994). Popper, geboren in Wien, flirtete zunächst mit dem Sozialismus, wurde letztlich aber stärker von Freud und Adler beeinflusst, oder auch von Einstein, von dem er sich zum ersten Mal als Achtzehnjähriger anlässlich von dessen Vortrag in einem Wiener Konzertsaal faszinieren ließ. 1928 schloss er seine Dissertation ab, begann sich als Sozialarbeiter um Kinder zu kümmern, die der Erste Weltkrieg zu Waisen gemacht hatte, und als Lehrer zu arbeiten. Erst als er mit dem Wiener Kreis in Kontakt kam, fühlte er sich zum Schreiben ermuntert.[21]

Poppers Erstlingswerk *Die beiden Grundprobleme der Erkenntnistheorie* und das darauf beruhende Hauptwerk *Logik der Forschung* (1934) hatten bereits so viel Aufmerksamkeit erregt, dass sie ihm Mitte der dreißiger Jahre die Einladung zu zwei langen Vortragsreisen nach England einbrachten.[22] Aber nachdem Moritz Schlick im Jahr 1936 vor dem Gebäude der Wiener Universität von einem nationalsozialistischen Studenten ermordet worden war, folgte Karl Popper als Jude doch lieber einer Einladung der Universität von Canterbury in Christchurch und übersiedelte nach Neuseeland. Dort schrieb er seine beiden nächsten Werke: *The Poverty of Historicism* (1944/45, aber erst 1957 in Buchform veröffentlicht, die deutsche Fassung *Das Elend des Historizismus* sogar erst 1965) und *The Open Society and Its Enemies* (1945; *Die offene Gesellschaft und ihre Feinde*), in dem viele Argumente aus dem ersten Buch wieder auftauchen.[23]

Der unmittelbare Auslöser für *Die offene Gesellschaft* war die Nachricht vom »Anschluss« Österreichs im Jahr 1938 gewesen. Längerfristig dazu angeregt hatten ihn aber wohl die »angenehmen Gefühle«, die er bei seinem ersten Besuch in Großbritannien empfunden hatte, dem »Land mit seinen alten liberalen Traditionen«, das so ganz anders war als seine vom Nationalsozialismus bedrohte Heimat, welche ihn weit mehr an die urtypische geschlossene Gesellschaft erinnerte, an den primitiven Stamm oder eine Feudalordnung, wo immer nur die Ideen einiger weniger gelten und sich die Macht auf wenige Personen oder gar einen einzigen König oder eben Führer konzentriert. Wie die logischen Positivisten Wiens war auch Popper stark von der wissenschaftlichen Methode beeinflusst, nur dass er sie auf den Bereich der Politik ausweitete, weil er fand, dass politische und wissenschaftliche Lösungen einander ähnelten – beide könnten immer nur provisorisch sein, stünden Verbesserungen aber jederzeit offen. Genau das meinte er auch, als er vom »Elend des Historizismus« sprach: Man müsse die Geschichte nach ihren tieferen Lehren durchforsten, um die »eisernen Gesetze« ableiten zu können, welche die Gesellschaft entscheidend prägen. Für Popper gab es so etwas wie »die Geschichte« nicht, es gab nur die Möglichkeit, Geschichte zu interpretieren.

Diese Überzeugungen führten Popper dann zum berühmtesten Teil seines Werks, nämlich zu seiner Kritik an Platon, Hegel und Marx (der Titel des zweiten Bandes, *Falsche Propheten: Hegel, Marx und die Folgen*, war ursprünglich als Haupttitel gedacht gewesen). Zwar hielt Popper Platon für den vermutlich größten Philosophen aller Zeiten, aber auch für einen Reaktionär, weil er die Interessen des Staates über alles stellte und sogar Recht und Gesetz allein zu dessen Gunsten auslegte. Wegen dieser Kritik an Platon wurde Popper heftig angegriffen, aber er war nun einmal der festen Überzeugung, dass Platon ein Opportunist und in diesem Sinne ein Vorgänger Hegels gewesen sei, welcher »das Gute« dogmatisch-dialektisch so ausgelegt habe, dass »alles, was im Interesse des Staates ist, als gut, tugendhaft und gerecht; alles was es bedroht [...] schlecht, verworfen und ungerecht« sei, was dann zu dem logischen Schluss geführt habe, dass »Recht ist, was der Macht meiner Nation, oder meiner Klasse, oder meiner Partei nützt«.[24]

Popper hielt das für eine völlige Fehlinterpretation der Dialektik. In Wirklichkeit, schrieb er, handle es sich hier um eine Variante der wissenschaftlichen Methode von Versuch und Irrtum; und Hegels Vorstellung, dass die These die Antithese hervorbringe, sei schlicht falsch, da eine These nicht nur ihr Gegenteil generiere, sondern außerdem zu Modifikationen führe.[25] Unter dieser Prämisse betrachtete er auch Marx als einen falschen Propheten: Er habe mit seiner Version des gesellschaftlichen

Wandels eine »holistische Ansicht« vertreten, die Popper allein deshalb schon für falsch hielt, weil sie unwissenschaftlich war, das heißt nicht überprüft werden konnte. Er selbst präferierte einen graduellen Wandel, denn nur so könne jedes neu eingeführte Element einem Test unterzogen und festgestellt werden, ob es überhaupt eine Verbesserung gegenüber dem vorangegangenen Arrangement darstellte.[26] Gegen die expliziten Ziele des Marxismus sperrte sich Popper allerdings nicht. So wies er beispielsweise darauf hin, dass vieles, was im *Kommunistischen Manifest* dargelegt wurde, von den westlichen Gesellschaften bereits erreicht worden sei – und zwar auf genau die von ihm propagierte Weise, nämlich Schritt für Schritt und ohne Anwendung von Gewalt.

Mit Hayek teilte Popper die Ansicht, dass der Staat auf ein Minimum reduziert werden müsse und seine eigentliche Raison d'être darin bestehe, die Einhaltung von Recht und Gesetz sicherzustellen und dafür zu sorgen, dass die Starken nicht die Schwachen beherrschen. Nicht einverstanden war er hingegen mit Mannheims These, weil er glaubte, dass Planungen schlicht und einfach deshalb zu einer geschlosseneren Gesellschaft führten, weil sie eines historizistischen, holistischen Ansatzes bedurften, der dem wissenschaftlichen Prinzip von Versuch und Irrtum völlig widerspreche. Damit war Demokratie für Popper die einzig lebbare Alternative; nur sie gewährleiste eine Regierungsform, die dem wissenschaftlichen Prinzip von Versuch und Irrtum folge und es der Gesellschaft ermögliche, ihre Politik den eigenen Erfahrungen anzupassen und eine Regierung ohne Blutvergießen abzuwählen.

Dass diese vier Werke alle von österreichisch-ungarischen Exilanten stammten und mehr oder weniger gleichzeitig erschienen, scheint ein bemerkenswerter Zufall zu sein, war aber rückblickend betrachtet gar nicht so überraschend: Es herrschte ein Krieg, bei dem es mindestens so sehr um Ideen und Ideale wie um Gebiete ging; und alle vier dieser Exilanten hatten Totalitarismus und Diktatur aus nächster Nähe erlebt und erkannt, dass der Weltkrieg zwar einmal enden, der Konflikt mit dem Stalinismus aber weitergehen würde.

Erwin Schrödinger (1889–1961) war der Physiker, der den Zustand des Elektrons durch Wellenfunktionen beschrieben hatte (»Schrödinger-Gleichung«). Er fand einen anderen Weg in die Freiheit.[27] 1933 erhielt er den Nobelpreis, verließ aus Abscheu vor den Nationalsozialisten Deutschland und ging nach Oxford, wo er zum Fellow des Magdalen College gewählt wurde. 1936 folgte er einem Ruf nach Graz, wurde nach dem »Anschluss« aber sofort entlassen und durch eine Einladung nach Dublin gerettet, wo er direkt am neu gegründeten Institute for Advanced Studies weiterarbeiten konnte. 1943 willigte er ein, die öffentlichen Vorlesungen zu übernehmen, zu denen das Institut durch seine Satzung verpflichtet war, und begann mit seiner berühmten Vortragsreihe zum Thema *Was ist Leben?*, in der er erörterte, wie Leben nach den Gesetzen der Physik definiert werden könnte. Unter anderem stellte Schrödinger in diesen Vorträgen die Erbstruktur – das Chromosom – aus Sicht des Physikers dar. Er erklärte, dass es sich beim Gen um »einen aperiodischen Kristall oder festen Körper« handeln müsse, um »organische Moleküle, bei denen jedes Atom und jede Atomgruppe ihre besondere, derjenigen vieler anderer nicht immer gleichwertige Rolle spielen...«[28] Weiter erklärte er, dass das Verhalten einzelner Atome und daher auch das der Gene nur unter der Anwendung von statistischer Physik erklärt werden könne: Damit Gene überhaupt mit der ungeheuren Präzision und Stabilität, über die sie verfügten, agieren könnten, müsse es sich um »eine höchst geordnete Gruppe von Atomen« handeln, »die nur einen winzigen Bruchteil ihrer Gesamtheit in der Zelle ausmachen«.[29] Die Größe eines Gens, so Schrödinger weiter, lasse sich durch zwei verschiedene »Schätzmethoden« berechnen, woraus sich dann sowohl die Zahl der Atome in jedem Gen als auch der Energiebetrag ableiten lasse, der für die Entstehung von Mutationen notwendig sei. Und schließlich äußerte er die Vermutung, dass das Gen aus einem langen und äußerst stabilen Molekül bestehen müsse, das den »Code der Vererbung« enthalte.[30] Den meisten Biologen waren das im Jahr 1943 völlig fremde Vorstellungen gewesen, doch als Francis Crick, James Watson und Maurice Wilkins das Buch lasen, das auf dieser Vortragsreihe Schrödingers beruhte, gab es drei sehr aufgeregte Wissenschaftler.

Walter Benjamins Weg in die Freiheit führte in die Katastrophe. 1933 floh er ins Pariser Exil, wo er sich mehr schlecht als recht und seit 1934 dann mit einem kleinen Salär durchschlug, das ihm Horkheimer vom inzwischen nach New York ausgelagerten einstigen Frankfurter Institut für Sozialforschung überwies. In Paris schrieb er einige seiner bedeutendsten Werke, vor allem das 1936 veröffentlichte *Kunstwerk im Zeitalter seiner technischen Reproduzierbarkeit* (dessen Argumentation Clive James auf so brillante Weise dekonstruieren sollte[31]). Benjamin behauptete, dass das Kunstwerk seinen Ursprung seit dem Altertum in der Religion gehabt habe und sogar säkulare Werke immer von einer Aura des Göttlichen, der »einmaligen Erscheinung einer Ferne, so nah sie sein mag«, umgeben seien. Wie schon Hofmannsthal, Rilke oder Ortega y Gasset postulierte auch er, dass darin der wesentliche Unterschied zwischen Künstler und Nichtkünstler, zwischen Intelligenz und Proletariat zum Ausdruck komme. Doch Benjamin führte den Gedanken noch weiter und erklärte, dass im Zeitalter der technischen Reproduzierbarkeit mit dieser Tradition gebrochen und damit die Distanz zwischen Künstler und Nichtkünstler verringert worden sei (was er sehr begrüßte). Seine Einstellung, dass sich die psychischen Probleme der Gesellschaft mit den Mitteln der Massenunterhaltung besonders gut ansprechen ließen, fanden Postmodernisten ausgesprochen überzeugend. Doch Benjamin selbst sollte nicht mehr erleben, was aus seiner Idee wurde. 1939 wurde er in einem Sammellager bei Nevers interniert und floh nach der Entlassung nach Marseille, von wo aus er die Fluchtroute über die Pyrenäen nehmen wollte, die Varian Fry und seine Helfer organisiert hatten. Überzeugt, mit seinem Notfallvisum in die USA und einem spanischen Transitvisum alle nötigen Papiere beisammen zu haben, musste er im Grenzort Portbou jedoch feststellen, dass ihm das französische Ausreisevisum fehlte. Herzkrank und bereits völlig erschöpft, gab er auf. In der Nacht vom 26. auf den 27. September 1940 nahm er sich das Leben.

Und was sollen wir nun von dem Weg halten, den Ernst Jünger (1895 bis 1998) nach 1933 einschlug? 1930 hatte er in seinem Aufsatz »Über Nationalismus und Judenfrage« Juden als eine Bedrohung bezeichnet und bemängelt, dass bei den nationalen Bewegungen »der Stoß gegen den Juden [...] immer viel zu flach angesetzt wird, um wirksam zu sein«.[32] 1932 folgte sein Buch *Der Arbeiter. Herrschaft und Gestalt*, das er mit den Schriften »Die totale Mobilmachung« (1930 im Sammelband *Krieg und Krieger* veröffentlicht) und »Die Arbeits-Mobilmachung« (1930 in: *Die Kommenden. Überbündische Wochenschrift der deutschen Jugend*) vorbereitet hatte. Darin forderte er die totale Umwandlung der Gesellschaft, weg von dem so unheldenhaften Bürger und hin zu einem Staat der Arbeiter-Krieger, zum Gemeinwesen eines (rassisch) einheitlichen »Typus«, der an die Stelle des verzichtbaren Einzelnen treten sollte.

1939 erschien Jüngers Erzählung *Auf den Marmorklippen*, die als eine verdeckte Kritik an Hitlers Reich interpretiert wurde, was jedoch höchstens metaphorisch verstanden werden kann, nicht zuletzt angesichts der Tatsache, dass der Autor es im Zweiten Weltkrieg zum Hauptmann in diversen Stabsabteilungen der Wehrmacht brachte. Bis 1942 eilte ihm ein solcher Ruf voraus, dass sich nicht einmal Befehlshaber im Kaukasus scheuten, ihm gegenüber schreckliche Gräueltaten zu gestehen. Eine Zeit lang beruhigte sich Jünger mit dem Gedanken, dass alle Seiten im Krieg gleichermaßen barbarisch handelten, doch schließlich gestand er sich ein, dass die Deutschen die weitaus schlimmeren Taten begingen. Zu seinem Glück kehrte er wieder in die Stabsabteilung des Militärbefehlshabers Carl-Heinrich von Stülpnagel nach Paris zurück, wo er mit Männern wie Pablo Picasso und Jean Cocteau Umgang pflegte – und diese in Maßen auch schützen konnte. Ein wenig wusch das seine Weste wohl rein. Und es entlastete ihn vielleicht auch, dass sich einige Wehrmachtsangehörige – konservative Nazigegner aus dem weiteren Umfeld einer Gruppe, die 1944 ein gescheitertes Attentat auf Hitler versucht hatte (eines von vielen) – von ihm inspiriert gefühlt hatten. Nach Kriegsende weigerte sich Jünger, den Entnazifizierungsfragebogen der Alliierten auszufüllen, und erhielt bis 1949 Publikationsverbot.

Gottfried Benn (1886–1956) schneidet kaum besser ab, war vor 1933 allerdings nicht ganz so kämpferisch gewesen wie Jünger und in dem Ruf eines guten Dichters und Arztes gestanden. Geboren wurde Benn im brandenburgischen Mansfeld. 1903 begann er auf väterlichen Wunsch in Marburg evangelische Theologie zu studieren, wechselte aber im Jahr darauf zum Philologiestudium nach Berlin, bevor er schließlich an der »Kaiser-Wilhelm-Akademie für das militärärztliche Bildungswesen« Medizin studierte. Im Ersten Weltkrieg diente er als Feldarzt an der Westfront und anschließend im besetzten Belgien als Etappenarzt. Den Verfall des Körpers hatte er in seinem ersten Gedichtband *Morgue und andere Gedichte* (1912) bereits expressionistisch geschildert. Benn verachtete die Weimarer Republik und vor allem ihre liberale Kulturszene, dementsprechend wetterte er auch gegen den Nihilismus, den er immer stärker um sich greifen sah und an dem aus seiner Sicht vor allem die Intellektuellen schuld waren. 1933 fand er sich ganz im Einklang mit der NS-Parole des »Wiedererwachens«. In seiner Rundfunkrede *Der neue Staat und die Intellektuellen* verkündete er das Ende der liberalen Ära und forderte, die Geistesfreiheit »für den neuen Staat« hinzugeben. Klaus Mann schrieb ihm daraufhin einen kritischen Brief, auf den er mit einer zweiten Rundfunkrede reagierte: *Antwort an die literarischen Emigranten*. Diesmal propagierte er »eine neue Vision von der Geburt des Menschen« und bedauerte all die emigrierten Literaten, die ihre Chance vertan hätten, das zu *erleben*, was ihnen offenbar so fremd sei: ein Volk, das »sich züchten« wolle, von ihnen aber immer nur als etwas Abstraktes behandelt werde.[33]

Benns Begeisterung für die Nazis überlebte die »Nacht der langen Messer« nicht. Nach dem »Röhm-Putsch« Ende Juni 1934 brach er mit dem Regime, 1935 trat er als Sanitätsoffizier in die Wehrmacht ein, was er als eine »aristokratische Form der Emigration« bezeichnete. 1938 wurde er aus der Reichsschrifttumskammer ausgeschlossen und erhielt Publikationsverbot. Nach Kriegsende begann er wieder zu veröffentlichen und als niedergelassener Arzt in Berlin zu arbeiten. Bis 1948 wurde das Veröffentlichungsverbot aufrechterhalten, das die Alliierten über ihn verhängt hatten. Bereits 1951 erhielt er den Georg-Büchner-Preis, und in seiner 1950 publizierten Biografie *Doppelleben* druckte er den Brief ab, den Klaus Mann ihm aus dem Exil geschrieben hatte. Nun attestierte er ihm fast schon hellseherische Fähigkeiten und gestand ein, dass Mann die Lage mit wesentlich mehr Verstand beurteilt hatte als er. Doch dieses Geständnis erreichte Klaus Mann nicht mehr: Er hatte sich im Mai 1949 in Cannes das Leben genommen.

TEIL SECHS

NACH HITLER: DIE KONTINUITÄT DEUTSCHER TRADITIONEN UNTER WIDRIGEN UMSTÄNDEN

39
Das »Vierte Reich«:
Der Einfluss deutschen Denkens in Amerika

Als der spätere amerikanische Philosoph Allan Bloom (1930–1992) kurz nach dem Ende des Zweiten Weltkriegs an der Universität von Chicago zu studieren begann, stellte er schnell fest, dass das amerikanische Universitätsleben »von deutschem Denken revolutioniert« wurde. Zumindest an dieser Universität wurde damals zwar auch Marx noch verehrt, doch es waren zwei andere Denker, denen man gerade mit größter Begeisterung folgte: Max Weber und Sigmund Freud (der Blooms Meinung nach seinerseits so grundlegend von Friedrich Nietzsche beeinflusst worden war). Von allen deutschsprachigen Gelehrten seien Freud und Weber (später auch Georg Simmel und Ferdinand Tönnies) die Quelle gewesen, aus der »ein Gutteil der Sprache unmittelbar schöpfte, mit der wir heute so vertraut sind« und die »der großen klassischen Tradition Deutschlands vor Hitler« angehörte. Gleichheit und Sozialstaat waren nun an der Tagesordnung, »alles, was noch zu tun blieb, war die Vollendung des Demokratisierungsprojekts. Die Psychotherapie sollte die Menschen glücklich machen, die Soziologie die Gesellschaften vervollkommnen.«[1]

Bloom war überzeugt, dass er damals Zeuge einer von den Amerikanern unbemerkten Amerikanisierung des deutschen Pathos geworden war. Obwohl sich seine Landsleute geradezu verrenkten auf der Suche nach Innerlichkeit, schrieb er, sei es der deutsche Historismus gewesen – mit seiner Absage an die Universalität und den Kosmopolitismus zugunsten einer Kultur, die in der Geschichte und den Errungenschaften des Volkes wurzelte –, der den stärksten Effekt auf das Denken Amerikas (und infolgedessen vielleicht des ganzen Westens) ausübte. »Unser geistiger Horizont wurde von deutschen Denkern noch radikaler verändert als unser räumlicher Horizont von deutschen Architekten.«[2]

Dem konnte Henri Peyre (1901–1988) nur zustimmen. Der Romanistikprofessor aus Yale war 1952 unter den fünf Gelehrten gewesen, die im Rahmen der *Benjamin Franklin Lectures* Vorlesungen zum Thema »Kulturelle Migration« an der University of Pennsylvania gehalten hatten: Er referierte über Literatur, Franz Neumann über Sozialwissenschaften, Erwin Panofsky über Kunstgeschichte, Wolfgang Köhler über Psychologie und Paul Tillich über Theologie. Hinsichtlich der Frage des Einflusses deutscher Immigranten auf die amerikanische Literatur verdeutlichte Peyre, dass sie bereits zu »einem der kraftvollsten Elemente im geistigen Leben des heutigen Amerikas« geworden seien, man brauche nur an ihre Beiträge zu solchen politisch-literarischen Zeitschriften wie der *Partisan Review* oder *Commentary* zu denken. Mit ihrem Arbeitseifer und dem Gewicht, das sie auf geistige Werte legten, hätten sie außerdem schon viele universitäre Fachbereiche verwandelt. Nicht nur der Pragmatismus und die Vorliebe der Amerikaner für das Empirisch-Faktische seien durch »deutsche Geduld« und die Gepflogenheit der Datenerhebung aufgewertet worden, auch »der amerikanischen Spekulation« hätten die Exilanten aus den deutschsprachigen Ländern »auf vielen Gebieten zu einem beispiellos kühnen Vorwärtssprung verholfen«. Und so kam Peyre zu dem Schluss: »Die Philosophie hat in vielen akademischen Curricula Einzug gehalten; psychologische oder soziologische Generalisierungen faszinieren die College-Jugend. Tocqueville [...] beobachtete einmal klug: ›Amerikaner sind der Umsetzung allgemeiner Vorstellungen wesentlich mehr verfallen als Engländer.‹ Heute steht das geistige Leben in Amerika dem deutschen in mehrfacher Hinsicht näher als dem englischen.« Tatsächlich, erklärte er, liege der englische Beitrag zum amerikanischen Geistesleben sogar »überraschend weit« hinter dem deutschen Beitrag zurück.[3]

Die »Entprovinzialisierung« des amerikanischen Geistes

Am prägnantesten lässt sich der Einfluss deutschsprachiger Flüchtlinge auf das amerikanische Leben anhand einer Liste von Personen verdeutlichen, deren geistige Beiträge ihre Namen aus dem Kollegenkreis hervorhoben, wenn nicht allgemein geläufig in den USA machten: Theodor W. Adorno, Hannah Arendt, Rudolf Arnheim, Erich Auerbach, Paul Baran, Hans Bethe, Bruno Bettelheim, Arnold Brecht, Bertolt Brecht, Marcel Breuer, Hermann Broch, Charlotte und Karl Bühler, Rudolf Carnap, Lewis Coser, Karl W. Deutsch, Marlene Dietrich, Alfred Döblin, Peter Drucker, Alfred Eisenstaedt, Hanns Eisler, Erik Erikson, Otto Fenichel, Ernst Fraenkel, Erich Fromm, Hans Gerth, Felix Gilbert, Kurt Gödel, Gottfried von Haberler, Eduard Heimann, Ernst Herzfeld, Julius Hirsch, Albert Hirschmann, Hajo Holborn, Max Horkheimer, Karen Horney, Werner Jaeger, Marie Jahoda, George Katona, Walter Kaufmann, Otto Kirchheimer, Wolfgang Köhler, Kurt Koffka, Erich Korngold, Siegfried Kracauer, Ernst Křenek, Ernst Kris, Paul Kristeller, Fritz Lang, Paul Lazarsfeld, Kurt Lewin, Peter Lorre, Leo Löwenthal, Ernst Lubitsch, Heinrich Mann, Klaus Mann, Thomas Mann, Herbert Marcuse, Ernst Mayr, Ludwig von Mises, Oskar Morgenstern, Hans Morgenthau, Otto Nathan, Franz Neumann,

Erwin Panofsky, Wolfgang Panofsky, Erwin Piscator, Karl Polanyi, Friedrich Pollock, Otto Preminger, Fritz Redlich, Max Reinhardt, Erich Maria Remarque, Hans Rosenberg, Arnold Schönberg, Joseph Schumpeter, Alfred Schütz, Hans Simons, Leo Spitzer, Hans Staudinger, Leo Strauss, Leo Szilard, Edward Teller, Paul Tillich, Eric Voegelin, Kurt Weill, René Wellek, Max Wertheimer, Billy Wilder, Karl Wittfogel, Hans Zeisel, Heinrich Zimmer, Fred Zinnemann. Und das sind bei Weitem nicht alle.[4]

Brecht schilderte in seinem »Sonett in der Emigration« die Erfahrung des Exilanten:

> *Verjagt aus meinem Land muß ich nun sehn*
> *Wie ich zu einem neuen Laden komme, einer Schenke*
> *Wo ich verkaufen kann das, was ich denke.*
> *Die alten Wege muß ich wieder gehn*
> *Die glatt geschliffenen durch den Tritt der Hoffnungslosen!*
> *Schon gehend, weiß ich jetzt noch nicht: zu wem?*
> *Wohin ich komme, hör ich: Spell your name!*
> *Ach, dieser »name« gehörte zu den großen! [...]*

Und wer wusste schon, »zu wem?«, auch wenn es im New Yorker Viertel Washington Heights so viele Deutsche gab, dass man es als das »Vierte Reich« bezeichnete. Die meisten Flüchtlinge waren im Lauf der dreißiger Jahre eingetroffen, zur Zeit der Weltwirtschaftskrise, als die Arbeitslosigkeit hoch war und den Neuankömmlingen deshalb keine besonders wohlmeinende Stimmung entgegenschlug, egal, welcher Not sie entronnen waren. Also erschufen sie sich ihre eigene Welt. Ob das »Deauville« an der New Yorker East Seventy-Third Street, das »Éclair« an der West Seventy-Second, das »Café Royale« in der Lower East Side oder das »Blue Danube« in Hollywood, das von dem Wiener Joe May (Joseph Mandel) betrieben wurde, der zu den Pionieren des deutschen Films gehört hatte und nun verzweifelt in Hollywood Fuß zu fassen versuchte – sie alle wurden den Emigranten zur bestmöglichen zweiten Heimat, zu Orten, an denen sie sich Europa so nahe wie möglich fühlen konnten.[5]

Fast alle Emigranten, die später in den USA berühmt wurden (und den amerikanischen Geist »entprovinzialisierten«, wie der amerikanische Schriftsteller Anthony Heilbut so schön schrieb), waren unter vierzig gewesen, das heißt: noch ziemlich anpassungsfähig. Aber einfach war es auch für sie gewiss nicht immer. Ein Historiker äußerte sich zum Beispiel enttäuscht über amerikanische Studenten, weil sie so schlechtes Rüstzeug mit auf den Weg bekommen hätten: Er sei noch keinem einzigen begegnet, von dem *er* etwas habe lernen können.[6] Und mehr als nur ein Emigrant bemerkte, dass das amerikanische Volk zwar das freundlichste, aber auch das stumpfsinnigste der Welt sei.[7] Der Soziologe Paul Lazarsfeld fand die präzisere deutsche Sprache besser für das Gespräch geeignet als das kommerziell gesteuerte Amerikanisch; Adorno und seine Kollegen erklärten zudem, dass die amerikanische Populärkultur unkritisch sei und latente Propaganda für die Kommerzgesellschaft betreibe.[8]

Das Goldene Zeitalter der Psychoanalyse

Den wahrscheinlich größten Effekt erzielten (jedenfalls mit Sicherheit in der unmittelbaren Nachkriegszeit) deutschsprachige Emigranten in Amerika auf dem Gebiet der Psychologie und in diesem Bereich vor allem auf dem der Psychoanalyse. Sozialpsychologen wie Kurt Lewin (1890 bis 1947) und Gestaltpsychologen wie Wolfgang Köhler (1887–1967), Kurt Koffka (1886–1941) und Max Wertheimer (1880–1943) übten allesamt Einfluss aus: Lewin insbesondere auf Margaret Mead und Ruth Benedict, die Vertreter der Gestalttherapie vor allem auf Behavioristen wie Edward C. Tolman und Abraham Maslow.[9]

Freud selbst war im Jahr 1909 mit einem ziemlich verzerrten Bild von den Vereinigten Staaten aus Amerika zurückgekehrt (»Amerika ist ein Fehler«, lautete sein berühmtes Urteil), trotzdem war die Psychoanalyse sogar ohne frischen Input aus Österreich sehr populär geworden. Während im deutschsprachigen Europa nach wie vor »Laienanalytiker« üblich waren, hatte man die Psychoanalyse in den USA bereits in den Zwischenkriegsjahren der Schulmedizin einverleibt, was gewiss als Hinweis auf ihr hohes Ansehen gewertet werden kann. Zwischen 1940 und 1960 wuchsen die Mitgliederzahlen der *American Psychoanalytic Association* um das Fünffache, weshalb man wohl getrost behaupten darf, wie der in die USA emigrierte Soziologe Lewis A. Coser (Ludwig Cohen) schrieb, dass dies das »Goldene Zeitalter der Psychoanalyse in Amerika« gewesen sei.[10] Coser führte das nicht zuletzt auf »Amerikas optimistischeres Naturell« zurück. Fakt jedenfalls ist, dass die Definitionen und Formulierungen mehrerer exilierter Psychoanalytiker nun Eingang in die amerikanische Sprache fanden.

Erik Erikson (1902–1994) wuchs mit einem jüdischen Stiefvater auf. Von seinen Mitschülern in der allgemeinen Grundschule war er als »Jude« beschimpft, in der Toraschule derweil mit Skepsis beäugt worden, weil er ein so auffällig blonder, blauäugiger Junge war. Erik wurde sich seiner Identität immer unsicherer, was denn vermutlich auch der Grund für seine lebenslange Auseinandersetzung mit der »Ich-Identität« war. Er besuchte die Kunstakademie, lehrte an einer Wiener Privatschule und kam schließlich in Kontakt mit dem Kreis um Anna Freud, bei der er sich einer Lehranalyse unterzog, während er sich am Psychoanalytischen Institut ausbilden ließ. Nach dem »Anschluss« emigrierte er in die USA, wo ihm der Analytiker Hanns Sachs den weiteren Weg ebnete und eine Position an der Harvard Medical School sowie eine Stelle als Kinderanalytiker am Massachusetts General Hospital vermittelte. Dort begegnete er den Anthropologen Margaret Mead, Ruth Benedict, Gregory Bateson und Kurt Lewin, die ihm bald klarmachten, dass sich seine Generalisierungen über die Kindheit nicht immer und nicht auf alle Kulturen anwenden ließen.[11] Erikson reagierte prompt und begann in einem Sioux-Reservat in South Dakota Beobachtungen anzustellen, wie die Ureinwohner ihre Kinder erzogen. Nachdem er (über den Umweg Yale) nach Kalifornien übersiedelt war, fasste er seine bahnbrechenden neuen Erkenntnisse 1950 in der Studie *Childhood and Society* zusammen (*Kindheit und Gesellschaft*, 1957), in der er seine Begriffe »Ich-Identität« und »Identitätskrise« vorstellte.[12] Unter anderem verglich er darin amerikanische und deutsche Familienstrukturen und erklärte, dass die Anziehungskraft nazistischer Ideale in der typisch deutschen Familie herangezüchtet worden sei, da der Sohn sich hier gegen den Vater behaupten musste, ganz im Gegensatz zur amerikanischen Familie, wo Vater und Sohn eher Freunde waren, die sich gegen die Ehefrau/Mutter – die Inkarnation sozialer Autorität – verbündeten. Darin erkannte Erikson auch eine Ursache für den Umstand, dass Amerikaner dem Beruf eines Mannes so viel Gewicht beimessen – es sei die amerikanische Art, die Dominanz der Mutter zu überwinden.[13]

Bruno Bettelheim (1903–1990) kam nach einem traumatischen Jahr in den Konzentrationslagern Dachau und Buchenwald durch die Vermittlung Eleanor Roosevelts im Jahr 1939 in die USA. Er hatte an der Wiener Universität Germanistik und Philosophie und am Wiener Psychologischen Institut bei Karl Bühler Psychologie studiert, und auch er war stark von Anna Freud beeinflusst worden. In Amerika fand er Arbeit als Forschungsassistent an der University of Chicago und wurde bald darauf Leiter der dortigen »Orthogenic School« für Kinderpsychiatrie. Seine bekanntesten Werke sind *The Informed Heart: Autonomy in a Mass Age* (1960; *Aufstand gegen die Masse. Die Chance des Individuums in der modernen Gesellschaft*, 1980); *The Empty Fortress: Infantile autism and the birth of the self* (1967; *Die Geburt des Selbst: The Empty Fortress. Erfolgreiche Therapie autistischer Kinder*, 1983) und *The Uses of Enchantment: The Meaning and Importance of Fairy Tales* (1976; *Kinder brauchen Märchen*, 1977). In allen Studien spielten seine Erfahrungen mit der Behandlung von gestörten Kindern und als KZ-Häftling oder Opfer des Antisemitismus eine große Rolle.[14] Das heißt, seine Bücher waren ein Amalgam aus klinischen Details, Zeitgeschichte und Sozialkritik.

Bettelheims Hauptargument lautete, dass die moderne Massengesellschaft die unbewussten und irrationalen Aspekte des menschlichen Seins übergeht und die Menschen deshalb im einen Extrem Verbrechen, Grausamkeiten und Unmenschlichkeiten begingen, im anderen Extrem (psychisch wie physisch) so krank würden, dass sie in den Selbstmord getrieben würden oder sich auf andere Weise selbst zerstörten. Seine Erkenntnis, dass die amerikanische Gesellschaft keinen Platz für psychisch Kranke in ihrer Mitte schaffe, war ein Echo des Nationalsozialismus, das frösteln machte.[15] So stellte er beispielsweise fest, dass es autistischen Kindern in den Vereinigten Staaten unmöglich gemacht werde heranzureifen – sie würden von eigenen »Gefängniswärtern« davon abgehalten. Bettelheim ging sogar so weit, die Eltern von autistischen Kindern mit KZ-Wärtern zu vergleichen.[16] In seinem Buch *Kinder brauchen Märchen* kam er nach dem eingehenden Studium klassischer Märchen zu dem Schluss, dass sie nicht nur nötig seien, um Kinder auf die oft so harte Realität der Erwachsenenwelt vorzubereiten, sondern auch, weil sie ein unbewusstes Element enthalten, dessen Symbole Erwachsenen helfen, die Probleme von Kindern in ihren Entwicklungsphasen zu verstehen.[17]

Erich Fromm (1900–1980) sprach vermutlich den größten Leserkreis unter den (nicht psychoanalytisch ausgebildeten) Laien an. Der in Frankfurt am Main geborene Psychoanalytiker stammte aus einer strikt orthodox jüdischen Familie, die viele Rabbiner hervorgebracht hatte. Auch er hatte vorgehabt, diesen Weg einzuschlagen, und deshalb ein langjähriges Torastudium bei mehreren Rabbinern absolviert, wo er unter anderen Gershom Scholem kennenlernte. Trotzdem studierte er zunächst in Frankfurt zwei Semester Jura und anschließend in Heidelberg Soziologie, Philosophie und Psychologie, zu der er sich dann immer mehr hingezogen fühlte. Nach der Promotion wandte er sich der Psychoanalyse zu und ließ sich von Frieda Reichmann analysieren, die ein privates Sanatorium in Heidelberg betrieb, das sogenannte »Torapeutikum«, wie Scholem es scherzhaft getauft hatte (weil orthodoxe Juden dort von ihrem Glauben an die Tora geheilt würden).[18] Aber dort ging es nicht nur um Analyse: 1926 heirateten die beiden. 1930 begann Fromms bereits erwähnte Zusammenarbeit mit Horkheimer und Adorno am Frankfurter Institut für Sozialforschung. Nach der Trennung von seiner Frau und einer jahrelangen Tuberkulosekur in Davos emigrierte er 1934 in die USA.

Sein international berühmtestes Buch, *Escape from Freedom* (*Die Furcht vor der Freiheit*, 1945), erschien 1941 und lässt sich ebenfalls als Versuch werten, Marx mit Freud unter einen Hut zu bringen. Fromm akzeptierte Freuds Libidostufen (primär, narzisstisch, oral, anal, phallisch, genital), kombinierte sie aber in Anlehnung an die marxistischen Psychoanalytiker Wilhelm Reich und Otto Fenichel, die er in Berlin kennengelernt hatte, mit dem von ihm geprägten Begriff des »Gesellschaftscharakters«. Das heißt, im Gegensatz zu Freud behauptete Fromm, dass die Gesellschaft den Charakter insofern forme, »als sie gewisse Strebungen und Triebe fördert«.[19] Als ein Beispiel dafür führte er an: »In einer Gesellschaft von Kriegern *muss* der einzelne *den Wunsch haben*, anzugreifen und zu rauben; in einer Gesellschaft friedlicher Ackerbauern *muss* der einzelne mit anderen zusammenarbeiten und teilen *wollen*; in einer modernen Industriegesellschaft *muss* er arbeiten, Disziplin haben, ehrgeizig und aggressiv sein *wollen* – er *muss* sein Geld ausgeben, und er *muss* konsumieren *wollen*. (Im neunzehnten Jahrhundert *musste* er sparen und horten *wollen*.)«[20] Fromm war es auch, der eine Form des autoritären Charakters identifizierte, die er erstmals zur Zeit der Weimarer Republik beobachtet hatte, und bezeichnete sie als das Synonym für den »sadomasochistischen Charakter«.[21] Dieser Charakter bewundere die Autorität und strebe danach, sich ihr zu unterwerfen, wolle aber gleichzeitig selbst Autorität sein und sich andere gefügig machen. Seine Kollegen aus der Frankfurter Schule sollten das Thema des autoritären Charakters dann in einem soziologischeren Kontext wieder aufgreifen.

Fromms spätere Bücher *Man for Himself* (1947; *Den Menschen verstehen*) und vor allem die Studie *The Sane Society* (1955; *Wege aus einer kranken Gesellschaft*) sind sozialkritische Werke, eine Mixtur aus klinischen Details und zeitgeschichtlichen Beobachtungen, ähnlich den Schriften von Bettelheim – ein literarisches Genre, zu dem westliche Autoren ab den sechziger Jahren dann häufig griffen. Fromm geißelt die moderne Kultur, vor allem deren Gier, Konkurrenzverhalten, fehlendes moralisches Rückgrat und mangelnden Gemeinschaftssinn.[22] Das war gewissermaßen eine Rückkehr zum deutschen Kulturpessimismus, aber es war Erich Fromm, der – neben Hannah Arendt und Herbert Marcuse – den Studenten der sechziger Jahre als Wegweiser dienen sollte.

Wilhelm Reich (1897–1957) und Fritz Perls (1893–1970) lassen sich insofern gemeinsam betrachten, als oft beide als die Initiatoren der »sexuellen Revolution« angeführt werden, die in den sechziger Jahren begann, in den Siebzigern dann Tempo aufnahm und bis in die achtziger Jahre währte.[23] Doch auf Reich trifft das in Wahrheit kaum zu. Ihn zählt man im Wesentlichen bloß wegen seiner »Erfindung« des sogenannten Orgon-Akkumulators dazu, einer zellenartigen Kabine, meist aus Holz, deren Inneres mit Metall ausgekleidet war, um die atmosphärische – und Reich zufolge lebensnotwendige – Orgon-Energie zu therapeutischen Zwecken zu speichern. Man kommt kaum umhin, diese Behauptung einen Betrug zu nennen. Auch Reich, der als ernst zu nehmender Freudianer begonnen (und Perls analysiert) hatte, versuchte in den Zwischenkriegsjahren in Wien und später auch Berlin die Synthese von Freud und Marx. Sein Buch *Die Massenpsychologie des Faschismus* erschien pünktlich im Jahr 1933, und damit war es ihm, dem »jüdischen Bolschewisten«, der auch noch solche Interessen vertrat, unmöglich geworden, in Deutschland zu bleiben.[24] Im August 1939, nach Jahren in Dänemark und Norwegen, erreichte er schließlich Amerika, ließ sich in der New Yorker Vorstadt Forrest Hills nieder und durchlebte dort eine völlige Gefühlswandlung vom kommunistenfreundlichen Denker zu einem virulent antikommunistischen Paranoiker (in dieser Zeit konnte man allerdings auch paranoid werden). Schließlich hatte ihn der Wahn so fest im Griff, dass er sogar einen »kosmischen Krieg« gegen fliegende Untertassen aus dem All zu kämpfen begann. 1955 hängte ihm die *Food and Drug Administration* ein Verfahren wegen Betrugs an, seine Orgon-Akkumulatoren sowie deren Transport über die Staatsgrenzen wurden gerichtlich verboten. Reich verstieß gegen das Verbot, wurde 1956 zu einer zweijährigen Haftstrafe wegen »Missachtung des Gerichts« verurteilt und starb im Gefängnis.

Fritz Perls schloss 1921 sein Medizinstudium ab, um Neuropsychiater zu werden (während des Studiums hatte er Statistenrollen bei seinem Idol Max Reinhardt gespielt), und begann eine Psychoanalyse bei Karen Horney. 1926 lernte er als Assistenzarzt von Kurt Goldstein die Gestalttherapie kennen, den »nächsten Schritt nach Freud«. 1933 floh er nach Südafrika, 1946 übersiedelte er in die USA. Sein therapeutischer Ansatz führte in den sechziger Jahren zur Gründung des Esalen-Instituts im kalifornischen Big Sur, das – über den Umweg des New Age (»Erhard Seminars Training« oder *est*) Ende der siebziger Jahre zur Begegnungsstätte des *Human Potential Movement* wurde, dessen Grundidee es war, in Selbsterfahrungsgruppen »bislang blockierte psychische Energien freizusetzen«, und zwar im Wesentlichen mit Hilfe der sexuellen Befreiung und einer »Loslösung der Sinne«: Da gab es Whirlpools im Freien, Nacktheit, Drogen und keinerlei Tabus. Man könnte es auch als eine postfreudianische »Bildung« bezeichnen. Der Bestseller *Games People Play* (1964; *Spiele der Erwachsenen*, 1970) von Eric Berne, der aus Kanada in die USA gekommen war, befasste sich mit ähnlichen Themen.

Heideggers Kinder

Abgesehen von der Psychoanalyse war die Politik das Gebiet, auf dem deutsches Denken den stärksten Einfluss in den USA ausübte, genauer gesagt: die Politikwissenschaft, also eher die politische Theorie als die politische Praxis.[25] An erster Stelle ist hier Hannah Arendt zu nennen, doch der amerikanische Geistesgeschichtler Richard Wolin erinnert uns in seinem Buch *Heidegger's Children* (2001) daran, wie viele Heidegger-Schüler nach dem Krieg auf beiden Seiten des Atlantiks einflussreich wurden, man denke nur an Herbert Marcuse, Leo Strauss, Karl Löwith, Hans Jonas, Paul Tillich oder Hans-Georg Gadamer.[26]

Hannah Arendt traf wie gesagt 1941 via Paris in New York ein, wo sie sich den intellektuellen Kreisen um *Commentary* und die *Partisan Review* anschloss. Nach Zwischenstationen in Princeton, Chicago und der University of California begann sie schließlich an der New School for

Social Research zu lehren, die 1919 von Intellektuellen aus der Columbia University, zu denen auch John Dewey und Thorsten Veblen gehörten, und dem Zirkel um die Zeitschrift *New Republic* gegründet worden war. 1933 war an der New School obendrein eine »University in Exile« gegründet worden, die geflohenen Politik- und Sozialwissenschaftlern eine neue Heimstatt bieten sollte und sich zur »Graduate Faculty of the New School for Social Research« weiterentwickelte.

Zwischen 1945 und 1949 verfasste Hannah Arendt die erste von mehreren einflussreichen Studien. 1951 erschien ihr Werk *The Origins of Totalitarianism* (*Elemente und Ursprünge totaler Herrschaft*, 1955), das nicht nur einen ungemein starken Eindruck bei der amerikanischen Leserschaft hinterließ, sondern sie weltberühmt machte. Hier ging es ihr vor allem um die Behandlung eines Themas: Wie konnte eine weltpolitisch so »unbedeutende« Angelegenheit wie »die jüdische Frage« zum Katalysator der nationalsozialistischen Bewegung, eines Weltkriegs und schließlich der Errichtung von Todesfabriken werden?[27] Sie zog Parallelen zwischen Stalinismus und Nazismus, die beide mit der Absicht angetreten waren, Klassenschranken zu beseitigen und die Menschheit in eine glorreiche Zukunft zu führen, dann aber zu totalitären Bewegungen geworden waren. Unter solchen »Massenorganisationen atomisierter und isolierter Individuen« stellte sich notgedrungen ein Gefühl »von der Überflüssigkeit« ein und wurde ein Verlangen »nach politischer Organisation« geweckt, das vom Faschismus wie Kommunismus gleichermaßen erfolgreich bedient werden konnte.[28] Aus der Einsamkeit des Einzelnen, der Grundbedingung totaler Herrschaft, konnte keine höhere Form menschlicher Gemeinschaft entstehen. Vielmehr war Einsamkeit der gemeinsame Nenner für das Funktionieren der Schreckensherrschaft und jener kalten, unbeugsamen Logik der Bürokratie, die den Massenmord verwaltete. Individuelles Heldentum war in diesem System nicht vorgesehen, und auch sein Nichtvorhandensein trug zur Zerstörung der menschlichen Seele bei. Als einen wesentlichen Punkt hob Arendt dabei das Bündnis hervor, welches das Bildungsbürgertum in den dreißiger Jahren mit dem Mob eingegangen war. Sie hielt es für einen der entscheidenden Faktoren, die das anschließende Geschehen überhaupt erst möglich gemacht hatten.[29]

In ihrem 1958 publizierten Buch *The Human Condition* (*Vita activa oder Vom tätigen Leben*, 1960) versuchte sie, Lösungen für die Probleme anzubieten, die sie in *Elemente und Ursprünge totaler Herrschaft* identifiziert und beschrieben hatte. Die grundlegende Schwierigkeit moderner Gesellschaften seien der Mangel an Struktur und Handlungsbereitschaft, außerdem die politische Entfremdung des Bürgers, der in den komplizierten Verwaltungsstrukturen moderner Staaten weder über genügend Informationen noch über ausreichend Kontrolle verfüge, um selbst *aktiv* werden und selber auf die Umstände Einfluss nehmen zu können. Wie sich herausstellen sollte, war diese Botschaft genau das, was die Menschen damals hören wollten: Das Buch wurde zu einem der einflussreichsten Texte für die revolutionären Bewegungen der sechziger Jahre und trug eine Menge dazu bei, die Ziele der sogenannten Alternativkultur kohärenter zu machen.

In so mancher Hinsicht war Hannah Arendt – neben Bertolt Brecht, dessen Kunst sie in demselben Maße bewunderte, wie sie seine politische Haltung verachtete – die große Unsentimentale unter den Schreibern. Mehr noch als sogar Thomas Mann bewahrte sie sich ihre Individualität. Und sie blieb immer ebenso unbeeindruckt von ihrem Ruhm wie von ihrem Status als Jüdin. Obwohl auch ihr Leben durch den Holocaust gezeichnet war, behandelte sie dieses Verbrechen niemals gefühlsbetont. Sie misstraute jeder Innerlichkeit – für sie war das Agieren im öffentlichen Raum immer der einzige Garant für Aufrichtigkeit oder für Authentizität bei Fragen der Menschlichkeit, ergo hatte das Politische, so verstanden, immer Vorrang bei ihr. Die Möglichkeit, so etwas wie ein Privatleben führen zu können, verstand sie als ein großes Ziel, in der modernen Welt jedoch als einen zunehmenden Luxus.[30] In dieser Welt stand für sie auch nicht mehr der Klassenkampf im Vordergrund, sondern der Kampf zwischen den totalitären Fiktionen von immer mehr Staaten mit allmächtigen Regierungen und den faktischen Alltagswelten.[31]

Ihren 1963 veröffentlichten Bericht *Eichmann in Jerusalem: A Report on the Banality of Evil* (*Eichmann in Jerusalem. Ein Bericht von der Banalität des Bösen*, 1964) hatte sie als Beobachterin des Eichmann-Prozesses in Jerusalem unbeirrbar unsentimental geschrieben, sowohl was den Verbrecher vor Gericht als auch den Holocaust selbst oder die Frage des ausgebliebenen jüdischen Widerstands gegen die Mörder betraf. Das Buch löste einen Sturm der Entrüstung aus, aber Arendt blieb unnachgiebig: Das Böse ist banal und beginnt dort, wo der Nihilismus endet.[32]

Herbert Marcuse (1898-1979) war schon ein älterer Herr gewesen, als er für kurze Zeit zum berühmtesten Theoretiker der Frankfurter Schule wurde. Der in Berlin geborene Sohn aus wohlhabender jüdischer Familie hatte im Zuge der revolutionären Bewegungen nach dem Ersten Weltkrieg begonnen, sich mit Politik auseinanderzusetzen (1918 war er in die SPD eingetreten und in den Soldatenrat Berlin-Reinickendorf gewählt worden). Doch dieses Engagement währte nicht lange. Er wechselte zu einem Studium bei Heidegger und Husserl. Als Heideggers Hinwendung zum Nationalsozialismus deutlich zu werden begann, brach Marcuse jedoch mit ihm und schloss sich dem Frankfurter Institut für Sozialforschung an.[33]

Mitte der dreißiger Jahre traf Marcuse in den USA ein, wo er (viel später) den Ruf als Professor für Politische Wissenschaften an die neue Brandeis University in Waltham vor den Toren von Boston erhielt. In der

Nachkriegszeit wurde Marcuse zu einem großen Kritiker der Welt, die er im Entstehen begriffen sah – einer Welt, die immer uniformer wurde und ihre Ordnung einvernehmlich der Tyrannei des Fortschritts unterwarf. Diese Kritik führte zum ersten der beiden Bücher, mit denen er die Phantasie der Öffentlichkeit so anregen sollte: *Eros and Civilisation*, 1955 (*Eros und Kultur. Ein philosophischer Beitrag zu Sigmund Freud*, 1957), das er als einen Befreiungsschlag verstand und in dem er Freud nutzte, um Marx der modernen Welt anzupassen. Das Werk wurde besonders populär in der Gegenkultur.[34] Der rote Faden durch diesen Text war, dass moderne Männer und Frauen lernen müssten, die Sehnsüchte zu artikulieren, über die Marx nichts sagte, dass die konformistische moderne Gesellschaft die ästhetische und sinnliche Seite des Lebens abtöte und dies eine Form von Unterdrückung sei, und dass eine Gesellschaft mindestens so sehr auf dem Lustprinzip wie auf ökonomischen Prinzipien beruhen müsse.[35]

Deutlicher noch machte er das in dem Buch *One-Dimensional Man*, 1964 (*Der eindimensionale Mensch*, 1967), in dem er den berühmten Begriff der »repressiven Toleranz« als Bezeichnung für den Zustand einführte, in dem moderne Gesellschaften sich befinden, welche sogar die Sprache von Toleranz und Freiheit dazu verwenden, Menschen an ihrer Befreiung zu hindern. Insbesondere die amerikanische Welt hielt er für eindimensional, weil sie keine alternativen Denk- und Handlungsweisen zuließ und nur eine Weltanschauung legitimierte – technologische Rationalität, perpetuiert durch die Wissenschaften, die Universitäten, die Industrien und den Handel. »Weiterer Fortschritt würde den *Bruch* bedeuten [...]. Er würde die Möglichkeit einer wesentlich neuen menschlichen Wirklichkeit eröffnen [...], die Vollendung der technologischen Wirklichkeit wäre nicht nur die Vorbedingung, sondern auch die rationale Grundlage, die technologische Wirklichkeit zu *transzendieren*.« Dem gegenwärtigen lähmenden Zustand könne man sich nur durch die Betonung von Phantasie, Kunst und Natur verweigern, denn »je schreiender die Irrationalität der Gesellschaft wird, desto größer wird die Rationalität des Universums der Kunst«.[36]

Der Einfluss von Leo Strauss (1899–1973), eines weiteren Heidegger-Schülers, war im Vergleich dazu zwar weniger diffus und dafür unmittelbarer, aber alles andere als nach jedermanns Geschmack. Die amerikanische Politikwissenschaftlerin Anne Norton veröffentliche 2004 eine leidenschaftliche Kritik am charismatischen Strauss und all den vielen Straussianern, weil sie deren spezifischen militant-konservativen Kult dafür verantwortlich machte, dass George W. Bush das Weiße Haus übernehmen und die Politik zu einem grotesken Kampf zwischen gerechten Amerikanern und Feinden, die ihren Zielen gerade gelegen kamen, hatte stilisieren können.[37]

Der im hessischen Kirchhain geborene Strauss war 1938 in den Vereinigten Staaten eingetroffen und dort der »University in Exile« an der New School for Social Research beigetreten. Seine besonderen Interessen hatten bis dahin den jüdischen Philosophen Baruch Spinoza und Moses Maimonides sowie dem nationalsozialistischen Staatsrechtler und politischen Philosophen Carl Schmitt gegolten, insbesondere dessen Schrift *Der Begriff des Politischen*.[38] Strauss hatte 1918 an der Universität Hamburg Philosophie studiert, 1921 bei Ernst Cassirer über Friedrich Heinrich Jacobi promoviert und seine Studien dann bis 1925 in Freiburg und Marburg bei Edmund Husserl und Martin Heidegger fortgesetzt. Er war ein scheuer, höflicher Mann, dessen Denken geprägt war von seinem Abscheu vor den vorherrschenden Tendenzen der Moderne. Sein Konservatismus beruhte auf der Überzeugung, dass sich die modernen Denkweisen, ob sie nun den positivistischen oder historistischen Trends folgten, nachteilig – nein: zerstörerisch – auf die unveränderlichen Werte auswirkten, die er so hochhielt.[39] Als ein Beispiel für solche beständigen Werte führte Strauss das deutsche Bildungsbürgertum an, weil sich dessen Eigenschaften seiner Meinung nach selbst im NS-Staat noch vom Rest unterschieden hatten. Moderne »Marotten« hätten die zeitlosen Werte der Griechen untergraben und die Schleusen für einen Wertenihilismus geöffnet, dessen extremstes Ergebnis die nationalsozialistische Bewegung war. Die Naturwissenschaften, der Neukantianismus und die modernen Verhaltenswissenschaften hätten allesamt zu dem Nihilismus beigetragen, von dem Strauss sich umgeben sah und der, davon war er überzeugt, in genau die moderne Zwangslage geführt habe, aus welcher nun ein Ausweg gefunden werden müsse. Er bezweifelte, dass die Politik je jemanden von etwas erlösen könne, und schrieb nie auch nur ein Wort über das amerikanische Denken.[40]

Bekannt wurde Strauss auch wegen seiner Zweifel am Supremat der Technik und seiner dogmatischen Einstellung zu Fragen der Technologie.[41] Den Niedergang der Religion beklagte er, weil er sie für das einzige Mittel hielt, »den Mob in Schach zu halten«. Laut Hannah Arendt war Strauss (zu der Zeit, als sie beide bei Heidegger studiert hatten) in jeder Hinsicht mit dem Faschismus einverstanden gewesen, ausgenommen mit dessen Antisemitismus. (Angeblich hatte er einmal versucht, Arendt einzuladen, worauf sie geantwortet habe, sie gehe mit keinem Nazi aus.) Seine vielen amerikanischen Schüler wurden jedenfalls sehr einflussreich.

Der gewiss schillerndste Politikpraktiker, im Gegensatz zu den reinen Theoretikern aus dem Kreis der deutschsprachigen Einwanderer in den USA, ist ohne Frage Arnold Schwarzenegger. Geboren wurde er 1947 in Thal in der Steiermark. Als er 1968 in die USA auswanderte, eilte ihm bereits der Ruf als »bestgebauter Juniorenathlet« und mehrfacher »Mister

Universum« voraus. (Während seines Dienstes beim österreichischen Bundesheer soll er sich nachts regelmäßig unerlaubt von der Truppe entfernt haben, um in einem Bodybuilding-Studio zu trainieren.) Nachdem er seinen fünften Mister-Universum-Titel gewonnen hatte, wurde ihm 1970 seine erste Filmrolle als Herkules angeboten, doch durchschlagenden Erfolg im Filmgeschäft hatte er erst Jahre später als *Conan der Barbar*, gefolgt von all den anderen bekannten Rollen vor allem in der *Terminator*-Serie. Im Oktober 2003 gewann er die Wahl zum Gouverneur von Kalifornien. Bis heute ist es ihm allerdings zumindest auf der politischen Bühne nicht gelungen, aus dem Schatten eines anderen Einwanderers herauszutreten: Henry Kissinger, den man wahrscheinlich als den im konventionellen Sinne erfolgreichsten deutschsprachigen Immigranten in den USA bezeichnen muss.

Heinz Alfred Kissinger wurde 1923 in Fürth geboren und emigrierte 1938 mit seiner jüdischen Familie in die USA. Nachdem er 1943 zum Militärdienst eingezogen worden war, diente er als Übersetzer beim »970th Counter Intelligence Corps«. Nach dem Krieg studierte, promovierte und lehrte er in Harvard, mit dem Schwerpunkt Außen- und Sicherheitspolitik (vor allem Atompolitik), wurde Berater diverser Regierungsinstitutionen und des New Yorker Gouverneurs Nelson A. Rockefeller, der sich 1960, 1964 und 1968 um die republikanische Nominierung zum Präsidentschaftskandidaten bewarb. Richard Nixon, der 1968 zum Präsidenten gewählt wurde, machte ihn zu seinem Nationalen Sicherheitsberater. 1973 übernahm Kissinger das Amt des Außenministers, das er nach Nixons Rücktritt bis 1977 auch im Kabinett von Gerald Ford besetzte.

Kissinger war ein höchst umstrittener Außenminister. Nicht wenige hielten ihn für einen »Machtzyniker«. Jedenfalls verfolgte er eine »Realpolitik« und war in den Jahren 1969 bis 1977 die beherrschende außenpolitische Kraft in der US-Regierung. Seine Verstrickungen in den Vietnamkrieg, in das Flächenbombardement Kambodschas, in den dritten Indisch-Pakistanischen Krieg (»Bangladeschkrieg«) von 1971, in die stümperhaften Machenschaften der CIA in Chile und in den Mord am Marxisten Salvador Allende, nachdem dieser legitim zum Präsidenten gewählt worden war, brachten Kissinger heftige Kritik und später wiederholte Versuche mehrerer Staaten ein, ihn wegen Kriegsverbrechen vor Gericht zu stellen. Andererseits verhandelte er 1973 das Ende des Jom-Kippur-Krieges, führte im selben Jahr die Friedensgespräche, die 1975 zum Abzug der amerikanischen Truppen aus Vietnam führten (wofür er 1973 gemeinsam mit Lê Đúc Thọ den Friedensnobelpreis erhielt), und begann in der Nixon-Administration, eine Entspannungspolitik gegenüber der Sowjetunion und China zu verfolgen.[42]

Beschädigte Leben?

Theodor W. Adorno (1903–1969) war vermutlich der arroganteste und zugleich zornigste Emigrant in den Vereinigten Staaten. Brecht hielt ihn für einen ebenso asketischen wie genusssüchtigen »plumpen« Denker und Schreiber von schwer fassbaren Texten, und Anthony Heilbut kam zu dem Schluss, dass die Verachtung, die Adorno für die amerikanische Kultur übrighatte, bereits ans Pathologische grenzte. Dennoch war er ein Denker, den man nicht übergehen konnte und kann.

Anfang der vierziger Jahre übersiedelte Max Horkheimer, damals Direktor des *Institute for Social Research* in New York, aus gesundheitlichen Gründen nach Los Angeles (er starb 1973, mehr als zwei Jahrzehnte nach der Rückkehr des Instituts und seiner Leiter nach Frankfurt). Dass Adorno ihm nach Los Angeles folgte, entbehrte nicht einer gewissen Ironie, denn gerade die Hauptstadt der amerikanischen Unterhaltungsindustrie hatte seine Verachtung mit voller Wucht abbekommen.[43] Doch selbst wenn Adornos Kritik an der amerikanischen Gesellschaft und Kultur manchmal wirklich zu viel des Guten war, gab es doch etliche Punkte, die er aus gutem Grund herausgegriffen hatte. Man könnte seine Kritik unterteilen in die aus seiner Zeit in Amerika und in den Teil, den er nach seiner Rückkehr in Deutschland formulierte. In den gemeinsam mit Horkheimer verfassten philosophischen Essays *Dialektik der Aufklärung* (*Philosophische Fragmente*[44]) argumentierten die Autoren, dass die Aufklärung unweigerlich zum Totalitarismus habe führen müssen. Es lasse sich alles erleuchten und dann einfach nur noch verwalten.[45] Das kulturelle Leben in einer kapitalistischen Gesellschaft sei ebenso Gefängnis wie Befreiung, und jeder Stil, ob in der Mode oder der Kunst, bringe eine Art von unechtem Individualismus zum Ausdruck, weil er sich aus dem Bedürfnis des Kommerzes nach Profitmaximierung ergebe und jede Erfahrung trivialisiere.

1950 folgte Adornos Beitrag zu den wesentlich einflussreicheren, aber auch prosaischeren *Studies in Prejudice* (*Der autoritäre Charakter*[46]). Die Idee dazu war bereits 1939 entstanden, als im Rahmen eines gemeinsamen Umfrageprojekts der »Berkeley Public Opinion Study« und des »American Jewish Committee« der Antisemitismus in den Vereinigten Staaten untersucht werden sollte. Zum ersten Mal hatte die Frankfurter Schule einen quantitativen Ansatz gewählt. Die Ergebnisse ihrer »F«-Skala (»implizite antidemokratische Tendenzen und Faschismuspotenzial«, wobei »F« für »faschistisch« steht) schienen alarmierend nachzuweisen, dass Antisemitismus die sichtbare Grenze zu einer funktionsgestörten Persönlichkeit darstellte, welche sich nicht nur in den vielen ethnozentrierten und konventionellen Einstellungen der allgemeinen amerikanischen Öffentlichkeit offenbarte, sondern auch in einer beunruhigend unterwürfigen Haltung gegenüber der Autorität.[47] Die Studie endete mit der Warnung, dass die Vereinigten Staaten der Nachkriegszeit eher vom Faschismus als vom Kommunismus bedroht seien und der Faschismus gerade auf bestem Wege sei, eine neue Heimstatt auf der westlichen Seite des Atlantiks zu finden und das bürgerlich urbane Amerika in die schwarze Seele der modernen Zivilisation zu verwandeln. Das war eine bestechende These, vor allem vor dem Hintergrund des faulen Zaubers, den McCarthy betrieb. Doch kaum war sie veröffentlicht, wurde sie von der Zunft heftig attackiert. Sämtliche Schlussfolgerungen der Studie wurden zerpflückt. Aber da hatte sich die durch nichts erhärtete Typisierung des »autoritären Charakters« bereits durchgesetzt.

Zwischen 1944 und 1949 entstand Adornos (in Deutschland erst 1951 veröffentlichte) Aphorismensammlung *Minima Moralia – Reflexionen aus dem beschädigten Leben*. Auch hier ging er mit der Art ins Gericht, wie der Kapitalismus und die freie Marktwirtschaft die Erfahrungen der Menschen verfälschen. So klagte er zum Beispiel, dass die Medien praktisch allen Ereignissen das gleiche Gewicht verliehen, dass das Politische für nicht wichtiger befunden werde als beispielsweise der Tod einer Figur aus einer Seifenoper. Damit wurde aus seiner Sicht ebenso großer psychischer Schaden angerichtet wie von Film und Fernsehen, die mit ihrer sentimentalen Musik dem Publikum das selbstständige Denken abnahmen: Die Reaktionen des Zuschauers würden nicht von der objektiven Situation hervorgerufen, sondern von der Musik manipuliert. So gesehen sind Regie, Darstellung und Inszenierung eine Art von Nötigung, ja sogar von Tyrannei, und tragen weder zur Unterhaltung noch zur Bildung bei.

Das eigentliche sozialwissenschaftliche Zentrum deutscher Flüchtlinge in den Vereinigten Staaten war jedoch nicht das Frankfurter Institut, sondern die New School for Social Research in New York, deren »University in Exile« inzwischen zur »Graduate Faculty of Political and Social Science« geworden war. Alvin Johnson, ein Mitbegründer der New School, war als Herausgeber der *New International Encyclopedia* und der *Encyclopedia of the Social Sciences* an der Columbia University vielen deutschen Wissenschaftlern begegnet und so stark von ihnen beeindruckt gewesen, dass er persönlich Geld für Exilanten sammelte, die (was er durch seine enzyklopädische Arbeit sehr gut wusste) der meisten Unterstützung bedurften.

1933 trafen die ersten Flüchtlinge am Institut ein. Bald bekam die Graduate Faculty auch einen eigenen Dekan: den Nationalökonomen und Soziologen Hans Staudinger (1889–1980), einst SPD-Politiker und von 1929 bis 1932 Staatssekretär im preußischen Handelsministerium. Zwei Journale wurden dort konzipiert, *Social Research* und *Zeitschrift für Sozialwissenschaft*, wobei Letztere, die bis zum Ausbruch des Zweiten

Weltkriegs herausgegeben wurde, Lewis Cosers Meinung nach demonstrierte, dass diese deutschen Denker nicht wirklich darum bemüht waren, feste Brücken zu ihrer neuen Heimat aufzubauen.[48] Doch auf mehreren Gebieten, wie zum Beispiel der Phänomenologie und Ökonometrie, leistete die New School mit ihrem Lehrangebot Pionierarbeit. Und mehrere ihrer Fakultätsmitglieder, beispielsweise Hans Speier oder Gerhard Colm, die während des Krieges solchen US-Regierungsinstitutionen wie dem Office of War Information gedient hatten, sollten nach Kriegsende viel zur Entwicklung der Währungsreform in Deutschland beitragen, die sich als ein so großer Erfolg erwies.

Paul Lazarsfeld (1901–1976) ragt als der Forscher heraus, der den wichtigsten Beitrag zur Einführung von soziologischen Erhebungen in den USA geleistet hat. Der in Wien geborene Sohn der Individualpsychologin Sophie Lazarsfeld war 1933 als Stipendiat der Rockefeller Foundation in die Vereinigten Staaten gekommen und hatte nach dem Verbot der Sozialdemokratischen Arbeiterpartei Österreichs und den übrigen Entwicklungen in seinem Heimatland beschlossen, seinen Aufenthalt in den USA zu verlängern und schließlich ganz dort zu bleiben. Seine erste aufsehenerregende Studie galt den Auswirkungen des Radios auf die amerikanische Gesellschaft, was ihn in Kontakt mit dem Sozialwissenschaftler Hadley Cantril in Harvard brachte. Dieser machte ihm schließlich das Angebot, die Leitung des »Office of Radio Research« in Princeton zu übernehmen, welches 1939 an die Columbia University verlegt wurde und das berühmte *Bureau of Applied Social Research* hervorbrachte.[49] Damit war ein ganz neuer Forschungsansatz institutionalisiert worden, denn das *Bureau* untersuchte erstmals »aggregiertes Verhalten«: Wie entscheiden sich Menschen vor einer Wahl; warum gehen Bürger nicht zur Wahl; warum kaufen sie die einen, nicht die anderen Artikel und immer so fort. Alles in allem war es Lazarsfeld, der Schritt für Schritt die verborgene Sozialstruktur des amerikanischen Way of Life enthüllte und neue Wege aufzeigte, um zu verstehen, wie sich die Menschen jenseits von Klassenzugehörigkeiten gruppieren, was einen beträchtlichen Effekt auf die Marktforschung und die politischen Fokusgruppen haben sollte.[50] Lazarsfelds Arbeiten sollten sich auf eine ganze Generation von berühmten amerikanischen Sozialwissenschaftlern auswirken, darunter Seymour Martin Lipset, Alvin Gouldner, David Riesman und Robert Merton.

Ein neues Stadium der Industriezivilisation

Unter der Schar von einflussreichen emigrierten Ökonomen in den USA (beispielsweise Fritz Machlup, Gottfried von Haberler, Alexander Gerschenkron, Paul Baran, Karl Polanyi, Fritz Redlich) gab es eine Handvoll Namen, die praktisch jedem geläufig waren. Ludwig von Mises (1881–1973) war bereits ein bekannter Vertreter der Österreichischen Volkswirtschaftsschule gewesen, als er 1940 in den USA eintraf, wo er später Gastvorlesungen an der Graduate School of Business Administration der New York University hielt. Er hatte sich zunehmend für Konjunkturfragen interessiert und vertrat mittlerweile ein striktes Laissez-faire-Modell. Doch weil nach dem Zweiten Weltkrieg die keynesianische Wirtschaftstheorie Oberwasser hatte, war Mises' Ansatz nicht populär. Erst als sich in den siebziger Jahren Friedrich von Hayek und Milton Friedman seinen Theorien anschlossen, fanden diese mehr und mehr Gehör.

Der in Görlitz geborene Oskar Morgenstern (1902–1977) und der aus Berlin stammende Albert Otto Hirschman(n) (*1915) wurden zu einflussreichen Wissenschaftlern, nachdem sie Hitlers Deutschland verlassen hatten: Morgenstern, der eine Professur in Princeton hatte, vor allem in seiner Funktion als Berater der Rand Corporation, der Atomic Energy Commission und des Weißen Hauses, Hirschman, der in der französischen Armee gegen die Deutschen gekämpft hatte und dann eng mit Varian Fry in Marseilles zusammenarbeitete, vor allem in seiner Funktion als Leiter der »Sektion Westeuropa und Britisches Commonwealth« im Federal Reserve Board.[51] Hirschman hat viele Bücher geschrieben, darunter *Private and Public Happiness: Pursuits and Disappointments* (1979), ein originelles Werk über die Frage, in welchem Bezug das Streben nach persönlichem und gesellschaftlichem Glück zueinander stehen. Doch seine wahrscheinlich einflussreichste Schrift ist sein 1958 publiziertes drittes Buch *The Strategy of Economic Development* (*Die Strategie der wirtschaftlichen Entwicklung*, 1967), in dem er aufzeigt, dass viele Wirtschaftstheoretiker jeweils andere übergeordnete Faktoren als entscheidende Determinanten für die Leistungsfähigkeit einer Wirtschaft benannt hatten – ob Bodenschätze, das Kapital, die unternehmerische Initiative oder kreative Minderheiten. Sobald man den bestimmenden Faktor erkannt zu haben glaubte, wurden normalerweise alle anderen über Bord geworfen. Hirschman fand es nun an der Zeit, deutlich zu machen, dass dieser Ansatz inadäquat war und monokausale Argumente überhaupt nichts erklären können. Man möge endlich erkennen, dass jede Wirtschaftsentwicklung davon abhängt, ob man die versteckten, verstreuten oder schlecht genutzten Ressourcen und Kräfte erkannt hat oder nicht.[52] Heute zählt Hirschman zu den am häufigsten zitierten Sozialwissenschaftlern.

Der Wiener Peter Drucker (1909–2005) war der bekannteste der drei deutschsprachigen Emigranten, die sich vorrangig mit dem Konsumverhalten befassten (die beiden anderen waren Georg[e] Katona und Fritz Redlich). Drucker, der 1937 über den Umweg England in die USA emigriert war, lehrte Philosophie und Politik am Bennington College in Vermont, bevor er 1950 als Professor für Management an die New York University wechselte. Dem Thema Management nahm er sich mit ebensolcher Begeisterung an wie dem des Konsumverhaltens, das er erstmals zum Fokus rationaler Forschung machte. Das spiegelt sich auch in seinen Büchern, darunter, um nur einige zu nennen: *The End of Economic Man*, New York (1939), *The Future of Industrial Man. A Conservative Approach* (1941; *Die Zukunft der Industriegesellschaft*, 1967), *Concept of the Corporation* (1946; *Gesellschaft am Fliessband. Eine Anatomie der gesellschaftlichen Ordnung*, 1950), *Management: Tasks, Responsibilities, Practices* (1973; *Neue Management-Praxis*, 1974). Drucker hatte es sich zum Ziel gesetzt, den Menschen bei der Anpassung an die moderne Welt zu helfen, indem er den allzu oft vernachlässigten Unterschied zwischen dem Unternehmerkapitalismus des 19. Jahrhunderts und dem modernen, postindustriellen Betriebskapitalismus verdeutlichte. Lewis Coser nannte ihn »einen Max Weber für Manager«. Der Unterschied war nur, dass Weber pessimistisch hinsichtlich der »instrumentellen Vernunft« gewesen war und Drucker diese für das entscheidende Mittel hielt, damit ein jeder sein Seelenheil in der modernen Welt finden kann.[53] Im Übrigen glaubte er, dass Handel auch Toleranz förderte – da Schwarze und Frauen ebenfalls zu den Konsumenten zählten. Sein 1976 publiziertes Buch *The Unseen Revolution: How Pension Fund Socialism Came to America* (*Die unsichtbare Revolution. Die Mitarbeiter-Gesellschaft und ihre Aufgabe*, 1977) stürmte die Bestsellerlisten, da es noch eine weitere gute Botschaft verkündete, nämlich dass der amerikanische Way of Life den Kapitalismus mit dem Sozialismus verknüpfe, ohne dass es bemerkt werde. Drucker und Lazarsfeld waren zwei unbeirrte Optimisten – wie Dr. Pangloss aus Voltaires *Candide* – unter vielen Kulturpessimisten.

Die größte Erfolgsgeschichte eines deutschsprachigen Philosophen in Amerika erlebte Rudolf Carnap (1891–1970). Wie gesagt waren die Mitglieder des Wiener Kreises, die zu den ersten Flüchtlingen in den USA gezählt hatten, mit so viel Wohlwollen empfangen worden, weil ihre Versuche, der Metaphysik ein Ende zu setzen, von amerikanischen Pragmatikern wie John Dewey und Willard van Orman Quine derart positiv aufgenommen worden waren.[54]

Der in Barmen aufgewachsene Carnap stammte aus einer tiefreligiösen protestantischen Familie, die väterlicherseits aus Webern und mütterlicherseits aus Lehrern und Pastoren bestanden hatte. Nach dem frühen Tod des Vaters hatte ihn die Mutter bis zur Gymnasialreife selbst unterrichtet; nach dem Abitur studierte er Mathematik, Physik und Philosophie in Jena (unter anderem bei Gottlob Frege) und Freiburg. 1914 wurde er eingezogen und diente bis 1917 an der Front. Den Ausbruch der Revolution in Berlin begrüßte er, und er sollte sich auch ein Leben lang nicht von seiner linkspolitischen Einstellung verabschieden. Die Weimarer Zeit war für ihn ebenso aufregend wie für viele seiner Gesinnungsgenossen, aber sein eigentliches Ziel – das sich mit dem des Wiener Kreises deckte – war, der metaphysischen Spekulation endgültig den Garaus zu machen und mit Hilfe der Empirie ein in sich geschlossenes, von der symbolischen Logik Freges und Russells geprägtes wissenschaftliches Weltbild aufzubauen.[55] Carnap war außerdem ein erklärter Gegner der typisch deutschen Vorstellung, dass zwischen den Natur-, Geistes- und Sozialwissenschaften eine tiefe Kluft klaffe. Aus seiner Sicht standen letztendlich nur zwei Arten von Wissen zur Verfügung: das rein formale und das empirische. Dieser Denkansatz führte zu seinem bekanntesten Werk *Der logische Aufbau der Welt* (1926), in dem er die Ziele des Wiener Kreises resümierte. Noch 1926 begann er als Privatdozent für Theoretische Philosophie am Philosophischen Institut der Universität Wien zu lehren, wo Moritz Schlick den Lehrstuhl für Naturphilosophie innehatte, und regelmäßig an den »Donnerstagstreffen« des »Schlick-Zirkels« teilzunehmen.

Der Wiener Kreis war schnell zu einer bekannten Institution geworden, doch da die meisten seiner Mitglieder Juden waren, zwang der Aufstieg der Nationalsozialisten auch sie in die Emigration. In den USA wurde Carnap von Charles Morris, Philosophieprofessor an der University of Chicago, der mehrere Jahre an der deutschen Universität in Prag verbracht hatte, und Willard van Orman Quine aus Harvard unter die Fittiche genommen. Carnap lehrte bis 1952 an der University of Chicago und schrieb während dieser Zeit sein Buch *Logical Foundations of Probability* (1950), das großen Einfluss auf die Philosophen Nelson Goodman und Hilary Putnam nehmen sollte. 1954 folgte Carnap dem Ruf an die University of California in Los Angeles, wo er bis zu seiner Emeritierung als Nachfolger seines Freundes und einstigen Berliner Gefährten Hans Reichenbach den philosophischen Lehrstuhl innehatte. Beide, Carnap wie Reichenbach, trugen viel dazu bei, dass Logik und Linguistik zu einem integralen Bestandteil der amerikanischen Philosophie wurden. 1971 bezeichnete van Orman Quine seinen Kollegen Carnap als »die beherrschende Figur der Philosophie seit den dreißiger Jahren«.[56]

Paul Tillichs Weg aus Heideggers Deutschland in das Union Theological Seminary in New York wurde bereits erwähnt. Nach seiner Ankunft dauerte es jedoch eine Weile, bis er gut genug Englisch gelernt und sich von Deutschland frei gemacht hatte. Sprechen sollte er Englisch zwar immer mit schwerem deutschem Akzent, doch bei seinen Schriften spielte das keine Rolle – und er war ein produktiver Schreiber. Sein Ruhm reichte schließlich weit über die Grenzen der theologischen und philosophischen Fachwelt hinaus, besonders dank seines Buches *The Courage to Be* (1948; *Der Mut zum Sein*, 1953).[57] Viele einstige Marxisten waren desillusioniert, vor allem seit sich der Kommunismus in seinem osteuropäischen Gewand und seiner chinesischen Ausprägung gezeigt hatte. Aber auch der säkularen Welt des Westens, die nach dem Zweiten Weltkrieg so sichtbar wurde, schien es nach Ansicht vieler an Bedeutung zu mangeln, selbst wenn dort der Wohlstand blühte und gedieh. Tillich schlug deshalb eine »geistig-spirituelle Kur« für beklommene Seelen vor.[58] Persönlich fand er den nichtautoritären, ja geradezu antiautoritären Ethos Amerikas sehr attraktiv. Die Theologie, die er in *Mut zum Sein* anbot, war denn auch eine Form von religiösem Existenzialismus, der aus ebendiesem Mangel an Autoritarismus hervorging: Der Mensch könne Gott überall finden, wo er ihn suche. Es sei die *Suche*, die zähle. Nachdem Tillich 1955 vom Seminary emeritiert wurde, lehrte er an der Harvard University und nahm 1962 einen Ruf an die Divinity School der University of Chicago an, wo er seine letzten Lebensjahre als Theologieprofessor verbrachte und, wie Lewis Coser schreibt, zu einer »amerikanischen Institution« wurde.[59]

Die Erfolge von Tillich blieben auch dem Soziologen und Philosophen Peter Berger (*1929 in Wien) nicht verborgen, der 1946 in die USA ausgewandert war. Er war einer der Ersten, die bemerkt hatten, dass der religiöse Glaube in Amerika nicht zurückging, wie es die säkularen Sozialwissenschaftler vorausgesagt hatten. Vielmehr, so erklärte er auf seine kluge Weise, verändere sich in einer immer globalisierteren Welt auch die Glaubenserfahrung: Der religiöse Glaube sei nun nicht mehr etwas, das der Mensch in seiner Kindheit automatisch vermittelt bekomme, deshalb begännen immer mehr Menschen, nach ihrem persönlichen Glauben zu suchen. Das war eine frühe Sichtung dessen, was man später als »expressiven Individualismus« bezeichnete.

Verzerrte Geschichte

Vor dem Zweiten Weltkrieg wurde deutsche Geschichte an amerikanischen Universitäten noch nicht ernsthaft erforscht.[60] Damit boten sich nun den rund drei Dutzend Historikern, die in Amerika Zuflucht gefunden hatten – unter ihnen Hajo Holborn, Hans Rosenberg, Felix Gilbert, Paul Kristeller, Hans Baron und Ernst Kantorowicz –, ziemlich gute Möglichkeiten.[61] Der Wichtigste (und laut Coser auch »Imposanteste«) von ihnen war Hajo Holborn (1902 bis 1969). Er lehrte viele Jahre in Yale und war der einzige Emigrant, der je zum Präsidenten der *American Historical Association* gewählt wurde.[62]

Historiker hatten in Deutschland wie gesagt eine Sonderrolle eingenommen. Und da das Konzept des Historismus von Deutschen erdacht worden war, wurden deutsche Historiker in Amerika auch ernst genommen. Zu der Zeit, als die Nationalsozialisten an die Macht kamen, waren noch nahezu alle deutschen Geschichtsprofessoren bei Sybel, Treitschke oder Droysen – oder doch zumindest in ihrer Tradition – ausgebildet worden. Das heißt, es waren sozusagen alle aus demselben preußischen Holz geschnitzt und blickten mehr oder weniger gerne auf Bismarck und das Wilhelminische Reich zurück – auf die Zeit, »als man das Professorat noch für die tragende Säule des politischen Establishments in Preußen und den anderen deutschen Ländern gehalten hatte«.[63] Die Flüchtlinge in den USA gehörten im Allgemeinen jedoch der jüngeren Generation an, waren also durchschnittlich um die dreißig, als sie emigrierten, und in vielen Fällen Schüler des intellektuellen Historikers Friedrich Meinecke in Berlin gewesen. Meinecke hatte zwar durchaus seine traditionalistischen Seiten (auch er hatte das »Manifest der 93« unterzeichnet), fiel aber doch insofern aus der Rolle, als er sich mit der Weimarer Republik arrangiert hatte (bekanntlich bezeichnete er sich als einen Monarchisten im Herzen, aber Republikaner aus Vernunft). Das unterschied ihn grundlegend von den Nationalsozialisten.

Der in Berlin geborene Hajo Holborn war der Sohn des Physikers Ludwig Holborn, eines ungemein politisch denkenden und zutiefst liberalen Mannes, was deutlich auf den Sohn abgefärbt hatte. Und dieser Einfluss verstärkte sich noch, als Holborn bei Meinecke studierte, dem er sein lebenslanges Interesse an der Ideengeschichte verdankte. 1926 habilitierte er sich in Heidelberg mit einer Biografie über den Humanisten Ulrich von Hutten, in der er darlegte, dass Luthers Reformation und die Geschichte des Humanismus zwei parallele, aber deutlich voneinander getrennte geistige Bewegungen waren und das konservative, mit Bismarck kulminierende Denken bei Weitem nicht so unmittelbar mit Luther verknüpft war, wie es die Konservativen gerne behaupteten. Die unterschwellige Botschaft dabei war, dass die deutsche Historiografie rechtslastige Tendenzen aufwies und deshalb die deutsche Geschichte falsch interpretiert worden sei. Nachdem Holborn von Berlin nach Heidelberg übersiedelt war, versuchte er erfolglos, die historische Lehre und Forschung vor den Einmischungen der Nationalsozialisten zu bewahren.

Holborn war Anfang dreißig gewesen, als er 1934 über den Umweg London in Yale eintraf, wo er 1940 schließlich ordentlicher Professor wurde und zwei bedeutende Werke schrieb: *The Political Collapse of Europe* (1951; *Der Zusammenbruch des Europäischen Staatensystems*, 1954), das großen Einfluss auf die amerikanische Außenpolitik in den fünfziger und sechziger Jahren nahm, und die dreibändige Studie *A History of Modern Germany* (1959/69; *Deutsche Geschichte in der Neuzeit*, 1970/71), die jahrelang als Standardwerk galt. In ihr zeigte er auf, wie obsolet der ursprüngliche deutsche Idealismus in der zeitgenössischen Welt wurde. Während des Krieges leitete er die Sektion »Forschung und Analyse«

im Office of Strategic Services, welche die nationalsozialistische Politik einer eingehenden Prüfung unterzog und Pläne für das Nachkriegsdeutschland entwickelte.[64] 1946 wurde er Berater des U.S. Department of State und schrieb ein Buch über die amerikanische Militärregierung in Deutschland, das wesentlichen Einfluss auf die politische Strukturierung der Nachkriegszeit nahm. Später wurde er inoffizieller Vermittler zwischen den Vereinigten Staaten und der Bundesrepublik. Zu seinen Schülern zählten amerikanische Historiker wie Leonard Krieger und Charles McClelland.[65]

Der in gewisser Hinsicht erfolgreichste – und am erfolgreichsten eingebürgerte – Emigrant unter den Historikern ist Fritz Stern (*1926). Er wurde in Breslau als Sohn eines Arztes und einer Physikerin in eine durch und durch bildungsbürgerliche Familie hineingeboren, in der man Umgang mit den Größen der Zeit pflegte (Sterns Namenspatron und Taufpate war Fritz Haber). 1938, relativ spät also, Fritz war bereits zwölf, emigrierte die Familie in die USA. Er überhörte den Wunsch des Vaters, die familiäre Tradition der Naturwissenschaftler fortzuführen, und entschied sich für Geschichte. Beider Leben, das des Vaters wie das des Sohnes, der mittlerweile Geschichtsprofessor an der New Yorker Columbia University war, berührte das Leben zahlreicher anderer berühmter deutscher Emigranten – das der Brüder Mann oder der Werfels, von Einstein, Marcuse, Max Wertheimer, Felix Gilbert oder das von Hans Jonas. Fritz schloss mit vielen Künstlern und Wissenschaftlern Freundschaft, etwa mit Allen Ginsberg, Lionel Trilling, Kurt Hahn, Ralf Dahrendorf, Hajo Holborn, Timothy Garton Ash oder David Landes. Zu seinen Schülern zählten beispielsweise Peter Novick, der bereits zur Sprache kam, und Jay Winter, der mit *Sites of Memory, Sites of Mourning* eine brillante und bewegende Studie über Gedenkstätten schrieb.[66]

In seinen Büchern konzentriert sich Stern vor allem auf zwei Themen: die deutsche Geschichte im Vorfeld beider Weltkriege, insbesondere aber des Zweiten, und auf die amerikanische Geschichtswissenschaft speziell im Hinblick auf Europa und Deutschland. Zu diesem Zweck erforschte er die Geschichte vieler deutscher Akteure, zum Beispiel die von Paul de Lagarde, Julius Langbehn und Arthur Moeller van den Bruck, oder die von Persönlichkeiten aus dem Wissenschaftsbetrieb, wie Fritz Haber, Albert Einstein und Max Planck. Ganze vierzehn Jahre seines Lebens widmete er seiner detaillierten Studie über die Beziehung zwischen Otto von Bismarck und Gerson von Bleichröder, die ihn auch persönlich nach Deutschland (inklusive der DDR) führte und ihn zu einer vertrauten Gestalt auf den Fluren deutscher Macht werden ließ. Viele seiner Erkenntnisse fanden Eingang in das vorliegende Buch.

Neben seiner Arbeit als Hochschulprofessor und Autor wurde Stern im Lauf der Jahre Mitglied von vielen deutsch-amerikanischen Komitees und akademischen wie diplomatischen Gremien. Das machte ihn zu einem Experten auf dem Gebiet der deutsch-amerikanischen Beziehungen (in ihren psychologischen wie politischen Ausprägungen), und er genoss das Vertrauen aller Beteiligten. Mit seinen gefeierten Analysen trug er zur Erklärung von zahlreichen Debatten bei, nicht zuletzt zu der über den Historikerstreit, über die Kontroversen um Fritz Fischer und dessen Buch *Griff nach der Weltmacht,* über Daniel Jonah Goldhagen und dessen Studie *Hitlers willige Vollstrecker* oder über die Rolle der Kultur im Selbstbild der Deutschen. Als Richard Holbrooke von Präsident Clinton zum US-Botschafter in Deutschland ernannt wurde, ging Stern für ein Jahr (1993) als dessen Berater mit. Er war/ist ebenso mit Henry Kissinger wie mit den früheren Bundeskanzlern Willy Brandt, Helmut Schmidt und Helmut Kohl befreundet und zählte 1990 zu den Teilnehmern an Margaret Thatchers berühmt-berüchtigter Diskussionsrunde in Chequers, dem Landsitz des britischen Premiers, welche über die Bedeutung eines wiedervereinigten Deutschland debattierte. Stern hatte oft und auf beiden Seiten des Atlantiks die Hände im Spiel. 2005 bat ihn der damalige Außenminister Joschka Fischer, eine Historikerkommission aufzubauen, die sich mit den Altnazis im Dienst des Auswärtigen Amtes nach dem Krieg befassen sollte.[67] Auch Arthur M. Schlesinger, den Sonderberater der US-Präsidenten Kennedy und Johnson, beriet Fritz Stern. Mit Hajo Holborn war er sich einig, dass der deutsche Idealismus bei allen Entwicklungen ein entscheidender Faktor war und der einstige Graben zwischen Deutschland und dem übrigen Westen nicht zuletzt deshalb immer ein wichtiges Thema für Historiker bleiben werde.[68]

Stern gelang es, sowohl deutsch als auch amerikanisch zu sein, die »europäische Arroganz«, die er bei Hannah Arendt sah, liegt ihm nicht. Mit seinem Werk trug er eine Menge zu der Erklärung bei, wie sich vor allem unter den deutschen Eliten die Stimmung entwickeln konnte, welche die Nationalsozialisten an die Macht brachte, kam aber zu dem Schluss, dass sich der Schrecken und die Gräuel des Nationalsozialismus letztendlich nie in ihrer Gänze erklären lassen werden.

Die »Muttersprache« der Kunstgeschichte sei Deutsch, schrieb ein amerikanischer Gelehrter.[69] Darin steckt zwar ein Körnchen Wahrheit, und tatsächlich waren Erwin Panofsky in den Vereinigten Staaten und Ernst Gombrich in Großbritannien wohl die einflussreichsten Kunsthistoriker der Nachkriegszeit, aber man kann wirklich nicht sagen, dass es vor dem Eintreffen der Flüchtlinge aus Deutschland in diesen beiden Ländern keine Kunstgeschichte gegeben hätte. Es stimmt, der erste Lehrstuhl für Kunstgeschichte war 1813 in Göttingen eingerichtet worden und damit seinen Gegenparts in den Vereinigten Staaten und Großbritannien lange zuvorgekommen. Doch die Disziplin als solche war zumindest in den zwanziger Jahren bereits aufgebaut gewesen. Panofsky selbst war es, der diese Periode als das Goldene Zeitalter der kunstgeschichtlichen Forschung bezeichnet hatte. Ob das Museum of Modern Art (MoMA) in New York, das Institute of Fine Arts (IFA) an der New York University oder das Institute for Advanced Study (IAS) in Princeton – alle hatten ihre Tore bereits vor dem Eintreffen der Flüchtlinge geöffnet, und alle waren finanziell gut ausgestattet worden. Den größten Einfluss auf die Kunstgeschichte nahmen ganz zweifellos die Kunsthistoriker des New Yorker IFA, dessen Direktor Walter Cook viele renommierte deutschsprachige Akademiker an das Institut geholt hatte: Erwin Panofsky, Walter Friedlaender, Max Jakob Friedländer, Richard Krautheimer, Rudolf Wittkower, Richard Ettinghausen, Karl Lehmann, Ernst Kris, Rudolf Arnheim. Wie Cook gern zu sagen pflegte: »Hitler ist mein bester Freund: Er schüttelt den Baum, und ich sammle die Äpfel auf.«[70]

Erwin Panofsky (1892–1968) war Amerika nicht fremd gewesen, denn schon 1931 hatte man ihn zu einer Gastprofessur an das IFA eingeladen. Als er dann während seines zweiten Aufenthalts am IFA im Jahr 1933 von seiner Entlassung aus dem deutschen Staatsdienst erfuhr, blieb er einfach in Amerika und wechselte schließlich an das IAS in Princeton. Letztendlich kamen zwischen achtzig und hundert Kunsthistoriker auf der Flucht vor den Nazis in die USA. Und es war deren Anwesenheit, die dann so viele ihrer amerikanischen Kollegen dazu animierte, selber kunsthistorische Seminare anzubieten.[71]

Der Beginn der Pop Art

Auch von den Künstlern begannen viele in den USA zu lehren, etwa Josef Albers (1888–1966), Hans Hofmann (1880–1966) und George Grosz (1893 bis 1959). Insbesondere Albers und Hofmann wurden auf dieses Weise sehr einflussreich. Albers lehrte am Black Mountain College, wo Robert Rauschenberg zu seinen Schülern zählte; Hofmann – er war mit einer Jüdin verheiratet, hatte sich 1933 zufällig gerade in Amerika aufgehalten und war nicht mehr nach Deutschland zurückgekehrt – lehrte eine Weile an der Art Students League in New York, bevor er dort seine eigene Schule gründete und, wie ein Historiker schrieb, zum einflussreichsten Kunstlehrer seiner Generation wurde. Zu seinen Schülern zählten unter anderen Helen Frankenthaler, Alan Kaprow, Louise Nevelson und Larry Rivers.[72] Er selbst wurde ein führendes Mitglied der Schule Abstrakter Expressionisten, und er war es vermutlich auch, der das »Action Painting« erfand (jedenfalls hatte er bereits 1938, also Jahre vor Jackson Pollock, Farbe auf die Leinwand geschüttet, getropft oder gespritzt). George Grosz, der bei seiner Ankunft in den USA wohl Berühmteste dieser drei, erlebte dort seine unglücklichste und erfolgloseste Zeit. Nach einem mehrmonatigen Lehrauftrag an der New Yorker Art Students League schlug er sich mit Illustrationen für die Satirezeitschrift *Americana* und den *Esquire* durch und eröffnete schließlich eine private Kunstschule auf Long Island. Doch offenbar stand er sich mit seinem Anpassungsbedürfnis an den American Way of Life selbst im Weg. 1959 kehrte er enttäuscht nach Deutschland zurück.[73]

Richard Lindner (1901–1978), Hans Richter (1888–1976) und Max Ernst (1891–1976) hatten hingegen nie vorgehabt, in Amerika zu bleiben, was ihre Bereitschaft zum Engagement in ihrer Übergangsheimat natürlich beschränkte. Dennoch gilt Lindner allgemein als der Begründer oder zumindest Mitbegründer der amerikanischen Pop Art. Er selbst bezeichnete sich zwar als »Tourist« in dem Land, dem er so wohlgesinnt war, aber vielleicht war es gerade seinem Gaststatus zu verdanken, dass er New York mit einem deutlich liebevolleren Blick betrachtete und von dem ganzen Drum und Dran des modernen amerikanischen Lebens wesentlich faszinierter war als jemand, der von dort stammte.[74]

Unter den emigrierten deutschsprachigen Fotografen und Fotoreportern, Illustratoren, Cartoonisten und Verlegern sind vor allem Robert Capa, Alfred Eisenstaedt (sein berühmtes Foto »The Kiss« hält den Moment fest, in dem ein Matrose am »V-J-Day« – V-J steht für »Victory-over-Japan« – im August 1945 eine ihm völlig Fremde am New Yorker Times Square küsst), Philipp Halsman(n), Lotte Jacobi, Andreas Feininger und Otto Bettmann anzuführen, der das weltberühmte Bettmann-Archiv in New York gründete, eine der großartigsten Sammlungen historischer Aufnahmen. Ihrer Exilgemeinschaft gehörten auch Kunsthändler und Verleger an, Leute wie Karl Nierendorf, der sich auf Expressionisten spezialisiert hatte, aber dennoch Louise Nevelson ihre erste Einzelausstellung ermöglichte, oder wie Samuel Kootz (Hofmann und Picasso), Curt Valentin (Lipschitz, Beckmann, Moore) und Hugo Perls (Chagall, Calder).

Kurt und Helen Wolff hatten vor dem Krieg in Leipzig und München Autoren wie Franz Kafka, Georg Trakl und Karl Kraus verlegt; nach ihrer Emigration publizierten sie in ihrem neuen New Yorker Verlag Pantheon Books Heinrich Mann, Erwin Panofsky, Robert Musil und Franz Werfel. Außerdem kooperierten sie mit den Kunstmäzenen Paul und Mary Mellon, die sich von Carl Gustav Jung hatten analysieren lassen und 1943 die Publikationsreihe »Bollingen Series« ins Leben riefen (benannt nach Jungs Schweizer Refugium), um der englischsprachigen Welt dessen psychoanalytische Ideen näherzubringen. Nach Jungs Hinwendung zum Mystizismus und zu den Glaubensformen des Ostens erschienen in dieser Reihe auch sein *I Ging* und andere Werke aus dieser Zeit. Die Verlage Schocken Books und New American Library waren ebenfalls von deutschen Emigranten gegründet worden, genau wie Aurora Press, die ursprünglich nur deutschsprachige Bücher für Kriegsgefangene in den USA veröffentlicht hatte. Zum Namen dieses Verlags hatte Brecht angeregt – als das Symbol einer neuen Morgendämmerung, aber auch in Erinnerung an den russischen Panzerkreuzer *Aurora*, der mit einem Kanonenschuss das Signal zum Angriff auf das Winterpalais gegeben hatte.[75]

Lenin über Bord

Die Musik und das Musiktheater hatten den Atlantik schon lange vor 1933 in beide Richtungen überquert. Der amerikanische Jazz war in Richtung Osten aufgebrochen, gen Westen war vor allem Wagner gesegelt, um in der Neuen Welt dann auch völlig neu interpretiert zu werden. Von den drei großen Theatermännern aus dem Vorkriegsdeutschland – Max Reinhardt, Erwin Piscator und Bertolt Brecht – erging es Reinhardt bei Weitem am schlechtesten in Amerika. Seine Broadwayinszenierungen waren Reinfälle, auch sein einziger Film, *A Midsummer Night's Dream*, war ein totaler Flop, obwohl er, wie Anthony Heilbut schreibt, Höchstleistungen aus James Cagney als Bottom und Mickey Rooney als Puck herausgeholt hatte. 1938 sah er sich gezwungen, in Los Angeles eine eigene Theater- und Filmakademie zu gründen: den »Max Reinhardt Workshop«, an dem William Wyler und Wilhelm (William) Dieterle Regie und Erich Korngold Komposition unterrichteten.[76]

Erwin Piscator (1893–1966) war sehr viel erfolgreicher, wiewohl auch er anfänglich mit Schwierigkeiten zu kämpfen hatte. Nach seiner Emigration im Jahr 1939 gründete und leitete er den »Dramatic Workshop« an der New School in New York, der aber bald wieder schließen musste. Auch zwei andere Projekte unter seiner Beteiligung schlugen fehl: das »President Theatre« und das »Rooftop Theatre«. Doch die Liste der Autoren und Schauspieler, die in seinem Workshop ausgebildet wurden, ist kaum zu toppen: Harry Belafonte, Marlon Brando, Tony Curtis, Ben Gazzara, Walter Matthau, Arthur Miller, Rod Steiger, Tennessee Williams, Shelley Winters. Im Rahmen seines sogenannten »New Drama« hatte Piscator nicht nur erstmals Sartre und Kafkas *Prozess*, sondern auch die Musik von Hanns Eisler auf eine amerikanische Bühne gebracht.[77] Piscator mochte Amerika, war jedoch entsetzt über die Aktivitäten von McCarthys »Komitee für unamerikanische Umtriebe«. Nachdem er 1951 schließlich selbst vorgeladen wurde, kehrte er sofort nach Deutschland zurück und arbeitete jahrelang als Gastregisseur in Europa, bis er 1962 zum Intendanten der Freien Volksbühne in Berlin gewählt wurde und dort mit dem Schauspiel *Der Stellvertreter* (1963), Rolf Hochhuths Attacke gegen den Papst, Heinar Kipphardts moderner amerikanischer Tragödie *In der Sache J. Robert Oppenheimer* (1964) und dem

Stück *Die Ermittlung* (1965), Peter Weiss' Aufarbeitung des Auschwitzprozesses, wieder große Erfolge feierte.

Bertolt Brecht verbrachte sechs Jahre in Amerika. 1933 war er über Prag, Wien und Zürich nach Dänemark geflohen und hatte sich 1941 schließlich von Wladiwostok nach Kalifornien eingeschifft. Ironischerweise, da sich Brecht ja von jeher für die amerikanische Kultur interessiert hatte und in den zwanziger, Anfang der dreißiger Jahre so stark von der amerikanischen Popkultur (wie dem Jazz) beeinflusst worden war, sollte seine Zeit in den Vereinigten Staaten keine besonders glückliche sein, auch wenn er dort eines seiner Meisterwerke schrieb, *Der kaukasische Kreidekreis* (1944/45).[78] Doch seine Großtuerei machte wenig Eindruck im Land der Großtuer, auch mit seinem Interesse für die Popkultur eckte er hier nirgendwo an. Vielleicht waren es seine Orthodoxie, sein Hass auf den »Promi-Kult« und die Verächtlichkeit, mit der er auf jede Art von Sentimentalität reagierte (und die er mit Hannah Arendt teilte), die so wenig dazu angetan waren, ihm einen Erfolg in Amerika zu bescheren – selbst wenn es ihm letztlich egal war, wie er dort ankam. Brecht hielt Amerika zwar für ungemein lebendig, aber auch für das letzte Schrecknis des Kapitalismus.[79]

Brecht war im Grunde genommen mindestens so sehr Anarchist wie Marxist, dabei mangelte es ihm nicht an Realismus. Auf dem Schiff nach Amerika warf er einen Lenin-Band über Bord, weil er wusste, dass er damit Schwierigkeiten bei der Zollkontrolle bekäme. Und Kalifornien steuerte er an, weil Lion Feuchtwanger ihm versichert hatte, dass man seinen Lebensunterhalt dort leichter bestreiten könne als irgendwo sonst. Er schrieb das Drehbuch für einen einzigen Hollywoodfilm (Fritz Langs *Hangmen Also Die*), der aber kein Kassenschlager wurde, und hat nie wirklich versucht, sich dem Leben dort anzupassen – er hielt das schlicht für unmöglich.[80] Ihm gefielen die Freundlichkeit und Großzügigkeit des Durchschnittsamerikaners, nicht aber, dass es diesem seiner Meinung nach an Würde mangelte. Die erste Gelegenheit, die sich ihm bot, um nach Deutschland (in die sowjetische Besatzungszone) zurückzukehren, nahm er wahr.

Als Thomas Mann 1938 in den USA eintraf, wurde er als größter lebender Romancier der Welt gefeiert, zum Dinner ins Weiße Haus geladen und neben Einstein mit einem Ehrendoktor von Harvard geehrt. Auch in Amerika wurde er schnell zu einer Person des öffentlichen Lebens; und er war es dann, der sich ab November 1941 einmal monatlich aus Kalifornien über die BBC an die »Deutschen Hörer« wandte, um sie bis 1945 mit den deutschen Kriegsverbrechen und der systematischen Judenvernichtung zu konfrontieren. In seiner ersten Ansprache sagte er: »Das Unaussprechliche [...] wisst ihr, wollt es aber nicht wissen.«[81]

Anfänglich bewunderte Mann Amerika und vor allem die Führungsqualitäten von Präsident Roosevelt. Doch die Familie gab ihm Anlass zu großen Sorgen. Er war mit seiner Frau Katia und seinen sechs Kindern in Amerika eingetroffen; doch sein Sohn Golo kehrte nach Europa zurück, wurde in Les Milles interniert und schaffte es erst 1940 in die USA zurück, nachdem Varian Fry ihm sowie Thomas' Bruder Heinrich und dessen Frau Nelly über Spanien und Portugal zur Flucht verholfen hatte. Seine Schwägerin Nelly sollte sich 1944 in Kalifornien das Leben nehmen, sein Sohn Klaus 1949 in Cannes. (Die beiden Schwestern der Manns hatten bereits 1910 beziehungsweise 1927 Selbstmord begangen.)

Dennoch gelangen Thomas Mann im amerikanischen Exil bedeutende Werke. Seit 1943 arbeitete er an seinem Meisterwerk *Doktor Faustus* (1947). Wie der Untertitel besagt, handelt es sich um die Geschichte »des deutschen Tonsetzers Adrian Leverkühn, erzählt von einem Freunde«. Mann lässt ihn die Zwölftonmusik entwickeln und hatte ihn ergo nach dem Vorbild Arnold Schönberg modelliert, der über die Art der Darstellung aber nicht besonders glücklich war. Über die berühmte Geschichte hier nur so viel: Leverkühn ist ein Nihilist, der den Teufel lockt, sich willentlich bei einer Prostituierten mit Syphilis infiziert und schließlich dem Teufel seine Seele vermacht, damit dieser ihm für vierundzwanzig Jahre Genialität verleiht. Leverkühn ist nicht bloß von einem Hauch Nietzsche umgeben; es gibt etliche Anspielungen auf eine Figur, mit der Hitler gemeint sein könnte; selbst die hohe Kunst wird einem zynisch prüfenden Blick unterzogen, ebenso wie die Frankfurter Schule und die Zwölftonmusik; und es finden sich mehr als nur beiläufige Hinweise auf eine Gemeinschaft wahrer Künstler – auf jene erlösende Gemeinde, von der Deutsche aller Couleur von jeher so besessen waren.

Mann blieb immer ein ernsthafter Schriftsteller und immer unangenehm berührt von der, wie er fand, geschmeidigen Zungenfertigkeit und Unüberlegtheit des kulturellen und öffentlichen Lebens in Amerika, insbesondere von dem Hang der Amerikaner, alles zu vereinfachen – worin er eine gefährliche Grundeinstellung sah, die dem Kalten Krieg nach 1945 nicht nur Vorschub leistete, sondern ihn auch anheizte. Er war stolz darauf, Bürger von Roosevelts USA geworden zu sein (1944), aber ebenso abgestoßen von der Infantilität, die er dort erlebte, wie von der Entscheidung des Landes, die Welt nicht zu führen, sondern sie sich einfach zu kaufen. Im Juni 1952 kehrte er mit Frau und Tochter Erika nach Europa zurück, in die Schweiz, in den deutschsprachigen Teil eines Landes also, das nicht Deutschland war. Und Amerika war nun ebenso froh, ihn gehen zu sehen, wie einst, ihn empfangen zu dürfen.

Auf die eine oder andere Weise und aus dem einen oder anderen Grund – weil sich die Sprachbarrieren als zu hoch erwiesen hatten, weil das sozialpolitische Klima in der Neuen Welt so ganz anders war oder weil kaum einem Autor so große Erfolge beschert waren wie den Filmemachern – kehrten die meisten Emigrantenschriftsteller nach Europa zurück, sobald sie konnten: Thomas Mann, Bertolt Brecht, Ernst Bloch, Leonhard Frank, Walter Mehring, Alfred Döblin, Erich Maria Remarque, Carl Zuckmayer. Nicht wenige von ihnen ließen sich in der Schweiz nieder, wo sie ihre Sprache sprechen konnten, ohne in das Land zurückkehren zu müssen, das zu verlassen sie gezwungen worden waren. Man darf wohl sagen, dass Hitler den Geist einer ganzen Schriftstellergeneration gebrochen oder doch zumindest auf eine Weise deformiert hat, dass er nicht mehr wiederzuerkennen war. In diesem Sinne hat das Ungeheuer gesiegt. Im Dezember 1948 schrieb Thomas Mann: »Wir armen Deutschen! Einsam sind wir im Grunde, auch wenn wir ›berühmt‹ sind. Niemand mag uns eigentlich und hat Lust, sich um uns zu bekümmern in den anderen Kulturen[...].«[82]

Das, so könnte man sagen, traf auch auf die Naturwissenschaftler zu. Dass sich neunzehn Nobelpreisträger unter den deutschsprachigen Emigranten in Amerika befanden, beweist nicht nur, welchen Kalibers die Denker waren, die vor Hitlers Plänen fliehen mussten, sondern auch, wie unverständlich Hitlers außergewöhnliche Entscheidung war, sie derart aktiv aus dem Land zu treiben. Gewissermaßen bestätigt es auch die Aussage von General Ian Jacob, Militärsekretär in Churchills Kriegskabinett, dass die Alliierten den Zweiten Weltkrieg gewonnen hätten, »weil unsere deutschen Wissenschaftler besser waren als ihre deutschen Wissenschaftler«.

Über die Rolle, die Leo Szilard (1898–1964) bei der Forschung spielte, die zur Verwirklichung einer sich selbst erhaltenden Kettenreaktion führte (wodurch eine atomare Explosion erst möglich wurde), haben wir bereits gesprochen, ebenso darüber, dass er, nachdem er 1938 aus dem englischen Exil in das amerikanische übersiedelt war, 1942 mit einem Brief zum Bau der Atombombe gedrängt hatte, der von Einstein unterzeichnet und an Roosevelt geschickt wurde. Dann entschied er sich jedoch, die Resolution der am Bau der Bombe beteiligten Wissenschaftler des Manhattan Project (der sich auch Hans Bethe angeschlossen hatte) zu unterzeichnen und zu fordern, dass man sie nur über unbewohntem Gebiet abwerfen dürfe. Wolfgang Pauli hatte sich von vornherein geweigert, in irgendeiner Form am Atombombenprojekt mitzuarbeiten, wohingegen sich sein Kollege, der deutschsprachige Ungar Edward Teller, begeistert für die Atom- wie für die Wasserstoffbombe einspannen ließ und zu einem allseits gefeierten »Falken« werden sollte.

Edward Teller (1908–2003) freundete sich im amerikanischen Exil eng mit Hans Bethe (1906–2005) an, der von Robert Oppenheimer zum Leiter der Theoretischen Abteilung des Manhattan Project in Los Alamos berufen wurde. Gemeinsam mit ihren Ehefrauen machten sie Kletterausflüge in die Berge, schließlich mieteten sie sogar gemeinsam ein Haus.[83] Doch dann überwarfen auch sie sich wegen der Bombe, die so viele Emigrantenphysiker in zwei Lager spaltete: Der Mathematiker John (János, genannt »Janczi«) von Neumann, dessen Berechnungen entscheidend waren für das Tempo, in dem man die Bombe in Los Alamos bauen konnte, ergriff zum Beispiel für Teller Partei; der Physiker Victor Weisskopf hingegen für Bethe.[84] Der große Krach kam 1954 wegen der Oppenheimer-Affäre. Robert Oppenheimer hatte 1947 den Vorsitz über ein Beratungskomitee der amerikanischen Atomic Energy Commission übernommen und in dieser Funktion von der Entwicklung einer Wasserstoffbombe abgeraten, was ihm eine Anklage wegen Verrats und des Versuchs einbrachte, einen kommunistischen Freund schützen zu wollen (die Anklage wurde fallen gelassen).[85] Doch bei der Anhörung vor dem Untersuchungsausschuss hatte Teller gegen Oppenheimer ausgesagt, woraufhin Bethe sofort ein Papier schrieb – das der Forschung erst 1982 freigegeben wurde –, in dem er bezeugte, dass die Verzögerungen des Wasserstoffbombenprojekts in Los Alamos in Wahrheit Tellers Fehlberechnungen und nicht etwa irgendwelchen dubiosen politischen Einstellungen Oppenheimers zu verdanken gewesen seien.

Bethe wurde in das wissenschaftliche Beraterkomitee des Präsidenten geholt und sollte sich bis weit in die sechziger Jahre um eine Mäßigung von Tellers aggressiver Haltung bemühen (Peter Goodchild gab seiner Teller-Biografie den Untertitel »The Real Dr. Strangelove«).[86] Die Argumente pro und contra Atom- und Wasserstoffbomben waren in den USA jedenfalls untrennbar mit den aus Deutschland emigrierten Physikern verbunden.

»Das Reich der zwei«

Glücklicherweise ist die Bombe nicht das Einzige, wofür emigrierte Naturwissenschaftler berühmt wurden. Zwischen Kurt Gödel (1906–1978), der 1940 an das Institute for Advanced Study in Princeton kam, und Albert Einstein begann sich 1942 eine enge Freundschaft zu entwickeln.[87] Einstein war natürlich der bei Weitem Berühmtere von beiden, doch zu diesem Zeitpunkt war es Gödel, der die bedeutendere Arbeit leistete (Einstein pflegte Besuchern des IAS zu erklären, dass er nur deshalb täglich ins Institut gehe, damit er in den Genuss komme, mit Gödel nach Hause spazieren zu können). Der siebenundzwanzig Jahre jüngere Gödel hatte sich noch nie guter Gesundheit erfreut und erlitt auch in Princeton immer wieder Zusammenbrüche. Doch die gemeinsamen Spaziergänge genossen beide. »Ein historisch gewachsenes Reich war in diesen beiden zu einer Zweiergemeinschaft geschrumpft, Kurt Vonnegut beschreibt es in seinem Roman *Mutter Nacht* als ›das Reich der zwei‹.«[88]

Gödels neues Denken über die Relativität hatte sich völlig von unseren Vorstellungen von »Zeit« befreit, gerade so, als wären die Grenzen, die uns unser gesunder Menschenverstand auferlegt, nicht mehr vorhanden gewesen. Einstein hatte die Vorstellung von der Raumzeit eingeführt, Raum und Zeit zu einer Einheit verschmolzen und festgestellt, dass diese gekrümmt und verzerrt sein konnte. Gödel erdachte sich nun (oder vielmehr: erarbeitete sich mathematisch) »rotierende« Universen (heute »Gödel-Universen« genannt), in denen die Raumzeitstruktur durch die Materieverteilung so verzerrt und gekrümmt ist, dass sich zeitähnliche Bahnen ergeben, auf denen ein Raumschiff mit einer bestimmten Mindestgeschwindigkeit in jede vergangene, gegenwärtige oder zukünftige Zeitregion fliegen könnte.[89]

Die Vorstellung von Zeitreisen regt natürlich die Phantasie an. Aber Gödel sagte solche Dinge nicht leichtfertig dahin, ganz im Gegenteil. Außerdem verfolgte er damit ein zutiefst philosophisches Ziel: Er wollte versuchen, ein Verständnis von »Zeit« in einer nacheinsteinschen Welt zu entwickeln. Seine entscheidende Aussage dabei lautete: »In jedem Universum, das sich mittels der Relativitätstheorie beschreiben lässt, gibt es keine Zeit.«[90] Dass Zeit gar nicht existiert, ist wirklich keine leicht verständliche Vorstellung, was wohl der Grund dafür war, dass sowohl Gödel als auch seine neue Theorie jahrelang ignoriert wurden. Doch seit der Wende zum 21. Jahrhundert gibt es erste Anzeichen eines erwachenden Interesses, denn inzwischen wurde deutlich, dass sich Gödels Ideen an mehreren Punkten mit der String-Theorie überlappen.

Die Rückkehr zum Prinzip Bildung und dessen Amerikanisierung

Wenn wir uns nun noch einmal den Beginn dieses Kapitels betrachten, dann wird deutlich, dass Allan Blooms Kommentare zum deutschen Einfluss auf die amerikanische Kultur mehr als nur ein leises Flehen um die Rückkehr zu »Bildung« waren – zu Bildung im Sinne einer in sich abgerundeten humanistischen Erziehung, die auf den griechischen und römischen Klassikern fußt, weil diese uns nicht nur die ersten, sondern auch die besten Gedanken, Schriften, Künste und so fort vererbt hätten. Diese Forderung ist letztlich nicht überraschend, da Bloom selbst Schüler des deutschen Exilanten Leo Strauss gewesen war und darunter litt, dass Amerikaner ihre Erfüllung inzwischen mit freudianischen Mitteln anstatt über den traditionelleren Bildungsweg zu finden hofften. Das stimmte ihn ungemein pessimistisch, denn er konnte sich einfach nicht vorstellen, dass seine Landsleute damit je zum Ziel kommen würden.

Blooms Ansichten und das auf ihnen beruhende Buch *The Closing of* the American Mind (1987; Der Niedergang des amerikanischen Geistes, 1988) versetzten die akademische Welt in Amerika in helle Aufregung und erhitzten die Gemüter wegen der Frage, ob etwas dran sei an seiner Kritik oder nicht, ob die großen Themen der Menschheit tatsächlich, wie er geschrieben hatte, allesamt unverändert dieselben geblieben seien, ob tatsächlich so viele sozialwissenschaftliche »Neuentdeckungen« schon im alten Griechenland gemacht und dann von hauptsächlich deutschen Denkern – Hegel, Kant, Nietzsche, Weber, Husserl, Heidegger – aufgegriffen wurden und ob, wie Blooms Kritiker behaupteten, seine Ansichten nicht vielmehr völlig überholt waren und man Kultur heute nur noch als einen »ethischen Karneval« verstehen könne.

Die Aufregung hat sich nicht gelegt. Gleich mehrere Konferenzen wurden deswegen abgehalten, darunter im August 2002 eine vom Bard College in Annandale-on-Hudson, aus der 2005 das Buch *Exile, Science, and Bildung* hervorging und an der Wissenschaftler aus den Vereinigten Staaten, Kanada, Großbritannien, Frankreich, Deutschland und Ungarn teilnahmen. Der Tenor lautete, dass die Bildungsdebatte in Amerika bereits mit der Veröffentlichung von Abraham Flexners Buch *Universities – American, English, German* im Jahr 1930 eingesetzt habe und man nun dringend feststellen müsse, wie es um die Bildung inzwischen bestellt sei. Abraham Flexner (1866–1959), der sein ganzes Leben der Lehre und Forschung gewidmet hatte, ob als »Secretary of the General Education Board of the Rockefeller Foundation« oder als der Mann, der mit der Entwicklung und dem Aufbau des Institute for Advanced Study in Princeton betraut wurde (dessen Direktor er bis 1939 war), hatte festgestellt, dass letztendlich weder die amerikanischen noch die englischen höheren Bildungsinstitutionen mehr seien als Sekundarschulen und »einzig Deutschland, auf den historischen Initiativen Wilhelm von Humboldts aufbauend, wahre Universitäten kennt«.[91] Für ihn bestand der einzige Sinn und Zweck von Universitäten in der Vermittlung von Bildung.

Die Teilnehmer der Bard Conference beschlossen also, die Karrieren und Publikationen der aus Deutschland nach Amerika emigrierten Gelehrtenschar sowie deren Beziehungen untereinander zu untersuchen, um herauszufinden, inwieweit sie die deutsche Vorstellung von Bildung nicht nur mitgebracht, sondern auch beibehalten hatten. Zu den Persönlichkeiten, die unter diesen Aspekten unter die Lupe genommen wurden, zählten Thomas Mann, László Moholy-Nagy, Erwin Panofsky, Paul Lazarsfeld, Ernst Cassirer, Theodor W. Adorno, Max Horkheimer, Siegfried Kracauer, Karl Mannheim und Paul Oskar Kristeller – viele der Denker also, die auch im vorliegenden Buch behandelt werden.

Im Zuge dieser Studien wurde dann festgestellt, dass zahlreiche Emigranten ihre Bildungsbesessenheit in Amerika verloren hatten. Ob es daran lag, dass die Erfahrung des Exils einfach zu viel für sie war, oder daran, dass die Vereinigten Staaten einfach zu anders waren, konnte niemand beantworten. Es *waren zwar* einige Aspekte der deutschen Bildungskultur in das amerikanische Leben integriert worden, doch die hatten im Lauf dieses Prozesses zugleich eine Amerikanisierung erfahren. Zu beobachten war das insbesondere bei drei Aspekten. Erstens schien die Vorstellung von einer *kritischen* Sozialforschung (im Gegensatz zur reinen Zahlenverarbeitung) dank der Arbeit des Frankfurter Instituts für Sozialforschung in den USA schnell um sich gegriffen zu haben. Damit waren die reinen »Zahlensoziologen« zwar nicht abgeschafft worden, doch Fakt war, dass die kritische Sozialforschung dank der von Adorno, Horkheimer und all den anderen aufs Tapet gebrachten Themen im Amerika der Nachkriegszeit zu blühen und zu gedeihen begonnen hatte.

Der zweite Aspekt war die Herausforderung, die das Denken der deutschen Emigranten für die empirische Tradition darstellte. Deutsche Philosophen hatten verstanden, dass es unpersönliche, jeder Kontrolle entzogene Kräfte gab, die ihr Schicksal bestimmten. Das hatten nicht nur Denker wie Hegel und Nietzsche so gesehen, das fand auch Heidegger. Seine Vorstellung, dass sich der Mensch der gegebenen Welt »unterwerfen« und sich lieber um sie kümmern sollte, als immer nur den Versuch zu unternehmen, sie zu kontrollieren, zeugte von einer Ethik, die dem materialistischen amerikanischen Denken nicht gerade wesensverwandt war, weil sie eindeutig aus dem deutschen Bildungsansatz entstanden war. Aber in den ersten Nachkriegsjahrzehnten gewann sie auch dort zunehmend an Bedeutung.

Der Aspekt des Bildungsbegriffs, der in Amerika die größte Resonanz fand und zugleich am stärksten amerikanisiert wurde, war jedoch das Konzept der »Selbsterkenntnis« und/oder »Selbstverwirklichung«. Parallel zu dem Begriff »self-realisation« (mit Hilfe von Bildung) hatte auch das freudianische Vokabular zur Beschreibung individueller Selbstverwirklichung Eingang in den amerikanischen Sprachgebrauch gefunden. Die Psychoanalyse (beziehungsweise deren psychologische Vorgehensweisen) beruhte natürlich auf einem zutiefst persönlichen, individualistischen Ansatz. Ihr moralischer Gehalt beschränkte sich implizit auf die Lehre, dass ein (geistig) gesunder Bürger besser sei als ein kranker. Und im Gegensatz zu der Art von Selbstverwirklichung, die auf traditioneller Bildung beruhte, versuchte die Psychoanalyse auch nicht zu ergründen, was es in einem ethischen oder politischen Sinne bedeutet, ein guter Bürger oder eine »kulturethische Persönlichkeit« zu sein. So betrachtet muss man sagen: Ja, die »Bildung« hat in Amerika Einzug gehalten, aber gewissermaßen in einer verarmten Form.

Im Schlusswort werden wir noch einmal auf dieses Thema zurückkommen. Im Moment können wir jedoch feststellen, dass die deutschen Emigranten im amerikanischen Exil, gemessen an ihrer realen, relativ kleinen Zahl, einen überproportionalen Einfluss ausübten, aber durch ihre Erfahrungen als Exilanten auch selbst stark beeinflusst (und in manchen Fällen bezwungen) wurden.

In Großbritannien sah die Lage etwas anders aus.

40
»Seiner Majestät loyalste feindliche Ausländer«

Während sich in den Vereinigten Staaten rund hundertdreißigtausend deutsche Emigranten niederließen, betrug die Zahl der Flüchtlinge in England ungefähr fünfzigtausend.[1] Doch proportional gesehen war das natürlich ein wesentlich höherer Anteil, denn die Bevölkerungszahl der USA betrug das Vierfache und die Landmasse das Zehnfache der britischen. Die Erfahrungen der Emigranten in beiden Ländern lassen sich nur schwer vergleichen. Der englische Sozial- und Kulturhistoriker Daniel Snowman hat viele prominente deutsche Emigranten in England zu ihrem Leben befragt und dabei zwei Dinge festgestellt, die auf alle zutrafen: Sie waren in Elternhäusern aufgewachsen, die »von Musik erfüllt« gewesen waren, und für ihre kulturelle Entwicklung hatten jeweils die Mütter, für die fundiertere Bildung die Väter gesorgt.[2]

Das Land, in dem diese Flüchtlinge dann eintrafen, war deutscher Kultur gegenüber allerdings nicht besonders aufgeschlossen. Die meisten gebildeten Briten interessierten sich mehr für Frankreich und (in geringerem Maße) Italien. Christopher Isherwood schrieb in seinem Bericht über die Zeit, die er in den dreißiger Jahren in Berlin und Hamburg verlebt hatte, er sei von seinen englischen Freunden so heftig wegen seines Interesses an Deutschland angegriffen worden, dass er sich schließlich wünschte, er wäre lieber »in das Frankreich von Proust und der französischen Impressionisten« gereist. Seit dem Ersten Weltkrieg waren deutsche Kunst und Kultur zum Anathema in England geworden, und das, obwohl Männern wie dem Komponisten Edward Elgar und dem Pianisten Sir Donald Tovey vor dem Krieg die Anerkennung in *Deutschland* noch wichtiger gewesen war als die in England.

Flüchtlinge waren in England wie in Amerika seit Anfang der dreißiger Jahre eingetroffen. Zu den ersten zählten Carl Ebert und Rudolf Bing. Ebert war zuletzt Intendant der Deutschen Oper Berlin gewesen und aus dieser Position nach einem »Gespräch« mit Göring wegen seiner »besonders liebevoll inszenierten Jüdischen Machwerke« und seiner »auch künstlerisch absolut bolschewistisch[en]« Tendenzen entlassen worden[3]; Bing war Leiter des Künstlerischen Betriebsbüros der Deutschen

Oper Berlin gewesen und zeitgleich gefeuert worden. 1934 riefen sie gemeinsam das Festival von Glyndebourne ins Leben, 1947 auch das Internationale Festival in Edinburgh (bis dahin hatte Bing »kaum gewusst, wo Schottland liegt«4). Auch Walter Gropius traf bereits 1934 in England ein. In diesem Jahr war er wegen der Vorbereitungen einer Werkausstellung am *Royal Institute of British Architects* in London gewesen und eingeladen worden, noch im selben Jahr nach England zu übersiedeln. Unter den Projekten, die er dort realisierte, ist vor allem das Impington Village College nördlich von Cambridge zu nennen, das er gemeinsam mit Maxwell Fry baute. Der Tänzer und Choreograf Rudolf Laban, der in Stuttgart die 1922 nach Hamburg verlegte »Tanzbühne Laban« gegründet hatte und dessen Schüler bis Ende des Jahrzehnts »Laban-Schulen« in ganz Europa ins Leben riefen, schloss sich 1938 in Dartington Hall der School of Dance an, die jüngst von seinen Schülern Kurt Jooss und Sigurd Leeder eröffnet worden war (Dartington Hall war der Landsitz der Mäzene Leonard und Dorothy Elmhirst in Devon, die gerade eine Menge Staub mit den von ihnen geförderten sozialen, landwirtschaftlichen und künstlerischen Experimenten aufwirbelten).[5] Der Regisseur und Filmproduzent Alexander Korda, der aus einer ungarisch-jüdischen Familie stammte und sich in Wien und Berlin seine filmischen Sporen verdient hatte, war bereits 1926 nach Hollywood gegangen. Doch dort war er so glücklos, dass er 1932 schließlich in London auftauchte, wo sich das Blatt für ihn zu wenden begann und er zu einem der erfolgreichsten Filmproduzenten aller Zeiten wurde. Der ebenfalls in Ungarn geborene Drehbuchautor, Regisseur und Produzent Emeric Pressburger, der wie Robert Siodmak, Billy Wilder und Carl Meyer (er schrieb das Drehbuch zu *Dr. Caligari*) für die Ufa in Berlin gearbeitet hatte, floh im Frühjahr 1933 nach London, wo ihn Korda dem aufstrebenden Regisseur Michael Powell vorstellte: Eine langlebige Partnerschaft war geboren. Der Kunsthistoriker Ernst Gombrich emigrierte 1936 aus Wien nach England. Seine Studienobjekte Oskar Kokoschka und Kurt Schwitters folgten in den Jahren 1938 und 1940.

England hat jedoch nie eine Flüchtlingsschwemme erlebt. In den ersten Jahren des Hitler-Regimes waren etwa zweitausend eingetroffen, viel weniger als in Frankreich (einundzwanzigtausend), Polen (achttausend) und Palästina (zehntausend). Doch je dunkler die Wolken der dreißiger Jahren drohten, desto mehr wurde England – neben den Vereinigten Staaten – zum bevorzugten Ziel, vor allem, seit die Briten nach dem »Anschluss« 1938 zugestimmt hatten, »Schiffsladungen« mit Kindern von Familien aus Deutschland, Österreich und anderen Ländern aufzunehmen. Laut Daniel Snowman begannen die »Kindertransporte« im Dezember 1938 und wurden bis Kriegsausbruch im September 1939 fortgesetzt. In diesem Zeitraum fanden rund zehntausend Kinder, die im Sinne der Nürnberger Gesetze Juden waren, einen Zufluchtsort in England.

Zur Rettung von Wissenschaftlern wurde der »Academic Assistant Council« ins Leben gerufen (später umbenannt in *Society for the Protection of Science and Learning*), das geistige Kind von Leo Szilard, William Beveridge, dem Direktor der London School of Economics, und Lionel Robbins, ebenfalls an der LSE. Diese Organisation, die ihre Räumlichkeiten über der Royal Society in Burlington Gardens hatte, half neben vielen anderen auch dem Philosophen Karl Mannheim, dem Physiker Max Born, dem Biochemiker Hans Krebs und dem Physiker Rudolf Peierls.[6] Im Jahr 1992 befanden sich nicht weniger als vierundsiebzig einstige Flüchtlinge oder Kinder von einstigen Flüchtlingen unter den Mitgliedern der Royal Society, weitere vierunddreißig unter den Mitgliedern der British Academy. Sechzehn von ihnen waren Nobelpreisträger geworden, achtzehn von der Queen geadelt worden.[7]

Jüdische Emigranten scheuten sich meist, sich in den traditionell »jüdischen« Stadtteilen im Londoner East End anzusiedeln, dafür musste in Swiss Cottage, einem Distrikt des Stadtteils Camden, bald schon eine Synagoge gebaut werden (die Belsize Square Synagogue). Viele dieser Emigranten versuchten natürlich selbst, ihren verfolgten Kollegen zu helfen, sobald sie eine Anstellung gefunden hatten. Dass das zu einem kollektiven Problem werden sollte, hatte mit der befürchteten Invasion im Frühjahr 1940 zu tun, denn nun wurden Tausende Flüchtlinge als *enemy alien* (feindliche Ausländer) auf der Isle of Man interniert, darunter zum Beispiel der Chemiker Max Perutz, der spätere BBC-Produzent Stephen Hearst, der Bratschist Hans Schidlof, der Geiger und Musikkritiker Hans Keller, der Choreograf Kurt Jooss, der Publizist Sebastian Haffner, der Dadaist Kurt Schwitters oder der Statistiker Claus Moser.[8] Die einzig gute Nachricht war, dass sich damit derart geballtes Talent auf der Isle of Man angesammelt hatte, dass im Lager erstklassige Seminare zu allen nur erdenklichen Themen angeboten werden konnten, vom chinesischen Theater bis hin zur etruskischen Sprache. Die internierten Flüchtlinge pflegten sich als »Seiner Majestät loyalste feindliche Ausländer« zu bezeichnen.[9]

Einige wurden bereits nach wenigen Wochen aus dem Lager entlassen (Claus Moser zum Beispiel). Die Ausschüsse, die zur Begutachtung der Internierten gebildet worden waren (und Männern wie dem Komponisten und Dirigenten Ralph Vaughan Williams unterstanden, der das Komitee zur Begutachtung der emigrierten Musiker leitete), gaben meist sehr freundliche Bewertungen ab. Die Kunsttöpferin Lucie Gomperz-Rie zum Beispiel wurde entlassen, um als Brandwache in London zu helfen; der Kunsthistoriker Nikolaus Pevsner wurde zur Räumung von Bombenschutt eingeteilt und Hans Schidlof zum Zahntechniker ausgebildet. Doch nicht jedem wurde eine untergeordnete Tätigkeit zugewiesen. Die Physiker Rudolf Peierls, Klaus Fuchs und Jozef Rotblat schickte man nach Los Alamos zur Mitarbeit am Manhattan Project; Ernst Gombrich, der Theaterwissenschaftler Martin Esslin und der Verleger George Weidenfeld hörten für die *BBC Monitoring Services* deutsche Sender ab; andere, wie Stephen Hearst oder Charles Spencer, wurden ihrer sprachlichen Fähigkeiten wegen beim Verhör von Kriegsgefangenen eingesetzt.[10]

Derweil konnte Alexander Korda mit Antinazifilmen wie *The Lion Has Wings* sein Talent unter Beweis stellen (die Dreharbeiten zu dieser Geschichte über die Unbesiegbarkeit der Royal Air Force hatten bereits vor Kriegsausbruch begonnen)[11]; Emeric Pressburger drehte seinen Film 49th *Parallel*; der österreichische Satiriker Martin Miller polierte seine bei Engländern so beliebten Hitler-Imitationen auf und gründete in der Westbourne Terrace die Kleinkunstbühne »Laterndl«, die die Engländer mit dem für sie noch kaum bekannten Genre des Kabaretts bekannt machte. Daneben gab es einen »Blue Danube Club« und den »Freien Deutschen Kulturbund« (FDKB), eine Dachorganisation für die Unterstützung von Schriftstellern, Schauspielern, Musikern und Wissenschaftlern, zu deren Gründungsvätern Stefan Zweig (der nie glücklich in England war), Berthold Viertel, Fred Uhlman und Oskar Kokoschka zählten.[12]

Als man Menschen wie Institutionen aus London evakuierte, begann sich Oxford zum Zentrum des Emigrantenlebens zu entwickeln. Rudolf Bing wohnte ebenso dort wie der Komponist und Schönberg-Schüler Egon Wellesz (der einen Ehrendoktor von Oxford erhalten hatte), der Dichter Michael Hamburger, der Philosoph Ernst Cassirer oder Nicola Rubinstein, die dort Renaissancegeschichte lehrte. Der Medizinhistoriker Paul Weindling hat mehr als fünfzig Flüchtlinge aus dem Kreis der Akademiker herausgefiltert, die sich während des Zweiten Weltkriegs in Oxford aufhielten, darunter einen hohen Prozentsatz an Medizinern – was jedoch nicht überrascht, bedenkt man, dass es bis zum Kriegsausbruch eine Achse Berlin–Oxford gegeben hatte, der viele gute persönliche Kontakte zwischen den beiden Seiten zu verdanken waren. Auch Cambridge beherbergte seinen Anteil an emigrierten Wissenschaftlern: Hermann Blaschko, Hans Krebs, Rudolf Peierls oder Max Perutz; abgesehen davon war die Stadt zur Exilheimat der London School of Economics geworden, welcher sich mittlerweile auch Friedrich von Hayek zugesellt hatte. Hayek galt zu dieser Zeit als Hauptkonkurrent des Cambridge-Mannes John Maynard Keynes, doch ungeachtet aller fachlichen Meinungsunterschiede sollten die beiden enge Freunde werden. Nach dem Krieg wurde die LSE zur Heimstatt von bedeutenden Emigrantenwissenschaftlern: Claus Moser, John Burgh, Ralph Miliband, Ernest Gellner, Peter Bauer, Hilde Himmelweit (die bei Hans Eysenck promoviert und assistiert hatte), Bram Oppenheim, Michael Zander.

Aber es gab Probleme, die man nicht übergehen kann. Die Maler Ludwig Meidner und Kurt Schwitters zum Beispiel erzählten, dass sie sich in England nie wirklich angenommen gefühlt hatten; Elias Canetti (der 1981 den Literaturnobelpreis erhielt) kam nie darüber hinweg, dass ihm die Engländer so spießbürgerlich erschienen waren (wiewohl er von der Historikerin C. V. Wedgewood übersetzt und von Iris Murdoch seiner Brillanz wegen gepriesen wurde). Der Statistiker Claus Moser berichtete Daniel Snowman, dass seine Eltern nie wieder zum Elan ihres alten Lebens zurückgefunden und sich, stoisch dem Schicksal ergeben, in den abgeschiedenen Londoner Bezirk Putney zurückzogen hatten, wo es so ganz anders zuging als in der schillernden Welt von Berlin oder der Weimarer Republik.[13]

Doch sobald sich das Blatt des Krieges gewendet hatte (und in der Nachkriegszeit ohnehin), begannen sich neue Möglichkeiten zu eröffnen. Schönbergs Meisterschüler Walter Goehr, der in England alle möglichen Gelegenheitsarbeiten hatte annehmen müssen, leitete ab 1945 das BBC Theatre Orchestra und spielte Platten mit Richard Tauber ein. Kurt Jooss brachte derweil eine Neuinszenierung der *Zauberflöte* im Oxforder New Theatre auf die Bühne und choreografierte *Pandora*.

Die Geschichte von Ernst Gombrich (1909–2001) verdeutlicht, dass deutschsprachige Emigranten in England nicht nur die naturwissenschaftliche Forschung beeinflusst oder in der Musik ihre Spuren hinterlassen, sondern vor allem auch die Literatur und das Verlagswesen geprägt haben. Gombrichs Schriftstellerkarriere hatte 1934/1935 in Wien begonnen, als ihn der Verleger Walter Neurath gebeten hatte, eine *Kurze Weltgeschichte für junge Leser* zu schreiben, was dann weiterführte zu der Idee einer kunsthistorischen Publikation. Sie erschien 1950 schließlich unter dem Titel *The Story of Art (Die Geschichte der Kunst)* in England, wo Gombrich und sein Verleger seit ihrer Flucht lebten. Das Buch war eine Sensation, wurde in vierunddreißig Sprachen übersetzt und millionenfach verkauft (die deutsche Fassung befindet sich mittlerweile in der 15. Auflage). Es ist das vermutlich erfolgreichste kunsthistorische Werk aller Zeiten. Gombrich wurde auf den Oxforder Slade-Lehrstuhl für Kunstgeschichte berufen. Unter seinen Schriften finden sich noch zwei weitere bahnbrechende Studien: *Art and Illusion* (1959; *Kunst und Illusion*, 1967), eine, wie es im Untertitel heißt, »Studie zur Psychologie der Bildpräsentation« und *The Sense of Order* (1979; *Ornament und Kunst* 1982) über den »Schmucktrieb und Ordnungssinn in der Psychologie des dekorativen Schaffens«. 1959 wurde er Direktor des Warburg Institute, dem er bereits seit 1936 angehört hatte, und blieb es bis zu seiner Emeritierung im Jahr 1976. 1972 wurde er zum Ritter geschlagen.[14]

Hier eine kurze Namensliste, die verdeutlichen kann, *welchen* Einfluss Emigranten auf das Verlagswesen in England hatten: George Weidenfeld, Kurt Maschler, Walter Neurath, Paul Hamlyn (ursprünglich Paul Hamburger), Bela Horowitz, Peter Owen, André Deutsch, Paul Elek, Robert

Maxwell. Der englische Verleger Stanley Unwin trug dazu bei, dass der Wiener Phaidon-Verlag sicher nach England transferiert werden konnte, indem er dessen gesamten Aktienbestand aufkaufte, die Gesellschaft somit praktisch »arisierte« und damit zum »Tochterunternehmen« des britischen Hauses deklarieren konnte.

Die wahrscheinlich größte Erfolgsgeschichte im Verlagswesen ist jedoch die von George Weidenfeld (*1919 in Wien), der nach dem »Anschluss« nach England emigrierte und dort sofort die Zeitschrift *Contact* ins Leben rief, eine Mischung aus *New Yorker*, *New Republic* und *New Statesman*. Doch obwohl er Artikel bei Bertrand Russell, Ernst Gombrich und Benedetto Croce in Auftrag gab, blieb der kommerzielle Erfolg aus. Sein Glück wendete sich nach einem Lunch mit Israel Sieff, einem der Geschäftsführer von Marks & Spencer. Sieff ging mit ihm in den Laden in Marble Arch, damit er mit eigenen Augen sehen konnte, wie den Verkäufern in der Buchabteilung Kinderbuchklassiker aus den Händen gerissen wurden. Sie waren allesamt in Amerika publiziert worden, aber das, meinte Sieff, könnte doch wohl auch ein britischer Verlag schaffen. Dann schlug er Weidenfeld vor, selbst solche Klassiker herauszubringen und direkt über Marks & Spencer zu vertreiben.

Weidenfeld schritt schnell zur Tat und publizierte eine Reihe von urheberrechtlich nicht mehr geschützten Titeln wie *Treasure Island*, *Black Beauty* und *Grimm's Fairy Tales*. 1949 gründete er mit dem britischen Autor Nigel Nicolson den Verlag Weidenfeld & Nicolson. Aber das war nicht sein einziger Coup als Verleger: Er brachte nach jeder Menge Kontroversen auch Vladimir Nabokovs *Lolita* heraus, oder Isaiah Berlins Tolstoi-Essays *The Hedgehog and the Fox (Der Igel und der Fuchs)* und die Memoiren von David Ben Gurion, Golda Meir, Abba Eban, Mosche Dayan und Shimon Peres (neben vielen Werken, die in das vorliegende Buch Eingang fanden, darunter auch die englischen Übersetzungen von Ernst Noltes *Der Faschismus in seiner Epoche* und Ralf Dahrendorfs *Gesellschaft und Demokratie in Deutschland*). Im September 2009 veranstaltete der gefeierte Architekt Norman Foster anlässlich von Weidenfelds neunzigstem Geburtstag in Genf ein Fest mit dreihundert hochrangigen Freunden des Verlegers, darunter der stellvertretende Ministerpräsident Israels, zehn Botschafter, Berühmtheiten aus der Medien- und Verlagsbranche und, wie Weidenfeld erzählte, »ein paar Habsburgern«.

Kaum weniger beeindruckend als Weidenfelds verlegerische Leistungen waren die Erfolge von Nicholas (Nikolaus) Pevsner (1902–1983). Der in Leipzig geborene Kunsthistoriker und Architekturkritiker war 1934 nach England gekommen, wo er bald für den Möbeldesigner Gordon Russell zu arbeiten begann. Während des Krieges übernahm er (in Vertretung) die Herausgabe der *Architectural Review*, bekam einen kunsthistorischen Lehrauftrag am Londoner Birkbeck College und schrieb ein Buch über die europäische Architektur. 1955 hielt er die »Reith Lectures« der BBC zum Thema »The Englishness of English Art«. Aber es waren zwei andere Projekte, mit denen er vermutlich sogar noch mehr Einfluss ausüben sollte. Das erste war aus einem Gespräch hervorgegangen. Pevsner hatte mit Allen Lane – dem Pionier des englischen Taschenbuchs und Gründer des Penguin-Verlags – über die Einführung einer neuen Reihe von kunstgeschichtlichen Werken diskutiert, die unter dem Namen *Pelican History of Art* auf den Markt kommen sollte. Unter seiner Ägide wurde das Ganze dann zu einem vielbändigen Mammutwerk über die kunsthistorischen Entwicklungen in aller Welt. Das zweite Projekt war die Reihe *Buildings of England* über die bedeutendsten und schönsten Bauten Großbritanniens: Sie wurde von Pevsner nicht nur konzipiert, sondern auch allein geschrieben. Rund dreißig Jahre arbeitete er daran und setzte sich damit selbst ein Denkmal.[15]

Der kulturelle Beitrag des Historikers Eric Hobsbawm (*1917 in Alexandria, aber in Wien und Berlin aufgewachsen) folgte etwas später. Hobsbawm fühlte sich stark zum Kommunismus hingezogen, nicht nur als einer Alternative zum Kapitalismus, sondern auch als einem Gegenentwurf zum Zionismus, für den er wenig übrighat. 1933 floh er mit seiner Familie nach England. Seine akademische Karriere begann er 1947 am Birkbeck College. Gemeinsam mit Kollegen rief er die einflussreiche geschichtswissenschaftliche Zeitschrift *Past & Present* ins Leben, er schrieb Bücher über die Arbeiterklasse (*Primitive Rebels*, 1959 [*Sozialrebellen. Archaische Sozialbewegungen im 19. und 20. Jahrhundert*] und *Labouring Men*, 1964) und er verfasste eine sehr populäre Tetralogie: *The Age of Revolution 1789–1848* (1962; *Europäische Revolutionen: 1789 bis 1848*, 1962), *The Age of Capital: 1848–1875* (1975; *Die Blütezeit des Kapitals. Eine Kulturgeschichte der Jahre 1848–1875*, 1980), *The Age of Empire 1875–1914* (1987; *Das imperiale Zeitalter 1875–1914*, 1989) und *The Age of Extremes* (1994; *Das Zeitalter der Extreme. Weltgeschichte des 20. Jahrhunderts*, 1998).[16]

Sowohl Karl Popper als auch Friedrich von Hayek setzten ihre Kritik am Sozialismus und Historismus fort, mit der sie in den vierziger Jahren begonnen hatten. Popper veröffentlichte 1959 sein Werk *The Logic of Scientific Discovery* (eine umgearbeitete Fassung seiner bereits 1934 publizierten Studie *Logik der Forschung*), in dem er darlegte, weshalb ein Naturwissenschaftler der Natur immer nur als Fremder begegnen kann und dass sich die naturwissenschaftliche Forschung und Beobachtung von allen anderen Forschungen und Beobachtungen unterscheiden, da sie ausschließlich falsifizierbares Wissen ansammeln. Ganz entscheidend grenzten sich beide mit solcher Kritik von Religion und Metaphysik ab. Naturwissenschaftliche Forschung ist die Verkörperung einer »offenen Gesellschaft«. Friedrich von Hayek wechselte 1950 von der London

School of Economics an die Universität von Chicago, weshalb er ebenso gut im Kapitel über die amerikanischen Emigranten hätte behandelt werden können. Doch da er schon zwei Jahre später in die deutschsprachige Welt zurückkehrte – das heißt eine Professur an der Freiburger Universität annahm und Honorarprofessor in Salzburg wurde –, wäre das nicht ganz korrekt gewesen.

Hayeks Studie über *Die Verfassung der Freiheit*, in der er den Fokus seines Werkes von der Planung auf die Ethik ausweitete, veröffentlichte er auf dem Höhepunkt des Kalten Krieges im Jahr 1960. Dabei ging er von der Prämisse aus, dass sich die Werte, an denen wir unser Handeln orientieren, auf die gleiche evolutionäre Weise entwickelt haben wie unsere Intelligenz. Individuelle Freiheit sei ein Geschöpf des Gesetzes und könne daher außerhalb einer Zivilgesellschaft nicht existieren. Der Begriff »soziale Gerechtigkeit«, der in den sechziger Jahren so strapaziert wurde und auch dem Konzept der *Great Society* zugrunde lag, sei nichts als »ein quasi-religiöser Aberglaube«. Gesetze entwickelten sich im Lauf der menschlichen Evolution ganz natürlich, da sie unmittelbar aus dem Umgang der Menschen miteinander hervorgingen. Deshalb könne man auch sagen, dass Gesetze früher da waren als der Staat und folglich weder Geschöpfe irgendeiner staatlichen Autorität seien noch der Befehlsgewalt irgendeines Souveräns unterstünden. »Soziale Gerechtigkeit« sei somit bloß ein »Wieselwort«, außerdem bedeute sie eine unbefugte (und nicht handhabbare) Einmischung in die natürlichen Prozesse. Weder Popper noch Hayek waren Kulturpessimisten im traditionellen deutschen Sinne, aber ihren Ansätzen nach unverkennbare Darwinisten. Hayek erhielt 1974 den Wirtschaftsnobelpreis und wurde 1984 in England mit dem Orden »Companion of Honour« geehrt. Karl Popper wurde 1965 zum Ritter geschlagen.

Ein Verlags-, Literatur- und Geschichtsunterfangen ganz anderer Art war die Londoner Holocaust Library von Alfred Wiener (1885–1964). Dem gebürtigen Potsdamer und ausgebildeten Arabisten, der als Soldat im Ersten Weltkrieg das Eiserne Kreuz verliehen bekommen hatte, war sofort klar gewesen, welche Bedrohung der Nationalsozialismus darstellte. Deshalb begann der »Centralverein deutscher Staatsbürger jüdischen Glaubens« bereits 1928 unter seiner Ägide, das »Büro Wilhelmstraße« aufzubauen, das alle Aktivitäten der Nazis dokumentieren sollte. 1933 musste Wiener jedoch fliehen. Er ging nach Amsterdam, wo er das »Jewish Central Information Office« gründete, bevor er 1939 mitsamt dieser Sammlung nach England emigrierte, um sie nach dem Ende des Krieges in die Bibliothek und das Forschungszentrum »Wiener Library« umzuwandeln, die zu einer der wichtigsten Quellen für die Holocaustforschung werden sollte.[17]

Ein Mann von vergleichbarer, wenn nicht in so mancher Hinsicht noch beeindruckenderer Statur war Leo Baeck (1873–1956). Geboren wurde er in Lissa, in der Provinz Posen (dem polnischen Leszno). Er studierte am Breslauer Rabbinerseminar und an der Hochschule für die Wissenschaft des Judentums in Berlin. 1895 promovierte er bei Wilhelm Dilthey über Spinoza, anschließend ließ er sich als Rabbiner in Oppeln nieder. 1905 erschien sein Hauptwerk *Das Wesen des Judentums*, in dem er sich kritisch mit Adolf von Harnacks *Wesen des Christentums* auseinandersetzte. Die Art und Weise, wie er darin neukantianische Ideen mit jüdischen verband, machte ihn zu so etwas wie einem Helden für seine jüdischen Mitbürger in Deutschland.[18] Am Ersten Weltkrieg nahm Baeck als Feldrabbiner teil, anschließend wurde er Vorsitzender des Allgemeinen Rabbinerverbands in Deutschland und übernahm diverse repräsentative Ämter für liberale jüdische Organisationen, die sich dem Schutz jüdischer Interessen verpflichtet hatten. 1943 wurde er in das Konzentrationslager Theresienstadt verschleppt und dort von den Insassen in den Ältestenrat gewählt. Nachdem das Lager im Mai 1945 schließlich von den Russen befreit wurde, übersiedelte er nach London, wo die englische Übersetzung seines zweibändigen Werkes *Dieses Volk Israel* (1955/1957) erschien und seinen internationalen Ruhm mehrte. 1955 wurde in Jerusalem zu seinen Ehren das »Leo Baeck Institut für die Geschichte und Kultur der deutschsprachigen Juden« mit Niederlassungen in London und New York ins Leben gerufen. In der Bundesrepublik gibt es eine »Wissenschaftliche Arbeitsgemeinschaft des Leo Baeck Instituts«, 2001 wurde im Jüdischen Museum Berlin eine Dependance des New Yorker Archivs eingerichtet; in Melbourne gibt es ein »Leo Baeck Centre for Progressive Judaism« und in Toronto eine jüdische Reformschule, die seinen Namen trägt. Ein Jahr nach der Gründung des Jerusalemer Instituts starb Leo Baeck.

Nach England emigrierte Journalisten versammelten sich hauptsächlich in der BBC und bei den Printmedien – hier vor allem bei David Astors *Observer*, für den zum Beispiel Sebastian Haffner, Arthur Koestler, Richard Löwenthal, Ernst Schumacher und Isaac Deutscher schrieben. Das zweite wichtige Standbein der BBC neben den journalistischen Programmen und den Hörspielen war natürlich die Musik. Und in dieser Programmsparte hinterließen die deutschsprachigen Flüchtlinge mindestens ebenso tiefe Spuren wie in den naturwissenschaftlichen Bereichen, dem Verlagswesen oder der sozialpolitischen Theorie. Drei aus Wien stammende Emigranten hatten einen überproportional hohen Einfluss auf die Musiksparte der BBC: Hans Keller (1919–1985), Martin Esslin (1918–2002) und Stephen Hearst (1919–2010).

Hans Keller, der nach dem »Anschluss« nach London floh, wo bereits eine Schwester von ihm lebte, war ein Bewunderer von Gershwin und Debussy, außerdem zutiefst von freudianischen Ideen beeinflusst. Seinen Namen in England machte er sich als Musikkritiker und Verehrer von Benjamin Britten. Kurz nachdem William Glock 1959 Leiter der Musikabteilung des BBC-Kulturprogramms wurde, stellte er Keller ein. Beide liebten Haydn und Mozart (der zu diesem Zeitpunkt keine uneingeschränkte Bewunderung in England genoss), setzten aber auch alles daran, moderne und zeitgenössische Musik zu fördern.[19] Es ist diesen beiden Männern zu verdanken, dass die musikalische Bildung in England so deutlich verbessert werden konnte. Kellers Biograf bezeichnete ihn als das »musikalische Gewissen« des britischen Rundfunks.[20]

Martin Esslin übernahm eine vergleichbare Rolle für das britische Theater. Er wurde in Budapest geboren, war aber in Wien aufgewachsen und hatte dort die damals so typische klassische Bildung deutschsprachiger Gymnasien erhalten (Latein mit elf, Griechisch mit zwölf, gefolgt von Philosophie). Die Frau, die sein Vater nach dem Tod der Mutter geheiratet hatte, lehrte ihn außerdem nicht nur Wagner zu lieben, sondern schenkte ihm auch ein Marionettentheater und brachte ihm zu diesem Zweck die Stücke von Hauptmann, Schnitzler und Brecht nahe, über die er später hochgelobte Bücher schreiben sollte, welche ihm dann wiederum eine Anstellung bei der BBC und 1963 schließlich die Leitung der Theaterabteilung des Senders bescherten.[21]

Als Leiter von BBC 2 war Stephen Hearst für das umfassendste Kulturangebot des Senders verantwortlich. Schon als Schüler in Wien war er ein ausgesprochener Englandliebhaber gewesen und hatte Oscar Wildes *Bunbury* im Original inszeniert. Er floh am Tag nach dem »Anschluss«, wurde gleich nach seinem Studium in Oxford Mitarbeiter der BBC und hielt das immer für ein großes Glück, weil die sechziger und frühen siebziger Jahre *die* goldenen Jahre der Kunst- und Kulturprogramme im britischen Fernsehen werden sollten (es war die Zeit, als der Schriftsteller Kenneth Clark das Buch für die Serie *Civilisation* schrieb und Alistair Cook seine Sendungen *American Letters* moderierte).[22]

Rudolf Bing und sein Anteil am englischen Musikbetrieb wurden bereits erwähnt. Zu ergänzen sei hier, dass er 1950, drei Jahre nachdem er das Edinburgh International Festival ins Leben gerufen hatte, den Ruf an die New Yorker Metropolitan Opera annahm. Der österreichische Dirigent und Komponist Karl Rankl wurde 1947 zum musikalischen Direktor der Royal Opera in Covent Garden ernannt. Er war nicht die erste Wahl gewesen: Man hatte bereits Gespräche mit Eugène Goossens und Bruno Walter geführt, die jedoch zu hohe Forderungen gestellt hatten. Rankl war vielleicht nicht so bekannt wie diese beiden, aber ein erfahrener Musiker, hatte bei Arnold Schönberg und Anton von Webern in Wien studiert und war Otto Klemperers Assistent in Berlin gewesen, bevor er Generalmusikdirektor des Wiesbadener Stadttheaters, Opernchef am Grazer Landestheater und schließlich Leiter des Neuen Deutschen Theaters in Prag wurde. Von dort floh er 1939 nach England, nur um gleich darauf interniert zu werden. Es dauerte seine Zeit, bis Rankl Fuß fassen konnte. Während des Krieges war die Oper in Covent Garden als Tanzpalast für Soldaten auf Heimaturlaub an »Mecca Café Ltd« vermietet worden, während das Ballett mit großem Erfolg durch das Land tourte. Rankl baute ein solides Opernensemble auf, dem es allerdings erst nach der Zeit seiner Intendanz gelang, die Popularität des Balletts zu überflügeln.

Das Schwergewicht in der deutschen Musikszene Englands war nach Meinung vieler über Jahre hinweg eine Gruppe von vier Männern gewesen, die von Kennern »The Wolf Gang« genannt wurde und formal unter dem Namen *Amadeus String Quartet* firmierte. Das erste Konzert am 10. Januar 1948 in der Londoner Wigmore Hall wurde mit Mozarts Streichquartett d-Moll, KV 421, eröffnet. Die drei Exilanten im Quartett, die Violinisten Norbert Brainin (1923–2005), Siegmund Nissel (1922 bis 2008) und Hans Schidlof (1922–1987), der im Quartett die Bratsche spielte, waren allesamt Schüler von Max Rostal gewesen, hatten sich aber erst in England kennengelernt und angefreundet. Mit dem vierten Ensemblemitglied, dem englischen Cellisten Martin Lovett (*1927), machte sie ein weiterer Rostal-Schüler bekannt. Ihren ersten gemeinsamen Auftritt absolvierten sie im Sommer 1947 auf Einladung der Komponistin und Dirigentin Imogen Holst in Dartington.[23] Holst war beeindruckt, und das Quartett beschloss, sich nach Mozarts zweitem Vornamen zu benennen. Nach dem großen Erfolg des Konzerts in der Londoner Wigmore Hall kamen die Angebote der BBC und von anderen Veranstaltern, darunter 1950 die Einladung zu einer Gastspielreise nach Deutschland, bald darauf gefolgt von einem Vertrag mit der Deutschen Grammophon.

Claus Moser (*1922), der in Berlin geboren wurde, hatte eigentlich Pianist werden wollen, aber es hatte nicht sollen sein. 1936 emigrierte er mit seinen Eltern nach England, wo sie sich in London-Putney niederließen. Moser schloss die Schule ab und studierte an der London School of Economics. Aber auch er wurde dann auf der Isle of Man interniert, kehrte jedoch an die LSE zurück, wo er 1961 schließlich den Lehrstuhl für Sozialstatistik erhielt. 1967 ernannte ihn Premierminister Harold Wilson zum Direktor des »Central Statistical Office«. Die Bewerbung, die er dort Jahre zuvor eingereicht hatte, war noch mit der Begründung »feindlicher Ausländer« abgelehnt worden. 1973 wurde dieser »loyalste feindliche Ausländer Seiner [mittlerweile Ihrer] Majestät« zum Knight of the Bath geschlagen, 2001 wurde Baron Moser zum Mitglied des Oberhauses auf Lebenszeit ernannt. Doch damit nicht genug: Er war wechselweise Präsident der »Royal Statistical Society«, Leiter des Wadham College in Oxford, Pro-Vizekanzler der Universität Oxford, Vorstandsvorsitzender des »British Museum Development Trust« und Präsident der »British Association for the Advancement of Science«, daneben Vorstandsmitglied der Royal Academy of Music, Mitglied des »Music Advisory Committee« der

BBC, Kurator des Londoner Philharmonia Orchestra und Vorstandsvorsitzender des Royal Opera House in Covent Garden. Kurzum: Moser war zu einer Ein-Mann-Institution geworden.

Kaum weniger vielseitig ist Ronald Grierson (*1921), der als Rolf Hans Grießmann in Nürnberg geboren und am Lycée Pasteur in Paris unterrichtet wurde, bevor die Familie 1936 von dort nach London emigrierte, wo der Sohn schließlich am Oxforder Balliol College studierte. Doch auch er wurde interniert und absolvierte dann den Kriegsdienst in der britischen Armee, mit der er lobend erwähnt unter anderem in Nordafrika kämpfte. Nach Kriegsende wurde er zur britischen Kontrollkommission nach Deutschland versetzt, wo er zum Beispiel mit der delikaten Aufgabe betraut wurde, den verstimmten Konrad Adenauer zu bewegen, aus dem unfreiwilligen Ruhestand in die Politik zurückzukehren. Ende der vierziger Jahre arbeitete Grierson bei den jungen Vereinten Nationen, in den siebziger Jahren dann bei der Europäischen Kommission in Brüssel, zudem war er Direktor der Bank S.G. Warburg & Co. (1948–1984) und saß im Vorstand diverser Unternehmen. 1984 wurde er Vorstandsvorsitzender des Londoner Southbank Centre, jenes Kunstzentrums am Südufer der Themse, welches das National Theatre, das National Film Theatre, die Royal Festival Hall und die Hayward Gallery beherbergt. Dort sah auch er sich schnell mit dem Problem der höchst umstrittenen zeitgenössischen Musik konfrontiert: Die Regierung warf dem Centre vor, viel zu »anspruchsvolle Musik« anzubieten, und tatsächlich waren die Säle oft kaum zur Hälfte gefüllt. 1990 wurde Grierson zum Ritter geschlagen.[24]

Zu den vielen deutschsprachigen Wissenschaftlern, die sich in England niederließen und sich auch dort einen Namen machten, zählten der Physiker Max Born, der Kunsthistoriker Rudolf Wittkower, der Kunsthistoriker und Philosoph Edgar Wind, die Sozialpsychologin Marie Jahoda, der Chemiker Max Perutz, der Historiker Peter Pulzer und der Philosoph und Psychoanalytiker Richard Wollheim. Doch der gewiss berühmteste von ihnen war Ludwig Wittgenstein (1889–1951). Sein zweites Meisterwerk *Philosophische Untersuchungen* erschien posthum im Jahr 1952 – Wittgenstein war mit zweiundsechzig an Krebs gestorben. Viele philosophische Probleme, schrieb Wittgenstein in diesem Werk, existierten nur deshalb, weil wir von der Sprache in die Irre geführt würden oder weil grammatikalische Ähnlichkeiten grundlegende logische Unterschiede verschleierten. So fand er zum Beispiel, dass wir den Begriff des Geistes gar nicht brauchten und ohnedies außerordentlich vorsichtig mit der Verwendung dieses Wortes und seiner gedanklichen Einordnung umgehen müssten, da es immer die *Person* sei, die Schmerz, Hoffnung oder Enttäuschung empfinde, niemals aber ihr Gehirn. In geistiger Hinsicht seien das »Innere« und »Äußere« als reine freudianische Metaphern zu verstehen.

Somit zählte bereits dieses Buch Wittgensteins zu den Kritiken an

Freud, die sich in den späten fünfziger und den sechziger Jahren zu häufen beginnen sollten. Freud selbst war 1939, nicht lange nach seiner Ankunft aus Wien, in London gestorben. Seine Tochter Anna (1895–1982) arbeitete mittlerweile als Lehranalytikerin der »British Psycho-Analytical Society« und hatte mit Kolleginnen die »Hampstead Nurseries« ins Leben gerufen, wo vom Krieg traumatisierte Kinder und Kriegswaisen betreut wurden. 1947 wurde daraus die »Hampstead Child-Therapy Clinic«, ein Lehrinstitut für die Therapie von traumatisierten Kindern.[25] Das war auch der Zeitpunkt, als ihre Auseinandersetzungen mit der ebenfalls aus Wien stammenden Jüdin und Kinderpsychoanalytikerin Melanie Klein (1882–1960) begannen.

Klein hatte ihre Lehranalyse bei Sándor Ferenczi und Karl Abraham absolviert, und auch sie interessierte sich besonders für Kinder.[26] Schon 1926 hatte Ernest Jones sie nach London eingeladen, wo sie dann für immer blieb. Ihr Privatleben verlief offenbar nicht sehr zufriedenstellend, doch für die Kinderseele hatte sie ein gutes Gespür. Sie beobachtete erstmals, dass der Weg zu den Gedanken und Gefühlen von gestörten Kindern über das Spiel und insbesondere über den kindlichen Umgang mit Spielzeug führt.[27] Auf der Basis dieser Erkenntnis entwickelte sie dann ihre Theorie, dass das Leben eines Menschen stark von der Art der Beziehungen geprägt werde, die er als Kind zu seinen wichtigsten Bezugspersonen (»Objekten«) hatte, da diese es seien, die dem Ich die jeweils typischen Erwartungen an die Umwelt einprägten und somit für jene Inflexibilität sorgten, welche die Ursache so vieler Probleme sei.

Der Streit, den sie mit Anna Freud über das Seelenleben von Kindern austrug, zog sich viele Jahre hin.[28] Während Anna Freud zwischen einzelnen kindlichen Entwicklungsstadien und deren jeweiligen Einflüssen auf die Symptomatik unterschied, betrachtete Melanie Klein das Seelenleben im Allgemeinen als eine Oszillation zwischen depressiven und manischen Phasen.[29] Am Ende sollten die beiden Frauen nie auf einen Nenner kommen. Auch die von der »British Psychoanalytic Society« anerkannte Ausbildung ist bis heute in ein Klein'sches und ein Anna Freud'sches Lager gespalten.

Norbert Elias kam bereits zur Sprache. In Deutschland hatte er sich in einem Kreis bewegt, dem auch Erich Fromm, Leo Strauss, Leo Löwenthal und Gershom Scholem angehörten. Doch den prägenden Einfluss auf sein Leben nahm Karl Mannheim, dessen Assistent an der Frankfurter Universität Elias war. Als das Institut für Soziologie 1933 geschlossen wurde, emigrierte Elias nach Frankreich, wo er an seinem berühmtesten Werk *Über den Prozeß der Zivilisation* zu schreiben begann. 1935 übersiedelte er nach England und tat sich dort erneut mit Mannheim zusammen, diesmal an der London School of Economics. Bis Kriegsausbruch 1939 hatte er die beiden Bände seines Magnum Opus fertiggestellt und in der Schweiz veröffentlicht. Dann wurde auch er auf der Isle of Man interniert. Die große Wende in seiner Karriere kam spät, erst 1969 mit der Neuauflage seines Werkes *Prozeß der Zivilisation*.[30] Darin schildert er die langfristigen Veränderungen, denen die Persönlichkeitsstrukturen und Verhaltensnormen im Abendland unterlagen: eine immer kontrolliertere Sexualität, immer strengere Tischmanieren, immer tabuisiertere Ausscheidungsfunktionen, normiertere Redeweisen und Verhaltensregeln zwischen Dienern und Herren. Als Quellenmaterial dienten ihm Dokumente, Erinnerungen und Gemälde, anhand deren er nachweisen konnte, wie sich die höfische Etikette verbreitet und wie sich »Schamschwellen« und »Peinlichkeitsschwellen« aufgebaut hatten oder wie das Lob der »Selbstkontrolle« allmählich zu einem Aspekt der gesellschaftlichen Demokratisierung wurde. Plötzlich wurde sein so lange ignorierter Denkansatz nicht nur mit großem Interesse aufgenommen, sondern sogar als unerlässlich für die Weiterentwicklung der Psychologie und der Sozialwissenschaften empfunden. Der amerikanische Soziologe Richard Sennett erklärte das Werk zu »dem zweifellos wichtigsten Stück historischer Soziologie seit Max Weber«.

Wie Elias landete auch der in Paris geborene Ernest Gellner (1925–1995) an der LSE und später in Cambridge. Aufgewachsen war er im Prag der drei Kulturen, wie Kafka es genannt hatte, wo Gellner in weiser Voraussicht des Vaters auf einer englischen Lehranstalt eingeschult wurde. 1939 musste die Familie fliehen und ließ sich in London nieder. In England ergatterte Ernest ein Stipendium am Oxforder Balliol College, doch noch bevor er dort sein Studium beendete, trat er in die 1st Czechoslovak Armoured Brigade ein und kämpfte unter anderem im Kessel von Dünkirchen. Nach seinem Abschluss in Oxford ging er an die LSE, wo er schließlich den Lehrstuhl für Philosophie, Logik und Wissenschaftliche Methodik übernahm.

Seinen Namen machte sich Gellner mit *Words and Things* (1959; nur wenige seiner Werke wurden ins Deutsche übersetzt), einer klugen Kritik über Wittgenstein, Gilbert Ryle und andere Sprachphilosophen, die, wie er fand, ziemlich lässig mit den eigenen Methoden verfahren waren. Ryle war darüber so wütend, dass er den Redakteuren der von ihm herausgegebenen Zeitschrift *Mind* verbot, Gellners Buch zu rezensieren; und Bertrand Russell schrieb über diese Studie einen zornigen Brief an die *Times*. Der Streit zog sich wochenlang hin. Zu Gellners Werken zählt auch *Plough, Sword and Book* (1988; *Pflug, Schwert und Buch*, 1990), in dem er die menschliche Entwicklungsgeschichte in drei bestimmende Stadien gliedert – die der »Jäger-und-Sammler-Völker«, der »Ackerbaugesellschaften« und der »Industriegesellschaften«. Sie deckten sich mit den drei großen »Grundeinteilungen menschlichen Tuns«: der »Aufteilung in produktive, disziplinierende und geistige Tätigkeiten«. Doch sein wohl bedeutendstes Werk, nach Words and Things, ist Nations and Nationalism (1983; Nationalismus und Moderne, 1995). In den sechziger Jahren war Gellner nach Cambridge übersiedelt und zur Sozialanthropologie übergewechselt, um Gesellschaften abseits der abendländischen Kultur zu erforschen.[31] Nach seiner Emeritierung im Jahr 1993 kehrte er nach Prag zurück, um die Leitung des von George Soros finanzierten »Center for the Study of Nationalism« an der neuen Central European University zu übernehmen. Wie der Bergsteiger und leidenschaftliche Biertrinker Gellner seine Gedanken zu entwickeln pflegte, war unnachahmlich: »Dr. J. O. Wisdom (von der York University, Toronto) bemerkte mir gegenüber einmal, dass er Leute gekannt habe, die glaubten, nach Hegel gebe es keine Philosophie, und andere, die meinten, es habe keine vor Wittgenstein gegeben: Er sah keinen Grund, die Möglichkeit auszuschließen, dass beide Seiten recht hatten.«[32]

Oskar Kokoschka und Kurt Schwitters waren zwar die berühmtesten Maler, die Zuflucht in England gesucht hatten, doch zum prominentesten zeitgenössischen Maler unter den Emigranten in England wurde der in Berlin geborene Frank Auerbach (*1931). Er war erst acht gewesen, als der Krieg ausbrach und ihn die Eltern 1939 mit einem Kindertransport in Sicherheit bringen ließen (Vater und Mutter wurden im Konzentrationslager umgebracht).[33] Seine Farben, die er mit Impastotechnik aufträgt, fügen sich zu figurativen Gemälden, welche sich am ehesten mit der deutschen expressionistischen Tradition vergleichen lassen. In England wurde Auerbach nach Bunce Court in Kent geschickt, eine von der deutschen Jüdin Anna Essinger betriebene Schule für Flüchtlingskinder. Sie hatte während eines Amerikaaufenthalts das humanitäre Werk der Quäker kennen- und schätzen gelernt und war 1933 selbst in einer Nacht-und-Nebel-Aktion aus dem Montessori-Landschulheim, das sie in Herrlingen betrieben hatte, nach England geflohen (auf Wunsch aller Eltern mitsamt den sechsundsechzig Kindern, die sie dort betreut hatte). Die Patenschaft für das gerettete Kind Auerbach hatte in England die Schriftstellerin Iris Origo übernommen.

Da seine Eltern ermordet worden waren, blieb Auerbach in England, studierte bei David Bomberg und wurde allmählich immer bekannter, vor allem für seine Szenen aus dem industriellen oder urbanen Londoner Leben. Und weil man ihn als das aufregendste »britische« Talent seit Francis Bacon betrachtete, bekam er 1978 eine Arts-Council-Retrospektive und repräsentierte Großbritannien 1986 auf der Biennale in Venedig, wo er sich den Goldenen Löwen mit Sigmar Polke teilte. 2001 ehrte ihn die Royal Academy mit einer großen Retrospektive.[34] Angeblich hat Auerbach im Jahr 2003 den Ritterschlag abgelehnt.

Kein deutschsprachiger Emigrant erwarb in England solchen Weltruhm wie Thomas Mann, Albert Einstein, Billy Wilder, Herbert Marcuse,

Hannah Arendt oder Marlene Dietrich, um nur ein paar Beispiele zu nennen. Doch offenbar scheinen die von England aufgenommenen Flüchtlinge alles in allem glücklicher gewesen zu sein als die Emigranten in den Vereinigten Staaten. Viel weniger von ihnen kehrten nach Deutschland zurück; fast alle haben sich problemlos, wenn nicht gar nahtlos an den britischen Lebensstil angepasst. Etliche stiegen in die höheren Ränge des traditionellen britischen Establishments auf – bei der BBC, in Oxford und Cambridge oder in so bedeutenden Kulturinstitutionen wie Covent Garden und dem British Museum. War das der Fall, weil das europäische England für sie leichter zu verstehen war? War es so, weil sie dort die Möglichkeit hatten, in irgendeiner Form gegen die Nazis zu kämpfen, oder weil sie diesem Kampf zumindest räumlich näher waren und ihnen diese Erfahrung die Anpassung an das fremde Land erleichtert hat? Kein amerikanischer Autor hat je ein ähnliches Buch geschrieben wie Helen Fry, aus deren Feder der Bericht *The King's Most Loyal Enemy Aliens* stammt, eine Studie über Deutsche, die für Großbritannien gekämpft haben – und das, obwohl unstrittig ist, dass auch in Amerika viele deutsche Emigranten zu den amerikanischen Kriegsanstrengungen beigetragen haben. War die Internierung in England womöglich sogar eine positiv prägende Erfahrung gewesen – weil es trotz aller wahrlich unangenehmen Umstände ein Gemeinschaftserlebnis war und die internierten Flüchtlinge kollektiv verstanden hatten, dass dieser Freiheitsentzug vom englischen Standpunkt aus betrachtet nicht völlig unlogisch war? Oder weil sie wussten – was gewiss von entscheidender psychologischer Bedeutung war –, dass nach der Entlassung aus der Internierung alle Härten ein Ende haben würden? Viele Emigranten waren vor 1940 eingetroffen und hatten die dunkelsten Stunden somit gemeinsam mit ihren englischen Asylgebern erlebt: Hat sich die Erfahrung, das Ganze gemeinsam überstanden zu haben, auf ihre anschließende Anpassungsfähigkeit und Loyalität ausgewirkt?

Wir werden diese Fragen nie mit Sicherheit beantworten können. Sicher *ist* jedoch, dass diese Emigranten sehr viel mehr Einfluss auf England ausübten, als es die meisten Engländer wahrhaben wollen.

41
Der »geteilte Himmel«:
Von Heidegger über Habermas zu Ratzinger

Als im Mai 1945 die Kanonen in Europa verstummten, war Deutschland eine Ödnis mit Millionen Heimatlosen und Vertriebenen. George Orwell notierte im März 1945, dass der Weg durch das zerstörte Köln »Zweifel am Fortbestand der Zivilisation« in ihm geweckt habe.[1] Als Walter Gropius 1947 von General Lucius D. Clay nach Deutschland eingeladen wurde, um die Militärregierung bei der Wiederaufbauplanung deutscher Großstädte zu beraten, kehrte er kurz darauf unverrichteter Dinge nach Amerika zurück: Angesichts der »Leiche« Berlin habe er sich außerstande gefühlt, dieser Bitte nachzukommen; auch eine Mitwirkung am Wiederaufbau Frankfurts lehnte er ab. Andere schlugen vor, den Schutt einfach als *Schutt* liegen zu lassen, als ein Mahnmal der »›Unanständigkeit‹ der besiegten Macht«. Doch man musste neuen Wohnraum in bislang ungekanntem Ausmaß schaffen – einem Bericht zufolge kamen bei »einem angenommenen Mittelwert von 80 Millionen [Kubikmeter Schutt] und einer Nachkriegsbevölkerung von drei Millionen Menschen auf jeden Berliner 26 Kubikmeter Trümmerschutt«.[2] Wie der in den USA lebende deutsche Historiker Wolfgang Schivelbusch schreibt, wurde allerdings nicht nur neuer Wohnraum benötigt, sondern auch eine ganz neue Vision. Haben die Architekten und Städteplaner das Zerstörte im Land also bloß wiederhergestellt, oder haben sie tatsächlich Neues erschaffen?

Sie taten beides. In einigen Städten wie zum Beispiel in München, Freiburg und Münster rekonstruierten sie Zerstörtes; in anderen, wie in Düsseldorf, Hamburg, Köln und Frankfurt am Main, erschufen sie Neues. Ironischerweise wurden dabei überall die Pläne herangezogen, die Albert Speer für seinen »Arbeitsstab Wiederaufbau zerstörter Städte« ausgearbeitet hatte.[3] Neben den neuen Wohnblocks erhoben sich auch neue Theater- und Konzertgebäude, Universitäten und Sportstadien aus den Ruinen, und natürlich gab es darunter einige, die das Auge mehr erfreuten als andere, etwa das expressionistische Bensberger Rathaus, das 1964–1969 nach den Plänen von Gottfried Böhm entstand, oder die neue Philharmonie in Berlin (1960–1963), die von Hans Scharoun erbaut wurde. Aber der bestimmt eindrucksvollste Berliner Bau aus der damaligen Zeit ist Mies van der Rohes 1968 fertiggestellte Stahl- und Glaskonstruktion der Neuen Nationalgalerie mit ihren strengen Linien, in deren ebenerdiger Haupthalle die Wechselausstellungen stattfinden, während sich die Dauerausstellung im Untergeschoss befindet.

Inmitten all des Schutts und dieser ersten Wiederaufbauaktivitäten flackerte auch das geistige Leben in Berlin kurz und heftig wieder auf: Exilanten kehrten zurück, Verfolgte, die in irgendeinem Versteck überlebt hatten, wagten sich wieder ans Tageslicht, und die Alliierten animierten zum kulturellen Aufbruch, weil Kultur einfacher wiederaufzubauen war als Gemäuer aus Stein und Ziegeln. Brecht meinte zu diesem Geschehen kurz und bündig: »berlin, eine radierung churchills nach einer idee hitlers.«[4]

Bereits im Juni 1945 wurde von den Russen der »Kulturbund zur Demokratischen Erneuerung Deutschlands« zugelassen, der bald schon neuntausend Mitglieder hatte, was wahrlich etwas über den Hunger nach Kultur in der zerstörten Stadt aussagt. Ursprünglich hatte man gehofft, Thomas Mann als Aushängeschild zu gewinnen, doch weil pauschal alle Emigranten und somit auch er in einem offenen Brief beschuldigt worden waren, den Krieg »von ihren komfortablen Logensitzen im Ausland verfolgt« zu haben, wehrte er alle Annäherungsversuche ab. Also begab sich der Dichter Johannes R. Becher in seiner Funktion als Präsident des Kulturbunds nach Agnetendorf in Schlesien, um den mittlerweile dreiundachtzigjährigen Gerhart Hauptmann zu überreden, als Ehrenpräsident zu fungieren.[5] Der Bund veranstaltete schließlich unter reger Beteiligung der Westalliierten Konzerte und Vorträge (beispielsweise über zeitgenössische Musik), doch angesichts der Einmischungen der SED auf allen Ebenen betrachteten ihn die Westalliierten bald nicht mehr als eine »interzonale«, sondern vielmehr als eine »von Kommunisten dominierte« Organisation und erließen Ende 1947 prompt ein Verbot für seine Aktivitäten in den Westsektoren. 1954 ging aus dem Kulturbund die »Gesellschaft zur Verbreitung wissenschaftlicher Kenntnisse« in der DDR hervor.[6]

Auch Presse, Radio und Film wurden von den Besatzungsmächten lizenziert. Hier fand eine der interessantesten Entwicklungen dank einer Entscheidung der amerikanischen Militärregierung aus dem Jahr 1946 statt. Sie hatte beschlossen, Erich Pommer (man erinnere sich: *Das Cabinet des Dr. Caligari, Dr. Mabuse, Metropolis, Der blaue Engel* usw.) als Filmbeauftragten des OMGUS (Office of Military Government for Germany) nach Deutschland zurückzuholen. Pommers eigenen Berichten zufolge hieß ihn die deutsche Filmwelt wie den »Messias« willkommen. Laut Wolfgang Schivelbusch bezog er zwei Zimmer in einer Dahlemer Villa: »Unter den Kulturoffizieren war er wahrscheinlich der einzige, der einen persönlichen Diener beschäftigte.« Die Macher in Hollywood protestierten lautstark (immerhin waren deutsche Filme bis 1933 ihre größte

Konkurrenz gewesen), doch schließlich verständigte man sich auf ein gemeinsames Ziel, nämlich, der sowjetischen Propaganda im Kalten Krieg den Kampf anzusagen.[7] Doch all diese Initiativen kamen zum Stillstand, als sowjetische Truppen in der Nacht zum 24. Juni 1948 sämtliche Zufahrtswege nach West-Berlin sperrten, die Versorgung West-Berlins mit Fernstrom unterbrachen und deshalb die berühmte Berliner Luftbrücke in Gang gesetzt wurde. Die Versorgung der Stadt wurde über die drei Luftkorridore aufrechterhalten, deren freie Nutzung den Westalliierten vertraglich zugesichert war. Um 24 Uhr am 11. Mai 1949 endete die Blockade, die Luftbrücke wurde noch bis zum 30. September fortgesetzt.* Inzwischen war der Kalte Krieg in vollem Gang. Am 13. August 1961, dem Tag, an dem mit dem Bau der Mauer begonnen wurde, erreichte er einen Höhepunkt.

Ein wichtiges Thema in der jungen Bundesrepublik war die Vergangenheitsbewältigung. Und die war umso dringlicher geworden, seit Konrad Adenauer beschlossen hatte, so manchen einst hochrangigen Nazi in seinen Regierungsapparat aufzunehmen – jedenfalls wenn er der Meinung war, dass diese Person von Nutzen sein konnte, sei es zum Wohle des Wirtschaftswunders, sei es im Rahmen des Kalten Krieges. Der in diesem Zusammenhang gewiss größte Schandfleck war, dass nicht nur die Bundesregierung, sondern *auch* die amerikanische Regierung wussten, wo Adolf Eichmann seit 1952 unter dem Namen Ricardo Clement in Argentinien lebte, und dass beide Regierungen dieses Wissen für sich behielten, aus Sorge, Eichmann könnte Details aus der Vergangenheit gewisser Leute öffentlich machen – beispielsweise über Adenauers Staatssekretär Hans Globke, der unter anderem an den Ersten Ausführungsverordnungen der Nürnberger Gesetze mitgewirkt hatte. Am 11. Mai 1960 wurde Eichmann vom israelischen Mossad in Argentinien gefangen genommen.

Es war nicht das einzige Mal, dass die Erfordernisse des Kalten Krieges dem Prozess der Vergangenheitsbewältigung in die Quere kamen.

Dem englischen Historiker Robert Conquest zufolge war die antinazistische Welt durch die Anwesenheit von sowjetischen Anklägern bei den Nürnberger Prozessen daran gehindert worden, das Problem des »Hitlerismus« in den Griff zu bekommen: »Es war doch abnorm, dass eine der Mächte, die ein Urteil über den Aggressor Nazi-Deutschland fällten, sechs Jahre zuvor der identischen Anklage wegen aus dem Völkerbund ausgeschlossen worden war.«[8] Derweil wurde das erste Buch, mit dem sichergestellt werden sollte, *dass* die Deutschen gezwungen sein würden, sich ihrer Vergangenheit zu stellen, früher veröffentlicht, als jeder erwartet hatte. Schon im März 1946, knapp ein Jahr nach Kriegsende, publi-

---

* Dass die von den Amerikanern geführte Luftbrücke so erfolgreich Hilfe leisten konnte, hatte zur Folge, dass Westberliner im Allgemeinen eine bessere Meinung von Amerikanern hatten als Westdeutsche.

zierte der jiddische Sprachwissenschaftler und Literaturhistoriker Max Weinreich (1894–1969) seine Studie *Hitler's Professors: The Part of Scholarship in Germany's Crimes Against the Jewish People* (es wurde nie ins Deutsche übersetzt).

Weinreich wurde in Lettland geboren und hatte nach Abschluss seines Philologiestudiums in Berlin und Marburg das *Jidische Wisnschaftleche Institut* in Vilnius gegründet. Zur Zeit des Einmarsches der Wehrmacht in Polen hatte er gerade an einer Konferenz in Brüssel teilgenommen. Es sollte ihm schließlich unter großen Schwierigkeiten gelingen, in die USA auszureisen. Nachdem er in New York von der Teilung Polens erfahren hatte, mit der Vilnius unter sowjetische Kontrolle gebracht worden war, baute er dort sein Institut unter dem Namen *Institute for Jewish Research* (YIVO) neu auf und begann sich – was angesichts seiner Erlebnisse nur natürlich war – ganz auf die Rolle der Wissenschaftler zu konzentrieren, die der nationalsozialistischen Völkervernichtungspolitik mit ihrem guten Namen beigestanden und ihr Imprimatur gegeben hatten. Für seine Studie sichtete er zweitausend wissenschaftliche und in vielen Fällen noch der Geheimhaltung unterliegende Publikationen aus der Kriegszeit und durchforstete rund fünftausend Artikel und Abhandlungen aus dem »Dritten Reich«. Auf diese Weise fand er beispielsweise heraus, dass »groß angelegte Experimente« ein untrennbarer Bestandteil der Vernichtungspolitik gewesen waren, und legte erstmals dar, mit welcher Wissenschaftlichkeit die Ghettoisierung vorangetrieben worden war, wie die Begriffe »Volk« und »Raum« entwickelt wurden, auf welche Weise man »Rassenforschung« betrieben hatte und unter welchen wissenschaftlichen Aspekten die Todesfabriken errichtet und in Gang gehalten worden waren. Viele Aspekte, die im Zusammenhang mit »nationalsozialistischer Wissenschaft« im vorliegenden Buch behandelt werden, brachte erstmals Weinreich zur Sprache. Seit dem Fall der Mauer im Jahr 1989 und der anschließenden Öffnung der Archive konnten zahlreiche Forscher Weinreichs Berichte ergänzen, aber er hatte die Voraussetzungen geschaffen. Deshalb gilt seine Studie heute zu Recht als Klassiker.

Auch Siegfried Kracauer verbrachte die Kriegszeit in New York, wo er unter anderen Theodor W. Adorno wiedertraf, seinen Kollegen aus Weimarer Tagen. Das letzte Buch, das Kracauer in Deutschland veröffentlicht hatte, war seine grundlegende Studie *Die Angestellten* (1930) gewesen. 1933 war er nach Paris geflohen, erst 1941 gelang ihm nach mehrmonatiger Internierung in Frankreich die Flucht aus Marseille nach Lissabon und von dort in die Vereinigten Staaten, wo er dann, von Guggenheim- und Rockefeller-Stipendien gefördert, als »Special Assistant« die Bestände der Filmbibliothek des Museum of Modern Art sichtete. Auf dieser Arbeit beruhte seine bahnbrechende Filmkritik *From Caligari to Hitler. A Psychological History of the German Film* (1947; *Von Caligari bis Hitler. Ein Beitrag zur Geschichte des deutschen Films*, 1958).⁹ Kracauer hatte nach Parallelen zwischen dem Film, der Geschichte und der Politik der Weimarer Republik gesucht, in der Hoffnung, dabei Anhaltspunkte für Hitlers Aufstieg zu finden – und er fand sie. Nicht nur Kracauer, auch Lotte Eisner vertrat in dem Buch über die Ästhetik der Weimarer Republik, das sie 1952 unter dem Titel *L'écran démoniaque* (*Die Dämonische Leinwand*, 1955) veröffentlichte, die These, dass im Hintergrund der Filme aus dieser Zeit immer das Chaos laucrte (in *Caligari* zum Beispiel dargestellt durch den Zirkus) und immer ein Tyrann (wie Caligari) als Erlöser präsentiert wurde. Kracauer betrachtete sich auch andere große Filme dieser Zeit – *M, Metropolis, Der blaue Engel* – unter diesem Aspekt und erweiterte sein Argument: Was in der Weimarer Zeit auf die Leinwand gebracht wurde, biete eine gute Grundlage, um die deutsche Katastrophe erklären zu können. Insbesondere in der Stummfilmkomödie sah er eine Metapher für den Flirt mit Macht und Gefahr, da es den »in sie verstrickten Personen im letzten Augenblick [immer] gelingt, sich in Sicherheit zu bringen« und sich »das Geschick plötzlich zugunsten ihrer mitleiderregenden Opfer« wendet. »Zufälle machten das eigentliche Wesen des Slapsticks aus.« Der Protagonist behält seine Freiheit, doch die Bedrohung ist ständig da.10 Auch Kracauers Studie wurde zu einem Klassiker, allerdings haben die zufällige Wiederentdeckung des ursprünglichen Filmscripts von Caligari und die Forschungen aus jüngerer Zeit Fragen aufgeworfen: Hatte Kracauer wirklich recht mit seiner Behauptung, dass der Film einen ebenso direkten Einfluss auf die Realpolitik nimmt wie auf die Phantasie?11

Das Syndrom der deutschen Gesellschaftsstruktur

Im Jahr 1961 veröffentlichte der Hamburger Historiker Fritz Fischer seine Studie *Griff nach der Weltmacht* über »die Kriegszielpolitik des kaiserlichen Deutschland 1914/18«, in der er wie erwähnt darlegte, dass Wilhelm II. und seine militärischen Berater bereits bei der berüchtigten Sitzung des Kriegsrats am 8. Dezember 1912 die Entscheidung gefällt hatten, im Sommer des Jahres 1914 einen großen Krieg vom Zaun zu brechen und die Zeit bis dahin zu nutzen, das Land auf diese Abrechnung vorzubereiten. Doch darüber hinaus – und das ist es, was die Studie im Kontext unserer Betrachtung so wichtig macht – verdeutlichte Fischer auch, dass es eine Kontinuität bei den Zielsetzungen gab, die Deutschland in beiden Weltkriegen verfolgte. Und das war für so manch einen aus seinem Kreis der Historikerzunft einfach zu viel. Gerhard Ritter zum Beispiel ließ verärgert wissen, dass man Bethmann Hollweg nicht mit Hitler vergleichen könne, ebenso wenig wie die deutsche Außenpolitik vor 1914 mit der in den dreißiger Jahren oder Bismarcks Kaiserreich mit Hitlers »Drittem Reich« vergleichbar seien.[12] Fischer hatte die Rollen der konkreten Akteure in diesem Drama auf Kosten der anonymen Wirtschafts- und Sozialgeschichte beleuchtet und damit in der Bundesrepublik eine Debatte über die deutsche Vergangenheit entfacht, die bis dahin letztlich nur unter deutschen Exilanten, und auch das hauptsächlich jenseits des Atlantiks in den USA, geführt worden war.

Bei dieser innerdeutschen Debatte spielte nun auf einmal auch das Geburtsjahr eine Rolle. Wer nach 1929 geboren worden war, wurde dem »weißen Jahrgang« zugezählt und galt somit als unschuldig. Günter Grass (Jahrgang 1927), Martin Walser (1927) und Kurt Sontheimer (1928) zum Beispiel wurden ungeachtet ihrer tatsächlichen Verstrickungen demnach dem »Dritten Reich« zugeordnet; Jürgen Habermas, Ralf Dahrendorf und Hans Magnus Enzensberger (allesamt Jahrgang 1929) hingegen nicht. Der Soziologe Helmut Schelsky fand allgemein Beifall mit seiner Einordnung Letzterer unter die »skeptische Generation«, das heißt der ersten, die den Abgrund überwand zwischen dem Reich der reinen Kultur und der seichten, heruntergekommenen Welt der Politik.[13] Viele Deutsche betrachteten die Jahre des »Dritten Reiches« noch immer als »gute Zeiten«, völlig losgelöst vom Holocaust; erst die »Entdeckung«, dass dieser stattgefunden hatte, hinterließ einen bitteren, traumatischen Nachgeschmack bei ihnen.[14]

Zur Zeit der Affäre um Fischers Buch, teils aber auch schon lange zuvor, waren noch andere erwähnenswerte Studien erschienen oder neu verlegt worden, darunter einige, die besonders hervorzuheben sind: Wilhelm Röpke, *Die deutsche Frage* (1945), Leonard Krieger, *The German Idea of Freedom* (1957), Franz Neumann, *The Democratic and the Authoritarian State* (1957, *Demokratischer und Autoritärer Staat*, 1967), Wolfgang Mommsen, *Max Weber und die deutsche Politik 1890–1920* (1959), Helmuth Plessner, *Die verspätete Nation. Über die politische Verführbarkeit bürgerlichen Geistes* (1959, Erstveröffentlichung 1935), Friedrich von Hayek, *The Constitution of Liberty* (1960; *Die Verfassung der Freiheit*, 1971), Fritz Stern, *The Politics of Cultural Despair* (1961, *Kulturpessimismus als politische Gefahr. Eine Analyse nationaler Ideologie in Deutschland*, 1963), Gerhard Ritter, *Das deutsche Problem: Grundfragen deutschen Staatslebens gestern und heute* (1962), Hermann Eich, *Die unheimlichen Deutschen* (1963), Georg Lukács, *Die Zerstörung der Vernunft* (1954), und Ralf Dahrendorf, *Gesellschaft und Demokratie in Deutschland* (1965).

Lukács analysierte in seiner Studie »den Weg des Irrationalismus von Schelling zu Hitler« und behandelte somit als einer der Ersten nach dem Krieg den altbekannten Pfad, den so viele eingeschlagen hatten, von Ludwig Gumplowicz über Houston Stewart Chamberlain, Wilhelm

Dilthey, Ferdinand Tönnies, Max Weber, Oswald Spengler, Max Scheler, Martin Heidegger, Karl Jaspers bis hin zu Carl Schmitt. Und als einer der Ersten schrieb er über die »verspätete kapitalistische Entwicklung« Deutschlands, sprach von der geistig-moralischen Misere unter den deutschen Intellektuellen im späten 19. und frühen 20. Jahrhundert und beleuchtete deren Kulturpessimismus. Die Ursache dafür sah er primär im kantischen Idealismus, weil dieser die »schöpferische Intuition« salonfähig gemacht und in einer Form von Lebenskraft gegipfelt habe, die unter anderem verhindert habe, dass das wesentlich rationalere und wissenschaftlichere marxistische Denken Fuß fassen konnte in Deutschland, wo selbst der Klassenkampf andere Formen angenommen hatte als anderenorts. Philosophisch habe Deutschland den Weg von Goethe, Schopenhauer, Wagner und Nietzsche eingeschlagen (Nietzsche war Lukács besonders zuwider), anstatt den bereichernden Pfad von Lessing, Heine, Kant, Hegel, Feuerbach, Marx und Engels zu betreten. Einen Irrationalismus sah er nach dem Zweiten Weltkrieg vor allem in den Vereinigten Staaten um sich greifen – was seiner Argumentation nicht gut bekam, bedenkt man, dass er just in dem Moment, als der Welt die Details der stalinistischen Schreckensherrschaft bekannt wurden, behauptete, dass der Marxismus-Leninismus eine höhere geistige Entwicklungsstufe darstelle. Dahrendorfs Buch war weniger polemisch und hatte obendrein den Vorzug, viel später verfasst worden zu sein, sodass er die meisten Argumente und Thesen früherer Autoren bereits aufgreifen und anhand der damals jüngsten soziologischen Studien und Erhebungen bestätigen oder widerlegen konnte.[15]

Ralf Dahrendorf (1929–2009) wurde als Sohn eines Genossenschafters und SPD-Reichstagsabgeordneten in Hamburg geboren. Nach einem Studium der klassischen Philologie und Philosophie in Hamburg, wo er 1952 zum Dr. phil. promovierte, belegte er an der London School of Economics Soziologie und promovierte dort zum zweiten Mal. Er schlug sozusagen eine Brücke zwischen Tradition und Moderne, und seit er sich 1957 an der Universität des Saarlands habilitiert hatte, geriet sein Leben zu einem Spagat zwischen der akademischen und der realpolitischen Welt. 1968 wurde er FDP-Landtagsabgeordneter in Baden-Württemberg, 1969 Bundestagsabgeordneter. Nach einer Episode als Parlamentarischer Staatssekretär im Auswärtigen Amt unter Willy Brandt ging er 1970 als Kommissar für Außenbeziehungen und Außenhandel zur EG-Kommission nach Brüssel. 1974 kehrte er nach London zurück und leitete bis 1984 die LSE; 1987 wurde er Rektor des St Antony's College in Oxford. 1982 schlug ihn Elisabeth II. zum Ritter; 1988 nahm er die britische Staatsbürgerschaft an, 1993 wurde er zum Baron of Clare Market mit lebenslangem Sitz im Oberhaus erhoben.

Mit seiner Analyse *Gesellschaft und Demokratie in Deutschland* versuchte Dahrendorf, »die deutsche Frage« zu beantworten: Wie kommt es, dass nur so wenige Deutsche dem Prinzip der freiheitlichen Demokratie anhängen? »Es gibt eine Auffassung von Freiheit, die diese für das Individuum nur dort gewährleistet findet, wo experimentelle Gesinnung, konkurrierende soziale Kräfte und liberale politische Institutionen sich verbinden. Diese Auffassung hat in Deutschland nie recht Fuß fassen können. Warum nicht? Das ist die deutsche Frage.«[16]

Bei der Suche nach einer Antwort auf diese Frage stellte Dahrendorf zuerst einige entscheidende Unterschiede zwischen der Industrialisierung in Deutschland und den parallelen (oder auch weniger parallelen) Prozessen in anderen Ländern fest. So bemerkte er zum Beispiel, dass deutsche Unternehmen tendenziell wesentlich größer waren als britische (sie verfügten über eine rund dreifache Kapitalausstattung), was unter anderem zur Folge hatte, dass die Industrialisierung in Deutschland das »liberale Prinzip« nicht entwickelt, sondern vielmehr geschluckt hatte. Diese Erkenntnis führte Dahrendorf dann zu einem ganz anderen Schluss als so viele andere, nämlich, dass die Industrierevolution keine treibende Kraft der Moderne war. Der Industriesektor war so groß, dass er ein Bündnis mit dem Staat einging: »Die Industrialisierung in Deutschland hat keine selbstbewußte Bourgeoisie mit eigenem politischen Anspruch hervorgebracht.«[17]

Dahrendorf forschte nach den Ursprüngen der von Tönnies postulierten Idee, dass die originäre menschliche Gemeinschaft von einer künstlichen Gesellschaft bedroht werde, und fand es dann höchst unwahrscheinlich, dass es überhaupt jemals eine »schöne Gemeinschaft der Gemüter« gegeben habe.[18] Unter der Überschrift »Konflikt oder Die Sehnsucht nach Synthese« stellte er fest, dass die Institutionen der deutschen Gesellschaft ein anderes Verhältnis zu Konflikten hatten als die der anderen Nationen – und anders geartete Einstellungen zu Konflikten implizierten anders geartete Interpretationen der Conditio humana.[19]

Auch Parallelen zwischen Wissenschaft und Politik zog Dahrendorf. Beide haben einen unbestimmten Ausgang und können (oder sollten) nicht auf einen bestimmten Weg gezwungen werden: Gerade das Unvorhergesehene sei einer ihrer wesentlichen Aspekte, und dazu gehöre untrennbar auch die Bereitschaft zum Experiment, die er in Deutschland nicht selten jedoch durch jene typische, mit gelehrter Bildung verbundene Vorstellung von Wissenschaft kompromittiert sah, welche die philosophische Spekulation als das Maß aller Dinge verstand. Symptomatisch für Deutschland fand er, dass die experimentellen Wissenschaften um die Wende zum 20. Jahrhundert die Universitäten verlassen und sich in den Kaiser-Wilhelm-Gesellschaften eine neue Heimstatt eingerichtet hatten. »Hier drängt sich der Verdacht auf, daß vielleicht der Geisteswissenschaft schon mit jener ›inneren Freiheit‹ Genüge getan wird, die den Forschern die Ruhe läßt, während die ›äußere‹, also politische Freiheit, die Öffentlichkeit und Auseinandersetzung erlaubt, eine Grundlage experimenteller Wissenschaft bildet.«[20] Also schlussfolgerte er, dass es zwei Wissenschaftsvorstellungen gab, »die experimentelle und die deutsche«. Und dass dies »sowohl politische Folgen als auch politische Implikationen« hatte, war für ihn der entscheidende Punkt. »Das Verfahren der Erfahrungswissenschaften ist dem der Verfassung der Freiheit in der Politik zumindest analog. Ihm liegt als Prinzip zwar nicht der Gedanke der Regierung durch Konflikt, wohl aber der Erkenntnis durch Konflikt zugrunde. [...] Der Markt der Wissenschaft erbringt durch die lebendige Auseinandersetzung der Forscher das jeweils beste mögliche Resultat der Erkenntnis. [...] Erkenntnis sowohl im Sinne der Spekulation als auch im Sinne des Verstehens verlangt die Auseinandersetzung nicht.«[21] Somit sei eine spezifisch deutsche Vorstellung von Wahrheit entstanden, keine, die sich nach experimentell herbeigeführten Ergebnissen im Zuge von öffentlichen Debatten herauskristallisiert, sondern eine, die zu einem bestimmten Wissen führte, das nur »wenigen Auserwählten«, einzig den Fachleuten also, offenstand.

Hinsichtlich der Politik lenkte Dahrendorf die Aufmerksamkeit auf Max Webers Idee vom charismatischen Führer, die in Deutschland von jeher populär gewesen war, da sie einen Prozess versprach, der von Harmonie und nicht von Konkurrenzkampf oder Konflikt gezeichnet sein würde. Er stellte fest, dass die geistige Oberschicht in Deutschland geachteter war als die Wirtschaftselite, es aber gerade diese höher geachteten Personen waren, die im »Dritten Reich« in die innere Emigration gingen – auch das wieder einmal ein internalisierter Widerstand oder die Vermeidung, öffentlich Stellung zu beziehen und zu handeln.[22]

Die Vorstellung, dass Deutsche unpolitisch seien, fand Dahrendorf jedoch falsch, jedenfalls insofern, als die allgemeine Wahlbeteiligung von 50 Prozent im Jahr 1871 stetig auf rund 88 Prozent im Jahr 1961 gestiegen war und eine jüngere Studie aufgezeigt hatte, dass fast zwei Fünftel aller Studenten »ein bewußtes inneres Verhältnis zur Politik zu haben« schienen. Doch die Mehrheit unter den restlichen drei Fünfteln, darunter die »ausdrücklich Desinteressierten«, fand Dahrendorf wesentlich aufschlussreicher, da sie, wie die Studie gezeigt hatte, ganz andere Maßstäbe an das Leben anlegten als ihre politisch engagierten Kommilitonen. Beispielsweise berichteten sie »überwiegend von einem integrierten Familienleben [...], beantworteten die Frage nach dem ›anständigen‹ Leben im Horizont ihrer Privatsphäre« oder wandten sich ab »von der Unübersichtlichkeit liberaler politischer Verhältnisse«.[23] Dahrendorf kam deshalb zu dem Schluss, dass die politische Sozialisierung der Deutschen zu Beginn der sechziger Jahre noch nicht abgeschlossen gewesen sei: »Dieser Deutsche ist unpolitisch, weil ihm das Politische unwichtig ist; er ist autoritär, weil es ihm im Grunde viel angenehmer wäre, aus der ›Freiheit‹ seiner vier Wände nicht herausgezogen zu werden.«[24]

All diese Symptome setzten sich für Dahrendorf zu einem Syndrom der deutschen Gesellschaftsstruktur zusammen, was er unter anderem mit einem Verweis auf die Abruptheit unterstrich, mit der sich deutsche Wähler den Nationalsozialisten zugewandt hatten (2,6% Stimmenanteil im Jahr 1928, 43,9% im Jahr 1933).[25] Das deutsche Syndrom hatte eine explosive Mischung erschaffen: den »Extremismus der Mitte«. Und der war – in Kombination mit der ausbleibenden Entwicklung einer Gegenelite, die die Nationalsozialisten hätte herausfordern können – nicht nur die Antwort auf die Frage, wieso Hitler an die Macht kommen konnte, sondern auch eine Diagnose der deutschen Frage. Hätte es eine wahrhaft liberale Elite in Deutschland gegeben, dann hätten, so Dahrendorf, die Nazis vermutlich aufgehalten werden können.

Den Universitäten schrieb Dahrendorf eine relativ große Rolle nicht nur bei der Entwicklung von moderner Forschung, sondern auch bei der Spaltung des privaten und öffentlichen Leben zu. Spezifisch um die Rolle, die die Gelehrten in der modernen deutschen Geschichte spielten, ging es Fritz Ringer in seiner 1969 publizierten Studie *The Decline of the German Mandarins: the German academic community* (*Die Gelehrten. Der Niedergang der deutschen Mandarine 1890–1933*, 1983).[26]

Ringer (1934–2006) war 1947 in die USA ausgewandert, hatte seinen Collegeabschluss 1956 in Amherst gemacht und 1961 in Harvard promoviert. Einige seiner Argumente waren schon von dem ebenfalls in Deutschland geborenen und mittlerweile in Berkeley lehrenden Historiker Frederic (Fritz) Lilge in dem wesentlich kürzeren Buch *The Abuse of Learning: The Failure of the German University* (1948) vorweggenommen worden. Lilge hatte behauptet, dass dem Humanismus, der in Deutschland unter den Einflüssen von Wilhelm von Humboldt, Schelling, Fichte, F. A. Wolf, Schleiermacher und anderen erblüht war, ein viel zu kurzes Leben beschieden gewesen sei. Der Idealismus und die Stärken der deutschen Gelehrten seien bereits 1837 ins Wanken geraten, als die »Göttinger Sieben« – besagte Gruppe von Göttinger Professoren, die sich als das »Gewissen« des Landes verstanden und gegen die Aufhebung der Verfassung im Königreich Hannover protestiert hatten – entlassen und einige sogar des Landes verwiesen worden waren.

Lilges Meinung nach waren es jedoch die Entwicklungen in den Naturwissenschaften, die Einrichtung von Laboren und die damit einhergehenden Spezialisierungen gewesen, welche die alte Vorstellung von humanistischer Gelehrsamkeit immer mehr an den Rand drängten. Bald hätten die »empirischen« Wissenschaftler nicht nur den Idealismus, sondern auch Idealisten verachtet, was dann wiederum zur Abkapselung der Naturwissenschaften von der Philosophie geführt und für den Zwiespalt gesorgt habe, der das geistige Leben in Deutschland das ganze restliche Jahrhundert über beherrschen sollte. Nach 1870/71, als Regierungen allerorten den Wert erkannten, den die Naturwissenschaften in Bezug auf militärische Fortschritte hatten, habe sich diese Isolation immer deutlicher manifestiert. Letztendlich, so Lilge, sei Forschung zu einem reinen Beruf verkommen, was Reflexionen schwierig und Forschungsarbeiten, die bestenfalls noch den kleinen Klüngel interessierter Fachleute anregen konnten, zu einer reinen Fronarbeit gemacht habe. Nicht zuletzt deshalb hätten die Ideen solcher Leute wie Paul de Lagarde, Julius Langbehn oder Oswald Spengler so großen Anklang finden können – sie hatten außerhalb der geschlossenen universitären Zirkel agiert und es verstanden, große, in sich schlüssige Denksysteme aufzubauen, die den Bedarf der Menschen an Kohärenz – wenngleich nicht auch den an Sicherheit – deckten.[27] Mit dem Aufstieg der Nationalsozialisten geriet das Prinzip Bildung schließlich in Vergessenheit.

Lilges Buch war kurz und bündig, seine Argumente aber um Einiges zu elegant und zu kurz gegriffen. Fritz Ringers Studie befasste sich zwar mit einem vergleichbaren Themenkomplex, konnte aber letztlich mehr überzeugen. Er baute seine Argumentation auf Julien Bendas *Verrat der Intellektuellen* sowie auf Lilges wie Dahrendorfs Schriften auf, setzte aber bei der Rolle des nichtadligen preußischen Beamten an, der »ein Extrem darstellte, das Seinesgleichen in Europa suchte«. Bildung, schrieb Ringer, war ein preußisches Ideal. Sie galt als »geistige Veredlung«, weil sie über den Rang der eigenen gesellschaftlichen Herkunft erheben konnte und als »Ehrenersatz« für eine adlige Geburt empfunden wurde.[28] Im 19. Jahrhundert hatte sich der Beamtenstand mit den akademischen Ständen zusammengeschlossen, um »eine Art von geistiger und spiritueller Aristokratie« zu bilden, in der nicht mehr nur das jeweilige Fachwissen, sondern eine »allgemeine geistige Erhebung« zum Ausdruck kommen und mit deren Hilfe eine unverwechselbare Elite aufgebaut werden sollte.[29]

Der rote Faden durch Ringers Buch war jedoch, dass diese Elite nach 1890 sowohl in gesellschaftlicher als auch in geistiger Hinsicht an Bedeutung verlor und sich in den zwanziger Jahren, kurz vor Hitlers Aufstieg, in einer regelrechten Krise befand: Die »Mandarine«, wie er diese Gruppe aus Beamten und Akademikern nannte, sahen sich plötzlich von einer aufstrebenden Finanz- und Unternehmergruppe eingeholt, wodurch sich eine neue, desillusionierte, aus ihren Pfründen verbannte Allianz aus Pensionären, Fachkräften, Akademikern, Handwerkern und kleinen Beamten in Deutschland zu bilden begann. Am deutlichsten bringt das eine faszinierende Statistik ans Licht: 1913 hatte ein höherer Beamter rund siebenmal so viel verdient wie ein ungelernter Arbeiter, 1922 war es nur noch das Doppelte gewesen.[30] Das Bewusstsein der Mandarine führte Ringer auf die Traditionen der Aufklärung, des Pietismus, der Idee von der Bildung (»dem wichtigsten Glaubenssatz der Mandarin-Tradition«), des Humanismus der Humboldt'schen Universität, des Idealismus, der Geschichtsforschung und auf die postulierten Unterschiede zwischen den Natur- und den Geisteswissenschaften zurück, da diese einst alle unterstrichen hatten, dass das Universitätsstudium »den Geist adeln« und nicht einfach nur von »beschränkt utilitaristischem Nutzen« sein sollte.[31]

Allmählich begann sich die Bildungselite jedoch in eine Art Verteidigungshaltung hineinzumanövrieren, die sie stetig konservativer werden ließ. Immer mehr ihrer Angehörigen glaubten nun, die kulturellen Traditionen Deutschlands verteidigen zu müssen, insbesondere im Vorfeld des Ersten Weltkriegs, als sie auch in dieser Hinsicht »ein Gegengewicht zu den Engländern« für nötig befanden.[32] Nationale Größe, meinten sie, entstehe durch kulturelle Schöpfungskraft; im materiellen Wohlstand sahen sie keinen Sinn, »sofern er diesen Zielen in die Quere kam, sofern er nicht die Grundbedingungen für eine größtmögliche Selbstentfaltung des Individuums schuf«.[33] Unter den Mandarinen herrschte außerdem ein beharrliches Interesse an einer starken Führung der Republik. Sogar noch *nach* dem Ersten Weltkrieg – vielmehr: *besonders* danach – hielten sie Ausschau nach einem Führer, der Deutschland zu »einer natürlichen, auf kultureller Bildung, Tüchtigkeit, Geist und Spiritualität beruhenden Aristokratie« zurückführen würde, die der »Seichtheit« materialistischer Interessenpolitik etwas entgegenzusetzen hätte.[34]

Die Folge war, dass die deutschen Universitäten vor allem in den zwanziger Jahren zu »Hochburgen der rechten Opposition gegen das neue Regime« wurden und die Gegenmoderne ein Bündnis mit dem Antisemitismus einging.[35] Im Lauf der zwanziger Jahre begann man wieder gegen Fachwissen und Empirie zu Felde zu ziehen und nach einer Synthese, einer Einheit der Wissenschaften und einer Denkweise zu suchen, die weder marxistisch noch sozialistisch, sondern vielmehr »deutsch-sozialistisch« sein sollte. Faktisch lief das auf eine »neue ›Metaphysik‹ der Reaktion« hinaus, welche so vage Konzepte wie »Volk« und »Reich« beinhaltete und – was entscheidend war – davon ausging, dass sich »die Unternehmer freiwillig einer ›Gemeinschaft‹ unterwerfen« würden. Die deutsche Professorenschaft, schrieb Ringer, habe sich einer wahren Tragödie ausgesetzt gefühlt: »Der Geist und seine Repräsentanten hatten die Kontrolle über die Gesellschaft verloren.«[36] Niemand habe gewusst, wie diese Spaltung zwischen Geist und Politik entstanden sei, doch tatsächlich habe diese eine Art von Selbstmitleid unter den Mandarinen hervorgerufen, das sich oft zur Hysterie steigerte und nicht selten in Hass umschlug. Ringer erklärte, dass sich zwar auch die Intellektuellen Frankreichs und anderer Staaten mit solchen Problemen gequält hätten, aber die allgemeine Angst, die diese hervorriefen, nirgendwo so stark zum

Ausdruck gekommen sei wie in Deutschland. Ein Problem zum Beispiel war, dass so viele Mandarine – etwa Max Scheler, Friedrich Meinecke, Eduard Spranger – davon ausgegangen waren, dass immer nur eine kleine Minderheit, eine Elite, in der Lage sei, von den großen Traditionen nicht nur zu profitieren, sondern ihnen selbst Ausdruck zu verleihen. Karl Jaspers erhob den Vorwurf, dass »alle Wertmaßstäbe dem Bemühen geopfert wurden, der Masse des geistigen Mittelmaßes gerecht zu werden«. Dieses Bemühen um die Synthese von Wissen auf der Suche nach Bedeutung und allgemeiner Kohärenz wurde schließlich als die »Bewegung zur Synthese« bezeichnet.[37]

Das Ergebnis war Ringer zufolge eine unangenehme Art von Antiintellektualität in zumindest einigen Kreisen der Weimarer Republik, von der letztendlich nur die Nationalsozialisten profitierten. Und da die Mandarine zuerst den ökonomischen Kampf, dann aber auch noch den Kampf um das Herz und den Verstand des Volkes verloren hatten, leisteten sie dem Nationalsozialismus auch kaum Widerstand. Der deutsche Idealismus war vom Ansturm des Materialismus, des Positivismus und von dem Trend zur Spezialisierung geschwächt worden. Technokratisches Denken »hatte das Bindeglied zwischen Wissen und Bildung zerstört«.[38] Ringer kam also zu dem Schluss, dass Hitlers Horden nur etwas vollendet (und beschleunigt) hatten, was ohnedies bereits im Gang gewesen war.

Norbert Elias (1897-1990) sollte im Lauf der Jahrzehnte in einer Reihe von Schriften, insbesondere jedoch in seinen *Studien über die Deutschen* (1989), behaupten, dass es beim innerdeutschen Konflikt um »die satisfaktionsfähige Gesellschaft« gegangen sei. Gemeint war damit die »Erziehung zu einem spezifischen Verhaltens- und Empfindenskanon«, welcher, ausgehend von den schlagenden Studentenverbindungen und im Verbund mit dem Kanon der Offizierserziehung, »nicht wenig zur Vereinheitlichung des Verhaltens und Empfindens der zunächst noch recht uneinheitlichen deutschen Oberschichten in der Ära des zweiten Kaiserreichs« beigetragen habe. »Ein zentrales Element, das diese beiden Regelgefüge verband, war der Zwang zum privaten Zweikampf, zum Duell«, als Zeichen »der Zugehörigkeit zu den Schichten, die ›Ehre‹ besaßen«. Dieser Verhaltenskanon brutalisierte einen Großteil der mittelständischen Bevölkerung, grenzte diese vom Bildungsbürgertum ab und verwandelte sie von einer humanistisch in eine nationalistisch orientierte Schicht, der die Mehrheit der Offiziere aus dem Ersten Weltkrieg angehörte, welche in der Weimarer Republik dann die paramilitärischen Freikorps gründeten und für die durchdringend gewalttätige Geräuschkulisse sorgten, die zur Destabilisierung der zwanziger Jahre beitrug.[39]

Die langfristigen Auswirkungen waren Elias zufolge vielfältiger Art. Allein die Existenz dieser satisfaktionsfähigen Gesellschaft und die Rolle, die sie spielte, machten es sehr schwer für das deutsche Bürgertum, ein positives Selbstverständnis aufrechtzuerhalten. Und angesichts der Tatsache, dass diese Gesellschaft mehr Wert auf Ehre denn auf Moral legte, war auch die Gewissensbildung unter Deutschen schwächer ausgeprägt als unter den Nachbarvölkern. Die Kluft zwischen den Idealen und der Identität trat bei Deutschen ebenfalls deutlicher zutage als bei anderen Völkern, was sie (wie auch Ringer und andere schrieben) anfälliger machte für Selbstmitleid und dazu führte, dass mehr von ihnen die unrealistischen Pläne und Strategien der Nationalsozialisten tolerierten, als es ansonsten der Fall gewesen wäre.

Theodor W. Adorno hatte sich wie gesagt ebenso intensiv mit den Mängeln befasst, die er in Amerika sah, wie mit den Defiziten, die er in Deutschland beobachtete, wurde seit seiner Rückkehr nach Deutschland aber dennoch zu einer bestimmenden Kraft des dortigen politischen Denkens. Wie Karl Löwith (siehe weiter unten), Franz Neumann oder Arnold Bergstraesser zählte man auch ihn zur Gruppe der »Remigranten«. Doch es hatten noch andere bedeutende Denker aus der Vorkriegszeit überlebt, die sich nun ebenfalls rege an den philosophischen Diskussionen und den Debatten über die Menschlichkeit beteiligten und damit nicht nur zur Sozialkritik an Deutschland, sondern auch zur modernen Conditio humana beitrugen.[40]

Karl Jaspers (1883–1969) war es im »Dritten Reich« nicht gut ergangen, und das nicht zuletzt deshalb, weil er sich geweigert hatte, sich von seiner jüdischen Frau zu trennen. Ende September 1937 wurde er zwangspensioniert. Nachdem seine Versuche, nach Oxford, Paris oder Basel zu gelangen, allesamt fehlgeschlagen waren, erhielt er 1943 Publikationsverbot. Erst nach Kriegsende verbesserte sich seine Lage wieder. Da er ganz oben auf der »Weißen Liste« der Alliierten stand – einer Aufstellung der Personen, die unbesudelt vom Nationalsozialismus geblieben waren –, zählte auch er zu den Professoren, die mit der Wiedereröffnung der Universität Heidelberg betraut wurden (welche, wie ein Amerikaner damals schrieb, »einst berühmt und nun berüchtigt« war, weil »noch immer von Nazis verpestet«). Nun begann Jaspers' kreativste Schreibphase, in der er sich nicht nur mit philosophischen, sondern auch mit politischen Themen befasste. Er legte großen Wert auf die bürgerliche Moral und stellte beispielsweise fest, dass eine liberalhumanistische Bildung der beste Weg sei, um demokratische Ideen in Deutschland zu verbreiten; außerdem blieb er ein entschiedener Gegner der Rehabilitation von Professoren, die sich mit den Nazis gemein gemacht hatten. Seine Schriften und Radiovorträge zur »Einführung in die Philosophie« zeigten große Wirkung in der ersten Nachkriegszeit.[41]

Gewissermaßen adaptierte Jaspers nun das englische oder französische Verständnis von politischer Freiheit. Theoretisch wollte er, dass diese Modelle in sein Heimatland importiert würden, doch zugleich hatte er wohl seine Zweifel, dass das jemals geschehen würde, denn 1948 nahm er einen Ruf nach Basel an und erwarb rund zehn Jahre später die Schweizer Staatsbürgerschaft. Zum ersten Mal seit Jahren glaubte er wieder frei atmen zu können.[42] 1948 veröffentlichte er auch seine Schrift *Der philosophische Glaube* (1962 erweitert zu *Der philosophische Glaube angesichts der Offenbarung*), ein kompliziertes, aber einflussreiches Werk, in dem er darlegte, dass Gott zwar die einzige unvergängliche, aber doch »unerweisbare« Wirklichkeit sei (unter anderem, weil bereits die Offenbarung vom Menschen formulierte »Endlichkeit« sei); kirchliche Dogmen könnten nie überzeugen, da niemand objektiv wisse, was Gott wolle. Eine kritische Philosophie, frei von jedem Kult, könne daher eine entscheidende Hilfestellung leisten, da sie den Glaubensäußerungen etwas hinzufügen könne, wenn sie es sich zum Ziel setzte, die Theologie den herrschenden Gegebenheiten anzupassen. Solche Aussagen führten zur Konfrontation nicht nur mit Karl Barth, sondern vor allem auch mit Rudolf Bultmann. Jaspers hatte auch auf Marx' Aussage über die Rolle der bildungsbürgerlichen Elite zurückgegriffen. Marx hatte diese Elite ins Visier genommen, weil sie die Kultur auf Kosten der Politik zu ihrer Zuflucht machte; Jaspers erklärte, dass Gesellschaften, deren bildungsbürgerliche Eliten ihre Rolle unterminiert sähen, grundsätzlich instabil blieben, dabei spiele dieses Segment des Staatswesens eine vorrangige Rolle, wann immer es darum ging, die demokratische Kultur aufrechtzuerhalten.

Jaspers' einstiger Freund Martin Heidegger erlebte nach dem Krieg wesentlich stürmischere Zeiten. Im Januar 1946 hatte der Senat der Universität Freiburg seine Emeritierung und den Entzug der Lehrbefugnis beschlossen, im Oktober des Jahres erteilte ihm die französische Militärregierung ein Lehrverbot sowie ein Teilnahmeverbot an allen Veranstaltungen (das 1949 endete). Derweil waren seine beiden Söhne noch immer in russischer Gefangenschaft.[43] Der große Lichtblick war für ihn Hannah Arendt, die ihn 1950 erstmals wieder besucht hatte und zwei Jahre darauf erneut besuchen sollte: Sie hatte die Kraft gefunden, ihm zu verzeihen. Zwischen 1967 bis zu Heideggers Tod im Jahr 1976 sollten sie sich jedes Jahr treffen.[44]

Nach dem Krieg befasste sich Heidegger vorrangig mit drei philosophischen Themen: dem Humanismus, dem Phänomen des Denkens und der Technik.[45] Abgesehen davon fand ein sehr öffentlicher Schlagabtausch mit Adorno statt, der ihn unmissverständlich kritisiert hatte. In seinem 1946 publizierten *Brief über den Humanismus* war Heidegger wieder ganz der alte unnachgiebige – und reuelose – Kritiker von Vernunft und Moderne, und das auch nach wie vor im Namen des Seins und von Poiesis – eine Haltung, die sich gut in das nach dem Krieg entstandene westliche Meinungsklima fügte, vor allem in Amerika, wo angesichts all der »Schrecken und Katastrophen«, die in der modernen Welt geschahen, so viele

Menschen enttäuscht von ihr waren. Nicht selten waren es französische Heidegger-Anhänger wie Jean-Paul Sartre oder Jacques Derrida, die seine Ansichten vermittelten.[46] Jedenfalls war sein Denkansatz wesentlich an der Entstehung des Postmodernismus in der Nachkriegszeit beteiligt.

Anfang der fünfziger Jahre war Heidegger von der Bayerischen Akademie der Wissenschaften eingeladen worden, eine Vortragsreihe zu halten. Berühmt wurde vor allem seine Vorlesung über »Die Frage nach der Technik« aus dem Jahr 1953. »An diesem Abend vereinigte sich das ganze geistige München der fünfziger Jahre«, schreibt Rüdiger Safranski. Unter den Zuhörern waren auch Werner Heisenberg, Ernst Jünger und José Ortega y Gasset. »Es war vielleicht der größte öffentliche Erfolg Heideggers im Nachkriegsdeutschland«, er bekam stehende Ovationen. »Mit seinen Gedanken über die Technik rührte Heidegger an die damals gar nicht mehr so geheimen Ängste der Zeit [...], daß in Wahrheit die Technik inzwischen zu unserem Schicksal geworden sei.«[47] Im selben Jahr erschienen Alfred Webers Studie *Der dritte oder vierte Mensch*, die ein Schreckensgemälde von einer Zivilisation der Robotermenschen malte, sowie Friedrich Georg Jüngers (er war der Bruder von Ernst Jünger) Buch *Die Perfektion der Technik*, in dem er die These vertrat, dass die Technik den Menschen innerlich bereits verwandelt habe, die technische Zivilisation eine gigantische Ausbeutung der Erde mit sich bringen und den »planetarischen Grund« zerstören werde. 1956 publizierte Günther Anders sein Buch *Die Antiquiertheit des Menschen*, in dem auch er die Frage stellte, ob sich der Mensch der Technik anpassen oder nicht eher die Technik wieder »an das menschliche Maß zurückgebunden« werden müsse.[48]

Heidegger sah den Menschen durch Technik in einem »Circulus vitiosus der Seinsvergessenheit« gefangen: Technik fordert immer mehr Technik. Der Mensch hat die Natur herausgefordert, jetzt fordert die Natur ihn heraus. Herausforderung, Bestand, Bestandssicherung sind das, was Heidegger »das Gestell« nannte, etwas vom Menschen Gemachtes, »aber wir haben ihm gegenüber die Freiheit verloren«. Angesichts einer so zügellosen und allgegenwärtigen Technik werde jede Erinnerung an eine andere Art der »Weltbegegnung« und des »Weltaufenthalts« ausgelöscht. Eine technische Gesellschaft könne Natur nicht mehr Natur sein lassen, sei kaum mehr in der Lage, sich zu unterwerfen, sich der Erfahrung des Seins zu überlassen und in der »Gelassenheit zu den Dingen« zu üben. Die »dichterische Erfahrung« werde in den Hintergrund gerückt und von Technik überwältigt.

Gestützt wurde dieses Weltbild von Heideggers Ansichten über Amerika. Schon häufig waren die Vereinigten Staaten Thema deutschen Denkens gewesen. Heine betrachtete sie als das Symbol all dessen, was die Romantik verachtete; Nikolaus Lenau, wegen seines »Weltschmerzes« oft mit Lord Byron verglichen, war vom Leben in Amerika enttäuscht, weil er es von Politik und einer aufoktroyierten Kultur entstellt fand; Friedrich Nietzsche erwartete, dass sich die amerikanische Geistlosigkeit über Europa ausbreiten werde; und weder Arthur Moeller van den Bruck noch Oswald Spengler hatten viel für Amerikaner übrig, wohingegen Ernst Jünger sie bewunderte, weil es ihnen gelungen sei, alle Welt in den Ersten Weltkrieg hineinzuziehen.[49] Freud hatte Amerika wie gesagt für einen Fehler gehalten (was immer er damit meinte); für Heidegger war es schlechthin das Symbol der Krise unseres Zeitalters, die er für die tiefste aller Zeiten hielt, weil die Entfremdung des Menschen und der schwerwiegende Verlust seiner Authentizität noch nie zuvor so drastisch und die Hürden für eine geistige Wiedererweckung noch nie so hoch gewesen seien. In Amerika werde alles auf den kleinsten gemeinsamen Nenner reduziert, werde jede Erfahrung zur Routine, alles trivialisiert und in etwas Nichtssagendes verwandelt. Amerikaner seien vollständig blind gegenüber der »Begegnung mit dem Sein«.[50] Nach den ersten Vorstößen ins All meinte Heidegger, dass nun nicht einmal der Dichter noch von einer menschlichen Heimstatt Erde unter dem Himmel sprechen könne. Das Zeitalter der Technik besiegle das Schicksal der Menschheit, und Amerika sei der Ursprung dieser Katastrophe.[51]

Schon vor dem Krieg hatte Heidegger über Amerika geschrieben. Seine Ansichten hatten sich mittlerweile nicht wesentlich verändert, waren nur den Zeiten angepasst worden. Das war einer der Punkte, die auch Theodor W. Adorno 1964 in seinem berühmten sprachphilosophischen Werk *Jargon der Eigentlichkeit. Zur Deutschen Ideologie* aufgriff. In dieser Studie richtete sich seine Kritik vor allem gegen Heideggers Sprache. Allerdings muss Adornos kompromisslose Haltung hier in einem breiteren Kontext gesehen werden: Der in den fünfziger Jahren einsetzende Kalte Krieg spielte zweifellos den Altnazis in die Hände, denn Bundeskanzler Adenauer war sehr daran gelegen, die Unterscheidung abzuschaffen zwischen Deutschen, die sich untadelig verhalten hatten, und all den übrigen. Prompt wurde 1951 das »Gesetz zur Regelung der Rechtsverhältnisse der unter Artikel 131 des Grundgesetzes fallenden Personen« erlassen, welches verfügte, dass alle Beamten, die wegen ihres Mitwirkens am Nationalsozialismus 1945 ihre Stellung verloren hatten, wieder in den öffentlichen Dienst übernommen werden sollten. Das 1953 verabschiedete Bundesbeamtengesetz ahndet hingegen alle Bestrebungen, »die darauf abzielen, den Bestand oder die Sicherheit der Bundesrepublik Deutschland zu beeinträchtigen«, was noch im selben Jahr eine Überprüfung des gesamten Beamtenapparats nach sich zog und zur Folge hatte, dass dieselben Staatsdiener, die von den Nationalsozialisten als Kommunisten verfolgt worden waren, nun mit identischer Anschuldigung aus dem Staatsdienst der Bundesrepublik entlassen wurden. Derweil sahen sich Adorno wie Horkheimer erneut antisemitischer Hetze ausgesetzt.

Adornos *Jargon der Eigentlichkeit* war wichtig, weil er darin sein Gefühl zum Ausdruck brachte, dass sich in Heideggers ganzer Authentizitätsidee – in all dem »Gerede« von der Ursprünglichkeit des Landlebens, in der Betonung auf dem »Volk« und dem Hass auf alles Moderne – »das fortschwelende Unheil [...] so [äußere], als wäre es das Heil«. Seine »Bodenständigkeit indessen plustert sich auf«, seine »reflektierte Unreflektiertheit« arte zum »anbiedernden Geschwätz aus«, das »sprachliche Brimborium« kippe »immer wieder aus den Pantinen und stolpert in Quatsch«. Heidegger könne »in rituellen Präliminarien zum ›Schritt in den Tempel‹ nicht sich genug tun [...]. Tautologie und Nihilität verbinden sich zur heiligen Allianz«; die stetige Auseinandersetzung mit »Selbstheit« oder »Selbigkeit« gaukle eine »Ideologie des Hohen« vor. Sobald von etwas Authentischem die Rede sei, klinge es, als wäre etwas Höheres damit gemeint, und daran trage vor allem Heidegger die Schuld.[52]

Heidegger hat nie auf diese Kritik reagiert. Adorno konnte mit seiner Schrift typischerweise zwar punkten, aber nicht nachhaltig an Heideggers Ruf kratzen. Das hatte viel mit »Heideggers Kindern« zu tun, wie Richard Wolin sie nannte: Hannah Arendt natürlich, Hans Jonas, Herbert Marcuse und Leo Strauss, die allesamt nach ihrer Emigration in den Vereinigten Staaten geblieben waren; aber auch mit Karl Löwith, der 1952 nach Deutschland zurückgekehrt war, oder mit Hans-Georg Gadamer, der Deutschland nie verlassen hatte.

Karl Löwith (1897–1973) war 1952 einem Ruf an die Universität Heidelberg gefolgt und erwarb sich seine internationale Reputation vor allem mit drei sehr originären Werken: *Von Hegel zu Nietzsche* (1988), ein Bericht über die Fragmentierung der deutschen Philosophie, *Weltgeschichte und Heilsgeschehen. Die theologischen Voraussetzungen der Geschichtsphilosophie* (englisch 1949, deutsch 1953) über die Bezüge der modernen Philosophie zu ihren theologischen Vorgängern, sowie *Max Weber und Karl Marx* (1932), eine Schilderung der soziologischen Entwicklung. In seinem gesamten Werk vertrat Löwith die These, dass die Katastrophen des 20. Jahrhunderts bereits Mitte des 19. Jahrhunderts angelegt worden seien, zu der Zeit, als die gebildete Elite der von Goethe und Hegel repräsentierten Klassik den Rücken gekehrt hatte und immer unduldsamer mit Werten umzugehen begann, die »zeitlos« waren oder die Endlichkeit des diesseitigen menschlichen Diesseits transzendierten. Natur und Himmel waren keine Maßstäbe mehr für Wert und Bedeutung: Der Mensch wurde zum Maß aller Dinge. Dass der Souveränität des menschlichen Willens keinerlei Schranken mehr auferlegt wurden, war für Löwith die Kulmination des Absturzes des Abendlands in den Nihilismus. Nietzsches »Willen zur Macht« betrachtete er als eine unmoralische Maßlosigkeit; Marx und Nietzsche zog er Heidegger und dessen Eintreten für den Stoizismus – für die »Schicksalsfügung« – vor.[53]

Mit Heidegger war Löwith bekannt geworden, als er in Freiburg bei Edmund Husserl studiert hatte. 1928 hatte er sich dann bei Heidegger in Marburg über *Das Individuum in der Rolle des Mitmenschen* habilitiert. In dieser Studie argumentierte er, dass das Ich primär durch die Verhältnisse des Menschen zum Menschen, durch die »Mitwelt«, geformt werde; Heidegger interpretierend schrieb er, dass der Mensch nicht bloß ein vernunftbegabtes Tier, sondern auch ein ekstatisches Wesen und deshalb der »Hirte des Seins« sei; daher bedeute jedes wissenschaftliche Denken, das die Natur zu kontrollieren versuche, einen Abgesang auf diese ursprüngliche Ekstase.[54]

Die Laufbahn von Hans-Georg Gadamer (1900–2002) gestaltete sich völlig anders als die Karrieren der anderen Heidegger-Kinder. Der in Marburg geborene Sohn eines Professors für pharmazeutische Chemie, welcher bald darauf als Ordinarius nach Breslau übersiedelte, war nach seinem Studienbeginn 1919 in dieser Stadt nach Marburg zurückgekehrt, wo er 1922 bei Paul Natorp und Nicolai Hartmann über Platon promovierte. Doch einen größeren Einfluss als diese beiden Lehrmeister übte Heidegger auf ihn aus, dessen Freiburger Vorlesungen er ab 1923 besuchte. Später sollte Gadamer erklären, dass er seither ständig »das verdammte Gefühl« gehabt habe, Heidegger gucke ihm »über die Schulter«.[55]

In den dreißiger und vierziger Jahren arrangierte sich Gadamer »nach dem Gesetz der Selbsterhaltung« mit dem Nationalsozialismus und flirtete dann kurz mit dem Kommunismus. Mitglied der NSDAP war er jedoch nie, ansonsten scheint er sich so unauffällig wie möglich verhalten zu haben. Dafür musste er sich nach dem Krieg den Vorwurf gefallen lassen, allzu gefügig gewesen zu sein. 1939 wurde er zum ordentlichen Professor und Direktor des Philosophischen Instituts an der Universität Leipzig berufen, 1945 zum Dekan der Philosophischen Fakultät. Und da er von den russischen Besatzern, die nach dem Abrücken der Amerikaner im Juni 1945 aus Leipzig die Kontrollmacht übernommen hatten, für die geeignete Person im Amt des Rektors der Leipziger Universität gehalten wurde, weil er kein Parteimitglied gewesen war, wurde er Anfang 1946 ernannt. Doch das kommunistische Ostdeutschland war nicht nach seinem Geschmack, und so reichte er bereits im Oktober 1947 seinen Rücktritt als Rektor ein und folgte nach einem Zwischenspiel in Frankfurt 1949 dem Ruf auf Karl Jaspers' Lehrstuhl in Heidelberg, wo er sich dann für eine Rehabilitierung Heideggers einsetzte. 1953 gründete er mit Helmut Kuhn die *Philosophische Rundschau*, die sich zu einer höchst einflussreichen Fachzeitschrift mausern sollte. Jenseits der eigenen Fachkreise machte sich Gadamer mit seiner Publikation *Wahrheit und Methode. Grundzüge einer philosophischen Hermeneutik* (1960) einen Namen, die nach Ansicht vieler seinen Ruf als einer der bedeutendsten Denker des 20. Jahrhunderts begründete.[56]

Einer seiner Ansatzpunkte in *Wahrheit und Methode* waren die Vorträge, die Heidegger 1935/1936 unter dem Titel »Der Ursprung des Kunstwerkes« in Freiburg und Frankfurt gehalten hatte (publiziert wurden sie erst 1960). In diesem Zusammenhang hatte Heidegger erstmals seine »Frage nach der Wahrheit des Seins oder der Wahrheit als Geschichte« gestellt und seine Ideen vom »Sich-ins-Werk-Setzen der Wahrheit« und von dem »Urstreit« zwischen der »Lichtung« und der »Verbergung« von Wahrheit vorgestellt – eine Idee, die im Gegensatz steht zu der Vorstellung von Wahrheit als »dem Richtigen«, worunter üblicherweise eine Art von Übereinstimmung zwischen einer Aussage und der Natur verstanden wird. Kunstwerke, schreibt Heidegger, besäßen eine Geschlossenheit in sich, besetzten eine »eigene Seinsregion«, innerhalb welcher sich »eine« Wahrheit offenbare, die durch den Prozess des Sich-ins-Werk-Setzens bestimmt werde. Die »Lichtung« sei hingegen eine Interpretation, die niemals vollkommen oder wahrhaft objektiv sein könne. Wir selbst hätten immer Anteil an all dem, was wir als Wahrheit zu verstehen entscheiden. Der Einfluss Kants war unübersehbar.

Gadamer führte diese Ideen in *Wahrheit und Methode* noch um einiges weiter. So schrieb er zum Beispiel, dass unsere Beteiligung an dem »Sich-ins-Werk-Setzen« der Wahrheit immer auf eigenen »Vormeinungen« beruhe, auf einem »ontologischen Strukturmoment des Verstehens«, das es uns ermögliche, »das Gesagte als wahr gelten zu lassen«, und dessen »hermeneutische Konsequenz« Gadamer als einen »Vorgriff der Vollkommenheit« bezeichnete – ein weiterer neukantischer Begriff, der die formale Voraussetzung beinhaltet, »daß nur das verständlich ist, was wirklich eine vollkommene Einheit von Sinn darstellt«.[57] Auch die historische Vergangenheit spiele eine Rolle: Es sei ein Irrtum, von einem festen »Bestand von Meinungen und Wertungen« auszugehen, »die den Horizont der Gegenwart bestimmen und begrenzen«. In Wahrheit sei dieser Horizont »in steter Bildung begriffen, sofern wir alle unsere Vorurteile ständig erproben müssen. Zu solcher Erprobung gehört nicht zuletzt die Begegnung mit der Vergangenheit und das Verstehen der Überlieferung, aus der wir kommen.« Verstehen »ist immer der Vorgang der Verschmelzung solcher vermeintlich für sich seiender Horizonte«.[58]

Und so kam Gadamer nicht nur zu dem Schluss, dass die Geisteswissenschaften nie auf einem vergleichbaren methodischen Fundament wie die Naturwissenschaften ruhen würden, sondern hielt bereits den Versuch für fehlgeleitet, sie derart einen zu wollen. Er glaubte sogar, dass die Naturwissenschaften viel zu viel auf ihre Methodik pochten, denn das Verstehen sei ein anhaltender und niemals abgeschlossener Prozess. Diese Einstellung zeigt einen Gadamer, der aus demselben Holz geschnitzt war wie Wittgenstein in seinen späteren Jahren, oder wie Thomas Kuhn. Schließlich entwickelte er ein Verständnismodell, dem zufolge das Ganze wie ein Gespräch abläuft: Mit Hilfe von Sprache bringt ein jeder sein eigenes Verständnis in die Konversation oder Verhandlung mit der Natur ein.

Ein letzter Aspekt von Gadamers Werk ist die Kulturforschung. Hier ist insbesondere seine Schrift über *Die Aktualität des Schönen* zu nennen, in der er die »Kunst als Spiel, Symbol und Fest« betrachtete und schrieb, dass nicht nur die Bedeutung, Rolle und Funktion von Kunst in der modernen Welt oft verloren gehe, sondern auch die des Spielelements – eines freien Impulses, ohne den menschliche Kultur nicht denkbar sei.[59] Das Symbolische in der Kunst beruhe »auf einem unauflöslichen Widerspiel von Verweisung und Verbergung«; die spezifische Erfahrung von »Zeit«, die »sowohl mit der des Festes wie mit der der Kunst aufs tiefste verwandt« ist, nennt Gadamer die »erfüllte Zeit oder auch die *Eigenzeit*«, im Gegensatz zur »auszufüllenden leeren Zeit«. Wie das Kunstwerk trägt uns auch das gelungene Fest aus unserer üblichen Zeiterfahrung hinaus und öffnet uns für »das alle Vereinigende«.[60]

Gadamer führte zwei berühmte Debatten, eine mit Jacques Derrida und eine mit Jürgen Habermas, jeweils über die Fragen, ob wir Geschichte jemals transzendieren können, wie sich das auf die zeitgenössische Gesellschaftskritik auswirkt und ob solche Kritik jemals wirklich objektiv sein kann (und welchen Wert sie angesichts dieser Frage dann überhaupt habe). Der Dialog mit Derrida blieb unabgeschlossen; die Debatte mit Habermas begründete eine enge Freundschaft der beiden Denker und trug mit tätiger Unterstützung von Gadamer einiges zu Habermas' Ruf nach Heidelberg bei.

Früchte der Reflexion

Jürgen Habermas (*1929) interessierte sich wesentlich mehr für Politik und stand seinem Land auch kritischer gegenüber als Gadamer. Als Heranwachsenden hatten den in Düsseldorf geborenen Enkel eines Pastors und Sohn eines Geschäftsführers der Kölner Industrie- und Handelskammer die Nürnberger Prozesse stark beeindruckt. Er sollte zu einem scharfen Kritiker seines Heimatlands und vor allem von dessen Gelehrten werden. Zwischen 1949 und 1954 studierte er an den Universitäten Göttingen, Zürich und Bonn Philosophie, Psychologie, Deutsche Literatur und Ökonomie und stellte dabei entsetzt fest, dass die meisten Professoren die Zeit des Nationalsozialismus einfach übergingen. Also griff er selber zur Feder und schrieb kritische Artikel über Heidegger und dessen Versäumnis, sich von Hitler und seinen Ideen zu distanzieren. Sein Interesse am Marxismus führte ihn bald zu Georg Lukács' *Geschichte und Klassenbewußtsein* wie zur Lektüre von Horkheimers und Adornos *Dialektik der Aufklärung* – es war seine erste Begegnung mit der kritischen Schule, mit der er dann selbst so stark identifiziert werden sollte. 1961 wurde er außerordentlicher Professor an der Universität Heidelberg, 1964 berief ihn die Universität Frankfurt auf Horkheimers Lehrstuhl für Philosophie und Soziologie. 1971 wechselte er als Kodirektor neben Carl Friedrich von Weizsäcker an das *Max-Planck-Institut zur Erforschung der Lebensbedingungen der wissenschaftlich-technischen Welt* nach Starnberg. Im Lauf dieser Jahre sollte er sich auch international einen Namen als Theoretiker der Studentenbewegung machen.

Habermas' Schriften decken eine gewaltige thematische Bandbreite ab: Politik, Philosophie, Gesellschaftsevolution, die Rolle von Religion und den Sozialwissenschaften, Freud, Technik und Wissenschaft, die Moderne und vieles mehr. Doch seine innovativsten und nachhaltigsten Beiträge leistete er zur Kritischen Theorie und zur Theorie des kommunikativen Handelns.

Habermas zufolge muss es das Ziel der Kritischen Theorie sein, ein Verständnis von der Bedeutung des kommunikativen Handelns zu vermitteln. Gemeint ist damit die Art und Weise, wie sich die verschiedenen Aspekte der Gesellschaft auf oft unbewusste und unbeabsichtigte Weise miteinander verketten, um eine kulturelle Evolution (eine Schlüsselidee) zu ermöglichen.[61] Seine Schrift *Theorie und Praxis* (1963, erweitert 1971) eröffnete Habermas mit der Betrachtung von vier historischen Entwicklungen, die den Marxismus obsolet gemacht haben. Die wichtigste ist, dass sich der Staat nicht mehr von der Ökonomie trennen lässt wie noch zu Zeiten des Laissez-faire-Kapitalismus, sondern eine entscheidende regulierende und ermächtigende Rolle spielt. Das heißt, dass das Funktionieren des Staates nun der ständigen umsichtigen und kritischen Aufmerksamkeit bedarf. Ihr folgte die zweite entscheidende Beobachtung, dass der gestiegene Lebensstandard in den entwickelten Gesellschaften die Unterdrückungsmethoden auf eine Weise verändert hat, die Marx nicht vorhersah und die von den Unterdrückten noch immer nicht verstanden wird, weil die neuen Zwänge eher psychologischer und ethischer und kaum mehr ökonomischer Art sind. Es ist vor allem dieser Bereich, in dem Habermas' Theorie des kommunikativen Handelns anwendbar wird.[62] Genauer gesagt: Habermas glaubt, dass eine echte Emanzipation des Bürgers mit dem Aufkommen des Sozialstaats in den kapitalistischen Gesellschaften sehr viel schwieriger geworden sei und dass Wissenschaft wie Technik unsere Denkweisen bedingten, ohne dass wir – jedenfalls die meisten von uns – uns dessen bewusst seien.

Habermas steht insofern in der Tradition der Frankfurter Schule, als auch er versucht, Marx und Freud unter einen Hut zu bringen. Für ihn ist die psychoanalytische Methode Freuds allerdings nicht nur die bevorzugte Vorgehensweise, sondern auch eine Metapher für allgemeingesellschaftliche Entwicklungen, die er erstrebenswert findet – dafür, den Dingen reflektierend auf den Grund gehen und die vielen Zwänge enthüllen zu können, denen das Individuum auf verdeckte (und üblicherweise unbewusste) Weise unterliegt, um so zu Selbsterkenntnis und Emanzipation zu gelangen. Dieses Thema, Habermas' so wohldurchdachte Reflexionen über die Reflexion, ist der rote Faden durch seine Schrift *Erkenntnis und Interesse* (1968). Nur auf diese Weise, schreibt der amerikanische Soziologe Robert Wuthnow, können wir zu den Wegen zurückfinden, deren es bedarf, um mit Respekt für die Autonomie des Einzelnen und in harmonischer Abhängigkeit voneinander zusammenzuleben, ohne die technischen Fortschritte hinzugeben.[63] Habermas war nie antiwissenschaftlich eingestellt, wie so viele Postmodernisten. Ihm geht es darum, dass wir angesichts des ungezügelten Individualismus Wege und Möglichkeiten finden, eine »moralische Gemeinschaft« aufrechtzuerhalten.[64] Aber das hängt ganz davon ab, ob die Menschen in der Lage sind, effektiv miteinander zu kommunizieren.

Habermas sieht einen ganz entscheidenden Unterschied zwischen der Neuzeit und allen vorangegangenen Perioden. Seiner Meinung nach wurde vom Vormarsch der Naturwissenschaften insbesondere die Vorstellung von Vernunft verzerrt. Auf der Agenda der Aufklärungsphilosophen hatte die Entwicklung von kritischen Beurteilungen gestanden, um die vorherrschenden Thesen der Zeit bewerten zu können. Diese empirisch fundierten Kritiken brachten uns mehr Freiheiten ein. Es waren letztendlich Reflexionen, die der Erweiterung der menschlichen Selbsterkenntnis dienten, wohingegen die Naturwissenschaften – und hier war sich Habermas mit Max Weber einig – einen instrumentellen Rationalismus boten: Vernunft zum Zweck der Kontrolle über die Natur und als Möglichkeit, Natur zu manipulieren.[65] Traditionelle Gelehrsamkeit definierte er als die Emanzipation des Menschen mit Hilfe einer besseren Fähigkeit zur Reflexion, und genau an diesem Punkt kamen die Kulturwissenschaften ins Spiel: Sie machen uns bewusster, was durch Reflexion zu erreichen ist.[66]

Das trostlose Leben

Wir haben heute also ein ganz anderes und viel tiefer gehendes »falsches Bewusstsein« als das, von dem Karl Marx gesprochen hatte: Wir leben in einer gründlich verzerrten Form von Wirklichkeit oder, wie Habermas es nennt, unter den Bedingungen einer »systematisch verzerrten Kommunikation«. Tatsächlich ist das die Conditio humana, von der mittlerweile allgemein ausgegangen wird: Jeder ist sich auf irgendeiner Ebene bewusst, dass Fakten und Werte nicht unkritisch als etwas »Gegebenes« verstanden werden können, dass nichts, was man uns sagt, für bare Münze genommen werden darf. Der Spätkapitalismus floriert auf der Grundlage von Vermarktung und Werbung; das kommunikative Handeln unserer Massenmedien besteht darin, das eine zu sagen und das andere zu meinen – nicht etwas völlig anderes, aber doch immer mit einer unausgesprochenen und ständig präsenten eigenen Agenda im Hintergrund.[67]

Habermas sieht die Lösung in einer »idealen Kommunikationsgemeinschaft«: Die Politik wird den »Experten« aus der Hand genommen und eine Art von öffentlichem Raum geschaffen, in dem auf Grundlage des allgemeinen Interesses ein Konsens entstehen kann.[68] Die natürliche Heimstatt dafür könnte die Universität sein (wenngleich Habermas auch bewusstseinsbildende Gruppen anführt), doch bislang, das kann man wohl sagen, hat sich ein solcher Mechanismus nicht herausgebildet. Die zeitgenössische Universität greife, so Habermas, eher auf das Prinzip der Lehranstalt des 18. Jahrhunderts zurück und verstünde sich kaum als die Heimstatt kritischer Reflexion. Hinzu komme, dass der globale wissenschaftliche Fortschritt wenig zu unserem Verständnis von Leid, Kummer, Einsamkeit und Schuld beigetragen habe, von Themen also, die traditionell von der Religion behandelt wurden. Die Naturwissenschaften haben die Grundlagen des religiösen Glaubens zerstört und nichts als Ersatz angeboten. Wir müssen uns damit abfinden, ein trostloses Leben zu führen.

Die »Zäsur« 1968

Habermas rangiert an prominenter Stelle in der beeindruckenden Studie, die der deutsch-amerikanische Historiker Konrad Jarausch 2004 unter dem Titel *Die Umkehr: Deutsche Wandlungen 1945–1995* (in englischer Übersetzung 2006: *After Hitler: Recivilising Germans, 1945–1995*) veröffentlichte. Beide Versionen waren aus unterschiedlichen Gründen umstritten.

Konrad Jarausch (*1946), der seit 1983 als »Lurcy Professor for European Civilization« an der University of North Carolina at Chapel Hill lehrt und von 1994 bis 2006 Kodirektor des Zentrums für Zeithistorische Forschung (ZZF) in Potsdam war, unterschied drei deutlich voneinander abgegrenzte Zeitabschnitte der »Rezivilisierung«, welche von wesentlicher Bedeutung in der deutschen Nachkriegsgeschichte waren. Schon in der ersten Nachkriegszeit waren grundlegende Entscheidungen gefallen, nämlich erstens »die ›vollständige Entwaffnung und Entmilitarisierung Deutschlands‹ sowie das Eingeständnis der Niederlage; zweitens die Zerschlagung der ›NSDAP mit ihren angeschlossenen Organisationen, die Auflösung von allen Nazi-Einrichtungen und die Verhinderung von NS-Propaganda‹; und drittens die Umwandlung der Wirtschaft zur ›Beseitigung des deutschen Kriegspotentials‹ und der ›übermäßigen Konzentration‹ von Macht durch Dezentralisierung«.⁶⁹ Jarausch erforschte sämtliche Faktoren, die zu diesen Zwecken nötig gewesen waren. Dazu zählte zum Beispiel, dass achtzigtausend führende Nationalsozialisten verhaftet, siebzigtausend aktive Parteimitglieder aus dem öffentlichen Dienst entlassen und dreitausend deutsche Unternehmen aufgelöst wurden. Es hat eine völlige »Veränderung der politischen Kultur« stattgefunden, erstens weil sich die deutsche Bevölkerung sukzessive ihre »teils aktive[n], teils passive[n] Mitwirkung« am Völkermord an den Juden eingestand, zweitens weil sie sich »vom radikalen Nationalismus« abkehrte (»das Zerbrechen des nationalen Orientierungsrahmens«) und drittens weil sich die Idee von einer »Postnationalen Nation« heranbildete.⁷⁰ Jarausch stellte fest, dass hinter den »Auseinandersetzungen um die Entnazifizierung« die »noch schwierigere Herausforderung der Brechung des radikalen Nationalismus« stand, der »weit tiefer in der deutschen Kultur verankert war«, und dass durch die während des Krieges erlittenen Entbehrungen nach dessen Ende (als es »keine Bäuche mehr« gab⁷¹) ein neuer »Gemeinschaftsbezug des kollektiven Leidens« geprägt wurde: »In weiten Kreisen verwandelte sich der vormals aggressive Nationalismus durch Mitleid mit der eigenen Opferrolle in ein defensives Ressentiment dagegen, ›was dem deutschen Volke Furchtbares angetan wird‹.«⁷² Das »erschreckende Ausmaß« dieser »zweiten Niederlage« trug dann entscheidend dazu bei, »den aggressiven Radikalnationalismus in ein defensives Restnationalgefühl zu verwandeln«. Die »schwer beschädigte deutsche Identität verschwand daher nicht vollständig, sondern verwandelte ihren Charakter in eine Schicksalsgemeinschaft des Leidens«.⁷³

Der nächste von Jarausch untersuchte Zeitabschnitt war der bemerkenswerte Wirtschaftsaufschwung, der in den fünfziger Jahren stattgefunden hatte (dank keynesianischer Maßnahmen wuchs die westdeutsche Wirtschaft »um erstaunliche 8,2 Prozent jährlich«⁷⁴). Doch erst in den »dynamischen Zeiten« der sechziger Jahre – nach der »relativen Stabilisierung« der Adenauer-Zeit und im Zuge der »von Konsum und Populärkultur getragene[n] Westernisierung« wegen der langen Besatzungszeit und »positiver Austauscherfahrungen mit den zivileren Formen westlicher Gesellschaft« – kam es zum Durchbruch zu einer »kulturellen Moderne«.⁷⁵

Schließlich kommt Jarausch auf das Jahr 1968 zu sprechen – das Jahr der Studentenproteste in Prag, Warschau, Berlin, New York oder Paris, das Jahr des Einmarschs der sowjetischen Truppen in die Tschechoslowakei und des Anfangs vom langen Ende des Vietnamkriegs: »Nur langsam dämmert die Einsicht, dass 1968 als Kulturrevolution eine andersartige Zäsur darstellt, die eines eher kulturgeschichtlichen Ansatzes bedarf.«⁷⁶ Auch der Politologe Jan Werner Müller, der in Princeton lehrt, schreibt, dass diese Zeit völlig neue »Gefühlsstrukturen« mit sich gebracht habe.⁷⁷

Der Zeitgeschichtler Dirk van Laak ging sogar so weit zu behaupten, dass die sechziger Jahre, was den Wandel betraf, eine mit den zwanziger Jahren vergleichbare Schwellenzeit gewesen seien. Die treibende Kraft war in diesem Fall die junge Generation, die nach dem Krieg aufgewachsen und viel bereiter, wesentlich bereiter war, sich den Verstrickungen der eigenen Eltern und deren Generation mit dem Nationalsozialismus zu stellen, als diese selbst.

Die besonderen deutschen Umstände verschärften demnach nicht nur den Generationenkonflikt, sondern hatten auch deutliche kulturelle Folgen. Jarausch hebt insbesondere das Entstehen einer »kritischen Öffentlichkeit« und eines neuen »Berufsethos« hervor, »das nicht Bestätigung der Macht, sondern dezidierte ›Zeitkritik‹ favorisierte«.[78] Der kritische Demokratiediskurs, der sich Anfang der sechziger Jahre zu entwickeln begann, »propagierte eine breitere gesellschaftliche Selbstbestimmung«. Jürgen Habermas formulierte in seinen Reflexionen über den *Strukturwandel der Öffentlichkeit* »eine historisch-theoretische Rechtfertigung von öffentlicher Diskussion als Voraussetzung bürgerlicher Freiheit«.[79] In anderen Ländern wäre das nicht gerade eine neue Erkenntnis gewesen, doch in Deutschland war das alte autoritäre Denken Jarausch zufolge noch weit verbreitet, und noch immer zögerten viele, sich politisch zu engagieren.

Die Ereignisse des Jahres 1968 und das Entstehen einer kritischen Öffentlichkeit zeugen jedoch davon, dass die gebildete jüngere Generation bereits begonnen hatte, demokratische Werte und Verhaltensweisen zu verinnerlichen. Das meinte wohl auch Habermas, als er die Achtundsechziger-Bewegung als »erste einigermaßen gelungene deutsche Revolution« bezeichnete.[80] Norbert Elias betrachtete diesen Prozess als den entscheidenden Bruch in der »Generationenkette« und den letzten nötigen Schritt, damit die Bundesrepublik zum Westen aufschließen konnte. (Es muss jedoch gesagt sein, dass viele ältere Deutsche solche Interpretationen ablehnen, weil sie sich, wie sie behaupten, selber schon früh mit den ersten »Enthüllungen« der Nazigräuel auseinandergesetzt hätten. Ein Buch, das in diesem Zusammenhang immer wieder genannt wird, ist Eugen Kogons Werk *Der SS-Staat. Das System der deutschen Konzentrationslager* [1946].)

Die Protestbewegung, schreibt Jarausch weiter, konzentrierte sich nicht zuletzt auf die »innere Leere der Konsumgesellschaft«. Doch zu ihrem Schlüsseltext wurde Herbert Marcuses Studie *Der eindimensionale Mensch* mit seinem Konzept der »repressiven Toleranz«.[81] Die zeitweilig sehr gewalttätige Konfrontation währte ein ganzes Jahrzehnt, bevor sie schließlich abzuebben begann. Ihren Scheitelpunkt hatte sie im »Deutschen Herbst« 1977 erreicht: mit dem Mord an Arbeitgeberpräsident Hanns Martin Schleyer, der Stürmung der entführten Lufthansa-Maschine in Mogadischu und den anschließenden »umstrittenen« Selbstmorden von Andreas Baader, Gudrun Ensslin und Jan-Carl Raspe am 18. Oktober 1977 in Stammheim (Ulrike Meinhof hatte sich bereits im Jahr zuvor erhängt). Die Konfrontationsstrategie hatte versagt, schreibt Jarausch. Die meisten, die ihr offen oder insgeheim anhingen, fanden den Weg zurück zum Verfassungsstaat (darunter auch der spätere Außenminister Joschka Fischer). Aber es ließ sich nicht verhehlen, dass sich die deutsche Gesellschaft damit grundlegend gewandelt hatte. Obwohl sich die Machtverhältnisse durch die Ereignisse von 1968 und im anschließenden Jahrzehnt nicht veränderten, war es doch eindeutig zu einem antiautoritären Wertewandel gekommen. Auch das negative Identitätsbild, das in den Werken von Günter Grass, Heinrich Böll, Rolf Hochhuth und Peter Weiss (siehe nächstes Kapitel) zum Ausdruck kam, begann sich zu ändern. Man wurde internationalistischer (oder genauer: *nicht*-nationalistischer – denn diese Generation schämte sich nicht mehr, deutsch zu sein, war von ihren Perspektiven her aber noch nicht unbedingt international ausgerichtet). Es gab, wie der Politologe Klaus Schönhoven schrieb, nun einfach mehr Luft zum Atmen.

Jarauschs Analyse ist wichtig, weil sie die Betonung auf die deutschen Selbstbilder legt, die so ganz anders sind als die Bilder, die sich die unmittelbaren Nachbarn Deutschlands von den Deutschen machen. Doch natürlich ist das nicht das ganze Bild. Steve Crawshaw zufolge herrschte in der Bundesrepublik ein »historisches Unwissen atemberaubenden Ausmaßes«. Laut der 1977 veröffentlichten Studie *Was ich über Adolf Hitler gehört habe* (es wurden Auszüge aus Schüleraufsätzen analysiert) wurde Hitler wechselweise als Schweizer, Holländer oder Italiener bezeichnet, für einen Professor oder den Vorsitzenden der Sozialistischen Einheitspartei Deutschlands (SED) gehalten und zeitlich ins 17. oder 19. Jahrhundert eingeordnet. Rolf Hochhuths Dreiakter *Juristen* (1979) befasst sich mit den gesellschaftlichen und politischen Einflüssen der Altnazis in Deutschland und stellte Hans Filbinger, den damals noch amtierenden Ministerpräsidenten von Baden-Württemberg, dermaßen bloß, dass er sich nach der Enthüllung seiner Vergangenheit als NS-Marinerichter zum Rücktritt gezwungen sah. 1984 sprach der damalige Bundeskanzler Helmut Kohl vor der Knesset in Jerusalem von der »Gnade der späten Geburt«[*], womit er meinte, dass seine Generation schon aus Altergründen nicht in die Nazigräuel verstrickt gewesen sein konnte. Das ist natürlich wahr, aber eben doch nicht die ganze Wahrheit angesichts des historischen Unwissens, das so deutlich zutage trat.

Der dritte Zeitabschnitt in der deutschen Nachkriegsgeschichte, mit

---

[*] Tatsächlich war der Journalist und Politiker Günter Gaus Urheber dieser Formulierung gewesen: Er hatte sie ein Jahr zuvor in seinem Buch *Wo Deutschland liegt: Eine Ortsbestimmung* verwendet, ohne dass dies zu einem Aufschrei geführt hätte.

dem sich Jarausch in seiner Studie befasst, konzentriert sich auf den Prozess, der am 3. Oktober 1990 zur deutschen Einheit führte. Um erforschen zu können, ob es für dieses nach den Worten des sächsischen Philosophen und Theologen Richard Schröder so »schwierige Vaterland« überhaupt den »Mittelweg eines demokratischen Patriotismus« geben könne, »der Freiheit mit Vaterlandsliebe verbindet«, widmete sich Jarausch erst einmal der Wende, die im Lauf der achtziger Jahren im Kopf der DDR-Bürger stattgefunden hatte. Denn die Systemtransformation infolge des »demokratischen Aufbruchs« schien ihm deutlich an einer »Schwäche der neu entstehenden zivilgesellschaftlichen Strukturen zu kranken«.[82] Ungeachtet aller widrigen Umstände hatte sich in der DDR allmählich »ein Kompromiss zwischen persönlicher Resistenz und öffentlicher Anpassung« herausgebildet, der sich in einer »Flucht ins Private« niederschlug. Diese wiederum fand ihren Ausdruck unter anderem in der »Datschen-Kultur«. »Allerdings verlangte diese Strategie die Kultivierung eines bewussten Doppellebens«[83], in dem Jarausch verstörende Parallelen zur »inneren Emigration« im Nationalsozialismus sah: Indem man die Unzufriedenheit mit dem Regime nicht äußerte, trug man auch in diesem Fall zu dessen Stabilisierung bei. Dennoch – in gewisser, wenn auch sehr begrenzter Weise war die DDR eine »Aushandelsgesellschaft« gewesen.[84]

Ein »normales« Deutschland

Die wichtigste durch die deutsche Einheit ausgelöste psychisch-geistige Wende (»die deutsche Uhr zeigt Einheit an«, sagte Rolf Hochhuth zu dem Prozess, der – wie zum Beispiel Günter Grass und Margaret Thatcher fürchteten – zu einem Rückfall in den »radikalen Nationalismus« führen könnte), war die Suche nach einem »durch den Holocaust bedingt postnationalen Selbstverständnis«: die Suche nach einer Antwort auf die Frage, in welchem Maße Deutschland nunmehr »normal« sei oder ob es das jemals werden könne.[85]

Was erbrachte diese Suche? Die Veränderungen, die Anfang der neunziger Jahre im Ostteil des Landes stattfanden, waren atemberaubend. Viele Menschen behielten zwar noch eine ganze Zeit lang die »Mauer im Kopf«, und auch die Trennung in »Ossis« und »Wessis« war noch deutlich spürbar, außerdem hatte der öffentliche Zugang zu den Unterlagen der Staatssicherheit und somit die Enthüllung von Stasi-Spitzeln viele ehemalige DDR-Bürger depressiv gemacht. Doch in der zweiten Hälfte des ersten Jahrzehnts im neuen Jahrtausend begann sich unter den ehemaligen DDR-Bürgern plötzlich »Ostalgie« breitzumachen – ein Begriff, den der Kabarettist Bernd Lutz Lange prägte und mit dem sich Martin Blum dann ausgiebiger befasste.[86] Die Sehnsucht der einstigen DDR-Bürger galt vor allem den ihnen so vertrauten und bald eingestellten ehemaligen Ostprodukten, die geradezu Kultstatus unter jungen Leuten erlangten. Solche Markenprodukte werden, wenn sie denn überhaupt noch aufgetrieben werden können, nicht etwa verbraucht, sondern mitsamt Verpackung in Wohnzimmern ausgestellt, wie aus Trotz gegen die angeblich so überlegene westliche Konsumkultur. Auf formellere Weise tut das auch das »Dokumentationszentrum Alltagskultur der DDR« in Eisenhüttenstadt: Es bewahrt die materielle Alltagskultur der Deutschen Demokratischen Republik in einer Dauerausstellung und mit wechselnden Themenausstellungen.

Bei den Debatten um die »Normalität« Deutschlands haben sich vor allem vier Denker hervorgetan: Karl Heinz Bohrer, Hans-Jürgen Syberberg, Botho Strauss und Martin Walser. Bohrer (Jahrgang 1932), einst Feuilletonchef der *FAZ*, war bis 1997 Professor für Neuere deutsche Literaturgeschichte an der Universität Bielefeld und ist Mitherausgeber des *Merkur (der Deutschen Zeitschrift für europäisches Denken*, wie es im Untertitel heißt). Er stellte zum Beispiel fest, dass die beiden Teilnationen erst durch die Wiedervereinigung eine Chance bekamen, sich gemeinsam erinnern und gemeinsam ein kollektives Gedächtnis aufbauen zu können; und da die Wiedervereinigung per se eine Aussöhnung der Menschen beinhalte, könne sie auch zu deren Aussöhnung mit ihrer Vergangenheit führen, auf dass die deutsche Seele endlich Frieden finde und sich die Vorstellung von einer Kulturnation reformieren könne.[87] Erst jetzt könne eine moderne deutsche Nation entstehen.[88]

Der Regisseur Hans Jürgen Syberberg (Jahrgang 1935) wurde international vor allem mit seinem Vierteiler *Hitler, ein Film aus Deutschland* (1977–1980) und seiner *Parsifal*-Verfilmung (1982) bekannt, in der er Irrationalität, Musik und Romantik als den Kern deutscher Identität und deutschen Geistes behandelte. Auch eine Reihe von Büchern schrieb er, durch die sich wie ein roter Faden die Aussage zieht, dass der Kern deutscher Identität nach dem Zweiten Weltkrieg verloren gegangen und diese Leere durch eine fremde, im Wesentlichen amerikanische Kultur gefüllt worden sei.[89] Am deutlichsten treten solche Argumente in seinem Buch *Vom Glück und Unglück der Kunst in Deutschland nach dem letzten Kriege* (1990) zutage. Der in Vorpommern geborene Syberberg befasste sich außerdem ebenfalls mit deutscher Identität und Ästhetik im Lichte der Wiedervereinigung. Bewusst machte er sich dabei die These von der deutschen Außergewöhnlichkeit zu eigen, verwies auf die deutschen Traditionen des pessimistischen Antikapitalismus und einer bestimmten Form von antiamerikanischem Konsumismus und behauptete, dass Kunst und Ästhetik das Primäre im menschlichen Dasein und alles andere zweitrangig seien. Aus dieser Sicht war das tragischste Opfer des Nationalsozialismus denn auch nicht das Judentum, sondern die

Kunst. Mit Hitler sah Syberberg den Gipfel der Modernisierung erreicht, die Verkörperung der dunklen Seite der Aufklärung. Der von Max Weber identifizierte instrumentelle Rationalismus habe die Welt zu einer Hässlichkeit, Unmenschlichkeit und vor allen Dingen Gemeinheit verdammt, wie sie nur von der Bonner Gelddemokratie personifiziert werden konnte. Deutschland als solches betrachtet Syberberg als eine einzigartige Provinz auf der Landkarte europäischer Authentizität, als das Ursprungsland einer Tiefgründigkeit, die es nun wieder zu entdecken galt.[90]

Der Schriftsteller und Dramatiker Botho Strauss (Jahrgang 1944) veröffentlichte 1993 unter ebenso viel Beifall wie Kritik seinen zivilisationskritischen Essay *Anschwellender Bocksgesang*. »Bocksgesang« *(tragodia)* ist natürlich die ursprüngliche Bezeichnung für die griechische Tragödie, folglich hat Strauss hier – wie Syberberg (und Nietzsche) – die Sehnsucht nach der ursprünglicheren Kraft der Kunst artikuliert, und zwar gegen den instrumentellen Rationalismus. Für das zunehmend Unbeständige und Unangenehme im deutschen Alltag machte Strauss das Gefühl verantwortlich, dass die deutsche Lebensart an ihre unnatürlichen Grenzen gestoßen und es somit unmöglich geworden sei, einfach weiterzumachen mit dem gedankenlosen, selbstgefälligen, verschwenderischen Materialismus der alten Bundesrepublik. Er betrauerte den Verlust des für ihn wertvollsten Teils deutschen Kulturerbes, nämlich den Irrationalismus im Sinne einer Kritik am ökonomischen Utilitarismus und Materialismus. Doch von »der Gestalt der künftigen Tragödie wissen wir nichts. Wir hören nur den lauter werdenden Mysterienlärm, den Bocksgesang in der Tiefe unseres Handelns«[91].

Der einstige deutsche Außenminister Joschka Fischer (Jahrgang 1948) nahm einmal zur Frage deutscher »Normalität« Stellung: Normalität habe für Deutsche zweierlei Bedeutungen. Im einen Fall beziehe sie sich auf das Verhältnis zwischen nichtjüdischen Deutschen und Juden, und in diesem Fall befürworte er eine Rückkehr zur Normalität. Die deutsche Bevölkerung setzte sich um die Wende zum 21. Jahrhundert – was viele nicht realisieren – zu *einem Drittel* aus den Vertriebenen zusammen, die nach 1945 ins Land geströmt waren, und aus Einwanderern wie den drei Millionen türkischen Muslimen und den hundertfünfzigtausend Juden aus der ehemaligen Sowjetunion, die in den neunziger Jahren zu den rund achtundzwanzigtausend bereits in Deutschland lebenden, meist älteren Juden gestoßen waren. Im Jahr 2000 war ein neues Staatsangehörigkeitsgesetz verabschiedet worden: Die »Blut und Boden«-Kriterien waren entfallen und das Staatsbürgerschaftsrecht auf alle Kinder desjenigen Elternteils erweitert worden, der zum Zeitpunkt der Antragstellung seit acht Jahren seinen gewöhnlichen Aufenthalt in Deutschland hatte und ein unbefristetes Aufenthaltsrecht besaß. All das deutet darauf hin, dass »Fremdartigkeit« zunehmend als etwas Normales empfunden wurde.

Gleichzeitig widerstrebte Fischer der Begriff »Normalität« – nämlich immer dann, wenn darin das konservative Bemühen zum Ausdruck kam, einen »Strich« unter die nationalsozialistische Vergangenheit zu ziehen und es wieder als etwas Positives darzustellen, Mitglied einer *deutschen* Nation zu sein. Nicht nur Fischer, auch Jürgen Habermas war dieser Aspekt zuwider.

Doch es gab auch Deutsche, die das Gefühl hatten, dass ihnen bei der Rückkehr zur »Normalität« ständig Steine in den Weg gelegt würden (70 Prozent aller Deutschen waren bereits nach dem Zweiten Weltkrieg geboren worden). Im Oktober 1998 wurde dem Schriftsteller Martin Walser (Jahrgang 1927) der renommierte Friedenspreis des Deutschen Buchhandels verliehen. Bei der Rede, die er anlässlich der Verleihung in der Frankfurter Paulskirche hielt (und die zu einer großen Kontroverse führte), erklärte er: »Wenn mir aber jeden Tag in den Medien diese Vergangenheit vorgehalten wird, merke ich, dass sich in mir etwas gegen diese Dauerpräsentation unserer Schande wehrt. Anstatt dankbar zu sein für die unaufhörliche Präsentation unserer Schande, fange ich an wegzuschauen.« Fast sei er froh, »wenn ich glaube entdecken zu können, dass öfter nicht das Gedenken, das Nichtvergessendürfen das Motiv ist, sondern die Instrumentalisierung unserer Schande zu gegenwärtigen Zwecken. [...] Was durch Ritualisierung zustande kommt, ist von der Qualität des Lippengebets. [...] In der Diskussion um das Holocaustdenkmal in Berlin kann die Nachwelt einmal nachlesen, was Leute anrichteten, die sich für das Gewissen von anderen verantwortlich fühlten. Die Betonierung des Zentrums der Hauptstadt mit einem fußballfeldgroßen Alptraum.« Er habe es zwar »nie für möglich gehalten, die Seite der Beschuldigten zu verlassen«, doch er sei nicht »der Ansicht, dass alles gesühnt werden muss«, mit »seinem Gewissen ist jeder allein. Öffentliche Gewissensakte sind deshalb in der Gefahr symbolisch zu werden.«[92]

Viele im Auditorium schienen ganz Walsers Meinung zu sein (Kanzler Schröder und Joschka Fischer sah man nicken, am Ende bekam Walser stehende Ovationen). Ignatz Bubis jedoch, der damalige Vorsitzende des Zentralrats der Juden in Deutschland, warf Walser anschließend »geistige Brandstiftung« vor, was dann eine heftige öffentliche Debatte unter den Intellektuellen auslöste. 1983 hatte der Philosoph Hermann Lübbe bereits ungestraft Ähnliches wie Walser geäußert: Er hatte erklärt, dass ein kollektives »kommunikatives Beschweigen« der NS-Vergangenheit in der jungen Bundesrepublik für die Stabilität der Entwicklung einer funktionsfähigen Demokratie erforderlich gewesen sei. Nach Walsers Äußerungen wollte der Streit jedoch nicht enden (er war zu erbittert, um ihn wirklich als »Debatte« bezeichnen zu können).

Der herausragende israelische Holocaustforscher Saul Friedländer weigerte sich 2007 anlässlich der Verleihung des Friedenspreises des

Deutschen Buchhandels an ihn selbst, zu den Äußerungen Stellung zu beziehen, die Walser acht Jahre zuvor am selben Ort gemacht hatte. Er hatte jedoch bereits im Jahr 1998 darauf reagiert: »Nach Ansicht Walsers ist diese Vergangenheit im Lauf des zurückliegenden Jahrzehnts immer bedrängender geworden. Ich halte diese Einschätzung für zutreffend. Ich möchte jedoch im Gegensatz zu dem, was Walser in seiner Rede offenbar sagen wollte, Zweifel an der These anmelden, die zunehmende Präsenz der Nazizeit im Bewußtsein der Zeitgenossen sei vor allem eine Folge politischer und medialer Instrumentalisierung, eines gedankenlosen rituellen Abfeierns oder einer zwanghaften politischen Korrektheit. Obwohl alle diese Elemente vorhanden sind, bezweifle ich, daß irgendeine Person oder Gruppe in der Lage ist, das Gedächtnis der Öffentlichkeit auf Dauer zu manipulieren.«[93]

Einen Aufruhr ganz anderer Art verursachte der Komponist Karlheinz Stockhausen (1928–2007), als er Tage nach dem 11. September 2001 bei einer Pressekonferenz in Hamburg sagte: »Also, was da geschehen ist, ist natürlich – jetzt müssen Sie alle Ihr Gehirn umstellen – das größte Kunstwerk, was es je gegeben hat[...].« Dann erklärte er: »Dass Menschen in einem Akt etwas vollbringen, was wir in der Musik nicht träumen könnten, dass Leute zehn Jahre üben wie verrückt, total fanatisch für ein Konzert und dann sterben, stellen Sie sich das doch vor, was da passiert ist. Da sind also Leute, die sind so konzentriert für eine Aufführung und dann werden fünftausend Leute in die Auferstehung gejagt, in einem Moment. Das könnte ich nicht. Dagegen sind wir gar nichts als Komponisten.«[94] Prompt wurden Stockhausen-Konzerte abgesagt und Rufe laut, ihn in ein Irrenhaus einzuweisen. Der Literaturwissenschaftler Klaus Scherpe erklärte hingegen, dass sich in der deutschen Literaturgeschichte nur deshalb so viele Erzählungen finden ließen (etwa in den Werken von Max Dauthendey, Bernhard Kellermann oder Gerhart Hauptmann), in denen es um Katastrophen in Amerika, ja sogar um die Zerstörung von New York ging, weil man die USA als das Symbol der stetigen Modernisierung betrachte.[95]

Habermas, der gut einen Monat nach den Angriffen vom 11. September 2001 ebenfalls den Friedenspreis des Deutschen Buchhandels erhielt, sah zwar Parallelen zwischen religiösem Fundamentalismus und Nazismus, war aber der Meinung, dass beides nicht irgendwelchen »Anderen«, irgendwelchen Barbaren, zur Last gelegt werden könne und man vielmehr erkennen müsse, dass beide die Früchte (meine Formulierung, nicht seine) der Moderne seien, beide die dunkle Seite der Aufklärung darstellten. Es wäre wahrlich trostlos für die Deutschen, wenn der Weg zur »Normalität« über die Erkenntnis führt, dass es Täter gibt, deren Verbrechen sich an deutschen Gräueltaten orientieren – es ist aber nicht sehr wahrscheinlich, dass es viele gibt, die dieser Argumentation zu folgen bereit wären. Doch in einem hatte Habermas gewiss recht, nämlich mit seinem Eintreten für eine dauerhafte Dekonstruktion grundlegender Dogmen.[96]

Es gibt noch zwei weitere Studien, die nahelegen, dass zu guter Letzt doch noch ein neues Deutschland entsteht und dieses Land in eine neue Phase seiner Nachkriegsgeschichte eingetreten ist. Der »Generationenbericht« von A. Dirk Moses aus dem Jahr 2007 wurde bereits in der Einführung erwähnt – jene Studie über die Frage, wie die Deutschen mit dem Erbe des Nationalsozialismus umgingen beziehungsweise damit umzugehen verabsäumten. Die »Fünfundvierziger«, jene Personen also, welche in den späten zwanziger Jahren geboren wurden und 1945 noch kaum zu den Erwachsenen zählten, waren, wie Moses schreibt, während des Nationalsozialismus sozialisiert worden und wussten praktisch nichts über das Land, das zuvor existiert hatte. Sie fühlten sich in keiner Weise verantwortlich für die Gräuel, da sie zu jung gewesen waren, um noch Täter werden zu können. Andererseits hatten sie nach dem Krieg (jedenfalls zumindest bis 1968) zu der »schweigenden Mehrheit« gezählt, die zum Weg in die demokratische Bundesrepublik beitrug und deren Stabilität wahren wollte, indem sie die Elterngeneration, die *tatsächlich* Verantwortung für die Gräuel trug, in Schutz nahm. Genau deshalb, schrieben die beiden Psychoanalytiker Alexander und Margarete Mitscherlich 1967 in ihrem Buch *Die Unfähigkeit zu trauern*, war diese deutsche Generation in einer intellektuellen Unbeweglichkeit, einem »psychosozialen Immobilismus« gefangen, wann immer es um die Vergangenheit ging.

Moses teilte diese »Fünfundvierziger« nun in »undeutsche Deutsche« und »deutsche Deutsche« ein: Erstere hatten es eilig, die Bundesrepublik in eine westliche Demokratie nach den Vorbildern Amerika, England und Frankreich zu verwandeln; Letztere wollten Deutschland wieder mit den Traditionen würzen, die den Geschmack seiner Bürger vor 1933 geprägt hatten. Diese Spaltung, schreibt Moses, führte in der Nachkriegszeit zu einer Art »Kampf der Kulturen«, der den »langen Marsch nach Westen« deutlich verlangsamte. Somit richteten sich die Angriffe der »Achtundsechziger« also logischerweise auch gegen die »Fünfundvierziger«, gegen die undeutschen wie die deutschen Deutschen gleichermaßen. Und damit war dem Kampf der Kulturen noch ein weiteres Element zugefügt worden. Doch selbst Moses stellt am Ende seiner Studie fest – und das ist ein entscheidender Punkt –, dass die »vierte Generation Deutscher nach dem Holocaust« zu guter Letzt begonnen habe, Vertrauen in die Institutionen des Landes zu setzen. Das Erinnern an die Untaten verliere »für die Jugend des 21. Jahrhunderts zunehmend an Bedeutung«; die Berliner Gedenkstätte für die ermordeten Juden Europas stellte »weniger ein Stigma als eine lukrative Touristenattraktion« dar, »ein Objekt der Indifferenz oder, de facto, einen Kinderspielplatz«.[97]

Ähnliches konstatierte auch der englische Journalist und Historiker Max Hastings in seiner Rezension einer Studie, die vom Militärgeschichtlichen Forschungsamt Potsdam in Auftrag gegeben worden war und den Titel *Die deutsche Kriegsgesellschaft 1939 bis 1945* (2004) trägt (sie wurde ebenfalls schon in der Einleitung erwähnt). Die an diesem Projekt beteiligten deutschen Forscher gehörten allesamt Nachkriegsgenerationen an, und diese Generationen seien, so Hastings, nun endlich in der Lage gewesen, sich der ungeschminkten Wahrheit nicht nur zu stellen, sondern sie auch zu berichten. Und diese lautet, dass nicht nur nahezu jeder Deutsche gewusst hatte, was mit den Juden geschah, sondern *auch* geglaubt hatte, dass sie ihr Schicksal »verdienten«. Hastings empfand diese Studie als einen Tribut an eine neue Generation von Deutschen, die bereit seien, mit einer Strenge das Urteil über die Eltern zu fällen, zu der wohl nur wenige Angehörige anderer Völker in der Lage wären.

Wenn Moses und Hastings recht haben, wenn diese vierte Generation nicht nur bereit, sondern auch imstande ist, sich und ihre Welt ohne besagte »intellektuelle Unbeweglichkeit« zu betrachten, dann könnte das etwas – nein: alles – damit zu tun haben, dass endlich die *ganze* Wahrheit über die deutsche Kriegsgesellschaft zugegeben wurde.

Priester, Professor, Papst

Am 19. April 2005 wurde Joseph Alois Ratzinger im Alter von achtundsiebzig Jahren zum Nachfolger von Papst Johannes Paul II. gewählt und nahm den Namen Benedikt XVI. an. Er wurde 1927 in Marktl am Inn geboren und ist nach vatikanischer Einordnung der achte deutsche Papst – der erste seit Hadrian VI. (Adrian von Utrecht, 1522–1523). Sein Vater war ein Gendarmeriemeister, doch wie sein Bruder Georg fühlte sich auch Joseph schon früh zur Kirche hingezogen. 1939 schickten ihn die Eltern in das erzbischöfliche Studienseminar St. Michael in Traunstein, 1941 wurde er wie alle vierzehnjährigen Seminaristen dort in die Hitlerjugend aufgenommen. Ratzingers Familie war gegen Hitler gewesen, umso mehr, seit Josephs gleichaltriger Vetter, der mit dem Down-Syndrom geboren worden war, im Rahmen des Euthanasieprogramms von den Nazis umgebracht worden war. 1943 wurde Joseph als Flakhelfer eingezogen, brauchte wegen seiner angeschlagenen Gesundheit aber bald nur noch Stubendienst zu leisten. 1944 wurde er zum Reichsarbeitsdienst versetzt, gegen Ende des Krieges im Jahr 1945 beschloss er zu desertieren und einfach heimzugehen. Da richteten amerikanische Truppen gerade ihr örtliches Hauptquartier im Haus der Ratzingers bei Traunstein ein. Nachdem er einige Monate lang im amerikanischen Kriegsgefangenenlager Neu-Ulm interniert gewesen war, holte er als Seminarist sein Abitur nach, trat zusammen mit seinem Bruder Georg in das Priesterseminar der Erzdiözese München und Freising ein und begann am Münchner Georgianum zu studieren. 1951 wurde Joseph neben seinem Bruder zum Priester geweiht, 1953 promovierte er, 1957 wurde er habilitiert und begann seine glänzende akademische Laufbahn: 1958 wurde er Professor für Dogmatik und Fundamentaltheologie an der Philosophisch-Theologischen Hochschule Freising; ein Jahr später folgte er dem Ruf auf den Lehrstuhl für Fundamentaltheologie an der Universität Bonn, 1963 dem Ruf an das Seminar für Dogmatik und Dogmengeschichte an der Universität Münster. 1966 erhielt er den Lehrstuhl für Katholische Dogmatik an der Katholisch-Theologischen Fakultät der Universität Tübingen, wo Hans Küng den Lehrstuhl für Fundamentaltheologie innehatte und Ratzinger sich nach Kräften mit anderen führenden Theologen wie Edward Schillebeeckx und Karl Rahner maß.[98] Während des Zweiten Vatikanischen Konzils (1962 bis 1965) beriet er den reformfreudigen Kölner Erzbischof Kardinal Frings; 1969 nahm er den Ruf als Professor für Dogmatik und Dogmengeschichte an der Universität Regensburg an und trug zur Gründung der internationalen katholischen Zeitschrift *Communio* bei (die heute in siebzehn Sprachen erscheint). 1977 machte Papst Paul VI. den fünfzigjährigen Joseph Ratzinger zum Erzbischof von München und Freising, vier Jahre später wurde er von Johannes Paul II. zum Präfekten der Kongregation für die Glaubenslehre ernannt – des einstigen »Heiligen Offiziums«, das aus der *Congregatio Romanae et universalis Inquisitionis* hervorgegangen war.

Ratzinger hat zahlreiche Schriften und Bücher veröffentlicht und sich nie, wiewohl in vielen Fragen ein Konservativer und Traditionalist, vor ausgiebigen Debatten mit zeitgenössischen Philosophen, Sozialkritikern und Wissenschaftlern kirchlicher wie säkularer Couleur gescheut. In seinen Werken wimmelt es nur so von Bezugnahmen auf das klassische griechische Denken, auf Nietzsche, Heidegger oder die jüngeren Schriften von beispielsweise Jean Lyotard, Leo Strauss, Alasdair MacIntyre (Philosophieprofessor an der Notre Dame University in Indiana), Nicholas Boyle (Professor für deutsche Literatur und Geistesgeschichte in Cambridge, dessen herausragende zweibändige Goethe-Biografie im vierten Kapitel zur Sprache kam) oder auf Jürgen Habermas, mit dem er 2004 auf einem Podium der Katholischen Akademie Bayern über »Vorpolitische Grundlagen eines freiheitlichen Staates« debattiert hatte, woraus das 2005 unter beider Namen erschienene Buch *Dialektik der Säkularisierung* entstand.

Ratzingers theologische und philosophische Prioritäten stehen deutlich in deutscher Tradition, befassen sich mit den theologischen Implikationen der Ideen von Kant, Dilthey, Weber und Bonhoeffer – das heißt unter anderem mit den Fragen, was wir überhaupt wissen können, oder welche Gefahren es mit sich bringt, wenn man einseitige Gesichtspunkte zu absoluten Leitfäden erhebt, und vor allem, welche Gefahren von Max Webers »instrumenteller Vernunft« ausgehen, von einem wissenschaftlich-logischen Denken, das zur Kontrolle der Natur eingesetzt wird, anstatt sich an ihr zu erfreuen.[99] Als ein Denker, der sich ausgiebig mit Augustinus und Thomas von Aquin auseinandersetzte, war Ratzinger stark beunruhigt gewesen von den Ereignissen im Jahr 1968. Wie so viele andere sah auch er darin den eigentlichen Aufbruch der postmodernen Gesellschaft und den Beginn eines Relativismus, welcher Kultur als einen Karneval betrachtet, in dem alle Weltanschauungen von gleichem Wert sind.

Das zentrale Moment in der neuzeitlichen Geschichte war für Ratzinger die Aufklärung, die, so glaubt er, nur in einem christlich-abendländischen Umfeld habe stattfinden können. In der Entwicklung der *raison*, die den *philosophes* der Aufklärung so wichtig gewesen war, erkennt er einen grundlegenden Aspekt der Offenbarung. Aus diesem Grund glaubt er auch, dass der Mensch niemals in der Lage sein werde, sich seiner Welt wirklich zu erfreuen, solange er zwischen Glaube und Ratio trenne – solange er jene Dichotomie herstelle, die unser wahres Dilemma sei. Ratzinger glaubt, das Mysterium der Trinität helfe uns, das Wesen der modernen – wie der ursprünglichen – Trinität zu verstehen: die Verflechtung von Schönheit, Gutsein und Wahrhaftigkeit. Sie könne uns nicht nur aufzeigen, dass es ewige und zeitlose Werte *gibt,* sondern sei auch der Weg, über den Gott uns erkennen lässt, dass das Phänomen der Hoffnung ein Geschenk ist. Nietzsche hatte die Hoffnung für einen göttlichen Witz gehalten, für »das Geschenk der Götter an die Menschen«, für ein Füllhorn an Übeln, die »thun den Menschen Schaden bei Tag und Nacht«. Ratzinger hingegen beharrt darauf, dass dem Christen die Hoffnung kein »Etwas« sei, sondern eingeprägt als »Jesus Christus, das Fleisch gewordene Wort«.

Nur das Christentum – der Katholizismus – könne die rechte Mischung aus Glaube und Ratio bieten, es allein trage die Verantwortung, die empfundene Dichotomie von Glaube und Vernunft zu erkennen, es allein habe jene Traditionen begründet – die geistigen (Augustinus, Thomas von Aquin) wie die liturgischen –, welche dem Christen helfen, Jesus zu begegnen (ein zentrales Element seines Denkens).

Das Christentum betrachtet Ratzinger als die Meistererzählung. Er glaubt, die postmoderne Welt versuche in ihrer Ratlosigkeit Meistererzählungen als prinzipiell falsch und in ihren Auswirkungen oft gefährlich darzustellen, und erklärt, dass uns das »evolutionäre Ethos« der heutigen Welt nur die Wahl zwischen Christentum und Nihilismus lasse. Seine

Antwort auf die Nihilisten lautet: »In seiner einfachsten und innersten Form ist der Glaube nichts anderes als jener Punkt in der Liebe, an dem wir erkennen, dass wir auch selbst nötig haben, beschenkt zu werden.«[100] In seiner Enzyklika *Deus Caritas Est* beruft sich Benedikt XVI. analogisch auf die Ehe: Wir alle fühlten, dass wir Liebe brauchen, aber wir hätten keine Kontrolle über den Eros; die »Liebe zwischen Mann und Frau, die nicht aus Denken und Wollen kommt, [...] übermächtigt« den Menschen gleichsam: auch das ein Geschenk Gottes. Doch »Gefühle kommen und gehen«, erst mit Hilfe der christlichen Gemeinschaft und ihrer Traditionen finden »Leib und Seele zu innerer Einheit«, wird *Eros* zu *Agape*.[101] Kardinal Angelo Scola, Erzbischof von Venedig, stützte diese Sicht mit der Aussage: »Die erotische Dimension jener Liebe, welche nicht nach meiner Erlaubnis fragt, geschehen zu dürfen, erfüllt sich erst in der agapischen Dimension von freiwilliger Hingabe.«[102] Das Phänomen *Agape* (»Sie will nicht mehr sich selbst – das Versinken in der Trunkenheit des Glücks –, sie will das Gute für den Geliebten [...]«) »zielt auf Ewigkeit« und somit »zur Findung Gottes [...]. So sehen wir heute oft gerade im Gesicht junger Menschen eine merkwürdige Bitterkeit, eine Resignation, die weit entfernt ist vom Schwung des jugendlichen Aufbruchs ins Unbekannte. Die tiefste Wurzel dieser Traurigkeit ist das Fehlen der großen Hoffnung und die Unerreichbarkeit der großen Liebe: Alles, was zu hoffen ist, ist bekannt, und alle Liebe wird zur Enttäuschung der Endlichkeit in einer Welt, deren ungeheure Surrogate nur ein kläglicher Deckmantel abgründiger Verzweiflung sind.«[103]

42
Café Deutschland:
»Ein nie gesehenes Deutschland«

Im Jahr 1967 publizierten die Psychoanalytiker Alexander und Margarete Mitscherlich *Die Unfähigkeit zu trauern*, ihre Studie über die langfristigen Folgen der kollektiven deutschen Reaktionen auf den Zusammenbruch des »Dritten Reiches« und auf die Aufdeckung all der grauenvollen Details des Holocaust.[1] Dabei waren sie zu dem kontroversen Schluss gekommen, dass zwischen dem »intensiven Zur-Wehr-Setzen gegen Tatsachen« und dem noch immer vorherrschenden »psychosozialen Immobilismus« ein unmittelbarer Zusammenhang bestehe. Deutschland sei emotional in einer »Abwehrhaltung« erstarrt, habe vorsätzlich seine Exzesse vergessen. Das kollektive Verbrechen war so ungeheuerlich, dass die Deutschen, um ihre Schuld eingestehen und um realisieren zu können, dass das Ende des »kollektiven Ideals« von Hitler und seiner Ideologie »auch den Verlust eines narzisstischen Selbst« bedeutet habe, Schuldgefühle und Scham in derart überwältigenden Ausmaßen hätten zulassen müssen, dass die zum Weiterleben unerlässliche Selbstachtung in unerreichbare Ferne gerückt wäre. Stattdessen betrachteten sich die Deutschen nun selbst als Opfer. Das taten vor allem besagte »Fünfundvierziger«, die zwischen Faschismus und Demokratie erwachsen geworden waren und von dem Soziologen Helmut Schelsky »die skeptische Generation« genannt wurden.[2] Noch nicht einmal in den sechziger Jahren, erklärten die Mitscherlichs, hatte sich das Problem des psychosozialen Immobilismus »entkrampft«.

Mit Hilfe dieser wichtigen Studie (im letzten Kapitel kam bereits zur Sprache, wie sie sich in die Reihe der anderen Analysen über das geistige Leben im Nachkriegsdeutschland fügte) lassen sich auch Rückschlüsse auf das Muster der deutschen Literatur seit dem Zweiten Weltkrieg ziehen, über die Kunstgattung also, die wohl als der aussagekräftigste Aspekt des deutschen Geistes und der deutschen Moral in der zeitgenössischen Welt gelten kann.

Dabei stellen wir fest, dass Elemente aufgetaucht waren (auf die wir noch zu sprechen kommen), die zwar neu, aber von zwei traditionellen und nur allzu vertrauten Themen geprägt waren. Zuerst einmal lässt sich sagen, dass die moderne deutsche Literatur – im Gegensatz zum wesentlichen Teil der englischen, die man am ehesten als »elegante Unterhaltung« bezeichnen kann, wie Keith Bullivant schrieb, aber ähnlich der amerikanischen Literatur – in einem viel engeren Kontext mit zeitgenössischen politischen und gesellschaftlichen Entwicklungen stand. Das heißt, sie war im besten Sinn des Wortes »engagiert« oder versuchte es zumindest zu sein. Das erinnert wieder einmal an den Philosophen Henry Sidgwick und seine Auseinandersetzung mit dem Begriff *prig*, was so ziemlich alles zwischen Musterknabe, Tugendbold und Pedant bedeuten kann; doch wir werden gleich feststellen, warum dieser Begriff hier kaum anwendbar ist. Zweitens lässt sich sagen, dass die zeitgenössische deutsche Literatur von dem altvertrauten Konflikt zwischen Realismus und »Innerlichkeit« gekennzeichnet (oder verhext?) ist, dem wir nun schon so oft begegnet sind: Im Gegensatz zu dem Wissen, das rationalen Denkprozessen erwächst, gilt Innerlichkeit als das wahre Reich der Literatur, als die intuitive Weisheit des Dichters oder Romanciers, als das also, worauf es wirklich ankommt. Alles andere, vor allem der Realismus, ist Trivialliteratur.[3]

In den ersten Jahren nach 1945 war es die Allgegenwart der Trümmerlandschaften gewesen, die sich in die Phantasie der Schriftsteller drängte, doch letztlich brachte diese »Trümmerliteratur« wenig von bleibendem Wert hervor. Doch wer wollte denn überrascht davon sein, dass es nach 1945 nicht augenblicklich zu einem radikalen Bruch in der deutschen Literatur kam, zu keiner innovativen Explosion, zu keiner brillanten Zäsur? Eine solche Wasserscheide lässt sich höchstens erwarten, wenn man vergessen hat, dass auch die großen Werke über den Ersten Weltkrieg erst Jahre später erschienen waren. Nur währte der Verzögerungseffekt nach dem Zweiten Weltkrieg eben noch länger. Eine umsichtige literarische Rekonstruktion der sechziger Jahre bewies, dass selbst die Errungenschaften der Gruppe 47 (die aus einem Treffen deutschsprachiger Schriftsteller im Jahr 1947 hervorgegangen war und jungen Autoren als Plattform dienen sollte) sehr überschätzt wurden.

Es gab keine wirkliche »Stunde null«. Die unangenehme Wahrheit ist, dass Schriftsteller wie Ernst Jünger und Gottfried Benn auch nach 1945 höchst aktiv waren und nach wie vor die Bewegung der Moderne als eine Zwangsjacke fehlgeleiteter Aufklärung abtaten – fehlgeleitet, weil sie ihrer Meinung nach keinerlei Rücksicht auf die menschliche Natur nahm. Diese Autoren konzentrierten sich noch immer auf die Innerlichkeit, deren Werdegang im Lauf der modernen deutschen Geschichte wir in diesem Buch verfolgt haben. Doch das war nicht der einzige Faktor, der sich einem grundlegenden Wandel in den Weg gestellt hatte. Viele Schriftsteller, die ihre jeweils eigenen Antworten auf die neuen Umstände der unmittelbaren Nachkriegszeit zu finden versuchten und die oft selbst Soldaten und/oder Kriegsgefangene gewesen waren, fühlten sich nicht zuletzt von den obsessiven Versuchen der Amerikaner behindert, ein kollektives Schuldgefühl zu erwecken. In gewisser Weise war auch das eine Zwangsjacke.

Die Mitscherlichs verdeutlichten zudem, dass nun in beiden Teilen Deutschlands alles darangesetzt wurde, die alte Identität abzuschütteln und sich stattdessen mit den Siegern zu identifizieren, mit der Sowjetunion respektive mit Amerika (wie es auch die Japaner taten). »Blindwütig«, wie Nicholas Boyle schreibt, begannen sie sich für den Wiederaufbau abzurackern, was in Konrad Adenauers Bundesrepublik zum Wirtschaftswunder führte und die DDR zur »erfolgreichsten Volkswirtschaft im Ostblock« machte.[4]

In diesen verworrenen Verhältnissen tauchten drei nicht mehr wirklich junge Autoren auf (sie ließen sich trotz des Altersunterschieds zu den »Fünfundvierzigern« zählen, gehörten jedenfalls der »skeptischen Generation an), die sich erstmals mit der unmittelbaren deutschen Vergangenheit auseinandersetzten.

Als Erster erhob der in Köln geborene und im Krieg viermal verwundete Heinrich Böll (1917–1985) seine Stimme gegen das von ihm so schmerzlich empfundene moralische Versagen der Deutschen im Nationalsozialismus (er selbst hatte sich geweigert, der Hitlerjugend beizutreten). Er verwandte eine Menge Energie darauf, das Chaos und die Brutalität dieser Jahre, den Schwarzmarkt, den Hunger und die Heimatlosigkeit aufzuzeichnen. In der Titelgeschichte seiner Kurzgeschichtensammlung *Wanderer, kommst du nach Spa...* (1950) wird der Ich-Erzähler, ein junger Soldat, schwer verwundet in eine Schule getragen, die zum Lazarett umfunktioniert worden war. Als er an einer Reihe von Büsten vorbeigetragen wird, merkt er, dass es just die Schule ist, die er selbst vor Kurzem noch besucht hatte, und während er eine Spritze bekommt, erkennt er an der Tafel eine Schreibübung in seiner eigenen Handschrift: »Wanderer, kommst du nach Spa...« Böll führt uns nicht nur den Tod, sondern auch Bildung vor Augen.[5]

Die Warnung an seine Mitbürger lautete, dass Wohlstand nur allzu leicht zu Vergesslichkeit führe. In *Billard um halb zehn* (1959) oder in *Ansichten eines Clowns* (1963) stellte er am Beispiel der familiären Konflikte zwischen der jungen und älteren Generation dar, wie moralisch verwerflich es war, dass man in Adenauers Bundesrepublik einfach zur Tagesordnung übergehen wollte. Später, vor allem Ende der siebziger Jahre, sollte dieser Konflikt das Thema einer Vielzahl von »Väter-Romanen« sein. Bölls Werk gipfelte in seiner Erzählung *Die verlorene Ehre der Katharina Blum oder Wie Gewalt entstehen und wohin sie führen kann* (1974), in der er die Springer-Presse wegen ihrer Hetze gegen linke Studenten und ihres Eintretens für die autoritären Taktiken von Polizei und Sicherheitskräften bezichtigte, geistig den Weg für die Terroristen geebnet zu haben, die die Bundesrepublik in den siebziger Jahren so in Atem hielten.[6] Bölls Bücher wurden auch in den osteuropäischen Staaten sehr populär – gewiss weil sie den Eindruck erweckten, als behandelten sie Pathologien des Kapitalismus. 1972 erhielt er den Literaturnobelpreis, zwei Jahre nach Alexander Solschenizyn, den er nach dessen Ausweisung aus der Sowjetunion im Jahr 1974 sofort in sein Haus aufnahm. Steve Crawshaw schreibt, dass *Katharina Blum* – das Buch wie der Film, der nach seiner Vorlage gedreht wurde – einen Wendepunkt darstellte, weil damit endlich das Schweigen über die Vergangenheit und über die Tatsache gebrochen wurde, dass *noch immer* einstige Nazis Machtpositionen in der Bundesrepublik besetzten.[7] (Man schrieb bereits das Jahr 1974, was bestätigt, dass die Aussagen der Mitscherlichs auch für dieses Jahrzehnt noch zutrafen.)

Das international bekannteste Buch von Günter Grass (Jahrgang 1927), dem zweiten Schriftsteller aus diesem Triumvirat, der im Jahr 1999 den Literaturnobelpreis erhielt, ist *Die Blechtrommel* (1959), der erste Teil seiner Danziger Trilogie, vor *Katz und Maus* (1961) und *Hundejahre* (1963). In diesem Teil geht es um den Aufstieg des Nazismus in und um Danzig, den Einmarsch der Alliierten und um das deutsche Wirtschaftswunder aus Sicht der kleinen Leute. Oberflächlich betrachtet, folgt *Die Blechtrommel* dem Leben von Oskar Matzerath, der an seinem dritten Geburtstag beschloss, nicht mehr zu wachsen, und fürderhin mit einer Blechtrommel bewaffnet durchs Leben zieht. Nichts scheint ihn wirklich zu berühren, nicht einmal die aberwitzigsten Absurditäten und schrecklichsten Taten des Hitler-Reichs. Er endet im Irrenhaus, wo er mit Unterstützung der Trommel seine Geschichte zu erzählen beginnt.[8] Auf tieferer Ebene ist dieses Buch eine Satire auf die Tradition des deutschen Bildungsromans, die Grass so selbstgerecht fand. Seinen Effekt erzielt es mit stilistischen Mitteln: Das kindhafte Verstehen, das sich in der Erzählung offenbart, kontrastiert der Autor mit seiner eigenen hyperanspruchsvollen Sprache, wie als Metapher für das deutsche Nachkriegsdilemma: technische Virtuosität gepaart mit einer verunstalteten Moral. In einer unvergesslichen Szene schildert Grass ein Lokal, das sich großer Beliebtheit erfreut, obwohl es nur Zwiebeln serviert: Die Gäste enthäuten die Zwiebeln, bis der Saft schafft, »was die Welt und das Leid dieser Welt nicht schafften: die runde menschliche Träne«. Weil jedoch nicht einmal »bei vollem Herzen sogleich auch das Auge überlaufen muß«, werde man das 20. Jahrhundert einmal »das tränenlose Jahrhundert« nennen. Der verunstalteten Moral sollte sich Grass geradezu besessen noch jahrelang widmen.[9]

Sowohl Böll als auch Grass betrachteten sich als Moralwächter im

Nachkriegsdeutschland, und beide waren in der Friedensbewegung engagiert. Doch im Jahr 2006, nach Grass' Bekenntnis zu seiner Vergangenheit in der Waffen-SS, bekam sein Glanz als moralische Instanz ziemliche Kratzer. Nicht jeder war bereit zu glauben, dass es sich hier nur um den Fall eines fehlgeleiteten Halbwüchsigen gehandelt hatte, der bloß »seine Pflicht« tat.

Der dritte Schriftsteller aus diesem Triumvirat war Martin Walser (ebenfalls Jahrgang 1927). Er hatte der Wehrmacht angehört und war laut dem Berliner Bundesarchiv seit Januar 1944 NSDAP-Mitglied gewesen, was er selbst jedoch bestritt. Walser ist ein spritzigerer Schreiber als seine beiden Kollegen und liebt bissige Formulierungen, doch international ist er weniger bekannt. Anfänglich dominierte bei ihm das Thema der Wohlstandsgesellschaft: die Korruption des Bildungsbürgers in seinem Streben nach Erfolg, die Irrwege auf der Suche nach Liebe in dieser Gesellschaft (*Halbzeit*, 1960, *Das Einhorn*, 1966). Später wandte er sich den interessanteren psychologischen Konsequenzen des Lebens in einem geteilten Land zu (*Dorle und Wolf. Eine Novelle*, 1987). Walser wollte nicht zurückblicken, jedenfalls zumindest nicht öffentlich, dafür fand er die gegenwärtigen Probleme Deutschlands viel zu drängend. International am bekanntesten wurde seine Novelle *Ein fliehendes Pferd*.

Ödipale Trauerarbeit

Vor allem Böll und Grass hatten also zumindest einen Anfang für die Auseinandersetzung mit dem »Dritten Reich« gemacht und damit tatsächlich eine Art Verlangen geschürt, das sich in den sechziger und siebziger Jahren schließlich Bahn brach. Doch die kollektive Leistung dieser Schriftsteller reichte noch darüber hinaus. Keith Bullivant schreibt: »Vorbei war es zu guter Letzt mit der ultimativen Sorge um das Transzendentale, vorbei mit der allegorisch mystischen Behandlung der großen Fragen des Lebens, ohne wirklich die der Gegenwart zu berücksichtigen.«[10]

Inzwischen waren beide Schriftsteller keine jungen Männer mehr, was vermutlich auch der Grund war, dass sie sich nicht annähernd so ausgiebig mit den radikalisierten Studenten der sechziger Jahre befassten wie zum Beispiel Peter Schneider (Jahrgang 1940), wenngleich sich natürlich auch Angehörige der älteren Autorengeneration mit ihnen auseinandersetzten, man denke nur an Max Frisch (1911–1991) und Peter Weiss (1916–1982). Die jüngere Generation war außerdem stark vom RAF-Terrorismus der frühen siebziger Jahre betroffen, hauptsächlich, weil er die *nach wie vor* autoritären Instinkte der deutschen Behörden so deutlich zum Vorschein brachte. Auch die Irrungen und Wirrungen von Peter Schneiders Studenten *Lenz* (1973) finden in der autoritären Atmosphäre statt, die 1968, also in der Zeit, bevor demokratische Werte allmählich allgemein verinnerlicht wurden, noch geherrscht hatte. Die aufgeheizte Stimmung erreichte ihren Höhepunkt im Jahr 1977 nach den Morden an Generalbundesanwalt Siegfried Buback und Jürgen Ponto, dem Vorstandsvorsitzenden der Dresdner Bank, gefolgt von der Ermordung des Arbeitgeberpräsidenten Hanns Martin Schleyer im »Deutschen Herbst«. In diesen Jahren des Terrors hatte sich eine immer größere Kluft zwischen Schriftstellern und Politikern aufgetan. Die Schriftsteller beschuldigten den Staat, die Bürgerrechte zu beschneiden; die Politiker wiederholten gebetsmühlenartig, dass die Schriftsteller der Anarchie das Wort redeten.

Doch nicht die ganze deutsche Literatur lässt sich so einfach in das Muster eines »Sich-mit-der-Vergangenheit-Arrangierens« zwängen. Die beiden Schriftsteller und Kulturkritiker Hans Magnus Enzensberger und Walter Jens lenkten die Aufmerksamkeit auf die Tatsache, dass die Bereitschaft von deutschen Schriftstellern, sich politisch einzumischen, seit etwa 1970 deutlich gestiegen war – politisch im weitesten Sinne (Bürgerrechte, amerikanische Pershing-Raketen auf deutschem Boden, Säkularisierung). Wesentliche Aspekte dieses »neuen Realismus« waren der Sprachrealismus, dokumentarische Erzählweisen (»konkreter Realismus«) und die Frauenbewegung, die wie überall zu dieser Zeit auch in der Bundesrepublik sehr aktiv war. Die wahrscheinlich wichtigsten deutschen Autorinnen in dieser Zeit waren Ingeborg Bachmann (1926–1973) und Elfriede Jelinek (*1946), beide Österreicherinnen und beide katholisch erzogen. Jelinek, die 2004 den Literaturnobelpreis erhielt, stellte zum Beispiel bloß, wie Frauen noch immer als Sexualobjekte behandelt werden (in ihren Romanen Die Klavierspielerin [1983], vor allem aber in Lust [1989]). Ihr Stil ist bewusst brüsk: Der Leser, vor allem der männliche, soll sich damit konfrontiert fühlen, welchen Eindruck Pornografie bei Frauen hinterlässt.

In den späten siebziger Jahren waren es dann die »Väter-Romane«, eine eigene Untergattung der deutschen Literatur, die in einer Art von kollektivem ödipalen Protest gegen die Last der elterlichen Nazivergangenheit aufbegehrten.[11]

Das Bündnis von Schriftstellern und Lesern in der DDR

Derweil hatte das andere Deutschland im Osten seinen eigenen Weg eingeschlagen. Neben solchen Entscheidungen wie der Abschaffung des schulischen Religionsunterrichts gab es natürlich auch eine Zensur, die mal schärfer, mal lockerer war, aber immer die literarisch zulässigen Themen begrenzte und schließlich eine unausgesprochene Allianz von Schriftstellern und Lesern erschuf, bei der die einen lernten, diverse Codes, Allegorien und unterschwellige Botschaften zu erschaffen, und die anderen, diese zu lesen. Von den Behörden wurde das sogar bis zu einem gewissen Grad akzeptiert, mit der Folge, dass aus der DDR ein »Leserland« wurde.[12] Zuerst herrschte allenthalben Optimismus. Autoren wie Anna Seghers stellten den brandneuen sozialistischen Staat als eine realistische Alternative zum »Dritten Reich« dar und wagten ihn sogar mit Goethes und Schillers Weimar zu vergleichen. Doch dieser Optimismus war bekanntlich nicht von Dauer. Ab den späten fünfziger Jahren begannen Werke aufzutauchen – etwa Bruno Apitz' *Nackt unter Wölfen* (1958), ein Erfolgsbuch über das Konzentrationslager Buchenwald, oder Hermann Kants *Die Aula* (1965), Ulrich Plenzdorfs *Die neuen Leiden des jungen W.* (1972) sowie verschiedene Titel von Christa Wolf, darunter vor allem *Kassandra* (1983) –, deren Autoren sich mit all dem befassten, ästhetisch und überhaupt, was in dem so stark zentralisierten sozialistischen Staat verloren gegangen war. Anfänglich wurde ihnen (wie auch später noch einmal) ein gewisses Maß an künstlerischer Freiheit gestattet, nie aber die direkte Kritik.

Dass Schriftstellerinnen in der DDR glänzen würden, war zu erwarten gewesen, denn dieser Staat hatte sich ja (zumindest offiziell) der Chancengleichheit verpflichtet und mit entsprechenden Gesetzen wie zum Beispiel dem verbrieften Recht auf Krippenplätze dafür gesorgt, dass sie auch in die Praxis umgesetzt wurde. Man darf jedoch nicht übersehen, dass das Gebiet der DDR einen Großteil des einstigen Preußen umfasste, wo die meisten Männer konservative Traditionalisten und Konflikte über die Geschlechterrollen deshalb geradezu vorprogrammiert waren. Mit diesen Themen, jedenfalls mit einigen davon, beschäftigte sich vor allem Christa Wolf, eine Schriftstellerin, die vielleicht aus keinem anderen Land hätte hervorgehen können. *Nachdenken über Christa T.* (1968) ist hier der Schlüsseltext: Anhand von hinterlassenen Aufzeichnungen versucht eine Freundin, das Leben der verstorbenen Christa T. zu rekonstruieren, die nach einer ganz anderen Art von Bildung gestrebt hatte, nämlich nach mehr Selbstverwirklichung, als es innerhalb der eintönigen Grenzen ihrer sozialistischen Welt gestattet war. Ihre Krankheit zum Tode wurde zu einer Metapher für die DDR.[13] Am umstrittensten war Wolfs Erzählung *Was bleibt* (bereits 1979 entstanden, aber erst 1990 veröffentlicht), ein nur teils fiktiver Bericht über einen Tag im Leben einer Schriftstellerin, die von der Stasi überwacht wird, und über die Gefühle und Veränderungen, die das bei der Ich-Erzählerin auslöst. Eben weil Wolf diesen Text erst nach der Wende veröffentlichte, wurde sie heftig angegriffen: Es habe ihr der Mut gefehlt, wenigstens den Versuch seiner Veröffentlichung in der DDR zu machen, damals, als er noch etwas hätte bewirken können.[14]

Der britische Germanist Martin Swales verwies auf eine Reihe von Büchern, die sich vorrangig mit den psychologischen und kulturellen Unterschieden Ost- und Westdeutschlands befassten, darunter Uwe Johnsons *Zwei Ansichten* (1965), Peter Schneiders *Der Mauerspringer* (1982) und Thorsten Beckers *Die Bürgschaft* (1985). Johnson, der sich Mitte der siebziger Jahre in England niederließ, bewies in seinen Werken, dass sich Charakter nicht auf irgendeine simple »Wahrheit« eingrenzen lässt – ein Argument (oder eine Botschaft), das in Deutschland auf mehr Resonanz als anderenorts stieß.[15]

Einer der schwerwiegendsten kulturellen Unterschiede zwischen Ost und West war natürlich die freie Meinungsäußerung. Genau in diesem Zusammenhang schoss die DDR im November 1976 ein mächtiges Eigentor, als sie Wolf Biermann zuerst die Rückreise von einem Auftritt in der Bundesrepublik verbot und ihn dann ausbürgerte. Er hatte in seinen Texten schlicht zu viele unangenehme Wahrheiten ausgesprochen. (Liedermacher hatten Ende der siebziger, Anfang der achtziger Jahre auf beiden Seiten der Mauer entscheidend zur Politisierung von jungen Menschen beigetragen.) Biermanns Ausbürgerung zog eine von mehr als hundert DDR-Künstlern unterzeichnete Protestnote und schließlich die Ausreise von vielen Unterzeichnern nach sich. Die DDR reagierte darauf mit der sogenannten »Lex Heym«, dem Paragrafen 219 des Strafgesetzbuchs (»Wer Schriften, Manuskripte oder andere Materialien, die geeignet sind, den Interessen der DDR zu schaden, unter Umgehung von Rechtsvorschriften an Organisationen, Einrichtungen oder Personen im Ausland übergibt oder übergeben läßt, wird mit Freiheitsstrafe bis zu fünf Jahren belegt«). Seinen inoffiziellen Namen verdankte dieses Gesetz Stefan Heym, der 1979 zu neuntausend Mark Geldstrafe wegen Devisenvergehens verurteilt wurde, weil er seinen Roman *Collin*, in dem er mit der stalinistischen Vergangenheit, den brutalen Säuberungen der fünfziger Jahre und dem ganzen Stasi-System abrechnete, bei Bertelsmann in der Bundesrepublik publiziert hatte. Von allen Seiten wurde nun Druck auf die Obrigkeit ausgeübt, und ob in Peter Handkes *Die Stunde der wahren Empfindung* (1975), Christoph Meckels *Suchbild. Über meinen Vater* (1980) oder Volker Brauns *Hinze-Kunze-Roman* (1985): Das beherrschende Thema waren die Zusammenhänge von Restriktion und Abgestumpftheit.

Man kann also durchaus den Eindruck gewinnen, als sei Kritik auch im Inneren der DDR etwas Gängiges gewesen – vielleicht nicht gerade weit verbreitet, aber doch rege. Günter Kunert war von ihr jedoch nicht beeindruckt. Seiner Ansicht nach wäre die DDR viel früher zusammengebrochen, wenn sie nicht permanent von so vielen Schriftstellern legitimiert worden wäre. Peter Schneider stimmte dem zu. So unglaublich das heute auch klingen mag, war es doch eine Tatsache, dass nach 1989 mehr als ein ostdeutscher Schriftsteller die Stimme erhob, um seinem Bedauern über das Hinscheiden einer »utopischen Alternative« zur kapitalistischen Bundesrepublik Ausdruck zu verleihen. Aufschlussreich war auch Christa Wolfs Klage, geäußert bei einem Interview im Dezember 1989, dass die großen Ideologien nun zunehmend hinterfragt und unwichtig würden, anstatt als Leitfäden für ethische Werte und moralisches Verhalten zu dienen.[16] Hans Magnus Enzensberger hatte für solche Wehklagen über derartige Verluste nur gnadenlosen Spott übrig.[17]

Die Dimensionen deutschen Leids

Wir sollten uns nochmals ermahnen, die deutschsprachige Nachkriegsliteratur nicht einfach in ein, zwei simple Muster zu zwängen. (Die Schauspielerin Corinna Harfouch sagte einmal: »Wir hatten nicht nur Herbst und Winter, es gab auch Frühling und Sommer.«[18]) Da gab es auch noch eine Riege von zornigen deutschsprachigen Autoren, die hier nicht unerwähnt bleiben kann: die Österreicher Thomas Bernhard (1931-1989), Felix Mitterer (*1948) und Gerhard Roth (*1942) sowie der Schweizer Peter Bichsel (*1935). Bernhard, der im Februar 1989 starb und die deutsche Einheit nicht mehr erlebte, publizierte eine Vielzahl von Büchern, in denen er seine österreichische Heimat als »widerwärtig« bezeichnete – womit er nicht allein war –, als einen Sumpf, kalt und öde, in dem die Unmoral regiert und man sich nie mit der Vergangenheit auseinandergesetzt hat. Schon in den Titeln seiner Werke spiegelt sich sein Urteil – *Der Keller. Eine Entziehung* (1979), *Die Kälte. Eine Isolation* (1981). *Auslöschung. Ein Zerfall* (1986).[19]

Gegen Ende des 20. Jahrhunderts tauchten drei Autoren auf, die dem Vergleich mit ihren älteren Kollegen Böll, Grass und Walser standhalten. Das international bekannteste Buch von Bernhard Schlink (Jahrgang 1944) ist *Der Vorleser* (1995). Die Geschichte ist in den fünfziger Jahren angesiedelt, der Ich-Erzähler wird als fünfzehnjähriger Schüler von der doppelt so alten Hanna verführt, einer ungebildeten Trambahnschaffnerin, die sich stundenlang von ihm aus klassischen Werken vorlesen lässt und eines Tages einfach verschwunden ist. Erst im zweiten Teil des Buches, der Erzähler studiert inzwischen Jura, erfahren wir, dass Hanna KZ-Wärterin gewesen war und diese Vergangenheit geheim hielt. Bis zum Moment dieser Enthüllung hat der Leser längst auf sie reagiert und findet sie sympathisch. Aber Schlinks Punkt ist ohnedies ein anderer, nämlich, dass Hanna ihre Schuld eingestanden hat. Damit steht sie für all die Deutschen, die sich geringerer Verbrechen schuldig gemacht hatten und denen es in der unmittelbaren Nachkriegszeit wesentlich leichter gefallen war, sich ihrer Schuld zu stellen, als denjenigen ihrer Landsleute, die viel schrecklichere Verbrechen begangen hatten. Für Schlink ist die Unterscheidung zwischen dem geringeren und dem wahren Bösen ein wesentlicher Aspekt der Vergangenheitsbewältigung. In gewisser Weise schließt sich damit der Kreis der Mitscherlich-Argumentation: Je schrecklicher die Taten eines Naziverbrechers waren, desto eher ist er oder sie im »psychosozialen Immobilismus« festgefroren. Die Figur der Hanna wurde anlässlich der Verfilmung des Romans in der Londoner Sunday Times von Tom Bower dekonstruiert: Er ist sich sicher, dass Schlink sie nach der realen NS-Verbrecherin und KZ-Wärterin Hermine Braunsteiner entwarf, glaubt aber, dass diese sich im »Dritten Reich« nie so »hocharbeiten« hätte können, wäre sie wie Hanna Analphabetin gewesen.[20]

Das letzte und bekannteste Buch von W. G. Sebald (1944–2001) ist *Austerlitz* (2001). Es erzählt die Geschichte eines jüdischen Wissenschaftlers, der erst spät herausfindet, dass er als Vierjähriger im Jahr 1939 mit einem Kindertransport von Prag in die Sicherheit von Wales gebracht worden war und sich nun auf die Suche nach seiner Vergangenheit begibt. Die Schilderung dieser Reise geschieht in lauter Versatzstücken – mit einem einzigen, zehn Seiten langen Satz wird zum Beispiel der »wahnwitzige verwaltungstechnische Eifer« geschildert, mit dem das Konzentrationslager Theresienstadt geführt wurde – und erinnert in ihrem gefassten Ton an Goethe. Mit ebensolcher Sachlichkeit widmete sich Sebald in *Luftkrieg und Literatur* (1999) dem Leid, das den *Deutschen* durch die Bombenangriffe zugefügt wurde: Die Beschreibung des Feuersturms, den die Bomber der Alliierten im Juli 1943 in Hamburg entfachten, ist von ungemeiner Dichte.

Noch schonungsloser nahm sich Jörg Friedrich (*1944) in seinem Buch *Der Brand* (2002) dieses Themas an. Rund sechshundert Seiten schreibt er über die Unverhältnismäßigkeit der Todesopfer, die diese Bombenangriffe forderten: Achtzigtausend Zivilisten starben allein während *zweier* Nächte in Hamburg und Dresden, mehr als im gesamten Vereinigten Königreich während des ganzen Zweiten Weltkriegs. Insgesamt kamen sechshunderttausend deutsche Zivilisten im Bombenhagel ums Leben, zehnmal mehr als in Großbritannien. Dabei unternimmt Friedrich weder den Versuch, die Verbrechen der Nazis zu entschuldigen, noch spielt er die deutsche Verantwortung »auf gefährliche Weise« herunter. In seinem 1984 publizierten Buch *Die kalte Amnestie* hatte er erbarmungslos katalogisiert, in welchem Ausmaß das Establishment der Bundesrepublik noch Jahre nach dem Krieg vom Nazismus infiziert gewesen war; im *Brand* machte er vor allem deutlich, dass die Massentötungsstrategien der Alliierten keinerlei militärischen Nutzen hatten.[21]

2002 war auch das Jahr, in dem Günter Grass *Im Krebsgang* veröffentlichte. Auch in diesem Buch geht es um das Erinnern, um die Deutschen als Opfer, in diesem Fall als die Opfer des Untergangs der *Wilhelm Gustloff*, die im Januar 1945 von einem russischen U-Boot torpediert wurde und neuntausend Flüchtlinge mit sich in die Tiefe riss. Es war die schwerste Schiffskatastrophe aller Zeiten, sie forderte sechsmal mehr Opfer als der Untergang der *Titanic*.[22]

Wie auch Steve Crawshaw schreibt, versuchte keiner dieser Autoren unangenehme Tatsachen aus dem Bild herauszuretuschieren, keiner rechnete das Leid der Deutschen gegen das der Juden auf. Aber das deutsche Leid war ebenfalls real. Nicht selten, erklärt er, betrachte man Deutschland als ein Land, das unfähig sei, sich zu ändern. »In Wirklichkeit ist es eine Nation von Krebsgängern – die sich manchmal schneller, als man es in Deutschland selbst zu bemerken scheint, in Richtung Zukunft und hin zur Erschaffung eines Deutschlands bewegen, das wir nie zuvor erlebt haben.«[23]

Volker Weidermann (*1969), Feuilletonchef der *Frankfurter Allgemeinen Sonntagszeitung* und eine Autorität, was die jüngste deutsche Literaturgeschichte betrifft, veröffentlichte 2008 *Das Buch der verbrannten Bücher*, einen Bericht über die Hintergründe, die zum 10. Mai 1933 führten, an dem in Deutschland unter reger Mithilfe der Professoren- und Studentenschaft (aus deren Reihen diese Idee ursprünglich stammte) die Werke von vierundneunzig deutsch- und siebenunddreißig fremdsprachigen Autoren auf die Scheiterhaufen geworfen wurden. Diesen Büchern und den Lebensgeschichten ihrer Autoren spürte Weidermann nach, wobei er bewusst mehr Gewicht auf die Vergessenen legte. Zwei Jahre zuvor hatte er *Lichtjahre* veröffentlicht, ein persönliches Panorama der deutschen Literatur seit 1945. Zu den lesenswerten Büchern zählt er darin beispielsweise *33 Augenblicke des Glücks. Aus den abenteuerlichen Aufzeichnungen der Deutschen in Piter* (1995) von Ingo Schulze oder Thomas Brussigs *Helden wie wir* (1995) und die Werke von Thomas Meinecke, der eine Brücke zwischen Popkultur und ernst zu nehmender Literatur zu schlagen versucht.

Auch dem gebürtigen Rostocker Walter Kempowski (1929-2007), der 1948 während eines Besuchs bei seiner Mutter in Rostock vom sowjetischen NKWD verhaftet worden war, widmet sich Weidermann in seinem Buch. Kempowskis Bruder Robert hatte im Kontor der väterlichen Reederei Frachtpapiere gesammelt, die bewiesen, dass die Sowjets mehr Demontagegüter aus Deutschland abtransportierten, als mit den Westalliierten vereinbart worden war. Diese Beweise wollte Walter Kempowski den Amerikanern übergeben. Nachdem er von einem sowjetischen Militärtribunal zu fünfundzwanzig Jahren Arbeitslager verurteilt und nach acht Jahren entlassen worden war, ließ er sich als Grundschullehrer nieder und begann in den siebziger Jahren, autobiografische Romane zu veröffentlichen, die sehr populär wurden. Gleichzeitig sammelte er für seine Projekte einer deutschen Chronik des tragischen 20. Jahrhunderts und der »kollektiven Tagebücher« mit Hilfe von Zeitungsanzeigen biografisches

Material von »einfachen« Menschen: ein Archiv aus rund achttausend Schriftstücken – Tagebücher, Briefe, Urkunden, Schulhefte, Poesiealben und vieles mehr, außerdem rund dreihunderttausend Fotografien. Einige seiner Romane reichten auch weiter in die deutsche Geschichte zurück, die Kempowski ebenfalls alles andere als heldenhaft fand. Vielleicht war das der Grund, weshalb er nur so zögerlich literarische Anerkennung bekam. Doch er starb als berühmter Mann.

Dichtung, Schweigen und Vertraulichkeit nach Auschwitz

Im Jahr 1949 fällte Theodor W. Adorno das berühmte Urteil: »[...] nach Auschwitz ein Gedicht zu schreiben, ist barbarisch.«[24] Doch in einer Hinsicht war der Bedarf an Dichtung in Deutschland nach dem Krieg größer denn je gewesen. Schuld, Trauer und Scham sind nicht nur private, sondern auch öffentliche Gefühle. Und die vertrauliche Weise, mit der solche Gefühle zum Ausdruck gebracht werden sollten, kennzeichnet die deutsche Nachkriegsdichtung mindestens ebenso wie der Zorn über die Verbrechen, die in deutschem Namen begangen wurden.

Der Schriftsteller Wolfgang Weyrauch (1907–1980) verwandte 1949 den Begriff »Kahlschlag« für einen radikalen Neubeginn in der deutschen Literatur, für die Säuberung der Sprache von allen Nazismen, für die Beseitigung all des Schutts aus der Vergangenheit und für die Notwendigkeit, dieser gereinigten Sprache neue Würde zu verleihen. Aus genau diesem Gefühl heraus war 1945 auch das erste berühmte deutschsprachige Gedicht nach Auschwitz entstanden, Günter Eichs so markant wie einfache »Inventur« (1947): sieben Strophen einer nüchternen Bestandsaufnahme der eigenen Existenz (»Dies ist meine Mütze, / dies ist mein Mantel, / hier mein Rasierzeug [...]«). Die Sprache ist bewusst ohne jede Tiefe, hier geht es allein um Reinheit. Die Traditionen von Versmaß, Rhythmus und Metapher werden verworfen. Es ist ein Gedicht ohne das Gerüst der Dichtung.[25]

1948 lernte die lesende deutschsprachige Öffentlichkeit Gottfried Benns »Statische Gedichte« kennen. Obwohl er seit 1938 nichts mehr hatte veröffentlichen können, hatte er doch immer geschrieben und 1943 eine private Sammlung in Umlauf gebracht. In »Abschied«, einem der besten Gedichte daraus, gesteht er ein, er habe 1933 »ein Wort, mein Himmelslicht« verraten und deshalb keine Erlösung zu erwarten. Später schrieb er: »[...] es gibt nur zwei Dinge: die Leere und das gezeichnete Ich.« Nicholas Boyle zieht das Fazit: »Wenn das Ich zu einem reinen Konstrukt wird, nicht aus Interaktionen mit seinen vergangenen Erfahrungen oder der gegebenen Welt besteht, dann gibt es keinen Raum für Dichtung, wie sie in Deutschland von Goethe bis Lasker-Schüler geschrieben wurde.«[26]

In einem Vortrag über »Probleme der Lyrik« erklärte Benn 1951 an der Universität Marburg, dass die Kunst immer ihren eigenen Regeln folge, aber Dichtung immer nach Vertraulichkeit und Privatheit streben müsse, da sie nur so unerreichbar bleibe für die Politik. Die Dichtung erschaffe ihre eigene geschlossene Welt mit eigenen Regeln, und nur wenn sie sich diese bewahre, könne sie erlösend wirken.[27] Diese Hermetik sollte großen Einfluss auf Schriftsteller wie Paul Celan, Ingeborg Bachmann und Rose Ausländer nehmen.

Paul Celan (1920–1970) schrieb sein bekanntestes Gedicht »Todesfuge« sehr wahrscheinlich in dem Jahr, in dem der Krieg endete und das ganze Ausmaß des Holocaust bekannt wurde (1947 erschien es in rumänischer Übersetzung, die deutsche Fassung wurde 1948 in *Der Sand aus den Urnen* veröffentlicht). Es beginnt mit den Worten »Schwarze Milch der Frühe« und gipfelt in dem schrecklichen Satz, »der Tod ist ein Meister aus Deutschland« – eine erschütternde Klage über den Völkermord an den Juden. Schon in dem Titel, den Celan dem Gedicht gab, spiegelt sich die von ihm erwartete Doppelbödigkeit, die das Erinnern an das Verbrechen so gefährlich trüben sollte, denn eine »Fuge« ist nicht nur eine musikalische Komposition, ein Kunstwerk also, sondern auch aus dem lateinischen *fuga*, »Flucht«, abgeleitet; und damit kann ebenso eine Vermeidungshaltung, die Flucht in einen krankhaften psychischen Zustand, wie das Entrinnen gemeint sein. Celans Stil wurde immer prägnanter, dichter – er nannte das die »Engführung«. Später erklärte er, dass aus wahrer Dichtung der natürliche Hang zum »Verstummen« spreche. Auch das lässt sich als einzig mögliche Dichtung nach Auschwitz verstehen. Der Jude Paul Celan hatte die NS-Gräuel überlebt, aber 1970 beging er Selbstmord.

Doch nicht jeder hatte den Hang zum Verstummen. Hans Magnus Enzensberger wurde mit seinem 1957 publizierten Gedichtband *Verteidigung der Wölfe* nicht nur zum natürlichen Nachfolger von Brecht (der im Jahr zuvor gestorben war), sondern auch zur führenden Figur einer Schule, die sich Brechts Überzeugung zu eigen machte, dass ein Gedicht ein Gebrauchsgegenstand sei. Enzensbergers Werk ist kämpferisch und zornig. Ganz im Gegensatz zu den Zielen von Benn und Celan drängt er den Leser zu mehr politischem Bewusstsein.

Die entstellte Wirklichkeit

Auf der anderen Seite des Eisernen Vorhangs, in der DDR, schien das Umfeld ermutigender für Dichter, jedenfalls nachdem sich diese von der verhöhnten »Traktoren-Dichtung« freigemacht hatten (Adorno lästerte über »den Schwachsinn der boy meets tractor-Literatur«[28]) und Johannes

R. Becher im Jahr 1954 Kulturminister der DDR geworden war (aber 1957 stellte ihn die Parteiführung kalt, er musste von allen Ämtern zurücktreten).[29] Mit Brecht war auch nicht zu rechnen, denn der hatte wenig Zeit verloren, um Momentaufnahmen (»Der Rauch«, »Der Radwechsel«, »Böser Morgen«) seiner unguten Gefühle angesichts des ungenießbaren Lebens in der DDR festzuhalten. Nach Brechts Tod im Jahr 1956 tat Günter Kunert (*1929) sein Bestes, um die Lücke zu füllen. Mit seiner Kritik am real existierenden Sozialismus der DDR sollte er viele junge Dichter inspirieren, die sich am Literaturinstitut Johannes R. Becher, das Ende der fünfziger Jahre den Status einer Hochschule erhielt, versammelt hatten.[30] Volker Braun (*1939) war (und ist) der interessanteste Vertreter dieser Schule. In seinen besten Werken kontrastierte er (ähnlich wie Sarah Kirsch und Wolf Biermann) das für viele DDR-Bürger so typische, ungemein intensive persönliche Unbehagen mit den utopischen Beteuerungen des Staates.[31]

Zumindest theoretisch hat die SED zu solchen Meinungsäußerungen sogar ermuntert, man denke nur an die berühmt-berüchtigte Rede, die Erich Honecker vor dem 8. Parteitag im Juni 1971 hielt und in der er erklärte: »Wenn man von der festen Position des Sozialismus ausgeht, kann es meines Erachtens auf dem Gebiet von Kunst und Literatur keine Tabus geben [...].«[32] Doch die inhärenten Spannungen konnten nicht lange verborgen bleiben. Wolf Biermanns Ausbürgerung im Jahr 1976 brachte das Fass zum Überlaufen: Unter den vielen Künstlern, die ihm in den Westen folgten, waren auch Günter Kunert, Reiner Kunze und Sarah Kirsch.

Aber am Ende konnte es wohl nur bergauf gehen. *Glasnost*, die Liberalisierung, die Ende der achtziger Jahre in der Sowjetunion stattfand, spielte natürlich eine entscheidende Rolle, aber das tat auch die neue Generation von Schriftstellern, die in den Sozialismus »hineingeboren« worden waren und von der DDR-»Utopie« praktisch nichts mehr erwarteten: Sie sahen bloß noch eine entstellte Wirklichkeit, brachten aber den Mut auf, das auch auszusprechen. Der westdeutsche Literaturwissenschaftler Wolfgang Emmerich behaupte sogar, dass die lyrische Dichtung der DDR-Autoren das wahre Erbe dieses Staates sei. Das erinnert an Anna Achmatowas Aussage, dass der lyrische Reichtum Russlands von den Stalinisten nicht hatte vernichtet werden können.

Jedenfalls begannen sich die west- und die ostdeutschen Dichter in den achtziger Jahren einander anzunähern. Beide Seiten wandten sich vom Sozialismus ab (beziehungsweise nahmen – in der DDR – Abschied von einer verschwindenden Welt), und beide zeigten das traditionelle deutsche Unbehagen angesichts des unaufhaltsamen Vormarsches der Technik. Auch hier ragte Enzensberger heraus, mit seinem als »Komödie« bezeichneten Versepos *Der Untergang der Titanic* (1978). Der Kritiker Joachim Kaiser schrieb 1990, die deutsche Literatur brauche nicht wiedervereinigt zu werden, weil ihre tiefe Gemeinsamkeit trotz aller Berührungsängste und ideologischer Vereinnahmungen nur gefährdet, aber nie »zerrissen« gewesen sei.[33]

Unter den Mengen an Gedichten, die während und nach der euphorisch gefeierten Wende im Jahr 1989 veröffentlicht wurden (Peter Schneider fand den dadurch ausgelösten Prozess des Sprachwandels vergleichbar mit der sprachlichen Bedeutungsverschiebung, die nach 1945 stattgefunden hatte), steht Volker Brauns »Nachruf« (1990 unter diesem Titel im *Neuen Deutschland* abgedruckt, später von ihm in »Das Eigentum« umbenannt) beispielhaft für die Befindlichkeit, die zu Beginn der neunziger Jahre herrschte: Es ist eine Wehklage über den Tod eines utopischen Traumes, mehr noch: über jedes Leben, das für diese Ideale gelitten hat.

Die Wiedervereinigung brachte auch jüngere Lyriker hervor, viele in Berlin ansässig, etwa Barbara Köhler (*1959) oder Durs Grünbein (*1962), dessen 1988 veröffentlichter Gedichtband *Grauzone morgens* die Kritiker begeisterte (die Reaktionen auf *Porzellan. Poem vom Untergang meiner Stadt*, ein 2005 erschienenes Buch über die Bombardierung Dresdens, waren gemischter).[34]

Angesichts der Schlüsse, die die Mitscherlichs gezogen hatten und mit denen dieses Kapitel begann, lässt sich nach diesem kurzen Überblick über die deutsche Nachkriegsliteratur also sagen, dass die Gefilde der Trauer mittlerweile von deutschen Autoren erforscht *wurden* – zwar nicht unbedingt auf eine Weise, die jedem gefällt, doch wenn wir Ausländer die heutigen Deutschen jemals verstehen wollen, dann müssen wir uns in erster Linie ihren ideenreichen Schriftstellern zuwenden. Die moderne deutsche Literatur geht weit über »elegante Unterhaltung« hinaus.

Theater: Eine Stätte der Kultur, nicht der Unterhaltung

Die weltweit führenden Namen des Theaters – Oper und Tanz einbeschlossen – bis zum Zweiten Weltkrieg und noch einige Zeit darüber hinaus waren Brecht, Piscator, Reinhardt, Laban und Jooss gewesen. Erwin Piscator begann sich unmittelbar nach dem Krieg mit einer neuen Form von Theater zu befassen, die ihren Nachhall in ganz Europa fand, in Großbritannien vor allem mit der Arbeit von David Hare. Bedeutende Beispiele dieses »Dokumentartheaters« waren Rolf Hochhuths »christliches Trauerspiel« *Der Stellvertreter* (1963), das sich mit der beklagenswert passiven Haltung auseinandersetzt, die Papst Pius XII. gegenüber dem Holocaust eingenommen hatte, sowie sein Stück *Juristen* (1979), in dem Hochhuth den Einfluss der Altnazis in der Bundesrepublik aufs Korn nahm und das, wie gesagt, zum Rücktritt von Hans Filbinger führte.

In den Weimarer Jahren war Piscator mit Brecht auf Augenhöhe gewesen, aber in Amerika konnte er mehr Erfolge für sich verbuchen, wohingegen seit der Rückkehr nach Deutschland Brecht wieder klar im Vorteil war. Als Bühnenautor und künstlerischer Leiter des Berliner Ensembles war dessen innovative Bühnenkunst zwischen 1949 und dessen Tod im Jahr 1956 von solcher Macht, dass man sie in ganz Europa zu spüren bekam. Seine oft kargen Bühnenbilder kristallisierten das Drama noch stärker heraus, zusätzlich gestützt von dem Konzept der Verfremdung, dem Versuch, das Vertraute unvertraut zu machen und das Publikum direkt in die Handlung einzubeziehen, um es von der Rolle des passiven Zuschauers zu befreien.

Doch Brechts Tradition war bei Weitem nicht die einzige. Die erwähnenswerteste Alternative war das Volkstheater beziehungsweise das Volksstück (so genannt nach Lessing), das sich im Nachkriegsdeutschland auf das Leben der Arbeiterklasse oder der Konsumgesellschaft konzentrierte und dessen wichtigste Vertreter Martin Sperr (1944–2002), Rainer Werner Fassbinder (1945–1982) und Botho Strauss (*1944) sind und waren.[35] Auch die Traditionen von Georg Büchner und Frank Wedekind, Max Reinhardt und Fritz Lang dürfen wir hier nicht übergehen – Experiment und Spektakel in einer Form, die außerhalb Deutschlands kaum denkbar ist.[36] Herausragend unter diesen Stücken ist das Drama von Peter Weiss aus dem Jahr 1964, das, in einem Irrenhaus angesiedelt, die Ereignisse der Französischen Revolution darstellt: *Die Verfolgung und Ermordung Jean Paul Marats dargestellt durch die Schauspielgruppe des Hospizes zu Charenton unter Anleitung des Herrn de Sade*. Überlebt hat dieses Genre mit der rund siebeneinhalbstündigen *Hamletmaschine* von Heiner Müller (1929 bis 1995), die 1979 im Théâtre Gérard Philipe bei Paris uraufgeführt wurde.

Das deutschsprachige Theater kann sich außerdem zweier Bühnenautoren rühmen, die sich schwer einordnen lassen. Es lässt sich höchstens sagen, dass beide spätexpressionistische Tendenzen und andere Einflüsse der Moderne aufweisen. Das wohl berühmteste Drama des Schweizers Friedrich Dürrenmatt (1921–1990), *Der Besuch der alten Dame* (Uraufführung 1956), war Michael Patterson und Michael Huxley zufolge das meistgespielte Stück auf den deutschsprachigen Bühnen der Nachkriegszeit[37]: Eine steinreiche »alte Dame« kehrt in die Kleinstadt zurück, aus der sie einst arm und entehrt vertrieben worden war, um Rache an dem inzwischen ebenso alten Mann zu nehmen, der damals die Vaterschaft ihres Kindes bestritten hatte.

Peter Handkes Durchbruch kam 1966, dem Jahr, in dem seine Stücke *Publikumsbeschimpfung* und *Selbstbezichtigung* uraufgeführt wurden, zwei reine Sprechstücke ohne eigentliche Geschichten, ohne Rollen oder Darsteller im üblichen Sinn des Wortes und stellenweise sogar ohne jeden Dialog. Handkes Vorbehalt gegen die Sprache verbindet das deutsche Theater mit der Philosophie – Wittgenstein zum Beispiel – und fand zu seiner vorläufig letzten Form in Handkes Schauspiel *Die Stunde, da wir nichts voneinander wussten* (1992), das völlig ohne Worte auskommt: Hauptdarsteller ist ein Platz, auf dem ein Dutzend sprachlose Akteure eine Stunde fünfundvierzig Minuten lang in rund vierhundert verschiedene Rollen schlüpfen.[38] Auch die Inszenierungen des Regisseurs Peter Stein haben hohe Wellen geschlagen.

Während Dürrenmatts *Besuch der alten Dame* also das meistgespielte Theaterstück nach dem Zweiten Weltkrieg war, wurde *Der Grüne Tisch*, ein 1932 uraufgeführtes Ballett von Kurt Jooss (1901-1979) über Macht, Krieg und Tod, zum meistaufgeführten Stück aus dem Repertoire des modernen Tanzes.[39] Nach Jooss' Tod entwickelte Pina Bausch (1940-2009) das von ihr wie anderen so genannte »Tanztheater«: eine Mischung aus Erzählung, Expressionismus und schierer Sinnlichkeit, die an die Traditionen der ersten modernen Tänzer Anfang des 20. Jahrhunderts anknüpfte: Rudolf Laban (1879-1958) in München, John Cranko (1927-1973) in Stuttgart und Mary Wigman (1886-1973) in Berlin.[40] Bauschs Durchbruch kam 1971, als sie im Auftrag der Wuppertaler Bühnen das Ballett *Aktionen für Tänzer* choreografierte, gefolgt von Inszenierungen, die schnell zu modernen Klassikern wurden und deren gewiss beste *Café Müller* war: Die Bühne ist mit Stühlen vollgestellt, die in derart halsbrecherischem Tempo verschoben werden, dass nur die perfektesten, koordiniertesten Tänzer diese Choreografie heil überstehen.

Auch das unterstreicht, wie Patterson und Huxley betonen, dass die deutschen Theater im Großen und Ganzen »Kultur« und nicht einfach nur »Unterhaltung« bieten wollen. Es gibt in der deutschen Sprache kein Äquivalent für den Begriff »Show-Business«, ebenso wenig, wie es im deutschen Theaterbetrieb etwas mit dem Broadway Vergleichbares gibt. Als Spielstätten für reine Unterhaltung lassen sich höchstens die auf leichte Komödien spezialisierten Boulevardtheater anführen. Das deutsche Theaterpublikum erwartet weitgehend ernsthafte, hochkulturelle Stücke, in denen sich das europäische Erbe spiegelt. Das erfordert Subventionen für die Theater in einer Höhe, welche die dafür zur Verfügung stehenden Gelder in anderen Ländern weit übertrifft. Die von Patterson und Huxley angegebenen Zahlen verdeutlichen, dass die staatlichen oder städtischen Fördermittel in Deutschland am Beginn des 21. Jahrhunderts ungefähr das *Siebenfache* der öffentlichen Mittel betrugen, die die Vereinigten Staaten *sämtlichen* Kunstbereichen zur Verfügung stellten. Allein die Deutsche Oper Berlin erhält fast so viele Mittel wie der British Arts Council *allen* geförderten Theatern gewährt. Dennoch bleiben deutsche Intendanten Herren im eigenen Haus, das jeweils aufwendiger ausgestattet ist und dessen Produktionen ambitionierter sind als in anderen Ländern. All das hat zur Folge, dass das Theater im kulturellen Leben Deutschlands eine wichtigere Rolle spielt als anderenorts.

In der DDR hatten sich die Theater in den achtziger Jahren in politische Debattierclubs verwandelt, wenngleich die Botschaften wie gesagt unterschwellig blieben (nicht anders als in der Literatur).[41] Letztendlich boten in dieser Zeit nur die Kirchen und die Theater dort einen gewissen Freiraum für politische Debatten.

Die zweite Blüte des deutschen Films

Dem Film erging es nicht anders als dem Roman und der Dichtung: Das erste Nachkriegsthema war die Trümmerlandschaft (man denke auch an Roberto Rossellinis 1948 uraufgeführten Film *Germania anno zero*). Doch diesem Genre war keine Blütezeit beschert. Erfolgreicher war Wolfgang Staudtes 1945/1946 gedrehter Film *Die Mörder sind unter uns*, der die Geschichte eines zurückgekehrten Wehrmachtsarztes erzählt, welcher seine schrecklichen Erlebnisse zu verarbeiten versucht und zufällig seinem ehemaligen Hauptmann begegnet, der in Polen die Erschießung von Zivilisten angeordnet hatte. Zuerst will er Selbstjustiz üben, zeigt ihn schließlich aber an, damit er vor Gericht gestellt werden kann.

In der DDR wurde das Filmgeschäft von der Partei kontrolliert. Das Monopol auf Produktionen hatte die DEFA oder Deutsche Film AG (nicht anders als die Universum Film AG oder Ufa im »Dritten Reich«). Die ersten Nachkriegsfilme nahmen häufig den Kapitalismus aufs Korn, doch es gab auch andere Genres, beispielsweise den doktrinären »antifaschistischen« Film, der das Image der SED aufpolieren sollte. Eine Menge Geld floss außerdem in Kinderfilme (auch sie auf ihre Weise doktrinär). In den einstigen Ufa-Studios in Potsdam-Babelsberg, die nun von der DEFA genutzt wurden, drehte Konrad Wolf den bemerkenswertesten antinazistischen Film *Sterne* (1959), die Geschichte eines Wehrmachtsoldaten, der sich in einem bulgarischen Durchgangslager in eine griechische Jüdin verliebt, die zum Weitertransport nach Auschwitz vorgesehen ist.

Dann gab es noch den sogenannten Gegenwartsfilm, einen bewussten Rückgriff auf die »proletarischen« Filme der Weimarer Republik. Mit Produktionen wie Slátan Dudows *Unser täglich Brot* (1949) hatten DEFA-Regisseure die real existierenden Lebensumstände in Ostdeutschland darzustellen versucht, doch dann wurden sie von den Ereignissen überrollt, vor allem vom Ungarnaufstand 1956. Plötzlich wurde die Zensur strenger. Erst als 1961 die Grenzen dichtgemacht worden waren, ließ man wieder mehr Kritik an aktuellen Problemen zu. Konrad Wolfs Verfilmung von Christa Wolfs Roman *Der geteilte Himmel* (1964) zum Beispiel betrachtete die Teilung Deutschlands aus ostdeutscher Perspektive und spornte damit jüngere Regisseure zu verhalten kritischen Filmen an, die sich mit

Themen wie dem Generationenkonflikt oder der Korruption im Rechtssystem befassten. Aber auch dieser relativen Freiheit wurde ein Ende gesetzt, nachdem sich das XI. Plenum des ZK der SED im Dezember 1965 die Künstler vorgeknöpft hatte, mit dem Erfolg, dass die gesamte Filmproduktion eines halben Jahres kassiert wurde.[42] Diese sogenannten »Verbotsfilme« (wegen der Archive, in denen sie verschwanden, auch »Kellerfilme« genannt) waren der lebendige Beweis dafür, dass es eine neue Generation gab, die Kritik an der alten übte. Nach Honeckers Parteitagsrede im Jahr 1971 (»keine Tabus«) änderten sich die Dinge erneut. Schon ein Jahr später kam Heiner Carows Film *Die Legende von Paul und Paula* nach dem Drehbuch von Ulrich Plenzdorf in die Kinos und wurde sofort ein Riesenerfolg. Er erzählt von der Suche eines Paares nach dem kleinen Glück im DDR-System und zeigt, wie es möglich ist, Sexualität als ein Mittel zu dem Zweck einzusetzen, sich frei und modern zu fühlen. 1974 verfilmte Frank Beyer Jurek Beckers Roman *Jakob der Lügner*, die Geschichte eines Juden kurz vor der Räumung eines Ghettos in Polen, der behauptet, ein Radio zu besitzen, und seinen Mitgefangenen ständig mit erfundenen Berichten über die kurz bevorstehende Befreiung durch die Rote Armee Mut macht. Es war der einzige DEFA-Film, der je für einen Oscar nominiert wurde (1976).[43]

In der Bundesrepublik wurden in der unmittelbaren Nachkriegszeit »Trümmerfilme« gedreht. Ansonsten brachte der westdeutsche Film, der von einer Flut amerikanischer Produktionen überschwemmt wurde, vor allem die für diese Periode typischen Heimatfilme ins Kino – ungefährliche, realitätsferne Romanzen, die keine Gespenster der Vergangenheit heraufbeschworen. Die Auswirkungen des amerikanischen Films auf die Bundesrepublik lassen sich aus zwei Perspektiven darstellen: Zum einen lässt sich sagen, dass er die deutsche Kultur trivialisiert hat, zum anderen, dass die amerikanische Kultur deshalb so bereitwillig angenommen wurde, weil sie einen Bruch mit der nationalsozialistischen Vergangenheit darstellte.

Der westdeutsche Film war in dieser Zeit künstlerisch so schwach, dass sich der Innenminister genötigt sah, anlässlich der Verleihung der Bundesfilmpreise 1961 in Berlin zu erklären, die Jury sei in diesem Jahr außerstande gewesen, einen »Besten Film« zu küren. Das scheint Wirkung gezeigt zu haben. Nur ein Jahr darauf unterzeichneten sechsundzwanzig junge Regisseure bei den Westdeutschen Kurzfilmtagen das *Oberhausener Manifest* (»Der alte Film ist tot. Wir glauben an den neuen [...]«), das zum Gründungsdokument des neuen deutschen Films werden sollte. 1965 wurde als unmittelbare Folge davon das »Kuratorium junger deutscher Film« ins Leben gerufen, um auch Nachwuchsfilmern Förderungen zu ermöglichen. Faktisch sollte der Film jedoch erst in den späten sechziger und frühen siebziger Jahren seine wahre Renaissance erleben, und das hatte, wie letztlich die meisten Renaissancen, mit einer Konstellation echter »Stars« zu tun, die um diese Zeit zu ihrer künstlerischen Reife gelangten.

1968 kam der erste abendfüllende Spielfilm von Werner Herzog (*1942) in die Kinos: *Lebenszeichen* handelt – wie schon Herzogs vorangegangene Kurzfilme – von grotesk vereinsamten und gescheiterten Existenzen, die jedoch mit beißendem Humor dargestellt werden. Herzog selbst sagt, er wolle mit seinen Filmen »ekstatische Wahrheit« und nicht die »Buchhalterwahrheit« des *Cinéma vérité* zeigen. Sie erforschen existenzielle Grenzerfahrungen, innere Zustände und Landschaften (Caspar David Friedrich ist einer seiner Lieblingsmaler). »Tourismus ist Sünde«, sagt er, und dass das 20. Jahrhundert ein katastrophaler Fehler gewesen sei. Sein Abscheu vor der »technischen Zivilisation« kann sich mit dem von Heidegger messen, und das, obwohl Herzog in Los Angeles lebt und diese Stadt ihrer »kollektiven Träume« wegen liebt.[44]

Fast zur selben Zeit kamen die »Gangster«-Filme von Rainer Werner Fassbinder in die Kinos. Zwei Kurzfilme und 1969 sein erster abendfüllender Spielfilm, *Liebe ist kälter als der Tod* (der Hanna Schygulla international bekannt machte) fügten sich zu einer Art Trilogie, die ebenfalls die Innenwelten einsamer und isolierter Menschen erforschte. Kurz darauf folgte Wim Wenders (*1945) mit seinen gefeierten Road Movies, darunter dem bemerkenswerten *Summer in the City* (1970). Auch seine Filme sind von wurzellosen, gequälten Einzelgängern bevölkert.[45]

Filmemacher wie Rainer Werner Fassbinder, Alexander Kluge (*1932), Margarethe von Trotta (*1942), Volker Schlöndorff (*1939) oder Reinhard Hauff (*1939) waren zwar ganz und gar nicht blind gegenüber den Gräueln des Nationalsozialismus, zogen es aber wie Martin Walser vor, sich mit den Themen des späten 20. Jahrhunderts auseinanderzusetzen, etwa dem »Gastarbeiter«-Problem (Fassbinders *Angst essen Seele auf*, 1973) oder dem Terrorismus (der Kollektivfilm *Deutschland im Herbst* und Reinhard Hauffs *Messer im Kopf*, beide 1978). Die Teilung Deutschlands wurde von dieser Filmemachergeneration mehr oder weniger links liegen gelassen; und mit dem Nationalsozialismus hat sich konkret nur Hans Jürgen Syberberg in seinem Vierteiler *Hitler, ein Film aus Deutschland* befasst (1977–1980).

In den achtziger Jahren begannen sich die filmischen Talente zu massieren. In diesem Jahrzehnt liefen die ersten elf Folgen des ersten Teils von Edgar Reitz' *Heimat* im Fernsehen und in den Kinos, ein begeistert aufgenommener Spielfilmzyklus aus insgesamt dreißig Teilen (1982 bis 2004) über das Leben in dem fiktiven Dorf Schabbach im Hunsrück zwischen 1919 und dem Jahr 2000. In dieser Zeit kam auch Wim Wenders' Film *Der Himmel über Berlin* (1987) in die Kinos, an dessen Drehbuch

Peter Handke mitgewirkt hatte und der die Geschichte zweier Engel erzählt, die nur von Kindern gesehen werden und den Alltag der Menschen in Berlin beobachten, deren Gedanken sie hören können. Der Film gewann viele Preise, darunter 1987 für die beste Regie beim Filmfestival in Cannes. Auch mehrere vorzügliche Dokumentarfilme wurden in diesem Jahrzehnt uraufgeführt, darunter besonders erwähnenswert Hartmut Bitomskys »deutsche Trilogie« *Deutschlandbilder* (1984), *Reichsautobahn* (1985) und *VW-Komplex* (1989); und die gewiss prominenteste unter den vielen Filmemacherinnen, die ebenfalls in diesem Jahrzehnt ihre Werke ins Kino brachten, war Margarethe von Trotta.

Der Fall der Berliner Mauer im Jahr 1989 regte zu einer Vielzahl von Filmen an, wobei wohl am unerwartetsten die Wiedervereinigungs*komödien* waren. Christoph Schlingensief drehte *Das deutsche Kettensägenmassaker* (1990), eine bissige Parodie auf die Euphorie der ersten Stunden nach der Maueröffnung: Diese Nachricht versetzt ein paar wild gewordene »Wessis«, eine Metzgerfamilie, in einen solchen Blutrausch, dass sie zur Kettensäge greifen, »Ossis« niedermetzeln und zu Wurst verarbeiten. Wolfgang Becker erzählt in *Good Bye, Lenin* (2003) die Geschichte von Christiane, die ein nahezu normales Leben in der DDR führte. Im Oktober 1989 sieht sie zufällig, wie ihr Sohn bei einer Demonstration verhaftet wird, erleidet prompt einen Herzanfall und fällt ins Koma, aus dem sie erst im Juni 1990 wieder erwacht. Inzwischen gibt es die DDR praktisch nicht mehr, und da die Ärzte befürchten, dass dieser Schock Christiane umbringen könnte, sehen sich ihre beiden Kinder gezwungen, auf urkomische Weise so zu tun, als sei alles in bester DDR-Ordnung: Sie räumen die alten Möbel, die schon für den Sperrmüll aussortiert auf der Straße stehen, ins Krankenzimmer der Mutter zurück, drehen Videos mit »DDR-Nachrichten«, die sie in das Fernsehgerät der Mutter einspielen und in denen sie berichten, dass die Partei einer Flut von Bundesbürgern, die dem kapitalistischen Imperialismus entfliehen wollten, die Einreise in die DDR gestattet habe. *Das Leben der Anderen* (2006) von Florian Henckel von Donnersmarck, der 2007 den Oscar für den besten ausländischen Film gewann, zeigt, wie ein Stasi-Offizier langsam, aber sicher seine Sympathien für das Regime verliert, dessen Teil er selbst ist. Obwohl er entschlossen ist, den Menschen, die er gerade bespitzeln soll, zu helfen, kann er gegen das korrupte System nichts ausrichten und trägt schließlich ungewollt selbst zu dem tragischen Tod der Ehefrau des Bespitzelten bei.

Was die deutsche Fernsehkultur betrifft, so fallen vor allem drei Dinge auf, nämlich erstens, dass Fernsehen sehr populär ist. Das öffentlich-rechtliche Zweite Deutsche Fernsehen (ZDF) ist die größte Fernsehanstalt Europas. Zweitens, dass das deutsche Fernsehen international eine viel geringere Bedeutung hat als die Musik, die Malerei, der Tanz oder der

Film aus Deutschland. Und drittens – und das ist der vielleicht interessanteste Aspekt – werden in Deutschland sehr viel mehr kontroverse Debatten um den Einfluss der Fernsehkultur geführt als in anderen Ländern. Helmut Schmidt hielt zu seiner Zeit als Bundeskanzler die Privatsender für gefährlicher als die Atomkraft; und mehrere Kulturkritiker, darunter Günther Anders, Hans Magnus Enzensberger und Jürgen Habermas, waren sich einig, dass das Fernsehen ein schwarzes Loch sei, in dem jede Kultur verschwinde.

Die musikalische Vorherrschaft Darmstadts

Die Musik, das sollten wir nicht vergessen, hat unter dem »Dritten Reich« nicht so stark gelitten wie die Malerei oder die Geisteswissenschaften. Ungeachtet des vorangegangenen Geschehens konnte sich Deutschland inmitten all des Schutts der Nachkriegszeit noch immer der unglaublichen Zahl von hundertfünfzig Opernhäusern und Orchestern, einzigartiger Konservatorien für junge Musiker, einer ungetrübten musikwissenschaftlichen Tradition und einer musikalischen Gelehrsamkeit rühmen, deren Qualitäten und Originalität unerreicht waren. Auch erschienen nach wie vor mehr musikalische Fachzeitschriften in Deutschland als irgendwo sonst auf der Welt.[46]

In der Bundesrepublik erreichten die Kompositionen und Musikproduktionen schnell wieder ihre einstige Bedeutung, kaum dass sich das »Wirtschaftswunder« bemerkbar zu machen begann. 1948 hatte Richard Strauss befürchtet, dass er sich »überlebt« habe – doch dem war nicht so. Noch im selben Jahr begann er seine ungemein populären »Vier letzten Lieder« zu komponieren (1950 posthum gedruckt). Die Berliner Philharmoniker fanden unter Sergiu Celibidache (1945–1952), Wilhelm Furtwängler (1952–1954) und Herbert von Karajan (1955–1989) schnell zu ihrer alten Vorrangstellung aus den Zeiten vor Goebbels zurück, und auch die Deutsche Grammophon begann wieder zu erstarken. Nur Karajan sollte noch von seiner Nazivergangenheit verfolgt werden: Er war im April 1933 der NSDAP beigetreten. Seine Favoritenrolle unterstrichen die Nazis, indem sie seine zweite Frau, die als »Vierteljüdin« eingestufte Anita Gütermann, nach der Hochzeit 1942 zur »Ehrenjüdin« ernannten.[47] Mehrere Musiker, darunter auch Isaac Stern und Itzhak Perlman, weigerten sich, mit Karajan aufzutreten; 1946 erhielt er in der sowjetischen Besatzungszone Auftrittsverbot.

Hat ihn der Druck allmählich zermürbt? Jedenfalls suchte er Hilfe bei dem Psychoanalytiker Carl Gustav Jung. Doch schon 1948 begann seine intensive künstlerische Zusammenarbeit mit dem Londoner Philharmonia Orchestra. 1955 wurde er als Nachfolger von Wilhelm Furtwängler auf Lebenszeit zum Chefdirigenten der Berliner Philharmoniker gewählt, im Jahr darauf zum künstlerischen Leiter der Salzburger Festspiele, 1957 übernahm er auch die künstlerische Leitung der Wiener Staatsoper.[48] Im Lauf der nächsten drei Jahrzehnte sollte dieses »Genie des Wirtschaftswunders« mehrere Künstler entdecken und fördern (unter ihnen Anne-Sophie Mutter und Seiji Ozawa). Seine Aufnahmen erreichten die höchsten Auflagen, die je für klassische Musik verzeichnet wurden: allein rund zweihundert Millionen verkaufte Schallplatten.

Da die Nationalsozialisten nicht nur die Werke von Schönberg und seinem Schüler Anton von Webern, sondern auch die beiden Komponisten selbst verteufelt hatten, war es geradezu unvermeidlich, dass ihre Techniken in den fünfziger Jahren zur »neuen« Orthodoxie erkoren wurden, nicht zuletzt gefördert von den Darmstädter Sommerkursen für Neue Musik. In den fünfziger Jahren tauchten drei brillante junge Komponisten auf: Bernd Alois Zimmermann (1918–1970), Hans Werner Henze (*1926) und Karlheinz Stockhausen (1928–2007), die allesamt an diesen Sommerkursen teilgenommen hatten. Der Musikkritiker Erik Levi, der vor allem mit seinem Buch über *Music in the Third Reich* (1994) bekannt wurde, bezeichnete Zimmermanns Oper *Die Soldaten* (1965) als die bedeutendste deutsche Oper seit Bergs *Lulu*.

Henze, ein begeisterter Anhänger der Schönberg'schen Kompositionstechnik, übersiedelte 1953 nach Italien, weil er glaubte, dort offener für musikalische Innovationen zu sein. Zwei seiner Opern, *Elegie für junge Liebende* (1959–1961, revidiert 1987) und *Die Bassariden* (1964/65), für die W. H. Auden die englischen Libretti geschrieben hatte, wurden sofort als gelungene Paarungen von Musik und Drama erkannt. In den späten sechziger Jahren wurde auch Henze vom Geist der Studentenbewegung erfasst. Seine Musik wurde drängender, sein Blick richtete sich auf Fidel Castros Kuba am anderen Ende der Welt und zugleich zurück auf Kurt Weill.[49]

Stockhausen, der dritte aus der Riege dieser Wildfänge der Nachkriegszeit, war der radikalste von ihnen und bekanntlich ein Pionier der elektronischen Musik. Er experimentierte mit der Unbestimmtheit (oder dem Zufall), so, wie es der amerikanische Komponist John Cage (der in den siebziger Jahren vor allem zu einer Kultfigur unter Rockmusikern wurde) mit seiner »Indeterminacy« vorgemacht hatte.[50] In den achtziger Jahren nahm Stockhausens Einfluss ab – dass er sich ab 1977 auf einen geradezu wagnerianisch mystisch-religiösen Opernzyklus über die sieben Tage der Woche eingelassen hatte, trug nicht gerade zu seiner Beliebtheit bei. Dieses Projekt namens *Licht* dauert insgesamt neunundzwanzig Stunden und war bis zu Stockhausens Tod im Jahr 2007 nie vollständig zur Aufführung gelangt. Eine von vielen logistischen Schwierigkeiten ist zum Beispiel seine Vorgabe an die Veranstalter, vier Streicher in vier fliegenden Hubschraubern spielen zu lassen und ihre Musik von dort in die Spielstätte zu übertragen.

Bis heute strömen Musikstudenten aus aller Welt in Scharen nach Deutschland.

Vergangenheitsbewältigung in der Malerei

Die Kunstgenres, die sich wohl am eindeutigsten mit der nationalsozialistischen Vergangenheit befasst haben, sind Malerei und Bildhauerei. Der erste Künstler, den es hier zu betrachten gilt, ist der gebürtige Berliner Alfred Otto Wolfgang Schulze (1913–1951), besser bekannt unter den Initialen Wols. Obwohl er sehr musikalisch war und schon als Kind die Geige beherrscht hatte, zog es den vielseitig Interessierten schließlich mehr zu den Dresdner Malern und Literaten hin. Nachdem er 1932 mit einer Empfehlung des Bauhaus-Lehrers László Moholy-Nagy nach Paris gereist und noch einmal kurz nach Deutschland zurückgekehrt war, emigrierte er nach Spanien, wo er sich nach einem Zwischenstopp in Barcelona auf Mallorca und schließlich auf Ibiza niederließ (der Einberufung zum deutschen Reichsarbeitsdienst widersetzte er sich). 1936 kehrte er nach Paris zurück und verdiente sich dort ohne Arbeitserlaubnis als Fotograf seinen Lebensunterhalt. Unmittelbar nach Ausbruch des Zweiten Weltkriegs 1939 wurde Wols verhaftet und in verschiedene französische Internierungslager deportiert, wo er zu zeichnen und zu aquarellieren begann. Nach seiner Entlassung aus Les Milles im Jahr 1940 lebte er in großer Armut; selbst die Unterstützung von Freunden wie Jean-Paul Sartre konnte nicht verhindern, dass er sich langsam, aber sicher zu Tode soff und schließlich mit nur achtunddreißig Jahren starb. Sein Werk, das dem sogenannten Tachismus in der abstrakten Malerei den Weg ebnete, zeigt die offenen Wunden, die das Leben und Deutschland ihm geschlagen hatten – es sind, wie ein Kritiker schrieb, Eruptionen in Blutrot und Schwarz, die in ihren Formen an von Insekten umschwärmte Kadaver mit schwärenden Wunden erinnern. In Wols' Werk gibt es keine Erlösung.[51]

Ein allgemeines Phänomen unmittelbar nach dem Krieg war die Rückkehr zur Abstraktion, deutlich kenntlich durch die Wiedereingliederung der von den Nazis diffamierten Maler wie Klee und Kandinsky. Allerdings hatte das einen misslichen Nebeneffekt, nämlich, dass andere deutsche Maler damit notgedrungen vernachlässigt wurden. Und genau das motivierte Otto Piene und eine Gruppe von Malern in Düsseldorf 1957 zu einer Reihe von Ausstellungen in dessen Atelier. Nachdem sich in den fünfziger und frühen sechziger Jahren dann auch aus der DDR geflohene Künstler wie Gerhard Richter und Sigmar Polke in Düsseldorf niedergelassen hatten, etablierte sich dort eine führende Schule, die eine Mischung aus Kitsch und Pop produzierte; seit 1963 wurde sie ironisch »kapitalistischer Realismus« genannt. (Gerhard Richter malte auch anderes, etwa das Ölporträt seiner *Tante Marianne* [1965], die von dem Arzt Heinrich Eufinger, Richters eigenem Schwiegervater, sterilisiert und von den Nazis umgebracht worden war.)

Die Künstlergruppe, die Otto Piene gemeinsam mit Heinz Mack gründete und die stark von Yves Klein und dessen Lehre beeinflusst war – die da lautete, dass es in der Kunst um Ideen und nicht um irgendeine bestimmte Sicht der Realität gehe –, nannte sich ZERO (»Nullpunkt der Kunst«). Ihr Ziel war die »Reduktion alles Figürlichen und die puristische Konzentration auf die Klarheit der reinen Farbe und der dynamischen Lichtschwingung im Raum«[52]: Bilder jenseits des Realen (oft monochrom oder eine Erforschung von Weiß), die keinerlei physische Präsenz aufweisen, außer der von schierer Energie. Otto Pienes *Venus von Willendorf* (1963) war ebenso prägend wie die Aktion Günther Ueckers 1961: Er hatte die Hunsrückenstraße, wo ZERO in der Galerie Schmela die Veranstaltung *edition – exposition – demonstration* eröffnete, weiß angestrichen, um »eine Leerstelle zu schaffen«.[53] Die Entwicklung der ZERO-Gruppe ging eng einher mit einer wichtigen Privatinitiative, die zu einem der erfolgreichsten Aspekte des Kunstbetriebs im späteren 20. Jahrhundert werden sollte – mit der 1955 gegründeten *documenta* in Kassel, einem der bedeutendsten Foren für zeitgenössische Kunst.

Joseph Beuys' Dialog mit der Zeit

Aber all das wurde vom Aufstieg des gebürtigen Krefelders Joseph Beuys (1921–1986) in den Schatten gestellt: Er war mit nichts zu vergleichen, was die Nachkriegskunst in Deutschland sonst noch aufzubieten hatte (und ihr aus der Sicht vieler überlegen). Beuys wich niemals von seiner Überzeugung ab, dass es die Aufgabe des Künstlers sei, eine neue visuelle Sprache zu finden, welche einerseits die Nazivergangenheit bewältigt und andererseits einen Weg nach vorne weisen muss, der die grauenvollen Geschehnisse in keiner Weise ignoriert.

Das Kunstwerk existierte für Beuys in Zeitbegriffen: Ewigkeit, Geschichte und Mensch.[54] Als Bordschütze eines Stuka war Beuys 1944 über der Krim abgeschossen und schwer verletzt worden. Die Krimtataren, die ihn fanden und ein deutsches Suchkommando benachrichtigten, hatten seine Erfrierungen mit Fett behandelt und die Wunden mit Filz umwickelt – genau mit den Materialien, die er dann, mit anderen, weniger »persönlichen« Stoffen kombiniert, in seiner Kunst verwendete (oder aus denen er Kunst erschuf).[55] Er hielt es für wichtig, dass der Betrachter immer erfährt, welche Bedeutung die verwendeten Materialien für den

Künstler haben, damit die ästhetische Erfahrung auf eine andere Bewusstseinsebene gehoben wird: Der Künstler ist ein Mensch mit einer Vergangenheit und somit auch Teil der Vergangenheit seines Volkes. In seiner berühmten Installation *Strassenbahnhaltestelle, Ein Monument für die Zukunft* (Biennale 1976) verschmelzen denn auch seine eigenen Erinnerungen (als Junge hatte er oft an einer Straßenbahnhaltestellte neben einem Denkmal gewartet, das aus einer alten Feldschlange und Bombenkesseln bestand) mit der nationalen Vergangenheit: Neben Abgüssen der originalen Feldschlange mitsamt Kopf an der Mündung und vier Rohren ragt eine Schiene hervor, die den Betrachter daran erinnern soll, in welche Stätten des Grauens die Schienen im »Dritten Reich« geführt hatten. Nur dass Beuys' Schiene leicht nach oben gebogen und außerdem verrostet ist – ein Hinweis darauf, dass sich die Dinge verändern können, dass es einen Weg vorwärts und *aufwärts* gibt. Um die Schönheit seiner Skulpturen *heute* erfahren zu können, sagte Beuys, müssen wir uns von den *vergangenen* Ereignissen befreien. Das war sein Dialog mit der Zeit.

Beuys' Einfluss erreichte uns auch über die jüngere Generation seiner Schüler, darunter vor allem Jörg Immendorff (1945-2007) und Anselm Kiefer (*1945). Andere Künstler, vornehmlich Markus Lüpertz (*1941), Georg Baselitz (*1938) und A. R. Penck (*1939), reagierten eher negativ auf die Verflechtungen, die sogar Beuys' Werk mit der »Hochkultur« aufwies. Kiefer zum Beispiel verwendet oder kombiniert Materialien wie Sand, Stroh und angebranntes Holz zu Landschaften, die oft mit einem darüber schwebenden zweiten Bild überhöht werden, damit ein Eindruck von besonderer Dichte, großer Beschädigung oder von noch mehr Chaos entsteht. Damit bringt Kiefer das Ausmaß der Scham zum Ausdruck.[56] Der von Edvard Munch beeinflusste Baselitz malt hingegen großformatige Bilder und will den eigenen Worten zufolge eine aggressive »Disharmonie« der Farben erschaffen. Aber auch er verarbeitet eigene Erlebnisse, sei es die Mauer oder der Studentenaufstand von 1968. A. R. Pencks Strichmännchen und Bildzeichen erinnern wiederum an Höhlenmalerei, vermischt mit Kalligrafie, Graffiti, etwas Grellem und Sinnlichem, das den Missbrauch und die Pathologie von Intimität zeigen soll – aus seiner Sicht das größte Verbrechen der Nazis.[57]

In den Werken der Generation von Rainer Fetting (*1949), Helmut Middendorf (*1953) und Jiri Georg Dokupil (1954) wurde das ganze Drum und Dran von »Hochkultur« zugunsten wildester Rockkultur fallen gelassen, sodass eine (allzu postmoderne) Distanz zwischen Künstler und behandeltem Thema entsteht.[58] Das ikonische Werk dafür ist Jörg Immendorfs gewaltiger Bilderzyklus *Café Deutschland* (1977-1983): ein beißendes Szenario deutscher Vergangenheit und Gegenwart, das sich in Discos, der Halbwelt, der Punk- und Drogenszene, dem Kabarett und auf der politischen Bühne abspielt. Malerei, sagte die Kunsthistorikerin Irit Rogoff einmal, wurde zu etwas »lärmend Informellem« (auch das ist ein nie zuvor gesehenes Deutschland).

Die kulturell und intellektuell bedeutendste Entwicklung seit dem Mauerfall war der endgültige Zusammenbruch der DDR. Bis heute glänzen einstige DDR-Bürger auf der Bühne und beim Gesang, in der Malerei, dem Film und in der Literatur. In den Städten haben sich ganze Künstlerkolonien angesiedelt, wie zum Beispiel in Dresden oder in der ehemaligen Baumwollspinnerei Leipzig. Doch zu Zeiten des geteilten Deutschland hatte kaum jemand im Westen begriffen, wie heruntergekommen die Infrastruktur im Osten tatsächlich war, und kaum jemand hatte am Ende geglaubt, dass die Handelsströme im »Rat für gegenseitige Wirtschaftshilfe« (Comecon) einfach versickern und es dann nichts mehr geben würde, worauf man bauen konnte. Das Fachkönnen der Leute aus der Porzellanmanufaktur Meißen beispielsweise blieb, doch die Maschinen mussten nach der Wende *samt und sonders* auf den Müll. Selbst das sächsische Weinanbaugebiet bedurfte neuer Rebstöcke. Der Dresdner Kamerahersteller Pentacon hatte zu DDR-Zeiten einen Weltmarktanteil von 10 Prozent und noch 1990 rund fünftausend Mitarbeiter gehabt; binnen eines einziges Jahres war die Belegschaft auf zweihundert Beschäftigte geschrumpft.[59]

Einige in der DDR begonnene wissenschaftliche Projekte werden weitergeführt, zum Beispiel die Marx-Engels-Werke (*MEW*), die heute von der Berlin-Brandenburgischen Akademie der Wissenschaften als historisch-kritische Marx-Engels-Gesamtausgabe (*MEGA*) herausgegeben werden; oder das 1946 an der damals noch »Deutsche Akademie der Wissenschaften zu Berlin« genannten späteren Akademie der Wissenschaften der DDR begonnene Projekt eines Goethe-Wörterbuchs, das heute von den Akademien Berlin-Brandenburg, Göttingen und Heidelberg fortgeführt wird. Die naturwissenschaftlichen Stärken der DDR lagen hauptsächlich auf den Gebieten Mathematik, Molekularbiologie, Pharmakologie und Energie, in den Geisteswissenschaften auf der Germanistik (wo sich insbesondere Manfred Bierwisch als Sprachwissenschaftler einen Namen machte) und auf den östlichen wie den alten Sprachen. Doch die meisten wissenschaftlichen Projekte wurden wie auch fast alle akademischen Zeitschriften der DDR nach der Wende eingestellt (wohingegen gesamtdeutsche Wissenschaftspublikationen gleichzeitig um 1,9 Prozent jährlich zunahmen).

Seit 1945 haben deutsche Naturwissenschaftler zweiunddreißig Nobelpreise für Physik, Chemie und Medizin erhalten, außerdem einen für Wirtschaftswissenschaften, drei für Literatur (Heinrich Böll, Günter Grass, Herta Müller) und Willy Brandts Friedensnobelpreis von 1971. Der wissenschaftliche Erfolg ist wesentlich der Max-Planck-Gesellschaft zu verdanken, die in ihren insgesamt zweiundachtzig Instituten (verteilt auf ganz Deutschland, darunter fünfzehn auf dem Gebiet der ehemaligen DDR sowie eines in den Niederlanden, zwei in Italien, eines in Florida und das von der Gesellschaft geförderte Instituto Nacional de Pesquisas da Amazônia in Manaus) Grundlagenforschung in Natur-, Bio- und Geisteswissenschaften betreibt. Derzeitige Forschungsschwerpunkte sind die Plasmaturbulenz, Supraleitfähigkeit, Quantenoptik, Gravitationsphysik und die Evolutionsbiologie. Das Max Planck Institut für Wissenschaftsgeschichte in Berlin-Dahlem befasst sich derweil mit den traditionellen deutschen Fragen über die Natur des Wissens (»Strukturwandel von Wissenssystemen«, »Ideale und Praktiken der Rationalität«, »Experimentalsysteme und Räume des Wissens«); es erforscht in Gruppenprojekten die »Konzepte und Modalitäten praktischen/technischen Wissens«, die »Historische Epidemiologie des Raumes«; es erstellt eine »Wissensgeschichte der »Humandiversität im 20. Jahrhundert« und eine »Ideen- und Kulturgeschichte des Hörens von der Aufklärung bis zur Gegenwart«; und es ist in ein institutionelles Netzwerk zur Erforschung der materiellen Kultur in der Wissenschaftsgeschichte eingebunden.

Zwischen 1999 und 2005 hat die Max-Planck-Gesellschaft außerdem »Die Geschichte der Kaiser-Wilhelm-Institute im Nationalsozialismus« erforscht. Dabei geht es um die Kontinuität oder Diskontinuität wissenschaftlicher Aktivitäten, um das Ausmaß, in dem Wissenschaft zur »Legitimation« der Politik des nationalsozialistischen Regimes herangezogen wurde, um die Frage, welche Wissenschaftler was wann gewusst hatten, um die »Rassenhygiene«, um die militärische Forschung oder um die »Ost«- und »Lebensraum«-Forschung. Seit dem Jahr 2000 werden die Ergebnisse dieses Programms sukzessive in einer von Reinhard Rürup und Wolfgang Schieder herausgegebenen Buchreihe veröffentlicht; der letzte Band (Band 17) erschien 2007, außerdem sind diverse Vorabdrucke im Internet abrufbar.[60]

Es tut sich aber noch eine Menge mehr in Berlin. Zum Beispiel findet sich dort die europaweit größte Ansammlung von zeitgenössischer Architektur. Die ersten Gebäude, die sich aus den Kriegstrümmern erhoben hatten, wurden schon erwähnt, auch Hans Scharouns Beitrag in Berlin kam bereits zur Sprache. Er verwirklichte seine architektonischen Vorstellungen zudem mit der Hochhausgruppe *Romeo und Julia* (1954–1959) in Stuttgart-Zuffenhausen, deren konkave Wohnseiten und schräge Zimmerzuschnitte die durch Frank Gehry weltberühmt gewordene Architektur vorwegnahmen.[61] Stark von Scharoun beeinflusst war der 2010 verstorbene Günter Behnisch, welcher zwischen 1967 und 1972 gemeinsam mit Fritz Auer und Frei Otto die Gesamtanlage und die Hauptwettkampfstätten des Münchner Olympiageländes konzipierte und erbaute. Die geschwungene, schwebende Zeltdachfläche, die sie über dem Stadion, der Olympiahalle und der Schwimmhalle errichteten, wurde auf der ganzen Welt bis hin zum

Flughafen von Barbados nachgeahmt. In den achtziger Jahren wurde auch eine Vielzahl an Museen in der Bundesrepublik errichtet, darunter besonders hervorzuheben das Museum für Moderne Kunst, das der österreichische Architekt Hans Hollein in Frankfurt am Main baute (1983-1991).

Die Wiedervereinigung schuf dann architektonische Möglichkeiten beispiellosen Ausmaßes. Zuerst ging es darum, das im Ostteil der Stadt gelegene Berlin-Mitte wiederaufzubauen, dann folgten all die anderen Bauprojekte. Mittlerweile zählen zu den wiederhergestellten, vervollständigten oder neu errichteten Gebäuden neben dem Reichstag mit Norman Fosters Glaskuppel und dem Bundeskanzleramt (Axel Schultes, Charlotte Frank) beispielsweise das Magazin des Bundesarchivs in Berlin-Lichterfelde (Stephan Braunfels), die DZ-Bank am Pariser Platz (Frank Gehry), die Philologische Bibliothek der Freien Universität in Berlin-Dahlem (Norman Foster), das Holocaust-Mahnmal (Peter Eisenman) und das Jüdische Museum (Daniel Libeskind) sowie der gesamte Potsdamer Platz, der von einer ganzen Riege berühmter Architekten neu gestaltet wurde.

Das in gewisser Weise effektivste – und schönste – Architekturprojekt (oder ist es eher ein Skulpturenprojekt?), das ebenfalls ein noch nie gesehenes Deutschland zeigt, sind die Stolpersteine des Künstlers Gunter Demnig: kubische Betonsteine mit Messingplatten, die in die Gehsteige vor Häusern eingelassen werden, in denen ermordete Juden lebten. Jede Platte ist individuell beschriftet: »Hier wohnte Moritz Rosenthal. Jg. 1881. Verhaftet 12.11.1938. KZ Buchenwald. Deportiert Sept. 1942. Theresienstadt. Tot 8.4.1944.« Die ersten Steine hatte Demnig noch ohne behördliche Genehmigung in Köln eingelassen, inzwischen haben mehr als vierhundertachtzig deutsche Groß- und Kleinstädte Genehmigungen erteilt. Alle Recherchen beruhen auf Privatinitiativen, jeder Stein wird von einem privaten Spender finanziert.

1999 publizierte der Anglist und Literaturwissenschaftler Dietrich Schwanitz (1940-2004), der in London, Philadelphia und Freiburg studiert hatte und bis zu seiner Pensionierung 1997 englische Literatur und Kultur an der Universität Hamburg lehrte, sein »Handbuch« *Bildung. Alles was man wissen muß*. Weil er die deutsche Bildung in der Krise sah, schlug er einen neuen Wertekanon vor, der die Studenten lehren sollte, sich auf kulturellem Gebiet zu Hause zu fühlen und zu verstehen, weshalb sie Shakespeare, Goethe und van Gogh kennen sollten, warum sie sich auf ein Gespräch mit der Geschichte einlassen sollten, warum es die großen europäischen Erzählungen, die unsere Literatur zu dem machten, was sie ist, wert sind, verstanden zu werden. Schwanitz stellte (zumindest in Deutschland) eine deutliche Kluft zwischen der schulischen und der universitären Ausbildung fest und fand, dass diese sich nur mit Bildung überbrücken lässt. Zwar nahm er dem eigenen Argument dann etwas den Wind aus den Segeln, indem er behauptete, dass Bildung auch ein Spiel mit durchaus snobistischen Elementen sei, doch vielleicht hielt er solche Randbemerkungen in der heutigen, so stark vom gesprochenen Wort geprägten Welt für nötig, um seine Idee »verkaufen« zu können. Sein geistreicher Versuch, Humboldt, Hardenberg, Herder, Hegel und all die anderen so zu diskutieren, als wollte er die Uhr zurückstellen, war zumindest insoweit von Erfolg gekrönt, als das Buch zum Zeitpunkt, da ich dies schreibe, in die 21. Auflage ging.

Wenn wir uns vor Augen führen, auf welche Weise die Kultur seit der Zeit des Nationalsozialismus nach Deutschland »zurückkehrte«, wenn wir die große Tiefe und Vielfalt der deutschen Nachkriegsdichtung bedenken oder die Ernsthaftigkeit der Theaterlandschaft, wenn wir die so hoch ambitionierten Tänzer sehen; wenn wir uns bewusst machen, wie nachhaltig Komposition, Darbietung und Forschung auf dem Gebiet der Musik vorherrschend blieben wenn wir die zweite Renaissance des deutschen Films betrachten, die Bevorzugung von Kunst anstelle von reiner Unterhaltung, die erbitterten Debatten über die schädliche Wirkung der Popkultur im Allgemeinen und des Fernsehens im Besonderen – dann erkennen wir, dass »Hochkultur« die Kultur des Bildungsbürgertums ist und diese ganze Konstellation aus Ideen und Konzepten sogar heute noch, selbst nach allem, was geschah, in Deutschland tiefer verwurzelt ist als in anderen Ländern.

SCHLUSS

Der deutsche Genius: Die Verblendungen, Idolisierungen und Gefahren der Innerlichkeit

Die vielleicht berühmteste Eigenschaft der Deutschen [ist] diejenige, die man mit dem schwer übersetzbaren Wort »Innerlichkeit« bezeichnet: Zartheit, der Tiefsinn des Herzens, unweltliche Versponnenheit, Naturfrömmigkeit, reinster Ernst des Gedankens und des Gewissens, kurz alle Wesenszüge hoher Lyrik mischen sich darin.
– Thomas Mann[1]

Im Januar 1939 traf der englische Dichter W. H. Auden (1907–1973) in Amerika ein. Er war nach eigener Aussage in die USA ausgewandert, weil es dort einfacher sei, sich mit Schlagfertigkeit durchzuschlagen. Auden, einer der berühmtesten Homosexuellen des 20. Jahrhundert, war zu dieser Zeit mit Thomas Manns Tochter Erika verheiratet: Die Eheschließung im Juni 1935 hatte der aus Deutschland ausgebürgerten Schriftstellerin zu einem englischen Reisepass verholfen, der sie vor der Verfolgung durch die Nazis schützte (»Wofür hat man Schwule?!«, hatte Auden diesen Vorschlag pariert). In den Vereinigten Staaten verbrachte er viel Zeit mit den Manns: Er beriet Klaus bei der Herausgabe seiner Zeitschrift *Decision* oder besuchte Katia und Thomas in Kalifornien und in dem Landhaus in Jamestown auf Rhode Island, das sie von Caroline Newton gemietet hatten (einer reichen Ostküstendame, die bei Sigmund Freud und Karen Horney eine Analyse gemacht hatte). Auch Wolfgang Köhler begegnete er, einem der Begründer der Gestalttherapie, den er »einen großen Mann mit ziemlich vielen Neurosen« nannte. Auden bewegte sich in einer deutschen oder doch zumindest deutschfreundlichen Welt. Dieser in so vielen Aspekten außergewöhnliche Mann war auch in diesem Punkt anders gewesen als andere: Im Gegensatz zu den meisten gebildeten Engländern und Amerikanern seiner und jeder anderen Zeit war er seit eh und je von deutscher Kultur fasziniert gewesen. 1929 hatte er mehrere Monate in Deutschland verbracht, einige davon gemeinsam mit seinem Freund Christopher Isherwood, mit dem er dort ein Theaterstück schrieb. Ansonsten verfasste er in dieser Zeit eine Handvoll Gedichte in (schlechtem)

Deutsch, begann mit der Arbeit an seinem langen Poem *The Orators* und
»verausgabte« sich, wie er in seinem »Berlin Journal« verzeichnete, »bei
Strichern und beteiligte [mich] am weißen Sklavenhandel«. Sein bevor-
zugtes Milieu mag das erotische Zwielicht gewesen sein, aber er wusste genau, dass sein Zeitalter in vielerlei Hinsicht von deutschsprachigen Denkern geprägt war. Sein Gedicht »Friday's Child«/»Freitagskind«
(1945) schrieb er »In memory of Dietrich Bonhoeffer, martyred at Flossenbürg«; 1939 dichtete er »In Memory of Sigmund Freud« eine Eloge auf das
Wesen und den Einfluss des jüngst Verstorbenen:

> ... for one who'd lived among enemies so long
> if often he was wrong and, at times, absurd,
> to us he is no more a person
> now but a whole climate of opinion
>
> under whom we conduct our different lives [...]

Zwei Jahre später, 1941, nannte er Franz Kafka »den Künstler, der am
ehesten in dem Verhältnis zu unserem Zeitalter steht, in dem Dante,
Shakespeare und Goethe zu den ihren standen«.[2]

Trotz der Gräuel des Nationalsozialismus wandte sich Auden weder
von der deutschen Kultur noch vom deutschen Gedankengut ab.[3] In seiner New Yorker Zeit pflegte er ein Kino in Yorktown zu besuchen, das
deutschsprachige Filme zeigte; er arbeitete mit Bert Brecht zusammen,
schloss enge Freundschaft mit Hannah Arendt und war fasziniert von
dem Psychoanalytiker und österreichischen Exilanten Bruno Bettelheim
und dessen Aussagen über den Autismus. Auden war überzeugt, dass es
einen engen Zusammenhang zwischen seinen angeblichen eigenen autistischen Erfahrungen in der Kindheit und seiner Berufung zum Dichter gab.

Seit Auden 1957 ein Bauernhaus im niederösterreichischen Kirchstetten gekauft hatte, fühlte er sich zunehmend zu Goethe hingezogen (er
nannte sich selbst einen »geringeren atlantischen Goethe«). Er komponierte Prosameditationen über die Liebe, die er »Dichtung und Wahrheit«
nannte, und wagte sich kurz darauf sogar an eine Übersetzung der *Italienischen Reise* des deutschen Genies. Für Hans Werner Henze schrieb
er das Libretto zur Oper *Die Bassariden*, die viele für das Meisterwerk
des Komponisten halten. 1973 wurde W. H. Auden auf dem Friedhof von
Kirchstetten beerdigt. Man trug den Sarg zu den Klängen von Siegfrieds
Trauermarsch aus Wagners *Götterdämmerung* zu Grabe.

Ungeachtet allen Geschehens in der ersten Hälfte des 20. Jahrhunderts
war Auden der deutschen Kultur und dem deutschen Denken eng verbunden geblieben. Auch in dieser Hinsicht war dieser berühmte Anglo-

amerikaner höchst ungewöhnlich, wenn nicht gar einzigartig gewesen. Inzwischen sollte uns Angelsachsen aber deutlich geworden sein, dass er nicht unrecht hatte, dem Weg, den er einmal eingeschlagen hatte, auch weiterhin zu folgen. Er selbst hätte dazu vielleicht gesagt, dass das Meinungsklima, unter dem wir Engländer unsere Leben leben, in viel höheren Maßen ein deutsches ist, als wir es glauben möchten.

Mit Ausnahme der Ideen von der Marktwirtschaft und von der »natürlichen Zuchtwahl« wurde unsere heutige Gedankenwelt im Großen und Ganzen chronologisch in folgender Ordnung erschaffen: Immanuel Kant, Georg Wilhelm Friedrich Hegel, Karl Marx, Rudolf Clausius, Friedrich Nietzsche, Max Planck, Sigmund Freud, Albert Einstein, Max Weber und zwei Weltkriege. Die Ideen von Gregor Mendel, bekanntlich auch er ein deutschsprachiger Denker, gewinnen heute, am Beginn des 21. Jahrhunderts, immer mehr an Boden. Wie inzwischen bewiesen wurde, bestimmen Gene sogar alle möglichen Verhaltensstrukturen, von der Gewaltbereitschaft über die Depression bis hin zur Promiskuität, fügen sich aber gewiss nicht zu dem Gesamtbild, das von den anderen oben genannten Genies gemalt wurde.

Abgesehen von dem Mann namens Adolf Hitler war es vermutlich Karl Marx, der mehr unmittelbaren Einfluss auf das jüngst vollendete 20. Jahrhundert und auf die Gestaltung der heutigen Welt ausübte als irgendein anderer Mensch. Ohne Marx hätte es keinen Lenin gegeben, keinen Stalin, keinen Mao Zedong und wohl auch nur wenige der anderen Diktatoren, die dieses Jahrhundert so verunstaltet haben. Ohne ihn hätte es auch keine Russische Revolution gegeben. Und hätte es ohne den Zweiten Weltkrieg (oder Max Planck und Albert Einstein) jemals einen Kalten Krieg, ein geteiltes Deutschland gegeben oder geben können? Hätte die Entkolonialisierung so stattgefunden, wie sie stattfand? Würde es ein Israel dort geben, wo es ist, und folglich das Nahostproblem, das es gibt? Hätte so etwas wie der 11. September stattgefunden? Es gab wohl kaum je eine folgenschwerere Idee als den Marxismus.

Wie der englische Journalist und Schriftsteller Francis Wheen im letzten Satz seiner Studie *Marx's Das Kapital: A Biography* (2006) erklärt, könnte Marx »auch noch zum einflussreichsten Denker des 21. Jahrhunderts werden«, und führt zum Beleg eine Reihe von Personen an, die man üblicherweise in die rechte Ecke stellen würde – allesamt konservative Big-Business-Leute und ergo das genaue Gegenteil von Marxisten, die dennoch auf Marx oder sogar Rosa Luxemburg zurückgreifen. Es geht nicht nur darum, dass Marx' Aussagen über die Monopolisierung, Globalisierung, Ungleichheit und politische Korruption nach hundertfünfzig Jahren noch so zeitgemäß klingen, es geht auch darum, dass wir heute so viele marxistische Aussagen als gegeben nehmen (was den meisten von uns nicht einmal bewusst ist): Wir akzeptieren vorbehaltlos, dass Ökonomie die treibende Kraft der Menschheitsentwicklung ist; wir akzeptieren vorbehaltlos, dass das gesellschaftliche Sein das Bewusstsein bestimmt; wir akzeptieren vorbehaltlos, dass Nationen voneinander abhängig sind (insbesondere was die Umwelt betrifft, die der Kapitalismus um des unmittelbaren Profits willen zerstört). Nach der Kreditkrise und dem Börsencrash von 2008 stieg der Verkauf des *Kapitals* vor allem in Deutschland deutlich an.

Wheen und den Personen, die er zitiert, geht es um den Punkt, dass diese marxistischen Themen seit dem Mauerfall und dem Zusammenbruch der sozialistischen »Alternative« zum Kapitalismus zunehmend in den Vordergrund rücken. Hat die Existenz zweier Deutschland und die damit entstandene Rivalität den Kapitalismus womöglich gesünder erscheinen lassen, als es der Fall gewesen wäre, wenn es keine Alternative gegeben hätte? Wie auch immer, fest steht jedenfalls, dass Deutschland und die Deutschen im Fokus dieser Auseinandersetzung stehen.

Die nachhaltig einflussreichsten Zeitgenossen der modernen Welt

Sigmund Freuds Einfluss war weniger verhängnisvoll, aber keineswegs weniger nachhaltig als die Wirkung von Karl Marx. Man kann Freuds Erbe aus zwei Blickwinkeln betrachten: zum einen, indem man ihn an den eigenen Maßstäben misst und feststellt, auf welche Weise die Psychoanalyse in unser aller Leben eingedrungen ist; zum anderen, indem man ihn neben seinen älteren Zeitgenossen Friedrich Nietzsche und Max Weber betrachtet. Hier soll nun der Versuch einer Deutung aus beiden Perspektiven unternommen werden, denn nur so lässt sich der Einfluss dieser Kohorten an deutschen Denkern wirklich im vollen Ausmaß erfassen.

Der amerikanische Schriftsteller und Literaturkritiker Alfred Kazin (1915–1998) behauptete in einem Essay, den er anlässlich des hundertsten Geburtstags von Sigmund Freud im Jahr 1956 schrieb, dass dieser »sogar Menschen beeinflusste, die nie von ihm gehört haben«.[4] Mitte des vergangenen Jahrhunderts scheint für Kazin auf der Hand gelegen zu haben, dass der Freudianismus den Amerikanern, »die keinen Glauben haben [...], nicht selten als Lebensphilosophie dient«.[5] Seiner Meinung nach gab es kaum noch einen Menschen, der sich »nicht zu jeder Stunde an jedem Tag« fragte, was der freudianische Grund dafür sein könnte, dass er einen Namen vergaß, sich niedergeschlagen fühlte oder sich mit dem Ende seiner Ehe konfrontiert sah. Auch den Roman und die Malerei (Thomas Mann, T. S. Eliot, Ernest Hemingway, William Faulkner, Pablo Picasso,

Paul Klee, den Expressionismus, den Surrealismus und die Abstraktion) sah Kazin von der freudianischen Erkenntnis belebt, dass »die individuelle Leidenschaft eine stärkere Kraft im Leben des Menschen ist als die gesellschaftlich akzeptierte Moral«. Für den »schönsten Effekt« des Freudianismus aber hielt er das wachsende Bewusstsein, dass die Kindheit »den allerwichtigsten Einfluss auf die Persönlichkeitsentwicklung« ausübt.[6] Für Kazin stellte das Beharren auf dem persönlichen Glück – das Ziel der Psychoanalyse – eine moderne Form von Selbstverwirklichung und die revolutionärste Kraft der Neuzeit dar.

Ein anderer Aspekt des Freud'schen Erbes ist, dass wir heute in einer »Therapiegesellschaft« leben: Frank Furedi (*1947), ein gebürtiger Ungar und Soziologieprofessor an der Universität von Kent, übernahm diesen Begriff aus Philip Rieffs Buch *The Triumph of the Therapeutic*. In einer Therapiegesellschaft, schreibt Furedi, finde man allenthalben ein »In-sich-Gehen [...]. Das Streben nach einem Verständnis der eigenen Person mit Hilfe der Selbstreflexion ist ein Erbe der Moderne [...]. Das Ich erlangt Bedeutung durch die Begegnung mit dem Innersten, mit dem Gefühlsleben.«[7] Vor allem die nicht mehr religiös Gläubigen vertrauten nun weithin auf ein alternatives Ich, das irgendwo im eigenen Inneren angesiedelt sei. Und Hand in Hand damit habe sich die im Wesentlichen therapeutische Überzeugung herangebildet, dass wir Glück, Zufriedenheit und Erfüllung fänden, wenn wir es nur schafften, mit diesem inneren, diesem alternativen (besseren und »höheren«) Ich »in Kontakt zu treten«. Die »Seele« wurde säkularisiert.

Aber nicht jeder wandte sich so hoffnungsfroh Freud'schen Ideen zu. Der amerikanische Soziologe Richard Lapierre (1899–1986) zum Beispiel fand, dass »die Freud'sche Ethik«, wie er es nannte, für eine Menge Unzufriedenheit und falsche Wege in der modernen Gesellschaft verantwortlich sei. »Der Freud'schen Vorstellung nach wird der Mensch nicht frei und mit dem Recht geboren, nach dem eigenen Glück und der eigenen Freiheit im Leben zu streben: Er liegt in den Fesseln seiner biologischen Triebe, die niemals frei zum Ausdruck gebracht werden können und die ihn permanent in einen schmerzlichen Konflikt mit seiner Gesellschaft bringen.«[8] Lapierre machte den Freudianismus verantwortlich für das »permissive Heim«, die »progressive Schule«, die »stillschweigende Duldung von Verbrechen« und die »Maternalisierung der Politik« (womit das gemeint war, was man heute als »Identitätspolitik« bezeichnet) – für nichts davon hatte er etwas übrig.

Der amerikanische Sozialkritiker Christopher Lasch (1932–1994) war noch bissiger, wiewohl selbst Psychoanalytiker. Er sagte klipp und klar, dass wir nunmehr in einer »Narzissmus-Kultur« lebten: Der ökonomisch determinierte Mensch (Marxist) wich dem psychologisch determinierten Menschen. Und auch er glaubte, dass das Zeitalter der »therapeutisch geweckten Gefühle« angebrochen sei: Therapien, schrieb er, hätten sich als »die Nachfolger des brutalen Individualismus und der Religion« etabliert. Dieser neue Narzissmus bedeute, dass der Mensch nun mehr an seinem eigenen als an irgendeinem politischen Wandel interessiert sei. All die vielen Encounter-Gruppen, oder wie immer diese *Awareness*-Gruppen sich auch nannten, trügen zu nichts anderem bei als das innere, das private Leben seines eigentlichen Sinns zu berauben – die »Ideologie der Intimität« habe das Private zum Öffentlichen gemacht, was dazu führte, dass die Menschen weniger individualistisch und kreativ im ureigenen Sinne seien und stattdessen ihr Bewusstsein für kurzlebige Marotten und Moden schärften. Daraus folge, dass dauerhafte Freundschaften und Liebesbeziehungen oder erfolgreiche Ehen immer schwieriger würden, was wiederum zur Folge habe, dass die Menschen auf sich selbst zurückgeworfen würden. Und da schließt sich der Kreis dann: Das Ganze beginnt von vorne. Der moderne Mensch, schlussfolgerte Lasch, sei in seinem Ich-Bewusstsein *gefangen*. Er »sehnt sich nach der verlorenen Unschuld spontaner Gefühle; und da er selbst unfähig ist, Gefühlen Ausdruck zu verleihen, ohne deren Effekte auf andere im Voraus zu kalkulieren, bezweifelt er auch den Wahrheitsgehalt der Gefühle, die ihm von anderen entgegengebracht werden; daher kann er wenig Tröstliches in den Reaktionen des Publikums auf seine eigene Selbstdarstellung finden«.[9]

Es gibt gewiss keinen Mangel an Nachweisen für das erstaunliche Eindringen »therapeutisch geweckter Gefühle« in unsere Gesellschaft. Eine kalifornische Brownie-Gruppe[10] verfügt über eine eigene Stressklinik für achtjährige Mädchen; eine Grundschule in Liverpool behandelt überforderte Kinder mit Aromatherapie. 1993 war der Begriff *counselling* vierhundertmal in britischen Zeitungen verwendet worden, im Jahr 2000 war er genau 7250-mal zu lesen. In Großbritannien werden monatlich rund 1,2 Millionen Therapiesitzungen abgehalten. Erst jüngst klagte der Erzbischof von Canterbury, dass Psychotherapien in westlichen Ländern mittlerweile »das Christentum ersetzen« und »Christus der Erlöser« zu »Christus dem Berater« geworden sei.[11]

Wem dieses Paket zu groß erscheint, um es einfach komplett vor Freuds Tür abzuladen, dem sei gesagt, dass es noch nicht einmal damit getan ist. Denn Freud muss auch im Kontext seiner deutschsprachigen Zeitgenossen Friedrich Nietzsche und Max Weber betrachtet werden.

Die »Pforte« zum modernen Denken.

Nietzsches berühmtestes – manche würden auch sagen: berüchtigtstes – Diktum lautete: »Gott ist tot!« Und eine seiner (wie auch Max Webers) bedeutendsten Leistungen war, dass er den Implikationen dieses Gefühls *ins Auge sah* und sie *durchdachte*, um dann in Details, die ihn selbst erschreckten, die Folgen der Moderne herauszuarbeiten – die Konsequenzen einer Welt, in deren Städten die Menschen in drängender Enge leben, sich in Massentransportmitteln bewegen und Massenkommunikationsmittel nutzen, in der sich die alten Gewissheiten aufgelöst haben, viele Menschen keinen Trost und keinen Zuspruch mehr bei der Religion finden und in der die Naturwissenschaften eine Autorität erworben haben, die aus seiner Sicht ebenso öde und inhaltsleer wie gesichtslos und beeindruckend war. In diesem Sinne – das heißt, weil Nietzsche den Verlust des Alten schmerzlicher empfand und in lebendigeren Farben beschrieb als irgendjemand sonst – bezeichnete Martin Heidegger den deutschen Philosophen als die Kulmination der Moderne.

Formal steht Nietzsches Einfluss nur dem der Griechen und dem von Kant nach. Aber vielleicht wird ihm nicht einmal diese Aussage gerecht. Bis ungefähr zum Zweiten Weltkrieg übte er primär Einfluss auf Literaten und Künstler aus. Robert Musil zum Beispiel forderte dazu auf, Nietzsches Denken als »eines der großen Ereignisse des 20. Jahrhunderts« zu betrachten.[12]

Sowohl der ukrainische Revolutionär Anatoli Lunatscharski, von 1917 bis 1929 Lenins Volkskommissar für das Bildungswesen, als auch Maxim Gorki versuchten in der Sowjetunion einen »nietzscheanischen Marxismus« zu konstruieren, welcher den Aufstieg der Nationalsozialisten und *deren* selektive Inbesitznahme nietzscheanischer Themen (oder deren Verstümmelung, denn Nietzsche war alles andere als ein Antisemit gewesen) jedoch nicht überlebte. Aber im weiteren Verlauf des 20. Jahrhunderts sollte Nietzsches Relevanz immer deutlicher werden. Der Historiker Steven Aschheim führt in seiner Studie über das Erbe Nietzsches in Deutschland die Bücher mehrerer Autoren an, die den Einfluss des Philosophen auf Italien, die »angelsächsischen Staaten« (Großbritannien, USA), Spanien, Österreich-Ungarn, Japan sowie auf die katholische Kirche und das Judentum detailliert erforscht haben. Karl Jaspers hielt Nietzsche für den vielleicht letzten großen Philosophen der Vergangenheit. Und der in den USA lehrende Philosoph Ernst Behler schrieb, dass wir die Aufteilung der abendländischen Geistesgeschichte in zwei Perioden Nietzsche verdankten: Die eine Periode war von der Vorherrschaft des Logos und von dem Memento »Erkenne dich selbst« geprägt und hatte ihren Höhepunkt mit Hegel gefunden; die andere begann mit Kierkegaard und Nietzsche, war radikal desillusioniert vom selbstverständlichen Vertrauen in die Vernunft, geprägt von der Auflösung aller Grenzen und bestimmt vom Zusammenbruch jeglicher Autorität. Aus Behlers Sicht standen Kierkegaard und Nietzsche neben Marx an der »Pforte zum modernen Denken«.[13]

Für Heidegger war Nietzsche die »Vollendung« (womit er »Erschöpfung« meinte) der neuzeitlichen Metaphysik. Mit der Auslegung des Seins als Wille zur Macht, schrieb Ernst Behler weiter, »verwirklichte Nietzsche die äußersten Möglichkeiten der Philosophie«.[14] Sein Einfluss auf moderne Philosophen tritt am deutlichsten in den Werken von Michel Foucault, Gilles Deleuze, Richard Rorty (der das gegenwärtige Zeitalter ein »postnietzscheanisches« nannte), Alexander Nehamas, Eugene Fink und Jacques Derrida zutage. Bernd Magnus und Kathleen Higgins erklären: »Nietzsches Einfluss in unserer Kultur ist unumgänglich.«[15]

Alexander Nehamas aus Princeton schreibt, dass Nietzsche in seinem Bestreben, Modernität zu verstehen und zu erklären, uns letztendlich bedeutet habe, dass die Suche nach »absoluter Wahrheit, universellen Werten und vollständiger Befreiung« unmöglich von Erfolg gekrönt sein könne.[16] Unsere grundlegende psychisch-philosophische Conditio in der modernen Welt sei, dass wir uns danach sehnten, an die alten, traditionellen Gewissheiten zu glauben, es aber nicht könnten, weil wir am anderen Ende jener wissenschaftlichen Erkenntnisse in der Falle säßen, welche die alten Glaubensweisen zerstört habe, ohne sie durch irgendetwas Neues zu ersetzen. Der Fortschritt und die philosophische Entwicklung seien in eine Sackgasse geraten, woraus sich Nietzsche zufolge ergibt, »daß die desorganisierenden Prinzipien unserem Zeitalter den Charakter geben«.[17]

Nietzsche bezeichnete diesen Zustand als die Abwesenheit jeglichen moralischen Zwecks und jeglicher Ziele: Nihilismus. Und der hatte mindestens drei entscheidende Konsequenzen: Ereignisse werden bedeutungslos; wir verlieren die Zuversicht, dass noch irgendetwas erreicht oder vollendet werden *kann*; es gibt nichts Universelles, auf das sich alle verständigen können oder das alle erstrebenswert finden. Unser Leben wird mehr oder weniger nur noch von unseren eigenen psychischen Bedürfnissen motiviert, nicht mehr vom Streben nach einer »Wahrheit« (die zu einer bedeutungslosen, formbaren Ware wurde, mit dem einzigen Zweck, unser Machtgefühl zu stärken). Unser wesentliches psychisches Verlangen gilt bloß noch dem einen – dem gefeierten Willen zur Macht. Was ihn selbst betraf, so stellte Nietzsche fest, dass ihm nun, da alle anderen Grundlagen verschwunden waren, als einzige Basis für jedes Urteil nur noch die Ästhetik geblieben sei.

Da wir somit über keinerlei einvernehmliche Grundlagen in irgendeinem tieferen oder universellen Sinne mehr verfügen, weil die Basis fehlt, um Bedeutung einschätzen zu können, bleibt als einziges Kriterium, an dem wir Originalität oder Kreativität oder Schönheit messen können, deren jeweilige »Neuheit«. Aber nicht einmal das kann uns wirklich helfen, da Neuheit mehr oder weniger sofort obsolet wird, weil sie, abgesehen von ihrer Novität, ohne Bedeutung ist. Das gilt im Hinblick auf Veränderungen unser selbst ebenso wie im Bezug auf konventionelle Kunstwerke, historische Entwicklungen oder die Mode. Unsere Persönlichkeitsentwicklung kann nur noch richtungslos sein, alle Veränderungen bleiben bedeutungslos, sind reiner Wandel des Wandels wegen.

Man braucht nicht zu betonen, dass das die wohl trostloseste Analyse der Conditio humana ist, die es je gab. Aber genau das war Nietzsches Absicht. (»Ich bin bei weitem der furchtbarste Mensch, den es bisher gegeben hat«, lautet sein berühmtes Urteil; doch »dies schließt nicht aus, daß ich der wohltätigste sein werde«.[18]) Es gab für ihn kein Entrinnen. Nietzsche glaubte, dass er – dass wir – in einer einzigartigen historischen Zeit lebten, eine Zeitenwende für die Philosophie und Psychologie erlebten, die den »neuen Menschen« gebar: den »Übermenschen«. Es war diese schaurige Botschaft, deren Echo durch das gesamte 20. Jahrhundert hallen sollte und die von Max Webers Beobachtung kaum entschärft werden konnte.

Nietzsches Gott war tot; Max Webers bekanntestes Diktum lautet, dass wir im Zustand der »Entzauberung« lebten. Weber stellte zwei zentrale Behauptungen über das moderne Leben auf, die der amerikanische Sozialtheoretiker Lawrence Scaff folgendermaßen zusammenfasste: Die erste lautet, dass das herrschende Unbehagen durch den Kapitalismus, die Technik, den ökonomischen Rationalismus und die Institutionalisierung des Instrumentalismus hervorgerufen wurde – oder anders gesagt: Heutzutage geht es im Wesentlichen darum, die Natur auf eine abstrakte, intellektuelle Weise zu *kontrollieren,* anstatt sich ästhetisch oder sinnlich an ihr zu erfreuen. Die moderne Conditio humana erfordert die Entscheidung zwischen einem Wissen, das unbequem und beunruhigend ist, und dem »Opfer des Intellekts«, so wie dann der Fall, wenn wir einen religiösen Glauben annehmen oder uns einem geschlossenen philosophischen System wie dem Christentum, Marxismus oder Hegelianismus unterwerfen.[19] Wir glauben, dass wir alles »durch Berechnen beherrschen« können – empfinden den »unwiderstehlichen Zauber« der »Zahlenromantik« und sind überzeugt, »dank des wissenschaftlichen Fortschritts Leben erhalten zu können«. Doch die Wissenschaft kann keine Antwort auf die Frage geben, ob es für dieses erhaltene Leben dann auch eine »sinnvolle Lebensführung« gibt.[20] Die Vorstellung von einem »einheitlichen Ich« ist uns Bürgern der modernen Welt entglitten.

Webers zweite Behauptung lautet, dass Modernität eine konzentrierte Beschäftigung mit dem »inneren Selbst« erfordere und uns zwinge, unsere Ideale und Werte »aus der eigenen Brust« zu holen. »Das Schicksal einer Kulturepoche, die vom Baum der Erkenntnis gegessen hat, ist es, wissen zu müssen, daß wir den Sinn des Weltgeschehens nicht aus dem noch so sehr vervollkommneten Ergebnis seiner Durchforschung ablesen können, sondern ihn selbst zu schaffen imstande sein müssen [...] und daß also die höchsten Ideale, die uns am mächtigsten bewegen, für alle Zeit nur im Kampf mit anderen Idealen sich auswirken, die anderen ebenso heilig sind, wie uns die unseren.«[21] Nur im Abendland habe der Mensch die Idee gehabt, ein *universelles* Verständnis von sich selbst zu entwickeln, oder anders gesagt: ein Verständnis, das auf Grundsätzen beruht, die auf alle Menschen zu allen Zeiten zutreffen. Das ist im Wesentlichen das, worauf die Wissenschaft abzielt. Menschen anderer Kulturen verfolgten dieses Ziel nicht, gäben sich damit zufrieden, auf die Weise sich selbst zu erklären, auf die sie sich zum jeweiligen Zeitpunkt der Geschichte und am jeweiligen Ort auf Erden erfahren. Doch warum befasst sich der Abendländer so ausgiebig mit sich selbst? Verurteilt uns das nicht zu einer sinnleeren, kalten Existenz? Für viele – oder jedenfalls die meisten – Menschen besteht Weber zufolge die einzige Bedeutung des Lebens im Streben nach Bedürfniserfüllung: Genuss, Vergnügen, Geld. In Amerika habe der Kapitalismus, bar jeden Glaubens und jeder ethischen Bedeutung, letztendlich den Charakter eines sportlichen Wettkampfs angenommen, der das Streben nach Erlösung ersetzt. Wir seien übersättigt mit einem Wissen, das uns weder sagt, wie wir leben sollen, noch, worauf es im Leben ankommt.

Der letzte Sargnagel moderner Kultur war für Weber die Tatsache, dass die meisten Menschen zu schwer und zu lange arbeiten mussten und ihnen deshalb keine Zeit blieb – und nach getaner Arbeit ohnedies die Lust fehlte –, sich mit ihren Lebensumständen auseinanderzusetzen und für sich selbst herauszufinden, wie sie die Welt am besten *erfahren* könnten, oder gar um die Frage zu stellen: Was kommt danach?[22]

Es gibt deutliche Überschneidungen bei den Aussagen Webers und Nietzsches. Ihre jeweiligen Kernaussagen über die Schrecken der Moderne ähneln sich, und jeder wirkte wie ein Verstärker der Kritik des anderen. Weber lässt sich bestenfalls als einen Hauch weniger pessimistisch bezeichnen als sein zwanzig Jahre älterer Zeitgenosse. Aus seinen Schriften spricht implizit die Überzeugung, dass sich die moderne Welt zumindest in andere Bahnen lenken lasse, wohingegen Nietzsche im Großen und Ganzen davon ausging, dass man gar nichts tun könne. Heidegger stellte sich Webers Herausforderung mit seiner Vorstellung, dass man sich der unbeschädigten Natur blind »unterwerfen« müsse, dass man sie hegen müsse, anstatt sie kontrollieren zu wollen; Marcuse stellte sich dieser Herausforderung mit seiner Idee von der »großen Verweigerung«.

Inzwischen sollte deutlich geworden sein, in welchem Maße wir in einer postnietzscheanischen, postweberianischen nihilistischen Welt leben. Man denke nur an die zeitgenössische Kunstwelt: »Neuheit« wurde zum einzigen Beurteilungskriterium; die großen Auktionen weisen alle Charakteristika eines sportlichen Wettkampfs auf; und das Sammeln von Kunst wurde für viele zu einer Art von Erlösung. Auch in der Modewelt ist das entscheidende Kriterium Neuheit, und auch sie ist ein nihilistischer Aspekt des modernen Lebens. Und natürlich spielt das Geld in all diesen Welten eine entscheidende Rolle.

Doch in gewissem Sinne sind das Randwelten. Wir könnten auch fragen, in welchem Ausmaß die schrecklichen Gräuel des 20. Jahrhunderts von Nihilisten verübt wurden, die keinen moralischen Sinn und Zweck in dieser Welt sahen und deshalb auch keine Bedenken wegen der Gräueltaten haben konnten, die sie selbst begingen. Hannah Arendt schrieb, dass der Terror das zentrale Wesen, die Wurzel des Totalitarismus sei – und Nihilismus ist nun einmal gewiss der größte Terror, den es gibt.

Aber nicht nur die nihilistischen Schrecken des Faschismus, Stalinismus und Maoismus bestimmten – und *bestimmen* – das Leben von Menschen. Die kalten, leeren, öden Landschaften, die Nietzsche und Weber identifiziert haben, wirken sich auch in anderer Weise auf unser Leben aus. Das bringt uns zu Freud zurück. Die meisten Menschen haben nahezu sicher noch nie ein Wort von Nietzsche oder Weber gelesen, doch was Alfred Kazin über Freud sagte – dass selbst Menschen, die noch nie von ihm gehört haben, von ihm beeinflusst werden –, lässt sich auch in Bezug auf Nietzsche und Weber sagen.

Trotz des gewaltigen wirtschaftlichen Erdbebens, das den Globus im Spätsommer und Frühherbst 2008 ereilte, leben wir, oder doch zumindest viele von uns in den westlichen Staaten, nach wie vor unter den Bedingungen eines nie zuvor gekannten Wohlstands und einzigartiger Annehmlichkeiten. Selbst die Menschen, denen es in unseren Gesellschaften am schlechtesten geht, werden so weit vom Sozialstaat aufgefangen, dass ihnen die absolute materielle Entwürdigung erspart bleibt. Und doch sind wir umgeben – ist es nicht aufschlussreich, wie abgedroschen das schon klingt? – von krimineller Gewalt, Drogenmissbrauch, Kindesmisshandlungen, von tödlichen Schießereien an Schulen, den Rachefehden der Unterwelt, der Piraterie auf See, von organisierter Prostitution und sexueller Sklaverei. In den Gefängnissen und Psychiatrien sitzen mehr Menschen denn je, Vandalismus ist gang und gäbe, und der Alkoholismus greift immer mehr um sich. Man darf wohl behaupten, dass dies alles – unausgegorene – Reaktionen auf die existenziellen nihilistischen Landschaften des modernen Lebens sind, Reaktionen von Menschen, die zwar vermutlich nie etwas von Nietzsche oder Weber gehört haben, aber dennoch erkennen, erleben und empfinden, dass sie Gefangene in genau den leeren, kalten, öden Landschaften sind, die diese deutschsprachigen Denker beschrieben haben. Die Inkohärenz ihrer Reaktionen ist ein integraler Bestandteil der herrschenden Umstände.

Das hilft gewiss, zu erklären, warum Freud so viel Einfluss gewinnen konnte. Erst in jüngerer Zeit geriet er zu Recht unter Beschuss, weil er Beweismaterial fabrizierte und seine frühen »Curen« manipuliert hatte und weil er überhaupt generell falschlag. Doch im Kontext der Diskussion des vorliegenden Buches wäre diese Art von Kritik fehl am Platz. Während Freuds Zeitgenossen Nietzsche und Weber (die Tatsache, *dass* sie Zeitgenossen waren, wurde bislang viel zu wenig berücksichtigt) die Misslichkeiten des modernen Lebens diagnostizierten, fand Freud eine Lösung für das Problem eines Leben unter solchen Misslichkeiten – oder erfand sie oder stolperte über sie. Es wäre eine Fehlinterpretation von Psychoanalyse, Psychotherapie und »Redecur«, wenn man sie einfach nur oder hauptsächlich als eine Möglichkeit zur Behandlung von Neurosen und anderen Formen geistiger Erkrankungen betrachten würde (eben weil man das gerne tut, werden sie im Allgemeinen als Fehlschläge beurteilt). Was Freud mit seiner *Traumdeutung* (bereits 1899 erschienen, aber vordatiert auf das Jahr 1900, in dem Nietzsche starb) methodisch in Gang setzte, war eine Möglichkeit, dem Leben wieder *Bedeutung* zu verleihen: Er brachte seine Patienten dazu, sich ganz auf die eigene individuelle Geschichte zu konzentrieren – egal, auf welch tendenziöse, hypothetische, abstrakte und aus klinischer Sicht suspekte Weise. Sie lernten einen Zusammenhang herzustellen zwischen sich und der Fragmentierung, der schieren *Leere* ihrer modernen Umwelt. Auch die Tatsache, dass Therapien zu einem so wichtigen Teil des Lebens so vieler (sogar sehr junger) Menschen wurden, unterstreicht, dass wir in einer nitzscheanisch-nihilistischen Welt leben.

Die Nationalelf der neueren Geschichte

Um es noch einmal zu wiederholen: Kant, Humboldt, Marx, Clausius, Mendel, Nietzsche, Planck, Freud, Einstein, Weber, Hitler – gibt es irgendeine andere Nation, die eine solche Elf aufstellen könnte (natürlich ließe sie sich noch erweitern), eine Gruppe von Spielern, die in der Lage wären, es mit den Einflüssen aufzunehmen, die diese Männer im besten wie im schlechtesten Sinne auf das moderne Denken ausgeübt haben? Ich glaube nicht. Doch der deutsche Genius lässt sich nicht nur in Zahlen ausdrücken. In der Einführung widmete ich mehrere Seiten einer Frage, von der viele Menschen fasziniert waren und noch immer sind. Einige haben sich mit ihr geradezu obsessiv befasst: Gab es in der deutschen Geschichte einen *Sonderweg*, der *unausweichlich* zu den Gräueln und Exzessen des Nationalsozialismus und des Holocaust führte? Meines Wissens hat bisher noch niemand auf wirklich wissenschaftlich umfassende Weise erforscht, ob es eine systematische Beziehung zwischen Politikgeschichte und Kulturgeschichte gibt. Wenn man sich jedoch die moderne deutsche *Kultur* betrachtet, was ja der Zweck dieses Buches ist (wobei ich hier eher von *culture* im französischen und angloamerikanischen Sinn als von »Kultur« im deutschen Sinne spreche), und wenn man dieser Kulturgeschichte bis in die Jetztzeit nachspürt – wenn man also die kulturellen Errungenschaften *nach* dem Holocaust ebenso einbezieht wie die *davor*, ergo in beiden Richtungen chronologisch über Hitler hinausblickt –, dann kann man zu dem Schluss kommen, dass diese Kultur in der Tat einige Merkmale aufweist, die nahelegen, dass sie nicht *unausweichlich* in die Katastrophe führen musste, und wenigstens ansatzweise erklären können, warum ausgerechnet in Deutschland geschehen konnte, was dort geschah, und warum just zu der Zeit, in der es geschah.

Natürlich gibt es nie eine Erklärung, die *alles* erklären kann. Hier soll daher die These aufgestellt werden, dass es fünf unterschiedliche, jedoch ineinander verzahnte Aspekte der modernen deutschen Kultur gab, die als Gruppe betrachtet sowohl für deren umwerfende Brillanz als auch für ihren schockierenden Untergang verantwortlich waren.

Das Bildungsbürgertum

Vor allem seit Marx lautete die gängige Meinung, dass man Gesellschaften sinnvollerweise in drei Ebenen oder Klassen aufgeteilt betrachten sollte: in den Adel, die Mittelschicht und das Proletariat oder die Arbeiterklasse. Doch dann wurde klar, dass die *gebildete* Mittelschicht, das Bildungsbürgertum also, sehr wenig gemein hat mit der restlichen Mittelschicht und deshalb aus historischer Perspektive als eine eigenständige Einheit angesehen werden muss, jedenfalls mit Sicherheit, was Deutschland betrifft. Tatsächlich lässt sich die *gebildete* Mittelschicht nur in jenem klassisch marxistischen Sinne der Mittelschicht als solcher zuordnen, als ihre Produktionsweise weder der des Adels noch der der Arbeiterklasse entspricht. Das Bildungsbürgertum – das die Welt der Gelehrsamkeit verkörpert, der Natur- und der Geisteswissenschaften, des Rechts, der Medizin und der theologischen oder kirchlichen Berufsstände – hat sehr wenig gemein mit beispielsweise gewerkschaftlich organisierter Arbeit, Gewerbetreibenden und Einzelhändlern, Industriellen oder Finanziers, weder hinsichtlich ihrer Motivationen noch in Bezug auf die Ansprüche oder alltäglichen Interessen und Aktivitäten. Dass es diese Unterschiede gibt, wurde erst im 19. Jahrhundert deutlicher, aber eines ist gewiss: Deutschland war definitiv das erste Land, das sich überhaupt eines Bildungsbürgertums – welchen Umfangs auch immer – rühmen konnte. Und ebenso gewiss ist, dass diese Tatsache von grundlegender Bedeutung für den Aufstieg Deutschlands zu einer Großmacht war.

Ein paar Statistiken können das verdeutlichen. Die allgemeine Schulpflicht wurde in Preußen 1717 eingeführt, wenn auch erst 1845 mit der Einführung der »Schulordnung für die Elementarschulen der Provinz Preußen« durchgesetzt (in England wurde der Schulbesuch erst 1880 zur

Pflicht). In den neunziger Jahren des 19. Jahrhunderts gab es im Deutschen Reich proportional zur Bevölkerung zweieinhalbmal mehr Universitätsstudenten als in England.²³ Es kam bereits zur Sprache (siehe Kapitel 22), dass das Analphabetentum unter deutschen Soldaten im späten 19. Jahrhundert wesentlich geringer war als unter italienischen oder österreichisch-ungarischen, nämlich 1:1000, verglichen mit 330:1000 unter den Italienern und 68:1000 unter den k.u.k. Soldaten. Auch dass es in Deutschland mehr Zeitschriften als anderenorts gab, wurde bereits erwähnt: Im Jahr 1785 waren dort 1225 erschienen, verglichen mit 260 in Frankreich; im Jahr 1900 wurden im Deutschen Reich 4221 Zeitungen gedruckt, in Frankreich rund 3000 (und in Russland 125).²⁴ Zu Beginn des 19. Jahrhunderts verfügte England über nur vier Universitäten, die deutschen Staaten über mehr als fünfzig. Der englische Historiker James Bowen stellte in seiner dreibändigen *History of Western Education* (1981) außerdem fest, dass in den deutschen Ländern am Anfang des 19. Jahrhunderts mehr wissenschaftliche Gesellschaften gegründet und mehr Wissenschaftsmagazine in der Landessprache herausgegeben worden waren als irgendwo sonst – so viele, dass Deutsch zur führenden Wissenschaftssprache wurde.²⁵ Im Jahr 1900 lag die Analphabetenrate im Deutschen Reich bei 0,5 Prozent, in Großbritannien bei 1 Prozent und in Frankreich bei 4 Prozent. 1913 wurden in Deutschland mehr Bücher publiziert (31 051 neue Titel) als in jedem anderen Land der Welt.²⁶

Wie man es auch dreht und wendet, fest steht, dass die Deutschen bis heute anderen auf die altvertraute Weise voraus sind, auch wenn das viele von ihnen selbst bezweifeln. Eine Studie, über die die englischen Medien 2006 berichteten, war zu dem Schluss gekommen, dass die Durchschnittsgröße des Gehirns eines Nord- und Mitteleuropäers größer ist als die von Südeuropäern (1320 Kubikzentimeter verglichen mit 1312 Kubikzentimeter). Dementsprechend wurden dann Rückschlüsse auf die Intelligenz gezogen, wobei Deutsche und Holländer an der Spitze liegen (durchschnittlich 107 IQ-Punkte), Österreicher und Schweizer auf 101 IQ-Punkte kommen, die Briten (welche die Studie durchgeführt hatten) 100 und die Franzosen 94 IQ-Punkte erreichten.²⁷

Es war das deutsche Bildungsbürgertum, dem die aufregenden wissenschaftlichen Fortschritte zu verdanken waren, welche so viele Forscher aus dem Ausland (vor allem aus Amerika) nach Deutschland lockten. Es war das deutsche Bildungsbürgertum, das die Verwaltung des immer deutlicher zusammenwachsenden Staates in ein so effizientes wie kreatives Instrument verwandelte; die gebildete deutsche Mittelschicht wies den Weg zu den bahnbrechenden wissenschaftlichen Errungenschaften in der zweiten Hälfte des 19. Jahrhunderts und verwandelte die deutsche Wirtschaft, auf der ein so großer Teil des modernen Wohlstands – nicht nur des deutschen – beruht. Der Aufstieg – und dann Fall – des deutschen

Bildungsbürgertums war von zentraler Bedeutung für das anschließende Geschehen in Deutschland und ist bis heute von Relevanz geblieben.

Die Entwicklung der modernen Forschung, die Vorstellung von »Bildung« und die Erfindung einer Universität, die auf Lehre *und* Forschung beruht, wurden von den Deutschen am Beginn des 19. Jahrhunderts als eine Art moralischer Fortschritt betrachtet. Erziehung und Ausbildung wurden nicht einfach nur als Möglichkeiten des Wissenserwerbs verstanden, sondern auch als ein Prozess, welcher der Charakterbildung dient und in dessen Verlauf der Mensch lernt, kritische Urteile zu fällen, selber kreative und originäre Beiträge zu leisten *und* seinen Platz in der Gesellschaft zu finden, mitsamt den Pflichten, Rechten und Verbindlichkeiten, die damit einhergingen. Erziehung in der Form von »Bildung« beinhaltete einen Prozess des *Werdens*, eine Art von säkularer Vervollkommnung auf dem Weg zu einer Erlösung, die genau *das* war, worauf es dem Bildungsbürgertum in einer Welt des aufkommenden Zweifels zwischen Dogma und Darwin ankam.

Das Bildungsbürgertum hatte nicht nur im Wesentlichen die Führung übernommen, es hatte seine Rolle auch auf die Bereiche ausgedehnt, die zuvor vom Klerus abgedeckt wurden. Es war und blieb das wichtigste und innovativste Element Deutschlands in dem Jahrhundert, das von 1775 bis 1871 währte. Gegen Ende dieser Periode begann sich die Lage zu verändern und komplexer zu werden (worauf wir noch zu sprechen kommen).

Innerlichkeit

Es scheint auf der Hand zu liegen, dass die Deutschen ein Volk waren (oder sind?), das »innerlicher« ist als andere Völker – als die Franzosen, Briten oder Amerikaner zum Beispiel (wenngleich die Aufklärung in England, wie die amerikanische Geistesgeschichtlerin Gertrude Himmelfarb feststellte, »*innerhalb* der Frömmigkeit gedieh«).[28] Jedenfalls haben sich mit Sicherheit die meisten Deutschen selbst in diesem Licht gesehen, was ja auch das Zitat von Thomas Mann bestätigt, das diesem Kapitel vorangestellt wurde.

Die Kombination von Luthertum und Pietismus war der Ausgangspunkt für diese Innerlichkeit gewesen. Beiden war es mehr um die innere Überzeugung als um die äußerliche Zurschaustellung von Frömmigkeit gegangen. Ein weiterer Faktor ist, dass die deutschen Bildungszentren, die Universitäten, ihren Betrieb zwischen dem Bruch mit dem Dogma, also dem Advent des Zweifels, und dem Erscheinen von Darwins Theorie der natürlichen Zuchtwahl aufnahmen, ergo zu einer Zeit, als das theologische Menschenbild unter heftigen Beschuss geriet, aber Darwins biologische Sichtweise noch nicht zur Verfügung gestanden hatte. Diese Sachlage herrschte natürlich nicht nur in Deutschland, wurde dort aber aus diversen Gründen spürbarer als anderenorts. Viele Menschen kamen zu der Überzeugung, dass das Leben einen anderen Sinn haben müsse, dass es irgendeine andere Teleologie geben müsse, wenn sich das traditionelle Gottesbild derart in Frage stellen ließ. Wie wir in den Kapiteln 2 und 5 sahen, haben sich die Deutschen dann einer Art von teleologischer Evolutionsbiologie zugewandt und parallel dazu die großen Systeme der spekulativen Philosophie entwickelt: Kants Idealismus, Fichte, Hegel, die Naturphilosophie, den Marxismus, und Schopenhauer. Die Ära des Zweifels zwischen Dogma und Darwin war die große Zeit der spekulativen Philosophie, in der viele glaubten, dass insbesondere Kant einen neuen Weg zur Innerlichkeit aufgezeigt habe – eine neue Möglichkeit, die Strukturen des Geistes wahrzunehmen.

Die »Leserevolution« interagierte mit dieser neuen Betrachtungsweise. Der Akt des Lesens war eine sehr viel persönlichere – und damit stärker nach innen gerichtete – Beschäftigung als die meisten anderen kulturellen Aktivitäten, die ihm vorangegangen waren, etwa das Tanzen oder Singen. Und da in Deutschland mehr gelesen wurde als in irgendeinem anderen Land, weil es dort weniger Analphabeten gab, trug auch das zur typisch deutschen Innerlichkeit bei.

Romantik und Musik waren zwei weitere Aspekte dieser Innerlichkeit. Bei der Romantik ging es wesentlich darum, der »inneren Stimme« zu lauschen. Das war einer der Grundsätze, die von den »inneren« Glaubensweisen des Ostens übernommen wurden. Der Künstler, der aus dem Inneren schöpft, galt als das am höchsten entwickelte menschliche Wesen. Kants »Instinkt« und »Intuition«, Schopenhauers und Nietzsches »Wille«, Freuds und Jungs »Unbewusstes« – all das sind »innerliche« Gebilde und Vorstellungen von einem »Inneren«, entsprechend dem »zweiten Ich«, das drinnen gefangen darauf wartet, befreit zu werden.

Schelling hielt die Musik – die deutsche Kunstgattung par excellence – für die innerlichste aller Künste. Die nachhaltige, aber immer wieder neu erschaffene Verbindung zwischen deutscher Dichtung und deutscher Musik, wie sie ihren Ausdruck bei Schubert, Schumann und Hugo Wolf fand, festigte diese Sicht. Um die Wende zum 20. Jahrhundert schrieb E. T. A. Hoffmann: »Die Musik schliesst dem Menschen ein unbekanntes Reich auf, eine Welt, die nichts gemein hat mit der äussern Sinnenwelt [...].«[29] Derweil begann man die Sinfonie als einen Aspekt der Philosophie zu behandeln (siehe Kapitel 6), eben wegen ihrer Fähigkeit, wortlos ins Innere einzudringen.

Wie ebenfalls schon besprochen, betrachtete Wilhelm von Humboldt »Bildung« durch den geisteswissenschaftlichen Wissenserwerb als den wahren Weg zu innerer Freiheit. Das eigentliche Ziel der deutschen Aufklärer war der »Bildungsstaat«, die Verkörperung eines Ideals, welches das menschliche Innenleben »bereichern« sollte. Die amerikanische Historikerin Suzanne Marchand stellte fest, dass es Friedrich August Wolf mit seinem Streben nach sprachwissenschaftlicher Kompetenz war, der nach 1800 deutlich zu einer »Innenwendung« der deutschen Universitätsgemeinde und damit zu einer bedeutenden Neuerung im Gelehrtenbetrieb beigetragen hat. Wassily Kandinsky und Franz Marc bestätigten, dass ihr Beitrag zur abstrakten Malerei in dem Versuch bestand, »Impressionen einer inneren Natur« und die »Immaterialität« von inneren Empfindungen zu vermitteln. Erica Carter, die am »Department of German Studies« an der Universität von Warwick lehrt, schreibt, dass die Art von Innerlichkeit, die mit dem Jahr 1968 als Reaktion auf die Veränderungen in dieser revolutionären Zeit entstanden war, in Deutschland »seelischer« gewesen sei als in den anderen betroffenen Ländern.[30] Und der in Princeton lehrende Historiker Jan-Werner Müller erklärt, dass Martin Walser eine »deutsche Art von Innerlichkeit« verkörpere, das Gegenteil des »authentisch persönlichen Ich, eine unverdorbene Innerlichkeit versus einer oberflächlichen, gar hypokritischen Öffentlichkeit«. Man denke nur an Walsers Äußerung, dass Dichtung und Innerlichkeit Fluchtwege vor der uneigentlichen Welt der Meinungen seien, die für gewöhnlich zur typischen Selbstgerechtigkeit der Unterhaltungsindustrie führe.[31] Die Psychoanalyse, der Expressionismus in Malerei und Film, der Begriff der »Entfremdung« in all ihren Erscheinungsformen, die Reise, welche die Helden dieser einzigartig deutschen Literaturgattung des Bildungsromans in die Innerlichkeit antreten, die Dichotomie von Helden *versus* Händlern – das alles unterstreicht die deutsche Innerlichkeit, die typisch deutsche Lebensart und die traditionell deutsche Werteordnung. Sowohl Karl Jaspers als auch Günter Grass bezogen sich auf Herders anderes, größeres, tiefgründigeres Deutschland, kurzum: auf die deutsche »Kulturnation«.[32] Martin Walser erklärte, dass es Deutschen ihrer innengerichteten Frömmigkeit wegen so schwerfalle, nach Art der Engländer politisch zu handeln.[33] Und Karl Heinz Bohrer hielt es nach der Wiedervereinigung für die drängendste Aufgabe, Deutschland wieder zu einer »geistigen Möglichkeit« zu machen.[34] Selbst die Ereignisse im Jahr 1968 waren Jan-Werner Müller zufolge eine Mischung »aus Marxismus und Psychoanalyse« gewesen.[35]

Wie alles andere hat natürlich auch Innerlichkeit Konsequenzen. Karl Heinz Bohrer kritisierte die protestantische, »machtgeschützte Innerlichkeit«, die im Provinzialismus mündete und zur Missachtung der nationalen Identität führte, was letztendlich nationalistische Gewalt gebären konnte und zur »verspäteten Nation« beigetragen habe.[36] Die gewiss schicksalhafteste Folge dieser Innerlichkeit war jedoch das Konzept der Bildung selbst. Gertrude Himmelfarb war nur eine Historikerin im Kreise von mehreren Kollegen, die auf die Ähnlichkeit von Adam Smiths »unsichtbarer Hand« und Hegels »List der Vernunft« hinwiesen. Doch während die unsichtbare Hand den Menschen in die Lage versetzt, sich auf eine Zukunft mit unbestimmtem Ende einzulassen, wurde »Vernunft« in Deutschland in eine Bildung eingebettet, die einen griechischen Staat idealisierte, welcher seit zweitausendfünfhundert Jahren verschwunden war und aus dem der krankhafte Kulturpessimismus letztendlich hervorgegangen war. Sosehr man auch nach großer Gelehrtheit oder dem Ideal des Universalgelehrten strebte, am Ende erwies sich der Schatten von »Bildung« als die stärkere Kraft.

Unsere Stereotypen von anderen Völkern sind meist krude und vom Wesen her letztendlich grobe Simplifizierungen, die mehr zu unseren Problemen beitragen, als sie zu beheben. Im Falle von Deutschland waren allerdings auch die Stereotypen, die Deutsche *von sich selbst* entwickelten, Teil des Problems.

Bildung

Bildung ist gewissermaßen die größte Errungenschaft der Innerlichkeit – man könnte sogar sagen: ihr natürliches Endprodukt. Goethe, man erinnere sich, erklärte, wenn es denn keinen Gott gebe (es war nach seinem Glaubensabfall im Sommer des Jahres 1788), dann könne der Sinn des Lebens nur das *Werden* sein: mehr zu werden als das, was man war. »Letztendlich ist der Daseinszweck unserer Menschheit, dass wir jenes höhere menschliche Wesen in uns entwickeln, welches dann zum Vorschein kommt, wenn wir unsere wahrhaft menschlichen Kräfte stetig stärken und das Unmenschliche bezwingen« (siehe Kapitel 4). Kant definierte den Gegensatz von Mensch und Tier mit den Worten, der Mensch habe »das Vermögen, sich selbst Zwecke, Ziele zu setzen und die rohen Anlagen seiner Natur zu kultivieren«. Hinter dieser »Edukation steckt das grosse Geheimnis der Vollkommenheit der menschlichen Natur« (siehe Kapitel 5). Das ist Innerlichkeit, Bildung und Kommunität in einem.

William Bruford folgte der Spur dieser Bildungsidee durch die Romane und Novellen vom 19. bis ins 20. Jahrhundert – Adalbert Stifter, Friedrich Nietzsche, Thomas Mann im *Zauberberg*. Karl Mannheim verstand Bildung als die Neigung, dem Leben Kohärenz zu verleihen, als eine individuelle kulturelle Entwicklung hin zu einer sittlichen Persönlichkeit, und fand, dass die Soziologie zu unserem Bildungsverständnis nur beitragen könne. Fritz Ringer erklärte Bildung zum »allerwichtigsten Grundsatz der Mandarin-Tradition«. Christa Wolf erforschte in ihrem Roman *Nachdenken über Christa T.* die Bedeutung und Möglichkeit von Bildung unter den sozialistischen Bedingungen in der DDR. Allan Blooms Buch *The Closing of the American Mind (Der Niedergang des amerikanischen*

Geistes) war im Wesentlichen ein Plädoyer für die Rückkehr zu dieser deutschen Bildungsideologie. »Bildung« deckte sich mit der Vorstellung des gehobenen Bürgertums, dass Erziehung und Ausbildung der zentrale, wichtigste Daseinszweck in einer nachchristlichen Welt seien. Natürlich waren es definitionsgemäß die gebildeten Mittelschichten, die dann auch privilegierten Zugang zu der Art von Bildung hatten, welche sie und ihr Anderssein definierte. Nicht umsonst gab es 1968 in Deutschland eine Kampagne unter dem Slogan »Bildung für alle«.

In diesem Zusammenhang kam den vielen Pastorensöhnen – noch etwas, das so typisch für Deutschland war – eine entscheidende Rolle zu. Rufen wir uns noch einmal in Erinnerung, wie viele deutsche Denker, bis hin zu zeitgenössischen, die Söhne und/oder Enkel von Pastoren waren/sind: Samuel Pufendorf, Gotthold Ephraim Lessing, Jakob Michael Reinhold Lenz, Christoph Wieland, Friedrich Schelling, die Brüder Schlegel, Friedrich Schleiermacher, Johann Herder, Karl Friedrich Schinkel, Johann Christian Reil, Rudolf Clausius, Bernhard Riemann, Theodor Mommsen, Jacob Burckhardt, Gustav Fechner, Heinrich Schliemann, Julius Langbehn, Wilhelm Wundt, Friedrich Nietzsche, Wilhelm Dilthey, Ferdinand Tönnies, Max Scheler, Karl Barth, Rudolf Bultmann, Paul Tillich, Albert Schweitzer, Emanuel Hirsch, Martin Niemöller, Gottfried Benn, Carl Gustav Jung, Jürgen Habermas. Viele von ihnen hatten/haben sich nach innen gewandt, viele ihren Glauben verloren, aber gegen die Einflüsse ihrer Väter konnten sie nichts ausrichten. In vielen Fällen war die Säkularisierung des Erlösungsprinzips, der Drang nach Vervollkommnung das geistige Erbe, das sie uns hinterließen. Von der Metapher einer »Erlösung« aber konnte man sich nur schwer befreien, und bis heute haben sich zahlreiche deutsche Professoren die Aura eines Pastors bewahrt.

Bildung hatte allerdings nicht nur positive Folgen. Fritz Ringer kam zu dem Schluss, dass sich das klassische Bildungsideal der Humanisten gründlich mit dem politischen Konservatismus und dem gesellschaftlichen Snobismus »verheddert« hatte.[37] Und das sollte noch tiefgreifende Folgen haben.

Forschung, Promotion, Wissenschaft und die Moderne

Die Forschung war keine deutsche Erfindung. Bereits im 12. Jahrhundert hatte sich der Engländer Robert Grosseteste, Theologe, Philosoph und Bischof von Lincoln, das Experiment als den Weg zu neuem Wissen vorgestellt. Die wichtigste, die entscheidende Errungenschaft deutscher Universitäten am Ende des 18. und Anfang des 19. Jahrhunderts war, dass die Forschung *institutionalisiert* wurde, insbesondere an der Berliner Universität, an der sich andere Universitäten dann ein Beispiel nahmen. Vor allem das Konzept des modernen Doktorats ist eine deutsche Idee – nach dem Marxismus und dem Freudianismus wahrscheinlich sogar die einflussreichste neuzeitliche Innovation aus deutschsprachigen Ländern, nur dass das sehr viel weniger Menschen bewusst ist.

Das mag übertrieben klingen, doch man bedenke, wie ungewöhnlich stark es sich auf unsere Zeit auswirkt, dass es gebildete junge Erwachsene gibt, für gewöhnlich Mitte oder Ende zwanzig, die drei oder mehr Jahre damit verbringen, bei geringem Einkommen, dafür aber mit umso mehr Liebe und ausgesprochen detailliert einen sehr spezifischen Aspekt unserer Welt aus dem Blickwinkel ihres gewählten Themas zu erforschen. Es wird ihnen mit der nicht unbedeutenden Ehre gelohnt, einen »Dr.« vor den Namen setzen zu dürfen, welcher einen noch immer aus der Masse heraushebt, um schließlich der eigenen Berufung folgen oder sich habilitieren zu können und in den Kreis der Professorenschaft aufgenommen zu werden. Dieses Prozedere bedeutet, dass wir unsere Welt heute zu relativ geringen Kosten in weit größeren Details kennen, als es sich irgendjemand vor rund zweihundertfünfzig Jahren, zu der Zeit also, bei der dieses Buch ansetzt, hätte vorstellen können.

Die Institutionalisierung der Forschung erschuf einen völlig neuen Tätigkeitsbereich, in dem sich viele Menschen selbst dann beweisen konnten, wenn sie keine Genies waren. Moderne Demokratien zeichnen sich durch zuvor unbekannte Industrien mit jeweils eigenen Talenten aus – sei es in der Werbung und dem Marketing, im Film, Sport oder Journalismus. Doch die Forschung war nicht nur eine der ersten, sondern auch die bei Weitem wichtigste Industrie, da so viele andere auf ihr beruhen.

Ein dritter Aspekt der Institutionalisierung von Forschung ist, dass sie zu einem Faktor der Ausdifferenzierung und Fragmentierung unserer Welt wurde. Ein direkter Dominoeffekt der Promotion war die Vermehrung neuer Disziplinen nicht nur im naturwissenschaftlichen Bereich, sondern auch auf den geistes- und sozialwissenschaftlichen Gebieten. Diese Fragmentierung und die immer weiter gehende Spezialisierung der Wissenschaftler sind den Fragen geschuldet, vor die das moderne Leben stellt und mit denen sich auch und insbesondere deutsche Schriftsteller, Philosophen und Künstler befass(t)en.

Der vierte Effekt ist, dass die Forschung mittlerweile weltweit zu einem Konkurrenten der klassischen *Autorität* wurde – das heißt zu einem Rivalen von Tradition, Religion und Politik. Fast alle politischen Strategien, fast alle Praktiken großer Industrie- und Wirtschaftsunternehmen werden heutzutage erst nach gründlichen Forschungen umgesetzt. Hinzu kommt, dass sich viele von uns mit dieser Art von Autorität weit besser fühlen als mit jeder anderen, da sie üblicherweise, zumindest wenn die Forschungsmethoden solide sind, nicht nur rationale, sondern auch ethische Kriterien erfüllt. Die Tatsache, dass es sich hier um eine *unpersönliche* Autorität handelt, ist eine Stärke und Schwäche zugleich: Sie ist fairer, aber vielleicht entfremdend.

Heute spielt Forschung eine derart wichtige Rolle in unserem Leben – wie natürlich schon seit Jahrzehnten, wenn nicht bereits seit mehr als einem Jahrhundert –, dass man sie wirklich mit der Urbanisierung, Industrialisierung und Entwicklung der Massenmedien auf eine Stufe stellen muss: Auch sie ist ein prägendes Phänomen von Modernität per se. Die Massengesellschaft könnte ohne Forschung und ohne deren Institutionalisierung nicht effizient funktionieren.

Die Sehnsucht nach einer erlösenden Kommunität

Dieses Thema zieht sich durch die gesamte moderne deutsche Philosophie, Literatur, Sozialwissenschaft, Geschichte, Kunst und Politik und überschneidet sich mit der entsprechenden Sehnsucht nach dem »Ganzen«.

Kant war besessen von den Zusammenhängen des Ganzen und seiner Teile: von der Bedeutung organischer Einheit. Goethe hielt den Chorgesang für eine angemessene Ausbildung zum Bürger; Hofmannsthal fand das Wichtigste am Theater dessen Möglichkeit, dank der »Zeremonie des Ganzen« den Gemeinschaftsgeist zu wecken; Hannah Arendt erklärte, der Punkt bei »den Massen« – und die Tragödie – sei deren Unfähigkeit, eine höhere Form von menschlicher Gemeinschaft zu bilden, weshalb jeder isoliert und vereinsamt lebe, was wiederum den Nährboden für totalitäre Ideen und die kalte, unbeugsame Logik des Verwaltungsapparats erschaffe, die schließlich die Schlächter hervorbringe; und für Max Weber gab es keine andere Erlösung in der modernen Welt als das sichere Gefühl, Teil einer Gemeinschaft zu sein.[38] Richard Wagner wollte »das ganze Kunstwerk« erschaffen; Friedrich Meinecke trat für die Errichtung von »Goethegemeinden« ein, um »die lebendigsten Zeugnisse des großen deutschen Geistes« zu bewahren; die Gestaltpsychologie beruht als ganzes System auf der Vorstellung vom »natürlich vorkommenden« Ganzen; Ferdinand Tönnies und Werner Sombart schrieben beide über die erlösenden Momente von Gemeinschaft und Gesellschaft.[39] Der Historiker Ernst Kantorowicz identifizierte das erlösende Moment von Kommunen; die Nationalsozialisten sprachen von einer »Schicksalsgemeinschaft«, Hitler sogar von einer »Volkswagengemeinschaft«, die auf den neuen Autobahnen das Erlebnis von Freiheit teilen und durch den gemeinsamen Genuss der neuesten technischen Errungenschaft zusammengeschweißt würde. Erlösende Gemeinschaften sind auch ein spezifisches Merkmal von Thomas Manns Meisterwerk *Doktor Faustus*. Martin Walser hält das

Ideal einer nicht entfremdeten kommunalen Subjektivität hoch, das Gewissen deshalb auch für eine Privatangelegenheit und die frisch geeinte nationale Gemeinschaft für aussöhnungsfähig.[40]

Wissenschaftler formieren sich in Deutschland mehr als anderenorts zu einer eigenen Erlösergemeinde. Nicht nur, dass so viele deutsche Denker Söhne von Pastoren und in einem Umfeld aufgewachsen waren, in dem der Pastor – wie es typisch für das 19. Jahrhundert war – das Zentrum der Gemeinde bildete; sie hatten (ebenfalls in deutlichem Gegensatz zu anderen Ländern) auch wie üblich das systemimmanente Privileg genutzt, ihre Ausbildung an drei oder vier verschiedenen Universitäten zu absolvieren. Das löste naturgemäß das Gefühl aus, einer akademischen Gemeinschaft anzugehören, einer Erlösergemeinde von Gelehrten, einem Bund aus Bildungsbürgern – auch dieses Gefühl war in Deutschland wesentlich stärker vertreten als anderswo. Hans-Georg Gadamer, der das Phänomen des Verstehens als wesensverwandt mit dem Phänomen der Schönheit bezeichnete, sprach von der »Kunst, zu feiern«, und von der »erfüllten Zeit des Festes«, weil das Fest ein »Gemeinsam-Sein« sei. Für Jürgen Habermas lautet die zentrale Frage, wie der »zügellose Individualismus« des modernen Lebens durch eine »Ethik der Gemeinschaft« gebremst werden könnte.

Jedes dieser fünf Elemente war für sich genommen von Bedeutung. Sie mögen zwar vielleicht nicht spezifisch deutsch gewesen sein, wurden in Deutschland aber deutlicher und nachhaltiger ausformuliert und auch ernster genommen. Bisher haben wir diese Elemente nur einzeln betrachtet. Wie im Fall des Denkens von Nietzsche, Weber und Freud enthüllen sich aber auch ihre Potenziale erst dann wirklich, wenn man sie als ein ineinandergreifendes, dynamisches Denksystem betrachtet.

Der nationalistische Kulturpessimismus

Es dürfte eigentlich niemanden überraschen, dass im Kielwasser des aufkommenden Zweifels, als die Menschen ihren Glauben zu verlieren begannen, zwei Dinge geschahen: erstens der Aufstieg des (säkulareren) Bildungsbürgertums, das nun auch einige der klassischen Funktionen des Klerus übernahm. Dieser Umbruch wurde wesentlich erleichtert durch die Tatsache, dass so viele der neuen deutschen Denker die Söhne von Pastoren waren und diesen Wandel sozusagen selbst perfekt personifizierten. Doch vereinfacht wurde er auch, weil er genau zur selben Zeit wie die »Leserevolution« stattfand, welche ihrerseits zu einem Phänomen der idealen Gemeinschaft beitrug – nämlich zu ebenjener *gebildeten* Mittelschicht, von der wir die ganze Zeit sprechen und die sich nun zum ersten

Mal selbst als eine *Gruppe* betrachtete. Zweitens war es nur natürlich gewesen, dass diese Gruppe simultan versuchte, religiöse Vorstellungen durch andere Ideen zu ersetzen. In diesem Zusammenhang geschah wiederum zweierlei: Zum einen wurde dank Winckelmann die (pagane) griechische Antike zum dritten Mal wiederbelebt; zum anderen betraten Kant und die anderen spekulativen Philosophen die Bühne. Auch da war es unter den gegebenen Umständen in der Periode des Zweifels zwischen Dogma und Darwin nur natürlich, dass die Theologie von der spekulativen Philosophie abgelöst wurde. Die Erfolge dieser Entwicklungen führten dann wiederum zur Wiederbelebung einer spezifisch deutschen Kultur und des deutschen Geisteslebens im Allgemeinen, außerdem zu der Vorstellung von »Bildung« im Sinne einer Kultivierung durch Erziehung, was im Wesentlichen eine säkulare Form von Erlösung darstellte, und zur Innerlichkeit als einer Möglichkeit, sich der Wahrheit zu nähern – wovon sich nicht nur der philosophische Idealismus nährte, sondern auch die Romantik und die Musik. All diese Entwicklungen können als Ausweitungen der Innerlichkeit bezeichnet werden.

Hand in Hand mit diesem Aufstieg der Innerlichkeit ging die andere wesentliche Errungenschaft des Bildungsbürgertums, nämlich die Erfindung der modernen Wissenschaft und vor allem die Institutionalisierung der Forschung. Wie fundamental diese Entwicklung im Übergang zur Modernität war, wurde bereits erwähnt, doch die Forschung war auch noch aus einem ganz anderen Grund von grundlegender Bedeutung für das deutsche Bildungsbürgertum. Anfänglich war sie nur als ein Werkzeug für die ersten akademischen Disziplinen betrachtet worden, vorrangig in den geisteswissenschaftlichen Bereichen wie der Altertumskunde, Philologie und Geschichte. Doch seit den dreißiger und vierziger Jahren des 19. Jahrhunderts und vor allem seit dem Wissenszuwachs auf den Gebieten der modernen (Zell-)Biologie und der Physik wurde auch immer mehr Forschung in den »exakten« Wissenschaften betrieben. Und dieser Wandel war von alles entscheidender Bedeutung.

Während die geisteswissenschaftliche Forschung an der Berliner Universität bereits 1810 institutionalisiert worden war, kamen die großen kommerziellen und industriellen Labore in Deutschland wie gesagt (siehe Kapitel 18) erst in den späten fünfziger und sechziger Jahren in Gang. Dieser Wandel trug in erster Linie zum Ansehensverlust solcher traditionellen Gelehrten wie der Professorenschaft in der Altphilologie, Geschichte und Literatur bei. Mit dem Aufstieg der exakten Wissenschaften wurde dann noch ein Keil zwischen die Geistes- und die Naturwissenschaften getrieben. Das geschah in Ländern wie Großbritannien zwar auch, doch nirgendwo sonst wurde damit eine nur annähernd so große Kluft (oder ein so erbitterter Streit) heraufbeschworen wie in Deutschland. Und diese Kluft belegte man dann mit so unterschiedlichen Begriffen wie »Kultur«,

»Zivilisation«, »Wissenschaft« oder »Bildung«. Verschärft wurde die Lage im späten 19. Jahrhundert mit dem Auszug der naturwissenschaftlichen Forschung aus den Universitäten und ihrem Einzug in die Kaiser-Wilhelm-Gesellschaften, und diese Abspaltung wie auch der damit einhergehende Ansehensverlust der Geisteswissenschaften übten dann ihrerseits große Wirkung auf die Gelehrtenwelt aus.

Es begann das Zeitalter des nationalistischen Kulturpessimismus. Die Schriften von Heinrich Treitschke, Johann Gustav Droysen, Paul de Lagarde, Julius Langbehn und Max Nordau kulminierten schließlich in Werner Sombarts *Händler und Helden* und Oswald Spenglers *Untergang des Abendlandes*. Aus Sicht der traditionellen Gelehrten schilderten diese Jeremiaden etwas nur allzu Reales: Ihre alte Welt *schwand* dahin, die Naturwissenschaften *hatten* Besitz ergriffen von der Idee wie der Anwendung der Forschung. Als 1871 das Deutsche Reich gegründet wurde, *waren* die Naturwissenschaften bereits auf bestem Wege, die technisch ausgefeilten Produkte jener kommenden modernen Massengesellschaft zu erschaffen (siehe Kapitel 17-20 und 25), in welcher sich die traditionellen Wissensgebiete zunehmend an den Rand gedrängt sehen sollten. Der Kulturpessimismus und seine Gründe waren und sind noch immer ein großes Thema unter deutschen Schriftstellern und Wissenschaftlern, denn beides trägt zur Erklärung der betont konservativen Elemente im deutschen Denken des ausgehenden 19. Jahrhunderts bei, ganz zu schweigen vom wachsenden Antisemitismus.

Eine andere Folge des aufkommenden Zweifels – auch das vorrangig in Deutschland mit seiner Pietismustradition – war die Ausweitung der Idee von einer erlösenden Gemeinschaft gewesen. Die Ethik, dem Menschen in *diesem* Leben beizustehen, hat sich natürlicherweise aus dem Zusammenbruch der Idee vom Himmelreich oder von einem Leben nach dem Tode ergeben, die so untrennbar mit dem Christentum verbunden ist. Nach dem »Tod Gottes« wurde die Gemeinschaft – die Basis des Zusammenlebens mit anderen Menschen – zur vielleicht einzigen Sphäre, die es ethisch noch zu erforschen galt. Das Heilige Römische Reich Deutscher Nation, diese aus dreihundert kleinen unabhängigen Staaten bestehende Region des Pietismus, eine »Kulturnation«, bevor sie zu einer territorialen Nation wurde, war die natürliche Heimstatt für eine solche Idee gewesen.[41] Das Thema der Erlöserkräfte einer Gemeinschaft zieht sich durch das gesamte akademische, kulturelle und politische Leben im Deutschland der jüngeren Neuzeit.

Diese Vorstellung von der erlösenden Kraft einer Gemeinschaft hängt natürlich mit dem Kulturpessimismus zusammen: Erstere wurde für gewöhnlich als eine Möglichkeit betrachtet, Letzteres zu überwinden. Die meisten Kulturpessimisten suchen nach einem Weg, der zu einer älteren, idealeren Form von Kommunität zurückführt.

Eine kulturpessimistische deutsche Literatur begann um das Jahr 1870 aufzutauchen. Sie kulminierte in Spenglers *Untergang des Abendlandes* und Arthur Moeller van den Brucks Buch *Das dritte Reich*. Diese Literatur verkörperte die Tradition der übergreifenden Synthesen, bot aber nicht die einzige Art von gelehrten Analysen in diesen Jahren. Im deutlichen Kontrast zu den allumfassenden spekulativen Systemen eines Fichte, Hegel, Marx oder Schopenhauer und bis zu einem gewissen Grad auch eines Nietzsche standen die wesentlich bescheideneren, eher dem gesunden Menschenverstand folgenden und deshalb auch erfrischenderen und instruktiveren Philosophien von Wilhelm Dilthey, Georg Simmel und Max Scheler. Doch die erdrückende Wahrheit ist, dass das deutsche Bildungsbürgertum – die *traditionell* gebildete Mittelschicht oder »Bildungsschicht«, wie man sie auch nennen könnte – angesichts der naturwissenschaftlichen Fortschritte vor allem in den vierzig, fünfzig Jahren vor dem Ersten Weltkrieg zwei entscheidende Rückschläge erfuhr, deren Folgen in der Weimarer Republik immer deutlicher zutage treten sollten. Erstens verlor das Bildungsbürgertum an Ansehen und Einfluss und musste feststellen, dass seine traditionellen geistigen Interessen in den neueren urbanen Massenräumen herabgewürdigt und marginalisiert wurden; dann erlebte es auch noch, dass seine Kapitalinvestitionen in der großen Inflation einfach weggeschwemmt wurden. Zweitens sah sich diese *traditionell* geschulte Bildungsschicht vor allem in Deutschland zunehmend durch eine *wissenschaftlich* gebildete Mittelschicht entfremdet und ersetzt. Und das war von entscheidender Bedeutung, als es zur Krise kam und die Nazis erstmals ihre Muskeln spielen ließen. Denn nun gab es an den Schaltstellen der Macht und unter den Männern, die Verantwortung trugen, ganz einfach kein ausreichend großes Reservoir an traditionell gebildeten Bürgern mehr, um wirklich etwas dagegensetzen zu können.

T. S. Eliot bot in seinem kurzen Buch *Notes Towards the Definition of Culture* (1948; *Beiträge zum Begriff der Kultur*, 1949) ein angemessenes Denkgerüst, indem er schrieb, dass es die wichtigste Aufgabe von Kultur sei, auf die Politik einzuwirken. Die Machtelite brauche eine Kulturelite, erklärte er, weil die Kulturelite das beste Gegengift sei und den Strippenziehern in jeder Gesellschaft die beste Kritik entgegensetzen könne; solche Kritik bringe die Gesellschaft voran und verhindere deren Stagnation und Verfall. Die höheren, die »weiterentwickelten« Ebenen innerhalb jeder Kultur übten einen positiven Einfluss auf die weniger entwickelten aus, und zwar eben wegen ihres umfassenderen Wissens über die *Skepsis* (man kann nicht wirklich skeptisch sein, solange man nicht über ein Wissen verfügt, das man für skeptische Fragen einsetzen kann). Darin bestand für Eliot der *Sinn und Zweck* von Wissen und Bildung. Rückblickend können wir sagen, dass es genau das war, was in Deutschland nicht geschah.

Und das war mit Sicherheit auch der Subtext und Kontext in der Weimarer Zeit. 1914 war im »Manifest der 93« proklamiert worden, dass Krieg geführt werde, um die Ideale deutscher Kultur zu verteidigen. Dann war der Krieg verloren, und der Lebensnerv, der Wille, kapitulierte. Spengler wie Moeller van den Bruck fuhren 1918 respektive 1923 fort, ihre kulturpessimistischen Ansichten zu verbreiten und zu betonen, dass der Krieg gar nichts gelöst habe. Die große Inflation von 1923/1924 schien solche Aussagen nur noch zu bestätigen. Parallel dazu brachte die Kultur des Aufrührerischen – das Kabarett, der Expressionismus, vor allem in der neuen Kunstgattung Film, der Surrealismus, die subversiven Welten von Brecht, Schönberg und Richard Strauss, die entgleitenden Welten von Wolfgang Paulis Ausschlussprinzip, von Werner Heisenbergs Unschärferelation und von Kurt Gödels Grenzen des Wissens – sämtliche traditionellen Ideen zum Einsturz und drängte das Bildungsbürgertum mit seiner Vorliebe für die Klassik immer weiter an den Rand (auch wenn Max Weber den Bildungsbürgern gegenüber beteuerte, dass ihnen diese neuen Naturwissenschaften nie würden sagen können, wie sie zu leben hätten). Wolfgang Schivelbusch zeigt in seiner Studie über *Die Kultur der Niederlage* auf, wie viele deutsche Beobachter dieses Geschehens die Ursprünge der Katastrophe (den verlorenen Ersten Weltkrieg) auf die Reichsgründung zurückgeführt hatten: Sie wünschten sich keine Rückkehr zur Vorkriegswelt, sondern zu der Welt, die es *vor 1871* gegeben hatte, zu jener Welt also, deren geistige Substanz von den Gebildeten erschaffen worden war und die ihrer Ansicht nach vom Materialismus, Merkantilismus und den Naturwissenschaften zerstört wurde, weil diese es waren, die zum Verlust der deutschen Seele geführt hätten.[42]

Das war auch der Kontext, der es in den zwanziger und dreißiger Jahren ermöglichte, wie Hannah Arendt schrieb, dass das Geschehen in Deutschland von dem »zeitweilige[n] Bündnis zwischen Mob und Elite« bestimmt werden konnte. »Der Krieg«, erklärte sie, »in seiner unbeirrbar mörderischen Willkür wurde zum Symbol für den ›großen Gleichmacher‹ Tod und damit zum wahren Vater einer neuen Weltordnung.«[43] Er habe die alten Klassenstrukturen aufgebrochen, die neuen »Massen« erschaffen und eine Schicksalsgemeinschaft ins Leben gerufen, deren Blick nach vorn und zugleich darauf gerichtet war, eine Heldentat oder eben ein Verbrechen zu begehen, jedenfalls etwas, worin sowohl der Mob als auch die Elite die »Philosophie des Terrors [...], den eigenen Haß und ein blindes Ressentiment auf alles Bestehende ausdrücken« konnten. Der Krieg war »eine Art Bombenexpressionismus«.[44] Dieses kollektive Ressentiment schuf dann die vortotalitäre Atmosphäre, die »die ungeheuer verführerische und demoralisierende Vorstellung von der Möglichkeit« erlaubte, »Fälschungen und Lügen, wenn sie nur groß und kühn genug sind, als unbezweifelbare Tatsachen zu etablieren [...]. Könnte der Unterschied zwischen wahr und falsch nicht einfach eine Sache der Macht sein und der

Schlauheit, jederzeit korrigierbar durch Terror und Propaganda?«[45] Der französische Philosoph Julien Benda stimmte Arendts Analyse ebenso zu wie der britische Historiker Niall Ferguson. Benda war überzeugt, dass der barbarische Nationalismus in Deutschland von den Geistesgrößen des Landes entflammt wurde; und Ferguson schrieb in seiner Studie *The War of the World* 2006: »Eine akademische Bildung, weit davon entfernt, als Schutzimpfung vor dem Nazismus zu dienen, machte es noch wahrscheinlicher, dass ihn sich die Menschen zu eigen machten.«[46]

Nichts davon hätte *unumgänglich* zu den Schrecken der Jahre 1933 bis 1945 führen müssen. Was wir heute sagen können, ist, dass das entscheidende Versagen der Deutschen in jenen Jahren wie in der unmittelbar vorangegangenen Zeit in allererster Linie ein Versagen des Bildungsbürgertums war, *eben weil* nur dessen Angehörige über die Bildung verfügten, die nötig war, um Skepsis zum Ausdruck bringen zu können und den Aktionen und Vorhaben des Mobs zuvorzukommen. Viel später schrieb Hannah Arendt, dass nur gebildete Menschen ein selbstbestimmtes Leben führen könnten: Diese Aussage deckt sich bestens mit Eliots Behauptung, dass die Erziehung zur Skepsis eines der höchsten Ziele jeder Ausbildung sei und dass wir das nie vergessen sollten, weil nur Bildung den Menschen mit den persönlichen Freiräumen ausstatte, die nötig seien, um eine gesunde Skepsis gegenüber der öffentlichen Sphäre entwickeln zu können. Menschen ohne solche Freiräume rotten sich schnell zum Mob zusammen. Und für den Mob spielt sich alles, worauf es ihm ankommt oder anzukommen scheint, auf der Straße ab.

Aber das alles ist nun Vergangenheit. Damit meine ich nicht nur, dass der Verrat des deutschen Bildungsbürgertums vor nunmehr über siebzig Jahren stattgefunden hat. Ich meine auch, dass ein solcher Verrat kein weiteres Mal stattfinden könnte. Wieso können wir uns dessen so sicher sein? Weil Deutschland letztendlich seine eigene demokratische Revolution auf die Beine gestellt hat – wenngleich eine, die von der Außenwelt überraschenderweise noch immer sehr unterschätzt wird.

1945 war Deutschland wieder einmal eine Revolution von oben aufgezwungen worden, kaum anders als 1848 und 1871, lediglich mit dem Unterschied, dass sie diesmal nicht nur von oben, sondern auch noch von außen oktroyiert wurde. Es waren die Besatzungsmächte, die Deutschland eine neue politische und rechtsstaatliche Struktur auferlegten. Doch dann kam die Gesellschaftsrevolution von 1968 – und hier war der entscheidende Punkt, den viele Nichtdeutsche nach wie vor nicht begreifen (wohingegen die Deutschen nicht verstehen können, weshalb Ausländer diese grundlegende Wahrheit nicht erkennen), dass *diese Revolution in Deutschland ein wesentlich bedeutenderes Ereignis war als die Studentenaufstände in jedem anderen Land.*

Konrad Jarausch verfasste eine Chronik dieses Umbruchs, den er als nichts Geringeres denn eine »Zäsur« bezeichnet.[47] So schreibt er: »Trotz erfolgreicher Institutionalisierung blieb der kulturelle Aneignungsprozess der Demokratie schwierig, da autoritäre Denkmuster und Gewohnheiten noch lange nachwirkten.«[48] Erst in den sechziger Jahren wurde das »Modernisierungsdefizit« überwunden, wie Ralf Dahrendorf es nannte. Ein entscheidender Faktor, so Jarausch weiter, war, dass die »schon im Bonner System aufgewachsenen Jungendlichen« meist willens waren, »linken Aufrufen nach ›Mobilisierung und Einübung emanzipatorischer und demokratischer Gegenmacht, Mitbestimmung und Selbstbestimmung [...]‹« zu folgen.[49] Sie legten sich mit den Eltern an, weil diese zumindest stillschweigend die Nazigräuel gebilligt hatten, und »skandalisierten die ›braune Vergangenheit‹ von Professoren«.[50] Erst als die Söhne und Töchter 1968 gegen die Unfähigkeit der Elterngeneration, sich mit ihrer Schuld auseinanderzusetzen, Sturm zu laufen begannen, setzte ein Internalisierungsprozess von demokratischen Werten in der Bundesrepublik ein, und es bildete sich eine »demokratische Gegenmacht«. Jan-Werner Müller stimmt dem im Wesentlichen zu. Er bezeichnete die Ereignisse von 1968 als eine Mischung aus »Marxismus und Psychoanalyse«.[51]

Das Wesentliche bei diesem Umbruch wurde im einundvierzigsten Kapitel besprochen, hier sollen nur noch zwei Schlüsselpunkte hinzugefügt werden: erstens, dass sich seither eine kritische, eine *skeptische* Öffentlichkeit in der Bundesrepublik herangebildet hat und zu einer Instanz wurde, wie man sie in England, Frankreich oder den Vereinigten Staaten schon seit Generationen kannte. Doch nun *gibt* es sie auch in Deutschland. Zweitens, dass man sich in Deutschland Sorgen um die Lebensqualität, um die Kultur und insbesondere um die Umwelt zu machen begann und dies zu den Grünen führte, die mit der Gründung ihrer Partei eine »Zeitenwende« im politischen Leben der Bundesrepublik einläuteten.[52] Die Deutschen haben sich von der Emphase auf die Innerlichkeit verabschiedet – was vielleicht nicht das Schlechteste ist. Die Bundesrepublik hat den Pfad, den Heinrich August Winkler in einem anderen Zusammenhang den »langen Weg nach Westen« nannte, endgültig durchschritten. Auch Dirk Moses legte mit seinem Generationenbericht (siehe Einführung und Kapitel 41) die Richtigkeit der Einschätzung nahe, dass sich dieser Prozess seiner Vollendung nähert. Die vierte Nachkriegsgeneration verschließt die Augen nicht mehr vor der schrecklichen deutschen Vergangenheit und hat den Mut, sich der Tatsache zu stellen, dass »beinahe ein jeder« im »Dritten Reich« gewusst hatte, was vorging. Vielleicht werden wir nie wirklich in allen Details wissen, wie es zu einem Hitler kommen konnte, doch das Eingeständnis, dass das Wissen um die Verbrechen *weit* verbreitet gewesen war, ist eindeutig ein wichtiger Fortschritt.

Im Juni 2006 erteilte Thomas Kielinger, Londoner Korrespondent der

Welt, mit einem Artikel im *Daily Telegraph* seinem Gastland eine Lektion. Das ständige »Herumreiten« auf einem »glücklicherweise untergegangenen« Deutschland sei wirklich nicht mehr lustig, schrieb er. »Es leuchtet uns nicht ein, was komisch daran sein soll, wenn das Deutschland der Nazis mit dem Deutschland von heute verwechselt wird. [...] Aus unserer Sicht gibt es eine deutliche Feuerschneise zwischen damals und jetzt, zwischen den hakenkreuzgeschmückten Parias und dem Land, das wir wieder aufgebaut haben, und zwar mit ›Recht und Freiheit‹ für alle, inklusive der Freiheit, uns des vergangenen Abstiegs in die Hölle wegen selbst zu verhöhnen. Für viel zu viele Briten hingegen bleibt der alte Feind eingefroren in der Zeit, eingeschlossen in das Jahr 1945, wie ein Insekt im Bernstein [...]. Deutschland hat sich weiterentwickelt, und zwar ganz gehörig.«[53] Ich würde dem noch hinzufügen: Wenn man sich länger mit Deutschen unterhält, wird man feststellen, dass viele von ihnen nach einer Weile zugeben, sich noch immer nicht ganz wohl zu fühlen in ihrer Haut. Die Deutschen verändern sich deutlicher als die Briten, in jedem Fall mehr, als es die Briten von ihnen denken. Natürlich könnte man nun feststellen, dass es in Deutschland auch mehr Veränderungswürdiges gab oder Veränderungen nötiger sind als anderenorts. Doch die Einstellungen der Deutschen gegenüber dem »Dritten Reich« und dem Zweiten Weltkrieg sind nicht statisch, wie man in England glaubt oder wie man in Großbritannien selbst ist (ebenso wie in Frankreich und abgeschwächter auch in Amerika).

Die deutsche Ideologie und die Zukunft der menschlichen Natur

Der deutsche Genius lebt und ist wohlauf. Er hat gewissermaßen eine höchst seltsame, manchmal geradezu irreale Reise hinter sich (jedenfalls hat sie sich so angefühlt). Ungeachtet der langen Nacht zwischen 1933 und dem Mauerfall im Jahr 1989 halten deutsche Künstler jedem Vergleich mit den Besten anderer Länder stand. Deutsche Filmemacher erleben sogar in englischsprachigen Ländern eine Wiederauferstehung (*Good Bye Lenin!*, *Das Leben der Anderen*, der einen Oscar gewann); deutschsprachige Schriftsteller kontern die Vorherrschaft englischsprachiger Literatur besser als die meisten ihrer Kollegen anderenorts (W. G. Sebald, Bernhard Schlink, Daniel Kehlmann und immer noch auch Günter Grass); Deutschlands Komponisten und Choreografen erstrahlen im alten Glanz. Man hätte noch viel mehr Namen anführen können – Hans J. Nissen (*1935) zum Beispiel, der mit seinem Archäologenteam so viel zur Erhellung der alten mesopotamischen Kulturen beigetragen hat (zumindest bis zu den Golfkriegen), oder der Bonner Altamerikanist Nikolai Grube (*1962), der mit seinem Team unser Wissen über die Mayakultur erweitert hat. Die deutsche Naturwissenschaftlergemeinde *ist* längst wieder preiswürdig, auch wenn sie noch nicht zu ihrer Vorherrschaft aus der Zeit vor 1933 zurückgefunden hat, als sie mehr Nobelpreise unter sich aufteilen konnte als die Naturwissenschaftler Großbritanniens und Amerikas zusammen (man denke an die Auflistung der Nobelpreise für Physik, Chemie und Medizin). Die Liste der europäischen Patente führt Deutschland mit fast dreimal so vielen Anmeldungen wie der Zweitplatzierte Frankreich an. Im Jahr 2008 wurden Tabellen über die führenden Nationen auf dem Gebiet der Physik erstellt. Österreich und Deutschland stehen hinter der Schweiz (an der Spitze), Dänemark und den Vereinigten Staaten, aber vor England, Frankreich und Russland.[54] Im technischen Bereich wurden für dasselbe Jahr (2008) als die einzigen nichtamerikanischen Institute unter den Top 20 weltweit die Max-Planck-Gesellschaft (MPG: Nr. 15), die Eidgenössische Technische Hochschule Zürich (ETH: Nr. 16) und die Danmarks Tekniske Universitetet (DTU: Nr. 20) angeführt; französische und britische Institute tauchten überhaupt nicht auf.[55]

2007/2008 brach trotz aller Veränderungen eine neue historische Kontroverse in Deutschland aus. Diesmal ging es um das »Eiserne Kreuz«. Im Frühjahr 2007 war im Deutschen Bundestag eine Petition zur Wiedereinführung des Eisernen Kreuzes als Tapferkeitsauszeichnung der Bundeswehr für Auslandseinsätze eingereicht worden, im März 2008 billigte der damalige Bundespräsident Horst Köhler den Vorschlag eines Ordens für »außergewöhnlich tapfere Taten«, und im Oktober 2008 wurde schließlich das »Ehrenkreuz der Bundeswehr für Tapferkeit« gestiftet. Ungeachtet der langen und schillernden Geschichte des Eisernen Kreuzes (wie bereits erwähnt, trugen die Wohlhabenden zur Zeit der Napoleonischen Kriege Eisenschmuck, weil sie ihre kostbaren Geschmeide zur Kriegsfinanzierung gestiftet hatten) hatte sich die Bundesregierung gegen diese Auszeichnung entschieden, weil sie im kollektiven Bewusstsein noch viel zu sehr mit dem Nationalsozialismus in Verbindung gebracht wurde, und lieber einen neuen Orden ins Leben gerufen.

Wie lange wird man solche Vorsicht noch walten lassen müssen? Dieses Buch hat aufzuzeigen versucht, dass wir den Deutschen eine Menge verdanken, und diese Episode um das Eiserne Kreuz verdeutlicht, dass es viel mehr an der deutschen Geschichte zu bedenken gilt als »nur« die Zeit von 1933 bis 1945. Lassen Sie mich daher mit einer Bemerkung enden, die gewiss nicht ohne Kontroversen bleiben wird, und uns überlegen, was wir von Martin Heidegger lernen können, immerhin einem der umstrittensten Philosophen des 20. Jahrhunderts. Ja, er war ein Nazi. Ja, er hat seine jüdische Geliebte Hannah Arendt feige im Stich gelassen. Ja, er hat, wie Arendt selbst schrieb, seinen jüdischen Kollegen Edmund

Husserl gewissermaßen »ermordet«. Doch nun, da das 21. Jahrhundert seinen Rhythmus zu finden beginnt, gibt es (mindestens) zwei wichtige Ideen, die die philosophische Tradition Deutschlands – die »deutsche Ideologie«, wie es der französische Anthropologe Louis Dumont nannte – wieder ins Blickfeld rücken und uns begreiflich machen können, dass uns diese Tradition eine Menge lehren kann.

Viele Nichtdeutsche finden die idealistische Weltanschauung – wenn nicht Kant, dann gewiss Fichte, Hegel, Husserl und Heidegger – undurchsichtig und vage und die Sprache, derer sie sich bedienten (das »Sein«, die »Eigentlichkeit«, »Gelassenheit«), der empirischen Tradition, in der sich diese Denker so unbehaglich fühlten, in der Tat völlig wesensfremd. Uns Engländern kommt da schnell die Stichelei des Historikers und Journalisten Henry Wickham Steed in den Sinn: Die Deutschen tauchen vielleicht tiefer ab, kommen dafür aber auch trüber wieder hoch. Die ideologische Antipathie der Deutschen gegen die Technik und den technischen Fortschritt kann dem anglophonen, empirisch denkenden Geist ebenfalls irreal erscheinen – wie eine wehleidige, allzu theoretische und oberflächlich abstrakte Opposition gegen den unausweichlichen »Fortschritt«.

Und doch legen die jüngsten Entwicklungen im Bereich der Biotechnologie nahe (wie Jürgen Habermas, das gewiss interessanteste Beispiel für den philosophischen deutschen Genius der Nachkriegszeit, nachgewiesen hat), dass Heidegger, so doppelzüngig, eigennützig und unapologetisch er hinsichtlich seiner Mitwirkung am Nationalsozialismus auch war, letztendlich in einer Sache nicht ganz unrecht gehabt haben könnte, nämlich dort, wo er die Bedrohungen der Technik antizipierte. Er tat das obendrein in einer Sprache, die wir uns heute vielleicht einmal genauer ansehen sollten, wenn wir uns ernsthaft Gedanken über den Weg machen wollen, auf den uns das alles noch führen kann.

In seinem Buch *Die Zukunft der menschlichen Natur* (2001) reflektiert Jürgen Habermas über Adornos Formulierung des »beschädigten Lebens« und antizipiert seinerseits neue Formen von willentlichen Beschädigungen. Die jüngsten biotechnologischen Entwicklungen werden pränatale genetische Eingriffe ermöglichen und bald zulassen, dass Eltern nicht nur Merkmale aussortieren, die sie bei ihren Kindern vermeiden wollen (wie bestimmte Handicaps) – was Habermas die »negative Eugenik« nennt –, sondern auch Merkmale hervorbringen, die sie *wünschenswert* finden (Augenfarbe, Haarfarbe, Geschlecht, höhere Intelligenz, Musikalität etc.), was Habermas die »positive Eugenik« nennt. Er mahnt uns zur Vorsicht, hier keine Grenze zu überschreiten, nicht über den Rubikon zu gehen, wie er schreibt, weil das ungeahnte Folgen für unser Freiheitsverständnis haben würde. Solche Fragen bedürften einer philosophischen, aber gewiss keiner technisch-wissenschaftlich-psychologischen Lösung.[56]

Die selektiven Merkmale, welche die Elterngeneration künftig einer

Kindergeneration mitgeben könnte, würden unwiderruflich sein. Welche Auswirkungen, fragt Habermas, wird das auf das individuelle Selbstverständnis haben, auf das eigene Gefühl vom eigenen (Heidegger'schen) *Sein*? Aus Habermas' Sicht lässt diese neue Technologie die Grenzen zwischen Gewachsenem und Gemachtem völlig verschwimmen, zwischen Zufall und bewusster Wahl, zwischen all den maßgeblichen Zutaten, die aus uns machen, wer wir sind, und die bestimmen, als wer wir uns fühlen. Falls solche Prozeduren genehmigt werden, fürchtet Habermas, werden die Menschen künftiger Generationen »Sachen« und keine »Personen« mehr sein.[57] Und im selben Maße, in dem jede neue Generation von der Elterngeneration gewissermaßen selektiert wurde, wird es auch weniger Freiheit geben oder, wie Habermas in Heidegger'scher Manier schreibt, wird die Ethik des »Selbstseins« zu nur einer von mehreren Alternativen geworden sein. Die Unantastbarkeit der Person, »die Unverfügbarkeit des naturwüchsigen Modus der leiblichen Verkörperung«, ist aus ethischen Gründen rechtlich garantiert und etwas, über das niemand verfügungsberechtigt ist.[58]

Für Habermas stellt diese Manipulationsmöglichkeit nicht nur eine Bedrohung unseres essenziellen Seinsgefühls dar, sondern auch eine Gefahr für die Fähigkeit des Menschen, den Nächsten als ebenso frei und autonom zu betrachten wie sich selbst. Diese Möglichkeit bedroht die universelle anthropologische Idee, dass der Mensch in aller Welt gleich sei. Die Evolution der Spezies ist Sache der Natur; greift man in diesen Prozess ein, löst man zumindest eine neue Epoche in der Menschheitsgeschichte aus, setzt aber höchstwahrscheinlich etwas noch wesentlich Gravierenderes in Gang. Niemand, sagt Habermas, darf der Evolution ins Handwerk pfuschen, ganz egal, wie gut die Absicht von Eltern auch sein mag.

Solche Manipulationen laufen auf nichts Geringeres als auf eine dritte »Dezentrierung des Weltverständnisses« hinaus (nach den Dezentrierungen von Kopernikus und Darwin), die unser Verständnis vom »Ich« und vom »Wir« unwiderruflich und mit unabsehbaren Folgen für unser geteiltes Moralverständnis verändern wird. Der Mensch, warnt Habermas, könnte sich dann nicht mehr als Selbstzweck verstehen, sich nicht mehr unersetzlich und vollständig im eigenen Körper zu Hause fühlen, nicht mehr das Gleiche empfinden bei solchen Gefühlen wie Scham oder Stolz, das menschliche Leben nicht mehr auf gleiche Weise wertschätzen und nicht mehr den gleichen Respekt für den Nächsten aufbringen. Die größte Sorge aber bereitet Habermas, dass sich die Grundbedingungen der Identitätsbildung bei genetisch vorprogrammierten Menschen verändern würden und dass die subjektive Befähigung, derer es bedarf, um ein vollwertiges Mitglied einer ethischen Gemeinschaft zu sein, damit unwiederbringlich verloren ginge. Die »Vertechnisierung« des inneren Seins kommt der Überschreitung natürlicher Grenzen gleich.

Habermas fragt sich allerdings auch, ob er hier vielleicht überempfindlich reagiert, denn in gewisser Weise wird ja längst manipuliert, etwa mit der vorgeburtlichen Geschlechtsselektion, die aufgrund der Ein-Kind-Politik in China betrieben wird und zu einer starken Überzahl männlicher Nachkommen führt, was zur Folge hat, dass es nun ganze chinesische Dörfer gibt, in denen junge Männer keine Partnerinnen mehr finden. Kurz gesagt: Diese Manipulation zieht gesellschaftliche Probleme nach sich, doch, soweit bekannt, keine Epidemien klinisch-psychischer Erkrankungen. Im Habermas'schen Sinne ist das also ein untypischer Fall, da die Kinder hier trotz Selektion unversehrt »naturwüchsig« in ihrer ganzen »leiblichen Verkörperung« zur Welt gebracht werden und keine spezifische Manipulation vorgenommen wird, die sich auf die individuelle Identität auswirken kann.

Habermas lehrt uns zu verstehen, dass unsere Einstellung zum Sein ein komplexes philosophisches Thema ist, und zieht als Beleg dafür unser ethisches Verhalten gegenüber Leichen und Totgeburten heran: Wir bestehen darauf, uns ihrer mit Würde zu entledigen, weil sie mehr für uns sind als träge Materie. Sie waren Seinsformen, naturwüchsige *Personen* und keine gemachten *Sachen*.

Wir *haben* keine Körper, wir *sind* Körper, schlussfolgert Habermas. Diese typisch Heidegger'sche Unterscheidung ist von grundlegender Bedeutung. Wir stehen am Rande eines großen Umwandlungsprozesses, was unser Verständnis von der menschlichen Natur betrifft. Die Frage, welchen Weg wir nun einzuschlagen *wählen* (denn nichts ist unausweichlich, ganz egal, wie geblendet wir von der Vorstellung des Fortschritts auch sein mögen), ist eine *philosophische* und keine wissenschaftlich-technisch-psychologische.

Nun entbehrt das Ganze auf einer gewissen Ebene natürlich nicht der Ironie. Angesichts der berüchtigten Eugenikprogramme im »Dritten Reich« hat Habermas als ein Deutscher, der die Gefahren künftig möglicher genetischer Selektionen schildert, eine geradezu erlösende Funktion erfüllt. Dieses Kontexts ist er sich natürlich völlig bewusst. Er selbst zitiert den einstigen Bundespräsidenten Johannes Rau, der im Jahr 2001 sagte: »Wer einmal anfängt, menschliches Leben zu instrumentalisieren, wer anfängt, zwischen lebenswert und lebensunwert zu unterscheiden, der ist in Wirklichkeit auf einer Bahn ohne Halt.«[59]

Die genetische Vorprogrammierung ist nicht das einzige philosophische Problem, das sich uns mit solcher Dringlichkeit stellt. Während die globale Erwärmung unseren Planeten zu veröden droht, der Regenwald vernichtet wird, die Polkappen abschmelzen und Binnenseen austrocknen, während Terroristen mit der atomaren Vernichtung drohen, Afrika noch immer von Genoziden und Hungersnöten heimgesucht und in Indien und China das Wasser knapp wird – klingt es da nicht glaubhafter denn je, wenn jemand meint, Heidegger habe nicht ganz unrecht gehabt (und nicht einfach nur »moralinsauer« reagiert), als er uns aufforderte, endlich den Versuch einzustellen, die Erde mit unserem technischen Scharfsinn auszubeuten und zu kontrollieren? Werden wir mit dieser Anmaßung nicht früher oder später alles zerstört haben, was wir besitzen? Sollten wir nicht besser lernen, die Welt anzunehmen, wie sie ist, und uns den Freuden, die die Natur zu bieten hat, zu unterwerfen, anstatt ihr ins Handwerk zu pfuschen? Sollten wir uns nicht lieber an ihr ergötzen wie ein Dichter? Sollten wir uns nicht eine kompromisslose Haltung aneignen und es uns zur obersten und einzigen Priorität machen, unsere Erde zu *behüten*?

Heidegger hatte sich in den, wie er glaubte, erlösenden Kräften des Nationalsozialismus verfangen. Was das betrifft, *war* er im Unrecht, sehr im Unrecht. Und doch: Trotz der unbestreitbaren Fortschritte, die Wissenschaft und Kapitalismus hervorgebracht haben, scheinen beide letztendlich nicht in der Lage zu sein, die Verheerungen wiedergutzumachen, die sie ebenfalls mit sich brachten. Hannah Arendt riet uns, uns wie Erwachsene zu benehmen. Dass sie selbst dazu fähig war, bewies sie, als sie Heidegger vergab und ihn damit gewissermaßen erlöste. Können wir das nicht auch? Können wir nicht von ihr (und ihm) lernen, trotz allem, was geschehen ist?

Soll Deutschland für immer und ewig die Erlösung versagt bleiben? Vielleicht hatte Norbert Elias recht, als er erklärte, dass das Land nicht nach vorn blicken könne, solange es uns keine überzeugende Erklärung für den Aufstieg Hitlers liefere. Heidegger war trotz allem ein vorausschauender Denker. Und er befand sich unverkennbar in einer Reihe mit anderen deutschen Denkern, von Kant über Fichte, Hegel, Schopenhauer, Nietzsche, Gadamer bis hin zu Habermas, die der Modernität allesamt skeptisch gegenübergestanden hatten oder stehen (da ist es wieder, dieses Wort »Skepsis«) und uns ermahn(t)en, dass es bei der menschlichen Natur, dem Leben per se, ebenso um Stolz, Scham, Unabhängigkeit, Zusammenhang, Respekt gegenüber anderen wie uns selbst, um Ethik, unsere »Innenwelten«, Autonomie, Intuition und Abscheu geht wie um Geld, um die Märkte, um das Gewinnmotiv und um die mächtigen technologischen Triebfedern. Was die Modernität betrifft, so ist Deutschland nicht nur eine »verspätete Nation«, es ist auch eine zögerliche Nation. Aber vielleicht birgt dieses Zögern eine Lehre. Wenn Wissenschaft und Kapitalismus – der Markt – die Zerstörung unserer Umwelt, ja unserer Erde, nicht verhindern können, wenn sie sogar der primäre Auslöser *für* diese Zerstörung sind, dann wird nur eine Veränderung von uns selbst, ein Wandel unseres *Willens* etwas bewirken können. Die Deutschen erklären uns, dass der Weg aus unserem Dilemma weder ein technischer noch ein wissenschaftlicher, sondern ein *philosophischer* ist: eine Frage unserer Lebenseinstellung.

Es darf niemals so weit kommen, dass ein Schlussstrich unter die deutsche Vergangenheit gezogen wird, dass das Geschehen in den Jahren 1933 bis 1945 wie irgendeine andere historische Episode behandelt und im Museum der deutschen Geschichte eingemottet wird. Exbundeskanzler Gerhard Schröder hatte recht, als er sagte, dass die Deutschen nicht einfach so aus ihrer Vergangenheit auftauchen könnten, ja, dass sie sich das vielleicht nicht einmal wünschen sollten.[60] Ein »Vielleicht« gibt es da nicht.

Deutschland sollte sich weder wünschen, seine Vergangenheit begraben zu können, noch es überhaupt versuchen. Doch wie Joseph Beuys bewies, wie Günter Demnig und seine »Stolpersteine« beweisen, wie Jürgen Habermas und Joseph Ratzinger beweisen, brauchen sich Deutsche nicht für immer und ewig an ihre Vergangenheit *gekettet* zu fühlen. Es ist ja nicht so, betont Steve Crawshaw, als ob alle Deutschen durch eine »Nabelschnur« mit Hitler verbunden seien.[61] Die deutsche Vergangenheit beinhaltet wesentlich mehr als das »Dritte Reich«. Und mit diesem Buch sollte deutlich gemacht werden, dass diese Vergangenheit auch uns Ausländer noch eine Menge lehren kann.

Das deutsche Dilemma ist nicht einfach, und nicht jeder Leser wird den Versuch gutheißen, Hitler hinter uns zu lassen. Allen, denen dieser Schritt schwerfällt, ist dieses Buch gewidmet.

ANHANG

Fünfunddreißig im Ausland unterschätzte deutschsprachige Denker

Ich möchte hier keineswegs den Eindruck erwecken, als seien die unten angeführten Namen international unbekannt. Sie sind es nicht. Für viele Fachleute zählen sie zu den besten Köpfen ihrer – oder jeder – Zeit. Mir geht es bei diesem Anhang vielmehr darum, noch einmal ein entscheidendes Argument dieses Buches zu veranschaulichen, nämlich, dass es deutsche Denker gibt, die im Ausland weniger bekannt sind, als sie es verdienten, weil zwei Weltkriege unseren Blick auf die Vergangenheit getrübt haben.

Viele der angeführten Wissenschaftler stehen bezüglich ihrer Einflüsse auf unser Leben auf einer Stufe mit beispielsweise Freud, Mendel oder Einstein. Mehrere aufgeführte Philosophen *sind*, auch wenn sie vielleicht nicht in einem Atemzug mit Hegel, Nietzsche und Schopenhauer genannt werden können, auf Augenhöhe mit Ludwig Wittgenstein, Bertrand Russell, Henri Bergson, William James oder John Dewey – Namen, die jedem Angelsachsen ein Begriff sind. Auch der internationale Bekanntheitsgrad von deutschen Schriftstellern und Mathematikern litt unter solcher Geringschätzung.

Wilhelm von Humboldt (1767–1835)
Im Lauf dieses Buches (vor allem im zehnten Kapitel) wurde aufgezeigt, dass es Wilhelm von Humboldt war, der die moderne Universität konzipierte, der die Idee hatte, Forschung zu institutionalisieren, und der verantwortlich war für so viele Modernisierungsmaßnahmen in den Disziplinen und damit indirekt für die modernen Wissenschaften. Wir sollten ihm endlich die Anerkennung zollen, die ihm als einem der bedeutendsten Schöpfer der Moderne gebührt.

Alexander von Humboldt (1769–1859)
Zu seiner Zeit war er der berühmteste Naturforscher der Welt. Mehr als ein Dutzend geografische Strukturen der Erde (und auf dem Mond) wurden nach ihm benannt. Der Nachruf, den ihm die *New York Times* 1859 widmete, füllte die gesamte Titelseite. Dennoch wurde er zum »verges-

sensten« Wissenschaftler aller Zeiten, wie der amerikanische Evolutionsforscher Stephen Jay Gould schrieb. Mit seinen Expeditionen und Feldforschungen begründete er nicht nur ganz neue Forschungsgebiete, sondern inspirierte auch viele jüngere Kollegen. Allein das hebt ihn unter den großen Forschern des heroischen Zeitalters der Entdeckungen im 19. Jahrhundert heraus. Es ist an der Zeit, dass sich das Blatt auch für ihn wendet.

Caspar David Friedrich (1774–1840)
Vielleicht litt er unter dem deutschen Laster, ein zu theoretischer Maler gewesen zu sein, doch technisch war er brillant. Außerdem nahm er viele moderne Bewegungen vorweg, nicht zuletzt den Surrealismus und die große amerikanische Landschaftsmalerei. Er verdient es, ebenso bekannt zu sein wie beispielsweise J.M.W.William Turner, John Constable oder Salvador Dalí.

Carl Friedrich Gauß (1777–1859)
Mathematikern und Naturwissenschaftlern ist er natürlich wohlbekannt, doch die gesamte Bandbreite seiner Errungenschaften und seine Erfindung der »sinnreichen Ideenverbindungen«, die ihn zu einem Vorgänger von Einstein machten, sollten wirklich dafür gesorgt haben, dass man ihn im Pantheon der mathematischen Genies auf ein Podest neben Archimedes, Euklid, Kopernikus und Newton stellt.

Karl Friedrich Schinkel (1781–1841)
Er war als Baumeister, Stadtplaner und Maler von nicht minderer Bedeutung als Christopher Wren, Paul Nash, James Barry oder Georges-Eugène Haussmann, wird aber oft als ein »Architekten-Architekt« bezeichnet, obwohl ihm gerade die Öffentlichkeit Anerkennung schuldet. Das Berliner Stadtbild sähe ohne seine Beiträge völlig anders aus.

Ludwig Feuerbach (1804–1872)
Auch er verdient einen größeren Bekanntheitsgrad, und sei es nur wegen des grundlegenden Einflusses, den er auf Männer wie Karl Marx und Richard Wagner ausübte. Sein religionsphilosophisches Werk, darunter die Einsicht, dass Gott vom Menschen erschaffen worden sei wie dieser von Gott, räumt ihm einen Platz in unserer Geistesgeschichte neben solchen Größen wie zum Beispiel Baruch Spinoza oder Giambattista Vico ein.

Johann Evangelist Purkinje (1787–1869, Physiologe), Karl Ernst von Baer (1792–1876, Naturforscher), Friedrich Wöhler (1800–1882, Chemiker), Justus von Liebig (1803–1873, Chemiker), Matthias Jacob Schleiden (1804–1881, Botaniker), Theodor Schwann (1810–1882, Physiologe),

Rudolf Virchow (1821–1902, Mediziner), Friedrich August Kékulé von Stradonitz (1829–1896, Chemiker), Robert Koch (1843–1910, Mediziner) und Paul Ehrlich (1845–1915, Mediziner)

Diese Konstellation von Namen stellt das wahrscheinlich größte schwarze Loch in der Geistesgeschichte des Abendlands dar. Obwohl der Fachwelt natürlich jeder dieser Männer vertraut ist, reicht ihr allgemeiner internationaler Bekanntheitsgrad bei Weitem nicht an den von beispielsweise Freud, Mendel oder Einstein heran – Namen, die praktisch jeder auf der Welt kennt. Im Gegenteil, die allgemeine Öffentlichkeit hat von ihren individuellen wie kollektiven Leistungen im Großen und Ganzen keine Ahnung, und doch wirkte jeder von ihnen ebenso grundlegend auf unser Verständnis von und unsere Beziehung zu der Natur ein wie auf unser Wissen von den Stoffen, Strukturen und Prozessen des Lebens selbst oder auf unser Wissen über Seuchen und Krankheiten und wie sich diese behandeln und kontrollieren lassen. Ohne ihre Leistungen wäre unser Leben undenkbar und unerträglich.

Friedrich Engels (1820–1895)
Natürlich kennt jeder, der einmal von Karl Marx gehört hat, auch den Namen Friedrich Engels. Doch als ich diesen Satz in meinen Laptop tippte, erkannte die Rechtschreibprüfung von Microsoft Word zwar das Wort »Marx« und unterstrich es ergo nicht rot, wohingegen sie das Wort »Engels« unterkringelte. So etwas wie einen »Engelsismus« gibt es neben dem Marxismus nicht. Als Koautor des *Kommunistischen Manifests* und Herausgeber des zweiten und dritten Bandes vom *Kapital* genießt Engels natürlich noch immer großen Einfluss, doch es sind seine eigenen Werke, die wirklich mehr Aufmerksamkeit verdienten, nicht nur, weil sie umfassender und gelehrter sind als die Marx'schen, sondern auch, weil es einfach mehr Spaß macht, sie zu lesen. Den Errungenschaften dieses »gebildetsten Mannes Europas« gebührt eine wesentlich breitere Anerkennung – nicht zuletzt, weil er so erstaunlich weitblickend war.

Die Physiker Rudolf Clausius (1822–1888), Ludwig Boltzmann (1844–1906), Heinrich Hertz (1857–1894), Hermann von Helmholtz (1821–1894) und Wilhelm Conrad Röntgen (1845–1923)

Auch diese Konstellation bildet ein schwarzes Loch, obwohl die Tradition der *theoretischen* Physik, eines der großen Abenteuer des 20. Jahrhunderts, auf genau diese deutschen Denker aus dem 19. Jahrhundert zurückreicht. Wie im vorliegenden Buch nachzulesen ist, war dieses Gebiet sehr international besetzt, doch angeführt wurde es von deutschen Physikern.

Beide Listen mit den Namen von Naturwissenschaftlern aus dem 19. Jahrhundert, die in »schwarzen Löchern« verschwanden, führen Männer auf, die mit ihren Errungenschaften einen unmittelbareren Einfluss auf unser Leben ausüb(t)en als die wesentlich bekannteren Naturforscher Kepler, Kopernikus, Galilei und Newton, denen die vorangegangenen naturwissenschaftlichen Durchbrüche zu verdanken waren.

Wilhelm Dilthey (1833–1911)
Ein übliches Stereotyp für Deutsche und insbesondere für deutsche Philosophen lautet, dass sie ausgesprochen abstrakt denkende Theoretiker seien und übergreifende allumfassende Systeme liebten. Dilthey straft dieses Vorurteil Lügen, denn er hat aufgezeigt, wie weit man mit gesundem Menschenverstand kommen kann.

Hugo Wolf (1860–1903)
Viele Connaisseurs betrachten Wolf schlicht und ergreifend als den größten Liedkomponisten aller Zeiten. Ihm verdankt das deutsche Lied seinen Höhepunkt. Mit Sicherheit erwartet diesen unglücklichen Rebellen und Bohemien, der während dreier intensiver Jahre in seinem produktiven Leben mehr als zweihundert Lieder schrieb, der Goethe, Keller und andere Dichter vertonte und der sein Leben in einer Nervenheilanstalt beendete, noch die Entdeckung durch einen Hollywoodregisseur, welcher imstande ist, in Wolfs Kunst und seinem Leben den Stoff für eine moderne Tragödie epischen Ausmaßes zu erkennen.

Georg Simmel (1858–1918)
Simmel, der nicht nur bei diversen übel nationalistischen Historikern seiner Tage (Treitschke, Sybel, Droysen), sondern auch bei dem unvoreingenommeneren Helmholtz in die Lehre gegangen war, fand im Ausland (besonders in Russland und Amerika) letztendlich mehr Anerkennung als im eigenen Land, jedenfalls gewiss größere als unter den dortigen antisemitischen Universitätsgrößen. Dabei war er der Erste gewesen, der die neue Ethik erkannt hatte, welche die Modernität erforderte, und der sich mit dem Rätsel befasst hatte, warum der Mensch nun zugleich freier und verantwortlicher geworden war. Simmel sagte als Erster voraus, dass das moderne Leben von »unbeherrschteren Empfindungen« geprägt sein und Menschen von »niedrigerer Geistesausbildung« fördern würde.

Robert Musil (1880–1942)
Für so manchen Leser stellt *Der Mann ohne Eigenschaften* alles in den Schatten, was Thomas Mann oder Hermann Hesse je geschrieben haben. Dieser Roman ist die bemerkenswerteste Reaktion auf die Entwicklungen, die zu Beginn des 20. Jahrhunderts auf allen nur denkbaren Gebieten

stattgefunden hatten: Wenn alles, was wir über uns in Erfahrung bringen können, das ist, was uns die Wissenschaftler erzählen, und wenn ethische Werte bedeutungslos sind – wie sollen wir dann leben? Musil stellte auf brillante Weise das zentrale Dilemma des modernen Lebens bloß.

Der Philosoph Max Scheler (1874–1928) und die Theologen Rudolf Bultmann (1884–1976), Karl Barth (1886–1968) und Dietrich Bonhoeffer (1906–1945)

Die theologische Renaissance, die am Anfang des 20. Jahrhunderts in Deutschland stattgefunden hatte, ist das dritte »schwarze Loch«, in dem deutsche Denker verschwanden, die eigentlich mehr Anerkennung verdienen. Nach dem nietzscheanischen »Tod Gottes«, nach der von Max Weber postulierten »Entzauberung« der Welt haben diese Philosophen/ Theologen auf überzeugendere und kohärentere Weise als irgendjemand sonst auf die herrschenden »Krisenbedingungen« reagiert. Die Tatsache, dass zwei Päpste, Johannes Paul II. am Ende des 20. und Benedikt XVI. am Beginn des 21. Jahrhunderts, die Ideen dieser (protestantischen) Denker aufgegriffen haben, beweist, dass sich deren Gedanken in die geistigen Strukturen einpassen lassen, die *innerhalb* der katholischen Kirche herrschen, während sie außerhalb von ihr immer noch auf ihre Akzeptanz warten müssen.

Lion Feuchtwanger (1884–1958)
Ein Mann, der in beiden Weltkriegen aus Lagern fliehen konnte, muss schon sehr außerwöhnlich und mutig gewesen sein. Das Thema Mut zieht sich denn auch wie ein roter Faden durch sein Meisterwerk, die »Wartesaal«-Trilogie *Erfolg, Die Geschwister Oppermann* und *Exil*. In *Erfolg* nahm er kaum verhüllt Hitler, seine »Bewegung« und die bereitwillig mit ihm kooperierenden Industriellen aufs Korn. Glücklicherweise gelang ihm die Flucht nach Amerika. Wäre er nicht entkommen und wäre auch er umgebracht worden, würden ihn heute wahrscheinlich sehr viel mehr Leser kennen.

Karl Jaspers (1883–1969)
Seine Idee von der »Achsenzeit«, wie er die Zeitspanne zwischen 800 und 200 v. d. Z. nannte, in der sich mehr oder weniger parallel in vier unverbundenen Kulturräumen die Ursprünge moderner Spiritualität entwickelten (Hinduismus und Buddhismus in Indien, Taoismus und Konfuzianismus in China, das talmudische Judentum, der Zoroastrismus im iranischen Raum und die Philosophie des antiken Griechenland), kennzeichnet ihn als einen der großen Entwickler von Synthesen in der Ge-

schichte. Er erklärte unsere Welt auf eine ebenso grundlegende (wenn nicht noch grundlegendere) Weise wie John Dewey oder William James.

Die Chemiker Heinrich Dreser (1860–1924), Arthur Eichengrün (1867 bis 1949) und Felix Hoffmann (1868–1946)

Heute, über ein Jahrhundert nach der Erfindung des *Aspirins*, werden jährlich mehr als vierzigtausend Tonnen dieser Chemikalie produziert. Daran lässt sich gewiss ermessen, welchen Erfolg das Medikament hat. Nachdem bald schon seine Wirksamkeit als Schmerzmittel gegen Migräne, rheumatoide Arthritis, Fieber, Grippe sowie gegen diverse Tierkrankheiten bewiesen war, begann man es in den letzten Jahrzehnten des 20. Jahrhunderts auch verstärkt als Blutverdünnungsmittel zur Vorbeugung gegen Angina pectoris, Herzanfälle und Schlaganfälle einzusetzen. Das ist mehr als genug, um zu verdeutlichen, dass die Namen Dreser, Eichengrün und Hoffmann auf jede Ehrenurkunde für Chemie gehören. Mit Sicherheit haben diese drei Männer der Menschheit einen größeren Dienst erwiesen als zum Beispiel der wesentlich berühmtere Carl Gustav Jung, welcher ganz gewiss jede Liste anführen müsste, auf der die Namen der völlig überschätzten deutschsprachigen Denker angeführt wären.

ANMERKUNGEN

EINFÜHRUNG
1 Diese in englischen Zeitungen oft diskutierten Themen sammelte John Ramsden in seinem Buch *Don't Mention the War, The British and the Germans since 1890*, London, 2006, S. 393.
2 *ibd.*, S. 392.
3 *ibd.*, S. 413.
4 *ibd.*, S. 394.
5 *ibd.*, S. 411.
6 *ibd.*, S. 412.
7 *ibd.*, S. 364.
8 *The Times Higher Education Supplement*, 2. Februar 2007, S. 6.
9 *ibd.*.
10 *The Daily Telegraph*, 8. Mai 2005, S. 18.
11 *ibd.*
12 Ramsden, *op. cit.*, S. 402.
13 *ibd.*, S. 417.
14 *International Herald Tribune*, 22. April 2005.
15 Don D. Guttenplan, *The Holocaust on Trial: History, Justice and the David Irving Libel Case*, London, 2001. [Anm. d. Übers.: Vgl. ders., *Der Holocaust-Prozess. Die Hintergründe der »Auschwitz-Lüge«*, aus dem Englischen von Thomas Bertram, München, 2001.]
16 Peter Novick, *Nach dem Holocaust. Der Umgang mit dem Massenmord*, aus dem Englischen von Irmela Arnsperger und Boike Rehbein, Stuttgart, 2001, S. 11f.
17 *ibd.*, S. 95f
18 *ibd.*, S. 168, 150, 143.
19 *ibd.*, S. 90f.
20 *ibd.*, S. 178.
21 *ibd.*, S. 218f.
22 *ibd.* S. 262.
23 *ibd.* S. 306.
24 Norman G. Finkelstein, *Die Holocaust-Industrie. Wie das Leiden der Juden ausgebeutet wird*, aus dem Amerikanischen von Helmut Reuter, München, 2001, passim.
25 Christian Meier, »Kein Schlusswort. Zum Streit über die NS-Vergangenheit«, *FAZ*, 20. November 1986, zitiert in: Charles S. Maier, *Die Gegenwart der Vergangenheit. Geschichte und die nationale Identität der Deutschen*, aus dem Englischen von Udo Rennert, Frankfurt a.M./New York, 1992, S. 61.
26 Zu Habermas siehe Maier, *op. cit.*, S. 63; zu Rudolph siehe *ibd.*, S. 15.
27 Richard J. Evans, *Im Schatten Hitlers? Historikerstreit und Vergangenheitsbewältigung in der Bundesrepublik*, aus dem Englischen von Jürgen Blasius, Frankfurt 1991, S. 23.
28 *ibd.*, S. 26.
29 Maier, *op. cit.*, S. 122.
30 *ibd.*, S. 61.

31 Anm. d. Übers.: Die vollständige Rede ist abrufbar unter: http://www.mediacultureonline.de/fileadmin/bibliothek/jenninger_rede/jenninger_rede.html
32 *The London Daily Mail*, 15. Februar 2007, S. 43.
33 Steve Crawshaw, *Ein leichteres Vaterland. Deutschlands Weg zu einem neuen Selbstverständnis*, aus dem Englischen von Hartmut Schickert, Frankfurt a. M., 2005, S. 265 f.
34 Peter Watson, »Battle over Hitler's Loot«, in: *Observer Magazine*, London, 21. Juli 1996, S. 28 ff.
35 Siehe Pierre Péan, *Eine französische Jugend: François Mitterrand. 1934–1947*, aus dem Französischen von mehreren, München, 1995.
36 Henry Rousso, *Le syndrome de Vichy de 1944 à nos jours*, Paris, 1987, passim.
37 Sonia Combes, *Archives Interdites. Les peurs françaises face à l'Histoire contemporaine*, Paris, 1994.
38 Zu der Frage, was man im Vichy-Frankreich über die »Endlösung« wusste, siehe Michael R. Marrus und Robert O. Paxton, *Vichy France and the Jews*, New York, 1981, S. 341 ff.
39 Siehe z.B.: Lee Yanowitch, »France to boost efforts to restore Nazi-looted property to jews«, in: *Jewish News Weekly*, 4. Dezember 1998.
40 *The London Times*, 13. Oktober 2007, S. 52.
41 Richard J. Evans, *Rereading German History: from unification to re-unification, 1800–1996*, London, 1997, S. 149 ff.
42 Daniel Jonah Goldhagen, *Hitlers willige Vollstrecker. Ganz gewöhnliche Deutsche und der Holocaust*, aus dem Amerikanischen von Klaus Kochmann (Berlin 1996), München, 2002, S. 85, 96, 104.
43 Daniel Jonah Goldhagen, englische Paperback-Ausgabe von *Hitler's Willing Executioners*, New York, 1997, S. 465.
44 Evans, *Rereading German History*, S. 155 ff.
45 Eine vergleichende Studie zu den antisemitischen Hetzkampagnen und den Einstellungen zum Judentum, die zwischen 1899 und 1939 in den Massenmedien vier europäischer Staaten zum Ausdruck kamen (Frankreich, England, Italien und Rumänien), verdeutlicht, dass die Deutschen vor 1933 das am wenigsten antisemitische Volk gewesen waren. Siehe William I. Brustein, *Roots of Hate: Anti-Semitism in Europe before the Holocaust*, Cambridge, 2003, Kap. 6. Bis dahin hatte es auch keine Volkszählung in Deutschland gegeben, die Daten über ethnische Zugehörigkeiten erhoben hätte, siehe Claudia Koonz, *The Nazi Conscience*, Harvard University Press, 2003, S. 9.
46 Goldhagen, *Hitlers willige Vollstrecker*, S. 88.
47 Anm. d. Übers.: Norman G. Finkelstein, »Daniel Goldhagens ›Wahnsinnsthese‹: Hitlers willige Vollstrecker – eine Kritik«, in: Norman G. Finkelstein und Ruth Bettina Birn, *Eine Nation auf dem Prüfstand. Die Goldhagen-These und die historische Wahrheit*, Hildesheim, 1998, S. 44 f.
48 Goldhagen, *Hitlers willige Vollstrecker*, S. 119; Fritz Stern, *Einstein's German World*, Princeton, NJ, 1999, S. 276 ff.
49 Anm. d. Übers.: Ruth Bettina Birn, »Eine neue Sicht des Holocaust«, in: Finkelstein und Birn, op. cit., S. 180 f.
50 Evans, *Rereading German History*, S. 164. Goldhagen vermeidet auch eine Klarstellung, was Antisemitismus als solcher überhaupt beudeutet. Clive James schreibt in seinem Essay über den österreichischen Dramatiker Arthur Schnitzler: »Wenn er denn in den großen [Wiener] Salons Antisemitismus begegnete, dann gab es zumindest wenige, in die er keinen Einlass fand.« Siehe Clive James, *Cultural Amnesia: Notes in the Margin of My Time*, London, 2007, S. 684–705.
51 Stern, *Einstein's German World*, S. 287.
52 Crawshaw, op. cit., S. 187 f.
53 Anm. d. Übers.: Siehe Sabine Moller, Karoline Tschuggnall, Harald Welzer, *Opa war kein Nazi. Nationalsozialismus und Holocaust im Familiengedächtnis*, Frankfurt a. M., 2002.
54 Wulf Kansteiner, *In Pursuit of German Memory: History, Television and Politics After Auschwitz*, Athens, Ohio, 2006, S. 104, 109, 116 und 210. Hermann Lübbe, in: *Historische Zeitschrift*, 1983.

55 Ich danke Werner Pfennig für diesen Hinweis. [Anm. d. Übers.: Leopold von Ranke, »Die großen Mächte«, in: *Preußische Geschichte*, Wiesbaden, 1833, Bd. I., S. 16.
56 Anm. d. Übers.: Hans-Ulrich Wehler, *Historische Sozialwissenschaft und Geschichtsschreibung, Studien zu Aufgaben und Traditionen deutscher Geschichtswissenschaft*, Göttingen, 1980, S. 113.
57 David Blackbourne und Geoffrey Eley, *The Peculiarities of German History: Bourgois Society and Politic in Nineteenth-Century Germany*, Oxford, 1984, passim.
58 Evans, *Rereading German History*, S. 17.
59 *ibd.*, S. 141.
60 Maier, *op. cit.*, S. 196.
61 *ibd.*, S. 201, 206.
62 Anm. d. Übers.: »Moralischer Krampf«, in: *Focus*, Nr. 46, 10. November 2001.
63 Nicholas Boyle, *Goethe. Der Dichter in seiner Zeit 1749–1790* (Bd. I), aus dem Englischen von Holger Fliessbach (München, 1995), Frankfurt a. M./Leipzig 2004, S. 18, 20.
64 Wolf Lepenies, *Kultur und Politik: Deutsche Geschichten* (2006), Frankfurt a. M., 2008, S. 21 f. Die eigentliche Unterscheidung in Deutschland wurde zwischen Wissenschaft, Kunst, Kultur, Lebensart (feine Lebensart) auf der einen und Zivilisation auf der anderen Seite getroffen.
65 *ibd.*, S. 27 ff.
66 *ibd.*, S. 37.
67 Siehe auch Fritz Stern, *Fünf Deutschland und ein Leben. Erinnerungen*, aus dem Englischen von Friedrich Griese, München, 2007.
68 Gordon A. Craig, *Deutsche Geschichte 1866–1945. Vom Norddeutschen Bund bis zum Ende des Dritten Reichs*, aus dem Englischen von Karl Heinz Siber, München, 1980, S. 197 f., 201.
69 Lepenies, *op. cit.*, S. 49.
70 *ibd.*, S. 72, 144 f.
71 T. S. Eliot, »Beiträge zum Begriff der Kultur« in: T. S. Eliot, *Werke 2/ Essays I*, Deutsch von Gerhard Hensel (Berlin, 1949), Frankfurt a. M., 1967, S. 30.
72 Georg Lukács, *Deutsche Realisten des 19. Jahrhunderts*, Berlin (DDR), 1953, S. 157.

I. AUFKOMMENDES DEUTSCHTUM
1 James R. Gaines, *Das musikalische Opfer – Johann Sebastian Bach trifft Friedrich den Großen am Abend der Aufklärung*, aus dem Englischen von Reinhard Kaiser, Frankfurt a. M., 2008, S. 11.
2 *ibd.*, S. 13. Siehe auch Jan Chiapusso, *Bach's World*, Bloomington, Ind., 1968, S. 37, sowie Albert Schweitzer, *Johann Sebastian Bach* (1908), Wiesbaden, 1979.
3 Gaines, *op. cit.*, S. 14 f.
4 *ibd.* Siehe auch Robert Eitner, »Johann Gottfried Walter«, in: *Monatshefte für Musikgeschichte*, Jg. 4, Nr. 8 (1872), S. 165 ff.
5 Gaines, *op. cit.*, S. 17.
6 Zitiert auf der Rückseite der Originalausgabe von James R. Gaines, *Evening in the Palace of Reason. Bach Meets Frederick the Great in the Age of Enlightenment*, New York, 2005.
7 Karl Hermann Bitter, *Johann Sebastian Bach*, Berlin, 1881, Bd. 2, S. 181.
8 Gaines, *op. cit.*, S. 280.
9 Boyle, *Goethe*, Bd. 1, S. 24.
10 Steven Ozment, *A Mighty Fortress*, New York, 2004, S. 125.
11 Ian Hunter, *Rival Enlightenments: Civil and Metaphysical Philosophy in Early Modern Germany*, Cambridge, 2001, S. xvii, 148–196. [Anm. d. Übers.: Zum Zitat siehe Samuelis L. B. de Pufendorf, *De statu Imperii Germanici* (1667), herausgegeben von Fritz Salomon, Weimar, 1910.]
12 Ozment, *op. cit.*, S. 126.
13 *ibd.*, S. 127.
14 Richard L. Gawthrop, *Pietism and the Making of Eighteenth-century Prussia*, Cambridge, 1993, S. 1 f.
15 *ibd.*, S. 9.

16 ibd., S. 10.
17 ibd., S. 12. [Anm. d. Übers.: Zu den Zitaten siehe Thomas Nipperdey, *Deutsche Geschichte 1866–1918*, Bd. I., München, 1994, S. 493 f.]
18 Siehe: Johannes Wallmann, *Philipp Jakob Spener und die Anfänge des Pietismus*, Tübingen, 1970, sowie Martin Brecht, »Philipp Jakob Spener, sein Programm und dessen Auswirkungen«, in: Martin Brecht et al., *Geschichte des Pietismus*, 4 Bde., Bd. 1, *Der Pietismus vom siebzehnten bis zum frühen achtzehnten Jahrhundert*, Göttingen, 1993, S. 315.
19 Zu Francke siehe Martin Brechts Abhandlung »August Hermann Francke und der Hallische Pietismus«, in: Brecht et al., *op. cit.*, Bd. 1, S. 440–539.
20 Gawthrop, *op. cit.*, S. 94.
21 ibd., S. 143 f.
22 ibd., S. 145.
23 Wallmann, *op. cit.*, S. 89 f., 94 f.
24 Wolf Oschlies, *Die Arbeits- und Berufspädagogik August Hermann Franckes: Schule und Leben im Menschenbild des Hauptvertreters des halleschen Pietismus*, Witten, 1969, S. 107; Gawthrop, *op. cit.*, S. 160. Die 1698 gegründeten Franckeschen Stiftungen zu Halle wurden 1992 wiederbelebt. Ich danke Werner Pfennig für diesen Hinweis.
25 Gawthrop, *op. cit.*, S. 183.
26 ibd., S. 198; Martin Brecht, »Der Hallische Pietismus in der Mitte des 18. Jahrhunderts – seine Ausstrahlung und sein Niedergang«, in: Brecht et al., *op. cit.*, Bd. 2, S. 319–357.
27 Gawthrop, *op. cit.*, S. 213.
28 ibd., S. 221.
29 ibd., S. 225. Siehe auch Hartmut Rudolph, *Das evangelische Militärkirchenwesen in Preußen. Die Entwicklung seiner Verfassung und Organisation vom Absolutismus bis zum Vorabend des Ersten Weltkrieges*, Göttingen, 1973, S. 22.
30 Gawthrop, *op. cit.*, S. 228.
31 Terry Pinkard, *German Philosophy 1760–1860: The Legacy of Idealism*, Cambridge, 2002, S. 5.
32 Gawthrop. *op. cit.*, S. 241.
33 ibd., S. 268.
34 Charles E. McClelland, *State, Society, and University in Germany, 1700–1914*, Cambridge, 1980, S. 28.
35 ibd., S. 199.
36 Götz von Selle, *Die Matrikel der Georg-August-Universität zu Göttingen, 1734–1837*, Hildesheim/Leipzig, 1937, S. 14.
37 McClelland, *op. cit.*, S. 37.
38 Thomas A. Howard, *Protestant Theology and the Making of the Modern German University*, Oxford, 2006, S. 110. [Anm. d. Übers.: Zum Zitat siehe Götz von Selle, *Die Georg-August-Universität zu Göttingen 1737–1937*, Göttingen, 1937, S. 40 f.]
39 Emil Franz Rössler, *Die Gründung der Universität Göttingen: Entwürfe, Berichte und Briefe der Zeitgenossen*, Göttingen, 1855, S. 33–40, sowie McClelland, *op. cit.*, S. 42.
40 Der Stallmeister zum Beispiel war derart hoch angesehen, dass er in der akademischen Prozession noch vor dem Extraordinarius seinen Platz einnahm. Siehe McClelland, *op. cit.*, S. 45
41 Howard, *op. cit.*, S. 116 f.
42 ibd., S. 119.
43 ibd., S. 87.
44 ibd., S. 55.
45 William Clark, *Academic Charisma and the Origins of the Research University*, Chicago, IL, 2006, S. 174.
46 ibd., S. 8.
47 ibd., S. 237.
48 ibd., S. 60.
49 McClelland, *op. cit.*, S. 96.

50 Clark, op. cit., S. 19.
51 Howard, op. cit., S. 26. Siehe auch: Thomas Ahnert, Religion and the Origins of the German Enlightenment: faith and the reform of learning in the thought of Christian Thomasius, Rochester, New York, 2006, sowie Ian Hunter, Rival Enlightenments, op. cit.
52 Clark, op. cit., S. 211.
53 Tim Blanning, Triumph der Musik. Eine Kulturgeschichte von Bach bis Bono, aus dem Englischen von Yvonne Badal, München, 2010, S. 306.
54 W. H. Bruford, Culture and Society in Classical Weimar, 1775–1806, Cambridge, 1962, S. 1. [Anm. d. Übers.: Vgl. ders., Kultur und Gesellschaft im klassischen Weimar 1775 – 1806, vom Verfasser durchgesehene Übersetzung aus dem Englischen von Karin McPherson, Göttingen, 1966.]
55 Tim Blanning, Das Alte Europa 1660–1789. Kultur der Macht und Macht der Kultur, aus dem Englischen von Monika Carbe, Darmstadt, 2005, S. 132.
56 ibd.
57 Pinkard, op. cit., S. 7.
58 Blanning, Das Alte Europa, S. 141; siehe auch die Tabelle, ibd.
59 ibd., S. 153.
60 Zu der Frage von Leibniz' Übertragungen lateinischer Wörter ins Deutsche siehe Christa Mercer, Leibniz's Metaphysics: Its Origin and Development, Cambridge, 2001, S. 278, Anm. 46. [Anm. d. Übers.: Das Pamphlet findet sich in: Gottfried Wilhelm Leibniz, Sämtliche Schriften und Briefe, Vierte Reihe: Politische Schriften, Bd. 3: 1677–1689, Berlin, 1986.]
61 Eric A. Blackall, The Emergence of German as a Literary Language, 1700–1775, Cambridge, 1959, S. 69. [Anm. d. Übers.: Vgl. ders., Die Entwicklung der deutschen Literatursprache 1700–1775, aus dem Englischen von Hans Georg Schürmann, Stuttgart, 1966.]
62 Zu Schillers Ansicht über Thomasius siehe seinen Brief an Goethe, 29. Mai 1799, in: Siegfried Seidel (Hg.), Der Briefwechsel zwischen Schiller und Goethe, 3 Bde., Bd. 2: 1798–1805, Leipzig, 1984, S. 212f.
63 Blanning, Das Alte Europa, S. 226.
64 Benedict Anderson, Die Erfindung der Nation: Zur Karriere eines folgenreichen Konzepts, aus dem Englischen von Burkardt Benedikt und Christoph Münz, Frankfurt a. M./ New York, 1996, S. 44.
65 ibd. S. 46, 53. Kaiser Wilhelm II. bezeichnete sich im späten 19. Jahrhundert als den »ersten unter den Deutschen«, doch wie Anderson aufklärt, »gestand er damit auch ein, daß er einer unter vielen Gleichen war, daß er deren Vertreter darstellte und daß er sich darum im Prinzip auch seinen Landsleuten als Verräter erweisen konnte (eine in der Blütezeit der Dynastie unvorstellbare Idee: Verräter an wem oder woran?)«. Siehe ibd., S. 90.
66 Anm. d. Übers.: Nipperdey, op. cit., S. 451.
67 Blanning, Das Alte Europa, S. 156.
68 ibd.
69 ibd., S. 170f.
70 ibd., S. 172f.
71 Blanning, Triumph der Musik, S. 264.
72 Zu Friedrichs Staatstheorien siehe Reinhold Koser, Geschichte Friedrichs des Grossen, 3 Bde., Berlin, 1925; siehe auch den Katalog der Berliner Ausstellung Preussen: Versuch einer Bilanz, 5 Bde., Hamburg, 1981, sowie Theodor Schieder, Friedrich der Große: Ein Königtum der Widersprüche, Berlin, 1985 (dieses Buch gilt allgemein als der bedeutendste Beitrag zur jüngeren Forschung über Friedrich den Großen und das Preußen seiner Zeit).
73 Schieder, op. cit., S. 58.
74 George P. Gooch, Friedrich der Große, Herrscher – Schriftsteller – Mensch (1951), deutsche Übersetzung von Klaus Dockhorn, München, 1975, S. 144.
75 Schieder, op. cit, spricht in dem Kapitel »Roi-Philosophe«, S. 365–398, viele Werke Friedrichs an. Das geistige Werk des Königs wurde auch von Friedrich Meinecke un-

ter die Lupe genommen, siehe: Friedrich Meinecke, *Werke*, Bd. 1, *Die Idee der Staatsräson in der neueren Geschichte*, München, 1957. [Anm. d. Übers.: Zum Zitat siehe Friedrich II., *Über die deutsche Literatur. Die Mängel, die man ihr vorwerfen kann, ihre Ursachen und die Mittel zu ihrer Verbesserung*, in: Friedrich II., *König von Preußen und die deutsche Literatur des 18. Jahrhunderts. Texte und Dokumente*, herausgegeben von Horst Steinmetz, Stuttgart, 1985, abrufbar unter http//gutenberg.spiegel.de]
76 Blanning, *Das Alte Europa*, S. 205.
77 *ibd.*, S. 206.
78 *ibd.*, S. 208.
79 *ibd.*, S. 210.
80 *ibd.*, S. 203.

2. BILDUNG UND DER NATÜRLICHE DRANG NACH VOLLKOMMENHEIT
1 Siehe z. B. John Redwood, *Reason, Ridicule and Religion, 1660–1750*, London, 1976; Karen Armstrong, *Nah ist und schwer zu fassen der Gott: 3000 Jahre Glaubensgeschichte von Abraham bis Albert Einstein*, aus dem Englischen von Doris Kornau, Ursel Schäfer, Renate Weitbrecht, München, 1993; Richard Popkin, Anhang: »Die dritte Kraft im Denken des 17. Jahrhunderts«, in: *Mit allen Makeln: Erinnerungen eines Philosophiehistorikers*, Leiden, 1992.
2 Anm. d. Übers.: Julien Offray de La Mettrie, *Der Mensch eine Maschine*, aus dem Französischen von Theodor Lücke, Stuttgart, 2001, S. 86.
3 Peter Hanns Reill, *The German Enlightenment and the Rise of Historicism*, Los Angeles, 1975, S. 31.
4 Moses Mendelssohn, *Über die Empfindungen*, Berlin, 1755, S. 52. Reill, *op. cit.*, S. 43.
5 Reill, *op. cit.*, S. 78. Ein halbes Jahrhundert später mokierte sich der Historiker Johann Christoph Gatterer (der die Historischen Hilfswissenschaften – Chronologie, Diplomatik, Genealogie, Geografie, Heraldik und Numismatik – an der Göttinger Universität eingeführt hatte) noch immer über die Chinesen: Sie versuchten sich als ein viel älteres Volk darzustellen, als es der Wahrheit entspreche, und spielten mit Jahrmillionen wie Kinder mit dem Ball.
6 Hartmut Lehmann, *Der Pietismus*, in: Étienne François und Hagen Schulze (Hg.) *Deutsche Erinnerungsorte I*, München, 2001, S. 571–584.
7 Reill, *op. cit.*, S. 82.
8 Johann David Michaelis, »Schreiben an Herrn Professor Schlötzer die Zeitrechnung von der Sündflut bis auf Salomo betreffend«, in: *Zerstreute kleine Schriften*, gesammelt und herausgegeben von Heinrich Eberhard Gottlob Paulus, 2 Bde., Jena, 1794, Bd. 1, S. 262 ff.
9 Reill, *op. cit.*, S. 82. [Anm. d. Übers.: Zum Zitat siehe Johann Christoph Gatterers *Handbuch der Universalhistorie nach ihrem gesamten Umfange von Erschaffung der Welt bis zum Ursprunge der meisten heutigen Reiche und Staaten*, Göttingen, 1765, Erstes Buch: *Geschichte von der Schöpfung der Welt bis auf die Sündflut*, S. 145f.]
10 Reill, *op. cit.*, S. 220.
11 *ibd.*, S. 90.
12 *ibd.*
13 Johann David Michaelis, *Mosaisches Recht, Zweite vermehrte Ausgabe*, Reutlingen, 1793, *Erster Theil*, S. 3.
14 *August Ludwig Schlözers Vorstellung seiner Universal-Historie*, Göttingen, 1772–1773, Zweiter Theil, S. 273.
15 Reill, *op. cit.*, S. 92 f.
16 Ursula Franke, *Kunst als Erkenntnis. Die Rolle der Sinnlichkeit in der Ästhetik des Alexander Gottlieb Baumgarten*, Wiesbaden, 1972; Reill, *op. cit.*, S. 56.
17 Alexander Gottlieb Baumgarten, *Theoretische Ästhetik: Die grundlegenden Abschnitte der »Aesthetica«*, übersetzt und herausgegeben von Hans Rudolf Schweizer, Hamburg, 1983 (Auszüge aus der Originalausgabe, Frankfurt a. M., 1750–1758).
18 Reill, *op. cit.*, S. 61

19 *ibd.*, S. 202.
20 *ibd.*, S. 62.
21 Anm. d. Übers.: Moses Mendelssohn, »Über die Empfindungen« (1755), Sechster Brief, in: *Schriften zur Philosophie und Ästhetik*, I, bearbeitet von Fritz Bamberger (Berlin, 1929), Stuttgart, 1971, S. 45–123.
22 Reill, *op. cit.*, S. 65. Martin Heidegger hätte dazu noch angemerkt, dass man allerdings nur in zwei Sprachen philosophieren könne: Griechisch und Deutsch.
23 *ibd.*
24 Isaak Iselin, *Über die Geschichte der Menschheit*, Basel, 1779, 2 Bde., passim.
25 Reill, *op. cit.*, S. 217.
26 *ibd.*, S. 219.
27 *ibd.*, S. 214.
28 Walter Hofer, *Geschichtsschreibung und Weltanschauung: Betrachtungen zum Werk Friedrich Meineckes*, München, 1950, S. 370f.
29 Reill, *op. cit.*, S. 98.
30 Ernst Mayr, *Die Entwicklung der biologischen Gedankenwelt. Vielfalt, Evolution und Vererbung*, übersetzt von Karin de Sousa Ferreira, Berlin/Heidelberg/New York, 1984, S. 19, 30ff.
31 Reill, *op. cit.*, S. 126.
32 *ibd.*, S. 50
33 *ibd.*, S. 104.
34 Ich danke Werner Pfennig für diesen Hinweis.
35 *ibd.*, S. 156.
36 *ibd.*, S. 157.
37 *ibd.*, S. 187.
38 *ibd.*, S. 158.
39 *ibd.*, S. 106.
40 *ibd.*, S. 130.
41 Timothy Lenoir, *The Strategy of Life: Teleology and Mechanics in Nineteenth-Century German Biology*, Chicago, 1989, S. 17f. Zu Johann Friedrich Blumenbach siehe dessen *Anfangsgründe der Physiologie*, aus dem Lateinischen übersetzt und mit Zusätzen vermehrt von Joseph Eyerel, Wien, 1789.
42 Lenoir, *op. cit.*, S. 19. [Anm. d. Übers.: Zum Zitat siehe Johann Friedrich Blumenbach, *Über den Bildungstrieb und das Zeugungsgeschäfte*, Göttingen, 1791, S. 23f.]
43 *ibd.*, S. 20. [Anm. d. Übers.: Blumenbach, *op. cit.*, S. 32f.]
44 *ibd.* [Anm. d. Übers.: Blumenbach, *op. cit.*, S. 28–32.]
45 *ibd.*, S. 26.
46 *ibd.*, S. 36f. [Anm. d. Übers.: Zu den Zitaten siehe Johann Christian Reil, »Ueber die Lebenskraft«, in: *Archiv für die Physiologie*, Erster Band, Halle, 1796, S. 65, 67f.]
47 *ibd.* [Anm. d. Übers.: Reil, *op. cit.*, S. 79.]
48 *ibd.*, S. 43.
49 *ibd.*, S. 48.
50 *ibd.*, S. 50.
51 *ibd.*, S. 197. [Anm. d. Übers.: Zu der Aussage von Ernst Mayr siehe ders., *op. cit.*, S. 157.]
52 *ibd.*, S. 162. [Anm. d. Übers.: Mayr, *op. cit.*, S. 162.]
53 Anm. d. Übers.: Mayr, *op. cit.*
54 *ibd.*, S. 391. [Anm. d. Übers.: Mayr, *op. cit.*, S. 309–312.]
55 Lenoir, *op. cit.*, S. 27.
56 Paul Sweet, *Wilhelm von Humboldt*, 2 Bde., Ohio, 1980, Bd. 2, S. 394ff. Siehe auch Wilhelm von Humboldt, »Essai sur les langues du nouveau continent«, in: *Gesammelte Schriften*, Ausgabe der Preußischen Akademie der Wissenschaften, herausgeben von Albert Leitzmann, Bd. 3, S. 300–341, sowie Clemens Menze, *Humboldts Lehre und Bild vom Menschen*, Ratingen, 1965. Wilhelm war in dieser Hinsicht stark von seinem Bruder Alexander beeinflusst, siehe: Ilse Jahn, *Dem Leben auf der Spur: Die biologischen Forschungen Alexander von Humboldts*, Leipzig/Jena/Berlin 1969, S. 40ff.

57 Siehe Aleida Assmann, *Arbeit am nationalen Gedächtnis. Eine kurze Geschichte der deutschen Bildungsidee*, Frankfurt a. M., 1993. Ich danke Dr. Gisele Mettele für diesen Hinweis.
58 Pinkard, *German Philosophy*, op. cit., S. 7.
59 Thomas Albert Howard, *Protestant Theology and the Making of the Modern German University*, Oxford, 2006, S. 7.

3. WINCKELMANN, WOLF UND LESSING: DIE DRITTE ERWECKUNG GRIECHENLANDS ...
1 Zu Burckhardt in Basel siehe Lionel Gossman, *Basel in der Zeit Jacob Burckhardts. Eine Stadt und vier unzeitgemässe Denker*, Basel, 2005.
2 Peter Burke in seiner Einführung zu *The Civilisation of the Renaissance in Italy* (der englischen Übersetzung von Jacob Burckhardts *Kultur der Renaissance in Italien*), London, 1990, S. 12.
3 Zu Burckhardts kulturgeschichtlichem Konzept siehe Felix Gilbert, *Geschichte, Politik oder Kultur? Rückblick auf einen klassischen Konflikt*, aus dem Englischen von Christiane Spelsberg, Frankfurt a. M., 1992, insbes. Kap. IV und V.
4 Anm. d. Übers.: Jacob Burckhardt, *Die Kultur der Renaissance in Italien*, 6. Aufl., Leipzig, 1947, S. 162.
5 Anm. d. Übers.: *ibd.*, S. 197.
6 Anm. d. Übers.: *ibd.*, S. 91, 118.
7 Anm. d. Übers.: *ibd.*, S. 365.
8 Christopher Charles Parslow, *Rediscovering Antiquity: Karl Weber and the Excavation of Herculaneum, Pompeii and Stabiae*, Cambridge, 1995, S. 85, 177, 215-232.
9 Eliza Marian Butler, *Deutsche im Banne Griechenlands*, deutsche verkürzte Ausgabe, bearbeitet von Erich Rätsch, aus dem Englischen von Viktor Kostka und Karl-Heinz Hagen, Berlin, 1948, S. 67 f.
10 Henry Hatfield, *Aesthetic Paganism in German Literature; From Winckelmann to the Death of Goethe*, Cambridge, MA, 1964, S. 6.
11 Butler, op. cit., S. 69.
12 Hatfield, op. cit., S. 6 f.
13 Suzanne L. Marchand, *Down from Olympus: archaeology and philhellenism in Germany, 1750-1970*, Princeton, NJ, 1996, passim.
14 Parslow, op. cit, S. 27.
15 C. W. Ceram, *Götter, Gräber und Gelehrte* (1949), Hamburg, 1967, S. 19.
16 Parslow, op. cit., S. 104. Siehe auch Wolfgang Leppmann, *Winckelmann. Ein Leben für Apoll* (1971), Frankfurt a. M., 1986, S. 165 ff., 172 f.
17 Butler, op. cit., S. 76.
18 Hatfield, op. cit., S. 39.
19 Johann Joachim Winckelmann, »Gedanken über die Nachahmung der griechischen Werke in der Malerei und Bildhauerkunst«, in: *Johann Winckelmanns sämtliche Werke*, herausgegeben von Joseph Eiselein, 12 Bde., Donauöschingen, 1825-1829, Bd. 6, S. 30 f.
20 Hatfield, op. cit., S. 8.
21 *ibd.*, S. 19 f.
22 *ibd.*, S. 6.
23 *ibd.*, S. 10.
24 *ibd.*, S. 6.
25 *ibd.*, S. 20.
26 Marchand, op. cit., S. xix.
27 Siehe Horst Rüdiger (Hg.), *Winckelmanns Tod: Die Originalberichte*, Wiesbaden, 1959.
28 Butler, op. cit., S. 62 f., 383.
29 Hatfield, op. cit., S. 5. Es scheint, als hätten Goethes Nachfolger seinen Rat, »Jeder sei auf seine Art ein Grieche, aber er sei's« sehr ernst genommen.
30 Gustav Sichelschmidt, *Lessing: der Mann und sein Werk*, Düsseldorf, 1989, S. 20, 38. Zu Lessing als Dichter siehe auch Peter Pütz, *Die Leistung der Form: Lessings Dramen*, Frankfurt a. M., 1986.

31 Zur Theorie vom Genius siehe Gerhard Kaiser, *Klopstock: Religion und Dichtung*, Gütersloh, 1963, S. 133–160, 204 ff.
32 Zu Klopstocks literarisch formulierten Ambitionen für Deutschland siehe Robert M. Browning, *German Poetry in the Age of Enlightenment. From Brockes to Klopstock*, Philadelphia, 1978, S. 230f.; sowie Adolphe Bossert, *Goethe, ses précurseurs et ses contemporains: Klopstock, Lessing, Herder, Wieland, Lavater: la jeunesse de Goethe*, Paris, 1891, passim.
33 Sichelschmidt, *op. cit.*, siehe die Kapitel »Berlin I« bis »Berlin IV«.
34 H. B. Garland, *Lessing: The Founder of Modern German Literature*, London, 1963, S. 83.
35 *ibd.*, S. 69.
36 *ibd.*, S. 142.
37 Zu *Nathan* siehe Pütz, *op. cit.*, S. 242–282.
38 Anm. d. Übers.: Gotthold Ephraim Lessing, »Briefe, die neueste Literatur betreffend«, Siebzehnter Brief, in: *Werke*, herausgegeben von Herbert G. Göpfert in Zusammenarbeit mit diversen, Bd. 5, München, 1970 ff., S. 72 f.
39 Garland, *op. cit.*, S. 57.
40 *ibd.*, S. 198.
41 Anthony Grafton et al., »Introduction« zu Friedrich August Wolf, *Prolegomena to Homer*, Princeton, 1985, S. 29.
42 Wie relativ klein, aber hochkarätig besetzt die Welt der intellektuellen Gemeinde Deutschlands gewesen war, lässt sich an der Bandbreite der Wolf'schen Korrespondenz erkennen, siehe Siegfried Reiter (Hg.), *Friedrich August Wolf: Ein Leben in Briefen*. 3 Bde., Stuttgart, 1935.
43 Marchand, *op. cit.*, S. 19.
44 *ibd.*, S. 20.
45 *ibd.*, S. 21. [Anm. d. Übers.: Zu den Zitaten siehe Friedrich August Wolf, »Darstellung der Alterthums-Wissenschaft nach Begriff, Umfang, Zweck und Werth«, in: *Fr. Aug. Wolf's Darstellung der Alterthumswissenschaft, nebst einer Auswahl seiner kleinen Schriften* (1807), herausgegeben von Samuel Friedrich Wilhelm Hoffmann, Leipzig, 1833, S. 12, 14.]
46 Marchand, *op. cit.*, S. 22 f.
47 Alex Potts, *Flesh and the Ideal: Winckelmann and the Origins of Art History*, New Haven/London, 1994, S. 25.
48 *ibd.*, S. 28.
49 *ibd.*
50 Marchand, *op. cit.*, S. 31
51 Potts, *op. cit.*, S. 22.

4. DIE VORNEHMSTEN ZEUGNISSE AUS DEM »AUSGEHENDEN ZEITALTER DER HANDSCHRIFTLICHEN HINTERLASSENSCHAFT«

1 Peter Hall, *Cities in Civilisation: Culture, Innovation and Urban order*, London, 1998, S. 69.
2 *ibd.*, S. 72.
3 Bruford, *Culture and society*, S. 59.
4 Boyle, *Goethe, op. cit.*, Bd. I, S. 272, 271, 275.
5 *ibd.*, S. 273.
6 Bruford, *Culture and society*, S. 18.
7 Anm. d. Übers.: *Schillers Werke*, Nationalausgabe, herausgegeben im Auftrag der Stiftung Weimarer Klassik und des Schiller-Nationalmuseums Marbach von Norbert Oellers, Weimar, 1943 ff., Bd. 24, S. 113.
8 Siehe auch Regine Schindler-Hürlimann, *Wielands Menschenbild: eine Interpretation des Agathon*, Zürich, 1963.
9 Bruford, *Culture and society*, S. 42.
10 *ibd.*, S. 43.
11 Jan Cölin, *Philologie und Roman. Zu Wielands erzählerischer Rekonstruktion griechischer Antike im »Aristipp«*, Göttingen, 1998, passim.

12 Bruford, *Culture and society*, S. 45. [Anm. d. Übers.: Zum Zitat siehe Christoph Martin Wieland, »Götz von Berlichingen mit der eisernen Hand. Ein Schauspiel, Hamburg 1773«, Rezension in: *Der Teutsche Merkur*, 6. Bd., 1774, S. 324, 326.]
13 Boyle, *op. cit.*, Bd. 1, S. 231 ff.
14 Michael Hulse, Herausgeber und Übersetzer von *The Sorrows of Young Werther*, London, 2006, »Vorwort«, S. 16.
15 Boyle, *op. cit.*, Bd. 1, S. 201–213.
16 Hulse, *op. cit.*, S. 16. Siehe auch den Vergleich zwischen *Werther* und Schillers *Räuber*, einem »anderen Werk des Sturm und Drang [...], das zum Kultobjekt wurde«, in: Boyle, *op. cit.*, Bd. 1, S. 211. Zu Napoleons Einwänden gegen Goethe siehe Gustav Seibt, *Goethe und Napoleon. Eine historische Begegnung*, München, 2008.
17 Bruford, *Culture and society*, S. 13, 18.
18 Boyle, *op. cit.*, Bd. 1, S. 282 f.
19 Siehe Dietrich Fischer-Dieskau, *Goethe als Intendant: Theaterleidenschaften im klassischen Weimar*, München, 2006.
20 Boyle, *op. cit.*, Bd. 1, S. 131.
21 Bruford, *Culture and society*, S. 97.
22 *ibd.*, S. 10.
23 Boyle, *op. cit.*, Bd. 1, S. 386 f.
24 Bruford, *Culture and society*, S. 165.
25 Anm. d. Übers.: Goethe an Charlotte Stein, Neuenheiligen, 12./13. März 1781.
26 Bruford, *Culture and society*, S. 167.
27 Boyle, *op. cit.*, Bd. 1, S. 302.
28 Bruford, *Culture and society*, S. 167.
29 Boyle, *op. cit.*, S. 429
30 *ibd.*, S. 511.
31 *ibd.*, S. 645.
32 Bruford, *Culture and society*, S. 166.
33 Henry Hatfield, *op. cit.*, S. x. [Anm. d. Übers.: Zum Zitat siehe Athenäumsfragment Nr. 216, in: *Kritische Friedrich-Schlegel-Ausgabe*, herausgeben von Ernst Behler, unter Mitwirkung von Jean-Jacques Anstett und Hans Eichner, Erste Abteilung: Kritische Neuausgabe, München/Paderborn/Wien, 1958 ff., Bd. 2, S. 198.]
34 Walter Horace Bruford, *The German Tradition of Self-Cultivation: Bildung from Humboldt to Thomas Mann*, London, 1975, S. 30.
35 *ibd.*, S. 50.
36 Boyle, *op. cit.*, Bd. 1, S. 701.
37 Bruford, *The German Tradition*, S. 47.
38 David Luke, Einführung zur englischen Übersetzung von Goethes *Faust*, Oxford, 1994, S. ix.
39 Siehe David Hawke, *The Faust Myth: Religion and the Rise of Representation*, Basingstoke, 2007; John Gearey, *Goethe's Faust: The Making of Part 1*, New Haven, Conn./London, 1981.
40 Luke, *op. cit*, S. xiv.
41 *ibd.*, S. xxxv.
42 Anm. d. Übers.: Johann Wolfgang von Goethe, *Aus meinem Leben. Dichtung und Wahrheit*, Siebentes Buch.
43 Boyle, *op. cit.*, Bd. 1, S. 7.
44 *ibd.*, S. 329.
45 Siehe Max Kommerell, *Der Dichter als Führer in der deutschen Klassik: Klopstock, Herder, Goethe, Schiller, Jean Paul, Hölderlin*, Frankfurt a. M., 1982.
46 Frederick M. Barnard, *Herder's Social and Political Thought: From Enlightenment to Nationalism*, Oxford, 1965, S. xix.
47 *ibd.*, S. 16.
48 *ibd.*, S. 55. [Anm. d. Übers.: Zum Zitat siehe Johann Gottfried Herder, *Ideen zur Philosophie der Geschichte der Menschheit*, Bd. I, Berlin/Weimar, 1965, Zweiter Teil, IX.4.]
49 Zu Herders Sicht vom Unterschied zwischen Mensch und Affe siehe Hugh Barr

Nisbet, *Herder and the Philosophy and History of Science*, Cambridge, 1970, S. 250f.
50 Barnard, *op. cit.*, S. 57. [Anm. d. Übers.: Zu den Zitaten siehe Johann Gottfried Herder, »Ueber die neuere Deutsche Litteratur«, in: *Sämtliche Werke*, 33 Bde., Hildesheim, 1967 (Reprint der Ausgabe Berlin 1877–1913), Bd. 2, S. 8, sowie ders., »Abhandlung über den Ursprung der Sprache«, in: *Sturm und Drang. Weltanschauliche und ästhetische Schriften*, Bd. I, Berlin/Weimar, 1978.]
51 Barnard, *op. cit.*, S. 59, 63.
52 *ibd.*, S. 75. [Anm. d. Übers.: Zum Zitat siehe Johann Gottfried Herder, *Ideen zur Philosophie der Geschichte der Menschheit*, Zweiter Teil, IX.4.]
53 Barnard, *op. cit.*, S. 93.
54 Zu Herders Sicht von der Evolution siehe Nisbet, *op. cit.*, S. 210ff.
55 Barnard, *op. cit.*, S. 120.
56 *ibd.*, S. 124.
57 *ibd.*, S. 147.
58 Siehe Karl Emil Hoffmann (Hg.), *Johannes von Müller: Briefwechsel mit Johann Gottfried von Herder und Caroline von Herder, 1782–1808*, Schaffhausen, 1962/65, Bd. III, S. 109.
59 Steven D. Martinson (Hg.), *A Companion to the Works of Friedrich Schiller*, Rochester, NY, 2000, S. 3.
60 Zu den ersten Aufführungen siehe Bernt von Heiseler, *Schiller. Leben und Werk*, Gütersloh, 1959. Zum Stück selbst siehe Peter-André Alt, *Schiller: Leben – Werk – Zeit*, 2 Bde., München, 2000, Bd. 1, S. 276ff.
61 Heiseler, *op. cit.*, S. 126; Alt, *op. cit.*, S. 351ff.
62 Anm. d. Übers.: Schiller an Goethe, 23. August 1794, in: Siegfried Seidel (Hg.), *Der Briefwechsel zwischen Schiller und Goethe*, 3. Bde., Leipzig, 1984, Bd. 1, S. 9ff.
63 Siehe Rüdiger Safranski, *Friedrich Schiller oder Die Erfindung des deutschen Idealismus*, München, 2004.
64 Martinson, *op. cit.*, S. 11.
65 Frederick Beiser, *Schiller as Philosopher: A Re-examination*, Oxford, 2005, S. 37. [Anm. d. Übers.: Siehe Friedrich Schiller: »Über die ästhetische Erziehung des Menschen in einer Reihe von Briefen«, in: *Sämtliche Werke*, München, 1962, Bd. 5, S. 24ff., Brief, S. 645–661.]
66 Martinson, *op. cit.*, S. 43.
67 *ibd.*, S. 54. [Anm. d. Übers.: Siehe Friedrich Schiller, »Über naive und sentimentalische Dichtung«, in: *op. cit.*, Bd. 5, S. 710f.]
68 *ibd.*, S. 77.
69 *ibd.*, S. 207
70 *ibd.*, S. 220.

5. EIN NEUES LICHT AUF DER STRUKTUR DES GEISTES

1 Zitiert in: Willibald Klinke, *Kant für Jedermann* (1949), Stuttgart, 1962, S. 47.
2 Zu Kants anfänglicher Opposition gegen den Idealismus siehe seine Disputation »Neue Erhellung der ersten Grundsätze metaphysischer Erkenntnis« (*Nova dilucidatio*, 1755), in: *Vorkritische Schriften*, Bd. 1 der Werkausgabe in 12 Bdn.
3 Zu Mendelsohns »philosophischen Beschäftigungen« siehe Alexander Altmann, *Moses Mendelssohn: A Biographical Study*, London/Portland, 1998, S. 313ff. Noch deutlicher in der Philosophiegeschichte verankert wird Mendelssohn von Frederick C. Beiser in: *The Fate of Reason: German Philosophy from Kant to Fichte*, Cambridge, MA, 1987, S. 92ff.
4 Karl Ameriks (Hg.), *The Cambridge Companion to German Idealism*, Cambridge, 2000, S. 1.
5 *ibd.*, S. 2.
6 *ibd.*
7 *ibd.*, S. 4.
8 *ibd.*, S. 8.
9 Bertrand Russell, *Philosophie des Abendlandes. Ihr Zusammenhang mit der poli-*

tischen und der sozialen Entwicklung, aus dem Englischen von Elisabeth Fischer-Wernecke und Ruth Gillischewski (1950), durchgesehen von Rudolf Kaspar (1992), 9. Aufl., Wien/Zürich/Köln, 2000, S. 713.
10 Klinke, op. cit., S. 94.
11 ibd., S. 99.
12 ibd., S. 100.
13 ibd., S. 101. Siehe auch Andrew Ward, *Kant: the three critiques*, Cambridge, 2006.
14 Klinke, op. cit., S. 103f.
15 ibd., S. 104.
16 ibd., S. 104–107.
17 ibd., S. 108.
18 ibd., S. 109.
19 ibd., S. 110.
20 ibd., S. 112.
21 ibd., S. 113–116.
22 ibd., S. 148.
23 ibd., S. 166f.
24 ibd., S. 167. Siehe auch Falk Wunderlich, *Kant und Bewußtseinstheorien des 18. Jahrhunderts*, Berlin, 2005.
25 Klinke, op. cit., S. 169f.
26 Ernst Cassirer, *Kants Leben und Lehre*, in: *Gesammelte Werke*, Hamburger Ausgabe, Bd. 8, herausgegeben von Birgit Recki, Text und Anmerkungen bearbeitet von Tobias Berben, Hamburg, 2001, S. 262.
27 ibd., S. 156.
28 ibd., S. 291f.
29 ibd., S. 296, 298, 301, 306, 308.
30 Anm. d. Übers.: Immanuel Kant, »Schöne Kunst und Genie«, § 46/47, in: *Kritik der Urteilskraft*.
31 Cassirer, op. cit., S. 320f.
32 Terry Pinkard, *German Philosophy 1760–1860: The Legacy of Idealism*, Cambridge, 2002, S. 88.
33 ibd., S. 89.
34 Henrich, *Between Kant and Hegel*, S. 96ff. [Anm. d. Übers.: Siehe auch Dieter Henrich, *Grundlegung aus dem Ich. Untersuchungen zur Vorgeschichte des Idealismus, Tübingen-Jena, 1790–1794*, 2 Bde., Frankfurt a.M., 2004.]
35 Pinkard, op. cit., S. 95.
36 Henrich, *Between Kant and Hegel*, S.113ff., 127ff.
37 Pinkard, op. cit., S. 103.
38 ibd., S. 105.
39 Russell, op. cit., S. 725.
40 Zur Chronologie von Fichtes Ideen siehe Walter E. Wrights Einführung zu seiner englischen Übersetzung von Fichtes Wissenschaftslehre: *The Science of Knowing: J.G. Fichte's 1804 Lectures on the Wissenschaftslehre*, Albany, NY, 2005.
41 Dieter Henrich, »Die Anfänge der Theorie des Subjekts«, in: *Zwischenbetrachtungen. Im Prozess der Aufklärung*, Jürgen Habermas zum 60. Geburtstag, herausgegeben von Axel Honneth et al., Frankfurt a.M., 1989, S. 106ff. Siehe auch Beiser, op. cit., S. 226ff. (zu Reinhold) und 266ff. (zu Schulze).
42 Fichtes Werke wurden von Immanuel Hermann Fichte herausgegeben: *Johann Gottlieb Fichtes sämmtliche Werke*, Berlin, 1845–1846.
43 Pinkard, op. cit., S.109.
44 Henrich, *Between Kant and Hegel*, S. 206ff., behandelt auch Fichtes Theorie der Einbildungskraft, die er für zentral hält.
45 Pinkard, op. cit., S. 123.
46 Diese Begebenheit wurde von vielen Historikern unter die Lupe genommen, siehe z.B. die Bibliografie in Daniel Breazeale, *Introduction to the Wissenschaftslehre and other writings*, Indianapolis, 1994, S. xlvff.

6. DIE HOCHRENAISSANCE IN DER MUSIK: SINFONIE ALS PHILOSOPHIE

1 Siehe Wolfgang Victor Ruttkowski, *Das literarische Chanson in Deutschland*, Bern/München, 1966.
2 Harold C. Schonberg, *Die großen Komponisten. Ihr Leben und Werk*, übersetzt von Gerhard Aschenbrenner, Hans-Horst Henschen und Albrecht Roeseler (1983), Frankfurt a. M./Berlin, 1988, S. 29 f.
3 *ibd.*, S. 58.
4 Anfang des 18. Jahrhunderts befürchtete man, dass die Popularität des Forte-Piano (Pianoforte) den Einsatz von anderen Instrumenten einschränken werde, siehe David Gramit, *Cultivating Music: The Aspirations, Interests and Limits of German Musical Culture, 1770–1848*, Berkeley/Los Angeles/London, 2002, S. 136.
5 Ein musikalischer Vergleich der Werke, die Gluck vor *Alceste* schrieb, findet sich in: Jack M. Stein, *Poem and Music in the German Lied from Gluck to Hugo Wolf*, Cambridge, 1971, S. 29–32. Siehe auch Hans Joachim Moser, *Christoph Willibald Gluck: Die Leistung, der Mann, das Vermächtnis*, Stuttgart, 1940, S. 323.
6 Schonberg, *op. cit.*, S. 67.
7 *ibd.*, S. 76 ff.
8 *ibd.*, S. 84.
9 Zum späten Haydn siehe Hans-Hubert Schönzeler (Hg.), *Of German Music: A Symposium*, London, 1976, S. 92, sowie Sieghard Brandenburg (Hg.), *Haydn, Mozart & Beethoven: Studies in the Music of the Classical Period: Essay in Honour of Alan Tyson*, Oxford, 1998. [Anm. d. Übers.: Zum Zitat siehe Carl Ferdinand Pohl, *Joseph Haydn*, Leipzig, 1878, Bd. 1, S. 225.]
10 Siehe Malcolm Pasley (Hg.), *Germany: A Companion to German Studies*, London, 1972.
11 Peter Gay, *Mozart. Biographie*, aus dem Englischen von Ulrich Enderwitz (2001), Berlin, 2005, S. 11, 20 f.
12 *ibd.*, S. 21, 29.
13 Robert W. Gutman, *Mozart: a cultural biography*, London, 2000, S. 668 ff.
14 Zu einem Vergleich zwischen Gluck und Mozart siehe Adolf Goldschmidt, *Mozart: Genius und Mensch*, Hamburg, 1955, S. 288 ff. Zu Glucks Einfluss auf Mozart siehe Robert W. Gutman, *op. cit.*, S. 571.
15 Alfons Rosenberg, *Die Zauberflöte: Geschichte und Deutung von Mozarts Oper*, München, 1964. Hugo Zelzer berichtet, dass diese Oper zwischen ihrer Uraufführung am 30. September 1791 und dem November 1792 hundertmal aufgeführt wurde (in Weimar wurde sie unter der Intendanz von Goethe gespielt), siehe: »German opera from Mozart to Weber«, in: Schönzeler (Hg.), *op. cit.*, S. 127. Zu den Reaktionen des Publikums siehe Cliff Eissen, *New Mozart Documents: A Supplement to O. E. Deutsch's Documentary Biography*, London, 1991.
16 David Wyn Jones, *The Symphony in Beethoven's Vienna*, Cambridge, 2006, S. 264.
17 Zitiert in: Celia Applegate und Pamela Potter (Hg.), *Music and German National Identity*, Chicago, 2002, S. 8. Siehe auch Estéban Buch, *Beethovens Neunte. Eine Biografie*, Berlin, 2000.
18 Zu Schuberts Einflüssen siehe Scott Messing, *Schubert in the European Imagination*, 2 Bde., Rochester, NY, 2007; zu den Reaktionen auf seinen Tod siehe Bd. 1, S. 199 f.
19 Charles Fisk, »What Schubert's Last Sonata Might Hold«, in: Jenefer Robinson (Hg.), *Music and Meaning*, Ithaca, NY, 1997, S. 179 ff. Siehe auch Lorraine Byrne, *Schubert's Goethe Settings*, Aldershot, 2003, sowie Hermann Abert, *Goethe und die Musik*, Stuttgart, 1922.
20 Einige von Webers eigenen Ansichten wurden in der *Kaiserlich-Königlichen privilegierten Prager Zeitung*, Nr. 293, 20. Oktober 1815, veröffentlicht.
21 Mark Evan Bonds, *Music as Thought: Listening to the Symphony in the Age of Beethoven*, Princeton, NJ, 2006, S. xiii. Siehe auch David Wyn Jones, *op. cit.*, S. 11–33. Zur musikalischen Hierarchie siehe Gramit, *op. cit.*, S. 23 f.; sowie Jenefer Robinson (Hg.), *op. cit.*, passim.
22 Bonds, *op. cit.*, S. 1.

23 *ibd.*, S. 7, 17. [Anm. d. Übers.: Zu den Zitaten siehe Immanuel Kant, »Kritik der Urteilskraft«, Zweites Buch, § 53, in: *Werke in Zwölf Bänden*, Frankfurt a. M., 1977, Bd. 10, S. 267 ff.]
24 Zur Entwicklung des öffentlichen Konzerts siehe Gramit, *op. cit.*, S. 25, 138.
25 Bonds, *op. cit.*, S. 16. Zur »Tiefe« deutscher Musik, zu dem Maß, in dem sie sich ihrer »geistigen« Eigenschaften wegen von anderer Musik abgrenzt, einen »Sonderweg« verkörpert, siehe Applegate und Potter, *op. cit.*, S. 40 ff., 51–55.
26 Applegate und Potter, *op. cit.*, S. 51 f.; Bonds, *op. cit.*, S. 22.
27 Bonds, *op. cit.*, S. xiv. Eine materialistischere Analyse liefert Franz Hadamowsky, Wien. *Theatergeschichte von den Anfängen bis zum Ende des Ersten Weltkriegs*, Wien, 1994, S. 308 ff.
28 Bonds, *op. cit.* S. 27, 33. [Anm. d. Übers.: Zum Zitat siehe E. T. A. Hoffmann, »Beethovens Instrumentalmusik« (gekürzte Überarbeitung der Rezension von Beethovens 5. Sinfonie), in: *Poetische Werke in sechs Bänden*, Bd. 1, Berlin, 1963, S. 98–108.]
29 Bonds, *op. cit.*, S. 33.
30 *ibd.*, S. 35–40.
31 *ibd.*, S. 46, sowie Applegate und Potter, *op. cit.*, S. 6.
32 Bonds, *op. cit.*, S. 51.
33 Siehe z. B. Abert, *op. cit.*, sowie Ruttkowksi, *op. cit.*, passim.
34 Applegate und Potter, *op. cit.*, S. 2, 9.
35 Bonds, *op. cit.*, S. 87.
36 Beethoven hat solche Ansichten in Maßen auch geteilt, siehe Wyn Jones, *op. cit.*, S. 155 ff.
37 Anm. d. Übers.: Richard Wagner, »Ein glücklicher Abend«, in: *Sämtliche Schriften und Dichtungen*, 16 Bde., Leipzig, o. J. [1911], Bd. 1, S. 291.
38 Bonds, *op. cit.*, S. 106.

7. KOSMOS, KEILSCHRIFT UND CLAUSEWITZ
1 Mott T. Greene, *Geology in the Nineteenth Century: Changing Views of a Changing World*, Ithaca, NY, 1982, S. 36.
2 Siehe Abraham Gottlob Werner, *Kurze Klassifikation und Beschreibung der verschiedenen Gebirgsarten*, Dresden, 1787.
3 Rachel Laudan, *From Mineralogy to Geology: The Foundations of a Science: 1650–1830*, Chicago, 1987, S. 48 ff. Zu Werners Farbentheorie siehe dessen Schrift *Von den äußerlichen Kennzeichen der Foßilien*, Leipzig, 1774.
4 Laudan, *op. cit.*, S. 49.
5 Siehe auch Peter Watson, *Ideen. Eine Kulturgeschichte von der Entdeckung des Feuers bis zur Moderne*, aus dem Englischen von Yvonne Badal, München, 2006, S. 990 f.
6 *ibd.*, S. 992.
7 *ibd.*, S. 993.
8 Laudan, *op. cit.*, S. 40.
9 Siehe Alexander Ospovat, Einführung zu einem Faksimiledruck von Werners *Kurzer Klassifikation (op. cit.)*, New York, 1971.
10 Laudan, *op. cit.*, S. 100.
11 *ibd.*, S. 105.
12 *ibd.*, S. 111.
13 Marcus du Sautoy, *Die Musik der Primzahlen: Auf den Spuren des größten Rätsels der Mathematik*, aus dem Englischen von Thomas Filk, München (2004), 2006, S. 32 f.
14 Siehe auch Ludwig Schlesinger, »Über Gauß' Jugendarbeiten zum arithmetisch-geometrischen Mittel«, in: *Jahresbericht der Deutschen Mathematiker-Vereinigung*, XX, Heft 11–12, November-Dezember 1911, S. 396–403.
15 Siehe Robert Jordan, »Die verlorene Ceres«, in: *Neueste Nachrichten*, Braunschweig, 1. Mai 1927; sowie Carl-Friedrich Gauß, »Determinatio attractionis, quam in punctum quod vis positionis datae exerceret planeta, si eius massa per totam orbitam ratione temporis, quo singulae partes describuntur, uniformiter esset dispartita«, Erstveröffentlichung in: *Commentationes societatis regiae scientiarum Gottingensis recentiores*, Göttingen, 1818, Bd. IV, S. 21–48.

16 Sautoy, *op. cit.*, S. 140f. Siehe auch G. Waldo Dunnington, *Carl Friedrich Gauss: Titan of Science*, New York, 1955, S. 174ff.
17 Morris Kline, *Mathematics for non-Mathematicians*, New York, 1967, S. 456.
18 Dunnington, *op. cit.*, S. 147–162. Siehe auch Catherine Goldstein et al. (Hg.), *The Shaping of Arithmetic: after C. F. Gauss's Disquistiones arithmeticae*, Berlin, 2007.
19 Dunnington, *op. cit.*, S. 139ff.
20 Sautoy, *op. cit.*, S. 97.
21 Eine Darstellung der verschiedenen Formen von Homöopathie findet sich bei Margery G. Blackie, *The Patient Not the Cure: The Challenge of Homeopathy*, London, 1976, S. 3ff. Siehe auch Thomas Lindsay Bradford, *The Life and Letters of Dr. Samuel Hahnemann*, Philadelphia, 1895.
22 Martin Gumpert, *Hahnemann. Die abenteuerlichen Schicksale eines ärztlichen Rebellen und seiner Lehre in der Homöopathie*, Konstanz, 1949, S. 12.
23 *ibd.*, S. 16f., 28. Bradford, *op. cit.*, S. 24ff. Zu der Ärzteschaft in Hahnemanns Zeiten siehe Blackie, *op. cit.*, S. 25ff.
24 Gumpert, *op. cit.*, S. 41ff. Bradford, *op. cit.*, S. 35. Blackie, *op. cit.*, S. 16.
25 Anm. d. Übers.: *William Cullen's Abhandlung über die Materia Medika*, übersetzt und mit Anmerkungen versehen von Samuel Hahnemann, Leipzig, 1790, Bd. II, Anmerkungen S. 109, 108.
26 Gumpert, *op. cit.*, S. 73.
27 Anm. d. Übers.: Samuel Hahnemann, »Versuch über ein neues Prinzip zur Auffindung der Heilkräfte der Arzneisubstanzen, nebst einigen Blicken auf die bisherigen«, in: *Journal der practischen Arzneykunde und Wundarzneykunst*, Zweyter Band, Jena, 1796, S. 433.
28 Bradford, *op. cit.*, S. 72. [Anm. d. Übers.: Zu den Zitaten siehe Gumpert, *op. cit.*, S. 147–152.]
29 Anm. d. Übers.: Zum Bolivar-Zitat siehe Herbert Scurla, *Alexander von Humboldt. Sein Leben und Wirken*, 5. Aufl., Berlin (DDR), 1965, S. 201. Zu Emerson siehe »An Abstract of Mr. Emerson's Remarks Made at the Celebration of the Centennial Anniversary of the Birth of Alexander von Humboldt, September 14, 1869«, in: *The Complete Works of Ralph Waldo Emerson*, Bd. XI, S. 455–459.
30 Aaron Sachs, *The Humboldt Current: A European Explorer and His American Disciples*, New York, 2007, S. 4.
31 Siehe Scurla, *op. cit.*, S. 207–262. Zu Alexander von Humboldt siehe Hermann Klencke, *Alexander von Humboldt: Ein biographisches Denkmal*, Leipzig, 1851; zu seinem Bruder Wilhelm siehe Gustav Schlesier, *Erinnerungen an Wilhelm von Humboldt*, Stuttgart, 1843.
32 Scurla, *op. cit.*, S. 50–53.
33 *ibd.*, S. 68.
34 *ibd.*, S. 107–112, 119. Siehe auch Gerard Helferich, *Humboldt's Cosmos*, New York, 2004, S. 21. Humboldt selbst wurde auch der »zweite Kolumbus« genannt.
35 Scurla, *op. cit.*, S. 144ff. Siehe auch: *Dictionary of Scientific Biography*, Bd. VI, S. 550.
36 Scurla, *op. cit.*, S. 187. Aaron Sachs zufolge beflügelte er vier große amerikanische Entdecker: Jeremiah N. Reynolds, Clarence King, George Wallace Melville und John Muir Sachs, siehe *op. cit.*, passim.
37 Scurla, *op. cit.*, S. 288f.
38 Zu Humboldts Vorstellungen vom *Kosmos* und von »Volksbildung« siehe das entsprechende Unterkapitel in: Nicolaas A. Rupke, *Alexander von Humboldt: A Metabiography*, Frankfurt a. M./Berlin, 2005, S. 38–43.
39 Helferich, *op. cit.*, S. 23.
40 *ibd.*, S. xx.
41 Die allgemeine Bedeutung Alexander von Humboldts behandelt z. B. Rupke, *op. cit.*, S. 162–218.
42 C. W. Ceram, *Götter, Gräber und Gelehrte. Roman der Archäologie* (1949), ergänzte Auflage, Reinbek, 1972, S. 220.
43 *ibd.*
44 *ibd.*, S. 220f. Siehe auch Arthur John Booth, *The Discovery and Decipherment of the*

Trilingual Cuneiform Inscriptions, London, 1902, S. 173, sowie Denise Schmandt-Besserat, *Before Writing, From Counting to Cuneiform*, Bd. 1, Austin, Texas, 1992.
45 Ceram, *op. cit.*, S. 222.
46 *ibd.*, S. 223f.
47 *ibd.*, S. 224f.
48 Hugh Smith, *On Clausewitz: A Study of Military and Political Ideas*, Basingstoke, 2005, S. viii. Peter Paret hingegen stellt fest, dass viele Äußerungen von Clausewitz schlicht vom gesunden Menschenverstand diktiert wurden, siehe *Understanding War: Essays on Clausewitz and the History of Military Power*, Princeton, NJ, 1992, S. 117. [Anm. d. Übers.: Zum Zitat siehe Carl von Clausewitz, *Vom Kriege. Hinterlassenes Werk des Generals Carl von Clausewitz*, Bd. I.1, Berlin, 1833, S. 24.]
49 Paret, *op. cit.*, S. 96, meint, dass die von Clausewitz behandelten Fragen im Atomzeitalter noch wichtiger seien als zu dessen eigener Zeit.
50 Smith, *op. cit.*, S. ix.
51 *ibd.*, S. 3.
52 Wilhelm von Schramm, *Clausewitz: Leben und Werk*, Esslingen, 1976, S. 363 und passim.
53 Smith, *op. cit.*, S. 25; Carl von Clausewitz, »Bemerkungen über die reine und angewandte Strategie des Herrn von Bülow«, in: *Neue Bellona*, 9, Nr. 3, 1805, S. 271.
54 Smith, *op. cit.*, S. 25. Schramm, *op. cit.*, S. 105–120.
55 Smith, *op. cit.*, S. 27.
56 *ibd.*
57 *ibd.*, S. 44.
58 Siehe Michael Eliot Howard, *Clausewitz*, Oxford/New York, 1983.
59 Smith, *op. cit.*, S. 65–66.
60 *ibd.*, S. 130.
61 *ibd.*, S. 134.
62 *ibd.*, S. 237.
63 *ibd.*, S. 238.
64 *ibd.*, S. 239.

8. DIE URSPRACHE, DIE INNERE STIMME UND DAS HOHELIED DER ROMANTIK
1 Zum ersten Abschnitt dieses Kapitels siehe auch Watson, *Ideen*, S. 940–965.
2 Raymond Schwab, *The Oriental Renaissance: Europe's Rediscovery of India and the East, 1660–1880*, New York, 1984, S. 41 (im Original: *La Renaissance Orientale*, Paris, 1950).
3 Siehe z.B. Kai Hammermeister, *Kleine Systematik der Kunstfeindschaft. Zur Geschichte und Theorie der Ästhetik*, Darmstadt, 2006. Siehe dazu auch Schlegels *Vorlesungen über Ästhetik (1803–1827)*, in: August Wilhelm Schlegel – *Vorlesungen von 1798–1827*, zusammengestellt und herausgegeben von Ernst Behler, bearbeitet von Frank Jolles, Paderborn, 2007. Der deutsche Orientalist Friedrich Max Müller, der im 19. Jahrhundert den ersten Lehrstuhl für vergleichende Philosophie in Oxford innehatte, schrieb: »Wenn man mich im Hinblick auf die alte Menschheitsgeschichte nach der bedeutendsten Entdeckung im 19. Jahrhundert fragte, würde ich es mit der folgenden Zeile beantworten: Sanskrit Dyaus Pitar = griechisch Zeùs Πατηρ = lateinisch Jupiter = altnordisch Tyr.«
4 Anm. d. Übers.: Wilhelm von Humboldt, *Über die Verschiedenheit des menschlichen Sprachbaues und ihren Einfluß auf die geistige Entwicklung des Menschengeschlechts*, Berlin, 1836, S. 60.
5 Siehe auch Manfred Frank, »Philosophische Grundlagen der Frühromantik«, in: *Athenäum, Jahrbuch für Romantik*, 4. Jahrgang 1994, hg. von Ernst Behler, Jochen Hörisch und Günter Oesterle, Paderborn/München/Wien/Zürich, 1994, S. 37–130, sowie Gerald N. Izenberg, *Romanticism, Revolution and the Origins of Modern Selfhood, 1787–1802*, Princeton, NJ, 1992.
6 Schwab, *op. cit*, S. 11.
7 Isaiah Berlin, *Wirklichkeitssinn. Ideengeschichtliche Untersuchungen*, herausgegeben von Henry Hardy, aus dem Englischen von Fritz Schneider, Berlin, 1998, S. 292f.

8 *ibd.*, S. 293-296.
9 *ibd.*, S. 297f., 301ff.
10 Nicholas Halmi, *The Genealogy of the Romantic Symbol*, Oxford, 2007, S. 51ff., 63ff., 144ff.
11 Berlin, *Wirklichkeitssinn*, S. 306-309.
12 Izenberg, *op. cit.* Vor allem der erste und zweite Teil dieses Buches sind zu empfehlen, wenn man die Querverbindungen zwischen Politik und Psyche und die Rolle von Ironie verstehen will. Siehe auch Kathleen M. Wheeler (Hg.), *German Aesthetic and Literary Criticism: the romantic ironists and Goethe*, Cambridge, 1984: Sie befasst sich auch mit den international weniger bekannten Romantikern Novalis, Ludwig Tieck, Karl Solger und Jean Paul Richter.
13 Berlin, *Wirklichkeitssinn*, S. 309-315.
14 Isaiah Berlin, *Freedom and its Betrayal, Six Enemies of Human Liberty*, herausgegeben von Henry Hardy, London, 2002, S. 91. [Anm. d. Übers.: Hier handelt es sich um die Abschriften von sechs Vorträge über Helvetius, Rousseau, Fichte, Hegel, Saint-Simon und Maistre, die Isaiah Berlin 1952 über Radio BBC hielt und die nie ins Deutsche übersetzt wurden.]
15 *ibd.*, S. 96. [Anm. d. Übers.: Siehe *Johann Gottlieb Fichtes sämmtliche Werke*, Bd. 7, Berlin, 1845/1846, S. 374f.]
16 Siehe auch Karl Jaspers, *Schelling: Größe und Verhängnis*, München, 1955, S. 154ff.
17 Siehe z.B. Manfred Frank, *Das Problem »Zeit« in der deutschen Romantik. Zeitbewußtsein und Bewußtsein von Zeitlichkeit in der frühromantischen Philosophie und in Tiecks Dichtung*, München, 1972, S. 22-44, 54f.
18 Berlin, *Wirklichkeitssinn*, S. 314, 318.
19 *ibd.*, S. 318f.
20 Izenberg, *op. cit.*, S. 18ff.
21 Robert J. Richards, *The Romantic Conception of Life: Science and philosophy in the age of Goethe*, Chicago, 2002, S. 18.
22 *ibd.*, S. 102.
23 *ibd.*, S. 36. Siehe auch Carmen Kahn-Wallerstein, *Schellings Frauen: Caroline und Pauline*, Bern, 1959.
24 Richards, *op. cit.*, S. 101. [Anm. d. Übers.: Zum Zitat siehe Friedrich Schleiermacher, »Über die Religion. Reden an die Gebildeten unter ihren Verächtern« (1821), in: *Kritische Gesamtausgabe*, Bd. I/12, herausgegeben von Günter Meckenstock, Berlin/New York, 1995, S. 221f.]
25 *ibd.*, S. 8.
26 *ibd.*, S. 10.
27 *ibd.*, S. 12.
28 *ibd.*, S. 138. [Anm. d. Übers.: Friedrich Schelling, »Von der Weltseele, eine Hypothese der höheren Physik zur Erklärung des allgemeinen Organismus«, in: *Werke*, Bd. 1, Leipzig, 1907.]
29 Richards, *op. cit.*, S. 144.
30 Siehe Henrik Steffens, *Johann Christian Reil: Eine Denkschrift*, Halle, 1815.
31 Richards, *op. cit.*, S. 263, 267ff. [Anm. d. Übers.: Zum Zitat siehe Johann Christian Reil, *Rhapsodieen über die Anwendung der psychischen Curmethode auf Geisteszerrüttungen*, Halle, 1803, S. 54f.]
32 *ibd.*, S. 306f.
33 Karl J. Fink, *Goethe's History of Science*, Cambridge, 1991, S. 17.
34 *ibd.*, S. 22. [Anm. d. Übers.: Zu den Zitaten siehe Johann Wolfgang von Goethe, »Dem Menschen wie den Tieren ist ein Zwischenknochen der Obern Kinnlade zuzuschreiben« (1786), in: *Goethes Werke*, Bd. 13, Hamburg, 1948 ff., S. 184-196.]
35 Siehe Werner Heisenberg, »Die Goethesche und Newtonsche Farbenlehre im Lichte der modern Physik«, in: *Geist der Zeit*, Bd. 19, 1941, S. 261-275; sowie Jürgen Blasius, »Zur Wissenschaftstheorie Goethes«, in: *Zeitschrift für philosophische Forschung*, Bd. 33, 1979, S. 371-388.
36 Fink, *op. cit.*, S. 33f.
37 *ibd.*, S. 44

38 ibd., S. 45.
39 Johann Wolfgang von Goethe, »Verhältnis zur Philosophie«, in: *Zur Farbenlehre*, Didaktischer Teil, Fünfte Abteilung, in: Rupprecht Mathaei u.a. (Hg.): *Goethe – Die Schriften zur Naturwissenschaft*, Leopoldina-Ausgabe, Weimar, 1951, Bd. 4, S. 210.

9. DAS BRANDENBURGER TOR, DAS EISERNE KREUZ, DER »DEUTSCHE RAFFAEL« UND DIE NAZARENER

1 Der noch heute allgemein in Ungnade ist, obwohl 1999 ein längst überfälliger (und exzellenter) *Catalogue raisonée* von Mengs' Œuvre erschien, der verdeutlichte, welche Vielzahl an religiösen Gemälden er erschuf. Siehe Steffi Roettgen, *Anton Raphael Mengs 1728–1779*, 2 Bde., München, 1999.
2 Thomas Pelzel, *Anton Raphael Mengs and Neoclassicism*, New York, 1979, S. 1.
3 ibd., S. 15.
4 Johann Kirsch, *Die römische Titelkirche im Altertum, Studien zur Geschichte und Kultur des Altertums*, Bd. 9, Paderborn, 1918, S. 58ff.
5 Pelzel, op. cit., S. 66.
6 ibd., S. 72.
7 ibd., S. 86.
8 Carl Justi, *Winckelmann und seine Zeitgenossen*, 3 Bde., Leipzig, 1923, Bd. II, S. 382.
9 Pelzel, op. cit., S. 109.
10 ibd., S. 111.
11 ibd., S. 126.
12 Giovanni Lodovico Bianconi, *Elogio storico del Cavaliere Antonio Raffaele Mengs*, Mailand, 1780, S. 195. Zu Mengs' Zeit in Spanien siehe Dieter Honisch, *Anton Raphael Mengs und die Bildform des Frühklassizismus*, Recklinghausen, 1965, S. 38ff.
13 Pelzel, op. cit., S. 197.
14 Jean Locquin, *La peinture d'histoire en France de 1747 à 1785*, Paris, 1912, S. 104. Siehe auch Hugh Honour (Hg.), *The Age of Neoclassicism, Catalogue of the Fourteenth Exhibition of the Council of Europe, at the Royal Academy and the Victoria & Albert Museum*, London, 9. September –19. November 1972.
15 Pelzel, op. cit., S. 215.
16 Honour, op. cit., S. xxii.
17 ibd., S. xxiii.
18 Nach einem Urteil von Thomas Jefferson, der Davids »cold and icy star« bewunderte, siehe: William Howard Adams (Hg.), *The Eye of Thomas Jefferson*, National Gallery of Art (1976), 1992, S. xxxvii.
19 ibd., S. liii.
20 ibd., S. lxi.
21 Marlies Lammert, *David Gilly, Ein Baumeister des deutschen Klassizismus*, Berlin, 1964, S. 60ff.
22 Honour, op. cit., S. lxii.
23 ibd.
24 Siehe auch Michael Snodin (Hg.), *Karl Friedrich Schinkel: A Universal Man*, New Haven, Conn., 1991.
25 Siehe Gottfried Riemann und Christa Hesse, *Karl Friedrich Schinkel: Architekturzeichnungen*, Berlin, 1991; sowie Helmut Börsch-Supan und Lucius Grisebach, *Karl Friedrich Schinkel: Architektur, Malerei, Kunstgewerbe*, Berlin, 1981.
26 Siehe Louis Schneider, *Die preußischen Orden, Ehrenzeichen und Auszeichnungen, Bd. 1: Das Buch des Eisernen Kreuzes: Die Ordenssammlung*, Berlin, 1971.
27 Snodin op. cit., darin die Aufsätze von Gottfried Riemann und Alex Potts. Siehe auch Riemann und Hesse, op. cit. Dieses kleine Buch enthält wunderbare Illustrationen von Schinkels Zeichnungen, bebilderten Notizen, Plänen und Innenraumentwürfen.
28 Siehe Reinhard Wegner (Hg.), *Karl Friedrich Schinkel. Lebenswerk*, Bd. III, 2, *Die Reise nach Frankreich und England im Jahre 1826*, München, 1990.
29 Siehe Rand Carter, *Karl Friedrich Schinkel: The Last Great Architect*, Chicago, 1981.
30 Erik Forssman, »Höhere Baukunst«, in: *Karl Friedrich Schinkel: Bauwerke und Baugedanken*, München, 1981, S. 211-233.

31 Oswald Hederer, *Leo von Klenze: Persönlichkeit und Werk*, München, 1964. Zu seiner Arbeit in Bayern siehe S. 172-180. Klenze war auch ein hervorragender Maler, siehe Norbert Lieb und Florian Hufnagl, *Leo von Klenze: Gemälde und Zeichnungen*, München, 1979.
32 Zu deren Gemälden siehe Klaus Gallwitz et al. (Hg.), *Die Nazarener in Rom: Ein deutscher Künstlerbund der Romantik*, München, 1981. Dieser Katalog einer Ausstellung in Rom bestätigt die hervorragende künstlerische Qualität dieser heute so sehr aus der Mode geratenen Maler.
33 Mitchell Benjamin Frank, »Overbeck as the Monk-Artist«, in: ders., *German Romantic Painting Redefined: Nazarene Tradition and the Narratives of Romanticism*, Aldershot, 2000, S. 49 ff. Zu den Zeichnungen dieser Maler siehe S. 26 f. Siehe auch Fritz Schmalenbach, »Das Overbecksche Familienbild«, in: *Studien über Malerei und Malereigeschichte*, Berlin, 1972, S. 77-81.
34 Margaret Howitt, *Friedrich Overbeck: Sein Leben und sein Schaffen*, 2 Bde., Freiburg, 1886, Nachdruck Bern, 1971, Bd. 1, S. 82.
35 Pelzel, *op. cit.*, S. 21.
36 *ibd.*, S. 26.
37 *ibd.*, S. 29.
38 Frank, *op. cit.*, S. 26. Siehe auch Gallwitz et al., *op. cit.*
39 Frank, *ibd.*
40 *ibd.*, S. 140.
41 Pelzel, *op. cit.*, S. 40.
42 Frank, *op. cit.*, S. 143.
43 Pelzel, *op. cit.*, S. 56.
44 *ibd.*, S. 61.
45 Julius Schnorr von Carolsfeld, *Die Bibel in Bildern*, Leipzig, 1860.
46 *The Romantic Vision of Caspar David Friedrich: Paintings and Drawings from the USSR*, Katalog einer Ausstellung im Metropolitan Museum of Art, New York, und im Chicago Art Institute, New York, 1990.
47 Zu seinem Symbolismus siehe Joseph Leo Koerner, *Caspar David Friedrich and the Subject of Landscape*, London, 1990, S. 122 f., sowie Hubertus Gassner et al., Ausstellungskatalog, *Caspar David Friedrich: Die Erfindung der Romantik*, München, 2006, und Werner Hofmann, *Caspar David Friedrich: Naturwirklichkeit und Kunstwahrheit*, München, 2000.
48 Hans-Georg Gadamer hielt Friedrichs Betonung auf die Kommunität für eine Bestätigung von deren Auflösung, siehe Koerner, *op. cit.*, S. 130, sowie Kap. 41 im vorliegenden Buch.

10. HUMBOLDTS GESCHENK: DIE ERFINDUNG DER FORSCHUNG UND DER PREUSSISCH-PROTESTANTISCHE BILDUNGSBEGRIFF

1 R. Steven Turner, *The Prussian Universities and the Research Imperative*, unveröffentlichte Dissertation, Princeton University, 1972, S. 1.
2 *ibd.*, S. 3.
3 *ibd.*, S. 4.
4 *ibd.*, S. 8.
5 Siehe auch Johann Friedrich Wilhelm Koch (Hg.), *Die preussischen Universitäten. Eine Sammlung der Verordnungen, welche die Verfassung und Verwaltung dieser Anstalten betreffen*, 2 Bde., Berlin, 1839-1840, Bd. 2, S. 531 f.
6 *ibd.*, S. 181.
7 William Clark, *Academic Charisma and the Origins of the Research University*, Chicago, 2006, S. 211.
8 Turner, *op. cit.*, S. 223.
9 *ibd.*, S. 229. [Anm. d. Übers.: Zum Zitat siehe Thomas Nipperdey, *Deutsche Geschichte, 1800-1866: Bürgerwelt und starker Staat*, München, 1983, S. 440.]
10 Turner, *op. cit.*, S. 247 f.
11 Zur Unterscheidung von Gelehrtheit und Forschung siehe Clark, *op. cit.*, S. 218.
12 Turner, *op. cit.*, S. 252.

13 Conrad Varrentrapp, *Johannes Schulze und das höhere preussische Unterrichtswesen in seiner Zeit*, Leipzig, 1889, S. 447f. [Anm. d. Übers.: Zum Zitat siehe Friedrich Schleiermacher, *Gelegentliche Gedanken über Universitäten in deutschem Sinn, nebst einem Anhang über eine neu zu errichtende*, Berlin, 1808, S. 32f.]
14 Max Lenz, *Geschichte der Königlichen Friedrich-Wilhelms-Universität zu Berlin*, 4 Bde., Halle, 1910-1919, Bd. 2, S. 470ff. [Anm. d. Übers.: Zum Zitat siehe Friedrich Wilhelm Joseph Schelling, *Vorlesungen über die Methode (Lehrart) des akademischen Studiums*, neu herausgegeben von Walter E. Ehrhardt, Hamburg, 1990. S. 10.]
15 Clark, op. cit., S. 237.
16 Turner, op. cit., S. 270.
17 ibd., S. 279.
18 Siehe auch Wilhelm von Humboldt, »Über die innere und äussere Organisation der höheren wissenschaftlichen Anstalten in Berlin« (unvollendete Denkschrift, 1810, erstmals veröffentlicht 1896), in: Ernst Anrich (Hg.), *Die Idee der deutschen Universität. Die fünf Grundschriften aus der Zeit ihrer Neubegründung durch klassischen Idealismus und romantischen Realismus*, Darmstadt, 1964, S. 377f.
19 Clark, op. cit., S. 178-181; Turner, op. cit., S. 285.
20 Eduard Fueter, *Geschichte der neueren Historiographie* (1911), München, 1936, S. 415ff.
21 Clark, op. cit., S. 158.
22 Turner, op. cit., S. 293f.
23 Conrad Bursian, *Geschichte der classischen Philologie in Deutschland von den Anfängen bis zur Gegenwart*, 2 Bde., München/Leipzig, 1883, Bd. 1, S. 526.
24 Turner, op. cit., S. 303.
25 Clark, op. cit., S. 287.
26 Turner, op. cit., S. 325.
27 Anrich, op. cit., S. 377. [Anm. d. Übers.: Zu den Zitaten siehe Johann Gottlieb Fichte, *Einige Vorlesungen über die Bestimmung des Gelehrten*, IV, in: *Sämmtliche Werke*, Bd. 6, Berlin 1845/1846, S. 329, sowie Wilhelm von Humboldt, *Über die innere und äussere Organisation der höheren wissenschaftlichen Anstalten in Berlin*, in: *Gesammelte Schriften*, herausgegeben von der Preußischen Akademie der Wissenschaften, Berlin, 1810, S. 250ff.]
28 Norbert Guterman, Einführung, *On University Studies*, Ohio, 1966, S. 26f. (englische Übersetzung von Schellings *Vorlesungen über die Methode (Lehrart) des akademischen Studiums*).
29 Turner, op. cit., S. 373.
30 Ludwig Adolf Wiese, *Das höhere Schulwesen in Preussen: Historisch-statistische Darstellung*, 4 Bde., Berlin, 1864-1902, Bd. 1, Tabelle S. 420f.
31 Dem Historiker Max Lenz zufolge stieg der Prozentsatz von Mathematik- und Physikstudenten an der Berliner Universität von 6 Prozent im Jahr 1810 auf 16 Prozent im Jahr 1860, der von Chemiestudenten in derselben Periode von 1 auf 15 Prozent.
32 Turner, op. cit., S. 391.
33 Dietrich Gerhard und William Norvin (Hg.), *Die Briefe Barthold Georg Niebuhrs*, 2 Bde., Berlin, 1926, Bd. 2, S. 222.
34 Clark, op. cit., S. 403.
35 Luise Neumann, *Franz Neumann: Erinnerungsblätter von seiner Tochter*, Leipzig, 1904, S. 360ff.
36 Turner, op. cit., S. 404.
37 Siehe auch Justus Liebig, »Der Zustand der Chemie in Preussen«, in: *Annalen der Chemie und Pharmacie*, Bd. 34, 1984, S. 123ff., zitiert in: Turner, op. cit., S. 408, 419.
38 Helmut Schelsky, *Einsamkeit und Freiheit, Idee und Gestalt der deutschen Universität und ihrer Reformen*, Reinbek, 1963, S. 131ff.
39 Lenz, op. cit., Bd. 3, S. 530.
40 Clark, op. cit., S. 246ff.; Turner, op. cit., S. 453.
41 Siehe auch Friedrich Adolph Wilhelm Diesterweg, *Über das Verderben auf den deutschen Universitäten*, Essen, 1836, S. 1f.

11. DIE EVOLUTION DER ENTFREMDUNG

1 Siehe Friedrich Wilhelm Joseph Schelling, *Erster Entwurf eines Systems der Naturphilosophie* (1799), in: *Sämmtliche Werke [SW]*, 14 Bde., herausgegeben von Karl Friedrich August Schelling, Stuttgart/Augsburg, 1856-1861, Bd. 3, S. 12 ff.
2 Siehe Friedrich Wilhelm Joseph Schelling, *System der gesammten Philosophie und der Naturphilosophie insbesondere* (1804), SW, Bd. 6.
3 Siehe Georg Wilhelm Friedrich Hegel, *Phänomenologie des Geistes*, in: *Werke in zwanzig Bänden*, Theorie-Werkausgabe, herausgegeben von Eva Moldenhauer, auf der Grundlage der Werke von 1832 bis 1845 neu edierte Ausgabe, Bd. 3, Frankfurt a.M., 1979.
4 Malcolm Pasley (Hg.), *Germany: A Companion to German Studies*, London, 1972, S. 397 f. Siehe auch Thomas Sören Hoffmann, *Georg Wilhelm Friedrich Hegel: Eine Propädeutik*, Wiesbaden, 2004, S. 51 ff. zu seinem »Systemprogramm«, S. 278 ff. zum »Zentrum des Systems«.
5 Pasley, *op. cit.*, S. 398. [Anm. d. Übers.: Zum Zitat siehe Hegel, *Phänomenologie*, S. 23; sowie ders., *Wissenschaft der Logik*, »Vom Begriff im allgemeinen«, *Werke*, *op. cit.*, Bd. 6, S. 265.]
6 Pasley, *op. cit.*, S. 399.
7 *ibd.*, S. 401.
8 John McCumber, *The Company of Words: Hegel, Language and Systematic Philosophy*, Evanston, Ill., 1993, S. 328, hält das für einen Zirkelschluss.
9 Was natürlich jeweils ethische und wirtschaftliche Folgen hat, siehe Albena Neschen, *Ethik und Ökonomie in Hegels Philosophie und in modernen wirtschaftsethischen Entwürfen*, Hamburg, 2008.
10 Pasley, *op. cit.*, S. 406.
11 David McLellan, *The Young Hegelians and Karl Marx*, London, 1969, S. 2.
12 Heston Harris, *David Friedrich Strauss and His Theology*, Cambridge, 1973, S. 41 ff. Zu seinem Rausschmiss aus dem Seminar siehe S. 58 ff.
13 Siehe Carl August von Eschenmayer, *Der Ischariotismus unserer Tage*, Tübingen, 1835. Siehe auch Jörg F. Sandberger, *David Friedrich Strauß als theologischer Hegelianer: Mit unveröffentlichten Briefen*, Göttingen, 1972; sowie David Friedrich Strauß, *Der alte und der neue Glaube. Ein Bekenntnis*, Bonn, 1872.
14 Ludwig Feuerbach, *Das Wesen des Christentums* (1841) [Anm. d. Übers.: In der Folge zitiert nach der dritten Auflage, Leipzig, 1849]. Siehe insbesondere seine Analyse des Mystizismus im 10. Kapitel.
15 Pasley, *op. cit.*, S. 407.
16 Anm. d. Übers.: Ludwig Feuerbach, Einleitung zu: »Das Wesen der Religion im allgemeinen«, in: *Das Wesen des Christentums*, *op. cit.*, S. 53 f.
17 Anm. d. Übers.: *ibd.*, S. 71.
18 Siehe auch Josef Winiger, *Ludwig Feuerbach: Denker der Menschlichkeit. Eine Biographie*, Berlin, 2004. Winiger nennt Feuerbach den »Luther der Philosophie«.
19 McLellan, *op. cit.*, S. 107, 110.
20 Zu den anderen Einflüssen auf Marx siehe William Leon McBride, *The Philosophy of Marx*, London, 1977, S. 21-48. [Anm. d. Übers.: Zum Zitat siehe Moses Hess, *Die heilige Geschichte der Menschheit*, Stuttgart, 1837, S. 74.]
21 McBride, *op. cit.*, S. 38; McLellan, *op. cit.*, S. 145. [Anm. d. Übers.: Zum Zitat siehe Moses Hess, Brief vom 2.9.1841 an Berthold Auerbach, in: *Marx-Engels, historisch-kritische Gesamtausgabe, Werke/Schriften/Briefe*, im Auftrage des Marx-Engels Instituts Moskau, herausgegeben von D.B. Rajanow und V. Adoratskij, Berlin, 1927-1932, Bd. I/1.2, S. 260.]
22 McLellan, *op. cit.*, S. 157. [Anm. d. Übers.: Siehe Moses Hess, »Über das Geldwesen«, in: Ders., *Philosophische und sozialistische Schriften 1837-1850*, Berlin, 1961; sowie Karl Marx, »Zur Judenfrage« (1843)].
23 Bruce Mazlish, *The Meaning of Karl Marx*, Oxford/New York, 1984, S. 13.
24 *ibd.*, S. 23.
25 *ibd.*, S. 37 f.
26 *ibd.*, S. 45.
27 *ibd.*, S. 48.

28 *ibd.*, S. 54.
29 Siehe auch Heinz Frederick Peters, *Die rote Jenny: Ein Leben mit Karl Marx*, München, 1984.
30 Mazlish, *op. cit.*, S. 59f.
31 *ibd.*, S. 61.
32 *ibd.*, S. 63.
33 Bertell Ollmann, *Alienation: Marx's Conception of Man in Capitalist Society*, Cambridge, 1971, befasst sich im zweiten Teil des Buches mit Marx' Vorstellung von der menschlichen Natur.
34 Mazlish, *op. cit.*, S. 80. [Anm. d. Übers.: Zu den Zitaten siehe Karl Marx, »Zur Kritik der Hegelschen Rechtsphilosophie. Einleitung« (1844), *MEW*, Berlin, 1976, Bd. 1, S. 390f. und 388.]
35 Mazlish, *op. cit.*, S. 84.
36 Ollmann, *op. cit.* S. 168ff. [Anm. d. Übers.: Zu den Zitaten siehe Karl Marx, »Die entfremdete Arbeit«, *Ökonomisch-philosophische Manuskripte aus dem Jahre 1844*, *MEW*, Ergänzungsband, 1. Teil, S. 511, 514, 517.]
37 Mazlish, *op. cit.*, S. 90.
38 *ibd.*, S. 94.
39 Ollmann, *op. cit.*, S. 215.
40 Mazlish, *op. cit.*, S. 99. [Anm. d. Übers.: Zu den Zitaten siehe Karl Marx, Friedrich Engels, *Die Deutsche Ideologie. Kritik der neuesten deutschen Philosophie in ihren Repräsentanten Feuerbach, B. Bauer und Stirner und des deutschen Sozialismus in seinen verschiedenen Propheten* (1845-1846), *MEW*, Bd. 3/I, S. 33, 46, 70.]
41 Mazlish, *op. cit.*, S. 104.
42 *ibd.*, S. 105. [Anm. d. Übers.: Karl Marx, Friedrich Engels, »Manifest der Kommunistischen Partei«, *MEW*, Bd. 4, S. 459-493.]
43 Zur Geschichte dieses Werkes siehe Francis Wheen: *Über Karl Marx: Das Kapital*, aus dem Englischen von Kurt Neff, München, 2008.
44 Ollmann, *op. cit.*, S. 168.
45 Mazlish, *op. cit.*, S. 111.
46 Anm. d. Übers.: Karl Marx, *Das Kapital*, Bd. I, *MEW*, Bd. 23, S. 788f.
47 Mazlish, *op. cit.*, S. 113.
48 *ibd.*, S. 115.
49 *ibd.*, S. 150.
50 J.D. Hunley, *The Life and Thought of Friedrich Engels*, New Haven, Conn., 1991, S. 1.
51 Die Affinität der beiden Männer erforschte Terrell Carver in dem Buch *Marx and Engels: The Intellectual Relationship*, London, 1983.
52 Siehe auch Hans Peter Bleuel, *Friedrich Engels: Bürger und Revolutionär. Die zeitgerechte Biographie eines großen Deutschen*, Bern, 1981.
53 Hunley, *op. cit.*, S. 10, 14.
54 Über diese Lage machte sich jedoch nicht nur Engels Sorgen, siehe Michael Levin, *The Condition of England Question: Carlyle, Mill, Engels*, Basingstoke, 1981.
55 Tristram Hunt, *The Frock-Coated Communist: The Revolutionary Life of Friedrich Engels*, London, 2009, S. 243; Hunley, *op. cit.*, S. 17.
56 *ibd.*, S. 24.
57 Carver, *op. cit.*, S. 144.
58 Anm. d. Übers.: Friedrich Engels, »Ludwig Feuerbach und der Ausgang der klassischen deutschen Philosophie«, *MEW*, Bd. 21, S. 267, 271.
59 Hunley, *op. cit.*, S. 40.
60 Siehe auch Gérard Bekerman, *Vocabulaire du marxisme: Wörterbuch des Marxismus, français–allemand, de Karl Marx et Friedrich Engels. Vocabulaire de la technologie des œuvres complètes: Terminologisches Wörterbuch der Gesamtwerke von Karl Marx und Friedrich Engels*, Paris, 1981.
61 Hunley, *op. cit.*, S. 108.
62 *ibd.*, S. 123. [Anm. d. Übers.: Zum Zitat siehe Engels, »Ludwig Feuerbach«, *op. cit.*, S. 267.]
63 Anm. d. Übers.: Karl Marx an Friedrich Engels, 19. Dezember 1860, *MEW*, Bd. 30, S. 131.

64 Hunt, op. cit., S. 280. Terrell Carver, op. cit., stellt im ersten Kapitel seines Buches fest, dass ihre Beziehung bis zum Ende »unerschütterlich« geblieben sei, Engels nach Marx' Tod aber »eine Reihe von Zweideutigkeiten bei ansonsten ziemlich (wenn auch nicht völlig) eindeutigen Punkten geschaffen« habe.

12. DER DEUTSCHE HISTORISMUS: »EIN EINZIGARTIGES EREIGNIS IN DER IDEENGESCHICHTE«

1 George G. Iggers, *Leopold von Ranke and the Shaping of the Historical Discipline*, Syracuse, NY, 1990, S. 38 f. [Anm. d. Übers.: Zum Zitat siehe Johann Gottfried Herder, »Unsere Humanität ist nur Vorübung, die Knospe zu einer zukünftigen Blume«, in: *Ideen zur Philosophie der Geschichte der Menschheit*, Bd. 1, V. 5, Leipzig, 1841 (4. Aufl.), S. 157.]
2 Iggers, op. cit., S. 40.
3 *ibd.*, S. 42. [Anm. d. Übers.: Zum Zitat siehe Johann Gottlieb Fichte, »Über Machiavelli als Schriftsteller, und Stellen aus seinen Schriften« (1807), in: *System der Sittenlehre, Vorlesungen über die Bestimmung des Gelehrten und vermischte Aufsätze*, aus dem Nachlasse herausgegeben von Immanuel Hermann Fichte, Bonn, 1835, S. 427.]
4 Iggers, op. cit., S. 57.
5 Siehe auch Gustav Schlesier, *Erinnerungen an Wilhelm von Humboldt*, Stuttgart, 1843.
6 Iggers, op. cit., S. 61.
7 *ibd.*
8 Friedrich Meinecke: *Die Entstehung des Historismus* (1936), in: *Werke*, 9 Bde., Bd. 3, herausgegeben von Carl Hinrichs, München, 1959, S. 4. (In diesem Buch untersucht Meinecke, wie die deutsche Bewegung aus der europäischen – englischen, französischen, italienischen – Aufklärung entstand.) Zu Meineckes Weltanschauung siehe außerdem *Staat und Persönlichkeit: Studien*, Berlin, 1933 (mit Kapiteln über Troeltsch, Stein, Humboldt und Droysen), sowie *Die Idee der Staatsräson in der neueren Geschichte (1924)*, in: *Werke*, Bd. 1, herausgegeben von Walther Hofer, München, 1957 (wo es um die Zusammenhänge von Machiavellismus, Idealismus und Historismus in der deutschen Geschichte geht), und *Weltbürgertum und Nationalstaat. Studien zur Genesis des deutschen Nationalstaates*, in: *Werke*, Bd. 5, herausgegeben von Hans Herzfeld, München, 1962 (in dem Humboldt, Schlegel und Fichte behandelt werden).
9 G. P. Gooch, *Geschichte und Geschichtsschreiber im 19. Jahrhundert* (englische Erstveröffentlichung 1913), vom Verfasser neu bearbeitete deutsche Ausgabe mit einem Ergänzungskapitel, deutsch von Herta Lazarus, Frankfurt a. M., 1964, S. 25 f.
10 *ibd.*, S. 30, 34.
11 *ibd.*, S. 55 f.
12 *ibd.*, S. 64. Siehe auch James M. McGlathery (Hg.), *The Brothers Grimm and Folklore*, Illinois, 1988, insbesondere S. 66 ff., 91 ff., 164 ff., 205 ff. Zur Verbindung mit Savigny siehe Gabriele Seitz, *Die Brüder Grimm: Leben – Werk – Zeit*, München, 1984, S. 37 ff. (das Buch enthält viele amüsante Zeichnungen).
13 Gooch, op. cit., S. 64 f.
14 *ibd.*, S. 66 f., 70 f.
15 *ibd.*, S. 76 ff., 81–84.
16 *ibd.*, S. 114. Zu den Bindegliedern zwischen Ranke und Hegel sowie zwischen Ranke und Darwin siehe Wolfgang J. Mommsen (Hg.), *Leopold von Ranke und die moderne Geschichtswissenschaft*, Stuttgart, 1988, mit Essays von Peter Burke, Rudolf Vierhaus und Thomas Nipperdey, sowie Theodor H. von Laue, *Leopold Ranke: The Formative Years*, Princeton, NJ, 1950.
17 Gooch, op. cit., S. 90.
18 Siehe Hanno Helbling, *Leopold von Ranke und der historische Stil*, Zürich, 1953.
19 Gooch, op. cit., S. 97, 99.
20 Helbling, op. cit., S. 70 ff.
21 Anm. d. Übers.: Leopold von Ranke, Brief an seinen Sohn Otto, 25. Mai 1873, in: ders., *Das Briefwerk*, herausgegeben von Walter Peter Fuchs, Hamburg, 1949, S. 518 f.
22 Gooch, op. cit., S. 113 f.

23 Zu Rankes politischen Ansichten siehe Laue, *op. cit.*, S. 139 ff., zu Rankes Traktat über die Großmächte siehe S. 181 ff.
24 Iggers, *op. cit.*, S. 10.
25 Zu Rankes Vermächtnis siehe Hans Heinz Krill, *Die Rankerenaissance: Max Lenz und Erich Marck. Ein Beitrag zum historisch-politischen Denken in Deutschland, 1880–1935*, Berlin, 1962, sowie Ludwig Dehio und Peter Classen (Hg.), *Friedrich Meinecke, Ausgewählter Briefwechsel*, Stuttgart, 1962: Die vielen Bezugnahmen auf Ranke in Meineckes umfangreicher Korrespondenz, mehr als auf jede andere Person mit Ausnahme von Burckhardt und Bismarck, beweisen ebenfalls, welchen Einfluss dieser Historiker hatte.
26 Iggers, *op. cit.*, S. 18–21.

13. DAS HEROISCHE ZEITALTER DER BIOLOGIE
1 John Buckingham, *Chasing the Molecule*, Stroud, 2004, S. 1.
2 Selbst zur Zeit dieser Feier war das noch umstritten gewesen, siehe später im Text, sowie Susanna Rudofsky und John H. Wotiz, *Psychiatrists and the Dream Accounts of August Kekulé*, in: *Ambix*, Bd. 25, 1988, S. 31–38.
3 Buckingham, *op. cit.*, S. 2.
4 *ibd.*, S. 29.
5 *ibd.* Siehe auch Jacob Volhard, *Justus von Liebig*, 2 Bde., Leipzig, 1909.
6 Zu Berzelius siehe Eran M. Melhado und Tore Frängsmyr (Hg.), *Enlightenment Science in the Romantic Era: The Chemistry of Berzelius and the Cultural Setting*, 1992. Im fünften Kapitel geht es im Beitrag von Alan J. Rocke um Berzelius' Rolle bei der Entwicklung der organischen Chemie; im achten Kapitel behandelt John Hadley Brooke Dualismus und Aufstieg der organischen Chemie.
7 *ibd.*, S. 171 ff., zur Isomerie.
8 Siehe August Wilhelm Hofmann, *The Life-Work of Liebig in experimental and philosophic chemistry with allusions to his influence on the development of the collateralsciences and of the useful arts*, »Faraday Lecture for 1875«, Madison, Wisconsin, 1876, zitiert in: Buckingham, *op. cit.*, S. 107.
9 Buckingham, *op. cit.*, S. 109. [Anm. d. Übers.: Zu den Zitaten siehe Friedrich Wöhler, »Ueber die künstliche Bildung des Harnstoffs«, in: *Annalen der Physik und Chemie*, 12/88, herausgegeben von Johann Christian Poggendorff, Berlin/Leipzig, 1828, S. 253.]
10 *ibd.*, S. 112.
11 *ibd.*, S. 115.
12 *ibd.*, S. 118. Viele Benzolderivate, beispielsweise Vanille und Zimt, waren schon im frühen Altertum als angenehm riechende Öle und Gewürze verwendet worden.
13 Siehe Eilhard Mitscherlich, »Über das Benzol und die Säuren der Öl- und Talgarten«, in: *Liebig's Annalen*, Bd. 9, 1834, S. 39–56.
14 Buckingham, *op. cit.*, S. 122.
15 Édouard Grimaux und Charles Gerhardt Jr., *Charles Gerhardt: Sa vie, son œuvre, sa correspondence*, Paris, 1900, S. ii.
16 Colin Archibald Russell, *A History of Valency*, Leicester, 1971, S. 83.
17 Siehe auch Richard Anschütz, *August Kekulé*, 2 Bde., Berlin, 1929, Bd. 1, S. 38.
18 Buckingham, *op. cit.*, S. 185.
19 *ibd.*, S. 187.
20 Robert Schwarz, *Aus Justus Liebigs und Friedrich Wöhlers Briefwechsel in den Jahren 1829–1873*, Weinheim, 1958, S. 272.
21 Zu Kolbe allgemein siehe Alan J. Rocke, *The Quiet Revolution: Hermann Kolbe and the Science of Organic Chemistry*, Los Angeles/Berkeley, 1993, S. 258 ff. zu Kolbes Beziehung mit Kekulé, S. 353 ff. zur »Kollision« von Kolbe und August Wilhelm Hofmann. Siehe auch Buckingham, *op. cit.*, S. 213.
22 Siehe zum Beispiel Hertha von Dechend, *Justus von Liebig: In eigenen Zeugnissen und solchen seiner Zeitgenossen*, Weinheim, 1943, S. 44 ff.
23 *New Dictionary of Scientific Biography*, Bd. 4, S. 310–313.
24 *ibd.*
25 Siehe Henry Harris, *The Birth of the Cell*, New Haven, Conn., 1999.

26 ibd., S. 76.
27 ibd., S. 61. [Anm. d. Übers.: Zu den Zitaten siehe Lorenz Oken, *Lehrbuch der Naturphilosophie, Dritter Theil*, Buch VIII, umgearbeitete Auflage, Jena, 1831, S. 155.]
28 Henry J. John, *Jan Evangelista Purkyně: Czech Scientist and Patriot, 1787–1869*, Philadelphia, 1959: Das sechste Kapitel behandelt Goethe und Purkinje, im Anhang findet sich eine Auflistung von Purkinjes Beiträgen zur Physiologie.
29 Harris, op. cit., S. 88.
30 Franz Andreas (Francis) Bauer, *Illustrations of Orchidaceous Plants*, London, 1830–1838.
31 Harris, op. cit., S. 81.
32 Jan Evangelista Purkinje, »Neueste Untersuchungen aus der Nerven- und Hirnanatomie«, in: *Bericht über die Versammlung deutscher Naturforscher und Aerzte in Prag im September 1837*, Prag, 1838, S. 177–180.
33 Harris, op. cit., S. 94.
34 ibd., S. 174.
35 Anm. d. Übers.: Matthias Jacob Schleiden, »Beiträge zur Phytogenesis«, in: *Archiv für Anatomie, Physiologie und wissenschaftliche Medicin*, Berlin, 1838, S. 137.
36 ibd., S. 175.
37 Theodor Schwann, *Mikroskopische Untersuchungen über die Übereinstimmung in der Struktur und dem Wachsthum der Thiere und Pflanzen*, Berlin, 1839, S. 9.
38 Harris, op. cit., S. 100.
39 Schwann, op. cit., S. iii–iv.
40 Franz Unger, *Flora oder Botanische Zeitung welche Recensionen, Abhandlungen, Aufsätze, Neuigkeiten und Nachrichten die Botanik betreffend enthält*, Nr. 45, Regensburg, 1832, S. 713–717.
41 Siehe Vítězslav Orel, *Gregor Mendel. The first geneticist*, Oxford, 1996.
42 Harris, op. cit., S. 119.
43 *Nachrichten über Leben und Schriften des Herrn Geheimraths Dr. Karl Ernst von Baer, mitgetheilt von ihm Selbst*, St. Petersburg, 1866, S. 322 ff.
44 Harris, op. cit., S. 122–127.

14. DIE »DEUTSCHE MISERE«
1 Hagen Schulze, *Staat und Nation in der europäischen Geschichte* (1994), München, 2004, S. 211 f. Siehe auch Watson, *Ideen*, S. 1040 ff.
2 Schulze, op. cit., S. 212, 216 f.
3 Zum Thema »Staatsnationen« und »Kulturnationen« sowie zu der Idee von einem Sonderweg siehe ibd., S. 126–150.
4 Siehe z. B. Ernst Cassirer, »Hölderlin und der deutsche Idealismus«, in: Alfred Kelletat (Hg.), *Hölderlin: Beiträge zu seinem Verständnis in unserem Jahrhundert*, Tübingen, 1961, S. 79–118.
5 Zu Hölderlins Einstellungen zur Religion siehe Wolfgang Schadewelt, »Hölderlins Weg zu den Göttern«, in: Kelletat, op. cit., S. 333–341, sowie Mark Ogden: *The Problem of Christ in the Work of Friedrich Hölderlin*, London, 1991, und Max Kommerell, *Der Dichter als Führer in der deutschen Klassik: Klopstock, Herder, Goethe, Schiller, Jean Paul, Hölderlin*, Frankfurt a. M., 1982.
6 Heidegger – und andere – waren insbesondere von Hölderlins Herangehensweise an das Phänomen »Volk« fasziniert. Siehe Kommerell, op. cit., S. 461 ff.
7 Einen ausführlichen und bewegenden Bericht über die Ereignisse, die schließlich zu diesem gemeinsamen Selbstmord führten, liefert Joachim Maass, *Kleist. Die Geschichte seines Lebens*, München, 1979.
8 Gerhard Schulz, *Kleist: Eine Biographie*, München, 2007, passim.
9 Zu Grillparzers Politikverständnis siehe Bruce Thompson, »Grillparzer's Political Villains«, in: Robert Pichl et al. (Hg.), *Grillparzer und die europäische Tradition. Londoner Symposium 1986*, Wien, 1987, S. 101–112.
10 Raoul Auernheimer, *Franz Grillparzer. Der Dichter Österreichs*, Wien, 1948, S. 48–61.
11 Franz Grillparzer, »Selbstbiographie« (1853), in: *Sämtliche Werke*, herausgegeben von August Sauer, Bd. 3, Stuttgart, 1872, S. 91. Siehe auch ders., *Briefe und Tagebücher*, herausgegeben von Glossy und Sauer, 2 Bde., Stuttgart, 1903.

12 Hermann Glaser (Hg.), *Soviel Anfang war nie. Deutscher Geist im 19. Jahrhundert. Ein Lesebuch*, Frankfurt a. M., 1984, S. 279, 283.
13 Anm. d. Übers.: Marie von Ebner-Eschenbach, »Meine Erinnerungen an Grillparzer«, in: *Gesammelte Werke in drei Bänden*, Bd. 3, München, 1956-1958, S. 907.
14 Robert Pichl, »Tendenzen der neueren Grillparzerforschung,« in: Pichl et al., *op. cit.*, S. 145 ff.
15 Anm. d. Übers.: Adelbert Stifter: *Der Nachsommer*, Erster Band, Kap 3-5, in: *Gesammelte Werke in sechs Bänden*, Wiesbaden, 1959, Bd. 4, S. 42-177.
16 Sogar die Liebe, *besonders* das Element der Liebe, entwickelt sich in diesem Werk nur behutsam, »sanft«, siehe Gerhard Neumann, »Archäologie der Passion zum Liebeskonzept in Stifters *Der Nachsommer*«, in: Michael Minden et al. (Hg.), *Stifter and Modernist Symposium*, 2006, S. 60-79, sowie Lily Hohenstein, *Adalbert Stifter: Lebensgeschichte eines Überwinders*, Bonn, 1952, S. 226 ff. [Anm. d. Übers.: Zu »Rosenduft«: So nannte Nietzsche dieses Buch gegenüber Curt Paul Janz, siehe Janz: *Friedrich Nietzsche. Biographie*, München, 1978, Bd. 2, S. 278. Zur Prosa-Literatur siehe Friedrich Nietzsche: *Werke in drei Bänden*, herausgegeben von Karl Schlechta, München, 1954, Bd. 1, S. 921 f.]
17 Anm. d. Übers.: Zu den Zitaten siehe der Reihe nach Adalbert Stifter, »Vorrede«, *Bunte Steine* (1852), in: *Gesammelte Werke in sechs Bänden*, Bd. 3, Wiesbaden, 1959, S. 7-15; Friedrich Hebbel, *Leipziger Illustrierte Zeitung*, 4. September 1858, zitiert in: Urban Roedl, *Adalbert Stifter in Selbstzeugnissen und Bilddokumenten*, Reinbek bei Hamburg, 1965, S. 150; Thomas Mann, *Doktor Faustus. Die Entstehung des Doktor Faustus*, Frankfurt a. M., 1967, S. 774.
18 Anm. d. Übers.: Zum Grünen Heinrich siehe Friedrich Nietzsche an Franz Overbeck, 8. Juli 1881, in: Giorgio Colli und Mazzino Montinari (Hg.), *Briefwechsel. Kritische Gesamtausgabe*, Berlin/New York, 1981, Bd. III/1, S. 101; zu Keller siehe Friedrich Nietzsche an Hippolyte Taine, 4. Juli 1887, in: *Werke in drei Bänden*, herausgegeben von Karl Schlechta, München, 1954, Bd. 3, S. 1259.
19 Hierzu siehe vor allem Michael Minden, »›Der grüne Heinrich‹ and the Legacy of ›Wilhelm Meister‹«, in: John L. Flood et al. (Hg.), *Gottfried Keller: 1819-1890*, Stuttgart, 1991, S. 29-40, sowie Wolfgang Matz, *Adalbert Stifter oder Diese fürchterliche Wendung der Dinge*, München, 2005. Siehe auch Georg Lukács, »Gottfried Keller« (1939), in: *Die Grablegung des alten Deutschland. Essays zur deutschen Literatur des 19. Jahrhunderts*, Reinbek, 1967, S. 199.
20 Todd Kontje, *The German Bildungsroman: History of a National Genre*, Columbia, 1993, S. 26 f.
21 Anm. d. Übers.: Heinrich Heine an Varnhagen, 3. Januar 1846, in: *Heinrich Heine. Säkularausgabe [HSA], Werke, Briefwechsel, Lebenszeugnisse*, herausgegeben von den Nationalen Forschungs- und Gedenkstätten der klassischen deutschen Literatur in Weimar und dem Centre National de la Recherche Scientifique in Paris, Berlin u. a., 1970 ff., Bd. 22, S. 180 f.
22 Anm. d. Übers.: Heinrich Heine, *Lutetia: Berichte über Politik, Kunst und Volksleben*, Berichte für die *Augsburger Allgemeine Zeitung*, Teil Eins, Artikel XXXIII, 20. April 1841.
23 Anm. d. Übers.: Heinrich Heine, Rezension von Michael Beers Trauerspiel *Struensee* (München, 1828), in: *HSA*, Bd. 4.
24 Ritchie Robertson, *Heine*, London, 1988, S. 7. Siehe auch Kerstin Decker, *Heinrich Heine: Narr des Glücks*, Berlin, 2007.
25 Anm. d. Übers.: Heinrich Heine, *Über Deutschland, 1833-1836*, in: *HSA*, Bd. 8, S. 242.
26 Anm. d. Übers.: Heinrich Heine, *Atta Troll. Ein Sommernachtstraum*, Caput III.
27 Siehe auch Marcel Reich-Ranicki, *Der Fall Heine*, Stuttgart, 1997. [Anm. d. Übers.: Siehe Heine, Caput X.]
28 Robertson, *op. cit.*, S. 27. [Anm. d. Übers.: Zum Zitat siehe Heinrich Heine an Rudolf Christiani, 7. März 1824, in: *HSA*, Bd. 20, S. 148.]
29 *ibd.*, S. 81.
30 *ibd.*, S. 87. [Anm. d. Übers.: Zum Zitat siehe den Bericht von Eduard von Fichte,

31. August 1851, in: *Gespräche mit Heine*, gesammelt und herausgegeben von Heinrich Hubert Houben, Frankfurt a. M., 1926, S. 828 ff.]
31 *ibd.*, S. 93. [Anm. d. Übers.: Zum Zitat siehe Georg Wilhelm Friedrich Hegel, *Vorlesungen über die Ästhetik*, op. cit., II, S. 129.]
32 Anm. d. Übers.: Büchner an August Stöber, Darmstadt, 9. Dezember 1833, in: Georg Büchner, *Werke und Briefe*, nach der historisch-kritischen Ausgabe von Werner R. Lehmann, München, 1980, S. 245 f.
33 Robertson, op. cit., S. 93.
34 Zu Heines letzten Gedichten siehe Siegbert Salomon Prawer, *Heine. The Tragic Satirist*, Cambridge, 1961, S. 22 f.
35 Anm. d. Übers.: Büchner an die Familie, Gießen, Februar 1834, in: *Georg Büchner. Werke und Briefe, Münchner Ausgabe*, herausgegeben von Karl Pörnbacher, München, 1988, S. 285.
36 Siehe auch Jan-Christoph Hauschild, *Georg Büchner. Studien und neue Quellen zu Leben, Werk und Wirkung*, Königstein, 1985, S. 35 ff., 47 f.
37 Anm. d. Übers.: Heinrich Heine, HSA, Bd. 5, S. 72.
38 Raymond Erickson, *Schubert's Vienna*, New Haven/London, 1997, S. 5 f.
39 *ibd.*, S. 290.
40 Gerbert Frodl et al. (Hg.), *Wiener Biedermeier. Malerei zwischen Wiener Kongress und Revolution*, München, 1992, S. 35–43.
41 Erickson, op. cit., S. 40 ff. Zur Wiederentdeckung des Biedermeier und der Ästhetik von Biedermeiermöbeln siehe den wahrscheinlich besten Bildband, der zurzeit zu diesem Thema auf dem Markt ist: Hans Ottomeyer et al. (Hg.), *Die Erfindung der Einfachheit*, Katalog zu den Ausstellungen in der Albertina, Wien, im Deutschen Historischen Museum, Berlin, und im Louvre, Paris, Stuttgart, 2006. Siehe auch George Marek, *Schubert*, London, 1986, S. 110 f.: Der Autor schreibt, dass diese Abende meist gut besuchte »Saufgelage« waren. In einem nachgewiesenen Fall hatten sogar eine Prinzessin, zwei Fürstinnen, drei Baroninnen und ein Bischof daran teilgenommen.
42 Schonberg, *Die großen Komponisten*, S. 175 f.
43 Ronald J. Taylor, *Robert Schumann: His Life and Work*, London, 1982, S. 320 f.
44 Clive Brown, *A Portrait of Mendelssohn*, New Haven/London, 2003, S. 74 ff.
45 *ibd.*, S. 430 ff. Siehe auch Schonberg, op. cit., S. 212–217; sowie Watson, *Ideen*, S. 972 f.
46 Schonberg, S. 219.
47 Siehe z. B. Gunter Wiegelmann et al., *Volkskunde*, Berlin, 1977, sowie Dieter Harmening et al., *Volkskultur und Geschichte. Festgabe für Josef Dünninger zum 65. Geburtstag*, Berlin, 1970.
48 Eva Kolinsky und Wilfried van der Will, *The Cambridge Companion to Modern German Culture*, Cambridge, 1998, S. 155.

15. »DEUTSCHLANDFIEBER« IN FRANKREICH, ENGLAND UND DEN VEREINIGTEN STAATEN
1 Maria Fairweather, *Madame de Staël*, London, 2005, S. 1.
2 *ibd.*, S. 4.
3 *ibd.*, S. 303.
4 *ibd.*, S. 307. [Anm. d. Übers.: Zu den Zitaten, auch den anschließenden, siehe Olga Gräfin Taxis-Bordogna, *Madame de Staël*, Salzburg/Leipzig, 1939, S. 203.]
5 Fairweather, op. cit., S. 375.
6 *ibd.*, S. 379.
7 Rosemary Ashton, *The German Idea*, Cambridge, 1980, S. 12. Siehe auch Hertha Marquardt, *Henry Crabb Robinson und seine deutschen Freunde: Brücke zwischen England und Deutschland im Zeitalter der Romantik*, Göttingen, 2 Bde., 1964–1967.
8 Siehe z. B. Elizabeth M. Vida, *Romantic Affinities: German Authors and Carlyle: A Study in the History of Ideas*, Toronto, 1993, sowie Jürgen Kedenburg, *Teleologisches Geschichtsbild und theokratische Staatsauffassung im Werke Thomas Carlyles*, Heidelberg, 1960. Auszüge aus Crabb Robinsons Tagebüchern wurden von Derek Hudson, Oxford, 1967 herausgegeben.
9 Ashton, op. cit., S. 4.

10 ibd., S. 51. Vom Wert des *Faust* war Coleridge anfänglich nicht besonders überzeugt gewesen, und dass er sich Sorgen über dessen Rezeption in England machte, war nicht gänzlich unbegründet: Die ersten Reaktionen waren ausgesprochen ablehnend, weil man die ganze Geschichte unmoralisch und den faustischen Handel regelrecht schockierend fand.
11 Siehe die Kapitel über Carlyles *Sartor Resartus* und sein Werk über Friedrich den Großen – »that unutterable horror of a Prussian book«, in: Kenneth J. Fielding et al. (Hg.), *Carlyle Past and Present*, London, 1976, S. 51–60, 177–197.
12 Frank Woodyer (F. W.) Stokoe, *German Influence in the English Romantic Period, 1788–1818*, Cambridge, 1926, erweiterten den Einfluss auf Scott, Shelley und Byron und veröffentlichte in diesem Buch eine Liste von Werken, die zwischen 1789 und 1805 »aus dem Deutschen übersetzt, vom Deutschen adaptiert oder durch deutsche Schriften angeregt« worden waren: insgesamt 167 Titel.
13 Fairweather, op. cit., S. 176.
14 Ashton, op. cit., S. 24.
15 Walter Harry Green (W. H. G.) Armytage, *The German Influence on English Education*, London, 1969, S. 6.
16 ibd., S. 23.
17 ibd., S. 32.
18 ibd., S. 42.
19 ibd., S. 52.
20 ibd., S. 54.
21 ibd., S. 34, 45.
22 Hans-Joachim Netzer, *Albert von Sachsen-Coburg und Gotha: Ein deutscher Prinz in England*, München, 1988, S. 238; Stanley Weintraub, *Albert: Uncrowned King*, London, 1997, S. 222. Siehe auch Edgar J. Feuchtwanger, *Albert and Victoria: The Rise and Fall of the House of Saxe-Coburg-Gotha*, London, 2006.
23 Hermione Hobhouse, *Prince Albert: His Life and Work*, London, 1983, S. viii. Das (wenn auch inzwischen veraltete) Standardwerk über Albert ist Theodore Martins Buch *The Life of HRH the Prince Consort*, 5 Bde., London, 1880. Siehe Bd. 5, S. 376 ff., zu Balmoral und zu politischen Fragen.
24 Hobhouse, op. cit., S. 64.
25 Franz Bosbach et al. (Hg.), *Windsor–Coburg. Geteilter Nachlass – Gemeinsames Erbe. Eine Dynastie und ihre Sammlungen*, München, 2007, S. 49 ff., 61 ff., 115 ff.
26 John R. Davis, *The Great Exhibition*, Stroud, 1999, S. 155.
27 ibd., S. 114. Siehe auch Elisabeth Darby, *The Cult of the Prince Consort*, Newhaven (Conn.)/London, 1983.
28 Ulrich von Eyck, *The Prince Consort*, London, 1959, S. 68.
29 ibd., S. 86.
30 Hobhouse, op. cit., S. 256.
31 Albert Bernhardt Faust, *The German Element in the United States*, New York, 1909, Bd. 1, S. 33. [Anm. d. Übers.: Vgl. ders., *Das Deutschtum in den Vereinigten Staaten*: Bd. I: *In seiner Bedeutung für die amerikanische Kultur*, Bd. II: *In seiner geschichtlichen Entwicklung*, Übersetzung von Sophie von Harbou, Leipzig, 1912.]
32 ibd., S. 477.
33 ibd., S. 567.
34 ibd., Bd. II, S. 202 f.
35 James Morgan Hart, *German Universities: A Narrative of Personal Experience*, New York, 1878. [Anm. d. Übers.: Zum Zitat siehe Madame de Staël, *Über Deutschland*, vollständige und neu durchgesehene Fassung der deutschen Erstausgabe von 1814 in der Gemeinschaftsübersetzung von Friedrich Buchholz, Samuel Heinrich Catel und Julius Eduard Hitzig, Frankfurt a. M./Leipzig, 1985, S. 111.]
36 Faust, op. cit., Bd. 2, S. 212.
37 Carl Diehl, *Americans and German Scholarship, 1770–1870*, Newhaven/London, 1978, S. 53, 61; Johannes Conrad, *Das Universitätsstudium in Deutschland während der letzten 50 Jahre: Statistische Untersuchungen unter besonderer Berücksichtigung Preußens*, Jena, 1884, S. 25.

38 Diehl, op. cit., S. 116.
39 ibd., S. 141.
40 Hans W. Gatzke, Germany and the United States: A ›Special relationship‹‹, Cambridge, MA, 1980, S. 30.
41 Faust, op. cit., Bd. 1, S. 438.
42 ibd., Bd. 2, S. 261.
43 ibd., S. 369.
44 ibd., S. 401.

16. WAGNERS ANDERER RING: FEUERBACH, SCHOPENHAUER, NIETZSCHE
 1 Bryan Magee, The Tristan Chord: Wagner and Philosophy, London, 2000/2001, S. 1. Dieses Kapitel stützt sich größtenteils auf Bryan Magees vorzügliche Studie. [Anm. d. Übers.: Zum Zitat siehe Thomas Mann, Gesammelte Werke in dreizehn Bänden (GW), Frankfurt a. M., 1974, Bd. IX, S. 397.]
 2 ibd., S. 3.
 3 Joachim Köhler, Der Letzte der Titanen: Richard Wagners Leben und Werk, München, 2001, S. 188.
 4 Zu Wagners Zeit als Junghegelianer siehe Paul Lawrence Rose, Richard Wagner und der Antisemitismus, aus dem Englischen von Angelika Beck, Zürich, 1999, S. 34 ff., 51 ff. Siehe auch Magee, op. cit., S. 35. [Anm. d. Übers.: Zum Zitat siehe Richard Wagner, Mein Leben, Zweiter Teil: 1842–1850, vollständig kommentierte Ausgabe, herausgegeben von Martin Gregor-Dellin, München, 1963, S. 400.]
 5 Köhler, op. cit., S. 351.
 6 Magee, op. cit., S. 14.
 7 Köhler, op. cit., S. 339, 353 ff. [Anm. d. Übers.: Zum Zitat siehe Richard Wagner, Mein Leben, S. 442.]
 8 Marx W. Wartofsky, Feuerbach, Cambridge, 1977, S. 322.
 9 Magee, S. 52.
10 Zu Feuerbach im Sinne eines Vorboten von Freud siehe Simon Rawidowicz, Ludwig Feuerbachs Philosophie: Ursprung und Schicksal, Berlin, 1964.
11 Magee, op. cit., S. 72 f.
12 ibd., S. 76.
13 ibd., S. 93.
14 Köhler, op. cit., S. 538 f.
15 Magee, op. cit., S. 145 f.
16 ibd., S. 162.
17 Meinen Erläuterungen liegen zugrunde: Dale Jacquette (Hg.), Schopenhauer, Philosophy and the Arts, Cambridge, 1996, sowie Rüdiger Safranski, Schopenhauer und die Wilden Jahre der Philosophie, München, 1977.
18 Magee, op. cit., S. 164.
19 Lawrence Ferrara, »Schopenhauer on Music as the Embodiment of Will«, in: Jacquette, op. cit., S. 185 ff.
20 Magee, op. cit., S. 166 f.
21 ibd., S. 168.
22 Köhler, op. cit., S. 542. [Anm. d. Übers.: Zum letztangeführten Zitat siehe Schopenhauers handschriftlicher Nachlass, herausgegeben von Arthur Hübscher, 5 Bde., Frankfurt a. M., 1966 ff., Nachdruck 1985, Bd. 3, »Berliner Manuskripte«, S. 240.]
23 Arthur Schopenhauer, Parerga und Paralipomena, W 1, § 52, S. 306 f. Siehe auch Magee, op. cit., S. 171.
24 Magee, op. cit., S. 193.
25 Siehe Rudolph Sabor, Richard Wagner. Der Ring des Nibelungen: A Companion Volume, London, 1997.
26 Ferrara, op. cit., S. 186.
27 Magee, op. cit., S. 209.
28 ibd., S. 209.
29 Anm. d. Übers.: Richard Wagner, »Beethoven« (1870), in: Sämtliche Schriften und Dichtungen (SuD), Bd. 9, S. 105 f.

30 Magee, op. cit., S. 231.
31 ibd., S. 289.
32 In diesen Schriften entwickelte er auch seinen unverkennbaren Stil, siehe Heinz Schlaffer, *Das entfesselte Wort: Nietzsches Stil und seine Folgen*, München, 2007.
33 Martin Ruehl, »Politeia 1871: Nietzsche contra Wagner on the Greek State«, in: Ingo Gildenhard et al. (Hg.), *Out of Arcadia: Classics and Politics in Germany in the Age of Burckhardt, Nietzsche and Wilamowitz*, London, 2003, S. 72. Siehe auch George Liébert, *Nietzsche et la musique*, Paris, 1995. Wagner bat Nietzsche sogar um Hilfe beim Kauf von Unterwäsche.
34 Siehe auch Joachim Köhler, *Friedrich Nietzsche und Cosima Wagner. Die Schule der Unterwerfung*, Reinbek, 1998. [Anm. d. Übers.: Zum Zitat siehe Friedrich Nietzsche, »Versuch einer Selbstkritik«, in: Friedrich Nietzsche, *Werke in drei Bänden (Nietzsche-W)*, herausgegeben von Karl Schlechta, München, 1965, Bd. 1, S. 11.]
35 Siehe Rüdiger Safranski, *Nietzsche. Biographie seines Denkens*, Frankfurt a. M., 2002, S. 51–78.
36 Siehe auch Joachim Köhler, *Zarathustras Geheimnis. Friedrich Nietzsche und seine verschlüsselte Botschaft. Eine Biographie*, Reinbek, 1992. [Anm. d. Übers.: Zu den Zitaten siehe Friedrich Nietzsche, *Die Geburt der Tragödie aus dem Geiste der Musik*, in: *Nietzsche-W*, Bd. 1, S. 75, 87, 10.
37 Magee, op. cit., S. 299f.
38 ibd., S. 306. [Anm. d. Übers.: Zum Zitat siehe Cosima Wagner, *Die Tagebücher*, editiert und kommentiert von Martin Gregor-Dellin und Dietrich Mack, 2 Bde., München, 1976/1977, Bd. 1, S. 424.]
39 ibd., S. 309. [Anm. d. Übers.: Zum Zitat siehe Stefan Lorenz Sorgner et al., *Wagner und Nietzsche. Kultur – Werk – Wirkung. Ein Handbuch*, Reinbek, 2008, S. 31.]
40 ibd., S. 313.
41 Lydia Goehr, in: Jacquette, op. cit., S. 216. [Anm. d. Übers.: Zum Zitat siehe Friedrich Nietzsche, *Unzeitgemäße Betrachtungen*, Drittes Stück: »Schopenhauer als Erzieher«, in: *Nietzsche-W*, Bd. 1, S. 290.]
42 Magee, op. cit., S. 316. [Anm. d. Übers.: Zu den Zitaten siehe Friedrich Nietzsche: *Die fröhliche Wissenschaft*, Drittes Buch, in: *Nietzsche-W*, Bd. 2, S. 115, sowie Erstes Buch, in: ibd., S. 33f.]
43 Siehe Thomas H. Brobjer, *Nietzsche's Philosophical Context: An intellectual biography*, Urbana, 2008.
44 Anm. d. Übers.: Nietzsche, *Unzeitgemäße Betrachtungen*, S. 290.
45 Magee, op. cit., S. 319. [Anm. d. Übers.: Zum Zitat siehe Friedrich Nietzsche, *Also sprach Zarathustra*, in: *Nietzsche-W*, Bd. 2, S. 337.]
46 Anm. d. Übers.: Friedrich Nietzsche, *Nietzsche contra Wagner*, in: *Nietzsche-W*, Bd. 2, S. 1052.
47 Magee, op. cit., S. 334. [Anm. d. Übers.: Zum Zitat siehe Nietzsche an Franz Overbeck, Rapallo, 22. Februar 1883, in: *Nietzsche-W*, Bd. 3, S. 1202f.]
48 Köhler, *Schule der Unterwerfung*, S. 156–175.
49 Magee, op. cit., S. 336f.

17. DIE PHYSIK WIRD KÖNIGSDISZIPLIN: CLAUSIUS, HELMHOLTZ, BOLTZMANN, RIEMANN
1 *Dictionary of Scientific Biography*, Bd. IX, S. 235–240.
2 Siehe Ken Caneva, *Robert Meyer and the Conservation of Energy*, Princeton, NJ, 1993.
3 Peter Michael Harman, *Energy, Force and Matter: The Conceptual Development of Nineteenth-Century Physics*, Cambridge, 1982, S. 144; Johann Christian Poggendorff, *Annalen der Physik und Chemie*, Leipzig, 1824.
4 Harman, op. cit., S. 145.
5 Iwan Rhys Morus, *When Physics became King*, London, 2005, S. 77.
6 Thomas S. Kuhn, *The Essential Tension. Selected Studies in Scientific Tradition and Change*, Chicago, 1977, S. 97f.
7 Harman, op. cit., S. 1.
8 Morus, op. cit., S. 47.

9 *ibd.*, S. 48.
10 Mary Jo Nye, *Before Big Science: The Pursuit of Modern Chemistry and Physics, 1800–1940*, New York, 1999, S. 3, 10f.
11 Morus, *op. cit.*, S. 63.
12 *ibd.*, S. 55.
13 Marcus du Sautoy, *Die Musik der Primzahlen. Auf den Spuren des größten Rätsels der Mathematik*, aus dem Englischen von Thomas Filk, 4. Aufl., München, 2008, S. 122.
14 Christa Jungnickel und Russell McCormmach, *The Intellectual Mastery of Nature*, Bd. 1, S. 164. Siehe auch Yehuda Elkana, *The Discovery of the Conservation of Energy*, London, 1974.
15 Morus, *op. cit.*, S. 42.
16 Harman, *op. cit.*, S. 146.
17 Rudolf Clausius, *Ueber die bewegende Kraft der Wärme und die Gesetze, welche sich daraus für die Wärme selbst ableiten lassen*, in: Annalen der Physik und Chemie, herausgegeben von Johann Christian Poggendorff, Bd. 79, 1850.
18 Morus, *op. cit.*, S. 53. Zu den Gemeinsamkeiten von Carnot und Clausius siehe George Birtwhistle, *The Principle of Thermodynamics*, Cambridge, 1931, S. 25–38. [Anm. d. Übers.: Zum Zitat siehe Rudolf Clausius, *Ueber die bewegende Kraft der Wärme, und die Gesetze, welche sich daraus für die Wärmelehre selbst ableiten lassen*, herausgegeben von Dr. Max Planck, Leipzig, 1898, S. 7.]
19 Peter Watson, *Das Lächeln der Medusa. Die Geschichte der Ideen und Menschen, die das moderne Denken geprägt haben*, aus dem Englischen übertragen und bearbeitet von Yvonne Badal, München, 2001, S. 49f.
20 Harman, *op. cit.*, S. 148.
21 *ibd.*, S. 149.
22 *ibd.*, S. 150.
23 Lewis Campbell und William Garnett, *The Life of James Clerk Maxwell*, London, 1882, S. 143.
24 Morus, *op. cit.*, S. 65.
25 *ibd.*, S. 68.
26 Zu weiteren Hintergrundinformationen siehe Ted Porter, *The Rise of Statistical Thinking, 1820–1900*, Princeton, NJ, 1983.
27 Siehe Engelbert Broda, *Ludwig Boltzmann: Mensch, Physiker, Philosoph*, Wien, 1955, S. 57–66, sowie S. 74ff. zu Boltzmanns Ansichten über den Wärmetod.
28 Carlo Cercignani, *Ludwig Boltzmann: The Man Who Trusted Atoms*, Oxford, 1998, insbesondere S. 120ff., zur statistischen Interpretation der Entropie. Das Buch enthält auch einige amüsante Karikaturen Boltzmanns von Karl Przibram.
29 Carl Boyer, *A History of Mathematics*, von Uta C. Merzbach revidierte 2. Ausgabe, New York, 1991, S. 496.
30 *ibd.*, S. 497.
31 *ibd.*, S. 507.
32 Zu den Beziehungen zwischen Klein, Riemann, Dirichlet und Karl Weierstrass siehe die sehr lesenswerte Biografie von Constance Reid, *Hilbert*, London/Berlin, 1970, S. 65ff.
33 Boyer, *op. cit.*, S. 545.
34 *ibd.*, S. 555.
35 Sautoy, *op. cit.*, S. 101.
36 *ibd.*, S. 103f.
37 Zur Korrespondenz zwischen Klein und David Hilbert, mit Querverweisen auf Dirichlet, Dedekind, Einstein, Husserl, Nernst, Poincaré und Weierstrass, siehe Günther Frei, *Der Briefwechsel David Hilbert–Felix Klein (1886–1918)*, Göttingen, 1985.
38 Reid, *op. cit.*, S. 45f.
39 Boyer, *op. cit.*, S. 550.

18. DER AUFSTIEG DES LABORS: SIEMENS, HOFFMANN, BAYER, ZEISS
1 Werner von Siemens, *Lebenserinnerungen*, München, 2004, S. 37, 42f.
2 *ibd.*, S. 50.

3 *ibd.*, S. 58–61.
4 Hierzu und zu weiteren Details siehe Georg Siemens, *Geschichte des Hauses Siemens*, 3 Bde., München, 1945, Bd. 1, S. 11–23. Siehe auch Wilfried Feldenkirchen, *Werner von Siemens: Erfinder und internationaler Unternehmer*, München, 1996.
5 Werner von Siemens, *op. cit.*, S. 68 f., 87.
6 *ibd.*, S. 183–192.
7 Georg Siemens, *op. cit.*, Bd. 1 und 2 passim.
8 Diarmuid Jeffreys, *Aspirin: The Remarkable Story of a Wonder Drug*, London, 2004, S. 56 f.
9 *ibd.*, S. 43.
10 Rudolf Benedikt, *The Chemistry of the Coal-Tar Colours*, London, 1886, S. 1 f.
11 Jeffreys, *op. cit.*, S. 45.
12 John Joseph Beer, *The Emergence of the German Dye Industry*, Urbana, 1959, S. 3.
13 *ibd.*, S. 10.
14 Zur chemischen Zusammensetzung und Struktur von Anilin, Toluidin und Rosanilin siehe Benedikt, *op. cit.*, S. 76 ff.
15 Beer, *op. cit.*, S. 28 f.
16 *ibd.*, S. 44.
17 *ibd.*, S. 53.
18 *ibd.*, S. 57.
19 *ibd.*, S. 61.
20 *ibd.*, S. 90.
21 Zu den Bindegliedern zwischen Farbstoffen, Farbtinten, Süßstoffen, Arzneien und Fotochemikalien siehe Thomas Beacall et al., *Dyestuffs and Coal-Tar Products*, London, 1916.
22 Beer, *op. cit.*, S. 97.
23 *ibd.*, S. 88.
24 *ibd.*, S. 100.
25 *ibd.*, S. 115.
26 *ibd.*, S. 120.
27 Siehe z. B. Josiah E. DuBois und Edward Johnson, *Generals in Grey Suits: The Directors of the International »I. G. Farben« Cartel, their Conspiracy and Trial at Nuremberg*, London, 1953.
28 Jeffreys, *op. cit.*, S. 62.
29 *ibd.*, S. 63.
30 *ibd.*, S. 64.
31 *ibd.*, S. 65.
32 *ibd.*, S. 71.
33 *ibd.*, S. 72.
34 *ibd.*, S. 73.
35 *ibd.*
36 Jeffreys widmet dem »Aspirin age« ein eigenes Kapitel, schildert den Vertrieb der Bayer-Produkte nach dem Ersten Weltkrieg in den USA und befasst sich mit der Rolle des Konzerns beim I. G.-Farben-Skandal. Isabel Leighton, die Herausgeberin von Samuel Hopkins Adams' Buch *The Aspirin Age, 1919–1941*, London, 1950, befasst sich mit den Zwischenkriegsjahren, in denen die Welt, wie sie ironisch anmerkt, offenbar genau eines Stärkungsmittels wie des Aspirin bedurft habe.
37 Rolf Walter und Wolfgang Mühlfriedel, *Carl Zeiss: Die Geschichte eines Unternehmens, 1846–1905*, Bd. 1: *Vom Atelier für Mechanik zum führenden Unternehmen des optischen Gerätebaus*, herausgegeben von Edith Hellmuth und Wolfgang Mühlfriedel, Weimar/Köln/Wien, 1996. Siehe darin insbesondere »Die wissenschaftliche Grundlegung der modernen Mikroskopfertigung«, S. 59–113.
38 Siehe auch den Bericht von Felix Auerbach, *Das Zeisswerk und die Carl-Zeiss-Stiftung in Jena*, Jena, 1925.
39 Anlässlich ihres hundertfünfzigjährigen Bestehens gab die Royal Microscopical Society den Katalog *The Great Age of the Miscroscope* heraus. Es war die erste Gesellschaft, die zur Förderung eines wissenschaftlich nutzbaren Instruments gegründet wurde,

weshalb der Katalog auch hauptsächlich Instrumente englischer Bauart aufführt, französische und deutsche Entwicklungen aber nicht völlig übergeht.
40 Das Mikroskop steht sinnbildlich für das Labor, welches selbst zu einem Symbol für die naturwissenschaftliche Forschung wurde. Siehe *Tales from the Laboratory, Or, Homunculus Revisited: London German Studies XI*, München, 2005. Der Herausgeber Rüdiger Görner schrieb die Einführung zu einer Reihe von englisch- und deutschsprachigen Essays über den Einfluss der Naturwissenschaften auf die deutsche Literatur. Siehe insbesondere den Aufsatz von Dieter Wuttke über die Frage, wie die spektakulären Fortschritte der deutschen Laborwissenschaften im 19. Jahrhundert die Kluft zwischen den Natur- und Geisteswissenschaften, deren tragische Konsequenzen für Deutschland in späteren Kapiteln beleuchtet werden, noch vergrößerten.

19. DIE HERREN DES METALLS: KRUPP, BENZ, DAIMLER, DIESEL, RATHENAU
1 Peter Batty, *The House of Krupp*, London, 1966, S. 46.
2 Wilhelm Berdrow, *Alfred Krupp und sein Geschlecht. 150 Jahre Krupp-Geschichte*, 3 Bde., Berlin, 1937.
3 Berdrow, *op. cit.*, S. 89ff.; Batty, *op. cit.*, S. 49.
4 Batty, *op. cit.*, S. 59.
5 *ibd.*, S. 61.
6 *ibd.*, S. 64.
7 Zum Rüstungswettlauf unter den Militärs siehe Jonathan A. Grant, *Rulers, Guns and Money: The Global Arms Race in the Age of Imperialism*, Cambridge, MA, 2007. Grant beleuchtet die Systematik der Krupp'schen Verhandlungen mit Russland, dem Osmanischen Reich, Bulgarien, Rumänien, Südamerika, Japan, Serbien und Griechenland.
8 Siehe z. B. *Krupp Archive*, Essen, WA 7 f/886: »Notic Beziehungen zur Türkei«, zitiert in: Grant, *op. cit.*, S. 28; Batty, *op. cit.*, S. 71.
9 Anm. d. Übers.: Otto von Bismarck, Rede am 30. September 1862 vor der Budgetkommission des preußischen Abgeordnetenhauses, in: *Bismarck: Die gesammelten Werke*, herausgegeben von Hermann von Petersdorff, Berlin, 1924–35, Bd. 10, *Reden 1847–1869*, herausgegeben von Wilhelm Schüßler, S. 139 f.
10 Zur Korrespondenz zwischen Krupp und Bismarck siehe Willi A. Boelcke (Hg.), *Krupp und die Hohenzollern in Dokumenten. Krupp-Korrespondenz mit Kaisern, Kabinettschefs und Ministern, 1850–1918*, Frankfurt a. M., 1970.
11 Batty, *op. cit.*, S. 72.
12 *ibd.*, S. 77.
13 Volker R. Berghahn, *Der Tirpitz-Plan: Genesis und Verfall einer innenpolitischen Krisenstrategie unter Wilhelm II.*, Düsseldorf, 1971, S. 227 ff. Siehe auch Gary E. Weir, *Building the Kaiser's Navy: The Imperial Navy Office and German Industry in the Von Tirpitz Era*, Shrewsbury, 1992.
14 Batty, *op. cit.*, S. 82.
15 *ibd.*, S. 83.
16 Peter Gay, *Das Zeitalter des Doktor Arthur Schnitzler. Innenansichten des 19. Jahrhunderts*, aus dem Amerikanischen von Ulrich Enderwitz, Monika Noll und Rolf Schubert, Frankfurt a. M., 2002, S. 31.
17 Batty, *op. cit.*, S. 93.
18 *ibd.*, S. 95.
19 Zum Eindruck, den die Villa Hügel hinterlässt, siehe das ziemlich respektlose Buch von Bernt Engelmann, *Krupp: Legenden und Wirklichkeit*, München, 1969, S. 208 f.
20 St. John C. Nixon, *The Antique Automobile*, London, 1956, S. 25; David Scott-Moncrieff, St. John Nixon und Clarence Paget, *Three-Pointed Star: The Story of Mercedes-Benz Cars and Their Racing Successes*, London, 1955, S. 3–19.
21 Nixon, *op. cit.*, S. 29.
22 *ibd.*, S. 33.
23 *ibd.*, S. 35.
24 Scott-Moncrieff, *op. cit.*, S. 120–149.
25 Zu einer Darstellung deutscher Technik und ihres gesellschaftlichen Ansehens siehe

Donald E. Thomas Jr., *Diesel: Technology and Society in Industrial Germany*, Tuscaloosa, 1987, S. 38 ff.
26 Eugen Diesel, *Diesel: Der Mensch, das Werk, das Schicksal*, Hamburg, 1934, S. 88.
27 Siehe Walther Rathenau, *Tagebuch 1907–1922*, herausgegeben von Hartmut Pogge von Strandmann, Düsseldorf, 1967.
28 Christian Schölzel, *Walther Rathenau: eine Biographie*, Paderborn, 2004, S. 28.
29 *ibd.*, S. 213 ff.
30 *ibd.*, S. 81 ff.
31 Rathenau, *op. cit.*, S. 16, 88. Siehe auch seine allgemeineren Aussagen in den Tagebucheinträgen zwischen 1911 und 1914.
32 Die wirtschaftspolitischen Positionen Rathenaus sind nachzulesen in der *Walther-Rathenau-Gesamtausgabe*, herausgegeben von Hans Dieter Hellige et al., 6 Bde., München, 1977–2006.
33 Der englische Historiker James Joll schrieb in einem seiner drei Essays über Intellektuelle in der Politik, dass sich in der Persönlichkeit Rathenaus die inneren Widersprüche Deutschlands gespiegelt hätten, siehe *Intellectuals in Politics: Three Biographical Essays*, London, 1960, S. 70.

20. DIE DYNAMIKEN VON SEUCHEN UND KRANKHEITEN: VIRCHOW, KOCH, MENDEL, FREUD
1 Anm. d. Übers.: Rudolf Virchow, »Über das Bedürfnis und die Richtigkeit einer Medizin vom mechanischen Standpunkt«, Rede am 3. April 1845, »ohne die von Eck angebrachten Korrekturen« wiedergegeben in *Virchows Archiv für pathologische Anatomie und Physiologie und für klinische Medizin*, herausgegeben von Johannes Orth, Bd. 188, 18. Folge, Bd. 8, Heft 1, S. 9, 7.
2 Anm. d. Übers.: Zu den Zitaten siehe der Reihenfolge nach: Rudolf Virchow, »Die öffentliche Gesundheitspflege«, in: *Die medicinische Reform*, Nr. 8, 25. August 1848, S. 45 f.; sowie *ibd.*, Nr. 5, 4. August 1848, in: *Sämtliche Werke*, herausgegeben von Christian Andree, Hildesheim, 2007, Abt. I, 28.1: *Gesammelte Abhandlungen zur wissenschaftlichen Medizin* (1856), S. 119, 330.
3 Zu dieser Betätigung Virchows siehe beispielsweise Rudolf Virchow, *Das Gräberfeld von Koban im Lande der Osseten, Kaukasus. Eine vergleichend-archäologische Studie* (1883), mit zusätzlichen Texten Virchows über das Gräberfeld und den Kaukasus, in: *Sämtliche Werke*, Bd. 54 (2008).
4 Zur Beziehung zwischen Virchow und Koch siehe Frank Ryan, *Tuberculosis: The Greatest Story Never Told*, Bromsgrove, 1992, S. 9 f.; sowie Bernhard Möllers, *Robert Koch: Persönlichkeit und Lebenswerk, 1843–1910*, Hannover, 1950, Kap. IV, S. 93–120.
5 Zu Henle siehe Ragnhild Münch, *Robert Koch und sein Nachlass in Berlin*, Berlin, 2003, S. 7; sowie Möllers, *op. cit.*, S. 23–39.
6 Münch, *op. cit.*, S. 9.
7 Zum Hintergrund von Milzbrand siehe Norbert Gualde, *Resistance: The Human Struggle Against Infection*, Washington, DC, 2006, S. 193, Anm. 4. [Anm. d. Übers.: Vgl. ders.: *Les microbes aussi ont une histoire: des épidémies de peste aux menaces de guerre bactériologique*, Paris, 2003.]
8 Möllers, *op. cit.*, S. 512–517.
9 *ibd.*, S, 527–534. Siehe Johanna Bleker, »To Benefit the Poor and Advance Medical Science: Hospitals and hospital care in Germany, 1820–1870«, in: Manfred Berg und Geoffrey Cocks (Hg.), *Medicine and Modernity: Public Health and Medical Care in Nineteenth- and Twentieth-Century Germany*, Washington, DC, 1997, S. 17–33.
10 Ryan, *op. cit.*, S. 9–13. [Anm. d. Übers.: Zum Zitat siehe Paul Ehrlich, »Nachruf auf Robert Koch«, in: *Frankfurter Zeitung*, 2. Juni 1910.]
11 Münch, *op. cit.*, S. 41–46; Möllers, *op. cit.*, S. 139–147.
12 Thomas Dormandy, *The White Death: A History of Tuberculosis*, London, 1999, S. 132. Zu den Abhandlungen von Loeffler und Gaffky siehe Münch, *op. cit.*, S. 374, 378.
13 Dormandy, *op. cit.*, S. 139–144.
14 Möllers, *op. cit.*, S. 657–684.
15 Siehe zum Beispiel Vera Pohland, »From Positive-Stigma to Negative-Stigma: A Shift

of the Literary and Medical Representation of Consumption in German Culture«, in: Rudolf Käser et al. (Hg.), *Disease and Medicine in Modern German Cultures*, Ithaca, NY, Cornell Studies in International Affairs, *Occasional Paper*, Nr. 28, 1990.
16 Zu Schaudinn siehe z.B. Dormandy, *op. cit.*, Anm. S. 199 und 265. Siehe auch Peter Watson, *Das Lächeln der Medusa. Die Geschichte der Ideen und Menschen, die das moderne Denken geprägt haben*, aus dem Englischen übertragen und bearbeitet von Yvonne Badal, München, 2001, S. 162 ff.
17 Siehe auch Martha Marquardt, *Paul Ehrlich als Mensch und Arbeiter*, Stuttgart, 1924.
18 Robin Morantz Henig, *A Monk and Two Peas: The Story of Gregor Mendel and the Discovery of Genetics*, London, 2000, S. 173 ff. [Anm. d. Übers.: Vgl. ders., *Der Mönch im Garten. Die Geschichte des Gregor Mendel und die Entdeckung der Genetik*, aus dem Englischen von Norbert Juraschitz, Berlin, 2001. Siehe auch Watson, *Medusa*, S. 44 ff.
19 Zu dem Zusammenbruch, den er in Wien erlitt, siehe Henig, *op. cit.*, S. 46–57.
20 Bowler, *op. cit.*, S. 100.
21 *ibd.*, S. 279.
22 Anm. d. Übers.: Gregor Mendel, *Versuche über Pflanzenhybriden*, vorgelegt in den Sitzungen des Naturforschenden Vereins Brünn vom 8. Februar und 8. März 1865, gedruckt in den *Verhandlungen des naturforschenden Vereines in Brünn*, Bd. IV., hier zitiert aus: *Zwei Abhandlungen*, herausgegeben von Erich von Tschernak-Seysenegg, Frankfurt a.M., 1995, S. 40 f.
23 Bowler, *op. cit.*, S. 280.
24 Siehe z.B. Eileen Magnello, »The Reception of Mendelism by the Biometricians and the Early Mendelians (1899–1909)«, in: Milo Keynes et al. (Hg.), *A Century of Mendelism in Human Genetics*, London/Boca Raton, 2004, S. 19–32.
25 Bowler, *op. cit.*, S. 282.
26 Siehe z.B. Guy Claxton, *The Wayward Mind: An Intimate History of the Unconscious*, London, 2005.
27 Anm. d. Übers.: Henri F. Ellenberger, *Die Entdeckung des Unbewussten. Geschichte und Entwicklung der dynamischen Psychiatrie von den Anfängen bis zu Janet, Freud, Adler und Jung*, aus dem Amerikanischen von Gudrun Theusner-Stampa (1973), 2. Aufl., Zürich, 1996, S. 297. Siehe auch Watson, *Ideen*, S. 1129–1142.
28 Anm. d. Übers.: *ibd.*, S. 497 f.
29 Anm. d. Übers.: *ibd.*, S. 410.
30 Anm. d. Übers.: *ibd.*, S. 214.
31 William H. Johnston, *The Austrian Mind: An Intellectual and Social History, 1848–1938*, Berkeley, 1972, S. 236.
32 Giovanni Costigan, *Sigmund Freud: A Short Biography*, London, 1967, S. 42.
33 *ibd.*, S. 68 ff.
34 Siehe auch Hugo A. Meynell, *Freud, Marx and Morals*, Totowa, NJ, 1981.

21. DER MISSBRAUCH VON GESCHICHTE
1 Fritz Stern, *The Failures of Illiberalism. Essays on the Political Culture of Modern Germany*, London, 1972, S. xxxvii. [Anm. d. Übers.: Vgl. ders., *Das Scheitern illiberaler Politik. Studien zur politischen Kultur Deutschlands im 19. und 20. Jahrhundert*, aus dem Englischen übersetzt von Heide Meissner u.a., Frankfurt a.M., 1974.]
2 Gordon A. Craig, *Deutsche Geschichte 1866–1945. Vom Norddeutschen Bund bis zum Ende des Dritten Reiches*, aus dem Englischen von Karl Heinz Siber, München, 1980, S. 50. Siehe auch Friedrich C. Sell, *Die Tragödie des Deutschen Liberalismus*, Baden-Baden, 1981, sowie auch Watson, *Ideen*, S. 1049 ff.
3 Siehe z.B. Giles MacDonogh, *The Last Kaiser*, London, 2000, S. 3.
4 Craig, *op. cit.*, S. 196–200.
5 Antoine Guilland, *Modern Germany and Her Historians*, Westport, Conn., 1970, S. 156. [Anm. d. Übers.: Vgl. ders., *L'Allemagne nouvelle et ses historiens (Niebuhr, R., Mommsen, Sybel, Treitschke)*, Paris, 1899.]
6 *ibd.*, S. 147.
7 *ibd.*, S. 153.

8 Theodor Mommsen, *Römische Geschichte* (1854), Berlin, 1923, Bd. 1., S. 229.
9 Guilland, *op. cit.*, S. 161.
10 Siehe auch Hellmut Seier, *Die Staatsidee Heinrich von Sybels in den Wandlungen der Reichsgründungszeit 1862/71*, Lübeck, 1961.
11 Guilland *op. cit.*, S. 185.
12 *ibd.*, S. 199.
13 *ibd.*, S. 219.
14 Zu einem weiteren Historiker, der zugleich aktiver Politiker war, siehe Wilfried Nippel, *Johann Gustav Droysen. Ein Leben zwischen Wissenschaft und Politik*, München, 2008.
15 Seier, *op. cit.*, S. 73 ff.
16 Andreas Dorpalen, *Heinrich von Treitschke*, New Haven, Conn., 1957, S. 29–48.
17 *ibd.*, S. 226 ff.
18 Charles E. McClelland, *The German Historians and England: A Study in Nineteenth-Century Views*, Cambridge, 1971, S. 168 ff.; Guilland, *op. cit.*, S. 272. Siehe auch Paul M. Kennedy, *The Rise of the Anglo-German Antagonism*, London, 1980.
19 Guilland, *op. cit.*, S. 273, 284. Siehe auch Walter Bußmann, *Treitschke. Sein Welt- und Geschichtsbild*, Göttingen, 1952, sowie Hermann Baumgarten, *Treitschkes deutsche Geschichte*, Straßburg, 1883.
20 Lord Acton, »German Schools of History«, in: *English Historical Review*, 1886.
21 Guilland, *op. cit.*, S. 309.
22 Ernst Curtius, *Olympia, mit ausgewählten Texten von Pindar, Pausanius, Lukian*, Berlin, 1935, insbes. S. 67–80; siehe darin auch die vorzüglichen Fotografien von Martin Hürlimann.
23 Richard Stoneman, *Land of Lost Gods*, London, 1987, S. 262.
24 *ibd.* [Anm. d. Übers.: Zu den Zitaten siehe »Vertrag wegen Ausführung von archäologischen Ausgrabungen auf dem Boden des alten Olympia«, in: *Deutsches Reichsgesetzblatt*, Bd. 1875, Nr. 19, S. 241–245, Fassung vom 13./25. April 1874, Bekanntmachung 1. Juni 1875.]
25 Anm. d. Übers.: Ernst Curtius und Friedrich Adler (Hg.), »Geschichte der Ausgrabungen von Olympia«, in: *Olympia: Die Ergebnisse der von dem Deutschen Reich veranstalteten Ausgrabung*, Textband 1, Berlin, 1897, S. 116 f., 128.
26 Siehe Heinrich Schliemann, *Selbstbiographie: Bis zu seinem Tode vervollständigt*, herausgegeben von Sophie Schliemann (1892), Wiesbaden, 1955, S. 54 ff., 69 ff. und 86 ff.
27 Anm. d. Übers.: *Strabons Geographika*, herausgegeben von Stefan Radt, 10 Bde., Bd. 3: *Buch IX–XII: Text und Übersetzung*, Göttingen, 2004, S. 573.
28 Stoneman, *op. cit.*, S. 270.
29 Susan Heuck Allen, *Finding the Walls of Troy: Frank Calvert and Heinrich Schliemann at Hisarlik*, Berkeley, CA, 1999, siehe insbes. S. 72 ff. zu Calverts »Betrügereien«, sowie S. 85 ff.
30 Stoneman, *op. cit.*, S. 276.
31 Zu Schliemann und Dörpfeld siehe Hermann von Joachim (Hg.), *Heinrich Schliemann: Grundlagen und Ergebnisse moderner Archäologie 100 Jahre nach Schliemanns Tod*, Berlin, 1992, S. 153–160. Dieses Buch umfasst die Ergebnisse einer Konferenz, die Schliemanns Leistungen und Behauptungen erneut unter die Lupe nahm. Siehe auch Ernst Mayr, *Heinrich Schliemann: Kaufmann und Forscher*, Göttingen, 1969. Hier werden Schliemanns Beziehungen zu Max Müller in Oxford, zu Rudolf Virchow, Dörpfeld und zu einer Reihe von Philologen beschrieben. [Anm. d. Übers.: Zum »möglichen Troja« siehe Wilhelm Dörpfeld, »Das homerische Troja«, in: ders. (Hg.), *Troja und Ilion: Ergebnisse der Ausgrabungen in den vorhistorischen und historischen Schichten von Ilion 1870–1984*, Athen, 1902, Bd. 2, S. 601–632.]
32 Stoneman, *op. cit.*, S. 283.
33 Anm. d. Übers.: Eduard Wölfflin, *Ampelius*, Abschnitt *miracula mundi* 8/14, Leipzig, 1873.

22. NATIONALISTISCHE PATHOLOGIEN DES PATRIOTISMUS

1 Volker R. Berghahn, *Militarism: The History of an International Debate: 1861–1979*, New York, 1981, S. 9. [Anm. d. Übers.: Vgl. ders., *Militarismus: Die Geschichte einer Internationalen Debatte*, aus dem Englischen übersetzt und überarbeitet vom Autor, Hamburg, 1986.]
2 Paul Kennedy, *Aufstieg und Fall der großen Mächte – Ökonomischer Wandel und militärischer Konflikt von 1500 bis 2000*, aus dem Englischen übersetzt von Catharina Jurisch, Frankfurt a.M. (1989), 1991, S. 287.
3 *ibd.* S. 288.
4 Nicholas Stargardt, *The German Idea of Militarism: Radical and Socialist Critics 1866–1914*, Cambridge, 1994, S. 91 ff.
5 Angelehnt an die Tabellen in: Kennedy, *op. cit.*, S. 308–311.
6 *ibd.*, S. 313 ff.
7 Stargardt, *op. cit.*, befasst sich auch mit der »Welle des Pazifismus«, die zwischen 1907 und 1914 über die deutschen Lande schwappte, wenngleich nicht immer in ein und derselben Richtung.
8 Auf den Militarismus im Jahr 1914 werden wir später zu sprechen kommen, siehe hier jedoch Jeffrey Verhey, *The Spirit of 1914: Militarism, Myth and Mobilisation in Germany*, Cambridge, 2000. [Anm. d. Übers.: Vgl. ders., *Der »Geist von 1914« und die Erfindung der Volksgemeinschaft*, übersetzt von Jürgen Bauer und Edith Nerke, Hamburg, 2000.]
9 Michael B. Gross, *The War Against Catholicism*, Ann Arbor, Mich., 2004, S. 240. Siehe auch Christoph Weber, *Kirchliche Politik zwischen Rom, Berlin und Trier 1876 bis 1888: Die Beilegung des preußischen Kulturkampfes*, Mainz, 1970. [Anm. d. Übers.: Zum Zitat siehe Heinrich von Sybel an Hermann Baumgarten, 27. Januar 1871, in: Julius Heyderhoff (Hg.), *Die Sturmjahre der preußisch-deutschen Einigung 1859–1970. Politische Briefe aus dem Nachlaß liberaler Parteiführer*, Bonn/Leipzig, 1925, S. 494.]
10 Gross, *op. cit.*, S. 241. Siehe auch Erich Schmidt-Volkmar, *Der Kulturkampf in Deutschland, 1871–1890*, Göttingen, 1962, S. 23–46.
11 Schmidt-Volkmar, *op. cit.*, S. 106–112.
12 Gross, *op. cit.*, S. 41.
13 *ibd.*, S. 43; Schmidt-Volkmar, *op. cit.*, S. 106 ff.
14 Gross, *op. cit.*, S. 56.
15 *ibd.*, S. 133.
16 *ibd.*, S. 69.
17 *ibd.*, S. 93.
18 *ibd.*, S. 109.
19 *ibd.*, S. 158 ff. [Anm. d. Übers.: Siehe Rudolf Virchow, *Erziehung des Weibes für seinen Beruf*, Vortrag, gehalten im Hörsaale des grauen Klosters zu Berlin, Berlin, 1865, sowie Heinrich von Sybel, »Über die Emancipation der Frauen«, in: *Vorträge und Aufsätze*, Berlin, 1874, S. 59–79.]
20 Gross, *op. cit.*, S. 116. [Anm. d. Übers.: Das Originalzitat von Droysen findet sich in: Wolfgang Hartwig, »Von Preußens Aufgabe in Deutschland zu Deutschlands Aufgabe in der Welt: Liberalismus und borussianisches Geschichtsbild zwischen Revolution und Imperialismus«, in: *Historische Zeitschrift*, 231, 1980, S. 316.]
21 *ibd.*, S. 213.
22 *ibd.*, S. 237.
23 *ibd.*, S. 284, 243.
24 *ibd.*, S. 254.
25 Weber, *op. cit.*, S. 76–83.
26 Gross, *op. cit.*, S. 255.
27 Alfred Kelly, *The Descent of Darwin: The Popularization of Darwinism in Germany, 1860–1914*, Chapel Hill, NC, 1981, S. 5.
28 *ibd.*
29 *ibd.*, S. 21 ff.
30 *ibd.*, S. 40.
31 *ibd.*, S. 127.

32 Richard J. Evans, »In Search of German Social Darwinism: The History and Historiography of a Concept«, in: Berg und Cocks, *Medicine and Modernity*, S. 55–79.
33 Kelly, op. cit., S. 105.
34 Siehe Arthur Herman, *Propheten des Niedergangs. Der Endzeitmythos im westlichen Denken*, aus dem Amerikanischen von Klaus-Dieter Schmidt, Berlin, 1998.
35 Siehe die allgemeine Studie von Daniel Pick, *Faces of Degeneration: a European Disorder, c. 1848–c. 1918*, Cambridge, 1989, insbes. S. 97–106.
36 ibd., S. 176–221.
37 Kelly, op. cit., S. 126. [Anm. d. Übers.: Zu den Zitaten siehe Max Nordau, *Entartung*, Berlin, 1892/1893, Bd. II, S. 521, Bd. I., S. 28, 135.]
38 Léon Poliakov, *Der arische Mythos. Zu den Quellen von Rassismus und Nationalismus*, aus dem Französischen von Margarete Venjakob, Wien, 1977, S. 97 f.
39 ibd., S. 132, 137.
40 Anm. d. Übers. Siehe Christoph Meiners, *Grundriß der Geschichte der Menschheit*, Lemgo, 1786, sowie ders., *Untersuchungen über die Verschiedenheiten der Menschennaturen (die verschiedenen Menschenarten) in Asien und den Südländern, in den Ostindischen und Südseeinseln, nebst einer historischen Vergleichung der vormahligen und gegenwärtigen Bewohner dieser Continente und Eylande*, 3 Bde., Tübingen, 1811-1815.
41 Kelly, op. cit., S. 191. [Anm. d. Übers.: Zu den Zitaten siehe Henry Lüdeke (Hg.), *Ludwig Tieck und die Brüder Schlegel*, Frankfurt a M., 1930, S. 140, sowie Friedrich Schlegel, »Vierte Vorlesung«, in: *Europa, eine Zeitschrift*, herausgegeben von Friedrich Schlegel, Erster Band, Frankfurt a. M., 1803, S. 78.]
42 Kelly, op. cit., S. 242.
43 ibd., S. 273; Poliakov, op. cit., S. 317. [Anm. d. Übers.: Zu Virchows Studie siehe »Gesamtbericht über die von der deutschen anthropologischen Gesellschaft veranlaßten Erhebungen über die Farbe der Haut, der Haare und der Augen der Schulkinder in Deutschland«, in: *Archiv für die Anthropologie*, 16, 1886. S. 275–446.]
44 Amos Elon, *The Pity of It All: A Portrait of Jews in Germany, 1743–1933*, London, 2003, S. 274. [Anm. d. Übers.: Vgl. ders., *Zu einer anderen Zeit. Porträt der jüdisch-deutschen Epoche (1743–1933)*, aus dem Englischen von Matthias Fienbork, München, 2003.]
45 Fritz Stern, *Kulturpessimismus als politische Gefahr. Eine Analyse nationaler Ideologie in Deutschland*, aus dem Amerikanischen von Alfred P. Zeller (1963), München, 1986, S. 137.
46 Kelly, op. cit., S. 128.
47 ibd., S. 143.
48 Stern, *Kulturpessimismus*, S. 203, 206.
49 Pick, op. cit., S. 135.
50 Anm. d. Übers.: Alfred Ploetz, *Die Tüchtigkeit unserer Rasse und der Schutz der Schwachen. Ein Versuch über Rassenhygiene und ihr Verhältnis zu den humanen Idealen, besonders zum Sozialismus*, Berlin, 1895, S. 147.
51 Kelly, op. cit., S. 139.
52 Anm. d. Übers.: Cosima Wagner, *Die Tagebücher*, editiert und kommentiert von Martin Gregor-Dellin und Dietrich Mack, 2 Bde., München, 1976/77, Bd. 2, S. 21.
53 Robert W. Lougee, *Paul de Lagarde, 1827–1891: A Study of Radical Conservatism in Germany*, Cambridge, MA, 1962, S. 117 ff.
54 Ulrich Sieg, *Deutschlands Prophet: Paul de Lagarde und die Ursprünge des modernen Antisemitismus*, München, 2007, S, 203–227.
55 ibd., S. 292–325.
56 Lougee, op. cit., S. 227–231.
57 Stern, *Kulturpessimismus*, S. 26. Siehe auch Lougee, op. cit., S. 253 f.
58 Siehe Geoffrey G. Field, *Evangelist of Race: The Germanic Vision of Houston Stewart Chamberlain*, New York, 1981.
59 Herman, op. cit., S. 92 f.
60 Chamberlain korrespondierte mit vielen berühmten Männern, darunter Adolf von Harnack, Ludwig Boltzmann und Christian Ehrenfels, siehe Houston Stewart Chamberlain: *Briefe und Briefwechsel mit Kaiser Wilhelm II.*, herausgegeben von Paul

Pretzsch, Bd. II, München, 1928; sowie Paul Pretzsch (Hg.), *Cosima Wagner und Houston Stewart Chamberlain im Briefwechsel 1888–1908*, Leipzig, 1934.
61 Anm. d. Übers.: Chamberlain and Hitler, Bayreuth, 7. Oktober 1923, in: *Briefe 1882–1924*, Bd. II.
62 Herman, *op. cit.*, S. 95.
63 Stern, *Kulturpessimismus*, S. 2 f.
64 Siehe Norbert Elias: Zivilisation und Informalisierung. *Die satisfaktionsfähige Gesellschaft*, in: ders., *Studien über die Deutschen. Machtkämpfe und Habitusentwicklung im 19. und 20. Jahrhundert*, herausgegeben von Michael Schröter, Frankfurt a. M., 1989.
65 Stern, *Kulturpessimismus.*, S. 19.

23. DAS GELD, DIE GESAMTHEIT UND DIE GROSSSTADT:
DIE »ERSTE KOHÄRENTE SOZIOLOGISCHE SCHULE«
1 Keith Bullivant, *Realism Today: Aspects of the Contemporary West German Novel*, Leamington Spa/Hamburg/New York, 1987, S. 8–12; Hans P. Rickman, *Wilhelm Dilthey: Pioneer of the Human Studies*, London, 1979, S. 12.
2 Rickman, *op. cit.*, S. 24.
3 *ibd.*, S. 38.
4 Siehe Hellmut Diwald, *Wilhelm Dilthey: Erkenntnistheorie und Philosophie der Geschichte*, Göttingen, 1963.
5 Anm. d. Übers.: Wilhelm Dilthey, *Grundlegung der Wissenschaften vom Menschen, der Gesellschaft und der Geschichte*, in: *Gesammelte Schriften (GS)*, Bd. XIX, herausgegeben von Helmut Johach und Frithjof Rodi, Göttingen, 1982, S. 346 f., sowie ders., *Weltanschauungslehre. Abhandlungen zur Philosophie der Philosophie*, in: *GS*, Bd. VIII (1977), S. 171.
6 Rickman, *op. cit.*, S. 57.
7 Ilse N. Bulhof, *Wilhelm Dilthey, A Hermeneutic Approach to the Study of History and Culture*, Den Haag, 1980, S. 55 sowie Kap. 3.
8 Rickman, *op. cit.*, S. 70. [Anm. d. Übers.: Siehe Wilhelm Dilthey, *Der Aufbau der geschichtlichen Welt in den Geisteswissenschaften*, Teil III, in: *GS*, 26 Bde., weitere im Aufbau, Göttingen, 1914–2004, Bd. VII.]
9 Diwald, *op. cit.*, S. 153–169.
10 Diese Progression, die bei Dilthey und Weber beginnt und Meinecke einschließt, diskutiert Carlo Antoni, *Vom Historismus zur Soziologie*, deutsch von Walter Goetz, Stuttgart, 1950. [Anm. d. Übers.: Zum Zitat siehe Dilthey, *GS*, Bd. V, S. 180.]
11 Rickman, *op. cit.*, S. 150 ff.
12 *ibd.*, S. 155.
13 Anm. d. Übers.: Wilhelm Heinrich Riehl, *Die Bürgerliche Gesellschaft*, Stuttgart, 3. Aufl., 1861, S. 136, 274.
14 Siehe Lewis Coser, *Masters of Sociological Thought: Ideas in Social and Historical Context*, New York, 1977.
15 David Frisby, *Georg Simmel*, London, 1984, S. 23.
16 *ibd.*, S. 25 f.
17 Anm. d. Übers.: Georg Simmel, »Das Problem der Soziologie«, in: *Soziologie. Untersuchungen über die Formen der Vergesellschaftung*, Berlin 1908, S. 4, 6.
18 Frisby, *op. cit.*, S. 71. [Anm. d. Übers: Zu den Zitaten siehe Georg Simmel, *Über soziale Differenzierung. Soziologische und psychologische Untersuchungen*, Leipzig, 1890, Kap. 1 und 3.] Siehe auch Margarete Susman, *Die geistige Gestalt Georg Simmels*, Tübingen, 1959, worin sie sich mit Simmels spiritueller Seite befasst, sowie Roy Pascal, *From Naturalism to Expressionism: German Literature and Society 1880–1928*, London, 1973, S. 157.
19 Frisby, *op. cit.*, S. 84. [Anm. d. Übers.: Zu den Zitaten siehe Simmel, *Über soziale Differenzierung*, S. 34 f., 50.]
20 Frisby, *op. cit.*, S. 93.
21 *ibd.*, S. 99. [Anm. d. Übers.: Zu den Zitaten siehe Georg Simmel, *Philosophie des Geldes*, Berlin, 1900, 1. Kap., S. 36, 33 f.]

22 *ibd.*, S. 106. [Anm. d. Übers.: Zum Zitat siehe Simmel, *ibd.*, 5. Kap., S. 414.]
23 Anm. d. Übers.: Simmel, *ibd.*, 6. Kap., S. 499, 514.
24 Fritz Ringer, *Max Weber: An Intellectual Biography*, Chicago und London, 2004, S. 36, 40; Frisby, *op. cit.*, S. 131, 132, 148. [Anm. d. Übers.: Zu den Zitaten siehe Georg Simmel, »Die Großstädte und das Geistesleben«, in: *Jahrbuch der Gehe-Stiftung*, herausgegeben von Theodor Petermann, Bd. 9, 1903, S. 185-206, sowie ders., *Soziologie. Untersuchungen über die Formen der Vergesellschaftung*, Berlin, 1908.]
25 Jose Harris [im Vorwort zu der von ihm herausgegebenen englischen Fassung von Tönnies' *Gemeinschaft und Gesellschaft*], Ferdinand Tönnies, *Community and Civil Society*, Cambridge, 2001, S. ix.
26 *ibd.*, S. xiv.
27 *ibd.*, S. xv.
28 *ibd.*, S. xvii.
29 *ibd.*, S. xxi.
30 Reiner Grundmann und Nico Stehr, »Why is Werner Sombart Not Part of the Core of Classical Sociology?«, in: *Journal of Classical Sociology*, 2001, Bd. I (2), S. 257-287.
31 Philip Siegelman schreibt in seiner Einführung zu *Luxury and Capitalism*, Ann Arbor, 1967 (d.i. die englische Fassung von Sombarts *Luxus und Kapitalismus*), dass Sombart und Weber die beiden begabtesten Nachfahren von Adam Smith, David Ricardo und G. W. F. Hegel gewesen seien.
32 Friedrich Lenger, *Werner Sombart, 1863-1941. Eine Biographie*, München, 1995, S. 115-123. Siehe auch Bernhard vom Brocke (Hg.), *Sombarts »Moderner Kapitalismus«: Materialien zur Kritik und Rezeption*, München, 1987
33 Grundmann und Stehr, *op. cit.*, S. 261.
34 Anm. d. Übers.: Werner Sombart, *Der Bourgeois. Zur Geistesgeschichte des modernen Wirtschaftsmenschen* (1913), herausgegeben von Wolfgang Müller, Reinbek, 1988, S. 196f.
35 Anm. d. Übers.: *ibd.*, S. 322, 325.
36 Anm. d. Übers.: *ibd.*, S. 211.
37 Anm. d. Übers.: *ibd.*, S. 211f., 227ff., 266.
38 An einer Stelle schrieb Sombart sogar, Puritanismus *sei* Judaismus, siehe Siegelman, *op. cit.*, S. xiii.
39 Jeffrey Herf, *Reactionary Modernism: Technology, Culture and Politics in Weimar and the Third Reich*, Cambridge, 1984, S. 191.
40 *ibd.*; Grundmann und Stehr, *op. cit.*, S. 269; Stefan Breuer, *Max Webers tragische Soziologie. Aspekte und Perspektiven*, Tübingen, 2006, siehe Kap. 9, »Zur Frage einer deutschen Linie der Soziologie«. Eine andere Sicht vertrat bei seinem Vergleich der deutschen Denker mit ihren französischen, englischen und amerikanischen Kollegen Ernst Nolte, *Geschichtsdenken im 20. Jahrhundert. Von Max Weber bis Hans Jonas*, Berlin, 1991.
41 Watson, *Das Lächeln der Medusa*, S. 82f.
42 Anm. d. Übers.: Max Weber, *Wirtschaft und Gesellschaft. Grundriss der verstehenden Soziologie* (1922), 5. Aufl., herausgegeben von Johannes Winckelmann, Tübingen, 1980, S. 2, 5.
43 Anm. d. Übers.: Max Weber: *Gesammelte Aufsätze zur Religionssoziologie*, Tübingen, 1986, Bd. I/1, S. 514f.
44 Watson, *Das Lächeln der Medusa*, S. 83f. [Anm. d. Übers.: Max Weber, *Die Protestantische Ethik und der »Geist« des Kapitalismus* (1904/07), Weinheim, 1993, S. 1.]
45 Watson, *ibd.*, S. 84. [Anm. d. Übers.: Weber, *ibd.*, in der Reihenfolge der Zitate S. 167, Anm. 56, S. 32.]
46 Watson, *ibd.* [Anm. d. Übers.: Weber, *ibd.*, in der Reihenfolge der Zitate S. 47, 147, 33, 34, 39, 40, 124.]
47 Anm. d. Übers.: Max Weber, *Schriften 1894-1922*, ausgewählt und herausgegeben von Dirk Kaesler, Stuttgart, 2002, S. 653-682.

24. DIE DISSONANZ UND »DER MEIST DISKUTIERTE EUROPÄISCHE KOMPONIST«

1 Jan Swafford, *Johannes Brahms. A Biography*, London, 1998, S. 570.
2 Schonberg, *Die großen Komponisten*, S. 306 f.
3 *ibd.*, S. 308 f.
4 Siehe das vorzügliche Porträt in Swafford, *op. cit.*, S. 49.
5 Schonberg, *Die großen Komponisten*, 313 f.
6 *ibd.*, S. 316, sowie Swafford, *op. cit.*, S. 297. Siehe auch Daniel Beller-McKenna, *Brahms and the German Spirit*, Cambridge, MA, 2004, S. 65 ff.
7 Zu Brahms' Sinfonien und seinem anfänglichen Patriotismus im Beethoven'schen Sinne siehe Beller-McKenna, *op. cit.*
8 *ibd.*, S. 12; Schonberg, *op. cit.*, S. 316 f.
9 Schonberg, *Die großen Komponisten*, S. 320.
10 Frank Walker, *Hugo Wolf: A Biography*, London, 1968, S. 55 ff. [Anm. d. Übers.: Vgl. ders., *Hugo Wolf: Eine Biographie*, übersetzt von Witold Schey, Graz, 1953.]
11 Zu Mörike und Eichendorff siehe *ibd.*, Kap. 10. Siehe auch Dietrich Fischer-Dieskau, *Hugo Wolf: Leben und Werk*, Berlin, 2003, S. 399, 445.
12 Susan Youens, *Hugo Wolf: The Vocal Music*, Princeton, NJ, 1992, S. 75.
13 Schonberg, *Die großen Komponisten*, S. 325 f.
14 *ibd.*, S. 327. Zum letzten Stadium seiner Krankheit siehe Walker, *op. cit.*, S. 443.
15 Schonberg, *Die großen Komponisten*, S. 328.
16 *ibd.*, S. 328 f.
17 *ibd.*, S. 332 f.; Hans Fantel, *The Waltz-Kings. Johann Strauss Father and Son, and their Era*, Newton Abbot, 1971, S. 32 ff.
18 Schonberg, *Die großen Komponisten*, S. 334; Joseph Wechsberg, *The Waltz Emperors: The Life and Times and Music of the Strauss Family*, London, 1973, S. 95.
19 Schonberg, *Die großen Komponisten*, S. 334; Fantel, *op. cit.*, S. 72 ff.
20 Schonberg, *Die großen Komponisten*, S. 336 ff.; Wechsberg, *op. cit.*, S. 166.
21 Schonberg, *Die großen Komponisten*, S. 459.
22 *ibd.*, S. 462 f.
23 *ibd.*, S. 463; Franzpeter Messmer, *Richard Strauss: Biographie eines Klangzauberers*, Zürich, 1994, S. 243 ff.
24 Schonberg, *Die großen Komponisten*, S. 464–467; Messmer, *op. cit.*, S. 171 ff.
25 Schonberg, *Die großen Komponisten*, S. 466 f., 470.
26 *ibd.*, S. 470. Charles Dowell Youmans, *Richard Strauss's Orchestral Music and the German Intellectual Tradition. The Philosophical Roots of Musical Modernism*, Bloomington, 2005, S. 86 ff., bezeichnet *Guntram* als den von Max Stirner und Friedrich Nietzsche beeinflussten Wendepunkt in Strauss' Denken.
27 Schonberg, *Die großen Komponisten*, S. 470; Messmer, *op. cit.*, S. 313.
28 Watson, *Das Lächeln der Medusa*, S. 92 f.
29 *ibd.*, S. 94; Georg R. Marek, *Richard Strauss: The Life of a Non-hero*, London, 1967, S. 183.
30 Watson, *Das Lächeln der Medusa*, S. 94 f.; Messmer, *op. cit.*, S. 324 ff.
31 Schonberg, *Die großen Komponisten*, S. 474.
32 *ibd.*, S. 476.
33 *ibd.*, S. 479 f.; Dika Newlin, *Bruckner, Mahler, Schoenberg*, London, 1979, S. 25 ff.
34 Schonberg, *Die großen Komponisten*, S. 483–486; Newlin, *op. cit.*, S. 35.
35 Siehe Newlin, *op. cit.*, S. 119, zu den literarischen Einflüssen auf Mahler.
36 Schonberg, *Die großen Komponisten*, S. 484 ff.
37 *ibd.*, S. 488 f. Siehe auch Alex Ross, *The Rest is Noise: Listening to the Twentieth Century*, New York, 2007, S. 19, 21.
38 William R. Everdell, *The First Moderns*, Chicago/London, 1997, S. 275; Watson, *Medusa*, S. 96–100.
39 James K. Wright, *Schoenberg, Wittgenstein and the Vienna Circle*, Bern, 2007, S. 67 ff.
40 Michael Cherlin, *Schoenberg's Musical Imagination*, Cambridge, 2007, S. 44 ff.
41 Ross, *op. cit.*, S. 18.
42 Ethan Haimo, *Schoenberg's Transformation of Musical Language*, Cambridge, 2006, S. 245.

43 Everdell, *op. cit.*, S. 277 ff.; Ross, *op. cit.*, S. 49.
44 *ibd.*, S. 280 f.; Newlin, *op. cit.*, S. 234 ff.
45 Ross, *op. cit.*, S. 52.

25. FUNKWELLEN, RELATIVITÄT UND DAS QUANTUM
1 Elon, *The Pity of it All*, S. 276; Helge Kragh, *Quantum Generations*, Princeton, NJ, 1999.
2 Kragh, *op. cit.*, S. 13.
3 *ibd.*, S. 3.
4 Bruce J. Hunt, *The Maxwellians*, Ithaca, NY, 1991, siehe insbesondere Kap. 8.
5 Ich orientiere mich hier am *New Dictionary of Scientific Biography*, Bd. 3, S. 291 bis 294.
6 Rollo Appleyard, *Pioneers of Electrical Communication*, London, 1930, S. 114; Hunt, *op. cit.*, S, 180 ff., 198 f.
7 Siehe die Fotografien in: Appleyard, *op. cit.*, zum Ring S. 119, zur Unterbrechungsstelle S. 121.
8 *New Dictionary of Scientific Biography*, Bd. 3, S. 291–294.
9 Appleyard, *op. cit.*, S. 131.
10 Kragh, *op. cit.*, S. 28.
11 *ibd.*, S. 29. [Anm. d. Übers.: Zum Zitat siehe Wilhelm Conrad Röntgen, »Über eine neue Art von Strahlen (Vorläufige Mittheilung)«, in: *Aus den Sitzungsberichten der Würzburger Physik.-medic. Gesellschaft*, 1895, S. 1.]
12 Kragh, *op. cit.*, S. 30.
13 Siehe Watson, *Das Lächeln der Medusa*, S. 47–51.
14 Zur Familie Planck generell siehe John L. Heilbron, *The Dilemmas of an Upright Man: Max Planck as a Spokesman for German Science*, Berkeley, CA, 1986. [Anm. d. Übers.: Vgl. ders., *Max Planck, Ein Leben für die Wissenschaft 1858–1947*, mit einer Auswahl der allgemeinverständlichen Schriften von Max Planck, aus dem Amerikanischen übersetzt von Norma von Ragenfeld-Feldman, Stuttgart, 1988.]
15 *ibd.*, S. 6 ff.
16 Kragh, *op. cit.*, S. 21.
17 *ibd.*, S. 22.
18 Emilio Segrè, *From X-Rays to Quarks: Modern Physicists and Their Discoveries*, San Francisco, 1980, S. 66 ff. [Anm. d. Übers.: Vgl. ders., *Die großen Physiker und ihre Entdeckungen*, 2 Bde., diverse Übersetzer, München, 1986.]
19 Was Plancks Beziehung zu Rubens betrifft siehe: Max Planck, *Wissenschaftliche Selbstbiographie. Mit einem Bildnis und der von Max von Laue gehaltenen Traueransprache*, Leipzig, 1948.
20 Kragh, *op. cit.*, S. 23.
21 Heilbron, *op. cit.*, S. 23. Bereits im Jahr 1900 hatte Planck seinem Sohn erklärt, dass seine Arbeit einmal zu den größten Errungenschaften der Physikgeschichte zählen werde, siehe S. 55 ff.
22 Watson, *Das Lächeln der Medusa*, S. 147–152.
23 Albrecht Fölsing, *Albert Einstein. Eine Biographie*, Frankfurt a. M., 1993, Kap. II; Kragh, *op. cit.*, S. 95.
24 Zu der Aufregung, die Einstein damit auslöste, siehe Martin J. Klein, Anne J. Kox und Robert Schulmann (Hg.), *The Collected Papers of Albert Einstein*, Princeton, 1993, Bd. 5: *The Swiss Years*. John S. Rigden hat dem Annus mirabilis 1905 ein ganzes Buch gewidmet: *Einstein 1905: The Standard of Greatness*, London, 2005.
25 Ronald W. Clark, *Einstein: The Life and Times*, London, 1973, S. 100 ff. Siehe auch Stephen Hawking (Hg.), *Albert Einstein. A Stubbornly Persistent Illusion: The Essential Scientific Writings*, Philadelphia/London, 2007.
26 Everdell, *First Moderns*, S. 30.
27 *Dictionary of Scientific Biography*, Bd. IV, S. 123–127.
28 Joseph W. Dauben, *Georg Cantor: His Mathematics and the Philosophy of the Infinite*, Cambridge, MA, 1979, S. 125.
29 *New Dictionary of Scientific Biography*, Bd. 2, S. 29–36. [Anm. d. Übers.: Siehe Georg

Cantor, »Ueber die Ausdehnung eines Satzes aus der Theorie der trigonometrischen Reihen«, in: *Mathematische Annalen*, Bd. 5, 1872, S. 123–132.]
30 Anm. d. Übers.: *Briefwechsel Cantor – Dedekind*, herausgegeben von Amalie E. Noether und Jean Cavaillès, Paris, 1937, S. 55.
31 Michael Dummet, *Frege: Philosophy of Mathematics*, London, 1991, S. 141f.
32 Anm. d. Übers.: Gottlob Frege, »Rezension von Dr. E. G. Husserl: Philosophie der Arithmetik«, in: *Zeitschrift für Philosophie und Philosophische Kritik* 103, 1894, S. 313–332.
33 Klein spielte eine außerordentlich bedeutende Rolle für die Mathematik, nicht nur in Deutschland, sondern für die ganze Welt. Seinen Spuren folgt zum Beispiel Lewis Pyenson in dem Buch *Neohumanism and the Persistence of Pure Mathematics in Wilhelmine Germany*, Philadelphia, 1983 – ein Buch, das die Mathematik in Relation zur Bildung setzt. Constance Reid, *Hilbert*, London, 1970, S. 19, nennt die Korrespondenz zwischen Klein und Hilbert »nervös«; siehe auch S. 48ff. zum damaligen Göttingen. Siehe auch Günther Frei (Hg.), *Der Briefwechsel David Hilbert – Felix Klein (1886–1918)*, Göttingen, 1985.
34 Reid, *Hilbert*, S. 74ff. Jeremy Gray widmet sich diesem Ereignis und den Reaktionen darauf in seinem Buch *The Hilbert Challenge*, Oxford, 2000.

26. WIEN: SINN UND SINNLICHKEIT

1 Peter Gay, *Das Zeitalter des Doktor Arthur Schnitzler. Innenansichten des 19. Jahrhunderts*, aus dem Amerikanischen von Ulrich Enderwitz, Monika Noll und Rolf Schubert, Frankfurt a. M., 2002, S. 92.
2 Käte Springer, »Das Wiener Kaffeehaus – Ein literarisches Verkehrszentrum«, in: Christian Brandstätter (Hg.), *Wien um 1900. Kunst und Kultur. Fokus der europäischen Moderne*, Wien, 2005, S. 335ff.
3 William E. Yates, *Schnitzler, Hofmannsthal and the Austrian Theatre*, New Haven Conn. / London, 1992, S. 1–5.
4 Siehe Friedrich Rothe, *Karl Kraus: Die Biographie*, München, 2003, S. 171–216, sowie Edward Timms, *Karl Kraus, Apocalyptic Satirist: The Post-war Crisis and the Rise of the Swastika*, New Haven, Conn. / London, 2005. [Anm. d. Übers.: Vgl. ders., *Satiriker der Apokalypse. Leben und Werk 1874–1918. Eine Biografie*, aus dem Englischen von Max Looser und Michael Strand, Frankfurt a. M., 1999.] Siehe auch Watson, *Das Lächeln der Medusa*, S. 57ff.
5 Arthur Schnitzler, *Der Weg ins Freie* (1908), in: *Gesammelte Werke. Die erzählenden Schriften*, 2 Bde., Bd. 1, Frankfurt a. M., 1961. Siehe auch James, *Cultural Amnesia*, S. 702, 764f.
6 Anm. d. Übers.: Hugo von Hofmannsthal, *Gesammelte Werke in Einzelausgaben, Prosa II.*, herausgegeben von Herbert Steiner, Frankfurt a. M., 1976, S. 229.
7 Anm. d. Übers., Hugo von Hofmannsthal, »Ein Brief« (auch: »Brief des Lord Chandos an Francis Bacon«), in: *ibd.*, S. 13.
8 Ulrich Weinzierl, *Hofmannsthal: Skizzen zu seinem Bild*, Wien, 2005, S. 147ff.
9 Benjamin Bennet, *Hugo von Hofmannsthal: The Theatre of Consciousness*, Cambridge, 1988, S. 272ff.
10 Siehe auch Oskar Kraus, *Franz Brentano. Zur Kenntnis seines Lebens und seiner Lehre*, mit Beiträgen von Carl Stumpf und Edmund Husserl, München, 1919.
11 *Stanford Encyclopaedia of Philosophy*, herausgegeben vom Center for the Study of Language and Information, siehe den Eintrag zu Wilhelm Wundt unter http://Stanford.Library.usyd.edu.au.
12 Siehe Husserl-Archive Leuven, *Geschichte des Husserl-Archivs*, Dordrecht, 2007.
13 Anm. d. Übers.: Ernst Mach, *Erkenntnis und Irrtum*, Leipzig, 1905, S. 349.
14 Siehe Watson, *Das Lächeln der Medusa*, S. 64ff.
15 Ross, *The Rest is Noise*, S. 38. [Anm. d. Übers.: Zu den Zitaten siehe Otto Weininger, *Geschlecht und Charakter* (1903), München, 1997, S. 16–20, 409, 413.]
16 Harry Oosterhuis, *Stepchildren of Nature: Krafft-Ebing, Psychiatry and the Making of Sexual Identity*, Chicago, IL/London, 2000, S. 25–36. [Anm. d. Übers.: Zitat siehe Leopold von Sacher-Masoch, *Venus im Pelze und andere Erzählungen*, Köln, 1966, S. 91.]

17 Anm. d. Übers.: Richard von Krafft-Ebing, *Psychopathia sexualis*, München, 1997 (identisch mit 14. Aufl., 1912), S. I/9–10.
18 Zu Otto Wagner siehe zum Beispiel das Porträt, das Richard Kurdiovsky von ihm zeichnete, in: Brandtstätter, *op. cit.*, S. 239–260. Siehe auch Watson, *Das Lächeln der Medusa*, S. 66 ff.
19 Werner Oechslin, *Stilhülse und Kern: Otto Wagner, Adolf Loos und der evolutionäre Weg zur modernen Architektur*, Zürich/Bern, 1994, S. 112.
20 Richard Kurdiovsky, »Adolf Loos«, in: Brandstätter, *op. cit.*, S. 294.
21 Siehe Burckhardt Rukschcio, *Adolf Loos: Leben und Werk*, Salzburg, 1987. [Anm. d. Übers.: Adolf Loos, »Architektur«, in: *Der Sturm*, 15. Dezember 1910; sowie Allan Janik und Stephen Toulmin, *Wittgensteins Wien*, aus dem Amerikanischen von Reinhard Merkel, Wien, 1998, S. 118.]
22 Zu Klimt siehe zum Beispiel Marian Bisanz-Prakken, »Gustav Klimt«, in: Brandstätter, *op. cit.*, S. 93–109; zur Klimt-Gruppe siehe den gleichnamigen Aufsatz von Hans Bisanz, in: *ibd.*, S. 111–119. Siehe auch Watson, *Das Lächeln der Medusa*, S. 68 f. Einen ausgezeichneten Überblick über die Ringstraße bieten Serge Lemoine und Marie-Amélie zu Salm-Salm (Hg.), *Wien um 1900*, Katalog zur Ausstellung, Stuttgart, 2005.
23 Anm. d. Übers.: Carl E. Schorske, *Wien. Geist und Gesellschaft im Fin de Siècle*, deutsch von Horst Günther, Frankfurt a. M., 1982, S. 208.
24 Siehe auch Lemoine und Salm-Salm, *op. cit.*, S. 41, sowie Tobias G. Natter und Gerbert Frodl (Hg.), *Klimt und die Frauen*, Katalog, Köln, 2000.
25 Anm. d. Übers.: Zu den Zitaten siehe Schorske, *op. cit.*, S. 219 f.
26 Johnston, *The Austrian Mind*, S. 357.
27 Siehe John T. Blackmore, *Ernst Mach: His Work, Life and Influence*, Berkeley, 1972, sowie Watson, *Das Lächeln der Medusa*, S. 69 ff.
28 Johnston, *op. cit.*, S. 186.
29 Brigitte Hamann, *Hitlers Wien. Lehrjahre eines Diktators*, München, 1996, S. 42.
30 *ibd.*, S. 337, 344.
31 Schorske, *op. cit.*, S. 126–138.
32 Heinrich Schnee, *Karl Lueger. Leben und Wirken eines großen Sozial- und Kommunalpoltikers: Umrisse einer politischen Biographie*, Berlin, 1960, S. 91 ff.
33 Hamann, *op. cit.*, S. 468.

27. SCHWABING: DAS DEUTSCHE MONTMARTRE-VIERTEL
1 Ronald Hayman, *Thomas Mann. A Biography*, London, 1996, S. 163. [Anm. d. Übers.: Zum Zitat siehe Thomas Mann, »Gladius Dei«, in: *Tristan. Sechs Novellen*, Berlin, 1903.]
2 Maria Makela, *The Munich Secession: Art and Artists in Turn-of-the-Century Munich*, Princeton, NJ/London, 1990, S. 3.
3 Paul Raabe (Hg.), *Expressionismus. Aufzeichnungen und Erinnerungen der Zeitgenossen*, Freiburg i. Br., 1965, S. 87. [Anm. d. Übers.: Zu den Zitaten siehe Erich Mühsam, *Unpolitische Erinnerungen*, in: *Ausgewählte Werke*, herausgegeben von Fritz Adolf Hünich, Leipzig, 1949; Reprint: Berlin, 1977, Bd. 2, S. 505.]
4 Makela, *op. cit.*, S. 13.
5 *ibd.*, S. 15.
6 *ibd.*, S. 74.
7 *ibd.*, S. 81.
8 *ibd.*
9 Siehe Barbara C. Gilbert (Hg.), *Max Liebermann: From Realism to Impressionism*, Ausstellungskatalog, Los Angeles, 2005, S. 167 ff.
10 Zu seinen Berliner Jahren siehe Sigrid Achenbach und Matthis Eberle, *Max Liebermann in seiner Zeit*, Ausstellungskatalog, München, 1979, S. 72 ff.
11 Zu Dachau siehe z. B. Wolfgang Venzmer, *Adolf Hölzel. Leben und Werk; Monographie mit Verzeichnis der Ölbilder, Glasfenster und ausgewählter Pastelle*, Stuttgart, 1982, S. 16 ff.
12 Zum Thema »Sünde« siehe Heinrich Voss, *Franz von Stuck 1863–1928: Werkkatalog der Gemälde, mit einer Einführung in seinen Symbolismus*, München, 1973, S. 20–30.

13 Makela, op. cit., S. 112.
14 Winfried Nerdinger (Hg.), *Richard Riemerschmid. Vom Jugendstil zum Werkbund: Werke und Dokumentation*, München, 1982, S. 13 ff.
15 ibd., S. 34–38.
16 Makela, op. cit., S. 125.
17 Alan Windsor, *Peter Behrens: Architect and Designer*, London, 1981, S. 77 ff. [Anm. d. Übers.: Vgl. ders., *Architekt und Designer*, aus dem Englischen von Kyra Stromberg, Stuttgart, 1985.]
18 Frederic J. Schwartz, *The Werkbund: Design Theory and Mass Culture before the First World War*, New Haven, CT/London, 1996, siehe S. 44–60 zum Thema Kunst, Kunsthandwerk und Entfremdung. [Anm. d. Übers.: Vgl. ders., *Der Werkbund. Ware und Zeichen 1900–1914*, übersetzt von Brigitte Kalthoff, Dresden, 1999.]
19 Siehe Tilmann Buddensieg, *Industriekultur. Peter Behrens und die AEG, 1907–1914*, Berlin, 1981.
20 Nigel Hamilton, *The Brothers Mann: The Lives of Heinrich and Thomas Mann, 1871–1950 and 1875–1955*, London, 1978, S. 49.
21 Anm. d. Übers.: Heinrich Mann, »Mein Bruder«, in: *Die Neue Rundschau*, Juni 1945.
22 Hayman, op. cit., S. 73.
23 Siehe auch Hans Wysling (Hg.), *Thomas Mann – Heinrich Mann Briefwechsel, 1900–1949*, Frankfurt a. M., 1969 sowie James, *Cultural Amnesia*, S. 429.
24 Anm. d. Übers.: Thomas Mann, »Lebensabriss«, in: *Gesammelte Werke in 12 Bänden*, Frankfurt a. M., 1960, Bd. XI, S. 115 f.
25 Hayman, op. cit., S. 62.
26 Robert Eben Sackett, *Popular Entertainment, Class and Politics in Munich, 1900–1923*, Cambridge, MA, 1982, S. 11. Siehe auch Peg Weiss, *Kandinsky in Munich: the Formative Jugendstil Years*, Princeton, NJ, 1979, S. 19 ff. [Anm. d. Übers.: Vgl. dies., »Kandinsky und München, Begegnung und Wandlung«, in: *Kandinsky und München*, herausgegeben von Armin Zweite, München, 1982.]
27 Peter Jelavich, *Munich and Theatrical Modernism: Politics, Playwriting and Performance, 1890–1914*, Cambridge, MA/London, 1985, S. 74 ff., 101 ff.
28 Anm. d. Übers.: Frank Wedekind, »Prolog« zu *Erdgeist*, Tragödie in vier Aufzügen, nach dem Wortlaut der zweiten Auflage, München, 1903.
29 Anm. d. Übers.: Wassily Kandinsky, *Autobiographische Schriften*, herausgegeben von Hans K. Roethel und Jelena Hahl-Koch, Bern, 2004, S. 33.
30 Zu Gabriele Münter siehe Johannes Eichner, *Kandinsky und Gabriele Münter. Von Ursprüngen moderner Kunst*, München, 1957, S. 26–35.
31 Anm. d. Übers.: Zitiert im Katalog der Sonderausstellung *1908/2008. Vor 100 Jahren. Kandinsky, Münter, Jawlensky, Werefkin in Murnau*, 11.7.–9.11.2008, Schloßmuseum Murnau.
32 Hartwig Fischer und Sean Rainbird (Hg.), *The Path to Abstraction*, London, 2006, S. 209. [Anm. d. Übers.: Vgl. dies., *Wege zur Abstraktion. Malerei 1908–1921*. Katalog zu den Ausstellungen in der Tate Modern, London, und im Kunstmuseum Basel, übersetzt von Udo Breger, München, 2006.]
33 Armin Zweite, »Die Linie zum inneren Klang befreien. Kandinskys Kunsterneuerung vor dem Horizont der Zeit«, in: Vivian Endicott Barnett und Armin Zweite, *Wassily Kandinsky. Kleine Freuden. Aquarelle und Zeichnungen*, München, 1992, S. 13. Siehe auch Reinhard Zimmermann, *Die Kunsttheorie von Wassily Kandinsky*, Berlin, 2002.
34 Mark Roskill, *Klee, Kandinsky and the Thought of Their Time: A Critical Perspective*, Urbana, IL, ders. 1992, S. 54 ff.
35 Anm. d. Übers.: Franz Marc, »Zur Ausstellung der ›Neuen Künstlervereinigung‹ bei Thannhauser«, in: ders., *Franz Marc, Schriften*, Köln, 1978, S. 126 f.
36 Zu Marc, Jawlensky und den anderen siehe Armin Zweite (Hg.), *Der Blaue Reiter im Lenbachhaus München*, München, 1991.
37 Zum unmittelbaren Zusammenhang von Abstraktion und »emanzipierter Dissonanz« siehe Esther da Costa Meyer und Fred Wasserman (Hg.), *Schoenberg, Kandinsky and the Blue Rider*, New York, 2003, S. 79–94. Zu den unmittelbaren Zusammenhängen von Wedekind und Abstraktion, Thomas Mann und Sexualität, siehe Gerald N. Izenberg,

Modernism and Masculinity: Mann, Wedekind, Kandinsky Through World War 1, Chicago, IL/London, 2000, Kap. 2 und 3.

28. BERLIN: DIE GESCHÄFTE

1 David Clay Large, *Berlin. Biographie einer Stadt*, aus dem Englischen von Karl Heinz Siber, München, 1998 S. 22.
2 *ibd.*
3 *ibd.*, S. 24 f. Zu Fontanes Einstellung zu Bismarck siehe Gordon A. Craig, *Über Fontane. Der große Schriftsteller und seine Zeit*, München, 1997, S. 129-136.
4 Large, *op. cit.*, S. 26. [Anm. d. Übers.: Zum Zitat siehe Theodor Fontane an Georg Friedlaender, Berlin, 21. Dezember 1884, in: *Werke, Schriften und Briefe*, herausgegeben von Walter Keitel, Helmuth Nürnberger et al., München, 1980, 4. Abt., Bd. III, S. 369.]
5 *ibd.*, S. 27.
6 *ibd.*, S. 28 f., 32.
7 Ulrike Laufer und Hans Ottmeyer, *Gründerzeit 1848-1871: Industrie & Lebensträume zwischen Vormärz und Kaiserreich*, Dresden, 2008, siehe S. 95 ff. zu den Banken.
8 Large, *op. cit.*, S. 33 f. Siehe auch Fritz Stern, *Gold und Eisen. Bismarck und sein Bankier Bleichröder*, Frankfurt a. M., 1978.
9 Large, *op. cit.*, S. 35.
10 *ibd.*, S. 37-40. Siehe auch Godela Weiss-Sussex und Ulrike Zitzlsperger, *Berlin: Kultur und Metropole in den zwanziger und seit den neunziger Jahren*, München, 2007, S. 183-194 zum »Mythos« Berlin, sowie S. 155-167 zu den bildlichen Darstellungen des Berlins dieser Jahre.
11 Large, *op. cit.*, S. 42.
12 *ibd.*, S. 44 f.
13 *ibd.*, S. 45 f.
14 *ibd.*, S. 46.
15 *ibd.*, S. 62 f., 65.
16 Siehe Christian von Krockow, *Kaiser Wilhelm II. und seine Zeit: Biographie einer Epoche*, Berlin, 1999, S. 92-114, 163-184, sowie Christopher Clark: *Kaiser Wilhelm*, Harlow, 2000. [Anm. d. Übers.: Vgl. ders., *Wilhelm II. Die Herrschaft des letzten deutschen Kaisers*, aus dem Englischen von Norbert Juraschitz, München, 2008.]
17 Large, *op. cit.*, S. 74.
18 *ibd.*, S. 75; John C. G. Röhl, *Wilhelm II.: Der Aufbau der Persönlichen Monarchie 1888-1900*, München, 2001, S. 221-231.
19 Large, *op. cit.*, S. 76.
20 *ibd.*, S. 77. Siehe auch Hans Daiber, *Gerhart Hauptmann oder Der letzte Klassiker*, Wien/München/Zürich, 1971, S. 47-59. Zu Theaterstücken über das Arbeitermilieu siehe Margaret Sinden, *Gerhart Hauptmann: The Prose Plays*, Toronto, 1957, S. 149 ff.
21 Large, *op. cit.*, S. 78; Röhl, *op. cit.*, S. 1008-1016.
22 Large, *ibd.*; Helene Thimig-Reinhardt, *Wie Max Reinhardt lebte*, Percha, 1973, S. 77-87.
23 Oliver M. Sayler, *Max Reinhardt and His Theatre*, New York, 1924, S. 92.
24 Large, *op. cit.*, S. 78. Siehe auch Franz Herre, *Kaiser Wilhelm II.: Monarch zwischen den Zeiten*, Köln, 1993.
25 *ibd.*, S. 80. Zu Strauss' Beziehung mit Bülow siehe Willi Schuh und Franz Trenner (Hg.), *Hans von Bülow – Richard Strauss. Briefwechsel*, in: *Richard Strauss Jahrbuch*, Bonn, 1953, S. 7-88. Darin wird auch der nie realisierte Plan erörtert, ein Stück von Ibsen als Oper zu vertonen.
26 Large, *op. cit.*, S. 81; Gisold Lammel, *Adolph Menzel und seine Kreise*, Dresden, 1993, S. 152 f.
27 Large, *op. cit.*, S. 82 f.
28 *ibd.*, S. 84.
29 *ibd.* Zu den Cassirers siehe Georg Brühl, *Die Cassirers: Streiter für den Impressionismus*, Leipzig, 1991, siehe S. 105 ff. zu Paul Cassirer.
30 Large, *op. cit.*, S. 84.
31 Nell Roslund Walden, *Herwarth Walden. Ein Lebensbild*, Berlin, 1963, S. 45 f.

32 Large, *op. cit.*, S. 85 f. Siehe auch Magdalena M. Moeller, *Die »Brücke«: Meisterwerke aus dem Brücke-Museum Berlin*, München, 2000, S. 1-40; sowie Carol S. Eliel, *Apokalyptische Landschaften*, mit Beiträgen von Carol S. Eliel und Eberhard Roters, München, 1990.
33 Large, *op. cit.*, S. 86. Siehe auch Wilhelm von Bode, *Mein Leben*, Berlin, 1930.
34 Als nur ein Beispiel für Wilhelm von Bodes fundiertes Wissen sei hier sein Werk *Rembrandt und seine Zeitgenossen: Charakterbilder der großen Meister der holländischen und flämischen Malerschule im siebzehnten Jahrhundert*, Leipzig, 1906, angeführt.
35 Large, *op. cit.*, S. 87.
36 *ibd.*, S. 89; Bernhard Maaz (Hg.), *Nationalgalerie Berlin. Das 19. Jahrhundert: Bestandskatalog der Skulpturen*, Leipzig, 2006, S. 20 f.

29. DER KRIEG ZWISCHEN DEN HELDEN UND HÄNDLERN
1 Maureen Healy, *Vienna and the Fall of the Habsburg Empire*, Cambridge, 2004, S. 2.
2 Matthew Stibbe, *German Anglophobia and the Great War, 1914-1918*, Cambridge, 2001, S. 49; Norbert Elias, *Studien über die Deutschen. Machtkämpfe und Habitusentwicklung im 19. und 20. Jahrhundert*, herausgegeben von Michael Schröter, Frankfurt a. M., 1989, S. 237.
3 Roger Chickering, *Imperial Germany and the Great War, 1914-1918*, Cambridge, 1998, S. 134.
4 Stibbe, *op. cit.*, S. 50. [Anm. d. Übers.: Der vollständige Text des Manifests findet sich z. B. in: Jürgen und Wolfgang von Ungern-Sternberg, *Der Aufruf »An die Kulturwelt!«. Das Manifest der 93 und die Anfänge der Kriegspropaganda im Ersten Weltkrieg*, Stuttgart, 1996, S. 247 f.]
5 *ibd.*, S. 52.
6 *ibd.*, S. 54. [Anm. d. Übers.: Zum Zitat siehe Karl Lamprecht, »Geistige Mobilmachung«, in: *Rheinisch-Westfälische Zeitung* Nr. 984, 28. August 1914.]
7 Hans Heinz Krill, *Die Rankerenaissance: Max Lenz und Erich Marcks. Ein Beitrag zum historisch-politischen Denken in Deutschland, 1880-1935*, Berlin, 1962: zu Lenz siehe S. 6-12, 67-69, und zu dessen Vorstellungen, welche Rolle das Nationalbewusstsein spielt, siehe S. 174-187; zu Marcks siehe S. 42 ff.; zur Rolle der Propaganda im Ersten Weltkrieg siehe S. 211 ff.
8 Anm. d. Übers.: Hans Delbrück, »Über den kriegerischen Charakter des deutschen Volkes«, Rede am 11. September 1914, abgedruckt in: *Deutsche Reden in schwerer Zeit*, gehalten von den Professoren an der Universität Berlin, herausgegeben von der Zentralstelle für Volkswohlfahrt und dem Verein für volkstümliche Kurse von Berliner Hochschullehrern, Berlin, 1914, S. 66, 72 f.
9 Zu Meinecke siehe Stefan Meinecke, *Friedrich Meinecke: Persönlichkeit und politisches Denken bis zum Ende des Ersten Weltkriegs*, Berlin, 1995. Siehe auch Stibbe, *op. cit.*, S. 63, sowie Arden Bucholz (Hg.), *Delbrück's Modern Military History*, Lincoln, NE/London, 1997.
10 Anton Mirko Koktanek, *Oswald Spengler in seiner Zeit*, München, 1968, S. 183; H. Stuart Hughes, *Oswald Spengler: A Critical Estimate*, New York, 1952, S. 57.
11 Detlef Felken, *Oswald Spengler. Konservativer Denker zwischen Kaiserreich und Diktatur*, München, 1988, S. 68-76. [Anm. d. Übers.: Zum Zitat siehe Oswald Spengler, *Briefe 1913-1936*, in Zusammenarbeit mit Manfred Schröter herausgegeben von Anton Mirko Koktanek, München, 1963, S. 29.]
12 Anm. d. Übers.: Ein Manuskript der Rede »An der Schwelle des dritten Kriegsjahres«, die Max Weber am 1. August 1916 hielt, ist nicht erhalten. Alle Zitate daraus beruhen auf in sich jeweils etwas anders lautenden Abdrucken im *Fränkischen Kurier* und in der *Fränkischen Tagespost*, jeweils 2. August 1916, sowie auf Akten der Reichskanzlei. Alle Varianten finden sich in: Max Weber, *Zur Politik im Weltkrieg. Schriften und Reden 1914-1918*, Studienausgabe der *Max-Weber-Gesamtausgabe*, Band I/15, herausgegeben von Wolfgang J. Mommsen, Tübingen, 1988, S. 333, 337.
13 Anm. d. Übers.: *Die deutsche Erhebung von 1914. Vorträge und Aufsätze von Friedrich Meinecke, ord. Professor an der Universität Berlin*, Stuttgart/Berlin, 1915, S. 33-36, 47 f., 53 f.

14 Stibbe, *op. cit.*, S. 74. [Anm. d. Übers.: Lassons Rede ist abrufbar unter http://wissen. spiegel.de/wissen/dokument/dokument.html?id=46174556&top=SPIEGEL]
15 *ibd.*, S. 15. [Anm. d. Übers.: Zu den Zitaten siehe Thomas Mann, »Gedanken im Kriege«, in: *Essays 1893-1918*, Bd. 1: *Frühlingssturm!*, herausgegeben von Hermann Kurzke und Stephan Stachorski, Frankfurt a. M., 1993, der Zitatenfolge nach S. 28, 45, 37 f.]
16 *ibd.*, S. 78.
17 Volker Berghahn, »Fritz Fischer, 1908-1999«, in: *Perspectives on History*, 10. September 2007, abrufbar unter http://www.historians.org/perspectives/issues/2000/0003/0003mem1.cfm.
18 Fritz Stern, *The Failures of Illiberalism*, S. 152.
19 Zitiert in: Martha Hanna, *The Mobilization of Intellect: French Scholars and Writers During the Great War*, Cambridge, MA, 1996, S. 8.
20 Anm. d. Übers.: Caro, *Les jours d'épreuves* (Sammlung seiner Artikel für die *Revue des deux mondes*), Paris, 1872, S. 52 f.
21 Hanna, *op. cit.*, S. 12.
22 Stuart Wallace, *War and the Image of Germany: British Academics, 1914-1918*, Edinburgh, 1988, S. 7.
23 *ibd.*, S. 38; Ariel Roshwald und Richard Stites (Hg.), *European Culture and the Great War: The Arts, Entertainment and Propaganda*, Cambridge, 2002, S. 44.
24 Hanna, *op. cit.*, S. 22.
25 Suzanne L. Marchand, *Down from Olympus*, S. 245 f.
26 *ibd.*, S. 258.
27 Zitiert in: John Dewey, *Deutsche Philosophie und deutsche Politik*, aus dem amerikanischen Englisch von Hermann Kogge, bearbeitet von Berthold Fresow, herausgegeben und mit einer Einführung versehen von Axel Honneth, Berlin, 2000, S. 98.
28 *ibd.*, S. 83 f.
29 *ibd.*, S. 85 f.
30 *ibd.*, S. 88.
31 *ibd.*, S. 94 ff.
32 *ibd.*, S. 105.
33 *ibd.*, S. 108.
34 *ibd.*, S. 116.
35 *ibd.*, S. 117, 122.
36 George Santayana, *Egotism in German Philosophy*, London, 1916, S. xiii.
37 *ibd.*, S. xviii.
38 *ibd.*, S. 170.
39 *ibd.*, S. 62.
40 *ibd.*, S. 89.
41 *ibd.*, S. 103.
42 *ibd.*, S. 130.
43 *ibd.*, S. 168.
44 Trevor Dupuy, *A Genius for War*, London, 1977, S. 5. [Anm. d. Übers.: Vgl. ders., *Der Genius des Krieges. Geschichte des deutschen Generalstabs 1807-1945*, übersetzt von Generalleutnant a. D. Dr. Franz Uhle-Wettler, Graz, 2009.] Siehe auch David Stone, *Fighting for the Fatherland: The Story of the German Soldier from 1648 to the Present Day*, London, 2006. Stone erklärt, dass die deutschen Einheiten gegen Kriegsende mit wesentlich mehr Nachschub hätten versorgt werden können als die französischen (S. 284). »Mitte März 1918 standen fast zweihundert deutsche Divisionen bereit, dem Feind den letzten entscheidenden Schlag zu versetzen, der es den Deutschen schließlich ermöglicht hätte, ihre historische Bestimmung zu verwirklichen.« Doch dann sei der »Dolchstoß« erfolgt.
45 Dupuy, *op. cit.*, S. 177.
46 Alexander Watson, *Enduring the Great War: Combat, Morale and Collapse in the German and British armies, 1914-1918*, Cambridge, 2008, S. 240.
47 Dupuy, *op. cit.*, S. 7.
48 *ibd.*, S. 9 f.

49 Daniel Charles, *Between Genius and Genocide: The Tragedy of Fritz Haber, Father of Chemical Warfare*, London, 2005, S. 156 f.

30. »DAS SCHWERBESTÜRMENDE EINES VATERLOSEN KINDES« ...

1 Watson, *Das Lächeln der Medusa*, S. 228.
2 Patrick Bridgwater, *The German Poets of the First World War*, London, 1985, Vorwort. Siehe auch Roshwald und Stites, *European Culture*, S. 32.
3 Siehe Karl Ludwig Schneider, *Der bildhafte Ausdruck in den Dichtungen Georg Heyms, Georg Trakls und Ernst Stadlers. Studien zum lyrischen Sprachstil des deutschen Expressionismus*, Heidelberg, 1961 sowie Eduard Lachmann, *Kreuz und Abend. Eine Interpretation der Dichtungen Georg Trakls*, Salzburg, 1954.
4 Anm. d. Übers.: Stefan George, »Der Krieg«, aus: *Das Neue Reich*, in: *Gesamt-Ausgabe der Werke*, Bd. 9, Berlin, 1928, S. 28–34.
5 Bridgwater, op. cit., S. 16.
6 *ibd.*, S. 191. [Anm. d. Übers.: Zum Zitat siehe Georg Trakl, Brief an Karl Kraus, 13. Dezember 1913, in: ders., *Dichtungen und Briefe*, herausgegeben von Walther Killy und Hans Szklenar, Salzburg, 1969, Bd. 1, S. 530.]
7 Anm. d. Übers.: Georg Trakl, »Grodek«, in: *Das dichterische Werk*, München, 1980, S. 94 f.
8 Jeremy Adler (Hg.), *August Stramm: Alles ist Gedicht: Briefe, Gedichte, Bilder, Dokumente*, Zürich, 1990. Zu den Gedichten siehe S. 95 ff., zu seiner Feldpost siehe S. 9 ff.
9 Francis Sharp, *The Poet's Madness: A Reading of Georg Trakl*, Ithaca, NY, 1981, S. 188. Der Autor schreibt, dass sich wohl nur wenige Dichter »jedweder Nation oder Sprache derart ruhig-gelassen mit dem Holocaust der Kriegsführung im 20. Jahrhundert arrangierten«.
10 Anm. d. Übers.: August Stramm, »Schlachtfeld«, aus: *Tropfblut. Gedichte aus dem Krieg*, in: *Das Werk. Lyrik und Prosa*, herausgegeben von René Radrizzani, Wiesbaden, 1963, S. 68.
11 Bridgwater, op. cit., S. 44.
12 Anm. d. Übers.: Stramm, »Angststurm«, in: op. cit., S. 98.
13 Anton Schnack, *Tier rang gewaltig mit Tier*, Berlin, 1920. In dieser Ausgabe findet sich auch das Gedicht »Im Granatloch«, aus dem das Titelzitat dieses Kapitels stammt.
14 Roshwald und Stites, op. cit. Zum Film siehe S. 38 f., zu Toller siehe S. 50 und zu Kraus S. 150 f.
15 Watson, *Das Lächeln der Medusa*, S. 209–214.
16 *ibd.*, S. 225 ff.
17 Paul Lerner, »Rationalising the Therapeutic Arsenal: German Neuropsychiatry in World War I«, in: Berg und Cocks (Hg.), *Medicine and Modernity*, S. 121–128.
18 Watson, *Das Lächeln der Medusa*, S. 187–190. Siehe auch David R. Oldroyd, *Thinking About the Earth*, London, 1996, S. 250. [Anm. d. Übers.: Vgl. ders., *Die Biographie der Erde. Zur Wissenschaftsgeschichte der Geologie*, übersetzt von Michael Bischoff, Frankfurt a. M., 1998.]
19 Watson, *Das Lächeln der Medusa*, S. 235–239. Siehe auch die ausgezeichnete Einführung in: Joachim Schulte et al. (Hg.), *Ludwig Wittgenstein: Philosophische Untersuchungen. Kritisch-genetische Edition*, Frankfurt a. M., 2001.
20 Watson, *Das Lächeln der Medusa*, S. 238.
21 Gordon Baker, *Wittgenstein, Frege and the Vienna Circle*, Oxford, 1988, S. 101 ff.
22 Anm. d. Übers.: Ludwig Wittgenstein, *Tractatus Logico-Philosophicus*, in: *Werkausgabe in 8 Bänden*, Bd. 1, Frankfurt a. M., 1984, Nr. 6.41, S. 82.
23 Watson, *Das Lächeln der Medusa*, S. 253–256. Siehe auch Herman, *Propheten des Niedergangs*, op. cit.
24 Anm. d. Übers.: Oswald Spengler, *Der Untergang des Abendlandes. Umrisse einer Morphologie der Weltgeschichte*, München, 1972, S. 29.
25 Detlef Felken, *Oswald Spengler. Konservativer Denker zwischen Kaiserreich und Diktatur*, München, 1988, S. 58 ff.
26 Anm. d. Übers.: Spengler, op. cit., S. 74, 547 ff., 754.
27 Siehe Walter Laqueur, *New York Times Book Review*, 15. Mai 1983, S. 1. [Anm. d.

Übers.: Zu den Zitaten siehe Thomas Mann, *Gedanken im Kriege*, S. 31, 42, 33, 39.]
28 Ronald Hayman, *Thomas Mann: A Biography*, London, 1996, S. 289.
29 Anm. d. Übers.: Thomas Mann, *Betrachtungen eines Unpolitischen*, Frankfurt a. M., 2001, S. 108, 115.
30 Laqueur, *op. cit.*, S. 2.
31 *ibd.*
32 Watson, *Das Lächeln der Medusa*, S. 239-243.
33 Siehe Hans Arp, Richard Hülsenbeck und Tristan Tzara, *Dada. Die Geburt des Dada: Dichtung und Chronik der Gründer, mit Photos und Dokumenten*, Zürich, 1957.
34 Siehe Kate Traumann Steinitz, *Kurt Schwitters: Erinnerungen aus den Jahren 1918-30*, Zürich, 1963.
35 Siehe Walter Mehring, *Berlin Dada. Eine Chronik mit Photos und Dokumenten*, Zürich, 1959.
36 Siehe Uwe M. Schneede, *George Grosz. Leben und Werk*, mit Beiträgen von Georg Bussmann und Marina Schneede-Sczesny, Stuttgart, 1975.
37 Siehe Matthias Eberle, *Der Weltkrieg und die Künstler der Weimarer Republik: Dix, Grosz, Beckmann, Schlemmer*, Stuttgart, 1989.
38 Siehe Wolfgang Schivelbusch, *Die Kultur der Niederlage. Der amerikanische Süden 1865, Frankreich 1871, Deutschland 1918*, Berlin, 2001.
39 Norbert Elias, *Studien über die Deutschen*, S. 14.

31. WEIMAR: »BEISPIELLOSE GEISTIGE WACHHEIT«
1 Siehe Watson, *Das Lächeln der Medusa*, S. 266-270.
2 Otto Friedrich, *Morgen ist Weltuntergang. Berlin in den Zwanziger Jahren*, aus dem Amerikanischen von Thomas Rhode, Berlin, 1998, S. 126. Siehe auch Hans-Jürgen Buderer, *Neue Sachlichkeit. Bilder auf der Suche nach der Wirklichkeit. Figurative Malerei der zwanziger Jahre*, München, 1994, sowie Bärbel Schrader und Jürgen Schebera, *Die goldenen zwanziger Jahre. Kunst und Kultur der Weimarer Republik*, Köln/Wien, 1987.
3 Siehe Watson, *Das Lächeln der Medusa*, S. 322 ff.
4 Peter Gay, *Weimar Culture: The Outsider as Insider*, London, 1969, S. 32. [Anm. d. Übers.: Vgl. ders., *Die Republik der Außenseiter. Geist und Kultur in der Weimarer Zeit 1918-1933*, Frankfurt a. M., 1970.]
5 Siehe Watson, *Das Lächeln der Medusa*, S. 325 f.
6 Lutz Schöbe und Wolfgang Thöner, *Stiftung Bauhaus Dessau. Die Sammlung*, Ostfildern, 1995, S. 29-33; Lee Congden, *Hungarian Exiles in Germany and Austria 1919-1933*, Princeton, NJ, 1991, S. 181.
7 Rolf Wiggershaus, *Die Frankfurter Schule. Geschichte, theoretische Entwicklung, politische Bedeutung*, München, 1986, S. 36 ff. Siehe auch Watson, *Das Lächeln der Medusa*, S. 327 f.
8 Wiggershaus, *op. cit.*, porträtiert die führenden Figuren auf den Seiten 55-123.
9 Siehe Watson, *Das Lächeln der Medusa*, S. 329 ff.
10 Gay, *op. cit.*, S. 49.
11 Robert E. Norton, *Secret Germany: Stefan George and His Circle*, Ithaca, 2002, S. 688. Siehe auch Thomas Karlauf, *Stefan George. Die Entdeckung des Charisma. Biographie*, München, 2007.
12 Gay, *op. cit.*, in Reihenfolge der Zitate S. 54, 59, 55. Siehe auch Judith Ryan, *Rilke, modernism and poetic tradition*, Cambridge, 1999, S. 111. Dass Rilke in der Schuld von Freud stand, findet eine Erklärung in: Adrian Stevens und Fred Wagner (Hg.), *Rilke und die Moderne: Londoner Symposion*, München, 2000, S. 49 ff.
13 Anm. d. Übers.: Rainer Maria Rilke, *Duineser Elegien. Die Sonette an Orpheus* (1923), Frankfurt a. M., S. 15.
14 Anm. d. Übers.: Hermann Hesse, Brief an Georg Reinhardt, 18. August 1925, in: *Gesammelte Briefe*, in Zusammenarbeit mit Heiner Hesse herausgegeben von Ursula und Volker Michels, 4 Bde., Frankfurt a. M, 1973-1986, Bd. 2: 1922-1935.
15 Siehe Watson, *Das Lächeln der Medusa*, S. 343-347.

16 Karl Corino, *Robert Musil. Eine Biographie*, Reinbek bei Hamburg, 2003, S. 993 ff. Siehe auch David S. Luft, *Eros and Inwardness in Vienna: Weininger, Musil, Doderer*, Chicago, Ill./London, 2003, S. 115–125.
17 Anm. d. Übers.: Robert Musil, *Der Mann ohne Eigenschaften*, in: *Gesammelte Werke*, 2 Bände mit fortlaufender Seitenzählung, herausgegeben von Adolf Frisé, Reinbek, 1978, Bd. I, S. 109.
18 Zu den Querverbindungen zwischen Kafka und Musil siehe Reiner Stach, *Kafka: Die Jahre der Entscheidungen*, Frankfurt a. M., 2002.
19 Siehe Watson, *Das Lächeln der Medusa*, S. 245 ff.
20 Richard Davenport-Hines, *Auden*, London, 1995, S. 26.
21 Wolfgang Jeske, *Lion Feuchtwanger oder Der arge Weg der Erkenntnis. Eine Biographie*, Stuttgart, 1984, S. 238 ff.
22 Christine Barker und R. W. Last, *Erich Maria Remarque*, London, 1979.
23 *ibd.*, S. 60.
24 *ibd.*, S. 151 f.; James, *Cultural Amnesia*, S. 55, 400.
25 Anm. d. Übers: Erich Kästner, *Gesammelte Schriften für Erwachsene [GS]*, 8 Bde., Zürich, 1969, Bd. 5, S. 486 f.
26 Anm. d. Übers.: Kurt Tucholsky, »Schnipsel« (1932), in: *Gesammelte Werke in zehn Bänden*, Reinbek, 1975, Bd. 10, S. 21.
27 Anm. d. Übers.: Erich Kästner, *Fabian. Die Geschichte eines Moralisten*, in: *GS*, Bd. 2, S. 148.
28 Anm. d. Übers.: »Kennst du das Land, wo die Kanonen blühen?«, in: *GS*, Bd. 1, S. 56.
29 Gay, *op. cit.*, S. 137. Siehe auch Watson, *Das Lächeln der Medusa*, S. 334–337.
30 Anm. d. Übers.: Harry Graf Kessler, *Tagebücher 1918 bis 1937*, herausgegeben von Wolfgang Pfeiffer-Belli, Frankfurt a. M./Leipzig, 1996, S. 479.
31 Andreas Jacob, *Grundbegriffe der Musiktheorie Arnold Schönbergs*, Hildesheim, 2005, Bd. 1, S. 374; Friedrich, *op. cit.*, S. 218.
32 Friedrich, *op. cit.*, S. 220.
33 *ibd.*, S. 222.
34 Ross, *op. cit.*, S. 207.
35 Peter Conrad, *Modern Times, Modern Places: Art and Life in the Twentieth Century*, London, 1998, S. 327 f.
36 Zu den anderen Einflüssen Amerikas in der damaligen Zeit siehe Elizabeth Harvey, »Culture and Society in Weimar Germany: the impact of modernism and mass culture«, in: Mary Fulbrooke (Hg.), *Twentieth-Century Germany: Politics, Culture and Society 1918–1990*, London, 2001, S. 62.
37 Hans Mayer, *Brecht*, Frankfurt a. M., 1996, S. 340.
38 Friedrich, *op. cit.*, S. 281.
39 Ronald Hayman, *Brecht: A Biography*, London, 1983, S. 138. [Anm. d. Übers.: Vgl. ders., *Bertolt Brecht. Der unbequeme Klassiker*, übersetzt von Alexandra von Reinhardt, München, 1985.
40 Ross, *op. cit.*, S. 192.
41 Hayman, *op. cit.*, S. 135.
42 *ibd.*, S. 147.
43 Siehe Thomas J. Saunders, *Hollywood in Berlin: American cinema and Weimar Germany*, Berkeley, CA,/London, 1994. Dem Autor zufolge hatte der deutsche Film bereits in den zwanziger Jahren begonnen, Hollywood den Rang abzulaufen.
44 *ibd.*, S. 38. [Anm. d. Übers.: Siegfried Kracauer, *Die Angestellten. Aus dem neuesten Deutschland* (1930), in: *Schriften*, Bd. 1, herausgegeben von Inka Mülder-Bach unter Mitarbeit von Mirjam Wenzel, Frankfurt a. M., 2005.]
45 Harvey, *Culture and Society*, S. 68 ff.
46 Charlotte Chandler, *Nobody's Perfect: Billy Wilder. A Personal Biography*, New York/London, 2002, S. 60.
47 Luzi Korngold, *Erich Wolfgang Korngold. Ein Lebensbild*, Wien, 1967, S. 62 ff.
48 Siehe die Einträge zu Hollywood und Billy Wilder in: Marlene Dietrich, *ABC meines Lebens*, Berlin, 1963.

32. WEIMAR: DAS GOLDENE ZEITALTER...

1 John Cornwell, *Hitler's Scientists*, London, 2003, S. 111. [Anm. d. Übers.: Vgl. ders., *Forschen für den Führer. Deutsche Naturwissenschaftler und der Zweite Weltkrieg*, übersetzt von Andrea Kamphuis, Bergisch Gladbach, 2004.]
2 *ibd.*, S. 114.
3 Siehe Watson, *Das Lächeln der Medusa*, S. 372–377.
4 Siehe z. B. Charles P. Enz, *Pauli hat gesagt. Eine Biographie des Nobelpreisträgers Wolfgang Pauli (1900–1958)*, Zürich, 2005.
5 David C. Cassidy, *Uncertainty: The Life and Science of Werner Heisenberg*, New York, 1992, S. 127 f. [Anm. d. Übers.: Vgl. ders.: *Werner Heisenberg – Leben und Werk*, übersetzt von Andreas und Gisela Kleinert, Heidelberg, 1995. Zum Zitat siehe Werner Heisenberg, *Der Teil und das Ganze. Gespräche im Umkreis der Atomphysik*, München, 1969, S. 51.]
6 Siehe Leo Corry, *David Hilbert and the Axiomatization of Physics (1898–1918): from Grundlagen der Geometrie to Grundlagen der Physik*, Dordrecht, 2004. [Anm. d. Übers.: Zum Zitat siehe Heisenberg, *op. cit.*, S. 77.]
7 Anm. d. Übers.: Heisenberg, *op. cit.*, S. 78.
8 Nancy Thorndike Greenspan, *The End of the Certain World*, New York, 2005. [Anm. d. Übers.: Vgl. dies., *Max Born – Baumeister der Quantenwelt. Eine Biographie*, übersetzt von Anita Ehlers, Heidelberg, 2005.]
9 Einstein glaubte, dass es zwei Arten von Theorien gebe: einmal die »Prinzipientheorien«, mit denen sich die »allgemeinen Eigenschaften der Naturvorgänge« bilden ließen und zu denen auch die Relativitätstheorie zählte, und zum anderen »konstruktive Theorien« wie die Quantentheorie, mit denen sich zwar experimentelle Ergebnisse erklären und vorhersagen ließen, die jedoch noch nicht das zugrunde liegende Prinzip erkannt haben. In jüngster Zeit ist das Interesse an Einsteins philosophischeren Ansichten stark gestiegen, siehe Amanda Gefter, »Power of the Mind«, in: *New Scientist*, 10.12.2005, S. 54f. [Anm. d. Übers.: Zum Zitat siehe Heisenberg, *op. cit.*, S. 96 f.]
10 Cornwell, *op. cit.*, S. 110.
11 Siehe Watson, *Das Lächeln der Medusa*, S. 387 ff.
12 Siehe Corry, *op. cit.*, sowie Watson, *Das Lächeln der Medusa*, S. 390 f.
13 John W. Dawson, *Logical Dilemmas: the Life and Work of Kurt Gödel*, Wellesley, MA, 1997, S. 55. [Anm. d. Übers.: Vgl. ders., *Das logische Dilemma. Leben und Werk von Kurt Gödel*, übersetzt von Jakob Kellner, Wien/New York, 1999.]
14 Der englische Mathematiker und theoretische Physiker Roger Penrose hat obendrein festgestellt, dass Gödels »unendliche mathematische Intuition mit den vorhandenen Strukturen der Physik ganz und gar unvereinbar« sei.
15 Michael Stöltzner und Thomas Ernst Uebel (Hg.), *Wiener Kreis: Texte zur wissenschaftlichen Weltauffassung von Rudolf Carnap, Otto Neurath, Moritz Schlick, Philipp Frank, Hans Hahn, Karl Menger, Edgar Zilsel und Gustav Bergmann*, Hamburg, 2006, darin vor allem die Einführung S. ix–civ sowie S. 315 ff. und S. 362 ff. zu Carnap, S. 503 f. zu Gödel. Siehe auch Watson, *Das Lächeln der Medusa*, S. 341 f.
16 Ben Rogers, *A. J. Ayer: A Life*, London, 1999, S. 86.
17 *ibd.*
18 *ibd.*, S. 87.
19 Paul Arthur Schilpp, *The Philosophy of Rudolf Carnap*, La Salle, IL/London, 1963, S.183f., 385ff., 545f. Siehe auch: A. W. Carus, *Carnap and Twentieth-century Thought: explication and enlightenment*, Cambridge, 2007, S. 91–108, 185–207.
20 Watson, *Das Lächeln der Medusa*, S. 338 ff.
21 Zu *Sein und Zeit* siehe Rüdiger Safranski, *Ein Meister aus Deutschland: Heidegger und seine Zeit*, München, 1994, 8. und 9. Kapitel. [Anm. d. Übers.: Zum Zitat siehe Paul Hühnerfeld, *In Sachen Heidegger*, München, 1961, S. 14 ff.]
22 Siehe Michael E. Zimmerman, *Heidegger's confrontation with modernity: technology, politics and art*, Bloomington, IN, 1990.
23 Anm. d. Übers.: Gay, *op. cit.*, S. 8b.
24 Anm. d. Übers.: Tad Szulc, *Papst Johannes Paul II. Die Biographie*, Stuttgart, 1996, S. 142.

25 Siehe Max Scheler, *Wesen und Formen der Sympathie – Die deutsche Philosophie der Gegenwart (1923)*, Bd. VII, *Gesammelte Werke*, herausgegeben von Manfred S. Frings, Bonn, 1973.
26 Zur Einordnung von Ernst Cassirer siehe Michael Friedman, *A parting of the Ways: Carnap, Cassirer and Heidegger*, Chicago, IL, 2000, S. 1–10, 129–144. [Anm. d. Übers.: Vgl. ders., *Carnap, Heidegger, Cassirer. Geteilte Wege*, aus dem Englischen übersetzt von der Arbeitsgruppe Philosophie am Institut für Philosophie der Universität Wien, Frankfurt a. M., 2004.]
27 1929 war das Jahr, in dem er sich mit Martin Heidegger während der Davoser Hochschulwoche wegen Kant überwarf. Siehe Safranski, *Ein Meister aus Deutschland*, S. 211 ff.
28 Siehe Norbert Elias, *Studien über die Deutschen. Machtkämpfe und Habitusentwicklung im 19. und 20. Jahrhundert*, herausgegeben von Michael Schröter (Teile II und IV vom Herausgeber aus dem Englischen übersetzt), Frankfurt a. M., 1989.
29 In den letzten Jahren kam es zu einem regelrechten Boom englischsprachiger Elias-Forschungen, darunter z. B. die Studie von Richard Kilminster, *Norbert Elias: Post-philosophical Sociology*, New York/Abingdon, 2007, mit einem Abschnitt über Elias und Weimar, einem Kapitel über Elias und Mannheim und einem Kapitel, das allein dem Zivilisationsprozess gewidmet ist. Siehe auch Stephen Menell, *Norbert Elias: Civilisation and the Human Self-Image*, Oxford, 1989, in dem es eigene Kapitel über »Sports and Violence«, »Civilisation and De-civilisation« sowie »Involvement and Detachment« gibt.
30 Siehe Peter Schäfer und Gary Smith, *Gershom Scholem: Zwischen den Disziplinen*, Frankfurt a. M., 1995.

33. WEIMAR: EIN PROBLEM BEDARF DER LÖSUNG
1 Watson, *Das Lächeln der Medusa*, S. 393–397.
2 Zu Freuds Krebserkrankung und seiner Tabaksucht siehe Peter Gay, *Freud. Eine Biographie für unsere Zeit*, aus dem Amerikanischen von Joachim A. Frank, Frankfurt a. M., 1995.
3 Anm. d. Übers.: Sigmund Freud, »Das Unbehagen in der Kultur«, in: *Studienausgabe* Bd. IX, Frankfurt a. M., 1974, S. 215 (vgl. *G S*, Bd. XII, S. 27–114; *G W* Bd. XIV, S. 419–506).
4 Paul-Laurent Assoun, *Freud et Nietzsche*, Paris, 1980.
5 Siehe Renos K. Papadopoulos et al. (Hg.), *Jung in Modern Perspective*, Hounslow, Middx., 1984, S. 203. [Anm. d. Übers.: Zu C. G. Jungs Aussagen siehe *Seelenprobleme der Gegenwart*, Taschenbuchausgabe in Einzelbänden, München, 1991.]
6 Bernard J. Paris, *Karen Horney, Psychoanalyst's Search for Self-understanding*, New Haven, Conn./London, 1994, S. 92 ff. [Anm. d. Übers.: Vgl. ders., *Karen Horney. Leben und Werk*, aus dem Amerikanischen von Ulrike Stopfel, Gießen, 2006.]
7 Anm. d. Übers.: Karen Horney, *Der neurotische Mensch unserer Zeit*, aus dem Amerikanischen von Gertrude Lederer-Eckardt, Frankfurt a. M., 1995, S. 19.
8 Anm. d. Übers.: *ibd.*, S. 19 ff., 66.
9 Anm. d. Übers.: *ibd.*, S. 147, 158.
10 Watson, *Das Lächeln der Medusa*, S. 348–354.
11 George L. Mosse, *Die völkische Revolution. Über die geistigen Wurzeln des Nationalsozialismus*, aus dem Amerikanischen von Renate Becker, Frankfurt a. M., 1991.
12 *ibd.*, S. 40–61, 66, 67, 71.
13 *ibd.*, S. 115.
14 *ibd.*, S. 111, 120–123, 169.
15 Anm. d. Übers.: Werner Maser, *Adolf Hitler. Legende, Mythos, Wirklichkeit* (1973), München/Esslingen, 1997, S. 238.
16 Anm. d. Übers.: *ibd.*, S. 240.
17 Anm. d. Übers.: *ibd.*, S. 181 ff., 184, 186.
18 Anm. d. Übers., *ibd.*, S. 232.
19 Fritz Stern, *Kulturpessimismus*, S. 224.
20 *ibd.*, S. 227–230.

21 *ibd.*, S. 231 ff..
22 *ibd.*, S. 235, 238.
23 *ibd.*, S. 252, 271 ff.
24 *ibd.*, S. 239 f.
25 *ibd.*, S. 301 f.
26 *ibd.*, S. 306.
27 *ibd.*, S. 308.
28 *ibd.*, S. 315 f.
29 Anthony Phelan (Hg.), *The Weimar Dilemma: Intellectuals in the Weimar Republic*, Manchester, 1985, siehe darin insbesondere den Beitrag von Keith Bullivant, »The Conservative Revolution«, S. 47-70, sowie Jeffrey Herf, *Reactionary Modernism: Technology, Culture and Politics in Weimar and the Third Reich*, Cambridge, 1984, S. 109. Siehe aber auch, was Elias in den *Studien über die Deutschen*, S. 279, schreibt.
30 Watson, *Das Lächeln der Medusa*, S. 474.
31 Siehe z. B. Bernd Widdig, *Culture and Inflation in Weimar Germany*, Berkeley, CA/ London, 2001, S. 140.
32 Watson, *Das Lächeln der Medusa*, S. 425-428.
33 Ernst Reinhard Piper, *Alfred Rosenberg: Hitlers Chefideologe*, München, 2005, S. 179 ff.
34 Zu Herbert Reads Einführung siehe Julien Benda, *The Treason of the Learned*, Boston, 1955, S. xxi. [Anm. d. Übers.: In der Folge wird aus der deutschen Übersetzung zitiert, siehe Julien Benda, *Der Verrat der Intellektuellen*, aus dem Französischen von Arthur Merin (1978), Berlin, 1983.]
35 *ibd.*, S. 96 f.
36 *ibd.*, S. 99 f.
37 *ibd.* S. 112 f.
38 *ibd.*, S. 120.
39 *ibd.*, S. 121.
40 *ibd.*, S. 131, 134.
41 *ibd.*, S. 139, 148, 150-153.
42 *ibd.*, S. 154, 172.
43 *ibd.*, S. 174, 171.
44 *ibd.* S. 183, 185.
45 *ibd.*, S. 206.
46 *ibd.*
47 Zu zeitgenössischen Reaktionen auf Bendas Argumente siehe Robert J. Niess, *Julien Benda*, Ann Arbor, Mich., 1956, S. 168 ff.

34. NATIONALSOZIALISTISCHE ÄSTHETIK: DIE BRAUNE GLEICHSCHALTUNG
1 Siehe auch Watson, *Das Lächeln der Medusa*, S. 431 ff.
2 Anm. d. Übers.: *Hitler. Reden, Schriften, Anordnungen: Februar 1925 bis Januar 1933*, herausgegeben und kommentiert von Christian Hartmann, München, 1992, Bd. II, S. 250.
3 Frederic Spotts, *Hitler and the Power of Aesthetics*, London, 2002, S. 11-15.
4 *ibd.*, S. 152, 156.
5 Zu Ernst Barlachs langwierigen Kämpfen mit dem Regime siehe Peter Paret, *An Artist Against the Third Reich: Ernst Barlach, 1933-1938*, Cambridge, 2003, S. 77-108, 109 ff. [Anm. d. Übers.: Vgl. ders., *Ein Künstler im Dritten Reich: Ernst Barlach 1933-1938*, übersetzt von Klaus Kochmann und Henning Köhler, Berlin 2007.]
6 Watson, *Das Lächeln der Medusa*, S. 438 f.
7 Zu seinen Umgestaltungsplänen für Linz siehe Hanns Christian Löhr, *Das braune Haus der Kunst: Hitler und der »Sonderauftrag Linz«: Visionen, Verbrechen, Verluste*, Berlin, 2005, S. 1-18.
8 Siehe Watson, *Das Lächeln der Medusa*, S. 447 ff.
9 Peter Adam, *The Arts of the Third Reich*, 1992, S. 129 ff. [Anm. d. Übers.: Vgl. ders., *Kunst im Dritten Reich*, aus dem Amerikanischen von Renate Winner, Hamburg

1992.] Siehe auch Berthold Hinz, *Kunst im 3. Reich: Dokumente der Unterwerfung,* Frankfurt a. M., 1979, S. 261.
10 Zur »undeutschen« Kunst siehe Paret, *op. cit.,* S. 109–138. [Anm. d. Übers.: Die Rede ist abrufbar unter: http://www.kunstdirekt.net/kunstzitate/bildendekunst/manifeste/nationalsozialismus/hitler_haus_der_kunst_37.htm]
11 Anm. d. Übers.: Siehe Paul Ortwin Rave, »Bericht über den Besuch der Ausstellung ›Entartete Kunst‹ in München am 21. und 22. Juli 1937«, in: Uwe M. Schneede (Hg.), *Kunstdiktatur im Dritten Reich,* Berlin, o. J.
12 Nach der Beendigung der Ausstellung in München wanderte die »Entartete Kunst« in zwölf weitere deutsche Städte. Diese Ausstellung wurde nicht wiederholt; die »Großen Deutschen Kunstausstellungen« im Haus der Deutschen Kunst fanden jedoch bis 1945 alljährlich statt. Siehe auch Rudolf Herz, *Hoffmann & Hitler: Fotografie als Medium des Führer-Mythos,* München, 1994, S. 170 ff. und 260 ff., eine exzellente Untersuchung der Art und Weise, wie Hitler bildlich dargestellt wurde.
13 Victor Klemperer, *LTI,* Leipzig, 1975, S. 73 f.
14 *ibd.,* S. 161 f., 166, 240 f.
15 Jay W. Baird, *To Die for Germany: Heroes in the Nazi Pantheon,* Indianapolis, IN, 1992, S. 161. [Anm. d. Übers.: Zum Auszug aus der Rede siehe Hermann Burte, »Die europäische Sendung der deutschen Dichtung«, in: *Weimarer Reden 1940,* herausgegeben von Dr. Erckmann, Berlin, Hamburg, 1941, S. 56–62.]
16 Zur parallelen Kontrolle der Presse siehe Oron J. Hale, *The Captive Press in the Third Reich,* Princeton, NJ, 1964, S. 67 ff., 76–93. [Anm. d. Übers.: Vgl. ders., *Presse in der Zwangsjacke 1933–45,* o. A. d. Ü., Düsseldorf, 1965.]
17 Baird, *op. cit.,* S. 132.
18 *ibd.,* S. 133. [Anm. d. Übers: Gerhard Schumann: Sonett VII, aus: *Die Lieder vom Reich,* München, 1935.]
19 *ibd.,* S. 137.
20 Siehe auch Jay W. Baird, *Hitler's War Poets: Literature and Politics in the Third Reich,* Cambridge, 2008.
21 Baird, *op. cit.,* S. 154. [Anm. d. Übers.: Im Anmerkungsapparat, Baird, *ibd.,* S. 285, findet sich dieses Gedicht vollständig in deutscher Sprache abgedruckt.]
22 *ibd.,* S. 157.
23 Anm. d. Übers.: Hans Baumann, *Atem einer Flöte. Gedichte,* Berlin, 1940, S. 54.
24 Baird, *op. cit.,* S. 167. [Anm. d. Übers.: Friedrich Hölderlin, *Sämtliche Werke,* Bd. 1, Stuttgart, 1946, S. 296.]
25 Mary-Elizabeth O'Brien, *Nazi Cinema as Enchantment: The Politics of Entertainment in the Third Reich,* Rochester, NY, 2005, S. 118 ff., 160 ff. Was das Radio betraf, so verkündete der Reichsrundfunk im Winter 1936, dass alle künftigen Programme nur einem dienen sollten, nämlich, dem Hörer Freude zu bereiten und die Volksgemeinschaft zu stärken (weshalb dann vor allem Landfunkberichte eingeführt wurden). Siehe auch Watson, *Das Lächeln der Medusa,* S. 470 ff.
26 Siehe z. B. Antje Ascheid, *Hitler's Heroines: Stardom and Womanhood in Nazi Cinema,* Philadelphia, PA, 2003, Kapitel 2, 3 und 4.
27 Baird, *op. cit.,* S. 200.
28 *ibd.,* S. 186–192.
29 *ibd.,* S. 197. Karl-Heinz Schoeps bietet in seinem Buch *Literature and film in the Third Reich,* Rochester, NY, 2004, eine Menge interessanter Beispiele. [Anm. d. Übers.: Dies ist eine neu bearbeitete englische Fassung der ergänzten Auflage von Karl-Heinz Schoeps, *Literatur im Dritten Reich* (Bern 1992), Berlin, 2000.]
30 Zum nationalsozialistischen Einfluss auf den ausländischen Film siehe Roel Vande Winkel und David Welch (Hg.), *Cinema and the Swastika: The International Expansion of Third Reich Cinema,* Basingstoke, 2007. Dieses Buch schildert unter anderem den NS-Einfluss auf Brasilien, Kroatien, Griechenland, Norwegen und die USA. Zu den deutsch-amerikanischen Filmbeziehungen in der Zeit zwischen 1933 und 1940 siehe Sabina Hake, *Popular Cinema of the Third Reich,* Austin, TX, 2001, S. 128–148. [Anm. d. Übers.: Vgl. dies., *Film in Deutschland. Geschichte und Geschichten seit 1895,* übersetzt von Roger Thiel, Hamburg, 2004.]

31 Michael H. Kater, *The Twisted Muse: Musicians and their Music in the Third Reich*, New York/Oxford, 1997, S. 14–21. [Anm. d. Übers.: Vgl. ders., *Die mißbrauchte Muse. Musiker im Dritten Reich, aus dem Amerikanischen von Maurus Pacher*, München, 1998.]
32 Parallel dazu wurden mehrere »wissenschaftliche« Arbeiten über »deutsche« Musik publiziert, mit dem Ziel, die rassische Reinheit und die nordischen Ursprünge dieser Musik zu beweisen und aufzuzeigen, dass allein nordische Rassen in der Lage seien, heroische Tugenden zu repräsentieren, wie sie zum Beispiel in den Werken Beethovens zum Ausdruck kämen. In einer 1939 von Karl Blessinger veröffentlichten Monografie wird festgestellt, dass die »Entartung« der deutschen Musik in drei Stadien stattgefunden habe: Mendelssohn Bartholdy, Meyerbeer und Mahler. Was diese Komponisten einte, liegt auf der Hand. Siehe Levi, *Music in the Third Reich*, op. cit., S. 53–56.
33 *ibd.*, S. 70.
34 Kater, *The twisted muse*, op. cit., S. 22–39; Levi, op. cit., S. 118.
35 Levi, op. cit., S. 179.
36 *ibd.*, S. 181.
37 Kater, *The twisted muse*, op. cit., S. 41f.
38 *ibd.*, S. 188ff. Siehe auch Brigitte Hamann, *Winifred Wagner oder Hitlers Bayreuth*. München, 2002.
39 Levi, op. cit., S. 203.
40 Siehe Misha Aster, *Das »Reichsorchester«: Die Berliner Philharmoniker und der Nationalsozialismus*, Berlin, 2007. Zu Furtwänglers Auseinandersetzungen siehe Fred K. Prieberg, *Kraftprobe. Wilhelm Furtwängler im Dritten Reich*, Wiesbaden, 1986.
41 Glen W. Gadberry (Hg.), *Theatre in the Third Reich: The Pre-war Years*, New York, 1995, S. 2, 6ff.
42 *ibd*, S. 6ff. [Anm. d. Übers.: Aus dem Bericht der *Potsdamer Tageszeitung* vom 9. Mai 1933 (Nr. 109, 84. Jg.), S. 8, zitiert von Thomas Jung, »Fackeln, Fahnen und Erlasse«, in: *Brennende Bücher*, Potsdam, 2003, S. 144.]
43 *ibd.*, S. 124.
44 Anm. d. Übers.: *Signale der neuen Zeit. 25 ausgewählte Reden von Dr. Joseph Goebbels*, München, Zentralverlag der NSDAP, 1934, S. 332ff.
45 Gadberry, op. cit., S. 103.
46 *ibd.*, S. 115.

35. WISSENSCHAFT IM »DRITTEN REICH«: KEINE OBJEKTIVITÄT
1 Steven P. Remy, *The Heidelberg Myth: The Nazification and De-Nazification of a German University*, Cambridge, MA, 2002, S. 16.
2 *ibd.*, S. 22.
3 *ibd.*, S. 24.
4 *ibd.*, S. 43.
5 *ibd.*, S. 26.
6 Claudia Koonz, *The Nazi Conscience*, Cambridge, MA, 2003, S. 196.
7 Remy, op. cit., S. 33. [Anm. d. Übers.: Zum Zitat siehe Hans Frank, *Schriftenreihe des Institutes für die Technik des Staates an der Technischen Hochschule München*, 1942, S. 15.]
8 *ibd.*, S. 50.
9 Anm. d. Übers.: Philipp Lenard, Vorwort zu *Deutsche Physik in vier Bänden*, München, 1936, Bd. I, S. IXf.
10 George L. Mosse (Hg.), *Nazi Culture: Intellectual, Cultural and Social Life in the Third Reich*, Madison, WI, 1966, S. 201–205.
11 Remy, op. cit., S. 56.
12 *ibd.*, S. 60.
13 *ibd.*, S. 84.
14 James R. Dow und Hannjost Lixfeld (Hg.), *The Nazification of an Academic Discipline: Folklore in the Third Reich*, Bloomington, IN, 1994.
15 George S. Williamson, *The Longing for Myth in Germany: Religious and Aesthetic Culture from Romanticism to Nietzsche*, Chicago, IL, 2004, S. 1.

16 Fritz J. Raddatz, *Gottfried Benn. Leben, niederer Wahn. Eine Biographie*, Berlin, 2001, S. 48 ff.; Hermann Bausinger, »Nazi Folk Ideology and Folk Research«, in: Dow und Lixfeld, *op. cit.*, S. 21.
17 Bausinger, *op. cit.*, S. 28.
18 Wolfgang Emmerich, »The mythos of German Continuity«, in: Dow und Lixfeld, *op. cit.*, S. 26 f., 41–44.
19 *ibd*, S. 42–46.
20 Hermann Strobach, »Folklore and Fascism before and around 1933«, in: Dow und Lixfeld, *op. cit.*, S. 56 f.
21 Christoph Daxelmüller, »Nazi Conception of the Culture and the Erasure of Jewish Folklore«, in: Dow und Lixfeld, *op. cit.*, S. 70 f., 79 f.
22 Hermann Bausinger, »Folk-National Work during the Third Reich«, in: Dow und Lixfeld, *op. cit.*, S. 87–90.
23 Anka Oesterle, »The Office of Ancestral Inheritance and Folklore Scholarship«, in: Dow und Lixfeld, *op. cit.*, S. 189 ff., 198.
24 Peter Padfield, *Himmler: Reichsführer-SS*, London, 1990, S. 166 ff.
25 Christopher Hale, *Himmler's Crusade: The True Story of the 1938 Nazi Expedition into Tibet*, London, 2003, S. 207 f., 211, 233.
26 Cornwell, *op. cit.*, S. 25.
27 *ibd.*, S. 30 ff.
28 *ibd.*, S. 130 f.
29 Albrecht Fölsing, *Albert Einstein. Biografie*, Frankfurt a. M., 1993, S. 743 f. Siehe auch Watson, *Das Lächeln der Medusa*, S. 434 f.
30 Fölsing, *op. cit.*, S. 745.
31 Cornwell, *op. cit.*, S. 130. Einen ungewöhnlichen Blick auf Einstein wirft Dennis P. Ryan (Hg.), *Einstein and the Humanities*, New York/London, 1987: Siehe die Kapitel über die moralischen Implikationen der Relativitätstheorie, über die dichterischen Reaktionen darauf sowie über die Zusammenhänge von Relativität und Psychologie.
32 Cornwell, *op. cit.*, S. 140.
33 Anm. d. Übers.: Max Planck, »Mein Besuch bei Hitler«, in: *Physikalische Blätter*, 3, 1947, S. 143 f.
34 Watson, *Das Lächeln der Medusa*, S. 436.
35 Michael H. Kater, *Doctors under Hitler*, Chapel Hill, NC, 1989, S. 19 ff., 63 ff., 177 ff. [Anm. d. Übers.: Vgl. ders., *Ärzte als Hitlers Helfer*, aus dem Amerikanischen von Helmut Dierlamm und Renate Weitbrecht, Hamburg, 2000.]
36 Geoffrey Cocks, *Psychotherapy in the Third Reich: The Göring Institute*, New York/Oxford, 1985, S. 53–60. Siehe auch Laurence A. Rickels, *Nazi Psychoanalysis*, Minneapolis, MN/London, 2002.
37 Cocks, *op. cit.*, S. 87.
38 Watson, *Das Lächeln der Medusa*, S. 440.
39 Jarrell C. Jackman und Carla M. Borden, *The Muses Flee Hitler: Cultural Transfer and Adaptation, 1930–1945*, Washington, DC, 1983, S. 205 ff. [Anm. d. Übers.: Zum Zitat siehe David Nachmansohn und Roswitha Schmidt, *Die große Ära der Wissenschaft in Deutschland 1900–1933*, Stuttgart, 1988, S. 55.]
40 *ibd.*, S. 25. Siehe auch Watson, *Das Lächeln der Medusa*, S. 502 ff.
41 Jackman und Borden, *op. cit.*
42 David Simms, »The Führer Factor in German Equations«, Rezension von Sanford L. Siegels Buch *Mathematics under the Nazis*, Princeton, NJ, 2004, in: *Times Higher Education Supplement*, 17. September 2004, S. 28.
43 Sanford L. Segal berichtet in *Mathematicians under the Nazis*, dass kein einziger deutscher Mathematiker eine Rolle im Widerstand gespielt habe und die Nationalsozialisten so relativ wenig Interesse an diesem Fach und Berufsstand gezeigt hätten, dass Otto Blumenthal noch bis 1939 Herausgeber der *Mathematischen Annalen* bleiben konnte (er wurde 1944 in Theresienstadt ermordet). Und Heinrich Behnke gelang es – obwohl er seinen Sohn schützen musste, der Behnkes Frau wegen als Jude eingestuft worden war – mit seiner »Theorie der Funktionen mehrerer komplexer Veränderli-

chen« eine Schule zu begründen, welche die Mathematik in der Nachkriegszeit unter der Ägide von Friedrich Hirzebruch mit neuem Elan versorgen sollte. Siehe auch Jackman und Borden, op. cit., S. 221 ff.
44 Cornwell, op. cit., S. 168.
45 ibd., S. 170.
46 Werner Heisenberg, Der Teil und das Ganze. Gespräche im Umkreis der Atomphysik, München (1969), 1996, S. 180 ff.
47 Siehe Otto Hahn, Vom Radiothor zur Uranspaltung. Eine wissenschaftliche Selbstbiographie, Braunschweig, 1962.
48 Siehe Otto Hahn, Mein Leben. Die Erinnerungen des großen Atomforschers und Humanisten, erweiterte Neuausgabe, München, 1986.
49 Siehe Otto Frisch, Woran ich mich erinnere. Physik und Physiker meiner Zeit, Stuttgart, 1981.
50 Watson, Das Lächeln der Medusa, S. 563 ff.
51 ibd., S. 561, 566; Rudolf Peierls, Atomic Histories, Woodburgh, 1997, S. 187–194.
52 Koonz, op. cit., S. 58.
53 ibd. Siehe auch Clemens Kauffmann, Leo Strauss zur Einführung, Hamburg, 1997.
54 Götz Aly und Susanne Heim, Vordenker der Vernichtung. Auschwitz und die deutschen Pläne für eine neue europäische Ordnung (1991), Frankfurt a. M., 2004, S. 12.
55 ibd., S. 12–15, 96, 174.
56 ibd., S. 96.
57 ibd., S. 102.
58 ibd., S. 105.
59 ibd., S. 111, 109.
60 ibd., S. 130.
61 ibd., S. 143.
62 ibd., S. 144.
63 ibd., S. 147, 159.
64 ibd., S. 159, 161–164.
65 ibd., S. 237.
66 ibd., S. 266 f.
67 ibd., S. 273 f.
68 ibd., S. 275.

36. GÖTTERDÄMMERUNG DER THEOLOGEN

1 Anm. d. Übers.: Maser, Adolf Hitler, S. 58.
2 Meine Darstellungen beruhen im Wesentlichen auf Brian Moynahan, The Faith, A History of Christianity, London, 2002, S. 675.
3 Anm. d. Übers.: Theodor Fritsch, »Der Rückgang der blonden Rasse«, in: Hammer. Blätter für deutschen Sinn, Leipzig, 1903, Nr. 29, S. 551,
4 ibd., S, 675. [Anm. d. Übers.: Zum Zitat siehe Ian Kershaw, Hitler, Bd. I: 1889–1936, aus dem Englischen von Jürgen Peter Krause und Jörg W. Rademacher, München, 2002, S. 382.]
5 F.X.J. Homer, »The Führer's Faith: Hitler's Sacred Cosmos«, in: F.X.J. Homer und Larry D. Wilcox (Hg.), Germany and Europe in the Era of Two World Wars: Essays in Honour of Oron James Hale, Charlottesville, 1986, S. 61–78.
6 Alistair McGrath, The Making of Modern German Christology: From the Enlightenment to Pannenberg, Oxford, 1986, S. 5.
7 Siehe Wilhelm Pauck, Harnack and Troeltsch: Two Historical Theologians, New York, 1968; siehe S. 117 zu der Rede, die Adolf von Harnack im Februar 1923 auf der Trauerfeier für Troeltsch in Gießen hielt.
8 McGrath, op. cit., S. 61.
9 Franz L. Neumann et al., The Cultural Migration: The European Scholar in America, Philadelphia, 1953, S. 140.
10 Johannes Hemleben, Rudolf Steiner und Ernst Haeckel, Stuttgart, 1965, S. 38 ff.; Geoffrey Ahern, Sun at Midnight: The Rudolf Steiner Movement and the Western Esoteric Tradition, Wellingborough, 1984, S. 87 ff.

11 Ahern, op. cit., S. 64.
12 Siehe die Darstellung des Zweiten Internationalen Kongresses der anthroposophischen Bewegung, der 1922 in Wien stattfand, in: Günther Wachsmuth, *Die Geburt der Geisteswissenschaft. Rudolf Steiners Lebensgang von der Jahrhundertwende bis zum Tode (1900–1925). Eine Biographie*, Dornach, 1941 (die 2. erweiterte Auflage erschien unter dem Titel *Rudolf Steiners Erdenleben und Wirken*, Dornach, 1951).
13 Eine Schilderung der theologischen Lage zur Zeit der Jahrhundertwende bietet Bruce L. McCormack, *Karl Barth's Critically Dialectical Theology: Its Genesis and Development, 1909–1936*, Oxford, 1995, S. 38 ff.
14 Martin Rumscheidt, *Revelation and Theology: An Analysis of the Barth-Harnack Correspondence of 1923*, Cambridge, 1972, S. 31 ff., 75 ff.
15 Zu den Details von Barths Leben siehe Eberhard Busch, *Karl Barths Lebenslauf. Nach seinen Briefen und autobiographischen Texten*, München, 1975.
16 McGrath, op. cit., S. 94.
17 Zdravko Kujundzija, *Boston Collaborative Encyclopaedia of Western Theology*, siehe den Eintrag zu *Barth*, S. 16. [Anm. d. Übers.: Zum Zitat siehe Karl Barth, *Dogmatik im Grundriß*, Zürich, 1947, S. 52.]
18 McCormack, op. cit., S. 371; Kimlyn J. Bender, *Karl Barth's Christological ecclesiology*, Aldershot, 2005, S. 95 f.
19 Kujundzija, op. cit., S. 17.
20 McCormack. op. cit., S. 449.
21 Martin Evang, *Rudolf Bultmann in seiner Frühzeit*, Tübingen, 1988, S. 211 f. Siehe auch Bernd Jaspert (Hg.), *Karl Barth – Rudolf Bultmann. Briefwechsel 1922–1966*, Zürich, 1971.
22 John MacQuarrie, *The Scope of Demythologising: Bultmann and his critics*, London, 1960, S. 65 ff., 151 ff.
23 David L. Edwards, »Rudolf Bultmann: Scholar of Faith«, in: *Christian Century*, September 1–8, 1976, S. 728 ff.; McGrath, op. cit., S. 135.
24 MacQuarrie, op. cit., S. 186 ff.
25 Zu seinen Beziehungen mit Erich Fromm, Sidney Hook und anderen Denkern sowie zu seinem Vergleich der Psychologie und Soziologie mit einem »geistigen Vakuum« siehe Raymond F. Bulman, *A Blueprint for Humanity: Paul Tillich's Theology of Culture*, Lewisburg, 1981, insbes. S. 128 ff.
26 Eberhard Bethge, *Dietrich Bonhoeffer: Theologe. Christ. Zeitgenosse, Eine Biographie*, München, 1967, S. 183 ff.
27 ibd., S. 803–811.
28 Anm. d. Übers.: Dietrich Bonhoeffer, *Ethik*, herausgegeben von Ilse Tödt, Heinz Eduard Tödt, Ernst Feil, Clifford Green, in: *Werke (DBW)* Bd. 6, München, 1992, S. 220, 223, 227, 242.
29 Anm. d. Übers.: Albert Schweitzer, *Aus meinem Leben und Denken*, Hamburg, 1955, S. 60.
30 James Brabazon, *Albert Schweitzer: A Biography*, Syracuse, NY, 2000, S. 110 ff.
31 Moynahan, op. cit., S. 678. [Anm. d. Übers.: Zum Zitat siehe Joseph Goebbels, *Tagebücher*, herausgegeben von Ralf Georg Reuth, Bd. 3: *1935–1939*, München/Zürich, 1992, S. 1362, Eintrag vom 28. Dezember 1939.]
32 Ernst Christian Helmreich, *The German Churches under Hitler: Background, Struggle, and Epilogue*, Detroit, 1979, S. 123. Siehe auch John S. Conway, *The Nazi Persecution of the Churches, 1933–1945*, London, 1968, S. 2. [Anm. d. Übers.: Zum Zitat siehe Hermann Rauschning, *Gespräche mit Hitler*, Zürich/New York, 1940, S. 55.]
33 Anm. d. Übers.: »Una vera propria statolatria pagana« aus der Enzyklika *Non Abbiamo Bisogno* vom 29. Juni 1931. Die Enzyklika wurde auf Italienisch verfasst und liegt in vatikanischer Übersetzung in englischer und französischer Sprache vor, jeweils abrufbar unter: http://www.vatican.va/holy_father/pius_xi/encyclicals/documents/hf_p-xi_enc_19310629_non-abbiamo-bisogno_it.html
34 Richard Steigmann-Gall, *The Holy Reich. Nazi Conceptions of Christianity, 1919–1945*, Cambridge, 2003, S. 1.
35 ibd., S. 6.

36 Anm. d. Übers.: Aus dem 15-Punkte-Programm der NSDAP vom 24. Februar 1920.
37 Steigmann-Gall, *op. cit.*, S. 37.
38 *ibd.*, S. 42.
39 *ibd.*, S. 234.
40 *ibd.*, S. 111.
41 Robert P. Ericksen, *Theologians Under Hitler*, New Haven/London, 1985, S. 52. [Anm. d. Übers.: Vgl. ders., *Theologen unter Hitler*, aus dem Amerikanischen von Annegrete Lösch, München, 1986.]
42 *ibd.*, S. 56. [Anm. d. Übers.: Siehe Gerhard Kittel, *Die Judenfrage*, Stuttgart, 1933, S. 38, 57.]
43 Anm. d. Übers.: Kittel, *op. cit.*, S. 42.
44 Siehe Paul Althaus, *Die christliche Wahrheit. Lehrbuch der Dogmatik (GW)*, 2 Bde., Gütersloh, 1947.
45 Ericksen, *op. cit.*, S. 103. [Anm. d. Übers.: Paul Althaus, *Kirche und Volkstum. Der völkische Wille im Lichte des Evangeliums*, Gütersloh, 1927, S. 28, sowie ders., »Völker vor und nach Christus. Theologische Lehre vom Volke«, in: *Theologia militans*, Bd. 14, Leipzig, 1937, S. 7f.]
46 Ericksen, *op. cit.*, S. 155–165.
47 Moynahan, *op. cit.*, S. 680.
48 James Bentley, *Martin Niemöller*, Oxford, 1984, S. 81f., 143ff. [Anm. d. Übers.: Vgl. ders. *Martin Niemöller. Eine Biographie*, aus dem Englischen von Jürgen Schmidt, München, 1985.]
49 Anm. d. Übers.: Zitiert in: Johannes Neuhäusler, *Kreuz und Hakenkreuz. Der Kampf des Nationalsozialismus gegen die Katholische Kirche und der kirchliche Widerstand*, München, 1946, S. 251.

37. DIE TRAGWEITE, DAS SCHEITERN UND DIE NIEDERTRACHT DER DEUTSCHEN KRIEGSWISSENSCHAFT

1 Remy, *op. cit.*, S. 85f.
2 *ibd.*, S. 95f.
3 Alfred Weber zum Beispiel publizierte 1935 seine *Kulturgeschichte als Kultursoziologie*.
4 Leo Strauss, »Persecution and the Art of Writing«, in: *Social Research*, November 1941, S. 488–504.
5 Cornwell, *op. cit.*, S. 416.
6 Siehe David C. Cassidy, *Uncertainty: The Life and Science of Werner Heisenberg*, New York, 1992, S. 420. [Anm. d. Übers.: Vgl. ders., *Werner Heisenberg: Leben und Werk*, übersetzt von Andreas und Gisela Kleinert, Heidelberg, 1995.]
7 *ibd.*, S. 435. Siehe auch Rainer Karlsch, *Hitlers Bombe. Die geheime Geschichte der deutschen Kernwaffenversuche*, München, 2005, S. 72. Zu Bohr und Heisenberg siehe auch Watson, *Das Lächeln der Medusa*, S. 567f.
8 Siehe Paul Lawrence Rose, *Heisenberg and the Nazi Atomic Bomb Project: A Study in German Culture*, Berkeley, CA/London, 1998. [Anm. d. Übers.: Vgl. ders., *Heisenberg und das Atombombenprojekt der Nazis*, aus dem Englischen von Angelika Beck, Zürich/München, 2001.]
9 Karlsch, *op. cit.*, S. 54f., 107f.
10 Eduard Schönleben, *Fritz Todt, der Mensch, der Ingenieur, der Nationalsozialist: Ein Bericht über Leben und Werk*, Oldenburg, 1943, S.108ff.
11 Cornwell, *op. cit.*, S. 317.
12 Siehe das Kapitel über »German physics« in Cassidy, *op. cit.*, S. 397ff. Siehe auch Karlsch, *op. cit.*, S. 266–270. Karlsch behauptet, dass um die Jahreswende 1944/45 in Gottow bei Kummersdorf südlich von Berlin ein Kernreaktor zum Laufen gebracht und im Oktober 1944 auf Rügen sowie im März 1945 auf dem Truppenübungsplatz Ohrdruf in Thüringen Explosionen ausgelöst worden seien, die zumindest in einem Fall Kernenergie freigesetzt hätten.
13 Dass Speer das deutsche Atomprojekt eingestellt hatte, wussten die Alliierten zum Zeitpunkt ihrer Landung in der Normandie am D-Day 1944 allerdings nicht. General

Leslie Groves, der kommandierende Offizier des Manhattan Project, befürchtete, dass die Nazis »eine undurchdringliche radioaktive Verteidigung gegen unsere Landungstruppen« vorbereiteten. Erst die Spezialtruppen der ALSOS-Mission (der Codename von drei geheimdienstlichen amerikanischen Missionen, die zwischen 1943 und 1945 in Erfahrung bringen sollten, ob es ein deutsches Atombombenprojekt gab und, falls ja, den Auftrag hatten, es zu sabotieren) fanden unter der Leitung des holländisch-amerikanischen Physikers Samuel Goudsmit im Gefolge der Voraustruppen heraus, dass die Deutschen mit dem Bau der Bombe noch weit hinter den Alliierten zurücklagen, obwohl das Kaiser-Wilhelm-Institut für Physik wegen der Bombenangriffe auf Berlin nach Hechingen ausgelagert worden war und die Atomversuchsreihen in einem Felsenkeller in Haigerloch weitergeführt worden waren. Drei der deutschen Atomphysiker, Walter Gerlach, Kurt Diebner und Karl Wirtz, hatten, wie ALSOS feststellte, einen Teil des vorhandenen Urans und schweren Wassers aus Berlin dorthin verlegt, den Rest aber an Ort und Stelle belassen, wo es zur Bestürzung der Alliierten und zu Stalins Freude am 24. April 1945 vom NKWD entdeckt wurde. Siehe Cornwell, op. cit., S. 334.

14 ibd., S. 253.
15 Zu den weiteren Details von Olberts Ideen siehe Erik Bergaust und William Beller, Satelliten erforschen den Weltraum, Stuttgart, 1956.
16 Cornwell, op. cit., S. 256.
17 Siehe Steven Rose (Hg.), C.B.W. Chemical and Biological Warfare: London Conference on C.B.W., London/Toronto, 1968.
18 Adam Tooze, Ökonomie der Zerstörung. Die Geschichte der Wirtschaft im Nationalsozialismus, aus dem Englischen von Yvonne Badal, München, 2007, S. 510–515.
19 Ich berufe mich hier auf Diarmuid Jeffreys, Hell's Cartel: I. G. Farben and the Making of Hitler's War Machine, London, 2008, Kap. 10 und 12. Siehe auch den Teil über »Medikamente und Menschenversuche« in: Stephan H. Lindner, Hoechst. Ein I. G. Farben Werk im Dritten Reich, München, 2005, S. 259–348.
20 Anderen Häftlingen wurden Farbstoffe in die Augen gespritzt, oder man schoss sie mit vergifteten Projektilen an, um herauszufinden, wie schnell die Gifte wirkten. Siehe Ute Deichmann, Biologen unter Hitler. Porträt einer Wissenschaft im NS-Staat, Frankfurt a. M., überarbeitete und erweiterte Ausgabe 1995. Siehe außerdem Götz Aly, »Die Menschenversuche des Doktor Heinrich Berning«, in: Angelika Ebbinghaus et al. (Hg.), Heilen und Vernichten im Mustergau Hamburg. Bevölkerungs- und Gesundheitspolitik im Dritten Reich, Hamburg, 1984. Siehe auch Watson, Das Lächeln der Medusa, S. 446 f.
21 Franz M. Wuketits, Konrad Lorenz: Leben und Werk eines großen Naturforschers, München, 1990, S. 108 ff.; Watson, Das Lächeln der Medusa, S. 444 f.
22 Anm. d. Übers.: Konrad Lorenz, »Die angeborenen Formen möglicher Erfahrung«, in: Zeitschrift für Tierpsychologie, 5, 1943, S. 235–409.
23 Alec Nisbett, Konrad Lorenz, London, 1976, fasst diese Forschung von Lorenz mit ziemlichen Samthandschuhen an. Lorenz selbst veröffentlichte sogar noch 1983 ein Buch – Abbau des Menschlichen –, in dem er keinerlei Einsicht zeigte und die »Domestikation des Menschen«, die er nach wie vor als eine Bedrohung ansah, nur dem Zeitgeist gemäß umbenannt hatte. Siehe auch Watson, Das Lächeln der Medusa, S. 444 f. [Anm. d. Übers.: Zu den Zitaten siehe Lorenz, »Die angeborenen Formen«, in: op. cit., S. 66 ff.]
24 Eugen Fischer hatte bereits 1912 ein Machwerk mit dem Titel Rassen und Völker veröffentlicht; 1927 publizierte er Rasse und Rasse-Entstehung beim Menschen. Fritz Lenz, ab 1933 Direktor der Abteilung Eugenik am Kaiser-Wilhelm-Institut für Anthropologie, der bereits eine Menge rassistischer Machwerke publiziert hatte, veröffentlichte 1932 die Studie Menschliche Auslese und Rassenhygiene.
25 Einen vorzüglichen Überblick über die medizinischen, rechtlichen und moralischen Konsequenzen der Zwangssterilisationen und Euthanasie im NS-Staat sowie viele nützliche Hinweise bietet Gisela Bock, »Sterilisation and ›Medical‹ massacres in National Socialist Germany: Ethics, Politics and the Law«, in: Berg und Cocks, op. cit., S. 149–172.
26 Dupuy, op. cit., S. 253.

38. DAS EXIL UND DER WEG IN DIE FREIHEIT

1 Watson, *Das Lächeln der Medusa*, S. 501 ff.
2 Zu den Zahlen siehe z. B. Donald Peterson Kent, *The Refugee Intellectual*, New York, 1953, S. 11-16, sowie Jean-Michel-Palmier, *Weimar en Exil*, Paris, 1988, und Volkmar Zühlsdorff, *Deutsche Akademie im Exil. Der vergessene Widerstand*, Berlin, 1999.
3 Watson, *Das Lächeln der Medusa*, S. 505-508. Heute gibt es viele und sich inhaltlich oft überlappende Bücher über das geistige deutsche Exil. In Kapitel 39 und 40 des vorliegenden Buches, die den längerfristigen kulturellen und intellektuellen Folgen dieses Exils in den USA und in Großbritannien gewidmet sind, werden viele dieser Werke als Quellen angegeben. Hervorzuheben sind hier noch Steffen Pross, *In London treffen wir uns wieder*, Berlin, 2000; sowie Charmian Brinson et al. (Hg.), *»England? Aber wo liegt es?« Deutsche und österreichische Emigranten in Großbritannien*, München, 1996, Reinhold Brinkmann und Christoph Wolff (Hg.), *Driven into Paradise: The Musical Migration from Nazi Germany to the United States*, Berkeley/London, 1999 (mit einem interessanten Kapitel über Erich Wolfgang Korngold und über das Black Mountain College), Tom Ambrose, *Hitler's Loss: What Britain and America Gained from Europe's Cultural Exiles*, London, 2001. An den Council for Assisting Refugee Academics erinnerte jüngst John Seabrook mit seinem Buch *The Refugee and the Fortress: Britain and the Flight from Tyranny*, London, 2008.
4 Siehe Varian Fry, *Surrender on Demand*, Boulder, Col., 1997. [Anm. d. Übers.: Vgl. ders., *Auslieferung auf Verlangen. Die Rettung deutscher Emigranten in Marseille 1940/41*, aus dem Amerikanischen von Jan Hans und Anja Lazarowicz, Frankfurt a. M., 1995, hier S. 35 ff.] Siehe auch Andy Marino, *American pimpernel: the man who saved the artists on Hitler's death list*, London, 1999.
5 Rosemary Sullivan, *Villa Air-Bel: the Second World War, escape and a house in France*, London, 2006, S. 83 ff., 251 ff.
6 Watson, *Das Lächeln der Medusa*, S. 509 f.
7 Der amerikanische Publizist Lawrence Weschler erwähnte einmal eine »alternative« Straßenkarte von Hollywood, die statt der Adressen von Filmstars die Wohnsitze der Exilanten aufführte.
8 Watson, *Das Lächeln der Medusa*, S. 537-545.
9 Colin Loader, *The Intellectual Development of Karl Mannheim: Culture, Politics and Planning*, Cambridge, 1985, S. 19. Mannheim war auch der Herausgeber der *International Library of Sociology and Social Reconstruction*, einer umfangreichen Buchreihe, die bei George Routledge erschien und zu deren Autoren Harold Lasswell, E. F. Schumacher, Raymond Firth, Erich Fromm und Edward Shils zählten.
10 ibd., S. 192.
11 Thomas K. McCraw, *Prophet of Innovation: Joseph Schumpeter and Creative Destruction*, Cambridge, MA, 2007, S. 248. [Anm. d. Übers.: Vgl. ders., *Joseph A. Schumpeter. Eine Biografie*, übersetzt von Doris Gerstner und Michael Hein, Hamburg, 2008.]
12 Watson, *Das Lächeln der Medusa*, S. 539 f.
13 Yuichi Shionoya, *Schumpeter and the Idea of Social Science: A Metatheoretical Study*, Cambridge, 1997, S. 124.
14 Anm. d. Übers.: Zu den Zitaten siehe Joseph Schumpeter, *Kapitalismus, Sozialismus und Demokratie*, 7. erw. Aufl., Tübingen/Basel, 1993, S. 213 ff.
15 McCraw, op. cit., S. 255.
16 Anm. d. Übers.: Schumpeter, op. cit., S. 213 f.
17 Watson, *Das Lächeln der Medusa*, S. 541 f.
18 Anm. d. Übers.: Friedrich von Hayek, *Der Weg zur Knechtschaft*, München, 1994, S. 99.
19 Stephen F. Frowen (Hg.), *Hayek: Economist and Social Philosopher: A Critical Retrospect*, Basingstoke, 1997, S. 63 ff., 237 ff. [Anm. d. Übers.: Zum Zitat siehe Hayek, op. cit., S. 112.]
20 Andrew Gamble, *Hayek: The Iron Cage of Liberty*, Cambridge, 1996, S. 59 ff.
21 Malachi Haim Hacohen, *Karl Popper, the Formative Years, 1902-1945: Politics and Philosophy in Interwar Vienna*, Cambridge, 2000, S. 186 ff. Siehe auch Watson, *Das Lächeln der Medusa*, S. 542 ff.

22 Anthony O'Hear (Hg.), *Karl Popper: Philosophy and Problems*, Cambridge, 1995, S. 45 ff., 75 ff.
23 Haim-Hacohen, *op. cit.*, S. 383 ff.
24 Anm. d. Übers.: Karl Popper, *Die offene Gesellschaft*, 2 Bde., übersetzt von Paul K. Feyerabend, München, 1977, Bd. I, S. 153, 168.
25 O'Hear, *op. cit.*, S. 225.
26 Anm. d. Übers.: Popper, *op. cit.*, Bd. II, S. 260 ff.
27 Watson, *Das Lächeln der Medusa*, S. 533 f.
28 Anm. d. Übers.: Erwin Schrödinger, *Was ist Leben? Die lebende Zelle mit den Augen des Physikers betrachtet*, aus dem Englischen von L. Mazurczak, neu bearbeitet von Ernst Schneider, München, 1989, S. 110.
29 Anm. d. Übers.: *ibd.*, S. 134.
30 Anm. d. Übers.: *ibd.*, S. 111.
31 Clive James, *Cultural Amnesia: Necessary Memories from History and the Arts*, London, 2008, S. 48 ff.
32 Anm. d. Übers.: Ernst Jünger, »Über Nationalismus und Judenfrage«, in: *Süddeutsche Monatshefte* 27, Oktober 1929–September 1930, S. 834–845.
33 Martin Mauthner, *German Writers in French Exile*, London/Portland, OR, 2007, S. 58. [Anm. d. Übers.: Beide Reden finden sich in: Gottfried Benn, *Sämtliche Werke*, Stuttgarter Ausgabe, Band IV, Prosa 2 (1933–1945), Stuttgart, 2001.]

39. DAS »VIERTE REICH«: DER EINFLUSS DEUTSCHEN DENKENS IN AMERIKA
1 Allan Bloom, *The Closing of the American Mind*, London, 1987, S. 148 f. [Anm. d. Übers.: Vgl. ders., *Der Niedergang des amerikanischen Geistes. Ein Plädoyer für die Erneuerung der westlichen Kultur*, aus dem Amerikanischen von Richard Giese, Hamburg, 1988.]
2 *ibd.*, S. 152.
3 Franz L. Neumann et al., *The Cultural Migration: The European Scholar in America*, Philadelphia, 1953, S. 34 f.
4 Zu den Schriften über das deutsche Exil, die in Anmerkung 3 des 38. Kapitels aufgeführt wurden, lassen sich noch hinzufügen: Jean-Michel Palmier, *Weimar en Exil: Le destin de l'emigration intellectuelle allemande antinazie en Europe et aux Etats-Unis* (in englischer Fassung: *Weimar in Exile: The Antifascist Emigration in Europe and America*, London, 2006: eine grundsolide systematische Studie von über sechshundert Seiten, unter anderem mit Kapiteln über die Presse, das Verlagswesen, die Literatur, das Theater, die Universitäten und Hollywood. Siehe auch Erhard Bahr und Carolyn See, *Literary Exiles & Refugees in Los Angeles: Papers Presented at a Clark Library Seminar, 14 April, 1984*, Los Angeles, CA, 1988: Hier gibt es einen Teil über Exilanten aus der Weimarer Republik und einen über englische Auswanderer. Hartmut Lehmann und James J. Sheehan (Hg.), *An Interrupted Past: German-speaking Refugee Historians in the United States after 1933*, Washington, DC/Cambridge, 1991, enthält Kapitel über die deutschen Historiker im Office of Strategic Services (OSS) sowie über Hajo Holborn, Ernst Kantorowicz und Theodor Mommsen. Mitchell G. Ash und Alfons Söllner (Hg.), *Forced Migration and Scientific Change: Émigré German-speaking Scientists and Scholars after 1933*, Washington, DC/Cambridge, 2002, ist ein wunderbar detailreiches Buch. Siehe auch Joachim Radkau, *Die deutsche Emigration in den USA*, Hamburg, 1971, und Helge Pross, *Die deutsche akademische Emigration nach den Vereinigten Staaten 1933–1941*, Berlin, 1955.
5 Anthony Heilbut, *Exiled in Paradise: German Refugee Artists and Intellectuals in America from the 1930s to the Present*, New York, 1983, S. 46, 51, 65. Dies ist das bei Weitem unterhaltsamste Buch über deutsche Emigration in Amerika: Der Leser schwankt ständig zwischen Lachen und Weinen. [Anm. d. Übers.: Vgl. ders., *Kultur ohne Heimat. Deutsche Emigranten in den USA nach 1930*, aus dem Amerikanischen von Jutta Schust, Weinheim, 1987.]
6 *ibd.*, S. 77.
7 *ibd.*, S. 130.
8 *ibd.*

9 Lewis A. Coser, *Refugee Scholars in America: Their Impact and their Experiences*, New Haven, CT/London, 1984, S. 35.
10 *ibd.*, S. 47.
11 Lawrence J. Friedman, *Identity's Architect: a Biography of Erik H. Erikson*, London, 1999, S. 157.
12 *ibd.*, S. 149 ff.
13 *ibd.*, S. 156.
14 Siehe Nina Sutton, *Bruno Bettelheim. The other side of madness*, London, 1995, S. 120 ff. [Anm. d. Übers.: Im Original: *Bruno Bettelheim, Une vie*, Paris, 1995; in deutscher Übersetzung: *Bruno Bettelheim*, aus dem Französischen von Brigitte Große, Hamburg, 1996.] Siehe auch Bruno Bettelheim, *Recollections and Reflections*, London, 1990. [Anm. d. Übers.: Vgl. ders., *Themen meines Lebens. Essays über Psychoanalyse, Kindererziehung und das jüdische Schicksal*, aus dem Amerikanischen von Rüdiger Hipp und Otto P. Wilck, München, 1993.]
15 *ibd.*, S. 269.
16 Heilbut, *op. cit.*, S. 209.
17 Sutton, *op. cit.*, S. 268 f.
18 Coser, *op. cit.*, S. 72. [Anm. d. Übers.: Zum »Torapeutikum« siehe Alfred Lévy, *Erich Fromm. Humanist zwischen Tradition und Utopie*, Würzburg, 2002, S. 13.]
19 Lawrence Wilde, *Erich Fromm and the Quest for Solidarity*, New York, 2004, S. 19–36. [Anm. d. Übers.: Zum Zitat siehe Erich Fromm, »Humanismus und Psychoanalyse«, aus dem Amerikanischen von Liselotte und Ernst Mickel, in: *Erich Fromm Gesamtausgabe in zwölf Bänden*, Bd. 9, München, 1999, S. 3–11.]
20 Anm. d. Übers.: Fromm, *op. cit.*, S. 9.
21 Coser, *op. cit.*, S. 72.
22 Daniel Burston, *The Legacy of Erich Fromm*, Cambridge, MA/London, 1991; zur »Pathologie der Normalität« siehe S. 133 ff.
23 Siehe Paul Robinson, *The Freudian Left: Wilhelm Reich, Geza Roheim, Herbert Marcuse*, Ithaca, NY/London, 1990, siehe Kap. 1 zum Thema »Freudian radicalism«.
24 David Seelow, *Radical Modernism and Sexuality: Freud, Reich, D. H. Lawrence and Beyond*, New York/Basingstoke, 2005, S. 47 ff.
25 Ash und Söllner, *op. cit.*, S. 269.
26 Siehe Richard Wolin, *Heidegger's Children: Philosophy, Anti-Semitism, and German-Jewish Identity*, New York, 2001; auch unter dem Titel *Heidegger's Children: Hannah Arendt, Karl Löwith, Hans Jonas, and Herbert Marcuse* erschienen.
27 Andrew Jamieson, Ron Eyerman, *Seeds of the Sixties*, Berkeley, CA/London, 1994, S. 47.
28 Anm. d. Übers.: Hannah Arendt, *Elemente und Ursprünge totaler Herrschaft. Antisemitismus, Imperialismus, Totale Herrschaft*, von der Autorin aus dem Englischen übersetzt und neu bearbeitet (1955), München, 1986, S. 667 ff., 697.
29 Jamieson und Eyerman, *op. cit.*, S. 50.
30 Heilbut, *op. cit.*, S. 403 f.
31 *ibd.*, S. 412.
32 Siehe auch Elisabeth Young-Bruehl, *Why Arendt Matters*, New Haven, CT/London, 2006, S. 73, zur Relevanz von Arendts Theorien nach dem 9. September 2001.
33 Richard Wolin und John Abromeit, *Heideggerian Marxism: Herbert Marcuse*, Lincoln, NE, 2005, S. 176 ff.
34 Timothy J. Lukes, *The Flight into Inwardness: An Exposition and Critique of Herbert Marcuse's Theory of Liberative Aesthetics*, Selinsgrove, 1985, S. 46.
35 Jamieson und Eyerman, *op. cit.*, S. 124 f. Siehe auch Robert Pippin et al. (Hg.), *Marcuse: Critical Theory & the Promise of Utopia*, London, 1988, S. 143 ff., 169 ff.
36 Anm. d. Übers.: Herbert Marcuse, *Der eindimensionale Mensch. Studien zur Ideologie der fortgeschrittenen Industriegesellschaft*, deutsch von Alfred Schmidt (1967), München, 1994, S. 242, 250.
37 Anne Norton, *Leo Strauss and the Politics of American Empire*, New Haven, CT/London, 2004.
38 Siehe auch Heinrich Meier, *Carl Schmitt, Leo Strauss und der Begriff des Politischen – Zu einem Dialog unter Abwesenden* (1988), erweiterte Neuausgabe, Stuttgart, 1998.

39 Daniel Tanguay, *Leo Strauss: An Intellectual Biography*, New Haven/London, 2007, S. 99ff. [Anm. d. Übers.: Vgl. das Original, *Leo Strauss, Une biographie intellectuelle*, Paris, 2003.] Siehe auch Mark Blitz, *Leo Strauss, the Straussians and the American regime*, New York, 1999.
40 Mark Lilla, »The closing of the Straussian Mind«, in: *New York Review of Books*, 4. November 2004, S. 55–59.
41 Coser, *op. cit.*, S. 205.
42 Seine anschließende Karriere war weniger bemerkenswert, was aber vielleicht nur logisch ist, da sie sich im Wesentlichen auf das Schreiben von Memoiren und zahlreiche Beraterverträge beschränkte und nicht unbedingt als erfolgreich bezeichnet werden kann. So war er beispielsweise einer der Direktoren von Hollinger International, dessen Vorstandsvorsitzender Conrad Black 2007 wegen Betrugs zu sieben Jahren Gefängnis verurteilt wurde. Es wurde weithin dem Aufsichtsrat unter Kissingers Beteiligung angelastet, dass Black die Verbrechen begehen konnte, deretwegen er verurteilt wurde.
43 Siehe Stefan Müller-Doohm, *Adorno. Eine Biographie*, Frankfurt a.M., 2003. Adorno selbst hielt übrigens rein gar nichts von dem literarischen Genre der Biografie, siehe Coser, *op. cit.*, S. 160.
44 Anm. d. Übers.: 1944 unter dem Titel *Philosophische Fragmente* vom New York Institute of Social Research verlegt; 1947 in endgültiger Fassung in Amsterdam gedruckt, aber erst 1969 in Deutschland herausgegeben.
45 Zu den Gesprächen und Briefen zwischen Adorno und Horkheimer siehe Detlev Claussen, *Theodor W. Adorno. Ein letztes Genie*, Frankfurt a.M., 2003.
46 Anm. d. Übers.: Theodor W. Adorno, Bruno Bettelheim, Else Frenkel-Brundwik, Norbert Gutermann, Morris Janowitz, Daniel J. Levinson, R. Nevitt Sanford, *Studies in Prejudice*, New York, 1950. Der deutsche Titel *Der autoritäre Charakter, Studien über Autorität und Vorurteil*, mit einem Vorwort von Max Horkheimer und ins Deutsche übersetzt vom Institut für Sozialforschung, wurde 1968/69 in Amsterdam publiziert.
47 Watson, *Das Lächeln der Medusa*, S. 618.
48 Coser, *op. cit.*, S. 107.
49 *ibd.*, S. 114.
50 Siehe Paul Lazarsfeld, William H. Sewell und Harold L. Wilensky, *The Uses of Sociology*, London, 1968. [Anm. d. Übers.: Vgl. dies., *Am Puls der Gesellschaft. Zur Methodik der empirischen Soziologie*, deutsch von Helga und Philipp Schwarzer, Wien/Frankfurt/Zürich, 1968.]
51 Coser, *op. cit.*, S. 164.
52 *ibd.*, S. 166.
53 Peter F. Drucker, *Post-capitalist Society*, Oxford, 1993, S. 17ff. [Anm. d. Übers.: Vgl. ders., *Die postkapitalistische Gesellschaft*, übersetzt von Ursel Reineke und Christiane Ferdinand-Gonzales, Düsseldorf, 1993.]
54 Coser, *op. cit.*, S. 298.
55 Andre W. Carus, *Carnap and Twentieth-century Thought: Explication and Enlightenment*, Cambridge, 2007, S. 139ff.
56 Coser, *op. cit.*, S. 304.
57 Ash und Söllner, *op. cit.*, S. 285.
58 Siehe Raymond Bulman, *op. cit.*; zur Frage der ontologischen versus der technischen Vernunft siehe S. 112ff.
59 Coser, *op. cit.*, S. 318.
60 Ash und Söllner, *op. cit.*, S. 155.
61 Zu ihnen allen siehe Lehmann und Sheehan, *op. cit.* Siehe außerdem Ash und Söllner, *op. cit.*, S. 75, 87.
62 Hanna Schissler, »Explaining History: Hans Rosenberg«, in: Ash und Söllner, *op. cit.*, S. 180ff., sowie Robert E. Lerner, »Ernst Kantorowicz and Theodor E. Mommsen«, in: *ibd.*, S.188ff.
63 Coser, *op. cit.*, S. 279.
64 Zu den deutschen Historikern im OSS siehe Barry M. Katz, »German Historians in the Office of Strategic Services«, in: Ash und Söllner, *op. cit.*, S. 136ff.

65 Gerhard A. Ritter befasst sich mit emigrierten Historikern in seiner Studie *Friedrich Meinecke: Akademischer Lehrer und emigrierte Schüler. Briefe und Aufzeichnungen. 1910–1977*, München, 2006, die auch Grundlage eines Vortrags war, den er im German Historical Institute in Washington hielt, siehe *German Historical Institute Bulletin*, Nr. 39, Herbst 2006, S. 23 ff. Siehe auch Otto P. Pflanze, »The Americanisation of Hajo Holborn«, in: Ash und Söllner, *op. cit.*, S. 170 ff.
66 Coser, *op. cit.*, S. 279.
67 Fritz Stern, *Fünf Deutschland und ein Leben. Erinnerungen*, aus dem Englischen von Friedrich Griese, München, 2007, S. 415.
68 Coser, *op. cit.*, S. 269.
69 *ibd.*, S. 255.
70 Erwin Panofsky, *Meaning in the Visual Arts*, New York (1955), 1974, S. 332. [Anm. d. Übers.: Vgl. ders., *Sinn und Deutung in der Bildenden Kunst*, aus dem Englischen von Wilhelm Höck, Köln, 1975.]
71 Michael Ann Holly, *Panofsky and the Foundations of Art History*, Ithaca, NY/London, 1984, S. 158 ff.
72 Sam Hunter in seiner Einführung zu *Hans Hofmann*, New York, 1979, Fußnote S. 10.
73 Heilbut, *op. cit.*, S. 137.
74 *ibd.*, S. 141.
75 *ibd.*, S. 222.
76 Joseph Horowitz, *Artists in Exile: How Refugees from Twentieth-Century War and Revolution Transformed the American Performing Arts*, New York, 2008, S. xvi.
77 Christopher D. Innes, *Erwin Piscator's Political Theatre: The Development of Modern German Drama*, Cambridge, 1972, S. 69. Zu einem Vergleich von Piscator und Brecht siehe George Buehler, *Brecht, Erwin Piscator: ein Vergleich ihrer theoretischen Schriften*, Bonn, 1978, S. 126–131.
78 John Fuegi, *Brecht & Co.: Biographie*, autorisierte, erweiterte und berichtigte deutsche Fassung von Sebastian Wohlfeil, Hamburg, 1997, S. 636–643.
79 Heilbut, *op. cit.*, S. 176.
80 Fuegi, *op. cit.*, S. 610 f.
81 Heilbut, *op. cit.*, S. 229. [Anm. d. Übers.: Zum Zitat siehe *Thomas Mann. Deutsche Hörer! BBC-Reden 1941 bis 1945*, vom Bayerischen Rundfunk und der British Broadcasting Corporation produzierte CD, 2004, ISBN 978-3-89940-398-5. Die Sendung vom 1. November 1941 ist auch abrufbar auf http://www.youtube.com/watch?v=25YNc5bX7xY. Letzter Abruf: 1. August 2010.
82 *ibd.*, S. 321. [Anm. d. Übers.: Das Zitat stammt aus einem Brief Thomas Manns an den Schweizer Erzähler Alexander Moritz Frey vom 19. Dezember 1948, zitiert in: Erika Mann (Hg.), *Thomas Mann, Briefe 1948–1955 und Nachlese*, Frankfurt a. M., 1965.]
83 Peter Goodchild, *Edward Teller: The Real Dr Strangelove*, London, 2004, S. 26.
84 Zum entscheidenden Krach zwischen den beiden siehe Edward Teller und Judith Shoolery, *A Twentieth-Century Journey in Science and Politics*, New York, 2001, S. 177 f. Zur Geheimhaltungsverpflichtung der Physiker siehe Edward Teller, *Memoirs. Better a Shield than a Sword: Perspectives on Defense and Technology*, New York/London, 1987, S. 115 f.
85 Silvan S. Schweber, *In the Shadow of the Bomb: Bethe, Oppenheimer, and the Moral Responsibility of the Scientist*, Princeton, NJ/Chichester, 2000, S. 107–114. Siehe auch Katie Matson, *The Great Escape: Nine Jews Who Fled Hitler and Changed the World*, New York/London, 2006, S. 184 ff.
86 Goodchild, *op. cit.*, S. 46 ff.
87 John W. Dawson, *opt. cit.*, S. 176 ff. [Anm. d. Übers.: Siehe ders., *Kurt Gödel. Leben und Werk*, übersetzt von Jakob Kellner, Wien/New York, 1999.]
88 Palle Yourgrau, *A World Without Time: The Forgotten Legacy of Gödel and Einstein*, New York, 2005, S. 94 f. [Anm. d. Übers.: Vgl. ders., *Gödel, Einstein und die Folgen. Vermächtnis einer ungewöhnlichen Freundschaft*, aus dem Englischen von Kurt Beginnen und Susanne Kuhlmann-Krieg, München, 2005.]
89 *ibd.*, S. 6.

90 ibd., S. 115.
91 David Kettler und Gerhard Lauer (Hg.), Exile, Science and Bildung: The Contested Legacies of German Émigré Intellectuals, New York, 2005, S. 2f.

40. »SEINER MAJESTÄT LOYALSTE FEINDLICHE AUSLÄNDER«
1 Gute Informationen über Emigranten in Großbritannien bieten Gerhard Hirschfield (Hg.), Exiled in Great Britain: Refugees from Hitler's Germany, Leamington Spa, London, 1984: Hier geht es hauptsächlich um die Auswirkungen der Immigration auf Politik und Industrie, sowie William Abbey et al. (Hg.), Between Two Languages: German-speaking Exiles in Great Britain, 1933-1945, Stuttgart, 1995, siehe hier vor allem die interessanten Teile über Deutsche, die Briten vor den Plänen der Nationalsozialisten gewarnt hatten, und über deutsche Schriftsteller und Dramatiker, die in englischer Sprache geschrieben haben. Panikos Panayi (Hg.) stellt dieses Thema in seinem Buch Germans in Britain since 1500, London, 1996, unter einer langfristigeren Perspektive dar.
2 Daniel Snowman, The Hitler Emigres: The Cultural Impact on Britain of Refugees from Nazism, London, 2002, S. 12f. Diese Studie ist nicht nur wegen ihrer Texte, sondern auch wegen der Fußnoten sehr lesenswert. Meine Darstellung in diesem Kapitel stützt sich wesentlich auf Snowmans Erkenntnisse.
3 Anm. d. Übers.: »Entlassungs-Gründe«, am 13. März 1933 unterzeichnet von den »Amtswaltern der N.S. Betriebszelle Städtische Oper A. G.«, in: Sinn und Form 5/2008, S. 593-599.
4 Rudolf Bing, 5,000 Nights at the Opera, London, 1972, S. 86.
5 Zu Dartington siehe William Glock, Notes in Advance, Oxford, 1991, S. 57-77, sowie John Hodgson, Mastering Movement: The Life and Work of Rudolf Laban, London, 2001.
6 Zu seinem eigenen Fall siehe Rudolf Ernst Peierls, Atomic Histories, Woodburg, NY, 1997, S. 187ff.
7 Snowman, op. cit., S. 104.
8 Georgina Ferry, Max Perutz and the Secret of Life, London, 2007, S. 63ff.
9 Siehe Helen Fry, The King's Most Loyal Enemy Aliens: Germans Who Fought for Britain in the Second World War, Sutton, 2007.
10 Snowman, op. cit., S. 135.
11 Charles Drazin, Korda: Britain's Only Movie Mogul, London, 2002, S. 221-229.
12 Snowman, op. cit., S. 135.
13 ibd., S. 169f.
14 Richard Woodfield (Hg.), Reflections on the History of Art: Views and Reviews, Oxford, 1987, S. 231. Gombrich stellte gewissermaßen sogar Norbert Lynton in den Schatten (der 1927 als Norbert Casper Löwenstein in Berlin geboren wurde und 2007 starb). Lynton wurde Ausstellungsleiter des Arts Council und trug mit seinen vielen Büchern, darunter Studien über Kenneth Armitage, Victor Pasmore und William Scott, eine Menge zur Förderung zeitgenössischer britischer Kunst bei.
15 Snowman, op. cit., S. 276.
16 Siehe auch Eric J. Hobsbawm, Interesting Times: A Twentieth-Century Life, London, 2002, S. 335. [Anm. d. Übers.: Vgl. ders., Gefährliche Zeiten. Ein Leben im 20. Jahrhundert, aus dem Englischen von Udo Rennert, München/Wien, 2003.]
17 Siehe Ben Barkow, Alfred Wiener and the Making of the Holocaust Library, London, 1997; zur Entwicklungsgeschichte der Bibliothek siehe S. 51, 104.
18 Christhard Hoffmann (Hg.), Preserving the Legacy of Germany Jewry: A History of the Leo Baeck Institute, 1955-2005, Tübingen, 2005.
19 Glock, op. cit., S. 78-86.
20 Alison Garnham, Hans Keller and the BBC: The Musical Conscience of British Broadcasting, 1959-1979, Aldershot, 2003, S. 63ff.
21 Siehe zum Beispiel Martin Esslin, The Field of Drama: How the Signs of Drama Create Meaning on Stage and Screen, London, 1987. In diesem Buch konzentrierte sich Esslin auf Shakespeare, Ibsen, Goethe, Schiller und Beckett.
22 Snowman, op. cit., S. 404, 408.

23 Muriel Nissel, *Married to the Amadeus: Life with a String Quartet*, London, 1998, S. 7.
24 Siehe Ronald Grierson, *A Truant Disposition*, Faversham, Kent, 1992.
25 Elisabeth Young-Bruehl, *Anna Freud: A Biography*, London, 1989, S. 246-257. [Anm. d. Übers.: Vgl. dies., *Anna Freud. Eine Biographie*, 2 Bde., übersetzt von Maria Clay-Jorde, Wien, 1995.] Siehe auch Uwe Henrik Peters, *Anna Freud. Ein Leben für das Kind*, München, 1979, S. 238-251.
26 Young-Bruehl, op. cit., S. 24-29.
27 ibd., S. 163-184.
28 Siehe Phyllis Grosskurth, *Melanie Klein: Her World and her Work*, London, 1986 [Anm. d. Übers.: Vgl. dies., *Melanie Klein: Ihre Welt und ihr Werk*, übersetzt von Gudrun Theusner-Stampa, Stuttgart, 1993], sowie Pearl King und Riccardo Steiner, *The Freud–Klein Controversies, 1941–1945*, London, 1991; siehe darin die langen Abschriften vieler Auseinandersetzungen und deutlicher Meinungsverschiedenheiten bei diversen Treffen, an denen auch andere bekannte Psychiater und Analytiker teilnahmen, darunter Michael Balint, Edward Glover, Susan Isaacs und John Bowlby.
29 Julia Kristeva, *Melanie Klein*, New York, 2001, S. 73. [Anm. d. Übers.: Vgl. dies., *Das weibliche Genie Melanie Klein. Das Leben, der Wahn, die Wörter*, aus dem Französischen von Johanna Naumann, Gießen, 2008.]
30 Richard Kilminster, *Norbert Elias: Post-philosophical Sociology*, Abingdon/New York, 2007, S. 72 ff.
31 Siniša Malešević und Mark Haugaard, *Ernest Gellner and contemporary social thought*, Cambridge, 2007, S. 125-139, 168-186. [Anm. d. Übers.: Zu den Zitaten siehe Ernest Gellner, *Pflug, Schwert und Buch. Grundlinien der Menschheitsgeschichte*, aus dem Englischen von Ulrich Enderwitz, Stuttgart, 1990, S. 14, 20.]
32 Anm. d. Übers.: Ernest Gellner, *Spectacles & Predicaments: Essays in Social Theory*, Cambridge, 1979, S. 15.
33 Mark Harris und Deborah Oppenheimer, *Into the Arms of Strangers: Stories of the Kindertransport*, London, 2000, bieten viele Berichte aus erster Hand und berührende Fotografien.
34 Catherine Lampert et al. (Hg.), *Frank Auerbach: Paintings and Drawings, 1954-2001*, London, 2001, S. 111. Siehe auch Robert Hughes, *Frank Auerbach*, London, 1990.

41. DER »GETEILTE HIMMEL«: VON HEIDEGGER ÜBER HABERMAS ZU RATZINGER

1 Steve Crawshaw, *An Easier Fatherland: Germany in the twenty-first century*, London, 2004, S. 25, 15. [Anm. d. Übers.: Vgl. ders., *Ein leichteres Vaterland. Deutschlands Weg zu einem neuen Selbstverständnis*, aus dem Englischen von Hartmut Schikert, Frankfurt a. M., 2005.]
2 Siehe Wolfgang Schivelbusch, *Vor dem Vorhang. Das geistige Berlin 1945–1948* (1995), Frankfurt a. M., 1997, S. 11, 14.
3 Eva Kolinsky und Wilfried van der Will (Hg.), *The Cambridge Companion to Modern German Culture*, Cambridge, 1998, S. 297.
4 Anm. d. Übers.: Bertolt Brecht, *Arbeitsjournal*, Eintrag 27. Oktober 1948, in: Bd. II: *1945–1955*, herausgegeben von Werner Hecht, Frankfurt a. M., 1974, S. 528.
5 Schivelbusch, op. cit., S. 135 f.
6 ibd., S. 153-163.
7 ibd., S. 221-229.
8 Gina Thomas (Hg.), *The Unresolved Past: A Debate in German History. A Conference Sponsored by the Wheatland Foundation*, chaired and introduced by Ralf Dahrendorf, London, 1990, S. 49.
9 Anm. d. Übers.: Es gibt diese Studie in zwei übersetzten Fassungen: *Von Caligari bis Hitler. Ein Beitrag zur Geschichte des deutschen Films*, autorisierte Übertragung von Friedrich Walter, Hamburg, 1958, und *Von Caligari zu Hitler. Eine psychologische Geschichte des deutschen Films*, übersetzt von Ruth Baumgarten und Karsten Witte, Frankfurt a. M., 1974.
10 Anm. d. Übers.: Siegfried Kracauer, »Stummfilmkomödie«, in: *Kino. Essays, Studien, Glossen zum Film*, herausgegeben von Karsten Witte, Frankfurt a. M., 1974, S. 16-22.

11 Siehe auch Siegfried Kracauer, *Das Ornament der Masse. Essays*, Frankfurt a. M., 1963, Theodor W. Adorno gewidmet. Vom Titel-Essay abgesehen behandelt er darin zum Beispiel die Themen: »Erfolgsbücher und ihr Publikum«, »Die Biographie als neubürgerliche Kunstform«, »Die Gruppe als Ideenträger« oder »Die Hotelhalle«. Zu Kracauer und der Moderne siehe David Frisby, *Fragments of Modernity: Theories of Modernity in the Work of Simmel, Kracauer and Benjamin*, Cambridge, 1985. [Anm. d. Übers.: Vgl. ders., *Fragmente der Moderne. Georg Simmel, Siegfried Kracauer, Walter Benjamin*, übersetzt von A. Rinsche, Rheda-Wiedenbrück, 1989.]
12 Blackbourn und Eley, *The Peculiarities of German History*, op. cit., S. 29 f.
13 Jan-Werner Müller, *Another Country: German Intellectuals, Unification and National Identity*, New Haven/London, 2000, S. 8.
14 *ibd.*, S. 33.
15 Siehe Georg Lukács, *Die Zerstörung der Vernunft*, Berlin, 1954, sowie Ralf Dahrendorf, *Gesellschaft und Demokratie in Deutschland*, München (1968), 1971.
16 Dahrendorf, op. cit., S. 25.
17 *ibd.*, S. 58.
18 *ibd.*, S. 146.
19 *ibd.*, S. 151 ff.
20 *ibd.*, S., 173 f.
21 *ibd.*, S. 174 f.
22 Dahrendorf stellte auch interessante Unterschiede bei der Sozialpsychologie von Deutschen und Amerikanern fest. Im Rahmen einer Studie waren Amerikaner und Deutsche befragt worden, ob sie sich einsam fühlten, und falls ja, was das für sie bedeute. Amerikaner assoziierten Einsamkeit mit »schwach«, »krank«, »traurig«, »oberflächlich« und »feige«, Deutsche hingegen mit »groß«, »stark«, »mutig«, »gesund« und »tiefgründig«. Dahrendorf glaubte nun, dass die Deutschen vor allem solche individuelle Tugenden wertschätzten, die der Innerlichkeit dienten, den inneren Kern kräftigten, wohingegen auf Amerikaner und in geringerem Maße auch auf Engländer das genaue Gegenteil zutreffe: Sie kümmerten sich mehr um öffentliche Tugenden, setzten sich öffentlich mit gesellschaftlichen Konflikten auseinander, weshalb Einsamkeit in ihren Augen auch eine schlechte und/oder traurige Angelegenheit war.
23 *ibd.*, S. 354.
24 *ibd.*, S. 360.
25 *ibd.*, S. 408.
26 Fritz K. Ringer, *The Decline of the German Mandarins: The German Academic Community, 1890–1933*, Cambridge, MA, 1969. [Anm. d. Übers.: Vgl. ders., *Die Gelehrten. Der Niedergang der deutschen Mandarine 1890–1933*, übersetzt von Klaus Laermann, Stuttgart, 1983.]
27 Frederic Lilge, *The Abuse of Learning: The Failure of the German University*, New York, 1948, S. 69.
28 Ringer, op. cit., S. 11.
29 *ibd.*, S. 35.
30 *ibd.*, S. 64.
31 *ibd.*, S. 104.
32 *ibd.*, S. 140.
33 *ibd.*, S. 146.
34 *ibd.*, S. 212.
35 *ibd.*, S. 215.
36 *ibd.*, S. S. 237 f., 245.
37 *ibd.*, S. 255.
38 *ibd.*, S. 445.
39 Elias, *Studien über die Deutschen*, S. 61–158. Siehe auch Ringer, op. cit., S. 447.
40 Alfons Söllner, »Normative Westernisation? The Impact of Rémigrés on the Formation of Political Thought in Germany«, in: Jan-Werner Müller (Hg.), *German Ideologies since 1945: studies in the political thought and culture of the Bonn republic*, New York/Basingstoke, 2003, S. 40 ff.
41 Zur Wiedereröffnung der Universität Heidelberg siehe James A. Mumper, »The Re-

opening of Heidelberg University, 1945-46: Major Earl L. Crum and the Ambiguities of American Post-war Policy«, in: Homer und Wilcox, op. cit., S. 238 f.
42 Suzan Kirkbright, *Karl Jaspers. A Biography: Navigations in Truth*, New Haven/London, 2004, S. 209, 203 ff.
43 Safranski, *Ein Meister aus Deutschland*, S. 370-380.
44 ibd., S. 415-425. Zu den Auswirkungen des Nazismus auf Heideggers Philosophie siehe Tom Rockmore, *On Heidegger's Nazism and Philosophy*, London, 1992, S. 282.
45 Safranski, *Ein Meister aus Deutschland*, S. 244 ff.; Richard Wolin, *Heidegger's Children*, Princeton, NJ, 2001, S. xii. Siehe auch John Macquarrie, *An Existential Theology: A Comparison of Heidegger and Bultmann*, London, 1955, S, 16, 18, 84. Siehe auch Rockmore, op. cit., zu den Punkten Nazismus und Technik
46 Charles B. Guignon, *Heidegger and the Problem of Knowledge*, Indianapolis, 1983, S. 345-372.
47 Safranski, *Ein Meister aus Deutschland*, S. 435 ff.
48 ibd., S. 437-440.
49 James W. Ceasar, *Reconstructing America: The Symbol of America in Modern Thought*, New Haven/London, 1997, Kapitel 7.
50 ibd., S. 187-192.
51 ibd., S. 195.
52 Zu Adorno und Heidegger siehe Safranski, *Ein Meister aus Deutschland*, Kap. 24 (daraus auch die Zitate); sowie Friedman, op. cit., S. 129-144.
53 Wolin, op. cit., S. 72.
54 ibd., S. 81, 95.
55 Jean Grondin, *Hans-Georg Gadamer. Eine Biographie*, Tübingen (1999), Studienausgabe 2000, S. 152.
56 ibd., S. 1.
57 Anm. d. Übers.: Hans Georg Gadamer, *Wahrheit und Methode. Grundzüge einer philosophischen Hermeneutik*, in: *Gesammelte Werke*, Bd. 1, Tübingen (1960), 1990, S. 299.
58 Anm. d. Übers.: ibd., S. 311.
59 Anm. d. Übers.: Hans Georg Gadamer, *Die Aktualität des Schönen. Kunst als Spiel, Symbol und Fest* (1974), in: *Gesammelte Werke*, Bd. 8, Tübingen, 1993.
60 Anm. d. Übers.: ibd., S. 124, 132 f., 139.
61 Robert Wuthnow, *Cultural Analysis: the Work of Peter L. Berger, Mary Douglas, Michel Foucault and Jürgen Habermas*, Boston/London, 1984, S. 16.
62 Deborah Cook, *Adorno, Habermas and the Search for a Rational Society*, London, 2004, S. 112-123.
63 Wuthnow, op. cit., S. 181.
64 ibd., S. 197 f.
65 ibd., S. 190.
66 Cook, op. cit., S. 66 ff.
67 Wuthnow, op. cit., S. 195.
68 Nick Crossley und John Michael Robert, *After Habermas: New Perspectives on the Public Sphere*, Oxford, 2004, S. 131-155. Als einen solchen öffentlichen Raum behandeln die Autoren, die sich mit der Aussicht auf eine »transnationale« Demokratie befassen, das Internet.
69 Konrad Jarausch, *Die Umkehr. Deutsche Wandlungen 1945-1995*, München, 2004, S. 28 f.
70 ibd., S. 63, 66, 86.
71 ibd., S. 109.
72 ibd., S. 76, 82.
73 ibd., S. 84 f.
74 ibd., S. 120.
75 ibd., S. 29, 21, 133.
76 ibd., S. 134.
77 Müller, op. cit., S. 122.

78 Jarausch, *op. cit.*, S. 187f.
79 *ibd.*, S. 188.
80 *ibd.*, S. 205.
81 *ibd.*, S. 216, 223.
82 *ibd.*, S. 244.
83 *ibd.*, S. 257f.
84 *ibd.*, S. 259.
85 Ruth A. Starkman (Hg.), *Transformations of the New Germany*, New York/Basingstoke, 2006, S. 133.
86 Siehe Martin Blum, »Remaking the East German Past: Ostalgie, Identity, and Material Culture«, in: *Journal of Popular Culture* 34.3, East Lansing, MI, 2000, S. 229–253.
87 Starkman, *op. cit.*, S. 37.
88 *ibd.*
89 *ibd.*, S. 40–45.
90 Siehe Hans-Jürgen Syberberg, *Die freudlose Gesellschaft: Notizen aus dem letzten Jahr*, München/Wien, 1981.
91 Anm. d. Übers.: Botho Strauss, »Anschwellender Bocksgesang«, in: *Der Spiegel*, 6/1993, 8. Februar 1993, S. 202a.
92 Anm. d. Übers.: Abrufbar unter www.hdg.de/lemo/html/dokumente/WegeInDieGegenwart_redeWalserZumFriedenspreis/index.html
93 Anm. d. Übers.: Saul Friedländer, »Die Metapher des Bösen. Über Martin Walsers Friedenspreis-Rede und die Aufgabe der Erinnerung«, in: *Die Zeit*, 1998/49, abrufbar unter http://www.zeit.de/1998/49/199849.friedlaender_.xml
94 Anm. d. Übers.: Siehe *Frankfurter Rundschau*, 19. September 2001, abrufbar unter: www.fr-online.de/in_und_ausland/politik/zeitgeschichte/11._september_2001
95 Klaus Scherpe, »Fear and Loathing after 9/11: German Intellectuals and the America-Debate«, in: Ruth Starkman (Hg.): *Transformation of the New Germany into the Second Decade*, New York, 2006, S. 60.
96 Starkman, *op. cit.*, S. 61.
97 Siehe A. Dirk Moses, *German Intellectuals and the Nazi Past*, Cambridge, 2007.
98 Friedman, *op. cit.*, S. 41ff.
99 Meine Darstellungen stützen sich auf Tracey Rowland, *Ratzinger's Theology*, Oxford, 2008, hier S. 5.
100 Anm. d. Übers.: Joseph Ratzinger, *Vom Sinn des Christseins. Drei Predigten*, München, 1965, S. 99.
101 Anm. d. Übers.: Benedikt XVI., *Deus Caritas Est*, 15. Januar 2006, abrufbar unter: http://storico.radiovaticana.org/ted/storico/2006-01/63541_vatikan_benedikts_erste_enzyklika_volltext.html
102 Rowland, *op. cit.*, S. 71.
103 *ibd.*, S. 72. [Anm. d. Übers.: Joseph Ratzinger, *Auf Christus schauen. Einübung in Glaube, Hoffnung, Liebe*, Freiburg, 1989, S. 84f.]

42. CAFÉ DEUTSCHLAND: »EIN NIE GESEHENES DEUTSCHLAND«

1 Alexander und Margarete Mitscherlich, *Die Unfähigkeit zu trauern. Grundlagen kollektiven Verhaltens*, München, 1967.
2 Helmut Schelsky, *Die skeptische Generation. Eine Soziologie der deutschen Jugend*, Frankfurt a. M., 1957.
3 Keith Bullivant, *The Future of German Literature*, Oxford, 1994, S. 37.
4 Nicholas Boyle, *German Literature: A Very Short Introduction*, Oxford, 2008, S. 143. [Anm. d. Übers.: Vgl. ders., *Kleine deutsche Literaturgeschichte*, übersetzt von Martin Pfeiffer, München, 2009.]
5 Lothar Huber und Robert C. Conrad (Hg.), *Heinrich Böll on Page and Screen*, London, 1997, S. 17ff.
6 *ibd.*, S. 65ff.
7 Steve Crawshaw besuchte das Georg-Eckert-Institut für internationale Schulbuchforschung (GEI) in Braunschweig und stellte dabei fest, dass es eine bemerkenswert »unüberschaubare Menge« an Lehrbüchern gab, die Auseinandersetzungen mit der jüngs-

ten Vergangenheit vermieden. Erst nach dem Eichmann-Prozess 1961 habe sich das zu ändern begonnen. Siehe Crawshaw, *Easier Fatherland*, S. 87.
8 Zur Entwicklung der Figur des Oskar siehe Michael Jürgs, *Bürger Grass: Biographie eines deutschen Dichters*, München, 2002.
9 Crawshaw, *op. cit.*, S. 28.
10 Bullivant, *Future of German Literature*, S. 30.
11 Bullivant, *Realism Today*, S. 222
12 Fulbrook, *German National Identity*, S. 258.
13 Jörg Magenau, *Christa Wolf. Eine Biographie*, Berlin, 2002, S. 328 ff., 192 ff.; Rob Burns (Hg.), *German Cultural Studies*, Oxford, 1995, S. 177. Siehe auch Angela Drescher (Hg.), *Christa Wolf: Das dicht besetzte Leben. Briefe, Gespräche und Essays*, Berlin, 2003.
14 Burns, *op. cit.*, S. 189.
15 Siehe Bernd Neumann, *Uwe Johnson, mit zwölf Porträts von Diether Ritzert*, Hamburg, 1994.
16 Bullivant, *Future*, S. 97.
17 *ibd.*, S. 97.
18 Crawshaw, *op. cit.*, S. 100.
19 Siehe Gitta Honegger, *Thomas Bernhard: The Making of an Austrian*, New Haven/London, 2001, S. 128 ff. [Anm. d. Übers. Vgl. dies., *Thomas Bernhard. Was ist das für ein Narr?* Von der Autorin ins Deutsche übersetzt, München, 2003.]
20 Tom Bower, »My Clash with Death-Camp Hanna«, in: *Sunday Times*, 15. Februar 2009.
21 Crawshaw, *op. cit.*, S. 166–170.
22 *ibd.*, S. 171.
23 *ibd.*, S. 172.
24 Anm. d. Übers.: Theodor Adorno, »Kulturkritik und Gesellschaft«, in: *Gesammelte Schriften*, Bd. 10.1., Frankfurt a. M., 1980, S. 11–30; siehe auch *Prismen. Kulturkritik und Gesellschaft*, Berlin/Frankfurt a. M., 1955, S. 342.
25 Burns, *op. cit.*, S. 192.
26 Boyle, *German Literature, op. cit.*, S. 145.
27 Siehe auch Mark William Roche, *Gottfried Benn's Static Poetry: Aesthetic and intellectual-Historical Interpretations*, Chapel Hill/London, 1991.
28 Anm. d. Übers.: Theodor W. Adorno, »Erpresste Versöhnung«, in: *Noten zur Literatur* (1974), 1981, Frankfurt a. M., S. 276.
29 Zu den Ansichten, die Johannes R. Becher zu Beginn des Kalten Krieges geäußert hatte, siehe seine *Macht der Poesie*, Teil II von *Poetische Konfession*, Berlin, 1955.
30 Siehe Günter Kunert, *Erwachsenenspiele. Erinnerungen*, München, 1997.
31 Siehe Volker Braun, *Lustgarten Preußen. Ausgewählte Gedichte*, Frankfurt a. M., 1996; Wolf Biermann, *Preussischer Ikarus: Lieder, Balladen, Gedichte, Prosa*, Köln, 1978; Sarah Kirsch, *Sämtliche Gedichte*, München, 2005, insbesondere »Katzenleben«, S. 249, und »Bodenlos«, S. 405.
32 Anm. d. Übers.: Erich Honecker, Rede vor dem VIII. Parteitag, 15.–19. Juni 1971, in: *Neues Deutschland*, 18. Dezember 1971.
33 Joachim Kaiser, »Die deutsche Literatur war nicht zerrissen«, in: *Süddeutsche Zeitung*, 2./3. Oktober 1990.
34 Volker Weidermann, *Lichtjahre: Eine kurze Geschichte der deutschen Literatur von 1945 bis heute*, Köln, 2006, S. 245 ff.
35 Zu den Fassbinder-Legenden, die nach seinem Tod mit nur siebenunddreißig Jahren entstanden, siehe David Barnett, *Rainer Werner Fassbinder and the German Theatre*, Cambridge, 2005, S. 1 ff.
36 Bullivant, *Future*, S. 218.
37 Michael Patterson und Michael Huxley, »The German Drama, Theatre and Dance« in: *The Cambridge Companion to Modern German Culture*, Cambridge, 1998, S. 213–232.
38 Kolinsky und van der Will, *op. cit.*, S. 223.
39 *Theater heute*, Dezember 1989, S. 6.

40 Siehe auch Susan Manning, *Ecstasy and the Demon: Feminism and Nationalism in the Dances of Mary Wigman*, Berkeley/London, 1993.
41 Kolinsky und van der Will, *op. cit.*, S. 311.
42 *ibd.*, S. 312.
43 Burns, *op. cit.*, S. 317.
44 Ian Buruma, »Herzog and his Heroes«, in: *New York Review of Books*, 19. Juli 2007, S. 24ff.
45 Alexander Graf, *The Cinema of Wim Wenders: the Celluloid Highway*, London, 2002, S. 48–54.
46 Ross, *The Rest is Noise*, S. 10.
47 Roger Vaughan, *Herbert von Karajan: A Biographical Portrait*, London, 1986, S. 116.
48 Kolinsky und van der Will, *op. cit.*, S. 252.
49 Zum Thema Musik und Revolution siehe Hans Werner Henze, *Musik und Politik. Schriften und Gespräche 1955–1984*, München, 1984.
50 Siehe Michael Kurtz, *Stockhausen. Eine Biographie*, Kassel/Basel, 1988.
51 Werner Haftmann, *Wols' Aufzeichnungen: Aquarelle, Aphorismen, Zeichnungen*, Köln, 1963, S. 10, siehe S. 32 zu einer Notiz von Jean-Paul Sartre.
52 Anm. d. Übers.: Karin Thomas, *DuMont's kleines Sachwörterbuch zur Kunst des 20. Jahrhunderts. Von Anti-Kunst bis ZERO*, Köln, 1977, S. 251 f.
53 Anm. d. Übers.: Zitiert von Wulf Herzogenrath, Stephan von Wiese (Hg.), *Rheingold. 40 Künstler aus Köln und Düsseldorf*, Köln, 1982, S. 52.
54 Siehe Alain Borer, *The Essential Joseph Beuys*, London, 1996.
55 Zu Beuys' Materialien siehe Richard Demarco, »Three Pots for the Poorhouse«, in: *Joseph Beuys, the Revolution Is Us*, Ausstellungskatalog, Liverpool, 1993/94.
56 Siehe Günther Gereken, »Holz-(schnitt)-wege«, in: *Anselm Kiefer*, Ausstellungskatalog, Groningen, 1980/81.
57 Siehe A. R. Penck, »Auf Penck zurückblickend«, in: *A. R. Penck – Y. Zeichnungen bis 1975*, Ausstellungskatalog, Kunstmuseum Basel, 1978.
58 Siehe Rainer Fetting, *Holzbilder (Wood Paintings)*, Katalog, Marlborough Gallery, New York, 1984.
59 Crawshaw, *op. cit.*, S. 92.
60 Anm. d. Übers.: Siehe http://www.mpiwg-berlin.mpg.de/KWG/publications.htm#Bücher
61 Fotografien und Pläne finden sich z. B. in J. Christoph Bürkle, *Hans Scharoun und die Moderne: Ideen, Projekte, Theaterbau*, Frankfurt a. M., 1986.

SCHLUSS

1 Thomas Mann, »Deutschland und die Deutschen«, Rede in der Library of Congress, Washington (1945); Erstveröffentlichung im Oktober 1945 in *Die Neue Rundschau*, Stockholm; in: Thomas Mann, *Essays*, Bd. 5, Frankfurt a. M., 1996.
2 W. H. Auden, *Collected Shorter Poems, 1930–1944*, London, 1950, S. 171–175.
3 Richard P. T. Davenport-Hines, *Auden*, London, 1995, S. 157.
4 Zitiert in: Benjamin Nelson (Hg.), *Freud and the Twentieth Century*, London, 1958, S. 13.
5 *ibd.*, S. 14.
6 *ibd.*, S. 17.
7 Frank Furedi, *Therapy Culture: Cultivating Vulnerability in an Uncertain Age*, London, 2004, S. 143 f. Siehe auch Dennis Hayes, »Happiness Drives Education From the Classroom«, in: *The Times Higher Edcuation Supplement*, 14. September 2007, S. 22.
8 Richard Lapierre, *The Freudian Ethic*, London, 1960, S. 60.
9 Watson, *Das Lächeln der Medusa*, S. 851 ff.
10 Anm. d. Übers.: Als »Brownies« werden Mädchen zwischen sieben und elf bezeichnet, die noch nicht den Girl Scouts beitreten können. Der Name wurde einem Buch aus dem Jahr 1870 entlehnt, das Kindern beibringen sollte, statt »lazy boggarts« »helpful Brownies« zu werden.
11 Siehe z. B. Alexandra Blair, »Expulsion of Under-Fives Triples in a Year«, in: *The (Lon-*

don) Times, 20. April 2007, S. 17, sowie Alexandra Frean, »Emphasis on Emotions and Self-esteem is Creating Students Who Cannot Cope«, in: *The (London) Times*, 12. Juni 2008, S. 13.
12 Bernd Magnus und Kathleen M. Higgins (Hg.), *The Cambridge Companion to Nietzsche*, Cambridge, 1996, S. 299. Meine Darstellung beruht wesentlich auf diesem Buch.
13 *ibd.*, S. 309f.
14 *ibd.*, S. 314.
15 *ibd.*, S. 2.
16 *ibd.*, S. 12.
17 *ibd.*, S. 226. [Anm. d. Übers.: Zum Zitat siehe Friedrich Nietzsche, *Werke*, Bd. 3, herausgegeben von Karl Schlechta, München, 1954, S. 644f.]
18 Anm. d. Übers.: Friedrich Nietzsche, »Ecce Homo«, in: *Werke*, Bd. 2, S. 1153.
19 Lawrence Scaff, *Fleeing the Iron Cage*, Berkeley/ London, 1989, S. 226.
20 *ibd.*, S. 230. [Anm. d. Übers.: Zitate aus Max Weber, *Wissenschaft als Beruf*, Vortrag (1917), in: *Max Weber Gesamtausgabe*, Abteilung I, Bd. 17, Tübingen, 1992.]
21 Scaff, *op. cit.*, S. 82. [Anm. d. Übers.: Zum Zitat siehe Max Weber, *Gesammelte Aufsätze zur Wissenschaftslehre* (1922), herausgegeben von Johannes Winckelmann, 8. Aufl., Tübingen, 1988, S. 154.]
22 *ibd.*, S. 172.
23 Barbara Tuchman, *The Proud Tower*, London, 1995, S. 284. [Anm. d. Übers.: Vgl. dies., *Der stolze Turm. Ein Portrait der Welt vor dem Ersten Weltkrieg 1890-1914*, aus dem Englischen von Hartmut Garding, München/Zürich, 1981.]
24 Hew Strachan, *The Outbreak of the First World War*, Oxford, 2004, S. 183. [Anm. d. Übers.: Vgl. ders., *Der Erste Weltkrieg. Eine neue illustrierte Geschichte*, aus dem Englischen von Helmut Ettinger, München, 2004.]
25 James Bowen, *A History of Western Education*, 3 Bde., London, 1981, Bd. 1, S. 321.
26 *ibd.*. S. 345.
27 *The Times*, London, 23. März 2006, S. 9.
28 Gertrude Himmelfarb, *The Roads to Modernity: The British, French and American Enlightenments*, New York, 2005, S. 51.
29 Anm. d. Übers.: E. T. A. Hoffmann, *Poetische Werke in sechs Bänden*, Bd. 1, Berlin, 1963, S. 99.
30 Erica Carter, »Culture, History and National Identity in the Two Germanies, 1945-1999«, in: Fulbrooke, *Twentieth-Century Germany*, S. 266.
31 Jan-Werner Müller, *Another Country*, *op. cit.*, S.172f.
32 *ibd.*, S. 71.
33 *ibd.*, S. 161.
34 *ibd.*, S. 189.
35 Jan-Werner Müller, *German ideologies since 1945*, *op. cit.*, S. 131.
36 Müller, *Another Country*, S. 179, 196.
37 Ringer, *Decline of the German Mandarins*, *op. cit.*, S. 29.
38 Scaff, *op. cit.*, S. 96.
39 Müller, *Another Country*, S. 23.
40 *ibd.*, S. 155, 175.
41 Wuthnow, *Cultural Analysis*, *op. cit.*, S. 189.
42 Siehe Wolfgang Schivelbusch, *Die Kultur der Niederlage*, *op. cit.*, S. 252ff.
43 Hannah Arendt, *Burden of Our Time*, London, 1951, S. 320f. [Anm. d. Übers.: Vgl. dies., *Elemente und Ursprünge totaler Herrschaft: Antisemitismus, Imperialismus, totale Herrschaft*, von der Autorin übersetzte und bearbeitete Fassung der amerikanischen Originalausgabe *The Origins of Totalitarianism*, München, 1986, S. 707.]
44 *ibd.*, S. 324. [Anm. d. Übers.: *ibd.*, S. 711.]
45 *ibd.*, S. 326. [Anm. d. Übers.: *ibd.*, S. 714.]
46 Niall Ferguson, *The War of the World: History's Age of Hatred*, London, 2006, S. 243. [Anm. d. Übers.: Vgl. ders., *Krieg der Welt. Was ging schief im 20. Jahrhundert?*, aus dem Englischen von Klaus-Dieter Schmidt und Klaus Binder, Berlin, 2006.]
47 Jarausch, *Die Umkehr*, *op. cit.*, S. 134.
48 *ibd.*, S. 182.

49 ibd., S. 189.
50 ibd., S. 214.
51 Müller, *Another Country*, S. 131.
52 Burns, *German Cultural Studies*, op. cit., S. 253, 257.
53 Thomas Kielinger, *Daily Telegraph*, London, 11. Juni 2006, S. 24.
54 *Times Higher Education Supplement*, 27. März 2008, S. 19.
55 *Times Higher Education Supplement*, 22. Mai 2008, S. 19.
56 Jürgen Habermas, *Die Zukunft der menschlichen Natur. Auf dem Weg zu einer liberalen Eugenik?*, Frankfurt a. M., 2001, S. 91.
57 ibd., S. 30.
58 ibd., S. 41.
59 Johannes Rau, »Wird alles gut? Für einen Fortschritt nach menschlichem Maß«, *Berliner Rede* in der Staatsbibliothek zu Berlin, 18.5.2001. Wie relevant solche Äußerungen nach wie vor sind, bewies sich sogar noch im Jahr 2008: Der Mediziner Hans Joachim Sewering, der im »Dritten Reich« Patienten an die Heil- und Pflegeanstalt Eglfing-Haar überwiesen hatte, wo zahlreiche Menschen getötet wurden, erhielt in diesem Jahr die Günther-Budelmann-Medaille des Berufsverbands Deutscher Internisten (BDI).
60 Crawshaw, *Easier Fatherland*, S. 219.
61 ibd., S. 208.

PERSONENREGISTER

Abbe, Ernst 386
Abbt, Thomas 95
Abraham, Karl 635, 795
Achenwall, Gottfried 90
Achmatowa, Anna 849
Acton, Lord 430
Adenauer, Konrad 801, 815, 823
Adler, Alfred 573 f., 740
Adorno, Theodor W. 310, 594, 655, 677, 735 f., 750, 754, 762 f., 781, 802, 812 f., 815 f., 819, 847 f., 897
Agoult, Marie d' 348
Ahmedinejad, Mahmut 22
Aiken, Conrad 564
Aischylos 356, 357
Albani, Alessandro 113, 223, 224
Albers, Josef 735, 772
Albert (Prinzgemahl der Königin von England) 338 ff., 377
Alberti, Leon Battista 111
Alcubierre, Roque Joaquín 114
Alder Wright, C. R. 385
Alembert, Jean le Rond d' 79, 142
Alexander der Große 435
Alexander II. (russischer Zar) 543
Alexander, Franz 592, 635
Alexandra (Princess of Wales) 340
Alexandra Fjodorowna (Zarin von Russland) 237
Allen, William S. 36
Altdorfer, Albrecht 490
Althaus, Paul 716 f.

Aly, Götz 697, 700 f.
Ambros, Otto 726
Ameriks, Karl 154
Ampelius, Lucius 436
Anders, Günther 814, 857
Anderson, Benedict 76
Anheisser, Siegfried 668
Anna Amalia von Braunschweig-Wolfenbüttel 129 f., 132, 146
Annan, Noel 9
Anquetil-Duperron, Abraham Hyacinthe 451
Apitz, Bruno 842
Appleyard, Rollo 498
Archimedes 188, 904
Archinto, Alberigo 223
Ardenne, Manfred von 723
Arendt, Hannah 7, 573, 677 f., 734, 750, 755–758, 760, 771, 775, 798, 813, 816, 868, 877, 887, 892 f., 896, 900
Aristoteles 144, 152, 208, 305, 461, 513
Arndt, Ernst Moritz 6, 328
Arnheim, Rudolf 750, 772
Arnim, Achim von 246, 283
Arnold, Thomas 333, 336 f.
Aron, Raymond 52, 655
Arp, Hans 584, 586
Ash, Timothy Garton 770
Astel, Karl 700
Astor, David 791

Astor, John Jacob 344
Atatürk, Kemal 690
Auden, W. H. 9, 314, 858, 867f.
Auer, Fritz 863
Auerbach, Erich 750
Auerbach, Frank 797
August der Starke (sächsischer Kurfürst) 182, 199
Augustinus 461, 834
Aurispa, Giovanni 112
Ausländer, Rose 848
Aveling, Edward 446
Ayer, Alfred Jules 626, 655
Ažbe, Anton 536

Baader, Andreas 825
Bach, Carl Philipp Emanuel 59, 169
Bach, Johann Christian 169
Bach, Johann Christoph Friedrich 169
Bach, Johann Sebastian 46, 59ff., 78, 86, 169, 173, 175, 327, 480
Bach, Wilhelm Friedemann 169
Bachmann, Ingeborg 841, 848
Bacon, Francis 562, 647
Baeck, Leo 791
Baer, Karl Ernst von 54, 305f., 904
Baerler, Gottfried von 750
Baeumler, Alfred 676
Bahr, Hermann 510f.
Baird, Jay 659
Baker, Josephine 607
Ball, Hugo 585f.
Balzac, Honoré de 532
Baran, Paul 750, 764
Barbie, Klaus 32
Barnack, Oskar 387
Barnard, Frederick M. 143
Baron, Hans 768
Barrès, Auguste-Maurice 647
Barry, James 904
Barry, Martin 305
Barth, Fritz 706, 907

Barth, Karl 705–708, 716, 813, 885, 907
Bartholdy, Salomon 232
Bartok, Béla 735f.
Baselitz, Georg 861
Bateson, Gregory 753
Batty, Peter 389f.
Baudelaire, Charles 449
Bauer, Bruno 263, 265
Bauer, Franz (Francis) Andreas 301
Bauer, Peter 786
Bauhins, Caspar 97
Baumann, Hans 659ff.
Baumeister, Willi 732
Baumgarten, Alexander Gottlieb 87, 91
Baur, Ferdinand Christian 261
Bausch, Pina 852
Bayer, Friedrich 382
Beardsley, Aubrey 517f.
Becher, Johannes R. 800, 849
Becker, Jurek 854
Becker, Thorsten 843
Becker, Wolfgang 856
Beckmann, Max 653f., 657, 732, 777
Beer, John Joseph 378, 382
Beethoven, Ludwig van 17, 25, 50, 77, 150, 173ff., 177–180, 255, 260, 327, 350, 480, 482, 491, 516, 552, 555
Behler, Ernst 873f.
Behnisch, Günter 863
Behrens, Peter 529f., 592
Belafonte, Harry 774
Bell, Daniel 314
Bellini, Vincenzo 347
Belthle, Friedrich 387
Ben Gurion, David 24, 788
Benda, Julien 646–649, 809, 893
Benedict, Ruth 752f.
Benedikt XVI. (Papst, = Joseph Ratzinger) 21, 46, 832f., 835, 901, 907
Benjamin, Walter 470, 633, 642, 743f.
Benn, Gottfried 475, 681, 745, 837, 848, 885

Bentham, Jeremy 166
Benz, Karl (Carl) 394
Berek, Max 387
Berenhorst, Georg Heinrich von 201
Berg, Alban 485, 522, 536, 591, 607 f., 668
Berger, Deidre 6
Berger, Peter 768
Bergmann, Carl 305
Bergonzi, Bernhard 568
Bergson, Henri 454, 646, 655, 903
Bergstraesser, Arnold 676, 812
Berlin, Isaiah 208, 210 f.
Berlioz, Hector 175, 327
Berne, Eric 756
Bernhard, Thomas 844
Bernhardi, Friedrich von 429, 555, 561
Berning, Heinrich 728
Bernstein, Johann Gottlob 244
Bertalanffy, Ludwig von 589
Berzelius, Jöns Jacob 291, 294
Bethe, Hans 686, 750, 777 f.
Bethmann Hollweg, Theobald von 554, 803
Bettelheim, Bruno 689, 750, 753, 755, 868
Bettinelli, Saverio 109
Bettmann, Otto 773
Beuys, Joseph 860 f.
Beveridge, William 690, 785
Beyer, Frank 854
Bianconi, Giovanni Lodovico 222
Bichsel, Peter 844
Biermann, Wolf 843, 849
Bierstadt, Albert 344
Bierwisch, Manfred 862
Bignon, Jean-Paul 204
Billinger, Richard 673
Bilse, Benjamin 546
Bing, Rudolf 783, 786, 792
Birkeland, Kristian 381

Bismarck, Otto von 51, 390 ff., 404, 422, 425, 428 f., 435, 441, 445, 458, 471, 540 f., 612, 638, 769 f.
Bitomsky, Hartmut 856
Black, John 333
Blackbourne, David 43
Blanning, Tim 72, 77
Blaschko, Hermann 786
Blegen, Carl 435
Bleichröder, Gerson von 541, 770
Bloch, Ernst 777
Bloch, Felix 686
Bloom Harold 314
Bloom, Allan 5, 749, 779, 884
Blum, Martin 826
Blumenbach, Johann Friedrich 98–101, 103 f.
Boccaccio, Giovanni 122
Bock, Hieronymus 97
Bode, Wilhelm von 454, 550
Bodmer, Johann Jakob 75, 91, 142, 230
Boeckh, August 248, 252
Boehm, Anthony 336
Boehm, Max Hildebert 681
Böhm, Gottfried 799
Böhm, Karl 670
Böhmer, Caroline
 (= Caroline Schlegel) 215
Bohr, Niels 54, 619, 622, 722 f.
Bohrer, Karl Heinz 827, 883
Bolívar, Simón 191
Böll, Heinrich 45, 825, 838 ff., 844, 862
Bölsche, Wilhelm 446
Boltzmann, Ludwig 367, 370, 373, 503, 511, 905
Bomberg, David 797
Bonds, Marc Evan 176 f.
Bonhoeffer, Dietrich 709 ff., 833, 907
Bonhoeffer, Karl 709 f.
Bonhoeffer, Karl Friedrich 710
Bonhoeffer, Klaus 710
Bonhoeffer, Walter 709
Bonnet, Charles 98

Bonpland, Aimé 193
Bopp, Franz 206, 208
Bormann, Martin 644
Born, Max 621, 686, 785, 794
Börne, Ludwig 322
Borsig, August 394
Bosch, Carl 381, 694
Bothe, Walther 679
Böttger, Johann Friedrich 182
Bötticher, Paul Anton 455
Boumann, Johann 228
Boureau, Alain 631
Bousquet, René 33
Bower, Tom 845
Boyle, Nicholas 46, 133, 140, 833, 838
Bracher, Karl Dietrich 38
Brahm, Otto 545
Brahms, Johannes 150, 175, 310, 326, 480–486, 490f, 547, 560, 579
Brainin, Norbert 793
Brandl, Franz 525
Brando, Marlon 774
Brandt, Willy 771, 862
Brandt, Max 610
Braun, Volker 843, 849f.
Braun, Wernher von 725f.
Braunsteiner, Hermine 845
Brecht, Arnold 750
Brecht, Bertolt 572, 591, 606–611, 643, 668, 677, 735, 750, 758, 762, 774f., 777, 792, 848–851, 868, 892
Breitinger, Johann Jakob 75
Breker, Arno 655
Brentano Franz Clemens 512f., 519
Brentano, Clemens 227, 246
Brentano, Lujo 553
Breton, André 734
Breuer, Josef 415f., 520
Breuer, Marcel 750
Breuer, Stefan 476
Britten, Benjamin 310, 792
Broch, Hermann 750
Brod, Max 600

Brodie, Bernard 198
Broglie, Louis de 621
Brown, Robert 301f., 493
Browning, Christopher 36
Brücke, Ernst Wilhelm von 252
Bruckmann, Peter 530
Bruckner, Anton 480, 490f.
Bruford, Walter Horace 136f.
Bruford, William 884
Brügmann, Walther 672
Brunétière, Ferdinand 647
Brunfels, Otto 97
Brussig, Thomas 846
Bryce, James 560
Buback, Siegfried 841
Buber, Martin 633, 643, 712f., 716
Bubis, Ignatz 829
Büchner, Karl Georg 308, 320f., 324, 546, 608, 851
Büchner, Ludwig 446
Buckingham, John 290, 297
Buff, Charlotte 133f.
Buffon, Georges-Louis Leclerc de 98, 103
Bühler, Charlotte 750
Bühler, Emil 394
Bühler, Karl 750, 753
Bullit, William 689
Bullivant, Keith 5, 52, 473
Bülow, Adam Heinrich Dietrich von 201
Bülow, Hans von 480f., 483, 487, 546f.
Bultmann, Rudolf 707ff., 813, 885, 907
Bünau, Heinrich von 113
Bunsen, Robert Wilhelm 369
Buoninsegna, Cuccio di 339
Burckhardt, Jacob 38, 109–112, 267, 430, 885
Burgh, John 786
Burke, Peter 110
Burnouf, Émile 198
Burns, Mary 174
Burte, Hermann 658

Bush, George W. 759
Butler, Eliza Marian 114, 118 f.
Buxtehude, Dietrich 168
Byron, Lord (= George Gordon Noel Byron) 325, 814

Cage, John 858
Cagney, James 614, 774
Cahn, Arnold 382
Calvert, Frank 434
Campbell, Thomas 336
Campendonck, Heinrich 732
Canaris, Wilhelm 710
Canetti, Elias 787
Canova, Antonio 233
Cantor, Georg 54, 188, 506 ff.
Cantor, Norman 51 f.
Capa, Robert 773
Carl von Braunschweig (Herzog) 121
Carlyle, Thomas 333 ff.
Carnap, Rudolf 624 f., 655, 750, 766 f.
Carnot, Sadi 366
Caro, Elme Marie 559
Carow, Heiner 854
Carter, Erica 883
Cassirer, Bruno 549, 629
Cassirer, Ernst 151, 159, 585, 629 f., 760, 780, 786
Cassirer, Paul 549, 629
Celan, Paul 8, 848
Celibidache, Sergiu 857
Ceram, C. W. 195
Cézanne, Paul 537, 550
Chadwick, Hector Munro 560
Chagall, Marc 734
Chamberlain, Houston Stewart 440, 457, 470, 473, 644, 804
Chamisso, Adelbert von 324
Chandler, Raymond 613
Chaplin, Charlie 603, 608, 615
Charcot, Jean-Martin 415
Chickering, Roger 448, 557

Child, Francis 344
Chopin, Frédéric 175, 326 f.
Cieszkowski, August 261
Cisalpino, Andrea 97
Citroën, Paul 732
Clark, Kenneth 792
Clark, William 247, 254
Claß, Heinrich 440
Clausewitz, Carl Philipp Gottlieb von 198–202, 438
Clausius, Rudolf 252, 367, 366–370, 421, 445, 499, 503, 869, 878, 885, 905
Clay, Lucius D. 799
Clemens XI. (Papst) 223 f.
Cocteau, Jean 744
Coffin, Henry Sloane 709
Coleridge, Samuel Taylor 333 f.
Colm, Gerhard 764
Combes, Sonia 32
Comte, Auguste 333
Conquest, Robert 801
Conrad, Joseph 424
Constable, John 237, 904
Conze, Alexander 436
Conze, Werner 698
Cook, Alistair 792
Cook, Walter 772
Corinth, Lovis 536, 549
Corneille, Pierre 123
Cornelius, Peter von 232–235, 237, 255
Cornwell, John 687, 722, 728
Correggio 223, 230
Correns, Paul 410
Coser, Lewis (= Ludwig Cohen) 750, 752, 764, 767 f.
Coubertin, Pierre de 432
Couper, Archibald Scott 296
Courant, Richard 508, 686, 691
Courbet, Gustave 551
Crafton, Anthony 124
Craig, Gordon A. 49 f., 422 f.

989

Cranach, Lucas d. Ä. 339
Cranko, John 852
Crawshaw, Steve 7, 38 f., 825, 839, 846, 901
Crell, Lorenz 242
Crelle, August Leopold 371
Crick, Francis 500, 743
Cristofori, Bartolomeo 169
Croce, Benedetto 788
Crookes, William 499
Cullen, William 190
Cuno, Theodor Friedrich 273
Curtis, Tony 774
Curtius, Ernst 431–434, 436
Cusanus, Nicolaus 513
Cuvier, Georges de 246

D'Annunzio, Gabriele 647
Da Ponte, Lorenzo 668
Dahlmann, Friedrich Christoph 428, 430
Dahrendorf, Ralf 8, 473, 770, 804–809, 894
Daimler, Gottlieb Wilhelm 395–398
Daimler, Paul 397
Dalberg, John Emerich Edward 337
Dalí, Salvador 904
Damm, Christian Tobias 113
Dannhauser, Josef 324
Dante, Alighieri 111, 148, 600, 868
Darnton, Robert 74
Darwin, Charles 82, 102 f., 152, 195, 264, 276, 306, 314, 415, 446 ff., 451 f., 523, 564, 638, 881, 898
Daumier, Honoré 551
Dauthendey, Max 830
David, Jacques-Louis 224 ff., 230
Davy, Humphrey 367
Daxelmüller, Christoph 682
Dayan, Mosche 788
Debreyne, Pierre J. C. 415
Debussy, Claude 791

Debye, Peter 686
Dedekind, Richard 188, 505–508
Degas, Edgar 548, 603
Dehmel, Richard 530, 553
Delacroix, Eugène 234, 551
Delbrück, Emilie 710
Delbrück, Hans 554 f., 710
Delbrück, Max 710
Deleuze, Gilles 874
Delius, Frederick 356
Demuth, Helene 265
Derrida, Jacques 814, 819, 874
Descartes, René 85, 217, 647
Dessoir, Max 415
Deutsch, André 787
Deutsch, Karl 750
Deutscher, Isaac 791
Dewey, John 6, 561–564, 646, 757, 766, 903
Dibelius, Martin 676
Dickens, Charles 322, 460
Diderot, Denis 142
Diederichs, Eugen 637
Diehl, Carl 343 f.
Diesel, Rudolf Christian Karl 397 f.
Dieterle Wilhelm (William) 774
Dietrich, Marlene 533, 603, 612, 615 ff., 750, 798
Dilthey, Wilhelm 461–465, 476, 513, 628 f., 704, 713, 791, 805, 833, 885, 891
Dinter, Artur 702
Dirichlet, Peter Gustav Lejeune 188, 252, 505 f., 371 f.
Diwald, Hellmut 42
Dix, Otto 573, 586, 653 f., 656, 732
Döblin, Alfred 642, 750, 777
Dohnanyi, Christoph 709
Dohnanyi, Hans von 709
Dokupil, Jiri Georg 861
Doll, Richard 692
Döllinger, Johann Joseph Ignaz von 337

Donizetti, Gaetano 347
Dorn, Walter 67
Dornberger, Walter 684
Dörpfeld, Wilhelm 431, 434 f.
Dow, James R. 680
Dowson, John jr. 624
Dreser, Heinrich 384 f., 908
Drexel, Francis Martin 45
Dreyfus, Alfred 455
Droste-Hülshoff, Annette von 323
Droysen, Gustav 430, 444, 465, 769, 890, 906
Drucker, Peter 750, 765 f.
Du Bois-Reymond, Emil Heinrich 252
DuBois, William E. Burghardt 429
Duchamp, Marcel 611
Dudow, Slátan 611, 853
Duisberg, Carl 383 f.
Dumas, Jean Baptiste 305
Dümmler, Ferdinand 203
Dupuy, Trevor 565 f., 730
Dürer, Albrecht 61, 168, 225, 231, 550
Dürrenmatt, Friedrich 851 f.

Eastlake, Elizabeth 234
Eban, Abba 788
Ebert, Carl 783
Eckart, Dietrich 457, 583
Eckstein, Ferdinand 208
Eddington, Arthur 187
Edward (Prince of Wales) 340
Edward VII. (König von England) 544
Ehrenfels, Christian 513, 515
Ehrlich, Paul 408, 410, 452, 905
Eich, Hermann 804
Eichendorff, Joseph von 216, 308, 483
Eichengrün, Arthur 384, 908
Eichhorn, Karl Friedrich 254, 281 f.
Eichmann, Adolf 25, 27, 30, 758, 801
Eichrodt, Ludwig 324
Einstein, Albert 52, 186, 452, 497, 500, 502–505, 597, 610, 618, 621 f., 630, 655, 685 ff., 740, 770, 775, 778, 797, 869, 878, 905
Einstein, Hermann 503
Eisenhower, Dwight D. 25
Eisenman, Peter 864
Eisenstaedt, Alfred 750, 773
Eiser, Otto 360
Eisler, Hanns 666, 750, 774
Elek, Paul 787
Eley, Geoffrey 43
Elgar, Edward 783
Elias, Norbert 47 f., 458, 552, 588, 631, 633, 730, 787, 795 f., 811 f., 824, 900
Eliot, Charles William 344
Eliot, George (= Mary Ann Evans) 333, 335, 351
Eliot, T. S. 51, 564, 870, 891
Elkana, Yehuda 25
Ellenberger, Henri 413 f.
Elman, Mischa 735
Elmhirst, Dorothy 784
Elmhirst, Leonard 784
Elon, Amos 495
Emerson, Ralph Waldo 191, 343
Emmerich, Wolfgang 849
Endell, August 528
Engels, Friedrich 203, 261, 265 f., 268, 270, 273–277, 322, 805, 905
Ensslin, Gudrun 825
Enzensberger, Hans Magnus 804, 841, 844, 848 f., 857
Erasmus von Rotterdam 647, 649
Erdmannsdorff, Friedrich Wilhelm von 226
Ericksen, Robert 716 f.
Erickson, Raimond 323
Erikson, Erik 750, 752 f.
Ernst August II. Constantin von Sachsen-Weimar-Eisenach 129 f., 132
Ernst von Sachsen-Coburg 338
Ernst, Max 237, 732, 734, 773

Essinger, Anna 797
Esslin, Martin 786, 791 f.
Esslinger, Friedrich Wilhelm 394
Esterházy, Nikolaus II. 171
Esterházy, Paul Anton 171
Ettinghausen, Andreas von 304
Ettinghausen, Richard 772
Eufinger, Heinrich 860
Eugénie (französische Kaiserin) 377
Euklid 186, 904
Eulenburg, Philipp von 544
Euler, Leonhard 184, 373
Euripides 357
Evans, Richard 27, 36 f., 44, 448
Everett, Edward 342 f.
Eyde, Sam 381
Eysenck, Hans 786

Fabergé, Carl Peter 529
Faraday, Michael 187, 290, 293
Fassbinder, Rainer Werner 851, 855
Faulkner, William 870
Faust, Albert B. 343
Fechner, Gustav Theodor 414, 885
Fehling, Jürgen 673 f.
Feigl, Herbert 655
Feininger, Andreas 773
Feininger, Lyonel 654, 735
Fenichel, Otto 592, 750, 754
Ferenczi, Sándor 795
Ferguson, Niall 893
Fetting, Rainer 861
Feuchtwanger, Lion 600 f., 609, 734 f., 775, 907
Feuerbach, Ludwig 255, 261–264, 275, 335, 349, 805, 904
Fichte, Johann Gottlieb 42, 147, 153 f., 164 ff., 210 ff., 227, 243 f., 249, 253, 257, 273, 278 f., 331 f., 334, 358, 562, 564, 647 f., 808, 882, 891, 897, 900
Ficino, Marsilio 119
Filbinger, Hans 825

Fink, Eugen 874
Fink, Karl J. 219
Finkelstein, Norman G. 26, 37
Fischer, Eugen 730
Fischer, Fritz 557 f, 771, 803
Fischer, Joschka 771, 825, 828 f.
Fischer, Karl 450
Fitzgerald, F. Scott 603
Flaubert, Gustave 460
Flexner, Abraham 780
Fonda, Henry 613
Fontane, Theodor 459 f., 543
Ford, Glenn 613
Ford, Ford Madox 602
Forster, Johann Georg 192
Förster-Nietzsche, Elisabeth 360, 582, 705
Foster, Norman 864
Foucault, Michel 874
Fourier, Jean Baptiste Joseph 365
Fournier, Alfred 409
Fra Angelico 231, 339
Fraenkel, Ernst 750
Franck, James 567, 686
Francke, August Hermann 65 f., 70, 72, 144, 147, 167, 273, 335, 342
Frank, Charlotte 864
Frank, Hans 678
Frank, Karl 733
Frank, Leonhard 777
Frank, Philipp 625
Frankenthaler, Helen 772
Frankfurter, Felix 564
Franklin, Benjamin 342
Frege, Gottlob 507 f., 580, 624 f., 633, 766 f.
Freiligrath, Ferdinand 264, 308, 317, 322
Frenkel-Brunswik, Else 689
Freud, Anna 752 f., 795
Freud, Jakob 417
Freud, Sigmund 54, 144, 150, 217, 414–417, 452, 489, 492, 510, 512 f.,

517, 573–577, 589, 594, 634 ff.,
688 f., 740, 749, 752, 754 f., 759, 795,
815, 820, 867, 869–872, 877 f., 882,
888, 905
Freundlich, Otto 732
Freyer, Hans 475
Freytag, Gustav 451, 459
Frick, Wilhelm 634
Friedlaender, Walter 772
Friedländer, Julius 465
Friedländer, Max Jakob 772
Friedländer, Saul 829
Friedman, Milton 765
Friedrich August II. (sächsischer Kurfürst) 222
Friedrich I. (Kurfürst von Brandenburg) 544
Friedrich II. (= Friedrich der Große, König von Preußen) 59 f., 63, 78–81, 86, 105, 117, 120, 228, 285, 334, 548, 638, 645
Friedrich III. (deutscher Kaiser) 340
Friedrich Wilhelm I. (König von Preußen) 63–67, 105
Friedrich Wilhelm II. (König von Preußen) 226
Friedrich Wilhelm III. (König von Preußen) 228, 243
Friedrich Wilhelm IV. (König von Preußen) 234, 317, 322, 340
Friedrich, Caspar David 7, 235 ff., 255, 494, 528, 904
Friedrich, Jörg 845
Friedrich, Walter 500
Frings, Josef 833
Frisch, Karl von 687, 693
Frisch, Max 840
Frisch, Otto 693 ff.
Fritsch, Theodor 702
Froberger, Johann Jakob 168
Fröhlich, Katharina 311
Fromm, Erich 594, 633, 655, 754, 577, 734, 750, 755, 795
Frost, Robert 564
Fry, Helen 798
Fry, Maxwell 784
Fry, Varian 733 f., 744, 776
Fuchs, Klaus 785
Fuchs, Leonhart 97 f.
Füger, Heinrich Friedrich 230
Fuller, Margaret 334
Furedi, Frank 871
Furtwängler, Wilhelm 666, 668 ff., 857
Füßli, Johann Heinrich 230
Fustel de Coulanges, Numa Denis 648

Gabór, Dennis 686
Gabrieli, Giovanni 168
Gadamer, Hans-Georg 756, 816–819, 888, 900
Gaffky, Georg 406, 408
Gaines, James 59
Galen 219
Galilei, Galileo 82, 84, 89, 97, 297, 462, 906
Garbo, Greta 603, 612
Garland, Henry B. 123
Gärtner, Friedrich von 234
Gatterer, Johann Christoph 88
Gauguin, Paul 528, 537, 656
Gaus, Günter 825
Gauß, Carl Friedrich 184–188, 192, 371–374, 505, 690, 904
Gawthrop, Richard 64, 86
Gay, John 609
Gay, Peter 595, 628, 630
Gay-Lussac, Joseph-Louis 291
Gazzara, Ben 774
Gehry, Frank 863 f.
Geibel, Emanuel 8
Geiger, Hans 722
Gellert, Christian Fürchtegott 76
Gellhorn, Martha 9
Gellner, Ernest 786, 796 f.
Gentz, Friedrich von 199, 228

Georg I. (König von Griechenland) 431
George, Stefan 118f., 310, 466, 492, 595ff., 632, 638, 641f, 713
Gérard, François 234
Gerhardt, Charles Frédéric 294
Gerschenkron, Alexander 764
Gershwin, George 791
Gerth, Hans 750
Gesner, Johann Matthias 70
Gesner, Konrad 97
Gibbon, Edward 148
Gide, André 424
Gierke, Otto von 554
Gilbert, Felix 750, 768, 770
Gildemeister, Johannes 426
Gildersleeve, Basil 344
Gilly, David 226f., 230
Gilly, Friedrich 226f., 230
Ginsberg, Allen 770
Glazer, Nathan 24
Globke, Hans 801
Glock, William 792
Gluck, Christoph Willibald 170, 173, 547
Gneist, Rudolf von 346
Gobineau, Joseph Arthur de 400, 455, 638
Gödel, Kurt 624ff., 655, 750, 778
Goebbels, Joseph 603, 616, 653f., 662ff., 666, 669f., 672f., 678, 683, 857
Goehr, Walter 787
Goerres, Johann Joseph 647
Goethe, Johann Wolfgang von 17, 50, 76, 80, 116, 118ff., 122f., 125, 129, 132ff., 138–142, 146f., 150, 154, 162, 165, 175, 191, 206, 208, 212ff., 216–220, 230, 232, 254, 260, 281, 311, 320ff., 325, 331, 335, 425, 444, 483, 489, 495, 552, 555, 590, 600, 647, 671f., 805, 816, 833, 842, 845, 847, 868, 884, 887, 906
Gold, Stephen Jay 192
Goldhagen, Daniel Jonah 34–39, 42, 771
Goldscheid, Rudolf 468
Goldsmid, Isaac Lyon 336
Goldstein, Eugen 499
Goldstein, Kurt 756
Gombrich, Ernst 589, 771, 784f., 787f.
Gomperz-Rie, Lucie 785
Gontart, Jakob 309
Gontart, Susette 309
Gooch, George Peabody 280, 284
Goodchild, Peter 778
Goossens, Eugène 792
Göring, Hermann 456, 671, 673, 696, 725, 783
Göring, Matthias Heinrich 688
Gorki, Maxim 424, 873
Gottsched, Johann Christoph 75f., 119f., 123, 142
Gouldner, Alvin 764
Goya, Francisco de 226
Grabbe, Christian Dietrich 322
Grass, Günter 45, 804, 825, 839f., 844f, 856, 862, 883
Graupner, Gottlieb 345
Green, Joseph 151
Greenspan, Nancy Thorndike 621
Greuze, Jean-Baptiste 225
Grierson, Ronald (= Rolf Hans Grießmann) 794
Grillparzer, Franz 308, 311f., 314, 322
Grimm, Jacob 246, 282f., 318, 328, 680
Grimm, Wilhelm 246, 283, 328, 680
Gropius, Walter 530, 591f., 784, 799
Gross, Jan Tomasz 34
Gross, Michael B. 441, 444
Gross, Walter 677
Grosseteste, Robert 885
Grosz, George 586, 653, 772
Grotefend, Georg Friedrich 196ff.

Grube, Nikolai 895
Grünbein, Durs 850
Gründgens, Gustaf 662, 673 f.
Grundmann, Reiner 474
Gruner, Ludwig 339
Gumpert, Martin 189
Gumplowicz, Ludwig 804
Günther, Hans F. K. 644
Gutzkow, Karl 322

Haber, Fritz 381, 553, 567, 687, 721, 770
Haberler, Gottfried von 764
Habermas, Jürgen 27, 74, 515, 804, 819–824, 829, 831, 833, 857, 885, 897, 901
Hadrian VI. (Papst, = Adrian von Utrecht) 832
Haeckel, Ernst 440, 446 ff., 553, 581
Haffner, Sebastian 785, 791
Hagen, Friedrich von der 246
Hagen, Paul 733
Hahn, Otto 52, 567, 695, 722, 770, 964
Hahnemann, Christian Friedrich Samuel 188–191
Haider, Jörg 30
Halévy, Jacques Fromental 347
Haller, Albrecht von 98
Halske, Georg 375
Halsman(n), Philipp 773
Hamann, Brigitte 521
Hamann, Johann Georg 94
Hamburger, Michael 786
Hamlyn, Paul (= Paul Hamburger) 787
Händel, Georg Friedrich 78, 168 f., 175, 327
Handke, Peter 843, 851, 856
Hanle, Wilhelm 722
Hanna, Martha 559 f.
Hanslick, Eduard 490
Hara, Sachhiro 410
Harbou, Thea von 613

Hardenberg, Karl August von 243, 865
Hare, David 850
Harfouch, Corinna 844
Harnack, Adolf von 5, 466, 553, 703 ff., 791
Harris, Jose 470
Harteck, Paul 721 f.
Hartmann, Heinz 625
Hartmann, Nicolai 817
Harvey, Elizabeth 611
Harvey, Lilian 663
Haskins, Charles Homer 110
Hastings, Max 41, 832
Hatfield, Henry 115, 117, 119
Hauptmann, Elisabeth 609
Hauptmann, Gerhart 526, 545, 553, 609, 792, 800, 830
Hausegger, Siegmund 668
Hauser, Arnold 213, 736
Hausmann, Raoul 586
Haussmann, Georges-Eugène 392, 904
Haydn, Joseph 77, 80, 171–175, 177 f., 327, 350, 480, 792
Hayek, Friedrich von 739, 742, 765 f., 789 f., 804
Hayman, Ronald 609
Hazlitt, William 333
Hearst, Stephen 785 f., 791 f.
Heartfield, John (= Helmut Herzfeld) 586, 605, 732
Hebbel, Friedrich 313
Heckel, Erich 656, 732
Hecker, Waldemar 536
Hegel, Anna 374
Hegel, Georg Friedrich Wilhelm 74, 116, 118, 144, 153 f., 164 f., 178, 212, 215, 230, 255–265, 267 f., 273–276, 278, 308 f., 316, 319, 335, 346, 358, 461, 495, 559 f., 562, 564 f., 626, 639, 648, 741, 780 f., 805, 816, 865, 869, 883 f., 891, 897, 900

Heidegger, Martin 7, 150, 310, 475, 515, 626, 628, 677 f., 696, 701, 708 f., 736, 756, 758, 760, 780 f., 813–818, 833, 873, 896–900
Heiden, Konrad 734
Heilbut, Anthony 751, 762, 774
Heim, Susanne 697, 700 f.
Heimann, Eduard 750
Heine, Heinrich 6, 175, 208, 263 f., 308, 316–319, 321 f., 324, 357, 445, 604, 667, 805, 814
Heine, Thomas Theodor 531
Heinkel, Ernst 623
Heinrich der Löwe 645
Heinroth, Johann Christian August 414
Heisenberg, Werner 620–624, 693 f., 722 ff., 814, 892
Helm, Georg 497
Helmer, Olaf 655
Helmholtz, Hermann von 252, 364 ff., 369 f., 375, 430, 445, 465, 497, 513, 597, 905 f.
Hemingway, Ernest 602 f., 606, 616, 870
Hempel, Carl 655
Henckel von Donnersmarck, Florian 856
Henle, Jakob 405
Hennings, Emmy 585
Henze, Hans Werner 858, 868
Hepp, Paul 383
Heraklit 308
Herbart, Johann Friedrich 414
Herder, Caroline 138
Herder, Johann Gottfried 81, 94, 96, 116 f., 128, 132, 140–147, 151, 154, 164, 217, 273, 278, 328, 333, 645, 680, 865, 883, 885
Herf, Jeffrey 474
Herodot 451
Herschel, J. 195
Hertz, Gustav 567

Hertz, Heinrich Rudolf 497 f., 500, 503, 905
Herwegh, Georg 264, 308, 322, 549, 351
Herzberg, Gerhard 686
Herzen, Alexander 210
Herzfeld, Ernst 750
Herzfeld, Helmut siehe Heartfield, John
Herzl, Theodor 492, 510, 519 f., 713
Herzog, Werner 855
Hess, Moses 261, 263
Hess, Victor 686
Hesse, Hermann 310, 597 f., 600, 906
Hevesy, George de 686
Heydrich, Reinhard 678
Heym, Georg 568, 843
Heyne, Christian Gottlob 70, 118, 124, 140, 196, 244 f.
Higgins, Kathleen 874
Hilbert, David 508, 624, 690
Hillgruber, Andreas 42
Hilpert, Heinz 672 f.
Himmelfarb, Gertrude 883
Himmelweit, Hilde 786
Himmler, Heinrich 456, 644, 683 f., 689, 692, 698
Hindemith, Paul 309 f., 591, 608 ff., 666, 668 ff.
Hindenburg, Carl Friedrich 242
Hinrichs, Carl 63 f.
Hinsberg, Oskar 382 f.
Hinschius, Paul 441
Hintze, Otto 429, 554 f.
Hirsch, Emanuel 717, 885
Hirsch, Julius 750
Hirschmann, Albert 750
Hirth, Georg 525, 529
Hitchcock, Alfred 617
Hitler, Adolf 6, 9, 19–22, 25, 28 f., 34, 38, 44 f., 52 f., 374, 454, 457, 474, 488, 521, 567, 572, 579, 583, 586, 590 f., 600 f., 632, 634, 637 ff., 643,

645, 654–658, 660 ff., 664, 669, 671, 675, 678 f., 683 ff., 690, 692, 695, 700, 702, 705, 710, 714 f., 719, 726 f., 736, 776 f., 803, 811, 825, 828 f., 878 f., 887, 894, 900 f.
Hobbes, Thomas 49, 55, 470 f.
Hobhouse, Hermione 338
Hobsbawm, Eric 789
Höch, Hannah 586
Hochhuth, Rolf 774, 825 f., 850
Hodler, Ferdinand 528
Hofer, Karl 657
Hoffmann, E. T. A. 177 f., 216, 882
Hoffmann von Fallersleben, August Heinrich von 317, 322
Hoffmann, Erich Achille 409
Hoffmann, Felix 384 f., 908
Hofmann, August Wilhelm von 338, 377 ff.
Hofmann, Hans 772
Hofmann, Ida 528
Hofmannsthal, Hugo von 452, 488 ff., 510 ff., 519, 589, 597, 612, 635, 643, 672, 743, 887
Holbach, Paul Thiry d' 263
Holborn, Hajo 5, 592, 750, 768–771
Holborn, Ludwig 769
Holbrooke, Richard 771
Holden, William 614
Hölderlin, Friedrich 7, 74, 118, 154, 214, 257, 316
Hollein, Hans 864
Holst, Imogen 793
Hölzel, Adolf 527
Homer 124, 248, 435
Honecker, Erich 854
Hook, Sidney 626
Hooke, Robert 83, 299 f.
Hoppe, Marianne 673
Hörbiger, Hanns 685
Horkheimer, Max 594, 654, 709, 735, 750, 754, 762, 780, 815, 819

Horney, Karen 592, 635 f., 689, 750, 756, 867
Horowitz, Bela 787
Hottinger, Johann Konrad 231
Houdon, Jean-Antoine 225
Houtermans, Fritz 722
Howard, Thomas 69, 72
Hoyer, Hermann 656
Huber, Kurt 681
Huch, Ricarda 208
Huebsch, Ben 601
Hufbauer, Karl 242
Hughes, Everett C. 474
Hulse, Michael 133
Hülsenbeck, Richard 585 f.
Humann, Carl 436
Humann, Franz 436
Humboldt, Alexander von 99, 154, 191–195, 227, 230, 291, 903
Humboldt, Wilhelm von 103, 105, 126 ff., 142 f., 154, 192, 199, 227, 230, 242 ff., 249 f., 253, 279, 284, 288, 330, 780, 808, 810, 865, 878, 903
Hume, David 55, 86, 140 f., 148, 470, 513
Humperdinck, Engelbert 553
Hunley, J. D. 276
Hunt, Tristram 276
Husserl, Edmund 54, 452, 466, 507 f., 513 f., 519, 627 f., 678, 758, 760, 780, 897
Hutton, James 182 ff.
Hutton, Richard Holt 333
Huxley, Michael 851

Ibsen, Henrik 449, 546, 581, 672
Iggers, George G. 279 f., 286
Illies, Florian 7
Immendorff, Jörg 861
Ingres, Jean-Auguste-Dominique 234
Irving, David 22 f., 29

Iselin, Isaak 92
Isherwood, Christopher 783, 867

Jachmann, Reinhold 151
Jacob, Ian 8, 777
Jacobi, Carl Gustav Jacob 252 f., 371
Jacobi, Friedrich Heinrich 154, 163, 760
Jacobi, Lotte 773
Jaeger, Werner 750
Jahn, Friedrich Ludwig 328
Jähne, Friedrich 727
Jahoda, Marie 750, 794
Jakobson, Roman 733
James, Clive 509, 606, 743
James, Henry 424
James, William 454, 689, 903
Janco, Marcel 585
Janet, Pierre 414
Jannings, Emil 533, 612, 615 f., 673
Janowitz, Hans 591
Jarausch, Konrad 8, 822–826, 893
Jaspers, Karl 633, 678, 805, 811 ff., 817, 883, 907
Jawlensky, Alexei 536 f., 585
Jean Paul (= Johann Paul Friedrich Richter) 154
Jeanneret, Charles-Édouard siehe Le Corbusier
Jefferson, Thomas 117, 194, 346
Jeffreys, Diarmuid 384
Jelinek, Elfriede 841
Jellinek, Emil 397
Jellinek, Walter 676
Jenninger, Philipp 28
Jens, Walter 841
Jerusalem, Karl Wilhelm 133
Joachim, Joseph 481, 483
Jodl, Alfred 632
Joel, Karl 467
Johannes Paul II. (Papst, = Karol Wojtyla) 628, 832, 907

John, Barbara 8
Johnson, Lyndon B. 771
Johnson, Alvin 734, 763
Johnson, Philip 207
Johnson, Uwe 843
Johst, Hanns 671
Joliot-Curie, Frédéric 721
Joliot-Curie, Irène 721
Jomini, Antoine-Henri 201 f.
Jonas, Hans 756, 770, 816
Jones, Ernest 414, 689, 795
Jones, Howard Mumford 174
Jones, William 205 f.
Joos, Georg 722
Jooss, Kurt 784 f., 787, 850, 852
Joseph II. (römisch-deutscher Kaiser) 172
Joule, James Prescott 365
Joyce, James 147, 584, 606
Jung, Carl Gustav 9, 598, 635 f., 688, 753 ff., 773, 857, 882, 885, 908
Jung, Edgar 641
Jünger, Friedrich Georg 814
Jünger, Ernst 475, 641 f., 744, 814, 837
Juppé, Alain 33

Kaczyński, Jarosław 34
Kaczyński, Lech 34
Kafka, Franz 599 f., 613, 637, 773 f., 868
Kaiser, Georg 572
Kaiser, Joachim 849
Kandinsky, Wassily 491, 494, 528, 536 ff., 662, 883
Kansteiner, Wulf 39 f.
Kant, Hermann 842
Kant, Imanuel 42, 50, 77, 96–100, 140 f., 147, 151, 153–163, 165, 167, 176, 178, 184, 209 f. 215 f., 237, 257, 262, 309, 321, 333 f., 351 ff., 447, 463, 465, 495, 508, 552, 559 f., 562 ff., 597, 630, 647, 678, 712, 780,

805, 818, 833, 869, 878, 882, 884, 887, 897, 900
Kantorowicz, Ernst 51, 595, 631 ff., 768, 887
Kaprow, Alan 772
Karajan, Herbert von 857
Karl August (Großherzog von Sachsen-Weimar-Eisenach) 130, 132, 138 f., 141
Karl der Große 638
Karl III. (König von Spanien, = Karl IV. von Neapel und Sizilien) 114
Karl Theodor (pfälzischer Kurfürst, = Karl II. von Bayern) 169
Karl V. (römisch-deutscher Kaiser) 285
Karpinska, Luise von 414
Kästner, Erich 604 ff.
Kastner, Karl Wilhelm Gottlob 291
Katona, George 750
Kaufmann, Fritz 577
Kaufmann, Walter 750
Kautsky, Karl 593
Kazin, Alfred 870 f., 877
Kehlmann, Daniel 895
Kékulé von Stradonitz, Friedrich August 289, 295 ff., 905
Keller, Gottfried 54, 313, 322, 324, 459, 461, 493, 792, 906
Keller, Hans 785, 791
Keller, Heinrich 230
Kellermann, Bernhard 830
Kellner, Carl 387
Kelly, Alfred 446 f.
Kelly, Michael 474
Kempowski, Walter 846 f.
Kennedy, John F. 771
Kennedy, Paul 437, 566
Kepler, Johannes 82, 89, 297, 647, 906
Kermode, Frank 8
Kershaw, Ian 38 f.
Kessler, Harry 607
Kesting, Georg Friedrich 230
Kestner, Johann Christian 133

Keylor, William 558
Keynes, John Maynard 738 f., 786
Khnopff, Fernand 528
Kiefer, Anselm 861
Kielinger, Thomas 894
Kielmeyer, Carl Friedrich 99, 101, 103, 218
Kierkegaard, Søren 712, 873
Kipling, Rudyard 647
Kipphardt, Heinar 774
Kirchheimer, Otto 750
Kirchhoff, Gustav Robert 369, 497
Kirchner, Ernst Ludwig 549, 611, 654
Kirsch, Sarah 849
Kissinger, Henry (Heinz Alfred) 761, 771
Kittel, Gerhard 716 f.
Kittler, Rudolf 716
Klácel, František Matouš 411
Klages, Ludwig 641
Klarsfeld, Serge 32
Klauer, Martin Gottlieb 230
Klee, Paul 536, 611, 653 f., 656, 709, 871
Kleiber, Erich 670
Klein, Felix Christian 371, 373 f., 505, 508, 553, 690
Klein, Melanie 592, 635, 795
Klein, Yves 860
Kleist, Heinrich von 216, 308, 311, 672
Klemperer, Victor 6, 657, 666, 670, 734 f., 792
Klenze, Leo von 229, 234
Klimt, Gustav 492, 518 f., 522, 528, 579
Klinger, Friedrich Maximilian 94
Klinger, Max 528, 553
Klopstock, Friedrich Gottlieb 119 f., 230
Kluge, Alexander 855
Knappertsbusch, Hans 670
Knipping, Paul 500
Knopp, Guido 39

Knorr, Ludwig 380
Koch, Joseph Anton 230
Koch, Robert 381, 405–409, 672, 905
Koestler, Arthur 297, 791
Koffka, Kurt 750, 752
Kogon, Eugen 824
Kohl, Helmut 771, 825
Köhler, Barbara 850
Köhler, Horst 896
Köhler, Joachim 348
Köhler, Johann David 87
Köhler, Wolfgang 689, 749 f., 752, 867
Kojève, Alexandre 697
Kokoschka, Oskar 522, 572, 732, 784, 786, 797
Kolbe, Hermann 297
Kollwitz, Käthe 549, 653
König, Eva 121
Königsberger, Leo 369
Kooning, Willem de 735
Kootz, Samuel 773
Kopernikus, Nikolaus 82, 84, 89, 898, 904, 906
Korda, Alexander 784, 786
Korngold, Erich 614, 750, 774
Kracauer, Siegfried 611, 750, 780, 802 f.
Krafft, Adam 61
Krafft-Ebing, Richard von 516, 518
Kragh, Helge 495
Kraus, Karl 492, 510, 517, 572 f., 589, 609, 773
Krauß, Werner 673
Krautheimer, Richard 772
Krebs, Hans 685, 785 f.
Kreisler, Fritz 735
Krenek, Ernst 610, 750
Krieck, Ernst 676, 678 f., 701
Krieger, Leonard 770, 804
Kris, Ernst 750, 772
Kristeller, Paul Oskar 750, 768, 780
Kronecker, Leopold 507
Krupp, Alfred 388–394, 399
Krupp, Friedrich 388

Kuhn, Thomas 363, 818
Kundt, August 499
Kunert, Günter 843, 849
Kunze, Reiner 849
Kussmaul, Adolf 324

La Mettrie, Julien Offray de 86
Laban, Rudolf 850, 852
Lachmann, Karl Konrad 249
Lagarde, Paul de 455 f., 637, 702, 770, 890
Lagrange, Joseph-Louis 374
Lalique, René 529
Lamarck, Jean-Baptiste de 96, 102
Lamprecht, Karl 49, 553 f.
Landes, David 770
Lane, Allen 789
Lane, George, 344
Lang, Fritz 610, 612 f., 735, 750, 775
Langbehn, Julius 453 ff., 473, 543, 637, 770, 885, 890
Lange, Bernd Lutz 826
Langen, Albert 531
Langen, Eugen 396
Langhans, Carl Gotthard 118, 226 f.
Lapierre, Richard 871
Laplace, Pierre-Simon 155, 184
Laqueur, Walter 584
Large, David Clay 541
Lasch, Christopher 871 f.
Lasker, Eduard 542
Lasker-Schüler, Else 847
Lassen, Christian 198
Lasson, Adolf 556
Last, Rex W. 602
Laube, Heinrich 322
Laudan, Rachel 184
Laue, Max von 500, 686, 693 f., 723
Lavery, John 525
Lavoisier, Antoine 85, 246, 290, 293
Lazarsfeld, Paul 750, 752, 764, 766, 780

Lazarsfeld, Sophie 764
Lazarus, Moritz 465
Le Corbusier (= Charles-Édouard Jeanneret) 530, 592
Leander, Zarah 663
Leeder, Sigurd 784
Leeuwenhoek, Antoni van 300
Lehár, Franz 607
Lehmann, Karl 772
Leibniz, Gottfried Wilhelm 75, 85 f., 92, 96, 98, 103, 105, 141, 144, 647
Leistikow, Walter 549
Leitz, Ernst 386 f.
Lemmon, Jack 614
Lenard, Philipp 553, 622, 675, 693, 701
Lenau, Nikolaus 814
Lenin, Wladimir Iljitsch 582, 594, 869
Lenoir, Timothy 54, 100
Lenz, Jakob Michael Reinhold 94, 320, 885
Lenz, Max 554
Leo X. (Papst) 111 f.
Leo XIII. (Papst) 631
Leonardo da Vinci 111, 171, 647
Lepenies, Wolf 47 ff.
Lessing, Gotthold Ephraim 95, 117–121, 141 f., 153, 230, 263, 333, 453, 647, 805, 885
Leutze, Emanuel 344
Levi, Erik 667, 669 f., 858
Levi, Hermann 668
Levi-Civita, Tullio 691
Lévi-Strauss, Claude 734
Lévy-Bruhl, Lucien 635
Lewes, George Henry 333, 335
Lewin, Kurt 750, 752 f.
Libeskind, Daniel 864
Liebenfels, Jörg Lanz von (= Adolf Joseph Lanz) 455
Liebermann, Max 50, 525 ff., 536, 548 f., 553, 653

Liebig, Justus von 290–294, 296–299, 338, 362 f., 378, 387, 445, 904
Liebknecht, Karl 586, 615
Lilge, Frederic (Fritz) 808 f.
Linde, Carl von 397
Linde, Hans-Jürgen von der 276
Lindner, Richard 773
Link, Heinrich Friedrich 99
Linné, Carl von 85, 96 ff., 102, 139
Lippman, Walter 564
Lipset, Seymour, Martin 764
Lipstadt, Deborah 22
List, Friedrich 344
Lister, Joseph 407
Liszt, Franz 150, 327, 348, 481, 487, 491
Lixfeld, Hannjost 680
Locke, John 49, 55, 78, 85, 142, 167, 267
Locquin, Jean 225
Loder, Justus Christina 135
Löffler, Friedrich 406 f.
Lombroso, Cesare 449
Longfellow, Henry Wadsworth 343, 560
Loos, Adolf 227, 517 f., 522, 592
Lope de Vega 312
Lorenz, Konrad 729
Lorre, Peter 613 f., 735, 750
Louis Napoleon 350
Louis Philippe (König von Frankreich) 270
Louise von Hessen-Darmstadt 132
Lovett, Martin 793
Löwenthal (Lowenthal) Leo 594, 633, 750, 795
Löwenthal, Richard 791
Löwith, Karl 756, 812, 816 f.
Lübbe, Hermann 10, 40, 829
Lubitsch, Ernst 610, 612, 614, 750
Luden, Heinrich 283
Ludendorff, Erich Friedrich Wilhelm 581, 587

Ludwig I. (König von Bayern) 229, 233 ff., 349, 524
Ludwig XIV. (König von Frankreich) 204
Ludwig XVIII. (König von Frankreich) 307
Lueger, Karl 455, 522
Lukács, Georg 54, 316, 470, 804 f., 819
Lullus 513
Lunatscharski, Anatoli 873
Lüpertz, Markus 861
Luther, Martin 105, 123, 168, 442, 453, 649, 717, 769
Luxemburg, Rosa 586, 869
Lyotard, Jean 833
Lysippus 115

Macaulay, Thomas Babington 281
Mach, Ernst 515, 520 f.
Machiavelli, Niccolò 201, 208, 286
Machlup, Fritz 764
MacIntyre, Alasdair 833
Mack, Heinz 860
Macke, August 572
Mackintosh, Charles 529
MacMurray, Fred 614
Madison, James 267
Magee, Bryan 347, 354 f.
Magnus, Albertus 110
Magnus, Bernd 874
Mahler, Gustav 356, 452, 480, 486, 488, 490 ff., 534, 579, 614
Mahler-Werfel, Alma 486, 734 f.
Maier, Charles 26 ff., 45
Maimonides, Moses 533, 760
Makela, Maria 524
Malkin, Joseph 735
Malthus, Thomas R. 638
Mani, Bhikku Maha 627
Mann, Erika 673, 776, 867
Mann, Golo 776

Mann, Heinrich 453, 530 ff., 584, 615, 734 f., 750, 770, 773, 776
Mann, Katia (= Katia Pringsheim) 37, 534, 776, 867
Mann, Klaus 673, 745, 750, 867
Mann, Nelly 776
Mann, Thomas 9 f., 37, 50 f., 53, 118, 216, 314, 347, 453, 456 f., 523, 530–534, 552, 556, 582 ff., 597 f., 600, 610, 641 f., 680, 733, 735, 750, 758, 770, 775, 777, 780, 797, 800, 867, 870, 881, 884, 887, 906
Mann, Thomas Johann Heinrich 530
Mannheim, Karl 54, 633, 654, 736 f., 739 f., 780, 785, 795 f., 884
Marc, Franz 538, 572, 883
Marchand, Suzanne 118, 124, 126, 883
Marcks, Erich 554
Marconi, Guglielmo 498
Marcuse, Herbert 594, 677, 746, 750, 755, 758, 770, 797, 816, 824
Mardell, Mark 10
Marie-Antoinette (französische Königin) 426
Maritain, Jacques 734
Marlowe, Christopher 138
Marr, Wilhelm 543
Marrus, Michael R. 32
Marvin, Lee 613
Marx, Eleanor 265, 273
Marx, Jenny (= Jenny von Westphalen) 265, 268, 275
Marx, Karl 144, 149, 164, 203, 256, 261–264, 266–276, 315, 347 f., 461, 468, 474, 592, 594, 626, 738, 741, 754 f., 759, 805, 813, 816, 820 f., 869 f., 878 f., 891, 904 f.
Masaryk, Jan 734
Masaryk, Tomáš 512
Maschler, Kurt 787
Maser, Werner 638 f.
Maslow, Abraham 752
Masson, André 734

Mather, Cotton 342
Matisse, Henri 537
Matthau, Walter 614, 774
Matussek, Matthias 17, 20, 22
Matussek, Thomas 17, 19 f., 22
Maupassant, Guy de 532
Maupertuis, Pierre Luis Moreau de 79
Maximilian II. (König von Bayern) 427
Maxwell, James Clerk 368 ff., 496 f., 501
Maxwell, Robert 788
Maybach, Wilhelm 396 f.
Mayer, Julius Robert von 362 f., 365 f., 370, 375
Mayr, Ernst 98, 102, 750
Mazlish, Bruce 264, 266, 269–272
McCarthy, Joseph 632, 763, 774
McClelland, Charles 254, 770
McDougall, William 560, 638
McGrath, Alistair 703
McLuhan, Marshall 643
Mead, Margaret 752 f.
Meckel, Christoph 843
Meckel, Johann Friedrich (d. J.) 99
Meer, Fritz ter 728
Mehring, Walter 777
Meidner, Ludwig 549, 654, 732, 786
Meier, Christian 27 f.
Meinecke, Friedrich 46, 280, 429, 552, 555 f., 769, 811, 887
Meiners, Christoph 451
Meinhof, Ulrike 825
Meir, Golda 788
Meitner, Lise 52, 693 ff.
Mellon, Mary 773
Mellon, Paul 773
Mendel, Gregor 54, 104, 304 f., 410–413, 513, 520, 869, 878, 905
Mendelssohn, Moses 92, 95, 120, 152 f., 232
Mendelssohn Bartholdy, Felix 150, 255, 306, 325 ff., 357, 480, 546, 614, 667

Mengele, Josef 730
Mengs, Anton Raphael 222–226, 230, 233
Mengs, Ismael 222 f.
Menzel, Adolph von 547 f.
Merk, Johann Heinrich 94
Merton, Robert 764
Merz, John Theodor 184
Metternich, Klemens Wenzel Lothar von 323
Meyer, Carl 393, 591, 784
Meyer, Eduard 553
Meyer, Heinrich 254
Meyer, Rudolf 314
Meyerbeer, Giacomo 347, 547
Michaelis, Johann David 88, 90, 215, 243
Michelangelo 171, 222, 230, 322
Michelet, Jules 109, 415
Middendorf, Helmut 861
Mies van der Rohe, Ludwig 530, 592, 800
Milhaud, Darius 735
Miliband, Ralph 786
Mill, John Stuart 55, 267, 333, 562
Miller, Arthur 774
Miller, Martin 786
Ming Pei, Ieoh 227
Mirat, Créscence Eugénie 319
Mises, Ludwig von 750, 765
Mitscherlich, Alexander 40, 831, 836, 838, 850
Mitscherlich, Eilhard 252, 293
Mitscherlich, Margarete 40, 831, 836, 838, 850
Mitterrand, François 31, 33
Mitterer, Felix 844
Möbius, August Ferdinand 188
Moeller van den Bruck, Arthur (= Arthur Moeller-Bruck) 640 f., 770, 815, 891 f.
Moholy-Nagy, László 593, 734, 780
Moltke, Gebhardt von 17

Moltke, Helmuth von 203, 447, 540
Mommsen, Hans 424
Mommsen, Theodor 247, 424–430, 436, 450, 454, 465, 647f., 885
Mommsen, Wolfgang 424, 804
Monet, Claude 536
Monge, Gaspard 374
Montaigne, Michel de 84
Montesquieu (= Charles-Louis de Secondat) 130
Moore, Marianne 314
Morell, Theo 700
Morgan, Lewis 275
Morgenstern, Oskar 750, 765
Morgenthau, Hans 750
Mörike, Eduard 324, 483
Morison, Samuel Eliot 564
Morris, Charles 767
Morris, William 592
Morse, Samuel 188
Moser, Claus 785 ff., 793f.
Moses 83
Moses, A. Dirk 40, 52, 831f., 894
Mosse, George L. 637
Motherby, Robert 151
Moynahan, Bryan 718
Mozart, Leopold 172
Mozart, Maria Anna (= »Nannerl«) 172
Mozart, Wolfgang Amadeus 77, 80, 112, 170, 172–175, 177, 327, 350, 480f., 484, 668, 792f.
Mueller, Otto 657
Mühlfeld, Richard 482
Mühsam, Erich 523
Müller, Friedrich Max 337
Müller, Heiner 851
Müller, Herta 862
Müller, Jan Werner 823, 883, 894
Müller, Johannes 252, 301f., 402
Müller, Wilhelm 324
Munch, Edvard 518, 537, 548f.
Münchhausen, Gerlach Adolph von 69, 127

Mundt, Theodor 322
Münter, Gabriele 537f.
Murdoch, Iris 787
Murnau, F. W. (= Friedrich Wilhelm Plumpe) 610
Murrow, Edward R. 24, 691
Musil, Robert 598, 600, 773, 872, 906f.
Mussolini, Benito 634, 714
Mutter, Anne-Sophie 858

Nabokov, Vladimir 788
Nägeli, Carl Wilhelm von 304f., 413
Naipaul, V. S. 54
Napier, Arthur Sampson 560
Napoleon I. (französischer Kaiser) 138, 154, 199–202, 243, 307, 330, 332, 390, 437, 638
Napoleon III. (französischer Kaiser) 377, 392
Nash, Paul 904
Nathan, Otto 750
Natorp, Paul 917
Necker, Jacques 330
Negri, Pola 612
Nehamas, Alexander 874
Nernst, Walther 693
Neumann, Franz 592, 594, 749, 751, 804, 812
Neumann, Franz Ernst 252
Neumann, John (János) von 508, 778
Neumann, Luise 252
Neumann, Sigmund 592
Neurath, Otto 589, 625f., 787
Nevelson, Louise 772f.
Newes, Tilly 536
Newman, Ernest 486
Newton, Isaac 18, 82, 84f., 88f., 97f., 184, 217, 297, 502, 506, 904, 906
Nicolai, Friedrich 120
Niczky, Rolf 536
Niebuhr, Barthold Georg 247, 281f., 284

Niebuhr, Carsten 281
Niebuhr, Reinhold 709
Niemöller, Martin 718, 885
Nierendorf, Karl 773
Nietzsche, Friedrich 10, 118, 123, 150, 313, 355–361, 414, 430, 451, 454, 465, 489, 531 f., 538, 555, 558, 565, 581, 597, 626, 628, 648, 696, 705, 712, 749, 780 f., 805, 815 f., 828, 833 f., 869 f., 872 f., 875–878, 882, 884 f., 888, 891, 900
Nightingale, Florence 337
Nipperdey, Thomas 47, 64, 76, 212, 243, 248, 297, 323, 447, 477
Nissel, Siegmund 793
Nissen, Hans J. 895
Nixon, Richard 761
Nixon, St. John 395
Noether, Emmy 686
Nolde, Emil 611, 654, 656 f.
Nolte, Ernst 42
Nonne, Max 576
Nordau, Max 449, 890
Norton, Anne 759
Novalis (= Friedrich von Hardenberg) 154, 206, 208, 214, 216, 265, 325
Novick, Peter 23–26, 37, 770
Nye, Mary Joe 364
Oberländer, Theodor 698
Obert, Hermann 725
Obrist, Hermann 528, 536
Oesterle, Anka 683
Offenbach, Jacques 484
Ohain, Hans von 623
Ohm, Georg Simon 375
Ohm, Martin 375
Oken, Lorenz 244, 300, 451
Oliphant, Mark 695
Öllinger, Karl 30
Oncken, Hermann 555
Opel, Fritz von 725
Oppenheim, Bram 786
Oppenheimer, Robert 777 f.

Ortega y Gasset, José 743, 814
Orwell, George 799
Ossietzky, Carl von 605
Ostini, Pietro 232
Ostler, Nicholas 5
Ostwald, Wilhem 497, 647
Otto I. (König von Griechenland) 229, 431
Otto, Frei 863
Otto, Nikolaus 396, 398
Overbeck, Friedrich 230–233
Overbeck, Ida 360
Owen, Wilfred 571
Owens, Jesse 663
Oxenford, John 351
Oz, Amos 25
Ozawa, Seiji 858
Ozenfant, Amédée 735
Ozment, Steven 61

Pabst, G. W. 616
Pacelli, Eugenio siehe Pius XII.
Pachelbel, Johann 78, 168
Paleotti, Gabriele 61
Palladio 544
Pankok, Bernhard 528 f.
Panofsky, Erwin 7, 592, 630, 655, 735, 749, 751, 771 ff., 780
Panofsky, Wolfgang 751
Papon, Maurice 33
Pappenheim, Bertha 416
Papst, Eugen 660
Park, Robert 474
Pascal, Blaise 647
Pasley, Malcolm 172
Pasteur, Louis 381, 407
Pastor, Ludwig von 454, 631
Pastorius, Franz Daniel 342
Pater, Walter 334
Patterson, Michael 851
Pattison, Mark 337
Paul VI. (Papst) 833

Pauli, Wolfgang 619, 777, 892
Paulsen, Friedrich 242, 471
Paulus 706
Pausanias 432
Paxton, Robert 32
Péan, Pierre 33
Peano, Giuseppe 597
Pechstein, Max 654
Péguy, Charles Pierre 647
Peierls, Rudolf 695, 785 f.
Pelzel, Thomas 224
Penck, A. R. 861
Penn, William 341 f.
Peres, Shimon 788
Perkin, William 376 f.
Perlman, Itzhak 857
Perls, Fritz 755 f., 773
Perugino 230
Perutz, Max 785 f., 794
Peter, Friedrich 30
Petrarca, Francesco 109, 111, 119
Pevsner Nicholas (Nikolaus) 785, 788, 789
Peyre, Henri 7, 749 f.
Pfaff, Johann Friedrich 242
Pfannkuche, August H. T. 448
Pfeil, Leopold Heinrich 336
Pfitzner, Hans 668 f.
Pforr, Franz 230 ff.
Phidias 322, 432
Picasso, Pablo 537, 656, 744, 870
Piene, Otto 859 f.
Pinkard, Terry 163, 166
Pinturicccio 231
Piscator, Erwin 607, 609, 672, 734, 751, 774, 850
Pistor, Fanny 516
Pius IX. 444
Pius XII. (Papst, = Eugenio Pacelli) 696, 714, 850
Planck, Erwin 572
Planck, Karl 572
Planck, Max 367, 373, 430, 496, 500 ff., 505, 511, 553, 572, 619, 621, 625, 686 f., 693 f., 770, 869, 878
Planer, Minna 348
Platon 112, 152, 244, 461, 741
Plenzdorf, Ulrich 842, 854
Plessner, Helmuth 804
Plinius d. Ä. 115 f.
Ploetz, Alfred 452, 454 f.
Plücker, Julius 252
Poggendorf, Johann Christian 362, 364, 366
Polanyi, Karl 751, 754
Polanyi, Michael 589
Poliakov, Leon 452
Polke, Sigmar 859
Pollock, Friedrich 594, 655, 751
Pollock, Jackson 772
Pommer, Erich 591, 800
Poncelet, Jean-Victor 374
Ponto, Jürgen 841
Popper, Karl 589, 626, 740 ff., 789 f.
Porter, Cole 603
Potonie, Henry 103
Pötsch, Leopold 579
Poussin, Nicolas 224 f.
Power, Tyrone 613
Praxiteles 115, 432
Preminger, Otto 610, 751
Pressburger, Emeric 784, 786
Prévost, Jean-Louis 305
Preyer, Wilhelm Thierry 447
Pringsheim, Alfred 534
Pringsheim, Katia siehe Katia Mann
Pritzel, Lotte 523
Proust, Marcel 511
Prüfer, Kurt 728
Puccini, Giacomo 488
Pufendorf, Samuel von 62, 885
Pulzer, Peter 37, 794
Purkyně (Purkinje), Jan Evangelista 54, 252, 301, 303 f., 904
Pütterer, Johann Stephan 90
Pythagoras 506

Quatrefages de Bréau, Armand de 451
Quetelet, Adolphe 338
Quinet, Edgar 204

Raabe, Wilhelm 459 f.
Rachmaninoff, Sergej 735
Racine, Jean 123
Raffael 171, 222, 224, 230 ff., 339
Ramsden, John 21
Ranke, Leopold von 42, 46, 109, 247 f., 279, 283–288, 366, 425, 427, 429, 554, 631
Rankl, Karl 792, 793
Rapaport, David 689
Raspe, Jan-Carl 825
Rathenau, Emil 398
Rathenau, Mathilde 399
Rathenau, Walther 398 ff., 686
Ratzinger, Georg 832 f.
Ratzinger, Joseph siehe Benedikt XVI.
Rau, Johannes 899
Rauch, Christian Daniel 230
Rauschenberg, Robert 772
Ray, John 98
Ray, Man 735
Read, Herbert 646
Redlich, Fritz 751, 764
Reger, Max 310, 480, 490
Reich, Wilhelm 592, 635, 734, 754
Reichenbach, Hans 655
Reichmann, Frieda 754
Reil 100, 103, 217 f., 244, 885
Reill, Peter Hanns 86, 88 f., 92
Reimarus, Elise 122
Reimarus, Hermann Samuel 92, 121
Rein, Adolf 676
Reinhardt, Max 488, 534, 546, 612 f., 616, 672 f., 751, 756, 774, 850 f.
Reinhold, Karl Leonhard 154, 163 ff.
Remak, Robert 305
Remarque, Erich Maria 602 f., 610, 642, 751, 777

Rembrandt 550, 645
Remy, Steven 675, 680
Renner, Karl 30
Renoir, Auguste 603
Renoir, Jean 735
Resewitz, Friedrich Gabriel 92, 95
Reuter, Ernst 690
Reynolds, Joshua 225
Richard, Jules 624 f.
Richards, Robert J. 215
Richter, Gerhard 859 f.
Richter, Hans 585, 611, 773
Riefenstahl, Leni 663
Rieff, Philip 871
Riehl, Alois 553
Riehl, Wilhelm Heinrich 465, 473, 681
Riemann, Georg Friedrich Bernhard 188, 371–374, 505, 690, 885
Riemerschmid, Richard 528 ff.
Riesmann, David 764
Rilke, Rainer Maria 119, 310, 466, 523, 596 f., 627, 638, 743
Ringer, Fritz 8, 808 ff., 884 f.
Ritter, Alexander 487
Ritter, Gerhard 726, 803 f.
Ritter, Karl 659, 664 f.
Rivers, Larry 772
Rivers, William Halse R. 560
Robbins, Lionel 785
Robert, Hubert 225
Robertson, Ritchie 319
Robinson, Edward G. 613
Robinson, Henry Crabb 333 f.
Rochlitz, Friedrich 179
Rockefeller, John D. 345
Rockefeller, Nelson A. 761
Rogall, Georg Friedrich 66
Roggenfeller, Johann Peter 345
Rogoff, Irit 861
Rolland, Romain 8, 584, 598
Röntgen, Wilhelm Conrad 499, 905
Rooney, Mickey 774

Roosevelt, Eleanor 753
Roosevelt, Franklin Delano 689, 695
Röpke, Wilhelm 804
Rorty, Richard 874
Rose, Hajo 732
Rose, Max Kaspar 394
Rosenberg, Alfred 456f., 583, 643ff., 653, 669, 682f.
Rosenberg, Hans 67, 751, 768
Rosenberg, Isaac 571
Rosenstock, Sami siehe Tzara, Tristan 585
Rosenzweig, Franz 643, 713
Ross, Alex 516
Ross, Ludwig 431
Rossellini, Roberto 853
Rossini, Gioachino Antonio 175, 327, 347
Rotblat, Jozef 785
Roth, Gerhard 844
Rouault, Georges 537
Rousseau, Henri 537
Rousseau, Jean-Jacques 140, 142, 263, 269
Rousso, Henry 31
Rubinstein, Arthur 735
Rubinstein, Nicola 786
Rudolf von Habsburg 638
Rudolph, Hermann 27
Rudolphi, Karl Asmund 244, 301
Ruge, Arnold 261, 266
Rumohr, Karl Friedrich von 233
Rumpff, Carl 382, 384
Rürup, Reinhard 863
Rush, Benjamin 345
Russell, Bertrand 155, 164, 372, 515, 572, 579, 624, 767, 788, 796, 903
Rust, Bernhard 679, 690, 692, 722
Rutherford, Ernest 54
Ryle, Gilbert 796

Sacher-Masoch, Leopold von 516
Sachs, Hanns 753
Sachs, Hans 61
Safranski, Rüdiger 814
Saint-Simon, Henri de 333
Sander, Friedrich Wilhelm 725
Sandrart, Joachim von 231
Santayana, George 7, 117, 561, 564f., 646
Sartre, Jean-Paul 515, 627, 774, 814, 859
Sassoon, Siegfried 602
Sauer, Christoph 345
Sautoy, Marcus de 188, 373
Savary, Anne-Jean-Marie-René 332
Savigny, Friedrich Carl von 227, 244, 282, 425
Scaff, Lawrence 875
Schadow, Friedrich Wilhelm von 232
Schadow, Johann Gottfried 226, 230, 232f.
Schadow, Karl Zeno Rudolf 232
Schalk, Franz 497
Scharnhorst, Gerhard von 199, 201
Scharoun, Hans 799, 863
Schaudin, Fritz 409
Scheffel, Josef Victor von 324
Scheler, Max 552, 554, 628f., 805, 811, 885, 891, 907
Schelling, Caroline 154
Schelling, Friedrich Wilhelm Josef 99, 153f., 164f., 177, 206, 212, 215ff., 242, 244f., 255–258, 278, 308, 363, 808, 882, 885
Schelsky, Helmut 804, 836
Schemann, Ludwig 456, 457
Scherchen, Hermann 670
Scherpe, Klaus 830
Schick, Christian Gottlieb 230
Schidlof, Hans 785, 793
Schieder, Wolfgang 863
Schiele, Egon 589
Schiller, Friedrich von 17, 118, 122f.,

126, 132, 140, 145–148, 154, 175, 192, 206, 310, 320, 331, 333 f., 444, 495, 555, 560, 672, 842
Schilling, Max von 669
Schindewolf, Otto Heinrich 103
Schinkel, Karl Friedrich 118, 227 ff., 236, 550, 885, 904
Schivelbusch, Wolfgang 800, 892
Schlegel, August Wilhelm 15, 116, 154, 177, 205 f., 208, 256, 331, 333, 885
Schlegel, Dorothea 154, 232
Schlegel, Friedrich 116, 137, 154, 212 f., 215, 217, 232, 256, 450 f., 885
Schlegel, Georg Friedrich Wilhelm 308
Schleicher, Rüdiger 710
Schleiden, Matthias Jacob 302 f., 904
Schleiermacher, Friedrich Daniel 154, 206, 208, 215, 242–245, 253, 273, 336, 346, 808, 885
Schlemmer, Oskar 653, 732
Schlesinger, Arthur M. 771
Schleyer, Hanns Martin 824, 841
Schlick, Moritz 580, 624 ff., 740, 767
Schliemann, Heinrich 118, 404, 431–436, 885
Schlingensief, Christoph 856
Schlink, Bernhard 45, 844, 895
Schlöndorff, Volker 855
Schlösser, Rainer 671
Schlözer, August Ludwig 90
Schlüter, Andreas 228
Schmidt, Helmut 771, 857
Schmidt-Rottluff, Karl 656, 732
Schmitt, Carl 475, 695 ff., 760, 805
Schmitthenner, Paul (Architekt) 678
Schmitthenner, Paul (Historiker) 680, 701, 720
Schmoller, Gustav von 553
Schnabel, Heinrich 537
Schnack, Anton 569, 571

Schneider, Peter 840, 843, 850
Schnitger, Arp 169
Schnitzler, Arthur 509 ff., 519, 597, 792
Schnorr von Carolsfeld, Julius 233 ff.
Scholem, Gershom 631, 633, 795
Schöllgen, Gregor 9
Schönberg, Arnold 112, 356, 480, 489–494, 538, 607, 610, 666, 668, 735, 751, 776, 792, 858, 892
Schonberg, Harold C. 61, 170, 484
Schönerer, Georg 522
Schönhoven, Klaus 825
Schönlein, Johann Lukas 402
Schopenhauer, Arthur 149, 206, 349–355, 358, 360, 414, 425, 451, 465, 532, 582, 805, 882, 891, 900
Schorske, Carl E. 518
Schott, Otto 386
Schrader, Gerhard 726
Schramm, Percy Ernst 51, 631, 633
Schröder, Gerhard 829, 901
Schröder, Richard 826
Schrödinger, Erwin 47, 621, 624, 686, 742 f.
Schubart, Christian Friedrich Daniel 73
Schubert, Ferdinand 325
Schubert, Franz 150, 174 f., 255, 260, 316, 323–327, 480, 483, 485, 667, 882
Schufften, Eugen 613
Schulte, Karl Joseph 645
Schultes, Axel 864
Schulze, Alfred Otto Wolfgang siehe Wols
Schulze, Gottlob Ernst 165
Schulze, Hagen 307
Schulze, Ingo 846
Schulze, Johannes 253 f.
Schumacher, Ernst 791
Schumacher, Fritz 530
Schumacher, Hermann 555

Schumann, Clara (= Clara Wieck) 326, 481 f.
Schumann, Gerhard 659 f.
Schumann, Robert 150, 316, 325 ff., 357, 480 ff., 667, 882
Schumpeter, Joseph 474, 737 ff., 751
Schütz, Alfred 751
Schütz, Heinrich 168
Schwab, Raymond 195, 204
Schwanitz, Dietrich 864
Schwann, Theodor 301 ff., 904
Schwarzenegger, Arnold 760
Schweitzer, Albert 711 f., 885
Schwitters, Kurt 586, 654, 732, 784, 786, 797
Schygulla, Hanna 855
Scola, Angelo 835
Scotus, Duns 513
Sebald, Winfried Georg 45, 314, 845, 895
Seghers, Anna 842
Sell, Ernst 378
Selle, Götz von 69
Semler, Johann Salomo 88
Semmelweis, Ignaz 404
Semper, Gottfried 348
Sennett, Richard 796
Serkin, Rudolf 607
Seton-Watson, Robert Wiliam 560
Shakespeare, William 123, 136 f., 145, 150, 325, 327, 333, 461, 600, 614, 616, 672, 868
Shaw, George Bernard 424
Sidgwick, Henry 138, 142, 837
Siemens, Werner von 375 f., 382, 445
Silbermann, Andreas 169
Silbermann, Gottfried 169
Simmel, Georg 54, 429, 454, 465–469, 473, 476, 628, 713, 749, 891, 906
Simons, Hans 751
Sinclair, Upton 608
Siodmak, Curt 611, 613

Siodmak, Robert 610 f., 613, 784
Smith, Adam 55, 148, 198, 268, 271, 471
Smith, Hugh 199, 202
Snow, C. P. 48
Snowman, Daniel 783, 787
Söderbaum, Kristina 663
Sokrates 359
Solms, Gerhard 672
Solschenizyn, Alexander 839
Sombart, Werner 473–476, 552, 581, 680, 703, 887
Sommerfeld, Arnold 693
Sonnemann, Emmy 673
Sonnenfels, Joseph von 73
Sontheimer, Kurt 804
Sophie Dorothea von Hannover 79
Sophokles 123, 356 f., 546
Sorley, William Ritchie 560
Soros, George 797
Southey, Robert 333
Speer, Albert 684, 723 f., 799
Speier, Hans 764
Spemann, Adolf 659
Spencer, Charles 786
Spencer, Herbert 452
Spener, Philipp Jakob 65
Spengler, Oswald 470, 473, 475, 555, 581 ff., 641–643, 729, 805, 815, 890 f.
Sperr, Martin 851
Spielhagen, Friedrich 459
Spinoza, Baruch 462, 760, 904
Spiro, Eugen 732
Spitzer, Leo 751
Spranger, Eduard 556, 811
Staël, Germaine de 129, 330–333, 335, 342
Stalin, Josef 600
Stanwyck, Barbara 613
Stapel, Wilhelm 682
Stargardt, Nicholas 438
Stark, Johannes 622, 693

Staudinger, Hans 751, 763
Steffens, Heinrich (Henrik) 244
Stehr, Nico 474
Steiger, Peter 314
Steiger, Rod 774
Steigmann-Gall, Richard 714
Stein zum Altenstein, Karl vom 127, 160, 253
Stein, Charlotte von 135
Stein, Heinrich Friedrich Karl vom und zum 283
Stein, Lorenz von 261
Stein, Peter 852
Steiner, Rudolf 705
Steinheil, Carl August von 188
Stekel, Wilhelm 573
Stephenson, George 395
Stern, Fritz 5, 10, 36 ff., 51 f., 421, 454, 457 f., 640 f., 770 f.
Stern, Isaac 857
Stern, Moritz 364
Stern, Otto 686
Sternberg, Josef von (= Jonas Sternberg) 533, 615 ff.
Sterne, Carus 46
Stevens, Wallace 564
Stewart, James 617
Stieff, Israel 788
Stieglitz, Alfred 538
Stifter, Adalbert 308, 312 ff., 322, 459, 461, 884
Stinnes, Hugo 394, 399
Stirling, James Hutchison 227, 333
Stockhausen, Karlheinz 830, 858
Stoß, Veit 61
Strabon 433
Stramm, August 569
Strandmann, Hartmut Pogge von 400
Strauss, Botho 827 f., 851
Strauß, David Friedrich 261, 273, 335
Strauß, Eduard 485
Strauß, Johann (Sohn) 480, 484 f.

Strauß, Johann (Vater) 480, 485
Strauss, Leo 633, 697, 751, 756, 759 f., 816, 833
Strauss, Richard 150, 310, 356, 480, 485 f., 488–491, 512, 614, 666, 668 f., 795, 857, 892
Strawinsky, Igor 668, 735
Streicher, Julius 689
Stresemann, Gustav 440
Strindberg, August 534, 546
Strindberg-Uhl, Frida 534
Strobach, Hermann 682
Strousberg, Bethel Henry 542
Stubbs, George 225
Stuck, Franz von 527 f., 536
Stülpnagel, Carl-Heinrich von 744
Stürmer, Michael 28
Sue, Eugène 322
Sullivan, Arthur 484
Sulzer, Johann Georg 95
Sutter, Joseph 231
Swales, Martin 842
Sybel, Heinrich von 425–430, 436, 441, 444, 465, 769, 906
Syberberg, Hans Jürgen 827 f., 855
Szilard, Leo 686, 721, 751, 777, 785

Taeubner, Sophie 585
Taine, Hippolyte 6
Talleyrand, Charles-Maurice de 307
Tauber, Richard 787
Taylor, A. J. P. 43
Taylor, Frank Bursley 577
Taylor, William 333
Telemann, Georg Philipp 78, 168
Teller, Edward 751, 777 f.
Temkin, Oswei 103
Thales 513
Thatcher, Margaret 771, 826
Thọ Lê Đúc 761
Thoma, Hans 553
Thoma, Ludwig 531

Thomas von Aquin 110, 513, 647, 834
Thomasius, Christian 75, 141, 152f.
Thompson, Benjamin 367
Thomson, J. J. 501
Thorak, Josef 655
Thorvaldsen, Berthel 233
Thyssen, August 394, 399
Ticknor, George 342f.
Tieck, Christian Friedrich 230
Tieck, Ludwig 154, 230f., 256
Tillich, Paul 628, 654, 704, 708, 750f., 756, 767f., 885
Tirpitz, Alfred von 441
Tischbein, Johann Heinrich Wilhelm 136, 225, 230
Tizian 223, 230
Toch, Ernst 666
Todt, Fritz 723
Toller, Ernst 572, 641
Tolman, Edward C. 752
Tolstoi, Leo 449, 560, 532
Tönnies, Ferdinand 465f., 470–474, 476, 713, 749, 805, 885, 887
Touvier, Paul 32
Tovey, Donald 783
Tracy, Spencer 613
Trakl, Georg 568ff., 773
Trapp, Wilhelm 46
Treitschke, Heinrich von 341, 425, 428ff., 436, 440, 465, 497, 543, 555, 647, 769, 890, 906
Treviranus, Gottfried Reinhold 99
Trilling, Lionel 770
Troeltsch, Ernst 280, 552, 703ff.
Trotta, Margarethe von 855f.
Tschaikowsky, Pjotr Iljitsch 150, 175
Tschermak, Erich 410
Tschudi, Hugo von 550f.
Tucholsky, Kurt 6, 604ff., 642
Turner, R. Steven 241f., 248, 254f.
Turner, William 237, 904
Twain, Marc 9, 543
Tzara, Tristan (= Sami Rosenstock) 585

Uhde, Fritz von 527
Uhlmann, Fred 786
Ulmer, Edgar 611, 613
Unger, Franz 103f., 304, 411
Unwin, Stanley 788

Valentin, Curt 773
van Gogh, Vincent 537, 603
van Orman Quine, Willard 626, 766f.
Veblen, Thorsten 757
Veit, Johann 232
Veit, Philipp 232f.
Verdi, Giuseppe 150, 175, 347
Vesalius, Andrea 97
Vico, Giambattista 904
Victoria (Königin von England) 338, 376
Victoria (Prinzessin von Großbritannien und Irland) 341
Victoria von Sachsen-Coburg-Saalfeld 338
Vien, Joseph-Marie 225
Viertel, Berthold 786
Vincent, Edgar 607
Virchow, Rudolf 387, 402–405, 408f., 444f., 448, 451, 905
Viret, Pierre 83
Vischer, Peter 61
Voegelin, Eric 751
Vogel, Henriette 310
Vogel, Ludwig 231
Vogt, Carl 446
Voigt, August von 524
Voigt, Georg 109
Voigt, Johann Carl Wilhelm 135
Voigt, Johannes 283
Vollmoeller, Karl Gustav 615
Voltaire 79f., 84, 86, 123, 253, 585
Vonnegut, Kurt 778
Voss, Heinrich 528
Voßler, Karl 553
Vranitzky, Franz 30

Vries, Hugo de 410
Vulpius, Christiane 136

Waagen, Gustav Friedrich 227, 229
Wackenroder, Wilhelm Heinrich 231
Wagner, Cosima 57, 348, 357, 488
Wagner, Eva 457
Wagner, Franz Josef 21
Wagner, Otto 517, 522
Wagner, Richard 7, 149, 175, 179f., 216, 347–351, 353–357, 360, 480ff., 487, 491, 494, 522, 546f., 581, 645, 670, 774, 792, 805, 887, 904
Wagner, Rudolf 99, 301
Wagner, Siegfried 553, 670
Walden, Herwarth 549, 570
Waldheim, Kurt 30
Waldseemüller, Martin 341
Wallace, Stuart 560
Wallenstein, Albrecht Wenzel Eusebius von 149
Wallot, Paul 544
Walser, Martin 8, 45, 827, 829f., 840, 844, 855, 883, 887
Walter, Bruno 579, 670, 735, 792
Walter, Hellmuth 724
Warburg, Aby 592
Ward, Adolphus William 336
Ward, Lester 467
Warhol, Andy 643
Wassermann, August von 408, 410
Watson, Alexander 566
Watson, James 743
Watson, James D. 500, 743
Wayne, John 617
Weber, Alfred 552, 633, 674, 709, 721, 814
Weber, Carl Maria von 175, 347, 485
Weber, Karl Jakob 113
Weber, Max 50, 141f., 440, 466, 468, 474, 476–479, 555, 675, 696, 721, 738, 749, 766, 780, 792, 796, 804f., 807, 821, 828, 833f., 869f., 872, 875–878, 887f., 892, 907
Weber, Wilhelm Eduard 187, 371
Webern, Anton von 607, 669, 792
Wedekind, Frank 531, 534ff., 584, 608, 616, 851
Wedekind, Pamela 673
Wedgewood, C. V. 787
Weerth, Georg 322
Wegener, Alfred 577f.
Wehler, Hans-Ulrich 42ff.
Weidenfeld, George 786ff.
Weidermann, Volker 45, 846
Weierstraß, Karl 506f.
Weil, Felix 594
Weill, Kurt 591, 608ff., 666, 669, 751
Weingartner, Felix von 553
Weininger, Otto 515f.
Weinreich, Max 802
Weiss, Peter 775, 825, 840, 851
Weisskopf, Victor 778
Weizsäcker, Carl Friedrich von 722, 820
Wellek, René 751
Welles, Orson 617
Wellesz, Egon 786
Wenders, Wim 855
Werefkin, Marianne von 536f.
Werfel, Franz 452, 734f., 770, 773
Werner, Abraham Gottlieb 145, 181–184, 192, 218
Werner, Anton von 548
Werth, Max Sebaldt von 455
Wertheimer, Max 751f., 770
Weskott, Johann Friedrich 382
Weyl, Hermann 508, 686
Weyrauch, Wolfgang 847
Wheen, Francis 869, 870
Whistler, James 518
Whitman, Walt 640
Whitney, William Dwight 344
Whittle, Frank 623
Wichmann, Ludwig Wilhelm 230

Wickham Steed Henry 5, 897
Wieck, Clara siehe Schumann, Clara
Wiedemann, Gustav Heinrich 364
Wieland, Christoph Martin 130, 132, 146, 331, 885
Wienberg, Ludolf 322
Wiene, Robert 591
Wiener, Alfred 790
Wiesenthal, Simon 30
Wigman, Mary 852
Wigner, Eugen 686
Wilamowitz-Moellendorff, Ulrich von 123, 553
Wilde, Oscar 449, 486
Wildenbruch, Ernst 546
Wilder, Billy (Samuel) 610–614, 617, 751, 784, 797
Wilhelm (Prinzregent von Preußen) 390
Wilhelm I. (deutscher Kaiser) 437, 444, 638
Wilhelm II. (deutscher Kaiser) 50f., 275, 340, 422, 424, 531, 534, 544f., 547f., 551, 604, 803
Wilhelm von Occam 513
Wilkins, Maurice 743
Williams, Ralph Vaughan 785
Williams, Raymond 643
Williams, Tennessee 774
Williamson, George S. 681
Willis, Thomas 85
Willkomm, Ernst 322
Willstätter, Richard 553, 618
Wilson, Harold 793
Winckelmann, Johann Joachim 47, 113, 115–120, 123f., 126, 128, 140, 151, 222, 224ff., 230, 254, 431f., 489, 889
Wind, Edgar 793
Winkler, Heinrich August 9
Winter, Jay 770
Wintergerst, Joseph 231
Winters, Shelley 774

Wistar, Caspar 345
Wittenstein, Oscar 537
Wittfogel, Karl 751
Wittgenstein, Ludwig 515, 521, 572, 578–582, 624, 794, 796, 818, 903
Wittkower, Rudolf 772, 794
Wöhler, Friedrich 290–294, 297, 904
Wolf, Christa 842, 844, 853, 884
Wolf, Friedrich August 123, 125–128, 142, 243ff., 248, 253, 281, 808, 883
Wolf, Hugo 54, 324, 480, 483f., 882, 906
Wolf, Konrad 853
Wolff, Abraham 66
Wolff, Albert 230
Wolff, Caspar Friedrich 300
Wolff, Christian 91, 105, 152f.
Wolff, Helen 773
Wolff, Kurt 773
Wolin, Richard 756, 816
Wollheim, Gert 732
Wollheim, Richard 794
Wols (= Alfred Otto Wolfgang Schulze) 859
Woltmann, Ludwig 452
Woodward, Josiah 335
Woolsey, Theodore Dwight 344
Wren, Christopher 904
Wundt, Wilhelm 50, 465, 513f., 553, 713, 885
Wuthnow, Robert 821
Wyler, William 774

Yeats, William Butler 319

Zadkine, Ossip 735
Zander, Michael 786
Zedon, Mao 869
Zeisel, Hans 751
Zeiss, Carl 386, 406, 445

Zemlinsky, Alexander von 614
Ziegler, Adolf 655
Ziegler, Hans-Severus 668
Ziegler, Wilhelm 682
Zimbalist, Efrem sr. 735
Zimmer, Ernst 310
Zimmer, Heinrich 751
Zimmermann, Bernd Alois 858

Zimmermann, Fred 751
Zinnemann, Fred 610f., 613
Zmarzlik, Hans-Günter 448
Zola, Émile 424, 449, 453, 532, 546
Zsigmondy, Richard 409
Zuckmayer, Carl 533, 609, 615, 777
Zuse, Konrad 724
Zweig, Stefan 67, 452, 510, 733, 786

SACHREGISTER

Abitur 127, 250, 254
Abstraktion 536–539, 871
Acetysalicylsäure 384f.
Akademien 68, 79, 241, 862
Algebra 186f.
Allgemeinwissen 110
Alphabetisierung 74, 446
Altertumswissenschaft 70, 123–126
Analgetika 380
Anatomie 96, 218
Anilin 377f.
Anilinfarben 380
Anthropologie 263, 404
Antibiotika 409f.
Antikapitalismus 827
Antipyretika 380
Antisemitismus 30, 36f., 316, 511, 519, 522, 543, 618, 692, 890
Arbeit 213, 268
Arbeiterklasse 320
Archäologie 112–118, 120, 404, 430–436, 560, 895
Archetypen 216
Architektur 226–230, 509, 517f., 544, 593, 863f., 904
Art nouveau 518
Aspirin 296, 380, 385, 908
Ästhetik 91f., 160, 334, 874
Atheismus 83f., 86
Atombombe 26, 685, 712, 722, 724f., 777
Atomenergie 722

Atonalität 492ff., 607f.
Aufklärung 446
Automobil 386, 394–401

Bakteriologie 404ff.
Ballett 784, 852
Barock 61, 233
BASF 381
Bauhaus 592f., 653f., 734
Beamtentum 67, 324
Behaviorismus 464
Bekennende Kirche 707, 710, 718
Benzol 187, 293–299, 378
Bergbau 182
Berlinblockade 801
Berliner Luftbrücke 801
Bewegungslehre 363
Bibelkritik 335
Biedermeier 323–326, 328f.
Bildhauerei 859
Bildung 72, 78, 82–106, 100f., 105, 112, 126, 128, 135, 142, 147, 241–254, 279, 478, 556, 779ff., 811, 864f., 881, 884f., 889ff.
Bildungsbürgertum 40, 44, 77, 117f., 126, 131, 176, 288, 324, 400, 422f., 458, 465, 557, 757, 760, 811, 865, 879ff., 888f., 891, 893
Bildungsroman 313, 883
Bildungssystem 339, 343
Bioethik 403

Biologie 44, 85 f., 95–101, 104, 152, 214–218, 256, 289–306, 338, 349, 500, 695
Biotechnologie 897
Biowissenschaften 251 f.
Blankvers 122
Blauer Reiter 538
Börsenkrach 634
Botanik 96 f., 101, 111, 218, 411 ff.
Brücke 549
Buchdruck 83
Bücherverbrennung 45

Calvinismus 478
Chaostheorie 374
Chemie 96, 182, 186, 217, 251 f., 289–290, 376–385, 464, 500, 726 ff., 908

Dada 539, 584 ff.
Darwinismus 421, 446 ff., 466
DEFA 853 f.
Deismus 83 f., 89, 104
Determinismus 86
Deutschtum 59–81, 456, 474
Diakonie 337
Dialektik 259, 309
Dichtung 94 f., 214–218, 568–572
Dissonanz 491–494
DNA 500
documenta 860
Dolchstoßlegende 587 f.
Drama 122
Dreißigjähriger Krieg 61 f., 65, 67, 74, 80, 148 f.
Dreyfus-Affäre 36
Drittes Reich 17, 27, 40, 894, 900
Düngemittel 298 f., 381

Eisenbahn 389
Eisernes Kreuz 45, 228, 896
Elektrizität 104, 187, 217, 220, 365
Elektrizitätslehre 363
Elektromagnetismus 498 ff.
Elektrotechnik 376
Emanzipation 127, 317
Emigration 686–692, 732–745, 750 f., 783–798
Energie 363, 365, 367–370, 502, 620, 695
»Entartung« 449, 476, 532
Entfremdung 144, 255–277, 315, 469, 476, 704, 883
Entropie 367, 369
Epidemologie 404
Erbmasse 304
Erdmagnetismus 187
Ethik 69, 158, 477, 580, 781, 790, 888, 890, 898, 900, 906
Eugenik 455, 897, 899
Euthanasie 455
Evolution 89, 98, 103, 217 f., 220, 256, 278, 411, 452, 521, 582, 882
Evolutionismus 102–106
Exil 686–692, 732–745, 750 f., 783–798
Existenzialismus 627
Experiment 110, 219, 364 f.
Expressionismus 532, 539, 610, 772, 871, 883, 892

Fachzeitschriften 427, 496
Farben 376–379
Farbstoffe 377
Faschismus 27, 593, 595, 714, 757, 763, 877
Fernsehen 623, 856 f.
Film 572, 590 f., 603, 610–627, 662–665, 775, 784, 800, 803, 853–857, 883, 892, 895
Flugzeugbau 623
Forschung 71, 241–254, 380, 885, 890

Fotografie 773
Franckesche Stiftungen 335
Frankfurter Schule 594f., 755, 762, 776
Französische Revolution 46, 147, 165, 178, 200, 212, 278, 280, 316, 320, 323

Geisteswissenschaften 48, 68, 110, 112, 182, 629, 810, 889f.
Gen 410–413
Genetik 305, 743
Genie 93, 106, 161, 249
Geologie 83, 181 ff., 218, 500
Geometrie, fraktale 374
Geometrie, nichteuklidische 371
Germanistik 246, 328f., 336f.
Geschichte 276, 278, 287, 334, 421–436, 463
Geschichtsbewusstsein 281
Geschichtsforschung 86, 90, 94, 109, 243, 768–771, 810
Geschichtsschreibung 247, 250, 252, 280f., 284ff., 424–430, 450, 631 ff.
Geschichtswissenschaft 70, 241, 246, 251
Gestaltphilosophie 515
Gestaltpsychologie 515, 887
Gestalttheorie 513
Gestapo 32
Giftgas 726f.
Gleichschaltung 653–774
Gravitation 104
Griechisch 205, 250, 254
Gründerkrach 395, 542
Gründerzeit 391
Gruppe 47 837
Gymnasien 127, 250, 254

Heroin 385 f.
Hieroglyphen 195, 204

Historikerstreit 28, 39, 771
Historismus 82, 86–90, 117, 178, 278–288, 768, 789
Hochkultur 328, 421, 423
Hochschulen, Technische 252
Holocaust 22–44, 46, 52, 561, 790, 804, 826, 236
Homöopathie 188–191
Humanismus 112, 813
Hypnose 416

Idealismus 49, 152, 154–157, 163, 167, 176f., 218, 244f., 458, 513, 564, 810f., 882, 889, 897
Ideologie 269f., 895–901
I. G. Farben 380ff., 530, 601, 727
Imperativ, kategorischer 158
Impfstoffe 381
Individualismus 456, 470, 888
Industrialisierung 43, 269, 287, 321, 365, 43, 806
Industrie 48, 325, 339
Industriedesign 593
industrielle Revolution 324, 377, 465, 543
Inflation 634, 892
Innerlichkeit 50f., 64, 112, 128, 421ff., 458, 465, 557, 837, 881–884
Instrumentalmusik 176f.
Internierung 785, 798
Isomerie 291f.

Judenverfolgung siehe Holocaust
Jugendstil 518, 528ff.
Junghegelianer 260–263, 265, 274, 345

Kabarett 892
Kaiser-Wilhelm-Gesellschaft 551, 618, 686f., 694, 720, 806, 890

Kaiser-Wilhelm-Institute 692, 722, 729, 863
Kalter Krieg 790, 815
Kameralistik 250
Kapital 271 ff., 478
Kapitalismus 43, 268, 272, 314, 317, 460, 466–470, 473, 475–478, 593 ff., 634, 738 ff., 763, 775, 805, 870, 876, 900
Kartell 382
Kathodenstrahlen 499, 501, 622
Katholizismus 442, 444 f., 478, 635, 644, 704, 834
Keilschrift 195–198, 204
Kernforschung 693 ff., 722 ff., 777
Klassik, Weimarer 49, 130, 145, 148, 316
Klassizismus 225–230, 233
Klimatologie 194
Kohlenstoff 295, 299
Kohlenwasserstoff 293
Kommunismus 264– 267, 270, 593, 757, 763
Konservatismus 350
Konstitutionalismus 340
Konsumismus 827
Kontinentaldrift 577 f.
Konzentrationslager 25 f., 29, 33, 727
Konzert 178
Krieg 198–203
Kriegswissenschaft 720–731
Kritik 247 f.
Kultur 48–51, 105, 116, 140–144, 154, 423, 458, 557, 572, 581 f., 638, 640, 646, 889
Kulturkampf 442, 444 f., 447
Kulturkritik 479
Kulturpessimismus 640–643, 703, 805, 888–895
Kulturrevolution 823
Kulturstaat 253
Kulturwissenschaften 94, 629, 821
Kunst 80–95, 111, 160 f., 177, 210, 212, 214 f., 222–237, 344, 353, 517–519, 523–539, 585 f., 590–593, 653–657, 732, 772 ff., 797, 859 ff.
Kunstgeschichte 44, 112–118, 589, 771 f., 784, 787

Labor 364, 375–387, 421, 496 f., 889
Landwirtschaft 289 f., 698 f.
Landwissenschaft 250
Latein 205, 250, 254
Leserevolution 73–78, 882
Liberalismus 423, 442, 446, 641
Lied 483 f., 906
Literatur 51, 117–123, 130–140, 145–148, 308, 310–315, 317–324, 344, 459 ff., 464, 509–512, 597–606, 658–662, 743 ff., 775 ff., 830, 836–850, 895, 907
Logarithmus 186, 372
Logik 69, 160, 470, 580

Machtergreifung 675
Magnetismus 104, 217, 220
Malerei 51, 222–226, 230–237, 255 f., 518 f., 523–528, 536–539, 547–550, 573, 654, 859 ff., 870 f., 883, 904
Manhattan Project 722, 725, 777
Manifest der 93 553, 558, 647, 769, 892
Mannheimer Schule 169
Maoismus 877
Marktwirtschaft 763, 869
Marxismus 255, 264 f., 273, 582, 593 ff., 641, 869, 883, 894
Masochismus 517
Masse 329
Massengesellschaft 887
Massenmord 700 f.
Materialismus 86, 453, 455, 811, 828, 892
Mathematik 44, 94 f., 184–188, 250,

370–374, 379, 505–508, 624f., 690f., 778f., 904
Mattéoli-Kommission 33
Max-Planck-Gesellschaft 862f.
Medizin 96, 127, 188–191, 250, 402–417, 692
Menschenversuche 728f.
Meritokratie 67
Merkantilismus 892
Metallverarbeitung 388–401, 500
Metaphysik 69
Methodologie 128
Militarismus 421, 437–441, 452, 555
Mineralogie 182, 184
Mission 442f.
Moderne 453, 528ff., 597–603, 823, 876, 885ff.
Modernismus 256, 323, 417–421, 465, 475
Modernität 900, 906
Molekül 289
Musik 51, 54, 59ff., 77, 111, 168–180, 255, 325ff., 345, 347–361, 480–494, 546f., 579, 607–610, 666–670, 735, 774, 787, 791–794, 857ff., 882, 889, 895, 906

Nachkriegsliteratur 844
Nation 140–144, 154, 278f., 287, 307
Nationalismus 73–78, 111, 211, 283, 311, 317, 350, 437–458, 473f., 533, 552, 558, 640, 645–649, 823, 888–895, 893
Nationalsozialismus 17, 18–44, 51f., 316, 473, 475, 479, 583, 592, 604, 628, 643ff., 653–701, 754, 757, 769, 790, 802, 826, 863, 887, 896f.
Naturalismus 546
Naturforschung 364
Naturgeschichte 111
Naturphilosophie 91, 217, 244, 363, 446, 446, 882

Naturwissenschaften 48, 54, 68f., 91, 112, 127, 215, 250ff., 287, 464, 551, 597–603, 629, 678ff., 810, 889f., 892, 896
Nazarener 230–235
Neue Sachlichkeit 590
Neuhumanismus 72, 127, 244f., 250
Nihilismus 163, 532, 758, 760, 876f.
Novembergruppe 591
NSDAP 36
Nürnberger Prozesse 632, 727

Ödipuskomplex 415, 417
Ökonometrie 764
Ökonomie 270f., 276, 487f., 737–740, 764ff.
Oper 51, 170, 173–176, 347ff., 354, 487–490, 608ff., 792f., 858
Operette 484
Optik 218, 220, 363, 386
Oratorium 78, 168

Pädagogik 335
Parlamentarismus 43
Patriotismus 111, 646
Phänomenologie 513, 764
Pharmaindustrie 380f.
Pharmaka 382f.
Phenol 380
Philhellenismus 118
Philologie 70, 112, 123, 127, 206, 246ff., 250
Philosophie 51, 54f., 69, 112, 127, 151–167, 175–178, 243, 250, 255–277, 309f., 347–361, 454, 461ff., 466, 468f., 512–515, 561–565, 578–581, 589, 626–630, 654f., 677f., 740ff., 756–761, 766ff., 781, 789ff., 794ff., 812–822, 872–878, 882, 897f., 907

Physik 44, 69, 101, 104, 186, 253, 256, 349, 362–374, 464, 470, 495–508, 520f., 618–625, 693ff., 721–726, 742f., 896, 905
Physiologie 96, 263
Pietismus 63–66, 73, 84, 87, 104f., 144, 167, 341f., 442, 881, 890
Planck-Konstante 502
Politikwissenschaft 756f.
Polytechnische Schulen 379
Pop Art 772f.
Positivismus 626, 655, 811
Postmodernismus 814
Prager Frühling 38
Prägung von Neugeborenen 515
Preußentum 63–66
Primzahlen 185f., 372f.
Proletariat 267f., 271
Promotion 70f., 885ff.
Protestantismus 64, 442, 444, 478, 564
Psychiatrie 217, 573
Psychoanalyse 415f., 516, 573, 575f., 592, 635f., 688f., 752–756, 795, 871, 883, 894
Psychologie 69, 85, 152f., 164, 166, 217, 265, 413–417, 513, 521
Psychotherapie 575
Puritanismus 64

Quantenmechanik 621
Quantenphysik 44, 502, 504, 621
Quantentheorie 502f., 506, 612, 622f.
Quantum 495, 500ff., 619

Radio 623, 658
RAF (= Rote Armee Fraktion) 39, 840f.
Raketenwissenschaft 725f.
Rassenforschung 729, 802
Rassenlehre 451ff., 457
Rassismus 558

Rationalismus 828
Realgymnasien 551
Realismus 325, 453, 545, 837, 841
Recht 127, 243, 246, 250, 281f., 470
Reformation 442, 561
Reichsgründung 39, 43, 49, 540
Reichskonkordat 714
Reichskulturkammer 653f.
Reichsmusikkammer 670
Reichspogromnacht 28
Relativität 779
Relativitätstheorie 372, 495, 497, 504, 508, 622f., 630
Religion 349, 353, 476f.
Renaissance, deutsche 119
Renaissance, italienische 109–112, 129, 171
Résistance 33
Rezension 248
Ritterakademien 68
Roman 132–140, 256, 597–603, 870f.
Romantik 94, 161, 207, 209f., 212–218, 220, 230–237, 246f., 253, 264, 311, 316f., 323, 330, 332, 334, 347, 451, 491, 882, 889
Rüstung 389–394

Sanskrit 204–208, 337
Schulpflicht 337, 879
Schwarzkörperstrahlung 501f.
Secession, Berliner 527
Secession, Münchener 523–529, 536
Secession, Wiener 518
Sedativa 389
Seminar 70f., 124, 250–253, 427, 466
Sexualität 415
Sezession in der Kunst 230–235, siehe auch Secession
Sinfonie 77f., 150, 168–180, 327, 354, 480ff., 486, 490, 882

Skeptizismus 83, 110
Sozialdarwinismus 448 f., 466, 473, 637
Sozialismus 265, 275, 277, 423, 448 f., 456, 582 f., 641, 789
Sozialwissenschaften 94
Soziologie 274, 459–479, 633, 654 f., 736 f., 795 f., 806–809, 820 f., 871 f., 884, 906
Spartakusaufstand 586, 632
Sprachforschung 195–198, 204–208, 241
Sprachursprung 142
Sprachwissenschaft 247, 251 f.
Staatsrecht 695 f.
Stalinismus 757, 877
String-Theorie 779
Studentenunruhen (1968) 38, 822–826
Sturm und Drang 94 f., 132, 320
Subjektivismus 164 f., 468
Supranaturalismus 83
Surrealismus 539, 871, 892, 904

Technik 48, 551
Telegrafie 188, 376
Teleologie 96, 100
Terror 877
Theater 51, 69, 85, 131, 256, 545 f., 572 f., 670–674, 733, 774 f., 850 ff.
Theologie 110, 127, 152, 166, 243, 250 f., 702–719, 832–835, 907
Thermodynamik 367–370
Totalitarismus 877
Tragödie 356 f.
Transzendentalismus 334
Trauerspiel, bürgerliches 145
Trümmerliteratur 837
Typografie 593

Übermensch 359
Ufa 853
Unbewusstes 212 f., 413–417, 574 f., 882
Universitäten 69–73, 110, 118, 127, 241–246, 252 ff., 379, 675 ff., 810, 880
Unschärferelation 624, 892
Urbanisierung 365
Urphänomene 218–221
Ursprache 204–208
Utilitarismus 476, 828

Verdrängung 417
Verlagswesen 797 ff.
Versailler Vertrag 634, 725
Vichy-Regime 31–34
Volksempfänger 658
Volkskultur 328 f.
Volkskunde 680–684
Vulkanismus 182 f.

Walzer 484 ff.
Wannseekonferenz 728
Wärme 366, 368
Wasserstoffbombe 777 f.
Wehrmacht 45
Wehrpflicht 437
Weimarer Republik 50 f., 479, 522, 572 f., 582, 592 f., 595 f., 601, 604, 606, 608–611, 617 f., 623, 628, 631, 640–643, 659 ff., 663, 665, 670 f., 675, 680, 684, 688, 745, 755, 803, 810 f., 853, 891
Welle-Teilchen-Dualität 500, 504, 621
Weltkrieg, Erster 21, 48, 50, 82, 390, 552–560, 565 ff., 583, 596, 618 712, 783
Weltkrieg, Zweiter 18– 21, 23 f., 29, 31–34, 39 f., 45, 49, 51 f., 566 f., 720, 777
Werkbund, Deutscher 530

Westfälischer Friede 62, 64, 307
Wiederaufbau 799, 838
Wiedervereinigung 17, 826 f.
Wiener Kongress 307, 317, 388
Wiener Kreis 625 f., 655
Wiener Schule 173
Wirtschaftswunder 838
Wissen 464, 891
Wissenschaft 70 f, 112, 161, 247, 251, 463, 479, 675–701, 704, 876, 886 ff., 890, 900
Wissenschaftsideologie 244 ff., 251, 254
Wohlfahrtsstaat 272

Zahlen, imaginäre 186
Zahlen, irrationale 506
Zahlen, komplexe 186, 372
Zahlen, reale 507
Zahlen, transfinite 506
Zeitschriften 75 f., 880
Zelle 299–306
Zionismus 24, 646, 716
Zivilisation 48, 50, 359, 556 f., 562, 583, 640, 890
Zoologie 96, 101, 111
Zuchtwahl 881
Zwölftonmusik 607, 776